谨以此书献给

为广东高速公路发展事业作出贡献的决策者、建设者、管理者

Record of Expressway Construction in
Guangdong

图1　1989年8月，广东省第一条高速公路——广佛高速公路建成通车，1997年和2007年分段拓宽为双向八车道

图2 2003年4月，穿越广东北部山区的京珠北高速公路建成通车，该路被世界银行专家称为"中国最具挑战的公路项目"，获中国公路学会科学技术二等奖、三等奖，广东省科学技术二等奖等

图3 2002年1月，广州机场高速公路建成通车

图4 1995年12月，汕头海湾大桥建成通车，获国家优秀设计奖、国家科技进步二等奖、中国建设工程鲁班奖、国家优质工程奖

图5 1997年6月，虎门大桥建成通车，获交通部科技进步特等奖、国家科技进步二等奖

图6 2008年8月，珠江黄埔大桥建成通车，获第十二届中国土木工程詹天佑奖，广东、湖南等省科技进步一等奖

图7 2017年12月，港珠澳大桥主体工程建成

广东
高速公路建设实录

图8　2013年12月，沈海高速公路与包茂高速公路枢纽互通式立交建成

图9 2017年12月,汕昆高速公路与大广高速公路连平元善枢纽互通式立交建成

图10 2016年12月,甬莞高速公路莲花山2号隧道建成通车

图11 2010年6月，广昆高速公路石牙山隧道建成通车

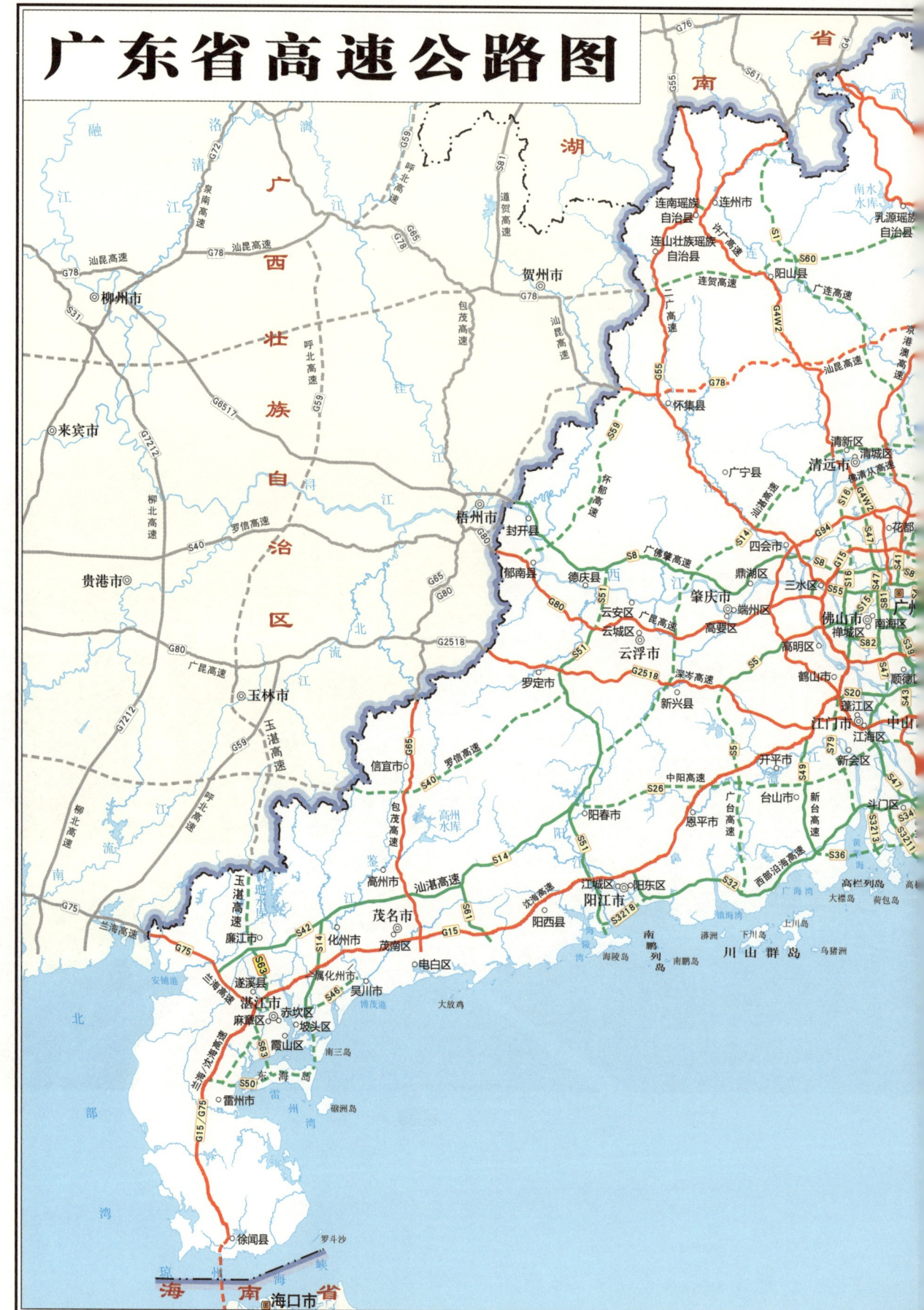
广东省高速公路图

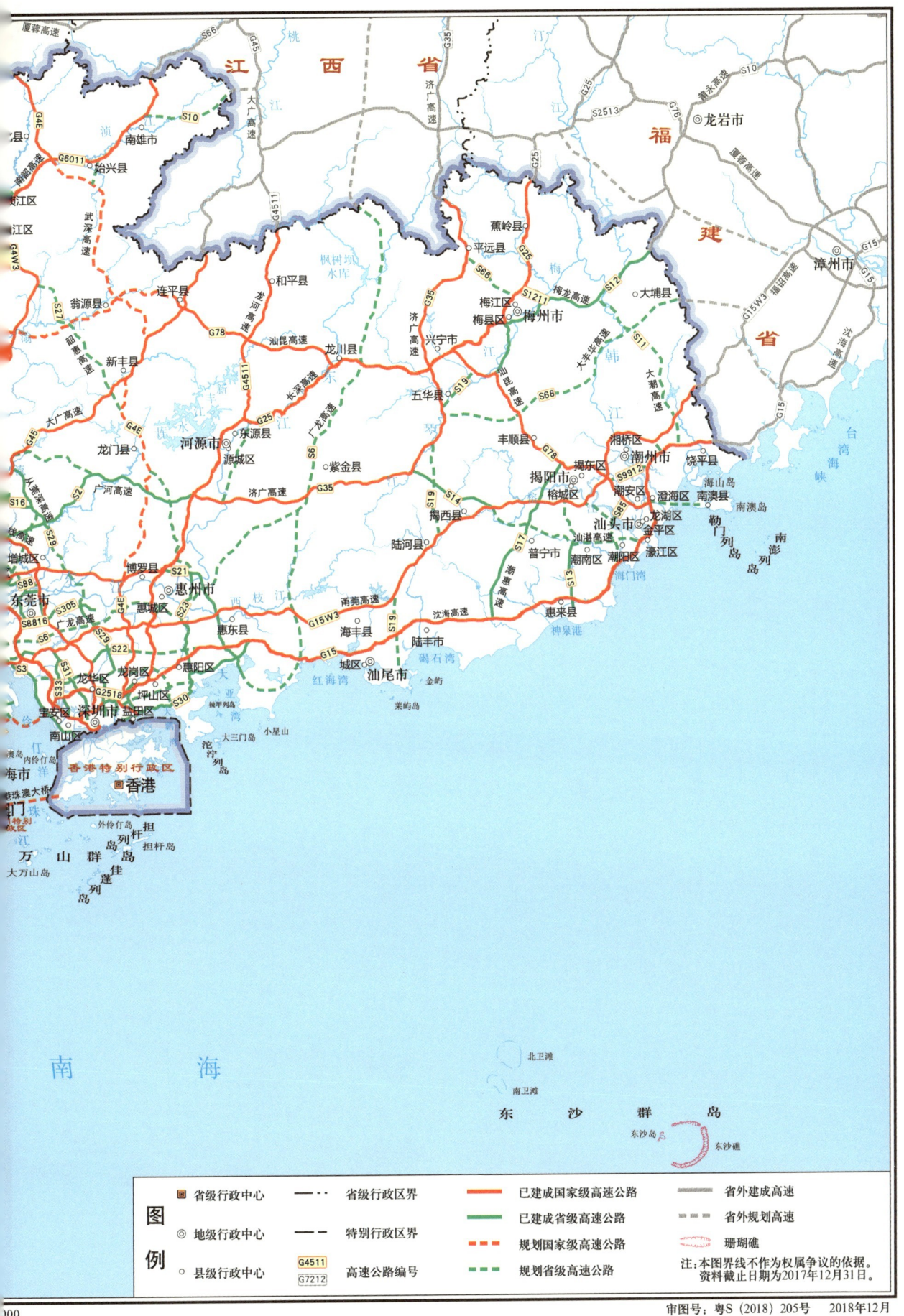

"十三五"国家重点图书出版规划项目

中国高速公路建设实录

Record of Expressway Construction in
Guangdong

广东高速公路建设实录

广东省交通运输厅

人民交通出版社股份有限公司
China Communications Press Co., Ltd.

内 容 提 要

本书是《中国高速公路建设实录》系列丛书之广东卷，内容分为八章六十三节，即经济社会与综合运输、高速公路建设、国家高速公路、地方高速公路、桥梁隧道、科研技术、高速公路运营管理、精神文明与高速公路文化，以及重要法规、规章和文件选编，广东高速公路发展大事记，高速公路建设调查报告、论文、新闻报道选编，广东省地级以上市高速公路建设选编，广东高速公路建设主要单位简介等附录。

本书全面系统地梳理了广东高速公路建设发展相关史料，记录了广东高速公路建设发展历程和取得的辉煌成就，总结了广东高速公路建设管理、质量监控、技术创新、运营管理、队伍建设和文化建设的经验，具有一定的可读性和较强的史料价值，可供关心广东交通运输事业发展的各级领导和从事公路交通建设与管理的广大干部职工参阅。

图书在版编目(CIP)数据

广东高速公路建设实录／广东省交通运输厅组织编写．— 北京：人民交通出版社股份有限公司，2019.7
ISBN 978-7-114-15002-9

Ⅰ．①广… Ⅱ．①广… Ⅲ．①高速公路—道路建设—广东 Ⅳ．①U412.36

中国版本图书馆 CIP 数据核字(2018)第 208870 号

"十三五"国家重点图书出版规划项目
中国高速公路建设实录

书　　　名：	广东高速公路建设实录
著　作　者：	广东省交通运输厅
责任编辑：	刘永超　周　宇　李　沛
责任校对：	刘　芹
责任印制：	张　凯
出版发行：	人民交通出版社股份有限公司
地　　　址：	(100011)北京市朝阳区安定门外外馆斜街 3 号
网　　　址：	http://www.ccpress.com.cn
销售电话：	(010)59757973
总　经　销：	人民交通出版社股份有限公司发行部
经　　　销：	各地新华书店
印　　　刷：	北京雅昌艺术印刷有限公司
开　　　本：	787×1092　1/16
印　　　张：	73
字　　　数：	1378 千
版　　　次：	2019 年 7 月　第 1 版
印　　　次：	2019 年 7 月　第 1 次印刷
书　　　号：	ISBN 978-7-114-15002-9
定　　　价：	480.00 元

(有印刷、装订质量问题的图书，由本公司负责调换)

《广东高速公路建设实录》
编纂委员会

主　　任：李　静
副 主 任：杨俊波　贾绍明　王富民　黄成造
成　　员：张儒波　王　新　陈明星　巫建文　史焕杰
　　　　　丁　力　林健芳
顾　　问：陈冠雄
编纂室：丁　力　杨荫宽　苏　权　苏培新　王小穗
　　　　　蒋　宁

参编人员（以姓氏笔画为序）：

王　帆	王　军	王　剑	王　辉	王　超
王　攀	王宏权	王贤基	王盼盼	王湘文
邓小红	邓少鸿	叶　勇	叶敬彬	田江磊
田利苏	冯　宇	冯志军	冯惠明	古选标
刘　邓	刘　烜	刘飞虹	刘少斌	刘东锋
刘志刚	刘奕辉	刘晓龙	刘事莲	朱玉婷
朱昱铭	朱登远	朱粤平	伍剑奇	任　健
江烟龄	闫卫星	张　丰	张　利	张　琦
张志和	张俊标	张国恒	张晓苑	张晓惠

陈　超　　陈长万　　陈宗滨　　陈志强　　陈志高
陈学达　　陈秋靖　　陈振宇　　陈晓忠　　陈基灿
陈聪凝　　杨正锋　　杨丛森　　杨新辉　　杨福林
杨雄武　　李　伟　　李　凯　　李　莉　　李　涛
李　斌　　李　潆　　李永刚　　李年航　　李远利
李宝强　　李晓博　　肖　涛　　肖　璇　　肖　聪
肖楚津　　吴汉杰　　吴育谦　　余　锦　　余丹娜
余旦钦　　苏　敏　　苏秀林　　何际军　　邵征宇
邱旭富　　连进中　　杜灿均　　林庆新　　林吉宜
林娟娟　　林曼韵　　庞丽娟　　官玉秀　　官永程
周志勇　　周振宇　　周斌杰　　郑仕华　　郑伯秦
罗　宇　　金　滨　　卓悦聪　　欧阳丁沛　胡正涛
胡志忠　　胡英良　　钟宝珍　　钟锦清　　郭　寅
郭　鹏　　郭创川　　柳　杰　　饶秉秀　　徐显炼
徐振辉　　唐　浩　　唐汉坤　　柴蓓华　　姚　毅
陶　莉　　黄　璇　　黄小民　　黄永茂　　黄伟茹
黄良辉　　黄咏梅　　梁　镜　　梁跃竞　　章恒江
曹春祥　　梅　艳　　龚志刚　　崔学民　　程　霞
程晓兵　　韩冬冬　　谢曼玉　　彭　丹　　彭俏健
简婉林　　甄东晓　　詹　桃　　谭　琛　　谭志鹏
黎伟成　　蔡　良　　廖江龙　　熊秀娟　　樊孟军
薛长武　　戴　兵

序
Preface

改革开放以来,广东经济建设突飞猛进,城乡面貌日新月异。为了适应经济的快速发展,1981年省委、省政府提出要发展高速公路,并得到交通部的大力支持;1984年省委、省政府决定修建广深珠高速公路和广佛高速公路;1986年12月28日广佛高速公路开工建设,1989年8月广东第一条高速公路——广佛高速公路建成,拉开了广东高速公路建设的序幕。

30多年来,广东公路建设者发扬"敢为人先,务实进取,开放兼容,敬业奉献"的新时期广东人精神,勇当排头兵,为广东高速公路建设快速发展取得一个又一个辉煌成就。2000年广东高速公路建设突破1000km,基本形成东西、南北两条主通道;2005年全省高速公路通车里程突破3000km,实现从省会到地级市通高速公路;2010年全省高速公路通车里程达到5100km,建成以广州为中心向粤东、粤西、粤北辐射,与国家主骨架公路连接沟通的全省高速公路网主骨架;2015年全省高速公路通车里程达到7018km,实现全省县县通高速公路,与陆地相邻的省(自治区)通3条以上高速公路;2017年全省高速公路通车里程达到8338km,基本形成了高速公路网络。

广东高速公路的发展和完善,为全省社会经济的发展创造了良好环境和条件。目前从省会广州出发,5小时可以到达广东最边远的粤东的梅州、汕头,粤西的湛江等地。进出港澳地区及邻近省(自治区)的时间也大大缩短,全面改变了这些地区的区位落差,提升了区位优势,促进了人流、物流、信息流的快速流动,明显改善和深刻影响着人们的生活方式。高速公路的发展,为公路产业带迅速形成,沿线综合运输能力的提高,地方经济的发展繁荣,城镇化进程的加快作出了重要贡献。

2014年10月,交通运输部决定编纂《中国高速公路建设实录》,要求各省(自治区、直辖市)编纂本省(自治区、直辖市)的高速公路建设实录。2015年4月,广东省交通运输厅决定编纂《广东高速公路建设实录》,并成立编纂委员会组织实施。

《广东高速公路建设实录》按章、节、目结构,辅之图、表、大事记,并收录重要文件、调研报告和建设单位简介,全面系统地梳理广东高速公路建设发展相关史料,记录广东高速公路建设发展历程,总结广东高速公路建设管理、质量监控、技术创新、运营管理、队伍建设和文化建设的经验,对提高广东高速公路建设和管理水平,更好地发挥高速公路为经济和社会发展服务,具有重要意义。

《广东高速公路建设实录》的编纂出版,得到交通运输部《中国高速公路建设实录》编审委员会和编纂工作委员会的大力支持,编纂工作委员会主任黄镇东多次亲临广东悉心指导。在广东各级交通运输部门和建设单位领导的关心支持、编写人员的通力合作和积极配合下,顺利完成了《广东高速公路建设实录》的编纂工作,在此表示衷心的感谢。

《广东高速公路建设实录》编纂委员会
2018年10月

目录
Contents

第一章　经济社会与综合运输	1
第一节　广东省概况	1
第二节　广东经济社会发展	5
第三节　综合运输	10
第二章　高速公路建设	21
第一节　高速公路建设历程与成就	21
第二节　高速公路建设管理	27
第三节　高速公路建设基本经验	35
第三章　国家高速公路	40
第一节　北京—港澳高速公路广东段（G4）	43
第二节　武汉—深圳高速公路广东段（G4E）	77
第三节　京港澳高速公路广澳段（G4W）	98
第四节　许昌—广州高速公路广东段（G4W2）	114
第五节　乐昌—广州高速公路（G4W3）	135
第六节　沈阳—海口高速公路广东段（G15）	157
第七节　宁波—东莞高速公路广东段（G15W3）	218
第八节　广州绕城高速公路（G1501）	249
第九节　长春—深圳高速公路广东段（G25）	285
第十节　深圳—岑溪高速公路广东段（G2518）	324
第十一节　济南—广州高速公路广东段（G35）	354
第十二节　大庆—广州高速公路广东段（G45）	385
第十三节　江西龙南—河源高速公路广东段（G4511）	407
第十四节　二连浩特—广州高速公路广东段（G55）	417
第十五节　南昌—韶关高速公路广东段（G6011）	442
第十六节　包头—茂名高速公路广东段（G65）	453

第十七节　兰州—海口高速公路广东段(G75) …… 464
　　第十八节　汕头—昆明高速公路广东段(G78) …… 471
　　第十九节　广州—昆明高速公路广东段(G80) …… 500
　　第二十节　珠三角环线高速公路广东段(G94) …… 525
　　第二十一节　东莞—佛山高速公路(G9411) …… 569

第四章　地方高速公路 …… 589
　　第一节　广州—河源高速公路(S2) …… 594
　　第二节　广州—深圳沿江高速公路(S3) …… 603
　　第三节　广州—台山高速公路(S5) …… 616
　　第四节　广佛肇高速公路(S8) …… 634
　　第五节　梅州—龙岩高速公路(S12) …… 648
　　第六节　揭阳—惠来高速公路(S13) …… 662
　　第七节　汕头—湛江高速公路(S14) …… 669
　　第八节　沈海高速公路广州支线(S15) …… 698
　　第九节　佛清从高速公路(S16) …… 712
　　第十节　揭阳—普宁—惠来高速公路(S17) …… 718
　　第十一节　梅州—汕尾高速公路(S19) …… 723
　　第十二节　广州—中山—江门高速公路(S20) …… 728
　　第十三节　广州—惠州高速公路及东延线(S21) …… 736
　　第十四节　惠阳—东莞塘厦高速公路(S22) …… 742
　　第十五节　从莞深高速公路(S29) …… 742
　　第十六节　惠深沿海高速公路(S30) …… 763
　　第十七节　广东西部沿海高速公路(S32) …… 768
　　第十八节　广州—珠海西线高速公路(S43) …… 787
　　第十九节　广州—佛山—江门—珠海高速公路(S47) …… 797
　　第二十节　肇庆—阳江高速公路(S51) …… 806
　　第二十一节　广州—三水高速公路(S55) …… 817
　　第二十二节　地方高速公路在建路段 …… 823
　　第二十三节　广州市域内地方高速公路 …… 840
　　第二十四节　深圳市域内地方高速公路 …… 859
　　第二十五节　珠海市域地方高速公路 …… 865
　　第二十六节　其他市域内地方高速公路 …… 869

第五章	桥梁隧道	896
第一节	桥梁	896
第二节	隧道	925
第六章	科研技术	955
第一节	科技创新及应用	955
第二节	重大科技成果选介	962
第七章	高速公路运营管理	978
第一节	高速公路养护	978
第二节	收费管理	980
第三节	路政管理	984
第四节	出行信息及服务区	986
第八章	精神文明与高速公路文化	994
第一节	精神文明创建	994
第二节	高速公路地方文化特色	1000
附录一	重要法规、规章和文件选编	1005
附录二	广东高速公路发展大事记	1061
附录三	高速公路建设调查报告、论文、新闻报道选编	1089
附录四	广东省地级以上市高速公路建设选编	1110
附录五	广东高速公路建设主要单位简介	1129

第一章
经济社会与综合运输

第一节 广东省概况

广东,简称"粤",《吕氏春秋》称"百越",《史记》称"南越",《汉书》称"南粤","越"与"粤"通,泛指岭南一带。广东的先民很早就在这片土地上生息、劳动、繁衍。在历史长河中,广州、广东等地名次第出现,逐渐演化成广东省及其辖境。

一、自然地理

(一)位置和面积

广东省地处中国大陆最南部。东邻福建,北接江西、湖南,西连广西,南邻南海,珠江口东西两侧分别与香港、澳门特别行政区接壤,西南部雷州半岛隔琼州海峡与海南省相望。全省陆地面积17.97万 km^2,其中岛屿面积 $1916km^2$。全省沿海有大小岛屿1431个,数量仅次于浙江、福建两省,居全国第三位。全省大陆海岸线4114.3km,居全国第一位。

(二)地貌特征

广东省地貌类型复杂多样,有山地、丘陵、台地、平原、河流和湖泊,主要特征是山地多、河流多。

1. 山地

广东的山地多,分布在粤北、粤东、粤西广大地区。

粤北山地主要有:大庾岭,亦称庾岭、台岭、梅岭、东峤山,中国南部山脉,"五岭"之一,位于江西与广东两省边境,为南岭的组成部分,海拔1000m左右。滑石山,位于广东省北部,最高峰船底顶海拔1586m。瑶山,位于广东省北部乐昌市、乳源县等地,最高峰石坑崆海拔1902m,也是全省最高峰。起微山,位于粤西北连州市、连南自治县,有三十多座千米山峰。

粤东山地主要有:莲花山,位于丰顺、揭西县至汕尾市海丰县西北部,主峰海拔

1337.3m，为粤东沿海第一高峰。罗浮山，又名东樵山，位于广东省博罗县的西北部，是中国十大道教名山之一。九连山，位于赣粤边界、南岭东部的核心部位，主峰黄牛石海拔1430m，九连山因环连赣粤两省九县并有99座山峰相连而得名。

粤西山地主要有：天露山，分布于广东省新兴县与开平市、恩平市、阳春市之界，主峰位于新兴与开平交界，有6座山峰海拔超过700m，接马坳海拔957m。云雾山，位于广东省西部，绵延于云安、罗定、信宜、高州等县之间，最高峰大田顶海拔1704m。云开大山，云开大山由罗定市延伸入信宜市，最高峰大芒顶海拔1044m。罗壳山，亦称"螺壳山"，位于广宁县东北部，海拔1338m，被誉为"粤西第一山"。

2. 河流

广东省河流众多，全省通航河流1006条（其中主要河流74条，一般河流932条），总长15706km，通航里程11146km。

（1）珠江流域

广东境内的珠江流域总面积11125km^2，其中包括西江流域的一小部分，绝大部分的北江与东江流域，以及珠江三角洲的全域。珠江流域水系由西江、北江、东江及珠江三角洲河网组成。

（2）西江

西江干流广东段，上起自肇庆市封开县大源涌口，下至佛山市三水区思贤滘口，全长205km。

（3）北江

北江自韶关市向南流经清远市至佛山三水区河口镇，向西通过思贤滘与西江干流沟通，向南进入珠江三角洲河网地区，全长260km。

（4）东江

东江自龙川县向西南经惠州至东莞市石龙镇进入珠江三角洲河网区，干流全长520km。

（5）珠江三角洲河道及出海口门

珠江三角洲地理范围包括：思贤滘以南的西江、北江水系三角洲、石龙以西的东江三角洲，以及香港的九龙半岛和澳门地区，总集水面积26800km^2，共有大小河流1360条，总长7885.1km，河网密度0.85km/km^2。现有通航水道823条，通航里程5363km。经由虎门、蕉门、洪奇沥、横门、磨刀门、鸡啼门、虎跳门和崖门八大出海口门流入南海。

（6）韩江

韩江是广东省第二大河流，自大埔县流经丰顺县、潮州市、汕头市注入南海，全长470km。

（7）榕江

榕江主流南河流经揭阳、汕头等市,汇入汕头港注入南海,全长184km。

（8）鉴江

鉴江为粤西境内最大河流,自信宜市自北向南流经高州、化州、吴川等市,于黄坡港汇入南海,全长226km。

（9）漠阳江

漠阳江自阳春市云雾大山,向南流经阳春、阳江两市,于北津港外汇入南海,全长202km。

（10）九洲江

九洲江为粤西境内第二大河流,自广西六万大山,进入广东化州、廉江,于安铺港汇入北部湾,全长171km。

3. 丘陵

广东的丘陵大都分布在山地周围,具体分布在南雄、仁化、连州、兴宁、梅州市梅县区、五华、龙川、河源、平远、紫金、罗定等地。

4. 台地

广东的台地海拔高度在200m以内,主要分布在粤西的湛江市、茂名市,粤东汕尾市和粤中一部分地区。雷州半岛基本上是玄武岩构成的台地,面积5500km^2,将近占半岛面积的3/4。

5. 平原

广东的平原可分为河谷冲积平原和三角洲平原。河谷冲积平原较大的有北江英德平原,东江惠阳平原,粤东榕江平原、练江平原,粤中潭江平原,粤西鉴江平原、漠阳江平原和九洲江平原。三角洲平原主要有珠江三角洲平原和韩江三角洲平原。珠江三角洲平原是广东面积最大的平原,面积8601.1km^2。韩江三角洲平原是广东第二大平原,面积4700km^2。

（三）气候

广东省属于东亚季风区,从北向南分别为中亚热带、南亚热带和热带气候,是全国光、热和水资源较丰富的地区,且雨热同季,降水主要集中在4~9月。全省年平均气温21.8℃,月平均气温最冷的1月为13.3℃、最热的7月为28.5℃。

年平均降水量为1789.3mm,最少年份为1314.1mm,最多年份达2254.1mm。

广东省是各种气象灾害多发省份,主要灾害有暴雨洪涝、热带气旋、强对流天气、雷击、高温、干旱及低温阴雨、寒露风、寒潮和冰(霜)冻等。

二、资源物产

(一)土地资源

广东人多地少,土地资源的特点为:自然地理环境优越,土地复种指数高;地势北高南低,海陆兼备,适合多元化经营;地缘人缘优势明显,有利于土地发展外向型经济。

(二)水资源

广东省河流众多,以珠江流域(东江、西江、北江和珠江三角洲)及独流入海的韩江流域和粤东沿海、粤西沿海诸河为主,集水面积占全省面积的99.8%。全省流域面积在100km^{2}以上的各级干支流542条,独流入海河流52条,全省多年平均水资源总量1830亿m^3。

(三)矿产资源

广东省地处欧亚板块与太平洋板块交接处,成矿地质条件优越,矿产资源种类较多。广东省保有资源储量居全国前10位的矿产61种,居全国前3位的矿产26种,居全国第一位的矿产7种。

(四)海洋资源

广东海洋资源丰富。共有浮游植物406种、浮游动物416种、底栖生物828种、游泳生物1297种。可供海水养殖面积77.57万公顷(1公顷=4046.856m^2),是全国著名的海洋水产大省。沿海拥有众多的优良港口资源,广州港、深圳港、汕头港和湛江港成为国内对外交通和贸易的重要通道;大亚湾、大鹏湾、碣石湾、博贺湾及南澳岛等地还有可建大型深水良港的港址,珠江口外海域还有可开发的油气田等。

三、人口和语言

(一)人口

2015年末,广东省常住人口10849万人。人口密度604人/km^2。广东省常住人口中,居住在城镇的有7454.35万人,居住在乡村的有3394.65万人,分别占常住人口总量的68.71%和31.29%。广东省分区域常住人口数量排列依次为:珠三角5874.27万人、东翼1727.31万人、山区1664.07万人、西翼1583.35万人,分别占人口总量的54.15%、15.92%、15.34%和14.59%。

（二）语言

广东省语言状况复杂，除粤北、粤东有瑶、壮、畲语及粤北土语外，主要流行三种保留了丰富的古汉语特点又各有特色的汉语方言。主要流行的三种方言是：粤方言，又称广州话、白话；客家方言，广东省是客家话最重要的流行地；闽方言，广东闽语属闽方言闽南一支。

四、侨乡侨情

广东省自古就是中国海上贸易和移民出洋最早、最多的省份，近代以后逐渐发展成为重点侨乡。海外侨胞和归侨侨眷众多，广东有3000多万海外侨胞，分布在世界160多个国家和地区。省内约有10.17万归侨、3000多万侨眷，主要集中在珠江三角洲、潮汕和梅州等地区，以及23个华侨农场。侨资企业众多，至2015年底，海外华侨华人、港澳同胞在广东投资的企业有6.18万家，占全省外资企业总数的六成多，累计投资2600多亿美元，侨捐项目众多，遍布全省城乡。改革开放以来，捐助公益项目超过4.1万宗，折合人民币520亿元。在粤华侨华人专业人才众多，据不完全统计，全省回国（来华）华侨华人专业人士约5.8万人，主要分布在珠三角地区。创办企业3000多家，主要在电子信息、生物制药、新材料等领域。

五、行政区划

2015年末，广东省下辖21个地级以上市，分别是广州、深圳、佛山、珠海、汕头、韶关、河源、梅州、惠州、汕尾、东莞、中山、江门、湛江、阳江、茂名、肇庆、清远、潮州、揭阳、云浮。其中广州和深圳为副省级城市，深圳为计划单列市，深圳、珠海和汕头为经济特区，广州和湛江为中国首批沿海开放城市。广东省辖下62个市辖区、20个县级市、34个县、3个自治县。

第二节　广东经济社会发展

广东创造性地运用中央赋予的特殊政策和灵活措施，在改革开放中先走一步，从一个经济落后的农业省份发展成为中国第一经济大省。地区生产总值连年上升，经济总量实现大跨越；产业结构不断优化，第二、第三产业实现大发展；对外贸易总量持续攀升，国际市场竞争力日益增强；财政收入连年增加，城镇化水平显著提高。全省呈现中国特色社会主义欣欣向荣、蓬勃发展的景象。

一、地区生产总值

1978年以来,广东在全国率先实行改革开放政策,促进了经济快速协调发展,已成为中国第一经济大省。2015年广东省地区生产总值总量达到了72812.55亿元,占国内生产总值的10.8%;人均生产总值为67503元,是国内人均生产总值(49351元)的1.4倍。广东省历年地区生产总值发展情况见表1-2-1。

广东省历年地区生产总值发展情况　　　　表1-2-1

年份（年）	地区生产总值（亿元）	人均生产总值（元）	年份（年）	地区生产总值（亿元）	人均生产总值（元）
1978	186	410	2006	26588	28534
1990	1559	2484	2007	31777	33272
1991	1893	2941	2008	36797	37638
1995	5933	8129	2009	39493	39446
2000	10741	12736	2010	46036	44758
2001	12039	13852	2011	53246	50842
2002	13502	15365	2012	57148	54171
2003	15845	17798	2013	62475	58833
2004	18865	20876	2014	67810	63469
2005	22557	24647	2015	72813	67503
区间	区间增长率(%)				
1979—2015	12.8			10.5	
1991—2015	12.9			10.5	
2001—2015	11.4			9.6	
2011—2015	8.5			7.5	

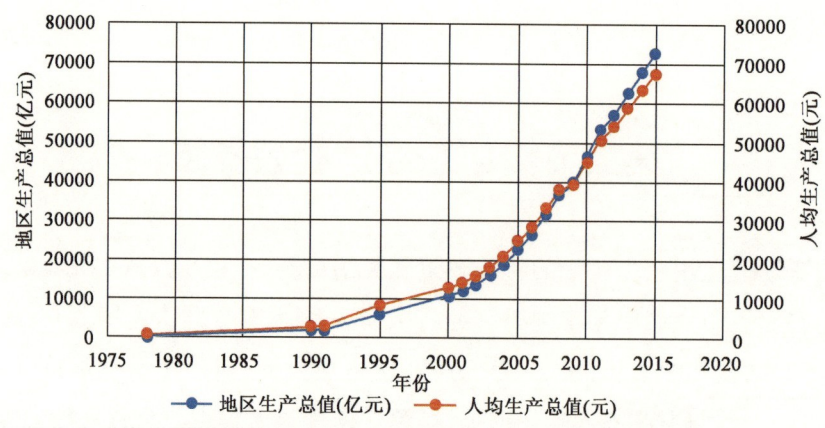

广东省历年地区生产总值与人均生产总值变化趋势图

二、产业结构

经济产业结构不断调整。三次产业增加比重由 2000 年的 9.2：46.5：44.3 转变为 2015 年的 4.6：44.8：50.6，第一产业比重持续下降，第二产业经历先增长后放缓、回落，第三产业比重稳步提升，并逐步占据 50% 以上。

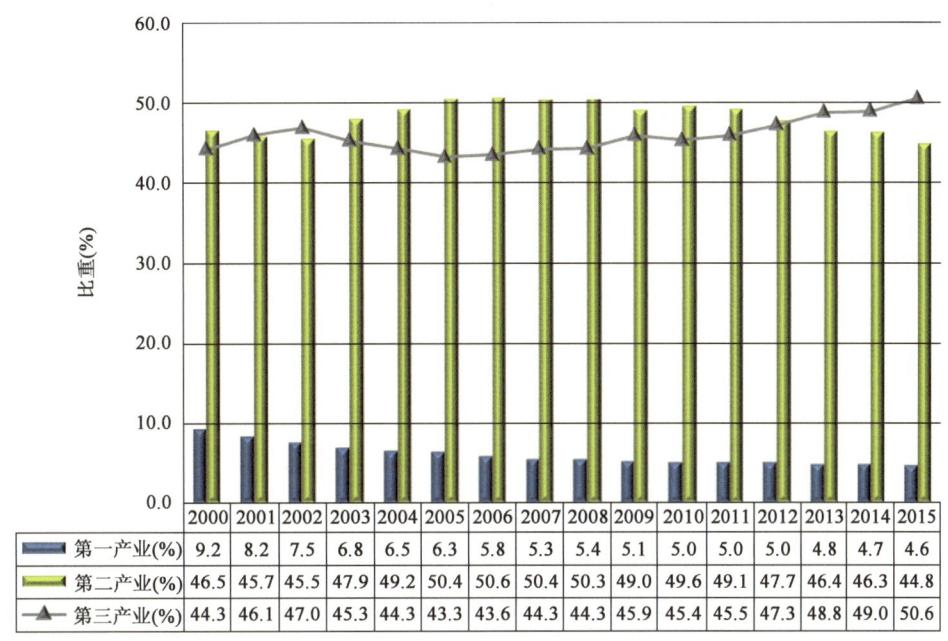

广东省三次产业结构变化趋势图

三、对外贸易

外向型经济得到长足发展。外贸出口、实际利用外资连续多年居全国首位。2015 年，全省完成进出口总额 10228 亿美元，占全国 25.8%；其中出口 6435 亿美元，占全国 22.6%；进口 3793 亿美元，占全国 28.3%。实际外商直接投资 268.75 亿美元，占全国 21.3%。广东省历年外贸进出口情况见表 1-2-2。

广东省历年外贸进出口情况（单位：亿美元） 表 1-2-2

年份（年）	进出口总额	出口	进口	差额
2000	1701	919	782	137
2001	1765	954	811	144
2002	2211	1185	1026	158
2003	2835	1528	1307	222
2004	3571	1916	1656	260
2005	4280	2382	1898	483

续上表

年份(年)	进出口总额	出口	进口	差额
2006	5272	3019	2253	767
2007	6340	3692	2648	1044
2008	6835	4042	2793	1249
2009	6111	3590	2522	1068
2010	7849	4532	3317	1215
2011	9133	5318	3815	1503
2012	9839	5741	4099	1642
2013	10918	6364	4555	1809
2014	10766	6461	4305	2156
2015	10228	6435	3793	2641

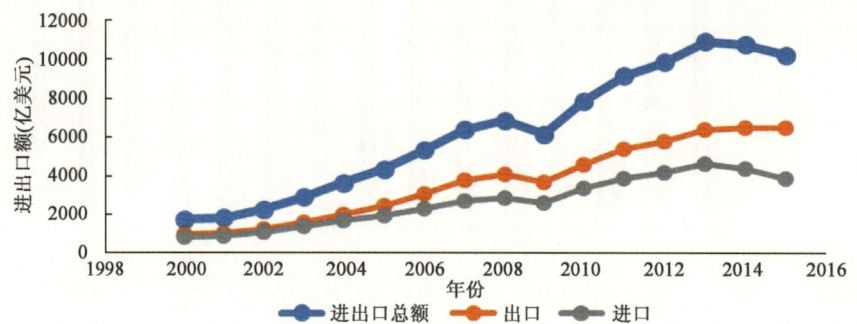

广东省外贸进出口额变化趋势图

四、财政收入

2015年,广东省地方一般公共预算收入9366.78亿元,地方一般公共预算支出12827.7964亿元,一般公共预算收入占地区生产总值的比重为12.9%。稳定增长的财政收入为广东省社会经济各项发展,尤其是重大项目、重大改革两大方面,提供了坚实的财力保障。广东省地方一般公共预算收支和增长速度见表1-2-3。

广东省地方一般公共预算收支和增长速度　　　表1-2-3

年份(年)	地方一般公共预算收入(亿元)	地方一般公共预算支出(亿元)	预算收入增速(%)	预算支出增速(%)	一般公共预算收入占地区生产总值的比重(%)
2000	910.56	1069.86	18.8	3.4	8.5
2001	1160.51	1321.33	27.5	23.5	9.6
2002	1201.61	1521.08	3.5	15.1	8.9
2003	1315.52	1695.63	9.5	11.5	8.3

续上表

年份(年)	地方一般公共预算收入(亿元)	地方一般公共预算支出(亿元)	预算收入增速(%)	预算支出增速(%)	一般公共预算收入占地区生产总值的比重(%)
2004	1418.51	1852.95	7.8	9.3	7.5
2005	1807.20	2289.07	27.4	23.5	8.1
2006	2179.46	2553.34	20.6	11.5	8.3
2007	2785.80	3159.57	27.8	23.7	9.0
2008	3310.32	3778.57	18.8	19.6	9.3
2009	3649.81	4334.37	10.3	14.7	9.2
2010	4517.04	5421.54	23.8	25.1	9.8
2011	5514.84	6712.40	22.1	23.8	10.4
2012	6229.18	7387.86	13.0	10.1	10.9
2013	7081.47	8411.00	13.7	13.8	11.4
2014	8065.08	9152.64	13.9	8.8	11.9
2015	9366.78	12827.80	11.9	40.1	12.9

广东省地方财政收支情况

五、城镇化水平

改革开放以来,广东省的城镇化水平有了显著的提高,进入加速发展阶段,城镇人口占常住人口比例从2000年的55%增加到2015年的68.71%,2015年底广东省城镇人口达到7454万人。广东省及各区域历年城镇人口占常住人口比例见表1-2-4。

广东省及各区域历年城镇人口占常住人口比例(%)　　　表1-2-4

区域	2000年	2010年	2011年	2012年	2013年	2014年	2015年
珠三角	71.59	82.72	83.01	83.84	84.03	84.12	84.59
粤东	50.45	57.71	58.21	59.05	59.38	59.55	59.93
粤西	38.64	37.67	38.29	39.72	40.45	41.03	42.01

续上表

区域	2000年	2010年	2011年	2012年	2013年	2014年	2015年
粤北	36.96	44.29	44.49	45.30	45.98	46.37	47.17
全省	55.00	66.17	66.50	67.40	67.76	68.00	68.71

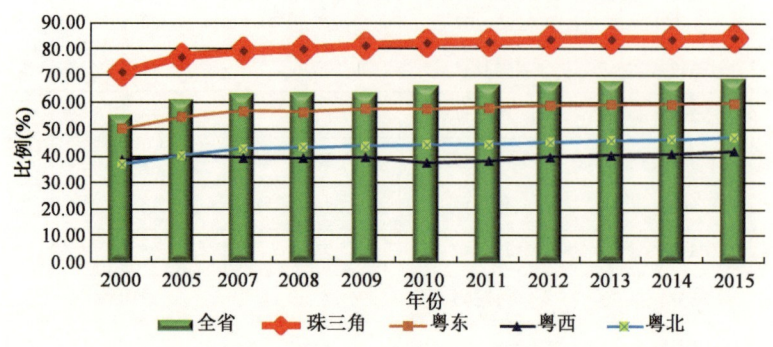

广东省及各区域城镇化水平变化趋势图

珠三角城镇化的龙头作用明显,城市化水平接近发达国家水平。2015年,珠三角常住人口占全省的54.1%,地区生产总值占全省的比重达79.1%。广东省基本形成以广州为中心,沿铁路和公路呈轴线放射的城镇发展格局。各类城市(镇)全面发展,密集的城市群基本形成,并在广东省的城镇发展中发挥着重要的作用。城市人口与产业高度集聚,成为全国性的经济核心区之一,带动着全省社会经济的发展;城市群的辐射功能强,随着产业升级和产业转移,对全省其他区域城镇的发展起到很大的推动作用。

第三节 综合运输

广东乘改革开放的东风,以经济建设为中心,在高度重视基础产业发展的同时,不断加强交通基础设施建设,发展交通运输事业。经过30多年的发展,广东的公路、铁路、港口和民用机场等交通基础设施发生了翻天覆地的变化,站、场、港面貌一新。车、船、飞机等运输装备及配套设施技术先进,各种运输方式协调发展,相互连接,通达全省城乡。交通运输繁荣兴旺,经济蓬勃发展,欣欣向荣。广东由一个交通运输落后的边陲沿海省份,发展为具有公路、铁路、水路、民航综合运输体系的交通大省,初步实现了交通运输现代化,为广东经济建设发挥了"先行官"作用。2016年,全省公路通车里程218085km,比1978年的52194km增长3.2倍;铁路营业里程5535km,比1978年的1003km增长4.52倍;民航航线里程255.23万km,比1978年的2.0763万km增长121.9倍;内河通航里程12150km,比1980年的10808km增长12%;港口码头泊位2811个,比1978年的1228个增长1.29倍,其中万吨级码头泊位304个,比1978年的20个增长14.2倍。

交通基础设施的发展完善,使客、货运输量大幅提高。至2016年底,广东省完成综合运输主要指标:客运量达144262万人,比1978年的15906万人增长8倍;旅客周转量达3842.58亿人公里,比1978年的75.89亿人公里增长49.6倍。货运量377645万t,比1978年的15204万t增长23.8倍;货物周转量达22032.27亿吨公里,比1978年的1038.88亿吨公里增长20.2倍。港口货物吞吐量达197924万t,比1978年的7315万t增长26倍;港口旅客吞吐量3434.94万人,比1978年的1488.4万人增长1.3倍。航空旅客吞吐量达11439.71万人,比1978年的43万人增长265倍。

一、公路

1978年前,广东公路基础设施十分薄弱,技术等级低,且都是三级以下公路及等外路,渡口多,等渡时间长。1979年后,广东乘改革开放的东风,大力开展公路建设,重点改扩建国省道干线和改渡为桥。至1990年公路主干线基本实现无渡口通车。1986年起,重点建设高等级公路和高速公路,经过"七五"至"九五"期的建设,全省公路通车里程达102606km,比1978年增长96.5%,其中高速公路1186km,一级公路5931km,二级公路13396km,公路密度达57.5km/100km^2。全省高速公路主骨架形成,境内所有县、乡镇、行政村通公路。进入2001年后,广东重点抓高速公路建设,组织公路建设"大会战",使公路建设进入跨越式发展。至2015年实现了"县县通高速",全省高速公路通车里程达7018km。广东与相邻的广西、湖南、江西、福建4省(自治区)均有3条以上高速公路相连,经过广东的21条国家高速公路已有15条实现粤境段全线贯通。"十三五"期的2016—2017年,广东高速公路建设继续大步发展,全省高速公路通车总里程达8338km,比2000年的1186km增长了6倍,与相邻的广西、湖南、江西、福建省(自治区)均有4条以上高速公路相连,全省高速公路网络基本形成。至2017年底,全省公路通车里程达219580km,公路密度达123.42km/100km^2,比1978年的29.5km/100km^{2}增长3.18倍。

在公路建设跨越式发展的同时,广东新建改建一大批大型现代化运输站场并相继建成投入使用。"七五"至"九五"期,广东省运输企业客运站拆建、迁建县城以上客运站86个,建成面积597520m^2,投资22.2亿元。先后建成了广州天河、芳村、海珠、湛江海田、汕头中心站等大型汽车客运站。同时有众多的货运站先后建成并投入运营。2007年10月,交通部确定广州、佛山、深圳、东莞、汕头、湛江、珠海、江门、茂名、梅州、韶关、肇庆为国家公路运输枢纽,其中广(州)佛(山)、深(圳)莞(东莞)为组合枢纽。经过"十五"至"十一五"期的大力建设,站场面貌发生了巨大变化,不仅规模大,而且设备先进,服务功能完善,具备集散、中转、仓储、装卸等多功能,衔接公、铁、水等运输方式。先后建成的广州南站、深圳北站等一批无缝衔接、换乘便捷的综合客运枢纽,以及深圳华南物流、珠海汇通、广州黄埔、广州林安等一批采用多式联运等先进运输组织方式的货运枢纽(交通物流园),有力地支撑现代物流业的发展,促进全省综合交通运输体系的发展和完善。2016年,全省公路等级客运站场达441个,其中一级站56个,二级站104个,三级站161个,四级站101个,五级站19个;公路等级货运站场共195个,其中一级站36个,二级站27个,三级站24个,四级站108个。2016年,全省民用汽车1675.50万辆,比1978年的56548辆增长295.3倍;载客汽车1485.65万辆,比1978年的11758辆增长1262.5倍。2016年,全省有客运班车线13051条,其中省际班线3684条,市际班线4246条,跨县班线1466条,县内班线3655条。全省共计行政村19603个,已开通农村客运班车的行政村17632个,开行农村客运班线1501条,客运班车通达率达89.95%,有条件的行政村通达率达100%。2016年,全省有客运客车(不含公共汽车、出租车)达39329辆,运营货车保有量达69.8万辆。2016年,全省完成公路客运量102094万人,比1985年的41826万人增长1.44倍;旅客周转量1079.80亿人公里,比1985年的178.27亿人公里增长5.06倍。完成货运量272826万t,比1985年的42183万t增长5.47倍;货物周转量3381.92亿吨公里,比1985年的156.45亿吨公里增长20.62倍。

二、铁路

1978年前,广东铁路主要有京广线、广深线、广三线、黎湛线、河茂线5条国铁及曲仁、南岭、梅龙3条地方铁路,营业里程1003km。出省通道只有京广线和黎湛线。

在改革开放政策的指引下,广东经济迅速发展。1981年后,广东先后对衡广、广深两条铁路进行复线建设及电气化改造。新建广深准高速铁路,京九铁路广东段、三茂、广梅汕、平南、平盐、罗定等多条铁路,1988年开工建设粤海铁路。2000年6月,连接广东、福建的梅(州)坎(市)铁路全线铺通。至2000年底,广东境内有京广、广深、黎湛、河茂、畲汕、京广、平南、平盐、漳龙、罗阳等铁路干线。全省铁路干线总里程达1942km,比1978年的1003km增加939km。基本形成纵横南北,贯通东西的铁路网络。出省通道由2条增到4条,而且拥有全国第一条准高速铁路——广深准高速铁路。2000年,全省完成铁路客运量12165万人,旅客周转量241.52亿人公里;货运量15172万t,货物周转量295.97亿吨公里。进入2001年后,广东铁路建设迅猛发展。至2014年,广东铁路建成双线的有京广、京九、黎湛铁路等以及四线的广深铁路。建成高速铁路(双线)有京广、广深港、厦深、茂湛、贵港、南广等,以及广珠城际铁路(双线),建成新线韶赣铁路(单线),以及2014年6月开工建设的深茂高速铁路(正线全长265km)。同时,建设一批规模大、设备先进、服务功能齐的高速铁路火车站。2016年广东铁路营业里程5535km,比1978年的1003km增长4.52倍。其中国家铁路629km,地方铁路4096km。2016年全省铁路完成客运量28954万人,比1985年的3357万人增长7.62倍;旅客周转量793.44亿人公里,比1985年的

50.41亿人公里增长14.74倍;货运量10135万t,比1985年的3000万t增长2.38倍;货物周转量254.41亿吨公里,比1985年的102.29亿吨公里增长1.49倍。

广东城镇化的发展推动城市轨道交通建设。至2015年,广东省有广州、深圳、珠海、佛山、东莞等5个城市进行城市轨道交通建设。1990年5月,广州市兴建了第一条全长18.5km的地铁,至2017年广州建成地铁近400km。1998年7月,深圳市地铁开工建设,至2017年深圳建成地铁270km。

三、水路

广东充分发挥沿海岸线长、港湾众多和河道水网发达的优势,大力发展水路交通基础设施建设,衔接公路、铁路等交通运输方式的全面发展。一是加快沿海港口建设,大力发展以枢纽港为中心的港口体系,重点加强广州、深圳、湛江、汕头、珠海5个枢纽港的建设,特别是把枢纽港大型集装箱专业化码头建设放在突出地位,以带动支线港、喂给港的发展,形成以枢纽港为龙头、层次分明、功能完善的多种运输方式互相衔接的集装系统。至2016年,广东拥有吞吐量超千万吨港口16个,完成港口货物吞吐量17.99亿t,其中,广州、深圳、湛江、珠海、东莞5个港口吞吐量均超亿吨。全省港口码头泊位2811个,比1978年的1228个增长1.29倍。广州港有各类码头泊位654个,其中万吨级泊位71个。2017年货物吞吐量达5.89亿t,集装箱吞吐量达2035.6万标准箱。开通集装箱班轮航线150条,其中外贸航线67条,内贸航线83条。深圳港完成货物吞吐量2.41亿t,其中外贸货物吞吐量1.88亿t,完成集装箱吞吐量25420.86万标准箱。开通国际集装箱班轮航线254条,沿海内贸支线、外贸驳船航线47条,海铁联运班列14条。湛江港有各类码头泊位174个,其中生产用泊位119个,拥有30万吨级和25万吨级散货泊位各1个,30万吨级矿石泊位1个,5万吨级和1万吨级件杂货泊位各1个。2016年,完成货物吞吐量2.56万t,集装箱吞吐量72.4万标准箱。珠海港拥有生产性泊位152个,其中万吨级生产性泊位27个,全年完成吞吐量1.18亿t,集装箱吞吐量165.35万标准箱。二是加快内河航道整治和疏浚,挖深广州、深圳、汕头、湛江等枢纽港出海航道。整治和疏浚的有西江干线航道,陈村、江门、东莞、东平、白坭、小榄和莲沙容水道,横门出海航道,虎门出海航道及湛江30万吨航道等,航道技术等级得到大幅提升。特别是珠江三角洲航道形成了"三纵三横"的格局。以西江水运主要通道和珠江三角洲地区千吨级航道网为中心,向北江、东江等周边地区辐射,形成了干支相通、江海直达的高级航道网。2015年,全省内河航道通航里程达12150km,其中1~7级航道里程4667km。内河航道技术等级提高和航行条件改善,实现与公路、铁路互相衔接,江海相通,水陆连接。特别是港口的先进技术装备和现代科学管理,良好的水路基础设施,为运输船舶向大型化、专业化以及特种船的发展提供了条件。至2016年,全省拥有机动船8579艘,比1978年的5703艘增加了2876艘,船舶吨位数(万净载重吨)2144.80万t,比1978年的114.693万t增长17.7倍。2016年全省水路客运量2648万人,比1985年的4427万人下降40.2%;旅客周转量10.34亿人公里,比1985年的20.46亿人公里下降49.5%;水路货运量85633万t,比1985年的12045万t增长6.11倍;货运周转量18160.35亿吨公里,比1985年的1503.47亿吨公里增长11.08倍。

四、民航

1979年前,广东省只有广州白云和湛江两个民用运输机场汕头外砂和兴宁两个军民合用机场。1980年后,广东对原有的广州白云、湛江、汕头机场进行扩建改造,新建了梅县、深圳、珠海机场,以及广州白云(新)国际机场和揭阳潮汕机场等。广州白云、深圳宝安、珠海金湾、揭阳潮汕等机场,飞行区等级指标为4E,均满足大型飞机起降要求。2015年,广东境内拥有民用运输机场8个,即广州白云、深圳宝安、珠海金湾、揭阳潮汕、湛江、梅县、佛山沙堤、惠州平潭机场,这批机场建成使用,使广东的民航事业面貌一新,机场吞吐量大为提高。

民航机场的大兴建,促进了民航运输的大发展。至2016年,全省拥有民航航线1021条,比2000年增加了571条。广州白云(新)国际机场于2004年8月4日投入使用,转场当年旅客吞吐量超过2000万人,至2008年旅客吞吐量达3343.55万人,2013年旅客吞吐量达5000万人,2017年旅客吞吐量达6583.69万人,实现以"每3年1000万人"的速度发展。2017年广州白云(新)国际机场共有80家航空公司在运营,其中境外航空公司近50家,连接80多个目的地,实现至东北亚、东南亚、南亚主要城市形成"4小时航空圈",与全球主要城市实现12小时通达。1991年10月建成运营的深圳宝安机场客货运量快速增长。2000年开通航线达108条,当年起降飞机74251架次。2008年开通航线达132条,通航城市94个,旅客吞吐量达2140万人。深圳机场是我国境内唯一集海、陆、空为一体的现代化国际空港。1995年竣工的珠海金湾机场,2008年旅客吞吐量达112.8万人,飞机起降30430架次,从1996年开始,我国每逢双年11月中旬在该机场举行"中国国际航空航天博览会"。

五、管道

管道运输主要是输送石油和油气。广东自1980年10月建成投产的茂名至湛江的115.5km输油管道,至2008年,共铺设输油气管道79条,输油气管线里程达5119.25km。2008年通过管道输送的油气量达6263万t。2009年以来,广东加快西气东送项目建设,管道已基本覆盖珠江三角洲主要城市,全省初步形成以珠三角为中心的油气管网。至2016年,油气管线建设总里程达8553.5km,油气输送量达8891万t。管道运输占全部运输量的比重大幅提高,管道运输在综合运输方面发挥越来越重要的作用。

广东全社会旅客、货物运输量统计分别见表1-3-1、表1-3-2,1978—2000年广东省运输工具拥有量见表1-3-3,2010—2016年广东运输工具和路线拥有量见表1-3-4。

第一章
经济社会与综合运输

广东全社会旅客运输统计表

表 1-3-1

年份(年)	客运量(万人)					旅客周转量(亿人公里)				
	合计	铁路	公路	水路	民航	合计	铁路	公路	水路	民航
1985	49848	3357	41826	4427	238	270.23	50.41	178.27	20.46	21.09
1986	126890	3742	113561	9295	292	450.35	56.70	346.81	19.82	27.02
1987	158715	4129	144684	9557	345	796.86	66.98	678.04	21.20	30.64
1988	218915	4828	204278	9420	389	402.34	82.53	261.18	22.43	36.20
1989	66727	4882	58110	3377	358	447.62	84.38	309.25	20.50	33.49
1990	78046	4467	70681	2428	470	453.21	82.56	307.40	19.68	43.57
1991	83460	5004	75570	2317	569	526.66	102.11	348.85	20.89	54.81
1992	93678	6243	83128	3503	804	624.55	131.99	385.76	25.75	81.05
1993	95468	6835	84708	3078	847	696.92	161.04	422.88	25.60	87.40
1994	125036	6920	111447	5636	1033	929.48	164.11	619.52	33.21	112.64
1995	130998	6283	118406	5146	1163	936.29	163.11	613.07	31.13	128.98
1996	128831	5593	117815	4232	1191	938.65	153.86	626.60	20.65	137.54
1997	123649	6201	113259	3032	1157	957.20	177.61	616.48	17.21	145.90
1998	132462	6743	121795	2729	1195	994.84	194.16	630.65	13.87	156.16
1999	148636	7553	137324	2605	1154	1082.14	212.13	700.74	13.62	155.65
2000	164791	12165	148945	2363	1318	1218.59	241.51	780.74	11.65	184.69
2001	178676	12783	161967	2382	1544	1342.12	252.37	858.86	11.40	219.49
2002	188657	13310	171191	2347	1809	1490.34	273.19	945.16	11.31	260.68
2003	191202	12935	174288	2208	1771	1505.83	267.14	983.67	11.41	243.61
2004	202414	15142	183012	1827	2433	1738.21	308.38	1076.06	10.17	343.60
2005	212104	16106	189881	2062	4055	2122.14	327.74	1190.73	9.54	594.13

续上表

年份（年）	合计	客运量（万人）				合计	旅客周转量（亿人公里）			
		铁路	公路	水路	民航		铁路	公路	水路	民航
2005（调整）	161357	16106	139158	2038	4055	2043.23	327.74	1111.57	9.79	594.13
2006	197314	15109	175567	2073	4565	2245.37	347.60	1212.76	12.14	672.87
2007	211215	16762	186835	2071	5548	2626.71	387.61	1410.72	10.98	817.40
2007（调整）	206504	12050	186835	2071	5548	2626.71	387.61	1410.72	10.98	817.40
2008	238375	13739	216902	1902	5832	2844.79	420.12	1566.73	9.80	848.14
2008（调整）	484161	13739	462997	1593	5832	2551.92	420.12	1276.12	7.54	848.14
2009	428705	13394	406704	1873	6734	2853.30	407.72	1470.06	7.06	968.46
2010	467049	14956	442224	2241	7628	3342.23	456.46	1736.34	8.36	1141.07
2011	522095	17902	493618	2594	7981	3851.84	505.16	2082.68	9.63	1254.37
2012	586299	18528	556510	2725	8535	4372.06	514.88	2470.11	10.01	1377.06
2013	636816	20459	604934	2426	8997	4852.41	565.91	2776.08	10.23	1500.19
2013（调整）	175109	20459	143406	2247	8997	3538.10	565.91	1462.82	9.18	1500.19
2014	193363	23744	157234	2613	9771	3967.28	670.78	1629.79	10.67	1656.05
2015	207345	26536	168028	2728	10054	4335.79	747.05	1769.61	10.50	1808.63
2015（调整）	137368	26536	98050	2728	10054	3601.12	747.05	1034.94	10.50	1808.63
2016	144262	28954	102094	2648	10566	3842.58	793.44	1079.80	10.34	1959.00

注：此表数据来自2017年《广东统计年鉴》。

广东全社会货物运输量统计表

表1-3-2

年份(年)	合计	货运量(万t) 铁路	公路	水路	民航	管道	合计	货物周转量(亿吨公里) 铁路	公路	水路	民航	管道
1985	58726	3000	42813	12045	4	864	1767.86	102.29	156.45	1503.47	0.38	5.27
1986	65078	4269	49030	10831	4	944	1845.33	130.02	127.28	1581.60	0.45	5.98
1987	74571	4493	57393	11664	5	1016	1982.59	142.56	179.41	1653.81	0.54	6.27
1988	79811	4504	57717	16583	6	1001	2209.11	151.55	216.22	1834.41	0.67	6.26
1989	85054	4888	63254	15820	6	1086	2419.57	168.39	301.16	1942.79	0.71	6.52
1990	85809	4803	63709	16198	8	1091	2598.88	179.54	346.27	2065.69	0.90	6.48
1991	94136	5347	69784	17718	10	1277	3181.83	206.18	386.49	2580.79	1.06	7.31
1992	113119	6089	84181	21346	12	1491	3560.59	239.34	583.36	2727.97	1.41	8.51
1993	125273	6595	87567	29660	14	1437	3797.09	261.91	428.17	3097.19	1.70	8.12
1994	119901	6971	81361	30165	20	1384	4326.09	280.31	443.54	3592.35	2.39	7.50
1995	111063	7634	68884	32952	21	1572	4642.91	290.78	352.45	3990.19	2.75	6.74
1996	95598	8138	60131	25699	24	1606	3761.09	294.12	327.81	3129.27	3.27	6.62
1997	99763	8430	62728	26873	25	1707	3837.78	294.45	341.08	3185.26	3.99	13.00
1998	101933	8288	65682	25669	28	2266	3453.92	290.65	371.08	2750.19	4.90	37.10
1999	106334	8150	70626	24857	31	2670	2980.69	282.68	426.70	2223.75	5.45	42.11
2000	119216	15172	75365	25696	31	2952	3064.51	295.97	472.49	2247.86	6.45	41.74
2001	131621	15435	86555	26434	35	3162	3221.47	296.79	522.89	2350.73	7.54	43.52
2002	137032	14790	92736	26263	42	3201	3229.39	277.87	576.35	2323.27	9.94	41.96
2003	143964	15375	97806	27412	42	3329	3666.83	285.02	614.01	2719.83	11.76	36.21
2004	156094	19495	102843	29783	49	3924	4148.54	341.26	657.49	3091.39	13.22	45.18
2005	158470	18647	105581	30179	73	3989	4359.97	319.68	781.41	3195.85	17.45	45.58

续上表

年份(年)	货运量(万t)						货物周转量(亿吨公里)					
	合计	铁路	公路	水路	民航	管道	合计	铁路	公路	水路	民航	管道
2005(调整)	133992	18647	84861	26422	73	3989	3917.43	319.68	646.55	2888.17	17.45	45.58
2006	145911	16170	97461	27503	79	4698	4162.77	333.12	742.67	2964.89	18.70	103.39
2007	165426	16480	112611	30893	87	5355	4430.93	337.31	906.84	3043.53	20.14	123.11
2007(调整)	160455	11285	112611	30893	87	5578	4489.69	337.31	906.84	3043.53	20.14	181.87
2008	176279	11545	126068	32318	85	6263	4520.12	344.96	1064.55	2878.85	18.38	213.38
2008(调整)	153256	11545	101428	33935	85	6263	4591.22	344.96	1225.30	2853.92	18.38	148.66
2009	179722	11254	125433	36623	90	6322	4942.83	309.55	1518.43	2937.94	18.83	158.08
2010	205034	12170	142389	43092	116	7267	5933.88	329.49	1753.40	3642.22	32.98	175.79
2011	234978	12034	166567	48856	118	7403	7113.29	322.25	2150.04	4427.64	37.00	176.36
2012	266359	12002	189034	57737	128	7458	9780.56	306.04	2434.95	6820.29	42.40	176.89
2013	305833	12042	217630	68378	131	7652	12495.94	301.55	2875.68	9104.57	44.20	169.94
2013(调整)	328138	12042	239462	68851	131	7652	22212.56	301.55	12668.03	9028.84	44.20	169.94
2014	353732	11143	257135	77220	144	8090	15020.92	274.81	3113.84	11407.80	51.05	173.42
2015	376434	10072	279983	78093	149	8137	15130.6	253.90	3454.99	11190.91	56.47	174.33
2015(调整)	349832	10072	255993	75481	149	8137	14667.43	253.90	3108.81	11073.92	56.47	174.33
2016	377645	10135	272826	85633	160	8891	22032.27	254.41	3381.92	18160.35	61.85	173.74

注:此表数据来自2017年《广东统计年鉴》。

1978—2000年广东省运输工具拥有量

表1-3-3

项　目			1978年	1980年	1985年	1990年	1995年	2000年
一、铁路	机车	（台）	186	165	234	273	431	
	客货车	（辆）	1153	1281	1684	1627	2798	
	客车	（辆）	499	596	715	1093	1710	
	货车	（辆）	654	685	969	534	1088	
二、公路	（一）民用汽车	（辆）	56548	88526	219649	402086	1147348	1729054
	载客汽车	（辆）	11758	22276	83490	148023	447346	853375
		（客位）			1018825	2045643	3845569	7969195
	普通载货汽车	（辆）	42242	62743	132166	247225	662338	828178
		（吨位）			487232	873258	2258385	3304158
	专用载货汽车	（辆）	593	661		565	8321	15601
		（吨位）				7110	51847	213312
	其他专用汽车	（辆）	729	1464	1706	1938	14819	22423
	特种汽车	（辆）	1226	1382	2287	4335	14524	9477
	（二）轮胎式拖拉机	（台）	100379	128897	257159	327079	324955	156166
	手扶拖拉机	（台）			233586	307447	286742	120241
	（三）摩托车	（辆）	14047	15811	217640	797338	3429133	6799167
	（四）其他机动车	（辆）	632		11371	30341	52903	17091
	（五）载货挂车	（辆）	7926	8599	7976	5916	3451	6040
三、水运	（一）机动船	（艘）	5703	6008	8918	40473	33117	21733
		（净载重吨位）	146930	170667	293746	7611980	7888261	5268845
		（客位）	38799	37953	96992	140616	171298	149004
	货船	（艘）	4604	5019	8299	37940	30496	19449
		（净载重吨位）	144291	168835	292660	7597033	7880904	5256529
	客货船	（艘）	225	204	127	245	642	423
		（净载重吨位）	2639	1832	1086	14974	7357	12316
		（客位）	35565	33500	19839	30092	26108	15712
	客船	（艘）	23	26	102	1719	1516	1477
		（客位）	3234	4453	23984	110524	145190	133292
	拖船	（艘）	853	759	390	569	463	384
		（kW）				97747	245198	247489
	（二）驳船	（艘）	10737	9939	8484	5869	2014	1076
		（净载重吨位）	329576	344034	395872	458921	601040	274836
		（客位）	3973	1852	100	987	160	395
	（三）帆船	（艘）				593	85	
		（净载重吨位）				33152	4961	
四、民航民用飞机		（架）	65	71	89	73	97	106

注：此表数据来自2017年《广东统计年鉴》。

2010—2016年广东运输工具和线路拥有量　　　　表1-3-4

项　目			2010年	2013年	2014年	2015年	2016年
一、铁路	机车	（台）	448	356	354	350	424
	营业里程	（km）	2297	3203	3818	5141	5535
	中央铁路		629	629	629	629	629
	地方铁路		1668	2574	3189	4512	4906
二、公路	公路通车里程	（km）	190144	202915	212094	216023	218085
	民用汽车	（万辆）	783.50	1178.51	1332.94	1472.33	1675.50
	载客汽车	（万辆）	629.30	992.39	1144.18	1290.57	1485.65
		（万客位）	4148.85	6089.14	6832.82	7572.21	8612.19
	私人轿车	（万辆）	380.46	619.69	722.23	820.12	940.03
	载货汽车	（万辆）	147.53	178.89	181.81	174.90	183.02
		（万吨位）	268.23	340.11	357.46	354.81	383.77
三、水运	内河通航里程	（km）	13596	12096	12150	12150	12150
	机动船	（艘）	8793	8474	8709	8716	8579
		（万净载重吨位）	1140.71	2401.37	2728.05	2703.55	2144.80
		（客位）	65960	78700	83020	80219	83815
		（总功率万kW）	420.54	632.26	677.39	688.33	622.23
	驳船	（艘）	23	20	19	19	18
		（净载重吨位）	29318	33208	33717	28220	26758
四、民航	民用航空航线条数	（条）	815	886	930	963	1021
	民用航线里程	（万km）	180.74	214.06	228.58	237.29	255.23
	民用运输飞机	（架）	441	560	581	625	651
五、管道	条数	（条）	105	107	107	116	119
	输油(气)里程	（km）	6033.62	6470.39	5404.26	6500.90	8553.51

注：此表数据来自2017年《广东统计年鉴》。

第二章
高速公路建设

1982年4月至2017年12月,广东共建设高速公路92条,完成投资8305.62亿元。截至2017年底,广东省高速公路通车总里程8338km,位居全国第一。

第一节 高速公路建设历程与成就

广东高速公路建设经历了以下三个发展阶段:

一、起步与探索阶段(1981—2000年)

改革开放后,广东经济改革先行一步,经济发展迅速。随着珠江三角洲外资企业不断增多,经贸活动频繁,带来了车辆剧增,公路交通拥堵现象日益凸显。为适应广东经济发展,缓解公路交通拥堵状况,1982年,广东省政府决定,委托交通部公路规划设计院开展建设广深珠高速公路的可行性研究。

1983年7月,《广深珠高速公路可行性报告》编制完成,广东省政府以《关于上报广深珠高速公路可行性报告的请示》报国家计委,次年4月获得批复。但工程因东线方案和皇岗口岸等问题的研究和协调而迟迟未有进展。1986年12月,由于社会经济和车辆的快速发展,广州西出口广佛公路出现车辆严重拥堵。交通主管部门和专家经多方论证,决定先在广州至佛山之间修建一条23km的高速公路,解决广州西出口车辆拥堵问题。1986年12月28日,广佛高速公路开工建设,投资2.2亿元,交通部安排补助投资4000万元,其余由省交通厅在公路养路费和公路建设基金中安排解决,并通过融资让驻香港企业珠江船务有限公司参股,1989年8月8日,广佛高速公路全线建成通车。

广佛高速公路的建成通车,拉开了广东高速公路建设的序幕。至此,广东公路建设从修建一般公路为主转为修建高等级公路为主。1989年12月,广东省政府批准广东省交通厅制定的《广东省高速公路建设规划方案》。该方案明确用20年左右时间,建设10条总长2500km高速公路,以广州为中心,向经济特区、粤东、粤西、粤北辐射,与国家主干骨架公路连接,沟通全省各个重点城市交通枢纽和对外口岸。

1991年7月,广东省政府批准开征高等级公路建设还贷资金等。同时,允许高速公路建设多渠道筹资;大力支持组建股份制公司发行股票上市;用公路项目抵押向国内银行或国际财团贷款、融资及引进外资;鼓励民间社会资本投资以及通过资产置换方式筹资等,使公路建设投资主体多元化。1991年,广深高速公路项目成功向国际银团融资8亿美元。

1992年,交通部制定的"五纵七横"国道主干线规划付诸实施。其中,同三线(现沈海线)和京珠线纵横贯通广东省东西和南北,这对广东实施《广东省高速公路建设规划方案》意义重大。

1992年12月,广东省委、省政府在广州召开全省交通、能源、通信工作会议。时任广东省委书记谢非指出:交通、能源、通信是保证实现现代化的基础设施,要在较短时间内集中财力、物力、人力取得重大突破和进展。要进一步解放思想,依靠改革求发展,打破框框,放开手脚,在投资体制和管理体制改革中闯出一条符合社会主义市场经济、国际惯例和省情的路子。这次会议在资金筹措、投融资体制方面给予政策支持。1993年,佛开高速公路和深汕高速公路(西段)向世界银行各贷款1亿美元。深汕高速公路(东段)及汕头海湾大桥与香港长江和黄企业合作经营。

1993年5月,广东省政府印发《广东省交通投资融资体制改革方案通知》,通过组建公司按市场经济运作,把交通政策性收费筹集资金按省的交通规划以投资参股等方式用于交通建设项目,实行有投有收、收回再用、滚动发展。截至1997年5月1日,全省公路建设主要项目利用外资签约41项,利用外资565.15亿元,占总投资的60.6%。

1998年,国家出台加大基建投资政策,支持高速公路发展。同年7月,广东省第九届人大常委会第四次会议通过《广东省高速公路管理条例》,对高速公路"发展规划""资金筹措""建设养护""经营管理"和"路政管理"等作了规定,使高速公路发展有法可依,为高速公路建设进入快车道打下坚实基础。

"八五"至"九五"期间,全省开工建设高速公路项目共34个,总投资1075亿元,建成通车高速公路1186km。

二、加速与跨越阶段(2001—2010年)

进入2001年后,广东省委、省政府提出广东公路建设各阶段战略布局的目标和任务,主要是:2003年底建成山区通中心城市的高速公路;2004年建成中心城市通所有地级以上市的高速公路;2005年底建成与所有邻省(自治区)的主要高速公路通道,基本满足"泛珠三角经济区"的协作交往;2007年基本建成连接全省各地市的10条高速主干线以及直达毗邻省(自治区)的8条高速出省通道,全省高速公路网主骨架基本形成;2010年珠江三角洲经济区高速公路网络趋于完善,珠江三角洲经济区公路交通实现"半日工作圈"(即区内任何一个市、县之间,基本实现半日往返)。同时,组织开展"提高工程质量,降低工程造价",建设"精品工程"活动。

为了实现高速公路建设目标和任务,广东省政府每年召开一次高速公路建设工作会议,及时解决高速公路建设中出现的实际问题,确保高速公路建设工作的顺利进行。2001年和2002年分别取得新增高速公路314km和350km的好成绩。

2003年2月,省政府在云浮市广梧高速公路建设现场召开加快通地级市高速公路建设办公会,省长黄华华、常务副省长李鸿忠等到现场办公,要求各地、各部门加快通地级市高速公路建设步伐。2003年底,全省建成通车的高速公路有京珠北、开阳、惠河二期、广惠、揭普、汕梅、深圳盐坝二期、莞深二期等,新增高速公路454km。全年交工验收的14个高速公路项目全部都是优良工程,建成了以开阳高速公路为代表的一批"精品工程"。

2004年8月,交通部在广东省开平市召开"全国交通系统基础设施建设项目廉政工作交流会",推广开阳高速公路建设"优质、高效、低价、廉洁"经验。会议充分肯定了"开阳经验",对推动广东高速公路快速发展起到了促进作用。2004年,全省新增高速公路217km,提前实现了21个地级以上市全部通高速公路目标。

2005年,全省高速公路建设完成投资200亿元,新增高速公路622km,再创年度新增高速公路新纪录。2005年12月28日,粤赣高速公路粤境段、渝湛高速公路粤境段、西部沿海高速公路珠海段正式通车,实现建成与所有邻省(自治区)通高速公路的目标。基本形成以珠江三角洲为中心,连接港澳,以沿海为扇形面向山区和内陆省份辐射的高速公路网络,构筑了广东省"一日生活圈",为实现"区域协调发展"提供了良好条件。

2006年7月21日,广东省委、省政府通过了《中共广东省委广东省人民政府关于加快交通业发展的意见》,作为广东省交通业大发展的重要文件。8月1日,省交通厅、省发改委、省国土厅、省建设厅、省监察厅联合下发《关于加快高速公路重点项目建设有关问题的意见》,对落实《广东省高速公路发展规划(2004—2030)》,继续加快广东高速公路建设提供了重要保证。2006年,全省完成高速公路建设投资160.4亿元,建成高速公路里程200km,全省高速公路总里程达3340km。

2007年6月15日,广东省政府在肇庆召开全省高速公路建设现场会,要求全力落实高速公路建设,到2010年全省通车总里程要达到5000km左右。这一年,全省高速公路建设重点推进广深沿江、广珠西线二期、广贺、广梧、韶赣、佛开扩建、清连一级公路高速化改造等,高速公路建设投资204亿元,建成高速公路里程177.3km。其中,广东首条民企独资建设的江珠高速公路建成通车,全长53.3km。

2008年5月20日,广东省政府在广州召开加快交通基础设施建设工作会议,贯彻落实《关于加快广东省交通基础设施建设的若干意见》,部署加快广东省交通基础设施建设的工作任务。这一年,全省高速公路完成投资264.75亿元,比上年增长29.8%,新开工项目339.3km,全年新建成通车高速公路302km。其中,广东省首条由政府还贷修建、全长

125.351km 的韶(关)赣(州)高速公路正式开工建设。

从2009年起,广东省交通部门加强了对高速公路的施工和运营管理。广东省交通厅对在招投标过程中以及履约方面存在问题的16家施工单位进行通报批评,并将其逐出广东交通建设市场。

2010年7月,广东省政府在清远市召开全省高速公路建设督导现场会,强调广东省高速公路建设要强化责任落实、考核问责、质量安全监管,确保实现高速公路建设预期目标。这一年,全省高速公路建设完成投资493亿元,续建高速公路项目33项(35段)共1974km,新开工项目11项共535km,建成二广高速公路怀集至三水段、韶赣高速公路、湛徐高速公路和阳阳高速公路等14个项目共802km。南雄、仁化、始兴、雷州、徐闻、广宁、怀集和阳春等8县(市)实现通高速公路目标。全省通高速公路县(市)达54个,通达率80.6%。

"十五"至"十一五"期间,广东高速公路建设进入了快车道,高速公路建设通车总里程从2000年的1186km增加到2010年的4839km,新增高速公路3653km,并连续迈上2000km、3000km、4000km三个台阶,完成了省委、省政府提出的五大战略目标,实现了新的历史跨越。

三、创新与攻坚阶段(2011—2017年)

2011年后,广东省高速公路建设以加快国家高速公路粤境段、高速公路出省通道和珠江口跨江通道建设为重点,构建布局合理、通达便利和具有较高服务水平的高速公路网络。

2011年,为贯彻落实国务院批复的《珠江三角洲地区改革发展规划纲要(2008—2020年)》,加快推进高速公路建设步伐,广东创新高速公路建设机制,推行"省市共建",实行征地拆迁包干制,创造"无障碍"工作环境,完成高速公路建设投资450.3亿元,建成了广深沿江高速公路广州至东莞虎门段、广河高速公路等项目,全省高速公路通车总里程突破5000km。

2012年,县县通高速公路有新突破。全省67个县中已有56个县通高速公路。全省高速公路总里程达5524km,实现2012年底高速公路达到5500km的目标。

2013年,省委、省政府针对广东交通发展不平衡、区域发展不协调的特点,提出加快广东东西两翼和山区高速公路基础设施建设以及完善珠江三角洲路网的目标。立足扩大珠三角地区的经济腹地,增强粤东西北地区承接产业转移能力,适时调整"十二五"规划目标。省委、省政府对加快高速公路建设采取了重大举措:一是决定开展全省高速公路建设大会战。二是印发《广东省2013—2017年高速公路建设计划》,到2017年底全省建成高速公路超过8000km,与陆路相邻省份各开通4条以上高速公路通道。三是全面落实原有高速公路建设优惠政策并正式实施"省市共建"新举措。四是成立广东省高速公路建设总指挥部。全省地级以上市成立以市长为总指挥的分指挥部,形成周密部署、精心组织、主动作为的全省大打高速公路建设大会战的局面。五是各级领导亲临施工现场调研督查和帮助解决建设难题。全年完成高速公路投资650亿元,新增通车里程181km。新开工项目13项896km,其中,粤东西北项目6项592km,出省通道项目3个,港珠澳大桥珠海连接线工程全面开工建设。

2014年,省委、省政府进一步推动高速公路建设大会战的深入开展。3月21日,省高速公路建设指挥部在广州召开全体成员大会,总结2013年全省高速公路建设推进情况和宣布考核结果,布置2014年工作任务。2014年全年完成高速公路建设投资768亿元,建成高速公路577km。

2015年,全年建成通车的有济广、大广、广明等9条高速公路,完成高速公路建设投资847.02亿元,新增通车里程740.46km,形成了以珠三角为中心,辐射粤东西北地区、连通港澳的高速公路网络,实现了"县县通高速"的宏伟目标。

"十二五"期间,全省完成高速公路建设投资3193亿元,打通大广、二广、济广、包茂等国家高速公路"断头路",新增8条省际对接通道,出省通道达到17条,实现与陆路相邻省份开通3条以上出省通道的目标。新增通车里程2179km,通车总里程达7021km,圆满实现全省"县县通高速"目标。

广东省紧紧围绕"畅内网、联外网、优衔接"目标继续推进高速公路建设,加快建成全省高速公路网络,更好发挥高速公路对国民经济发展的引领和支撑作用。新开工深中通道海中桥隧主体工程、罗定至信宜(粤桂界)、玉林(省界)至湛江高速公路等项目,新开工里程超过1200km;分段实施沈海高速公路等拥堵路段的改扩建工程;推进3583km续建项目,确保港珠澳大桥、汕昆、武深高速公路等项目按期建成通车。

2016年2月25日,中共中央政治局委员、省委书记胡春华在主持召开的全省加快推进高速公路建设工作会议上指出,"要立足已形成的好基础、好势头,坚定信心,保持定力,攻坚克难,继续发扬打硬仗、打持久战的拼搏精神,采取更加有力措施推动我省交通基础设施建设迈上新台阶"。在省委、省政府的号召下,全省继续开展高速公路建设大会战,当年完成投资862.3亿元,建成通车里程652km,全省高速公路通车总里程达到7673km,继续保持全国首位。

2017年,广东继续加快推进河(源)惠(州)(东)莞高速公路龙川至紫金段高速公路等61个项目的建设,全年完成投资865亿元,建成通车里程665km。

至2017年底,全省高速公路通车总里程达8338km,与陆路相邻省(自治区)各开通4条以上高速公路出省通道,初步形成以珠三角为核心、向粤东西北和内陆相邻省(自治区)辐射的高速公路网布局,基本实现县城半小时内上高速,广州至省内其他城市当天往返。

广　东

广东高速公路建设情况见表2-1-1。

广东高速公路建设情况统计表　　　　　表2-1-1

年份(年)	新增里程（km）	累计里程（km）	当年投资（亿元）	累计投资（亿元）	通车里程居全国省（自治区、直辖市）位置
1989	16	16	—	—	
1990	7	23	—	—	
1991	0	23	—	—	
1992	23	46	—	—	
1993	63	109	—	—	
1994	164	273	—	—	
1995	85	358	—	—	
1996	356	714	—	—	
1997	71	785	—	—	
1998	25	810	264.75	—	
1999	143	953	—	—	
2000	233	1186	—	1075.06	第三位
2001	314	1500	121.2	1196.26	
2002	350	1741	106.2	1302.46	
2003	454	2303	126.1	1428.56	
2004	217	2519	136.8	1565.36	第二位
2005	622	3140	174.1	1739.46	第二位
2006	200	3340	160.4	1899.86	第二位
2007	177	3518	204.0	2103.86	第二位
2008	302	3810	264.7	2368.56	第二位
2009	225	4035	369.1	2737.66	第二位
2010	802	4839	492.5	3230.16	第二位
2011	187	5049	450.3	3680.46	第二位
2012	475	5524	442.4	4122.86	第二位
2013	181	5703	685.0	4807.86	第二位
2014	577	6280	768.0	5575.86	第一位
2015	741	7021	847.0	6422.86	第一位
2016	652	7673	862.3	7285.16	第一位
2017	665	8338	1020.46	8305.62	第一位

第二节 高速公路建设管理

高速公路建设管理,是提高高速公路建设效能、质量、安全的根本保障。广东高速公路建设经过30多年的实践,建立了规划计划管理体系,完善了管理规章制度,创建了先进的管理方式,规范了项目施工管理,保障了广东高速公路建设有序发展。

一、高速公路建设规划

（一）编制发展规划

广东编制高速公路发展规划的基本原则是:根据国家高速公路的总体规划,与国家高速公路的总体规划相衔接,与国务院批准的《珠江三角洲地区改革发展规划纲要(2008—2020年)》相衔接;依据广东经济和社会发展以及国防建设的需要,与其他有关行业发展规划相协调,与城市建设发展规划相结合进行编制。由省交通运输厅会同省有关部门和沿线地级以上市人民政府编制,报省人民政府批准,报交通运输部备案。

广东编制高速公路发展规划始于1989年,历经多次修编。1989年编制《广东省高速公路建设规划》;2004年编制《广东省2004年至2030年高速公路建设规划》;2013年编制《广东省高速公路网规划(2013年至2030年)》。其中,1989年编制的规划从1991年起用20年时间,建设以广州为中心,向经济特区、粤东、粤西、粤北辐射,与国家主干骨架公路连接,沟通全省各个重点城市、交通枢纽和对外口岸的10条总长2500km的高速公路;2004年编制的规划以"九纵五横两环"为主骨架,以32条加密线和联络线为补充,形成以珠江三角洲为核心,以沿海为扇面,以沿海港口(城市)为龙头向山区和内陆省区辐射的路网布局,到2030年全省建成通车高速公路达到8800km;2013年编制的规划以"十纵五横两环"为主骨架,以52条加密线和联络线为补充,形成规划总里程达11570km的广东省高速公路网,对推进广东高速公路建设起到重大作用。

（二）制定建设计划

广东省交通运输厅依据省高速公路发展规划制定高速公路建设计划,确定高速公路建设项目和进度。广东的高速公路建设计划分为阶段性建设计划和年度建设计划。在认真做好"十一五""十二五""十三五"计划的基础上,更注重做好《广东省2013年至2017年高速公路建设计划》《广东省2015年至2017年高速公路建设计划》的阶段性建设计划,并在计划中明确建设项目、投资计划和资金需求,提出"大会战"任务书路线图和时间表。2015年广东对建设项目进行中期调整,出台2015年至2017年高速公路建设计划。

根据 2013—2017 年高速公路建设计划，2014 年全省高速公路通车里程要达到 6290km 左右，2015 年要达到 6840km，2017 年要达到 8140km。围绕高速公路建设目标，全省进行"高速公路建设大会战"，努力完成了计划任务。

省交通运输厅每年都制定详细的年度高速公路建设计划，通过全省交通工作会议部署实施，确保高速公路建设规划的实现。

为了全面实施高速公路建设计划，30 年来，省委、省政府先后 8 次以批复或发文出台了 76 条支持高速公路建设的政策措施，包括建立高速公路建设管理的组织指挥机构和工作机制，运用市场经济规律，改善投资环境，筹措建设资金，处理征地拆迁和明确各级人民政府对高速公路建设工作职责、任务等。这些政策措施，有力地促进了广东的高速公路建设。

二、组织领导和管理机构

（一）成立高速公路建设领导小组（高速公路建设总指挥部）和办公室

1. 省领导和管理机构

由一位副省长兼任领导小组组长（总指挥），省计委、经委、建委、交通厅、财政厅、国土厅、公安厅、工商局、税务局、物价局及有关银行派员参加（办公室设在省交通厅），负责全省高速公路建设规划的部署、协调组织工作。相关部门和单位实行负责制，在各自职责权限范围内，对项目审批的各个环节负责，各司其职，各负其责，按照"依法依规、简便高效"的原则，分解责任目标，简化程序，缩短办理时间。

2. 地级以上市领导和管理机构

地级以上市成立以市长为总指挥的分指挥部，落实各地级以上市政府责任。一是落实各市主要负责同志责任。对征地拆迁及施工过程中出现的重点难点问题，各市政府负责督办、协调，限时解决。二是落实建设资金。省市共建"双业主制"的项目，市政府要确保落实地方出资。三是落实建设管理主体责任。对于地方组织实施项目，市政府要确保按年度高速公路建设责任目标分解表的时限要求，落实各项工作，及时解决项目建设中出现的问题。四是各市相关职能部门要承担用地报批资料的编制、初审和上报工作的主体责任。五是严格控制项目沿线用地，防止发生抢建、抢种现象。六是不得实行征地补偿费包干，严禁截留、拖欠征地补偿款，维护被征地农民的合法权益。

（二）建立专业机构，加强对高速公路建设质量、安全、造价等全面管理

1. 成立公路工程监督机构

1993 年 3 月，广东省交通厅成立工程质量监督站，在原广东省交通科研所公路工程

监督站基础上组建。主要承担省管交通建设项目工程质量监督工作和全省交通工程质量监督和试验检测单位的行业管理和业务指导工作。

广东省交通厅颁发《广东省交通系统工程建设质量监督机构和人员考核实施细则》，全省地级以上市交通部门相应建立工程质量监督机构，负责市内交通建设项目工程质量监督和安全监管工作。

省级交通工程质量监督机构在抓好日常项目监督管理工作的同时，主要组织好定期的全省质量监督综合检查评比活动，建立健全质量监督工作机制，完善一系列监督工作程序和方法，发挥技术力量和检验检测优势，做好监管工作。督促各参建单位建立健全质量保证体系，积极配合完善广东省交通建设从业单位信用评价体系。

2017年底，因机构改革，省交通工程质量监督站有关职能纳入广东省交通运输厅新成立的工程质量管理处。

2. 成立广东省交通运输工程造价管理站

广东省交通工程造价管理站于2000年10月成立，由1989年成立的广东省公路工程定额站和广东省水运工程定额站合并组建，2010年更名为广东省交通运输工程造价管理站。主要承担省管和国家授权省管交通建设工程造价管理工作；承担省管交通建设工程造价的审查工作；承担交通运输建设工程施工定额和预算补充定额有关工作；承担全省交通运输工程造价管理业务指导工作；提供交通运输工程造价信息服务；参与制定省交通运输工程造价管理的法规、规章及规范性文件等。

广东省级交通工程造价管理机构督促各参建单位建立健全造价管理机制，建立健全相应的造价管理制度。广东省交通运输厅先后制定了《广东省交通运输厅公路工程造价管理的实施细则》《广东省高速公路建设标准化管理指南》《广东省公路工程施工招标清单预算管理规程》等。

（三）建设单位和设计、施工单位建立相关管理机构

建设单位按交通运输部公路建设管理相关法规、规定，组建项目管理机构，配齐管理人员，建立结构清晰、职责分明的项目机构管理制度，明确工作流程，规范内部管理。

勘察设计单位按照交通运输部《加强重点公路建设项目设计管理工作若干意见》，不断完善项目管理制度和勘察设计工作流程及责任制。充分发挥设计工程灵魂作用，工程设计推行注重灵活设计、精细设计，倡导作品设计。切实提高地质勘察深度，提升勘察设计水平和质量。

施工单位按照建设项目要求和投标承诺，建立全过程、全方位、全覆盖的施工现场管理、技术管理、质量管理、安全管理、物资设备管理、人员管理等管理制度，制定可行的标准工法和考核标准，编制施工组织方案和施工安全应急预案。建立"横向到边，纵向到底，

控制有效"的质量自检体系,完善自检制度,实行规范管理。

三、管理制度

1989年后,广东根据高速公路建设和运营的需要制定了一批地方规章和管理制度,加强了高速公路建设和运营管理的法规建设,推动广东高速公路更好更快发展。

广东第一条高速公路——广佛高速公路开工时,省交通主管部门便提出要通过建设实践锻炼设计、施工队伍,总结施工管理经验,并探索建立相应管理制度,逐步实现规范管理。1989年7月4日至6日,省交通厅在广州召开全省高速公路施工会议,总结交流建设中的广佛高速公路施工经验,研究加强交通基础设施特别是高速公路建设工程质量、资金落实和队伍建设等问题。1993年8月,为加快广深高速公路建设,加强工程管理,省交通厅和省建委联合派出驻工地工作组,研究解决施工中出现的问题,加强对建设的监督和管理。1993年4月23日至26日,借英国经济与运输咨询公司与省高速公路公司签订合同之机,学习吸取国外的建设管理经验。

广东省交通部门根据交通部的相关规定及广东实际,积极推进制定广东高速公路建设管理规章制度。1994年10月24日,省交通厅颁布《广深高速公路路政管理暂行办法》。1995年2月10日,颁发《广东省交通系统工程建设质量监督机构和人员考核实施细则》。1998年7月29日,广东省第九届人民代表大会常务委员会颁布《广东省高速公路管理条例》。2003年6月,广东省政府颁布了《广东省交通基础设施建设征地补偿实施办法》;2006年1月,广东省政府颁布了《广东省综合行政执法试点方案》。随后广东省交通运输厅又制定了《广东省高速公路建设标准化管理规定》《广东省高速公路优质工程质量管理规定》等多个规范性文件,使广东高速公路建设管理制度逐步完善,有章可循,有法可依。

四、建设项目工程管理

(一)实行"四项制度"

广东是改革开放的先行省份,因引进外资建设高速公路的需要,在20世纪80年代末90年代初,开始逐步实行公路建设"四项制度"。1986年12月开工建设的广佛高速公路是中外合资项目,实行项目法人制、合同管理制和工程建设中采用邀请招标;1989年开工建设的广深高速公路,1992年开工建设的虎门大桥、汕头海湾大桥,也是中外合资项目,双方均按"四项制度"操作;1993年6月开工建设的佛开高速公路,是广东省首次利用世界银行贷款和按"菲迪克"条款对工程质量、工程造价、工程进度进行管理而建设的大型交通基础设施项目。佛开高速公路的建设,全面推行项目法人负责制、工程招投标制、合同管理制及工程建设监理制,并按"菲迪克"条款由监理工程师对工程质量、造价、进度进行全面管理,取得了明显的效果。此后,广东省高速公路建设项目都要参照佛开高速公路建设的做法,全面推行项目法人负责制、工程招投标制、合同管理制及工程建设监理制,加强对工程质量、造价、进度的全面管理。

1996年,广东省交通厅成立了"广东省交通厅建设工程招标领导小组",加强对招投标工作的管理。2000年5月,广东开阳高速公路项目第一个进入广东省建设工程交易中心进行招投标,自此以后,公路建设项目全部以公开招标的方式选择承包人。招标方式、资质条件、资格审查流程、评标委员会的组成等,均按照相关法律法规和核备的招标文件规定执行。

2012年,广东在广佛肇高速公路上采取 BOT + EPC 建设模式,由广东省长大公路工程有限公司作为总承包方,对施工的全过程均负直接主体责任,有效地保障了工程质量安全。

（二）质量管理

广东省交通运输厅坚持把质量管理作为第一要求,在制度体系、管理方式等方面大胆创新,努力打造高品质工程。

1. 坚持"五化"管理

业主和项目建设管理单位在工程建设中树立坚持"五化"（发展理念人本化、项目管理专业化、施工作业标准化、管理手段信息化、日常管理精细化）原则,建立健全各项质量和技术管理办法,推广和完善业主委托第三方抽检工程质量监理制度,提高质量管理队伍素质和质量意识,形成质量管理核心团队。落实"优质优价、优监优酬"制度,推动工程质量、安全上新水平。

2. 落实建设法人管理

根据交通运输部《关于进一步加强公路项目建设单位管理的若干意见》的要求,加强对建设单位的监督考核。落实公路建设管理"四项制度"和"三个合理",抓好"四个关键人",实行对项目业主单位的考核评比办法,强化法人体系建设和质量责任,加强绩效评估,强化监督检查。

3. 推行建设"双标管理"

在高速公路建设中开展"双标管理"（标准化管理、标杆管理）和"五赛五比"活动,工程质量安全管理水平明显提升,"三个合理"工程管理规模效益逐步显现。广东省交通集团统筹调控,与项目业主签订责任状,强化建设目标责任。全员践行"一线工作法",即领导在一线指挥、干部在一线工作、问题在一线解决、成效在一线体现。自2013年以来,3

年里共安排27个项目合计2239km(含改扩建项目),投资总额约2673亿元;至2015年末,3年可完成投资约1289亿元,完成省发改委3年来下达省重点项目计划总额1061亿元的121.5%,特别是2014年乐广、二广高速公路等7个项目如期或提前建成通车,"双标管理"成效显著。

4. 加强监管和考核问责

在建设经营管理中实行项目法人制,组建股份公司,项目招投标、施工、建设和经营管理按市场化、法规化运作。广东省高速公路建设总指挥部通过强化督导考核等举措,指导企业考核项目工程质量和安全监管,全力打造"优质工程""阳光工程""安全工程"。广东省交通集团开展"平安工地"建设,着力构建"建设单位主导、施工单位负责、监理单位监督"的项目安全保障体系,加快形成"实施有规范、操作有程序、过程有控制、结果有考核"的项目安全管理体系,实现"安全管理程序化,安全防护标准化,场容场貌规范化"目标。在2013年全国首批27个"平安工程"中,所属博深、佛开高速公路扩建项目被交通运输部和国家安监总局联合冠名为"平安工程"。在2014年全国第二批13个"平安工程"中,广乐和二广高速公路项目以名列第二和第四的成绩获得冠名。广东省南粤交通投资建设有限公司严格落实造价管理,通过"四个一",即出台"一个办法"、制定"一套手册"、编制"一系列模板"、成立"一个工作组",明确"一控制、双不突破"的造价管理目标,规范工程造价计价管理及项目筹建阶段的造价管理内容、流程;系统梳理了设计、造价咨询及公司在估算、概算和招标清单预算编制、咨询等工作中的基本要求、主要内容,规范了监理、设计和建安等招标清单预算模板;完成约1500 km设计、监理、土建招标清单预算核备,且全部控制在批复概算范围内,核备评价的"好评率"达78.38%,核备额和"好评率"同创历史最高。

5. 质量检查

通过制定和完善"2012年度在建高速公路质量综合检查方案",将"双标管理"指标纳入考核体系,抓住工程重点,细化质量要求,并组织了全面的质量检查,开展了综合检查、路面工程质量专项检查及附属工程质量专项检查工作,有效促进了工程质量的提升。根据2010—2015年度质量检查及专项检查结果显示,广东省交通集团总体的工程检查合格率由实施"双标管理"初期的85.1%提高到95.5%,合格率提高了10个百分点以上。广乐、博深、肇花、揭博等项目,多次在省内检查评比中名列前茅。

(三)安全管理

健全安全生产管理责任制,落实安全生产各项措施,在施工、监理、验收等环节层层把关,借助科技力量优化施工细节,保障工程质量安全。

1. 筹建期安全管理

一是强制推行工可、设计阶段公路安全性评价;二是严把设计质量关。要求设计单位充分考虑施工安全的因素,尽量避免设计出的结构施工难度大、安全风险高,从而筑起事故隐患的第一道防线;三是完善招标机制,设定安全管理资质门槛,让实力强、安全管理规范的队伍参与建设;四是完善建立以合同管理为核心的项目安全管理体系,把"平安工地"建设和安全标准化要求和内容写入招标文件和施工合同中。

2. 构建项目安全管理体系

一是安全生产责任制。在建项目建设、施工、监理单位全面实行以"一岗双责"为核心的全员安全生产责任制,建设单位的安全责任制主要抓工程技术部门和业主代表。实行业主代表岗前岗位安全培训制度,不断提高业主代表的安全管理水平。广东省交通集团系统70%的业主代表持有安全岗位资质证书。

监理单位的安全生产责任制重点抓驻地专监和旁站,发挥其现场直接监管的优势。施工单位的安全生产责任制重点抓施工员、班组长。在布置生产任务的同时布置安全生产工作,施工过程做好检查监控及时纠正员工违章行为。

二是安全生产制度体系。2010年,广东省交通集团出台了"平安工地"考核评价标准,该标准于2011年上升为广东省"平安工地"考核评价标准。2011年底,编制了《广东省交通集团公路建设工程安全生产标准化管理手册》。该《手册》被项目安管人员誉为"施工安全检查速成书",为国内首创。

三是安全生产组织体系。2013年,根据行业主管部门有关规定,广东省交通集团出台《高速公路项目建设单位组织架构和人员编制管理暂行办法》,规定高速公路投资额超过50亿元的建设项目,设置独立的安全生产管理部门,配备3名专职人员。该集团在建的17个项目中超过50亿元的项目均成立了安全部,在建项目共有专兼职安全管理人员546人,其中注册安全工程师36人,中级安全主任366人。施工单位成立安全部,配备1名专职安全员。

四是安全技术保障体系。在项目安全生产体系的构建中,坚持风险评估,根据风险评估结果,编制施工方案。根据财政部和国家安监总局《企业安全生产费用提取和使用管理办法》中高速公路施工安全费用标准为建安费的1.5%的规定,投入安全经费,为安全技术发展提供财力保障。

五是安全奖惩体系。广东省交通集团制定了《安全生产工作考核奖惩办法》,给专职安全员发放岗位津贴,奖励各级企业安全生产责任人、安全管理部门负责人和专职安全员。各项目建设单位利用"平安工地"考核评价、安全进度奖、优质优价等奖惩措施,将施工单位的安全生产管理与经济效益挂钩,奖优罚劣,起到了明显的激励作用,在参建单位内部形成了你追我赶的安全管理局面,有效地促进了"平安工地"建设的深入开展。

(四)造价管理

1. 加强制度建设,依法管价

依法管价,全面清理交通造价管理权力清单,形成"权界清晰,分工合理,权责一致,运转高效,法治保障"的法律法规,合理控制工程投资,维护市场公平秩序。广东以公路工程造价文件等一系列的管理制度为支撑,实现"事前核备,事中监督,事后核定"的全过程造价动态管理。

2. 项目总体控制

广东省交通运输工程造价管理站对行业造价控制,按照"尽早介入、全面跟踪"的原则,对每项工程深入调查研究分析,提出优化措施和方案,合理确定项目估算,为全省实现"县县通高速""交通建设大会战""交通建设攻坚战"等项目提供专业支撑。"十五"期间,完成建设项目审查事项1521项次,合计审查金额5275.09亿元,调减费用约646亿元;"十一五"期间,完成建设项目审查事项1254项次,合计审查金额11148亿元,调减费用约623亿元;"十二五"期间,完成建设项目审查事项1306项次,合计审查金额17341亿元,调减费用约1116亿元。

3. 合理优化设计方案

在设计阶段,从技术经济比选角度,对全线桥涵隧道的设置、互通设计、高边坡、土方调配等设计进行优化。通过核查地形特别复杂、征地拆迁特别困难的路段,对局部路段进行路线微调比选;核查常规桥梁基础与下部结构、上部结构设计指标是否合理;核查路基路面的具体设计方案等,合理确定设计阶段工程造价。

4. 推广设计标准化

广东致力于推行高速公路标准化建设,以潮惠项目、包茂项目为试点,开展高速公路全过程造价标准化研究。潮惠项目先试的成果,不仅大幅提升了设计质量和造价控制水平,而且全线土建工程预算相对于概算有较大的节约,"县县通"路段施工图修编后节约工程造价5%以上,桥梁桩基钢筋设计优化后节约钢筋使用30%以上,成果应用效益显著。该成果应用于全省超过3000km在建高速公路项目上,产生了巨大的社会经济效益。

5. 加强事中事后造价控制

以"四重点"监管模式,加强事中事后造价控制。一是拟开工项目抓造价文件编制审查;二是在建项目抓现场核算控制检查;三是拟交工项目抓变更清理;四是拟竣工验收项目抓竣工决算核查,落实项目业主的造价主体控制责任。

第三节　高速公路建设基本经验

一、省委省政府高度重视，各级领导关心支持

（一）历届省委、省政府都把高等级公路（高速公路）建设作为重点常抓不懈

广东省委、省政府1981年对建设高速公路进行了讨论研究；1982年4月，省长办公会议决定修建广深珠高速公路；1988年12月2日，省委召开专门会议，研究广东高等级公路建设问题。1992年省委、省政府召开全省交通、能源、通信工作会议，动员各级党委、政府进一步加强对交通建设的领导，抓紧抓好高速公路建设，并提出各阶段重大布局和目标要求。

（二）建立指挥机构和工作机制

省政府从1986年起，先后成立广深珠高速公路建设指挥部、京珠北高速公路建设指挥部、同三高速公路建设指挥部，直接抓重大高速公路项目的建设。2013年2月25日，省政府成立"广东省高速公路建设总指挥部"，各地级以上市都成立了总指挥的分指挥部，形成了系统的高速公路建设指挥机构和工作机制。

（三）开展全省高速公路建设"大会战"，推进高速公路建设

2013年初，省委、省政府决定加快高速公路建设，组织开展全省"高速公路建设大会战"，制定了《广东省2013年至2017年高速公路建设计划》，明确建设项目、投资计划和资金需求，提出了大会战的任务书、路线图和时间表，确定2013—2017年全省高速公路建设5464km，总投资7226亿元，到2017年底全省高速公路超过8000km，与陆路相邻省份各开通3条以上高速公路通道。

（四）各级领导到项目工地视察指导，解决建设中的关键问题

中央领导以及交通运输部等相关部门的领导亲临广东高速公路建设工地视察和指导。广东历届省委、省人大、省政府、省政协等主要领导都多次亲临现场调研督查和帮助解决建设中的难题。各地市委、市政府领导经常深入工地一线，协调解决制约项目建设的"硬骨头"问题，有力保障了项目顺利推进。

二、做实规划计划，科学指引建设

历届省委、省政府主要领导强调，高速公路规划要加强科学统筹，完善交通网络体系，

把高速公路支撑带动地方经济社会发展的作用发挥出来。加强连接设施建设,科学规划线位走向,合理布设出入口,打通"最后一公里"。依托高速公路网络合理谋划产业布局和城镇建设,使各地的产业发展和城镇体系布局与交通网络格局相适应。加强高速公路与其他交通基础设施的衔接,构建快速、便捷、畅通的"大交通"综合运输体系。为此,广东于1989年12月8日出台了《广东省高速公路建设规划方案》,从1991年起用20年时间,建设10条总长2500km的高速公路。1998年,广东省交通厅编制了《广东省公路网规划》,修改了高速公路发展目标,提出到2010年全省高速公路发展目标为3000km。1989年省政府批准的《广东省高速公路建设规划方案》和1998年省计委批复的《广东省公路网规划(1996—2020年)》,对推进全省高速公路的建设起到了重要的指导作用。

跨入新世纪,广东经济和社会的持续快速发展,对高速公路建设不断提出新的需求。1998年,在国家实施"扩大内需"的积极财政政策推动下,高速公路的发展速度比规划预期要快,特别是交通部于2001年即着手编制《国家高速公路网规划》,要求广东省高速公路网与之衔接。广东于2002年着手编制《广东省高速公路建设规划方案(2004—2030年)》。从2001年起用30年左右的时间,全省建成规模适当、布局合理、具有较高通达性和较高服务水平的高速公路网络。

为逐步落实规划方案,加快高速公路建设,广东又制订出《广东省2013年至2017年高速公路建设计划》,从2013年初起,全省高速公路建设开展大会战。通过5年的努力,到2017年底,全省高速公路通车里程达到8338km,超过《广东省2013年至2017年高速公路建设计划》通车里程8140km的目标,实现了广东与陆路相邻省份有4条以上高速公路通道的目标。

三、多方筹集建设资金,保障资金落实

(一)出台一系列收费、集资、贷款、使用外汇,财政留成,税收减免等方面的扶持政策

1989年12月8日,省政府在《印发广东省高速公路建设规划方案的通知》中给予十条优惠政策措施。1991年7月18日,省政府批准开征高等级公路建设还贷资金。1993年3月4日,省政府发出《关于加快交通、能源、通信基础设施建设的通知》,公布了加快交通、能源、通信基础设施建设的28条政策措施。1994年7月22日,省政府印发《广东省集资贷款修建桥梁、公路、隧道收取车辆通行费实施办法》。

(二)加大财政投入

"十一五"期,省财政每年安排50亿元,5年共250亿元用于高速公路建设,市级财政也增加投入。"十二五"期,省财政5年安排超过500亿元用于粤东、西、北欠发达地区的

高速公路建设。

（三）推行"省市共建""政府还贷"方案，统筹省、市两级政府的筹资和建设能力

2005年，省政府在韶赣高速公路实施首个政府还贷高速公路项目。对新确定的省管高速公路项目，省、市按7∶3的比例共同投资，共享收益，共担盈亏。2010年成立广东省南粤交通建设投资有限公司，经营管理省政府投资的高速公路项目。深圳市实行"政企合作"模式，由项目业主以项目25年经营权评估值作为本项目的投资额，特区建发集团承担其余部分投资。

（四）推广BOT、BOT+EPC建设模式，引导社会资本以多种方式参与高速公路建设

"十二五"期，广东省交通集团承担着总投资约2095亿元的投资建设任务，存在巨额资金需求，为此，省交通集团创新建设模式，积极引导社会资金参与高速公路建设。2011年以后，集团累计融资1385亿元。同时通过发行公司债券、中期票据等债务融资工具筹集资金，广佛肇高速公路项目采用BOT+EPC进行投资建设和管理。

（五）组织股份公司上市筹集建设资金

1993年2月，广东省交通厅将佛开高速公路股份有限公司更名为"广东省高速公路发展股份有限公司"。1995年5月，深圳证券办批准发行B股，1998年2月20日，粤高速A股上市。1997年3月12日，深圳高速公路股份有限公司的H股在香港联交所上市。

（六）引进外资

1991年广深高速公路项目向国际银团融资8亿美元。1993年佛开高速公路和深汕（西段）高速公路项目向世界银行各贷款1亿美元，深汕（东段）高速公路及汕头海湾大桥与香港长江和黄等企业合作经营。截至1997年5月1日，全省公路建设主要项目利用外资签约41项，涉及建设公路里程2318.55km，总投资932.71亿元，利用外资565.15亿元，占总投资的60.6%。

四、明确建设目标任务，落实管理责任

（一）政府主导征地拆迁，破解建设难题

省政府决定对交通重大工程项目制定统一的征地补偿政策，由当地政府包干负责。地方政府按照批复概算中的征地拆迁费用包干完成征地拆迁工作。

（二）落实分工责任，形成建设合力

省总指挥部发挥牵头抓总作用，与各地市签订高速公路建设责任书，明确各关键环节

完成时限和责任目标。各级各部门和交通建设单位着力解决好资金、征地、审批等问题。各部门落实项目审批"绿色通道",实行"并联审批"。各市政府落实征地拆迁包干责任制,依法依规扎实推进拆迁工作。业主、设计、施工、监理单位制订加快推进高速公路项目关键环节责任目标表,落实责任。

(三)推广先进经验,开展创先争优

2003年,广东在全省推广开阳高速公路建设先进经验。该项目坚持"计划为先、质量为本、资金为链、进度为魂、廉政为纲"的管理思路,走出了一条市场运作、信息管理、科技创新、透明操作、队伍廉洁的"阳光之路",创建出了一项"优质、高效、低价、廉洁"的"精品工程",全面总结了"两高、两新、两廉"的经验。该经验得到交通部和广东省委、省政府的认可,部省联合召开现场会,向全省、全国推广。

五、注重运营管理,提升高速公路效益

(一)建立健全运营管理机构

广东高速公路运营管理初期是以项目为单位,在建成通车前就由业主组成运营管理公司实施管理。近几年发展为委托管理,以降低管理成本和推进管理专业化,提高管理水平。

(二)加强服务和创新,提高管理水平

高速公路运营公司以构建"高质、专业、智能"的现代运营体系为公司运营发展的主导战略,强化道路养护的基础性作用,致力为驾乘人员营造安全、畅通、舒适的行车环境,大力推动运营管理转型,实施标准化管理体系,强化智能交通建设,全面提升专业化、智能化、信息化水平,塑造现代交通服务的全新形象。

六、加强高速公路队伍和企业文化建设

(一)加强精神文明建设

按照中央文明委的工作部署,高举旗帜,围绕大局,服务人民,贴近实际。着力培育和践行社会主义核心价值观,进一步深化交通运输行业核心价值体系建设;着力开展"讲文明、树新风"道德教育活动,进一步提升行业诚信意识和公德意识;着力实施交通运输文化建设"十百千"工程,进一步增强行业软实力;着力拓展丰富行业"学树建创"活动,不断提升职工文明素质和行业文明程度。

(二)加强高速公路(企业)文化建设

根据交通运输部《全国交通运输行业精神文明建设规划》和广东省交通运输厅《广东省交通运输行业精神文明建设规划》,高速公路建设设计、施工、监理单位和运营管理单位以企业文化建设为平台,深入学习中国特色社会主义理论体系,深化精神文明建设,构建交通运输行业核心价值体系,增强行业文化软实力,不断提高"三个服务"的能力和水平,全面提升职工队伍素质和行业文明程度,连年取得丰硕成果:2011年广东有16家企业被评为全国交通运输企业文化建设卓越单位或优秀单位,其中高速公路建设参建单位和运营单位10家;2012年广东有29家企业被评为全国交通运输企业文化建设卓越单位或优秀单位,有17位同志被评为全国交通运输企业文化建设先进个人,其中高速公路建设参建单位和运营单位18家和12位先进个人;2013年广东有35家企业被评为全国交通运输企业文化建设卓越单位或优秀单位,有17位同志被评为全国交通运输企业文化建设先进个人,分别占全国197家企业121人的17.8%和14.17%,高速公路单位24家和16位先进个人,分别占全省总数的68%和94.1%。

(三)坚持廉政建设

2003年,广东在全省推广开阳高速公路"廉洁阳光"之路的基础上,继续深入廉政建设,落实廉政责任,做到两手抓,所有高速公路重点工程建设项目均与检察机关联合开展专项预防职务犯罪工作。2010年起开展工程建设项目全过程跟踪审计。通过对项目的基建程序、招投标管理、合同管理、隐蔽工程、财务管理及核算、内控制度、工程进度和质量、工程资料完整性等方面全方位的跟踪审计,有效实现从源头上遏制腐败。

第三章
国家高速公路

概 况

1978年,我国实行改革开放政策,广东经济迅速发展,交通运输兴旺繁荣,交通基础设施滞后状况日益显现。为此,广东省委、省政府抓住改革开放机遇,着力加强交通基础设施的建设。1981年4月,省委、省政府提出修建广深珠高速公路,并委托交通部公路规划设计院开展可行性研究。次年4月,广东省省长办公会议决定修建广深高速公路。1984年8月,广东省政府决定修建广(州)佛(山)高速公路。1986年12月,广佛高速公路开工建设,1989年8月,广东省第一条高速公路——广佛高速公路建成通车。

1989年12月,广东省政府批准广东省交通厅制订《广东省高速公路建设规划方案》,该方案规划从1991年起用20年时间,建设以广州为中心,向经济特区、粤东、粤西、粤北辐射,与国家主骨架公路连接,沟通全省各个重点城市交通枢纽和对外口岸的10条总长2500km高速公路。

1993年7月,交通部提出了"八五""九五"期建设"五纵七横"的全国高速公路主骨架,其中京珠线广东段和同三线广东段列为重点建设路段。深汕、佛开高速公路和汕头海湾大桥、虎门大桥工程等38个项目相继动工建设(含地方高速公路)。至2000年底,全省建成高速公路里程1180km。进入21世纪,广东高速公路建设进入快车道,实现跨越式发展。

2013年,交通运输部发布了《国家公路网规划(2013—2030年)》。2015年,交通运输部《关于印发国家公路网线位规划的通知》对此前的路网进行了调整。

2016年,广东境内共有国家高速公路21条,总里程6873.269km(表3-0-1)。

(1)首都放射线

主线1条:北京—港澳(G4);并行线4条:武汉—深圳(G4E)、广州—澳门(G4W)、许昌—广州(G4W2)、乐昌—广州(G4W3)。

第三章 国家高速公路

广东境内国家高速公路建设情况（2017年）（单位：km）

表3-0-1

线路编号	线路名称	广东境内起止地点	线路经过广东境内主要控制点（市县区）	广东境内总里程	已通车里程 小计	已通车里程 新建	已通车里程 共线	在建里程	待建里程
G4	北京—港澳	乐昌粤湘界—深圳皇岗口岸	韶关市乐昌、乳源、武江、曲江、翁源、清远市英德、佛冈、广州市从化、花都、东莞市、深圳市	442.045	442.045	420.106	21.939		
G4E	武汉—深圳	仁化城口粤湘界—深圳盐田	韶关市仁化、始兴、翁源、惠州市新丰、龙门、惠阳、深圳市龙岗	373.419	154.486	131.4	23.086	218.933	
G4W	广州—澳门	广州火村—珠海南屏	广州市、中山市、珠海市	133.209	133.209	114.515	18.694		
G4W2	许昌—广州	连州凤头岭—广州环城高速	清远市连州、阳山、清新、广州市	304.943	288.013	288.013		16.93	
G4W3	乐昌—广州	乐昌小塘粤湘界—花都花山	韶关市乐昌、乳源、曲江、清远市英德、清新、广州市花都	269.8	269.8	263.98	5.82		
G15	沈阳—海口	饶平汾水关—徐闻琼州海峡	潮州市、汕头市、汕尾市、惠州市、深圳市、东莞市、广州市、佛山市、江门市、阳江市、茂名市、湛江市	1120.695	1090.695	890.558	200.137		30
G15W3	宁波—东莞	饶平水美村—东莞深立交	潮州市饶平、揭阳揭东、普宁、揭阳市陆河、陆丰、海丰、惠州市惠东、东莞市	392.084	392.084	392.084			
G1501	广州绕城	白云区白山—白云区茅山	广州市白云区、萝岗区、黄埔区、南沙区、佛山市南海区、三水区	200.277	200.277	187.088	13.189		
G25	长春—深圳	蕉岭粤闽界—深圳连塘	梅州市蕉岭、梅县、兴宁、河源市龙川、东源、源城、惠州市博罗、深圳市	420.311	420.311	410.01	10.301		
G2518	深圳—岑溪	深圳市龙岗—罗定杨梅坑	深圳市龙岗、宝安、深中通道、中山市、江门市鹤山、云浮市罗定	341.732	290.732	232.271	58.461	51	
G35	济南—广州	平远八尺镇—广州市萝岗	梅州市平远、兴宁、五华、河源市紫金、惠州市博罗、广州市增城、萝岗	403.943	403.943	361.593	42.35		
G45	大庆—广州	连平粤赣界—广州北二环	惠州市连平、新丰、广州市从化、花都	228.681	228.681	228.681			

续上表

线路编号	线路名称	广东境内起止地点	线路经过广东境内主要控制点(市县区)	广东境内总里程	已通车里程 小计	已通车里程 新建	已通车里程 共线	在建里程	待建里程
G4511	龙南—河源	和平县上陵镇—东源县热水	和平县大坝镇,阳明镇,合水镇,连平县顺天镇,绣缎镇,太湖镇,东源县灯塔镇	100.978	100.978	100.978			
G55	二连浩特—广州	连州市南风坳—南海区黎边	清远市连州,连南,肇庆市怀集,广宁,四会,佛山市三水,南海区黎边	292.353	292.353	292.353			
G6011	南昌—韶关	南雄梅关粤赣界—曲江白土	韶关市南雄,仁化,曲江	129.731	129.731	129.731			
G65	包头—茂名	信宜市陈金顶—电白县林头	茂名市信宜,高州,电白,茂港	122.322	122.322	122.322			
G75	兰州—海口	廉江市高桥镇—琼州海峡	湛江市廉江,遂溪,雷州,徐闻	210.852	180.852	66.55	114.302		30
G78	汕头—昆明	汕头市澄海外砂—怀集岗坪镇粤桂界	汕头市澄海,潮州市潮安,揭阳市揭东,丰顺,梅州市梅县,兴宁,五华,河源市龙川,和平,连平,韶关市翁源,清远市英德,清新,肇庆市怀集	590.047	352.694	287.647	65.047	237.353	
G80	广州—昆明	广州西二环—郁南平台镇	佛山市南海,三水,肇庆市高要,肇庆市端州,云浮市云城,云安,郁南	187.037	187.037	187.037			
G94	珠三角地区环线	港珠澳大桥—深圳市海林	珠海市,中山市,江门市,佛山市,广州市,东莞市,深圳市	453.797	379.762	315.325	64.437	74.035	
G9411	东莞—佛山	珠三角环线东莞深立交—高明城	东莞市,广州市,佛山市	155.009	155.009	61.157	93.852		
合计				6873.269	6215.018	5482.978	732.04	598.251	60

(2)北南纵线

主线7条:沈阳—海口(G15)、长春—深圳(G25)、济南—广州(G35)、大庆—广州(G45)、二连浩特—广州(G55)、包头—茂名(G65)、兰州—海口(G75);并行线1条:宁波—东莞(G15W3);联络线2条:深圳—岑溪(G2518)、江西龙南—河源(G4511)。

(3)东西横线

主线2条:汕头—昆明(G78)、广州—昆明(G80);联络线1条:南昌—韶关(G6011)。

(4)地区环线

主线2条:珠江三角洲环线(G94)、广州绕城(G1501);联络线1条:东莞—佛山(G9411)。

30多年来,广东省集中力量,全力推进境内国家高速公路和高速公路骨干网的建设。2017年底,广东境内21条国家高速公路已全部开工建设,已有19条实现陆地全线通车。建成通车总里程达6215km(含共线路段重复里程),占规划里程6873km的90.4%。在建里程583km(2018年建成通车里程552km),待建里程30km(琼州海峡工程)。

第一节 北京—港澳高速公路广东段(G4)

北京—港澳高速公路,又称京港澳高速公路,是国家高速公路网"71118+6"中的一条首都放射线,起于北京,途经河北、河南、湖北、湖南、广东,止于香港、澳门,总里程2285km,编号为G4。

京港澳高速公路广东段与《广东省高速公路网规划》第五纵线线路共线,起于韶关市乐昌粤湘交界处小塘镇,接京港澳高速公路湖南段,线路往南经韶关市乐昌、乳源、武江、翁源,清远市英德、佛冈,广州市从化、花都、白云、天河,在广州天河区火村分线,主线从广州火村出,经东莞市、深圳市宝安、南山、福田,止于深圳福田区皇岗口岸,与香港落马洲口岸相接,全长442.045km,2003年11月22日全线建成通车。从广州火村分出至澳门的并行线称广澳高速公路,编号为G4W,全长133.2km[见第三节广州至澳门(G4W)段]。京港澳高速公路在广东境内共连接7个地级以上城市及14个区县,是广东连通湘粤两省及连接香港、澳门特别行政区之间的经济大动脉。

京港澳高速公路广东境内线路(G4)由4个项目段组成:京珠北高速公路粤境北段、广韶高速公路、广州北二环高速公路、广深高速公路。

一、京珠北高速公路

京港澳高速公路粤境北段(简称"京珠北")是京港澳高速公路主干线的重要组成部分,国家高速公路网中编号为G4。京珠北起于湘粤两省交界处的小塘镇,经广东省乐昌市、乳源瑶族自治县,止于韶关市武江区龙归镇甘塘。全长109.84km,项目总投资50亿元。1998年11月18日开工建设,2003年4月3日建成通车。该路位于广东省北端,北接湖南耒宜高速公路,南接广韶高速公路,与乐广高速公路起点(花都区花东镇)相连接。京珠北作为广东省第一条通山区高速公路,对加快国道主干线及中南地区干线公路网的建设进程,增强珠江三角洲经济向中南地区辐射的力度,开发利用粤北地区丰富的资源,改善投资环境,加快沿线地区的经济发展,促进全省社会经济均衡发展具有深远意义。

京珠北由广东省高速公路有限公司负责项目融资、建设和运营管理工作。建设初期,广东省高速公路有限公司成立京珠高速公路粤境北段建设管理处负责组织建设。

(一)主要技术指标和建设规模

京珠北高速公路地处粤北南岭山脉,自然环境恶劣,地形、地质情况复杂,路线穿越区以岩溶地貌和风化剥蚀、构造剥蚀的峡谷地貌为主。全线高填深挖路基、高墩桥梁、高边坡防护、隧道工程多,施工难度大,被前来考察的世界银行专家称为"中国最具挑战性的公路建设项目"。

全线主要工程数量见表3-1-1,主要桥梁和隧道见表3-1-2、表3-1-3。

京珠北高速公路全线主要工程数量表 表3-1-1

工 程 项 目		单 位	工 程 数 量
路基土石方	挖方	万 m³	2317
	填方	万 m³	1796
特大桥、大桥		m/座	13539/32
隧道		m/座	14013/14
互通式立交		座	6
分离式立交及跨线桥		m/座	1414/24
监控中心		处	1
服务区		处	4

根据沿线地形,分段采用重丘区和山丘区高速公路标准,按全封闭、全立交、双向四车道设计,设计速度分别为100km/h和80km/h;路基宽度:重丘区24.5m,山丘区23m,桥梁与路基同宽。

(二)建设情况

1994年7月,经国家计划委员会安排,京珠北作为世界银行贷款项目通过了世界银行的项目筛选;1997年8月,项目"贷款协定"和"项目协定"在华盛顿签署,并于同年11月正式生效。

京珠北高速公路主要桥梁表

表 3-1-2

序号	桥梁分类	桥梁名称	中心桩号	桥梁长度 (m)	桥面宽度 (m)	车道数	设计汽车荷载等级	开工时间	完工时间	备注
1	大桥	小塘大桥(左幅)	K1842+170(K0+169.339)	319.96	12.88	2	汽车-超20级	1998年11月	2002年12月	
2	大桥	小塘大桥(右幅)	K1842+170(K0+169.339)	288.84	12.88	2	汽车-超20级	1998年12月	2003年2月	
3	大桥	上渐屋大桥(左幅)	K1846+046(K4+046)	204	12.88	2	汽车-超20级	1998年11月	2002年12月	
4	大桥	上渐屋大桥(右幅)	K1846+046(K4+046)	204	11.62	2	汽车-超20级	1998年12月	2003年2月	
5	大桥	宜章河大桥(左幅)	K1849+800(K7+851)	227	12.88	2	汽车-超20级	1999年5月	2002年8月	
6	大桥	宜章河大桥(右幅)	K1849+800(K7+851)	227	12.88	2	汽车-超20级	1999年6月	2002年10月	
7	大桥	武江大桥(左幅)	K1850+850(K8+833.484)	352	12.88	2	汽车-超20级	1998年11月	2002年12月	
8	大桥	武江大桥(右幅)	K1850+850(K8+833.484)	352	12.88	2	汽车-超20级	1998年12月	2003年2月	
9	大桥	坪石大桥(左幅)	K1856+230(K14+233.5)	387	11.37	2	汽车-超20级	1999年5月	2002年8月	
10	大桥	坪石大桥(右幅)	K1856+230(K14+233.5)	290	11.2	2	汽车-超20级	1999年6月	2002年9月	
11	大桥	杨梅大桥(左幅)	K1858+500(K16+475)	253	11.8	2	汽车-超20级	1999年7月	2002年11月	
12	大桥	杨梅大桥(右幅)	K1858+500(K16+475)	236	14.41	2	汽车-超20级	1999年8月	2002年12月	
13	大桥	管埠大桥(左幅)	K1859+550(K17+555)	361	13.61	2	汽车-超20级	1998年11月	2002年10月	
14	大桥	管埠大桥(右幅)	K1859+550(K17+555)	361	11.2	2	汽车-超20级	1998年12月	2002年11月	
15	大桥	莲溪大桥(左幅)	K1860+800(K18+660)	240	11.8	2	汽车-超20级	2000年3月	2002年5月	
16	大桥	莲溪大桥(右幅)	K1860+800(K18+660)	240	11.2	2	汽车-超20级	2000年4月	2002年6月	
17	大桥	西山大桥(左幅)	K1863+360(K21+201.6)	388	11.8	2	汽车-超20级	2000年3月	2002年12月	
18	大桥	西山大桥(右幅)	K1863+360(K21+201.6)	388	11	2	汽车-超20级	2000年4月	2003年1月	
19	大桥	选家栋大桥(左幅)	K1874+650(K32+469)	338	12.47	2	汽车-超20级	2000年3月	2002年12月	
20	大桥	选家栋大桥(右幅)	K1874+650(K32+469)	368	11.87	2	汽车-超20级	2000年4月	2003年3月	
21	大桥	梅岭大桥(左幅)	K1875+300(K33+115)	405	11.8	2	汽车-超20级	2000年3月	2002年12月	
22	大桥	梅岭大桥(右幅)	K1875+300(K33+115)	435	11.2	2	汽车-超20级	2000年4月	2003年1月	
23	大桥	云望大桥(左幅)	K1878+680(K36+520)	371	11.82	2	汽车-超20级	2000年3月	2002年10月	
24	大桥	云望大桥(右幅)	K1878+680(K36+520)	371	11.2	2	汽车-超20级	2000年4月	2002年11月	
25	大桥	雾观2号大桥(左幅)	K1885+100(K42+965)	216	11.5	2	汽车-超20级	2000年8月	2002年5月	
26	大桥	雾观2号大桥(右幅)	K1885+100(K42+965)	216	10.9	2	汽车-超20级	2000年9月	2002年6月	
27	大桥	五指山大桥(左幅)	K1894+000(K51+809)	447	11.8	2	汽车-超20级	1999年5月	2002年3月	

续上表

序号	桥梁分类	桥梁名称	中心桩号	桥梁长度（m）	桥面宽度（m）	车道数	设计汽车荷载等级	开工时间	完工时间	备注
28	大桥	五指山大桥(右幅)	K1894+000(K51+809)	447	11.2	2	汽车－超20级	1999年6月	2002年4月	
29	特大桥	山外山特大桥(左幅)	K1898+675(K55+975)	1123	11.79	2	汽车－超20级	1998年11月	2003年2月	
30	特大桥	山外山特大桥(右幅)	K1898+675(K55+975)	1123	11.19	2	汽车－超20级	1998年12月	2003年3月	
31	大桥	武峰大桥(左幅)	K1903+350(K60+975)	458	11.19	2	汽车－超20级	1999年5月	2002年4月	
32	大桥	武峰大桥(右幅)	K1903+350(K60+975)	401	11.79	2	汽车－超20级	1999年6月	2002年3月	
33	大桥	紫山口大桥(左幅)	K1908+688(K66+066)	247	11.19	2	汽车－超20级	1999年5月	2002年3月	
34	大桥	紫山口大桥(右幅)	K1908+688(K66+066)	247	11.79	2	汽车－超20级	1999年6月	2002年4月	
35	大桥	长溪河大桥(左幅)	K1910+035(K67+531)	192	11.19	2	汽车－超20级	2000年10月	2002年3月	
36	大桥	长溪河大桥(右幅)	K1910+035(K67+531)	224	11.79	2	汽车－超20级	2000年11月	2002年5月	
37	大桥	东坪大桥(左幅)	K1910+747(K68+230)	207	11.19	2	汽车－超20级	2000年10月	2002年6月	
38	大桥	东坪大桥(右幅)	K1910+747(K68+230)	207	11.79	2	汽车－超20级	2000年11月	2002年7月	
39	大桥	东坪高架桥	K1911+150(K68+615)	293	11.48	2	汽车－超20级	2000年6月	2002年8月	
40	特大桥	东田特大桥(左幅)	K1913+728(K71+228)	1515	11.79	2	汽车－超20级	1998年11月	2002年7月	
41	特大桥	东田特大桥(右幅)	K1913+728(K71+228)	1558	11.19	2	汽车－超20级	1998年12月	2002年10月	
42	大桥	南水大桥(左幅)	K1915+756(K73+294)	252	11.79	2	汽车－超20级	1999年6月	2002年5月	
43	大桥	南水大桥(右幅)	K1915+756(K73+294)	252	11.19	2	汽车－超20级	1999年7月	2002年6月	
44	大桥	双口河大桥(左幅)	K1921+074(K78+527)	225	11.58	2	汽车－超20级	1999年6月	2002年3月	
45	大桥	双口河大桥(右幅)	K1921+074(K78+527)	222	11.58	2	汽车－超20级	1999年7月	2002年4月	
46	大桥	兰山大桥(左幅)	K1921+410(K78+860)	460	11.75	2	汽车－超20级	1999年6月	2002年8月	
47	大桥	兰山大桥(右幅)	K1921+480(K78+930)	240	11.75	2	汽车－超20级	1999年7月	2002年4月	
48	大桥	竹川大桥(左幅)	K1922+187(K79+709.64)	976	11.75	2	汽车－超20级	1998年11月	2002年12月	
49	大桥	竹川大桥(右幅)	K1922+187(K79+709.64)	895	11.75	2	汽车－超20级	1998年12月	2002年10月	
50	大桥	梅峡大桥(左幅)	K1923+012(K80+488)	413	11.75	2	汽车－超20级	1999年6月	2002年8月	
51	大桥	梅峡大桥(右幅)	K1923+012(K80+488)	263	11.75	2	汽车－超20级	1999年7月	2002年5月	
52	大桥	松谷大桥(左幅)	K1923+300(K80+910)	249	11.75	2	汽车－超20级	1999年10月	2002年6月	
53	大桥	松谷大桥(右幅)	K1923+300(K80+910)	196	11.75	2	汽车－超20级	1999年11月	2002年5月	
54	特大桥	比龙关特大桥(左幅)	K1926+123(K83+576)	1891	11.75	2	汽车－超20级	1998年11月	2003年3月	
55	特大桥	比龙关特大桥(右幅)	K1925+940(K83+393)	1669	11.75	2	汽车－超20级	1998年12月	2003年1月	

第三章 国家高速公路

京珠北高速公路隧道表

表 3-1-3

序号	隧道分类	隧道名称	起止桩号	长度（单洞，m）	行车道宽度（单洞，m）	隧道净高（m）	车道数	开工时间	完工时间	备注
1	中隧道	坪石左线隧道	K1856+226～K1856+791 (K14+226～K14+791)	565	8.5	5.5	2	1999年6月	2001年4月	
2	中隧道	坪石右线隧道	K1856+390～K1856+895 (K14+390～K14+895)	505	8.5	5.5	2	1999年8月	2000年10月	
3	中隧道	梅子坳左线隧道	K1896+430～K1897+210 (K53+930～K54+710)	780	8.5	5.5	2	1999年3月	2001年11月	
4	中隧道	梅子坳右线隧道	K1896+480～K1897+215 (K53+980～K54+715)	735	8.5	5.5	2	1999年6月	2001年9月	
5	中隧道	媳双坳左线隧道	K1905+280～K1906+035 (K62+780～K63+535)	755	8.5	5.5	2	1999年4月	2001年6月	
6	中隧道	媳双坳右线隧道	K1905+280～K1906+040 (K62+780～K63+540)	760	8.5	5.5	2	1999年7月	2001年8月	
7	长隧道	洋碰左线隧道	K1918+750～K1920+813 (K76+275～K78+338)	2063	8.5	5.5	2	1999年2月	2002年9月	
8	长隧道	洋碰右线隧道	K1918+764～K1920+884 (K76+289～K78+409)	2120	8.5	5.5	2	1999年3月	2002年11月	
9	长隧道	乌坑坝左线隧道	K1923+650～K1924+992 (K81+103～K82+445)	1342	8.5	5.5	2	1999年4月	2002年6月	
10	长隧道	乌坑坝右线隧道	K1923+650～K1924+838 (K81+103～K82+291)	1188	8.5	5.5	2	1999年6月	2002年5月	
11	短隧道	温泉左线隧道	K1926+950～K1927+355 (K84+403～K84+808)	405	8.5	5.2	2	1999年3月	2000年8月	
12	短隧道	温泉右线隧道	K1926+960～K1927+330 (K84+413～K83+783)	370	8.5	5.2	2	1999年5月	2000年7月	
13	长隧道	石门坳左线隧道	K1935+234～K1936+364 (K92+687～K93+817)	1130	8.5	5.5	2	1999年3月	2001年10月	
14	长隧道	石门坳右线隧道	K1935+238～K1936+533 (K92+691～K93+986)	1295	8.5	5.5	2	1999年5月	2002年4月	

1. 建设依据

1996年7月,国家计划委员会批准该项目建议书。

1997年9月,国家计划委员会批准该项目工程可行性研究报告。同年12月,国家计划委员会批复该项目的利用世界银行贷款方案。

1998年3月底,交通部批准该项目的初步设计。同年4月,交通部批准招标文件及项目报建。

1998年6月,国家计划委员会批准该项目的开工报告。

2. 资金来源

京珠北总投资约50亿元,其中安排利用世界银行贷款2亿美元,其余33.4亿元由广东省利用高速公路建设基金、交通部用车辆购置附加费和沿线市县投资解决。

3. 征地拆迁

1994年11月3日,广东省交通厅与韶关市政府签订《京珠高速公路粤境韶关路段征地拆迁单价承包合同》。

1997年12月9日,广东省高速公路有限公司分别向乐昌市国土局、韶关市国土局和乳源县国土局发送《关于京珠高速公路粤境小塘至甘塘段征用土地的函》。函中称,乐昌市境内需征用土地面积4171.394亩;乳源县境内需征用土地面积7409.334亩;韶关市曲江境内需征用土地面积1345.376亩;韶关市郊区西联境内需征用土地面积199.48亩。另外,湖南宜章县境内需征用土地面积4.79亩。总征地面积13130.374亩。

4. 招投标

京珠北项目的招标投标工作,在广东省交通厅、广东省建设委员会的监督领导和广州市公证处的公证下进行。整个评标过程坚持"公开、公正、公平、择优"的原则,公开评标办法,采用世界银行合理最低价中标的做法,并严格上报审批程序。

5. 主要设计、施工、监理单位

项目实行政府监督下的项目法人负责制,建设项目主体由四个方面组成:业主、设计单位、监理和承包人。项目的主管单位为广东省交通厅、广东省交通集团有限公司(简称"省交通集团")。业主为广东省高速公路有限公司,业主在项目现场设京珠北建设管理处,代行使业主职能。

设计单位:中交第二公路勘察设计研究院。

施工单位:通过国际、国内竞争性招标选定。工程建设受广东省交通工程质量监督站监督。

监理单位:由广东省公路工程监理站、澳大利亚雪山工程咨询公司和省内、外甲级监理单位组成。

6. 重大设计变更

在工程实施过程期间，由于地形地质条件极其复杂，发生了大量的变更设计。主要的重大变更有：①高边坡变更设计，全线136处边坡存在不稳定因素需要整治，其中高于30m以上边坡84处；②路改桥变更设计，增加兰山大桥等4座桥梁；③高液限土变更，全线共处理了高液限土200万 m^3；④95区填料，大部分路段找不到合格的95区土源，最终采用弃石加工碎石和利用附近河流的砂砾；⑤中上面层变更，全线110km路面的中上面层普通沥青混凝土变更为改性沥青混凝土；⑥隧道围岩变更；⑦路基工程一般防护的加强，排水系统的改善，桥梁基础的加固，涵洞形式改变及增加环保美化措施等。

（三）复杂技术工程

京珠北项目主要部分穿越岭南山脉，地质情况复杂，工程技术难度大。

一是地理险峻。全线位于海拔108～805m的粤北山区，山势陡峭，山峦起伏，大量工程位于崇山峻岭、悬崖峭壁之中。

二是工程艰巨。单位工程量是常规高速公路的两倍多，其中有桥梁60多座，总长15341m，最高桥墩72m；有隧道14座（按单洞计），总长13893m，最长隧道2120m，劈山开路形成的高边坡156处，最高边坡90m，边坡稳定性差。桥梁横跨深谷，紧接隧道，工点集中，场地狭窄，施工艰难。

三是气候恶劣。常年多雨、多雾，路线中部约25km为常年雾区，80%的天数有雾，严重时能见度小于10m，冬天最低气温零下10℃，夏天最高气温超过40℃。

1. 深孔桩基础钻孔技术——山外山特大桥

山外山特大桥左线长1122.56m，右线长1122.56m，桥跨组合为37跨30m连续T梁刚构，桥墩高35～45m，基础为钻孔灌注桩基础和扩大基础，墩柱为双柱式矩形墩。

该桥桩基地质复杂，裂隙溶洞发育，施工期间解决了桩基穿过溶洞的技术问题。在钻孔过程中遇到溶洞时，采用钢护筒护壁措施，确保按设计桩径成孔，钢护筒采用8mm厚的钢板卷制，每节长1.5m。当钻头击穿溶洞顶板后，沉入钢护筒，并向溶洞反复抛填片石及黏土，孔内边冲边沉入钢护筒。钢护筒采用对接焊续长，其下沉采用自重下沉，防止钢护筒卷曲变形而形成变截面桩基。通过该技术，克服溶洞地区深孔桩基础施工，确保桩基础施工质量，解决全线岩溶地质桩基础施工的技术难题。

2. 桥梁高墩施工技术——东田特大桥

东田特大桥左线长1515m，右线长1558m，桥跨组合为左线54跨，右线53跨30m T梁连续刚构,桥墩为圆形独柱墩和圆形双柱墩,跨路段采用门架墩,桥墩高15~30m,基础采用钻孔或挖孔桩基础、扩大基础。

该桥桥墩超过20m以上的高墩有112根,墩柱形式主要有圆柱墩、矩形墩、"十"字形固结墩、"I"形截面墩。施工技术主要采用自动提升平台式翻模施工技术。自动提升平台式翻模施工主要由工作平台、提升支架、顶杆与导管、吊架、模板、液压提升设备等部件组成,按照模板翻升、钢筋绑扎,灌注混凝土和提升工作平台等施工工序循环进行。全线高墩桥梁较多,利用该技术能高效优质地解决山区桥梁高墩施工技术难题。

3. 岩溶破碎地带隧道修筑技术——洋碰隧道

洋碰隧道位于京珠北K76+277~K78+340(新桩号K1918+750~K1920+813)段,左线长2063m,右线长2120m,属长隧道,为分离式单向行车双线隧道,是全线控制性工程之一。洋碰隧道处于大瑶山山脉南端西麓构造剥蚀—风化—堆积的中低山沟谷区,隧道南部和北部为山顶高程669.2m和705.5m。隧道西端进口附近为南水水库,东端出口为双口河。隧道区域断裂构造十分发育,岩溶破碎带分布广泛,有些断裂带工程地质条件非常差,水系丰富,易发生塌方。

针对洋碰隧道岩溶破碎地带较多、工程地质条件差、山体含水丰富等特点,该隧道修筑采取的主要技术措施有:①委托专业勘察设计单位对隧道前期进行水文、地质综合物探勘察;②委托专业的第三方检测单位进行隧道超前地质预报和监控量测;③进洞施工前做好洞口和明洞施工,特别是洞口山坡截水沟、边坡、仰坡进行及时喷锚混凝土支护;④由于隧道洞内围岩自稳能力差,隧道处于断层挤压带,石质破碎,土质松散且含水量大等制约因素,在各参建方的共同努力下,依据新奥法原理进行设计和施工,遵照"严超前、短进尺、弱爆破、强支护、勤量测、早封闭"原则,在隧道软弱围岩段,采用双侧壁导坑法、超短台阶法和上、下台阶开挖法等措施组织施工;⑤为了更好隔水、排水,在左线隧道附近增加平行导洞设计施工。

全线共计14座隧道(单洞),地质构造相近,均具有岩溶破碎地带较多、工程地质条件差、山体含水丰富等特点,洋碰隧道的技术措施得到广泛应用,并积累了丰富的施工经验。

4. 煤系软弱地层边坡施工技术——K98+395~K98+900左侧高边坡

K98+395~K98+900左侧高边坡(新桩号K1941+000~K1941+440),简称K98边坡。该边坡位于曲江区龙归镇新柴桑北西侧,主坡为七级坡,高达70余米,是京珠北全线重点边坡之一。该地段地质条件极其复杂多变,岩土体主要以(泥质)砂岩、页岩为主,断裂带、涌水、突泥、滑坡、软弱夹层、煤系地层、高液限土等地质现象门类齐全,是专家公认的"地质博物馆";复杂多变的地质条件,给K98边坡建设带来极大的困难。工程建设过程中曾发生多次变形,变形范围不断扩展,并且多次发生山体局部坍塌,其间进行了十余次的变更加固设计。

针对这类煤系软弱地层的边坡,采取的处治措施主要有抗滑桩、预应力锚索框架梁、钢花管注浆、深层排水仰斜孔等加固和排水措施,有效解决了煤系软弱地层边坡施工技术难题。

(四)科技创新

针对京珠北特殊的工程条件,在初设阶段交通部设立了4项科研课题,开工后增加到6项。课题所提供的中间成果,对解决项目的技术难题、制定相关施工技术规范起了重要的指导作用。

1. 公路隧道围岩稳定及支护衬砌结构设计技术研究

该课题为交通部"九五"重点科研项目,由广东省高速公路有限公司和重庆交通科研设计院承担完成。针对该项目隧道多、规模大以及地质条件复杂的情况,应用新奥法原理,解决长大公路隧道复合衬砌的合理支护形式。现场开展围岩稳定监测,掌握围岩动态,预防工程险情。根据现场获得的施工信息,通过反分析计算,验证设计支护参数,动态调整设计,使设计更合理,施工方案更加安全可靠。性能指标达到:①施工期间不发生塌方,位移残差平方和达到0.2%~0.3%;②提供隧道信息化设计与施工及非确定性反分析的方法和软件,预测方法的计算结果与传统的计算结果的相对误差小于5%,预测围岩的准确率达80%左右;③提供适合复杂地质条件下隧道工程合理施工方法和支护形式;④提供监控量测数据管理分析系统;⑤通过模型试验和数值计算,可确定隧道支护和衬砌的合理厚度,并提出施作的合理时间;⑥节省工程投资3200万元。该课题研究是公路隧道修建综合技术中的关键技术之一,课题成果于2003年8月获"广东省科学技术奖二等奖"。

2. 路堑高边坡病害预防及防治措施研究

该课题由广东省高速公路有限公司、铁道第二勘察设计院和西南交通大学共同承担完成。该课题将全线140处路堑高边坡按地质条件分类,并对每个边坡建立地质力学模型,考虑松弛区范围的数值分析、大型力学模型和现场测试手段,研究每类边坡的开挖稳定性和可能发生的破坏模式,提出与之相应的措施、施工工艺和施工方法,并在全线进行推广应用,确保全线140处路堑高边坡的安全稳定,达到了预期的目的。课题成果于2004年9月获"中国公路学会科学技术奖二等奖"。

3. 山区高等级公路填石路堤修筑技术研究

该课题是2001年度广东省交通科技项目,由广东省高速公路有限公司、交通部重庆公路科学研究所共同承担完成。课题针对山区高速公路修筑过程中路基工程移挖作填遇到大量石方不可避免的状况,以及我国在大粒径填料的设计、施工、工程特性研究方面比较薄弱的实际而设立的。通过课题的实施,解决山区高速公路填石路堤修筑的关键技术,确定不同岩石填料的施工标准、施工工艺以及检测标准,填补现行技术规范的不足,避免在京珠北高速公路沿线大量借土和大量弃方占用农田、耕地的情况,产生直接经济效益13500万元。课题成果于2004年9月获"中国公路学会科学技术奖三等奖"。

4. 雾区路段交通监控系统研究

该课题是广东省交通厅2001年度科技计划项目,2004年9月列入交通部行业联合攻关项目,由广东省高速公路有限公司、交通部公路科学研究所和中国气象局广州热带海洋气象研究所共同承担完成。课题针对山地雾这种在特殊地形影响下出现的灾害性天气现象,在国内首次开展多学科大型综合野外探测,获取大量的第一手资料,对山地平流雾和上坡雾形成的物理机制和宏微观特征进行深入研究。高速公路雾区能见度预测预报系统采用数值模式释用预报方法、结构预测、天气学和动态统计四种预报方法,具有较高的实用性和准确性,能够对该路段出现雾的概率、背景条件和能见度进行24小时滚动预报,在国内属首例。

该课题填补我国在高速公路雾区路段交通监控和管理研究的空白,也处于国际先进水平。通过该课题研究,提出雾与能见度的预测预报方法,雾区的工程措施和交通管理预案,具有较高参考和借鉴价值。课题成果于2006年12月获"中国公路学会科学技术奖二等奖"。

5. 山区高速公路沥青路面修筑技术研究

该课题是1998年度广东省交通科技项目,是"京珠高速公路粤境北段工程建设成套技术"课题的一部分,由广东省高速公路有限公司、华南理工大学和广东省交通科研所共同承担完成。针对京珠北路面处于长大纵坡、高温、冰冻、雾区、多雨和重交通等最不利因素组合,选定路面抗滑表层的结构类型,提出集料的质量指标最佳配合比,指导路面的备料、铺筑工艺和检验方法,使该路面工程具有较高的安全度和耐久性,形成了山区高速公路沥青路面修筑成套技术。课题成果于2005年5月获"广东省科学技术奖二等奖"。

6. 公路隧道监控系统设计合理性研究

该课题是1999年度广东省交通厅科技计划项目,由广东省高速公路有限公司、华南理工大学、华南电子工程有限公司共同承担完成。京珠北通过采用先进的中压供电技术,并结合当时即将颁布的新规范[《公路隧道通风照明设计规范》(JTJ 026.1—1999)],分别对该项目全线供配电、隧道群的通风与照明系统的设计进行优化,使之技术方案更合理,从而减少大量土建工程和机电工程以及营运管理人员,节省大量投资和营运成本。据统计,共减少工程投资5169万元,减少营运管理人员费用810万元/年,减少营运电费1250万元/年。其总体经济效益(经营期23.5年)为53579万元。该课题成果通过在其他高速公路上的推广应用,经济效益显著。课题成果于2003年2月获"广东省科学技术奖二等奖"。

(五)运营管理

广东省高速公路有限公司京珠北分公司(简称"京珠北分公司")的前身是京珠北建设管理处,成立于2003年3月,担负着京珠北高速公路车辆通行费收取、道路养护、路产路权维护等管理工作。

1. 运营公司

京珠北高速公路由京珠北分公司负责经营管理。京珠北分公司是广东省高速公路有限公司的全资子公司,广东省高速公路有限公司占股比例为100%。至2015年底,设有7个职能部门、7个独立收费站、2个路政中队。

2. 收费站点

京珠北分公司采用分站式收费管理模式,全线共设有7个收费站点(粤北站、坪石站、梅花站、大桥站、东田站、乳源站、韶关北站),全部站点共有95条收费车道(入口33条、出口62条),其中有ETC不停车收费车道16条(入口8条、出口8条)(表3-1-4)。

收费站点及车道设置表　　　表3-1-4

站点名称	入口		出口	
	MTC	ETC	MTC	ETC
粤北站	14	2	22	2
坪石站	2	1	6	1
梅花站	1	1	4	1
大桥站	2	1	6	1
东田站	1	1	4	1
乳源站	2	1	6	1
韶关北站	3	1	6	1

3. 车流量

京珠北建成通车以来,车流量增长迅速。根据记录,日均车流量(含过路车流)从2003年的7122辆增长到2015年的26850辆(表3-1-5)。

车流量情况表 表3-1-5

年份(年)	日均车流量(辆)	重大影响
2003	7122	京珠北正式通车
2004	8164	
2005	10256	
2006	10622	
2007	23575	
2008	22095	冰雪灾害
2009	19755	11月起实施计重收费,货车超载加收通行费,货车超载率得到遏制
2010	18580	武广高速铁路开通,分流部分客流
2011	18636	韶赣高速公路开通,清连、宜凤高速公路贯通
2012	18163	国庆实施小客车减免政策;收费标准调整
2013	17110	末宜段施工封闭大修;重大节假日实施小客车减免政策
2014	21223	9月27日广乐高速公路开通,分流京珠北主线大部分车辆;6月正式实施全省联网收费
2015	26850	增长车流主要为坪石互通至粤北站区间车流;6月下旬实施全计重模式收费

4. 服务区

京珠北在乐昌、坪石、云岩、乳源大桥、乳源县城等处设服务区,服务区内均设有加油站、购物店、餐饮店、汽车维修点、停车场、卫生间、休闲区等服务设施。

5. 路政管理

京珠北路政大队于2003年3月成立,下设乳源、梅花两个路政中队,负责京珠北109.84km的路政管理工作。

路政大队对路产、路权实施三级管理,大队负责全线道路产权的维护和管理,中队负责辖区的道路产权维护和管理,班组负责责任区的道路产权的维护和管理。其中,中队根据属地划分管理辖区,将辖区划分为四个责任区,每个班组负责一个责任区;日常路产巡查工作由当班人员负责全线的例行检查,在"四班三运转"的基础上,路政大队与交警采取交叉巡逻的工作模式,及时发现和处理路面突发的情况;在汛期、雨季、冰冻、大雾等特殊时期,加大巡查的密度;在全程监控模式下,路政巡查、养护巡查与视频监控巡查相结合,养护和路政实施联合巡查。

在路产路权的维护上,及时制止乱摆乱卖、粘贴小广告、非法修车、破坏设施等行为,优化高速公路通行环境,并在沿线服务区设立路政宣传服务台,宣传公路法规,发放安全行车指南,营造爱路护路的良好氛围。

6. 养护管理及主要大修工程

京珠北养护管理推行"管养分离"的专业化养护模式。2003年下半年确立"专业化、社会化、规范化和制度化"的养护管理总体目标,开始养护管理制度的建立和试点工作。经过2004年"转变观念、改善模式、积极探索"的推演,结合养护工作的特点和实际,形成了比较完整的、行之有效的养护管理制度体系,2005年起全面推行,使养护管理各项工作全面实现了规范化。2009年以前,日常养护和一般专项工程直接委托日常养护单位,大的专项工程实行施工招标,2009年以后,日常养护及专项工程全部实行公开招标,养护质量和管理水平有了较大的提高。2003—2015年的养护质量评价,MQI值均超过90分,良好率达100%。

(六)企业文化建设

1. "十个一"工程企业文化建设

2004年5月,京珠北分公司作出了关于实施企业文化建设"十个一"工程的决定。"十个一"工程的主要内容是:喊响一个口号、树立一面旗帜、唱响一支歌、组建一支文体队伍、健全一套规章制度、制作一套宣传资料、延伸一条绿色通道、建立一系列服务措施及应急预案、创建一个国家级的文明示范窗口、形成一个企业的核心价值。"十个一"工程主要目的是通过实施"十个一"工程这个载体,向广大员工传播企业文化建设理念。

2. 以服务为主题的服务文化建设

京珠北分公司把提高服务性行业的服务质量,作为高速公路企业的文化建设,从过去的"行政意识"的"征费"转变为"收费",从过去"管好路、管好车、管好人"转变为"管好路、服务车、服务人"。提出打造"贴心服务"的企业服务产品,建设"服务从细微起步"的企业文化,构建京珠北文明服务网络,即员工服务驾乘人员、领导服务基层、企业服务社会。

3. 以责任为主题的责任文化建设

经济社会的不断发展,社会各界对高速公路行业关注度日益增加。2008年初的特大冰雪灾害,京珠北成为社会关注的焦点。在这场抗冰抢险行动中,京珠北员工夜以继日地投入到战冰斗雪、抢通道路的工作中,敢于亮身份、亮承诺,站得出来,冲得上去,勇于挑"急、难、险"的任务,同时主动把收费站开辟为救助点,安置老幼妇孺,免费发放食品和药品。京珠北分公司在对服务文化进行系统提升的基础上,向责任文化升华。

4. 以培育社会主义核心价值观为主题的"自觉"文化建设

京珠北分公司在"服务文化""责任文化"基础上,不断培育"自觉文化",使社会主义核心价值观的内涵成为每一个京珠北员工的自觉行动,实现服务能力、水平、自觉文化的提升。

京珠北分公司大力开展企业文化建设,使企业的营运管理水平不断提高,企业经济效益连年增长,各项工作取得了较好成绩。京珠北分公司先后获得"全国模范职工小家""全国青年文明号""全国工人先锋号""全国创先争优先进基层党组织""全国交通系统文明示范窗口""中国文化管理先进单位""全国交通企业文化建设优秀单位"等30多项省(部)级以上荣誉称号。同时,先后涌现"亿元无差错收费能手"3名,"千万元无差错收费能手"118名,获得"国家技术能手"称号17名,获得省(部)级以上个人荣誉达20余人次。

二、广州—韶关高速公路

广韶高速公路是京港澳高速公路主干线的重要组成部分,国家高速公路网中编号为G4。该路段北起于韶关甘塘,接京港澳高速公路粤境北段(京珠北),经曲江、翁源、英德、佛冈、从化、花都,南止于广州白云区太和镇,与广州北二环高速公路和华南快速干道北延线相连。全长199.334km,项目总投资107亿元。1998年5月开工建设,2003年11月22日全线通车。

该路北段与京珠北高速公路连接,南与广州北二环高速公路相连,接广深高速公路,是广东与内陆北方省份的重要通道,也是通往粤北山区的第一条高速公路。它的建设对提高南北大通道的运输能力,改善粤北地区投资环境,沟通广东与内地的连接、促进广东以及港澳地区的经济发展繁荣具有重大意义。

(一)主要技术指标和建设规模

广韶高速公路处于南岭中南段,构造上属于华南褶带的一部分,地势北高南低,地形、地貌较复杂。路段地处山岭重丘区,多见峰谷交错的"鸡爪"地形,沿线地形、地貌变化较大,岩性种类多。根据沿线地形地貌,全线按高速公路标准建设,双向六车道,设计速度为100km/h、120km/h,全线路基土石方5580.50万m^3,路基防护工程182.07万m^3。设有桥梁241座,其中主要大桥34座(表3-1-6)。隧道10座(单洞)112989延米(表3-1-7)。

(二)建设情况

1. 建设依据

(1)广韶高速公路工程

1998年3月5日,国家发展计划委员会批准项目建议书。同年8月20日,国家发展计划委员会批准广韶高速公路的建设。同年12月,交通部批准广韶高速公路工程的初步设计。

广韶高速公路主要桥梁表

表 3-1-6

序号	桥梁分类	桥梁名称	中心桩号	桥梁长度（m）	桥面宽度（m）	车道数	设计汽车荷载等级	开工时间	完工时间	备注
1	大桥	北江大桥（左幅）	K1954+061	497.26	12.75	2	公路—Ⅰ级	1998年5月	2001年1月	
2	大桥	北江大桥（右幅）	K1954+061	497.26	12.75	2	公路—Ⅰ级	1998年5月	2001年1月	
3	大桥	马坝河大桥（左幅）	K1961+375	246.88	13	2	公路—Ⅰ级	1998年8月	2001年1月	
4	大桥	马坝河大桥（右幅）	K1961+375	246.88	13	2	公路—Ⅰ级	1998年8月	2001年1月	
5	大桥	宝林山大桥（左幅）	K1973+557	246.08	16.75	3	公路—Ⅰ级	1998年4月	2001年1月	
6	大桥	宝林山大桥（右幅）	K1973+557	246.618	16.75	3	公路—Ⅰ级	1998年4月	2001年1月	
7	大桥	华子山高架桥（左幅）	K1981+751	752.04	16	3	公路—Ⅰ级	1996年5月	1999年3月	
8	大桥	华子山高架桥（右幅）	K1981+751	694.04	16	3	公路—Ⅰ级	1996年5月	1999年3月	
9	大桥	靠椅山大桥（左幅）	K1991+577	428.04	16.25	3	公路—Ⅰ级	1997年5月	2001年1月	
10	大桥	靠椅山大桥（右幅）	K1991+599	362.24	16.25	3	公路—Ⅰ级	1997年5月	2001年1月	
11	大桥	蕉叶陂桥（左幅）	K1992+344	397.58	16.25	3	公路—Ⅰ级	1997年1月	2001年1月	
12	大桥	蕉叶陂桥（右幅）	K1992+358	394.54	16.25	3	公路—Ⅰ级	1997年1月	2001年1月	
13	大桥	翁江大桥（左幅）	K2028+962	227.06	17	3	公路—Ⅰ级	1999年10月	2002年2月	
14	大桥	翁江大桥（右幅）	K2028+962	227.06	17	3	公路—Ⅰ级	1999年10月	2002年2月	
15	大桥	黄沙河大桥（左幅）	K2035+526	247.06	17	3	公路—Ⅰ级	1999年10月	2002年2月	
16	大桥	黄沙河大桥（右幅）	K2035+526	247.06	17	3	公路—Ⅰ级	1999年10月	2002年2月	
17	大桥	旦架哨大桥（左幅）	K2084+111	353.88	16.75	3	公路—Ⅰ级	1999年10月	2002年2月	
18	大桥	旦架哨大桥（右幅）	K2084+131	377.10	16.5	3	公路—Ⅰ级	1999年10月	2002年2月	
19	大桥	黄花河大桥（左幅）	K2089+020	317.06	16.5	3	公路—Ⅰ级	1999年10月	2002年2月	
20	大桥	黄花河大桥（右幅）	K2089+020	289.61	16.5	3	公路—Ⅰ级	1999年10月	2002年2月	
21	大桥	黄花河水库1号大桥（左幅）	K2089+510	186.02	16.5	3	公路—Ⅰ级	1999年10月	2002年2月	
22	大桥	黄花河水库1号大桥（右幅）	K2089+510	216.02	16.5	3	公路—Ⅰ级	1999年10月	2002年2月	
23	大桥	黄花河水库3号大桥（左幅）	K2090+218	246.02	16.5	3	公路—Ⅰ级	1999年10月	2002年2月	
24	大桥	黄花河水库3号大桥（右幅）	K2090+218	246.02	16.5	3	公路—Ⅰ级	1999年10月	2002年2月	

续上表

序号	桥梁分类	桥梁名称	中心桩号	桥梁长度（m）	桥面宽度（m）	车道数	设计汽车荷载等级	开工时间	完工时间	备注
25	大桥	旧围高架桥（左幅）	K2096+867	217.11	16.5	3	公路—Ⅰ级	1999年8月	2002年2月	
26	大桥	旧围高架桥（右幅）	K2096+867	217.11	16.5	3	公路—Ⅰ级	1999年8月	2002年2月	
27	大桥	大石古高架桥（左幅）	K2097+588	280.39	16.5	3	公路—Ⅰ级	1999年8月	2002年2月	
28	大桥	大石古高架桥（右幅）	K2097+588	281.76	16.5	3	公路—Ⅰ级	1999年8月	2002年2月	
29	大桥	芝麻湖高架桥（左幅）	K2122+760	308.06	16.5	3	公路—Ⅰ级	1999年10月	2002年11月	
30	大桥	芝麻湖高架桥（右幅）	K2122+760	313.06	16.5	3	公路—Ⅰ级	1999年10月	2002年11月	
31	大桥	流溪河大桥	J2134+810	307.72	19	3	公路—Ⅰ级	2000年8月	2003年12月	
32	大桥	流溪河大桥	K2134+790	310.15	16.5	3	公路—Ⅰ级	2000年8月	2003年12月	
33	大桥	和龙高架桥（左幅）	K2149+326	898.56	16.5	3	公路—Ⅰ级	2002年5月	2003年12月	
34	大桥	和龙高架桥（右幅）	K2149+326	898.38	16.5	3	公路—Ⅰ级	2002年5月	2003年12月	

广韶高速公路隧道表

表3-1-7

序号	隧道分类	隧道名称	起止桩号	长度（单洞，m）	行车道宽度（单洞，m）	隧道净高（m）	车道数	开工时间	完工时间	备注
1	长隧道	宝林山隧道（右线）	YK1973+769~YK1974+783	1014	11.25	5	3	1997年7月	2001年1月	
2	中隧道	宝林山隧道（左线）	ZK1973+719~ZK1974+694	975	11.25	5	3	1997年7月	2001年1月	
3	长隧道	大宝山隧道（右线）	YK1983+580~YK1985+145	1565	11.25	5	3	1997年7月	2001年1月	
4	长隧道	大宝山隧道（左线）	ZK1983+533~ZK1985+118	1585	11.25	5	3	1997年7月	2001年1月	
5	长隧道	靠椅山隧道（右线）	YK1988+500~YK1991+449	2949	11.25	5	3	1997年7月	2001年1月	
6	长隧道	靠椅山隧道（左线）	ZK1988+365~ZK1991+346	2981	11.25	5	3	1997年7月	2001年1月	
7	短隧道	五龙岭隧道（右线）	YK1998+190~YK1998+390	200	11.25	5	3	1998年5月	2001年1月	
8	短隧道	五龙岭隧道（左线）	ZK1998+190~ZK1998+390	200	11.25	5	3	1998年5月	2001年1月	
9	中隧道	旦架哨隧道（右线）	YK2082+475~YK2083+260	785	11.25	5	3	1998年5月	2002年10月	
10	中隧道	旦架哨隧道（左线）	ZK2082+385~ZK2083+119	735	11.25	5	3	1998年5月	2002年10月	

(2)扩建、罩面工程

2005年3月28日,广东省发展和改革委员会《关于京珠国道主干线粤境高速公路甘塘至太和段路面扩建项目申请报告的核准意见》。

(3)西联新区互通立交工程

2006年8月17日,广东省发展和改革委员会《关于京珠高速公路韶关西联新区互通立交工程可行性研究报告的批复》。

2007年4月6日,广东省交通厅《关于京珠高速公路韶关西联新区互通立交初步设计的审查意见的函》批复该项目初步设计方案。

(4)马坝扩建

2009年10月20日,广东省发展和改革委员会《关于京珠国道主干线粤境高速公路甘塘至太和段路面扩建项目调整建设规模的复函》。

2. 资金来源

(1)广韶高速公路工程

广韶高速公路初步设计概算批复总投资为91.3亿元(含建设期贷款利息)。总投资额中的35%作为该项目的资本金,项目资本金以外、投资总额以内资金由广韶高速公路向银行贷款。

大宝山、靠椅山隧道路段作为前期控制工程,由广东省高速公路有限公司负责建设,其余路段由广韶高速公路负责建设。

(2)扩建工程

批准项目估算投资6.123亿元,工程实际投资6.38亿元。其中资本金2.14亿元(约占估算投资35%)由广东省路桥建设发展有限公司与广东省高速公路有限公司按85%、15%股比投入。

(3)罩面工程

批准预算投资11.9亿元,工程实际投资10.49亿元,全部采用银行贷款和企业自筹解决。

(4)西联互通工程

批准概算投资0.69亿元,工程实际投资0.75万元,由韶关市负责出资该项目前期工作,广东省路桥建设发展有限公司投资0.64亿元。

(5)马坝扩建工程

批准概算投资0.83亿元,工程实际投资0.8亿元,项目采用银行贷款和企业自筹解决。

3. 征地拆迁

1994年11月3日,广东省交通厅与韶关市政府签订《京珠高速公路粤境韶关路段征地拆迁单价承包合同》。1998年9月19日,与清远市政府签订《京珠高速公路粤境清远路段征地拆迁单价承包合同》,其中翁城至广州太和段的工程施工及征地拆迁工作由广东省长大公路工程有限公司总承包负责实施。全线征用土地:建设工程25757亩,扩建工程183.04亩,西联互通143亩。

4. 招投标

(1)广韶高速公路工程

1997年,广韶高速公路(不含大宝山、靠椅山隧道路段)根据交通部工程招投标管理的有关规定进行。

一是施工总承包招投标。广韶高速公路分为甘塘至大镇段、大镇至太和段两段招标。资格预审和招标工作由广东省路桥建设发展有限公司负责。

二是施工分包招投标。依据施工总承包合同的规定,其中50%的工程由总承包人自行完成,另50%由业主与总承包组成联合招标小组进行招投标。

甘塘至大镇段采用邀请招标,大镇至太和段委托广东虎门技术咨询公司进行公开施工招标,招投标过程经过广州市公证处公证。

(2)扩建工程

扩建工程招投标管理工作根据交通部工程招投标管理的有关规定,所有应招标工程项目均在广州市建设工程交易中心进行公开招标。

(3)罩面工程

罩面工程招投标管理工作根据交通部工程招投标管理的有关规定,所有应招标工程项目均在广州市建设工程交易中心进行公开招标。

(4)西联互通工程

设计工作由韶关市政府委托广东省冶金建筑设计研究院承担。

监理工作由韶关市政府委托广东华路交通科技有限公司(原名广东省公路工程监理站)承担。

土建施工、交通工程施工、房建施工、机电工程等均在广州市建设工程交易中心进行公开招标。

(5)马坝扩建工程

设计单位:2007年5月9日,广东省交通厅《关于韶关市曲江至南雄公路初步设计的批复》明确,京珠高速公路马坝至韶关南段扩建工程纳入韶关市曲江至南雄公路同时设计并同步实施。2008年4月16日,广东省交通厅印发《关于京珠高速公路粤境段马坝至韶关南扩建工程同步实施的会议纪要》。设计工作由四川省交通厅公路规划勘察设计研究院实施。

监理单位:2009年11月11日,广东省交通运输厅《关于京珠国道主干线粤境高速公路马坝至韶关南扩建工程施工监理有关问题意见的函》,监理工作由广东华路交通科技有限公司承担。

施工单位:土建施工(含交通工程)均在广州市建设工程交易中心进行公开招标。

5.主要设计、施工、监理单位

设计单位:交通部第二公路勘察设计院。

施工单位:广东省长大公路工程有限公司、广东冠粤路桥有限公司、广东筑波路桥工程有限公司、湖南路桥建设集团公司。

监理单位:广东省公路工程监理站、广东奥科工程监理有限公司(联合体)。

(三)复杂技术工程

广韶高速公路沿线所经地段地形地貌变化大,路基高填深挖对填筑和防护质量以及环境保护提出很高要求,对桥梁施工增加一定的难度;地质变化频繁、复杂,特别是灰岩地区的浅层土洞和溶洞对桥梁桩基施工和高液限土的路基填筑提出了特殊要求;此外,隧道围岩破碎、地下水丰富以及存在的多条断裂带也是施工中碰到的技术难题。

1.薄壁"Y"形墩修建技术——蕉叶坡大桥

蕉叶坡大桥左线桥长397.58m,桥跨组合为$7 \times 30m + 6 \times 30m$两联,右线长394.5m,桥跨组合为$6 \times 30m + 6 \times 30m$两联;3个墩4个台为扩大基础;两桥均为30m预应力混凝土组合T梁,简支连续桥面,下部为矩形薄壁"Y"形墩,桩基为挖孔灌注桩。施工期间主要解决的技术问题如下:

(1)河水受上游大宝山矿尾沙坝强酸水污染严重,经试验检测水质分析pH值为4.1~4.7,为强酸性水,对混凝土具有结晶性侵蚀作用,因此在年平均水位以上加3m高程的河床中混凝土全部由普通混凝土改防酸混凝土施工。在桩基施工孔口设钢护筒、泥浆池,采用冲击钻孔、吸力泵清孔,防酸混凝土粗细集料都经试验选取符合防腐蚀要求的材料,水泥选用昌山水泥厂生产的粤海牌525号硅酸盐水泥,外加剂选用江西博瑞化工厂生产的FS-WQ减水剂。桩基混凝土采用集中搅拌,混凝土搅拌运输车运输,无水桩采用窜筒连续灌注,有水桩采用钢管导管注水下混凝土,水位低的桩从外不断补水至要求压力。

(2)358片T梁(L-30)施工。在靠椅山蕉叶坡大桥中间设预制场,预制厂设3台龙门起重机,其中1台10t龙门起重机主要用于制梁提混凝土及钢筋,另2台40t龙门起重机主要用于移梁提梁,设12个台座,台座在18m龙门起重机作业范围内横向3排、纵向4排。混凝土搅拌站在预制场彼端,利用0.5t运输翻斗车运至料斗入口,龙门起重机吊起料斗至浇注梁位置,浇注时梁下部主要利用模板上的附着式振动器振捣,上部用插入式振动棒捣固。运梁采用轨道平车,架桥机架设;制梁质量内实外光,基本消灭了气泡,尺寸符合标准。

2. 浅埋大跨径连拱隧道修建技术——五龙岭隧道

五龙岭隧道位于京港澳高速公路粤境韶关至广州段,是一座双向六车道连拱隧道,全长200m,位于广东省翁源县新江镇塘心村南面洋河河谷南侧,近正交方向穿越五龙岭山脊。隧道位于半径为1220m的平面曲线上,路面超高横坡为3%,隧道纵坡为0.57%,中隔墙为整体式结构。隧道内轮廓净高5.0m,净宽30.5m,衬砌为两心圆曲墙式复合衬砌结构,在隧道洞身的初期支护和二次衬砌之间设无纺布和PVC防水板进行防水。由于路面超高横坡的影响,本隧道衬砌为不对称结构。五龙岭隧道具有以下特点:跨度大,最大开挖宽度32.6m,开挖高度11.7m;隧道为双线连拱结构形式,给隧道施工增加了科技含量,加大了施工难度;隧道埋深浅,最大覆盖厚度42m,覆跨比小于1.5,属浅埋和超浅埋隧道,围岩自稳能力差;隧道处于断层挤压带,石质破碎,土质松散且含水率大。五龙岭隧道是集大跨、连拱、偏压、浅埋和地质条件差等不利因素于一体的技术含量高、施工难度大、风险大的"高、大、难"工程,其综合施工难度在国内工程界十分罕见。施工中也多次出现山体失稳,左侧导坑急剧收敛,中导坑严重变形等险情,但在参建各方密切配合和积极努力下,这些险情均得到了一一化解。该隧道依据新奥法原理进行设计和施工,遵照"严超前、短进尺、弱爆破、强支护、勤测量、早封闭"原则,采用中、侧壁导坑先墙后拱法施工,于2000年1月安全、优质建成。

3. K108+520~K108+780高边坡

广韶高速公路在韶关段穿越粤北大瑶山脉,地形大起大落,均为沉积岩地区,山高坡陡,植被发育,岩性多变,灰岩、砂岩、页岩、泥岩皆有;地质构造复杂,溶洞、石笋、危岩落石、地下河、断裂带、涌水、突泥、滑坡、软弱夹层、煤系地层、高液限土等地质现象门类齐全,是个真正的"地质博物馆"。这些地质问题给K108边坡建设处理带来很大困难,给K108边坡的整治增加许多难题。施工过程中因地质条件不断变化而进行动态设计,工程变更量很大。此外,由于地处高海拔的南岭山脉、南北暖冷气流的交汇处,气候异常,除破坏性台风外,对工程最不利的恶劣气候都在此出现;多雨多雾亦给路基施工带来很大困难,被世界银行专家称为"中国最具挑战性的公路项目"。该边坡高达58m,为九级高边坡,建设期曾多次发生较大变形。经过两年半的施工,于2001年5月安全、优质建成。

(四)科技创新

京港澳高速公路粤境韶关至广州段重车多,超载现象普遍,原有沥青路面车辙病害严重。为解决建设和扩建罩面中的此类技术难题,指导后期施工,广韶高速公路委托高校和科研单位开展了相关课题的研究工作。

1. 高速公路波形梁护栏加高方案研究

为节省工程造价及充分利用原有的波形护栏,以及对旧材料的安全使用,该课题由广韶高速公路与北京中路安公司协作完成。课题依托广韶高速公路路面扩建与罩面工程系统护栏改造利用的研究,提出一种新型护栏改造方案,通过实车碰撞试验验证,该护栏改造方案的防护能满足我国相关规范要求。同时,该护栏改造方案与新布设护栏相比,可节省约70%的材料费用,并可以降低施工难度,缩短工期,减少对高速公路现有设施的破坏,降低对通行能力的影响,可取得良好的技术、经济和社会效益。2008年12月,广东省交通厅在广州主持课题成果鉴定会,鉴定认为课题成果总体上达到国际先进水平。

2. 沥青路面车辙病害分析与处理对策研究

该课题由广东省路桥建设发展有限公司、华南理工大学道路工程研究所、科氏材料(中国)公司共同完成。课题针对特重交通与高温综合作用下的车辙处理,立足于广韶高速公路的车辙处理。利用RLWT车辙仪简便判断沥青路面车辙发展趋势;开发高模量沥青混凝土用于处治沥青路面车辙病害;引进并改善Novachip薄层罩面和微表处车辙填补技术,达到沥青路面预防性养护的目的。课题于2005年10月29日通过省交通厅组织的鉴定,认为总体成果达到国内领先水平。课题成果于2007年7月获"广东省科学技术奖三等奖"。

3. 重载和高温作用下沥青路面结构和材料研究

该课题是2005年度广东省交通厅科技项目,由广东省路桥建设发展有限公司广韶分公司、长沙理工大学共同完成。课题针对广东地区的高温和重载现象,以广韶高速公路改建工程为依托,从影响沥青罩面使用性能和疲劳寿命两个重要因素(重载和高温)出发,分析研究沥青罩面在重载高温条件下的路面结构力学性能、路面材料性能、不同条件下的车辙评价,提出一套满足重载和高温的沥青罩面设计、施工和质量控制方法,为类似的沥青罩面建设和沥青罩面规范提供参考。

2008年5月7日,广东省交通厅在广州组织召开课题成果鉴定会,鉴定认为:该研究成果具有明显的社会经济效益和推广应用前景,总体达到国际先进水平。课题成果于2010年3月获"广东省科学技术奖"三等奖。

(五)运营管理

广东省路桥建设发展有限公司广韶分公司(简称"广韶分公司")的前身是广东省公路管理局京珠高速公路粤境南段建设管理处,成立于1997年10月。1998年10月,经广东省政府批准,改组为广东广韶高速公路有限公司,并于同年10月26日在广州注册成立,负责投资、建设、经营、管理该段高速公路及沿线配套服务设施。

1. 运营公司

2000年6月,广韶高速公路有限公司与省公路局脱钩改制,划归广东省交通集团所属,成为广东省路桥建设发展有限公司全资控股的公司。2010年5月27日,在广州注册成立广东省路桥建设发展有限公司广韶分公司,于2010年8月1日揭牌并全面承接广韶高速公路相关业务。至2015年底,设有7个职能部门、4个中心收费站、3个独立收费站、4个路政中队。

广韶高速公路采取"边建设,边运营,建成一段,营运一段"的运作方式,全线通车后工作以运营为主。为满足运营管理需求,对运营管理模式和架构不断进行摸索和尝试,努力践行实现一流的专业化运营管理目标。

(1) 分站式运营管理模式

运营初期,全线还未贯通,运营管辖收费站较少,广韶高速公路采取的是垂直管理的分站式管理模式,收费管理部直属管理各收费站的营运工作。全线贯通后,收费站也由最初的3个增加至14个,为此,2008年5月成立广州管理处,负责公司所属广州段内的运营管理工作。

(2) 管理处运营管理模式

为便于管理,广韶高速公路于2009年2月分别成立清远管理处和韶关管理处,收费站的运营收费管理则由各管理处根据自己所属收费站的运营特点开展工作。这次由分站式管理模式转变为管理处运营模式,有效整合了基层的各种资源,提高资源配置和使用率。

(3) 中心站加分站式运营管理模式

2015年7月30日,广韶高速公路撤销广州管理处、清远管理处和韶关管理处,成立钟落潭中心站、佛冈中心站、鱼湾中心站和韶关中心站4个中心站及鳌头收费站、翁城收费站和沙溪收费站3个独立收费站,运营管理由管理处模式转变为中心站加分站式相结合的模式,既保持原管理处模式资源整合的优势,又优化管理人员配置,有利于提高工作效率。

2. 收费站点

广韶高速公路沿线设韶关、韶关南、沙溪、翁城、大镇、鱼湾、高岗、佛冈、汤塘、鳌头、北兴、钟落潭12个收费站(表3-1-8)。2014年6月30日,广东省高速公路联网收费实施"一张网"时,撤销机场北收费站和太和收费站。至2016年7月,广韶高速公路设有12个收费站点,共计91车道,采取人工收费(MTC)结合粤通卡自动缴费(ETC)的收费模式。

收费站点及车道设置情况表　　　　　　　　　　　　　　　　表3-1-8

站点名称	车道数	收费方式
韶关	10	MTC + ETC
韶关南	10	MTC + ETC
沙溪	6	MTC + ETC
翁城	6	MTC + ETC
大镇	4	MTC + ETC

续上表

站点名称	车道数	收费方式
鱼湾	4	MTC + ETC
高岗	4	MTC + ETC
佛冈	7	MTC + ETC
汤塘	5	MTC + ETC
鳌头	8	MTC + ETC
北兴	11	MTC + ETC
钟落潭	16	MTC + ETC

3. 车流量

车流量情况见表3-1-9。

车流量情况表　　　　　　　　　　　表3-1-9

年份(年)	车流量(辆)	年份(年)	车流量(辆)
2006	9328659	2012	21741191
2007	10052451	2013	24117236
2008	10500808	2014	25222530
2009	14285818	2015	23340108
2010	16804339	2016	27537375
2011	20801078		

4. 服务区

广韶段共设有曲江、横水石、鱼湾、高岗、佛冈和瓦窑岗6对服务区。服务区均设有卫生间、停车场、便利店、餐饮、汽车修理和加水点等；曲江、鱼湾、高岗和瓦窑岗服务区还设有汽车充电桩。

5. 路政管理

广韶高速公路设有路政大队，管理辖区包括高速公路199.334km和一级公路35.42km(英佛公路)，高速公路隧道5个，桥梁241座，涵洞914个。

路政大队对路产路权实行三级管理，路政大队负责全线路产路权的维护和管理，中队负责辖区的路产路权维护和管理，班组负责责任区路产路权的维护和管理。其中，中队根据属地划分管理辖区，中队再将辖区划分成四个责任区，每个班组负责一个责任区，班组内再将责任区落实到人；日常路产巡查工作由当班人员负责全线例行巡查，早班在日常巡查的基础上，专门负责本班组责任区的仔细排查，发现较难在例行检查中发现的路损或侵权案件。

在全程监控模式下，路政巡查、养护巡查与视频监控巡查相结合，养护巡查和路政巡查实施交叉巡查,视频监控实施定时轮巡,通过三种巡查模式结合快速发现并及时处理路损或侵权案件。

6.机电及隧道养护管理

广韶高速公路机电及隧道日常养护管理分为外包维护和自行维护两种模式。外包项目括高压供电线路、UPS 机组、柴油发电机、计重设备(包含检定及设备维护)、ETC 车道设备、路政车载无线视频等系统的日常养护;对于采取外包维护方式的系统,主要工作是进行监督养护单位按照养护计划或要求实施养护,并做好相关的养护记录。结合高速公路机电系统及隧道系统的特点,按照机电及隧道养护公路要求进行工作。

(六)企业文化建设

广韶分公司在建设、扩建、运营管理中,以文化建设推动企业不断发展,在全省率先组织区域联网、实施货车计重收费、实施路警保安全畅通联动机制、开展国标网改造、建设生态景观带。2012 年 6 月,历经参建单位多年努力,广韶高速公路创建"文明样板路",2013年起,推进"平安公路"建设活动,2016 年创建"平安公路"示范路段。

(1)以筑路文化建设为基础,在攻坚中传承文化。自 1997 年 7 月开工后的艰苦建设时期起,广大员工树立"山重水复疑无路、辟山筑路广韶人"的形象,勇担责任,集思广益,博采众长,集中优势攻关克难,创新科技解决各种技术难题,在攻坚中传承文化。

(2)以服务文化建设为延伸,在服务中发扬文化。2003 年建立以顾客为关注焦点的"向日葵式服务"文化,获第十三届广东省企业管理现代化优秀成果一等奖。2004 年确立"以优化节点连接为核心的服务链管理",实现运行模式流程化、组织架构扁平化和团队合作最优化,该项目在 2014 年获第十一届国家级企业管理现代化创新成果一等奖。

(3)以自觉文化建设为追求,在自觉中体现文化。重点以培育社会主义核心价值观为主题的自觉文化建设。开展各种体现"人便于行,货畅其流,服务群众,奉献社会"的交通运输行业核心价值观的活动。在 2008 年"抗冰抢险"中,广大员工自觉行动,把收费站开辟为救助站,安置妇孺老幼,免费发放食品和药品。

18 年来,广韶分公司取得"广东省模范职工之家""全国青年文明号""全国巾帼文明岗""全国工人先锋号""全国三八红旗集体""全国五一巾帼标兵岗""全国交通系统文明示范窗口"、广东省劳模、广东省收费能手、广东省职工经济技术创新能手、广东省技术能手等"号、手、岗"荣誉称号;还取得"国家二级企业档案工作目标管理""全国干线公路养护管理规范化检查先进单位""全国交通运输企业文化建设优秀单位""全国交通运输企业文化建设卓越单位"等荣誉称号。

三、广州北二环高速公路

北京—港澳高速公路(G4)广州太和至火村(北二环)段,与 G3501 广州绕城高速公路共线。该路段的太和端与广韶高速公路相连,火村端与广深高速公路连接,全长 38.4km,双向六车道。(详细情况见本章第八节 G1501 广州绕城高速公路"一、广州北二环高速公路")

四、广州—深圳高速公路

广深高速公路是北京—港澳高速公路主干线的重要组成部分,国家高速公路网中编号为 G4。北起于广州市天河东圃(广氮),经广州、东莞、深圳三市,南止于深圳市福田区皇岗村与香港分界的深圳河。全长 122.8km(其中属 G4 路段 110.932km,属 S15 路段 10.84km,属 S26 路段 0.3984km),项目总投资 129.42 亿元。1992 年 2 月 19 日开工建设,1997 年 7 月 1 日建成通车。该路北端连接广州环城高速公路,向南在火村连接广州北二环高速公路东段、虎门大桥、常虎高速公路、机荷高速公路和皇岗口岸。广深高速公路位于广东省中南部,地处富庶的珠江三角洲。它的建设对打造穗、深、港的"黄金通道",沟通粤港两地的合作与交往,促进广东经济的迅速发展,改善内地的投资环境,以及保持香港的繁荣稳定具有重要的意义。

广深高速公路由广东省公路建设有限公司与香港合和中国发展(高速公路)有限公司合作,并成立广深珠高速公路有限公司(简称"广深公司")负责广深珠高速公路项目建设和经营管理。

(一)主要技术指标和建设规模

广深高速公路建设起步较早,在当时国内尚无高速公路建设标准的情况下,以我国公路技术标准为基础,参考国外高速公路标准进行规划设计,主要技术指标均满足或高于国内标准的要求。

该路采用高速公路标准全封闭、全立交、全照明双向六车道设计。设计速度 120km/h,路基宽 33.1m。对河流密集地带和软土厚度 12m 以上都采用高架桥建设,全线桥梁总长 45km,其中跨越东江出海口 7 条通航河道和软土地段的东莞北连续桥梁长度 19.64km,为国内当时最大规模的公路桥梁之一。全路主线桥梁 169 座总长 48.3km(表 3-1-10),占主线全程的 40.25%;隧道 1 座(表 3-1-11);设有互通式立交 20 处、上跨桥 9 座。设有计算机收费系统、电子监控系统和光纤通信系统,以及全线供电照明系统、路面反光装置等。全线共有收费车道 296 条,发卡车道 191 条。

广深高速公路主要桥梁表（火村—皇岗口岸）

表 3-1-10

序号	桥梁分类	桥梁名称	中心桩号	桥梁长度(m)	桥面宽度(m)	车道数	设计汽车荷载等级	开工时间	完工时间	备注
1	大桥	大陂河大桥	K13+040	132.15	32	6	汽车—超20级、挂车—120	1992年2月	1994年7月	
2	大桥	萝岗互通立交桥	K14+280	782.715	32	6	汽车—超20级、挂车—120	1992年2月	1994年7月	
3	大桥	塘岗大桥	K19+024.09	642	32	6	汽车—超20级、挂车—120	1992年2月	1994年7月	
4	大桥	新塘互通式立交桥	K19+864.17	751.67	32	6	汽车—超20级、挂车—120	1992年2月	1994年7月	
5	特大桥	D8高架桥	K22+181.39	2173.22	32	6	汽车—超20级、挂车—120	1992年2月	1994年7月	
6	大桥	旱桥1	K23+268	390	32	6	汽车—超20级、挂车—120	1992年2月	1994年7月	
7	大桥	东洲大桥	K23+670.5	415	32	6	汽车—超20级、挂车—120	1992年2月	1994年7月	
8	大桥	陈涌互通式立交桥	K25+013	2270	32	6	汽车—超20级、挂车—120	1992年2月	1994年7月	
9	大桥	大涌河大桥	K26+229.25	162.5	32	6	汽车—超20级、挂车—120	1992年2月	1994年7月	
10	大桥	旱桥2	K26+651.75	682.5	32	6	汽车—超20级、挂车—120	1992年2月	1994年7月	
11	大桥	川槎河大桥	K27+328	670	32	6	汽车—超20级、挂车—120	1992年2月	1994年7月	
12	大桥	旱桥3	K27+776.75	227.5	32	6	汽车—超20级、挂车—120	1992年2月	1994年7月	
13	大桥	四乡围小河桥	K28+025.5	260	32	6	汽车—超20级、挂车—120	1992年2月	1994年7月	
14	大桥	旱桥4	K28+459.25	617.5	32	6	汽车—超20级、挂车—120	1992年2月	1994年7月	
15	大桥	中堂水道桥	K28+946.75	357.5	32	6	汽车—超20级、挂车—120	1992年2月	1994年7月	
16	大桥	旱桥5	K29+223	195	32	6	汽车—超20级、挂车—120	1992年2月	1994年7月	
17	大桥	旱桥6	K29+613	325	32	6	汽车—超20级、挂车—120	1992年2月	1994年7月	
18	大桥	芙蓉河桥	K29+873	195	32	6	汽车—超20级、挂车—120	1992年2月	1994年7月	
19	特大桥	旱桥7	K30+536.25	1131.5	32	6	汽车—超20级、挂车—120	1992年2月	1994年7月	
20	大桥	望牛墩河桥	K31+180.25	156.5	32	6	汽车—超20级、挂车—120	1992年2月	1994年7月	
21	特大桥	望牛墩互通立交桥	K31+805.75	1094.5	32	6	汽车—超20级、挂车—120	1992年2月	1994年7月	
22	大桥	赤窖河桥	K32+515.5	325	32	6	汽车—超20级、挂车—120	1992年2月	1994年7月	
23	特大桥	旱桥9	K33+669.25	1527.5	32	6	汽车—超20级、挂车—120	1992年2月	1994年7月	

续上表

序号	桥梁分类	桥梁名称	中心桩号	桥梁长度(m)	桥面宽度(m)	车道数	设计汽车荷载等级	开工时间	完工时间	备注
24	大桥	旱桥10	K34+953.25	780	32	6	汽车—超20级,挂车—120	1992年2月	1994年7月	
25	大桥	大汾南水道桥	K35+440.5	195	32	6	汽车—超20级,挂车—120	1992年2月	1994年7月	
26	特大桥	道滘互通立交桥	K36+438	1800	32	6	汽车—超20级,挂车—120	1992年2月	1994年7月	
27	大桥	道滘河大桥	K37+491.75	307.5	32	6	汽车—超20级,挂车—120	1992年2月	1994年7月	
28	特大桥	旱桥11	K38+393	1495	32	6	汽车—超20级,挂车—120	1992年2月	1994年7月	
29	大桥	新洲河桥	K39+238	195	32	6	汽车—超20级,挂车—120	1992年2月	1994年7月	
30	大桥	旱桥12	K39+416.75	162.5	32	6	汽车—超20级,挂车—120	1992年2月	1994年7月	
31	大桥	旱桥13	K40+087	910	32	6	汽车—超20级,挂车—120	1992年2月	1994年7月	
32	大桥	跨107国道桥	K40+486.61	100.6	32	6	汽车—超20级,挂车—120	1992年2月	1994年7月	
33	大桥	东莞互通立交桥	K41+565.75	870	32	6	汽车—超20级,挂车—120	1992年2月	1994年7月	
34	大桥	厚街互通立交桥	K47+046.75	570	32	6	汽车—超20级,挂车—120	1992年2月	1994年7月	
35	大桥	太平互通立交第一段(南行)	K58+383.304	742.844	16	3	汽车—超20级,挂车—120	1992年2月	1994年7月	
36	大桥	太平互通立交第一段(北行)	K58+401.416	785.552	16	3	汽车—超20级,挂车—120	1992年2月	1994年7月	
37	特大桥	太平互通立交第三段(南行)	K59+468.478	1172.503	16	3	汽车—超20级,挂车—120	1992年2月	1994年7月	
38	特大桥	太平互通立交第三段(北行)	K59+492.592	1155.79	16	3	汽车—超20级,挂车—120	1992年2月	1994年7月	
39	大桥	太平互通立交第四段(南行)	K60+354.729	600	16	3	汽车—超20级,挂车—120	1992年2月	1994年7月	
40	大桥	太平互通立交第四段(北行)	K60+489.597	838.212	16	3	汽车—超20级,挂车—120	1992年2月	1994年7月	
41	特大桥	太平互通立交第五段(南行)	K61+310.035	1310.611	16	3	汽车—超20级,挂车—120	1992年2月	1994年7月	
42	特大桥	太平互通立交第五段(北行)	K61+424.506	1031.605	16	3	汽车—超20级,挂车—120	1992年2月	1994年7月	
43	大桥	太平互通立交第六段(南行)	K62+116.943	303.206	24	5	汽车—超20级,挂车—120	1992年2月	1994年7月	
44	大桥	太平互通立交第六段(北行)	K62+120.297	359.978	24	5	汽车—超20级,挂车—120	1992年2月	1994年7月	
45	大桥	五点梅大桥	K66+315.98	270	32	6	汽车—超20级,挂车—120	1992年2月	1994年7月	
46	特大桥	长安互通立交桥	K69+085.14	1738.5	32	6	汽车—超20级,挂车—120	1992年2月	1994年7月	

续上表

序号	桥梁分类	桥梁名称	中心桩号	桥梁长度(m)	桥面宽度(m)	车道数	设计汽车荷载等级	开工时间	完工时间	备注
47	特大桥	东宝河大桥	K70+769.14	2011.5	32	6	汽车—超20级,挂车—120	1992年2月	1994年7月	
48	特大桥	松岗河西段软基改桥	K72+840.39	1749	32	6	汽车—超20级,挂车—120	1992年2月	1994年7月	
49	大桥	松岗大桥	K74+014.89	600	32	6	汽车—超20级,挂车—120	1992年2月	1994年7月	
50	特大桥	松岗河东段软基改桥	K76+095.39	2100	32	6	汽车—超20级,挂车—120	1992年2月	1994年7月	
51	大桥	跨107国道大桥	K77+145.44	1461	32	6	汽车—超20级,挂车—120	1992年2月	1994年7月	
52	特大桥	新桥互通立交桥	K78+545.89	1343.36	32	6	汽车—超20级,挂车—120	1992年2月	1994年7月	
53	大桥	虎背山大桥	K87+185.98	367	32	6	汽车—超20级,挂车—120	1992年2月	1994年7月	
54	大桥	12号大桥	K92+325.89	1140	32	6	汽车—超20级,挂车—120	1992年2月	1994年7月	
55	大桥	站前桥	EK0+746.362	355.29	32	6	汽车—超20级,挂车—120	1992年2月	1994年7月	
56	大桥	6号大桥(大沙河桥)	K105+536.777	225.766	32	6	汽车—超20级,挂车—120	1992年2月	1994年7月	
57	大桥	12号桥	K110+400.415	168.861	32	6	汽车—超20级,挂车—120	1992年2月	1994年7月	
58	特大桥	福田互通立交桥	K112+678.5	1042.876	32	6	汽车—超20级,挂车—120	1992年2月	1994年7月	
59	大桥	皇岗口岸连接主线桥	K118+179.955	973.67	32	6	汽车—超20级,挂车—120	1992年2月	1994年7月	

广深高速公路隧道表

表 3-1-11

序号	隧道分类	隧道名称	起止桩号	长度(单洞,m)	行车道宽度(单洞,m)	隧道净高(m)	车道数	开工时间	完工时间	备注
1	短隧道	虎背山左线隧道	K87+656~K88+103	447	11.85	8.95	3	1992年2月	1994年7月	
2	短隧道	虎背山右线隧道	K87+650~K88+145	495	11.85	8.95	3	1992年2月	1994年7月	

(二)建设情况

1. 建设依据

1983年10月8日,广东省政府向国家计委上报《关于上报广深珠高速公路可行性报告的请示》。

1984年4月13日,国家计委、交通部向国务院上报《关于修建广(州)深(圳)珠(海)高速公路的报告》。

1984年5月5日,国家计委以《关于广(州)深(圳)珠(海)高速公路可行性报告的复函》批复,"我委和交通部联名上报的《关于修建广深珠高速公路的报告》业经国务院原则批准"。

2. 资金来源

广深高速公路建设总投资(含建设期利息)达10.56亿美元。资金来源于三方面:一是由国内贷款;二是由香港合和中国发展(高速公路)有限公司提供注册资本及股东贷款;三是以项目抵押方式由香港合和中国发展(高速公路)有限公司提供国际银团融资贷款。

3. 征地拆迁

广深高速公路建设工程的征地拆迁工作,从1988年开始,先后进行了一期、二期、三期、三期补充征地及零星征地。当年由广东省政府组织的专门协调机构——广深高速公路广东省指挥部负责全线用地的包干征用,于1994年6月完成征地拆迁任务。

4. 分期建设

1981年11月28日,广东省委、省政府召开会议,确定广深珠高速公路整体工程可分三期建设:第一期工程"广州至深圳"段,第二期工程"黄阁至珠海"段,第三期工程"新胜至江门"段。其中第二、三期工程,1993年根据广东省政府《关于广深珠高速公路(西线)和服务项目合同中第二、三期工程有关事项补充修订问题的批复》同意转让。

5. 主要设计、施工、监理单位

广东省公路工程施工总公司和香港滑模工程有限公司联合组成广深珠高速公路总承包集团,总承包工程的设计、施工、完工、养护和投入使用等各项服务;由广东工程建设监理公司与香港泰利民工程顾问公司承担工程项目监理并作为业主代表负责。总承包按照广深公司拟定的工价和工期,以交钥匙的方式交由总承包设计和施工。

总承包集团的分管单位广东省公路工程施工总公司聘请了铁道部科学研究院监理处,香港滑模工程有限公司聘请了北京公路规划设计院监理处(后来改由滑模监理部代替）为施工监理,分别负责对各自分管地段的施工现场旁站及施工各道工序的质量监控。

6. 工程重大变更

建设期间,业主代表对总承包集团提出变更申请、业主确认同意的重大变更工程有皇岗连接线、福田互通、南头互通、同乐联检站、深圳段综合排水工程、塘岗一号桥、罗岗互通、平南铁路桥、深圳额外石方、宝安互通缓建及改路基、电力供应、公路照明工程共12项。

（三）重大技术工程

1. 东莞北高架桥

东莞北高架桥处于珠江三角洲河网区和滩涂地区,基岩石埋藏较深,地基松软,工程艰巨。为避免软土地基下沉,大部分软土地基均采用高架桥形式建设。该桥跨越河流11条及软土地基,连续桥长达19.64km,东莞太平软土地基高架桥长3.87km,其中东莞长安至宝安新桥跨河及软土地基高架桥11km,为当时国内最大规模桥梁之一。

2. 虎背山隧道工程

虎背山隧道位于深圳市宝安区福永镇境内,设计为双洞、三车道。左线全长588m（广州端遮光棚81m,暗洞447m;深圳端遮光棚60m）;右线全长615m（广州端遮光棚81m,暗洞495m;深圳端遮光棚39m）。左、右线平面分别在半径为3900m、3200m的曲线上和+2.465%、-2.175%的坡道上,两线间距约40m,隧道中部设一横通道连接。隧道所在地区的岩性为印支花岗岩和下古生界花岗片麻岩,受地质构造影响严重,裂隙发育,岩石较破碎。广州端为Ⅱ~Ⅲ类围岩,深圳端为Ⅳ类围岩。该隧道按"新奥法"原理设计和指导施工,采用复合式衬砌。洞内设有照明、电缆沟槽、检修道、排水沟等设施。该隧道为双洞双向行驶隧道,单洞净宽13.10m、净高8.95m。

（四）科技创新

广深高速公路开通后车流一直保持增长势头,并处于超负荷下运转,日均车流量已接近10万辆/昼夜,部分路段已超过15万辆/昼夜;出口车流由1994年日均7.11万辆,上升到2014年的日均47.05万辆。2012年9月29日更创历史新高,达到61.26万辆,已远超其最大设计通行能力,被《中国交通报》称为"中国最繁忙的高速公路"。

为提高车辆通行能力,广深高速公路将路政（包括救援）、交警、收费站、养护四个职能相对独立的高速公路管理单位,由路政管理机构、交警部门纳入保畅通整合平台,通过路政、交警和高速公路公司相关职能部门的联合巡查、资源共享、信息互通、协同处理突发事件,形成处置合力,发挥路政、交警、收费站、养护单位的联动效应。按照"重点时段、重点路段、点面结合、巡查驻点、统一部署、快速调度"的保畅通方针,实现交通事故处理做到"五快"(发现快、到达快、处理快、清障快、归位快);收费服务做到"五心";维修养护做到"通行维护"两不误。将因为事故、车流量过大、道路损毁和天气恶劣等影响交通畅通的不利因素迅速化解,将时间、人员和物资的效率有效利用起来,使事故快速处理率达到88.85%;行车秩序得到了明显改善;交通事故明显下降;服务工作也得到进一步规范提升。

通过实践,总结出"路警站养四位一体"保畅通交通管理模式,有效地解决了主线和站场的交通拥堵问题。该课题研究成果获2012年第二十二届广东省企业管理现代化创新成果一等奖,"高速公路固定资产管理的统筹与优化"获2013年第二十届国家级企业管理现代化创新成果二等奖。

(五)运营管理

广深高速公路由广东省公路建设有限公司(甲方)和香港合和中国发展(高速公路)有限公司(乙方)合作,共同成立广深珠高速公路有限公司投资兴建和经营管理。

1. 运营公司

广深珠高速公路是中外合资(合作)企业(现实际经营管理广深路段),企业实行董事会领导下的总经理负责制。1996年4月27日,广深公司管理机构设置为7个职能部、3个直属经营部门,按照广州、东莞、深圳行政区域设置3个管理处,各管理处按区域的互通立交数量设置若干个收费站以及养护站、路政队各1个。在公司统一领导下实行三级管理,职能部按照职责分工实施专业管理;管理处按区域分工实施综合管理。截至2015年底,广深公司设有9个职能部和3个管理处。

2. 收费站点

截至2016年,广深高速公路按物理站点划分成19个收费站。广州地域有广氮、萝岗、新塘3个收费站,东莞地域有麻涌、望牛墩、道滘、东莞、厚街、太平、长安7个收费站,深圳地域有新桥、沙井、福永、鹤洲、宝安、南头、南坪、福田、皇岗9个收费站(表3-1-12)。

收费站点设置情况表　　　　　　　　　　表3-1-12

站点名称		车道数	收费方式
广州站	大观路	12	匝道封闭式收费
	黄村	19	匝道封闭式收费
萝岗站		20	匝道封闭式收费
新塘站		20	匝道封闭式收费
麻涌站		20	匝道封闭式收费
望牛墩站		20	匝道封闭式收费
道滘站		20	匝道封闭式收费
东莞站		38	匝道封闭式收费
厚街站		23	匝道封闭式收费

续上表

站点名称		车道数	收费方式
太平站	太平	24	匝道封闭式收费
	北栅	6	匝道封闭式收费
长安站		32	匝道封闭式收费
新桥站		36	匝道封闭式收费
沙井站		6	匝道封闭式收费
福永站		36	匝道封闭式收费
鹤洲站		33	匝道封闭式收费
宝安站		21	匝道封闭式收费
南头站	南头	31	匝道封闭式收费
	同乐一(北出)	2	匝道封闭式收费
	同乐二(北出南)	4	匝道封闭式收费
	同乐三(南出北)	4	匝道封闭式收费
南坪站		13	匝道封闭式收费
福田站		24	匝道封闭式收费
皇岗站		23	主线封闭式收费
合计		487	

3.车流量

车流量情况见表3-1-13。

车流量情况表 表3-1-13

年份(年)	出口总车流量(万辆)	日均车流(万辆)	年份(年)	出口总车流量(万辆)	日均车流(万辆)
2003	6648.84	18.22	2010	14043.86	38.48
2004	7779.71	21.26	2011	14931.16	40.91
2005	9273.23	25.41	2012	15827.75	43.25
2006	11214.35	30.72	2013	17292.27	47.38
2007	12336.37	33.80	2014	17174.84	47.05
2008	11718.22	32.02	2015	18305.08	50.18
2009	12229.14	33.50			

4.服务区

按照《广东省高速公路服务设施设计和验收暂行要求》,在广深高速公路东莞厚街路段建有一对A类甲级服务区,在广深高速公路深圳皇岗路段建有一对二级加油站。

厚街南行服务区的服务项目包括加油、公共卫生间、停车和室外休息区、餐饮、便利店、警务室等。

厚街北行服务区建成于2012年,2013年1月1日投入使用,对外提供停车休息、餐饮、休闲、咨询等多项服务,是集加油、办公、餐饮、超市、休憩等多功能于一体的综合型服务区。

皇岗加油站(南行)位于广深高速公路广州往深圳方向皇岗路段,1998年2月建成并投入运营。

皇岗加油站(北行)位于广深高速公路深圳往广州方向皇岗路段,2004年5月建成并投入使用。

5. 路政管理

广深公司路政管理主要采取四个步骤:一是定期加强路产设施的统计排查,发现缺损及时通知养护部门修复;二是对损害路产行为进行查处,向当事人送达《赔补偿通知书》,并通过协调交警部门支持配合,确保当事人缴纳路产损失费用,保障公司路产颗粒归仓;三是对损害超过5000元(初步估计)的路产案件及时向保险公司报备,在路产遭受损害并因各种原因无法向当事人索赔或索赔有困难时,由保险公司代为赔偿;四是对无法索赔的路产案件,履行授权代理人职责,协助公司完成路产索赔法律诉讼。

路政管理部门路权的维护管理主要职责:一是涉路施工许可审批权,在高速公路从事涉路施工作业,须经路政管理机构审核批准;二是加强对公路、公路用地、公路两侧建筑控制区、公路广告控制区的管控查处;三是以公司权益受损害身份,从民事行为角度制止拆除占用公路、公路用地违法搭建的设施,维护公路路权。

6. 养护管理和大中修工程

(1)养护管理

从1996年以来,广深高速公路的日常维修养护工作逐步建立完善的养护体系,制定《广深高速公路维修养护工程管理办法》《广深高速公路维修养护工程招标管理办法》《路桥检测管理规程》等,并实施养护质量月度考评及年度绩效考核。同时,养护专项工程实行"项目法人制、招标投标制、方案评审制、工程监理制、合同管理制",养护工程计划的编制、设计、报建、招标投标、监理、实施、变更、支付和验收管理均有严密的管理流程。

加强养护基地的规划和建设。2012年,投入1800万元完成了宝安养护基地的改造,增设完备的养护基地基础设施,在广州萝岗区和深圳宝安区设置两个养护中心。投入约1800万元购买了120台套养护设备,2015年,全线配置桥梁检测车、扫地车、路面修补车、洒水车、护栏打拔桩机、护栏清洗车、路面灌缝机、高空作业车等养护设备40余种,率先达到养护机械化配置水平。

(2)大中修工程

①东莞北大桥维修。广深高速公路自通车后,经过多年的超负荷运营,部分桥梁产生了一定程度的病害,东莞北大桥T梁桥面板普遍存在开裂、渗水、穿孔等病害情况。2006年6月,广深公司组织对包括东莞北特大桥在内的全线构造物进行详细检测,随后由交通部公路检测中心对东莞北特大桥的代表型病害区域进行专项质量检测与承载能力评定。2006年8月,广深公司委托北京交科公路勘测设计研究院有限公司负责广深高速公路东莞北大桥两阶段维护设计。2007年7月,广东省交通厅在东莞组织召开东莞北大桥维护工程施工图设计审查会。

广深高速公路东莞北大桥维护主要包括横隔板更换、桥面板维修、T梁梁体局部病害处理、裂缝封闭和灌浆、更换支座、桥面连续修复工作等。

2013年8月通过竣工验收。经过5年多的通车试运营,桥梁状况总体良好,建设项目工程质量评定为合格。

②路灯照明改造维修。广深高速公路全线使用250W的传统电感镇流器型高压钠灯灯具供电照明,全年用电量约800万度。

2011年,广深公司对全线路灯进行改造。2013年9月,完成全部122.8km低杆LED路灯节能改造工程。改造后的路面平均照度提高了1倍多,达到20lx(勒克斯),节电率超过60%,每年节电400多万度。

改造后的LED路灯照明系统还配备单灯远程智能监控系统,对全线路灯和变电站运行情况进行实时掌控。由于LED路灯节能改造工程具有先进性和独特性,该工程受到了广东省科技厅以及社会有关方面的关注和好评,中央电视台对此进行了报道。

(六)企业文化建设

1. 开展"创先争优"活动

发挥"号""手"的示范、引领、带动和激励作用,以"党建带工建、党建带团建、党工团共建"的工作机制,增强员工主人翁责任感,激发员工劳动热情和创造活力。广深公司围绕企业不同时期的工作任务特点,组织开展"创建学习型组织"和各项"争先创优"活动等。至2015年,全线19个收费站,1个获得国家级"青年文明号"称号,13个获得省级、市级以上"青年文明号"称号;2007年,皇岗收费站获得"全国巾帼文明示范岗";2011年,广州收费站获得"全国工人先锋号";2015年,广深公司获得"全国企业文化卓越单位"。

2. 开展志愿者活动

自2006年以来,从收费站发起组建志愿者组织。至2014年底,共组成了三支横跨广州、深圳和东莞三地,共约960人的志愿者队伍,为广州市亚运会、亚残会、帮扶农民工子女、敬老院、萝岗区流浪儿童救助中心等提供志愿者服务,开展为贫困山区献爱心,义务献血等活动,服务时间已超过24000小时。参加志愿者活动,已成为广深公司员工的一种社会责任。

第二节 武汉—深圳高速公路广东段(G4E)

武汉—深圳高速公路(简称"武深高速公路"),是国家高速公路网"71118+6"中北京—港澳高速公路G4的并行线,起于湖北武汉洪山区,经湖北接入湖南平汝高速公路,由韶关仁化进入广东境内,止于深圳盐田港,全长1011km,编号为G4E。

武深高速公路广东段与《广东省高速公路网规划》中第四纵线共线,原称仁化—深圳高速公路(简称"仁深高速"),起于韶关市仁化县城口镇大麻溪粤湘交界处,与湖南省炎汝高速公路相接,向南经韶关仁化、始兴、翁源、新丰、惠州龙门、博罗,东莞市,深圳市龙岗区等4个地级市和8个县区,止于深圳市盐田港,全长373.419km。

武深高速公路广东境内线路由3个项目段组成:仁化—博罗高速公路、博罗至深圳高速公路、深圳盐田港—排榜高速公路。

一、仁化—博罗高速公路

仁化(湘粤界)至博罗高速公路(简称"仁博高速公路")是国家高速公路网"武汉至深圳高速公路"的重要组成部分。该路的建设对进一步完善国家及省的高速公路网,加强广东省与湘赣两省的交通路网衔接,打造粤湘赣旅游经济带,增强珠三角地区对粤北乃至内地的经济辐射能力,带动形成粤北农业产业链,促进区域协调发展具有重要意义。

仁博高速公路位于韶关市、河源市、惠州市境内,路线整体呈南北走向,起于韶关市仁化县城口镇(接湖南省炎汝高速公路),经仁化县、始兴县、翁源县,于连平县隆街与大(庆)广(州)高速公路共线至新丰县丰城街道,经惠州市龙门县、博罗县,止于博罗县罗阳镇(与博深高速公路对接),路线全长约272km。批复核定概算为375.15亿元,2014年底开工建设。仁博高速公路按政府还贷高速公路模式,由广东省南粤交通投资建设有限公司下属单位广东省南粤交通仁博高速公路管理中心负责建设经营和管理工作。

(一)主要技术指标和建设规模

全线按高速公路标准双向四、六车道建设,设主要大桥104座(表3-2-1),隧道17座(表3-2-2),互通式立交22处,服务区5处,停车区5处,管理中心2处。

仁化—博罗高速公路主要桥梁表

表 3-2-1

序号	桥梁分类	桥梁名称	中心桩号	桥梁长度（m）	桥面宽度（m）	设计汽车荷载等级	备注
1	大桥	杨梅大桥	K200+637	216.4	2–10.75	公路—Ⅰ级	
2	大桥	麻溪河大桥	K201+578	368	2–10.75	公路—Ⅰ级	
3	大桥	白石大桥	ZK202+900/YK202+885	左246.4/右216.4	2–10.75	公路—Ⅰ级	
4	大桥	五里亭大桥	ZK203+525/YK203+482	左336.4/右214.2	2–10.75	公路—Ⅰ级	
5	大桥	飞水寨大桥	ZK205+048/YK205+037	288	2–10.75	公路—Ⅰ级	
6	大桥	城口河1号大桥	K212+207	516.4	2–11.5	公路—Ⅰ级	
7	大桥	水东1号大桥	K214+465	246.4	2–11.5	公路—Ⅰ级	
8	大桥	水东2号大桥	ZK214+795/YK214+811	260.825	2–11.5	公路—Ⅰ级	
9	大桥	城口河2号大桥	ZK215+520/YK215+500	388	2–11.5	公路—Ⅰ级	
10	大桥	榕树1号大桥	K215+995	366.4	2–11.5	公路—Ⅰ级	
11	大桥	榕树3号大桥	ZK216+785/YK216+785	368	2–11.5	公路—Ⅰ级	
12	大桥	黄沙1号大桥	ZK209+199/YK209+215	350.725	左10.75/右14.75	公路—Ⅰ级	
13	大桥	茶场1号大桥	ZK219+467/YK219+310	左444.6/右408	2–11.5	公路—Ⅰ级	
14	大桥	茶场2号大桥	ZK220+028/YK219+898	左516.4/右276.4	2–11.5	公路—Ⅰ级	
15	大桥	锦江大桥	ZK221+046/YK221+100	左466.4/右586.4	2–11.5	公路—Ⅰ级	
16	大桥	八丘田1号大桥	ZK221+930/YK221+905	205.6	2–11.5	公路—Ⅰ级	
17	大桥	康溪2号大桥	K229+735	285	2–11.5	公路—Ⅰ级	
18	大桥	丹霞枢纽互通主线1号桥	K248+882.5	左369/右369	左15.25/右变宽	公路—Ⅰ级	
19	大桥	浈江大桥	左K250+536/右K250+516	左688/右648	2–15.25	公路—Ⅰ级	
20	大桥	大庙前大桥	左K252+050/右K252+055	左340/右350	2–15.25	公路—Ⅰ级	
21	大桥	南山大桥	K255+840	270	2–15.25	公路—Ⅰ级	
22	大桥	大坪大桥	左K258+555/右K258+585	左360/右360	2–15.25	公路—Ⅰ级	
23	大桥	花山大桥	K261+727.5	左435/右435	2–15.25	公路—Ⅰ级	

续上表

序号	桥梁分类	桥梁名称	中心桩号	桥梁长度（m）	桥面宽度（m）	设计汽车荷载等级	备注
24	大桥	沈所河大桥	ZK263+267.5/YK263+275	左380.6/右395.6	2-15.25	公路—Ⅰ级	
25	大桥	黄所大桥	ZK264+190/YK264+177.5	左305.6/右280.6	2-15.25	公路—Ⅰ级	
26	大桥	高通1号大桥	ZK277+728.4/ZK277+710	左266.4/右307.2	2-15.25	公路—Ⅰ级	
27	大桥	高通2号大桥	ZK278+065.8/YK278+057.5	230.6	2-15.25	公路—Ⅰ级	
28	大桥	深渡水大桥	ZK278+870/YK278+875	717.2	2-15.25	公路—Ⅰ级	
29	大桥	坪田大桥	ZK282+352.3/YK282+296.3	左576.4/右516.4	2-15.25	公路—Ⅰ级	
30	特大桥	荔竹坝特大桥	ZK285+512.5/YK285+566	左1222.2/右1277.2	15.25	公路—Ⅰ级	
31	大桥	江屋1号大桥	ZK287+172/YK287+170	528	15.25	公路—Ⅰ级	
32	大桥	谢屋大桥	K288+080	336.4	15.25	公路—Ⅰ级	
33	大桥	樟树湾1号大桥	K289+640	408	2-15.25	公路—Ⅰ级	
34	大桥	樟树湾2号大桥	左K290+340/右K290+355	左666.4/右576.4	2-15.25	公路—Ⅰ级	
35	大桥	河口1号大桥	K291+608	600	2-15.25	公路—Ⅰ级	
36	大桥	河口2号大桥	左K292+345/右K292+365	左600/右560	2-15.25	公路—Ⅰ级	
37	大桥	司前1号大桥	K293+285	300	2-15.25	公路—Ⅰ级	
38	大桥	司前2号大桥	ZK293+885/YK293+855	左700/右640	2-15.25	公路—Ⅰ级	
39	特大桥	司前特大桥	左K295+287.5/右K295+295	左1505/右1490	2-15.25	公路—Ⅰ级	
40	大桥	廖屋大桥	K299+590	520	2-15.25	公路—Ⅰ级	
41	大桥	大许屋大桥	K309+505	405.6	2-15.25	公路—Ⅰ级	
42	大桥	毛屋大桥	K312+240	555.6	2-15.25	公路—Ⅰ级	
43	大桥	江尾大桥	K327+885.5	853.6	2-15.25	公路—Ⅰ级	
44	大桥	坝仔河大桥	K331+769.5	447.6	变宽	公路—Ⅰ级	
45	大桥	贵东河大桥	K335+631	897.6	2-15.25	公路—Ⅰ级	
46	大桥	陂头河大桥	K336+356.5	280.6	变宽	公路—Ⅰ级	

续上表

序号	桥梁分类	桥梁名称	中心桩号	桥梁长度(m)	桥面宽度(m)	设计汽车荷载等级	备注
47	大桥	南浦大桥	K337+360.3	811.6	变宽	公路—Ⅰ级	
48	大桥	汕尾S341跨线桥	SK129+697.5	534.04	变宽	公路—Ⅰ级	
49	大桥	丰山水库2号桥	K339+430	366.4	2−15.25	公路—Ⅰ级	
50	大桥	左线灯盏石大桥	ZK340+440	737.2	2−15.25	公路—Ⅰ级	
51	大桥	右线灯盏石大桥	YK340+411	697.2	2−15.25	公路—Ⅰ级	
52	大桥	左线坪山大桥	ZK341+615	677.2	2−15.25	公路—Ⅰ级	
53	大桥	右线坪山大桥	YK341+573	676.4	2−15.25	公路—Ⅰ级	
54	大桥	李洞大桥	ZK344+120/YK344+087.5	左255.6/右280.6	2−15.25	公路—Ⅰ级	
55	大桥	径头林场大桥	K351+797.5	430.6	2−15.25	公路—Ⅰ级	
56	大桥	右嗣佛子大桥	K352+602.5	430.6	2−15.25	公路—Ⅰ级	
57	大桥	叶屋大桥	左K353+112.5/右K353+087.5	左391.8/右441.8	2−15.25	公路—Ⅰ级	
58	大桥	上新1号大桥	K353+575	408	2−15.25	公路—Ⅰ级	
59	大桥	上新2号大桥	K354+040	387.2	2−15.25	公路—Ⅰ级	
60	大桥	左线长沙大桥	ZK358+156	677.2	2−15.25	公路—Ⅰ级	
61	大桥	右线长沙1号大桥	YK357+988	368	2−15.25	公路—Ⅰ级	
62	大桥	右线长沙2号大桥	YK358+355	216.4	2−15.25	公路—Ⅰ级	
63	大桥	东心号大桥	左ZK362+210.272/右YK362+185	左246.4/右246.4	2−15.25	公路—Ⅰ级	
64	大桥	永兴2号大桥	左ZK363+970/右YK363+970	左336.4/右336.4	左(变宽)/右16.25	公路—Ⅰ级	
65	大桥	大广高速跨线桥	ZK363+771.423	348.6	2−15.25	公路—Ⅰ级	
66	大桥	朱洞1号大桥	ZK377+822.044/YK377+852.044	1023.2/966.4	2−16.25	公路—Ⅰ级	
67	大桥	朱洞3号大桥	ZK380+283.000/YK380+283.000	486.4	2−16.25	公路—Ⅰ级	
68	大桥	惹嗣河大桥	ZK381+124.500/YK381+080.000	左436.4/右426.4	2−16.25	公路—Ⅰ级	
69	大桥	松柏大桥	K389+297.0	846.4	2−16.25	公路—Ⅰ级	

续上表

序号	桥梁分类	桥梁名称	中心桩号	桥梁长度(m)	桥面宽度(m)	设计汽车荷载等级	备注
70	大桥	倒流大桥	K392+366.0	396.4	2-16.25	公路—Ⅰ级	
71	大桥	沈村大桥	ZK393+657.0/YK393+657.0	左486.4/右486	2-16.25	公路—Ⅰ级	
72	大桥	山角大桥	K396+150.0	330.6	2-16.25	公路—Ⅰ级	
73	大桥	企湖大桥	K397+410.0	725.6	2-16.25	公路—Ⅰ级	
74	大桥	李洞1号大桥	K399+761.0	255.6	2-16.25	公路—Ⅰ级	
75	大桥	李公坑大桥	ZK400+702.5/YK400+690.0	左230.6/右205.6	2-16.25	公路—Ⅰ级	
76	大桥	下寨大桥	K416+855.0	405.6	2-16.25	公路—Ⅰ级	
77	大桥	新庄大桥(左幅)	ZK420+300.5/YK420+263.0	左470.6/右545.6	2-16.25	公路—Ⅰ级	
78	大桥	白石1号大桥	K421+856.0	605.6	2-16.25	公路—Ⅰ级	
79	大桥	光头围大桥	K423+587.0	455.6	2-16.25	公路—Ⅰ级	
80	大桥	X218县道2号跨线桥	K425+753.0	216.4	2-16.25	公路—Ⅰ级	
81	特大桥	龙江1号特大桥	K428+169.5	1070.6	2-16.25	公路—Ⅰ级	
82	特大桥	龙江2号特大桥	ZK430+452.4/YK430+452.4	1506	2-16.25	公路—Ⅰ级	
83	大桥	屏风石大桥	K433+836.000	左203.3/右226	左16.5/右(变宽)	公路—Ⅰ级	
84	大桥	蒲田大桥	ZK434+582.500/YK434+570.000	305.6	左(变宽)/右16.5	公路—Ⅰ级	
85	大桥	广河高速跨线桥	K434+980.453	224.35	20.5	公路—Ⅰ级	
86	大桥	悦观湖大桥	K440+228.535	633.7	变宽	公路—Ⅰ级	
87	大桥	官山大桥	K441+488.426	968	变宽	公路—Ⅰ级	
88	大桥	石牙大桥	K445+723.000	303.3	2-16.5	公路—Ⅰ级	
89	大桥	茅田大桥(左线)	K446+950.000	453.7	2-16.5	公路—Ⅰ级	
90	大桥	茅田大桥(右线)	K446+976.000	211	2-16.5	公路—Ⅰ级	
91	大桥	大岭大桥	K450+512.000	601	2-16.5	公路—Ⅰ级	
92	大桥	吻咀大桥	K455+825.000	421	2-16.5	公路—Ⅰ级	

续上表

序号	桥梁分类	桥梁名称	中心桩号	桥梁长度(m)	桥面宽度(m)	设计汽车荷载等级	备注
93	大桥	瓦窑大桥	K456+852.500	963.7	2-16.5	公路—Ⅰ级	
94	大桥	沙角头大桥	K457+926.000	326	2-16.5	公路—Ⅰ级	
95	大桥	S244跨线桥	K460+945.200	230.6	2-16.5	公路—Ⅰ级	
96	大桥	庄坑大桥	K461+622.500	278.3	2-16.5	公路—Ⅰ级	
97	大桥	下洞大桥	K462+071.500	273.7	2-16.5	公路—Ⅰ级	
98	大桥	大坝大桥	K475+175.000	281	2-16.5	公路—Ⅰ级	
99	大桥	梅垄大桥	K476+195.000	483.7	2-16.5	公路—Ⅰ级	
100	大桥	X217跨线桥(左线)	K477+000.937	336.3	2-16.5	公路—Ⅰ级	
101	大桥	X217跨线桥(右线)	K476+997.500	336.3	2-16.5	公路—Ⅰ级	
102	大桥	天上园大桥	K480+058.064	481	2-16.5	公路—Ⅰ级	
103	大桥	黄牛栏大桥	K481+326.180	617.2	2-16.5	公路—Ⅰ级	
104	大桥	博罗立交主线桥	K483+380.950	213.2	2-16.5	公路—Ⅰ级	

仁化—博罗高速公路隧道表

表3-2-2

序号	隧道分类	隧道名称	起止桩号	长度(单洞,m)	行车道宽度(单洞,m)	隧道净高(m)	车道数	备注
1	中隧道	五里亭隧道	YK203+735~YK204+360/ZK203+705~ZK204+390	655	7.5	7.2	2	
2	长隧道	榕树隧道	YK217+244~YK219+014/ZK217+282~ZK219+021	1754.5	7.5	7.2	2	
3	短隧道	八丘田隧道	YK221+410~YK221+675/ZK221+433~ZK221+724	278	7.5	7.2	2	
4	长隧道	葛布隧道	YK231+880~YK233+668/ZK231+885~ZK233+635	1769	7.5	7.2	3	
5	长隧道	青山隧道	Y243+352~ZK245+987/ZK243+357~ZK246+000	2639	11.25	8	3	
6	特长隧道	笔架山隧道	YK273+457~ZK277+250/ZK273+445~ZK277+245	3796.5	11.25	10	3	
7	长隧道	坪田隧道	YK279+237~YK282+035/ZK279+235~ZK282+060	2811.5	11.25	10	3	

续上表

序号	隧道分类	隧道名称	起 止 桩 号	长度（单洞,m）	行车道宽度（单洞,m）	隧道净高（m）	车道数	备注
8	长隧道	荔竹坝隧道	YK286+205～YK286+702/ZK286+125～ZK286+713	542.5	11.25	5	3	
9	长隧道	亚桂山隧道	YK302+417～YK305+358/ZK302+390～ZK305+380	2965.5	11.25	10	3	
10	短隧道	坪山隧道	YK340+763～YK341+994/ZK340+815～ZK341+032	224	11.25	8	3	
11	长隧道	李洞隧道	YK341+930～YK343+885/ZK341+956～ZK343+894	1946.5	11.25	8	3	
12	特长隧道	青云山隧道	YK344+645～YK350+655/ZK344+710～ZK350+610	5955	11.25	8	3	
13	中隧道	石子崎隧道	YK358+480～YK359+100/ZK358+497～ZK359+156	634.5	11.25	8	3	
14	长隧道	东心隧道	YK359+787～YK361+488/ZK359+804～ZK361+491	1694	11.25	8	3	
15	特长隧道	九连山隧道	YK381+475～K386+985/ZK381+515～ZK386+965	5480	11.25	5	3	
16	长隧道	茅田隧道	YK447+290～K448+721/ZK447+295～ZK448+741	1438.5	11.25	5	3	
17	长隧道	竹山隧道	YK477+303～K478+663/ZK477+303～ZK478+645	1351	11.25	5	3	

(二)建设情况

1. 建设依据

2013年,广东省政府发布《关于印发广东省2013年至2017年高速公路建设计划的通知》,将该项目列入广东省2013—2015年开工重点项目。

2014年11月,交通运输部批复武(汉)深(圳)高速公路仁化至博罗段工可报告。

2014年12月26日,交通运输部批复初步设计。

2015年7月15日,先行标获省交通运输厅施工许可批复;2016年4月5日、2016年4月25日,后续标段获省交通运输厅施工许可批复。

2. 资金来源

项目估算总投资约为381.5亿元。其中:国家安排中央专项建设基金(车购税)39.12亿元,广东省安排财政性资金113.48亿元,其余资金通过银行贷款解决,项目资本金约占总投资的40%。

3. 征地拆迁

(1)仁化至新丰段

仁博高速公路仁化至新丰段建设工程的征地拆迁工作从2014年10月开始,2016年底基本结束。

(2)新丰至博罗段

仁博高速公路新丰至博罗段建设工程的征地拆迁工作从2014年10月开始,2016年底韶关地区已完成。

仁博高速公路共征地32380亩,拆迁房屋119300m^2。

4. 招投标

(1)设计招标

主体土建工程共分三批招标。2015年1月完成先行标招标,2015年6月完成第二批6个标的招标,2015年8月完成第三批17个标的招标。

(2)施工监理招标

施工监理、试验检测分三批招标,分别于2015年1月、2015年7月、2015年10月完成监理标和试验检测标招标。

5. 主要设计、施工、监理单位

设计单位:北京交科公路勘察设计研究院有限公司、中交第一公路勘察设计研究院有限公司、广东省交通规划设计研究院股份有限公司等。

施工单位:中交第二公路工程局有限公司、广东省长大公路工程有限公司、中铁十四局集团有限公司等。

监理单位:广东华路交通科技有限公司、广东翔飞公路工程监理有限公司、北京路桥通国际工程咨询有限公司等。

6.重大变更

(1)TJ5合同段丹霞枢纽互通主线1号桥跨韶赣高速公路桥梁方案设计变更。

(2)TJ8合同段K288+850~K289+420段右侧路堑边坡防护设计变更。

(3)TJ3合同段K227+210~K227+385段右侧路堑边坡滑坡处治变更。

(4)始兴南互通连接线规模变更(路基宽度由24.5m调整为32m)。

(5)官山矿泉水路段设计变更。

(6)竹山隧道入口上官井石场2号排土场项目X217线桥部分桥跨变更为路基。

(三)复杂技术工程

该项目地处广东中北部山区,地形条件极其复杂,主体工程表现为桥隧比高,土石方量大,高边坡点多;临时工程表现为施工便道长。全线存在软土地基、崩塌与滑坡、煤系地层、采空区、岩溶、水土流失、孤石滚石危岩及河流水库岸坡稳定性较差等不良工程地质现象。沿线周边分布自然保护区和村落,环境优美,环保要求高。

1.锦江大桥

锦江大桥位于仁化城口东光村药普与丹霞镇胡坑村之间,跨越锦江,线路大致北南展布。锦江大桥是一座分离式桥梁,左线全长466.4m,右线全长586.4m。

主跨80m+150m+80m为预应力混凝土连续刚构主桥,其余30m跨为先简支后桥面连续小箱梁引桥。

引桥上部结构为30m后张预应力混凝土小箱梁,先简支后桥面连续体系。引桥下部构造采用双柱式墩,钻孔桩基础,桥台采用柱式台,钻孔桩基础。

该桥现浇梁工程量较大,工期较紧,连续刚构结构施工难度大、高墩较多(锦江大桥主墩高为54m、52m),风险高,为该项目控制性工程及重难点工程。

2.荔竹坝特大桥

荔竹坝特大桥位于始兴县深渡水乡荔竹坝村与盘坑村之间,跨越清化河3次,跨越244省道4次。该桥是一座分离式桥梁,左线全长1222.2m,右线全长1277.2m。单幅桥面宽16.25m,最大墩高为39.7m,墩柱的形式有柱式墩、门架墩两种。

该桥跨越河流和省道次数多,安全风险高,施工难度大,为该项目控制性工程及重难点工程。

3. 青云山隧道

青云山隧道位于广东省韶关市翁源县及河源市连平县分水岭青云山山脉,进口位于翁源县李洞村,出口位于隆街镇松岭乡象湖村,设计为分离式隧道,洞室净空 14.75×5.0m,长 5900m;右线长 6010m,呈 132°方向展开;进洞口设计高程左线 351.4m、右线 349.2m,出洞口设计高程左线 388.8m、右线 386.6m;隧道最大埋深约 808m,属特长深埋隧道。

隧道路面按双向六车道设置,隧道建筑限界 14.75m,隧道净高 5.0m。

4. 九连山隧道

九连山隧道地处广东省九连山地区,九连山脉位于赣粤边界、南岭东部的核心部位,隧道横跨韶关市新丰县和惠州市龙门县,为新博高速公路的控制性工程之一。隧道采用分离式形式,左线长 5450m,右线长 5510m,隧道最大埋深 235.5m,采用射流风机+竖井排烟的组合通风方式。隧道建筑限界 14.75m,隧道净高 5.0m。

九连山隧道区属构造侵蚀低山地貌,地形起伏较大。隧道范围内中线高程 296.00~563.50m,最大高差约 267.50m。山体自然坡度 15°~35°,局部较陡,植被茂密,以灌木林为主。进、出口均处于山前斜坡地带,山坡处于基本稳定状态。隧道按新奥法进行施工,衬砌结构采用复合式衬砌。

(四)科技创新

1. 广东省高速公路路基路面综合防排水设计与施工技术指南研究

该课题由长安大学、广东省交通规划设计研究院股份有限公司和广东省交通规划研究中心联合开展。课题主要解决的问题有:一是针对目前路面水损坏加剧的问题,进一步摸清楚路基路面中水的分布及渗流规律,从而建立公路路基路面排水系统的评价指标体系;二是研究路基路面防排水设施在防排水系统中的作用,依托试验路研究各防排水设施的施工工艺及质量控制标准;三是通过编制《广东省高速公路路基路面综合防排水设计与施工技术指南》,指导设计和施工,以解决目前设计形式繁多、质量效果欠佳的问题;四是高速公路路基路面典型防排水形式设计及适用范围。

2. 广东省高速公路煤系土层填筑利用及路堑边坡设计和施工关键技术研究

该课题由中南大学与广东省交通规划设计研究院股份有限公司联合开展。课题主要解决的关键问题有:一是针对煤系土工程特性,提出煤系土层的分类方法及原则,并提出不同类别的煤系地层作为路基填料是否废弃和可行程度及改良措施;二是研究不同类别煤系土高边坡失稳模式及破坏机理,分析不同演化阶段的关键控制因素、最佳控制时间和有效控制方法,提出煤系土边坡处治加固措施;三是通过编制广东省高速公路煤系土层填筑利用及路堑高边坡处治设计与施工技术指南,指导设计和施工,以解决煤系土层填料利用及高边坡失稳的问题。课题研究将为广东省高速公路煤系土层填筑利用及路堑边坡设计和施工关键技术提供理论支持。

(五)运营管理

项目在建。

(六)企业文化建设

管理中心大力开展企业文化建设,努力营造文化管理、创新管理的浓厚氛围。建立了以文化建设推动企业发展,企业发展保障文化建设的模式,不断促进企业文化前进。

1. 明确主题,夯实精神文明,助推工程建设

一是建章立制促保障。为全面推行标准化建设,打造"一流的施工现场管理、一流的施工现场形象、一流的施工作业环境、一流的项目管理水平"提供了完善的制度保障。二是"一票否决"保平安。管理中心严把"安全"关,强化员工安全意识,坚决用"一票否决制"的理念和强度来要求员工,做到人人"懂安全、会安全"。三是检查通报强基础。为提升工程建设质量,推行现代工程管理,打造"南粤品质工程",通过落实监督检查机制,形成"检查—通报—整改"的工作方式,加大对现场的检查力度,严控施工质量。四是"五赛五比"提品质。通过赛"发展理念人本化、项目管理专业化、工程设计施工标准化、管理手段信息化、日常管理精细化"、比"质量、安全、进度、效益、廉政",建立仁博高速公路的管理、设计、施工标准化体系,将项目建设与企业文化建设有机融合,实现"工程优质,员工优秀"的目标。

2. 廉洁教育,常抓不懈,永葆廉洁本色

一是开展"预防职务犯罪""阳光政务"等专项活动,大力推进廉洁文化建设。二是创新载体,将廉洁文化寓教于乐。利用微信、QQ等平台向职工转发廉政资讯,在办公区域设置廉政警示语录,联合地方检察院开展"廉政教育基地"的体验和观影活动,加大廉洁文化的开放度和员工参与度。三是通过不断完善制度,推进廉洁文化规范化,定期开展岗位廉政风险自查自纠工作。

3. 以人为本,开展多彩活动,丰富员工生活

一是广泛开展各类主题教育活动。以党、工、团活动为载体,创建"共产党员先锋岗",开展党员岗位承诺,以老带新经验讲座,组织开展"青春在闪光我为仁新添光彩"

等活动,促进员工精神文明建设。二是创建员工活动阵地。管理中心建立了"职工之家",设立健身区、阅览区等活动场所,丰富员工的业余生活。三是开展各类文体娱乐活动。组织篮球、足球、羽毛球、看电影等各类文体活动,促进了员工之间的沟通交流。四是开展困难帮扶活动。对生病住院职工进行探视、对困难职工进行帮扶,建立健全困难职工档案,及时掌握职工的困难和所需,争取从政策上进行帮扶,从而减轻职工的生活压力。

4."工匠精神",强化自我要求,提升行业竞争力

管理中心鼓励员工以"工匠精神"自我要求,坚持高标准、严要求,力求精益求精。在日常质量管理中,按照"粗活细做,细活精做"的原则,明确各项管理目标;在落实各参建单位质量管理责任中,做到质量管理无盲区、无死角。通过实际工作经验,完善员工知识结构,提高专业水平,更好地完成本职工作。

二、博罗—深圳高速公路

博罗至深圳高速公路(简称"博深高速公路"),是G4E武深高速公路的重要路段,是广东省高速公路网规划中"第四纵线"深圳至湖南汝城的一部分。武汉—深圳高速公路博罗至深圳排榜段路线位于惠州市博罗县罗阳镇,与广惠高速公路相接,途经惠州市的博罗县、仲恺区、惠阳区,东莞市的谢岗镇、清溪镇、凤岗镇,止于深圳市龙岗区,与盐排高速公路相接,全长约63.2km,项目批复概算85.94亿元。控制性工程于2009年6月29日开工建设,主线于2013年1月31日建成通车。

(一)主要技术指标和建设规模

博深高速公路项目采用高速公路标准设计,双向六车道,路基宽度33.5m,全线桥梁103座,主要桥梁30座(表3-2-3),隧道7座(表3-2-4),互通式立交13处[博罗枢纽、义和、苏村、潼湖、军垦农场、沥林北、沥林西枢纽、约场、清溪(新增)、官井头、杨岗、凤岗及排榜枢纽立交];设义和管理中心、约场生活区及谢岗服务区各1处。博深高速公路的建设,对进一步改善珠三角地区的路网结构、完善广东省高速公路网布局,对促进珠三角地区特别是深圳、东莞和惠州三市经济的可持续发展具有重要的作用。

(二)建设情况

1.建设依据

2009年1月19日,广东省发改委《关于博罗至深圳高速公路项目申请报告的核准意见》。

2009年6月29日,广东省交通厅在《粤湘高速公路博罗至深圳段控制性工程(第四、五标段)施工许可申请书》中批复同意控制性工程开工。

博罗—深圳高速公路主要桥梁表

表 3-2-3

序号	桥梁分类	桥梁名称	中心桩号	桥梁长度（m）	桥面宽度（m）	车道数	设计汽车荷载等级	开工时间	完工时间	备注
1	特大桥	博罗板纽立交特大桥	K1+877.67	1249.61	31	6	公路—Ⅰ级	2009年6月	2013年1月	
2	特大桥	东江特大桥	左:K9+500 右:K9+475	左:2675.43 右:2653.50	31	6	公路—Ⅰ级	2009年6月	2013年1月	
3	大桥	下半湖大桥	K16+333.755	573.01	31	6	公路—Ⅰ级	2009年6月	2013年1月	
4	特大桥	潼湖特大桥	K18+912.5	3156.5	31	6	公路—Ⅰ级	2009年6月	2013年1月	
5	大桥	麻湖塘大桥	K21+001.043	387	34.5	左幅4 右幅3	公路—Ⅰ级	2009年6月	2013年1月	
6	大桥	罗村大桥	左:K21+840 右:K21+830	左:266 右:286	38.25	8	公路—Ⅰ级	2009年6月	2013年1月	
7	大桥	石头围村中桥	K23+210.4	277.4	45.24	6	公路—Ⅰ级	2009年6月	2013年1月	
8	大桥	京九铁路跨线桥	K24+009.26	727.92	31	6	公路—Ⅰ级	2009年6月	2013年1月	
9	大桥	沥林跨线桥	K25+149.53	941	31	6	公路—Ⅰ级	2009年6月	2013年1月	
10	特大桥	沥林西板纽立交主线特大桥	K27+185.078	左:1657.14 右:1676.85	31	6	公路—Ⅰ级	2009年6月	2013年1月	
11	特大桥	水流田特大桥	左:K28+927,K29+642 右:K29+007	左:1324.43 右:1375.43	31	6	公路—Ⅰ级	2009年6月	2013年1月	
12	大桥	大湖洋跨线桥	左:K37+636.54 右:K37+598.70	左:251.04 右:251.04	31	6	公路—Ⅰ级	2009年6月	2013年1月	
13	大桥	澳背水库高架桥	K38+920	206.04	31	6	公路—Ⅰ级	2009年6月	2013年1月	
14	大桥	逢威工业区高架桥	K40+924	256.04	35	左幅3 右幅4	公路—Ⅰ级	2009年6月	2013年1月	
15	大桥	清溪公路跨线桥	左:K42+085.5 右:K42+106.4	左:327.04 右:368.84	31	6	公路—Ⅰ级	2009年6月	2013年1月	

续上表

序号	桥梁分类	桥梁名称	中心桩号	桥梁长度（m）	桥面宽度（m）	车道数	设计汽车荷载等级	开工时间	完工时间	备注
16	大桥	沙坑高架桥	左:K45+150 右:K45+130	左:247.04 右:247.04	31	6	公路—Ⅰ级	2009年6月	2013年1月	
17	大桥	清林径水库高架桥	左:K45+625 右:K45+575.5	左:447.04 右:447.04	31.5	6	公路—Ⅰ级	2009年6月	2013年1月	
18	大桥	下黎1号高架桥	左:K47+338.997 右:K47+312.5	左:701.247 右:710.44	31.5	6	公路—Ⅰ级	2009年6月	2013年1月	
19	大桥	南门山高架桥	左:K48+970.5 右:K48+983	左:976.44 右:925	30.75	6	公路—Ⅰ级	2009年6月	2013年1月	
20	大桥	嶂厦高架桥	K51+355	256.04	31	6	公路—Ⅰ级	2009年6月	2013年1月	
21	大桥	官井头立交主线跨线桥	左:K52+798 右:K52+820.5	左:331.04 右:376.04	34.75	6	公路—Ⅰ级	2009年6月	2013年1月	
22	大桥	省道S359跨线桥	左:K54+007.50 右:K54+020	左:609.04 右:584.04	38.5	6	公路—Ⅰ级	2009年6月	2013年1月	
23	大桥	看守所跨路高架桥	K55+536.5	256.04	40.7039	6	公路—Ⅰ级	2009年6月	2013年1月	
24	大桥	马坳高架桥	K55+972.5	256.04	31	6	公路—Ⅰ级	2009年6月	2013年1月	
25	大桥	神仙岭高架桥	K57+830	367.04	31	6	公路—Ⅰ级	2009年6月	2013年1月	
26	大桥	大运公园高架桥	K58+724.5	322.04	35	左幅4 右幅3	公路—Ⅰ级	2009年6月	2013年1月	
27	大桥	凤岗立交高架桥	左:K59+795.5 右:K59+795.5	左:731.04 右:731.04	31	6	公路—Ⅰ级	2009年6月	2013年1月	
28	大桥	望峧岭高架桥	左:K61+032.5 右:K61+055	左:371.04 右:326.04	31	6	公路—Ⅰ级	2009年6月	2013年1月	
29	大桥	黄竹径高架桥	左:K61+669 右:K61+704	左:521.04 右:491.04	31	6	公路—Ⅰ级	2009年6月	2013年1月	
30	大桥	排榜立交主线跨线桥	左:K62+674.1 右:K62+688.2	左:598.04 右:626.04	31	6	公路—Ⅰ级	2009年6月	2013年1月	

博罗—深圳高速公路隧道表

表 3-2-4

序号	隧道分类	隧道名称	起止桩号	长度（单洞,m）	行车道宽度（单洞,m）	隧道净高（m）	车道数	开工时间	完工时间	备注
1	中隧道	潼湖隧道（左洞）	K13+030～K13+910	880	11.25	7.98	3	2009年6月	2013年1月	
2	中隧道	潼湖隧道（右洞）	K12+962～K13+920	958	11.25	7.98	3	2009年6月	2013年1月	
3	长隧道	水洞山隧道（左洞）	K29+471～K32+400	2929	11.25	7.98	3	2009年6月	2013年1月	
4	长隧道	水洞山隧道（右洞）	K29+495～K32+401	2906	11.25	7.98	3	2009年6月	2013年1月	
5	特长隧道	石鼓隧道（左洞）	K32+447～K36+458	4011	11.25	7.98	3	2009年6月	2013年1月	
6	特长隧道	石鼓隧道（右洞）	K32+459～K36+339	3880	11.25	7.98	3	2009年6月	2013年1月	
7	短隧道	禾荷围隧道（左洞1）	K42+643～K42+911	268	11.25	7.98	3	2009年6月	2013年1月	
8	中隧道	禾荷围隧道（左洞2）	K42+959～K43+842	883	11.25	7.98	3	2009年6月	2013年1月	
9	长隧道	禾荷围隧道（右洞）	K42+659～K43+816	1157	11.25	7.98	3	2009年6月	2013年1月	
10	中隧道	清林径隧道（左洞）	K46+019～K46+545	526	11.25	7.98	3	2009年6月	2013年1月	
11	短隧道	清林径隧道（右洞）	K46+014～K46+503	489	11.25	7.98	3	2009年6月	2013年1月	
12	短隧道	杨岗1号隧道（左洞）	K56+340～K56+603	263	11.25	7.98	3	2009年6月	2013年1月	
13	短隧道	杨岗1号隧道（右洞）	K56+340～K56+603	263	11.25	7.98	3	2009年6月	2013年1月	
14	短隧道	杨岗2号隧道（左洞）	K57+018～K57+282	264	11.25	7.98	3	2009年6月	2013年1月	
15	短隧道	杨岗2号隧道（右洞）	K57+018～K57+282	264	11.25	7.98	3	2009年6月	2013年1月	

2009年12月29日,广东省交通运输厅在《粤湘高速公路博罗至深圳段除控制性工程外标段施工许可申请书》中批复同意除控制性工程外标段开工。

2. 资金来源

广东省公路建设有限公司(51%)和广东省路桥建设发展有限公司(49%)共同投资兴建。项目资本金占总投资的35%,由股东按股比投入,其余由银行贷款解决。

3. 征地拆迁

2008年12月30日,根据广东省国土资源厅《关于粤湘高速公路博罗至深圳段建设项目用地的预审意见》,粤湘高速公路博罗至深圳段建设项目用地面积共计8119.59亩。

2010年10月27日,国土资源部批复粤湘高速公路博罗至深圳段项目建设用地面积共计7237.67亩。

4. 招投标

博深高速公路项目的设计、施工、监理、材料(水泥、钢筋、钢绞线、锚具、支座)招标工作均进入建设工程交易中心实行公开招标。

5. 双标管理

广东省交通运输厅在全省推行高速公路建设"双标管理"(标准化管理、标杆管理),并把博深高速公路作为广东省第一条"双标管理"试点的高速公路。

2010年,博深分公司借开展高速公路工程建设标准化管理试点工作的东风,按标准化管理工作的指引,全面开展标准化管理的各项工作。从临建工程、施工人员管理、材料管理、桥梁施工、隧道施工、路基施工、沥青路面、交通工程和绿化工程九大方面来制定标准。

博深高速公路在实施标准化管理的过程中,采取了思想动员、合同约束、狠抓现场、树立标杆、奖优惩劣、优质优价和优监优酬等各种积极措施,克服困难,让标准化管理在博深项目"落地生根、开花结果"。

在建期间,博深高速公路成为全省高速公路建设的标杆,出台的《博深项目工程标准化管理规定》成为广东省和交通运输部高速公路项目标准化管理相关制度的范本,工地管理成为行业标准化管理的新典范。《中国交通报》第5298期以"标准入心、优质建路"为题,对博深项目"双标"管理工作进行了全面报道;2010年12月,交通运输部副部长冯正霖考察博深项目时,对博深项目标准化建设给予"最清爽、最规范、最有序、最文明"的高度评价,成为广东省内甚至全国高速公路建设项目学习和借鉴的标杆。

6. 主要设计、施工、监理单位

设计单位:四川省交通厅公路规划勘察设计研究院、广东省公路勘察规划设计院、中国公路工程咨询集团有限公司。

施工单位：广东冠粤路桥有限公司、中铁二十局集团有限公司、中交第一航务工程局有限公司、广东省航盛建设集团有限公司。

监理单位：育才-布朗交通咨询监理有限公司。

7.重大变更

该项目穿越山区，整个项目桥隧比例达到50%以上，隧道的结构类型多、地质条件复杂，高边坡和高桥墩数量多，路线生态环保要求高，施工协调难度大，不可预见的因素多，增加了工程变更风险。建设期间共发生重（较）大变更包括 K23+245.10～K23+450 段路基变更桥梁（石头围大桥）、清林径水库扩容区路段变更工程等共15项。

（三）复杂技术工程

博深项目隧道工程穿越山区，为缩短里程，节约土地，保护环境，在选线时就非常重视隧道方案，全线沿途设置了7座隧道，总长约9946.5m（按双洞平均长度计，以下同），其中特长隧道1座3945.5m，长隧道2座4071.5m，中隧道1座906.5m，短隧道3座1023m。

(1)隧道形式多样。博深项目隧道形式涵盖了公路隧道所有常见的类型。

(2)隧道为特大断面扁平结构，且穿越软弱围岩。隧道断面形式为扁平结构，且穿越软弱围岩段落，施工组织动态调整频繁，建设难度大大增加。

(3)(特)长隧道文明施工要求高。石鼓隧道博罗端与水涧山隧道深圳端相隔40～50m，两座隧道共同穿越银屏山自然风景保护区。由于环境保护要求，禁止保护区内出渣，对排放的施工用水严格控制，现场的安全文明施工和环保要求高，施工组织难度大。

(4)(特)长隧道工期压力大。水涧山隧道为长隧道，左线长2929m，右线长2906m，最大埋深约301m；石鼓隧道为特长隧道，左线长4011m，右线长3880m，隧道最大埋深约504m。因为水涧山隧道和石鼓隧道均位于自然保护区，严禁在隧道中间开挖竖井或斜井，导致两座长大隧道只能单向掘进，施工效率大大降低。建设周期为3年，这两座隧道成为整个工期的控制性节点工程。

(5)隧道穿过软弱围岩段落施工难度大。水涧山隧道、石鼓隧道进出口位置及石鼓隧道中的断层破碎带，其余隧道全线穿越软弱围岩段落。隧道进出口段围岩软弱且为小净距，两洞相互影响严重，更增加了施工风险和现场管理难度。

（四）科技创新

1.山区公路建设安全管理体系与方法研究

主要内容：公路建设安全管理政策研究；公路施工风险评价与管理研究；公路施工安全预防体系与应急预案研究；突发公路施工安全事故应急管理方法研究。

2.广东省高速公路绿地建设工程技术及标准化研究

主要内容:大量收集参考国内外相关文献与标准,对已有工程技术方法进行归纳、评价及总结;广东省高速公路绿地建设工程现状调研分析及综述,重点针对广东省不同自然条件的高速公路绿地系统建设工程案例进行调研,资料收集整理、关键技术集成汇总。在全省范围内,选取有代表性意义的高速公路进行绿地系统样地布设、群落调查、技术分析和整理,进行技术集成;以博深项目为主,另在粤东、粤西、粤北选取合适的高速公路项目为依托,进行技术验证;在以上研究的基础上建立一套适用于广东省高速公路绿地系统建设的技术方法和操作规程,并形成地方技术标准。

3.长大隧道高性能水泥混凝土路面修筑技术研究与应用

主要内容:长大隧道高性能水泥混凝土路面结构组合优化设计研究;多孔混凝土基层露石水泥混凝土路面结构设计方法和排水设计研究;多孔水泥混凝土基层配合比设计方法和路用性能研究;露石水泥混凝土面层配合比设计方法和路用性能研究。

4.水环境敏感区高速公路建设技术研究与应用

主要内容:水环境敏感区高速公路绿色施工技术及环境监控技术研究;水环境敏感区高速公路路(桥)面径流处理技术研究;危险品运输车辆在水环境敏感路段实时无线全程监控技术研究;基于防范危险品泄漏风险的公路安全评估与保障技术研究。

5.广东省高速公路建设标准化研究技术研究

主要内容:行业管理标准化研究;设计标准化研究;施工标准化研究;监理标准化研究。

6.自然保护区特长公路隧道环保型建造与运营节能关键技术研究

主要内容:解决快速施工与组织管理;施工通风设计;自然保护区富水隧道限排与工艺控制;短距离洞口段污染空气窜回流控制及净化;运营期通风与供电节能环保技术等。

(五)运营管理

1.运营公司

博深高速公路由广东博大高速公路有限公司博深分公司负责经营管理。博深分公司设有综合事务部、人力资源(企业文化)部、计划财务部、养护工程部、收费管理部、路政管理部和机电管理部等7个职能部门和2个中心收费站。

2.收费站点

设有8个收费站(惠州地域有义和、潼湖、军垦农场、沥林北、约场5个收费站;东莞地域有官井头、凤岗2个收费站;深圳地域有杨岗1个收费站)。总车道数65条,其中出口车道44条[MTC车道36条(其中含绿通车道8条、全计重车道10条)、ETC车道8条]；入口车道21条[MTC车道13条(其中含计重车道10条)、ETC车道8条]。收费站点设置情况见表3-2-5。

收费站点设置情况表　　　　　　　　　　　　　　　　　　表3-2-5

站点名称		车道数	收费(发卡)方式
义和站	入口	2	MTC + ETC
	出口	5	MTC + ETC
潼湖站	入口	3	MTC + ETC
	出口	6	MTC + ETC
军垦农场站	入口	3	MTC + ETC
	出口	6	MTC + ETC
沥林北站	入口	2	MTC + ETC
	出口	5	MTC + ETC
约场站	入口	3	MTC + ETC
	出口	6	MTC + ETC
官井头站	入口	4	MTC + ETC
	出口	8	MTC + ETC
杨岗站	入口	2	MTC + ETC
	出口	4	MTC + ETC
凤岗站	入口	2	MTC + ETC
	出口	4	MTC + ETC

3.车流量

博深高速公路建成通车以来，车流量增长迅速。日均车流量从2013年的13115辆增长到2015年的40158辆，平均增长率为76.1%(表3-2-6)。

车流量情况表　　　　　　　　　　　　　　　　　　表3-2-6

年份(年)	日均车流量(辆)	年份(年)	日均车流量(辆)
2013	13115	2015	40158
2014	25688		

4.服务区

博深高速公路沿线设服务区1对，设有餐厅(含厨房)、商场(含便利店)、休息厅、小卖部、加油站、修车厂(含洗车、加水等车辆服务)等。

5.养护管理

(1)日常养护管理

博深高速公路于2013年1月开通运营。运营以来高度重视日常养护工作管理，日常养护紧紧围绕"通过对维修养护工作进行科学计划、合理组织、严谨实施与严格考核的管理,提高养护质量",保持高速公路设施处于完好状态。

(2)实施结构物检测,掌握结构物安全状况

2013—2015年,每年均安排专项资金委托专业单位进行检测和监测,主要包括路面性能检测、隧道检测、涵洞检测、高边坡检测、桥梁监测、高边坡监测等,及时掌握结构物安全状况。同时,注重检测和监测数据的分析和病害处理跟踪,合理制订年度养护计划。

(3)加强作业安全管理

对道路作业现场采取有效措施加强安全管理。第一,组织所有进场施工单位召开安全交底会议,宣讲安全规章制度,并根据工程特点,提出具体的安全措施要求落实;第二,规定所有专项工程在封闭道路准备开工前,安全生产情况必须经检查确认后方可施工;第三,落实"一岗双责"。

(4)推行预防性养护

2013—2015年,主要采取桥梁、高边坡监测等预防性养护措施,对重要结构物施行监控,及时发现并处理异常病害,确保结构物安全稳定。

6.路政管理

博深高速公路路政大队下设一中队(义和路政所)和二中队(约场路政所)。路政大队对路产、路权实行"依法行政,以人为本"的管理原则,确保高速公路安全和畅通。实行责任区细化管理,一中队(义和路政所)负责桥下空间及公路用地区域的路产路权巡查和管理,二中队(约场路政所)负责主线路面、桥梁、隧道、互通等区域的路产路权巡查和管理。

(六)企业文化建设

1.打造"博深"品牌

博深分公司在创建之初,就十分注重"博深"品牌形象建设,着力把博深高速公路打造成广东省高速公路行业的样板路、模范路。经过建设期3年多的努力,博深高速公路相继被确定为省纪委、监察厅和省交通运输厅廉政共建项目,省交通运输厅"双标管理"(标准化管理、标杆管理)试点项目,交通运输部创建"平安工地"试点项目,广东省委"创先争优"工作联系点等。"博深"品牌成为广东省乃至全国高速公路界的学习标杆。

2.开展"工程优质、干部优秀"争先创优活动

2009年6月,博深分公司在高速公路项目工地组织开展"创先争优掀起建设高潮"主题活动,通过注重基层组织建设,成立了"博深青年党员先锋",着力培养青年党员成才;在创先争优活动中,开展"五比五打造"主题实践活动,掀起创先争优热潮;实现"工程优

质,员工优秀"既定目标。博深分公司工会被省总工会授予"工人先锋号"荣誉称号;博深分公司团支部被省总工会授予"青年文明号"荣誉称号。

3. 以人为本,打造和谐文化

在建期间,围绕工程建设目标,结合自身特点,组织建立工资发放监督机制,为农民工解决后顾之忧;举办集体婚礼,为全线15对适婚青年办理婚姻大事;开办民工夜校,为农民工提供学习机会;设置农民工亲情房,为农民工探访家属解决住宿问题;举办季度员工生日晚会和节日全体员工聚餐活动,为广大员工营造一个温馨家庭。

转入营运后,着力开展职工之家的建设,方便员工生活。在义和生活区和约场生活区设立了员工生活用品服务部,定期为员工外出休闲购物安排交通车;建立员工家属接待室等。

为丰富员工业余文化生活,博深分公司建设了足球场、篮球场、网球场、羽毛球场、桌球室,购置健身器材和桌球台、乒乓球台等设施;建立职工书屋,各类图书藏书量已超5000册;联合华南师范大学网络教育学院,为员工学历教育争取学费优惠、参加考试安排交通车等;自2010年5月起,博深分公司组织全体职工每周开展一次"博深大课堂"活动。

4. 中国建设工程鲁班奖

项目建设之初,博深分公司就确定了"建设优质工程、绿色工程、廉洁工程,争创鲁班奖和科技进步奖"目标(博深高速公路水涧山隧道双洞六车道,设计交通量为58499辆/日,从2009年8月开工,到2011年11月完成建设)。施工期间,参建单位克服水涧山隧道地质条件、进出口结构及地形复杂,独头掘进距离长、空气质量保证难,地处自然保护区、环保水保要求高,工期紧张、施工组织难度大等难题,在施工工艺革新、新技术推广等方面取得了显著成效。2013年12月5日,博深高速公路水涧山隧道获得"2012—2013年度中国建设工程鲁班奖"。

2011—2015年,博深分公司先后荣获"中国建设工程鲁班奖""广东省五一劳动奖状""广东省工人先锋号""广东省青年文明号""广东省十项工程劳动竞赛模范集体""全国公路交通系统重点工程劳动竞赛先进单位""全国交通企业文化建设优秀单位"等称号。

三、深圳盐田—排榜高速公路

盐田至排榜高速公路(简称"盐排高速公路"),是深圳市机荷高速公路支线,又是盐田港的一条主要疏港快速通道,位于深圳市的东南部。路线起自盐田港,向北经横岗至排榜与机荷高速公路和武深高速公路相接。路线全长15.218km,双向六车道。概算投资为11.49亿元。2003年12月开工建设,2006年5月建成通车。

(一)主要技术指标和建设规模

该路采用山岭重丘区高速公路标准,设计速度 80km/h,路基宽度为 32m。全线设隧道 2 座,其中盐田隧道长 1880m、正坑隧道长 475m;设大桥 26 座,中桥 8 座;设横岗、排榜互通式立交 2 处。

(二)建设情况

1. 建设依据

2002 年,广东省发展计划委员会《关于深圳机荷高速公路盐田港支线工程可行性研究报告的批复》。

2003 年,广东省发展计划委员会《关于深圳市机荷高速公路盐田港支线工程调整方案的批复》。

2003 年,广东省建设厅《关于深圳市机荷高速公路盐田港支线初步设计的批复》。

2003 年,广东省交通厅转发《关于深圳市机荷高速公路盐田港支线初步设计的批复》。

2. 资金来源

盐排高速公路项目概算投资为 11.49 亿元,全部资金来源于企业自筹资金。

3. 征地拆迁

盐排高速公路路线原长为 15.218km,征地总面积 1368.8 亩。

4. 主要施工单位

云南第二公路桥梁工程有限公司、福建省第一公路工程公司、湖南永州公路桥梁建设有限公司等单位。

(三)运营管理

见沈海高速公路机场—荷坳高速公路段。

第三节　京港澳高速公路广澳段(G4W)

北京—港澳高速公路(G4)中的广州—澳门高速公路(简称"广澳高速公路")是京港澳高速公路的重要组成部分。该路段北起于广州市黄埔区火村,经番禺区化龙坦尾,中山市宫花,珠海市金鼎,中山市月环,止于珠海市洪湾。总里程 133.2km,编号为 G4W。广澳高速公路地处富庶的珠江三角洲中南部,它的建设对实现广东省广州市和深圳、珠海两个经济特区的交通快捷连接和社会经济发展,促进澳门特别行政区的经济繁荣具有重要的意义。

广澳高速公路(G4W)由6个项目组成:广州东二环高速公路、广珠高速公路北段、广珠高速公路南段、广澳高速公路金鼎至月环段、西部沿海高速公路珠海支线(月环至南屏)、广东西部沿海高速公路月环至南屏支线延长线。

一、广州东二环高速公路

广州东二环高速公路全长18.69km,双向六车道。(详细情况见本章第八节广珠绕城高速公路G1501"二、广州东二环高速公路")

二、广州—珠海高速公路北段

广珠北段高速公路G4W是广州至珠海的重要路段,位于广州市东南部,路线起于广州市番禺区化龙镇,经番禺区石楼镇、石碁镇和南沙区东涌镇、黄阁镇,止于坦尾,全长26.547km。2002年11月动工建设,2005年12月20日正式通车。该路接已通车的广珠东线高速公路和虎门大桥,是广东省、珠江三角洲高速公路网的重要组成部分,也是广州市番禺区到南沙区的第一条高速公路,为广州的"南拓战略"提供了有利条件。

(一)主要技术指标和建设规模

广珠北段高速公路处于珠江三角洲水网地带,河流纵横交错,软土基多;根据沿线地形地貌情况,采用平原微丘区高速公路标准,双向六车道,设计速度120km/h;设有特大桥2座,大桥6座,设化龙、石碁、黄阁3处互通式立交,分离式立交6处。

(二)建设情况

1. 建设依据

1984年,国家计划委员会、交通部联名上报国务院《关于修建广(州)深(圳)珠(海)高速公路的报告》。

2001年7月10日,交通部批复工程可行性报告,同意开展设计工作。

2002年8月20日,交通部对初步设计批复同意开展施工图设计工作。

2. 资金来源

广东省公路建设有限公司(40%)、广州市番禺交通建设投资有限公司(30%)和香港志滔投资有限公司(30%)为股东组成广东京珠高速公路广珠北段有限公司,对广珠北段工程项目进行建设和管理。

3. 征地拆迁

征地工作全权委托广州市番禺区国土资源和房屋管理局总负责,并于2002年8月1

日签订征地总包干合同,征用地3241亩。

4. 招投标

(1)设计单位招标

全线土建和交通工程设计直接委托中国公路工程咨询监理总公司实施。

绿化工程设计采用邀请招标的形式确定设计单位,经评标确定由深圳市新华丰生态环境发展有限公司承担。

房建工程设计采用邀请招标的形式确定设计单位,经评标确定由泛华工程有限公司广东分公司承担。

(2)监理、施工单位招标

该项目严格按国家相关招标要求进行公开招投标,中标单位全部具有一级总承包以上资质,监理中标单位为广东省公路工程监理站。

5. 主要设计、施工、监理单位

设计单位:中国公路工程咨询监理总公司、深圳市新华丰生态环境发展有限公司。

施工单位:中铁十四局集团第二工程有限公司、中铁大桥局集团第七工程有限公司、中港第四航务工程局、广东省航盛工程有限公司、中交二公局(洛阳)第四工程处等。

监理单位:广东省公路工程监理站、合肥工大建设监理有限责任公司。

6. 项目变更

一是调整设计线位及互通方案。由于起点线位影响广州市大学城的建设,经协调,项目不再承担起点11km的建设任务。为配合番禺区及南沙区远期经济发展的需要,提高公路等级的交通转换,项目的起终点设计,4个互通式立交方案其中3个根据地方发展的需要进行调整;另外,增加19条规划路的桥梁预留通道。

二是施工技术变更。主要是桩基、袋装砂井和水泥搅拌桩按实际施工长度计量,安排专人负责桩基的终孔、砂桩、水泥桩的试打,并签字确认,保证变更计量的准确;在施工中对局部桥梁跨径、排水系统、绿化等变更。

三是地方协调变更。通过与地方协调,合理增加机通、管涵,改移河道;根据地方规划,进行桥改路,如取消东涌1号桥、莲昌围桥等。

(三)复杂技术工程

1. 桩基础

广珠北段高速公路地处三角洲平原地区,软土覆盖层厚度大,为避免地质灾害,保证结构安全,绝大部分桩基设计为嵌岩桩。对此,项目加强了地质补勘,普查地质变化情况,为施工提供帮助;完善设计,为施工提供保障;改进工艺,以保证质量;做好全线一类桩比例始终保持在67.77%以上。

2. 特大桥监控

在观音沙大桥悬臂现浇施工过程中,委托华南理工大学对观音沙大桥主桥进行施工监测,对施工过程中各梁段的高程、中线位置和主梁内力进行严格控制。通过参建单位的通力配合、精心测控与扎实工作,观音沙大桥于2004年10月顺利实现±5mm的高精度合龙,成桥线形与设计目标线形一致,各项指标均达到要求。

3. 软基处理

为了保证软基处理的质量,项目采取了多种措施,设立软基试验段,加强软基沉降监测,控制路基填土速度,运用多次超载等技术手段,消减桥头跳车现象,全线软基路段的桥头均采用了强夯处理方案,减少了桥头差异沉降所带来的行车不适。

(四)运营管理

2005年12月20日,广珠北段高速公路委托京珠高速公路广珠有限公司实行运营管理。

三、广州—珠海高速公路南段

广州—珠海高速公路南段是广州至珠海的重要路段。路线起于广州市南沙区塘坑,止于珠海市香洲区金鼎,宫花至金鼎19.66km,塘坑至宫花41.1km,坦尾至亭角1.6km(其中塘坑至坦尾段8.6km,调整归于G9411)。1995年10月15日正式开工,1999年12月6日正式通车。在1999年12月的交工验收中以91.3分的综合评分创广东省当时高速公路建设的最高分,被时任中共中央政治局委员、广东省委书记的李长春同志誉为"广东省高速公路建设的样板路"。

该路段的坦尾北接广珠北段,东由坦尾至塘坑连接虎门大桥,它的建成通车,实现将广州市和深圳经济特区与珠海经济特区的交通快速连接,对促进经济特区和沿线地区社会经济的快速发展,促进澳门特别行政区稳定繁荣意义重大。广珠除与虎门大桥高速公路相接外,还与先后建成的中江高速公路与西部沿海高速公路相接,成为粤西及西部沿海地区与粤东实现交通转换的枢纽。

(一)主要技术指标和建设规模

广珠高速公路地处珠江三角洲多条河流出海口,江河多,软土基多。根据地形地貌按高速公路标准设计,全封闭全立交。高速公路起点塘坑经坦尾至南朗45.4km路段为双向六车道,设计速度120km;南朗至珠海金鼎17km为双向四车道,设计速度100km。公路主线有特大桥6座(双幅),大桥6座(双幅),互通式立交7座(表3-3-1)。主线桥梁总长25.5km,占总线长的56%。软基路段占新建公路的85%。

广州—珠海高速公路南段主要桥梁表

表 3-3-1

序号	桥梁分类	桥梁名称	中心桩号	桥梁长度（m）	桥面宽度（m）	车道数	设计汽车荷载等级	开工时间	完工时间	备注
1	特大桥	大涌高架桥（左幅）	K48+243.510	5556.04	15.75/26.992	左幅3 右幅5	汽车—超20级、挂车—120	1995年11月8日	1997年4月1日	
2	特大桥	大涌高架桥（右幅）	K48+243.510	5556.04	15.75/28.532	左幅3 右幅5	汽车—超20级、挂车—120	1995年11月8日	1997年4月1日	
3	特大桥	亭角高架桥（左幅）	K51+750.598	1541.604	15.75/21.455	3	汽车—超20级、挂车—120	1996年6月1日	1997年3月30日	
4	特大桥	亭角高架桥（右幅）	K51+750.598	1541.604	15.75/24.7	3	汽车—超20级、挂车—120	1996年6月1日	1997年3月30日	
5	特大桥	跨番中公路特大桥（左幅）	K46+646.475	1159.05	15.75	3	汽车—超20级、挂车—120	1997年12月17日	1999年8月15日	
6	特大桥	跨番中公路特大桥（右幅）	K46+646.475	1159.05	15.75	3	汽车—超20级、挂车—120	1997年12月17日	1999年8月15日	
7	特大桥	横沥大桥（左幅）	K52+604.677	2870.105	15.75	3	汽车—超20级、挂车—120	1997年10月15日	1999年12月6日	
8	特大桥	横沥大桥（右幅）	K52+604.677	2870.105	15.75	3	汽车—超20级、挂车—120	1997年10月15日	1999年12月6日	
9	特大桥	海隆大桥（左幅）	K66+704.205	4109.05	15.75	3	汽车—超20级、挂车—120	1997年8月28日	1999年10月30日	
10	特大桥	海隆大桥（右幅）	K66+704.205	4109.05	15.75	3	汽车—超20级、挂车—120	1997年8月28日	1999年10月30日	
11	特大桥	东河大桥（左幅）	K71+281.834	4226.456	15.75	3	汽车—超20级、挂车—120	1998年6月12日	1999年11月10日	
12	特大桥	东河大桥（右幅）	K71+281.834	4226.456	15.75	3	汽车—超20级、挂车—120	1998年6月12日	1999年11月10日	
13	大桥	坦尾大桥（左幅）	K45+262.425	922.85	15.75	3	汽车—超20级、挂车—120	1997年11月6日	1999年4月5日	
14	大桥	坦尾大桥（右幅）	K45+262.425	922.85	15.75	3	汽车—超20级、挂车—120	1997年11月6日	1999年4月5日	
15	大桥	上横沥大桥（左幅）	K47+597.210	742.42	15.75	3	汽车—超20级、挂车—120	1997年12月17日	1999年8月15日	
16	大桥	上横沥大桥（右幅）	K47+597.210	742.42	15.75	3	汽车—超20级、挂车—120	1997年12月17日	1999年8月15日	
17	大桥	十顷沥大桥（左幅）	K56+711.000	685.7	15.75	3	汽车—超20级、挂车—120	1997年10月9日	1999年6月30日	
18	大桥	十顷沥大桥（右幅）	K56+711.000	685.7	15.75	3	汽车—超20级、挂车—120	1997年10月9日	1999年6月30日	
19	大桥	三宝沥大桥（左幅）	K60+761.000	630.26	15.75	3	汽车—超20级、挂车—120	1997年10月15日	1999年5月30日	
20	大桥	三宝沥大桥（右幅）	K60+761.000	630.26	15.75	3	汽车—超20级、挂车—120	1997年10月15日	1999年5月30日	
21	大桥	万益大桥（左幅）	K63+315.000	228.92	15.75	3	汽车—超20级、挂车—120	1997年12月21日	1999年8月5日	
22	大桥	万益大桥（右幅）	K63+315.000	228.92	15.75	3	汽车—超20级、挂车—120	1997年12月21日	1999年8月5日	
23	大桥	朗尾分离式立交桥（左幅）	K75+447.900	922.48	15.75	3	汽车—超20级、挂车—120	1998年4月23日	1999年6月5日	
24	大桥	朗尾分离式立交桥（右幅）	K75+447.900	922.48	15.75	3	汽车—超20级、挂车—120	1998年4月23日	1999年6月5日	

高速公路全线设有民众服务区 1 处;设有亭角、灵山、三角、民众、中山城区、翠亨、珠海 7 个收费站。

(二)建设情况

1. 建设依据

1984 年 5 月 5 日,国家计委《关于修建广(州)深(圳)珠(海)高速公路的报告》。

1995 年 11 月 30 日,广东省计划委员会《关于广珠东线高速公路项目立项问题的复函》。

1994 年 7 月 29 日,交通部《京珠公路番禺塘坑至珠海外沙路段工程可行性研究报告》。

1999 年 8 月 13 日,广东省计划委员会《关于(中山)宫花至(珠海)金鼎公路改建工程可行性研究报告的批复》。

2. 资金来源

建设资金的 35% 为资本金,65% 通过银行贷款筹集。资本金由合作各方按比例投入。

3. 征地拆迁

番禺区境内的征地拆迁工作由番禺区国土局统一办理征地包干完成。

中山市境内征地工作由"中山市广珠东线高速公路建设办公室"负责包干,完成征地拆迁。

珠海市境内主要是改造原珠海港湾大道的征地拆迁工作。

4. 招投标

该项目严格按照《公路建设市场管理办法》和《广东省建筑市场管理规定》进行招投标。整个招投标、评定标过程均有广东省公证处的公证人员参加。

5. 项目实施

项目分为三期建设:第一期从番禺塘坑至珠海金鼎;第二期从中山新隆至鹤山共和;第三期从广州石榴岗到番禺坦尾。后来根据实际情况调整为:第一期从番禺塘坑至珠海金鼎(其中,番禺塘坑至亭角路段作为先行段与虎门大桥同步建设);第二期从中山新隆立交到江门龙湾至鹤山市共和,后更改项目为广东中江高速公路;第三期从广州石榴岗至番禺亭角,后更改为广东京珠高速公路广珠北段。

第一期工程起于番禺塘坑,接虎门大桥西引道,止于珠海金鼎,全长 62.4km,其中番禺塘坑至番禺亭角(坦尾)8.6km 路段,为配合虎门大桥建设,于 1997 年 5 月与虎门大桥同步建成通车。番禺坦尾至珠海金鼎 53.8km 路段于 1997 年 8 月 15 日开工建设。路段设有坦尾、珠海2个主线收费站,灵山、三角、浪网、中山城区、翠亨5个出入口收费站和南朗入口站。该期工程于1999年12月6日为迎接澳门回归正式通车。

6. 主要设计、施工、监理单位

京珠高速公路广珠工程的可行性研究、初步设计和施工图设计均由中交第二公路勘察设计研究院(原交通部第二公路勘察设计院)承担。坦尾—金鼎段的施工除坦尾互通由广铁一公司负责外,全部由广东冠粤路桥有限公司负责总承包建设。公路土建工程和机电工程的施工监理由广东省公路工程监理站(广东省交通科研所)负责。

7. 设计变更

(1)增设灵山互通式立交及取消横沥出入口。

(2)三角互通式立交南三公路跨高速公路桥梁变更。

(3)万益大桥设计变更。

(4)新隆增设互通式立交变更。

(5)宫花互通式立交设计变更。

(6)路改桥变更。

(7)横沥、海隆、东河三座特大桥变更。

(8)全线路面变更设计。

(9)南朗互通式立交变更。

(三)复杂技术工程

1. 深厚淤泥层中超长细桩施工

该路段软土路基厚度普遍为10～40m,导致桥梁桩基普遍较长。其中有一部分桩径为1.0～1.2m的桩,其长度达60～80m,长细比最大为67∶1,给钻孔灌注施工造成一定困难。

施工时,通过控制钻孔垂直度、钻进速度、泥浆质量确保钻孔质量,通过控制终孔、检测导管水密性、二次清孔、控制混凝土质量等确保桩基实体质量,通过做足充分准备、合理组织、配置备用方案等管理手段,控制整个施工过程,最终圆满完成超长细桩的施工。

2. 旧路白加黑路面改造

原逸仙公路和部分港湾大道,原路设计为水泥混凝土路面,混凝土板厚24cm,下设20cm厚水泥稳定集料基层。按当时的工艺和技术要求充分利用原路面强度,对旧路缺陷(如软弱路基、破损、断裂、错台、脱空等)进行处理,通过灌浆、调平等措施使道路满足新的承载力要求和基层使用要求,铺设玻璃纤维网设置防水黏结层增强层间黏结效果,加铺

4cm AC16+6cm AC25,路面使用十多年效果较好。

3. 软土路基处理

广珠高速公路软土路基总长约15.26km,全路段软基处理总面积90万m^2,共处理桥头地基39个,通道、涵洞等构造物地基64个。根据各合同段软土的地质特征和路基填筑高度,采取堆载预压、真空堆载联合预压、粉喷桩、清淤换填等处理方法。在工程全面开工之前进行软基试验工程,通过科学研究和专家咨询的方式,确定软基填筑稳定控制标准、工后沉降标准、超载预压和第二次超载预压方案、超载的卸载及过渡性路面方案等重大技术方案和技术标准。

(四)科技创新

广珠高速公路(坦尾—金鼎)由于软基多,桥梁比例大,旧路改建比较复杂,施工有一定的技术难度。针对广珠高速公路施工的技术问题开展多项科研活动,主要有:孔压静力触探在珠江三角洲高速公路中的应用研究;真空堆载联合预压法加固高速公路软基应用研究;高速公路钢纤维混凝土桥面铺装施工技术规程;加铺沥青层改造旧水泥混凝土路面的技术应用研究等。

(五)运营管理

京珠高速公路广珠有限公司(简称"广珠公司")其前身为广珠东线高速公路有限公司,负责建设、经营和管理京珠高速公路。

1. 运营公司

1993年4月3日,广珠公司经广东省对外经济贸易委员会批准成立,1993年5月13日经广东省工商行政管理局登记注册,1998年9月19日工商注册登记变更为京珠高速公路广珠有限公司。

广珠公司实行董事会领导下的总经理负责制。下设综合事务部、人力资源部、财务部、收费管理部、路政管理部(路政大队)、养护工程部、企业文化部7个职能部门。截至2015年底,广珠公司设有7个职能部和5个中心收费站。

2. 收费站点

广珠公司采用集约式的中心收费站管理模式。沿线设有7个收费站点(表3-3-2),包括珠海收费站、翠亨收费站、中山城区收费站、民众收费站、三角收费站、灵山收费站、亭角收费站。

截至2015年底,广珠共有设置收费车道101条。其中,出口收费车道63条(含ETC车道10条);入口车道38条(含ETC车道10条);复式收费车道31条;自助发卡车道21

条;绿色通道车道10条;计重收费车道38条(含绿色通道车道)。

收费站点设置情况表　　　　表3-3-2

站点名称	车道数			收费方式
	出口车道	入口车道	车道总数	
珠海收费站	12	8	20	(1)实行全国车型统一分类,货车完全计重收费; (2)全国ETC联网收费
翠亨北行收费站	3	2	5	
翠亨南行收费站	5	2	7	
中山城区收费站	9	4	13	
民众北行收费站	4	3	7	
民众南行收费站	3	3	6	
三角北行收费站	3	4	7	
三角南行收费站	5	2	7	
灵山收费站	7	4	11	
亭角收费站	12	6	18	
合计	63	38	101	

3. 车流量

车流量情况见表3-3-3。

车流量情况表　　　　表3-3-3

年份(年)	日均车流量(辆)	年份(年)	日均车流量(辆)
1999	10888	2008	104682
2000	21816	2009	102230
2001	26957	2010	117501
2002	33070	2011	127606
2003	37301	2012	134126
2004	45336	2013	144242
2005	51340	2014	161877
2006	83180	2015	173021
2007	101272		

4. 服务区

广珠高速公路沿线设服务区1个:浪网服务区。

5. 养护管理

广珠高速公路实行"专业化、社会化、规范化和制度化"的养护管理模式,形成健全完整的、行之有效的养护管理制度体系。

在"管养分离"专业化养护管理模式的基础上,按照"统一领导、分级管理"的原则,建立由建设公司、项目公司和养护施工单位组成的养护管理组织体系,明确各级的职责,逐步形成科学的养护管理机制。

维修工程主要集中在2007—2010年,主要项目是沥青路面处治和桥梁维修加固。2007年对全线的肋板式桥台进行加固,并对沿线水下桩基缺陷进行修复和处理;2008—2009年完成朗尾大桥T构体外预应力加固,分两期实施;2008—2009年分别进行路面病害处理和罩面;2009—2010年对全线桥梁病害进行维修加固,主要是对裂缝较多的横沥、海隆、东河三座特大桥的五处刚构及部分桥梁的普通混凝土连续箱梁进行粘贴钢板加固处理和桥涵的一般病害维修。

2008年,在预防性养护研究方面,获"广东省科技进步三等奖"。2009年,获"广东省高速公路养护规范化单位"。

6.路政管理

广珠公司设立广珠路政大队,成立初期,下设中山路政队和番禺路政队两个中队。2012年,对路政队进行调整设置,将"广东省公路管理局广珠路政大队中山路政队"及"广东省公路管理局广珠路政大队番禺路政队"分别改名为"广东省公路管理局广珠路政大队二中队"和"广东省公路管理局广珠路政大队三中队",主要负责辖区路政管理工作,同时增设"广东省公路管理局广珠路政大队一中队",与二中队同时负责广珠区域的路政管理工作。

大队管辖范围为广珠高速公路(G4W)番禺化龙至中山平顶段;莞佛高速公路(G9411)南沙塘坑至南沙亭角段,其中有1.056km与G4W共线;广珠高速珠海支线(S4W)中山平顶至珠海金鼎段(即原京珠高速公路广珠和广珠北段)的路政管理工作,管辖里程全长87.906km。路政大队坚持以维护路产路权、保障畅通为工作中心,严格按照"安全畅通、依法行政、文明服务、扎实工作"16字方针来进行工作。

(六)企业文化建设

广珠公司的企业发展战略目标是"卓越管理、卓越团队、卓越服务、卓越效益",广珠公司连续8年举办"企业文化周"活动,把企业文化建设渗透到企业经营、管理、改革和发展工作的全过程。

一是创新服务模式。2005年,创立有广珠公司特色的"阳光·春风"营运管理品牌。从"站立收费+微笑,双手递卡+走好"的服务模式,到开展站长服务日,开展文明服务月,设立客户服务中心,开通免费服务电话等活动。

二是创新主题活动,成就"企业文化周"品牌。从2009—2016年以"夯文明班组建设,创营运管理品牌"为主题开展"企业文化周"活动,共策划"'阳光·春风'使者"评选活动、"企业文化建设"辩论赛等130多项活动,为广大员工提供了展现自我和提升自我的大舞台。

三是建立企业文化设施,营造浓厚文化氛围。广珠公司把企业文化建设作为企业精神文明建设工作来抓,建立企业文化展示厅、精神文明创建室和企业文化长廊等,展示广珠公司精神文明建设的具体形象。

四是实施教育工程,成就员工大学梦。广珠公司与华南理工大学开展校企联合,寻求管理支持、技术支持和文化支持,为我所用,培养管理企业高层和各类人才。共开办三期网络学历班(含专科和本科),共110多人参加进修。

五是搞好共融互补,发挥各自优势。在企业文化建设中注重与党群工作、企业发展、生产经营、员工思想等相结合,围绕"抓党建、促经济,抓好党建促发展"的思路,做好各项工作、增强企业凝聚力。

六是注重廉洁文化建设。通过举办专题廉洁讲座、开展警廉示范教育活动、制作廉政板报、开展廉洁读书活动等,使廉洁文化深入人心,得到广大员工的理解、认同、遵守和执行。

10多年来,广珠公司获得全国青年文明号、全国巾帼文明岗、全国交通运输企业文化建设卓越单位、全国交通运输企业文化建设优秀单位、全国优秀质量管理小组、广东省三八红旗女工集体等以及多名员工获得广东省技术能手等荣誉称号及岗位技能竞赛奖励。

四、广澳高速公路金鼎—月环段

广澳高速公路金鼎—月环段,起于珠海金鼎,接广澳高速公路坦尾至金鼎段,向西至中山月环,接西部沿海高速公路中山月环至珠海南屏支线,全长11.96km。该路段与广东西部沿海高速公路珠海段共线。(详细情况见第四章第十七节广东西部沿海高速公路(S32)"一、西部沿海高速公路珠海段")

五、西部沿海高速公路月环—南屏支线

广东西部沿海高速公路珠海段月环至南屏支线(简称"珠海段支线")北起广东省中山市坦洲镇月环,设月环互通立交接广东西部沿海高速公路珠海段主线,向南经坦洲镇进入珠海地界南屏,设置南屏互通立交,向南到项目终点K110+240处接南琴路,路线主线全长12.74km,中山市坦洲镇境内约10.85km,珠海市境内约1.89km。批复概算15.047亿元。

2005年6月,项目开工建设,2008年4月30日正式通车,委托广东西部沿海高速公路运营有限公司进行运营管理。

珠海段支线项目是为了落实2003年10月9日召开的粤港合作联席会议第一次会议精神而加快建设的通澳门高速公路的一段,建设意义重大。项目建成通车后,与珠海市的南琴路连接澳门的莲花大桥,组成澳门及珠海市连接广州、中山、江门的交通要道,将进一

步促进该地区经济的快速发展,对全面落实CEPA协议起到重要的交通支持作用。

(一)主要技术指标和建设规模

珠海段支线全线采用高速公路标准,双向六车道,设计速度100km/h。全封闭,全立交。路基宽度33.5m,全线设置互通立交2处,特大桥及主要大桥15座(表3-3-4)。

(二)建设情况

1. 建设依据

2003年8月12日,广东省发展计划委员会批复了广东西部沿海高速公路珠海金鼎至新会古井段(主线)工可;2004年5月20日,广东省发展和改革委员会同意将中山月环至珠海南屏段高速公路纳入珠海段主线一并建设。

2004年12月1日,广东省交通厅《关于西部沿海高速公路珠海金鼎至新会古井段支线月环至南屏段初步设计的批复》。

2005年3月21~22日,广东省交通集团有限公司批准珠海段支线高速公路的施工图设计。

2005年4月,广东省交通厅批复了珠海段主线(含珠海段支线)高速公路项目开工报告。

2. 资金来源

资金由广东省公路建设有限公司和广东交通实业投资公司按9∶1的比例共同负担。

珠海段支线工程总投资为15.05亿元(未竣工审计),其中项目资本金占总投资的35%,由股东按工程进度分期投入,其余65%通过银行贷款解决。

3. 征地拆迁

珠海段支线高速公路工程项目涉及珠海市、中山市两市多个乡镇的征地拆迁工作。珠海段支线共征用土地1381.13亩,需拆迁管线37条。在各级政府的大力支持和珠海段公司的努力下,按时完成征地拆迁任务。

4. 招投标

(1)设计单位招标

全线路基、桥涵(不含主线斗门互通匝道部分)、路面及交通工程设计由广东省公路勘察规划设计院承担,支线工程于2005年10月签订合同。

支线房建工程为月环收费站,工程设计工作由珠海段公司委托广东省城乡规划设计研究院承担,于2008年1月签订合同。

西部沿海高速公路月环—南屏支线主要桥梁表

表 3-3-4

序号	桥梁分类	桥梁名称	桥梁长度(m)	桥面宽度(m)	车道数	设计汽车荷载等级	建成时间	备注
1	特大桥	排灌河大桥	1101	30	6	汽车—超20级	2008年4月	
2	特大桥	全胜大桥北引桥	1160	30	6	汽车—超20级	2008年4月	
3	特大桥	新丰高架桥	1506	30	6	汽车—超20级	2008年4月	
4	特大桥	三合围沙心涌大桥	1220	30	6	汽车—超20级	2008年4月	
5	大桥	月环互通主线桥(K114+338.1)	487.2	30	6	汽车—超20级	2008年4月	
6	大桥	坦洲工业区高架桥	865.6	30	6	汽车—超20级	2008年4月	
7	大桥	联星高架桥	820	30	6	汽车—超20级	2008年4月	
8	大桥	申堂涌大桥	538	30	6	汽车—超20级	2008年4月	
9	大桥	联福高架桥	666	30	6	汽车—超20级	2008年4月	
10	大桥	全胜大桥主桥	234	30	6	汽车—超20级	2008年4月	
11	大桥	全胜大桥南引桥	740	30	6	汽车—超20级	2008年4月	
12	大桥	坦洲涌大桥	222	30	6	汽车—超20级	2008年4月	
13	大桥	南屏沙心涌大桥	624	30	6	汽车—超20级	2008年4月	
14	大桥	边防公路跨线桥	426	18	4	汽车—超20级	2008年4月	
15	大桥	南屏互通主线桥	810.4	30	6	汽车—超20级	2008年4月	

绿化设计通过邀请招标,由珠海市风景园林工程有限公司承担,于 2008 年 3 月签订合同。

(2)施工单位招标

珠海段支线 9 个土建标段于 2005 年 1 月在广州建设工程交易中心通过公开招标选定施工承包单位,中标单位为广东省长大公路工程有限公司。

珠海段支线高速公路安全设施工程、机电(含通信管道)工程施工与珠海段主线一同招标,采取公开招标。中标单位分别为北京深华科交通工程有限公司和广东飞达交通工程有限公司。

珠海段支线高速公路房建工程施工与珠海段主线一同招标,采取公开招标,中标单位分别为茂名市建筑集团有限公司和中国建筑第八工程局。

珠海段支线高速公路绿化工程施工招标采取邀请招标,中标单位为珠海市风景园林工程有限公司。

(3)监理单位招标

2004 年珠海段(含支线)高速公路采取公开招标的形式选择监理单位。中标单位为广东华科交通科技有限公司(原广东省公路工程监理站)和广东建设工程监理有限公司。

5. 工程重大变更

(1)支线三标软基路段改桥设计变更

项目实施过程中,由于该段穿越基本农田保护区,征地拆迁困难、村民阻工等原因,软基处理无法按计划实施。为保证工程按期完工,经广东省交通厅同意,该路段变更为桥梁方案。增加联星高架桥、申堂涌大桥(原桥加长)、联福高架桥三座桥梁。

(2)支线六标边防公路改线设计变更

根据中山市坦洲镇人民政府及广东省公路建设有限公司会议纪要等意见,经申请,广东省交通厅于 2009 年 9 月 3 日批复将该边防公路进行设计变更。具体如下:

①边防公路中线从主线桩号 K107+491 平移至 K107+467.568;改路长度由 900.937m 变更为 800m。

②路基(桥同宽)宽度变更为 18m。

③CK0+175~CK0+245、CK0+555~CK0+625 桥头路段变更为真空预压处理。

④边防公路分离立交跨线桥由 16×20m 变更为 21×20m(增加 5 孔),其结构形式仍采用预应力混凝土空心板。

(3)支线路面十六标路面设计变更

根据广东省公路建设有限公司相关方案研讨结果,结合会议纪要等意见,经申请,广东省交通运输厅于 2009 年 12 月 18 日批复对部分路面(含桥面铺装防水层)及路面排水等施工图设计方案进行设计变更。

(三)复杂技术工程

1. 全胜特大桥主桥施工控制技术

该技术主要运用在珠海段支线高速公路全胜特大桥主桥箱梁悬浇施工中,主要进行以下工作:验算施工过程中各断面的应力;提供悬臂施工时挂篮的定位高程;提供合理的合龙方案;协助提供合龙后桥面铺装高程并承担主梁断面应力测试工作。

全胜特大桥主桥施工的顺利进展,为整个珠海段支线高速公路的建成通车奠定了坚实的基础。

2. 软基处理技术

珠海段支线沿线河涌众多,桥梁和软基交错,因此,软基处理质量的好坏,直接关系到路堤本身的安全、质量、结构物的使用和全线的整体形象。经多方研究决定,在主线上(K38+210~K38+535)约325m的路段进行软基先行段试验工程。通过现场实体试验检验原设计方案,并在此基础上探求最为经济可行的优化手段,以达到进一步保证质量、节省投资、缩短工期的目的,并为以后全线大规模的施工提供指导。根据软基先行段试验,支线部分软基处理段桥头路段采用了PHC管桩加固软土路基、真空预压联合堆载、常规堆载预压材料的对比试验研究,以指导施工和动态设计,为支线软基处理提供指导性意见。

3. 高速液压夯实机工程技术

高速液压夯实机是一种新型高效的液压夯实机械,在重力和液压力的作用下对土壤进行压实,并在液压油缸的作用下实现快速的上下往复动作,在装载机或挖掘机工作装置的牵引下,可以机动灵活地对公路路基不同位置进行准确、快速压实,从而满足对冲压作业面积进行单点或连续的压实要求。特别是对路基狭小面积或特殊作业面补强、路基扩宽新旧路基结合部位、路基填挖交界部位、桥涵台背和锥坡等冲击压实能量集中、作业范围受限部位进行夯实作业。在珠海段支线部分桥涵台背、填挖交界处、局部狭小面积部位、桥头锥坡等部位分层夯实,提高路基压实度,提高工程质量,减少路基沉降,减缓桥头跳车。

(四)科技创新

结合珠海段支线工程高架桥长桥面铺装多的工程特点,为了提高全线桥面铺装防水黏结层施工质量,改善沥青混凝土铺装层与混凝土之间的黏结性能和防水性能,提高沥青铺装层的抗裂性能,增强桥面沥青混凝土的耐久性,减少后期养护成本,广东省公路建设有限公司与长安大学合作,一起开展"同步碎石桥面防水黏结层研究"。经研究,提出用于防水黏结层同步碎石施工设备的技术要求,以及桥面同步碎石防水黏结层的关键施工工艺和质量控制标准,编制了《混凝土桥面同步碎石防水黏结层技术指南》。依托珠海段支线工程,修筑了同步碎石桥面防水黏结层研究试验路和实体工程,应用效果良好。2010年1月12日,广东省交通运输厅在广州组织课题成果鉴定,认为同步碎石防水黏结层课题研究成果总体达到国际先进水平,具有良好的推广应用前景。

（五）运营管理

根据广东省交通集团有限公司的统一部署,珠海段支线采用委托运营管理模式。珠海段支线的收费、运营、路政、机电和道路日常养护等一并委托给广东西部沿海高速公路运营有限公司负责。2013年1月,南屏收费站建成通车后,珠海段支线委托广东广珠西线高速公路有限公司进行运营管理。

（六）企业文化建设

公司着力推进以企业精神文化、制度文化、物质文化和行为文化建设为主要内容的企业文化体系建设,进一步建立和完善企业价值理念体系和行为规范体系,不断优化企业形象识别系统,完善企业管理制度,改进企业团队和员工行为模式,并与企业实际项目建设和营运管理有机结合起来,与企业精神文明建设、政治思想工作和各种创建活动有机结合起来,建设"服务、规范、卓越、和谐"的企业文化。

服务：一线员工服务社会,后勤人员服务一线员工,管理人员服务基层,领导服务全体员工的"四个服务"。公司坚持开展"安全·文明服务月"活动,与收费、路政、交警、养护、服务区"五一体",以"一个换位,两个坚持,三个转变,四个提升,五个一服务"共同打造"情满沿海,甘雨服务"的服务品牌。

规范：以市场机制为准则,实现绩效最优化;以合同管理为手段,实现委托品牌化;以精简机构为途径,实现运营集约化。

卓越：收费管理规范化;养护管理标准化;路政管理精细化;优质服务人性化。

和谐：与员工的和谐相处;与业主的和谐合作;与社会的和谐共生。

"情满沿海,甘雨服务"的服务品牌文化建设。

公司坚持把培育优质的"特色"服务作为委托运营管理的目标,在全体员工中灌输"万分之一与百分百"之间的"一个换位"观念,充分做到"两个坚持"：坚持把感情融入服务;坚持"热心、细心、耐心、贴心、真心"'五心'服务;实现"三个转变"：把管理高速公路转变为服务驾乘人员;把单一的"客随主便"转变为多元化的"主随客便";把"满意服务"转变成"感动服务";"四个提升"：一是提升服务理念,牢固树立宾客至上的服务理念;二是提升服务意识,做到服务工作无小事;三是提升服务水平,为驾乘人员提供整洁、舒适、方便的服务环境;四是提升服务档次,在全线开展"青年安全示范岗""青年文明号""巾帼文明岗""明星班组"等"岗、号、星级"服务,满足驾乘人员的需求。注重服务环节的强化,真正做到优质服务人性化。

六、广东西部沿海高速公路月环—南屏支线延长线

广东西部沿海高速公路月环至南屏支线延长线,路线起于珠海市南屏镇南屏工业园(顺接月环至南屏支线),利用既有南屏互通主线跨线桥跨越珠海大道,设高架桥沿南琴路南行,经过香洲区南屏镇红东社区,止于香洲区南屏镇洪湾村[设置洪湾互通(表3-3-5)连接港珠澳大桥珠海连接线]。路段长4.96km,2016年1月建成通车。

西部沿海高速公路月环—南屏支线延长线主要桥梁表　　　表3-3-5

序号	桥梁分类	桥梁名称	中心桩号	桥梁长度(m)	桥面宽度(m)	车道数	设计汽车荷载等级	开工时间	完工时间	备注
1	特大桥	洪湾高架桥(主线段左幅)	LZK2+988.034	1560	16.5	3	公路—I级	2013年8月	2015年12月	
2	特大桥	洪湾高架桥(主线段右幅)	LYK2+989	1560	16.5	3	公路—I级	2013年8月	2015年12月	
3	特大桥	洪湾高架桥(互通段左幅)	LZK4+413.034	1290	16.5~29.82	3	公路—I级	2013年8月	2015年12月	
4	特大桥	洪湾高架桥(互通段右幅)	LYK4+414	1290	16.5~30.09	3	公路—I级	2013年8月	2015年12月	

第四节　许昌—广州高速公路广东段(G4W2)

许昌—广州高速公路(简称"许广高速公路")是国家高速公路京港澳高速公路(G4)的一条并行线,编号为G4W2。线路起于河南许昌,经湖北、湖南,由连州市凤头岭进入广东,止于广州市,总里程1376km。

许广高速公路广东段原是国道107线,又是《广东省高速公路网规划》第六纵线,是广东最重要的北向出省通道之一。起于连州市大路边镇凤头岭粤湘交界处,接湖南境内宜凤高速公路,线路往南经连州市、连南县、阳山县、清远市清新区、清城区、广州市花都区,止于广州市白云区,接广州绕城高速公路,全长约304km。

许广高速公路广东境内由4个项目段组成:清远至连州高速公路、清远市清西大桥及

连接线工程(在建)、广州至清远高速公路、广州至清远高速公路扩建工程。

一、清远—连州高速公路

清远—连州高速公路(简称"清连高速公路")是国道许广高速公路(G4W2)广东境内线路的重要路段,与广东省高速公路规划"第六纵"共线,是广东重要的北向出省通道之一。清连高速公路北起于连州市粤湘交界处的凤头岭,南止于清远市郊区的迳口,途经清远市连州市、连南县、阳山县、清新区、清城区,全长215.25km。该路段原为一级公路,为适应经济发展需要进行高速化改造,按高速公路标准建设,双向四车道,总投资61.31亿元。2006年6月,正式开工建设;2009年7月1日,凤头岭—连州段、凤埠—迳口段通车运营;2011年1月25日,连州—凤埠段完工实现全线通车运营。

清连高速公路由深圳高速公路股份有限公司和广州越秀交通基建有限公司出资组建的广东清连公路发展有限公司投资建设和运营管理。

(一)主要技术指标和建设规模

清连高速公路原为一级公路,地处粤北山区,全线大部分路段傍山临崖,弯多、坡长、坡陡,沿线道路交通环境险峻,交通事故频发。该公路自1997年建成通车后,因常年大流量的超载、超重行驶,导致道路损毁严重,路况极差。2005年3月,广东省政府决定对清连一级公路按高速公路标准进行改造。

首期工程(凤头岭—连州段、凤埠—迳口段)187.72km,二期工程(连州—凤埠段)27.53km。双幅旧路升级改造工程173.57km,单幅旧路升级改造工程41.68km,单幅新建改线工程41.68km。整体路基宽度为21.5m、24.5m,分离式路基宽度12.25m,除杜步岭改线段4.65km为沥青混凝土路面外,其余为水泥混凝土路面。全线共设16个收费站,互通立交14处,服务区4处。

全线共有桥梁152座,其中特大桥2座,大桥36座,中桥59座,全线共有隧道(单洞)21座,辅道及连接线长236km。全线收费站房建工程总建筑面积9964m^2。

(二)建设情况

1. 建设依据

2006年4月,广东省发展和改革委员会《关于清远至连州公路改造高速公路项目申请报告的核准意见》。

2009年3月,广东省发展和改革委员会《关于清远至连州公路改造高速公路项目调整建设规模核准的批复》。

2008年6月,广东省交通厅批复该项目首期工程初步设计;2009年1月,批复二期工程初步设计。

2. 资金来源

建设资金来源由股东深圳高速公路股份有限公司和广州越秀交通基建有限公司通过增资、银团贷款、运营盈余资金等方式解决。

3. 征地拆迁

清连一级公路高速化改造工程的征地拆迁工作,从 2006 年 3 月至 2010 年 12 月底,共征地 5220 亩。清远市交通运输局代表清远市人民政府履行总协调职责,用地途经的清新县、阳山县、连南县、连州市人民政府负责辖区内的征地拆迁。

4. 招投标

按照交通部工程招投标管理的有关规定和广东省发展和改革委员会对该项目的核准意见,建设单位委托招标代理,将所有应招标项目均进行公开招标,确定勘察、设计、监理、施工、材料供应等承包合同的中标人。

5. 项目实施

项目分两阶段实施。首期工程凤头岭—连州段、凤埠—迳口段 188.75km,2006 年 6 月正式动工。基于二广高速公路方案调整,二期工程连州—凤埠段 27.5km,延后于 2009 年 3 月开工,2010 年 12 月完工。

为保证项目顺利实施,清连高速在吸收和借鉴国内外其他高速公路建设管理经验的同时,结合该项目实际情况,在国内高速公路建设领域率先采用了"项目总控(PC)+ 项目管理(PM)[施工监理(SM)]"的建设管理模式,并在此基础上进行一系列的科学管理和发展创新。

在项目建设实施过程中,2005 年 11 月 7 日,广东省发展和改革委员会批准清连一级公路高速化改造工程清新迳口至石潭段控制性工程先行开工建设。2005 年 12 月 26 日,先行开展以旧路面冲击碾压破碎、路基补强、路基加固、完善排水设施及路面封闭等为主要内容的试验段施工,为进一步探明清连一级公路既有路基承载能力、均匀性等其他技术指标,并为路基路面科研课题的开展和初步设计提供技术依据。2006 年 2 月,邀请专家顾问对试验段成果及路面加铺方案进行评审,评审认为试验段成果验证了路基加固方案的加固效果,提出了路基整治加固的设计验收标准,明确了"白+白"的路面改造方案。

2009 年 2 月 28 日,连州—凤埠段开工建设,年底基本实现旧路改造工程路面拉通目标。2010 年 7 月 26 日,控制性工程将军山隧道安全贯通;12 月 28 日,主体工程基本完工。2011 年 1 月 15 日,连州—凤埠段工程顺利通过交工验收;1 月 25 日,清连项目全线通车和高速化运营。

6. 主要设计、施工、监理单位

设计单位：中交第一公路勘察设计研究院有限公司。

施工单位：中交第三公路工程有限公司、中国隧道工程局有限公司等。

监理单位：深圳高速工程顾问有限公司、广东虎门技术咨询有限公司。

（三）复杂技术工程

1. 高危边坡处治

清连高速公路大部分路段依山傍崖、地形复杂，原一级公路沿线共有高危边坡418处，其中土质边坡102处，岩质边坡316处，90%的路堑边坡未采取防护措施。原有边坡较陡且极不规则，局部直立或呈反坡，大部分高边坡未分级设置碎落台，坡体裸露又未采取任何工程防护措施，有相当数量的挖方路堑边坡出现不同程度的滑坡、崩塌、蠕滑及碎落等病害现象，坡面凹凸不平。改造工程的重点之一就是高危边坡改造，但受地形地质条件限制，边坡改造如果全部刷坡到位，不仅无法控制造价，而且还会产生新的安全隐患。

为确保高边坡整治方案的科学合理、安全可靠，满足高速公路稳定性要求，项目业主在各设计阶段组织专家和现场技术人员采取逐坡查验、逐案优化的方式，对沿线边坡进行了深入调研和专项评审。同时坚决落实石质边坡光面爆破施工技术，对所有边坡落实锚固喷护技术、梯形碎落台技术和边坡绿化客土直播技术，对不平整坡面进行修整，彻底清除边坡危石及松土，确保边坡质量和安全。处治后的边坡坡形美观、防护得当。

2. 长大坡段半幅改造

原一级公路大部分路段是依山而建，山高坡陡，弯多坡长，几个长大下坡路段行车安全性差，交通事故频发；长大上坡路段由于坡长坡陡，通行能力不足。

为避免建成后的高速公路出现同样后遗症，业主将长大坡改造工程列为一大重点，分别制订了"上坡路段半幅改造利用既有公路"和"下坡路段半幅改线新建"的方案。在下坡路段通过展线克服高差，改善交通安全条件，同时设置紧急避险车道，并辅以交通工程设施保证行车安全；在长大上坡路段利用旧路已有车道作为爬坡车道，增加两条行车道，预留一条车道为地方辅道，解决了上坡路段通行能力不足的难题。

3. 旧路水泥混凝土面板再生利用

原清连一级公路路面破坏严重，升级改造中大部分路段原有混凝土结构将被破碎或清除，路面改造规模巨大，而国内高速公路水泥混凝土路面加铺改造的理论体系尚不成熟。如何快捷处治水泥混凝土路面病害，有效利用即将挖除的100多万立方米废旧混凝土板，避免建筑废弃物对周边环境造成巨大的破坏性影响，是改造施工面临的重大课题之一。

在国内旧路混凝土垃圾处理规范和标准尚是空白的情况下,业主经广泛征询公路建设及环保专家的意见,通过科学试验和论证,推行了旧路混凝土面板碎石化技术,在充分利用旧混凝土面板的基础上,严格控制质量技术指标,提高改造方案的安全可靠性,增强路面的使用性能,解决了施工与环保的难题,为力创环保工程打下了坚实基础。

(四)科技创新

清连高速公路是国内首个大规模的山区一级公路高速化改造项目,工程规模大、安全隐患多、施工技术复杂、建设环境恶劣、交通组织困难,加之国家针对升级改造工程的标准、规范或规程较少,没有类似成功经验可供借鉴。业界对升级改造的许多技术问题还处于摸索、试验阶段,工程建设、管理面临许多难以想象的困难和挑战。清连高速公路在国内公路建设领域率先采用了项目总控管理模式,同时联合10多家科研院所,立项开展了"山区一级公路升级改造成套技术研究"课题,并成立由国内外专家学者组成的专家顾问团,开展各种形式的技术攻关、专题研讨,相继完成了20个子课题的专项研究试验和26个子课题的专项咨询论证,解决了制约项目质量、安全、工期、造价方面的各种难题,创造性地提出了山区一级公路升级改造高速公路的设计方法、流程,总结形成了公路升级改造的路线、路基、路面、边坡、桥梁、隧道等全套关键技术,取得了一系列新成果。

该项目建设及其成套技术研究充分体现了以人为本、和谐发展的理念,较好地贯彻了资源节约型和环境友好型社会建设的政策,充分发挥了既有一级公路的资源效益,盘活了既有公路存量资产,最大限度地提高了通道走廊的潜在服务能力,使路网布局结构更为合理,道路通行能力提高2倍以上,交通事故大幅下降。

清连高速公路成套技术研究是实现绿色减排、低碳环保的成功探索,取得了巨大的社会、经济效益。据专家测算,与新建一条同标准的山区高速公路相比,清连高速公路减少土地占用20000多亩,减少临时占地1500多亩,大大减少了固体废弃物排放。

清连高速公路成套技术研究提出的新方法、新工艺,有效解决了公路升级改造工程中一系列技术难题,保障了项目质量、安全和技术水平,实现了绿色、低碳、安全、环保和可持续发展的目标,对于补充和完善我国公路工程相关标准规范具有重要参考和实践支撑作用,开创了我国山区高等级公路大规模升级改造的先河。

清连高速公路建设,培养了一批优秀的技术和管理人才,先后组织出版了《清连高速公路项目总控管理规范》《清连高速公路施工技术规范》《山区一级公路升级改造技术》《山区一级公路升级改造技术指南》等专著,有多项研究成果达到国际先进水平,其中4项成果分获省部级科技一等奖和三等奖。2011年4月,"山区一级公路升级改造成套技术研究"项目荣获2010年度"中国公路学会科学技术一等奖"。

（五）运营管理

1. 运营公司

清连高速公路由广东清连公路发展有限公司负责经营管理（简称"清连公司"）。清连公司实行董事会领导下的总经理负责制，共设有7个职能部门。全线由3个高速交警大队、4个路政中队负责全线交通管理。

2. 收费站点

全线设有4个中心收费站，管理16个匝道收费站，共19个收费站点，113条车道，采取人工收费（MTC）和自动缴费（ETC）相结合的模式收取通行费（表3-4-1）。

收费站点设置情况表　　表3-4-1

站 点 名 称	车 道 数	MTC	ETC
迳口匝道站	6	4	2
清新主线收费站	17	15	2
龙颈匝道站	6	4	2
禾云匝道站	5	3	2
浸潭匝道站	5	3	2
石潭匝道站	4	2	2
焦冲匝道站	4	2	2
杜步匝道站	4	2	2
阳山匝道站	5	3	2
黎埠匝道站	4	2	2
水足塘匝道站	5	3	2
连南匝道站	7	5	2
连州A匝道站	7	6	1
连州C匝道站	6	4	2
连州E匝道站	3	2	1
保安匝道站	4	2	2
星子匝道站	4	2	2
大路边匝道站	4	2	2
凤头岭主线收费站	13	11	2

3. 服务区

清连高速全线共规划建设4对8座服务区，分别为连州服务区（A、B区双侧）、阳山北服务区(A、B区双侧)、阳山南服务区(A、B区双侧)、清新服务区(A、B区双侧)。服务区开设加油、餐饮、便利店、汽修、加水、公共卫生间、休息室等。

4. 养护管理

清连高速由广东清连公路发展有限公司负责养护。工作重点是抓好预防性养护和早期养护。通过采用"管养分离"的专业化养护管理模式,以外包方式进行公路养护,建立了由项目公司、养护施工单位和监理单位组成的养护管理组织体系。具体养护施工由招标引进的专业养护施工单位承担,并由业主负责日常养护的管理与考核。

在养护管理上以路面的预防性养护为重点,通过日常巡查、定期检测及时掌握路况,及时对发现裂缝采取维修封水处治,尽早发现并消除病害苗头,避免出现重大路面病害。2012年与重庆交通大学等高校合作,对新型聚合物填缝料研制及裂缝处治技术、新型局部坑槽修补材料研制及坑槽修补技术、新型水泥混凝土板底脱空灌浆材料研制及灌浆技术、整体预制水泥混凝土面板、整体快速换板技术快通换板技术等课题进行研究,取得了系列成果。

(六)企业文化建设

一是加大人力资源和岗位开发力度,采取内部培训、外部交流和鼓励自学等方式,加强员工技能培训,使员工的业务水平和整体素质提档升级。

二是完善激励措施,加强绩效考核,严明奖惩,奖优罚劣,鼓舞士气,争创一流。

三是关心和维护员工合法权益。为全体员工购买了团体意外险,对做出贡献的员工兑现工资普调,同时优化办公环境,合理改善员工伙食和住宿条件,调动了员工的工作热情。

四是丰富员工文体生活,通过举办春节联欢会和羽毛球、篮球比赛等群体性文体活动,激发了团队的生机和活力。

五是大力开展员工互助和扶危济困、送温暖活动,解决员工的困难,使全体员工充分享受和谐大家庭的温暖。

二、清远市清西大桥及连接线工程

清远市清西大桥及连接线工程(广清和清连高速公路连接线工程)是国家高速公路G4W2的组成部分,也是广东省高速公路网规划"六纵线"之一。

该路线起于清远市清城区横荷镇横岭村与广清高速公路改扩建终点相接,向北跨越秦皇河,止于迳口村接清连高速公路。路线全长16.93km,建设总投资28.27亿元。2015年9月28日开工建设,由中交清远投资发展有限公司投资建设。

清远市清西大桥及连接线工程,连接广清高速公路与清连高速公路,项目的建设直接承接大量过境交通,对缓解清远城区的交通压力、加强珠江三角洲经济区辐射清远北部及内陆省份具有重要意义。

(一)主要技术指标和建设规模

全线采用高速公路标准建设,起点至清新枢纽互通路段双向六车道,设计速度100km/h,路基宽度为33.5m;清新枢纽互通至终点段双向四车道,设计速度80km/h,路基宽度为21.5m。

全线设有特大桥3座、主要大桥3座(表3-4-2),中小桥13座;桥隧比43.7%。清西大桥主桥采用180m连续刚构桥;互通式立体交叉5处,管理分中心1处,养护工区1处,停车区1处。

清远市清西大桥及连接线工程主要桥梁表　　表3-4-2

序号	桥梁分类	桥梁名称	中心桩号	桥梁长度(m)	桥面宽度(m)	车道数	设计汽车荷载等级	备注
1	大桥	牛陂头大桥	K1+256.80	360.6	21.86~16.25	6	公路—Ⅰ级	
			K1+256.80	360.6	16.25		公路—Ⅰ级	
2	特大桥	清西大桥	K5+403.40	2990.8	16.25×2	6	公路—Ⅰ级	
3	特大桥	回澜互通主线桥	K9+921.50	1192.6	25.95~16.25	6	公路—Ⅰ级	
			K9+921.50	1192.6	26.2~16.25		公路—Ⅰ级	
4	大桥	鲤鱼岗大桥	K10+975.00	205.6	16.25×2	6	公路—Ⅰ级	
5	大桥	青塑2号桥	K12+536.50	280.6	16.25×2	6	公路—Ⅰ级	
6	大桥	清新互通主线桥	K14+650.50	435.6	39.54~22.5	6	公路—Ⅰ级	
7	特大桥	泾口互通主线桥	K16+010.00	605.6	10.5	4	公路—Ⅰ级	
			K16+185.00	1155.6	19.03~10.5		公路—Ⅰ级	

(二)建设情况

1.建设依据

2014年11月3日,取得广东省发展和改革委员会项目申请核准批复。

2014年11月24日,取得广东省交通运输厅初步设计修编批复。

2015年6月26日,经过清远市政府对特许权协议条款的批复和授权,公司与清远市交通运输局签署了特许权协议。

2. 资金来源

项目投资概算批复金额约为28.27亿元。项目公司的资本金为70675万元,占项目总投资的25%。其中,中交路桥投资85%,中交公路规划设计院有限公司投资15%,其余向银行贷款解决。

3. 征地拆迁

清西大桥及连接线工程项目征地拆迁工作,从2015年6月18日开始,共征地1586亩,按规定给予土地征用及征迁补偿费。

4. 主要设计、施工单位

设计工作全部由中交公路规划设计院有限公司承担。施工由中交路桥华南工程有限公司和中交路桥北方工程有限公司承担。

(三)复杂技术工程

项目位于广东省的中北部、北江中游、南岭山脉南侧与珠江三角洲的结合带上,属于岩溶发育区,地质条件复杂,施工条件恶劣,项目两端连接广清和清连既有高速公路,建设期间须边通车边施工,安全隐患多,施工难度大。

1. 桥梁桩基溶洞发育且覆盖层为砂层

全线钻孔见洞率超过50%,岩溶发育部位为灰岩顶部,溶洞多呈串珠状,串珠状竖向溶洞发育深度高达30.6m,最大空洞7.8m,呈水平发育特征。区内地表水发育,尤其在清西大桥桥位线上溶洞特别发育,且大部分桥址覆盖层为砂层,砂层厚且松散,施工过程中若处理不到位极易出现塌孔、卡锤等问题,给施工带来极大风险。

项目在施工中加大地质补勘的数量,通过将黏土片石水泥袋回填、灌压浆预处理、钢护筒跟进、桩底压浆等工艺综合运用,并在施工过程中对锤型不断优化、钻进速度合理控制以及多种钻孔工艺的配合,最大限度地降低了施工风险,保证了基桩施工进度及质量。

2. 迳口互通环境复杂且涉路施工

迳口互通采用半菱形互通,与现有运营中的清连高速公路相连。该路段两侧地面陡峭,一侧为高边坡,另一侧为滨江二级水源保护区,互通的A、B匝道沿用现有清连高速公路的两跨江桥,跨江桥紧连着迳口隧道,施工环境极其复杂,安全隐患多。一方面,施工栈桥搭设于覆盖层浅而坡度较大的斜岩水域,钢管桩如何固定存在问题;另一方面,需解决A匝道桥与主线桥有10m高差的A匝道桥运梁高差问题,此外,运营中的清连高速公路交通量较大,如何做好交通管控也是一个重要的问题。

为保障工程科学合理、安全有序进行,项目部针对迳口互通钢栈桥施工、迳口互通涉路施工交通组织以及箱梁架设等不断优化方案,改善施工工艺。同时,由于该项目为BOT+

EPC项目，利用该模式的优势，设计单位与施工单位多次到现场查看研究，对迳口互通立交的桩基位置及桥跨设置进行调整，在满足设计规范的情况下最大限度方便现场施工。

3. 软基范围广

该项目路线走廊带大部分处于冲积平原区，软土较发育，具有分布广、厚度大、承载力低、压缩性高的特点，常夹淤泥质粉砂或粉砂层。如果路基段的软基不能得到有效处理，土路基的强度和稳定性直接影响到基层和面层及道路的使用寿命。假若基层位于软土路基上，在重型荷载的反复作用下，路基土有可能挤入底基层，降低路基的强度，从而导致路面的破坏。土基含水率过高是关键的破坏因素，含水率过高、车辆荷载的反复作用，容易形成翻浆直到对路面的破坏。

在施工图设计过程中，由于线路还未清表且地勘有限，部分软基处理可能会遗漏，为全面掌握全线软基分布情况，避免设计遗漏，保障工程顺利进行，在工程交地清表后，要求参建单位对全线软基进行全面排查。通过排查，发现全线部分软基段落在施工图设计中未进行处治或处治工艺与实际地质情况不适应。设计单位及时进行调查补勘，对与现场实际不符的设计进行调整，有效保证了施工的顺利进行。

(四)科技创新

1. 北江地区岩溶地质水中桩基施工技术研究

通过开展岩溶地区桩基相关特性分析、施工方法的选择、施工方案的优化、施工质量控制、检测技术与方法、防治措施选择等方面的研究，对提高岩溶地区桩基处理效果，减少桥梁施工过程中的质量风险具有十分重要的意义，带来了良好的社会效益和经济效益。

2. 后锚点挂篮全液压自动行走系统技术研究

该项目共有三座连续刚构桥梁，其中最大跨径组合为105m+180m+105m，在悬臂浇筑过程中均采用挂篮对称施工。为了结构优化，减轻挂篮的自重，悬浇箱梁一般都采用后锚点挂篮施工，通过行走小车将挂篮反扣在轨道上，带动挂篮行走。这种结构主要存在的问题就是挂篮行走过程中，需要反复拆装反压挂篮轨道扁担梁，这样在挂篮行走过程中，又费事又费力，而且如果操作不当，会引起挂篮倾覆。项目对挂篮全液压行走技术研究，主要通过在挂篮施工过程中挂篮的设计、实施等各阶段进行详细设计、深入研究，通过针对挂篮全液压行走技术的研究，在吸收已有经验的基础上进一步优化结构，研发出一套挂篮全液压行走系统，从而保证质量，加快进度，降低成本。

3. 斜跨并顺接既有高速公路箱梁架设关键技术研究

通过借鉴国内外类似连接线工程的施工案例，结合现场施工条件从设计优化角度出发，提出多个斜跨并顺接既有高速箱梁架设施工技术方案，选择最优的施工方法，以保证新建桥梁施工经济、安全,同时对既有高速公路影响最小。同时,充分考虑箱梁架设辅助设施,通过受力分析及数据模拟,设计出最佳的临时辅助结构。对确定的方案及临时结构进行设计,通过过程资料采集及施工监测,得出优化建议,出具技术成果。

三、广州—清远高速公路

广清高速公路起于广州市白云区庆丰石井,途经花都新华,止于清远市横荷镇,全长69.3km。广清高速公路是在不同时期分项目段建成的,主要由广清南连接线、广花段、花清段和广清北段组成。

广清南连接线:起于广州市环城高速公路广清立交,止于广清高速公路庆丰收费站以北约1km处,主线全长5.953km。主线高架桥按城市快速路标准设计,双向六车道,路基宽度26m,设计速度80km/h,项目投资概算为10.65亿元,其中广东省高速公路有限公司投资10.28亿元,广州市安排资金0.37亿元。2003年12月3日开工,2005年11月25日(主线)交工,2013年7月5日竣工。竣工决算为110762.25万元。

广花段:起于广清高速公路庆丰收费站以北约1km处,止于广花高速公路新华互通立交,全长22.6km。分为一期工程与二期工程,一期工程(右半幅路面)于1990年3月开工,1992年11月竣工;二期工程(左半幅路面)于1993年2月开工,1994年10月建成通车。竣工决算为41874万元。

花清段:起于广花高速公路新华互通立交,跨京广铁路,经花都海布、狮岭、汾水村、清远古钱岭、横坑,止于清远银盏,全长23.56km,双向四车道。1997年7月28日开工,1999年10月26日交工,2007年1月12日竣工。竣工决算为74339万元。

广清北段:起于古钱岭立交,经清远市的银盏林场、龙塘镇至横荷镇,止于设平面交叉,与北江二桥南引道及人民路相连,全长20.647m,双向四车道,由广东省高速公路有限公司出资70%、广东交通实业投资公司出资30%合作投资兴建。2003年7月15日开工,2004年12月8日交工(主线),2008年6月3日竣工。竣工决算为97422.91万元。

(一)主要技术指标和建设规模

广清高速公路地质构造单元属新华夏系第二隆起带,沿线地层的分布有石灰岩,砂质页岩,砾石质黏土,轻、重黏土,砂砾及中、细砂。全线(除广清南连接线外)采用高速公路标准,双向四车道,设计速度100km/h,路基宽度24.5m。沿线设有主要特大桥、大桥10座(表3-4-3),沿线隧道见表3-4-4。

广清高速公路改扩建工程在原来高速公路基础上,按双向八车道标准进行升级改造,设计速度100km/h,改扩建项目全长57.56km,扩建后全线设置13个收费站。

广州—清远高速公路主要桥梁表

表 3-4-3

序号	桥梁分类	桥梁名称	中心桩号	桥梁长度(m)	桥面宽度(m)	车道数	设计汽车荷载等级	开工时间	通车时间	备注
1	特大桥	广清南连接线立交桥主线桥(K4+431)	K1+700~K6+844.1	左幅:5144.1 右幅:4736.331	23.6	6	汽车—超20级,挂车—120	2003年	2005年	
2	特大桥	流溪河大桥	K9+926	1587	23	4	汽车—超20级,挂车—120	1990年	1994年	
3	大桥	石井河大桥	匝道	354.35	9.5	2	汽车—超20级,挂车—120	2003年	2005年	
4	大桥	K22+590新街水大桥	K22+590	181.1	23	4	汽车—超20级,挂车—120	1990年	1994年	
5	大桥	K30+551海布互通立交桥	K30+551	288.76	23	4	汽车—超20级,挂车—120	1997年	1999年	
6	大桥	K47+200(跨广铁大桥)	K47+200	250	23	4	汽车—超20级,挂车—120	2003年	2004年	
7	大桥	LK48+085天坪岭大桥	LK48+085	386	23	4	汽车—超20级,挂车—120	2003年	2004年	
8	大桥	K52+710三角岭大桥	K52+710	226	23	4	汽车—超20级,挂车—120	2003年	2004年	
9	大桥	K58+050大燕河大桥	K58+050	835.1	23	4	汽车—超20级,挂车—120	2003年	2004年	
10	大桥	K62+755跨S114线桥	K62+755	267	23	4	汽车—超20级,挂车—120	2003年	2004年	

广州—清远高速公路隧道表

表 3-4-4

序号	隧道分类	隧道名称	起止桩号	长度(单洞,m)	行车道宽度(单洞,m)	隧道净高(m)	车道数	开工时间	完工时间	备注
1	长隧道	天坪岭左线隧道	LK48+612~LK50+140	1528	7.5	6	2	2003年7月	2004年12月	运营桩号
2	长隧道	天坪岭右线隧道	RK48+595~RK50+139	1534	7.5	6	2	2003年7月	2004年12月	运营桩号
3	长隧道	天坪岭左线隧道(扩建)	LK45+643~LK47+200	1557	7.5	7	2	2009年3月	2013年10月	建设桩号
4	长隧道	天坪岭右线隧道(扩建)	RK45+653~RK47+190	1537	7.5	7	2	2009年3月	2013年10月	建设桩号

(二)建设情况

1. 广清连接线

(1)建设依据

2003年4月24日,广东省计委批复该项目的可行性研究报告,批复的投资估算为99300万元。

2003年12月25日,广东省交通厅批复该项目的初步设计,批复的投资概算为102798万元。

(2)资金来源

该项目建设资金的35%由广东高速公路有限公司自筹,65%向银行贷款,市政工程部分由广州市建委安排资金。

(3)征地拆迁

广州市中心区交通建设公司采用建设总承包方式,全面负责该项目的征地拆迁工作。

(4)招投标

项目设计由广东省交通集团有限公司委托广东省公路工程勘察规划设计院完成;主体工程施工的招投标工作由总承包组织,广清(二期)建设管理处参与完成;主体工程监理的招投标工作由总承包单位组织,广清(二期)建设管理处参与完成。

(5)主要设计、施工、监理单位

设计单位:广东省公路勘察规划设计院。

施工单位:广州市中心区交通建设有限公司、中铁十二局集团有限公司、中铁二局第四工程有限公司。

监理单位:山西省交通建设工程监理有限公司等单位。

2. 广花段

(1)建设依据

1988年,广东省计委批准广花高速公路计划任务书。

1989年,广东省交通厅批准第一期工程的初步设计。

(2)资金来源

广东省高速公路公司出资80%,银行贷款20%。

(3)招投标

通过邀请投标确定各项目施工承建单位。

（4）征地拆迁

国道107广清公路征地拆迁指挥办公室负责沿线石井、江高、神山等镇及花都境内的拆迁工作。

（5）主要设计、施工单位

交通部第一公路设计院、佛山公路勘察设计所、西安公路学院设计院负责设计,广东省公路工程公司、广州公路局工程公司、佛山公路局工程公司等单位负责施工。

3. 花清段

（1）建设依据

1997年6月,广东省计委批复该项目调整建设规模,工程总投资估算为68000万元。

1997年7月,广东省交通厅上报初步设计及审查意见。

1997年8月,广东省建委对该项目初步设计进行批复,批复的初步设计概算为70044万元。

（2）资金来源

广东省高速公路有限公司出资。

（3）招投标

通过邀请投标确定各项目施工承建单位。

（4）征地拆迁

1995年6月,广东省高速公路有限公司与沿线地方政府分别签订了《广清高速公路花都路段征地拆迁单价承包合同》及《广清高速公路清远段征地拆迁单价承包合同》,成立了公路建设指挥部,开展征地拆迁工作。

（5）主要设计、施工单位

花清段由交通部公路规划设计院、广东省冶金设计院、广州市铁路设计院、广东新粤交通投资有限公司负责设计,由广东冠粤路桥有限公司负责施工。

4. 广清北段

（1）建设依据

2002年,广东省发展计划委员会《关于广清高速公路银盏至北江二桥段可行性研究报告的批复》。

2003年,广东省建设厅批准概算总投资。

（2）资金来源

广清高速公路北段由广东省高速公路有限公司出资70%、广东交通实业投资公司出资30%合作投资兴建,该项目总投资83700万元。

(3) 招投标

广东省建设工程交易中心将公路工程项目进行全国范围公开招标,资格预审文件和招标文件出售、文件递交、评审结果发布等工作在广东省建设工程交易中心进行。

(4) 征地拆迁

该项目征地和房屋拆迁工作委托清远市人民政府并由其指定的清远市交通局负责具体实施,征地拆迁合同于2003年3月3日签订。

(5) 主要设计、施工、监理单位

设计单位:广东省公路勘察规划设计院、北京交科公路勘察设计院等单位。

施工单位:广东省长大公路工程有限公司、广东晶通公路工程建设集团有限公司、广东省佛山公路工程有限公司等单位。

监理单位:广东翔飞公路工程监理有限公司、北京路桥通工程监理咨询有限公司等单位。

(三) 科技创新

"公路路基路面排水技术经济研究"课题对高速公路路面生态排水技术进行研究并提出了相应的实施方案和措施,主要包括:①排水系统合理的设计参数和排水能力研究;②合理的排水形式研究(包括边沟、排水沟、中央分隔带排水系统);③生态型综合排水技术的设计方法及合理的施工工艺研究;④生态型排水系统下的盲沟设计技术参数研究;⑤生态型排水系统经济实用型分析。

广清项目结合课题研究将全线6700m中央超高排水系统及挖方边沟共2150m的浆砌排水沟改为生态排水系统,共节约造价289万元。该课题2005年通过由广东省交通厅组织的鉴定验收。

(四) 运营管理

1. 运营公司

广东省高速公路有限公司广清分公司(简称"广清分公司")隶属于广东省高速公路有限公司,其前身是广东省广花高速公路公司,成立于1990年11月,2003年12月改制完成后更名为广东省高速公路有限公司广花分公司,2007年11月完成广清高速公路四段资产重组后改为现名。

广清分公司设置有综合事务部、党群人力部、计划财务部、养护工程部、收费管理部、机电管理部和路政大队等7个职能部门,并设有江高独立站、新华中心站、银盏中心站、北江东中心站和红群中心站、江高路政中队、银盏路政中队、肇花路政一中队、肇花路政二中队等基层站(队)。

2. 收费站点

广清高速公路各路段先后于1992年、1999年、2004年、2005年建成通车,沿线设有庆丰、朝阳、江高(广清扩建2013年开始临时封闭)、聚龙、龙山、神山、新华、海布、狮岭(广清扩建2016年开始永久封闭)、古钱岭、龙塘、清远、清远西13个收费站。2014年6月28日广东省高速公路联网收费实施"一张网"时,撤掉与北二环联合收费的龙山站后,现设有10个收费站点,共计121条车道,采取人工收费(MTC)结合自动缴费(ETC)的模式收取通行费。

3. 车流量

广清高速公路车流量增长迅速。日平均车流量从1993年的16896辆增长到2015年的115448辆,车辆通行饱和度达2.3,车流量发展状况见表3-4-5。

车 流 量 情 况 表　　　　　表3-4-5

年份(年)	日均车流量(辆)	年份(年)	日均车流量(辆)
1992	817	2004	33206
1993	16896	2005	36007
1994	21680	2006	45951
1995	19362	2007	56606
1996	19775	2008	57126
1997	18494	2009	67870
1998	17069	2010	73643
1999	18477	2011	79009
2000	27609	2012	93019
2001	31756	2013	111274
2002	33047	2014	114859
2003	33152	2015	115448

4. 养护管理与大修工程

(1)养护管理发展历程

广清分公司养护管理发展历程概括为3个阶段:

第一阶段是1992—1996年的"本体化阶段",即公司自设养护队伍、配备简单的设备进行自主养护的阶段。其专业程度和管理水平较低,养护效果较差,表现在机械化程度低、技术薄弱、高消耗、低效率。

第二阶段是1997—2003年的"专业化"阶段,即进行了养护管理体制改革,推行"管养分离"的专业化养护模式。1997年,将各运营公司的养护人员和设备集中起来,成立了广东能达高等级公路维护有限公司,并将养护业务从各运营公司中剥离出来,日常养护和一般专项工程直接委托该公司,大的专项工程实行施工招标。从此,养护质量和管理水平从此有了较大的提高。

第三阶段是2004年起的"规范化阶段",在总结以往养护管理工作经验的基础上,2003年下半年确立"专业化、社会化、规范化和制度化"的养护管理总体目标,开始养护管理制度的建立和试点工作。经过2004年"转变观念、改善模式、积极探索"的实践,结合养护工作的特点和实际,形成了比较完整的、行之有效的养护管理制度体系,并在2005年起全面推行,养护管理各项工作逐步实现了规范化、制度化。

(2)重视路况检测和监测

公司每年委托具有甲级检测资质的检测单位对路面破损、平整度、横向力系数、车辙、结构强度等进行定期检测,2011—2014年共组织路面定期检测4次;2011—2014年共组织涵洞定期检测4次,桥梁定期检查广清段4次、广清南和广清北2次。通过定期检查和观测,及时掌握路面和结构物状况,及时发现病害,分析病害成因,有针对性地提出养护方案,提供科学依据。

(3)课题研究与技术应用

开展了"广东省高速公路交通标志规范化改造技术要求"的研究,联合北京交科设计院开展了指路标志改造研究工作。经过技术方案的多次审查、反复修订,于2014年12月完成了《广东省交通标志和标线设置技术指南》的编写,并顺利通过省交通运输厅评审。

(4)主要大修工程——广清高速公路水泥混凝土路面罩面工程

广清分公司在2010年6月对广花段水泥路面破碎板进行了维修更换,但水泥路面还有约25%的路面平整度为中以下。为了提高路面平整度,确保来往车辆顺畅、安全行驶,以及结合到广清高速公路的扩建工程,对广清高速公路广花段水泥混凝土路面加铺沥青层。

5. 路政管理

广清高速公路设有路政大队,大队设有银盏路政队及江高路政队两个中队,管理辖区69.3km,其中隧道1座,桥涵洞共131座。

路政大队对路产、路权实施三级管理,大队负责全线道路产权的维护和管理,中队负责辖区的道路产权维护和管理,班组负责责任区的道路产权维护和管理。其中中队根据属地划分管理辖区,并将管理辖区按班组划分责任区,班组内再将责任区落实到人。同时将路政巡查、养护巡查与视频监控巡查结合起来,使养护巡查和路政巡查交叉进行,视频监控实施定时轮巡,三种巡查模式结合,快速发现路损或侵权案件,及时制止损坏路产的侵权行为。

(五)企业文化建设

1. 立足实际,稳步推进企业文化建设

广清分公司的企业文化建设经历了三个阶段:一是艰苦创业阶段。从公司成立到2007年,公司经历改制和资产重组,形成聚合管理、独立管理和联合管理三者结合的运营管理模式。2005年,公司举办第一届企业文化节,编制《企业文化宣传手册》,初步建立广清分公司的企业文化体系。二是锐意创新阶段。从2007年起,公司将企业文化宣贯落实到各项工作和日常生活中。2009年,举办第二届企业文化节活动,总结提炼出广清特色八大文化,以一路畅行的服务文化、以人为本的管理文化、规范严谨的制度文化、与时俱进的学习文化、防患未然的安全文化、惩防结合的廉洁文化、简洁高效的执行文化、开拓进取的创新文化编写出版了《企业文化建设成果汇编》一书。三是执着创优阶段。2012年,广清分公司总结提炼文化建设成果及经验,提出"正当行业管理先锋"的口号,力创"路广风清,幸福同行"的文化品牌。

2. 创新思路,文化建设成果斐然

一是企业竞争力不断提升,实现了经营效益的持续增长。

二是企业凝聚力不断增强,实现了员工整体素质的整体提升。

三是企业软实力不断提升,企业文化成果不断丰富。广清分公司出版了《企业文化建设成果汇编》《企业文化手册》《身边人说身边事》和《光辉的历程》等企业文化系列图书,拍摄了《路广风清幸福同行》的企业文化宣传片。1998—2016年,公司共获得包括"全国青年文明号""全国巾帼文明岗""全国交通运输文化建设卓越单位""国际项目管理(中国)大奖卓越奖"等省级以上精神文明建设集体荣誉奖项23个,省级以上精神文明建设个人荣誉奖项21个。

四、广州—清远高速公路扩建工程

广州至清远高速公路扩建工程项目路线全长57.56km,起于广州庆丰收费站,途经广州市白云区的朝阳、江高、神山镇,花都区的新华、狮岭、龙塘镇,止于清远市横荷镇。2010年全面开工,2015年10月10日完工。

2007年8月,成立广东省高速公路有限公司广清高速公路扩建工程管理处,负责该项目的前期筹备和建设管理工作。

(一)扩建主要技术指标和建设规模

全线设有特大桥及大桥15座,中小桥11座,隧道1座,互通式立交8处,分离式立交20处,服务区1处。

2016年,经广东省发展和改革委员会同意,该项目桥梁规模调整为全线改扩建大桥、特大桥19座,中、小桥33座。全线互通式立交由14处调整为13处,改建分离式立交由7处调整为4处。

(二)扩建情况

1. 建设依据

2009年3月,取得广东省建设厅的项目选址意见书。

2009年7月,取得广东省发展和改革委关于广州至清远高速公路改扩建工程项目的核准批复。

2009年9月,取得广东省交通厅关于广清改扩建工程项目初步设计的审查意见。

2. 资金来源

该项目建设资金由广东省高速公路有限公司统筹融集,项目概算投资69.18亿元,其中资本金占总投资的25%,其余资金向银行贷款解决。

由于该项目广州段总体交通组织方案变更,项目总投资大幅增加。2016年,经广东省发展和改革委员会同意,该项目投资规模由原批复的67.29亿元调整为87.05亿元(含建设期贷款利息)。新增投资中的资本金(不低于25%)由项目业主自筹,其余资金通过银行贷款等方式解决。

3. 征地拆迁

项目业主于2009年7月29日,与广清高速公路扩建工程指挥部、清远市人民政府签订了三方协议《广清高速公路改(扩)建工程清远段征地拆迁合同》;2009年8月21日,与广州市白云区江高镇人民政府、广州市白云区土地开发中心签订了三方协议《委托征地拆迁工作协议书》;2009年8月27日,与广州市白云区石井街道办事处、广州市白云区土地开发中心签订了三方协议《委托征地拆迁工作协议书》;2009年12月28日,与广州市花都区人民政府征用土地办公室签订了《广清高速公路改(扩)建工程花都区路段征拆、管线迁移和有关协调工作合同》。广州市白云区段征用土地894亩,广州市花都区段征用土地901亩,清远市清城区段征用土地939亩,共计2734亩。

4. 招投标

勘察设计、监理、施工单位均采取公开招标方式进行招标。

5. 主要设计、施工、监理单位

设计单位:中交第二公路勘察设计研究院、广东省公路勘察设计研究院。

施工单位:中铁十二局集团有限公司、广东省长大公路工程有限公司、广东冠粤路桥有限公司等。

监理单位:广东华路交通科技有限公司、育才-布朗交通咨询监理有限公司。

(三)复杂技术工程

1. 工程技术难度大

该项目包含改建、扩建及大修工程;桥梁、软基占扩建路线总长的60.52%;互通立交密度大,全线现有互通立交12个,平均约每4.73km一座;该项目还涉及新、旧技术标准的衔接问题,更增加了工程的技术难度。

2. 沿线城市化程度高,土地资源珍贵,拆迁难度大

该项目沿线经过广州市白云区石井街、江高镇,花都区新华街、狮岭镇,城市化程度高,建筑物、管线密集,征地拆迁难度大。原高速公路由国道改造升级,历史遗留问题众多,协调难度大。

3. 安全压力大,协调难度大

广清高速公路沿线地质情况相当复杂,包括岩溶、软基。该项目为改扩建工程,沿线城镇化程度高,旁边有正在运营的高速公路、武广高铁、地方道路,以及省级文物保护建筑、大量的民用建筑物等。若溶洞坍塌、软基沉陷,将引起房屋沉降、裂缝及高速公路交通事故。

4. 施工程序复杂,交通管制协调难度大

广清高速公路有多处桥梁需要拆除重建,调整纵坡需顶升加高桥梁墩柱,如流溪河大桥、新华高架桥、新街水大桥等;多处路改桥,如江高1号、2号桥,狮岭高架桥等;部分立交桥梁、路基必须原位改建或拆除重建,众多地方道路跨线桥必须拆除重建等,施工程序、工艺复杂。

5. 管线拆迁难度大

沿线需要迁改的管线包括自来水管、中国电信管线、国防光缆和超高压电缆等。由于该项目为两侧扩建,大部分管线沿高速公路两侧分布,必须将管线迁移后方可施工。迁改方案复杂,大部分管线只能沿征地红线进行迁改。

(四)科技创新

1. 广清高速公路改扩建工程岩溶安全性评价与处治技术研究

"广清高速公路改扩建工程岩溶安全性评价与处治技术研究"主要研究内容为:①岩溶地质勘察的有效方法研究;②岩溶地质特征及突发性地质灾害动力灾变机理研究;③定性和定量的岩溶安全风险评估体系研究;④桥梁基础施工方法及适用性研究,主要处治对策包括注浆、帷幕、旋挖钻施工工艺等,总结分析其处治效果,特别对其原理及冲击钻施工工艺需作深入分析研究，提出其施工工艺造成岩溶塌陷的机理和对策。

2. 公路软土路基管桩加固处理技术研究

广清高速公路沿线软土地基有机物含量高，鉴于预应力管桩的预制工艺、成桩质量、打入深度较之水泥搅拌桩、CFG桩更有保证的特点，广清高速公路扩建工程软基处理大面积采用管桩处理软土地基。为降低工程造价，形成广东地区高速公路管桩加固地方性设计与施工技术规程或指南，广东省高速公路有限公司、河海大学和广东省交通规划设计研究院股份有限公司联合申报了"公路软土路基管桩加固处理技术研究"项目，主要研究低填土路基拓宽软基处理管桩疏化技术，高填土路基拓宽软基处理管桩地基变形规律，拓宽工程中管桩的施工工艺、施工标准化，拓宽工程中管桩的检测标准研究四项内容。该课题于2015年6月经中国公路学会组织完成了成果鉴定工作。

3. 基于造价控制的高速公路改扩建工程定额研究与应用

该课题2012年列入广东省交通运输厅科技项目计划（项目编号2012-02-071），以高速公路改扩建工程为研究对象，主要目的是分析影响改扩建工程造价的主要因素，研究改扩建工程定额的编制方法及造价控制方法，编制《广东省高速公路改扩建工程补充预算定额》，为广东省改扩建工程合理定价、有效控制提供依据。2017年经广东省公路学会组织完成了成果评价工作。

4. 广清高速公路改扩建工程深铰缝空心板梁桥性能优化研究

该课题依托广清高速公路改扩建工程，通过系统的理论分析和数值模拟，结合试验研究和长期监测，从空心板梁桥在运营过程中出现的各种病害出发，分析此类桥梁结构纵横向受力性能，开展小型机理试验，从而形成对构造设计、施工工艺、管养策略等方面的优化建议，使得结构性能和相关管养维护费用在整个寿命周期内达到最优。2017年经广东省公路学会组织完成了成果评价工作。

5. 广清高速公路改扩建工程桥梁可拆装混凝土桥梁护栏研究

根据广州至清远高速公路改扩建工程路段采用"基本维持四车道通车"的交通组织方案，需要设置桥梁临时护栏，该护栏在改扩建工程完成后将被拆除。由于广清高速公路改扩建工程狮岭高架桥等桥梁较高，扩建施工过程中形成桥上桥下均为高速公路通行的情况，因此临时护栏的防撞等级应与永久护栏相当；改扩建施工完成后将拆除临时护栏，若不能有效再利用，则会造成巨大的损失和浪费，不符合"资源节约和环境保护"的工程建设理念。针对广清高速公路扩建工程项目对桥梁临时护栏可拆装功能和防护功能的使用需求，广东省高速公路有限公司和北京中路安交通科技有限公司合作进行了可拆装混凝土桥梁护栏的研究。

可拆装混凝土桥梁护栏在广清高速公路扩建工程中应用路段共计约18.28km,通过桥梁临时护栏作为永久护栏的重复使用,为广清高速公路扩建节约工程造价约1453万元。该护栏经实车碰撞试验验证,安全性能可靠,有效提高了改扩建工程施工过程以及通车运营后的行车安全水平,具有较好的经济和社会效益。

2013年6月,"可拆装混凝土桥梁护栏研究"课题成果通过了中国公路学会组织的鉴定,研究成果总体上达到国际领先水平,并获得了中国公路学会科学技术奖三等奖。

第五节 乐昌—广州高速公路(G4W3)

乐昌—广州高速公路(简称"乐广高速公路"),是国家高速公路网"71118"中北京—港澳高速公路(G4)的并行线,编号为G4W3。

2013年根据国家高速公路网路线规划的要求,乐广高速公路纳入国家高速公路网"71118"中,是京港澳高速公路(G4)的并行线。

乐广高速公路起于湘粤两省交界地小塘,接京港澳高速公路湖南段,向南经过韶关乐昌市、乳源县、武江区、曲江区、浈江区,清远英德市、清城区,止于广州市花都区花东镇,全长269.80km,概算总投资333.4亿元。2009年11月动工建设,2014年9月27日全线建成通车。

项目由广东省交通集团有限公司组织广东省高速公路有限公司、广东省高速公路发展股份有限公司、广东省路桥建设发展有限公司等三家子公司出资建设和管理。

一、主要技术指标和建设规模

乐广高速公路主线扩建路段为双向八车道,主线新建路段为双向六车道,连接乐广高速公路与韶赣高速公路的韶关南、北环高速公路为双向四车道。主线设计速度120km/h,路基宽度采用34.5m;韶关南、北环高速公路连接线设计速度100km/h,设有桥梁286座,其中主要桥梁149座(表3-5-1),隧道28座(表3-5-2),桥隧比例35%。互通式立体交叉27处,服务区6处,停车区4处,另设主线收费站1处、管理中心2处。

二、建设情况

(一)建设依据

2009年9月24日,广东省发展和改革委员会《关于广州至乐昌高速公路坪石至樟市段项目核准的批复》。

乐昌—广州高速公路主要桥梁表

表 3-5-1

序号	桥梁分类	桥梁名称	中心桩号	桥梁长度（m）	桥面宽度（m）	车道数	设计汽车荷载等级	开工时间	完工时间	备注
1	大桥	小塘高架桥左幅	JZK0+069.449	299.276	两侧拼宽 8.25	4	公路—Ⅰ级	2010年2月	2014年9月	
2	大桥	小塘高架桥右幅	JZK0+061.449	282.81	两侧拼宽 8.25	4	公路—Ⅰ级	2010年2月	2014年9月	
3	大桥	上新屋高架桥	JZK4+045.56	205.166	两侧拼宽 8.25	8	公路—Ⅰ级	2010年2月	2014年9月	
4	大桥	南木山大桥	ZK12+270	717	16.75	3	公路—Ⅰ级	2010年2月	2014年9月	
5	大桥	冷水井2号桥	ZK14+666	299	16.75	3	公路—Ⅰ级	2010年2月	2014年9月	
6	大桥	塘湾大桥	ZK15+339	547.5	16.75	3	公路—Ⅰ级	2010年2月	2014年9月	
7	大桥	坪溪大桥左线	ZK24+640	450	16.75	3	公路—Ⅰ级	2010年2月	2014年9月	
8	大桥	坪溪大桥右线	YK24+678	435	16.75	3	公路—Ⅰ级	2010年2月	2014年9月	
9	大桥	罗坝1号大桥左线	ZK26+456	910	16.75	3	公路—Ⅰ级	2010年2月	2014年9月	
10	大桥	罗坝1号大桥右线	YK26+077	600	16.75	3	公路—Ⅰ级	2010年2月	2014年9月	
11	大桥	罗坝2号大桥右线	YK26+667	470	16.75	3	公路—Ⅰ级	2010年2月	2014年9月	
12	大桥	深水河大桥左线	ZK28+901	365	16.75	3	公路—Ⅰ级	2010年2月	2014年9月	
13	大桥	深水河大桥右线	YK28+885	370	16.75	3	公路—Ⅰ级	2010年2月	2014年9月	
14	大桥	过水渡大桥左线	ZK29+273	260	16.75	3	公路—Ⅰ级	2010年2月	2014年9月	
15	大桥	过水渡大桥右线	YK29+286	340	16.75	3	公路—Ⅰ级	2010年2月	2014年9月	
16	大桥	仙水河1号大桥左线	ZK29+747	580	16.75	3	公路—Ⅰ级	2010年2月	2014年9月	
17	大桥	仙水河1号大桥左线	YK29+791	530	16.75	3	公路—Ⅰ级	2010年2月	2014年9月	
18	大桥	仙水河2号大桥左线	ZK31+290	280	16.75	3	公路—Ⅰ级	2010年2月	2014年9月	
19	大桥	仙水河2号大桥左线	YK31+307	280	16.75	3	公路—Ⅰ级	2010年2月	2014年9月	
20	大桥	仙水河3号大桥左线	ZK31+863	715	16.75	3	公路—Ⅰ级	2010年2月	2014年9月	
21	大桥	仙水河4号大桥左线	YK31+983	510	16.75	3	公路—Ⅰ级	2010年2月	2014年9月	
22	大桥	仙水河5号大桥左线	ZK32+420	235	16.75	3	公路—Ⅰ级	2010年2月	2014年9月	
23	大桥	仙水河5号大桥右线	YK32+403	235	16.75	3	公路—Ⅰ级	2010年2月	2014年9月	

续上表

序号	桥梁分类	桥梁名称	中心桩号	桥梁长度（m）	桥面宽度（m）	车道数	设计汽车荷载等级	开工时间	完工时间	备注
24	大桥	紫园头大桥左线	ZK40+428	302.5	分离式路基16.75	4	公路—Ⅰ级	2010年2月	2014年9月	
25	大桥	紫园头大桥右线	YK40+417	282.5	分离式路基16.75	4	公路—Ⅰ级	2010年2月	2014年9月	
26	大桥	肖家岭大桥左线	ZK44+139	222.5	分离式路基16.75	4	公路—Ⅰ级	2010年2月	2014年9月	
27	大桥	肖家岭大桥右线	YK44+121	275.25	分离式路基16.75	4	公路—Ⅰ级	2010年2月	2014年9月	
28	大桥	大源大桥左线	ZK44+757	350	分离式路基16.75	4	公路—Ⅰ级	2010年2月	2014年9月	
29	大桥	大源大桥右线	YK44+685	266.25	分离式路基16.75	4	公路—Ⅰ级	2010年2月	2014年9月	
30	大桥	张溪大桥左线	ZK47+377	241	分离式路基16.75	4	公路—Ⅰ级	2010年2月	2014年9月	
31	大桥	张溪大桥右线	YK47+333	201	分离式路基16.75	4	公路—Ⅰ级	2010年2月	2014年9月	
32	特大桥	大茅地特大桥左线	ZK48+509	757	分离式路基前为2+16.75，后为16.5	4	公路—Ⅰ级	2010年2月	2014年9月	
33	特大桥	大茅地特大桥右线	YK48+485	757	分离式路基前为2+16.75，后为16.5	4	公路—Ⅰ级	2010年2月	2014年9月	
34	大桥	大块冲高架桥	K49+541	367	整体式路基16.5	4	公路—Ⅰ级	2010年2月	2014年9月	
35	大桥	武江大桥	AK0+623	395.6	20	4	公路—Ⅰ级	2010年2月	2014年9月	
36	大桥	杨溪河大桥	K63+413	331.4	2×16.75	6	公路—Ⅰ级	2010年2月	2014年9月	
37	大桥	坳背岇大桥	ZK65+738	左幅406.4；右幅381.4	左幅17；右幅17	6	公路—Ⅰ级	2010年2月	2014年9月	
38	大桥	里排岭1号高架桥	ZK66+930	左幅725.6；右幅505.6	左幅17；右幅17	6	公路—Ⅰ级	2010年2月	2014年9月	
39	大桥	里排岭2号高架桥	ZK67+555	左幅415.6；右幅355.6	左幅17；右幅17	6	公路—Ⅰ级	2010年2月	2014年9月	
40	大桥	里排岭3号高架桥	K67+947	263.6	34.5	6	公路—Ⅰ级	2010年2月	2014年9月	
41	大桥	五官庙大桥	K71+787	427.2	34.5	6	公路—Ⅰ级	2010年2月	2014年9月	
42	特大桥	马渡互通特大桥	ZK95+310	左幅2088.36；右幅1840.23	左幅：总宽26.59；右幅：总宽25.79	6	公路—Ⅰ级	2010年2月	2014年9月	

续上表

序号	桥梁分类	桥梁名称	中心桩号	桥梁长度(m)	桥面宽度(m)	车道数	设计汽车荷载等级	开工时间	完工时间	备注
43	大桥	乳源河大桥	ZK96+967	左幅671.8;右幅591.8	左幅:总宽17;右幅:总宽17	6	公路—Ⅰ级	2010年2月	2014年9月	
44	大桥	江湾河大桥	ZK98+381	左幅421.8;右幅436.8	左幅:总宽17;右幅:总宽17	6	公路—Ⅰ级	2010年2月	2014年9月	
45	大桥	苏拱大桥	ZK103+705	左幅761.8;右幅866.8	左幅17~18.85;右幅17~18.5	6	公路—Ⅰ级	2010年2月	2014年9月	
46	大桥	跨S253	ZK105+330	126	左幅17;右幅18.28~22.49	6	公路—Ⅰ级	2010年2月	2014年9月	
47	特大桥	白土北江特大桥	K109+866	2276.8	16.75	6	公路—Ⅰ级	2010年2月	2014年9月	
48	特大桥	刘屋枢纽互通主线大桥	K112+039	左幅631.4;右幅656.4	左幅16.75~31.034;右幅16.75~30.064	4	公路—Ⅰ级	2010年2月	2014年9月	
49	大桥	大文山大桥	LK01+170	365.6	13	4	公路—Ⅰ级	2010年2月	2014年9月	
50	大桥	龙头寨1号大桥	LK1+730	285.6	13	4	公路—Ⅰ级	2010年2月	2014年9月	
51	特大桥	乌石北江特大桥	K121+264	3124.4	37.1	6	公路—Ⅰ级	2010年2月	2014年9月	
52	大桥	下山陂大桥	K119+329	左幅454.4;右幅381.4	33.5	6	公路—Ⅰ级	2010年2月	2014年9月	
53	大桥	东湖水库大桥	K124+341	531.83	33.5	6	公路—Ⅰ级	2010年2月	2014年9月	
54	大桥	小莲塘大桥	K130+178	405.6	33.5	6	公路—Ⅰ级	2010年2月	2014年9月	
55	大桥	宣溪大桥	K127+613	425.6	33.5	6	公路—Ⅰ级	2010年2月	2014年9月	
56	大桥	前溪水大桥	LK7+787	256.4	26	4	公路—Ⅰ级	2010年2月	2014年9月	
57	特大桥	武江大桥	LK9+887	868.6	12.75	2	公路—Ⅰ级	2010年2月	2014年9月	
58	特大桥	梨市互通主线特大桥	LK16+036	1091.08	左幅12.75~6.75;右幅12.75~28.5	2	公路—Ⅰ级	2010年2月	2014年9月	
59	大桥	担竹山大桥	LK17+325	367.2	12.75	2	公路—Ⅰ级	2010年2月	2014年9月	

续上表

序号	桥梁分类	桥梁名称	中心桩号	桥梁长度(m)	桥面宽度(m)	车道数	设计汽车荷载等级	开工时间	完工时间	备注
60	大桥	龙颈凹1号大桥	LK24+340	356.4	13	2	公路—Ⅰ级	2010年2月	2014年9月	
61	特大桥	浈江特大桥	LK25+599	1127.2	12.75	2	公路—Ⅰ级	2010年2月	2014年9月	
62	大桥	朱屋1号大桥	LK27+765	256.4	13	2	公路—Ⅰ级	2010年2月	2014年9月	
63	大桥	付屋大桥左线	LZK28+925	607.2	12.75	1	公路—Ⅰ级	2010年2月	2014年9月	
64	大桥	付屋大桥右线	LYK28+920	607.2	12.75	1	公路—Ⅰ级	2010年2月	2014年9月	
65	大桥	瑶前大桥（左幅）	LK29+685	367.2	12.75	2	公路—Ⅰ级	2010年2月	2014年9月	
66	大桥	瑶前大桥（右幅）	LK29+685	367.2	12.75	2	公路—Ⅰ级	2010年2月	2014年9月	
67	大桥	伯公坪大桥	K134+772	906.4	34.5	6	公路—Ⅰ级	2010年2月	2014年9月	
68	大桥	江溪大桥	K136+477	577.2	34.5	6	公路—Ⅰ级	2010年2月	2014年9月	
69	大桥	仙桥大桥	K162+408	457.2	34.5	6	公路—Ⅰ级	2010年2月	2014年9月	
70	大桥	旅游大道分离式立交桥	K1+385	265.6	30.5	6	城市—A级	2010年2月	2014年9月	
71	大桥	安山大桥	K170+309	356.4	34.5~38	6	公路—Ⅰ级	2010年2月	2014年9月	
72	大桥	马口大桥	K171+587	955.4	17	3	公路—Ⅰ级	2010年2月	2014年9月	
73	大桥	枫树下大桥左线	K177+498	637.2	17	3	公路—Ⅰ级	2010年2月	2014年9月	
74	大桥	枫树下大桥右线	K177+527	579.6	17	3	公路—Ⅰ级	2010年2月	2014年9月	
75	大桥	投金大桥左线	K179+440	517.2	17	3	公路—Ⅰ级	2010年2月	2014年9月	
76	大桥	投金大桥右线	K179+510	397.2	17	3	公路—Ⅰ级	2010年2月	2014年9月	
77	大桥	梁洞大桥	K187+844	232	17	3	公路—Ⅰ级	2010年2月	2014年9月	
78	大桥	罗屋大桥左线	K185+380	307	17	3	公路—Ⅰ级	2010年2月	2014年9月	
79	大桥	罗屋大桥右线	K185+392	332	17	3	公路—Ⅰ级	2010年2月	2014年9月	
80	大桥	腰古大桥	K187+168	307	34.5	6	公路—Ⅰ级	2010年2月	2014年9月	
81	大桥	白沙坑大桥	K188+236	457	16.75~28.57	3	公路—Ⅰ级	2010年2月	2014年9月	
82	大桥	白沙坑大桥	K188+223	482	16.75~23.89	3	公路—Ⅰ级	2010年2月	2014年9月	

续上表

序号	桥梁分类	桥梁名称	中心桩号	桥梁长度（m）	桥面宽度（m）	车道数	设计汽车荷载等级	开工时间	完工时间	备注
83	大桥	小塘大桥	K189+185	305.28	34.5	6	公路—Ⅰ级	2010年2月	2014年9月	
84	大桥	下步村大桥	K189+545	257	34.5	6	公路—Ⅰ级	2010年2月	2014年9月	
85	大桥	鲤鱼沙大桥左线	K190+583	306.84	17	3	公路—Ⅰ级	2010年2月	2014年9月	
86	大桥	鲤鱼沙大桥右线	K190+567	276.84	17	3	公路—Ⅰ级	2010年2月	2014年9月	
87	大桥	连江口大桥左线	K191+011	489	17	3	公路—Ⅰ级	2010年2月	2014年9月	
88	大桥	连江口大桥右线	K191+011	489	17	3	公路—Ⅰ级	2010年2月	2014年9月	
89	大桥	高洲埔大桥	K196+543	776.84	17	3	公路—Ⅰ级	2010年2月	2014年9月	
90	大桥	高洲埔大桥	K196+573	836.4	17	3	公路—Ⅰ级	2010年2月	2014年9月	
91	大桥	树坝大桥	K197+634	336.77	34.5	6	公路—Ⅰ级	2010年2月	2014年9月	
92	大桥	树坝大桥	K197+650	368.448	34.5	6	公路—Ⅰ级	2010年2月	2014年9月	
93	大桥	松柏1号大桥	K203+156	246.92	≥16.75	3	公路—Ⅰ级	2010年2月	2014年9月	
94	大桥	松柏2号大桥	K203+637	336.91	≥16.75	3	公路—Ⅰ级	2010年2月	2014年9月	
95	大桥	佛子坳大桥左幅	K205+707	368	≥16.75	3	公路—Ⅰ级	2010年2月	2014年9月	
96	大桥	佛子坳大桥右幅	K205+692	398	≥16.75	3	公路—Ⅰ级	2010年2月	2014年9月	
97	大桥	深水埗大桥	K206+357	208	16.75	3	公路—Ⅰ级	2010年2月	2014年9月	
98	大桥	高脑山大桥	K206+893	278	16.75	3	公路—Ⅰ级	2010年2月	2014年9月	
99	大桥	细坑大桥右幅	K207+926	283	16.75	3	公路—Ⅰ级	2010年2月	2014年9月	
100	大桥	大坝大桥左幅	K208+413	433	16.75	3	公路—Ⅰ级	2010年2月	2014年9月	
101	大桥	大坝大桥右幅	K208+424	408	16.75	3	公路—Ⅰ级	2010年2月	2014年9月	
102	大桥	炭场大桥右幅	K208+943	217	16.75	3	公路—Ⅰ级	2010年2月	2014年9月	
103	大桥	伍土岭大桥右幅	K209+346	307	16.75	3	公路—Ⅰ级	2010年2月	2014年9月	
104	大桥	翁头大桥左幅	K210+656	319	16.75	3	公路—Ⅰ级	2010年2月	2014年9月	
105	大桥	翁头大桥右幅	K210+658	331	16.75	3	公路—Ⅰ级	2010年2月	2014年9月	

续上表

序号	桥梁分类	桥梁名称	中心桩号	桥梁长度(m)	桥面宽度(m)	车道数	设计汽车荷载等级	开工时间	完工时间	备注
106	特大桥	黎明特大桥	K212+461	1170	16.75	3	公路—I级	2010年2月	2014年9月	
107	大桥	竹仔迳大桥	K216+232	409	16.75	3	公路—I级	2010年2月	2014年9月	
108	大桥	庙亚大桥左幅	K217+540	462	16.75	3	公路—I级	2010年2月	2014年9月	
109	大桥	庙亚大桥右幅	K217+590	562	16.75	3	公路—I级	2010年2月	2014年9月	
110	大桥	马屋大桥	K218+848	300	16.75	3	公路—I级	2010年2月	2014年9月	
111	大桥	高田水大桥左幅	K219+473	884	16.75	3	公路—I级	2010年2月	2014年9月	
112	大桥	高田水大桥右幅	K219+488	910	16.75	3	公路—I级	2010年2月	2014年9月	
113	大桥	围墩大桥	K220+673	637	16.75	3	公路—I级	2010年2月	2014年9月	
114	大桥	高田互通主线桥	K222+953	457.1	≥16.75	3	公路—I级	2010年2月	2014年9月	
115	大桥	高田互通主线桥	K222+893	367.1	≥16.75	3	公路—I级	2010年2月	2014年9月	
116	特大桥	北江特大桥	K231+715	2597.1	16.75	3	公路—I级	2010年2月	2014年9月	
117	大桥	旧朗村大桥	K233+445	485.6	16.75	3	公路—I级	2010年2月	2014年9月	
118	大桥	S253分离立交桥左幅	K234+074	367	16.75	3	公路—I级	2010年2月	2014年9月	
119	大桥	S253分离立交桥右幅	K234+075	364	16.75	3	公路—I级	2010年2月	2014年9月	
120	大桥	果园围大桥	K236+288	666	16.75	3	公路—I级	2010年2月	2014年9月	
121	大桥	源潭河大桥	K237+241	700	16.75	3	公路—I级	2010年2月	2014年9月	
122	大桥	大滩大桥	K241+012	282	16.75	3	公路—I级	2010年2月	2014年9月	
123	大桥	茅草大桥	K242+066	207	16.75	3	公路—I级	2010年2月	2014年9月	
124	大桥	回龙庙大桥左幅	K243+583	407	16.75	3	公路—I级	2010年2月	2014年9月	
125	大桥	回龙庙大桥右幅	K243+593	379.755	16.75	3	公路—I级	2010年2月	2014年9月	
126	大桥	佛清从主线桥	K244+739	282	16.75	3	公路—I级	2010年2月	2014年9月	
127	大桥	银盏林场大桥左幅	K245+656	577.567	17	3	公路—I级	2010年2月	2014年9月	
128	大桥	银盏林场大桥右幅	K245+686	517.014	17	3	公路—I级	2010年2月	2014年9月	

续上表

序号	桥梁分类	桥梁名称	中心桩号	桥梁长度（m）	桥面宽度（m）	车道数	设计汽车荷载等级	开工时间	完工时间	备注
129	大桥	大山坑大桥左幅	K249+095	208.44	17	3	公路—Ⅰ级	2010年2月	2014年9月	
130	大桥	大山坑大桥右幅	K249+091	282.08	17	3	公路—Ⅰ级	2010年2月	2014年9月	
131	大桥	风门坳大桥	K249+978	547.42	17	3	公路—Ⅰ级	2010年2月	2014年9月	
132	大桥	丹竹大桥左幅	K250+687	528.648	16.75	3	公路—Ⅰ级	2010年2月	2014年9月	
133	大桥	丹竹大桥右幅	K250+707	489.948	16.75	3	公路—Ⅰ级	2010年2月	2014年9月	
134	大桥	小洞大桥右幅	K251+290	309.154	16.75	3	公路—Ⅰ级	2010年2月	2014年9月	
135	大桥	河尾大桥左幅	K253+367	758.094	16.75	3	公路—Ⅰ级	2010年2月	2014年9月	
136	大桥	河尾大桥右幅	K253+353	733.586	16.75	3	公路—Ⅰ级	2010年2月	2014年9月	
137	大桥	深谷大桥左幅	K254+016	456.76	16.75	3	公路—Ⅰ级	2010年2月	2014年9月	
138	大桥	深谷大桥右幅	K254+016	460.194	16.75	3	公路—Ⅰ级	2010年2月	2014年9月	
139	大桥	梯面互通国道G106跨线桥	K256+580	356	44.673~34.5	3	公路—Ⅰ级	2010年2月	2014年9月	
140	特大桥	狮民特大桥左幅	K260+593	1644.2	16.75	3	公路—Ⅰ级	2010年2月	2014年9月	
141	特大桥	狮民特大桥右幅	K260+763	1300.3	16.75	3	公路—Ⅰ级	2010年2月	2014年9月	
142	大桥	狮茅岭大桥右幅	K263+546	109.508	16.75	3	公路—Ⅰ级	2010年2月	2014年9月	
143	特大桥	花城高架桥	K266+395	1406.4	32.5	3	公路—Ⅰ级	2010年2月	2014年9月	
144	大桥	主线桥	K268+845	246	32.5	3	公路—Ⅰ级	2010年2月	2014年9月	
145	特大桥	肇花左线特大桥	K62+160	1770.1	17~29.08	3	公路—Ⅰ级	2010年2月	2014年9月	
146	特大桥	肇花右线特大桥	K62+058	1566.6	17~32.38	3	公路—Ⅰ级	2010年2月	2014年9月	
147	特大桥	主线桥左幅	K35+734	1908.5	32.5	3	公路—Ⅰ级	2010年2月	2014年9月	
148	特大桥	主线桥右幅	K35+734	1908.5	32.5	3	公路—Ⅰ级	2010年2月	2014年9月	
149	大桥	机场高速公路北延线左线大桥	K0+749	655.6	16.75	3	公路—Ⅰ级	2010年2月	2014年9月	

乐昌—广州高速公路隧道表

表 3-5-2

序号	隧道分类	隧道名称	起止桩号	长度（单洞,m）	行车道宽度（单洞,m）	隧道净高（m）	车道数	开工时间	完工时间	备注
1	短隧道	跃马岭左线隧道	ZK5+985～ZK6+218	233	11.25	5.00	3	2010年9月	2014年9月	
2	短隧道	跃马岭右线隧道	YK5+986.3～YK6+217.6	231	11.25	5.00	3	2010年9月	2014年9月	
3	短隧道	潜龙洞左线隧道	ZK15+600～ZK15+985	385	11.25	5.00	3	2010年9月	2014年9月	
4	短隧道	潜龙洞右线隧道	YK15+595～YK15+985.2	390	11.25	5.00	3	2010年9月	2014年9月	
5	中隧道	梅花左线隧道	ZK23+715～ZK24+410	695	11.25	5.00	3	2010年9月	2014年9月	
6	中隧道	梅花右线隧道	YK23+695～YK24+450	755	11.25	5.00	3	2010年9月	2014年9月	
7	长隧道	大仙岭左线隧道	ZK26+940～ZK28+715	1775	11.25	5.00	3	2010年9月	2014年9月	
8	长隧道	大仙岭右线隧道	YK26+940～YK28+700	1760	11.25	5.00	3	2010年9月	2014年9月	
9	长隧道	湖洋角左线隧道	ZK30+040～ZK31+145	1105	11.25	5.00	3	2010年9月	2014年9月	
10	长隧道	湖洋角右线隧道	YK30+115～YK31+165	1050	11.25	5.00	3	2010年9月	2014年9月	
11	短隧道	吉象山左线隧道	ZK32+220～ZK32+312	92	11.25	5.00	3	2010年9月	2014年9月	
12	短隧道	吉象山右线隧道	YK32+243～YK32+282	39	11.25	5.00	3	2010年9月	2014年9月	
13	中隧道	湖洞左线隧道	ZK32+565～ZK33+250	685	11.25	5.00	3	2010年9月	2014年9月	
14	中隧道	湖洞右线隧道	YK32+530～YK33+275	745	11.25	5.00	3	2010年9月	2014年9月	
15	特长隧道	大瑶山1号左线隧道	ZK33+368～ZK37+625	4257	11.25	5.00	3	2010年1月	2014年9月	
16	特长隧道	大瑶山1号右线隧道	YK33+390～YK37+610	4220	11.25	5.00	3	2010年1月	2014年9月	
17	短隧道	大瑶山2号左线隧道	ZK37+695～ZK37+746	51	11.25	5.00	3	2010年1月	2014年9月	
18	短隧道	大瑶山2号右线隧道	YK37+660～YK37+825	165	11.25	5.00	3	2010年1月	2014年9月	
19	长隧道	大瑶山3号左线隧道	ZK37+857～ZK40+275	2418	11.25	5.00	3	2010年1月	2014年9月	
20	长隧道	大瑶山3号右线隧道	YK37+915～YK40+263	2348	11.25	5.00	3	2010年1月	2014年9月	
21	短隧道	茶元头左线隧道	ZK40+585～ZK40+978	393	11.25	5.00	3	2010年6月	2014年9月	
22	短隧道	茶元头右线隧道	YK40+560～YK40+955	395	11.25	5.00	3	2010年6月	2014年9月	

续上表

序号	隧道分类	隧道名称	起止桩号	长度（单洞,m）	行车道宽度（单洞,m）	隧道净高（m）	车道数	开工时间	完工时间	备注
23	长隧道	梯子岭左线隧道	ZK41+062～ZK44+020	2958	11.25	5.00	3	2010年6月	2014年9月	
24	长隧道	梯子岭右线隧道	YK41+010～YK43+980	2970	11.25	5.00	3	2010年6月	2014年9月	
25	短隧道	肖家岭左线隧道	ZK44+260～ZK44+585	325	11.25	5.00	3		2014年9月	
26	短隧道	肖家岭右线隧道	YK44+270～YK44+557	287	11.25	5.00	3	2010年6月	2014年9月	
27	长隧道	椅岭岗左线隧道	ZK44+935～ZK47+250	2315	11.25	5.00	3		2014年9月	
28	长隧道	椅岭岗右线隧道	YK44+880～YK47+227	2347	11.25	5.00	3	2010年6月	2014年9月	
29	短隧道	张溪左线隧道	ZK47+500～ZK47+795	295	11.25	5.00	3		2014年9月	
30	短隧道	张溪右线隧道	YK47+440～YK47+860	420	11.25	5.00	3	2010年6月	2014年9月	
31	中隧道	杨溪左线隧道	ZK65+950～ZK66+565	615	11.25	5.00	3		2014年9月	
32	中隧道	杨溪右线隧道	YK65+945～YK66+545	600	11.25	5.00	3	2010年10月	2014年9月	
33	长隧道	金鸡山左线隧道	ZK20+125～ZK22+245	2120	7.50	5.00	2	2011年3月	2014年9月	
34	长隧道	金鸡山右线隧道	YK20+100～YK22+240	2140	7.50	5.00	2		2014年9月	
35	特长隧道	长基岭左线隧道	ZK90+120～ZK94+040	3920	11.25	5.00	3	2010年7月	2014年9月	
36	特长隧道	长基岭右线隧道	YK90+125～YK94+065	3940	11.25	5.00	3		2014年9月	
37	中隧道	龙归左线隧道	ZK97+555～ZK98+120	565	11.25	5.00	3	2010年7月	2014年9月	
38	中隧道	龙归右线隧道	YK97+520～YK98+160	640	11.25	5.00	3		2014年9月	
39	中隧道	沙口左线隧道	ZK140+465～ZK141+043	578	11.25	5.00	3	2011年6月	2014年9月	
40	中隧道	沙口右线隧道	YK140+415～YK141+040	625	11.25	5.00	3		2014年9月	
41	短隧道	茶山左线隧道	ZK155+535～ZK155+793	258	11.25	5.00	3	2011年6月	2014年9月	
42	短隧道	茶山右线隧道	YK155+538～YK155+797	259	11.25	5.00	3		2014年9月	
43	长隧道	中山顶左线隧道	ZK166+332～ZK167+535	1203	11.25	5.00	3	2011年6月	2014年9月	
44	长隧道	中山顶右线隧道	YK166+385～YK167+530	1145	11.25	5.00	3		2014年9月	

续上表

序号	隧道分类	隧道名称	起止桩号	长度（单洞,m）	行车道宽度（单洞,m）	隧道净高（m）	车道数	开工时间	完工时间	备注
45	长隧道	淘金山左线隧道	ZK179+725~ZK181+560	1835	11.25	5.00	3	2011年6月	2014年9月	
46	长隧道	淘金山右线隧道	YK179+750~YK181+580	1830	11.25	5.00	3	2011年6月	2014年9月	
47	长隧道	连江口左线隧道	ZK191+270~ZK193+535	2265	11.25	5.00	3	2010年10月	2014年9月	
48	长隧道	连江口右线隧道	YK191+255~YK193+423	2168	11.25	5.00	3	2010年10月	2014年9月	
49	中隧道	林屋左线隧道	ZK223+802.5~ZK224+678	876	11.25	5.00	3	2012年3月	2014年9月	
50	中隧道	林屋右线隧道	YK223+800~YK224+680	880	11.25	5.00	3	2012年3月	2014年9月	
51	长隧道	银盏1号左线隧道	ZK246+601~ZK248+081	1480	11.25	5.00	3	2012年3月	2014年9月	
52	长隧道	银盏1号右线隧道	YK246+616~YK248+080	1475	11.25	5.00	3	2012年3月	2014年9月	
53	短隧道	银盏2号左线隧道	ZK248+156~ZK248+345	189	11.25	5.00	3	2012年3月	2014年9月	
54	短隧道	银盏2号右线隧道	YK248+176~YK248+376	200	11.25	5.00	3	2012年3月	2014年9月	
55	长隧道	花山左线隧道	ZK257+956~ZK259+726	1770	11.25	5.00	3	2012年3月	2014年9月	
56	长隧道	花山右线隧道	YK257+966~YK259+736	1770	11.25	5.00	3	2012年3月	2014年9月	

2009年11月12日,广东省发展和改革委员会《关于广州至乐昌高速公路樟市至花东段项目核准的批复》。

2010年2月24日,广东省交通运输厅《关于广州至乐昌高速公路樟市至花东段初步设计的批复》。

(二)资金来源

总投资额中的25%为该项目的资本金,由广东省高速公路有限公司、广东省路桥建设发展有限公司、广东省高速公路发展股份有限公司共同出资,其余资金由乐广高速公路有限公司向银行贷款。

(三)征地拆迁

2009年底完成韶关段先行工程施工用地的交地工作,2010年3月底完成清远段先行工程施工用地的交地工作。2010年2月前完成全线征地拆迁合同的签订工作,至2010年底全线主线施工用地基本完成交地。

(四)招投标

项目招标工作按照相关法律法规规定执行,于2013年8月31日全部结束。

(五)双标管理

1. 标准化管理

乐广高速公路标准化管理分为五个方面的内容:勘察设计标准化、工地建设标准化、施工作业标准化、安全生产管理标准化、项目干系人管理标准化。

(1)勘察设计标准化。统一技术标准,统一管理,提高勘察设计质量,保证了全线三个勘察设计标段最终的施工设计图纸风格统一。

(2)工地建设标准化。对全线施工单位、监理单位的临建设施,根据项目公司外部可视化形象VIS系统进行统一规划,提升项目建设的整体形象和现场文明施工。

(3)施工作业标准化。强化现场管理,严格执行作业流程,加强工序交验检查,确保关键部位、关键环节、关键工序控制到位;严格实施施工作业标准化管理,确保工程的实体质量。

(4)安全生产管理标准化。实施安全管理信息化和平安工地建设,统一全线各单位安全生产管理体系和安全生产管理模式。针对乐广项目隧道多且地质复杂,专门建立隧道安全现场监控与应急指挥系统,保障隧道施工安全。

(5)项目干系人管理标准化。乐广高速公路线路长,项目规模大,参建单位多(4个设计单位、30个土建单位、4个监理单位、11个材料供应单位、14个工程检测单位),实施干系人标准化管理,提高参建各方协同工作能力,限制对项目产生干扰,推动项目建设。

2. 标杆管理

按照"好字当头、快在其中"的原则,推行高速公路建设标杆管理。

(1)树立标杆标段。根据项目实际情况确定重点标杆工程及标段。

(2)树立单项标杆工程。每个标段根据自身实际情况确定标段内的1~2个标杆工程。

(3)树立标杆人物。打造一批优质团队,树立一批标杆人物。

(六)主要设计、施工、监理单位

设计单位:中交第二公路勘察设计研究院有限公司、招商局重庆交通科研设计院有限公司、中交第一公路勘察设计研究院有限公司、北京交科公路勘察设计研究院有限公司。

施工单位:中铁七、十、十一、十二、十四、十五局集团有限公司,中铁隧道集团有限公司,广东省长大公路工程有限公司,广东冠粤路桥有限公司等24个单位。

监理单位:广东华路交通科技有限公司、广东翔飞公路工程监理有限公司、重庆中宇工程咨询监理有限责任公司。

(七)重大设计变更

乐广高速公路主要边坡设计变更有:

(1)K61+075~K61+280段右侧高边坡。

(2)K102+130~K102+303段左侧高边坡。

三、复杂技术工程

(一)仙水河1号大桥

桥址区属低中低山~斜坡沟谷地貌区,地形起伏大,植被发育,山坡为杂草、灌木及树林等,自然坡度一般为40°~55°;桥台位于仙水河两侧的山坡上,中部横跨仙水河;高程一般在235.8~306.7m,相对高差一般为70.9m。

该桥位于分离式路基段,左线桥全长580m,右线桥全长540m。其中主桥50m+90m+50m采用变截面预应力混凝土连续刚构箱梁,两岸引桥除右线桥第一孔采用现浇箱梁外,其余均采用预应力混凝土T梁,先简支后刚构。

仙水河1号大桥左线1~3号墩位于陡峭的山崖边上,该段地表面为坡积粉质黏土,层厚为0.8~3.1m,平均为2.2m,下伏基岩为强风化浅变质粉砂岩、中风化变质粉砂岩和微风化浅变质粉砂岩,现场桥址区地势陡峭,仙水河1号大桥左线1号~3号墩自然坡度为75°~89°,在不借助辅助措施的情况下,无法在墩位处进行放线等准备工作,面层开挖极易垮塌。根据现场实际情况,为减少开挖,保证桩基施工安全,决定将仙水河1号大桥1、2号墩由实心薄壁墩改为双柱墩。更改后的设计很好利用了原有地形,大大减少了对原有地形的开挖,最大限度地减少了对自然环境的破坏。

(二)乌石北江特大桥

该桥跨越北江主航道。桥全长3124.4m,其中主桥130m+248m+130m采用预应力混凝土边箱梁双塔斜拉桥,两岸引桥采用预应力混凝土分体箱梁,先简支后连续。全桥共分为23联,主桥1联,后退岸引桥20联,前进岸引桥2联。

索塔为H形。94号塔承台以上塔柱总高111.2m,95号塔承台以上塔柱总高108.2m。两塔柱横向净距37.2m,塔柱采用空心四边形断面(顺桥向为美观有部分圆端凸出),顺桥向全宽7.5m,横桥向上、中塔柱宽3.5m,下塔柱宽5.0m。上横梁断面尺寸为6.2m×3.5m,下横梁断面尺寸为6.2m×6.0m。

(三)江口北江特大桥

江口北江特大桥跨越珠江水系北江干流为国家内河Ⅲ级航道,同时跨越潖江,潖江河道为国家内河Ⅶ级航道,且潖江区域为珠江流域内唯一的蓄滞洪区,已列入国家级蓄滞洪区目录,因此合理的选择桥型及桥跨方案显得尤为重要。

该桥共分为十八联,其中第七联跨越北江航道,上部结构采用预应力混凝土变截面连续刚构,跨径组成为80m+150m+80m;第十五联跨越潖江航道,上部结构采用预应力混凝土变截面连续刚构,跨径组成为左幅:52m+70m+38m(右幅:38m+70m+52m);第一~六联、第八~十四联、第十六~十八联上部采用装配式部分预应力混凝土连续箱梁。桥墩墩身分别采用双薄壁实体桥墩、薄壁空心墩、矩形柱式桥墩;桥台采用柱、肋式台;全桥基桩均采用钻孔灌注桩。主桥箱梁采用挂篮悬臂施工工艺,下部结构桥墩及承台采用双壁钢围堰进行施工。

(四)大瑶山1号隧道

大瑶山隧道为双向六车道高速公路隧道,设计速度100km/h。左线长4257m,右线长4220m。隧道净宽14.75m,净高5.0m,最大开挖面积达161.55m²,隧道最大埋深约574.9m。

大瑶山1号隧道穿越大瑶山自然保护区(水文敏感地区),隧道建设将对环境的保护特别是对地下水的保护提高到新的高度,使隧道的建设在满足国民经济发展的同时,对区域自然生态环境的影响降低到最低限度。

隧道的防排水在遵循"防、排、截、堵相结合,因地制宜,综合治理"的大原则前提下,在地下水相对不发育的Ⅲ级围岩地段采用一般排水衬砌,而在地下水较丰富的Ⅳ、Ⅴ级围岩地段采取周边预注浆措施,有针对性地实施注浆堵水及全封闭衬砌结构形式来实现限量排放的目的,在施工过程中根据实际涌水量情况进行动态调整。

(五)大源1号隧道

大源1号隧道左线长90m,右线长39m。隧道净宽14.75m,净高5m,最大开挖面积为161.85m²。隧道左线位于$R=6200m$的圆曲线上,右线位于$R=6000m$的圆曲线上。左线中心最大埋深约40m,右侧拱肩处最大埋深约23.23m,右线中心最大埋深约15m,右侧拱肩处最大埋深约8.03m。左右线测设线之间的距离为12.8~14.6m,左右洞之间净距为9.0~10.7m,是一座浅埋偏压较重、地质条件复杂的超短小间距隧道。

该隧道在后期完善设计中,将复杂的问题逐步分解,有针对性地解决好每一个问题。

(1)采取锚索桩板墙结合反压回填技术克服浅埋偏压问题。

(2)采用洞内外预注浆加固处理技术,改良隧道周围围岩的物理力学性质,增强围岩的稳定性,提高围岩的自身承载能力,解决地质条件差的问题。

(3)小间距隧道中间岩柱采用低预应力锚杆加固技术结合预注浆加固技术,解决中间岩柱稳定性问题。

(4)采用先施工偏压较严重一侧隧道的施工工序以及结合洞内的双侧壁导坑开挖法,更好地控制地表以及洞内沉降变形。

(5)采用抗偏压桩基护拱技术进洞方案,有效控制洞口边仰坡的开挖高度,合理地解决了左右洞施工相互扰动及进洞难的问题。

(六)长基岭隧道

乐广高速公路有多座隧道穿越岩溶较发育的灰岩段,其中梅花1号隧道、梅花2号隧道、大源2号隧道、大瑶山1号隧道以及长基岭隧道在施工中均遇到不同规模、不同性质的岩溶。尤其是长约4km的长基岭隧道,该隧址区发育13条断层,均可能发生涌水突泥等地质灾害。

(1)详细勘察阶段,对长基岭隧道进行了水文地质专项研究。探明水文地质情况,明确岩溶水通道没有经过隧址区,且不会通过13条断层向隧道渗漏,为施工阶段的结构设计提供了理论依据,明确施工组织方案,控制工程规模,减小施工风险,节约工程造价。

(2)在施工中采用TSP与水平钻孔相结合的超前地质预报方案,对断层及可能采用涌水突泥的岩溶发育区进行超前预报,提前预警,确保施工安全。

(3)对于已探明的小型含水体(段),经评估后采用局部钻孔泄水的疏排、降压方式。

(七)中山顶隧道

中山顶隧道位于乐广高速公路韶关至清远段,是一座双向六车道小净距、分离式隧道,全长约1200m。

隧道左右洞进口均位于直线上,左洞出口位于 $R=1800\text{m}$ 的圆曲线上,右洞出口位于 $R=1850\text{m}$ 的圆曲线上。两隧道设计线间距进口为25.23m,出口为17.75m,隧道内纵坡为人字坡,纵坡为1.18%和-0.5%。隧道出口段路面存在3%(-3%)的超高。隧道内轮廓净高5.0m,净宽15.5m,衬砌为三心圆曲墙式复合衬砌结构,在隧道洞身的初期支护和二次衬砌之间设无纺布和PVC防水板进行防水。

中山顶隧道具有以下特点:隧道区为岩溶峰丛洼地、谷地地貌区,区内岩溶极为发育,隧道属岩溶一级风险隧道,地质条件复杂。洞身段近600m右侧发育有大型岩溶洼地,距离洞顶埋深约40m,隧道洞身段发育有多处岩溶漏斗及落水洞。隧道轴线右侧发育有F3逆断层,与隧道斜交。断层为高度角逆断层,破碎带中以碎裂岩为主体。

隧道进洞口偏压严重,进洞口泉眼最大流量合计为 $3000\text{m}^3/\text{d}$,隧道最大涌水量 $7000\text{m}^3/\text{d}$。洞身段在遭遇连续的强降雨时,多次出现突水突泥,施工过程中岩溶塌陷、冒顶的可能性较大,施工风险很高。隧道在掘进过程中不断出现充填型、半充填型、富水型等溶洞。

中山顶隧道是集大跨、洞口偏压、洞身岩溶、突泥突水、浅埋和地质条件差等不利因素于一体的隧道,技术含量高,施工难度大,建设风险高。但在参建各方密切配合和积极努力下,该隧道依据新奥法原理进行设计和施工,遵照"严超前、短进尺,弱爆破、强支护,勤测量、早封闭"原则,灵活变换工法、合理组织工序,最终安全建成。

四、科技创新

2009年广东省交通运输厅立项"广州至乐昌高速公路建设成套技术研究"重大工程项目(项目编号2009-01-001),将乐广高速公路列为广东省交通科技示范工程。"广州至乐昌高速公路建设成套技术研究"课题从安全、质量、节能、环保、管理等几个方面着手,设置四个研究方向,分别为工程建设及运营安全控制、节能环保、工程应用技术和管理创新等。各主要子课题研究情况如下:

(一)乐广高速公路安全保障与应急关键技术

该项目属于交通安全领域,通过工程调研、理论分析、仿真模拟、实车试验、工程实践等技术手段,系统地研究乐广高速公路特定纵坡路段设计技术、防撞设施无缝设计技术和隧道群运营风险动态评估与协同控制技术。该项目在乐广高速公路开展安全保障成套技术研究,从交通事故发生的影响因素着手,从高速公路的规划阶段起,对高速公路的设计、建设以及运营管理等多个阶段开展针对性的交通安全保障技术研究,最终形成面向广东省高速公路交通特点的成套安全保障技术。

2015年11月11日,受交通运输部科技司委托,交通运输部科学研究院交通科技项目管理中心在广东韶关主持交通运输部行业联合科技攻关项目"广州至乐昌高速公路安全保障成套技术研究"(编号:2009353344790)项目成果鉴定,认为课题成果总体达到国际领先水平。

(二)大跨扁平隧道开挖施工安全及方案决策关键技术研究

该项目依托乐广高速公路三车道公路隧道工程,开展"大跨扁平隧道开挖施工安全及方案决策关键技术研究",以保障隧道施工安全、优化分部开挖施工工艺以及科学决策开挖方案为目标,通过大跨扁平隧道的分部开挖几何形态优化、变形安全基准值、分部开挖施工方案的系统决策技术和施工细则的编制等自主创新工作,解决大跨扁平隧道分部开挖施工方案的优化决策模型等关键技术问题,最终形成科学、合理、有效的大跨扁平隧道开挖施工安全及方案决策系统技术,做到"安全"与"工期"的均衡,为大跨扁平隧道开挖施工安全及方案决策提供了理论基础和技术支撑。

2015年12月29日,广东省交通运输厅在清远市组织"大跨扁平隧道开挖施工安全及方案决策关键技术研究"项目成果鉴定,认为项目研究成果总体达到国际先进水平,其中在基于三车道公路隧道施工过程的控制指标和决策系统方面达到国际领先水平。

(三)隧道节能技术应用示范研究

以乐广高速公路隧道工程为依托,开展大断面隧道照明节能设计关键技术研究、新型节能技术及设备在高速公路隧道的应用研究、公路隧道照明节能运营模式技术研究、公路隧道通风及消防安全与节能设计关键技术研究、高速公路隧道机电设施优化配置应用分析研究等,在保障高速公路高效、安全运营的前提下,获得最优的节能效果。同时,通过技术创新和工程示范,带动广东省公路隧道节能减排工作取得重大突破,并在全省交通运输领域树立节能工程典范。

2015年12月29日,广东省交通运输厅在清远市组织"隧道节能技术应用示范研究"项目成果鉴定,认为项目研究成果总体达到国际先进水平,其中基于防灾等级的隧道机电系统"性能化"配置方法达到国际领先水平。

(四)隧道地下水综合利用及处治关键技术研究

采用生态调查法和遥感影像数据分析法就隧道地下水排放对生态环境影响进行评价

分析;分别采用规范调研、工程类比法、地下水渗流计算分析法确定隧道地下水排放量;首次提出基于环境保护的隧道地下水排放量的动态平衡模型;通过有限元计算分析对限量排放下的隧道结构安全保障技术进行了研究;基于现场调查和水样分析结果,通过多因素综合评判确定隧道地下水综合利用方向。

2015年12月29日,广东省交通运输厅在清远市组织"隧道地下水综合利用及处治关键技术研究"(项目编号:科技-2009-01-001-09)项目成果鉴定,认为项目研究成果总体处于国际先进水平,其中在基于地下水动态平衡模型的隧道地下水限量排放标准的确定方法上达到国际领先水平。

(五)基于边坡安全耐久的新型锚固技术开发研究

在对广东省公路边坡岩土条件区划的基础上,结合锚固性能腐蚀性影响因素,建立锚固结构腐蚀性分级表;在锚索锚固工程长期预应力损失规律统计分析的基础上,建立锚固性能评价方法和对策。研发的预制锚头压力型锚索,在室内试验中锚固力均达到试验的最大荷载900kN,单个锚头可承受1860级4ϕ15.2钢绞线所提供的锚固力。同时,试验证明在中风化灰岩中,单根预制锚头的设计锚固力可达到450~500kN。

该课题研发的双锚固段锚索系统能有效避免因锚索失效导致的预应力损失,整个锚固系统能实现反向自锁功能。

2016年1月21日,广东省交通运输厅在清远市组织"基于边坡安全耐久的新型锚固技术开发研究"项目成果鉴定,认为项目研究成果总体达到国际先进水平,研发的三种新型锚固结构达到国际领先水平。

(六)高路堑及高路堤边坡安全自动化监测预警系统

基于公路工程边坡长条形分布、施工期监测和施工工序间相互干扰、现场难以提供连续电源等条件,同时考虑自动化监测系统造价的合理性,开发出基于传感器和无线模式的光伏能源的边坡自动监测系统,具有现场安装方便、能源自给、无线连接及传输功能,造价较当时的自动化系统降低50%。

2016年1月21日,广东省交通运输厅在清远市组织"高路堑及高路堤边坡安全自动化监测预警系统"项目成果鉴定,认为项目研究成果总体达到国际先进水平,其中板式探头单线串接逐级测量的固定式测斜仪装置达到国际领先水平。

(七)隧道施工超前预报新技术(GPT)在乐广高速公路建设中的应用研究

(1)隧道地震散射场观测系统搭建和论证工作,采用阵列式信号采集观测网络,同时满足波速分析、波形辨识、数值滤波和减小面波的要求。

（2）研究地震散射场波场偏移成像技术算法，结合现场试验，对掌子面前方散射体照明偏移成像、掌子面前方介质的散射体散射能量聚焦进行了研究，得到相关研究成果并开发完成了相应的数据分析与处理软件。

（3）研究地质雷达法（GPR）的工作原理、观测方式，运用有限差分法对隧道内存在含水溶洞的情况进行电磁波传播数值模拟，判断其合理性。

（4）基于数据融合技术的地震散射场与介质温度场的联合反演。把地震散射场与介质温度场各自独立应用改为联合反演，充分利用现场观测信息，两种方法既可以各自单独应用，也可以在具备条件时同时应用。

2015年12月30日，广东省交通运输厅在清远市组织"隧道施工超前地质预报新技术（GPT）在乐广高速公路建设中的应用研究"（项目编号：科技-2009-01-001-12）项目成果鉴定，认为研究成果具有先进性和实用性，具有广阔的推广应用前景，研究成果总体达到国际先进水平。

（八）隧道洞渣利用及填石路堤关键技术研究

主要创新点：首次采用不同吨位的振动碾压、冲击碾压，以及振动碾压和冲击碾压组合，对不同层厚的填石路堤进行系统的碾压和测试，提出适合于厚层大粒径填石路堤碾压的施工机械要求、压实工艺，以及碾压层厚、碾压遍数等技术标准；突破现行规范对压实层厚、最大粒径限制等要求，提出适合硬质石料填石路堤的最大碾压层厚和粒径标准；提出厚层大粒径填石路堤质量检测方法和检测标准。

2015年12月30日，广东省交通运输厅在清远市组织"隧道洞渣利用及填石路堤关键技术研究"（项目编号：科技-2009-01-001-07）项目成果鉴定，认为研究成果总体达到国际先进水平。

（九）建设集成管理创新研究与示范

以重大复杂交通工程，特别是乐广高速公路为研究对象，借鉴其他工程建设管理的实践经验，采用理论与实践相结合的研究方法，通过顶层设计、理论分析，形成乐广高速公路工程柔性组织管理模式、工程文化建设体系并以此指导实践。首次提出大型高速公路工程柔性组织的概念、内涵及设计模型；设计并实施大型高速公路工程柔性管理体系，并在乐广高速公路工程建设中进行示范；工程建设和工程管理理论研究同步推进、相互推动、共同进步。

2015年12月29日，广东省交通运输厅在清远市组织了"建设集成管理创新研究与示范"项目成果鉴定，认为研究成果总体达到国际先进水平。

五、运营管理

(一)运营公司

广东乐广高速公路有限公司于2009年11月12日成立,由广东省高速公路有限公司(72%)、广东省路桥建设发展有限公司(19%)、广东省高速公路股份发展有限公司(9%)分别出资成立,负责建设和经营管理。乐广高速公路有限公司是国有控股企业,实行董事会领导下的总经理负责制。公司设有9个职能部门,5个中心收费站,6个路政中队。

(二)收费站点

乐广高速公路全线设置23个匝道收费站,见表3-5-3。

收费站点设置情况表　　　　表3-5-3

站点名称	车道数	收费方式	站点名称	车道数	收费方式
坪石西	6	封闭式收费	沙口	6	封闭式收费
梅花北	6	封闭式收费	英红	6	封闭式收费
乐昌	9	封闭式收费	英德	12	封闭式收费
杨溪	6	封闭式收费	连江口	6	封闭式收费
乳源东	6	封闭式收费	黎溪	6	封闭式收费
白土	6	封闭式收费	高田	6	封闭式收费
乌石	6	封闭式收费	江口	6	封闭式收费
樟市	6	封闭式收费	源潭	8	封闭式收费
重阳	7	封闭式收费	王子山	5	封闭式收费
糖寮	6	封闭式收费	梯面	8	封闭式收费
犁市	7	封闭式收费	花城	9	封闭式收费
良村	7	封闭式收费			

(三)车流量

乐广高速公路于2014年9月27日通车试运营,其中2014年日均车流量为43017辆,2015年日均车流量为48099辆,2016年1~3月日均车流量为64360辆(其中2016年1~3月主要在春运期间,包含春节7座及以下小型客车免费假期,从而拉高总体车流量水平),见表3-5-4。

车流量情况表　　　　表3-5-4

年份(年)	路段	日均车流量(辆)
2014	乐广高速公路	43017
2015	乐广高速公路	48099
2016年1~3月	乐广高速公路	64360

(四)服务区

服务区设置情况见表3-5-5。

服务区设置情况表　　　　　　　　　表3-3-5

服务区名称	桩　号	占地面积(亩)	备　注
花城服务区	K262+650	80.8	单向
源潭服务区	K238+900	68.6	单向
黎溪服务区	K202+500	119.8	双向
英德停车区	K175+900	38.4	双向
英红服务区	K147+400	133.9	双向
樟市停车区	K126+920	35	双向
一六服务区	K84+200	125.4	双向
乐昌服务区	K58+800	135	双向
梅花北服务区	K22	112.7	双向

(五)养护管理

乐广高速公路养护里程299.32km,与韶赣高速公路、京港澳高速公路、机场高速公路北延线和肇花高速公路相接,交通枢纽7处,设6对7处服务区和2处停车区,23个收费站,6个养护基地。

1. 日常养护管理

乐广高速公路养护工作围绕"畅、安、舒、美"的目标进行。在日常养护管理工作中,将养护单位人员及设备到位情况、养护质量、路况效果和计量支付挂钩;并对日常养护单位进行季度考核,规范对养护单位的监督考核,加强养护过程中路面、桥涵隧病害排查、路况效果巡视等工作。

2. 完善养护体系

公司制定完善广东乐广高速公路有限公司防台(汛)应急预案、桥梁结构物检查、高边坡检查等相关制度,按相关制度开展养护管理工作。同时根据项目特点完善抗冰冻雪应急处置设施建设。乐广高速公路承担粤境北段抗冰冻雪灾的任务,在梅花服务区及乐昌收费站加建抗冰应急仓库,为应对抗冰冻雪灾天气做好准备。

3. 加强桥涵隧结构物管理及安全隐患排查

(1)落实《桥梁安全运行十项制度》。实行桥梁养护工程师制度,培训、聘用桥梁养护工程师6人,将各段桥梁和涵洞安全责任划分到具体人员。

(2)落实监测。根据《桥梁安全运行十项制度》等相关规定,落实桥梁隧道监测和落实高边坡监测,并开展安全隐患排查与治理。

4. 主要大中修工程

(1)大瑶山隧道水泥混凝土路面处治抢险工程

2015年6月30日,广东省交通集团组织召开乐广高速公路大瑶山隧道群段安全技术咨询报告评审会,会议认为大瑶山隧道群交通事故多发,与隧道环境潮湿、货车尾气排放大、纵坡变化较大、车速较快等多种因素密切相关,同意除对已明确的梯子岭隧道南行路段2.57km实施罩面外,增加南行大仙岭隧道至茶元头隧道约8.6km水泥混凝土路面行车道加铺2cm Novachip超薄磨耗层,施工紧跟梯子岭隧道抢险罩面工程进行。工程于6月18日开工,7月底完工。

(2)右侧边坡水毁修复抢险工程

2015年9月6日,受强降雨天气影响,乐广高速公路YK31+593~YK31+700段右侧边坡坡顶20m高处月星发电站引水渠靠外侧发生垮塌,严重威胁交通安全。为解决安全隐患,公司对该右侧边坡采取抢险加固处理,主要采用刷方回填右侧冲沟+钢花管(锚杆)框架加固边坡+竖向钢花管挡墙修复排水渠基础的方案。工程于2015年11月15日开工,2016年1月20日完工。

(六)路政管理

乐广高速公路路政大队于2014年8月22日成立,负责乐广高速公路全线的路政管理工作,管辖里程全长302km,含服务区7处,停车区2处,分南、北段路政大队管理,大队分别下设3个路政中队。主要职能是负责路政日常巡查及路产索赔等路产路权维护工作,负责路政许可审批和广告经营、服务区经营与车辆救援服务的监督管理等管理工作。

乐广高速公路路政大队主要工作节点和难点在于隧道群的管理及特殊天气应急处置,采用隧道群电子巡查、轻微事故快速处理及节假日"无缝"联勤机制(隧道入口驻点),保证隧道群内交通实时状况完全监控,提高交通事故的处理效率,减少道路交通事故引发的交通拥堵。2016年1月24日晚遭遇寒潮,导致乐广高速公路梅花路段路肩积雪,路警联合实行押车保畅,顶风雪、战严寒,实行交叉式巡逻机制,安排专人负责梅花北路面监控24小时不定时路面巡查机制,实时将路面信息发送至保畅微信群内,做到信息共享机制。在周边道路中断的情况下,乐广高速公路始终保持道路畅通。

六、企业文化建设

(1)开展形式新颖、成效显著的竞赛活动。创新活动内涵,引导员工进行自我职业生涯设计,以五一劳动奖章、工人先锋号、青年文明号、模范职工之家、党员示范岗等为重要载体,营造"比、学、赶、帮、超"的工作氛围,培养一批优秀的管理、技术人才和岗位能手先进典型。

（2）以大责任文化为指引，构建"五位一体"文化管理体系。立足项目定位与建设管理目标，一方面统一使用公司的理念识别系统、视觉识别系统、行为识别系统，使公司的企业文化系统覆盖所有参建单位；另一方面，公司还结合实际，突出本单位特色，构建了包括人本文化、质量文化、安全文化、廉政文化、柔性文化五种文化在内的企业文化管理体系。

（3）做好通车前的宣传和项目品牌推广工作，积极利用影像、新媒体、电视、平面媒体、刊物等手段，全方位多角度展现乐广高速公路的建设、运营和发展，传递乐广高速公路形象，提升社会美誉度。

（4）加强廉政制度建设，构建具有乐广高速公路特色的廉政文化内涵。通过创新反腐倡廉工作新机制，推进"全过程跟踪审计"，开展创新"书记项目"活动、工作"流程再造"、"小金库"专项治理、"三打两建"等。

（5）加强民主管理和监督，关心员工所思所需，积极维护职工合法权益，注重引导员工将个人的成长融于企业的发展当中，促进个人与企业价值的有机融合，让员工共享企业发展成果。

乐广高速公路有限公司从建设到运营期取得了多项荣誉称号：

2011年，全省在建高速公路标杆工程评比活动中，乐广高速公路12个合同段共获22项样板（标杆）工程，占全省在建高速公路标杆（样板）工程总数量的27%，其中T4和T27标成为了全省的标杆。

2011年，项目被评为交通运输部第一批"平安工地"示范工程；2011年、2012年，项目连续两年被评为广东省公路工程"平安工地"示范工程；2015年被评为广东省十项工程劳动竞赛模范单位并被授予五一劳动奖状。

2012年，公司被评为全国公路交通系统重点工程劳动竞赛先进单位。

2016年，"粤北山区复线高速公路安全保障支撑技术研究"获中国公路学会科技一等奖。

第六节　沈阳—海口高速公路广东段（G15）

沈阳—海口高速公路是国家高速公路网"71118+6"中的一条国家高速公路纵线，编号为G15。起于辽宁沈阳，途经大连、烟台、青岛、连云港、盐城、南通、常熟、上海、嘉兴、宁波、温州、福州、厦门、汕头、深圳、广州、湛江，止于海口，全长3623km，是一条贯通中国东南沿海地区的高速公路。

沈海高速公路广东段与《广东省高速公路网规划》第五横线共线，起于潮州市饶平县汾水关（粤闽界），经潮州、汕头、揭阳、汕尾、惠州、深圳、东莞、广州、佛山、江门、阳江、茂名、湛江等13个地级以上市31个县区，止于徐闻县海安琼州海峡，全线1120.695km（共线200.137km），已建1090.695km，待建30km（琼州海峡工程）。

沈海高速公路广东境内线路由16个项目段组成：饶平县汾水关—汕头高速公路、汕头海湾大桥、深圳—汕头高速公路东段、深圳—汕头高速公路西段、惠州—盐田高速公路、深圳机场—荷坳高速公路、广州—深圳高速公路、广州北二环高速公路（与广州绕城高速公路北二环共线）、广州西二环高速公路北段（与广州绕城高速公路西二环北段共线）、广州西二环高速公路南段（与广州绕城高速公路西二环南段共线）、佛山—开平高速公路、开平—阳江高速公路、阳江—茂名高速公路、茂名—湛江高速公路、湛江—徐闻高速公路、琼州海峡跨海工程。

一、汕头—汾水关高速公路

汕汾高速公路（含潮州支线）是国家高速公路网沈海高速公路（G15）在广东境内的重要一段。路线北起于粤闽两省交界的汾水关，与福建省的漳诏高速公路相连接，途经黄冈、钱东、铁铺、隆都、上华、外砂等乡镇，南止于汕头市，接汕头海湾大桥北引道。主线全长67.618km，潮州支线6.096km，分两期建设。第一期主线10.753km（汕头海湾大桥北引道一、二期工程），由广东汕头海湾大桥公司于1995年开工，1997年建成通车。1999年1月20日，汕汾高速公路项目开始第二期建设，包括主线56.865km及潮州支线6.096km。2001年11月28日，汕汾高速公路建成通车。

（一）主要技术指标和建设规模

汕汾高速公路穿越的地区，外砂路段主要是韩江三角洲平原及台地丘陵，地势平坦，偶有古岛丘、残丘凸露，有部分软土和可液化砂土。

汕汾高速公路主线为K0+000～K67+617.51段，按高速公路标准建设，双向四车道、全封闭、全立交。第一期工程为K0+000～K10+752.51段，路基宽度24.5m，设计速度100km/h，该段作为海湾大桥的北引道已先期完成。第二期工程主线为K10+752.51～K67+617.51段，其中：K10+752.51～K34+600为外砂路段，路基宽度26m，设计速度120km/h；K34+600～K67+617.51为铁铺路段，路基宽度24.5m，设计速度100km/h。另建的潮州支线为K0+000～K6+096段，路基宽度32m，设计速度80km/h。

全线共有桥梁128座（表3-6-1），其中主要桥梁15座。设有互通式立交8处。设有海湾大桥、中山路、外砂、湖心、店市、铁铺、钱东、黄冈（3处）等收费棚10处。设有中山、外砂、湖心、店市、铁铺、钱东、黄冈等收费站区7处。设有服务区1处，管理中心1处，监控中心1处。

汕头—汾水关高速公路主要桥梁表

表 3-6-1

序号	桥梁分类	桥梁名称	中心桩号	桥梁长度（m）	桥面宽度（m）	车道数	设计汽车荷载等级	开工时间	完工时间	备注
1	特大桥	外砂高架桥	K2549+350	2552.4	25.26	4	汽车—超20级,挂车—120	1999年1月	2001年10月	
2	特大桥	外砂河大桥	K2545+719	3545.3	25	4	汽车—超20级,挂车—120	1999年1月	2001年10月	
3	特大桥	东溪河大桥	K2536+881	1294	25	4	汽车—超20级,挂车—120	1999年1月	2001年10月	
4	大桥	新津河大桥	K2551+964	917.24	25	4	汽车—超20级,挂车—120	1995年8月	1997年10月	
5	大桥	店市跨线桥	K2534+657	789.448	26	4	汽车—超20级,挂车—120	1999年1月	2001年10月	
6	大桥	环镇北大桥	K2530+738	237.04	25	4	汽车—超20级,挂车—120	1999年1月	2001年10月	
7	大桥	北溪河大桥	K2528+687	464.04	26	4	汽车—超20级,挂车—120	1999年1月	2001年10月	
8	大桥	铁铺跨线桥	K2526+384	651.95	24.5	4	汽车—超20级,挂车—120	1999年1月	2001年10月	
9	大桥	白石场高架桥	K2522+133	436.54	25.48	4	汽车—超20级,挂车—120	1999年1月	2001年10月	
10	大桥	白石高架桥	K2521+427	481.57	25.26	4	汽车—超20级,挂车—120	1999年1月	2001年10月	
11	大桥	埔尾大桥	K2514+719	277.62	25.26	4	汽车—超20级,挂车—120	1999年1月	2001年10月	
12	大桥	径口大桥	K2509+682	205	25.26	4	汽车—超20级,挂车—120	1999年1月	2001年10月	
13	大桥	黄冈河大桥	K2501+301	465	25.28	4	汽车—超20级,挂车—120	1999年1月	2001年10月	
14	大桥	黄冈高架桥	K2499+619	817.04	25.26	4	汽车—超20级,挂车—120	1999年1月	2001年10月	
15	大桥	黄冈石场高架桥	K2498+850	229.04	25.26	4	汽车—超20级,挂车—120	1999年1月	2001年10月	

(二)建设情况

1. 建设依据

1996年8月2日,交通部《关于汕头至汾水关公路可行性研究报告的批复》。

1997年12月31日,交通部《关于汕头至汾水关公路(含潮州支线)初步设计的批复》。

2. 资金来源

汕汾高速公路投资总额为317893.41万元,35%为项目资本金,其余65%为融资贷款。

3. 征地拆迁

汕汾高速公路一期工程共征用土地约1770亩,由汕头海湾大桥公司负责。

二期工程由广东汕汾高速公路有限公司分别与汕头市政府、潮州市政府签订征地拆迁合同,从1998年11月开始,共征用土地约6405亩。

4. 招投标

按国家法律法规,本着"公开、公正、公平、择优"的原则,严格审定具有良好资信和能力的28个施工单位参加投标,中标后签订合同才能参与该项目建设。

5. 主要设计、施工、监理单位

设计单位:广东省公路勘察规划设计院、广东飞达交通工程有限公司、北京交科公路勘察设计院。

施工单位:汕头市路桥建设总公司、广东省长大公路工程有限公司、深圳市建设工程总承包公司、广东省公路工程建设集团有限公司、广州市公路工程公司。

监理单位:吉林省华建建设监理公司、广东虎门技术咨询有限公司等。

(三)复杂技术工程

1. 可液化砂土、软土双重地基综合处治

汕汾高速公路在全面开工建设前先开展了试验工程,并作为科研课题(详见科技创新)为全线的可液化砂土、软土地基处治提供参考依据。研究成果提出了公路地基可液化砂土液化判别的使用方法;砂土可液化、软土震陷、沉降控制问题的砂桩处理方法;控制工后沉降的超载预压的优化控制技术原理;沉降预测模型等。

该路线路基按Ⅷ度抗震设防,通过实体现场试验,现场测试指标和加固后预压不同时段的检测结果,采用挤密砂桩,增加桩间土密实度,施工期同步检测辅助手段的方法处治

可液化砂土和软土地基,根据研究得到的沉降预测模型,成功地控制了最典型的1.5km软基段路堤超载卸荷时间。运行28个月的沉降数据显示,工后沉降满足设计要求,一次性铺筑永久路面。

2. 泥沼地路基施工技术

汕汾高速公路K47+000~K47+185路段为极具代表性的泥沼地,泥沼地土质天然含水率及有机质含量高,透水性差,压缩性大,抗剪强度低,属于软土地基。该路段地表以下2.4~5.8m范围内各土层属山间谷地冲积裙淤积物、冲积物。第(1)、(2)、(3)层土质的力学性能差,呈流塑—软塑状,且该路段同一横断面内土层类别差别大,软硬不均,力学性能差异悬殊。若不进行处理,势必产生差异沉降,造成路基凹陷、开裂的工程质量事故。

经对碎石桩挤密、抛石挤淤、挖淤换填石三种方案的经济比选,采用挖淤换填石措施对软基进行了处治,达到了较好的效果。

3. DBI技术在水泥路面施工中的应用

2000年,广东省交通厅、广东省交通集团有限公司和广东省高速公路公司决定将汕汾高速公路作为综合试验路段,在省内水泥混凝土路面建设中首次使用了DBI技术施工全缩缝传力杆。传力杆在滑模施工中自动打入且不影响摊铺机的连续施工,在DBI完成操作后,DBI的搓平梁和后面的自动抹平器立即对因压入传力杆而产生的洞隙进行修复、抹平,保证了路面的平整度。

4. 球状风化地质桩基施工

汕汾高速公路黄冈高架桥段为球状风化地质,该处地形属波状起伏的丘陵区。根据地质钻探资料,岩芯部分为碎块或短柱状,在诸多因素影响下,形成了球状风化地质及差异风化地质,给桩基终孔控制带来了一定的难度。为了保证桩基工程质量,采取如下措施:一是对复杂地段进行必要的补充地质勘探,进一步摸清持力层的变化情况,以便指导施工;二是确定合理的施工方案,采用挖孔和冲孔相结合的施工方法。通过挖孔施工,摸索桩基持力层的构造裂隙、节理发育程度及其变化规律,完整准确地收集地质资料,准确把握终孔高程。施工过程中,在不同的预测段,采用直观、清晰的挖孔施工方法,以指导冲孔施工。经质监部门对黄冈高架桥98根桩的无损检测,Ⅰ、Ⅱ类桩达95%,Ⅲ类桩为5%。

(四)科技创新

汕汾高速公路K10+752.51~K34+600路段大部分地基分布有海相沉积的砂土、淤泥软土层,累计11.1km,绝大部分路段同时存在两种土层。地基处理方法不仅要考虑静力条件下的地基稳定和沉降问题,还要解决动力条件下的抗液化和变形问题,合理有效地处治此类特殊地基是汕汾高速公路工程的关键技术问题之一。为此,汕汾高速公路在全面开工建设前先开展了试验工程,为全线的可液化砂土、软土地基提供参考依据。同时,申报"汕汾高速公路软土、可液化地基抗震处理试验研究"科研项目,广东省交通厅于2000年1月12日批准立项,并列入广东省交通科技项目计划,课题完成单位为广东省高速公路有限公司和河海大学。

研究成果适用于可液化砂土、软土双重地基的综合处治,实现地软基的稳定和变形控制。成果提出的公路地基可液化砂土液化判别的使用方法,避免公路抗震设计规范偏于安全或危险的结果,同时采用组合试验方法,可以减小判别误差;提出的考虑砂土可液化、软土震陷、沉降控制问题的砂桩处理方法,可兼顾砂土抗液化和软土加固处理,同时具备可操作性和低造价特点;提出的控制工后沉降的超载预压的优化控制技术原理,在满足工程要求的情况下充分利用预压荷载的数量和预压时间,减少软基路堤超载施工过程的盲目性,达到缩短工期和节省投资的目的;提出的运用神经网络法分析施工过程的观测数据的沉降预测模型——带函数干涉的BP模型,可以最大限度地减少人为因素造成的预测误差,并可运用较短预压期内的实测资料进行后期沉降预测;提出的基于指数法和双曲线法的分级填筑路堤的沉降预测模型,能考虑分级施工对沉降的影响,待定参数由不同荷载级实测沉降资料分别确定,能够充分利用待预测级别荷载较短预压期内的实测沉降资料,实现早期沉降预报。

高速公路地基抗震问题的处治,当时在国内还没有成功经验,可供借鉴的成果不能满足高速公路地基条件的特殊性。该项目成果对于沿海地震活动频繁地区高速公路的建设具有明确的指导意义和重要的参考价值。

使用超载手段控制工后沉降是软基处理通用的方法,如何根据工程需要合理安排预压荷载数量和时间以及如何推算相应的工后沉降数量是长期以来没有很好解决的问题。该项目成果在这两方面向前迈进了一步,为软基路堤运用超载手段控制工后沉降变形提供了一套可供操作的技术方法。

2004年8月27日,广东省交通厅在汕头组织了课题成果鉴定(研究项目名称变更为"汕汾高速公路可液化砂土、软土双重地基综合处治试验研究"),认为该项目系列成果总体上达到国际先进水平。

(五)运营管理

1. 运营公司

广东汕汾高速公路有限公司成立于1999年11月,现由广东省高速公路有限公司和汕头高速公路公司分别以94.46%、5.54%的比例参股组成。公司实行项目法人制和董事会领导下的总经理负责制,负责汕汾高速公路及其配套设施的投资开发、经营和管理。

广东汕汾高速公路有限公司设置综合事务部、计划财务部、收费管理部、养护工程部和路政大队5个职能部门,7个收费站,2个路政中队。

2.收费站点

汕汾高速公路设有汕头、外砂、湖心、店市、潮州、钱东、黄冈等7个收费站,共计73条车道,采取人工收费(MTC)结合粤通卡自动缴费(ETC)的模式收取通行费。

3.车流量

汕汾高速公路自开通以来,车流量呈逐步增长,从2001年的989辆/日增长到2015年的44747辆/日,见表3-6-2。

车流量情况表　　　　　　　　　表3-6-2

年份(年)	车流量(辆)	日均车流量(辆)	年份(年)	车流量(辆)	日均车流量(辆)
2001	361043	989	2009	7368233	20187
2002	4279115	11724	2010	7942179	21760
2003	5429924	14877	2011	7751216	21236
2004	6332449	17302	2012	8294598	22663
2005	5837062	15992	2013	9937131	27225
2006	6201326	16990	2014	11393662	31216
2007	6814720	18670	2015	16332535	44747
2008	7110319	19427			

4.养护管理

汕汾高速公路自通车以来,养护管理模式经历了三个阶段:一是2001—2003年上半年的"专业化"阶段,即日常养护和一般专项工程直接委托专业养护公司,大的专项工程实行施工招标,推行"管养分离"的专业化养护模式。二是2003年下半年至2004年的"规范化阶段",在总结了以往养护管理工作经验的基础上,确立了"专业化、社会化、规范化和制度化"的养护管理总体目标,开始了养护管理制度的建立和试点阶段。三是2005年起,全面推行养护管理制度体系,养护管理实现制度化、规范化阶段。所有养护项目按工程管理方式推行"项目法人、招投标、监理、合同管理"四项制度。至2015年底,汕汾高速公路管养路段MQI为97.64,全线IRI平均值均控制在2.3m/km以内。桥梁、涵洞、边坡以及沿线所布设的各项交通设施均已纳入规范化管理,沿线路段状况较好,自通车以来未进行大修。

5.路政管理

汕汾高速公路路政大队于2001年12月成立,下设外砂及铁铺两个路政中队,负责汕汾高速公路全线的路政管理工作。外砂路政中队负责汕头市辖区路段汕汾高速公路的路政管理工作,铁铺路政中队负责潮州市辖区路段汕汾高速公路的路政管理工作。

自路政队伍成立以来,结合工作实际不断修订和完善工作管理制度,业务培训系统化,路政管理信息化,实现了执法文书网上填制、执法案件网上办理、案件信息联网共享、信息化移动执法。采取与交警、拯救队交叉巡逻的工作模式,及时发现和处理路面突发情况。及时发现路产损坏案件,按程序和标准办理路产索赔案件,多渠道提高结案率。

路政大队通过日常监管,督促潮州服务区强化内部管理,提高文明服务水平。为净化高速公路交通环境,路政大队还开展了桥下空间整治、高速公路入口拒超等工作,确保高速公路安全畅通。

(六)企业文化建设

汕汾公司企业文化建设主要以党建带团建、工建,注重发挥企业文化的引导作用,大力推进人本文化建设,促进了企业各项工作持续健康发展。通过开展党的群众路线教育实践、"固本强基"推进企业可持续发展、创建节约型企业、"精细化"管理等活动,强化全体职工的科学发展观,推进企业持续发展。定期举行职工运动会等文体活动,活跃企业文化氛围。开展青年志愿者"朝阳行动"、义务献血、义务植树等活动,青年员工自编自导自演音乐、舞蹈和小品,组成文艺分队到基层慰问演出。浓郁的企业文化氛围,提高了团队的凝聚力以及向心力。

公司对困难职工、生病住院职工、生育女职工、困难职工、退休干部以及复退军人进行慰问,构建和谐企业;对军警单位、沿线的乡村老人组等进行慰问,共建路地和谐,树立良好社会形象。

汕汾公司重视各类创先争优活动,以"内强素质,外塑形象"为目标,推进收费站队创"一流队伍、一流环境、一流服务、一流业绩"的号手创建活动,增强员工的竞争意识、敢为人先意识及勤勉善为、甘于付出的企业精神。多年来,公司获得众多荣誉:监控中心、外砂收费站、湖心收费站、潮州收费站是广东省"巾帼文明岗";汕头收费站获全国"巾帼文明岗"和广东省"工人先锋号",潮州收费站荣获广东省"五四红旗团支部"及"青年文明号"等荣誉称号。

二、汕头海湾大桥

汕头海湾大桥位于汕头经济特区汕头港东部出入口,南引道起于汕头市达濠区葛洲村,深汕高速公路东段 K286+600,大桥跨越汕头港黄沙湾主航道,经妈屿岛,北引道止于汕头市龙湖区汕汾高速公路 K1+765。工程包括特大桥 1 座——汕头海湾大桥,长 2437m;大桥 1 座——广澳高架桥,长 158.92m;互通式立交 1 座——中山路立交。其中汕头海湾大桥主桥长760m,为154m+452m+154m三跨双铰式预应力钢筋混凝土加劲梁悬索桥。主桥主要由塔、锚碇、缆索系缆、钢筋混凝土预制箱以及桥面系组成,塔身高95m,主缆长约1030m。为提高桥梁结构抵抗海水和海洋大气中盐分侵蚀能力,对大桥的缆索、紧固件、塔身、主箱梁、塔基等部位均进行防腐处理。

该大桥与引道工程等级为高速公路;设计速度:主桥60km/h,引桥80km/h,引道100km/h;设计车辆荷载汽车—超20级,挂车—120。大桥于1992年3月28日动工兴建,1995年12月28日建成通车。建设总投资7.5亿元。

汕头海湾大桥的主桥是我国第一座自主设计与施工的大跨度现代悬索桥,创造了多项当时的世界纪录,主要有:

(1)跨度。大桥主桥悬索桥主跨452m,三跨双铰式,桥面为六车道,净宽23.8m,创当时世界上采用混凝土主梁的悬索桥跨度之最。

(2)抗风。首次采用全流线型的预应力混凝土箱形结构,单箱三室,外形为倒机翼形状,获得较大的重力刚度和优良的气动特性,增强抗风的稳定性和安全性能。

(3)基础。主塔基础采用不同长度的大直径柱桩,并套井固结成整体,使其具有良好的刚性,能承受巨大的反力,其构造与工艺国内外未有先例。

(4)抗震。在设计构思中创造"三道防线"的隔震减震技术措施,可保证桥梁在遭遇到复杂的地震作用中"小震不坏,中震可修,大震不倒",开创了特大型桥梁在抗震设防方面的新思路。

时任中共中央总书记、国家主席江泽民于1991年12月17日为海湾大桥题名并参加大桥开工典礼,1995年12月28日参加通车典礼。该桥1999年获得国家优秀设计奖、国家科技进步二等奖、鲁班奖、国家优质工程金奖。

该桥采用设计、施工总承包。1991年8月由铁道部大桥工程局中标。大桥工程局勘察设计院设计,大桥局三桥处施工。广东省交通科研所总监理。

汕头海湾大桥由广东省高速公路公司、汕头市高速公路公司、香港长江和黄汕头海湾大桥有限公司、香港新峰企业有限公司合作投资兴建及经营管理。以上4家股东于1993年12月24日组成广东汕头海湾大桥有限公司,股权比例为30%、10%、30%、30%。1997年,广东省高速公路公司将持有的30%股权转让给新粤海湾大桥有限公司。

三、深圳—汕头高速公路东段

深汕高速公路东段(简称"深汕东")是沈海高速公路粤东段,东连汕头海湾大桥,西接深汕高速公路西段,途经汕头、揭阳、汕尾三市,全长140.016km。工程项目总投资28.5亿元,于1993年11月开工,1996年11月8日全线建成通车。

（一）主要技术指标和建设规模

路线所经地区为粤东沿海山地丘陵台地与滨海平原、河口平原、冲积平原交替区。沿路线相对高差小于100m。地形条件有利于公路的布设和修筑。

深汕高速公路东段全线原为一级汽车专用公路，后经交通部批准为高速公路。按高速公路标准建设，全封闭、全立交、双向四车道，路基宽24.5m，设计速度100km/h。全线共有桥梁210座（表3-6-3），其中特大桥1座，主要大桥4座。

（二）建设情况

1. 建设依据

1992年由国家计委批准立项，同年经交通部组织深汕线初步设计审查，并发出《关于深圳至汕头一级汽车专用公路初步设计的批复意见》。

2. 资金来源

深汕高速公路东段有限公司由广东省高速公路公司、粤港高速公路投资有限公司、汕头高速公路公司、惠来交通发展总公司、汕尾市高速公路公司、长江中国基建有限公司等联合投资建设。

3. 征地拆迁

（1）全线各市、县经济发展不同，按1992年《广东省基础设施建设土地征用暂行办法》规定实施。

（2）各县区镇建立工程建设指挥部，具体负责各路段的征地拆迁工作，全线共征地16637.33亩。

4. 招投标

深汕高速公路东段是中外合资建设经营项目，为有利于工程开展，组建深汕高速公路东段工程建筑部，作为总承包方的管理机构，负责招投标工作。将工程项目向有资质的设计、施工、监理单位公开招标。

5. 主要设计、施工、监理单位

设计单位：广东省公路勘察规划设计院、北京交科勘察设计院。

施工单位：广东美培混凝土有限公司、广东省筑路机械租赁联营公司、广汕公路工程联合体等。

监理单位：广东省粤通工程建设监理公司、陕西技术咨询监理公司、湖北公路技术协会。

深圳—汕头高速公路东段主要桥梁表

表 3-6-3

序号	桥梁分类	桥梁名称	中心桩号	桥梁长度（m）	桥面宽度（m）	车道数	设计汽车荷载等级	开工时间	完工时间	备注
1	特大桥	海门特大桥	K2582.903	1735.1	24.5	4	汽车—超20级,挂车—120	1992年12月18日	1995年11月22日	
2	大桥	葛洲大桥	K2566.423	259.9	24.5	4	汽车—超20级,挂车—120	1994年3月10日	1995年8月10日	
3	大桥	濠江大桥	K2571.162	左:975.6;右:975.5	24.5	4	汽车—超20级,挂车—120	1993年11月1日	1995年12月4日	
4	大桥	隆江大桥	K2643.770	380.9	24.5	4	汽车—超20级,挂车—120	1993年12月30日	1995年4月17日	
5	大桥	螺河大桥	K2700.202	1005.98	24.5	4	汽车—超20级,挂车—120	1993年10月27日	1997年1月21日	

(三)复杂技术工程

关门山水库高边坡 K2568+490~K2568+838 桩板墙护坡工程。

深汕高速公路东段路基施工过程中,曾先后产生不同程度的地质病害,尤其 K2568+490~K2568+838 堑坡岩体崩塌,崩塌上缘高出路肩最大达 46m,崩塌岩石掩埋石侧路面,病害规模较大,严重影响正常施工和安全运营。为此,1995 年 10 月补充勘测,11 月做出病害整治加固工程设计。本着"一次根治,不留后患"的原则,根据病害性质和规模,设计采用钢筋混凝土桩板墙加固崩塌体和下部堑坡,桩墙以上堑坡采用短锚挂网喷混凝土护坡。

(四)运营管理

1. 运营公司

深汕高速公路东段工程项目总投资 28.5 亿元,采用粤港合作的模式建设和经营管理。由各股东按合同的比例根据工程进度投入资金,广东省高速公路公司、粤港高速公路投资有限公司、汕头高速公路公司、惠来交通发展总公司、汕尾市高速公路公司、长江中国基建有限公司等 6 家股东联合投资建设及管理,于 1993 年成立广东深汕高速公路东段有限公司(简称"合作公司"),公司实行董事会领导下的总经理负责制。

2. 收费站点

深汕高速公路东段沿线分别设汕头、达濠、河浦、海门、田心、仙庵、惠来、隆江、东港、内湖、霞湖、陆丰共 12 个收费站。

2007 年,收费系统升级改造为非接触式 IC 卡结合自动卡箱管理的收费模式。2010 年底并入粤东区域,实现联网收费,撤销陆丰、汕头两个主线站,东港主线站改为标识站,同步使用粤通卡。

2014 年 6 月,按统一部署建设 2 处 RFID 标识点和 3 处 6 个高清卡口点,撤销东港标识站,实现"全省一张网"联网收费。

3. 车流量

2016 年全年车流量为 2183.9 万辆,日均 5.97 万辆。

4. 养护管理

深汕东公司坚持把安全生产工作放在首位,以道路、桥梁养护安全为重点,认真开展安全生产隐患排查整治工作,确保高速公路安全畅通。强化基层班组安全建设,增加责任和规范意识,预防发生生产安全事故。

5. 路政管理

深汕东路政大队成立于 1997 年,所辖路段里程 140.016km,其主要职能是贯彻国家有关公路管理法律法规、依法保护路产、维护路权、控制区管理、施工监督管理、许可申报、路政管理档案等。

路政大队对路产、路权实施二级管理,大队负责全线公路产权的维护和管理,中队负责辖区的公路产权维护和管理。在开展日常工作中,路政巡查、养护巡查与视频监控巡查相结合,养护巡查和路政巡查实施交叉巡查,视频监控实施定时轮巡,三种模式结合快速发现路损或侵权案件。监控和养护发现路损或侵权案件后,第一时间通知路政前往处置。路面的施工作业许可由路政大队严格把关,中队根据大队颁发的许可证掌握路面施工情况,有效区分侵权行为和合规作业行为,及时制止侵权行为。加强与交警部门的联勤联动,采取交叉巡逻和信息共享等方式,建立了路警共享微信工作平台,及时反映公路管理实况,特别是在涉路施工管理方面,微信工作平台发挥了重要的作用,提高了公路安全管理水平。

(五)企业文化建设

(1)坚持"以人为本"的运营管理理念,建立健全公司规章制度、管理细则和规范流程,实现运营管理制度化、程序化、规范化。

(2)树立以服务为宗旨的大局观念,加强对员工的教育,加强对"一路畅行"品牌内涵的理解,确保收费广场畅通,真正实现"路通畅、车顺畅、人舒畅"的服务理念,大大提高深汕东的企业形象。

(3)注重员工培训,以形式多样的员工培训为载体,大力倡导全员学习、终身学习的良好风气。每年都会组织业务专项培训、考察学习、以会代训等多种形式的员工学习培训活动,提升员工的业务技能,为管理工作储备人才,为企业发展奠定基础。

(4)重视员工业务文化生活,积极开展"职工之家""职工书屋",体育场馆建设,举办体育活动,丰富员工业余文化生活,提高员工队伍素质和团队精神。组织庆祝"三八"妇女节、纪念"五四"青年节、"中秋""春节"慰问活动,增强公司的凝聚力和向心力。

(5)积极开展扶贫助困活动,关心员工生活,努力为员工排忧解难,建立困难职工档案,制定《员工救助、补助标准》,对伤病、家庭困难员工及时给予慰问帮扶,减轻员工的生活压力,发扬集体互助友爱精神。

四、深圳—汕头高速公路西段

深汕高速公路西段(简称"深汕西")是国家高速公路主干线 G15 沈海高速公路在广东境内的重要组成部分,路线西起于深圳市(龙岗区),与惠(州)盐(田港)高速公路相连,途经惠州市(惠阳区、惠东县)、汕尾市(海丰县、汕尾城区、陆丰市),与广(州)惠(东)、惠(州)大(亚湾)、惠(州)深(圳)等高速公路相交,止于陆丰市潭西镇,与深汕高速公路东段相接,全长 146.551km。工程总投资(决算)41.05 亿元,于 1993 年 5 月开工,

1996年12月28日建成通车。

（一）主要技术指标和建设规模

全线原为一级汽车专用公路,后经交通部批准,采用高速公路标准设计,全封闭、全立交,双向四车道,设计速度100km/h,全线有桥梁208座,其中主要桥梁7座(表3-6-4)、隧道4座(表3-6-5),收费站8处,服务区3处。

（二）建设情况

1. 建设依据

1985年,广东省计划委员会批复同意深圳至淡水段项目建议书。

1986年7月,广东省交通厅组织对可行性研究报告进行审查。

1988年,国家计划委员会准备引用世界银行贷款修建,并委托中国公路工程咨询公司对全线工程可行性研究进行评估。

1989年9月,广东省交通厅召开初步设计审查会,通过初步设计审查。

1991年2月,国家计委《关于深圳至汕头项目建议书的批复》。

1992年,国家计委《关于深圳至汕头公路工程可行性研究报告的批复》。

1991年,交通部《关于深圳—汕头一级汽车专用公路初步设计的批复意见》。

1997年1月,交通部《关于深圳至汕头一级汽车专用公路调整概算的批复》。

2. 资金来源

深汕西是广东省首次利用世界银行贷款建设的交通建设项目之一,主要资金来源为世界银行贷款,交通部拨款,广东省交通厅公路建设基金拨款,其余资金由广东省高速公路有限公司通过发行高速公路建设债券、银行贷款等多渠道自筹建设资金。

3. 征地拆迁

深汕西建设工程项目与沿线地方政府签订了《深汕高速公路征地拆迁承包合同》,共计完成征地面积1120.27亩,拆迁房屋8000m^2。

4. 招投标

1992年8月16日,中技国际招标公司会同建设单位广东省高速公路公司、交通部第一公路勘察设计院等设计单位及各投标单位代表进行了现场考察。1992年10月15日,中技国际招标公司在广州召开深汕汽车专用公路(龙岗—潭西)(土建工程)国际竞争性招标标前会,根据世界银行的要求和招标文件规定,深圳至汕头汽车专用公路(龙岗—潭西段)国际标的投标截止日期及开标日期确定为1993年1月4日,1993年4月23日明确各标段中标单位,4月28日签订各标段的承包合同,并于5月24日正式开工。

深圳—汕头高速公路西段主要桥梁表

表3-6-4

序号	桥梁分类	桥梁名称	中心桩号	桥梁长度(m)	桥面宽度(m)	车道数	设计汽车荷载等级	开工时间	完工时间	备注
1	特大桥	长沙湾特大桥	K2742+171	1589.06	24.5	4	公路—I级	1933年3月	1996年12月	
2	特大桥	淡水高架桥	K2832+596	1691.14	24.5	4	公路—I级	1933年3月	1996年12月	
3	大桥	流冲河特大桥	K2714+948	855.90	24.5	4	公路—I级	1933年3月	1996年12月	
4	大桥	圆墩河大桥	K2768+271	278.22	24.5	4	公路—I级	1933年3月	1996年12月	
5	大桥	淡水Ⅱ大桥	K2831+608	322.96	24.5	4	公路—I级	1933年3月	1996年12月	
6	大桥	淡水Ⅰ大桥	K2834+489	255.92	24.5	4	公路—I级	1933年3月	1996年12月	
7	大桥	白云坑高架桥	K2837+188	345.50	24.5	4	公路—I级	1933年3月	1996年12月	

深圳—汕头高速公路西段隧道表

表3-6-5

序号	隧道分类	隧道名称	起止桩号	长度(单洞,m)	行车道宽度(单洞,m)	隧道净高(m)	车道数	开工时间	完工时间	备注
1	长隧道	鲘门左线隧道	K2752+521~K2753+752	1230.7	10	7.2	2	1993年6月	1996年4月	
2	长隧道	鲘门隧道右线隧道	K2752+550~K2753+770	1220	10	7.2	2	1993年6月	1996年4月	
3	中隧道	圆墩山左线隧道	K2766+739~K2767+166	427	10	7.2	2	1993年9月	1995年11月	
4	中隧道	圆墩山右线隧道	K2766+736~K2767+166	430	10	7.2	2	1993年9月	1995年11月	
5	短隧道	圆墩山左线明洞	K2767+996~K2768+113	117	10.80	5.2	2	1993年11月	1996年2月	
6	短隧道	圆墩山右线明洞	K2767+996~K2768+113	117	10.80	5.2	2	1993年11月	1996年2月	
7	短隧道	园安左线明洞	K2768+638~K2768+839	202	10.96	5.2	2	1998年4月	1999年7月	
8	短隧道	园安右线明洞	K2768+638~K2768+839	260.3	10.96	5.2	2	1998年4月	1999年7月	

5. 主要设计、施工、监理单位

深汕西为广东省首次利用世界银行贷款的大型交通基础设施项目之一，主线土建合同按照世界银行的要求采用国际竞争性招标选择施工队伍，项目管理采用国际通用的"菲迪克"条款进行管理，率先实行了社会监理制度。

设计单位：交通部第一公路勘察设计院。

施工单位：湖南省公路桥梁建设总公司、贵州省公路桥梁工程总公司、中国建筑第一工程局、广东省公路工程总公司/广东省航务工程总公司联营体、贵州省公路桥梁工程总公司/铁道部第五工程局联营体等。

监理单位：广东省交通科学研究所与美国路易斯·伯杰咨询工程公司联合监理。

6. 重大变更

（1）根据惠阳当地政府的发展要求，将淡水城区路段的2.1km长填土路堤变更为高架桥；因深圳市松子坑水库建设，改线6.4km等重大变更。

（2）根据广东省重型车辆较多的特点以及施工工艺要求，将原设计的沥青路面磨耗层厚度由2cm改为3cm；为防止雨水对填方路堤冲刷，将路面排水改为集中引入急流槽至边沟。

（3）经过1995年、1996年两个雨季的冲刷原边坡，造成了K43+785~K63+250段路基施工成形后边坡（植草防护）出现了坍塌和滑层边坡失稳的情况，并且K64+591~K65+050路堑边坡出现了滑坡后缘拉张裂缝，滑坡前缘原有挡墙开裂、侧沟外挤并露出泉眼的情况。为了确保以上边坡的稳定，对边坡坍塌的不同情况进行补充防护设计。

（4）对长沙湾引桥将原设计为40孔30m T梁+24孔16m空心板梁变更为32孔30m预应力T梁+39孔16m空心板梁，并优化设计。将长沙湾大桥引道的下穿人行通道改为上跨人行桥。

（5）将原水泥混凝土新泽西防撞护栏改为钢波形梁防撞护栏以及植木、草皮的中央分隔带，增加路容的美观。

（6）深汕西第四合同标段软基路段原设计有1000万延米的挤密砂桩，变更为袋装砂井加土工布和反压护道。原设计K128+457、K129+485、K129+735共设三座中桥，变更为K129+485、K129+735设置过水箱涵和人行通道。

（7）深汕西第六合同段K103+390~K103+440、K103+340~K103+430的软基处理改为抛填片石挤淤的方式进行处理。

（8）深汕西第六合同段圆墩山明洞土石方开挖受到地震、台风影响，对其明洞边坡开挖进行了变更。

（三）复杂技术工程

1. 长沙湾特大桥

长沙湾特大桥是深汕西的一座跨长沙湾特大桥。桥跨组合为 $32\times30m+39\times16m$，共71跨，桥梁全长1589.059m，半幅桥面宽10.5m。该桥按左右幅两座独立桥设计，采用分离式断面，中间净距0.5m，右侧1号~45号孔设置人行道，人行道和行车道间设2.5m高隔离栅。桥面为水泥混凝土桥面铺装。上部结构为32孔30m简支预制预应力T形梁（1号~32号跨）和39孔16m简支预制预应力空心板梁；下部结构为桩式桥台，双柱式桥墩，灌注桩基础；桩基全部为嵌岩支承桩。设计汽车荷载等级为汽车—超20级、挂车—120，人群荷载 $3kN/m^2$，设计抗震烈度Ⅶ度，设计水位为百年一遇潮水位4.1m，通航净空4.5m。

2. 鲘门隧道

鲘门隧道为双洞分离式单洞两车道隧道，左洞长度为1230m，右洞长度为1200m（不含明洞）。隧道净宽10m，净高7.2m，建筑限界高度为5m。

鲘门隧道施工采用以下两种方法：

（1）Ⅱ类浅埋段至Ⅲ类围岩段整体式衬砌，采用上导坑法及上、下断面法开挖，先拱后墙式的矿山法施工。

（2）Ⅲ类深埋、Ⅳ类和Ⅴ类围岩采用复合式衬砌，全断面开挖，隧道防水层采用橡胶防水板材料。

鲘门隧道于2005年进行了处治设计和施工，采用的处治措施主要为注浆充填空洞，锚杆加固衬砌结构，衬砌表面挂网喷射C20混凝土，凿槽埋管引排渗漏水和压注灌浆树脂堵水等措施。

（四）科技创新

针对广东湿热地区早期修建高速公路的实际情况，结合深汕西实施的大修工程，公司与广东华美加工程顾问有限公司及长安大学合作开展了"广东深汕高速公路路面大修工程关键技术研究"。

研究课题对公路大修改造工程中涉及的旧路基评价、旧路加铺罩面结构设计、旧水泥面板的再生利用、大修施工区交通组织计算、试验路长期性能观测等关键技术开展深入研究，创造性地提出了旧沥青路面基层结构的刚柔判别方法、以旧混凝土板长和错台量控制的沥青加铺层设计方法和典型结构、基于可靠度的旧沥青路面加铺沥青罩面结构设计方法和典型结构、基于交通冲突的高速公路施工作业区安全评价方法和交通组织方法，并进一步深入研究路面使用性能衰变方程，提出了高速公路大修合理时机及设计年限，最后在系统研究旧水泥混凝土路面板再生利用成套技术的基础上,编制了《旧水泥混凝土面板再生利用技术指南》。

(五)运营管理

1. 运营公司

广东省高速公路有限公司深汕西分公司是隶属于广东省高速公路有限公司的国有企业。1996年9月5日,成立广东深汕高速公路西段管理处;2003年4月3日,广东深汕高速公路西段管理处更名为广东省高速公路有限公司深汕西分公司;2016年1月1日起,深汕西高速公路有限公司称为广东省高速公路有限公司深汕西分公司。

公司主要设置综合事务部、党群人力部、收费管理部、计划财务部、养护工程部、机电管理部、路政大队等7个职能部门。下设收费站、路政队等10个站队,其中埔边采用中心站管理模式。

2. 收费站点

深汕高速公路西段沿线分别设坑梓、淡水、沙田、白云、白云仔、鲘门、长沙湾、埔边等11个收费站点,共计78条车道,采取人工收费(MTC)和自动缴费(ETC)相结合的收费模式,见表3-6-6。

收费站点设置情况表 表3-6-6

站点名称	车道数	收费方式	站点名称	车道数	收费方式
坑梓收费站	16	ETC+MTC	鲘门收费站	9	ETC+MTC
淡水收费站	9	ETC+MTC	长沙湾收费站	10	ETC+MTC
沙田收费站	6	ETC+MTC	埔边收费站	10	ETC+MTC
白云收费站	11	ETC+MTC	合计数	78	ETC+MTC
白云仔收费站	7	ETC+MTC			

3. 车流量

深汕西通行车流量、通行费逐年递增。根据记录,深汕西出口车流量从1997年的13731辆/日增至2015年的93033辆/日,见表3-6-7。

车流量情况表 表3-6-7

年份(年)	路段	日均车流量(辆)	年份(年)	路段	日均车流量(辆)
1997	深汕西	13731	2002	深汕西	23638
1998	深汕西	16861	2003	深汕西	25379
1999	深汕西	17716	2004	深汕西	30274
2000	深汕西	18416	2005	深汕西	34549
2001	深汕西	20584	2006	深汕西	37693

续上表

年份(年)	路 段	日均车流量(辆)	年份(年)	路 段	日均车流量(辆)
2007	深汕西	46315	2012	深汕西	69793
2008	深汕西	52206	2013	深汕西	84594
2009	深汕西	50553	2014	深汕西	87088
2010	深汕西	59392	2015	深汕西	93033
2011	深汕西	63529			

4. 服务区

深汕西沿线共设有鲘门、沙田、龙岗3个服务区及白云仔、湖东2个停车区。

5. 机电管理

1996年12月建成通车时,采用人工收费、闭路电视监控的收费管理模式。2001年11月,完成了收费、监控、交通监控系统的建设,实现采用非接触式IC卡作为通行券,支持公务卡、预付卡付费方式,采用人工收费、计算机管理、闭路电视监视、检测器校核的封闭式收费制式。2011年10月完成收费车道计重设备的安装,实现三类以上货车按计重收费模式进行收费。2015年6月,通过对系统的改造,接入了全省"一张网",实现路径精确标识、按实际路径收费、按实际路径拆分的联网收费。

6. 养护管理

(1)实行"管养分离"的专业化养护模式。1997—2003年期间,日常养护和一般专项工程采取了按年度通过社会招标的方式,选择具备优秀施工能力的大型专业施工单位,采用单价合同与包干合同相结合的形式进行养护维修。2004年进入"规范化阶段",在总结了以往养护管理工作经验的基础上,确立了"专业化、社会化、规范化和制度化"的养护管理总体目标,开始了养护管理制度的建立和试点工作。经过不断地改变观念,改进养护模式,形成了比较完整的、行之有效的养护管理制度体系,实现了专业化、规模化、社会化和规范化。

(2)养护工程实行"项目法人制、招标投标制、工程监理制、合同管理制",按照"统一领导、分级管理"的原则,明确了省高、公司、养护施工单位和监理单位各方的职责。

(3)1999年8月~2000年3月,公司与交通部公路科研所合作开发了"高速公路桥梁管理系统(CEBMS)"和"高速公路路面管理系统(CPMS)",将养护计划、日常巡查、病害录入、病害分析、病害维修、质量评定等整套养护流程进行了完善、细化,设定不同的管理权限,进行分层级管理,相互监督,确保了维修的及时性和可操作性。

7. 路政管理

深汕西高速公路路政大队下设两个路政队，负责辖区146.551km的路政管理工作。

路政大队对路产、路权实施三级管理，大队负责全线道路产权的维护和管理，中队负责辖区的道路产权维护和管理，班组根据中队划分的责任区负责道路产权的维护和管理，当班人员负责全线例行巡查，及时发现和处理路产受损或侵权案件。

在全程监控模式下，建立"协同处理、监督查办"的巡查模式，路政中队在实行每日不少于两次全程巡查的基础上，与交警采取交叉巡逻相结合的工作模式，及时发现和处理路面突发情况；同时结合路养定期联合巡查和视频监控定时轮巡，整合公路管理资源，全面掌握路面动态，快速发现和处理路损或侵权案件。

加强路产索赔和违法案件跟踪处理。路产案件和违法案件实行班组跟踪处理、中队协调推进、大队监督管理原则，加强与辖区交警、执法局等部门沟通协调，与保险公司定期核对案件及理赔情况，多渠道提高路产案件结案率和索赔率，依法保护路产，维护公路合法权益。

（六）企业文化建设

1. 以人为本，努力营造进取精神和充满活力的企业文化氛围

公司坚持以人为本的经营管理理念，努力营造充满活力和进取精神的企业文化氛围。通过"多读书，读好书"等活动，加强学习交流，不断提高广大员工综合素质和业务技能，提高经营管理水平，掀起建设学习型企业热潮，坚持以学为基，以文育人，让文化建设成为文明服务的不涸之源。

2. 创新形式，展现高速公路企业员工风采

公司在企业文化建设过程中，坚持与时俱进，针对青年员工多的特点，开展适合青年员工参与的企业文化活动；针对高速公路运营单位的窗口服务特点，坚持开展业务技能竞赛活动，促进员工业务技能不断得到提高。

3. 把握企业文化建设与经营管理工作的关系，不断升华企业文化内涵

公司在加强企业文化建设中坚持社会主义核心价值观主题主线，大力发展具有本企业特色的企业文化。宣传企业文化建设作为现代经济生活的先进文化、物化成果和精神体现，在企业发展过程中的重要作用，期望通过企业文化建设进一步增强企业的核心竞争力，扩大社会对企业的认知度和对企业品牌的认可，不断升华具有深汕西特色的企业文化内涵，推动公司精神文明建设再上新台阶。

2010年，公司荣获广东省十项工程劳动竞赛模范集体和广东省总工会颁发的"广东省五一劳动奖状"。

五、惠州—盐田高速公路深圳龙岗—荷坳段

惠盐高速公路是长深高速公路（G25）的重要路段，南起于深圳盐田港，北止于惠州市惠城区，全长72.2km，1994年全线通车。路基宽23m，四车道、全封闭、全立交，设计速度100km/h。惠盐高速公路惠州段境内34.7km，深圳段境内主线37.5km。该高速公路北端与惠州至河源高速公路、广州至惠东高速公路相接；南端与深圳机场至荷坳高速公路、深汕高速公路连为一体，成为深圳通往粤东腹地的交通要道。

惠盐高速公路惠州段起于惠城区南出口至惠阳市新墟镇塘吓，途经惠环镇、镇隆镇，1990年3月开工，1993年1月建成通车。由省高速公路公司出资占33%，惠州市惠新高速公路公司合作出资占67%，建设总投资4.12亿元。

惠盐高速公路深圳段沿途设盐田、荷坳、龙岗、富地岗等4个收费站和横岗、岗坳一号桥、龙岗三号桥、富地岗、荷坳等5处互通式立交，以及双南桥、龙岗二号桥分离式立交。1991年12月动工，1993年12月竣工，深圳盐田港股份有限公司出资63%，广东省高速公路发展有限公司出资占33%，总投资5.45亿元。由深圳市惠盐高速公路有限公司经营管理。

沈海高速公路深圳龙岗至荷坳段与惠盐高速公路深圳龙岗至荷坳段共线，起于深圳龙岗，与深汕高速公路西段相连，止于深圳荷坳，与机荷高速公路相接，长10.301km。〔其建设和管理情况详见本章第九节长春—深圳高速公路广东段（G25）"八、惠州—深圳（盐田）高速公路深圳段"〕

六、深圳机场—荷坳高速公路

深圳市机场（鹤洲）至荷坳高速公路（简称"机荷高速公路"）是沈海高速公路（G15）的组成部分。西连深圳宝安国际机场及广深高速公路，向东通过盐排高速公路与盐田港相通，并经连接路网通达广东惠州、潮汕及江西、福建等地。

机荷高速公路主线全长42.774km，总投资19.009亿元，是全国第一条在山岭重丘地区建设的全封闭、全立交、双向六车道高速公路。

该路分东、西两段分期建设，并分期投入运营。机荷高速公路东段西起福民互通式立交（K21+000处），东止于机荷高速公路，与惠盐高速公路、惠深一级公路连通。东段全长约23.0km，1995年10月正式动工，1997年10月通过交工验收并通车运营。西段从深圳宝安机场（鹤洲）到福民互通式立交与机荷高速公路东段连接，全长约19.8km，1997年8月全线正式开工，于1994年4月底通过交工验收。1999年5月，机荷高速公路全线通车。该路由深圳高速公路股份有限公司经营管理。

机荷高速公路的建成，对加强深圳市与周边地区的交通往来，促进深圳市物流中心的

建设,提高深圳市作为珠江三角洲地区中心城市地位,促进我国沿海公路大通道的全线贯通,发挥沿海地区对我国中西部开发战略实施中的整体辐射作用,具有重要的作用。

(一)主要技术指标和建设规模

机荷高速公路最大填方高度达35.72m,最大挖方深度达76m。沿线共有桥梁55座,主要桥梁(双幅)5座(表3-6-8),互通式立交7座。路基标准横断面宽32m,主线路面为沥青混凝土结构,收费广场为水泥混凝土结构。

机荷高速公路按重丘陵区高速公路标准建设,全封闭,全立交,双向六车道,设计速度100km/h。

(二)建设情况

1. 建设依据

1992年9月,交通部《关于深圳机场(鹤洲)至荷坳公路项目建议书的批复》。

1993年11月,交通部《关于深圳机场(鹤洲)至荷坳公路初步设计的批复》。

2. 资金来源

建设资金来源为交通部工程贷款、上市自筹、利用外资、银行贷款以及专项贷款等。

3. 招投标

机荷高速公路在工程项目招标中,成立了由交通部及深圳市有关主管部门(运输局、建设局及监察局等)及项目法人组成的招标领导小组,负责招标工作的领导及重大事项决策和审批。

4. 征地拆迁

深圳市、区两级政府及建设指挥部领导对征拆工作给予大力支持,由市规划国土局总负责。自1994年起,经过努力,顺利完成了机荷高速公路工程8046.7亩征地和沿线大量障碍物的拆迁任务。

(三)复杂技术工程

平湖编组站大桥位于深圳市西北平湖镇,跨越平南铁路正在修建的平湖编组站,大桥轴线与铁路交角90°,其里程桩号为K32+717.5~K33+249.44,大桥布局分为前引桥、主桥、后引桥三部分及左右两幅。

主桥采用三向预应力混凝土变截面连续箱梁,最大跨径65m,箱梁采用单箱室,箱宽8.55m,两边悬臂3.6m,梁根部高2.6m,跨中梁高1.5m,主桥下部采用双柱式墩,引桥上部采用预应力混凝土工形组合梁,桥台为肋台和柱式台,全桥基础均为钻孔灌注桩。

深圳机场—荷坳高速公路主要桥梁表

表 3-6-8

序号	桥梁名称	中心桩号	桥梁长度(m)	桥面宽度(m)	设计汽车荷载等级	备注
1	观澜河大桥(左幅)	K23+263	217.56	21	汽车—超20级、挂车—120	
	观澜河大桥(右幅)	K23+263	217.56	19.75	汽车—超20级、挂车—120	
2	平湖编组站大桥(左幅)	K32+983.5	525	12.5	汽车—超20级、挂车—120	
	平湖编组站大桥(右幅)	K32+983.5	515	12.5	汽车—超20级、挂车—120	
3	雁田水库特大桥(左幅)	K35+950.00	505.06	15.75	汽车—超20级、挂车—120	
	雁田水库特大桥(右幅)	K35+950.00	505.06	15.75	汽车—超20级、挂车—120	
4	荷坳立交主线跨线桥(左幅)	K43+669	212.64	15.75	汽车—超20级、挂车—120	
	荷坳立交主线跨线桥(右幅)	K43+669	212.64	15.75	汽车—超20级、挂车—120	
5	塘坑高架桥(左幅)	K13+148	276.86	15.75	汽车—超20级、挂车—120	
	塘坑高架桥(右幅)		276.86	15.75	汽车—超20级、挂车—120	

该项目重难点一是平湖编组站大桥具有弯、坡斜、纵横竖三向预应力等特点,技术性强,质量要求高,施工难度大;二是跨平湖编组站工程施工与大桥同时进行,给该项目的施工带来较大的干扰;三是桥位区段地质情况复杂,分布一条断裂破碎带,使地质情况更加复杂。

(四)科技创新

机荷高速公路地处山岭重丘地区,沿线地形复杂,高差较大,最高挖方超过70m,且为当时国内设计标准最高的六车道高速公路,应用技术范围广、难度大。除采用国内一流设计单位外,还多次邀请组织国内外知名公路专家到深圳"会诊",对技术难点提出新方案,优化技术方案。机荷高速公路的建成,填补了我国高速公路建设的一项空白。机荷高速公路是我国第一条按山岭重丘地区双向六车道标准建设的高速公路,在技术上具有创新性,为今后公路建设积累了经验。

(五)运营管理

1. 运营公司

深高速是一家A股、H股两地上市公司,成立于1996年12月30日,主要从事收费公路和道路的投资、建设及经营管理。截至2015年6月30日,公司经营和投资的公路项目共16个,所投资的高等级公路里程数按权益比例折算约413km,在深圳地区直管梅观、机荷东、机荷西、南光、盐排、盐坝等6条高速公路。1995—2008年,深高速的运营管理模式是建一条高速公路,成立一个管理公司进行全面管理。深高速先后成立了深圳市梅观高速公路有限公司、深圳机荷高速公路东段有限公司、深圳高速公路股份有限公司机荷西分公司三家运营管理公司,分别管理梅观高速公路、机荷东高速公路、机荷西高速公路的运营业务。各管理公司下设行政部、收费部、路产路政部、财务部,各部门各司其职,收费站由收费部统一管辖。

2009年,随着港资退出机荷东公司以及开通路段的增加,深高速整合各路段分公司业务,由营运管理部负责6个高速路段的运营业务,将工作按业务性质归口到业务管理线,即在营运部的统一管辖下,下设9条业务线直接管理收费站,各业务线分管6条路段13个行政收费站的对口业务,实现运营的扁平化管理模式,形成了具有深高速特色的运营管理。

(1)高峰车流应急响应管理

深高速努力践行"让社会运输效率更高"的企业核心价值观,通过不断探索和实践,创立了高峰车流快速疏导与应急响应管理机制,同时结合各收费站运作实际情况与车流特点,为各收费站制订了适用的分级响应处置预案。通过强化对各收费站模式运用演练的监督指导、节假日前各站应急保畅预案检查、应急收费整体调度协调及应急后评估等系列工作,大大提高了各站应急收费模式运用的成熟度。

(2)收费窗口优质文明服务水平

为提升高速公路收费窗口行业的服务形象,统一规范员工服务流程,深高速将文明服务的概念转换为具体可量化、可衡量的执行标准,统一规范员工服务流程,构建了以窗口文明服务模式为核心的运营服务标准体系,实现了窗口服务的标准化与规范化,提升了服务品质,获得往来驾驶人员的一致赞誉与好评。

(3)一线场站规范化管理水平

2010年初,在充分总结十余年运营管理经验的基础上,融合了Q12伟大管理要素与PDCA质量管理循环,在对收费场站的规范化管理实践中,深高速深入推行促进收费站自查、自评、自纠的多项管理制度,多角度整合收费站管理要素,将运营管理各项重要管理规范逐项进行归纳、总结与完善,使管理标准、考核内容更为准确、规范和统一,明确各级管理人员在岗位工作中的具体内容和工作标准,实现基层管理者自主管理。此外,营运部还结合内外部经营环境的变化及各项收费政策的调整,针对收费站管理制度的符合性与有效性进行检验与修订。截至2015年,上述制度多次进行了修订,通过对收费站管理相关制度的全面实施,收费站标准化管理水平得到有效提升。

2. 收费站点

(1)机荷东高速公路有6个收费站,分别为福民、清湖、白泥坑、平湖、荷坳、水荷立交。总物理车道数109条,其中出口车道数74条(ETC收费点12个,MTC收费点31个,计重收费点47个,复式收费点50个);入口车道数35条(ETC点7个,MTC发卡点22个,自助发卡点16个),见表3-6-9。

收费站点设置情况表 表3-6-9

站点名称			车道数	收费方式
机荷东高速公路	福民站	福民	16	匝道封闭式收费
		清湖	40	匝道封闭式收费
	白泥坑站	白泥坑	16	匝道封闭式收费
		平湖	12	匝道封闭式收费
	荷坳站	荷坳	15	匝道封闭式收费
		水荷立交	10	匝道封闭式收费
	合计		109	—

(2)机荷西高速公路共有5个收费站,分别为黄鹤、石岩、溪之谷、水朗、水朗C站。总物理车道数52条,其中出口车道数35条(ETC收费点5个,MTC收费点14个,计重收费点16个,复式收费点15个);入口车道数17条(ETC点4个,MTC发卡点7个,自助发卡点6个),见表3-6-10。

收费站点设置情况表　　　　　　　　　　　　　表3-6-10

站点名称			车 道 数	收费方式
机荷西高速公路	黄鹤站	黄鹤	15	匝道封闭式收费
	石岩站	石岩	18	匝道封闭式收费
		溪之谷	6	匝道封闭式收费
	水朗站	水朗	10	匝道封闭式收费
		水朗C	3	匝道封闭式收费
合计			52	—

3. 车流量

（1）机荷东高速公路自1997年10月31日开通后，日平均车流量呈现逐年增长趋势。1997—2015年，日均车流量从6152辆增加至218953辆，见表3-6-11。

车流量情况表　　　　　　　　　　　　　　　　表3-6-11

年份(年)	日均车流量(辆)	年份(年)	日均车流量(辆)
1997	6152	2007	80598
1998	13598	2008	84526
1999	16799	2009	84629
2000	21602	2010	111530
2001	25103	2011	118215
2002	26547	2012	128414
2003	33308	2013	149896
2004	44446	2014	190673
2005	56468	2015	218953
2006	70278	—	—

（2）机荷西高速公路自1999年5月开通后，日平均车流量呈现逐年增长趋势。1999—2015年，日均车流量从10028辆增加至175386辆，见表3-6-12。

车流量情况表　　　　　　　　　　　　　　　　表3-6-12

年份(年)	日均车流量(辆)	年份(年)	日均车流量(辆)
1999	10028	2008	70925
2000	12787	2009	71469
2001	16134	2010	91111
2002	21809	2011	99390
2003	28284	2012	106564
2004	35257	2013	123343
2005	46462	2014	150336
2006	53765	2015	175386
2007	72167	—	—

七、广州—深圳高速公路

广深高速公路是国家高速公路网首都放射线京港澳高速公路路段(编号为G4),位于珠江三角洲东部,跨越广州、东莞、深圳三市,起于广州市天河东圃,连接广州市环城高速公路、广州市北二环高速公路、虎门大桥、常虎高速公路及深圳机荷高速公路、南坪快速路,终于深圳市福田区皇岗村与香港分界的深圳河,与深圳市城市道路和香港落马洲管制区路网相接,全长122.8km,宽33.1m,双向六车道,全封闭、全立交,设计速度120km/h,全线设有路灯照明,是国内第一条引进外资兴建的高速公路,也是广东省第一条立项建设的高速公路。

广深高速公路由广东省公路建设有限公司与香港合和中国发展(高速公路)有限公司合作,并成立广深珠高速公路有限公司(简称"广深公司"),负责广深高速公路项目建设和经营管理,总投资129.42亿元。1992年2月19日,广东省建设委员会批准广深高速公路项目正式全线动工;1993年12月28日完成广州段和深圳段主线路桥工程,局部临时通车;1994年7月18日完成全线主线路桥工程并全线临时通车;1996年6月30日完成全部互通式立交工程,经广东省政府批准,1996年7月1日向公众开放使用;1997年6月30日完成收费系统测试;1997年7月1日正式通车运营。

广深高速公路原为沈海高速公路(G15)主干线,调整为京港澳高速公路(G4)主干线,与G15共线,共线路段起于深圳鹤州,接机荷高速公路,止于广州火村,与广州北二环高速公路相接。[详细情况见本章第一节北京—港澳高速公路广东段(G4)"四、广州—深圳高速公路"]

八、广州北二环高速公路

广州北二环高速公路是沈海高速公路主干线广州绕城公路北段,西起于白云区,与广花高速公路相接,向东途经神山、江高、铁路编组站、蚌湖、龙归、太和、龙洞林场、黄陂果园、柯木朗村,止于萝岗火村,与广深高速公路、东二环高速公路相接,主线长38.40km,沿线贯通广清、机场、京珠、广惠、广深5条高速公路和华南快速干线,国道105、106、107、324和省道1902等干线公路,为疏导广州市区北部过境车辆,减轻中心市区交通压力起到了重要的作用。

广州北二环高速公路路基、桥梁均宽32m,双向六车道,沥青混凝土路面,设计速度80km/h,全线设有特大桥3座,大桥4座,中桥5座,隧道2座,互通立交6处,预留八斗互通立交、分离式立交5处,隧道2座。1998年11月13日正式开工建设,主线于2001年10月26日完工投入试运行。[广州北二环、广州东二环、广州南二环、广州西二环南段、北段高速公路是系统组织建设的项目,其建设和管理的实录资料归编为本章第八节广州绕城高速公路(G1501)。详细情况见本章第八节广州绕城高速公路(G1501)"一、广州北二环高速公路"]

九、广州西二环高速公路北段

广州西二环高速公路北段(简称"西二环北段")是国道主干线广州绕城公路小塘至茅山段(G1501)及国道主干线沈海高速公路(G15)的重要组成部分,是广州市城市空间发展规划中"西联"战略和广佛经济圈的重要通道,对充分发挥国道主干线主骨架路网功能,完善区域路网布局,改善投资环境,促进广州市和广东省乃至泛珠三角洲经济发展具有重要的意义。

西二环北段起于佛山市南海区小塘镇,与广三高速公路、西二环南段相接,途经佛山市南海区小塘、官窑、和顺,三水区西南、乐平,广州市花都区的炭步镇,止于广州市白云区江高镇茅山村,与广清高速公路及北二环高速公路相接,路线全长39.126km。全线按高速公路标准建设,双向六车道,设计速度120km/h,路基宽度33.5m,桥涵与路基同宽。全线设有特大桥3座,大桥27座,中桥16座。全线与全省高速公路大联网,设管养中心1处,服务区1处,匝道收费站4处。全线设有小塘、官窑、乐平、炭步、和顺、龙山互通立交6处。[详细情况见本章第八节广州绕城高速公路(G1501)"五、广州西二环高速公路北段"]

十、广州西二环高速公路南段

国道主干线广州绕城高速公路(G1501)九江至小塘段(简称"西二环南段"),是国道主干线沈海高速公路(G15)的重要组成部分,起点位于佛山市南海区九江镇,与佛开高速公路交叉并与国道主干线广州绕城公路南段相接,途经南海区九江、西樵、丹灶、金沙、小塘及三水区白坭镇,终点位于南海区小塘镇黎边村,与广三高速公路交叉并与国道主干线广州绕城公路小塘至茅山段连接。路线全长41.56km,按高速公路标准建设,设计速度100km/h。九江至横江段35.554km,双向六车道;横江至小塘段6.321km,双向八车道。设特大桥8座,大桥12座,互通式立交6处。

2005年3月1日开工,2007年12月13日建成通车,并于2012年11月29日通过竣工验收。[详细情况见本章第八节广州绕城高速公路(G1501)"四、广州西二环高速公路南段"]

十一、佛山—开平高速公路

佛(山)开(平)高速公路是国道主干线沈阳至海口高速公路广东省境内的一段,起于佛山市南海区的谢边,与广(州)佛(山)高速公路相接,途经佛山、南海、鹤山、江门、新会等市(区),在鹤山市雅瑶镇与江(门)肇(庆)高速公路相接,终于开平市的水口镇,与开阳高速公路相连,全长79.864km。原线路为双向四车道,设计速度120km/h,全封闭、全立交高速公路。(线路调整后,佛山市南海区谢边至九江段为沈海高速公路广州支线,编

号为 S1501）

佛开高速公路是广东省首次利用世界银行贷款和按"菲迪克"条款对工程质量、工程造价、工程进度进行管理而建设的大型交通基础设施项目。土建工程于 1993 年 6 月 22 日开工，1996 年 12 月 8 日主体工程全部完工并全线通车。

随着交通量的增加，对佛开高速公路进行了扩建大修，其中三堡至水口段（33.264km，简称"南段"）大修于 2008 年底完成，谢边至三堡段（46.6km，简称"北段"）扩建已于 2006 年开工建设，扩建段为双向八车道。

（一）主要技术指标和建设规模

佛开高速公路全长 79.864km，采用高速公路标准，双向四车道，设计速度 120km/h，全封闭、全立交。全线桥梁共 151 座，其中主要桥梁（双幅）35 座，主线桥梁总长约 16.93km，占主线里程的 21%，见表 3-6-13。

（二）建设情况

1. 建设依据

1991 年，国家计委《关于佛山至湛江汽车专用公路佛山至开平端项目建设的批复》。

1992 年，国家计委《关于佛山至开平高速公路可行性研究报告的批复》。

1992 年，交通部《关于佛山至开平高速公路初步设计的批复》。

1997 年 6 月，交通部《关于佛山至开平高速公路调整概算的批复》。

2. 资金来源

建设佛开高速公路取得世界银行贷款 1 亿美元，除交通部补助及交通厅安排的公路建设资金、还贷基金外，由广东省高速公路发展股份有限公司募集法人股及上市发行 B 股筹集资金 8.3 亿元，另通过发行债券、向银行贷款筹集资金。

3. 征地拆迁

项目业主与沿线各级地方政府工程建设指挥部和征地拆迁办公室通力合作，征地拆迁工作开展顺利。全线完成征地 9536.063 亩。

4. 招投标

土建工程于 1993 年初实行国际竞争性招标，由交通部第一公路工程总公司、北京市第二市政工程公司、广东省公路工程总公司与广东省航务工程公司联营体和江门市交通工程建设总公司联营体中标。运营收费、通信、交通监控三大机电系统工程于 1996 年底招标，由上海隧道工程股份有限公司、泛安科技开发（石家庄）有限公司和加拿大道康公司联营体中标。

佛山—开平高速公路主要桥梁表

表 3-6-13

序号	桥梁分类	桥梁名称	中心桩号	桥梁长度（m）	桥面宽度（m）	车道数	设计汽车荷载等级	开工时间	完工时间	备注
1	大桥	联星跨线桥（左幅桥）	K49+127	670.42	20.363	4	汽车—超20级、挂车—120/公路—I级	1993年5月	1996年12月	
2	大桥	联星跨线桥（右幅桥）	K49+127	670.42	20.363	4	汽车—超20级、挂车—120/公路—I级	1993年5月	1996年12月	
3	特大桥	汾江大桥（左幅旧桥）	K51+288	2352.91	11.998	2	汽车—超20级、挂车—120	1993年5月	1996年12月	
4	特大桥	汾江大桥（左幅新桥）	K51+288	2352.91	12.500	2	公路—I级	2009年3月	2012年12月	
5	特大桥	汾江大桥（右幅旧桥）	K51+288	2352.91	11.998	2	汽车—超20级、挂车—120	1993年5月	1996年12月	
6	特大桥	汾江大桥（右幅新桥）	K51+288	2352.91	12.500	2	公路—I级	2009年3月	2012年12月	
7	大桥	张槎跨线桥（左幅旧桥）	K54+060	737.59	12.098	2	汽车—超20级、挂车—120	1993年5月	1996年12月	
8	大桥	张槎跨线桥（左幅新桥）	K54+060	737.59	12.500	2	公路—I级	2009年3月	2012年12月	
9	大桥	张槎跨线桥（右幅旧桥）	K54+060	737.59	12.098	2	汽车—超20级、挂车—120	1993年5月	1996年12月	
10	大桥	张槎跨线桥（右幅新桥）	K54+060	737.59	12.500	2	公路—I级	2009年3月	2012年12月	
11	大桥	季华跨线桥（左幅桥）	K55+868.8	282.20	25.363	4	汽车—超20级、挂车—120/公路—I级	1993年5月	1996年12月	
12	大桥	季华跨线桥（右幅桥）	K55+868.8	282.20	25.363	4	汽车—超20级、挂车—120/公路—I级	1993年5月	1996年12月	
13	特大桥	潭洲大桥（左幅旧桥）	K56+330	1470.20	12.098	2	汽车—超20级、挂车—120	1993年5月	1996年12月	
14	特大桥	潭洲大桥（左幅新桥）	K56+330	1470.20	14.250	2	公路—I级	2009年3月	2012年12月	
15	特大桥	潭洲大桥（右幅旧桥）	K56+330	1470.20	12.098	2	汽车—超20级、挂车—120	1993年5月	1996年12月	
16	特大桥	潭洲大桥（右幅新桥）	K56+330	1470.20	14.250	2	公路—I级	2009年3月	2012年12月	
17	大桥	吉利河大桥（左幅桥）	K59+508	1163.50	22.750	4	汽车—超20级、挂车—120/公路—I级	1993年5月	1996年12月	
18	大桥	吉利河大桥（右幅桥）	K59+508	1163.50	22.750	4	汽车—超20级、挂车—120/公路—I级	1993年5月	1996年12月	
19	大桥	新基田跨线桥（左幅桥）	K62+480	618.20	20.363	4	汽车—超20级、挂车—120/公路—I级	1993年5月	1996年12月	
20	大桥	新基田跨线桥（右幅桥）	K62+480	618.20	20.363	4	汽车—超20级、挂车—120/公路—I级	1993年5月	1996年12月	
21	特大桥	北江大桥（左幅桥）	K66+163	1375.00	22.128	4	汽车—超20级、挂车—120/公路—I级	1993年5月	1996年12月	
22	特大桥	北江大桥（右幅桥）	K66+163	1375.00	22.128	4	汽车—超20级、挂车—120/公路—I级	1993年5月	1996年12月	
23	大桥	上新塘跨线桥（左幅桥）	K68+606	363.70	20.363	4	汽车—超20级、挂车—120/公路—I级	1993年5月	1996年12月	

续上表

序号	桥梁分类	桥梁名称	中心桩号	桥梁长度（m）	桥面宽度（m）	车道数	设计汽车荷载等级	开工时间	完工时间	备注
24	大桥	上新塘跨线桥（右幅桥）	K68+606	363.70	20.363	4	汽车—超20级、挂车—120/公路—I级	1993年5月	1996年12月	
25	大桥	龙山跨线桥（左幅桥）	K74+092	927.28	20.363	4	汽车—超20级、挂车—120/公路—I级	1993年5月	1996年12月	
26	大桥	龙山跨线桥（右幅桥）	K74+092	927.28	20.363	4	汽车—超20级、挂车—120/公路—I级	1993年5月	1996年12月	
27	大桥	九江涌大桥（左幅桥）	K3106+000	480.80	22.490	4	汽车—超20级、挂车—120/公路—I级	1993年5月	1996年12月	
28	大桥	九江涌大桥（右幅桥）	K3106+000	480.80	22.490	4	汽车—超20级、挂车—120/公路—I级	1993年5月	1996年12月	
29	特大桥	九江大桥（左幅一桥）	K3108+180.2	1819.16	11.900	2	汽车—超20级、挂车—120	1993年5月	1996年12月	
30	特大桥	九江大桥（左幅二桥）	K3108+180.2	1819.16	11.900	2	汽车—超20级、挂车—120	1993年5月	1996年12月	
31	特大桥	九江大桥（右幅桥）	K3108+180.2	1819.16	20.150	4	公路—I级	2005年5月	2010年12月	
32	大桥	陈山跨线桥（左幅桥）	K3117+302	420.74	20.363	4	汽车—超20级、挂车—120/公路—I级	1993年5月	1996年12月	
33	大桥	陈山跨线桥（右幅桥）	K3117+302	420.74	20.363	4	汽车—超20级、挂车—120/公路—I级	1993年5月	1996年12月	
34	大桥	石步河大桥（左幅桥）	K3154+103.32	302.80	11.848	2	汽车—超20级、挂车—120	1993年5月	1996年12月	
35	大桥	石步河大桥（右幅桥）	K3154+103.32	302.80	11.848	2	汽车—超20级、挂车—120	1993年5月	1996年12月	

5.主要设计、施工、监理单位

设计单位：广东省公路勘察规划设计院、交通运输部上海船舶运输科学研究所等单位。

施工单位：交通部第一公路工程总公司、广东省长大公路工程总公司等单位。

监理单位：广东省交通科学研究所、美国路易斯·伯爵公司、交通部公路研究所、广东省工程建设监理公司等单位。

6.工程变更

新增季华桥；汾江桥铁路路段变更；吉利河桥跨石南公路变更；增设大雁山立交及有关通道；增设鹤山火车站通道桥等。

(三)佛开高速公路扩建工程

1.北段扩建工程

(1)扩建规模

全线采用双向八车道高速公路标准，改扩建路段设计速度120km/h，其中汾江大桥至北江大桥南段约18km沿现有公路两侧拓宽路基至52m，九江大桥段约2km，新建一幅桥宽采用20.15m；其余路段约27km，路基拓宽至42m。全线新建桥涵设计汽车荷载等级采用公路—Ⅰ级。

全线改扩建张槎、沙头、龙山、大雁山、陈山互通式立交，新建南庄、吉利互通式立交。将原大雁山服务区移至雅瑶，建成新的雅瑶服务区。

谢边至三堡改扩建项目于2009年3月开工建设，2012年12月底建成通车。

(2)扩建依据

2007年5月22日，国家发改委对该项目的项目申请报告进行了核准。

2008年4月2日，交通运输部批复了该项目的初步设计，批复概算40.02亿元。

2009年1月4日，广东省交通厅印发该项目施工图审查意见。

2009年9月27日，广东省交通厅印发该项目路面工程施工图审查意见。

2011年7月15日，交通运输部批复项目施工许可申请。

(3)主要设计、施工、监理单位

设计单位：广东省公路规划勘察设计院股份有限公司、广东省名都设计有限公司。

施工单位：广东省长大公路工程有限公司、广东省冠粤路桥有限公司、广东晶通公路工程建设集团有限公司、中铁十二局集团有限公司等。

监理单位：广东华路交通科技有限公司、广东工程建设监理有限公司。

2. 南段扩建工程(建设中)

(四)重大及复杂技术工程

佛开高速公路九江大桥桥位处江面宽阔、水深流急,是佛开高速公路施工难度最大的桥梁,主桥采用六孔一联(50m+100m+160m+160m+100m+50m)的大跨度预应力混凝土连续箱梁,采用悬臂拼装施工,开创了国内外先河。

箱梁悬拼施工中采用了二次压浆的方法,即将悬拼施工中需张拉锚固的预应力管道分为三段,每段各安装一套压浆管和排气管,并在分段处将管道设为明槽式,长度为20~30cm,张拉完成后,先在明槽内灌注混凝土,将三段管道隔绝,其后对头尾两段管道压浆,最后中间管道的压浆安排在主桥合龙,全部预应力束张拉完成后,与合龙段的压浆一道进行。悬臂拼装施工由于采用梁段在预制场内集中预制,后吊装拼接合龙成桥的施工方式,具有梁段施工质量可得到保证、后期梁体塑性变形和预应力损失相对较小、可缩短工期等优点。

九江大桥的桩基直径最大达3m,最大孔深96.5m,地质情况复杂省内罕见,施工难度大。桥面铺装采用钢纤维混凝土,增大了桥面的抗折和抗裂性,延长了桥面铺装的使用寿命。

(五)科技创新

广东省佛开高速公路有限公司与科研单位合作开展了"已建大跨径梁桥长期下挠的对策研究"课题(属国家863计划科技项目)。"已建大跨径梁桥长期下挠的对策研究"项目依托佛开高速公路汾江大桥、潭州大桥等实体工程,在室内外试验、理论计算分析、设计理论分析、状态评估及技术开发及应用效果评价等方面对大跨径梁桥长期下挠新技术、新方法进行研究。

(1)基于现有的预应力混凝土桥梁设计理论,提出了病害发生和发展的机理:从理论上看,预应力反向弯矩与荷载弯矩不匹配必然造成混凝土梁桥的长期变形;过量下挠的主要原因是恒载超重和预应力过量损失,徐变的存在使之形成了"变形-预应力损失-变形-再预应力损失"的循环链,且试验也表明徐变系数将随应力水平的提高而增加;当预应力不能抵消外荷载产生的拉应力时,梁体将出现裂缝,裂缝的出现将加剧下挠量。

(2)开发了基于应力释放原理的在役混凝土桥梁应力状态测试方法,可用于判定已建桥梁混凝土的应力状况。

(3)开发了基于位移影响线测试的桥梁实际刚度识别方法,可用于对在役混凝土桥梁的抗弯刚度及分布特点作出定量评估,并由此推断截面的裂缝情况。

（4）建立了基于动态称重系统的梁桥承载能力全概率评价方法，研究了目前国内高速公路车辆荷载特性，为修正我国公路桥梁的荷载模型提供了基础。

（5）探索了利用空间有限元方法分析混凝土梁裂缝的简化方法，可以对开裂过程引起结构内力重分布过程进行模拟，提供了一种实用桥梁状态评估方法。

（6）在对大跨径预应力混凝土梁桥长期过量下挠与开裂机理分析的基础上，提出了相应的加固对策、原则，并给出了病害处治的流程。

（7）明确了箱内施加体外预应力、箱外施加体外预应力、增加斜拉索、置换主梁跨中梁段、后期桥面铺装采用轻质混凝土减载等加固方法及其组合方案的有效性。

采用下挠开裂后桥梁的评估技术对汾江大桥进行分析与评估后，提出相应的加固决策，使汾江大桥避免采用原拆除方案，节约拆除费用800万元及新建费用1400万元，合计产生经济效益2200万元。

研究成果具有创新性和实用性，总体达到国际先进水平，其中"桥梁实际刚度识别方法"居国际领先水平，获得了"广东省2010年科学技术奖二等奖""中国公路学会科学技术奖二等奖"。

（六）运营管理

1. 运营公司

广东省佛开高速公路有限公司成立于1993年2月，主要负责佛开高速公路的经营管理，内设5个职能部门及1个路政大队，下辖九江大桥分公司、7个收费管理站、3个路政中队、1个拯救队。

2. 收费站点

佛开高速公路共有8个收费站，分别为张槎、南庄、吉利、沙头、龙山、大雁山、陈山、共和站，其中共和站根据全省联网收费的规定于2014年6月29日撤销主线收费站。2015年6月30日在全线收费站实现了ETC全国联网收费。

3. 车流量

车流量情况见表3-6-14。

车 流 量 情 况 表　　　　　　　　　　表3-6-14

年份（年）	车流量（辆）	日均车流量（辆）	年份（年）	车流量（辆）	日均车流量（辆）
2003	11460697	31399	2008	29424975	80396
2004	20573361	56211	2009	28678400	78571
2005	25520786	69920	2010	26203896	71791
2006	25253983	69189	2011	25854916	70835
2007	28215401	77302	2012	27113466	74081

续上表

年份(年)	车流量(辆)	日均车流量(辆)	年份(年)	车流量(辆)	日均车流量(辆)
2013	35792083	98061	2015	46527879	127474
2014	42509412	116464			

注：2010—2012年谢边至三堡路段改扩建工程（双向四车道改为双向八车道），2012年12月26日改扩建路段通车。

4.服务区

佛开高速公路雅瑶服务区占地面积105867m^2，于2012年底投入使用，服务区主要设施有超市、餐厅，并提供汽车维修等服务。

5.路政管理

佛开高速公路路政大队成立于1996年6月，下设3个路政中队，负责佛开高速公路全线80km的路政管理工作，承担佛开公司拯救队监管工作，并为使用佛开高速公路、广佛高速公路共95km路段的车辆提供救援服务。

佛开路政管理以"快速响应、快速到场、快速救援、快速清障"为工作要求，以强化路政巡查和施工监管、推进路政执法队伍建设为重点，重全局、抓细节，切实维护公路管理者、经营者、使用者的合法权益。佛开路政管理各项工作均走在行业前列，先后被评为"全省公路路政管理规范化先进单位"，并荣获全国"青年文明号"、广东省"工作先锋号"光荣称号。

佛开路政在省内率先开展公路路政与公安交警协作模式研究，形成区域交通事故处理、救援、排障、交通疏导一体化联动机制后，道路保畅水平大幅提高，成效显著。创建的"路警联动协同管理公路保畅机制"荣获"第二十届广东省企业管理现代化创新成果"一等奖。

（七）企业文化建设

（1）文化融合，构建起科学的运营体系。着重把制度文化与企业员工理念结合起来，通过不断修订和完善运营管理制度，严抓绩效管理考核，提升制度执行力，树立"执行从我开始"工作观，已形成172份内部管理制度，涵盖企业生产经营各个环节。其中佛开融合文化建设和品牌战略所创造的"高速公路运营管理的06法则"，在实践中取得了卓越的管理绩效，荣获"中国中小企业创新100强"。

（2）文化支撑，创新成就领先高度。佛开公司承担了省级科研课题"已建大跨径梁桥长期下挠的对策研究"和国家级科研课题"大跨度预应力混凝土连续箱梁桥长期下挠和开裂的控制研究"。两个课题共取得了8项技术创新，突破了10项关键技术，分别荣获省和交通部科学技术二等奖。管理成果"路警联动协同管理公路保畅机制"和"收费公路防逃费的要素管理"，分别荣获第二十届、二十一届广东省企业管理现代化创新成果一等奖。

(3) 文化导向,模范人物竞相涌现。佛开公司的文化体系建设突出员工的主体地位,体现对人的尊重。关爱员工,引导员工加强学习,提高自身素质。设立培训基地,对员工进行教育培训。

(4) 强化监督职能,完善管理体系。坚持从教育、制度、监督三个方面健全工作机制,构建具有佛开特色的防腐保廉体系,推进企业廉政文化建设发挥积极有效的作用。

在企业文化建设中公司先后荣获的"全国青年文明号""中国中小企业创新100强""广东省五一劳动奖状""广东省十项工程劳动竞赛模范集体""广东省模范劳动关系和谐企业""广东省安全文化示范企业""广东省最佳诚信企业";2012、2013年度,佛开公司连续两年荣获"全国交通运输文化建设优秀单位"称号;2014年度,佛开公司荣获"全国交通运输文化建设卓越单位"称号。2015年,佛开高速公路雅瑶服务区荣获"全国百佳示范服务区"称号。截至2015年底,公司共涌现出200万元或双百班次无差错收费能手128名,1000万元无差错收费能手118名,2000万元无差错收费能手17名,3000万元无差错收费能手5名,4000万元无差错收费能手2名。

十二、开平—阳江高速公路

开阳高速公路是国道主干线沈阳至海口高速公路广东省境内的一段,是广东西翼的交通大动脉,东接佛开高速公路,西接阳茂高速公路,途经开平市、恩平市、阳江市,全长125.2km,项目概算总投资46.63亿元,最终结算37.6亿元。2000年10月开始动工建设,2003年9月3日正式通车运营,同时实现粤西区域各高速公路的联网收费。开阳高速公路由广东开阳高速公路有限公司负责投资建设和运营管理。

(一)主要技术指标和建设规模

开阳高速公路全线按平原微丘区高速公路标准建设,全互通、全立交、全封闭,双向四车道,路基宽28m,设计速度120km。全线设有主要大桥9座(表3-6-15),互通式立交12座。设管理中心1处,管理中心站4处,服务区2处(梁金山服务区、阳江服务区),停车区1处(大槐停车区)。

开平—阳江高速公路主要桥梁表　　　　　表3-6-15

序号	桥梁分类	桥梁名称	中心桩号	桥梁长度(m)	桥面宽度(m)	车道数	设计汽车荷载等级	开工时间	完工时间	备注
1	大桥	水口高架桥	K3157+866	534.904	23.5	4	公路—Ⅰ级	1999年10月	2003年9月	
2	大桥	雅岗大桥	K3160+543	670	23.5	4	公路—Ⅰ级	1999年10月	2003年9月	
3	大桥	水口河西大桥	K3161+524	385	23.5	4	公路—Ⅰ级	1999年10月	2003年9月	
4	大桥	沙塘大桥	K3175+371	675.04	23.5	4	公路—Ⅰ级	1999年10月	2003年9月	
5	大桥	锦江大桥	K3218+275	406	23.5	4	公路—Ⅰ级	1999年10月	2003年9月	

续上表

序号	桥梁分类	桥梁名称	中心桩号	桥梁长度（m）	桥面宽度（m）	车道数	设计汽车荷载等级	开工时间	完工时间	备注
6	大桥	六面咀大桥	K3222+247	226	23.5	4	公路—Ⅰ级	1999年10月	2003年9月	
7	大桥	那龙河大桥	K3248+959	229.4	23.5	4	公路—Ⅰ级	1999年10月	2003年9月	
8	大桥	漠阳河东桥	K3273+912	806	23.5	4	公路—Ⅰ级	1999年10月	2003年9月	
9	大桥	漠阳河西桥	K3275+974	726	23.5	4	公路—Ⅰ级	1999年10月	2003年9月	

（二）建设情况

1. 建设依据

（1）开阳高速公路工程

1998年11月30日，交通部批复同意建设同三国道主干线开平至阳江公路项目和可行性研究报告。

1999年7月19日，交通部批复了开阳高速公路工程的初步设计。

（2）梁金山互通立交工程

交通部以《关于开平至阳江公路初步设计的批复》对初步设计进行了批复，其中梁金山互通立交工程预留为二期建设。开阳高速公路2003年开通后，为吸纳更多的交通量以提高效益，2006年，广东省交通厅批准梁金山互通建设，建设资金由广东开阳高速公路有限公司自筹。

（3）阳江互通立交工程

2006年11月，广东省发展和改革委员会以《关于开阳高速公路阳江立交及连接线工程可行性研究报告的批复》同意建设开阳高速公路阳江立交及连接线工程。2007年6月，广东省发展和改革委员会以《关于开阳高速公路阳江立交及连接线工程调整建设方案的批复》同意对开阳高速公路阳江立交及连接线工程建设方案进行调整。

2008年3月，广东省交通厅《关于开阳高速公路阳江立交及连接线工程初步设计的批复》。

2. 资金来源

项目建设资金采取股东自筹与银行贷款相结合的办法筹集。其中总投资资金中35%为资本金，由项目公司各股东自行筹集，项目资金的65%向银行贷款。

3. 征地拆迁

广东开阳高速公路有限公司于2000年12月15日与鹤山市人民政府签订了《同三国道主干线粤境开平至阳江（鹤山段）征地拆迁承包合同补充协议书》，于1999年11月10日与开平市人民政府签订了《同三国道主干线粤境开平至阳江（开平段）征地拆迁承包合同补充协议书》,于 2000 年 5 月 27 日与恩平市人民政府签订了《同三国道主干线粤境开平至阳江(恩平段)征地拆迁承包合同补充协议书》,于 1999 年 12 月 16 日与阳江市人民政府签订了《同三国道主干线粤境开平至阳江(阳江段)征地拆迁承包合同补充协议书》。

4. 招投标

2000 年 1 月 7 日,交通部以《关于广东省开平至阳江高速公路招标文件的批复》批准项目的招标文件。2000 年 1 月 12 日,交通部以《关于广东省开平至阳江高速公路施工招标资格预审结果的批复》批准施工招标资格预审,并于 2000 年 5 月在广东省建设工程交易中心完成招标工作。

开阳高速公路是第一个进入广东省建设工程交易中心进行全面招标的高速公路项目。

5. 主要设计、施工、监理单位

设计单位:广东省公路勘察规划设计院、中国公路工程咨询监理总公司等 7 个单位。

施工单位:中铁二局集团有限公司、广东省公路工程承包公司、广东省航务工程总公司、广东省佛山公路工程公司等 17 个单位。

监理单位:育才-布朗交通咨询监理有限公司、北京华宏路桥咨询监理公司等 5 个单位。

(三)复杂技术工程

开阳高速公路在建设工程中,本着"百年大计,质量第一"的方针,在工程质量管理方面"抓得早,起点高,有目标,有措施",严格实施"全过程、全方位、全环节"的工程质量控制和管理。八大亮点:

亮点一:梁板预制。各种规格、尺寸的大空板、T 梁等,全部采用工厂化集中预制。原材料的精选再结合先进的施工工艺,使梁板的内在和外观质量得到了有效保证。

亮点二:构造物外观。通过大块钢模板和专业模板的强制使用,通过抓各施工环节的施工工艺,使构造物平整光滑,确保了整体质量。

亮点三:浆砌工程。"按艺术品的标准来完成浆砌工程",所有浆砌工程全部按勾凹真缝的要求进行施工,使浆砌工程坐浆饱满,外形美观。

亮点四:上跨天桥。16 座上跨天桥结合实际地形、周围景观,进行优化设计。以人性化的理念,创造出造型优美、形式各样、桥地结合、环境协调的一道路上风景。

亮点五:桥面铺装。利用大型摊铺机械进行摊铺,采用先进的钢纤维混凝土技术,显著提高混凝土抗拉、抗剪性能,保证桥面的内在质量和外观美感,"以设备保工艺,以工艺保质量"。

亮点六:绿化工程。以三维网植草大量取代护面墙和骨架护坡,采用人工配合机械制浆,并全部采用机械进行喷播,取代人工溜浆的手工艺操作。对石质边坡进行喷混植生,通过挂铁丝网、植生带,喷播草籽,对石质边坡实现了有效防护。在全线景观与绿化工程上,做到点、线、面相结合,乔、灌、草相搭配,达到与周围环境的协调。大红花、垂榕和黄球榕等的预先育苗,让盎然的翠色与沿线风景相融合,使绿色通道更加生动、自然。

亮点七:路面工程。在基层施工中,水泥稳定粒料全部采用厂拌法集中拌制,采用大型摊铺机摊铺、大吨位压路机碾压,小光轮压路机收光、压边,并全部采用薄膜养护,开创了广东省高速公路基层采用薄膜养护的先例。在下封层施工中,引进了稀浆封层、预拌碎石热沥青层铺法等下封层施工新技术、新工艺,有效地解决了因路面标段长和上基层长期暴露而造成的各种问题,同时起到了层间结合、防水和保护基层的良好效果。在面层施工中,对碎石进行水洗,沥青全部采用进口沥青,并对所有原材料实行严格的抽检制度。引进 Superpave 新技术,应用到中下面层的配合比设计中,同时采用压实度"双控"。

在省内首次强制要求采用 6 台以上的大吨位压路机进行沥青路面的碾压。

亮点八:沿线细节。"细微之处见精神"——中央分隔带、路缘石、隔离栅、护栏、标线等是与高速公路同步延伸的线,重视抓好这些环节的内在与外观质量,使这些细节成为与高速公路同步延伸的亮点。

(四)科技创新

开阳高速公路在工程实施过程中创造了十个"第一":

(1)第一次在施工图设计阶段的地质钻探外业中开展监理工作。

(2)第一个在广东省内执行新《中华人民共和国土地法》开展征地工作的高速公路建设项目。克服了征地单价高、农用地保护严格、用地报批手续复杂、无先例可循等困难,圆满完成了项目征地工作,并给后续开工的高速公路项目征地工作提供了借鉴。

(3)第一个进入省建设工程交易中心进行全面招标的高速公路项目。监理和土建工程施工全部面向全国公开招标,所有招标按照"公开、公平、公正"的原则,实现了完全彻底的"阳光工程"。

(4)第一次在施工合同和监理合同中采取"优良工程价款"的模式,将质量与经济直接挂钩。

(5)第一个在广东省内的路面基层施工中全部强制要求采用薄膜养护。

(6)第一个在广东省内全面引进 Superpave 技术在高速公路沥青路面上大面积应用,在国内首次采用旋转压实机进行质量控制。

(7)第一个在广东省内的高速公路下封层施工中采用稀浆封层技术。

(8)第一个在广东省内的沥青路面施工中强制要求使用 6 台以上压路机进行碾压。

(9)在全国率先研究开发和全面推广使用"HCS 公路项目建设管理系统"。

(10)第一条完全按照交通部及广东省有关高速公路联网收费有关技术标准建设的

高速公路建设项目。全线无主线收费站,项目通车时同步开通粤西区域高速公路联网收费,开创广东省高速公路联网收费之先河,标志着广东省高速公路实现大区域联网收费迈出成功的第一步,为省内其他区域高速公路联网收费起到良好的示范作用。同时,分别在开平、恩平、阳江三大城市出口同步设置开通电子不停车收费车道(ETC),全面实现"联网收费、一卡通行"。

（五）运营管理

1. 运营公司

广东开阳高速公路有限公司成立于1999年3月,由广东省高速公路有限公司、开平市交通建设总公司分别按53%和47%的出资比例共同组建而成(阳江市交通建设总公司原为股东单位,但因未进资而退出其在公司的股份,退出股份由广东省高速公路有限公司承接)。

2005年11月,开平市交通建设总公司向广东省高速公路有限公司转让所持22%股权,转让后广东省高速公路有限公司持股75%,开平市交通建设总公司持股25%。2006年10月,广东省高速公路有限公司向新粤有限公司转让所持25%股权,转让后广东省高速公路有限公司持股50%,开平市交通建设总公司持股25%,新粤有限公司持股25%。

广东开阳高速公路有限公司实行董事会领导下的总经理负责制,至2016年4月,设有6个职能部门、3个中心站、2个路政中队。

2015年11月10日,广东省高速公路有限公司为适应发展需要,成立广东开阳高速公路项目扩建工程管理处,负责开阳高速路段改扩建的各项工作。

2. 收费站点

开阳公司下设塘口、恩城和北惯3个中心站,其中塘口中心站集中管辖水口、开平、沙塘、塘口、沙湖、圣堂6个收费站,恩城中心站集中管辖恩城、大槐、那龙3个收费站,北惯中心站集中管辖北惯、阳江、白沙3个收费站,见表3-6-16。全线共有82条车道,其中MTC车道58条(出口41条,入口17条),ETC车道及军警免费专用车道24条(出口12条,入口12条)。

收费站点设置情况表 表3-6-16

站点名称	车道数	收费方式	站点名称	车道数	收费方式
水口站	9	MTC + ETC	恩城站	8	MTC + ETC
开平站	9	MTC + ETC	大槐站	6	MTC + ETC
沙塘站	6	MTC + ETC	那龙站	5	MTC + ETC
塘口站	5	MTC + ETC	北惯站	6	MTC + ETC
沙湖站	6	MTC + ETC	阳江站	9	MTC + ETC
圣堂站	5	MTC + ETC	白沙站	8	MTC + ETC

3. 车流量

车流量情况见表3-6-17。

车 流 量 情 况 表　　　　　　表3-6-17

年份(年)	车流量(万辆)	增长率(%)	年份(年)	车流量(万辆)	增长率(%)
2003	185	—	2011	1698	12.25
2004	696	—	2012	1939	14.21
2005	848	21.86	2013	2251	16.06
2006	980	15.53	2014	2387	6.04
2007	1170	19.42	2015	2642	10.68
2008	1196	2.27	2016	2868	8.57
2009	1455	21.65	2017	3233	12.73
2010	1513	3.93			

4. 服务区

设有梁金山服务区、阳江服务区、大槐停车区。

5. 机电管理

(1)高速公路路网信息协同处理平台在开阳公司的应用

开阳公司构建了高速公路路网信息协同处理平台。项目主要实现了以下两点：一是业务相关部门整合。它使公司的业务处理由一个点向一个线甚至是一个面进化，实现了业务处理在本单位与外部单位的密切联系，提高了工作效率。二是业务方式与内容整合。高速公路路网信息协同处理平台已经推广至广佛、佛开、阳茂、茂湛、新台、江肇、广乐等路段使用。"以保畅通为目标的高速公路路网信息协同处理平台建设"获全国交通运输企业管理现代化创新成果三等奖。

(2)可移动收费台在开阳公司的应用

针对复式收费亭存在漏水、不能移动、造价成本高等问题，开阳公司设计了移动收费桌。移动收费桌安装固定收费设备，具有故障率低、防水性能好、便于移动、成本低等优点。

(3)时钟同步系统在开阳公司的应用

研究制订了实现收费系统和监控系统时间同步安全对接的技术方案，并自主研发了机电时间同步系统。时钟同步系统以收费系统或监控系统为时间同步源，通过串口线通信的方式实现异步系统的时间信息交换，建立时钟源，向路段内的设备提供时间同步服务。

(4)监控中心电视墙背投技术的应用

随着网络高清视频监控系统应用的推进，为了解决原有监控电视墙不能同时兼容模拟、高清视频监控设备,实现视频资源集中控制的问题,开阳公司在2013年启动了视频监控平台开发项目,实现了以视频监控平台加投影的方式提供监控视频的电视墙展示。

6. 养护管理

一是完善组织体系与制度建设。按照"专业化、社会化、规范化和制度化"的养护管理总体目标,在"管养分离"的专业化养护管理模式的基础上,开阳公司按照"统一领导、分级管理"的原则,建立了公司、项目公司、养护施工单位和监理单位组成的养护管理组织体系,明确其中各级职责。为不断提高工程养护管理水平,开阳公司注重各项养护管理制度的制定与完善,结合公司实施的ISO制度建设,制定并不断完善各项养护管理制度,包括《工程管理程序》《招标管理程序》《日常养护管理办法》《专项工程管理办法》等,按制度开展各项养护工作。

二是强化养护技术管理。开阳公司重视养护决策的科学化,坚持围绕路况检测调查、分析评价、养护决策、工程实施、实施后效果评估等五个关键环节开展养护管理工作。

三是推动预防性养护。重点推广应用省公司"沥青路面预防性养护与资产成套技术研究"课题成果,结合管养路段实际情况采取匹配的预防性养护技术,包括防水有机硅雾封层、CAP魁封层、微表处、AC-16C薄层罩面、魁道(巨远)压缝等裂缝封补和表层处治技术,实施以路面防水、抗油、提高耐久性和加强路面结构为主题的预防性养护工程,使养护工作的主动性、预见性和系统性不断增强。通过预防性养护,提高养护投资预见性和养护效果,延长道路的使用寿命。

四是总结专项工程技术经验。2011—2015年,开阳高速公路先后实施了沥青路面罩面、就地热再生、桥涵维修加固、生态景观林带、波形护栏改造等专项工程,为了及时做好工程技术总结,为后续类似工程的实施提供宝贵经验,先后撰写了《DCG工法在处治沥青路面桥头跳车病害的应用》《就地热再生技术在开阳高速公路的应用探讨》《浅谈开阳高速公路生态景观林带建设管理体会》《在用护栏完善技术在开阳高速公路中的应用》等论文,对其他高速公路同类工程的施工起到良好的借鉴参考作用。

7. 路政管理

开阳高速公路设有路政大队,管理辖区高速公路125.2km。大队运用广东省高速公路有限公司组织开发的路产管理系统,专用于路产登记,安排执法人员对管辖路段路产进行摸底,针对交通设施和附属设施,主要是路面、桥梁、路基、护栏板、交通标志等逐一拍照、登记,将相关数据在路政管理系统分类进行录入。

路政大队采取多种方式对辖区进行监管,采用看、查、宣、动、记等措施,依法保护路产,维护公路合法权益。同时,路政大队创新引入"无人机"对道路进行巡查。现阶段,路政业务骨干已经能够熟悉掌握无人机的操作,根据组织编制的《开阳公司无人机操作与维护工作指引》，规范使用和维护。路政大队已在交通事故、危化品事故应急演练、改扩建前期调查中成功使用了无人机进行航拍处理，同时无人机的应用范围正在扩大。

（六）企业文化建设

1. 以和谐文化为根基，构筑和谐企业

公司对外致力培植一个适合企业生产和持续发展的"和谐生物链"，与相关部门单位建立关系，形成一个全面协调、合作共赢、持续发展的外部环境。公司工会每年组织各类文体活动、生日晚会、团拜会、相亲联谊会等活动。

2. 以服务文化为引领，提升"阳光服务"品牌价值

公司把追求文明服务的规范化与精细化作为打造服务文化的核心任务，全力构建文明服务网络，做到领导为员工服务、机关为基层服务、后勤为一线员工服务，一线员工为社会服务。编写了《收费服务礼仪培训教材》，教育员工树立服务礼仪理念，增强礼仪服务意识，开展"听得见的微笑"监控员服务质量专项培训，完善并继续推广《公司监控中心999服务热线语音规范》，让"听得见的微笑"在开阳高速公路上传播。

3. 以安全文化之魂，筑牢安全发展之基

公司始终坚持把安全责任落实到全体员工的具体工作中，通过培育员工共同认可的安全价值观和安全行为规范，通过开展"零事故班组"活动、"平安公路"建设活动、各项"安全生产月活动"等升华到"我会安全"的境界。

4. 以廉洁文化为抓手，为企业健康发展保驾护航

公司在建设时期确立了"精细管理、廉洁自律、确保质量、运作有序"的项目管理思路，打造了"优质、高效、低价、廉洁"的"廉政工程""阳光之路"，重新塑造了广东高速公路的新形象，创出了我国现代化交通基础设施建设的廉政工程成功模式。2004年8月30日、31日，交通部纪检组和广东省纪委在阳江公司召开现场会，推广开阳经验。

5. 以责任文化为载体，培养践行核心价值观建设

公司组建了"阳光之路，阳光服务"志愿者服务队，有近百名服务队员，纳入江门市注册义工管理系统，实行统一的义工管理。自组建以来，开展了走访当地敬老院、慰问孤寡老人、无偿献血、道路指引、服务区清洁等志愿者活动。2009—2015年，公司连续七年开展了义务献血活动，多次获得"无偿献血先进单位""无偿献血突出贡献奖"等荣誉称号。

6. 以创新文化为动力，激活企业内在活力

开阳高速公路在建设期就打破常规，由省市按投资比例建立项目法人，调动了地方参

与建设的积极性。在管理上,项目第一个研发并推广使用了"HCS公路项目建设管理系统",为项目的科学管理开创先河。在运营方面率先提出"阳光之路,阳光服务"的理念。

在企业文化的引领下,公司先后出版了广东省第一部《收费服务礼仪培训教材》《共建广湛高速公路文明样板路建设标准》和《高速公路安全生产知识万题问答读本》,并在广东省高速公路系统内得到推广。

公司成立以来,先后获得了"廉洁工程""模范建设工程""全国十佳优质管理项目""全国交通系统先进集体""全国五一劳动奖状""全国创新示范岗""全国青年文明号""全国交通运输企业文化建设优秀单位"等省部级荣誉称号8项,204多人次获得"广东省五一劳动奖章""广东省职工经济技术创新能手""广东省技术能手"等荣誉称号。

十三、阳江—茂名高速公路

阳(江)茂(名)高速公路是沈海高速公路(G15)国道主干线广东省境内的一段,路线起于阳东县白沙镇阳江林场,与开平至阳江高速公路相接,途经白沙、双捷镇,阳西县程村、塘口、织篢、蒲牌、新墟镇,电白县马踏镇,止于电白县观珠镇,接茂湛高速公路。全长79.76km,建设总投资25.77亿元。2002年10月正式开工建设,2004年11月全线通车。

阳茂高速公路的建成对完善粤西地区运输网络,加强广东省与西南各省之间的经济联系,促进广东西部地区经济发展具有极其重要的战略意义。

(一)主要技术指标和建设规模

线路位于广东省西南低山丘陵及沿海平原之间的台地和低丘陵区,海拔小于100m。属于亚热带海洋性季风气候区,年平均温度23.3℃。热带气旋及暴雨是本地区主要灾害性气候。

全线按高速公路标准建设,双向四车道,设计速度120km/h,全线共有桥梁211座,其中主要大桥4座(表3-6-18)。

阳江—茂名高速公路主要桥梁表　　　表3-6-18

序号	桥梁分类	桥梁名称	中心桩号	桥梁长度(m)	桥面宽度(m)	车道数	设计汽车荷载等级	开工时间	完工时间	备注
1	大桥	黄什河大桥	K3301+930	185.4	23.5	4	公路—Ⅰ级	2002年10月	2004年11月	
2	大桥	望夫河大桥	K3334+165	285.4	23.5	4	公路—Ⅰ级	2002年10月	2004年11月	
3	大桥	河心河大桥	K3342+031	285.4	23.5	4	公路—Ⅰ级	2002年10月	2004年11月	
4	大桥	南水河大桥	K3359+635	156	23.5	4	公路—Ⅰ级	2002年10月	2004年11月	

(二)建设情况

1. 建设依据

1991年7月13日,国家计委《关于佛山至湛江汽车专用公路佛山至开平段项目建议书的批复》。

2000年11月16日,交通部《关于同三国道主干线阳江至茂名公路可行性研究报告的批复》。

2001年12月26日,交通部《关于同三国道主干线阳江至茂名公路初步设计的批复》。

2002年12月9日,交通部批复阳茂项目开发报告,同意项目全面开工。

2. 资金来源

阳茂高速公路建设批复概算25.77亿元,由广东省高速公路有限公司(85%)和广东省交通实业投资公司(15%)筹集。

3. 征地拆迁

2002年4月16日和19日,广东省高速公路公司分别与茂名和阳江两市政府签订了《阳茂高速公路征地拆迁承包合同》,由两市政府对征地拆迁实行总包干。阳茂高速公路沿线共征地7776.7986亩,其中阳江段5003.806亩,茂名段2772.9926亩。

4. 招投标

阳茂公司将施工招标和监理招标工作统一交由专门部门负责实行公开招标,招标工作于2003年底前全部完成。

5. 工程变更

(1)路基工程变更4项;

(2)路面工程变更6项;

(3)桥涵工程变更3项;

(4)交叉工程变更2项;

(5)其他工程及沿线设施变更4项;

(6)管理、养护及服务房屋变更2项。

工程变更(包括重大变更的规模调整)费用3.74亿元。

6. 主要设计、施工、监理单位

设计单位:广东省公路勘察规划设计院。

施工单位:广州市公路工程公司、中国云南公路桥梁工程总公司、中铁四局集团有限公司、广东冠粤路桥有限公司。

监理单位：育才-布朗交通咨询监理有限公司、湖南交通建设工程监理有限公司、广东省公路工程监理站。

（三）科技创新

1. 高液限土路基修筑技术研究

阳茂高速公路地处粤西沿海丘陵台地，地质复杂多变，沿线高液限土分布较广。为满足公路工程的需要，提出系统地开展高液限土路基填筑技术的研究。

2002年9月该课题被批准立项，阳茂高速公路公司和长沙理工大学成立了课题研究小组，主要研究内容：

（1）以阳茂高速公路为依托，针对高液限土不良地质条件、物理力学性质，系统研究高液限土的形成机理，充分吸收国内外科研成果，最终确定高液限土能否用于高速公路的路基填筑以及填筑范围。

（2）在总结前人工作的基础上，借鉴近年来道路工程领域开发的新材料、新结构、新工艺，逐个解决高液限土路基填筑过程中的实际难题，形成一套成熟的高液限路基修筑技术。

（3）摸索总结一套高液限土的最佳施工工艺和可行的施工质量控制标准。为阳茂高速公路、广东省乃至全国的高液限土路基修筑提供科学指导和借鉴，同时为制定适合我国国情的高液限土路基修筑技术规范提供重要参考。

2. 机电系统中首次采用最新的图像数字传输和控制技术

阳茂高速公路机电工程收费数据传输及闭路电视图像传输都采用了比较新的以太网传输技术。收费数据采用10m/10cm以太网方式传输，给收费数据提供了足够带宽的数据通道，突破了以往2兆口传输方式给收费数据传输带来的瓶颈问题，为以后网络扩容及增加客房端或在系统中增加一些业务模块提供很大的方便。

闭路电视采用以太网IP方式传输是近年发展的新技术，采用以太网IP传输方式具有可节省占用主干光缆、减少传输的光端机、容易与其他网络联网等优点。

（四）运营管理

1. 运营公司

广东阳茂高速公路有限公司成立于2002年7月，由广东省高速公路有限公司（占85%）（简称"省高"）和广东省交通实业投资公司分别（15%）合作组建而成，负责建设、经营管理阳茂高速公路。2004年3月5日，广东省高速公路有限公司将所持有的广东阳茂高速公路有限公司25%的股份转让给深圳高速公路股份有限公司。阳茂公司现股东构成为：广东省高速公路有限公司（60%）、深圳高速公路股份有限公司（25%）、广东交通实业投资有限公司（15%）。另外，阳江至云浮高速公路阳江至阳春段高速公路（简称"阳阳高速"）于2010年12月31日建成通车后委托阳茂公司管理，现今阳茂公司管辖总里程为136km。

2. 收费站点

阳茂高速公路采用中心站管理模式，分别对程村、织篢、新墟、马踏、观珠等5个收费站进行管理，共计36条收费车道（入口13条、出口23条），其中有ETC不停车收费车道10条（入口5条、出口5条），采取人工收费（MTC）结合粤通卡自动缴费（ETC）的模式收取通行费。各收费站点设置及车道设置情况见表3-6-19。

收费站点设置情况表 表3-6-19

中心站	站点名称	车道数	收费方式
织篢	程村	出口4条，入口2条	MTC + ETC
	织篢	出口5条，入口3条	MTC + ETC
马踏	新墟	出口5条，入口3条	MTC + ETC
	马踏	出口4条，入口2条	MTC + ETC
	观珠	出口5条，入口3条	MTC + ETC

3. 车流量

阳茂高速公路2004年11月26日建成通车以来，车流量增长迅速。日平均车流量从2004年的8179辆增长到2015年的46849辆，详见表3-6-20。

车流量情况表 表3-6-20

年份（年）	日均车流量（辆）	年份（年）	日均车流量（辆）
2004	8179	2010	22055
2005	10362	2011	25470
2006	13099	2012	29996
2007	16205	2013	36872
2008	18201	2014	40759
2009	19672	2015	46849

4. 服务区

阳西服务区位于沈海高速公路阳江至茂名段K3327+515处，南北区正对面在高速公路两侧，总用地面积90245m²，总建筑面积7650m²（不含加油站）。服务区设施齐全，设有餐厅、驾乘人员休息室、加油站、车辆维修中心、洗手间、商铺、停车位以及员工活动中心等。

5. 养护管理

一是2005—2008年的"专业化、社会化、规范化"阶段，推行"管养分离"的专业化养护模式，确立"专业化、社会化、规范化和制度化"的养护管理总体目标。将日常养护和一般专项工程直接委托专业化公司，大的专项工程实行施工招标。专项工程按照土建工程造价小于100万元的工程实行比价，大于100万元的工程实行施工招标；机电工程造价小于50万元的工程实行比价，大于50万元的工程实行施工招标。

二是2009年起的"制度化、精细化、标准化"阶段，按照"专业化、社会化、规范化、制度化"的养护管理总体目标，重点抓好预防性养护和早期养护，确保道路安全、畅通、舒适、保值。养护工作全面推行招标工作，日常养护实行招标，择优选择承包人，合同采用单价合同与包干合同相结合的形式，计量支付与养护质量挂钩。

三是建设养护基地。为了养护管理的需要，建设了新墟综合养护基地和织簀日常养护基地，其中新墟养护基地总占地面积12200m²，建筑面积2042.2m²；织簀养护基地总占地面积5110m²，建筑面积1491.8m²。设有办公区、生产区、生活区、应急物资仓库、车库、修理车间等。

四是重视路面和桥涵结构物的检查与技术评定工作。为及时掌握桥涵和路面技术状况，确保道路运营安全，阳茂公司一直以来高度重视桥涵结构物和路面的检查、技术评定工作，为及时、全面地掌握路况情况和下一年度计划编制、专项方案设计提供科学依据。

五是重视技术改进和新材料、新工艺应用。为了提高机械使用效率，在2009年微表处罩面施工中创新使用了在施工现场直接补料的半连续摊铺技术。日常养护中，通过采取"封、排"措施，减少层间水对路面的破坏；采用魁封层技术进行中小桥桥头位置裂缝处治；合理利用新材料有效修补裂缝，在路面专项工程中开槽灌缝后采用贴聚酯玻纤布方法；在桥涵维修工程中积极引入MRK技术进行病害快速修复；对跨线桥桥头跳车，采用DCG工法对台背搭板进行注浆调平。工程实施后，效果非常好。

6. 路政管理

阳茂高速公路设有路政大队，并下设"织簀""马踏"两个中队，目前采取"四班三运转"的排班模式，管理辖区79.76km的巡查、桥涵、建筑控制区、施工许可以及交通事故处理工作。

路政大队紧紧围绕"维护路产路权、确保道路安全畅通"的目标，严格执行路政管理规定，不断探索，梳理并界定"路政、交警、拯救、服务区、养护"五位一体联合协作机制，通过强化对拯救、服务区和养护单位的监管，提升运营服务质量；并与交警实行错时巡查、路养联巡以及监控巡查相结合的模式，快速处理路面、建筑控制区和桥涵的突发事件以及交通事故。路面的施工作业许可由路政大队严格把关，中队根据大队颁发的许可证每日检查施工现场规范作业情况,共同保障阳茂高速公路安全畅通。

(五)企业文化建设

1. 承继母公司企业文化核心,建立具有特色的企业文化体系

阳茂公司以广东高速《企业文化建设纲要》为指引,在实践中凝聚并凸显出运营经验和文化内涵,建立了一套具有特色的、个性化的、适应自身发展的企业文化体系。

2. 开展企业文化培训,提高全体员工对企业文体系的认知度

一是开展企业文化宣讲。让员工理解各层企业文化内涵及意义,让员工充分接受、理解企业文化对个人和企业发展的影响,并转化为积极的行动。二是全员培训,持续培训。每季度召开一次企业文化学习活动。三是召开宣讲会、讲座、座谈会,组织户外拓展培训、志愿服务、业务知识竞赛及各类丰富有趣的团队活动等。

3. 以丰富的活动为载体,营造浓厚的企业文化建设氛围

公司不断完善现有的阅览室、运动场等,适时举办各种知识比赛、联谊活动等,组织举办了员工运动会、春节晚会、歌唱比赛、瑜伽训练班等一系列丰富多彩的文体活动,吸引员工积极参与。同时,还积极开展各项劳动竞赛、岗位练兵等活动,共产生 1 名广东省交通技术能手,3 名广东省技术能手,3 名广东省职工经济技术创新能手,还有 1 名"广东省十项工程劳动竞赛模范工人",1 人荣获"广东省五一劳动奖章"。

4. 积极推进标准化建设,不断提升企业竞争软实力

公司立足运营实际,创新理念,从收费、养护、路政、机电、服务区管理等方面积极探索实施标准,修订完善各项制度等,逐步推进公司运营管理标准化进程。公司先后编写了《一路畅行样板路建设纲要》《路政人员养护知识手册》《员工安全手册》《事故快速处理与救援》《党建标准化工作手册》等。

企业文化的建设实现了企业和谐、稳定、健康发展,企业经济效益连年增长,各项工作取得了较好成绩。阳茂公司共取得了"广东省五一劳动奖状"、广东省授予的"青年文明号"称号,获中国中小企业协会、中国创新成果案例审定委员会颁发的"最具自主创新能力企业"和"最具自主创新能力企业成果奖"称号,获中国交通运输企业管理协会、交通行业优秀企业管理成果评审委员会授予的"全国交通运输企业文化建设优秀单位"称号等。

十四、茂名—湛江高速公路

茂(名)湛(江)高速公路(简称"茂湛高速公路")是国道主干线沈海高速公路(G15)广东境内的重要路段,东起茂名市电白县观珠镇,与阳茂高速公路相接,向西偏南经茂名市茂南区、化州市、吴川市、廉江市、湛江市坡头区,止于湛江市遂溪县,连接兰海高速公路

通往海南和广西,全长105.593km,总投资额约38.55亿元。

茂湛高速公路分两期建设,一期工程于1997年10月开工,2000年12月28日全线建成通车;二期工程于2002年11月23日正式开工,2004年12月建成通车。

茂湛高速公路由广东省高速公路有限公司投资建设和管理。

(一)主要技术标准和工程规模

茂湛高速公路一期起于茂名市坡心镇,经袂花、鳌头、杨梅、良光、平坦、官渡、黄略等镇,止于黄略镇源水村,主线全长81.933km。按平原微丘高速公路标准建设,设计速度120km/h,路基按六车道宽度33.5m规划、征地。首期挖方段按六车道实施,填方段按四车道宽度26m实施,大桥和中小桥及通道的下部结构按六车道宽度实施,其上部结构按四车道实施。全线共有特大桥6座、大桥7座(表3-6-21)。全线共设坡心、鳌头、浅水、杨梅、塘缀、官渡和源水等7处互通式立交,37处分离式立交。其中鳌头收费站房建工程于2014年2月18日开工,2014年9月28日完工。

茂湛高速公路二期起于茂名市电白区观珠镇中段村,接同步建设的阳茂高速公路,向西途经电白县大衙、林头镇,止于茂名市坡心镇红坎坡村,全长23.66km,共分为两段:茂名端为观珠至坡心,长20.22km;湛江端为源水至东坡岭,长3.44km。源水至东坡岭段委托原广东渝湛高速公路有限公司代建(约3.44km),按平原微丘高速公路标准建设,设计速度120km/h,路基宽度28m,桥梁与路基同宽。全线设有特大桥1座,大桥4座(表3-6-21)。互通式立交1座,分离式立交2座,停车区1对,收费站1个。

(二)建设情况

1. 建设依据

(1)项目一期坡心至源水段:1994年10月,广东省计委《关于佛山至湛江高速公路湛江东段工程可行性研究报告的批复》。1994年12月,广东省计委《关于佛山至湛江高速公路茂名西段工程可行性研究报告的批复》。1999年1月,广东省计委《关于同三国道主干线粤境广湛高速公路茂名西段调整路线走向和建设规模的批复》。

(2)项目二期观珠至坡心段:1994年12月,广东省计委《关于佛山至湛江高速公路茂名西段工程可行性研究报告的批复》。2001年11月,广东省计委《关于广湛高速公路茂名观珠至坡心段调整建设方案的批复》。

2. 资金来源

(1)项目一期工程批准概算总投资31.730亿元,建设资金来源是各股东注入项目资本金和银行贷款。

茂名—湛江高速公路主要桥梁表

表 3-6-21

序号	桥梁分类	桥梁名称	中心桩号	桥梁长度（m）	桥面宽度（m）	车道数	设计汽车荷载等级	开工时间	完工时间	备注
1	大桥	黄竹沟大桥	K3373+410	210.5	28	4	汽车—超20级、挂车—120	2002年11月	2004年11月	
2	大桥	K3375+600大桥	K3375+600	230.5	28	4	汽车—超20级、挂车—120	2002年11月	2004年11月	
3	大桥	沙琅江大桥	K3381+080	564	28	4	汽车—超20级、挂车—120	2002年11月	2004年11月	
4	特大桥	茂名高架桥	K3383+700	1080	28	4	汽车—超20级、挂车—120	1998年8月	2000年12月	
5	大桥	铜鳌高架桥（左幅）	K3390+000	612	28	4	汽车—超20级、挂车—120	1998年8月	2000年12月	
6	大桥	铜鳌高架桥（右幅）	K3390+000	612	28	4	汽车—超20级、挂车—120	1998年8月	2000年12月	
7	大桥	茂湛铁路高架桥（左幅）	K3395+400	266	28	4	汽车—超20级、挂车—120	1998年8月	2000年12月	
8	大桥	茂湛铁路高架桥（右幅）	K3395+400	266	28	4	汽车—超20级、挂车—120	1998年8月	2000年12月	
9	大桥	梅江大桥	K3398+000	886	30.3	4	汽车—超20级、挂车—120	1998年8月	2000年12月	
10	大桥	三丫江大桥	K3407+000	203.94	26	4	汽车—超20级、挂车—120	1998年8月	2000年12月	
11	特大桥	鉴江大桥	K3417+000	1003.9	31.5	4	汽车—超20级、挂车—120	1998年8月	2000年12月	
12	大桥	石门大桥	K3451+000	865	27	4	汽车—超20级、挂车—120	1997年9月	1999年11月	
13	大桥	平石高架桥	K3453+600	236.8	26	4	汽车—超20级、挂车—120	1997年9月	1999年11月	
14	特大桥	源水高架桥（左幅）	K3462+400	1190.1	28	4	汽车—超20级、挂车—120	1997年9月	1999年11月	
15	特大桥	源水高架桥（右幅）	K3462+400	1190.1	28	4	汽车—超20级、挂车—120	1997年9月	1999年11月	
16	大桥	韩屋仔大桥	K3465+650	320	28	4	汽车—超20级、挂车—120	2003年12月	2005年12月	

(2)项目二期工程资金由广东省高速公路有限公司(简称"省公司")投资,建设资金由业主自筹及向银行贷款。

3. 征地拆迁

(1)项目一期在茂名、湛江市各级政府支持下,把任务分解到镇、管理区,采取包干办法完成拆迁工作。全线共征用土地11510.74亩。

(2)项目二期观珠至坡心段全线征地总面积2270亩,源水至东坡岭段全线征地总面积162.22亩。

4. 招投标

(1)项目一期工程总承包是广东省高速公路有限公司,设计、监理总承包是广东省公路勘察规划设计院。施工单位招标严格执行国家的基本建设程序和股份公司章程,按照"公开、公平、公正、诚信"原则公开招标并择优选择承包人:

①石门大桥采用议标形式选定承包单位。

②官渡至源水段(除石门大桥外)工程施工由广东省高速公路有限公司总承包,通过公开招标方式选定施工单位。

③坡心至官渡段采用公开招标方式选定路基、路面工程承包单位。交通安全设施和房建工程由广东新粤交通投资有限公司总承包,再由总承包进行招标选定施工单位。

(2)项目二期工程设计单位招标根据2001年11月广东省计委《关于广湛高速公路茂名观珠至坡心段调整建设方案的批复》意见,同意勘察、设计按原委托执行。监理、施工单位招标采取公开招标形式确立招标人。

5. 主要设计、施工、监理单位

(1)广湛高速公路茂名坡心至湛江源水段工程(一期)主要参建单位

设计单位:广东省公路勘察规划设计院、北京交科公路勘察设计研究院。

施工单位:广东省长大公路工程有限公司、广州市公路工程公司、广东冠粤路桥有限公司、茂名市交通建设工程总公司、广东省佛山公路工程总公司。

监理单位:广东翔飞公路工程监理有限公司、北京华路捷公路工程技术咨询公司。

(2)广湛高速公路茂名观珠至坡心段工程(二期)主要参建单位

设计单位:广东省公路勘察规划设计院、汕头市金园建筑设计院。

施工单位:广东省长大公路工程有限公司、广东省公路工程建设集团有限公司、广东省航盛工程有限公司、茂名市建筑集团有限公司。

监理单位:广东翔飞公路工程监理有限公司、广东奥科工程监理有限公司。

6. 重大变更

(1)项目一期

建设期间重大设计变更包括官渡互通立交、平石高架桥、源水互通立交及陈村仔大桥等4项工程。

（2）项目二期

在建设过程中，项目发生一些工程变更，其中涉及较大金额的有：二标至三标纵坡调整、三标大器河桥加长、四标沙琅江大桥加长、桥头搭板变更、路面结构层下面层增厚、中上面层石油沥青变更为改性沥青以及房建工程增加停车区综合楼和宿舍楼变更等。

（三）复杂技术工程

1. 路面

水泥路面的滑模摊铺施工作为一种新的施工工艺，具有机械化程度高、施工进度快、平整度好、强度高、整体性好等显著特点。该项目混凝土路面采用大型滑模摊铺机进行摊铺。

2. 桥梁

为提高桥梁行车舒适度，提高桥面平整度，在源水高架桥实现大型摊铺机一次性摊铺特大桥桥面铺装，保证了施工质量和桥面平整度。

3. 边坡

客土喷播是一种融合土壤学、植物学、生态学理论的生态防护技术，结合边坡地质条件和当地气候条件等因素，经试验确定配方，配制出适合植物生长的基质（客土）和种子，然后用挂网喷附方式覆盖在坡面，从而实现岩石边坡的防护和绿化。

4. 软土路基

采用预应力管桩，具有抗挤土效应能力强、质量容易保证、施工速度快、适用深度大等优点。

5. 新技术、新材料、新工艺、新设备的应用

（1）积极引进新技术、新工艺。边坡防护采用三维网植草、岩质边坡和高液限土边坡的喷混植草技术。

（2）应用SBS改性技术，对沥青中、上面层进行改性，提高沥青混凝土的高温稳定性等性能，最大限度地减少路面病害，保证路面的使用功能。

（3）采用了90号热沥青作为路面下封层，有效地解决了因路面上基层长期暴露而造成的各种问题，同时起到了层间结合、防水和保护基层的良好效果。

（4）采用袖阀管灌浆法对台背回填进行预防性加固处理，以弥补施工过程中的工艺

漏洞,清除填料自然密实过程的自身压缩变形,清除砂填料的流土变形,可以对台背填土的不均匀沉降、搭板下脱空等病害起到预防作用。

(四)运营管理

1. 运营公司

茂湛高速公路的项目业主单位为广东茂湛高速公路有限公司(简称"公司"),成立于1999年2月,主要负责修建、经营、养护和管理茂湛高速公路及相关配套设施。由广东省高速公路有限公司(简称"省公司")、广东省高速公路发展股份有限公司(简称"粤高速")、东南亚茂发有限公司、香港新粤有限公司、湛江高速公路公司和茂名市交通建设集团公司等6家股东公司共同出资成立。

公司设股东大会、董事会和监事会。日常经营管理实行总经理负责制,经营班子均由董事会聘任,内部管理体系实行总经理领导下的分工合作机制,负责公司经营管理。公司实行董事会领导下的总经理负责制,下设6个职能部门、1个中心收费站、6个独立收费站和2个路政中队。

2. 收费站点

茂湛高速公路分段建成通车,全线共设林头、茂名、鳌头、浅水、杨梅、塘缀、官渡和源水等8个匝道收费站点,见表3-6-22。车道总数65条,其中出口车道38条,入口车道27条,另有出口复式车道4条,采取人工收费(MTC)结合粤通卡自动缴费(ETC)的模式收取通行费。

收费站点设置情况表　　表3-6-22

站名名称	车道数		收费方式
	出口	入口	
林头	4	2	MTC + ETC
茂名	7	6	
鳌头	3	2	
浅水	4	3	
杨梅	3	2	
塘缀	4	3	
官渡	7	6	
源水	6	3	
合计	38	27	—

3. 车流量

车流量情况见表3-6-23。

车流量情况表　　　　　　　　　　表3-6-23

年份(年)	车流量(辆)	日均车流量(辆)	通车时间
1999	—	—	1999年11月18日,官源段通车
2000	288616	789	2000年12月28日,源茂段通车
2001	872425	2390	
2002	1157322	3171	2002年4月28日,塘缀站开通
2003	1505327	4124	
2004	1911336	5222	2004年11月26日,开通林头站并连接粤西区域
2005	4618891	12654	2005年12月10日,渝湛高速公路通车
2006	5825898	15961	2006年8月10日,杨梅站开通
2007	6875562	18837	
2008	7703137	21047	
2009	8268644	22654	
2010	9151177	25072	2010年12月28日,湛徐高速公路通车
2011	9556909	26183	
2012	10631264	29047	
2013	12413334	34009	
2014	14242257	39020	2014年9月30日,鳌头站开通
2015	16031271	43921	

4.服务区

茂湛高速公路设有电白、官渡服务区等2个服务区,提供购物、餐饮、加油、汽修、休憩和交通指引等多项服务。

5.养护管理

养护管理推行"管养分离"的专业化养护模式,确立了"制度化、规范化、标准化、精细化"的养护管理目标,制定了规范完善的养护管理制度。日常养护按年度通过社会招标的方式,选择技术力量强、信用评价好的大型优秀施工单位作为该项目的养护单位,结合日常养护工程的施工特点,合同采用单价合同和包干相结合的形式,计量支付和养护质量相挂钩。根据合同条款和本公司制定下发的相关日常养护管理制度,加强对养护单位的日常养护工作的月度考核。同时结合养护工作的特点和实际,不断总结和完善养护工作。

茂湛高速公路水泥路面已经运营近15年,路面性能指标明显低于养护规范规定的服务水平,特别是路面平整度较差,备受社会关注。为此,在2014—2015年实施了茂湛高速公路(82km)水泥路面维修加铺工程,主要进行了混凝土路面修补、桥梁加固、交通安全设施重建等工程。

6.路政管理

茂湛高速公路路政大队成立于2000年,下设茂名、官渡等2个路政中队,负责

105.593km辖区路段的路政管理工作。

路政大队奉行科学化、标准化、人性化的管理理念,坚持"公开、公正、公平"的办事原则,公开办案程序和索赔标准,依法履行保护路产、维护路权职责,确保道路安全畅通。

在保护路产路权方面主要通过三方面着手强化管理成效:一是加强自身监管,落实"复式巡查"和"三级巡查"体系,优化巡查质量与效率。二是加强内部合作,建立"路养联巡"机制,全面提高巡查频率和突发事件处置效率。三是加强外部合作,一方面与属地交警、交通综合执法部门成立"交通安全管理联勤队",在开展入口拒超劝返、打击公路违法案件上紧密联动,保护路产路权;另一方面针对处理难度大、涉及范围广的遗留问题,积极寻求属地政府及有关部门的大力支持,有效维护了高速公路的合法权益。

在保障道路安全畅通方面,由于茂湛高速公路沿线车流量大,保畅通形势严峻,为确保交通顺畅有序,路政大队积极主动整合各方力量,建立"五位一体"(交警、高速公路、拯救、养护、服务区)应急联动保畅管理机制,通过多部门、全方位、跨区域的联勤联动,有效提高路面通行效率。

(五)企业文化建设

1. 加强企业文化建设,优化企业公众形象

不断加强企业文化建设力度,大力推行精细化、标准化和服务化管理,积极参与社会公益事业,全面展示员工团队同心同德、健康向上的精神风貌。贯彻落实"以人为本、持续发展"观念,建立和谐劳资关系,打造适应企业战略和经营发展需要的高水平人才队伍,优化企业公众形象。

2. 丰富企业文化建设,提升精神文明水平

致力于践行"爱岗敬业、服务奉献"宗旨,紧扣交通发展主题,着力于特色文化建设。积极推进"我为基层站队做服务"活动,打造服务型机关,深入开展"读好书、爱本职、献交通"读书活动,主动落实"文明服务""规范执法"和"科学养护"三大服务品牌创建活动,大力组织"晒幸福秀欢乐"照片展览、"亲亲大自然幸福乐融融"亲子活动和"挥发激情放飞梦想"职工运动会,逐步形成浓郁的读书、求知、奉献、创新的学习氛围,调动起员工学知识、钻业务的积极性,不断提升员工的综合素质和服务水平。

3. 以企业文化为指导,加快实现和谐稳健发展

公司坚持践行社会主义核心价值观,弘扬"和谐、创新、高效、卓越"的企业精神,提升管理水平,创新工作举措,改善服务质量,优化发展环境,坚持用文化教育、约束、鼓舞并团结员工团队,努力建设生态、环保、安全、舒适路,在全面履行服务大众、回馈社会的责任文化基础上加快实现企业的和谐稳健发展。

1999—2016年，荣获广东省"青年文明号""广东省模范职工之家"、2010年度"全国交通建设系统工人先锋号""全国青年安全生产示范岗"等称号。

十五、湛江—徐闻高速公路

沈海高速公路湛江—徐闻段（简称"湛徐高速公路"）是广东通往海南的唯一陆路高速公路通道，北起于湛江遂溪县东坡岭，接沈海高速公路茂湛段和兰海高速公路渝湛粤境段，南止于徐闻县城北乡和家，接207国道。自北向南依次经过麻章区、遂溪县、雷州市、徐闻县。主线长114.302km，总投资决算52.57亿元。2008年12月17日开工建设，2010年12月31日通车。2012年11月通过广东省交通运输厅组织的竣工验收。

（一）主要技术指标和建设规模

湛徐高速公路位于雷州半岛台地丘陵区，采用高速公路标准，设计速度120km/h，双向四车道。设有特大桥1座，主要大桥13座（表3-6-24）。互通式立交10处，分离式立交、天桥64座，服务区2处，停车区3处，集中住宿区3处，养护基地3处，收费站房9处。

（二）建设情况

1. 建设依据

1991年10月，国家计划委员会批复项目建议书。
1997年12月，广东省计划委员会批复了该项目A、B段工程可行性研究报告。
2008年11月13日，国家发展和改革委员会核准了项目申请报告（含工可）。
2009年2月2日，交通运输部批复项目初步设计。
2009年2月，广东省交通厅批复项目施工图设计。

2. 资金来源

项目预算金额为52.57亿元，其中资本金约占总投资的35%，其余资金约占总投资的65%，通过银行贷款及企业自筹解决。

3. 征地拆迁

在湛江市各级政府、市指挥部及有关部门支持下，征地拆迁工作进展顺利，60天完成全线约10273.793亩征地任务。

4. 招投标

（1）设计单位招标

湛江—徐闻高速公路主要桥梁表

表 3-6-24

序号	桥梁分类	桥 梁 名 称	中心桩号	桥梁长度 (m)	桥面宽度 (m)	车道数	设计汽车荷载等级	开工时间	完工时间	备注
1	大桥	调丰大桥	K3483+917.5	560.7	12	4	公路—Ⅰ级	2009年6月	2010年12月	
2	大桥	官田大桥	K3486+214.5	181	12	4	公路—Ⅰ级	2009年6月	2010年12月	
3	大桥	中村大桥	K3488+845	205.4	12	4	公路—Ⅰ级	2009年6月	2010年12月	
4	大桥	城月河大桥	K3491+006	485.4	12	4	公路—Ⅰ级	2009年6月	2010年12月	
5	大桥	县道X684跨线桥	K3494+289	336.7	12	4	公路—Ⅰ级	2009年6月	2010年12月	
6	大桥	雷城互通立交	K3510+919.5	195	12	4	公路—Ⅰ级	2009年6月	2010年12月	
7	特大桥	南渡河特大桥	K3524+773.48	4715.7	12	4	公路—Ⅰ级	2009年6月	2010年12月	
8	大桥	藤家溪大桥	K3547+680	205.44	12	4	公路—Ⅰ级	2009年6月	2010年12月	
9	大桥	北涌大桥	K3549+600	205.44	12	4	公路—Ⅰ级	2009年6月	2010年12月	
10	大桥	幸福大桥	K3558+516	325.44	12	4	公路—Ⅰ级	2009年6月	2010年12月	
11	大桥	东溪大桥	K3568+836	281.08	12	4	公路—Ⅰ级	2009年6月	2010年12月	
12	大桥	西溪大桥	K3569+580	231.08	12	4	公路—Ⅰ级	2009年6月	2010年12月	
13	大桥	南园大桥	K3575+022	156.06	15.64	4	公路—Ⅰ级	2009年6月	2010年12月	
14	大桥	黎宅大桥	K3576+428	185.44	12	4	公路—Ⅰ级	2009年6月	2010年12月	

设计招标按规定采用国内公开招标的方式进行。

（2）监理单位招标

勘察监理费用较少，采用邀请招标形式确定中标单位。土建监理、房建监理均采用国内公开招标的方式进行，招标工作均在广州建设工程交易中心进行。

（3）施工单位招标

项目实行公开招标，广东省长大工程有限公司、中交第一航务工程局有限公司等17个单位中标。

5. 主要设计、施工、监理单位

设计单位：广东省公路勘察规划设计院有限公司、中国公路咨询集团有限公司、北京交科公路勘察设计研究院有限公司等单位。

施工单位：广东省长大公路工程有限公司、中交第一航务工程局有限公司、广东冠粤路桥有限公司、长沙市路桥梁建设有限责任公司等17个单位。

监理单位：广东华路交通科技有限公司、中铁第二勘察设计院、广东工程建设监理有限公司等单位。

（三）复杂技术工程

湛徐高速公路沿线的挖方及取土场主要为黏土质砂、低液限黏土、粉土质砂及高液限黏土，全线利用土、借土均存在天然含水率过高的问题。由于湛江地区2009年8、9、10三个月降雨量比前5年平均降雨量成倍增加，造成湛徐高速公路线内利用方及线外借方天然含水率远较最佳含水率高，难以对土体进行直接填筑压实。根据调查结果显示，全线填料天然含水率均在25%～30%以上，个别地段达到56%，与最佳含水率相差15%～25%。另外，湛徐高速公路A5、A6、C1标位于高液限土地区，高液限土液限在50～70，根据相关规范不得直接作为路堤填料，需采取技术措施进行处理。以上问题为湛徐高速公路土方填筑质量控制的重点。

湛徐高速公路通过进行各标段试验段的填筑施工，总结天然含水率过高填料施工的松铺厚度、碾压遍数、填料堆方晾晒时间、摊铺晾晒时间、翻松晾晒时间、含水率变化等施工工艺及控制参数，总结A5、A6、C1标高液限土多层填土连续施工、多层连续检测等施工工艺，以此作为大面积开展天然含水率严重超标填料、高液限土填筑施工的指导。另外，针对A6合同段部分高液限土填筑路段因最佳含水率过高，暴晒后开裂严重，无法达到压实度要求，且无合适土源进行替换，采取冲击压实进行补强，以确保路基稳定和弯沉满足设计要求。

（四）科技创新

湛徐高速公路公司与中交一院数字研究所及美国天宝公司合作开展"GPS测量技术

的公路三维可视化项目管理技术研究和开发"科研课题。

项目在全线建立 GPS 仪器搭建的测量网络,以设计资料及 GPS 实时观测的数据为基础建立动态的数字公路平台。一方面利用数字公路信息平台易于采集和管理设计单位设计数据的优势,将设计成果数字化。设计成果数字化后以电子格式归档,在施工期间能大大提高施工、监理、业主的工作效率,可大幅减少竣工图编制工作量。另一方面利用数字公路平台中包含的高速公路三维仿真模型和全景环境,结合 Trimble 公司设备测得的 GPS 测量数据,通过管理系统的开发实现三维动态、实时的施工管理。

数字公路平台的建立,加强了项目施工管理。在建设管理过程中能达到精确的快速测量及放样、土石方进度管理、变更工程量的复核、快速测量征地面积、取弃土场及备料场方量快速测量等效果,提高了项目的管理效率与精确度,降低了管理成本,保证了工程质量及工程进度的控制。

课题研究成果获"中国公路学会科学技术奖三等奖"。

(五)运营管理

1. 运营公司

2010 年 12 月 31 日湛徐高速公路建成通车后,广东省高速公路有限公司湛江分公司受委托负责湛徐路段的运营管理工作。2014 年 5 月~2016 年 1 月,历经机构整合后,重新成立广东省高速公路有限公司湛江分公司,独立运营管理湛徐高速公路,实行"一块牌子、两个项目"的独立运营管理。湛徐高速公路有 3 个中心站,2 个路政中队。

2. 收费站点

湛徐高速公路设城月中心站(麻章、城月、雷州 3 个收费站),松竹中心站(雷城、松竹、龙门 3 个收费站),徐城中心站(英利、下桥、徐城 3 个收费站)3 个中心站,共计 57 条车道(22 入、35 出),采取人工收费(MTC)结合粤通卡自动缴费(ETC)的模式收取通行费。各收费站点设置及车道设置情况见表 3-6-25。

收费站点设置情况表　　　　表 3-6-25

中心站名称	站点名称	车道数	收费方式
城月中心站	麻章收费站	9	MTC + ETC
	城月收费站	5	MTC + ETC
	雷州收费站	7	MTC + ETC
松竹中心站	雷城收费站	4	MTC + ETC
	松竹收费站	4	MTC + ETC
	龙门收费站	5	MTC + ETC

续上表

中心站名称	站点名称	车道数	收费方式
徐城中心站	英利收费站	5	MTC+ETC
	下桥收费站	4	MTC+ETC
	徐城收费站	14	MTC+ETC

3. 车流量

车流量情况见表3-6-26。

车流量情况表　　　　表3-6-26

年份(年)	日均车流量(辆)	年份(年)	日均车流量(辆)
2011	14820	2014	21259
2012	15764	2015	19187
2013	18648		

4. 路政管理

湛徐高速公路公司和渝湛高速公路公司同属广东省高速公路公司湛江分公司，其养护管理和路产路权维护管理的职责任务相同。

(六)企业文化建设

(1)经营业绩稳步上升。公司在推进企业文化建设的过程中，紧紧抓住生产经营这一中心，经营业绩稳步上升。自2007年以来，在广东省高速公路运营单位年度考核中一直名列前茅，2010年、2011年、2012年，连续三年蝉联第一，并连续两年荣获广东省交通集团先进集体。

(2)文化建设成就显著。公司坚持以开展具有交通行业特色的活动为载体，深入扎实地开展"学、创、建"活动，有力地推进企业文化建设。荣获2010年中国中小企业"创新百强奖"、"全国模范职工小家"、"全国工人先锋号"称号、全国青年安全生产示范岗、"广东省青年文明号"、省总工会"南粤女职工文明岗"、"广东省企业管理现代化创新成果"一等奖、先进单位等国家、省、部级荣誉称号。

(3)社会公众广泛赞誉。公司凭借特色鲜明的企业文化、敢当大任的企业形象赢得了社会各界的广泛赞誉。《南方日报》以"守护高速如画风景"为题专版报道了公司以路政员为代表的路政团队。2012年《中国企业报》以"广东高速标准化的探路者"为题，2011年《中国交通报》以"广东高速的标准化之路"为题报道了公司的运营管理标准化工作。此外，《南方都市报》《羊城晚报》均对公司进行了报道，形成了浓郁的宣传舆论氛围，树立了良好的公众形象。

第七节　宁波—东莞高速公路广东段（G15W3）

宁波—东莞高速公路（简称"甬莞高速公路"），是国家高速公路网"71118+6"中沈阳至海口高速公路的并行线，起于浙江宁波，途经浙江、福建、广东3省，终点在广东省东莞市，全长1455km，编号为G15W3。

甬莞高速公路广东段与《广东省高速公路网规划》第四横线共线，起于潮州市饶平县东山镇水美村（闽粤界），线路途经潮州、汕头、揭阳、汕尾、惠州、东莞6个地级市和饶平县、潮安区、潮阳区、揭东区、榕城区、普宁市、揭西县、陆河县、陆丰县、海丰县、惠东县等11个县（或县级市、区），止于东莞市莞深立交，全长约392km。甬莞高速公路广东段是粤东地区与珠三角之间第二条高速公路通道，对缓解沈海高速公路的交通压力，加强珠三角向粤东地区经济辐射能力，促进粤东地区经济发展及促进泛珠三角区域经济合作等都具有重要作用。

甬莞高速公路广东段由5个项目段组成：潮州北段高速公路、潮州—惠州高速公路、惠州—东莞高速公路惠州段、惠州—东莞高速公路东莞段、常平—虎门高速公路东莞常平—莞深立交段。

一、潮州北段高速公路

潮州路线起于饶平县东山镇粤闽省界（对接宁莞高速公路漳州天宝至诏安段），往西经饶平县浮山镇、浮滨镇、樟溪镇，湘桥区磷溪镇、意溪镇，潮安区文祠镇、归湖镇，止于潮安区古巷镇（对接潮惠高速公路）。全长64.51km，总投资72.79亿元。2015年3月30日开工，2017年12月28日建成通车。

广东省南粤潮漳高速公路管理中心（简称"潮漳管理中心"）负责建设和运营管理。

（一）主要技术指标和建设规模

潮漳高速公路全线按高速公路标准建设，双向四车道，设计速度100km/h，路基宽度26m，桥涵与路基同宽。全线设有特大桥、大桥29座（表3-7-1)，隧道3座（表3-7-2)，桥隧比为28.1%。共设互通式立交6处，服务区1处，停车区1处，管理中心1处，主线收费站1处，治超站1处。

（二）建设情况

1. 建设依据

2014年8月5日，项目工可报告获得国家发改委批复。

潮州北段高速公路主要桥梁表

表 3-7-1

序号	桥梁分类	桥梁名称	中心桩号	桥梁长度（m）	桥面宽度（m）	车道数	设计汽车荷载等级	开工时间	完工时间	备注
1	大桥	新屋大桥（左线）	K02+069	265	12.5	2	公路-Ⅰ级	2015年3月	2017年3月	
2	大桥	新屋大桥（右线）	K02+055	245	12.5	2	公路-Ⅰ级	2015年3月	2017年3月	
3	大桥	灯芯高架桥（左线）	K03+826.533	328.0	12.5	2	公路-Ⅰ级	2015年3月	2017年3月	
4	大桥	灯芯高架桥（右线）	K03+826.000	328.0	12.5	2	公路-Ⅰ级	2015年3月	2017年3月	
5	大桥	河西高架桥	K04+212.000	226.4	25.5	4	公路-Ⅰ级	2015年3月	2017年3月	
6	大桥	上坑尾大桥（左幅）	K04+915.000	546.4	12.75	2	公路-Ⅰ级	2015年3月	2017年3月	
7	大桥	上坑尾大桥（右幅）	K04+900.000	636.4	12.75	2	公路-Ⅰ级	2015年3月	2017年3月	
8	大桥	东山大桥	K07+085.150	395.3	变宽	4	公路-Ⅰ级	2015年3月	2017年3月	
9	大桥	大片高架桥	K09+918.000	486.4	25.5	4	公路-Ⅰ级	2015年3月	2017年3月	
10	大桥	灰坡高架桥（左幅）	K11+338.000	255.6	12.75	2	公路-Ⅰ级	2015年3月	2017年3月	
11	大桥	灰坡高架桥（右幅）	K11+350.500	280.6	12.75	2	公路-Ⅰ级	2015年3月	2017年3月	
12	大桥	黄冈河大桥（左幅）	K17+211.000	695.6	12.75	2	公路-Ⅰ级	2015年3月	2017年3月	
13	大桥	黄冈河大桥（右幅）	K17+223.500	720.6	12.75	2	公路-Ⅰ级	2015年3月	2017年3月	
14	大桥	石槽高架桥	K21+152.050	445.7	25.5	4	公路-Ⅰ级	2015年3月	2017年3月	
15	大桥	蔡东高架桥	K26+010.600	796.8	25.5	4	公路-Ⅰ级	2015年3月	2017年3月	
16	大桥	山芹高架桥（左幅）	K29+692.000	276.4	12.75	2	公路-Ⅰ级	2015年3月	2017年3月	
17	大桥	山芹高架桥（右幅）	K29+707.000	246.4	12.75	2	公路-Ⅰ级	2015年3月	2017年3月	
18	大桥	青岚高架桥	K30+815.000	255.6	变宽	4	公路-Ⅰ级	2015年3月	2017年3月	
19	大桥	面前岭高架桥	K33+183.000	345.0	25.5	4	公路-Ⅰ级	2015年3月	2017年3月	
20	大桥	双溪高架桥	K34+900.500	255.6	25.5	4	公路-Ⅰ级	2015年3月	2017年3月	
21	特大桥	桂坑大桥	K40+459.500	1926.4	变宽	4	公路-Ⅰ级	2015年3月	2017年3月	
22	大桥	葱溪高架桥	K42+196.200	245.0	变宽	4	公路-Ⅰ级	2015年3月	2017年3月	
23	大桥	河塘大桥（右线）	K46+337.750	766.5	12.5	2	公路-Ⅰ级	2015年3月	2017年3月	

续上表

序号	桥梁分类	桥梁名称	中心桩号	桥梁长度（m）	桥面宽度（m）	车道数	设计汽车荷载等级	开工时间	完工时间	备注
24	大桥	文祠高架桥	K49+143.000	180.6	变宽	4	公路—Ⅰ级	2015年3月	2017年3月	
25	大桥	赤水高架桥	K50+365.700	225.0	25.5	4	公路—Ⅰ级	2015年3月	2017年3月	
26	大桥	东塘彩英高架桥	K52+614.200	1206.0	25.5	4	公路—Ⅰ级	2015年3月	2017年3月	
27	特大桥	潮安韩江特大桥（左幅）	K56+394.700	1276.4	12.75	2	公路—Ⅰ级	2015年3月	2017年3月	
28	特大桥	潮安韩江特大桥（右幅）	K56+394.700	1276.4	12.75	2	公路—Ⅰ级	2015年3月	2017年3月	
29	特大桥	军埔特大桥	K62+086.000	1965.6	25	4	公路—Ⅰ级	2015年3月	2017年3月	

潮州北段高速公路隧道表

表3-7-2

序号	隧道分类	隧道名称	起止桩号	长度（单洞,m）	行车道宽度（单洞,m）	隧道净高（m）	车道数	开工时间	完工时间	备注
1	中隧道	新屋左线隧道	K2+341～K3+105	764	11.77	7.2	2	2015年7月	2017年3月	
2	中隧道	新屋右线隧道	K2+293～K3+087	794	11.77	7.2	2	2015年7月	2017年3月	
3	短隧道	军寮左线隧道	K27+925～K28+260	335	11.77	7.2	2	2015年7月	2017年3月	
4	短隧道	军寮右线隧道	K27+918～K28+252	334	11.77	7.2	2	2015年7月	2017年3月	
5	长隧道	文祠左线隧道	K44+442～K45+596	1154	11.77	7.2	2	2015年7月	2017年3月	
6	长隧道	文祠右线隧道	K50+245～K52+715	1057	11.77	7.2	2	2015年7月	2017年3月	

2014年9月27日,项目先行工程(东山桥隧工程)施工图设计文件获广东省交通运输厅批复。

2014年10月22日,先行工程施工许可取得交通运输部批复。

2015年6月25日,TJ2～TJ7合同段施工图设计文件通过广东省交通运输厅审批。

2016年2月2日,全线施工许可通过广东省交通运输厅审核。

2.资金来源

该项目投资总额约72.79亿元。项目资本金按投资总额的40%计算,约为29.12亿元,其中:中央车购税补助资金7.33亿元,广东省南粤交通投资建设有限公司出资15.25亿元,潮州市潮大交通投资建设有限公司出资6.54亿元。

3.征地拆迁

2014年12月29日,广东省南粤交通潮漳高速公路管理中心与潮州市人民政府签订《广东省东山(闽粤界)至潮州古巷公路征地拆迁工作包干协议》。

从2014年8月开始至2015年6月,已完成征收土地6875.6亩,拆构造物13212m^2,管线迁改95处。

4.招投标

按《中华人民共和国招标投标法》在广州公共资源交易中心进行招标,招标结果在其网站上公示。

5.主要设计、施工、监理单位

设计单位:广东省交通规划设计研究院股份有限公司、北京交科公路勘察设计研究院有限公司等单位。

施工单位:中铁十八局集团有限公司、中铁隧道集团有限公司、中国铁建港航局集团有限公司等9个单位。

监理单位:重庆中宇工程咨询监理有限责任公司、广东达安项目管理股份有限公司等单位。

(三)复杂技术工程

1.潮安韩江特大桥

潮安韩江特大桥跨航道处主桥上部结构为55m+4×90m+55m预应力混凝土现浇连续箱梁,同时跨越古巷侧河堤。主桥按全预应力结构设计。箱梁梁高和底板厚度按2次抛物线设计。采用单箱单室预应力混凝土结构,梁高从跨中(边跨端部)2.6m变化到主墩根部5.6m;两侧悬臂部分为2×3m,悬臂根部厚度为75cm;底板宽6.5m,顶板宽12.5m(含防撞栏后浇段)。箱梁底板厚度从30cm变化到根部80cm(根部0号梁段采用直线变化加厚到 100cm）；腹板厚度采用 45cm、75cm 两种厚度，中间设置过渡段。

韩江特大桥主桥采用菱形挂篮悬臂浇筑施工，菱形挂篮主要由菱形桁架、提吊系统、走行及后锚系统、模板系统和张拉操作平台等部分组成，菱形桁架是挂篮的主要承重结构。挂篮的行走方式为主桁架、外模和底模以及内滑梁一次走行到位，内模待底板、腹板钢筋和预应力钢筋安装完成后推出就位。菱形挂篮具有自重轻、利用系数高、走行方便、结构简洁、受力明确、整体刚度大等优点，具有良好的经济性和适用性。挂篮为成对悬臂配置，取消了平衡配重，操作方便，走行平稳，安全性能好。挂篮前端及中部作业面开阔，施工人员操作空间大，利于施工。

2. 文祠隧道

该项目地质构造复杂，存在崩塌、断裂、破碎带、孤石群等不良地质。文祠隧道穿过低缓丘陵地貌区，为分离式隧道，左线隧道长 1154m，进口端洞门采用削竹式，洞口设计高程 87.270m，出口端洞门采用端墙式，洞口设计高程 95.790m，隧道最大埋深约 194.547m。右线隧道长 1057m，进口端洞门采用削竹式，洞口设计高程 88.230m，出口端洞门采用端墙式，洞口设计高程 94.203m，隧道最大埋深约 199.33m。

文祠隧道施工严格遵循"管超前、严注浆、短开挖、强支护、早封闭、勤量测"十八字方针，充分发挥围岩自身稳定性，初期支护紧跟掌子面，环环相扣，减少对围岩的扰动。靠近洞口浅埋地段以及洞身埋深较浅地段软弱围岩采用人工开挖，确保安全；硬质围岩开挖采用光面爆破和预裂爆破技术，控制好爆破用药量，保证开挖面圆顺，减少超挖，杜绝欠挖。对存在的超挖，按施工规范要求进行回填。爆破过程中严格控制炸药量及爆破振动速度。该项目设置专门的监控量测及超前地质预报队伍，加强施工监控量测及地质预报工作，及时掌握围岩及衬砌的应力、应变状态。量测信息及时反馈，以便施工、监理、设计随时掌握围岩和结构的工作状态，从而及时调整衬砌结构设计参数，制订合理的施工措施和支护手段，保证施工安全，节约工程费用。

（四）科技创新

1. 粤东高烈度地区高速公路典型桥梁工程综合抗震对策研究

该项目地处泉州—汕头地震带，潮安段地震基本烈度为Ⅶ度。该科研课题以项目典型桥梁工程为研究对象，开展相关的地震作用下桥梁响应机理及合理的抗震体系方面的研究工作。该课题通过采用减隔震或延性抗震设计以及采取抗震构造措施等进行横向对比研究，提出合理的桥梁抗震体系，进而形成粤东高烈度地区高速公路典型桥梁工程的综合抗震对策和抗震问题解决方案。该科研课题取得以下成果：

（1）系统研究了多跨长联连续梁桥采用不同抗震体系和各种减隔震措施下的抗震性

能,确定了该类桥型的合理抗震体系。

(2)对桥梁抗震设计的延性抗震体系和减隔震体系进行了深入的理论研究和分析,支出了两种抗震体系的适用范围和各自优缺点,为确定粤东高烈度地区典型桥梁工程的合理抗震体系奠定了理论基础。

(3)以潮安韩江特大桥 $55m + 4 \times 90m + 55m$ 上部结构为研究对象,分析了分别采用传统抗震设计、延性抗震设计和减隔震设计三种抗震体系下的地震响应,及在罕遇地震作用下不同抗震体系的地震响应特点。

(4)针对多跨长联连续梁桥,对目前常用的双曲面摩擦摆支座、速度锁定器和液体黏滞阻尼器三种减隔震措施的减震效果进行了对比分析;对液体黏滞阻尼器和双曲面摩擦摆支座的力学参数进行了敏感性分析,给出了适用该类桥型减隔震装置的合理力学参数。

(5)建立了模拟带栓钉的摩擦摆支座的数值分析方法,该方法可考虑支座阻尼的影响。

(6)系统深入地研究了潮安韩江特大桥主桥和归湖侧跨河堤处主桥在纵桥向地震动激励下摩擦摆固定支座栓钉剪断对桥梁结构地震响应的影响,对比分析了摩擦摆支座参数(摩擦系数、曲率半径、屈服位移、栓钉抗力、支座阻尼等)、桩土相互作用、不同支座类型、部分摩擦摆支座栓钉剪断对桥梁结构地震响应的影响,并对支座参数进行了优化分析,提出了实际依托工程的减隔震设计方案和摩擦摆固定支座栓钉的设计指导思想。

(7)建立了桥梁碰撞的有限元数值模拟方法,掌握了小箱梁纵横向碰撞效应、连续梁桥邻梁碰撞效应和梁墩碰撞效应的受力规律,提出了缓解碰撞的减隔震措施。

(8)引入地震易损性分析方法,提出了损伤程度的量化指标,揭示了一般连续梁桥的地震损伤规律,指出易损性分析不仅可以给出在某一地震作用下特定桥梁所对应的性能水准,同时可得到该桥梁所对应的功能等级和破坏状态,从而为灾害损失估计及灾后救援应急方案的制订提供依据。

2. 低能耗绿色分离式隧道湿喷系统研制及其配套技术研究

为改善隧道初支混凝土喷射工艺,对现有的喷射混凝土材料、喷射工艺及配套设备进行改进创新,该项目设立科研课题"低能耗绿色分离式隧道湿喷系统研制及其配套技术研究"进行专项研究。低能耗绿色分离式喷射系统使得液态速凝剂成功应用于干喷技术中,能有效降低施工中喷射混凝土的回弹量,减少施工时间和成本,且能够减少粉尘,改善了作业环境。具有以下三项优点:

(1)液态速凝剂供给机的使用,有效地控制液态速凝剂的添加量,对喷射混凝土的各项性能都起到一定的作用。速凝剂的添加量对于喷射混凝土的初终凝时间、前后期强度、坍落度、徐变性等都有较大的影响。

(2)速凝剂混合管的使用,使得液态速凝剂与高压水相混合,一同压送至喷头处。

(3)整个喷射系统操作简便、成本低廉、喷射效果显著,既弥补了干喷混凝土回弹量大、粉尘大的弊端,同时又克服了湿喷工艺中机械庞大、维修费用高、输送距离近等缺点。

(五)运营管理

广东省南粤交通潮漳高速公路管理中心成立于2014年10月,负责潮漳高速公路的建设和运营管理。该项目采用"省市共建,政府还贷"模式,由省、市(潮州市)共同投资建设,共享收益盈亏。省和市级投资主体的出资比例为7∶3。广东省南粤交通投资建设公司、潮州市潮大交通投资建设有限公司分别作为广东省潮州市的投资主体。

(六)企业文化建设

潮漳项目在全力建设内层理念文化的基础上,全面推进中层行为文化以及外层视觉文化的发展,初步形成三大系统和谐统一的中心文化体系。

在建设内层理念文化方面,潮漳项目在省南粤交通公司"南粤交通,大道为公"核心文化的指引下,积极践行交通运输行业"人便于行、货畅其流、服务群众、奉献社会"的核心价值观。通过全体员工的团结努力,潮漳项目已初步形成以"创建平安工地,打造人文潮漳"为核心理念的潮漳文化,各项文化建设的策划和实施工作得以有条不紊地开展。

在完善中层行为文化方面,潮漳项目紧紧围绕工程实际,通过传统纸媒以及网络新媒体传播潮漳项目建设实况和潮漳文化;创办《潮漳高速》项目内刊,积极搭建潮漳文化交流平台;加强制度完善,围绕项目核心文化,建立考核评价机制和激励机制,将项目文化建设情况纳入考核评价体系;联合党工团群等组织,围绕"人文潮漳"核心理念,大力开展各项文化活动,将劳动竞赛、平安工地创建活动与文体比赛、慈善捐助、亲子互动以及创建工人先锋号等活动有机结合起来,实现形式与内容的融会贯通,进一步提升潮漳项目的文化建设水平以及员工的文化认同感。

在塑造外层视觉文化方面,潮漳项目严格按照省南粤交通公司Ⅵ视觉系统标准,完成对中心视觉识别系统的建立,通过包括项目名称、项目标志、项目环境、办公用品、广告媒体、产品包装、设备布置等多方面的统一设计,全面塑造中心文化品牌良好的视觉形象。

二、潮州—惠州高速公路

潮州至惠州高速公路项目,是甬莞高速公路(G15W3)广东段的重要组成部分,起于潮州市古巷镇,与潮州市饶平县东山镇水美村(闽粤界)至潮州市古巷镇段对接,途经潮州市潮安区、汕头市潮阳区、揭阳市揭东区、榕城区、普宁市、揭西县、汕尾市陆河县、陆丰县、海丰县,惠州市惠东县等10个县(县级市、区),止于惠东县大岭镇,与已建成的惠莞高速公路相接。全长247km。投资概算总额约303亿元。工程于2013年4月开工,分两期建设,一期"县县通"路段已于2015年12月30日建成通车,二期于2016年底建成试通车。

潮惠高速公路由广东潮惠高速公路有限公司负责投资建设和经营管理。

(一)主要技术指标和建设规模

潮惠高速公路沿线经过莲花山山脉、榕江河谷、三角洲,以及揭惠间丘陵、山地和盆地,地表岩石风化强烈,全风化—强风化带深度达到数十米。平原区水网发达,城镇、村庄密布,对工程构造很大影响。

潮惠高速公路按技术标准分路段设计。起点至潮安凤塘段采用高速公路标准,设计速度100km/h,双向四车道。潮安凤塘至终点段采用高速公路标准,双向六车道,其中潮安凤塘至惠东白盆珠段设计速度100km/h,惠东白盆珠至终点段设计速度120km/h。设有主要特大桥、大桥141座(表3-7-3),特长隧道2座、长隧道1座、中隧道3座、短隧道3座(表3-7-4),桥隧比为40.8%。全线设互通式立交27处(预留3处),服务区4对,停车区1对,连接线7条,共长约30.516km。

(二)建设情况

1. 建设依据

2008年6月,广东省交通厅评审通过广东省潮州至惠州高速公路工程可行性研究报告。

2010年12月,广东省发改委核准批复广东省潮州至惠州高速公路项目申请报告。

2012年9月,广东省交通运输厅批复了广东省潮州至惠州高速公路工程初步设计。

2. 资金来源

概算批复总投资3034168万元(含建设期贷款利息)。总投资的25%为项目资本金,其余75%向银行融资。

3. 征地拆迁

2012年7月~2012年11月,广东潮惠高速公路有限公司分别与潮州、汕头、揭阳、汕尾、惠州所在的五市十县签订了路段征地拆迁单价承包合同。

项目一期工程拆迁总面积18200m^2,已全部完成;二期工程拆迁面积225497.2m^2,完成拆迁222981.8m^2,占拆迁总面积的98.88%。

潮州—惠州高速公路主要桥梁表

表 3-7-3

序号	桥梁分类	桥 梁 名 称	中心桩号	桥梁长度(m)	桥面宽度(m)	车 道 数	设计汽车荷载等级	开工时间	完工时间	备注
1	特大桥	省道S233跨线桥	K65+341	1345.6	25.5	4	公路—Ⅰ级	2014年4月	2016年12月	
2	大桥	岭后大桥(左线)	K68+203	880.6	12.5		公路—Ⅰ级	2013年12月	2016年12月	
3	大桥	岭后大桥(右线)	K68+215	905.6	12.5	4	公路—Ⅰ级	2013年12月	2016年12月	
4	大桥	鹤陇山水库大桥(左线)	K70+417	805.6	12.5		公路—Ⅰ级	2013年12月	2016年12月	
5	大桥	鹤陇山水库大桥(右线)	K70+422	780.6	12.5	4	公路—Ⅰ级	2013年12月	2016年12月	
6	特大桥	洪巷埔大桥(左线)	K71+862	1341.3	25.5渐变为33	4车道渐变6车道	公路—Ⅰ级	2014年4月	2016年12月	
7	特大桥	洪巷埔大桥(右线)	K71+867	1331.3	25.5渐变为33	4车道渐变6车道	公路—Ⅰ级	2014年4月	2016年12月	
8	特大桥	书图大桥	K64+157	1248.3	33	6	公路—Ⅰ级	2014年8月	2016年12月	
9	特大桥	凤塘大桥	K75+274	1770.6	33	6	公路—Ⅰ级	2013年12月	2016年12月	
10	大桥	西溪大桥	K76+865	937	33	6	公路—Ⅰ级	2014年4月	2016年12月	
11	特大桥	汕揭高速公路跨线桥(左幅)	K78+205	1752	33	6	公路—Ⅰ级	2014年3月	2016年12月	
12	特大桥	汕揭高速公路跨线桥(右幅)	K78+205	1752	33	6	公路—Ⅰ级	2014年4月	2016年12月	
13	大桥	埔上大桥	K79+481	800	33	6	公路—Ⅰ级	2014年10月	2016年12月	
14	大桥	下邦大桥	K80+232	704.3	33	6	公路—Ⅰ级	2014年12月	2016年12月	
15	特大桥	进场路1号高架桥	K82+510	3854	33	6	公路—Ⅰ级	2013年10月	2016年12月	
16	特大桥	进场路2号高架桥	K85+469	2065.5	33	6	公路—Ⅰ级	2013年11月	2016年12月	
17	特大桥	榕江大桥北引桥(左幅)	K87+147	1290	33	6	公路—Ⅰ级	2014年3月	2016年12月	
18	特大桥	榕江大桥北引桥(右幅)	K87+147	1290	33	6	公路—Ⅰ级	2014年3月	2016年12月	
19	特大桥	榕江大桥南引桥	K88+112	640	33	6	公路—Ⅰ级	2014年1月	2016年12月	
20	特大桥	榕江大桥	K89+152	1440	33	6	公路—Ⅰ级	2014年2月	2016年12月	
21	特大桥	关埠大桥	K90+447	1152.8	33	6	公路—Ⅰ级	2014年2月	2016年12月	
22	大桥	下底大桥	K92+611	900	33	6	公路—Ⅰ级	2014年8月	2016年12月	

续上表

序号	桥梁分类	桥梁名称	中心桩号	桥梁长度(m)	桥面宽度(m)	车道数	设计汽车荷载等级	开工时间	完工时间	备注
23	大桥	灶浦大桥	K94+923	850	33	6	公路—I级	2014年4月	2016年12月	
24	特大桥	省道S234跨线桥	K97+527	1413	33	6	公路—I级	2013年11月	2016年12月	
25	大桥	新陈大桥	K99+343	701.6	33	6	公路—I级	2014年8月	2016年12月	
26	大桥	径头大桥（左线）	K103+651	500	33	6	公路—I级	2013年10月	2016年12月	
27	大桥	径头大桥（右线）	K103+601	500	33	6	公路—I级	2013年10月	2016年12月	
28	大桥	平林大桥（左线）	K105+246	750	33	6	公路—I级	2014年7月	2016年12月	
29	大桥	平林大桥（右线）	K105+254	725	33	6	公路—I级	2014年6月	2016年12月	
30	特大桥	揭惠高速公路跨线桥	K106+349	1011.6	33	6	公路—I级	2014年3月	2016年12月	
31	大桥	太南大桥	K107+886	345	33	6	公路—I级	2014年1月	2016年12月	
32	大桥	省道S236跨线桥	K110+626	781.6	33	6	公路—I级	2013年11月	2016年12月	
33	大桥	广大大桥（左幅）	K111+661	450	33	6	公路—I级	2014年10月	2016年12月	
34	大桥	广大大桥（右幅）	K111+636	450	33	6	公路—I级	2014年11月	2016年12月	
35	大桥	平宝山大桥	K112+576	305.6	33	6	公路—I级	2014年3月	2016年12月	
36	大桥	潮来港大桥	K113+135	490	33	6	公路—I级	2013年11月	2016年12月	
37	大桥	石潭大桥（左幅）	K114+730	585	33	6	公路—I级	2013年12月	2016年12月	
38	大桥	石潭大桥（右幅）	K114+720	565	33	6	公路—I级	2013年12月	2016年12月	
39	大桥	京棉公路跨线桥（左幅）	K125+600	610.3	33	6	公路—I级	2013年9月	2015年12月	
40	大桥	京棉公路跨线桥（右幅）	K125+600	610.3	33	6	公路—I级	2013年9月	2015年12月	
41	特大桥	榕湖榕江大桥	K128+671	1170.6	33	6	公路—I级	2013年8月	2015年12月	
42	特大桥	揭普高速公路跨线桥	K121+057	1429.6	33	6	公路—I级	2013年10月	2015年12月	
43	大桥	境潭大桥	K127+413	245	33	6	公路—I级	2014年3月	2015年12月	
44	大桥	赤料大桥	K131+351	745	33	6	公路—I级	2013年10月	2015年12月	
45	大桥	金塔工业园高架桥（左幅）	K136+112	570	33	6	公路—I级	2013年6月	2015年12月	

续上表

序号	桥梁分类	桥梁名称	中心桩号	桥梁长度（m）	桥面宽度（m）	车道数	设计汽车荷载等级	开工时间	完工时间	备注
46	大桥	金塔工业园高架桥（右幅）	K136+107	560	33	6	公路—Ⅰ级	2013年6月	2015年12月	
47	大桥	潭内河大桥	K134+288	165	33	6	公路—Ⅰ级	2013年11月	2015年12月	
48	特大桥	新南大桥（左线）	K138+812	1154.6	33	6	公路—Ⅰ级	2013年8月	2015年12月	
49	特大桥	新南大桥（右线）	K138+812	1154.6	33	6	公路—Ⅰ级	2013年8月	2015年12月	
50	大桥	马路大桥	K143+240	685.00	33	6	公路—Ⅰ级	2013年9月	2015年12月	
51	大桥	杨林枢纽立交潮惠主线桥（左幅）	K146+106	430.94	33	6	公路—Ⅰ级	2013年9月	2015年12月	
52	大桥	杨林枢纽立交潮惠主线桥（右幅）	K146+106	430.94	33	6	公路—Ⅰ级	2013年10月	2015年12月	
53	大桥	大溪榕江大桥（右幅）	K147+468	830.40	33	6	公路—Ⅰ级	2013年7月	2015年12月	
54	大桥	大溪榕江大桥（左幅）	K147+468	830.40	33	6	公路—Ⅰ级	2013年8月	2015年12月	
55	大桥	新寮大桥	K153+108	305.00	33	6	公路—Ⅰ级	2013年9月	2015年12月	
56	大桥	石肚河大桥（右幅）	K154+337	705.00	33	6	公路—Ⅰ级	2013年10月	2015年12月	
57	大桥	石肚河大桥（左幅）	K154+347	725.00	33	6	公路—Ⅰ级	2013年10月	2015年12月	
58	大桥	坪上大桥（左幅）	K153+545	375.00	33	6	公路—Ⅰ级	2013年9月	2015年12月	
59	大桥	坪上大桥（右幅）	K153+545	375	33	6	公路—Ⅰ级	2013年8月	2015年12月	
60	大桥	南新大桥（右幅）	K160+644	365.00	33	6	公路—Ⅰ级	2013年8月	2015年12月	
61	大桥	南新大桥（右幅）	K160+644	365.00	33	6	公路—Ⅰ级	2013年9月	2015年12月	
62	大桥	鹅公田大桥（右幅）	K162+602	205.00	33	6	公路—Ⅰ级	2013年12月	2015年12月	
63	大桥	凤尾大桥（右幅）	K163+424	805.6	33	6	公路—Ⅰ级	2013年11月	2015年12月	
64	大桥	凤尾大桥（左幅）	K163+373	755.60	33	6	公路—Ⅰ级	2013年11月	2015年12月	
65	大桥	竹园下大桥（左幅）	K164+986	505.95	33	6	公路—Ⅰ级	2013年11月	2015年12月	
66	大桥	竹园下大桥（右幅）	K165+036	655.60	33	6	公路—Ⅰ级	2013年10月	2015年12月	
67	大桥	S238分离立交（右幅）	K156+420	325.00	33	6	公路—Ⅰ级	2013年9月	2015年12月	

第三章 国家高速公路

续上表

序号	桥梁分类	桥 梁 名 称	中心桩号	桥梁长度（m）	桥面宽度（m）	车道数	设计汽车荷载等级	开工时间	完工时间	备注
68	大桥	S238分离立交（左幅）	K156+420	325.00	33	6	公路—Ⅰ级	2013年10月	2015年12月	
69	大桥	员埔大道跨线桥	K154+941	205	33	6	公路—Ⅰ级	2013年9月	2015年12月	
70	大桥	长坑大桥（右幅）	K166+009	705.60	33	6	公路—Ⅰ级	2013年10月	2015年12月	
71	大桥	长坑大桥（左幅）	K166+022	680.60	33	6	公路—Ⅰ级	2013年11月	2015年12月	
72	大桥	枫林大桥	K169+002	330.60	33	6	公路—Ⅰ级	2013年11月	2015年12月	
73	大桥	南进河大桥（右幅）	K170+270	430.60	33	6	公路—Ⅰ级	2013年10月	2015年12月	
74	大桥	南进河大桥（左幅）	K170+282	455.60	33	6	公路—Ⅰ级	2013年10月	2015年12月	
75	大桥	墩仔寨大桥（右幅）	K171+582	230.60	33	6	公路—Ⅰ级	2014年6月	2015年12月	
76	大桥	墩仔寨大桥（左幅）	K171+569	205.60	33	6	公路—Ⅰ级	2014年1月	2015年12月	
77	大桥	护竹大桥（右幅）	K172+517	280.60	33	6	公路—Ⅰ级	2013年12月	2015年12月	
78	大桥	护竹大桥（左幅）	K172+529	305.60	33	6	公路—Ⅰ级	2013年12月	2015年12月	
79	特大桥	水唇榕江特大桥	K174+548	1305.60	33	6	公路—Ⅰ级	2013年4月	2015年12月	
80	大桥	樟树凹大桥	K183+717	230.60	33	6	公路—Ⅰ级	2014年3月	2016年12月	
81	大桥	坑子尾大桥	K184+298	276.40	33	6	公路—Ⅰ级	2014年9月	2016年12月	
82	大桥	凹眉坑大桥（右幅）	K185+285	546.40	33	6	公路—Ⅰ级	2014年1月	2016年12月	
83	大桥	凹眉坑大桥（左幅）	K185+285	606.40	33	6	公路—Ⅰ级	2014年1月	2016年12月	
84	大桥	天门场大桥	K186+000	280.60	33	6	公路—Ⅰ级	2014年11月	2016年12月	
85	大桥	樟河大桥（右幅）（陆河南互通）	K189+912	486.40	33	6	公路—Ⅰ级	2014年4月	2016年12月	
86	大桥	樟河大桥（左幅）（陆河南互通）	K189+882	456.40	33	6	公路—Ⅰ级	2014年5月	2016年12月	
87	大桥	杜埔大桥	K190+242	305.60	33	6	公路—Ⅰ级	2014年5月	2016年12月	
88	大桥	东升大桥（右幅）	K192+544	203.60	33	6	公路—Ⅰ级	2014年3月	2016年12月	
89	大桥	东升大桥（左幅）	K192+519	203.60	33	6	公路—Ⅰ级	2014年3月	2016年12月	

广 东
高速公路建设实录

续上表

序号	桥梁分类	桥 梁 名 称	中心桩号	桥梁长度(m)	桥面宽度(m)	车道数	设计汽车荷载等级	开工时间	完工时间	备注
90	大桥	螺河大桥（右幅）	K193+603	460.67	33	6	公路—Ⅰ级	2014年9月	2016年12月	
91	大桥	螺河大桥（左幅）	K193+603	435.67	33	6	公路—Ⅰ级	2013年12月	2016年12月	
92	大桥	菠萝坑大桥（右幅）	K195+833	336.40	33	6	公路—Ⅰ级	2014年10月	2016年12月	
93	大桥	菠萝坑大桥（左幅）	K195+833	246.40	33	6	公路—Ⅰ级	2014年10月	2016年12月	
94	大桥	蛏湖大桥（右幅）	K196+903	246.40	33	6	公路—Ⅰ级	2014年11月	2016年12月	
95	大桥	蛏湖大桥（左幅）	K196+963	396.40	33	6	公路—Ⅰ级	2014年12月	2016年12月	
96	大桥	乌石水库大桥（右幅）	K198+825	205.6	33	6	公路—Ⅰ级	2013年12月	2016年12月	
97	大桥	乌石水库大桥（左幅）	K198+850	230.6	33	6	公路—Ⅰ级	2013年12月	2016年12月	
98	大桥	新田S335跨线桥（新田互通）	K199+541	230.60	33	6	公路—Ⅰ级	2013年10月	2016年12月	
99	大桥	坑尾水库大桥	K200+192	305.60	33	6	公路—Ⅰ级	2013年10月	2016年12月	
100	大桥	新田河大桥（右幅）	K201+535	730.60	33	6	公路—Ⅰ级	2014年2月	2016年12月	
101	大桥	新田河大桥（左幅）	K201+535	655.60	33	6	公路—Ⅰ级	2014年3月	2016年12月	
102	大桥	新圩大桥（右幅）	K208+777	405	33	6	公路—Ⅰ级	2013年11月	2016年12月	
103	大桥	新圩大桥（左幅）	K208+778	405.7	33	6	公路—Ⅰ级	2013年11月	2016年12月	
104	大桥	陆丰北互通主线桥	K209+856	216.40	33	6	公路—Ⅰ级	2014年3月	2016年12月	
105	大桥	新村大桥	K213+427	325	33	6	公路—Ⅰ级	2013年12月	2016年12月	
106	大桥	雷公岭1号大桥	K215+844	205	33	6	公路—Ⅰ级	2015年4月	2016年12月	
107	大桥	角子大桥	K217+938	545	33	6	公路—Ⅰ级	2013年12月	2016年12月	
108	大桥	会众岭大桥	K219+537	305.04	33	6	公路—Ⅰ级	2013年12月	2016年12月	
109	大桥	西山下1号大桥	K220+667	325	33	6	公路—Ⅰ级	2013年12月	2016年12月	
110	大桥	西山下2号大桥	K221+417	265.02	33	6	公路—Ⅰ级	2014年7月	2016年12月	
111	大桥	公平供水总干渠大桥	K224+327	425	33	6	公路—Ⅰ级	2015年3月	2016年12月	

续上表

序号	桥梁分类	桥梁名称	中心桩号	桥梁长度（m）	桥面宽度（m）	车道数	设计汽车荷载等级	开工时间	完工时间	备注
112	特大桥	黄江特大桥	K228+277	1775.3	33	6	公路—Ⅰ级	2014年3月	2016年12月	
113	大桥	海丰互通S242跨线桥	K229+690	450.6	33	6	公路—Ⅰ级	2014年4月	2016年12月	
114	大桥		K229+690	425.6	33	6	公路—Ⅰ级	2014年4月	2016年12月	
115	大桥	焦坑大桥	K232+768	230.6	33	6	公路—Ⅰ级	2015年3月	2016年12月	
116	大桥	石泉坑大桥	K238+327.665	205.6	33	6	公路—Ⅰ级	2014年7月	2016年12月	
117	大桥	顾莲峰村大桥	K238+769.665	405	33	6	公路—Ⅰ级	2014年3月	2016年12月	
118	特大桥	大道河特大桥	K247+692.665	1305.6	33	6	公路—Ⅰ级	2013年12月	2016年12月	
119	大桥	纸寨坑大桥（左幅）	K249+101.165	430.6	16.5	3	公路—Ⅰ级	2015年1月	2016年12月	
120	大桥	中心段大桥（左幅）	ZK256+805.546	580.6	16.5	3	公路—Ⅰ级	2013年11月	2016年12月	
121	大桥	胡安林场大桥	K260+956.665	625	33	6	公路—Ⅰ级	2014年3月	2016年12月	
122	大桥	鸿发大桥	K262+466.665	585	16.5	3	公路—Ⅰ级	2014年3月	2016年12月	
123	大桥		K262+376.665	365	16.5	3	公路—Ⅰ级	2014年3月	2016年12月	
124	大桥	左线桃树坪大桥	ZK263+571.665	345	33	6	公路—Ⅰ级	2013年11月	2016年12月	
125	大桥	左线元潭1号大桥	ZK269+886.665	486.4	33	6	公路—Ⅰ级	2013年12月	2016年12月	
126	大桥	右线元潭1号大桥	K269+877.665	486.4	33	6	公路—Ⅰ级	2013年12月	2016年12月	
127	大桥	黄竹塘大桥	K274+044.665	380.6	33	6	公路—Ⅰ级	2014年3月	2016年12月	
128	大桥	尚和岭大桥	K277+239.665	445	33	6	公路—Ⅰ级	2014年3月	2016年12月	
129	大桥	象窑河大桥（左幅）	K281+182.165	305.6	16.5	3	公路—Ⅰ级	2014年7月	2016年12月	
130	大桥	象窑河大桥（右幅）	K281+157.165	305.6	16.5	3	公路—Ⅰ级	2014年7月	2016年12月	
131	大桥	畔塘大桥	K284+133.323	325	33	6	公路—Ⅰ级	2014年3月	2016年12月	
132	大桥	大坑门大桥	K285+758.323	245	16.5	3	公路—Ⅰ级	2014年3月	2016年12月	
133	大桥	大埔1号大桥	K288+603.323	265	33	6	公路—Ⅰ级	2013年12月	2016年12月	
134	大桥	S356跨线桥	K290+421.323	570.6	33	6	公路—Ⅰ级	2013年9月	2016年12月	

续上表

序号	桥梁分类	桥梁名称	中心桩号	桥梁长度（m）	桥面宽度（m）	车道数	设计汽车荷载等级	开工时间	完工时间	备注
135	大桥	葫芦坡大桥	K292+226.323	245	33	6	公路—Ⅰ级	2013年11月	2016年12月	
136	特大桥	西枝江特大桥	K297+563.323	1045.6	33	6	公路—Ⅰ级	2013年11月	2016年12月	
137	大桥	彭白1号大桥	K302+476.323	305	33	6	公路—Ⅰ级	2014年2月	2016年12月	
138	大桥	下屋场大桥	K303+633.323	245	16.5	3	公路—Ⅰ级	2014年3月	2016年12月	
139	特大桥	万松特大桥	K307+309.963	2509.9	16.5	3	公路—Ⅰ级	2014年2月	2016年12月	
140	特大桥	万松特大桥	K307+309.973	2509.9	16.5	3	公路—Ⅰ级	2014年2月	2016年12月	
141	大桥	G324跨线桥	K310+405.323	615.6	33	6	公路—Ⅰ级	2013年11月	2016年12月	

潮州—惠州高速公路隧道表

表3-7-4

序号	隧道分类	隧道名称	起止桩号	长度（单洞，m）	行车道宽度（单洞，m）	隧道净高（m）	车道数	开工时间	完工时间	备注
1	长隧道	鹤陇山隧道（左）	K68+885～K69+885	1000	9	5	2	2013年10月	2016年12月	
		鹤陇山隧道（右）	K68+885～K69+847	962	9	5	2			
2	短隧道	金玉隧道	K98+251～K98+559	308	13	5	3	2013年11月	2016年12月	
3	中隧道	仙桥隧道（左）	K103+979～K104+841	862	13	5	3	2014年2月	2015年12月	
		仙桥隧道（右）	K103+931～K104+869	938	13	5	3			
4	中隧道	银山隧道（左）	K161+641～K162+234	593	13	5	3	2013年11月	2015年12月	
		银山隧道（右）	K161+624～K162+167	543	13	5	3			
5	短隧道	五云隧道（左）	K167+299～K167+668	369	13	5	3	2013年11月	2015年12月	
		五云隧道（右）	K167+309～K167+669	360	13	5	3			
6	短隧道	象鼻山隧道（左）	K236+285～K236+623	325	13	5	3	2013年12月	2016年12月	
		象鼻山隧道（右）	K236+295～K236+600	305	13	5	3			
7	中隧道	蔡坑隧道（左）	K243+070～K243+572	502	13	5	3	2013年12月	2016年12月	
		蔡坑隧道（右）	K243+060～K243+568	508	13	5	3			

续上表

序号	隧道分类	隧道名称	起止桩号	长度（单洞,m）	行车道宽度（单洞,m）	隧道净高（m）	车道数	开工时间	完工时间	备注
8	特长隧道	莲花山1号隧道（左）	K251+090～K256+280	5190	13	5	3	2013年10月	2016年12月	
		莲花山1号隧道（右）	K251+090～K256+315	5225			3			
9	特长隧道	莲花山2号隧道（左）	K263+865～K269+005	5140	13	5	3	2013年9月	2016年12月	
		莲花山2号隧道（右）	K263+837～K268+945	5108			3			

4. 招投标

潮惠公司制定了《广东省潮惠高速公路有限公司投标管理办法》，依据管理办法组织各项招标工作，不委托招标代理。邀请招标的项目由公司自行组织实施，招标文件和评标结果报备上级公司。

5. 主要设计、施工、监理单位

设计单位：中交公路规划设计院有限公司、广东省交通规划设计研究院股份有限公司等单位。

施工单位：广东冠粤路桥有限公司、中国中铁股份有限公司（联合体）、广东省长大公路工程有限公司等17个单位。

监理单位：广东华路交通科技有限公司、广东翔飞公路工程监理有限公司、广东建设工程监理有限公司等单位。

（三）复杂技术工程

1. 榕江大桥

榕江大桥为主跨380m、全长640m的钢箱梁与混凝土箱梁结合的低塔斜拉桥，桥址条件极为特殊，桥梁设计与建设难度极大。桥区地震烈度高，地震动峰值加速度达0.183g；地质条件复杂，覆盖层厚，基桩最深达130多米；大桥靠近榕江出海口，跨越规划通万吨海轮的榕江航道；桥址位于揭阳潮汕机场障碍物限制面内，桥梁建筑高度限制为海拔约96m。

榕江大桥桩基在水上钻孔平台上采用大功率回旋钻机进行施工，水中承台采用钢套箱围堰施工，主塔采用液压爬模施工，索塔钢锚室以及次边跨钢箱梁采用800t浮吊进行吊装，中跨钢箱梁采取桥面吊机依次吊装。施工过程中克服了大直径超长桩基、索塔锚固、桥塔约束等复杂技术难题。

2. 莲花山1号、2号隧道

莲花山1号、2号隧道位于潮惠高速公路汕尾市海丰县与惠州市惠东县的交界段。莲花山1号隧道长5207.5m，最大埋深828.6m；莲花山2号隧道长5124m，最大埋深555.0m。均为双向六车道隧道，设计速度100km/h，净宽14.75m，净高5.0m，是当时广东省最长、埋深最大的公路隧道。

莲花山1号、2号特长隧道隧址区地质条件复杂多变，施工难度大，具有以下特点：

（1）跨度大：最大开挖宽度约20.6m，最大开挖高度约13m，施工技术要求高。

（2）长度长：两座隧道长度均超过5 000m，对开挖施工组织、施工通风用电、施工安全保障等均提出了较高的要求。

（3）浅埋段长：1号隧道进口段长达近500m的浅埋段为富水全风化花岗岩，遇水易失稳坍塌，施工技术难度大、风险高。

（4）断层破碎带多：隧址区沿线穿过4处区域性大断裂，断裂带宽度大；隧道受断层构造影响，多条断层与隧道平行或小角度相交，各断层之间互相切割，加上隧址区地下水较为发育，隧轴围岩复杂多变。

（5）工期紧迫：根据前期施工组织设计，隧道洞渣计划加工成石料用于长达100km的路面工程，隧道能否如期贯通制约着路面工程的进度。对隧道工期要求十分紧迫，仅有32~34个月。

综上，莲花山1号、2号特长隧道是集大跨、特长、浅埋、富水、断层多、工期紧等多种不利因素组合的"高、大、难、紧"控制性工程。2016年4月2日，莲花山2号隧道右线率先安全贯通，总历时30个月。

（四）科技创新

2011年，潮惠高速公路被列为广东省高速公路建设"设计标准化示范项目"，广东潮惠高速公路有限公司提出了"安全耐久，环保节约，阳光和谐，管养便捷，创建设计标准化示范工程"的建设目标。通过设计标准化示范工程及科技创新规范实践，"节约工程造价，节省工程用地，保护环境资源，提高工程品质"，形成一批可以推广应用的科技成果和创新管理模式。

（1）设计标准化开创历史。潮惠公司经过近三年调研分析、研讨借鉴，完成了桥涵、隧道、隧道预留预埋、路基路面排水等一系列专题研究，在全国率先发布了255册通用图、参考图及设计标准化指南等多项技术成果，开创了高速公路设计标准化的历史。潮惠公司率先将成果全面应用于项目建设，有效整合与节约了资源，提高了工程安全性及耐久性，取得了良好的社会经济效益。

（2）"双标管控"成效显著。潮惠公司对"双标"管理制度、方法、规范进行完善，大力推进项目管理向精细化转变，项目施工标准化、施工质量水平得到极大提升，打造了一批"内实外美"的实体工程，项目建设"双标"管理达到了全新高度。

在施工阶段，项目积极推进工艺创新，鼓励承包人不断改进工艺技术，将成果进行孵化、巩固、推广，既提高了功效，又避免人工操作的误差，大大提升了工程实体的合格率与施工准确度。路面施工中，项目首次单列沥青路面合同价的5%，作为"按质支付"的专项费用；首次引入沥青路面施工质量监控系统，对沥青出厂、进场、拌和及摊铺进行全过程监控；在广东省内首次全线实行SMA沥青混凝土路面建设，采用无核密度仪测定沥青面层均匀性，路面平整、抗滑能力强、抗变形能力强、耐久性好，路面质量及行车安全均得到了良好的保障。

（3）建管一体化整合资源。在广东省内首次提前兴建运营管理中心，供项目建设管理使用，实现了建管一体化，避免了重复投资；首次提出机电三大系统一体化整合方案，提前完成运营监控中心的建设，用于项目建设监控与信息化管理；研发和实施建设影像管理系统，实时上传共享控制性和重难点工程影像，可随时随地通过网络终端进行"工地巡查"，及时发现并解决问题，最大限度实现了资源的优化整合。

（4）"永临结合"节省投资。潮惠公司在专业设计的基础上，首次采用运营永久用电与土建施工捆绑招标的模式，在开工前期建设好永久用电线路，实现施工临时用电利用运营永久用电的供电线路和设备，避免了重复投资，节约了资源，有效减少临时用电费用约4000万元。

（5）"洞渣利用"节能环保。潮惠公司创新"洞渣利用"模式，首次采用隧道施工与路面施工捆绑招标，促使施工单位将隧道洞渣用于路面和桥梁工程建设，一举三得，既保护了生态环境，节约了成本，又破解了沥青路面建设所需优质石料缺乏的困局。工程直接成本节省约24900万元，间接成本减少约9300万元。

（6）主要科研项目有："潮惠高速公路设计标准化研究集成""基于全社会成本的高速公路设计方案评价技术研究""榕江大桥低塔斜拉桥建养关键技术研究""潮惠高速公路基桩承载特性及其沉降控制关键技术及实用化研究""多次分段注浆的钢花管技术研究""潮惠高速机电三大系统整合以及与安全设施系统整合技术研究""广东省高速公路路面质量控制管理现状分析及对策研究""机制砂防腐蚀混凝土耐久性设计及其应用技术研究""公路隧道防排水工程质量提升技术研究"等。

（五）运营管理

1. 运营公司

潮惠公司于2011年11月18日在广州注册成立，为广东省高速公路有限公司的全资子公司，负责潮惠高速公路的投资建设和经营管理。

潮惠高速公路设有潮惠高速公路路政大队，下设5个中队，全线设收费站21个（中心站10个）。

潮惠高速公路一期"县县通"段已于2015年12月30日正式通车，收费里程63km，二期在建。

2. 收费站点

潮惠高速公路揭西到陆河"县县通"段沿线共设置灰寨、凤江、大溪、河婆和陆河东5个收费站，共有车道37条，其中入口车道共14条，包括5条自动发卡车道、4条人工发卡车道、5条ETC（军警共用）车道；出口车道共23条，包括18条人工收费车道（含5条绿通车道）、5条ETC（军警共用）车道，见表3-7-5。

收费站点设置情况表　　　　　　表 3-7-5

站点名称	车道数	收费方式	站点名称	车道数	收费方式
灰寨	8	MTC+ETC	河婆	9	MTC+ETC
凤江	8	MTC+ETC	陆河东	7	MTC+ETC
大溪	5	MTC+ETC			

3. 服务区

设有服务区 4 对,停车区 1 对。

4. 路政管理

潮惠高速公路一期"县县通"路段设河婆、灰寨两个路政中队,管理辖区主线里程62.757km,其中隧道 2 座,桥梁 88 座,涵洞 220 座。

路政大队实施路产路权三级管理体制,大队、中队、班组分别负责全线、管辖区域、责任区的公路路产路权的维护与管理。中队按照外业班组数量将管理辖区划分为若干责任区,各班组再将责任落实到人。通过此管理体制,明确工作责任,有效处理损坏路产、侵占路权的违法案件。

因交通事故损坏公路路产的,及时做好勘验取证,做好路产案件索赔工作。对于因逃逸、被盗、自然灾害等原因造成路产受损的,报保险公司理赔。加强路政巡逻,及时处置路产受损、侵权等案件。路政许可、施工许可由路政大队审批严格把关,中队根据大队颁发的许可证监管路面施工安全,发现问题及时落实整改。通过实施路政、养护交叉巡查方式,并结合监控系统等科技手段,发现路产受损或侵权案件并及时处置。加强公路两侧建筑、广告控制区及桥下空间的监督检查,发现违法案件及时告知属地交通综合行政执法部门,做好后续跟进工作。

(六)企业文化建设

(1)质量文化体系不断完善。潮惠公司坚持"安全第一、质量至上、工期服从质量安全"的原则,以"示范设计、安全优质、节能环保、管养便捷、阳光和谐"为建设理念,在工程建设中,公司总结印发了设计标准化指南、工程建设标准化管理(共四册)等指导性手册,为提升项目质量安全管理水平,争创优质工程提供了强有力的质量文化保障。

(2)创新文化成企业发展内动力。潮惠公司鼓励创新的氛围浓厚,从公司组建到项目的全面动工稳步推进,项目首次提出机电三大系统(监控系统、收费系统、通信系统)一体化整合方案,提前完成运营监控中心的建设并投入使用,研发和实施建设影像管理系统,大大提升了项目建设管理信息化水平。

(3)推进廉洁文化建设常规化。深化党风廉政教育,推进廉政建设常态化、长效化。每年公司党政一把手与各部门负责人签订《党风廉政建设责任书》,实行集体领导与个人分工负责相结合,层层抓落实,制订了《潮惠高速公路专项预防管理手册》,加强项目建设管理的廉政监督工作,营造风清气正的建设环境。

(4)精神文明建设汇集正能量。鼓励员工积极参与沿线社会活动,开展扶贫济困等捐款活动,工会、团支部、志愿队每年定期到敬老院、学校等地开展慰问活动,加强"职工之家"建设,为"职工之家"配备完善的设施,提供良好的文体活动场所,设立图书室,订购大批书籍报刊,每年开展篮球赛、羽毛球赛、拔河比赛、演讲比赛,举办中秋、国庆等节日的聚餐和联欢活动,建立健全困难职工档案,对生病住院职工进行探视,对困难职工给予帮助和帮扶,及时为职工排忧解难,让员工真正得到集体的关怀,建设"和谐潮惠、温暖家园"。

潮惠一期"县县通"路段荣获广东省第一批"平安工地"示范项目称号。

三、惠州—东莞高速公路惠州段

惠莞高速公路是国家高速公路网甬莞高速公路的重要路段,与广东省高速公路网(2001—2030年)规划中的第四条横线部分路段共线。惠莞高速公路由惠州段和东莞段组成。惠莞高速公路惠州段起于惠东县大岭镇,接甬莞高速公路潮州至惠州段,向西跨广惠高速公路,经惠阳区平潭镇、良井镇、永湖镇,跨惠澳大道,经惠城区三栋镇(与惠南大道相接),设佰公凹隧道,经惠阳区镇隆镇(与惠盐高速公路相接),止于沥林镇企岭村老虎坑(惠州与东莞交界处),接惠莞高速公路东莞段(东莞虎岗高速公路),全长49.085km。2006年开工建设,2009年建成通车。由惠莞高速公路惠州投资有限公司运营管理。

(一)主要技术指标和建设规模

该项目区地形地貌较为复杂,山顶基岩多裸露,山脚覆盖层稍厚。地貌类型主要为丘陵、冲积平原,线路区内水系发达,纵横成网,主要河流有西枝江、淡水河,具有径流大、汛期长、洪峰高的特点。

惠莞高速公路惠州段按高速公路标准建设,双向六车道,设计速度120km/h。设桥梁113座,其中特大桥2座、大桥34座、中桥41座,隧道1座,单洞长2890m,互通式立交6处,管理中心1处,服务区1处,养护工区1处,停车区1处。

(二)建设情况

1. 建设依据

2004年4月19日,广东省交通厅《关于印发惠州惠东至东莞常平高速公路惠州段工程可行性研究报告评审意见的函》。

2005年6月15日,广东省发改委《关于惠州惠东至东莞常平高速公路惠州段项目的核准意见》。

2006年1月11日,广东省交通厅《关于惠州惠东至东莞常平高速公路惠州段初步设计的批复》。

2006年7月31日和2006年3月7日,广东省交通厅《关于印发惠州惠东至东莞常平高速公路惠州段第一、二、四合同段施工图设计审查意见的函》和《关于印发惠州惠东至东莞常平高速公路惠州段佰公凹隧道施工图设计审查意见的函》。

2010年2月24日,广东省交通运输厅《关于惠州惠东至东莞常平高速公路惠州段改建佰公凹互通立交设计变更的意见》。

2．资金来源

项目由广东照洲投资有限公司(占70%)和惠州新力路桥投资有限公司(占30%)合作投资建设经营,项目资本金不少于总投资的35%,由投资者自筹解决,其余资金通过申请贷款或自行筹措解决。

3．征地拆迁

征地拆迁以政府主导、业主协同的形式展开,在政府有关部门的大力支持和协作下,完成征地面积约6511.6亩。

4．招投标

(1)设计单位

项目勘察设计招标工作于2005年1月在惠州市建设工程交易中心进行公开招标,中国公路工程咨询集团有限公司为中标单位。

(2)施工单位

2006年5月15日、16日,该项目路基工程施工招标在广州建设工程交易中心公开开标。经项目公司确定,中标人为山东鲁中公路建设有限公司、中国冶金建设集团公司、中铁十一局集团第四工程有限公司、山东省路桥集团有限公司。

路面工程施工承包招标工作于2009年3月在广州建设工程交易中心进行公开招标。经评定,广东冠粤路桥有限公司为中标人。

机电、交通安全设施工程施工承包招标工作于2009年5月在广州建设工程交易中心进行公开开标。经评定,山西欣奥特自动化工程有限公司、山西交物路桥建设有限公司分别为机电、交通安全设施工程的中标人。

房建工程施工承包招标工作于2009年7月在广州建设工程交易中心进行公开开标。经评定,中冶建工有限公司为中标人。

(3)监理单位

施工监理招标于2006年3月16日在广州建设工程交易中心公开开标。经评定,汕头市公路工程监理有限公司为中标人。

5. 重大变更

(1) 大岭互通二期工程

为使惠莞高速公路与广惠高速公路交通转换更完整,广东省交通厅印发《关于惠州惠东至东莞常平高速公路惠州段大岭互通立交二期工程纳入首期工程实施的意见》,同意将大岭互通立交原二期实施的 H、D、E、A 匝道纳入首期一并实施。

(2) 陈江互通变更

2009 年 11 月 18 日,惠莞公司在广州主持召开了惠莞高速公路陈江互通调整设计方案评审会,会议同意取消陈江互通,采用对原有佰公凹菱形互通进行改建的方案。

(3) 隧道采用 LED 灯照明

为响应国家节能减排的政策,降低佰公凹隧道照明的能耗,惠莞高速公路惠州段佰公凹隧道采用 LED 照明设计方案。

(4) 佰公凹隧道进出口路段桥改路变更

原施工图设计中有 5 处桥梁,在该次变更中作取消或者缩孔处理。原设计预算 11404.56 万元,变更后费用为 11145.09 万元,比原预算减少 259.47 万元。

(5) 改造佰公凹互通立交设计变更

2010 年 2 月,根据广东省交通运输厅《关于惠州惠东至东莞常平高速公路惠州段改建佰公凹互通立交设计变更的意见》,同意取消陈江互通立交,调整为对原有的佰公凹菱形互通实施改建。

(三) 复杂技术工程

1. 加强边坡软基监测

深路堑高边坡较多是该项目的特点之一,全线共有深路堑边坡 34 处($H>20$m),最高边坡达 55m,为了保证特殊边坡支护工程预应力锚杆、锚索的施工质量,对高边坡的安全稳定进行监测,项目公司特聘请河海大学作为特殊路基监测单位对其施工质量进行抽检和日常监测。

2. 做好工程的动态设计与工程设计变更

为了把握隧道工程的工程地质变化,确认工程设计的适用性,项目公司加强了隧道工程的地质超前预报工作,明确规定无工程地质超前预报不得掘进施工。超前预报提交后,及时组织设计、监理、施工单位考察开挖面的工程地质情况,确认工程施工方案及支护设计的修改意见。由于结合工程实际地质等条件改变及时调整了施工方案及支护措施,确保隧道安全通过了左线出口的浅埋段及 F7 断层等不良地质地段。

(四)科技创新

设计单位在2006年完成了佰公凹隧道照明、供电施工图设计,由于当时施工图设计的时间较早,因此隧道照明光源采用了成熟的高压钠灯方案。

为响应国家节能减排的政策,降低佰公凹隧道照明的能耗,考虑到目前LED的技术发展水平较快,并且考虑到LED照明的后期节能效应,将佰公凹隧道照明方案修改为LED照明方案,并且根据隧道实际的情况对设计参数进行了优化,项目公司把原设计的高压钠灯改为LED灯。

(五)运营管理

1. 运营公司

惠莞高速公路(惠州)投资有限公司(简称"惠莞公司")是潮莞高速公路惠州段的投资建设运营管养业主公司,于2004年12月成立,由广东照洲投资有限公司控股70%,惠州新力路桥投资有限公司控股30%。公司以高速公路的养护、收费、路政管理及沿线服务区的监管为主要业务,管养里程总长49.085km。

惠莞高速公路(惠州)投资有限公司设5个职能部门:收费管理部、综合事务部、计划财务部、养护工程部、路政队。收费管理部下设机电、稽查、监控和中心站,对收费现场采取集中管理模式,由中心站负责对各收费站的业务管理。

2. 收费站点

惠莞高速公路分别设大岭、良井、三栋、镇隆、沥林等5个收费站和良井标识站。2014年6月30日,广东省高速公路联网收费实施"一张网"时,撤销镇隆收费站和良井标识站。2016年12月潮惠高速公路建成通车后,撤销大岭收费站。现有3个匝道收费站,采取人工收费(MTC)结合自动缴费(ETC)的模式收取通行费,总车道数17条,其中出口车道10条(MTC车道7条、ETC车道3条),入口车道7条(MTC车道4条、ETC车道3条),见表3-7-6。

收费站点设置情况表　　　　表3-7-6

站点名称	车道数		站点类型	收费方式
	出口	入口		
良井	3	2	匝道站	
三栋	4	3	匝道站	MTC + ETC
沥林	3	2	匝道站	
合计	10	7		

3. 车流量

车流量情况见表3-7-7。

车流量情况表 表3-7-7

年份(年)	车流量(万辆)	日均车流量(万辆)	年份(年)	车流量(万辆)	日均车流量(万辆)
2010	763.21	2.09	2013	1859.66	5.09
2011	1291.43	3.54	2014	2206.52	6.05
2012	1566.15	4.28	2015	2617.68	7.17

4. 服务区

惠莞高速公路设有沥林服务区和良井停车区。

5. 养护管理

按照"专业化、社会化、规范化和制度化"的养护管理总体目标,进一步提出了"预防为主、防治结合、依靠科技、强化管理、主附并重、全面养护"的二十四字管理方针,工作重点是抓好预防性养护和早期养护,确保道路安全、畅通、舒适、保值,结合养护工程的特点,从管理体制、组织机构、程序管理、工程分类、计划管理、技术管理、"四大控制"、管理系统、路况评价、计量支付、基地建设等方面综合加强,把养护工程当成工程来管理。

一是不断完善的养护体系。按照"统一领导、分级管理"的原则,建立了业主项目公司管理、养护施工单位实施的养护管理体系,负责管养路段养护计划的编制,组织养护工程的实施和养护管理的具体日常工作。

二是重视路况检测和监测,及时掌握路况。公司每年组织养护技术人员对路况进行检测调查,并委托具有甲级检测资质的检测单位对路面破损、平整度、横向力系数、车辙、结构强度等进行定期检测,并依据定期检测结果进行科学评定。对桥涵隧道进行定期检查,对全线高边坡进行定期检查和实时监测,通过定期检查和观测,及时掌握路面和结构物状况,及时发现病害,提出养护方案,为下一年度养护计划编制提供科学依据。

三是注重专项工程过程管理。公司建立了《养护专项工程管理制度》,从设计、招标、工程实施、结算、验收等阶段实施全过程管理,并加强施工安全管理,确保施工安全。

四是落实责任,确保桥隧等构造物安全。

(六)路政管理

惠莞高速公路(惠州段)路政队于2009年9月成立,负责公司路政管理工作。按照"统一管理、分级负责、依法行政"的管理原则,以扎实、创新为工作主旋律,坚持以依法治路、保障畅通为中心,全面开展路政管理工作,保护路产维护路权,有效保障了高速公路的安全畅通。

1. 加强队伍建设,提升执法服务水平

为全面加强路政队伍建设,提高路政人员的综合素质,公司围绕"五化管理"有计划、有步骤地开展素质提升工程和服务品牌创建工作。

一是建立健全路政管理工作制度,内容涵盖工作职能、队伍管理、装备管理、巡查管理、许可审批、档案管理、公路突发事件应急预案等业务规范、监督考评、学习培训等体系,为队伍建设打下坚实基础。

二是开展多渠道、多层次、多形式的培训教育。

三是设立路政行政服务窗口,公示路政许可申办流程,健全和完善行政许可服务制度,优化工作流程,依法实施行政许可。

2. 加强路域管理,维护路产路权

一是加强巡查,确保质量。在"四班三运转"的基础上,增加机动班,确保巡查时效和巡查质量。

二是责任到位,首问负责。实行"谁处理、谁负责、谁跟踪"的原则,按照路产索赔程序和赔偿标准办理路产索赔案件,对未索赔案件通过交警配合等方式进行跟踪索赔。

三是严格监管,确保畅通。严格审核施工许可,把好许可报批类,安全设施标志、标牌按规范要求布设,复杂路面施工提前做好应急预案等,有效保障高速公路的畅通安全。

3. 路警联动,安全保畅

通过"路政、交警、收费站、养护、拯救"的联合保畅、资源共享、信息互通、协同处理,形成合力,采用高效率的"五快"(发现快、到位快、处理快、清障快、归位快)来确保高速公路的安全畅通。

(七)企业文化建设

在企业文化建设过程中,惠莞高速公路坚持"以人为本"的基本建设思路,营造"团结、开拓、诚信、奉献"的企业精神,把企业文化的力量深深熔铸在企业的凝聚力和生命力之中,促进企业经济效益和社会效益的同步增长。

1. 以物质文化建设为基础,构建文化传播平台

公司以建设社会主义核心价值体系为统领,定期举办道德讲堂,传播身边善举,开展安全等宣导活动,创办内部刊物《惠莞季刊》,宣传企业文化理念,建有篮球场、羽毛球场、桌球室、阅览室、多功能厅等员工运动、文娱场所;公司按时给员工发放生日礼品、节日福利;开展"平安春运,送温暖"等活动;公司每年给员工做全面的健康检查等。

2. 以行为文化建设为重点,提升一线文明服务水平

公司本着"以服务为中心"的管理理念,以提高员工队伍的综合素质为着力点,坚持"文明收费、一车一礼"的服务承诺,发扬"在岗1分钟,奉献60秒"的精神,推选"服务专业化、工作程序化、管理规范化"的运作模式,严格落实"来有迎声、问有答声、走有送声"的待客三声服务,为广大驾乘人员提供"快捷、安全、舒适、文明"的通行服务。

3. 以精神文明建设为核心,传播企业文明风尚

公司举办一系列丰富多彩的活动,如生日晚会、趣味运动会、年度旅游踏青、惠莞户外徒步活动、厨王争霸赛、中秋游园活动、年度拔河比赛、烧烤游戏生日会和春节联欢晚会等,提高员工的凝聚力、向心力,营造浓厚的传统节日气氛,增强员工对传统文化的认同感,自觉担起传承传统文化的重任。

4. 以责任文化建设为中心,积极承担社会责任

坚持以社会主义核心价值观为指导,牢牢把握企业文化的前进方向,努力提高服务质量和水平,加大对路面养护的投入,强化重点路段的监管和维护,在重大节假日期间致力于保障惠莞高速公路的安全畅通。

四、惠州—东莞高速公路东莞段

惠州—东莞高速公路东莞段(编号G15W3),位于东莞市东北部,起于惠州、东莞交界处的南面附近,经樟木头林场、赤山村、坡头吓水库,止于常平朗洲村附近,接已建成通车的常虎高速公路。路线全长14.92km。工程可行性投资审核为12.5亿元。2007年3月8日开工建设,2009年9月28日正式通车运营。由东莞市新照投资有限公司自筹资金投资建设。

惠常高速公路东莞段由东莞市路桥投资建设有限公司常虎高速公路分公司(原东莞市新远高速公路发展有限公司常虎高速公路分公司)代为运营管理。

(一)主要技术指标和建设规模

惠常高速公路东莞段按高速公路标准建设,设计速度120km/h,双向六车道,整体式路基宽度34.50m,分离式路基宽度17.00m。高速公路主线14.91km,设有主要大桥8座(表3-7-8),短隧道1座(表3-7-9),设谢岗、樟木头两个互通式立交及收费站。

(二)建设情况

1. 建设依据

2004年4月19日,广东省交通厅《关于印发惠东至常平高速公路工程可行性研究报告评审意见的函》。

惠州—东莞高速公路东莞段主要桥梁表

表 3-7-8

序号	桥梁分类	桥梁名称	起止桩号	桥梁长度（m）	桥面宽度（m）	车道数	设计汽车荷载等级	建设时间	备注
1	大桥	黎村右线大桥	K49+944.00~K50+867.00	923.00	34.00	3	公路—Ⅰ级	2009年9月	
	大桥	黎村左线大桥	ZK49+946.00~ZK50+866.36	920.36		3	公路—Ⅰ级	2009年9月	
2	大桥	大厚村右幅大桥	K53+691.50~K53+878.50	307.00	33.50	3	公路—Ⅰ级	2009年9月	
3	大桥	坑口大桥	K54+164.50~K54+396.50	232.00	34.50	6	公路—Ⅰ级	2009年9月	
4	大桥	下渡1号大桥	K55+254.50~K55+681.50	427.00	34.50	6	公路—Ⅰ级	2009年9月	
5	大桥	下渡2号大桥	K55+818.50~K56+125.50	307.00	34.50	6	公路—Ⅰ级	2009年9月	
6	大桥	深窝大桥	K57+416.50~K57+648.50	232.00	33.50	3	公路—Ⅰ级	2009年9月	
7	大桥	小长坑右幅大桥	K58+155.27~K58+697.27	542.00		3	公路—Ⅰ级	2009年9月	
	大桥	小长坑左幅大桥	K58+175.27~K58+697.27	522.00		3	公路—Ⅰ级	2009年9月	
8	大桥	赤山村右幅大桥	K58+776.74~K59+207.74	431.00	47.38	3	公路—Ⅰ级	2009年9月	
	大桥	赤山村左幅大桥	K58+806.74~K59+237.74	431.00		3	公路—Ⅰ级	2009年9月	

惠州—东莞高速公路东莞段隧道表

表 3-7-9

序号	隧道分类	隧道名称	起止桩号	长度（单洞，m）	行车道宽度（m）	隧道净高（m）	车道数	建设时间	备注
1	短隧道	黎村隧道左线	ZK49+577~ZK49+930	369.00	10.50	5.50	3	2009年9月	
2	短隧道	黎村隧道右线	K49+575~K49+944	353.00	10.50	5.50	3	2009年9月	

2006年10月30日,广东省发展和改革委员会《关于惠州惠东至东莞常平高速公路东莞段项目申请报告的核准意见》。

2. 资金来源

东莞市新照投资有限公司自筹资金投资建设,工程可行性投资审核为12.5亿元。

3. 征地拆迁

惠常高速公路东莞段的征地拆迁工作由东莞市路桥投资建设有限公司(原东莞市新远高速公路发展有限公司)征地拆迁办公室负责组织,联合沿线谢岗、樟木头、常平三个镇的有关部门协调进行。征地拆迁工作于2006年6月开始至2009年7月完成。沿线共征用土地1879.7亩,拆迁各类房屋51083.55m²,征用各种果园2231.74亩。

4. 招投标

项目招标投标遵守广东省、东莞市建设工程交易中心管理制度,本着"公开、公平、公正"的原则,对该项目的设计单位、监理单位、施工单位采取公开招标的方式进行招标选择。

5. 主要设计、施工、监理单位

设计单位:四川省交通厅公路规划勘察设计研究院。

施工单位:广东长宏公路工程有限公司、上海公路桥梁工程公司、湖南公路机械工程有限公司等12个单位。

监理单位:重庆中宇工程咨询监理有限责任公司。

(三)复杂技术工程

冷水坑隧道位于惠常高速公路主线上,隧道平面线形简单,均位于直线段。左线隧道长353.00m,右线隧道长369.00m。属于大跨径、短间距浅埋直线短隧道,削竹式洞门,设计荷载等级公路—I级。

隧道区地貌为侵蚀低山丘陵区地貌,山体植被茂盛。隧道区高程46.5~122.0m,高差约75.50m,隧道最大埋深约70.87m。隧道进口段地形坡度为15°~20°,出口段地形坡度为25°~35°。隧道左右洞均设置人字坡,右线变坡点里程为K49+730,左线变坡点里程为ZK49+730。进口端坡度均为0.5%,出口端坡度均为-2%。在隧道进口端K49+900附近,设置一处简易洞外联系道。衬砌结构按新奥法施工原理进行洞身结构设计,即以系统锚杆、喷混凝土、钢筋网、格栅钢架等组成的初期支护与二次模筑混凝土相结合的复合式衬砌形式。衬砌内净空采用三心圆曲墙式衬砌。

(四)运营管理

1. 运营公司

惠常高速公路东莞段建成后由东莞市路桥投资建设有限公司常虎高速公路分公司代

为管理。

常虎高速公路分公司（简称"分公司"）属东莞市路桥投资建设有限公司全资子公司，成立于2005年3月31日，负责虎岗高速公路，并代管惠莞高速公路东莞段的运营。分公司以高速公路的养护、收费、路政管理及沿线服务区的监管为主要业务，管养里程总长67km。内设办公室、人事部、财务部、物业部、路产部、养护部、机电部和营运部共8个职能部门，在虎岗高速公路大岭山大塘村路段设有管理中心，营运部负责全线9个匝道收费站的业务管理。

2. 收费站点

惠常高速公路东莞段沿线共设有2个收费站，分别为樟木头站、谢岗站，16条收费车道，采取人工收费（MTC）结合自动缴费（ETC）的模式收取通行费，见表3-7-10。

收费站点设置情况表 表3-7-10

站点名称	车道数	收费方式
樟木头站	8	MTC + ETC
谢岗站	8	MTC + ETC

3. 车流量

车流量情况见表3-7-11。

车流量情况表 表3-7-11

年份（年）	车流量（辆）	日均车流量（辆）	年份（年）	车流量（辆）	日均车流量（辆）
2009	490503	5163	2013	16355181	44809
2010	7460767	20440	2014	18447760	50542
2011	11311088	30989	2015	21012964	57570
2012	13865985	37885			

4. 养护管理

惠常高速公路东莞段日常养护工程主要由东莞市路桥投资建设有限公司常虎高速公路分公司养护部负责，公司推行"管养分离"的专业化养护模式。将日常养护及中、小型维修工程业务通过公开招标委托专业实施，大型专项工程实行施工招标，形成了比较完整的、行之有效的养护管理制度体系，并在2011年起全面推行，养护管理各项工作全面实现了规范化、制度化。

5. 路政管理

虎岗高速公路路政队成立于2015年，虎岗路政队具体负责虎岗高速公路[由G15W3甬莞高速公路（原S20潮莞高速公路东莞段）、G9411莞佛高速公路东莞段和S304虎门港支线组成,合计里程114.57km,含匝道]的路政管理工作。其主要职能是贯彻国家有关公路管理法律法规,依法保护路产、维护路权,控制区管理,施工监督管理,许可申报,路政档案管理等。为了维护路产路权、保障沿线安全畅通,虎岗路政队与高速交警实行路警联动机制并建立路警微信群,提高了工作效率。同时,协同养护等职能部门对沿线的违法行为进行综合整治,维护路产路权,确保道路通行安全。

(五)企业文化建设

一是开展各种文化交流活动。整体规划,以党支部、团支部、工会、妇委等组织联合实施,上下联动,让每位成员都能参与进来。推行"工青妇团搭台,员工自由发挥"的模式,培养出篮球、羽毛球、器乐、舞蹈等活动团队,多次成功举办了职工运动会、文艺汇演、岗位技能比赛、团队拓展训练等文体活动。通过举办生日卡设计大赛、员工趣味运动会,联合文化服务中心开展文艺汇演等多种形式,为广大员工提供展示自我、相互沟通的精彩舞台,增强了企业文化氛围。

二是开展特色主题文明服务活动。以"微笑在岗亭,满意在站点"文明服务活动为主线,创新服务理念,提高服务标准,积极开展文明单位、文明收费站等一系列文明创建活动,打造路桥收费服务品牌,营造了浓厚的文化氛围和传播氛围。通过开展"阳光春风""站长服务日"和"文明服务日"等特色主题服务活动,提升和展示东莞路桥的整体服务风貌。

三是关爱员工,积极开展扶贫帮困活动。对生病住院和生活处于困难的员工,工会及时进行慰问,切实解决员工的后顾之忧。组织全体员工进行健康体检,以情暖人。

四是参与志愿者服务活动。从扶贫济困到爱心助学、植树造林、祭奠先烈、抗旱抗震救灾都积极参与,并逐步探索出具有常虎特色的志愿服务体系。通过参与这些不同主题的活动,让志愿者以奉献精神给力东莞发展,也让志愿者在这些丰富多彩、主题鲜明的活动下,现身东莞,活力东莞,用发展眼光,热诚投入到东莞的文化特色建设中去,绽放常虎的新风彩。

公司在企业文化建设中取得了显著效果,先后获得了广东省"先进职工之家"、广东省"青年文明号"、全国"巾帼文明岗"、广东省"巾帼文明岗"等多项荣誉。

五、常平—虎门高速公路常平—莞深立交段

东莞市常平至虎门高速公路(简称"常虎高速公路")是莞佛高速公路(编号 G9411)和甬莞高速公路(编号 G15W3)的部分路段,线路位于东莞市东西部,主线起点为广深高速公路虎门镇树田村五点梅水库附近,与广深高速公路相接,途经大岭山林场、大岭山镇、大朗镇、黄江镇,终点为常平镇朗州村,主线长41.456km。另有新联支线(现

虎门港支线,路线编号 S304)约 3.000km 先与该项目一同施工,后随新联支线单独立项建设。

常虎高速公路五点梅水库至花灯盏大桥部分按高速公路标准建设,双向四车道,设计速度 120km/h;花灯盏特大桥至公路终点朗州段双向六车道,设计速度 120km/h。常虎高速公路于 2003 年 1 月 23 日动工建设,2005 年 9 月 28 日正式通车试运营,是一条由东莞市自筹资金投资建设的高速公路。总投资估算为 49.24 亿元,其中约 35% 由东莞市交通投资集团有限公司(原东莞市公路桥梁开发建设总公司)自筹投入,其余约 65% 来源于银行贷款。

常虎高速公路由东莞市路桥投资建设有限公司常虎高速公路分公司(原东莞市新远高速公路发展有限公司常虎高速公路分公司)运营管理。

常虎高速公路常平至莞深立交段是 G15W3 甬莞高速公路的重要路段,起点位于东莞常平镇朗州村,接莞惠高速公路东莞段,止于东莞莞深立交,与 G9411 莞佛高速公路相接,全长 16.569km。[常虎高速公路常平至莞深立交段的建设和管理详细情况见本章第二十一节东莞—佛山高速公路(G9411)"一、常虎高速公路树田—常平段"]

第八节 广州绕城高速公路(G1501)

广州绕城高速公路是国家高速公路网"71118"中沈海高速公路(G15)、京港澳高速公路的广州绕城线,是国道主干线系统的重要组成部分,编号为 G1501。在《广东省高速公路网规划》中广州外环高速公路通称"广州二环"高速公路。该线路位于广州市中心城区外围,途经广州市的白云区、萝岗区、黄埔区、番禺区、花都区,佛山市的顺德区、南海区、三水区,将以广州为中心的多条高速公路、国道和省道干线衔接起来,对完善国家公路主骨架,构筑珠江三角洲经济区高速网络,发挥国道主干线系统的整体效益,分流经过广州城区的大量过境车辆,促进广州市、佛山市、珠江三角洲地区乃至全省社会经济的持续发展均具有重大意义。

广州绕城高速公路全长 199.94km,由 5 个项目段组成:广州北二环高速公路、广州东二环高速公路、广州南二环高速公路、广州西二环高速公路南段、广州西二环高速公路北段。

一、广州北二环高速公路

广州北二环高速公路是沈海高速公路主干线广州绕城公路北段,西起于白云区,与广花高速公路相接,向东途经神山、江高、铁路编组站、蚌湖、龙归、太和、龙洞林场、黄陂果园、柯木朗村,止于萝岗火村,与东二环高速公路、广深高速公路相接,主线长38.40km,概算总投资26.62亿元。1998年11月13日开工建设,主线于2001年10月26日建成通车。该路沿线连通广清、机场、京珠、广惠、广深5条高速公路和华南快速干线,国道105、106、107、324和省道1902等干线公路,对疏导广州市区北部过境车辆,减轻中心市区交通压力起到了重要的作用。

(一)主要技术指标和建设规模

北二环高速公路路基宽32m,双向六车道,设计速度80km/h。全线设有特大桥1座,主要大桥12座(表3-8-1),隧道2座(表3-8-2),互通式立交8处。

(二)建设情况

1. 建设依据

1995年,广东省交通厅《关于广州市北二环公路(神山至火村)立项建设的请示》上报交通部。同年5月,交通部批复同意立项建设。

1996年1月,广东省交通厅《关于报送广州市北二环高速公路工程可行性研究报告的函》上报交通部。同年,交通部批准工程可行性研究报告。

1997年10月中旬,交通部组织对广州市北二环高速公路进行初步设计评审。同年12月,对初步设计予以批复。

1998年11月,广东省计划委员会批准广州市北二环高速公路改为中外合作建设经营。

2. 资金来源

北二环高速公路项目资金来源主要有国家投资(主要是国债转贷资金)、利用外资、银行贷款和企业自筹资金。该项目概算总投资为26.62亿元,广州市北二环高速公路有限公司负责建设、经营和管理。

3. 征地拆迁

北二环高速公路主线全长38.4km,沿线穿越广州市白云区神山、江高、铁路编组站等11个村镇及单位,征用土地5528多亩,各类建筑构造物18500m^2。

4. 主要设计、施工、监理单位

设计单位:中交第一公路勘察设计研究院、广州市公路勘察设计院、铁道部第四勘测设计院等。

施工单位:广州市公路工程公司、铁道部大桥局三处、中港四航局第一工程公司等21个单位。

广州北二环高速公路主要桥梁表

表 3-8-1

序号	桥梁分类	桥梁名称	桩号	桥梁长度(m)	设计汽车荷载等级	开工时间	备注
1	特大桥	聚龙特大桥	K0+748	1131.3	汽车—超20级,挂车—120	2001年10月	
2	大桥	水沥大桥	K2+458.5	417.1	汽车—超20级,挂车—120	2001年10月	
3	大桥	蚌湖大桥	K6+855.59	789.2	汽车—超20级,挂车—120	2001年10月	
4	大桥	蚌龙大桥	K7+805	337.0	汽车—超20级,挂车—120	2001年10月	
5	大桥	北村1号桥	K9+519.5	542.0	汽车—超20级,挂车—120	2001年10月	
6	大桥	北村2号桥	K11+052	929.8	汽车—超20级,挂车—120	2001年10月	
7	大桥	石湖大桥	K13+845.3	528.0	汽车—超20级,挂车—120	2001年10月	
8	大桥	米龙大桥	K16+280	479.0	汽车—超20级,挂车—120	2001年10月	
9	大桥	闸墩高架桥	K28+059	307.1	汽车—超20级,挂车—120	2001年10月	
10	大桥	竹园大桥	K33+490	213.0	汽车—超20级,挂车—120	2001年10月	
11	大桥	元贝大桥	K34+733	167.0	汽车—超20级,挂车—120	2001年10月	
12	大桥	萝岗大桥	K36+306.4	564.6	汽车—超20级,挂车—120	2001年10月	

广州北二环高速公路隧道表

表 3-8-2

序号	隧道分类	隧道名称	桩号	长度(m)	横断面形式	车道数(单洞)	开工时间	通车时间	备注
1	短隧道	天麓园隧道	K28+485~K28+755	270.0	双跨连拱	3	1998年11月	2001年10月	
2	短隧道	木强隧道	K30+876~K31+100	224.0	双跨连拱	3	1998年11月	2001年10月	

监理单位:育才-布朗交通咨询监理有限公司、广州诚信公路建设监理咨询有限公司、西安方舟工程咨询监理有限责任公司等5个单位。

(三)复杂技术工程

1. 聚龙特大桥

聚龙特大桥跨越江村铁路编组站,为北二环高速公路中跨度最大、桥长最长、技术较为复杂的桥梁。该桥主桥、引桥均为预应力混凝土连续梁,孔跨组合由西向东为11×30m+65m+3×100m+65m+12×30m,西引桥由三联组成:4×30m+3×30m+4×30m,西引桥由于与匝道相连,桥宽由东端27.5m逐渐变宽至西端44.94m;主桥孔跨布置为65m+3×100m+65m,东引桥为三联4×30m,桥宽为27.5m。全桥由左右两幅分离式桥梁组成,双向六车道,每座独立的桥梁顶板宽13.25m。桥面最大纵坡2.5%,横坡2%。

该桥主桥箱梁底与铁路电气化电网间距仅为1.5m,在铁路电气化电网不能断电、桥下列车通行密度大、安全要求高的情况下,采用特殊而有效的静电保护措施,进行对称挂篮悬浇法施工,具有相当高的技术难度。在悬臂浇筑梁的施工过程中,尤其在合龙时合龙段可能出现两端高差过大,需用水箱压重调节线形平顺。为避免这种情况出现,经设计部门同意,通过对最后两节段箱梁的高程进行预调,最终解决了这一难题。

2. 木强隧道

木强隧道位于广州市郊白云区境内,设计为双洞连拱结构,单洞净宽13.5m,全长220m。隧道出口一侧山势较高,另一侧山势较低,形成明显的偏压,隧道出口段浅埋段埋深0.5~10m,最大埋深为53m。隧道最大开挖宽度为31.7m,最大开挖高度为9.9m。尽管隧道长度不长,但其断面尺寸之大在当时国内并不多见,因此技术含量高,施工难度大。

该隧道按新奥法的原理进行设计和施工,洞身结构采用复合式衬砌,以锚杆、喷射混凝土、挂钢筋网,架设型钢拱架、格栅拱架为初期支护。

该隧道的开挖断面大,为减少开挖断面,采用"双眼镜法"(三导洞先墙后拱法)的施工方法进行隧道的洞身开挖支护:首先开挖三个导坑(中导坑、左右洞侧导坑),施作中隔墙和左右洞室的两侧边墙,在中隔墙施工完成、侧导坑已经开挖支护的情况下,进行洞室主拱部的开挖和支护。在对一侧主拱部开挖的过程中,对中隔墙壁另一侧的中导坑空间进行回填,以防止主拱部开挖时水平推力对中隔墙造成破坏。中隔墙顶下部2/3采用片石回填,上部1/3采用注浆方式填充密实。对于Ⅱ、Ⅲ类围岩按"短进尺、弱爆破、强支护、早封闭"的原则进行开挖和支护,特别是Ⅱ类围岩地段,及时封闭仰拱,使其形成卵形受压态势,确保隧道稳定。

隧道施工中,通过对监控量测数据的整理分析来指导控制隧道的施工,使该隧道在浅埋偏压并多为Ⅱ类破碎岩层的恶劣地质条件下安全顺利贯通。

(四)运营管理

1. 运营公司

广州市北二环高速公路有限公司(简称"北二环公司")于1996年11月5日注册成立,注册资本9亿元,由香港上市公司越秀交通基建有限公司下属卓飞有限公司、广州市公路开发公司、广州发展基础设施投资管理有限公司和广东省公路建设公司共同投资组建。2010年,广州市公路开发公司名称变更为广州市高速公路有限公司。

北二环公司的经营管理实行董事会领导下的总经理负责制。公司下设综合管理部、财务部、营运管理部、养护工程部、机电工程部和路产路权管理部六个部门。

2. 收费站点

北二环高速公路设有10个收费站。自西往东分别为龙山、水沥、蚌湖、北村、石湖、太和A、太和B、长平、萝岗、火村站。2005年底广州区域实现联网收费,撤除太和A、太和B两个站点;2014年6月30日,广东省高速公路实现联网收费,撤除龙山、萝岗、火村三个收费站点。至2016年,北二环高速公路共设置5个匝道站,分别是水沥、蚌湖、北村、石湖和长平,总收费车道数41条,见表3-8-3。其中出口车道25条(MTC车道19条、ETC车道6条),入口车道16条(MTC车道10条、ETC车道6条)。2015年7月实现ETC全国联网收费。

收费站点设置情况表　　　　表3-8-3

站点名称	车道数		收费方式
	出口	入口	
水沥	4	3	MTC + ETC
蚌湖	2	2	MTC + ETC
北村	6	4	MTC + ETC
石湖	8	4	MTC + ETC
长平	5	3	MTC + ETC
合计	25	16	—

3. 车流量

车流量情况见表3-8-4。

车流量情况表　　　　　　　　表3-8-4

年份(年)	车流量(辆)	日均车流量(辆)	年份(年)	车流量(辆)	日均车流量(辆)
2006	20532135	56252	2011	38423752	105271
2007	25007496	68514	2012	39977815	109229
2008	29031243	79320	2013	47956067	131386
2009	31989688	87643	2014	54958730	150572
2010	36784397	100779	2015	62001716	169868

4.服务区

2016年6月,设置火村东服务区。该服务区是集加油、餐饮、超市、停车等多功能于一体的综合性服务区。

5.养护管理

(1)日常养护管理

北二环高速公路2006年建立养护小分队,负责日常巡查及维修工作。2009年购买了威特微波沥青路面综合养护车,对沥青混凝土路面出现的坑槽及时进行修补。2011—2015年,对沥青混凝土路面出现的坑槽进行修补。

日常养护维修工作执行路面巡查车到站签字制度,对路面病害做到及时发现,及时统计,及时处理。

(2)大中修工程重视新技术、新工艺、新材料、新设备的运用

2009年,在沥青混凝土路面维修施工中首次使用"久太克"防水抗裂黏结膜,提高了沥青混凝土路面的防水和抗裂性能,效果良好。

2011年,对主线水泥混凝土路面加铺沥青面层("白加黑"工程),下面层使用了GAC-20沥青混合料,有效抑制"白加黑"路面结构反射裂缝的产生,确保工程质量。

2012年,在水沥大桥加固维修粘贴钢板和裂缝封闭过程中,选用Araldite XH7307 A/B改性环氧胶黏剂作为粘贴钢板及裂缝的灌注胶。保证粘贴钢板及裂缝的黏结质量,延长桥梁的使用寿命。

2015年,对全线路灯进行改造,采用90WLED灯替换在用的250W高压钠灯。改造后的路面平均照度从10.85lx提高到14.5lx(勒克斯),节电率达到68%。

(3)定期进行路况、桥涵隧等结构物检测

建立路面路况和桥涵隧结构物定期检测系统。对全线桥梁的既有裂缝、墩台沉降等建立沉降观测点,定期进行监测,并出具相应的检测报告。2011—2015年分年度对聚龙大桥、水沥大桥等多座桥梁进行了专项加固维修,确保桥梁的安全性。

6.路政管理

(1)保护路产、维护路权

根据国家法律法规认真履行路政的巡查、制止、上报职责。发现路产遭受破坏或损失、路权受到侵害等,通过制作《勘验(检查)笔录》《现场笔录》,对违法当事人进行处罚或者采取强制措施,保护高速公路的路产路权。

(2)保安全、保畅通

建立路警联勤快速处理机制,实现交警、路政、养护、拯救、监控中心等多方联动,建立联席会议制度。通过联席会议这一平台共享资源,加强协调,共同解决轻微交通事故的前期处置工作,将车辆撤离事故现场,恢复车道通行。

(五)企业文化建设

1.争创"青年文明号"活动,努力探索群众性文明建设活动新举措

公司成立专门领导小组,制订活动创建方案,确定指导思想、奋斗目标和具体内容,鼓励青年团员积极投身于争创岗位能手、争创文明服务标兵。通过不懈的努力,成功创建龙山收费站为广东省"青年文明号"。

2.争创"巾帼文明岗"活动,充分发挥"娘子军"的模范带头作用

坚持开展"创文明窗口、树巾帼形象"为主题的创先争优活动,以带动所有员工参与到活动中来。通过组织集中学习、员工读书活动,以宣传栏、黑板报、书刊读本等宣传途径,将创建工作纳入日常管理,在年度目标管理考核中进行评比,确保创建活动有效开展。多年来,公司在创建"巾帼文明岗"活动中涌现出了如石湖收费站三班、火村收费站监控班、龙山收费站一班、北村收费站一班等"巾帼文明岗""五一巾帼集体"和"三八"红旗集体称号。

3.大力开展"职工之家"创建活动,为员工办实事办好事

一是用心为员工创造优良饮食条件,让员工"吃得放心"。二是不断改善员工住宿环境,让员工"住得舒心"。三是积极开展丰富多彩的文体活动,让员工"玩得开心"。四是坚持为员工办实事办好事,让员工"工作安心"。

北二环公司运营15年来,多次受到上级表彰,荣获多项荣誉,取得了良好的社会效益和经济效益,切实践行了"回报股东、回报社会、回报员工"的企业使命。公司先后获得全国模范职工之家、广东省模范职工之家、广东省青年文明号、广东省巾帼文明岗等荣誉称号。

二、广州东二环高速公路

广州东二环高速公路,即广州绕城高速公路东段工程项目(含珠江黄埔大桥),国家高速公路编号G1501、G4W。该项目位于广州东南部经济产业带,北起于广州市萝岗火

村,与广州北二环高速公路相接,向南跨越广深高速公路、广园快速路、广深铁路、国道107、广深沿江高速公路,在黄埔区菠萝庙船厂西侧跨越珠江主航道和辅航道至番禺区化龙镇,南与广珠东线高速公路及广明高速公路相接。路线全长18.694km,项目总投资42.42亿元。于2004年12月开工,2008年12月建成通车,2013年3月通过交通运输部组织的竣工验收。

（一）主要技术指标和建设规模

广州东二环高速公路按远期八车道高速公路标准建设,项目工程包括珠江黄埔特大桥1座,大桥4座(表3-8-5),互通式立交5处,分离式隧道1座(表3-8-6)。

珠江黄埔大桥是广东省内规模最大的桥梁之一,全长7016.5m。按高速公路标准建设,双向六车道,设计速度100km/h。龙头山隧道是国内第一座双洞八车道高速公路长隧道。左线长1010m,右线长1006m。项目建设面临地质复杂、航道要求高、地形地物受限、交叉结构重叠、结构种类多等难题。

（二）建设情况

1. 建设依据

2002年2月初,广东省计委以《国道主干线广州绕城公路东段可行性研究报告》上报国家计委和交通部。同年2月21日,交通部审查通过该项目工程可行性研究报告,并将审查意见函送国家计委。

2004年7月30日,国家发改委以《关于审批国道主干线广州绕城公路东段可行性报告请示的通知》批准该项目工可报告。

2004年11月10日,交通部《关于国道主干线广州绕城公路东段初步设计的批复》。

2005年3月18日,广东省交通厅批准珠江黄埔大桥南、北汊主桥下部施工图设计。6月10日及9月30日,广东省交通厅分别批准除主桥外的其他施工图设计和南、北汊主桥上部结构施工图设计。

2006年10月,交通部批准《国道主干线广州绕城公路东段施工许可申请书》。

2. 资金来源

项目总投资42.42亿元,其中资本金12.95亿元由广东省公路建设有限公司、广州市高速公路有限公司、香港照成国际投资有限公司共同出资(出资比例分别为10%、60%、30%),其余29.47亿元以项目融资的方式向银行贷款解决。

3. 征地拆迁

项目建设工程的征地拆迁工作从2004年开始,至2008年10月完成,共征地1945.701亩。

广州东二环高速公路主要桥梁表

表3-8-5

序号	桥梁分类	桥梁名称	中心桩号	桥梁长度(m)	桥面宽度(m)	车道数	设计汽车荷载等级	通车时间	备注
1	大桥	广深高速公路跨线桥	K1+012	338.00	34.5	6	汽车—超20级,挂车—120	2008年12月	
2	大桥	鸡啼坑大桥	K2+193	219.00	34.5	6	汽车—超20级,挂车—120	2008年12月	
3	特大桥	广深铁路跨线桥	K4+976	641.04	34.5	6	汽车—超20级,挂车—120	2008年12月	
4	特大桥	黄埔大桥北引桥	K8+071	1745.50	34.5	6	汽车—超20级,挂车—120	2008年12月	
5	特大桥	黄埔大桥北汊斜拉桥	K9+298	705.00	41	6	汽车—超20级,挂车—120	2008年12月	
6	特大桥	黄埔大桥中引桥	K9+838	375.00	34.5	6	汽车—超20级,挂车—120	2008年12月	
7	特大桥	黄埔大桥南汊悬索桥	K10+580	1108.00	41.69	6	汽车—超20级,挂车—120	2008年12月	
8	特大桥	黄埔大桥南引桥	K12+675	3083.00	34.5	6	汽车—超20级,挂车—120	2008年12月	
9	大桥	番禺11号公路跨线桥	K15+506.5	513.00	34.5	6	汽车—超20级,挂车—120	2008年12月	

广州东二环高速公路隧道表

表3-8-6

序号	隧道分类	隧道名称	起止桩号	长度(单洞,m)	行车道宽度(单洞,m)	隧道净高(m)	车道数	开工时间	通车时间	备注
1	长隧道	龙头山隧道	K6+775~K5+765	左:1010	18	8.95	6	2005年12月	2008年12月	
			K5+765~K6+767	右:1006						

4. 招投标

该项目的设计、施工、监理、材料等均进行公开招标。

5. 主要设计、施工、监理单位

设计单位:中交第一公路勘察设计研究院有限公司、中交公路规划设计院有限公司等 5 个单位。

施工单位:中铁大桥局股份有限公司、广东省长大公路工程有限公司等 23 个单位。

监理单位:西安方舟工程咨询有限责任公司与广州诚信公路建设监理咨询有限公司联合体、武汉桥梁建筑工程监理公司等 4 个单位。

(三)复杂技术工程

(1)首次提出塔区主梁弹性限位索与阻尼器相结合的大跨度独塔斜拉桥支撑体系,减少地震效应,改善结构受力性能;提出复杂条件大跨度独塔斜拉桥上部结构安装成套施工方法,首次利用大变幅步履式起重机实现大跨度钢箱梁斜拉桥全桥梁段的统一吊装;首次提出基于可靠度理论的大跨度斜拉桥施工监控方法,形成大跨度钢箱梁斜拉桥高质量施工监控成套技术;系统提出长寿命斜拉索的成套制作与测试技术。

(2)首次成功设计和开发无抗风缆和下压装置的猫道体系,形成大跨度悬索桥上部结构快速施工和高精度控制成套技术;提出锚碇超大直径深基础嵌岩式地下连续墙考虑环向分配的弹性地基梁设计方法,并形成"抓、冲、铣"相结合的成槽工法;揭示大跨度超宽悬索桥钢箱梁正交异性板和钢桥面铺装层力学性能的相互影响规律,首创超宽钢箱梁顶板加劲小横隔板的设计方法和钢桥面 TAF 环氧沥青铺装技术、超宽钢箱梁和主缆束股高精度制造控制方法。

(3)研制并应用跨度 62.5m、最大浇注长度 75m、承载能力 2650t 的世界最大跨度移动模架系统,首次形成移动模架设计、施工与养护技术指南。

(4)创新大跨隧道设计技术。首次提出考虑施工过程的大跨隧道围岩压力计算理论与方法,与传统的围岩压力计算方法相比更为合理;提出大跨隧道 LED 节能照明技术及阻燃沥青路面防灾技术,大幅度降低了运营成本。

(5)创新大跨隧道施工技术。提出软弱地层大跨扁平隧道施工的直立双侧壁法和开挖断面封闭的双控指标,有效控制围岩的变形;创建硬岩大跨隧道施工的中导洞先行贯通再分块扩挖法,与传统方法相比爆破振速减小约 30%,从而更好地保护了围岩。

(6)提出新型的路基断面设计方案和管理方法,系统解决城市高速公路建设软基处理、清淤排污和施工污染问题。这种工程设计与管理的有机结合,在广东省经济发达地区高速公路建设中得到推广,取得了很好的社会和经济效益。

(7)提出高速公路生态防护和水土保持集成技术,通过全线路基土方的自平衡设计和路基边坡生态防护设计,最大限度降低高速公路建设和运营对道路周边城市环境的影响。同时,建设过程推行环境影响评价制度、环境保护"三同时"制度、环境监测制度、工程环境监理制度以及竣工环境保护验收制度,在施工期和运营期采取了行之有效的污染防治和生态绿化林建设保护措施。该项目成为广东地区推行绿色生态文明建设和道路运营环境最优美的高速公路之一。

(8)针对我国公路建设投资主体多样性和缺乏管理理论与技术体系、造成建设管理执行力和控制力不足、无法实现工程建造技术和管理经验有效应用的问题,提出公路建设执行控制管理技术体系和技术创新实现平台。

(四)科技创新

针对公路建设管理技术、城市高速公路线形设计和资源综合利用问题及复杂条件大跨度独塔斜拉桥结构设计和施工技术、大跨度悬索桥超宽钢箱梁设计和高效率施工技术、双洞八车道高速公路隧道关键技术等难题,系统开展技术研究。"公路工程建设管理执行控制体系研究""珠江黄埔大桥关键技术研究""双洞八车道高速公路隧道关键技术研究""桥跨62.5m移动模架制造与施工技术研究"等课题列为广东省交通运输厅科研项目,项目成果总体达到国际先进和领先水平。

研究成果取得国家发明专利及实用新型专利19项;省部级工法2项;出版技术专著8部;获得第十二届中国土木工程詹天佑奖1项;广东省、湖南省等科技进步一等奖2项、二等奖2项;中国公路学会科技进步一等奖2项、二等奖1项。

技术研究整体成果直接应用于珠江黄埔大桥项目建设,成功修建当时国内跨度最大的独塔斜拉桥、世界最宽整体式钢箱梁悬索桥以及我国首座双洞八车道高速公路大跨隧道。整体研究成果推广应用至国内多项重大工程建设项目并取得成功,取得了显著的社会和经济效益,对大跨公路桥梁及隧道的建设起到示范作用。

(五)运营管理

1.运营公司

广州珠江黄埔大桥建设有限公司是经商务部批准、广州工商行政管理局登记成立的中外合作企业,注册资金人民币129592万元,由广州市高速公路有限公司、照成国际投资有限公司、广东省公路建设有限公司按6:3:1投资比例融资建设。公司经营范围为筹划、设计、建设和经营管理广州珠江黄埔大桥及其配套服务设施的开发。公司实行董事会领导下的总经理负责制。2017年4月,公司设有营运安全部、综合事务部、计划财务部、路产管理部、路产养护部、路产经营部(路政队)等部门。

2. 收费站点

设有笔村和草堂2个收费站,采取中心管理和分站式管理相结合的模式进行管理,见表3-8-7。

收费站点设置情况表　　表3-8-7

站点名称	车道数(条)					收费方式
	入口			出口		
	人工	自动发卡	ETC	人工	ETC	
笔村收费站	1	3	1	9	1	MTC+ETC
草堂收费站	1	1	1	4	1	MTC+ETC

3. 车流量

车流量情况见表3-8-8。

车流量情况表　　表3-8-8

年份(年)	车流量(辆)	日均车流量(辆)
2008	81543	5233
2009	3315939	9085
2010	5469110	14984
2011	6440213	17644
2012	7368701	20133
2013	10038077	27502
2014	15515266	42508
2015	20075575	55002

4. 养护管理及主要大修工程

项目实行"建、养、运"一体化运作,即项目建设单位(业主)广州珠江黄埔大桥建设有限公司负责项目的养护和运营。采用综合养护与专业化养护相结合的养护模式,即对一般路产养护作业,通过公开招标选择一家(或联合体)专业养护单位实行综合养护承包模式,内容包含土建设施、机电设备、绿化等的保洁保养、巡检、小修和专项等养护工作;对黄埔特大桥主体结构养护及专项工程的检查、评估、设计、施工、监理、验收等工作,通过公开招标选择一家(或联合体)专业养护单位实行养护总承包,即"一站式养护总承包模式"。包括:

(1)以路面为主要实施对象的预防性养护技术。

(2)针对桥梁重点结构的"一站式"专业养护。

(3)以科研创新成果为载体的大中修专项工程。

黄埔大桥自2008年通车以来,受行车荷载、高温多雨及大跨钢箱梁挠曲变形等多重因素影响,钢桥面铺装层陆续产生鼓包、坑槽等病害。为攻克这一技术难题,同时提供安全、舒适的通行环境,黄埔大桥公司联合有关单位进行深入研究,研发了"改性环氧树脂碎石组合式联结层+超高黏改性沥青玛蹄脂碎石结构层"的SMA新型复合钢桥面铺装结构,并于2014年10月~2015年1月对黄埔大桥双向快、慢车道实施钢桥面铺装大修工程,实施效果良好。

2009—2015年,国家道路及桥梁质量监督检验中心结合项目常规养护、大桥年度定期检测、长期安全监控结果认为:珠江黄埔大桥的结构技术状况及安全性均处于良好状态,项目所有桥梁综合评定均为Ⅰ类。项目竣工验收工程质量评分为94.7分,工程质量等级评定为优良。

5.路政管理

黄埔大桥路政队成立于2008年,主要职能是贯彻国家有关公路管理法律法规、依法保护路产、维护路权、控制区管理、施工监督管理、许可申报、路政管理档案等。

在日常工作中,路政队定期统计、分析路面隐患情况多发因素,针对不同情况采取完善标志标牌、增设警示标志等措施,及时排查道路安全隐患,增强路段通行能力;加强资源整合,巩固路警联勤机制,与交警开展联合执法行动,有效预防和减少各种违法行为,确保道路安全和畅通;加强管控,开展超限超载车辆综合治理工作:一是路警联动,建立超限超载专项台账并与其他联动单位共享,做到互通有无,联手治超。二是配合交通综合行政执法,深化治超长效机制。隧道摄像枪进行24小时双向计数、收费站出入口人工统计、计重收费系统检测的方式,收集超限超载运输车辆信息,及时抄报给属地交通综合行政执法机构,并利用电子信息系统平台实现信息共享。三是加强货车超载检测工作,落实超限超载车辆入口阻截劝返制度。公司在收费站入口处安装移动称重设备,设置货车专用通道,确保在车辆即将进入路段的第一时间获得有效称重数据,做好超限超载车辆源头管控工作。

(六)企业文化建设

黄埔大桥公司针对"华南第一桥"的特点,围绕"经营好公司,服务好社会"企业宗旨,开展各类企业文化建设活动。近年来,公司先后获得"全国职工书屋示范点""广东省青年文明号""广州市模范职工之家"等多项集体荣誉。

1.建设文化活动阵地

公司设有文化展厅、创新工作室、职工之家、党员活动室、职工书屋等多个文化建设阵地,为广大员工创造了读书、研讨、休闲、娱乐的空间。其中,文化展厅集中展示黄埔大桥建设和管理过程中获得的各类成果和荣誉,既有利于员工深刻理解企业的发展历史,又是对外展示企业形象的宣传窗口。职工书屋现有图书3000多册,报刊杂志50多种,被中华全国总工会授予"2015年全国职工书屋示范点"称号。

2. 开展志愿服务活动

2011年成立高速公路系统内首支应急救援志愿者大队,已开展全员培训7次,参加各类应急演练10次,参与实际救援2次。在笔村收费站设立固定服务点,每逢节假日期间,志愿大队定点开展信息咨询、安全知识宣传、提供免费药品及饮用水等便民服务。志愿者还担任了公司的"廉洁使者",开展廉洁文化宣传等工作,截至2016年6月,志愿服务累计2000多个小时。

3. 宣传企业文化工作亮点

办好公司门户网站和公司内刊《黄埔桥文化》,发布公司最新管理动态、工作成果及员工的工作和业余文化生活。宣传员工的先进事迹,传递正能量,起到较好的激励作用。在开展的"企业文化小故事"征集活动中,员工的小故事被拍摄成微电影宣传,激发广大员工的"比先进、学先进"的敬业热情。

三、广州南二环高速公路

广州南二环高速公路是国道主干线广州绕城公路(珠江三角洲经济区环形公路)南段(简称"南环段"),国家高速公路编号G1501。南环段路线基本为东西走向,起于广州市番禺区东涌镇石排村,与京珠高速公路广珠北段(G4W、G9411)相交,依次经榄核镇,跨越李家沙水道后,进入佛山市顺德区,经伦教街办、勒流、杏坛、龙江镇,止于南海区九江镇,接国道主干线广州绕城公路九江至小塘段,并与佛开高速公路相交。路线全长49.317km,项目竣工决算75.46亿元,于2007年11月28日开工,2010年12月31日建成通车,该路段位于广东省经济最为活跃的珠江三角洲,是国道主干线系统的重要组成部分。它与广州市环城公路以及广州市向外辐射的多条公路共同构筑珠江三角洲经济区高速公路网络,对改善珠江三角洲地区的路网结构、完善广东省高速公路网具有重要意义。

(一)主要技术指标和建设规模

南环段路段跨越江河多,软土基多,采用高速公路标准,设计速度100km/h,双向六车道,有主要特大桥、大桥58座(单幅)(表3-8-9)。

(二)建设情况

1. 建设依据

2003年7月广东省交通厅向交通部上报《国道主干线广州绕城公路南段可行性报告》。

广州南二环高速公路主要桥梁表

表 3-8-9

序号	桥梁分类	桥梁名称	中心桩号	桥梁长度(m)	桥面宽度(m)	车道数	汽车荷载等级	开工时间	完工时间	备注
1	特大桥	骝岗涌特大桥(左幅)	K71+667.140	1279	16.5	6	公路—I级	2007年11月	2010年12月	
2	特大桥	骝岗涌特大桥(右幅)	K71+667.140	1279	16.5	6	公路—I级	2007年11月	2010年12月	
3	特大桥	鱼窝头立交主线跨线桥(左幅)	K75+708.567	1402.847	16.5	6	公路—I级	2007年11月	2010年12月	
4	特大桥	鱼窝头立交主线跨线桥(右幅)	K75+708.567	1402.847	16.5	6	公路—I级	2007年11月	2010年12月	
5	特大桥	西樵水道特大桥(左幅)	K77+660.040	1936.4	16.5	6	公路—I级	2007年11月	2010年12月	
6	特大桥	西樵水道特大桥(右幅)	K77+660.040	1936.4	16.5	6	公路—I级	2007年11月	2010年12月	
7	特大桥	浅海涌特大桥(左幅)	K81+795.340	1072.2	16.5	6	公路—I级	2007年11月	2010年12月	
8	特大桥	浅海涌特大桥(右幅)	K81+795.340	1072.2	16.5	6	公路—I级	2007年11月	2010年12月	
9	特大桥	张松主线特大桥(左幅)	K87+796.514	1368.022	16.5	6	公路—I级	2007年11月	2010年12月	
10	特大桥	张松主线特大桥(右幅)	K87+796.514	1368.572	16.5	6	公路—I级	2007年11月	2010年12月	
11	特大桥	李家沙特大桥主桥(左幅)	K88+700.800	440	23	6	公路—I级	2007年11月	2010年12月	
12	特大桥	李家沙特大桥主桥(右幅)	K88+700.800	440	23	6	公路—I级	2007年11月	2010年12月	
13	特大桥	顺德东立交主线跨线桥I(左幅)	K89+676.763	1458.834	16.5	6	公路—I级	2007年11月	2010年12月	
14	特大桥	顺德东立交主线跨线桥I(右幅)	K89+676.763	1511.926	16.5	6	公路—I级	2007年11月	2010年12月	
15	特大桥	顺德高架I(左幅)	K92+270.890	2251.031	16.5	6	公路—I级	2007年11月	2010年12月	
16	特大桥	顺德高架I(右幅)	K92+270.890	2253.382	16.5	6	公路—I级	2007年11月	2010年12月	
17	特大桥	顺德高架II(左幅)	K94+377.310	1959.459	16.5	6	公路—I级	2007年11月	2010年12月	
18	特大桥	顺德高架II(右幅)	K94+377.310	1959.459	16.5	6	公路—I级	2007年11月	2010年12月	
19	特大桥	顺德高架III(左幅)	K96+626.102	2536.064	16.5	6	公路—I级	2007年11月	2010年12月	
20	特大桥	顺德高架III(右幅)	K96+626.102	2538.123	16.5	6	公路—I级	2007年11月	2010年12月	
21	特大桥	大晚跨线桥(左幅)	K105+294.403	1346.7	16.5	6	公路—I级	2007年11月	2010年12月	
22	特大桥	大晚跨线桥(右幅)	K105+294.403	1346.7	16.5	6	公路—I级	2007年11月	2010年12月	
23	特大桥	顺德支流特大桥(左幅)	K106+808.753	1684.7	16.5	6	公路—I级	2007年11月	2010年12月	
24	特大桥	顺德支流特大桥(右幅)	K106+808.753	1684.7	16.5	6	公路—I级	2007年11月	2010年12月	

续上表

序号	桥梁分类	桥梁名称	中心桩号	桥梁长度（m）	桥面宽度（m）	车道数	汽车荷载等级	开工时间	完工时间	备注
25	特大桥	甘竹溪特大桥（左幅）	K111+844.390	1180.9	16.5	6	公路—I级	2007年11月	2010年12月	
26	特大桥	甘竹溪特大桥（右幅）	K111+844.390	1180.9	16.5	6	公路—I级	2007年11月	2010年12月	
27	特大桥	东华路跨线桥	K113+980.140	1292.4	16.5	6	公路—I级	2007年11月	2010年12月	
28	特大桥	东华路跨线桥	K113+980.140	1292.4	16.5	6	公路—I级	2007年11月	2010年12月	
29	大桥	东涌立交主线跨线桥（左幅）	K70+556.140	943	16.5	6	公路—I级	2007年11月	2010年12月	
30	大桥	东涌立交主线跨线桥（右幅）	K70+556.140	943	16.5	6	公路—I级	2007年11月	2010年12月	
31	大桥	市鱼路跨线桥（左幅）	K72+835.290	518.9	16.5	6	公路—I级	2007年11月	2010年12月	
32	大桥	市鱼路跨线桥（右幅）	K72+835.290	518.9	16.5	6	公路—I级	2007年11月	2010年12月	
33	大桥	中心涌大桥（左幅）	K74+127.640	225.4	16.5	6	公路—I级	2007年11月	2010年12月	
34	大桥	中心涌大桥（右幅）	K74+127.640	225.4	16.5	6	公路—I级	2007年11月	2010年12月	
35	大桥	天益大道跨线桥（左幅）	K74+694.863	624.063	16.5	6	公路—I级	2007年11月	2010年12月	
36	大桥	天益大道跨线桥（右幅）	K74+694.863	624.561	16.5	6	公路—I级	2007年11月	2010年12月	
37	大桥	雁沙路跨线桥（左幅）	K79+435.140	400.4	16.5	6	公路—I级	2007年11月	2010年12月	
38	大桥	雁沙路跨线桥（右幅）	K79+435.140	400.4	16.5	6	公路—I级	2007年11月	2010年12月	
39	大桥	S111跨线桥（左幅）	K80+620.440	700.6	16.5	6	公路—I级	2007年11月	2010年12月	
40	大桥	S111跨线桥（右幅）	K80+620.440	700.6	16.5	6	公路—I级	2007年11月	2010年12月	
41	大桥	绿村大桥（左幅）	K83+455.640	256	16.5	6	公路—I级	2007年11月	2010年12月	
42	大桥	绿村大桥（右幅）	K83+455.640	256	16.5	6	公路—I级	2007年11月	2010年12月	
43	大桥	七号公路跨线桥（左幅）	K84+315.147	476.785	16.5	6	公路—I级	2007年11月	2010年12月	
44	大桥	七号公路跨线桥（右幅）	K84+315.147	476.785	16.5	6	公路—I级	2007年11月	2010年12月	
45	大桥	民生路跨线桥（左幅）	K84+790.890	474.7	16.5	6	公路—I级	2007年11月	2010年12月	
46	大桥	民生路跨线桥（右幅）	K84+790.890	474.7	16.5	6	公路—I级	2007年11月	2010年12月	
47	大桥	顺德东立交主线桥II（左幅）	K90+684.798	562.195	16.5	6	公路—I级	2007年11月	2010年12月	
48	大桥	顺德东立交主线桥II（右幅）	K90+684.798	504.143	16.5	6	公路—I级	2007年11月	2010年12月	

续上表

序号	桥梁分类	桥梁名称	中心桩号	桥梁长度(m)	桥面宽度(m)	车道数	汽车荷载等级	开工时间	完工时间	备注
49	大桥	佛山一环跨线桥(左幅)	K101+426.203	977	16.5	6	公路—I级	2007年11月	2010年12月	
50	大桥	佛山一环跨线桥(右幅)	K101+426.203	977	16.5	6	公路—I级	2007年11月	2010年12月	
51	大桥	富安河跨线桥(左幅)	K103+191.153	449.5	16.5	6	公路—I级	2007年11月	2010年12月	
52	大桥	富安河跨线桥(右幅)	K103+191.153	449.5	16.5	6	公路—I级	2007年11月	2010年12月	
53	大桥	百安路跨线桥(左幅)	K108+539.153	741	16.5	6	公路—I级	2007年11月	2010年12月	
54	大桥	百安路跨线桥(右幅)	K108+539.153	741	16.5	6	公路—I级	2007年11月	2010年12月	
55	大桥	丰华路跨线桥(左幅)	K115+429.640	369.8	16.5	6	公路—I级	2007年11月	2010年12月	
56	大桥	丰华路跨线桥(右幅)	K115+429.640	369.8	16.5	6	公路—I级	2007年11月	2010年12月	
57	大桥	顺番路跨线桥(左幅)	K116+403.890	638.16	16.5	6	公路—I级	2007年11月	2010年12月	
58	大桥	顺番路跨线桥(右幅)	K116+403.890	638.16	16.5	6	公路—I级	2007年11月	2010年12月	

2004年4月14日,交通部《关于国道主干线广州绕城公路南段可行性研究报告的批复》。

2006年10月20日,交通部《关于国道主干线广州绕城公路南段初步设计的批复》。

2. 资金来源

建设资金来源是项目资本金(含交通部安排的专项基金3.95亿元)和银行贷款,项目资本金由广东省公路建设有限公司出资。项目资本金占建设资金的35%,其余65%的建设资金向银行贷款。

3. 征地拆迁

项目共完成征地6600.53亩,拆迁完成23.9651万m^2。其中,顺德、南海九江完成征地4201.73亩,拆迁完成9.57万m^2;广州市完成征地2398.8亩,拆迁完成14.3951万m^2。

4. 招投标

南环段的建设,本着"公开、公平、公正"的原则,对该项目的勘察设计、监理、施工单位均采取公开招标方式进行招标选择。

(1)设计单位招标

南环段的勘察设计任务划分为三部分,即主体工程勘察设计、交安机电工程勘察设计、房建工程勘察设计。房建、绿化工程勘察设计由于设计费较少,采取邀请招标的方式选择设计单位,主体工程及交安工程勘察设计招标均按规定国内公开招标,招标工作均在广州建设工程交易中心进行。

(2)监理单位招标

主体土建工程施工监理、房建监理、机电监理均按规定采用国内公开招标,招标工作均在广州建设工程交易中心进行。

(3)施工单位招标

施工标段划分为路基桥隧工程、路面工程、交通安全设施、机电工程、附属房建工程等,均采用国内公开招标,招标工作在广州建设工程交易中心进行。

5. 主要设计、施工、监理单位

设计单位:广东省公路勘察规划设计院有限公司、北京交科公路勘察设计研究院有限公司、广州白云建筑设计院等单位。

施工单位:广东省长大公路工程有限公司、贵州省桥梁工程总公司、中交二公局第三工程有限公司、中铁大桥局股份有限公司等20个单位。

监理单位:广东翔飞监理工程有限公司、广东华路交通科技有限公司、广东工程建设监理有限公司、广东华路交通科技有限公司等单位。

6.重大变更

(1)南环段李家沙特大桥、甘竹溪特大桥主桥钢防撞栏变更。

(2)南环段增加等载、超载预压土方工程变更。

(3)浅海涌特大桥设计变更。

(4)南环段全线大中桥中央分隔带波形梁护栏改混凝土防撞栏变更。

(5)南环段榄核互通式立交路改桥变更设计。

(6)南环段中心窖大桥加跨变更。

(7)南环段第12合同段顺德高架桥Ⅲ第18联预应力混凝土连续箱梁改悬浇施工变更。

(8)南环段主线部分路基路面15cm级配碎石垫层调整为15cm 2.5%水泥稳定级配碎石变更。

(9)南环段软土路基处理设计变更文件。

(10)南环段桩基钢筋笼设计变更和气泡轻质土设计变更。

(三)复杂技术工程

1.骝岗涌特大桥

骝岗涌特大桥主桥按预应力构件设计,采用三向预应力体系,包括纵向预应力、横向预应力和竖向预应力。其中竖向预应力摒弃传统精轧螺纹钢YGM锚固体系,采用新型二次张拉低回缩钢绞线竖向预应力锚固系统的施工工艺。实践证明,二次张拉竖向预应力钢绞线锚固系统施工工艺在工程中的可行性,尤其是二次张拉钢绞线基本无回缩产生,达到低回缩、高效率的目的,产生了较好的经济效益和施工简易性,确保工程后期运营质量。

2.李家沙特大桥

李家沙大桥为三跨双塔四索面预应力混凝土斜拉桥,桥型新颖,结构复杂,施工难度大。

(1)圆形混凝土拱圈钢板桩围堰

主墩Z3、Z4在靠近大堤内侧。其中Z3全部位于水中,Z4承台大部分位于浅滩上。Z3、Z4主墩双幅共4个承台,每个承台结构尺寸为14.2m(长)×15.7m(宽)×5.5m(高),封底混凝土高1m。

李家沙特大桥摒弃了传统的双壁钢围堰和多道内撑矩形钢板桩围堰,对传统钢板桩围堰结构和施工工艺进行创新,创造性地提出圆形混凝土拱圈钢板桩围堰施工方案。圆形混凝土拱圈钢板桩围堰采用无内撑结构,充分发挥了圆形结构的拱圈效应和混凝土受压性能好的特点,方便承台施工,并节省大量的内支撑材料及人工。将钢板桩打插完毕后回填砂,筑岛施工桩基础,变水上施工为陆上施工。桩基础施工完毕后逐层开挖、逐层浇筑钢筋混凝土拱圈,第四道拱圈施工完毕后,平整底部浇筑封底混凝土,开始施工承台。

(2)轻型牵索挂篮

李家沙大桥主梁为预应力混凝土肋板式结构,7m长标准节段采用牵索挂篮悬浇施工。

大桥牵索挂篮长16.8m、宽25.6m、总重120.37t,李家沙特大桥牵索挂篮承重比为0.38,结构轻巧;主要构件安全系数均大于2,刚度大,结构安全可靠大量;采用了贝雷梁用于次要的横向联系及平台,减少一次性钢结构加工投入费用,且挂篮安装拆除非常方便;优化挂篮行走系统,加快施工进度;横梁后的内平台设计为可升降,降低劳动强度,加快施工进度。

(3)二次张拉低回缩钢绞线预应力系统

李家沙特大桥主塔索区井字形预应力和主梁节段顶板纵向预应力均为短束钢绞线,张拉后伸长量较小,夹片回缩6mm对预应力损失影响较大。通过二次张拉将锚杯整体张拉,旋紧锚杯外支承螺母顶紧锚垫板,消除预应力损失后锚杯与锚垫板的空隙,消除夹片回缩带来的预应力损失,提高张拉的施工质量。

3. 顺德支流特大桥

(1)顺德支流特大桥为深水、低桩承台基础,水压力及土压力非常大。常规的钢板桩围堰(水平分层普通内支撑)不能满足要求。通过分析钢板桩围堰外力、变形、稳定和反涌上浮等,打破钢板桩围堰设计的常规,将传统的内支撑改进为框架式内围囹,使内支撑单层受力转变为整个网状的钢围囹受力。

(2)在钢板桩围堰的施工工艺上采用围囹打桩分阶段分部交错实施。先以围囹定位导向打钢板桩,而后以钢板桩围护安装围囹;分层控高挖基、抽水,紧跟临时支撑和安装围囹;围堰内以蓄水平衡外周侧压力,采取水下挖基,水下混凝土封底。

(3)顺德支流特大桥主桥连续刚构施工时,由广东省公路建设有限公司与湖南大学共同向广东省交通厅申报"二次张拉钢绞线技术应用于箱梁腹板竖向预应力的标准化研究"课题,成功应用了课题组开发出的"二次张拉低回缩钢绞线竖向预应力锚固系统"。

4. 甘竹溪特大桥

(1)高性能混凝土

由于该桥混凝土主梁横向宽度达38.7m,且浇筑方量较大(163m^3),导致浇筑时间较长,为防止变形过大而开裂,在控制混凝土性能方面有着很高的要求。依据设计施工要求,主梁为C55混凝土;主塔塔柱为C60混凝土。高性能混凝土是在大幅度提高普通混凝土性能的基础上采用现代混凝土技术制作的,以耐久性作为设计的主要指标,满足不同的实际环境要求。高性能混凝土采用经验法进行混凝土配合比设计,在降低单方混凝土水泥用量的同时,提高混凝土工作性、耐久性和经济性。

高性能混凝土的研究过程中采用"三掺"技术,即复掺磨细矿渣粉、优质粉煤灰、聚羧酸高效减水剂的方法。

高性能混凝土的使用可以有效地减少裂缝,提高桥梁耐久性,减少使用过程中的维修费用;大掺量矿物掺和料的使用降低高性能混凝土单方造价,对高性能混凝土制备技术、裂缝开展抑制技术有指导作用。

(2)浇筑过程免调索力施工工艺

甘竹溪特大桥主梁采用挂篮悬浇施工,截面一次浇筑,并要求尽可能少的收缩裂缝。混凝土浇筑时间较长,加之塔内操作空间狭窄,调索用时长,若采用传统的边张拉斜拉索边浇筑混凝土的工艺,会造成浇筑过程不连续,塔端梁端交叉作业,且先浇主梁底板容易在调索过程中出现大面积裂缝,出现严重的质量问题。故为减少浇筑时间、提高浇筑效率、避免浇筑裂缝,应改善挂篮结构、优化施工流程、简化浇筑调索步骤、浇筑箱梁混凝土前预张挂篮,并实现浇筑过程免调索力。

(四)科技创新

"二次张拉钢绞线技术应用于箱梁腹板竖向预应力的标准化研究"为广东省交通厅2008年度科技计划项目(项目编号2008-15),主要完成单位为广东省公路建设有限公司、湖南大学、广东省公路勘察规划设计院有限公司。

该项目取得如下成果:

(1)通过室内及现场试验对二次张拉锚具和精轧螺纹钢锚固体系预应力损失实测,对比一次张拉和精轧螺纹钢锚固体系即时损失的结果,证明了二次张拉短索预应力钢绞线技术应用于箱梁腹板竖向预应力具有明显的优势,充分发挥钢绞线的力学性能。

(2)提出"二次张拉理论伸长值计算公式""二次张拉放张后实际伸长值测量方法和校验第二次张拉放张后伸长值计算公式"及"与二次张拉理论伸长值允许误差标准",使检测竖向预应力方法简单、准确、方便。

(3)改进竖向预应力新型压浆结构和工艺,能有效克服竖向预应力压浆缺陷。提出一种新型的、施工安全性明显提高的竖向预应力筋结构,减少短索预应力筋回缩损失。

(4)编制《二次张控低回缩钢绞线竖向预应力锚固系统设计、施工、验收技术规范》《二次张拉低回缩钢绞线竖向预应力锚固系统施工、验收操作规则(试行)》《二次张拉低回缩钢绞线竖向预应力锚固系统标准设计施工图》,有利于标准化设计和施工。

2010年12月16日,广东省交通运输厅在佛山市组织成果鉴定,认为该研究成果有较好的适用性、针对性和创新性，研究成果总体达到国际先进水平。

（五）运营管理

1. 运营公司

广东省公路建设有限公司南环段分公司，隶属广东省公路建设有限公司，于2007年2月依法设立。2012年1月，广东省公路建设有限公司撤销西二环南段分公司，保留南环段分公司，原西二环南段并入南环段，实现合并运营管理，路段合并后全长90.88km。南环段分公司实行董事会领导下的总经理负责制，设有6个职能部门和3个中心站（收费管理部、养护工程部、综合事务部、人力资源部、财务部、路政管理部、龙江中心站、榄核中心站、丹灶中心站）。

2. 收费站点

南环段的收费系统采用联网收费方式，收费管理架构采用中心站管理模式，沿线设有管理中心1个（龙江管理中心）、中心收费站2个（龙江中心站、榄核中心站）。

南环段分公司南二环高速公司共有6个收费站，分别为鱼窝头站、榄核站、伦教站、勒流站、杏坛站、龙江站（表3-8-10），设有勒流服务区。南二环高速公路出口车道34条（MTC车道27条、ETC车道7条），入口车道21条（MTC车道4条、ETC车道6条、自助发卡11条）。

收费站点设置情况表　　　　　　　　　　　　　　　　　表3-8-10

站点名称		车道数	收费方式
南环段	鱼窝头站	出7条，入4条	匝道封闭式收费
	榄核站	出4条，入3条	匝道封闭式收费
	伦教站	出8条，入4条	匝道封闭式收费
	勒流站	出6条，入4条	匝道封闭式收费
	杏坛站	出5条，入3条	匝道封闭式收费
	龙江站	出4条，入3条	匝道封闭式收费
合计		出34条，入21条	

3. 车流量

南环段通车以来，车流量增长迅速，日均车流量从2011年的2.13万辆增长到7.25万辆，见表3-8-11。

车流量情况表　　　　　　　　　　　　　　　　　　　　表3-8-11

年份（年）	车流量（万辆）	日均车流量（万辆）	年份（年）	车流量（万辆）	日均车流量（万辆）
2011	778.70	2.13	2014	2035.81	5.58
2012	1280.93	3.50	2015	2644.93	7.25
2013	1594.95	4.37			

4.服务区

设有勒流服务区。

5.养护管理

(1)养护管理模式

养护管理采用"管养分离"模式,日常养护和小修工程直接打包,通过招标委托养护公司实施,大中修和专项工程按照工程项目分别实行项目施工招标。

(2)养护管理

养护管理实行总经理负责制,总工程师受总经理委托分管养护工作。在总工程师的领导下,开展养护工作。

(3)养护制度

①日常养护和小修保养制度。养护部对日常维护和小修保养的管理和控制,主要通过月度检查考核、定期和不定期的巡查,依照公路养护技术规范结合高速公路具体情况制定的维修保养工程质量标准。由于采用"管养分离",分公司对养护承包商的管理只着重养护效果,而不对承包商的内部运作进行控制,双方围绕该合同开展工作。

②大中修和专项工程制度。根据已批准通过的年度计划,获得批准后即安排养护承包商进行施工。对技术要求较高或较大型的工程项目(尤其国家具有相关规定的),委托具备相关资质的设计单位编制设计文件,然后组织施工招标、监理招标等。

③养护专业化。招标委托的养护公司根据养护工作特点,配置专业的养护机械和养护人员,形成专业性公司,进行养护工作。

6.路政管理

南二环高速公路路政大队于2010年12月成立,下设2个路政中队,担负着广州绕城高速公路西二环南段和南二环两个路段全程90.88km、匝道53.74km,包括桥梁117座、涵洞145座的路政管理工作,负责贯彻国家有关公路管理法律法规、依法保护路产、维护路权、控制区管理、施工监督管理、许可申报及路政档案管理。

巡控管理方面,路政巡查、养护巡查与视频监控巡查相结合,可以快速发现路产损坏或侵权案件。

业务管理方面,推行"管理有规章、行为有准则、服务有标准、业务有规程、制度有落实、工作有考核"的"六有"规范化标准,管好队伍建设,落实业务考核提高执行力。

(六)企业文化建设

1.开展精神文明建设,凸显"南环"特色

(1)活跃基层党的建设,培育和践行核心价值观活动搭建"视觉传播"和"道德讲堂"两个平台,助推企业精神文明建设。构筑"温馨家园",提升员工幸福感;开展"三严三实"专题教育,发挥党员干部先锋模范作用;开展"文明服务月""我为核心价值观代言"活动,提升服务质量。

(2)搭建微信平台,宣贯企业文化

建立微信公众号平台"南环段分公司"企业号,创新党建、企业文化宣传和开通书记项目、微社区、超级表单、投票调研等栏目,让员工不受时间和空间的限制,随时随地学习交流。

(3)加强企业文化建设,开展各种文体活动

工会组织举办"和谐南环集体婚礼""演绎精彩青春梦"、员工生日晚会等活动。团委组织《天下兴衰、我的责任》演讲比赛、篮球、羽毛球、乒乓球、拔河比赛、女工插花比赛等活动;组织各青年志愿者进服务区、进敬老院、进站场"三进"活动,发扬助人为乐、崇德向善的优良作风。

(4)建立困难职工档案,坚持慰问困难职工及家庭

一是建立困难员工专项档案,便于及时帮助和慰问困难职工及家庭;二是开展各种慰问扶助活动,关心慰问生病住院及亲属去世的员工;三是关心双职工夫妻住房问题。针对近年双职工结婚多的情况,南环段分公司通过多方协调,为40多对双职工调整宿舍,解决了"夫妻房"等困难。

2. 加强廉政建设,营造风清气正氛围

建立健全内外部监督体系,配合开展企业负责人离任等各类审计工作,督促整改审计发现的问题。开展纪律教育月系列活动,通过参观廉政教育基地、观看廉政视频等形式,营造风清气正风围。

南环公司从2006年至2015年十年间先后获得"广东省十项工程劳动竞赛优胜单位""广东省五一劳动奖状""工人先锋号""南粤女职工文明岗""广东省青年文明号""广东省第十二届广东省企业管理现代化创新成果二等奖""全国交通运输企业文化建设优秀单位""广东省模范职工小家""全国交通运输企业文化建设卓越单位"等多项奖励。

四、广州西二环高速公路南段

广州西二环高速公路南段即广州绕城公路九江至小塘段(简称"西二环南段"),国家高速公路编号G1501,起于佛山市南海区九江镇,与佛开高速公路交叉并与国道主干线广州绕城公路南段相接,止于南海区小塘镇黎边村,与广三高速公路交叉并与国道主干线广州绕城公路公路小塘至茅山段连接。途经南海区九江、西樵、丹灶、金沙、小塘镇及三水区白坭镇,路线全长41.56Km。该项目竣工决算381402.47万元,于2005年3月1日开工,2007年12月13日建成通车。该路位于广东省经济最为活跃的珠江三角洲,作为京港澳、沈海高速公路两条国道绕广州的公路,是国道主干线系统的重要组成部分。同时它与广

州市环城公路以及广州市向外辐射的多条公路共同构筑珠江三角洲经济区高速网络,对改善珠江三角洲地区的路网结构、完善广东省高速公路网具有重要的意义。

(一)主要技术指标和建设规模

西二环南段跨越江河多,软土基多,分两个路段采用不同高速公路标准。

(1)起点(K0+000)至横江立交段(K35+510),采用六车道高速公路标准,路基宽度33.5m,设计速度100km/h。

(2)横江立交(K35+510)至终点(K41+830.6),采用八车道高速公路标准,路基宽度41.0m,设计速度100km/h。

西二环段设有特大桥、大桥46座(单幅)(表3-8-12)。沿线设九江、大同(预留)、西樵、丹灶、横江、金沙和小塘互通式立交。

(二)建设情况

1. 建设依据

2003年4月8日,交通部《关于国道主干线广州绕城公路九江至小塘段可行性研究报告的批复》。

2004年5月24日,交通部《关于国道主干线广州绕城公路九江至小塘段初步设计的批复》。

2004年12月7日,广东省交通厅批复国道主干线广州绕城公路九江至小塘段施工图审查意见。

2. 资金来源

建设资金来源项目资本金和国内银行贷款。项目资本金由广东省公路建设有限公司出资,项目资本金占建设资金的35%,其余建设资金65%向银行贷款。

3. 征地拆迁

西二环南段项目征地拆迁工作通过由地方国土部门总承包完成。项目征地面积共4977.399亩,其中南海区征地面积为4674.943亩,三水区征地面积为282.836亩,顺德区征地面积为19.62亩。

4. 招投标

西二环南段分公司根据《中华人民共和国招标投标法》,从承包单位、监理单位的选择到主要材料的采购,均按国家、交通部及广东省相关招标要求进行公开招投标。施工招标的中标单位全部是一级总承包以上资质,部分为特级总承包资质和实力雄厚的工程监理单位。

西二环高速公路南段主要桥梁表

表 3-8-12

序号	桥梁分类	桥 梁 名 称	中心桩号	桥梁长度（m）	桥面宽度（m）	车道数	设计汽车荷载等级	开工时间	完工时间	备注
1	特大桥	九江互通式立交主线桥（左幅）	K119+711.53	2090.19	16.5	6	汽车—超20级、挂车—120	2005年3月	2007年12月	
2	特大桥	九江互通式立交主线桥（右幅）	K119+711.53	2090.19	16.5	6	汽车—超20级、挂车—120	2005年3月	2007年12月	
3	特大桥	K3+874.55龙高路跨线桥（左幅）	K122+741.550	1465.46	16.5	6	汽车—超20级、挂车—120	2005年3月	2007年12月	
4	特大桥	K3+874.55龙高路跨线桥（右幅）	K122+741.550	1465.46	16.5	6	汽车—超20级、挂车—120	2005年3月	2007年12月	
5	特大桥	西江百平公路跨线桥（左幅）	K135+931.350	1584.74	16.5	6	汽车—超20级、挂车—120	2005年3月	2007年12月	
6	特大桥	西江百平公路跨线桥（右幅）	K135+931.350	1584.74	16.5	6	汽车—超20级、挂车—120	2005年3月	2007年12月	
7	特大桥	徐边高架桥（左幅）	K155+171.750	1272.5	20.25	8	汽车—超20级、挂车—120	2005年3月	2007年12月	
8	特大桥	徐边高架桥（右幅）	K155+171.750	1272.5	20.25	8	汽车—超20级、挂车—120	2005年3月	2007年12月	
9	特大桥	金沙立交主线桥（左幅）	K156+419.500	1223	20.25	8	汽车—超20级、挂车—120	2005年3月	2007年12月	
10	特大桥	金沙立交主线桥（右幅）	K156+419.500	1223	20.25	8	汽车—超20级、挂车—120	2005年3月	2007年12月	
11	特大桥	北江特大桥（左幅）	K158+337.500	2613	20.25	8	汽车—超20级、挂车—120	2005年3月	2007年12月	
12	特大桥	北江特大桥（右幅）	K158+337.500	2613	20.25	8	汽车—超20级、挂车—120	2005年3月	2007年12月	
13	特大桥	小塘互通主线桥（左幅）	K160+414.000	1540	20.25	8	汽车—超20级、挂车—120	2005年3月	2007年12月	
14	特大桥	小塘互通主线桥（右幅）	K160+414.000	1540	20.25	8	汽车—超20级、挂车—120	2005年3月	2007年12月	
15	大桥	K5+497.5河清涌大桥（左幅）	K124+344.500	204.46	16.5	6	汽车—超20级、挂车—120	2005年3月	2007年12月	
16	大桥	K5+497.5河清涌大桥（右幅）	K124+344.500	204.46	16.5	6	汽车—超20级、挂车—120	2005年3月	2007年12月	
17	大桥	K6+795樵柏线跨线桥（左幅）	K125+642.000	530.46	16.5	6	汽车—超20级、挂车—120	2005年3月	2007年12月	
18	大桥	K6+795樵柏线跨线桥（右幅）	K125+642.000	530.46	16.5	6	汽车—超20级、挂车—120	2005年3月	2007年12月	
19	大桥	K8+430大桥（左幅）	K127+277.00	505.46	16.5	6	汽车—超20级、挂车—120	2005年3月	2007年12月	
20	大桥	K8+430大桥（右幅）	K127+277.00	505.46	16.5	6	汽车—超20级、挂车—120	2005年3月	2007年12月	
21	大桥	K11+042大桥（左幅）	K129+889.00	326.04	16.5	6	汽车—超20级、挂车—120	2005年3月	2007年12月	
22	大桥	K11+042大桥（右幅）	K129+889.00	326.04	16.5	6	汽车—超20级、挂车—120	2005年3月	2007年12月	
23	大桥	K12+390大桥（左幅）	K131+237.00	645.06	16.5	6	汽车—超20级、挂车—120	2005年3月	2007年12月	

续上表

序号	桥梁分类	桥梁名称	中心桩号	桥梁长度(m)	桥面宽度(m)	车道数	设计汽车荷载等级	开工时间	完工时间	备注
24	大桥	K12+390大桥(右幅)	K131+237.00	645.06	16.5	6	汽车—超20级,挂车—120	2005年3月	2007年12月	
25	大桥	K13+997.55樵高公路跨线桥(左幅)	K132+844.200	727.86	16.5	6	汽车—超20级,挂车—120	2005年3月	2007年12月	
26	大桥	K13+997.55樵高公路跨线桥(右幅)	K132+844.200	727.86	16.5	6	汽车—超20级,挂车—120	2005年3月	2007年12月	
27	大桥	K15+075太平涌大桥(左幅)	K133+922.000	468.46	16.5	6	汽车—超20级,挂车—120	2005年3月	2007年12月	
28	大桥	K15+075太平涌大桥(右幅)	K133+922.000	468.46	16.5	6	汽车—超20级,挂车—120	2005年3月	2007年12月	
29	大桥	百西环村路跨线桥(左幅)	K137+250.750	510.54	16.5	6	汽车—超20级,挂车—120	2005年3月	2007年12月	
30	大桥	百西环村路跨线桥(右幅)	K137+250.750	510.54	16.5	6	汽车—超20级,挂车—120	2005年3月	2007年12月	
31	大桥	百西公路跨线桥(左幅)	K138+103.930	705.04	16.5	6	汽车—超20级,挂车—120	2005年3月	2007年12月	
32	大桥	百西公路跨线桥(右幅)	K138+103.930	705.04	16.5	6	汽车—超20级,挂车—120	2005年3月	2007年12月	
33	大桥	樵北涌大桥(左幅)	K142+223.500	620.04	16.5	6	汽车—超20级,挂车—120	2005年3月	2007年12月	
34	大桥	樵北涌大桥(右幅)	K142+223.500	620.04	16.5	6	汽车—超20级,挂车—120	2005年3月	2007年12月	
35	大桥	西城圩跨线桥(左幅)	K145+952.000	535.04	16.5	6	汽车—超20级,挂车—120	2005年3月	2007年12月	
36	大桥	西城圩跨线桥(右幅)	K145+952.000	535.04	16.5	6	汽车—超20级,挂车—120	2005年3月	2007年12月	
37	大桥	丹桂路跨线桥(左幅)	K148+100.700	518.202	16.5	6	汽车—超20级,挂车—120	2005年3月	2007年12月	
38	大桥	丹桂路跨线桥(右幅)	K148+100.700	518.202	16.5	6	汽车—超20级,挂车—120	2005年3月	2007年12月	
39	大桥	大涡大桥(左幅)	K149+709.400	666	16.5	6	汽车—超20级,挂车—120	2005年3月	2007年12月	
40	大桥	大涡大桥(右幅)	K149+709.400	666	16.5	6	汽车—超20级,挂车—120	2005年3月	2007年12月	
41	大桥	丹横路跨线桥(左幅)	K152+729.300	411.4	16.5	6	汽车—超20级,挂车—120	2005年3月	2007年12月	
42	大桥	丹横路跨线桥(右幅)	K152+729.300	411.4	16.5	6	汽车—超20级,挂车—120	2005年3月	2007年12月	
43	大桥	横江跨线桥(左幅)	K153+518.000	456.06	16.5	6	汽车—超20级,挂车—120	2005年3月	2007年12月	
44	大桥	横江跨线桥(右幅)	K153+518.000	456.06	16.5	6	汽车—超20级,挂车—120	2005年3月	2007年12月	
45	大桥	环城路跨线桥(左幅)	K154+55.600	356	20.25	8	汽车—超20级,挂车—120	2005年3月	2007年12月	
46	大桥	环城路跨线桥(右幅)	K154+55.600	356	20.25	8	汽车—超20级,挂车—120	2005年3月	2007年12月	

5. 主要设计、施工、监理单位

设计单位：广东省公路勘察规划设计院、北京交科公路勘察设计院、广东省城乡规划设计研究院等单位。

施工单位：中铁七局集团有限公司、广东省长大公路工程有限公司、中铁十二局集团有限公司等 18 个单位。

监理单位：广东省公路工程监理站、广东工程建设监理有限公司等单位。

6. 重大工程变更

(1) 佛开高速公路完善设计变更。

(2) K1+909.26～K5+300 取消跨线桥（K2+295.5、K2+885.6、K4+908.8 三座跨线桥）及地方改路变更设计。

(3) 百西公路跨线桥 0b～5a 号墩。

(4) K29+600～K33+350 段抛石挤淤。

(5) 丹灶平交变更。

(6) 丹灶平交路面变更。

(7) 单管旋喷桩变更。

(8) 沥青路面变更为水泥混凝土路面丹灶平交。

（三）复杂技术工程

针对全线软基的特点及分布情况，在调研的基础上，较大规模使用袋装砂井+CFG 的软基处理方式，这在省内高速公路尚属首次。从施工过程的监控情况来看，大部分的沉降较小，基本达到设计要求。在 K9+575 中桥 0 号前长约 50m 的范围进行薄壁筒桩的试验研究。薄壁筒桩是软基加固的一直新型桩，采用薄壳技术，具有单桩承载力高、施工速度快、沉降易稳定、预压期较短、可快速加载至等载高程，无须二次开挖等特点。此外，还在第三合同段、第八合同段、第九合同段等软基较差的地段设置预应力管桩，以提高路基的承载力。

（四）科技创新

1. 柔性基层研究

高速公路柔性基层具有较强的柔性和适应变形的能力，可以有效地减少路面结构中应力集中现象，使路面结构受力更均匀，且与沥青层的黏结好，路面整体承载力提高。因此，该项目依托西二环南段工程，整合华南理工大学、长沙理工大学及北京中咨华美路面技术有限公司等专业技术力量，开展对沥青路面设计施工关键技术和柔性基层沥青路面长期性能进行跟踪及观测两大方面的内容进行较为深入和系统地研究。通过研究进一步解决柔性基层沥青路面在广东地区的混合料设计、施工和养护等问题。

2. 珠江三角洲地区高速公路环境保护技术研究

该项目为广东省交通厅 2005 年交通科技项目(项目编号 2005-31),主要完成单位为广东省公路建设有限公司西二环南段分公司、交通运输部科学研究院、广东华路交通科技有限公司。

该项目取得如下成果:

(1)首次在珠江三角洲地区选取不同交通量、不同运营年限的高速公路进行路面径流现场试验,找出路面径流主要污染物及其排放规律,为路面径流污染治理提供了基础数据。

(2)确定路面径流污染控制技术关键因子,即应控制的主要污染物、有效径流处理量、有效进水流量。

(3)根据路面径流试验结果以及珠江三角洲地区的降雨特征,首次提出调节池与人工湿地串联构成的桥面径流优化处理工艺,有效解决路面径流初始流量不均匀的问题和单纯采用人工湿地占地面积过大的问题,提高处理效果。

(4)通过理论分析与实践,提出了珠江三角洲地区的公路工程环境监理体制和内容,采用公众调查、实践反馈、定量监测相结合的方法,开展监理体制和内容动态优化研究,为广东省高速公路工程环境监理内容规范化提供依据。

2010 年 6 月 25 日,广东省交通运输厅在广州组织成果鉴定,认为该研究成果有较好的适用性、针对性和创新性,研究成果总体达到同行业国际先进水平。

3. 广东高等级公路软基大直径现浇薄壁桩地基处理设计及受力性状研究

该项目为广东省交通集团 2006 年科技计划项目[项目编号 XHND01(0708)03],是以广东省国道主干线广州绕城公路九江至小塘段西二环南段 K9+509.8~K9+555.3 段的深厚软基处理工程为依托而进行的大直径现浇混凝土薄壁筒桩技术的科研试验项目,完成单位为广东省公路建设有限公司南环段分公司、广东华路交通科技有限公司、广东省公路勘察规划设计院股份有限公司、深圳市筑博佳实业有限公司、浙江大学土木系岩土工程研究所。

该项目取得如下成果:

(1)通过开展路堤下现场大直径现浇混凝土薄壁筒桩复核合地基现场试验和检测,得到不同路堤填土高度下复合地基的应力、应变变化规律,并通过数值模拟分析路堤土拱效应和垫层拉模效应规律,揭示现场大直径现浇混凝土薄壁筒桩加固软基机理。

（2）分析大直径现浇混凝土薄壁筒桩内芯土柱的作用,提出深厚软土地基大直径现浇混凝土薄壁筒桩单桩及复合地基承载力和沉降计算方法,揭示桩土间共同作用机理。

（3）提出详细的大直径现浇混凝土薄壁筒桩施工工艺流程、质量技术保证措施和质量检验验收标准。

2013年12月19日,广东省交通运输厅在广州组织成果鉴定,认为该研究成果社会和经济效益显著,具有较大的推广应用价值,总体达到国际领先水平。

（五）运营管理

1. 运营公司

广东省公路建设有限公司西二环南段分公司,是由隶属广东省公路建设有限公司于2006年6月依法设立的经营活动单位,主要负责国道主干线广州绕城公路九江至小塘段项目的建设和运营管理。

2012年1月,根据广东省公路建设有限公司部署,撤销西二环南段分公司,保留南环段分公司,原西二环南段并入南环段,实现合并运营管理,西二环南段高速公路与南二环高速公路合并运营,管理人员队伍相同。路段合并后全长90.88km。

2. 收费站点

南环段分公司西二环南段高速公路共有3个收费站,分别为西樵站、金沙站和丹灶站（表3-8-13）,设有丹灶服务区。西二环南段高速公路出口车道18条（MTC车道15条、ETC车道3条）,入口车道11条（MTC车道3条、ETC车道3条、自助发卡5条）。

收费站点设置情况表　　　　　　　　　　　　　　　　　表3-8-13

站点名称		车道数	收费方式
西二环南段	西樵站	出5条,入3条	匝道封闭式收费
	金沙站	出6条,入4条	匝道封闭式收费
	丹灶站	出7条,入4条	匝道封闭式收费
合计		出18条,入11条	

西二环南段高速公路的收费系统采用联网收费方式,收费管理架构采用中心站管理模式,沿线设有生活区1个（丹灶生活区）、服务区1处（丹灶服务区）,中心收费站1个（丹灶中心站）。

3. 车流量

西二环南段高速通车以来,车流量增长迅速,日平均车流量从2008年的1.01万辆增长到8.94万辆,见表3-8-14。

车 流 量 情 况 表　　　　　　　表3-8-14

年份(年)	车流量(万辆)	日均车流量(万辆)	年份(年)	车流量(万辆)	日均车流量(万辆)
2008	382.23	1.01	2012	2251.77	6.15
2009	597.61	1.64	2013	2584.33	7.08
2010	1047.4	2.87	2014	3009.35	8.24
2011	1919.60	5.26	2015	3262.43	8.94

4.养护管理和路政管理

西二环高速公路南段分公司于2012年1月并入南二环段分公司,组成南环段分公司,养护管理和路产路权维护管理与南环段分公司相同。

（六）企业文化建设

西二环高速公路南段分公司于2012年1月并入南二环段分公司,组成南环段分公司,企业文化建设与南环段分公司相同。

五、广州西二环高速公路北段

广州西二环高速公路北段（简称"西二环高速公路"）是国道主干线广州绕城公路小塘至茅山段（国家高速公路编号G1501）及国道主干线沈海高速公路（国家高速公路编号G15）的重要组成部分,是广州市城市空间发展规划中"西联"战略和广佛经济圈的重要通道,对发挥国道主干线主骨架路网功能、完善区域路网布局、改善投资环境、促进广州市和广东省乃至泛珠三角洲经济发展具有重要的意义。

广州西二环高速公路北段起于佛山市南海区小塘镇,止于广州市白云区江高镇茅山村,途经佛山市南海区小塘、官窑、和顺镇,三水区的西南、乐平镇,广州市花都区炭步镇、白云区江高镇。路线全长39.126km,于2004年12月16日动工兴建,2006年12月19日建成通车。

（一）主要技术标准和建设规模

全线采用高速公路标准,双向六车道,设计速度120km/h,全线设有桥梁67座,其中主要大桥12座（表3-8-15）。

（二）建设情况

1.建设依据

2001年8月29日,广东省交通厅《关于对珠江三角洲环形高速公路西环有关意见的批复》。

广州西二环高速公路北段主要桥梁表

表 3-8-15

序号	桥梁分类	桥梁名称	起止桩号	桥梁长度（m）	桥面宽度（m）	车道数	设计汽车荷载等级	建设时间（年）	备注
1	特大桥	巴江河特大桥	K74+701.3～K76+434.7	1733.4	33.5	6	公路—Ⅰ级	2005	
2		芦苞涌特大桥	K61+896.3～K63+324.7	1428.7	33.5	6	公路—Ⅰ级	2005	
3		两下村特大桥	K77+536.3～K78+568.7	1032.4	33.5	6	公路—Ⅰ级	2005	
4		桃园路分离式立交	K44+276.84～K45+284.24	1007.4	33.5	6	公路—Ⅰ级	2005	
5		乌茶步分离式立交	K67+329.05～K67+632.95	303.39	33.5	6	公路—Ⅰ级	2005	
6		三溪公路分离式立交	K52+153.80～K52+389.60	235.8	33.5	6	公路—Ⅰ级	2005	
7		茅山互通主线桥	K79+671.300～K80+628.700	957.4	33.5	6	公路—Ⅰ级	2005	
8	大桥	小塘互通主线桥（右幅）	K41+505～K42+337	835	33.5	6	公路—Ⅰ级	2005	
		小塘互通主线桥（左幅）		720	33.5	6	公路—Ⅰ级	2005	
9		官窑互通主线桥	K49+558.728～K50+385.643	826.9	33.5	6	公路—Ⅰ级	2005	
10		乐平互通式立交主线桥	K60+027.73～K60+852.81	825.08	33.5	6	公路—Ⅰ级	2005	
11		西南涌大桥	K48+016.60～K48+839.40	822.8	33.5	6	公路—Ⅰ级	2005	
12		炭步互通主线桥	K69+223.646～K69+982.30	758.65	33.5	6	公路—Ⅰ级	2005	

2003年6月10日,交通部《关于国道主干线广州市绕城公路小塘至茅山段可行性研究报告的批复》。

2004年5月24日,交通部《关于国道主干线绕城公路小塘至茅山段初步设计的批复》。

2004年12月16日,交通部批准开工报告。

2. 资金来源

广州西二环高速公路有限公司由广州市高速公路有限公司(占40%)、广州越鹏信息有限公司(占35%)、深圳高速公路股份有限公司(占25%)合作组建。公司各股东约定按项目总投资的35%筹集资本金,其余65%通过向银行贷款。

3. 征地拆迁

项目共征用土地4554亩,在各级政府及职能部门的大力支持和帮助下,征地拆迁工作顺利完成。

4. 招投标

项目的设计、监理、施工和甲供材料均通过招标的方式确定承包人,设计、监理、施工单位全部由业主通过国内公开招标选定。

5. 主要设计、施工、监理单位

设计单位:中交第一公路勘察设计研究院、广东省公路勘察规划设计院等4个单位。

施工单位:中铁大桥局集团有限公司、山东省路桥集团有限公司、广东冠粤路桥有限公司等16个单位。

监理单位:广东虎门技术咨询有限公司、广州诚信公路建设监理咨询有限公司等4个单位。

(三)复杂技术工程

1. 芦苞涌特大桥

芦苞涌,是北江左岸最北之河,起源于三水区芦苞镇的芦苞水闸,至南海区官窑镇与西南涌汇合,涌长33.4km。芦苞涌是一条受人工控制的北江分洪道,在北江遇百年一遇洪水时,芦苞涌的分洪量达1200m³/s。其河堤的防洪标准是当北江遇百年一遇洪水与流域内遇20年一遇洪水组合引起的洪水。芦苞涌与路线相交处河道通航标准为Ⅶ级航道。

路线在K62+610处跨越芦苞涌,茅山岸于K63+220处跨越文岗公路,全长1428.7m。在桥位范围内,河道较顺直,河滩较开阔,滩槽分界较明显,两侧岸堤完整;芦苞涌流量受芦苞水闸分洪量影响较大。在桥位处,芦苞涌河道为Ⅶ级航道,通航净空要求不小于 28 m × 3.5m。该桥三百年一遇洪水设计流量为 1960m³/s，设计水位为 7.023m（1985 国家高程基准）。

该桥主桥采用 42m 跨的预应力混凝土组合箱梁，斜桥正做，引桥受河堤等因素控制，采用为 40m 和 30m 现浇箱梁和 25m 组合箱梁的桥型方案。

2. 巴江河特大桥

巴江河，又称白坭河，发源于花都区天堂顶，于洲咀口汇合新街河流入白云区。巴江河与路线相交处河道通航标准为Ⅲ级航道。

该桥于 K75+568 处跨越巴江河，全长 1733.4m。在桥位范围内，河道较顺直，河滩较开阔，滩槽分界较明显，两侧岸堤完整。在桥位处，巴江河河道为Ⅲ级航道，通航净空要求不小于 110m × 10m。该桥三百年一遇洪水设计流量为 2600m³/s；设计水位为 5.728m（1985 国家高程基准）；设计最高通航水位 3.66m（1985 国家高程基准）。水流方向与路线垂直相交。桥位处地质情况较简单，但存在岩溶现象。桥型方案为主桥上部为 68m+120m+68m 的预应力混凝土连续梁、主桥下部为空心薄壁式桥墩；引桥受河堤影响，上部跨径组成为 25m 跨装配式部分预应力混凝土组合箱梁和 40m 跨预应力混凝土现浇箱梁。

(四) 科技创新

1. 边坡生态防护技术研究及应用

该课题联合中国科学院岩土力学研究所共同进行研究。主要成果如下：

(1) 开发一套模拟降雨条件下生态护坡试验装置，并采用该装置开展裸露边坡及生态防护边坡室内冲刷试验研究，为西二环高速公路路堑边坡土壤水力侵蚀理论研究和边坡破坏控制技术的提出提供有效的研究方法和技术手段。

(2) 基于西二环高速公路生态防护工程 K46+800~K46+850 工程段路堑边坡，开展人工模拟降雨冲刷条件下无生态护坡和有生态护坡边坡抗冲能力的现场试验，为现场工程设计提供试验数据和理论指导。

(3) 基于多孔介质渗流理论、极限平衡理论和非饱和土抗剪强度理论，建立降雨条件下高速公路路堑边坡土壤水分运移规律数学模型和边坡稳定性分析模型，为合理评价西二环高速公路边坡稳定性提供科学的技术指导和理论依据。

(4) 采用约束变尺度方法，开发一套用于路堑边坡饱和-非饱和瞬态含水率分布模型参数识别的"水气二相流模型参数反演软件 PIOT1.0"。解决了试验数据处理以及结果对初值的敏感性问题，为该地区边坡水分分布规律的分析与评价研究提供参数基础和技术支撑。

(5)结合理论分析以及室内和现场试验结果,提出西二环高速公路生态护坡设计、施工与过程管理模式。

2.沥青混凝土路面结构体破坏演化的规律及控制技术研究

该课题联合中国科学院岩土力学研究所共同进行研究,为西二环高速公路路面结构体破坏模式和发展趋势进行定量化分析,并提出高速公路沥青混凝土路面车辙灾害发生控制技术及相关的技术指标体系。

(1)建立多场耦合条件下沥青路面结构体破坏演化规律的本构关系与数值模拟及分析方法,开发沥青路面结构体多物理场耦合分析系统,解决沥青路面结构体多场耦合理论模型和分析方法缺乏等问题,率先实现路面结构体多场耦合分析,系统认识路面结构体破坏演化规律。

(2)研制一套新型组接式回转取芯装置,实现无施工加水条件下沥青路面原位钻芯,解决沥青路面钻芯过程中岩芯性能改变、扰动影响大以及岩芯粘壁等难题,提高试验监测数据的精度和准确性,为现场多场耦合试验的监测研究提供关键技术。

(3)提出一套现场沥青路面结构体多场耦合监测与试验方法,实现变形、温度和孔隙水压力同步获取与实时动态监测,解决在路面结构体中变形、温度和孔隙水压力不能同时进行三参数测试与动态监测的难题,为分析路面结构体破坏演化规律提供新型试验监测方法,率先获得路面结构体内变形、温度和孔隙水压力之间实测相关关系以及演变规律。

(4)研发秸秆复合纤维材料,提出纤维沥青混合料配合比设计过程和设计原理,为解决沥青路面破损、使用寿命短、表面性能低下、车辙与开裂严重等路面工程问题提供新型材料和设计方法。

(五)运营管理

1.运营公司

西二环公司是西二环高速公路北段的运营管理单位,是由广州交通投资集团广州市高速公路有限公司、越秀集团越秀基建有限公司和深圳高速公路股份有限公司共同投资成立的合作公司。公司实行董事会领导下的总经理负责制。下设四部一队,负责西二环高速公路全线的养护、收费、路政、机电、经营、服务区等各项管理工作。

2.收费站点

全线与全省高速公路大联网,设管养中心1个(位于炭步镇华岭村青龙岗),匝道收费站4个,分别为官窑收费站、乐平收费站、炭步收费站、和顺收费站,见表3-8-16。

收费站设置情况表　　　　　　　　　　　　　　　　　　　表3-8-16

站点名称	车道数	收费方式
和顺收费站	14	MTC + ETC
炭步收费站	10	MTC + ETC
乐平收费站	10	MTC + ETC
官窑收费站	11	MTC + ETC

全部站点共有45条收费车道（入口16条、出口29条），其中ETC不停车收费车道4条（出口4条）。

3.车流量

车流量情况见表3-8-17。

车流量情况表　　　　　　　　　　　　　　　　　　　　表3-8-17

年份（年）	车流量（万辆）	日均车流量（万辆）	年份（年）	车流量（万辆）	日均车流量（万辆）
2007	225.78	0.62	2012	1315.86	3.6
2008	350.41	0.96	2013	1589.11	4.35
2009	543.21	1.49	2014	1718.01	4.71
2010	1053.64	2.89	2015	1876.91	5.14
2011	1255.98	3.44			

4.服务区

西二环高速公路建设一对服务区，位于花都区炭步镇青龙岗西二环高速公路两侧，分南区和北区。

5.养护管理和主要扩建工程

（1）日常养护管理

2006年以来广州西二环高速公路北段的日常维修养护工作由广州西二环高速公路有限公司负责。对日常养护维修的工作实行总承包的方式发放招标，由中标单位管理日常养护。

（2）乐平二期互通式立交工程

2011年下半年，乐平互通式立交二期工程被列入广佛同城化重点工程。该工程项目通过公开招投标确定工程施工单位、工程监理单位，并委托广州市交通工程质量监督站对工程建设过程进行质量监督。经过1年的施工，2014年底乐平互通式立交二期工程顺利完工并通过验收，实现通车。

6.路政管理

西二环高速路政队成立于2010年11月，负责西二环高速公路路政管理工作。坚持以维护路产路权、保安全畅通为工作中心,以"依法行政、以人为本"为宗旨,保障西二环高速公路的路产安全和道路畅通。

路政队在优化巡查方式的基础上,强化日常管理,依法制止各种违法利用、侵占、污染、损坏高速公路路产的行为,通过联合巡查、重点部位巡查、专项巡查相结合的模式,不断完善业务流程,提升巡查实效,确保高速公路用地内不存在未经批准的非公路标志,确保道路畅通和路产完好。采用高效率的"五快"(发现快、到位快、处理快、清障快、归位快)措施,并通过"路政、交警、收费站、养护、拯救"联合保畅,实现资源共享、信息互通、协同处理,形成合力,确保西二环高速公路安全畅通。

(六)企业文化建设

(1)教育员工,促员工进步成长。通过加强员工思想政治、业务知识、道德素质等日常教育,鼓励员工利用业余时间读书深造,经公司批准参加学习且学业有成的,给予学费报销。

(2)关心员工,为员工解困惑,排忧难。通过不断改善员工工作、生活环境等的硬件设施,让员工舒心地生活和工作,体会到"家"的温暖。同时,公司设置总经理信箱,每个季度组织一次领导接访日活动,听取员工个人工作和生活的需求等。每年慰问困难员工、提升员工伙食质量、改善居住环境和交通出行,设置阅览室和职工之家活动室、实施无线网络进宿舍等。

(3)娱乐员工,让员工愉快生活。公司经常组织员工参加各项文体活动,开展各种体育赛事,如篮球、羽毛球、足球、毽球、乒乓球、端午节龙舟、歌咏、广场舞比赛等,每月为当月员工生日举办生日晚会以及各重要节假日组织家庭聚餐,丰富员工的娱乐生活。

经过多年"家"文化建设,公司保持健康快速发展,取得诸多荣誉。2012年、2013年连续两年被交通运输部和交通运输协会联合评为"全国交通运输企业文化建设优秀单位";2014年、2015年连续两年被交通运输部和交通运输协会联合评为"全国交通运输企业文化建设卓越单位"。

第九节　长春—深圳高速公路广东段(G25)

长春—深圳高速公路(简称"长深高速公路"),是国家高速公路网"71118+6"中的一条北南纵线,起于吉林省长春市,途经吉林、内蒙古、辽宁、河北、天津、山东、江苏、安徽、浙江、福建、广东11个省(直辖市),止于广东省深圳市,编号为G25,全长3398km。

长深高速公路广东段与《广东省高速公路网规划》中第一纵线、第一横线、第三纵线的部分路段共线,起于蕉岭县广福镇(粤闽界),顺接福建境内长深路段,线路往南经梅州市蕉岭、梅县、兴宁,于河源市龙川转向西南,经河源市东源、源城、惠州市博罗、惠城、惠阳、深圳市龙岗、罗湖,止于深圳莲塘。全长420.311km,已全线建成通车。

长深高速公路广东段由8个项目段组成:蕉岭广福—梅县城东高速公路、梅州西环高速公路、梅州—河源高速公路、河源—龙川高速公路、粤赣高速公路、惠州—河源高速公路、惠州—深圳盐田高速公路惠州段、惠州—深圳盐田高速公路深圳段。

一、蕉岭广福—梅县城东高速公路

蕉岭广福—梅县城东段是长深高速公路广东境内线路的组成部分,起于福建武平县岩前镇与广东蕉岭县广福镇的闽粤交界处,北接长深高速公路闽境段,途经蕉岭广福、文福、兴福、新铺及梅县白渡、城东等镇,止于城东互通,向南与长深高速公路梅县城东至程江段相连接。路线全长为58.278km。项目批复概算为244568.37万元,工程结算投资226950.3719万元。于2005年1月1日开工,2006年12月24日交工,2006年12月30日通车。该项目是贯彻落实省委、省政府关于"泛珠三角经济圈"发展战略目标和思路的重要举措,它的建设对完善路网功能、改善山区区位优势和投资环境、促进山区经济发展、全面提升广东经济发展水平具有重大意义。

(一)主要技术指标和建设规模

蕉岭广福—梅县城东路段地貌以丘陵为主,局部为低山、山间洼地和河谷阶地,全线地势北高南低,高程由300.0m左右降至110.0m左右,地势复杂,山川、河流较多,造成线路桥梁隧道较多。

全线按高速公路标准建设,双向四车道,设计速度100km/h,全封闭全立交。设有主要大桥12座(双幅)(表3-9-1),隧道1座(表3-9-2)。

(二)建设情况

1. 建设依据

2003年6月9日,广东省发展计划委员会《关于天(津)汕(尾)国家重点公路粤境蕉岭广福至梅县城东段项目建议书的批复》。

2004年4月15日,广东省发展和改革委员会《关于天(津)汕(尾)国家重点公路粤境蕉岭广福至梅县城东段可行性研究报告的复函》。

蕉岭广福—梅县城东高速公路主要桥梁表

表3-9-1

序号	桥梁分类	桥梁名称	中心桩号	桥梁长度(m)	桥面宽度(m)	车道数	设计汽车荷载等级	开工时间	完工时间	备注
1	大桥	黄竹溪二号桥(左幅)	K3246+327	369	26	4	公路—Ⅰ级	2005年1月	2006年12月	
2	大桥	黄竹溪二号桥(右幅)	K3246+327	369	26	4	公路—Ⅰ级	2005年1月	2006年12月	
3	大桥	C205国道分离式立交桥(左幅)	K3248+473	273.5	26	4	公路—Ⅰ级	2005年1月	2006年12月	
4	大桥	C205国道分离式立交桥(右幅)	K3248+473	273.5	26	4	公路—Ⅰ级	2005年1月	2006年12月	
5	大桥	新荣亭大桥(左幅)	K3251+925	460	26	4	公路—Ⅰ级	2005年1月	2006年12月	
6	大桥	新荣亭大桥(右幅)	K3251+925	246	26	4	公路—Ⅰ级	2005年1月	2006年12月	
7	大桥	仙人桥大桥(左幅)	K3254+973	510	26	4	公路—Ⅰ级	2005年1月	2006年12月	
8	大桥	仙人桥大桥(右幅)	K3254+973	510	26	4	公路—Ⅰ级	2005年1月	2006年12月	
9	大桥	田心大桥(左幅)	K3260+470	326	26	4	公路—Ⅰ级	2005年1月	2006年12月	
10	大桥	田心大桥(右幅)	K3260+470	326	26	4	公路—Ⅰ级	2005年1月	2006年12月	
11	大桥	溪峰河大桥(左幅)	K3267+160	517	26	4	公路—Ⅰ级	2005年1月	2006年12月	
12	大桥	溪峰河大桥(右幅)	K3267+160	517	26	4	公路—Ⅰ级	2005年1月	2006年12月	
13	大桥	北坑大桥(左幅)	K3278+285	206	26	4	公路—Ⅰ级	2005年1月	2006年12月	
14	大桥	北坑大桥(右幅)	K3278+285	206	26	4	公路—Ⅰ级	2005年1月	2006年12月	
15	大桥	跨国道立交(左幅)	K3283+077	275	26	4	公路—Ⅰ级	2005年1月	2006年12月	
16	大桥	跨国道立交(右幅)	K3283+077	275	26	4	公路—Ⅰ级	2005年1月	2006年12月	
17	大桥	石窟河大桥(左幅)	K3286+536	527	26	4	公路—Ⅰ级	2005年1月	2006年12月	
18	大桥	石窟河大桥(右幅)	K3286+536	527	26	4	公路—Ⅰ级	2005年1月	2006年12月	
19	大桥	C205国道分离式立交(左幅)	K3287+458	336	26	4	公路—Ⅰ级	2005年1月	2006年12月	
20	大桥	C205国道分离式立交(右幅)	K3287+458	336	26	4	公路—Ⅰ级	2005年1月	2006年12月	
21	大桥	完里村大桥(左幅)	K3291+156	247	26	4	公路—Ⅰ级	2005年1月	2006年12月	
22	大桥	完里村大桥(右幅)	K3291+156	247	26	4	公路—Ⅰ级	2005年1月	2006年12月	
23	大桥	石坑大桥(左幅)	K3292+044	256	26	4	公路—Ⅰ级	2005年1月	2006年12月	
24	大桥	石坑大桥(右幅)	K3292+044	256	26	4	公路—Ⅰ级	2005年1月	2006年12月	

蕉岭广福—梅县城东高速公路隧道表

表 3-9-2

序号	隧道分类	隧道名称	起止桩号	长度（单洞,m）	行车道宽度（单洞,m）	隧道净高（m）	车道数	开工时间	完工时间	备注
1	长隧道	广福隧道左线隧道	K3248+942～K3251+043	2101	7.5	5	2	2005年1月	2006年12月	
2	长隧道	广福隧道右线隧道	K3248+933～K3251+044	2114	7.5	5	2	2005年1月	2006年12月	

2004年5月24日,广东省交通厅《关于印发关于天(津)汕(尾)国家重点公路粤境蕉岭广福至梅县城东段初步设计审查意见的函》。

2004年7月6日,广东省建设厅《关于印发关于天(津)汕(尾)国家重点公路粤境蕉岭广福至梅县城东段初步设计的批复》。

2.资金来源

项目由广东省路桥建设发展有限公司、广东交通实业投资公司共同合作出资。

3.征地拆迁

根据《中华人民共和国土地管理法》规定,广东天汕高速公路有限公司(项目业主)与两县国土资源局协商,同意土地补偿按综合单价由两县国土资源局包干。按照《广东省交通基础高设施征地拆迁补偿实施办法》制定统一的拆迁补偿标准。

项目业主分别在2004年11月25日与梅县国土局,4月22日和12月27日与蕉岭县国土局分别签订了《用地包干征地合同书》。

4.招投标

项目的勘察、设计单位采用直接委托的方式。土建工程委托给中交公路规划设计院进行设计,机电施工图设计委托给中国公路工程咨询总公司进行设计,房建施工图设计委托给梅州市建筑设计院进行设计。工程部分全部采用国内竞争性招标形式进行公开招标。

5.主要设计、施工、监理单位

设计单位:中交公路规划设计院、中国公路工程咨询总公司。

施工单位:广东晶通公路工程建设集团有限公司、中铁三局集团有限公司、广东冠粤路桥有限公司、广东省长大公路工程有限公司等13个单位。

监理单位:北京华宏路桥咨询监理公司、广东华路交通科技有限公司。

(三)科技创新

1.加筋土路基力学行为与设计方法

"加筋土路基力学行为与设计方法"课题研究由广东省天汕高速公路有限公司联合同济大学、重庆交通科研设计院、中南大学、重庆垫忠高速公路公司、上海沪宁高速公路发展有限公司共同完成。

通过现场调查、理论分析、室内试验、数值模拟和现场测试,对加筋土路基的主要工程问题、静力荷载和行车荷载作用下加筋土路基的力学行为、加筋土路基的设计计算理论、方法和参数以及加筋土路基施工技术进行了深入系统的研究。提出了加筋土路基的层位分类法,明确了加筋土路基病害的成因机理,失效模式和控制因素,揭示了静力荷载和行车荷载作用下加筋土路基应力—应变的关系、强度特征、变形规律和破坏模式,掌握了路面结构对路基变形的力学响应。在此基础上,提出了"稳定控制和变形控制并重"的加筋土路基设计思想,并创建了基于极限上限定理和可靠度理论的两种稳定性控制设计方法以及基于积塑性变形、工后沉降和不协调变形控制的设计方法,提出了加筋土路基设计参数和标准,总结了各种加筋土路基的施工技术。

课题小组编制的《公路加筋土路基设计施工技术指南》在重庆、上海、广东三地5项依托工程中得到了应用和验证。项目研究成果改进和发展了加筋土路基的分析计算理论,突破了加筋土路基设计的关键技术,为相关技术规范的修订提供了科学依据。

2. 煤矿采空区危险性评价与处理技术研究

"煤矿采空区危险性评价与处理技术研究"课题研究由广东省天汕高速公路有限公司及东南大学交通学院共同完成。本课题主要针对山区高速公路下(或上)小煤窑采空区的工程地质特征、勘察技术、多层采空区的变形与稳定性评价技术、治理质量检验技术进行了系统的研究,提出了高填方路基和深挖路堑高边坡下(或上)多层空区治理的一系列控制技术。

3. 公路隧道施工技术管理研究报告

"公路隧道施工技术管理研究报告"课题研究由广东省天汕高速公路有限公司及长安大学共同合作完成。研究内容主要是针对目前复杂地质条件下,公路隧道建设所面临的亟待解决的关键问题,采用 B/S 架构,基于 WEB 服务,大大简化了客户端电脑荷载,减轻了系统维护与升级的成本和工作量,降低了用户的总体成本。系统自动根据施工过程把需要管理的同容分为施工进度管理、施工安全管理、工程质量管理、人员机械设备管理、视频监控、工程变更、外部专家评审、文件管理及数据统计等部分,在这些部分内容的基础上,再根据不同的单位性质将每部分分为设计方、施工方、监控方、监理方和业主方,最后将全部信息汇总在一起,建立一个基于计算机技术的公路隧道工程建设安全管理系统,从而为隧道建设安全提供管理平台。

隧道施工技术计算机管理系统的建成,用户可以从不同的地点,以不同的接入方式访问和操作共同的数据库,能有效地保护数据平台和管理访问权限,服务数据库也很安全。该系统是基于 WEB 服务,满足了项目建设单位、项目办、质监站、监理单位、施工承包商等各方面之间的信息快速、实时交流。同时,能充分利于公路隧道工程建设质量管理系统平台,使不同隧道施工阶段的信息能够对不同单位的人员发挥作用。

(四)运营管理

1. 运营公司

蕉岭和梅州段高速公路由广东省路桥建设发展有限公司持股70%,广东省交通实业投资公司持股30%,为股东共同出资组建股东天汕高速公路(该路段原称天汕高速公路)有限公司负责建设,2015年1月1日后由广东省路桥建设发展有限公司天汕分公司(简称"天汕分公司")作为西环高速运营管理单位。公司管辖路段含G25长深高速公路(梅州至蕉岭段)、S12梅龙高速公路(梅州至大埔段),全线总里程166km,共16个收费站。

天汕分公司设置7个职能部门,包括党群人力部、计划财务部、收费管理部、综合事务部、养护工程部、机电隧道部、路政大队。其中收费管理部下设5个中心收费站,1个丙村监控中心。分别为茶阳中心站、大麻中心站、丙村收费站、梅州中心站、城东收费站、城北收费站、城西收费站、蕉岭南中心站、广福中心站。

2. 收费站点

蕉岭广福—梅县城东段设广福主线、广福、文福、蕉岭南、新铺共5个收费站,其中,广福主线是省界主线站。出入口总车道数34条(入口15条、出口19条),其中ETC总车道数12条(出入口各6条),采用人工收费(MTC)结合粤通卡自动缴费(ETC)的模式收取通行费,见表3-9-3。

收费站点设置情况表　　　　　　　　　　　　　　　　表3-9-3

站点名称	车道数	收费方式	站点名称	车道数	收费方式
广福主线	15	MTC+ETC	蕉岭南	5	MTC+ETC
广福	4	MTC+ETC	新铺	5	MTC+ETC
文福	5	MTC+ETC			

3. 车流量

车流量情况见表3-9-4。

车流量情况表　　　　　　　　　　　　　　　　表3-9-4

年份(年)	车流量(辆)	日均车流量(辆)	年份(年)	车流量(辆)	日均车流量(辆)
2006	2334	1167	2011	1027613	2815
2007	556738	1525	2012	971653	2662
2008	462429	1263	2013	1507022	4129
2009	445064	1219	2014	1558423	4270
2010	922069	2526	2015	1655269	4535

4. 养护管理

公司于2015年4月15日制定实施《天汕分公司养护工程部管理制度(试行)》,为进一步规范养护工作,于2015年10月22日印发《天汕分公司养护管理制度汇编(试行)》。在日常工作中严格执行各项养护管理制度和规定。对各专项工程按照批准的方案进行招标,严格控制工程招标控制价,加强成本管理,取得较好成效。2015年,按年初计划顺利完成天汕高速公路K3266左侧边坡滑坡维修加固工程、天汕高速公路路面病害处置及桥头跳车中修工程、天汕段中央分隔带绿化改造工程、交通标志规范化改造工程等通过不断总结经验,形成了一套《专项工程内业管理流程》,为以后的专项工作顺利开展奠定了程序基础。

5. 路政管理

天汕分公司运营管理路段共成立2个路政大队,分别是天汕高速公路路政大队和梅大高速公路路政大队,负责166.335km高速公路路政管理工作。

天汕高速公路和西环高速公路由天汕高速公路路政大队管辖,包括G25长深高速公路天汕段58km;G25长深高速公路西环一期、二期18.8km和S12梅龙高速公路西环三期4.424km。

梅大高速公路由梅大高速公路路政大队管辖,包括S12梅龙高速公路85.111km,隧道62座,桥梁100座。

路政大队对路产、路权实施三级管理,大队负责全线路产路权的维护与管理,路政中队负责辖区路段内的路产路权维护与管理,外业班组负责责任区内的路产路权维护与管理。

(五)企业文化建设

1. 加强组织领导,夯实创建基础

一是建立健全管理机制和运行机制,成立精神文明建设领导小组。把精神文明建设工作与生产经营工作同安排、同落实、同检查,实现精神文明建设工作经常化。二是党政工团齐抓共管,为精神文明创建工作提供可靠的组织保证。三是加大财物投入,企业文化建设等提供必要的财政支持。

2. 重视民主管理,促进企业持续健康发展

公司推行以职工代表大会为基本形式的企业民主管理制度,认真落实职工的知情权、参与权、监督权和选举权,推动民主管理向广泛、制度化发展。通过"书记项目"党建综合管理系统、宣传公告栏、OA办公系统、QQ工作群等途径,及时将公司经营管理信息进行公开,让广大职工"知司情、议司事、参司政",评议监督权落到实处。

3. 关心慰问职工,打造"暖心留人"的企业文化

送温暖彰显温情文化。春节、中秋慰问困难职工和退休职工;实行帮扶计划,让困难职工真正享受到了职工帮扶计划的保障实惠。深化保障措施,向困难职工、已患病职工及年龄大的职工倾斜,切实做好职工帮扶工作。

4. 选准活动载体,增强创建实效

一是以节日活动暖人心。开展庆"三八"妇女节知识竞赛活动,为女职工搭建展示才华的空间和舞台;植树节开展了植树活动美化环境共建家园;五四青年节组织了烧烤活动、联欢茶话会活动;建军节组织退伍军人聚餐共庆节日;重阳节、中秋节、国庆节均举办庆祝活动。二是以文体活动享生活。通过"职工球类比赛""职工拓展活动""歌唱比赛""演讲比赛""征稿活动"等丰富职工的文体活动。三是以主题活动显实效。通过创建梅州站"青年文明号活动""劳动竞赛""文明服务之星"季度评先活动等,营造服务社会、爱岗敬业、学习先进、奋发向上的氛围。

二、梅州西环高速公路

梅州市西环高速公路,起于梅州市城东镇,经城北、扶大、程江,终于三角镇,与国道G206线相接,长约24.1km。项目分为三期进行建设,扶大到程江段(西环一期)路线长4.28km,项目总投资1.27亿元,于2002年12月1日正式开工,2003年12月15日交工验收。城东至扶大段(西环二期)属G25长深高速公路,路线长14.28km,项目概算投资45705.04万元,于2004年3月1日开工,2006年10月31日交工验收。程江至三角段(西环三期)属S12梅龙高速公路,路线长4.819km,项目总投资4.5亿元,于2008年8月1日开工,2010年12月12日正式申请交工,全线于2010年12月18日通车试运营。梅州西环高速公路由广东路达高速公路有限公司负责建设和运营管理(现更名为广东省路桥建设发展有限公司路达分公司)。

该项目的建设对发挥汕梅高速公路的经济效益,沟通梅州市区骨干道路,缓解梅州市区过境交通的压力,完善区域路网布局,改善山区区位优势和投资环境,促进山区经济发展,提升广东经济发展水平具有重大意义。

(一)主要技术标准及建设规模

西环高速公路项目地质条件较复杂,沿线分布有土洞、溶洞、高液限土,部分段落地下水发育。结构物较多,平纵指标较高,桥梁较长,纵坡设计控制因素较多。路线经过较多的村镇、农田和地方道路,改路、改渠较多。全线按高速公路标准建设,双向四车道,设计速度100km/h。梅州西环高速公路主要桥梁见表3-9-5。

梅州西环高速公路主要桥梁表　　　　表3-9-5

序号	桥梁分类	桥梁名称	中心桩号	桥梁长度(m)	桥面宽度(m)	车道数	设计汽车荷载等级	开工时间	完工时间	备注
1	大桥	谢田大桥(左幅)	K3302+861	191	26	4	公路—Ⅰ级	2004年3月	2006年10月	
2	大桥	谢田大桥(右幅)	K3302+861	191	26	4	公路—Ⅰ级	2004年3月	2006年10月	

续上表

序号	桥梁分类	桥梁名称	中心桩号	桥梁长度（m）	桥面宽度（m）	车道数	设计汽车荷载等级	开工时间	完工时间	备注
3	大桥	G206国道高架桥（左幅）	K3307+793	295	26	4	公路—Ⅰ级	2004年3月	2006年10月	
4	大桥	G206国道高架桥（右幅）	K3307+793	295	26	4	公路—Ⅰ级	2004年3月	2006年10月	
5	大桥	程江大桥（左幅）	K3314+260	346	26	4	公路—Ⅰ级	2004年3月	2006年10月	
6	大桥	程江大桥（右幅）	K3314+260	346	26	4	公路—Ⅰ级	2004年3月	2006年10月	

（二）建设情况

1. 建设依据

2002年1月30日,广东省发展计划委员会《关于梅州市西环高速公路可行性研究报告的批复》。

2002年10月21日,广东省建设厅《关于梅州市西环高速公路扶大至程江段初步设计的批复》。

2003年10月29日,广东省交通厅《关于梅州市高速公路初步设计的批复》。

2005年1月4日,广东省发展和改革委员会《关于同意梅州市西环高速公路调整投资主体的复函》。

2007年11月28日,广东省发展和改革委员会《关于调整梅州市西环高速公路程江至三角段项目建设方案的复函》。

2008年2月17日,广东省交通厅《关于梅州西环高速公路程江至三角段（不含城南连接线）初步设计的批复》。

2009年4月15日,广东省交通厅《关于梅州西环高速公路程江至三角段城南连接线初步设计的批复》。

2. 资金来源

西环一期（扶大至程江段）由广东省路桥建设发展有限公司、广东交通实业投资公司合作出资;西环二期（城东至扶大段）由广东省路桥建设发展有限公司、广东交通实业投资公司合作出资;西环三期（程江至三角段）由广东省路桥建设发展有限公司、广东交通实业投资公司合作出资。

3. 征地拆迁

西环一期:梅州西环高速公路扶大至程江段沿线完成征地720.024亩。

西环二期:梅州市西环高速公路城东至扶大段沿线完成征地1725.573亩,其中梅县境内为692.229亩,梅江区境内为1033.344亩。

西环三期:梅州市西环高速公路程江至三角段沿线实际完成征地823.82亩,其中梅县段为528.18亩,梅江区为295.64亩。

4. 招投标

根据广东省发展计划委员会《关于梅州市西环高速公路可行性研究报告的批复》中"招标核准意见",该项目的勘察、设计单位项目采用直接委托的方式进行,其中土建工程委托给中交公路规划设计院进行设计,交通施工图设计委托给重庆交通科研设计院进行设计,房建施工图设计委托给梅州市建筑设计院有限公司进行设计。施工单位进行公开招标。

5. 主要设计、施工、监理单位

设计单位:中交公路规划设计院、重庆交通科研设计院、中国公路工程咨询总公司。

施工单位:广东省航盛工程有限公司、广东冠粤路桥有限公司、中铁十二局集团第四工程有限公司、中港四航局第一工程公司、广东晶通公路工程建设集团有限公司、广东省长大公路工程有限公司等中标单位。

监理单位:广州诚信公路工程监理咨询有限公司、梅州市建筑设计院有限公司、湖南交通建设工程监理有限公司、广东省公路工程监理站、广东华路交通科技有限公司。

6. 工程变更

(1)片石排水沟处理软基。由于南方多雨,片石排水沟挖后积水无法排出,所以大部分标段取消了片石排水沟,采用了清淤换填碎石土和石渣、砂砾等。

(2)桥台变更。由U形台重力式改为了桩基础加肋板式台,如谢屋大桥0号台、K6+522.1跨线桥0号、12号台,确保了桥台的稳定。

(3)高边坡的防护变更。高边坡均增设了锚杆(索)、格子梁,以增加边坡的稳定性,并在植草时增设了铁丝网、土工布等防护措施。

(4)K12+026坽背村桥先张16m宽幅式空心板改为先张空心板。其他涵洞基底承载力不够而加深换填的情况也有部分发生,路基清淤换填深度变更,涵洞与排水系统的完善等均有一些变更。

(三)运营管理

1. 运营公司

梅州西环高速公路有广东省路桥建设有限公司(持股比例70%),广东省交通实业投资公司(持股比例30%)为股东合作出资并由广东路达高速公路有限公司负责建设和运营管理。2015年1月1日后由广东省路桥建设发展有限公司天汕分公司(简称"天汕分公司")运营管理。公司管辖路段含G25长深高速公路(梅州至蕉岭段)、S12梅龙高速公路(梅州至大埔段),全线总里程166km,共16个收费站。

天汕分公司设置党群人力部、计划财务部、收费管理部、综合事务部、养护工程部、机电隧道部、路政大队7个职能部门。

2. 收费站点

梅州西环高速公路沿线分别设城东、城北、城西、梅州4个收费广场。出入口总车道数30条(入口11条、出口19条),其中ETC总车道数8条(出入口各4条),采用人工收费(MTC)结合粤通卡自动缴费(ETC)的模式收取通行费。

3. 车流量

车流量情况见表3-9-6。

车 流 量 情 况 表　　　　　　　　　　表3-9-6

年份(年)	车流量(辆)	日均车流量(辆)	年份(年)	车流量(辆)	日均车流量(辆)
2003	16585	1508	2010	1826113	5003
2004	551279	1506	2011	2247005	6156
2005	598270	1639	2012	2712536	7432
2006	884497	2423	2013	4145379	11357
2007	1188782	3257	2014	4154139	11381
2008	1251241	3419	2015	4119830	11287
2009	1537039	4211			

4. 养护管理

同一个公司管理,见蕉岭至梅县城东段。

5. 路政管理

同一个公司管理,见蕉岭至梅县城东段。

(四)企业文化建设

同一个公司管理,见蕉岭至梅县城东段。

三、梅州—河源高速公路

梅河高速公路是国家高速公路"G25"长深高速公路的粤境梅州程江至河源柳城段。路线起于梅州市梅县程江镇的湖洋唇,与梅州市西环、南环以及汕梅高速公路相接,向西经梅县南口镇、荷泗镇、兴宁市径南镇、永和镇、坭陂镇、宁新镇、刁坊镇,五华县转水镇、华城镇、岐岭镇,龙川县登云镇、老隆镇、附城镇、佗城镇,东源县柳城镇,终于五星村,与河(源)龙(川)高速公路柳城至热水段相接,路线全长118.41km。同时,G25长深高速公路的兴宁至龙川段与G35济广高速公路、G78汕昆高速公路共线。其中,与G35济广高速公路共行路段桩号为K3367+800~K3435+754,里程67.954km;与G78汕昆高速公路共行路段为K3353+735~K3418.782,里程65.047km。梅河高速公路由广东梅河高速公路有限公司负责投资建设,主线于2003年9月开工,全线于2005年10月完成建设通车,总投资49.793亿元。

梅河高速公路是广东省高速公路干线骨架的重要组成部分。该路的建设对发挥广东省高速公路网络的整体效益,加强粤东山区与珠江三角洲经济发达地区及港澳地区之间的联系,促进区域经济协调发展具有重要意义。

(一)主要技术指标和建设规模

梅河高速公路路线所经地段属粤东山区,位于华南褶皱系,构造带上地层较为复杂,多处存在软弱、断层、煤系地层等,桥梁陡坡桩基众多,高墩施工困难,沿线基本上穿越山岭重丘区,项目工程量大、技术难度高、施工环境恶劣。

梅河高速公路主线采用高速公路标准建设,双向四车道,设计速度80km/h,路基宽度24.5m。全线共有桥梁208座,其中主要大桥25座(表3-9-7)。全线有隧道6座,其中分离式隧道5座(单洞),连拱隧道1座(双洞),见表3-9-8。

(二)建设情况

1. 建设依据

2002年12月12日,广东省发展计划委员会分两段批复立项。

2003年5月12日,广东省发展计划委员会分两段批复项目工可研究报告。

2003年,广东省交通厅分两段批准了项目初步设计,批复总概算为48.347亿元。

2. 资金来源

项目由广东交通实业投资公司和广东省路桥建设发展有限公司合作成立项目公司(广东梅河高速公路有限公司)进行建设经营,双方出资比例为70%和30%。

3. 征地拆迁

梅州市、河源市各级政府及沿线人民群众对征地拆迁工作大力支持,拆迁工作开展顺利,全线主线用地及附属设施用地如期交付使用。共征用土地16053.7亩。

4. 招投标

(1)设计单位招标

梅河高速公路主要桥梁表

表 3-9-7

序号	桥梁分类	桥梁名称	中心桩号	桥梁全长（m）	桥面宽度（m）	车道数	设计汽车荷载等级	开工日期	完工日期	备注
1	大桥	跨线桥（程江互通）	K3318+480	246	30.5	6	公路—Ⅰ级	2003年9月	2005年5月	
2	大桥	鸡雄山大桥	K3323+079	307.08	22	4	公路—Ⅰ级	2003年9月	2005年5月	
3	大桥	下新屋大桥	K3329+835	457.04	22	4	公路—Ⅰ级	2003年9月	2005年5月	
4	大桥	董田村大桥	K3332+059	487.04	22	4	公路—Ⅰ级	2003年9月	2005年5月	
5	大桥	章印大桥	K3341+152	247.04	22	4	公路—Ⅰ级	2003年9月	2005年5月	
6	大桥	芹菜塘大桥	K3343+874	647.08	22	4	公路—Ⅰ级	2003年9月	2005年5月	
7	大桥	三崩岭大桥	K3344+527	207.08	22	4	公路—Ⅰ级	2003年9月	2005年5月	
8	大桥	甲子里大桥	K3345+119	506.9	22	4	公路—Ⅰ级	2003年9月	2005年5月	
9	大桥	刘屋宁江大桥	K3357+984	246	22	4	公路—Ⅰ级	2003年9月	2005年5月	
10	大桥	分离式立交桥	K3360+314	487.04	22	4	公路—Ⅰ级	2003年9月	2005年5月	
11	大桥	细坑里大桥	K3361+724	247.04	22	4	公路—Ⅰ级	2003年9月	2005年5月	
12	大桥	青西大桥	K3366+539	217.04	22	4	公路—Ⅰ级	2003年9月	2005年5月	
13	大桥	月岭寨五华河大桥	K3373+572	286	22	4	公路—Ⅰ级	2003年9月	2005年5月	
14	大桥	满堂大桥	K3382+088	206	22	4	公路—Ⅰ级	2003年9月	2005年5月	
15	大桥	上罗村大桥	K3394+740	247.04	22	4	公路—Ⅰ级	2003年9月	2005年5月	
16	大桥	罗西大桥	K3395+595	367.04	22	4	公路—Ⅰ级	2003年9月	2005年5月	
17	大桥	分离式立交桥	K3396+647	247.12	22	4	公路—Ⅰ级	2003年9月	2005年5月	
18	大桥	大坑大桥	K3405+360	337.04	22	4	公路—Ⅰ级	2003年9月	2005年5月	
19	大桥	岭西大桥	K3406+305	457.04	22	4	公路—Ⅰ级	2003年9月	2005年5月	
20	大桥	黄沙坑大桥	K3408+816	217.04	22	4	公路—Ⅰ级	2003年9月	2005年5月	
21	大桥	新隆大桥	K3411+323	231.04	22	4	公路—Ⅰ级	2003年9月	2005年5月	
22	大桥	分离式立交桥	K3412+381	217.04	22	4	公路—Ⅰ级	2003年9月	2005年5月	
23	大桥	水坑大桥	K3414+418	323.58	22	4	公路—Ⅰ级	2003年9月	2005年5月	
24	大桥	陶屋大桥	K3417+824	407.08	22	4	公路—Ⅰ级	2003年9月	2005年5月	
25	大桥	龙贝村大桥	K3419+895	206.04	22	4	公路—Ⅰ级	2003年9月	2005年5月	

梅河高速公路隧道表

表 3-9-8

序号	隧道分类	隧道名称	起止桩号		长度（单洞,m）	车道宽度（单洞,m）	隧道净高（m）	车道数	开工时间	通车时间	备注
			起点桩号	终点桩号							
1	中隧道	葵岗隧道（左）	LK3320+970	LK3321+670	700	7.5	5	2	2003年11月	2005年6月	单心圆曲墙式衬砌
2	中隧道	葵岗隧道（右）	RK3320+960	RK3321+660	700	7.5	5	2	2003年11月	2005年6月	
3	短隧道	鸡雄山隧道（左）	LK3323+670	LK3323+890	220	7.5	5	2	2003年11月	2005年6月	双线连拱隧道
4	短隧道	鸡雄山隧道（右）	RK3323+670	RK3323+890	220	7.5	5	2	2003年11月	2005年6月	
5	短隧道	章印隧道（左）	LK3342+486	LK3342+900	411	7.5	5	2	2003年11月	2005年6月	单心圆曲墙式衬砌
6	短隧道	章印隧道（右）	RK3342+475	RK3342+848	373	7.5	5	2	2003年11月	2005年6月	
7	短隧道	永和隧道（左）	LK3342+930	LK3343+366	436	7.5	5	2	2003年11月	2005年6月	单心圆曲墙式衬砌
8	中隧道	永和隧道（右）	RK3342+955	RK3343+520	565	7.5	5	2	2003年11月	2005年6月	
9	短隧道	黄牛坳隧道（左）	LK3391+780	LK3392+235	455	7.5	5	2	2003年11月	2005年6月	单心圆曲墙式衬砌
10	短隧道	黄牛坳隧道（右）	RK3391+760	RK3392+200	440	7.5	5	2	2003年11月	2005年6月	
11	中隧道	东山岗隧道（左）	LK3396+950	LK3397+550	600	7.5	5	2	2003年11月	2005年6月	单心圆曲墙式衬砌
12	中隧道	东山岗隧道（右）	RK3397+015	RK3397+620	605	7.5	5	2	2003年11月	2005年6月	

梅河高速公路的路基、路面设计直接委托给华杰工程咨询有限公司承担,交通工程及绿化设计分别委托给中国公路咨询监理总公司、广东如歌景观设计有限公司承担。

(2) 施工单位招标

梅河高速公路的路基工程、路面工程、交通工程、房建工程等均严格依照《中华人民共和国招标投标法》规定程序实行公开招标,选择实力强、报价合理的企业作为承包人。

(3) 监理单位招标

监理招标在广东省建设工程交易中心进行。招标结果为广东省公路工程监理站负责土建监理,中国公路咨询监理总公司负责机电系统监理,广东工程建设监理有限公司负责房建监理。

5. 主要设计、施工、监理单位

设计单位:华杰工程咨询有限公司、中国公路咨询监理总公司等。

施工单位:中铁十二局集团有限公司、中铁十三局第三工程公司等。

监理单位:广东省公路工程监理总公司、广东工程建设监理有限公司等。

梅河高速公路建设期获得主要荣誉见表3-9-9。

梅河高速公路建设期获得主要荣誉表 表3-9-9

序号	时间	获奖单位	荣誉名称	颁奖单位	备注
1	2005年4月	广东梅河高速公路有限公司	2005年度广东省十项工程劳动竞赛"优胜单位"	广东省十项工程劳动竞赛领导小组	
2	2006年2月	广东梅河高速公路有限公司	荣获广东省十项工程劳动竞赛"模范集体"称号	广东省十项工程劳动竞赛领导小组	
3	2006年2月	广东梅河高速公路有限公司	荣获广东省五一劳动奖状	广东省总工会	
4	2011年2月	广东梅河高速公路有限公司	梅河公司山岭重丘区高速公路水泥混凝土路面设计施工成套技术研究荣获"广东省科学技术三等奖"	广东省政府	

6. 大修工程

2009年12月,广东省交通运输厅印发《关于梅河高速公路程江至柳城段进行加铺沥青面层改造意见的函》同意路面大修改造,列入养护专项工程费用列支。

2011年1月26日,广东省交通运输厅以《关于梅河高速公路大修工程协调会议纪要》同意实施G25长深高速公路程江至柳城段路面大修工程。

2011年4月,广东交通运输厅以《关于G25长深高速公路程江至柳城段路面大修工程的批复》同意路面大修方案,批复概算6.5亿元。

梅河高速公路的加铺沥青混凝土施工、施工监理、沥青材料采购为公开招标,在广东省建设工程交易中心进行;施工图设计、路面病害处治施工、路面病害处治施工监理、试验段施工、客都大道施工、客都大道施工监理为邀请招标。

2015年,广东省交通运输厅批复,梅河高速公路路面大修工程项目的竣工决算为5.668亿元(含建设期贷款利息860.21万元),对比批复概算6.5亿元,节省投资0.832亿元。

路面大修工程获得主要荣誉见表3-9-10。

路面大修工程获得主要荣誉表　　　　　　　　　　表3-9-10

序号	时间	获奖单位	荣誉名称	颁奖单位	备注
1	2012年4月	广东梅河高速公路有限公司	G25长深高速公路程江至柳城段路面大修工程项目组荣获"全国工人先锋号"荣誉称号	中华全国总工会	
2	2012年7月	广东梅河高速公路有限公司	荣获"2011年度广东省十项工程劳动竞赛模范集体"	广东省十项工程劳动竞赛领导小组	

(三)科技创新

1.山岭重丘区高速公路水泥混凝土路面设计施工成套技术研究

广东梅河高速公路有限公司会同广东华路交通科技有限公司、交通部公路科学研究院、广东粤赣高速公路有限公司、广东冠粤路桥有限公司、广东省长大公路工程有限公司、广东晶通公路工程建设集团有限公司、华杰工程咨询有限公司等单位协作完成了"山岭重丘区高速公路水泥混凝土路面设计施工成套技术研究"课题。

课题对省内几条典型高速公路水泥混凝土路面进行调研分析,提出广东省水泥混凝土路面病害的主要原因。针对山岭重丘区长陡坡路段较多的特点,提出长陡坡路段水泥混凝土材料参数控制方案及施工工艺措施。提出水泥混凝土路面横缝连接及接缝材料设计及施工技术。总结水泥混凝土路面、隧道路面、桥面铺装层原材料控制、配合比设计及施工工艺。对非均匀沉降路基上水泥路面适宜结构形式进行研究,完成配筋应力分析,提出配筋设计方法。研究了水泥混凝土路面滑动封层设置技术,以及碎石垫层技术指标与质量控制措施。探索并提出降低水泥混凝土路面光反射、噪声及提高安全性技术的措施。依托梅河高速公路和粤赣高速公路进行研究,并对水泥混凝土路面的设计及施工进行指导。编制了《广东省山岭重丘区高速公路水泥混凝土路面施工技术指南》。

2008年8月13日,广东省交通厅在广州组织了课题成果鉴定,认为课题成果对提高山岭重丘区水泥混凝土路面技术具有重要作用和推广应用价值,社会和经济效益显著,总体达到国际先进水平。

2.陡坡地段桥梁桩基稳定性研究

梅河高速公路全线架设桥梁80余座,桥梁基础普遍采用桩基础。由于要跨越谷地,不少桥梁桩基打设在陡坡上。对于这些桩基,一方面,它承受从上部结构传来的垂直荷载,另一方面,它又要受到边坡土体水平位移而引起的侧向压力。

广东梅河高速公路有限公司与华南理工大学联合成立课题组,根据梅河高速公路的建设特点,开展施工荷载对陡坡桩基的影响和防护技术研究。课题组通过室内试验、现场监测、理论计算和数值分析等手段,展开了对边坡桩基侧向土压力的产生机理及桩的破坏模式的总结、非均质土体陡坡桩基与土体的相互作用分析方法的研究、桥梁桩基和陡坡土体相互作用体系的施工荷载和降雨等因素下的稳定性分析、陡坡土体和桥梁桩基的加固技术研究等。

研究成果对梅河高速公路全线的陡坡桩基的设计、施工起到指导作用。

3. 高填方路基冲击压实与液压夯实技术研究

"高填方路基冲击压实与桥台背涵侧夯实技术研究"是由广东梅河高速公路有限公司主持、华南理工大学协作,以广东梅河高速公路高填方路基冲击压实和桥台背涵侧夯实施工为工程背景的科研项目。课题组进行桥台台背液压夯实的现场试验,根据试验结果制定了桥台涵侧液压夯击压实的施工技术标准;通过采用岩土工程有限元分析软件和桥梁工程结构分析软件,对上述现场试验结果进行数值分析,从理论的角度验证和评价了试验研究的成果;选择相关试验路段,开始为期一年的工后沉降的现场跟踪观测,并根据观测结果进行了路基工后沉降的数据分析,取得了相关研究成果。

广东梅河高速公路路基冲击压实和液压夯实施工,全线分别完成 250 万 m^2 和 47 万 m^2。工程实践表明,采用冲击式压路机和液压夯实机进行路基补强施工的工效相当好,不但提高了工程质量,而且经济效益显著。

选择高填方路基冲击压实施工的路段,进行了为期一年的工后沉降跟踪观测,对积累的观测资料进行了分析。结果表明,经过冲击压实施工后,工后沉降速率和沉降值完全满足设计要求。

(四)运营管理

1. 运营公司

河源河龙高速公路有限公司于 2005 年 6 月成立。梅河高速公路于 2005 年 10 月建成通车后至 2012 年 11 月、兴畲高速公路于 2008 年 12 月建成通车后至 2012 年 11 月均委托河源河龙高速公路有限公司运营管理。2012 年 11 月,广东省交通集团为了运营管理工作"片区化"的需要,在粤东片区成立了广东交通实业投资有限公司东御运营管理分公司。河龙高速公路、梅河高速公路、兴畲高速公路的运营管理工作均于 2012 年 11 月至今委托给广东交通实业投资有限公司东御运营管理分公司。

运营公司设 6 个职能部门,3 个中心收费站,5 个路政中队,负责管理沿线 13 个收费站。

2.收费站点

运营公司共设13个收费站点,义合、黄田、蓝口、柳城(属河龙高速公路),龙川西、龙川东、登云、岐岭、五华、兴宁西、兴宁东、径南(属梅河高速公路),新圩(属兴畲高速公路)。全线共有73条车道(入口31条、出口42条),其中有ETC车道共26条(入口13条、出口13条)。

3.服务区

设有服务区3对,蓝口服务区(属河龙高速公路)、龙川服务区、兴宁服务区(属梅河高速公路)。停车区1对,圳陂停车区(属兴畲高速公路)。

4.车流量

车流量情况见表3-9-11。

车 流 量 情 况 表　　　　　表3-9-11

河龙高速公路		梅河高速公路		兴畲高速公路	
年份(年)	日均车流量(辆)	年份(年)	日均车流量(辆)	年份(年)	日均车流量(辆)
2005	5133	2005	4631	—	—
2006	6707	2006	6030	—	—
2007	8120	2007	7536	—	—
2008	8854	2008	8418	2008	963
2009	9956	2009	9665	2009	1782
2010	11449	2010	11484	2010	1926
2011	13273	2011	12097	2011	2222
2012	15284	2012	15136	2012	2858
2013	16141	2013	16998	2013	3249
2014	18981	2014	20186	2014	3802
2015	22559	2015	24314	2015	4092

5.路政管理

梅河高速公路路政大队负责G25长深高速公路程江至柳城段、G25长深高速公路柳城至热水段和G78汕昆高速公路3个路段,共191.642km的路政管理工作。管辖区域跨越粤东梅州和河源两市5县、20多个乡镇,其中隧道6座,桥梁326座,涵洞536座。

路政大队根据地域划分下设兴宁、五华、龙川、兴畲、河龙5个路政中队。路政大队对路产、路权实施三级管理,大队负责全线道路产路权的维护和管理,中队负责各自辖区的道路产权维护和管理,再划分具体责任区由班组负责落实日常管理。路政大队按桥涵、公路标线、标志牌、公路附属设施分类编制印刷检查表格,每月由中队班组人员检查后据实填写,发现问题及时向养护部门报修,桥涵检查一律用执法记录仪拍照存档。不定期组织开展路政普法宣传,日常路产巡查及时发现并制止侵权行为。

(五)企业文化建设

秉承"畅行兴隆之路,乐享东御服务"的经营管理理念,运营公司着力加强企业文化建设。

一是文以载道,打造"三园"文化。运营公司坚持以人为本的管理,提出了"三园"文化管理理念,围绕"人生乐园、幸福家园、成长校园"三园主题,营造了公司温暖、幸福、快乐、和谐的氛围。

二是精细管理,降本增效。公司围绕生产经营工作,以"精细管控,降本增效,创新管理,打造品牌"为总体目标,着力打造精细运营管理品牌,结合自身实际,落实高速公路"五保"(保安全、保畅通、保收费、保服务、保稳定)要求,在降本增效的同时,提升了综合实力,提升了管理效益。

三是特色载体,强化执行。公司以书记项目为载体,着力打造企业执行文化,通过书记项目的贯彻实施,"执行从我做起"在公司真正落地生根,形成了执行力建设的新常态,凝聚成促进公司发展的源动力。

四是广泛开展"号、岗"创建活动。公司广泛开展"号、岗"创建活动。多年来先后取得全国"巾帼文明岗"、广东省"三八红旗集体"、广东省"青年文明号"、广东省"妇女之家"示范点、广东省"工人先锋号",以及"全国交通运输行业文明示范窗口""全国实施卓越绩效模式先进企业""全国最具社会责任感企业""全国交通运输企业文化建设优秀单位"等荣誉称号。

五是积极开展扶贫"双到"活动。公司履行社会职责,先后对口帮扶兴宁市叶塘镇陂下村、五华县潭下镇金石村。在兴宁叶塘陂下村扶贫项目中,公司提出"公司+基地+农户"的开发式苗圃场种植模式,苗圃场三年来共与 121 户贫困户签订种植协议,种植面积达 75.5 亩,产生毛利 200 多万元,全部用于陂下村扶贫工作。在五华潭下镇金石村扶贫项目中,共投入帮扶资金约 117 万元,完成了村集体经济项目、支部共建、捐资助学、种养帮扶、技能培训、购买农村合作医疗保险等项目,赢得了当地村民、政府的拥护和肯定。

四、河源—龙川高速公路

河龙高速公路是国家高速公路"G25"长深高速公路广东境内河源柳城至热水段。河龙高速公路由主线及 A 支线组成,路线起点位于河源市东源县柳城镇的嶂坪,与国道 G205 线相接,至蓝口镇五星接梅(州)河(源)高速公路,经蓝口镇、黄田镇、义合镇,至仙塘镇的热水,通过热水立交与粤赣高速公路连接,全长 47.492km,其中主线长 42.092km,

A支线(二级公路)长5.4km。同时,河龙高速公路主线是G25长深高速公路和G35济广高速公路的共线路段,共线路段长度为42.092km。河龙高速公路由河源河龙高速公路有限公司负责投资建设,总投资累计13.343亿元。于2003年3月开工,全线(含A支线)于2005年6月建成通车。

河龙高速公路是粤东山区路网的重要组成部分,该路的建成对发挥广东省高速公路网络的整体效益,加强粤东山区与珠江三角洲经济发达地区及港澳地区之间的联系具有重要意义。

(一)主要技术指标和建设规模

河龙高速公路主线采用高速公路标准,双向四车道,设计速度80km/h,路基宽度24.5m。支线采用二级公路技术标准,路基宽度9.0m。主线互通式立交匝道路面、收费广场路面、支线路面均采用水泥混凝土面层。全线共有桥梁69座,其中主要大桥4座(表3-9-12)。

河龙高速公路主要桥梁表　　　　表3-9-12

序号	桥梁分类	桥梁名称	中心桩号	桥梁全长(m)	桥面宽度(m)	车道数	设计汽车荷载等级	开工时间	完工时间	备注
1	大桥	大桥	K3466+134	285.54	22.26	4	公路—Ⅰ级	2003年4月	2005年3月	
2	大桥	大桥	K3466+796	265.54	22.26	4	公路—Ⅰ级	2003年4月	2005年3月	
3	大桥	独石大桥	K3473+472	365.54	22.26	4	公路—Ⅰ级	2003年4月	2005年3月	
4	大桥	文笔山大桥	柳城互通连接线AK1+935	365.54	8	2	公路—Ⅰ级	2003年4月	2005年3月	

(二)建设情况

1. 建设依据

1999年,广东省发展计划委员会批准该项目按设计速度60km/h的高速公路标准分期实施,主线36.7km两端设A、B支线。2002年广东省计划委员会批复该项目调整建设方案,调整为设计速度80km/h的高速公路标准,原B支线调整为主线,全线一次性实施。

2000年1月,广东省建设委员会批复该项目的初步设计,在对该项目建设方案进行调整后,由设计单位对初步设计进行了调整和修改。

2002年12月,由广东省建设厅对该项目修改初步设计进行了批复。

2. 资金来源

项目由广东省路桥建设发展有限公司与河源公路发展有限公司合作出资,双方出资比例为93.24%和6.76%。

3. 征地拆迁

河源市各级政府和人民群众对征地拆迁工作大力支持,拆迁工作开展顺利,全线主线用地及附属设施用地如期交付使用,征用土地5640亩。

4. 招投标

(1)设计单位招标

河龙高速公路最初作为国道改造项目,由河源市投资建设,前期的工作由河源市的相关交通部门委托有关设计单位进行工可、初步设计。2001年该项目调整为高速公路项目全线一次实施后,由广东省路桥建设发展有限公司与河源公路发展有限公司合作建设经营,鉴于项目调整,重新委托广东省公路勘察规划设计院进行工可、初步设计的修编及施工图设计工作。

(2)施工单位招标

招标工作由广东省路桥建设发展有限公司组织(项目公司河源河龙高速公路有限公司成立后由项目公司负责),在广东省建设工程交易中心按招(投)标有关管理规定进行招(投)标工作。

(3)监理单位招标

2002年1月在广东省建设工程交易中心按招(投)标有关管理规定进行工程监理招标,育才布朗交通咨询监理有限公司中标,承担监理任务。后因育才布朗交通咨询监理有限公司无机电系统、交通安全设施相应监理资质,该部分的监理工作委托给广东省公路工程监理站承担。

5. 主要设计、施工、监理单位

设计单位:广东省公路勘察规划设计院。

施工单位:广东晶通公路工程建设集团有限公司、广东冠粤路桥有限公司、广东省长大公路工程有限公司等13个单位。

监理单位:育才布朗交通咨询监理有限公司、广东省公路工程监理站。

河龙高速公路建设期获得主要荣誉见表3-9-13。

河龙高速公路建设期获得主要荣誉表 表3-9-13

序号	时间	获奖单位	荣誉名称	颁奖单位	备注
1	2006年10月	河源河龙高速公路有限公司	广东省企业管理现代化创新成果一等奖	广东省企业管理现代化成评审委员会	
2	2006年11月	河源河龙高速公路有限公司	2006年度全国优秀企业文化案例	中国企业联合会、中国企业家协会	
3	2006年12月	河源河龙高速公路有限公司	第十三届全国企业管理现代化创新成果二等奖	全国企业管理现代化创新成果审定委员会	

(三)科技创新

"山区公路高填方加筋陡坡应用技术研究"为广东省交通厅科技项目计划,编号2003-18。

通过现场原型试验观测、室内1:2系列模型试验,对加筋陡坡的加筋材料受力、墙面土压力、墙体后土压力、分层土压力(含地基应力)、墙面变位进行测试,并运用新的理论和先进的计算技术对加筋陡坡中加筋材料拉力、各种土压力、墙面变位进行了数值计算、理论分析和对比,研究加筋陡坡中加筋材料(高强格栅)与填土之间的工作机理、加筋材料的受力状态、破裂面形成及形态、墙面变形等,并结合广东公路建设要求和广东山区的地形、地质、气候和生态情况,研究相应的公路建设生态环境保护和生态快速恢复技术,从而提出加筋陡坡的设计方法(内部稳定计算和外部稳定计算)和施工控制技术、生态环境保护技术。成果具有创造性和先进性,主要包括:

(1)发展和完善台阶式加筋陡坡结构,该结构受力合理,施工方便、节约工程造价,并有利于植被恢复和路基排水,扩宽了加筋土结构在公路工程中应用的途径。

(2)对加筋陡坡的筋-土相互作用机理进行了深入系统的研究,提出了一种加筋陡坡结构内部稳定性计算新方法,丰富了计算理论。

(3)基于可靠度理论,提出了加筋陡坡稳定性分析的加筋材料分项系数和作用效应分项系数,可为相关规范的完善提供参考。

(4)编制《山区公路高填方加筋陡坡设计施工技术指南》,为该技术的进一步推广和应用奠定了基础。

(5)将高路堤及路堑边坡的结构与环境保护有机统一,路基支挡结构与公路沿线的植被恢复及自然保护有机统一,开创了结构与环境保护协调协和的新途径。

(四)运营管理

河源河龙高速公路有限公司于2005年6月组建运营管理队伍,开展运营管理工作。梅河高速公路于2005年10月建成通车后至2012年11月、兴畲高速公路于2008年12月建成通车后至2012年11月均委托给河源河龙高速公路有限公司运营管理。2012年11月,广东省交通集团为了运营管理工作"片区化"的需要,在粤东片区成立了广东交通实业投资有限公司东御运营管理分公司。河龙高速公路、梅河高速公路、兴畲高速公路的运营管理工作均于2012年11月委托给广东交通实业投资有限公司东御运营管理分公司。

具体运营情况详见本节"三、梅州—河源高速公路"。

五、粤赣高速公路

粤赣高速公路起于河源市埔前镇,南接惠河高速公路,经过河源市源城区、东源县、连平县、和平县,止于和平县上陵镇,北连江西省赣定高速公路,线路全长136.103km。其中,上陵至热水段国高网代号G4511(龙河高速公路),长100.978km,桩号为K28+000~K128+978;热水至埔前段为G25(长深高速公路)与G35(济广高速公路)共线,长35.125km,桩号为K3478+546~K3515+090(G25),K1768+482~K1805+026(G35)。批复概算总投资49.0663亿元。于2002年12月19日正式开工,于2005年12月28日建成通车。

粤赣高速公路沿线是典型的山岭重丘区,地形地质复杂,高填深挖、高边坡多,桥多墩高、桥隧相连、坡长路陡。全线采用高速公路标准,全立交、全封闭,双向四车道,设计速度100km/h。

全线共有桥梁127座,其中特大桥7座,桥墩高度大多在20m以上,最高的达到50m,桥多墩高,桥隧相连,双向隧道5座,互通式立交10处。

粤赣高速公路是衔接粤、赣两省的快速大通道,对于打通连接广东省东北部地区与中心城市的高速公路干线,改善河源、梅州这两个山区市的投资环境,加强粤、赣两省的经济互动,构筑珠江三角洲经济圈,实现统筹城乡发展、统筹区域发展、统筹人与自然和谐发展的战略目标有着重要作用。[详细情况见本章第十三节江西龙南—河源高速公路广东段(G4511)]

六、惠州—河源高速公路

惠河高速公路是国家高速公路"G25"长深高速公路广东境内河源市埔前镇至惠州平南段,北起于广东省河源市埔前镇,接粤赣高速公路,南止于广东省惠州市平南工业区,接惠盐高速公路,桩号为K3515+090~K3595+506。其中,埔前至小金段为长深高速公路(G25)与济广高速公路(G35)共线,桩号为K3515+090~K3569+540。

惠河高速公路全长80.926km,工程分两期实施,一期小金口至平南段全长30.29km,投资总额11.89亿元,于1998年9月28日开工,2001年11月28日建成通车;二期埔前至小金口段全长50.636km,投资总额14.91亿元,于2001年10月28日开工,2003年12月28日建成通车。

惠河高速公路一期工程由广东河惠高速公路有限公司、惠州市公路发展公司及河源市公路发展有限公司共同投资、建设和管理;惠河高速公路二期工程由广东河惠高速公路有限公司、惠州市公路物业发展公司及河源市公路发展有限公司共同投资、建设和管理。

(一)主要技术指标和建设规模

惠河高速公路全线采用平原微丘区高速公路标准,双向四车道,主线设计速度100km/h。全线共有桥梁168座,其中主要大桥9座(表3-9-14)。

惠河高速公路主要桥梁表

表 3-9-14

序号	桥梁分类	桥梁名称	中心桩号	桥梁长度（m）	桥面宽度（m）	车道数	设计汽车荷载等级	开工时间	完工时间	备注
1	大桥	K21+477.61 横岭分离式立交（左幅）	K3535+678	738.08	11.25	4	公路—Ⅰ级	2001年1月	2003年12月	
	大桥	K21+477.61 横岭分离式立交（右幅）	K3535+678	738.08	11.25	4	公路—Ⅰ级	2001年1月	2003年12月	
2	大桥	K26+185 柏朗村陈陂河大桥	K3540+385	206	11.5	4	公路—Ⅰ级	2001年1月	2003年12月	
3	大桥	K31+690 杨村河大桥	K3545+890	306	11.5	4	公路—Ⅰ级	2001年1月	2003年12月	
4	大桥	K35+730 雷公河大桥	K3549+930	246	11.5	4	公路—Ⅰ级	2001年1月	2003年12月	
5	大桥	K51+165.55 金龙大道跨线桥	K3565+365	285.4	11.5	4	公路—Ⅰ级	2001年1月	2003年12月	
6	大桥	K63+573 东江大桥	K3577+933	652.11	10.75	4	公路—Ⅰ级	1998年9月	2001年11月	
7	大桥	K64+829 大桥	K3579+229	219	11	4	公路—Ⅰ级	1998年9月	2001年11月	
8	大桥	K71+463 大桥	K3586+003	281	11	4	公路—Ⅰ级	1998年9月	2001年11月	
9	大桥	K78+710.93 仲恺大道跨线桥	K3593+391	348	11	4	公路—Ⅰ级	1998年9月	2001年11月	

(二)建设情况

1. 建设依据

惠河一期(小金口至平南段):1993年8月,广东省计委批准立项;1998年10月,广东省建设厅批复了初步设计和概算。

惠河二期(埔前至小金口段):1993年8月,广东省计委批准立项;2001年3月,通过项目的初步设计审查;2001年5月广东建设厅批复项目的初步设计和概算;2002年1月,广东省交通厅批复项目的开工报告。

2. 资金来源

项目资金由公司自筹资本金35%,银行贷款65%。

3. 征地拆迁

1998年10月28日,广东省高速公路公司与惠州市国土局签订了《惠河高速公路惠州段征地拆迁承包合同》,惠河高速公路惠州段的征地拆迁工作由惠州市国土局负责包干完成。

2001年4月19日,广东河惠高速公路有限公司与惠州市国土局签订了《惠河高速公路惠州段(博罗石坝至四角楼)征地拆迁承包合同》,惠河高速公路惠州段(博罗石坝至四角楼)的征地拆迁工作由惠州市国土局负责包干完成。

2001年4月28日,广东河惠高速公路有限公司与河源市人民政府签订了《惠河高速公路河源段征地拆迁承包合同》,惠河高速公路河源段的征地拆迁工作由河源市人民政府负责包干完成。

2002年8月29日,广东河惠高速公路有限公司与博罗县泰美镇人民政府签订了《惠河高速公路泰美服务区补充征地包干合同》。

全线征用土地一期工程4389.45亩,二期工程5281.48亩。

4. 招投标

惠河高速公路一期工程于1998年开始施工。由于《中华人民共和国招标投标法》于2000年1月1日起执行及广东省工程交易中心于2000年成立,因此,惠河高速公路前期招标工作均未在广东省工程交易中心进行。惠河高速公路(小金口至平南段)招投标是根据交通部工程招投标管理的有关规定进行,本着公开、公平、公正的原则,在同等条件下择优选择了国有大中型公路专业队伍。

惠河高速公路二期工程的材料、机电工程采购、监理、土建工程、房建工程和景观绿化施工任务按照《中华人民共和国招标投标法》和广东省有关招标的规定,全部在广东省建设工程交易中心面向全国公开招标。

5. 主要设计、施工、监理单位

设计单位：北京华杰技术咨询有限公司、黑龙江林业设计研究院、惠州市交通规划设计院等单位。

施工单位：广东省公路建设集团有限公司、中港四航局第二工程公司、广东冠粤路桥有限公司等单位。

监理单位：广东省公路工程监理站、广东奥科工程监理有限公司等单位。

(三)复杂技术工程

1. 地质复杂的深层软基高路堤设计施工

惠河高速公路除分别采用常规的砂桩排水垫层和反压护道技术措施外，为确保软基施工安全、防止失稳，经专家研究和上级批准，基底两侧采取钢筋混凝土成管桩提高了对路基抗剪能力，并采用路堑开挖的石渣在雨季期间分层填筑(增设土工隔栅)、软基路堤和深井排水。有效保证了雨季期间软基施工进度和软土路基质量。

2. 复杂边坡经结合技术处理跟踪设计

项目路线所经地区为粤东北南缘丘陵台的预冲洪和交替区，沿线地层岩性主要是风化程度不等的岩浆岩体和沉积岩体及第四系土体。一般的地质钻探很难完全反映路堑边坡的全部情况，为了更准确地了解边坡的土质、裂隙发育和顺承情况，以便更合理地处理边坡，河惠公司委托了在边坡防护设计方面经验丰富的铁道第二勘察设计院对原设计边坡进行调查检测、安全验算，并结合惠河边坡防护的特点，采用预应力"锚杆、格子梁"加植草生态防护形式，9个复杂边坡变更设计达到良好防护和生态效果。

(四)科技创新

1. 国内领先的客土喷播

惠河高速公路作为全国首次引进客土喷播防护技术的高速公路，分二期前后建设，经过5年多时间的探索，通过了解客土喷播防护技术、进行试验和推广应用(推广面积已达约20万 m^2)，对客土喷播防护技术的特点和当地条件的适宜性以及植物种类的选择等方面都有了较为深刻的理解和运用。

2003年8月，河惠公司和华南理工大学、交通部科学研究院、广东省交通科学研究所联合技术开发，通过该项目的研究，提出适合于广东地区高速公路路基边坡生态防护(HSEP)工程设计与施工技术指南，包括客土喷播、湿法喷播、三维植被网植草、生态排水系统施工方法的适用条件、植物种类选择和配合设计方法、材料要求及配合设计方法、施工机械和施工工艺、施工质量检查和验收标准、概算定额编制方法等。

2. 管理完善的结构排水系统

水损害是沥青路面损坏的主要原因之一。因此,尽快排除路面表层水及结构层滞留水是最大限度降低沥青路面早期损害的当务之急。在结合省内其他项目及一期建设经验的基础上,河惠公司在二期工程设计初期就与设计单位一起专门把排水系统作为设计重点来抓。对于表水采取纵坡和横坡排水相结合的方法,以超高弯道盖板沟、反向圆管涵、急流槽和排水沟组成急速排水系统;对于结构层水,采用渗透与蒸发相协调的方法,项目创造性的在路缘石、挖方段水沟等预制场中预留排水孔。为结构层水保留出一条顺畅的通道,排至路肩碎石层中向外蒸发。同时形成慢速渗透排水系统,两个系统有效地保障了路面干燥,减少了水损害的发生。

3. 防止桥台背沉降"跳车"的综合技术措施

高速公路沥青混凝土路面是一种柔性或半刚性结构层,而桥梁桥台搭板却是一种刚性体,如何实现柔性向刚性过渡一直是高速公路建设的一个难题,也是引起桥台跳车的直接原因。河惠高速公路全线台背部分全部用填筑砂性土并用压路机按路基施工方法分层填压,施工至高程后用挖机仅挖成台阶状填砂分层密实,台背全部填筑完毕后10cm范围内超载1.7m进行预压。在沉降稳定后卸载施工桥台搭板。为了使柔性的沥青路面向刚性的搭板合理过渡,独创了"阶梯式搭板",即搭板与路面结合部按基层和面层层厚逐级过渡,避免了突变过渡而形成的跳车。

由于该项目工期较短,台背沉降仍然不可能完全避免,河惠公司对15个桥梁和高填方通道在搭板完成后又进行压浆补强。传统压浆工艺采用的是普通钢管灌注水泥浆只能进行局部补强。项目压浆采用钢花管,内径5cm左右,钢管壁厚3.2mm,管长全部采用6m,桥梁每个搭板各布5个孔,钢花管底端封死,中部开梅花孔,采用间歇式注浆工艺,灌浆量以每米管250~300kg水泥控制,稳定压力控制在1~2MPa,水灰比为1:1,相对密度1.4~1.5,压浆结束后,钢花管不拔,作为钢管桩压在搭板下。通过压浆,该项目面层完成后台背质量良好,经综合技术处理的桥涵台背,没有出现明显跳车现象。

(五)运营管理

1. 运营公司

惠河高速公路由广东省高速公路有限公司、惠州市公路发展公司和河源市公路发展有限公司分别按88%、10%和2%的出资比例依法设立,负责投资建设经营惠河高速公路及相关服务项目,此后公司经多次工商变更登记。2015年12月21日按照广东省高速公路有限公司吸收合并(新)广东粤赣高速公路有限公司的有关决定,于12月23日在河源市源城区注册成立了广东省高速公路有限公司粤赣分公司(简称"粤赣分公司")。粤赣分公司负责粤赣高速公路(136.103km)以及(受广东河惠高速公路有限公司委托负责)惠河高速公路(80.926km)全长共217.029km的收费、养护、路政和服务区监管等运营管理工作。

粤赣分公司设有党群人力部、综合事务部、计划财务部、收费管理部、机电管理部、惠河养护工程部、粤赣养护工程部和路政大队8个部门,以及1个监控中心、3个路政中队、8个管理站。

2. 收费站点

粤赣分公司管理路段沿途共设置了20个收费站。其中惠河高速公路路段从南到北沿线设平南、惠州、小金口、四角楼、泰美、杨村、麻陂、石坝和埔前9个收费站,共计59条收费车道(入口19条、出口40条),其中ETC不停车收费车道18条(入口8条,出口10条)。粤赣高速公路路段从南到北沿线设城南、河源、城北、东源、灯塔、忠信、大湖、合水、和平、上陵和粤赣11个收费站,共计85条收费车道(入口26条、出口59条),其中有ETC不停车收费车道22条(入口10条、出口12条)。粤赣分公司管理路段采取人工收费(MTC)结合粤通卡自动缴费(ETC)的模式收取通行费。

3. 车流量

惠河、粤赣高速公路建成通车以来,车流量逐年递增,尤其节假日日均车流量已逐渐达到饱和。据统计,惠河高速公路日均车流量从2003年的2804辆增长到2015年的74260辆,车辆通行饱和度达1.35;粤赣高速公路日平均车流量从2005年的13696辆增长到2015年的57662辆,车辆通行饱和度达1.105。

4. 服务区

根据高速公路运营管理需要,惠河、粤赣高速公路路段统一规划设置服务区及停车区,按功能位置划分有上陵(停车区)、和平(服务区)、忠信(服务区)、热水(服务区)、城南(停车区)、泰美(服务区)共4个服务区和2个停车区。

5. 路政管理

粤赣分公司路政大队负责惠河、粤赣两条高速公路的路政管理工作,管辖里程217.029km。下设小金、河源及和平三个路政中队,采取"统一管理,分级负责"的管理模式,以规范化管理为手段,全力打造一支业务过硬、优质高效、热情服务的执法团队。

路政大队围绕着保护路产维护路权开展各项管理工作。在保护路产方面,结合辖区路段车流量大、事故频发的特点,为了更好地做好路产索赔工作,积极与监控中心、交警、拯救、保险等部门沟通协调,紧密合作无缝衔接,探索和创新高速公路科学管理方式和方法,先后建立了交叉巡逻、联合排查、交通事故联动处理等联动工作机制,并不断地加以完善。通过联动机制的有效实施,为保障道路路产的完整性提供了有力保障。在维护路权方面,为有效地维护高速公路的路权不受侵犯,积极主动与辖区交通综合执法局沟通联系,并提供一定的帮助,采取交叉巡逻的方式,在空间上让违建者无所遁形,同时加强对广告公司及地方政府的宣传,使他们从思想上引起重视,减少对高速公路路权的侵犯。

6. 养护管理

粤赣分公司按照"专业化、社会化、规范化和制度化"的养护管理目标,贯彻"预防为主、防治结合、依靠科技、强化管理、主附并重、全面养护"的养护管理理念,重点抓好预防性养护和早期养护,全面提升运营和养护管理水平。

(1) 完善养护体系。一是完善组织体系。按照"统一领导、分级管理"的原则,建立了养护管理组织体系,职责清晰。二是完善制度体系。公司根据上级相关养护管理规定,结合实际制定了《广东粤赣高速公路有限公司养护管理手册》《养护技术管理办法》等20项养护管理制度,并严格按照制度开展各项养护工作。

(2) 加强日常养护管理。一是加强制度落实和监督检查。落实养护责任制,强化日常保养工作和强化巡检维修工作。二是加强养护工区的建设。全线设置河源、大湖和和平三个养护工区,工区设有办公区、生产区、生活区、应急物资仓库、车库、修理车间等,满足了日常养护管理的需要。

(3) 重视路况检查、技术评定和维修加固。一是认真落实日常养护巡查制度。通过"路面养护管理系统"和"桥梁养护管理系统"实现日常养护管理电子化、信息化。二是高度重视路况检查与技术评定。"十二五"期间累计投入检查经费789.37万元,根据《公路养护技术规范》(JTG H10—2009)等相关规定,委托具有公路综合甲级资质的检测单位采用自动化检测设备实施定期检查与技术状况评定工作。落实桥梁安全运行十项制度,对桥梁养护管理实行"统一领导,分级管理",将桥涵养护管理责任层层落实、责任到人。在桥梁两端设置桥梁安全责任牌,将454座桥涵结构物安全责任分解,明确责任单位和监管单位。

(六) 企业文化建设

广东省高速有限公司粤赣分公司从成立之日起就在企业文化建设的道路上积极探索,力图通过富有感召力的文化建设过程,构筑一种自信与自强兼并的企业文化,为公司的可持续发展提供源源不断的精神动力。(同属粤赣分公司,参见G4511龙河高速公路"企业文化建设")

七、惠州—深圳(盐田)高速公路惠州段

惠深(盐田)高速公路惠州段是国道长深高速公路(吉林长春至广东深圳)在广东境

内的一段,主要由长深高速公路 G25(K3595.506~K3620.236)平南至坑塘径段和长深高速公路惠州支线 S25 组成。

惠深(盐田)高速公路惠州段起于惠州市古塘坳,在平南互通与惠河高速公路相连,在镇隆立交与潮莞高速公路相接,并在惠环、伯公坳、长龙圩三处与国道 G205 交叉,途经惠州市仲恺高新区的惠环办事处,惠阳区的镇隆镇、新圩两镇,至坑塘径与惠深高速公路深圳段相接,全长 32.191km,高速公路连接线 2.5km,总投资 4.2 亿元。1990 年 10 月 1 日动工,1993 年 4 月建成通车。

2009 年 7 月,惠州市政府作出了对惠深高速公路惠州段进行改扩建的重大决策,启动改扩建项目相关工作。2010 年 9 月 5 日,惠深高速惠州段进行了"六车道 + 八车道 + 六车道"的模式改扩建。

惠深(盐田)高速公路由广东省高速公路有限公司与惠州市道路桥梁开发总公司共同投资组建,主要负责惠深(盐田)高速公路惠州段的建设、经营管理和道路沿线的综合经营开发。

(一)主要技术指标和建设规模

1. 初期建设阶段

按公路等级一级汽车专用公路标准建设,设计速度 100km/h,起点段 1.89km 为非封闭城市过渡段,路基宽 36m,其余路基宽 23m,双向四车道,主要大桥 2 座(表 3-9-15);长隧道 1 座(表 3-9-16)。

2. 改扩建阶段

按公路等级一级标准建设,设计速度 100km/h,白云前至平南互通式立交(六车道)路基宽 33.5m、平南互通至伯公坳互通(八车道)路基宽 41.5m、伯公坳互通至坑塘径(六车道)路基宽 33.5m。新建佛祖坳单洞隧道 1 座,新建、重建、扩建大桥 6 座、中桥 19 座,新建或改扩建平南、伯公坳、镇隆、长龙、新圩互通式立交 5 处,新建长龙服务区 1 处。

(二)建设情况

1. 建设依据

1988 年 5 月 28 日,国家计划委员会以《关于深圳大鹏湾盐田港第一期工程项目建议书的复函》。

1988 年 8 月 6 日,广东省计划委员会转发国家计委《关于深圳大鹏湾盐田港第一期工程项目建议书的复函》。

惠深（盐田）高速公路惠州段主要桥梁表

表 3-9-15

序号	桥梁分类	桥梁名称	起止桩号	桥梁长度（m）	桥面宽度（m）	车道数	设计汽车荷载等级	建设时间	备注
1	大桥	K7+372 跨线桥	K7+311.2～K7+432.8	121.6	40	6	公路—Ⅰ级	2013年7月22日～2015年10月19日	
2	大桥	K18+275.13 分离式立交桥	K18+214.33～K18+335.93	121.6	33.5	6	公路—Ⅰ级	2014年12月21日～2015年12月28日	

惠深（盐田）高速公路惠州段隧道表

表 3-9-16

序号	隧道分类	隧道名称	起止桩号	长度（单洞,m）		行车道宽度（单洞,m）	隧道净高（m）	车道数	工程造价（万元）	建设时间	备注
1	长隧道	佛祖坳隧道	ZK22+535～ZK23+565	左:1030		11.25	5.0	3	8724.1313	2011年4月1日～2015年7月2日	
				右:1030							

1990年1月12日,国家计划委员会《关于盐田港一期工程可行性研究报告的批复》。

2008年3月24日,广东省交通运输厅《关于印发惠深高速公路惠州段加宽改扩建工程可行性研究报告评审意见的通知》。

2010年9月26日,广东省发展和改革委员会《关于惠深高速公路惠州段改扩建项目申请报告核准的批复》。

2010年12月3日,广东省交通运输厅《关于惠深高速公路惠州段改扩建工程初步设计的批复》。

2011年6月9日,广东省交通运输厅《关于印发惠深高速公路惠州段改扩建工程施工图设计审查意见的通知》。

2.资金来源

初期建设项目资金由广东省高速公路公司出资1/3,惠州市道路桥梁开发总公司出资2/3,该项目通过银行贷款部分,由投资单位按规定比例承担还本付息责任。

改扩建项目资金由投资者自筹解决,其余资金通过申请贷款或自行筹措解决。

3.征地拆迁

惠深高速公路惠州段建设工程的征地拆迁共征地2411.53亩。改扩建阶段新征用土地744.32亩,清点青苗及附着物741.94亩。

4.主要设计、施工、监理单位

(1)建设阶段

设计单位:交通部第二公路勘察设计院。

施工单位:惠州市水电工程公司等13个单位。

监理单位:华通监理公司。

(2)扩建阶段

设计单位:中国公路工程咨询集团有限公司与广东省冶金建筑设计研究院联合体。

施工单位:广东惠州公路建设总公司等9个单位。

监理单位:广州诚信公路建设监理咨询有限公司。

(三)工程重大变更

1.建设初期阶段

建设期间,业主代表对上级部门提出变更一些项目申请,主要有:①桥梁变更:原设计方案河角龙小桥K6+830与河角龙中桥K6+926由于桥位较近,为优化设计,节省造价,将两座桥合并为河角龙中桥。②桥梁搭板面板变更:原设计中K30+720～K31+950路段通道桥梁搭板(即桥梁左右两端后30m)的沥青混凝土路面,改为水泥混凝土路面,增强路面的承载力。③防护工程变更：由于原设计图中的护拱基础设计存在缺点，增加了连拱护拱浆砌片石护坡基础的工程量等。

2. 改扩建实施阶段

惠深高速公路惠州段改扩建阶段中变更的项目主要有：增设长龙互通、主线收费站变更、纵断面调整、新圩互通变更、桥梁变更、高边坡变更、路面结构变更等。

（四）复杂技术工程

1. 新旧路基拼接

项目主线为新旧路基加宽工程。为了减少新旧路基的沉降差异和保证路基的稳定，采取如下拼接方案：

（1）清除道路边坡松土 30cm，然后对边坡从上至下开挖台阶，台阶高 80cm，并设向内倾 2% 的斜坡。

（2）挖方路基，对道路土路肩至道路边坡坡脚部分进行超挖，超挖深度为路面结构下 80cm，并换填粗粒土。

（3）新老路基的拼接中运用土工合成材料，增强老路基与拼接路基土体间的连接性，限制和协调路基土体的变形，均化荷载，提高拼接路基的抗剪强度，增强拼接路基的整体性。一般路段基底铺设 1 层土工格栅，软基路段基底铺设 2 层土工格栅。路床设置 1～2 层土工格栅；原老路基为挡墙段，路基拼接时，在凿除部分墙身后的顶面处设置一层立体格栅；填挖交接处在原路床开挖范围内路床底面、路床中部各铺设 1 层土工格栅。

（4）挡墙段路基拼接。老路基大部分地段设置了 2～4m 高的路堤或路肩挡墙，局部地段挡墙高 5～7m，因在扩建工程实施期间须保证通车安全及老路基的稳定性，开挖老路基挡墙必然会对老路基的稳定性造成一定影响。为此，采用如下方案：挡墙段加宽时，仅挖除原路面以下 2m 范围内的路肩墙，路堤墙则全部保留。设两层土工格栅加强，下层格栅铺设于路堤墙墙顶或路肩墙开挖台阶底部，上层格栅铺设于路床底部，格栅全宽布置。

（5）土工格栅采用同软基碎石层相同的双向高密度聚乙烯或聚氯乙烯（原生料）钢塑土工格栅。

（6）拼接处路基采用小型夯实机具补压，确保压实度满足设计要求。

2. 佛祖坳隧道

佛祖坳隧道位于原惠深高速公路 K22km 处左侧，设计为上下行分离式单洞隧道，左线隧道起讫桩号为 ZK22+535～ZK23+565，全长 1030m；该隧道进出口均采用端墙式洞门，隧道呈近南—北向展布。隧道为上下行分离式双向六车道高速公路左幅单洞隧道，隧道建筑限界净宽14.75m,净高5.0m。

(五)科技创新

该项目是在原有四车道的基础上加宽加高路基,并保持沿线通车顺畅,社会车辆安全与施工安全成了该项目实施过程的难点与特点,项目开始时,业主委托华南理工大学根据该项目的工程情况开展"高速公路改扩建工程安全设计及安全保障关键技术研究",内容包括先行段设计、施工和交通组织安全设计及安全保障关键技术研究、项目定测阶段、初步设计阶段、施工图设计阶段、交通组织等的安全设计及安全保障关键技术研究。

"高速公路改扩建工程安全设计及安全保障关键技术研究"应用于该项目的全过程实施中,保证了该项目安全顺利完成,取得较好效果。

该研究成果通过了广东省交通运输厅组织的科技成果鉴定,认为该项目的研究成果具有创新性、实用性、显著的社会经济效益和推广应用前景,课题成果总体达到国际先进水平,为其他高速公路改扩建交通组织及安全保障工作提供了借鉴参考。

(六)运营管理

1. 运营公司

惠深(盐田)高速公路惠州有限公司成立于1991年1月,初时由惠州市道路桥梁开发总公司与广东省高速公路有限公司合作组建。1997年10月,经惠州市对外经济贸易委员会批准,由惠州市惠新高速公路有限公司(由市路桥投资集团有限公司、香港万爵投资有限公司合作)与广东省高速公路有限公司合作组建的经营性中外合作企业,分别占2/3和1/3股份。公司负责惠深高速公路惠州段的工程建设、经营管理和道路沿线的综合经营开发。

公司设综合事务部、计划财务部、收费管理部、监控机电部、路产管理部、路政队等职能部门。

2. 收费站点

惠深(盐田)高速公路惠州段白云前站为中心站,伯公坳、新圩为菱形匝道站,镇隆长龙站及服务区在建设完善中,见表3-9-17。白云前站双向共18条车道(6入12出,各设2条ETC车道);伯公坳站单向共14条车道(6入8出,各设2条ETC车道);新圩站单向共9条车道(4入5出)。新圩站正在扩建改造中,改造后为(3入6出,各设1条ETC车道)。

2015年12月31日,惠深惠州段改扩建工程主线完成开通,经广东省政府批准,公司于2016年3月27日开始按新费率标准进行运营收费,实行ETC全国联网和货车全计重收费。

收费站点设置情况表 表3-9-17

站点名称	车道数	收费方式
白云	18	人工＋ETC联网全计重收费
伯公坳站	14	人工＋ETC联网全计重收费
新圩站	9	人工＋ETC联网全计重收费

3. 车流量

车流量情况见表3-9-18。

车流量情况表 表3-9-18

年份(年)	日平均流量(辆)	年份(年)	日平均流量(辆)
1993	7239	2005	17499
1994	8828	2006	21679
1995	6272	2007	27148
1996	7874	2008	28314
1997	7822	2009	33880
1998	6111	2010	47855
1999	6684	2011	53249
2000	7206	2012	61769
2001	7699	2013	67534
2002	11236	2014	70757
2003	10406	2015	77772
2004	13484	—	—

4. 养护管理

公司根据养护管理总体目标，遵循"管养分离"的专业化养护管理模式，按照"统一领导、分级管理"的原则，采用董事会、公司、养护施工单位和监理单位组成的养护管理组织体系，明确各级的职责，保障了工程质量、工程进度、施工安全和运营安全，从而确保道路安全、畅通。

养护管理工作严格按计划实施，结合实际情况，对不同的路况或不同的病害特征，技术措施有所侧重，即路况完好时提倡预防性养护，轻微病害时提倡早期养护，病害较重时提倡按需养护，坚持实效的养护技术管理。

惠深高速公路惠州段2002年前主要以小修保养为主，2002年局部开始进行大修，主要有沥青路面改造、中间绿化带及路肩大修、8.55km路面维修专项工程等。

惠深高速公路惠州段路段总体技术状况良好，技术状况指数MQI均在优良状态，各分项指标(路面使用性能指数 PQI、路基技术状况指数 SCI、桥隧构造物技术状况指数 BCI、沿线设施技术状况指数 TCI)均保持在 80 以上,无次、差等路,无四、五类桥梁,无危桥。

5.路政管理

惠盐惠州路政队成立于 1995 年,所辖路段里程 32.191km,其主要职能是贯彻国家有关公路管理法律法规、依法保护路产、维护路权、控制区管理、施工监督管理、许可申报、路政管理档案等。在开展日常工作中积极探索和推行"预防性管理",提出"管理前置、事前预防、主动应对"的管理模式,2012 年开始与高速公路交警建立路警联勤关系、与区域内相邻路段建立路路联动关系。

6.企业文化建设

公司注重企业文化建设,积极响应惠州市政府创建"惠民之州,和谐惠州"的号召,结合企业实际,抓好"满意在惠盐""创建六个一流""阳光之路,阳光服务""和谐惠盐大家庭"等创建活动,通过定期出版《惠深高速公路》内刊、主题宣传栏、电子滚动视频,组织喜闻乐见文体活动,推进企业文化健康发展。

公司坚持安全发展理念,以"三个满意"为目标,提高运营管理效益,让股东满意,提高运营管理水平,让社会满意,提升物质精神生活质量,让员工满意。在这一目标指引下,积极开展"六个一流"创建活动,如一流制度、一流管理、一流设施、一流效益、一流员工、一流服务。以"阳光之路,阳光服务"文明五要素服务的窗口活动作为重点,开展"星级班组、文明标兵""百万元收费无差错"等争先创优评比活动,促进窗口优质服务。在养护、路政等主体业务中,重在道路安全畅通,提高养护技术质量和交通事故的处置拯救效率,文明执法,积极营造整洁顺畅路况路貌和良好人文环境。

八、惠州—深圳(盐田)高速公路深圳段

惠深(盐田)高速公路深圳段起于惠州市坑塘径,向南经吉坑、富地岗东,在富地岗以东与坪地坑梓公路相交,再经大埔村、银珠岭、嶂背、蒲芦陂至荷坳,在龙岗同乐与深汕西高速公路相交,在荷坳与龙岗大道相交,后沿龙岗大道公用路段 2.9km,经安良、西坑村、盐田坳隧道,止于盐田特检站。全长 32.229km,其中坑塘径—荷坳段长 21.679km,为全封闭一级汽车专用公路;荷坳—横岗高架桥段长 2.9km,与 205 国道重复,为开放路段;横岗高架桥—盐田联检站段长 7.65km,为半封闭路段。全线实际养护里程 29.329km。于 1991 年 12 月 18 日开工建设,1994 年 5 月建成通车。总投资 6.38 亿元。

(一)主要技术指标和建设规模

惠深(盐田)高速公路深圳段按一级汽车专用公路标准建设,设计速度 100km/h,路基宽度 23m(坑塘径至荷坳、盐田边检站至横岗段)、24.5m(龙岗至荷坳立交机荷东高速

交会点),双向四车道。惠盐高速公路深圳正线段有大桥2座,中桥9座,长隧道1座(即盐田坳隧道)。

(二)建设情况

1. 建设依据

1988年8月6日,广东省计划委员会转发国家计委《关于深圳大鹏湾盐田港第一期工程项目建设属的复函》。

1990年1月12日,国家计委《关于盐田港一期工程可行性研究报告的批复》。

1990年7月19日,广东省交通厅关于《印发惠州盐田港公路初步设计审查意见的函》。

2. 资金来源

深圳市盐田港股份公司和广东省高速公路发展股份有限公司出资。

3. 征地拆迁

全线征地拆迁工作顺利,一期工程共征用土地2767.04亩,拆迁房屋26645.24m²。

4. 招投标及主要设计、施工、监理单位

按照交通部《公路工程施工招标投标管理办法》的有关规定,组织工程招标工作。全段分13个标段进行公开招投标。

设计单位:交通部第一公路勘察设计院、广东省公路勘察设计院等单位。

施工单位:铁道部隧道局南方公司、广东省公路工程总公司第四分公司、交通部四航局一公司、深圳市政工程公司等单位。

监理单位:广东工程建设监理有限公司。

(三)复杂技术工程

1. 软土地基处理

施工中遇到的软土地基路段大部分属沼泽软弱地基,多为谷底水沟,常年积水,土层含水率较高,并夹有树枝草皮等杂物,淤积层深度不等,最深达3.5m以上,处理方法是软土层厚度≤3m时采用开挖回填发,将不宜作路基的土层全部进行排水清挖,再回填透水性良好的填料,并适当增设排水沟。经过鱼塘和洼地软土层厚度≥3m时,先做排水疏干,挖除表层稀淤泥后,采用换填预压沉降的办法(适当增加预压土方量),预压期90~260天,效果较好。

2. 不良地质段的处理

不良地质多发生在挖方路段,主要土质为Ⅲ、Ⅳ标段的高液限粉土和Ⅱ标段的强风化

云母片沿途,其干密度较多在 $1.0\sim1.5\mathrm{g/cm^3}$,处理办法是废弃这些挖方约 30 万 $\mathrm{m^3}$,换干密度为 $1.65\sim1.80\mathrm{g/cm^3}$ 的优质土填筑,从而保证了路基的质量,同时对挖方边坡大量增砌挡土墙和浆砌排水沟,予以彻底解决。

3. 渗水路基的处理

沿线多出挖方路段出现泉眼,路基渗水严重,其水源主要是从山体渗透而出,因而降低了路基强度。在处理方法上主要是在路基面下设置纵、横向盲沟,将地下水引出路基,以达到保持路基干燥稳定的目的。在 K15+020~K15+100 路段有一处泉眼常年涌水,原计划对该泉眼做暗沟处理,但在施工时发现此处并非只有一处泉眼,而是呈网状分布,且淤泥深度平均达 3m 左右。对此网状分布的多处泉眼进行人工抛填片石,填至高出原地面 0.5m,再在其上铺筑 0.5m 砂石材料反滤层,予以压实。

(四)科技创新

在施工过程中采取了一些新技术、新工艺和新材料,主要是:

(1)水泥混凝土路面施工中全部采用真空吸水工艺,提高了混凝土的强度,加速了混凝土成型和模板、机具的周转,达到确保质量,提高经济效益的目的。

(2)在沥青混凝土施工时,在沥青中掺配适量的抗剥落剂,其主要作用是使沥青与碎石更好地结合,防止沥青过早剥落,达到延长沥青混凝土使用寿命的目的。

(3)在水泥混凝土工程抢修中,采用 TJ 道路混凝土专用外加剂,具有微胀和早强作用,这种材料用于水泥混凝土修补工程,可使新老混凝土结合良好,3 天的强度达到 80% 以上,保证了运营正常进行。

(4)试验采用了新材料 TST 作为桥头伸缩缝的材料。

(五)运营管理

1. 运营公司

惠盐高速公路深圳段由深圳惠盐高速公路有限公司建设和经营。该公司于 1991 年成立,由国有控股上市公司深圳市盐田港股份有限公司(持有 66.67%)和广东省高速公路发展股份有限公司(持有 33.33%)组建成立。

公司实行董事会领导下的总经理负责制。公司下设办公室、计划账务部、运营管理部、工程管理部、路产管理部、扩建管理部、监控中心、安全办等职能部门以及稽查、救援、维修等专业队和 3 个收费站。

2. 收费站点

全线设 3 个匝道收费站,荷坳站、龙岗站、富地岗站,见表 3-9-19。

收费站点设置情况表　　　　　　　　　　　　　　　表3-9-19

站点名称	车道数	收费方式
荷坳收费站	13(3入+10出)	匝道单向联网收费
龙岗收费站	8(3入+5出)	匝道双向联网收费
富地岗收费站	8(4入+4出)	匝道双向联网收费

3. 车流量

车流量情况见表3-9-20。

车流量情况表　　　　　　　　　　　　　　　表3-9-20

年份(年)	车流量(辆)	日平均流量(辆)	年份(年)	车流量(辆)	日平均流量(辆)
1994	4302309	11787	2005	18836551	51607
1995	3552997	9734	2006	20627147	56513
1996	4223064	11538	2007	25055543	68645
1997	6442214	17650	2008	26559787	72568
1998	6749947	18493	2009	26473936	72531
1999	7369783	20191	2010	27667093	75800
2000	8183798	22360	2011	26468732	72517
2001	9015997	24701	2012	28321442	77381
2002	11157770	30569	2013	31198721	85476
2003	12764081	34970	2014	32976362	90346
2004	15644270	42744	2015	31200088	85480

（六）企业文化建设

1998年，市委市政府授予1997年度"文明企业"称号。

1997—2000年，4个收费站均获深圳市"青年文明号"称号。

2003年，共青团广东省委联合授予荷坳站"青年文明号"称号。

2006年，深圳市总工会授予"先进职工之家"。

2008年，中共深圳市委、深圳市人民政府授予"深圳市2006—2007年度文明单位"。

第十节　深圳—岑溪高速公路广东段（G2518）

深圳—岑溪高速公路（简称"深岑高速公路"），是国家高速公路网"71118+6"中长深高速公路和包茂高速公路的联络线，起于广东深圳市龙岗区，往西经中山、江门、云浮，止于广西岑溪市,编号 G2518,全长 371km。

深岑高速公路广东段,在《广东省高速公路网规划》中是第四横线的重要路段,原称为深罗高速公路,编号 S26。起于深圳市龙岗区金钱坳枢纽,接深长高速公路,经深圳宝安区、深圳机场、深中通道(跨伶仃洋)、中山、江门、鹤山、罗定,止于罗定市杨梅坑粤桂交界处,与广西深岑高速公路相连,全长 341km。

深岑高速公路在广东境内路线由 7 个段组成:深汕高速公路龙岗—荷坳段、深圳机场—荷坳高速公路、深圳—中山跨江通道、中山—江门高速公路、江门—鹤山高速公路、江门—罗定高速公路、云浮—罗定高速公路双东—替滨段。

一、深汕高速公路龙岗—荷坳段

深汕高速公路与长深高速公路交汇于深圳龙岗,从龙岗起点至荷坳村路段长 9.86km,是深汕高速公路、长深高速公路、深岑高速公路的共线路段。该路段原是惠盐高速公路的路段,由深圳盐田港股份有限公司、广东省高速公路发展有限公司合资建设,1991 年 12 月动工,1993 年 12 月竣工。由深圳市惠盐高速公路有限公司经营管理。[详细情况见本章第九节长春—深圳高速公路广东段(G25)"八、惠州—深圳(盐田)高速公路深圳段"]

二、深圳机场—荷坳高速公路

机荷高速公路起于深圳宝安国际机场,止于深圳横岗镇荷坳村,全线横贯宝安、龙岗两区,全长 44.31km,是中国第一条建立在重丘区的双向六车道高速公路。机荷高速公路与深岑高速公路 G2518、沈海高速公路 G15 共线,共线线路起于荷坳止于鹤州,长 43.101km。[详细情况见本章第六节沈阳—海口高速公路广东段(G15)"六、深圳机场—荷坳高速公路"]

三、深圳—中山跨江通道

深圳—中山跨江通道(简称"深中通道"),起自深圳广深沿江高速机场互通,向西跨越珠江口,以约 7km 的特长海底隧道穿越机场支航道及矾石水道,经中山西人工岛桥隧转换后,再以特大跨径桥梁方式跨越伶仃西航道及横门东水道,最后登陆于中山市马鞍岛,与中开高速公路对接(在新隆接中开高速公路)。项目线路全长 31.3km,全线采用高速公路标准,双向八车道,设计速度为 100km/h,概算总投资约 447 亿元。于 2016 年 12 月 28 日开工建设。

四、中山—江门高速公路

中江高速公路和江鹤二期高速公路项目位于珠江三角洲呈东西走向的高速公路主干

线,起于(东向)中山市港口镇新隆立交,与广澳高速公路(G4W)相接,经中山东升镇和横栏镇,跨西江和江门水道,沿线与广珠西线高速公路(S43)、江珠高速公路(S47)、105国道等多条主要公路相接,并与广中江高速公路和广佛江高速公路连接,止于(西向)江门市礼乐镇天沙河西岸,与连接沈海高速公路(G15)的江鹤一期高速公路相接,是广东省粤西地区以及我国大西南地区通往广州、深圳、珠海等城市和港澳地区的黄金通道。

中江高速公路是国家高速公路网的重要组成部分,分属G94(珠三角环线高速公路)和S26(深罗高速公路),其中新隆至东升段属S26,东升至龙湾段为G94和S26共线路段,项目全长40.07km,总投资32.69亿元(含2011年建成通车的小榄互通1.3亿元)。于1998年11月开工,2005年11月8日全线建成通车。

(一)主要技术指标和建设规模

全线按平原微丘区高速公路标准建设,为全互通、全封闭双向四车道,设计速度120km/h。全线设新隆、港口、东升、小榄、横栏、外海、龙湾7处互通,设置收费站6处,设服务区1处,设有主要特大桥、大桥15座(表3-10-1)。

项目由广东省公路建设有限公司、广东省高速公路发展股份有限公司和深圳高速公路股份有限公司合作,组建广东江中高速公路有限公司(简称"江中公司")负责项目投资建设和经营管理。

(二)建设情况

1. 建设依据

2000年7月7日,交通部《关于中山新隆至江门公路可行性研究报告的批复》。

同年,交通部《关于中山新隆至江门公路初步设计的批复》。

2003年,广东省发展和改革委员会批准江鹤高速公路二期改由江中公司投资建设经营。

2005年4月,广东省发展和改革委员会《关于调整江鹤高速公路一、二期工程建设规模的核准意见》。

2009年2月27日,广东省发展和改革委员会《关于广东省中山新隆至江门高速公路小榄互通立交工程项目建议书的批复》。

2009年8月20日,广东省交通厅《广东省中山新隆至江门高速公路小榄互通立交工程初步设计的批复》。

2. 资金来源

中江高速公路建设由广东省公路建设有限公司、广东省高速公路发展股份有限公司和深高速公路有限公司3个股东单位按照股权比例出资35%,其余65%向银行贷款。

中江高速公路主要桥梁表

表 3-10-1

序号	桥梁分类	桥梁名称	中心桩号	桥梁长度(m)	桥面宽度(m)	车道数	设计汽车荷载等级	开工时间	完工时间	备注
1	特大桥	港口高架桥	K58+423.950	1816.75	14	4	汽车—超20级	2002年3月	2005年10月	
2	特大桥	港口大桥	K60+440.450	2216.77	14	4	汽车—超20级	2002年3月	2005年10月	
3	大桥	为民路跨线桥	K64+900.450	285.54	14	4	汽车—超20级	2002年3月	2005年10月	
4	大桥	广珠公路跨线桥	K356+268.153	595.00	14	4	汽车—超20级	2002年9月	2005年10月	
5	大桥	拱北河大桥	K349+974.000	480.00	14	4	汽车—超20级	2002年3月	2005年3月	
6	特大桥	歧江公路跨线桥	K347+804.500	1050.54	14	4	汽车—超20级	2002年3月	2005年10月	
7	大桥	三沙大桥	K346+348.000	335.54	14	4	汽车—超20级	2002年3月	2005年10月	
8	特大桥	西江特大桥	K342+698.500	2744.56	14	4	汽车—超20级	2002年3月	2005年10月	
9	大桥	江睦路跨线桥	K340+554.000	405.54	14	4	汽车—超20级	2002年3月	2005年10月	
10	大桥	龙溪路跨线桥	K339+495.000	205.54	14	4	汽车—超20级	2002年3月	2005年10月	
11	大桥	南山路跨线桥	K338+326.500	325.54	14	4	汽车—超20级	2002年3月	2005年10月	
12	大桥	东海路跨线桥	K335+064.696	749.58	12	4	汽车—超20级	2002年3月	2005年10月	
13	特大桥	睦州大桥	K333+379.269	1979.45	12	4	汽车—超20级	2002年3月	2005年10月	
14	大桥	长囤高架桥	K331+633.510	998.75	12	4	汽车—超20级	2002年3月	2005年10月	
15	大桥	江门大桥	K330+788.183	687.51	12	4	汽车—超20级	2002年3月	2005年10月	

3. 征地拆迁

征地拆迁工作采用总包干方式由当地政府负责。项目共征用土地3302.7亩。

4. 主要设计、施工、监理单位

(1) 中江高速公路

设计单位：广东省公路勘察规划设计院、北京交科公路勘测设计院。

施工单位：广东冠粤路桥有限公司、广东省公路工程施工总公司、广东省长大公路工程有限公司、中港四航局第一工程公司等25个单位。

监理单位：广东省公路工程监理站。

(2) 江鹤高速公路

设计单位：广东省公路勘察规划设计院、江苏省交通规划设计院。

施工单位：广东省长大公路工程有限公司、广东省航盛工程有限公司、中铁一局集团第二工程有限公司。

监理单位：广东省公路工程监理站。

(3) 小榄互通式立交

设计单位：广东省公路勘察规划设计院。

施工单位：广东省航盛工程有限公司、广东省长大公路工程有限公司。

监理单位：广东华路交通科技有限公司。

5. 工程变更

2003年12月，项目由四车道改六车道分期实施，将全线路基横断面行车道由双向四车道调整为具备双向六车道行车条件的横断面，路基宽度仍为28m。

(三) 复杂技术工程

1. 软基处理

项目位于珠三角平原区，地势低平，地表水系极为发达，河流沟渠交织成网，鱼塘遍布，沿线工程地质条件非常差。全线处于软土层，淤泥质软土层最大厚度达40m，平均厚度24m，土质含水率大（达67%），呈流—塑状，具有强度低、压缩性高的特点。软基处理工程量大、工程技术复杂。

工程在（K23+565.3~K23+978.8）约422.5m的路段实施软基先行段进行试验工程，开展真空联合堆载预压、"密封套技术"和"竖向排水体抽真空技术"试验研究。通过获得的试验技术参数，结合软基特点，经对软基处理方案进行反复比选，确定了全线软基处理技术方案：主要采用袋装砂井堆载预压、真空联合堆载预压、局部路段增设反压护道（包括鱼塘填平）技术处理，全线桥头均进行超载预压，局部路段变更为管柱按、水泥搅拌桩和高压旋喷桩复合地基,斜角箱涵端部打设木桩及混凝土预制桩。工后监测数据表明,处理效果满足规范要求,达到预期目标。

依托该项目开展的广东省交通厅立项科研课题"高速公路建设中软基处理关键问题的深入研究"获中国公路学会2006年度科技成果一等奖。

2. 搅拌桩施工技术

因项目地处软土强度低、含水率高、压缩性高、透水性差,对原有路基进行加宽处理时,如果采用传统的排水固结法处理,新旧路基之间易产生较大的沉降差。为此,该项目结合广东省交通厅立项科研课题"搅拌桩复合地基的适用性及非线性性状研究",在服务区匝道、江睦路互通式立交主线路基加宽及匝道施工处理上大规模采用深层水泥搅拌桩施工技术。

搅拌桩在短期内使土体的强度提高、承载力增大、稳定性增强,使路基可进行快速填筑,缩短了建设工期。江睦路互通式立交经两年半的连续观测,新旧路基结合良好,沉降差较小,大部分路段工后沉降量累计不超过30mm。

3. 西江特大桥

西江特大桥是项目的关键控制性工程,跨越西江水道至江门市外海镇,全长2746m,主桥为70m+4×120m+70m预应力刚构—连续组合结构,基础均为钻孔灌注桩,按两幅桥整体基础设计。其中33~37号主墩采用直径250~270cm的变截面钻孔灌注桩;32号和38号过渡墩采用直径160cm钻孔灌注桩;主墩为双薄壁墩,承台设防撞护墙,过渡墩为空心墩。上部构造按上下行两座分离式桥设计,每半幅桥为单箱单室的箱梁截面,箱梁顶宽13.5m,底宽7m,桥面半幅全宽13.5m。桥面铺装为厚8cm的钢纤维混凝土。

(四)运营管理

1. 运营公司

中江高速公路江鹤二期由广东江中高速公路有限公司负责经营管理,公司实行董事会领导下的总经理负责制,下设6个职能部门。自2005年11月起,江中公司接受江门市江鹤高速公路有限公司(简称"江鹤公司")委托,负责江鹤高速公路一期的收费、路政以及生活区业务的管理。

2. 收费站点

设有5个收费站(中山地域有港口、东升、小榄、横栏4个收费站,江门地域有外海1个收费站)。总车道数53条,其中出口车道34条,入口车道19条,另有出口复式收费14条,见表3-10-2。

收费站点设置情况表 表3-10-2

站点名称	车道数		收费方式
	车口车道	入口车道	
港口站	8	4	匝道封闭式收费
东升站	8	5	匝道封闭式收费
小榄站	5	3	匝道封闭式收费
横栏站	5	3	匝道封闭式收费
外海A站	4	2	匝道封闭式收费
外海B站	4	2	匝道封闭式收费
合计	34	19	

3. 车流量

车流量情况见表3-10-3。

车流量情况表 表3-10-3

年份(年)	车流量(辆)	日平均流量(辆)
2006	9530839	26112
2007	14414647	39492
2008	16595715	45468
2009	18578303	50899
2010	25119879	68822
2011	33075991	90619
2012	34529820	94602
2013	35462463	97157
2014	39960205	109480
2015	42140154	115452

4. 养护管理

江中公司公路养护工作,坚持"预防为主,防治结合"的养护方针,建立完善养护管理机制,建立健全各项养护规章制度。2015年全线养护质量MQI为94.4,评级为优,桥梁全部为一、二类,涵洞全部为好、较好,软基路堤处于稳定、安全稳定状态。

(1)科学管养应对"深、厚软基"

公司把软基养护管理作为养护工作的主要任务,委托专业监测单位对全线的软基状况进行长期跟踪监控,科学制订处治方案进行处理,开通以来累计投入资金7356.2万元用于软基监测和治理因沉降引起的路基下沉和桥头跳车病害,经过治理,近十年未出现路基、结构物失稳现象,路面状况良好,桥头跳车情况不明显。

(2)积极处治结构安全隐患,保障桥梁安全

一是西江特大桥桥墩冲刷防护工程。2008年11月广东省航运规划设计院测量队提交的测量报告显示,该桥34~37号桥墩处河床冲刷严重,该墩处河床在16个月里被冲刷深度就达1.1m,桥墩桩基的安全存在较大的安全隐患。经设计和评审,桥墩核心区采用"袋装砂层+级配石层+护面块石层"三层抛石防护结构方案;河床护坦区采用"级配石层+护面块石层"二层抛石防护结构方案进行治理,防护工程完好。

二是睦州大桥梁体横移处治工程。2014年3月份检查发现,该桥47~52号墩梁体(20m预应力简支空心板梁)横移及52号墩支座偏位等病害较为严重,梁体横移最大达16.1cm,原因为横移桥梁位于小半径平曲线段,桥面横坡达4%,荷载作用下产生水平分力而引起梁体横移和支座偏位。设计主要采用梁体顶升复位,更换球冠支座为板式支座,增加横向挡块约束的方案处理。2015年监测数据表明,梁体横移不明显,处治效果达到预期。

(3)实现养护管理信息化

2008年10月,广东省公路建设有限公司分别与交通部公路科学研究所合作推广应用"高速公路桥梁管理系统(CBMS)"并合作开发了"高速公路路面管理系统(CPMS)"。江中公司充分利用这两套系统,建立完整的桥梁、路面基础数据库,为养护决策提供信息和数据支持。

(五)企业文化建设

一是公司强化经营理念,立章建制,技术改造,深挖经营潜力,使企业经营呈现蓬勃生机和活力,资产、效益逐年提升。

二是公司致力于企业安全发展、和谐发展,提出"安全是公司给员工最大福利"的管理倡议,致力于"零事故班组"创建,提炼、总结、推广"三三班组安全管理法",其理论成果"三三班组管理法在企业安全生产中的运用"荣获广东省第25届企业管理现代化成果一等奖。

三是维护员工合法利益,将企业发展的成果与员工共享。员工生产、生活环境和条件持续得到改善,经常性开展群众性文体活动,培养员工团队精神。关注民生,真诚开展扶贫济困和慰问活动,组织"圆梦"计划,系统参与地方志愿者服务,帮助解决员工入户难、子女入托入学、家属就业、大龄青年寻找配偶等实际难题。

四是取得多项荣誉。近年来,江中公司先后获得广东省青年文明号、广东省巾帼文明

岗、模范职工小家、全国工会"职工书屋"示范点、全国交通运输文化建设优秀单位、第二十四届广东省企业管理现代化创新成果一等奖、全国交通运输文化建设优秀单位等奖励。

五、江门—鹤山高速公路

江(门龙湾)至鹤(山共和)高速公路(简称"江鹤高速公路")是深岑高速公路(G2518)的一段,是广珠西线高速公路(S43)和佛开高速公路(G15)重要联络线,该路将为粤西通往粤东、深圳、香港的车辆提供一条最短、最经济合理的路线,粤西车辆经江鹤高速公路、中山过虎门大桥由广深高速公路抵达深圳,比绕道广州可缩短110km。江鹤高速公路起于江门市龙湾工业区,向北偏西方向进入新会,经杜阮进入鹤山市共和镇,与佛开高速公路相连接,全长19.049km,投资5.7亿元。于1996年4月开工建设,1999年1月建成通车。

江鹤高速公路由广东省高速公路公司、香港长江江鹤公路有限公司和江门市交通工程建设总公司成立江门市江鹤高速公路有限公司负责投资建设和运营管理。

(一)技术标准和建设规模

江鹤高速公路位于平原微丘区,全线按高速公路标准建设,双向四车道,设计速度120km/h。江门—鹤山高速公路主要桥梁见表3-10-4。

(二)建设情况

1. 建设依据

1994年5月13日,广东省计划委员会《关于江门至共和高速公路工程可行性研究报告的批复》。

2. 资金来源

广东省高速公路公司、香港长江江鹤公路有限公司和江门市交通工程建设总公司各出资金25%、50%和25%。

3. 征地拆迁

1995年初开展征地拆迁工作,地方政府大力支持,使征地拆迁顺利解决。

4. 招投标

招标工作按照交通部和省政府关于招投标实施办法的规定进行。

5. 主要设计、施工、监理单位

设计单位:广东省公路勘察规划设计院等4个单位。

江鹤高速公路主要桥梁表

表 3-10-4

序号	桥梁分类	桥梁名称	中心桩号	桥梁长度(m)	桥面宽度(m)	车道数	设计汽车荷载等级	开工时间	完工时间	备注
1	特大桥	睦州大桥(左幅)	K333+379	1979.45	12	2	汽车—超20级、挂车—120	2003年9月	2005年6月	
2	特大桥	睦州大桥(右幅)	K333+379	1979.45	12	2	汽车—超20级、挂车—120	2003年9月	2005年6月	
3	大桥	东海路跨线桥(左幅)	K335+065	749.58	12	2	汽车—超20级、挂车—120	2003年7月	2005年10月	
4	大桥	东海路跨线桥(右幅)	K335+065	749.58	12	2	汽车—超20级、挂车—120	2003年7月	2005年10月	
5	大桥	长围高架桥(左幅)	K331+633	988.75	12	2	汽车—超20级、挂车—120	2003年7月	2005年6月	
6	大桥	长围高架桥(右幅)	K331+633	988.75	12	2	汽车—超20级、挂车—120	2003年7月	2005年6月	
7	大桥	江门大桥(左幅)	K330+788	687.5	12	2	汽车—超20级、挂车—120	2003年7月	2005年6月	
8	大桥	江门大桥(右幅)	K330+788	687.5	12	2	汽车—超20级、挂车—120	2003年7月	2005年6月	

施工单位：江门市路桥集团公司、广东省公路工程总公司、铁道部第十六工程局等17个单位。

监理单位：广东省公路工程监理站等3个单位。

（三）运营管理

1. 运营公司

1996年12月5日，经广东省外经贸委《关于合作经营江门市江鹤高速公路有限公司合同章程的批复》批复，江鹤高速公路由省高速公路公司、香港长江江鹤公路有限公司和江门市交通工程建设总公司各出资金25%、50%和25%，成立江门市江鹤高速公路有限公司。2005年股权变更为广东省高速公路公司和江门市交通工程建设总公司，各占25%和75%。

江鹤高速公路实行委托运营管理模式，委托广东江中高速公路有限公司进行收费及路政管理。

2. 收费站点

江鹤高速公路设有龙湾、杜阮和共和匝3个收费站，见表3-10-5。

收费站点设置情况表　　　　　　　表3-10-5

站点名称	车道数		收费方式
	出口车道	入口车道	
龙湾	7	4	匝道封闭式收费
杜阮	2	2	匝道封闭式收费
共和匝	5	3	匝道封闭式收费

2005年11月8日，江鹤高速公路将龙湾、杜阮、共和的收费管理委托给江中高速公路有限公司。

2014年6月并入全省"一张网"联网收费，2015年6月实现全国ETC联网收费及货车全计重收费。

3. 车流量

车流量情况见表表3-10-6。

车流量情况表　　　　　　　表3-10-6

年份（年）	车流量（辆）	日平均流量（辆）
1999	329548	903
2000	731156	2003
2001	1352595	3706
2002	1317703	3610
2003	1572802	4309

续上表

年份(年)	车流量(辆)	日平均流量(辆)
2004	2085634	5714
2005	2413298	6612
2006	5804720	15903
2007	7887240	21609
2008	8878146	24257
2009	10274059	28148
2010	11796182	32318
2011	14352139	39321
2012	16161166	44156
2013	18859549	51670
2014	21676747	59388
2015	23313466	63873

4.养护管理及路政管理

江鹤高速公路路政队成立于1999年初,管辖范围为江鹤高速公路龙湾至共和路段19.049km,其职责是维护江鹤高速公路的路产路权,保障江鹤高速公路的安全畅通及在管辖范围内实施交通行政执法。2005年底,随着委托江中高速管理工作的实施,江鹤路政队划入了江中高速公路路政管理大队。公司日常养护实行委托承包管理的方式择优选择社会上的养护施工单位,公司养护技术管理人员负责监管的模式;专项工程采用招投标择优选择社会上的养护施工单位,引入社会监理共同监管模式。

日常养护工程管理采用总额包干和单价包干按实计量相结合的方式,路基、路面、桥涵、交通安全设施、绿化和其他(含路况巡查、清理收费棚)等日常保洁类和小修保养类工程总额90%的费用采用按月包干,总额10%的费用以"履约绩效价款"的形式采用与季度考评结果挂钩的方式支付;零星专项工程(即恢复更新类工程)根据工程实际完成情况按实计量。专项工程实行委托施工和招投标相结合的方式实施。

六、江门—罗定高速公路

江门—罗定高速公路(简称"江罗高速公路")是广东省高速公路网"九纵五横两环"第四横的西段,与G2518深岑高速公路粤境西段共线,呈东西走向,东起江门市鹤山共和镇平连村,设平连枢纽立交与佛开高速公路相接,向西经新会址山、开平水井、新兴县水台镇,在佛山市高明区高村与广明高速公路相交,经新兴县城,在良洞与汕湛高速公路相交,向西经云城区、云安区、罗定市石城、镇安，止于华石莫村，与云岑、罗阳高速公路相交。路线全长约140km，投资规模为159.6亿元（含建设期贷款利息）。项目分两期建成，一期工程路线总长度27.7km，于2015年12月30日建成通车，其余约112.3km于2016年12月28日建成通车。

（一）主要技术指标和建设规模

江罗高速公路全线按高速公路标准建设，双向六车道，设计速度120km/h（良洞隧道至终点为100km/h）。

主线桥梁78座，其中主要特大桥、大桥60座（表3-10-7），隧道10座，其中特长隧道2座、长隧道1座、中隧道4座、短隧道2座（表3-10-8）。

（二）建设情况

1. 建设依据

2008年8月，广东省交通厅批复广东省江门至罗定高速公路项目可行性研究报告。

2011年12月，广东省发展与改革委员会核准同意江罗高速公路项目。

2. 资金来源

江罗高速公路业主投入项目资本金总计44亿元，其中，含广东省政府补助24亿元，其余资金来源于银行贷款。

3. 征地拆迁

江罗高速公路江门段征用土地6534亩，云浮段11294亩，高明段1020亩。

4. 招投标

江罗高速公路的招标文件是以交通运输部《公路工程标准施工招标文件》和《广东省公路工程施工招标资格预审文件及施工招标文件范本》为主体，参考省内类似项目的相关条款设置并结合该项目的实际情况编制，合同条款设置合理，并报交通运输厅及上级单位审批。江罗高速公路主体工程实行公开招标。

5. 主要设计、施工、监理单位

设计单位：广东省交通规划设计研究院股份有限公司、中交第一公路勘察设计研究院有限公司、广东省冶金建筑设计研究院。

施工单位：广东省长大公路工程有限公司、中国中铁股份有限公司、广州市公路工程公司等19个单位。

江罗高速公路主要桥梁表

表 3-10-7

序号	桥梁分类	桥梁名称	中心桩号	桥梁长度(m)	桥面宽度(m)	车道数	设计汽车荷载等级	开工时间	完工时间	备注
1	大桥	左线大桥	ZK1+188.866	380.5	17	3	公路—Ⅰ级	2013年12月	2015年11月	
2	大桥	角塘大桥(左幅)	K17+572	765.5	17	3	公路—Ⅰ级	2013年11月	2016年10月	
3	大桥	角塘大桥(右幅)	K17+572	765.5	17	3	公路—Ⅰ级	2013年11月	2016年10月	
4	大桥	云乡大桥(左幅)	ZK20+312	145.5	17	3	公路—Ⅰ级	2013年12月	2016年10月	
5	大桥	云乡大桥(右幅)	K20+326	165.5	17	3	公路—Ⅰ级	2013年12月	2016年10月	
6	大桥	X561分离式立交桥(左幅)	K23+068.5	210.5	16.75	3	公路—Ⅰ级	2014年2月	2016年10月	
7	大桥	X561分离式立交桥(右幅)	K23+058.5	190.5	16.75	3	公路—Ⅰ级	2014年2月	2016年10月	
8	大桥	石埂大桥(左幅)	K23+554	427.5	16.75	3	公路—Ⅰ级	2013年9月	2016年10月	
9	大桥	石埂大桥(右幅)	K23+569	397.5	16.75	3	公路—Ⅰ级	2013年9月	2016年10月	
10	大桥	磨刀水大桥	K25+795	427.5	2×16.75	6	公路—Ⅰ级	2014年12月	2016年10月	
11	大桥	狮山大桥	K27+977.5	330.56	34.5	6	公路—Ⅰ级	2014年10月	2016年4月	
12	大桥	李坑口水库大桥	K29+737.0	230.5+	34.5	6	公路—Ⅰ级	2014年5月	2016年4月	
13	大桥	月山大桥	K30+843.5	780.5	34.5	6	公路—Ⅰ级	2013年12月	2016年5月	
14	大桥	S273分离式立交(左幅)	K30+818.5	221.5	17.25	3	公路—Ⅰ级	2013年12月	2016年6月	
15	大桥	S273分离式立交(右幅)	K31+587.5	246.5	17.25	3	公路—Ⅰ级	2013年12月	2016年6月	
16	大桥	分水坳大桥(左幅)	K33+843.5	230.5	17.25	3	公路—Ⅰ级	2013年10月	2016年4月	
17	大桥	分水坳大桥(右幅)	K27+627.0	280.5	17.25	3	公路—Ⅰ级	2013年10月	2016年4月	
18	大桥	八角台大桥	K32+270	480.5	34.5	6	公路—Ⅰ级	2013年10月	2016年6月	
19	大桥	宅梧互通K33+843.5主线桥	K33+843.5	155.5	34.5	6	公路—Ⅰ级	2014年10月	2016年5月	
20	大桥	宅梧河大桥	K35+692	406.75	33.5	6	公路—Ⅰ级	2013年10月	2016年2月	
21	特大桥	大罗村高架桥	K36+399.88	1007.75	33.5	6	公路—Ⅰ级	2013年11月	2016年2月	
22	大桥	大罗水库大桥	K37+518	185.5	33.5	6	公路—Ⅰ级	2013年11月	2016年2月	
23	大桥	莲青场大桥	K41+035	305.5	33.5	3	公路—Ⅰ级	2013年11月	2016年2月	

续上表

序号	桥梁分类	桥梁名称	中心桩号	桥梁长度（m）	桥面宽度（m）	车道数	设计汽车荷载等级	开工时间	完工时间	备注
24	大桥	布尚大桥	K43+050	685.5	33.5	4	公路—Ⅰ级	2013年11月	2016年2月	
25	大桥	南村高架桥（左幅）	K55+949	165.54	15.75	3	公路—Ⅰ级	2013年10月	2015年7月	
26	大桥	南村高架桥（右幅）	K55+949	165.54	15.75	3	公路—Ⅰ级	2013年10月	2015年7月	
27	大桥	高村枢纽立交主线跨线桥1号桥（左幅）	K61+446.28	180.56	15.75	3	公路—Ⅰ级	2013年10月	2015年7月	
28	大桥	高村枢纽立交主线跨线桥1号桥（右幅）	K61+446.28	180.56	19.75	3	公路—Ⅰ级	2013年10月	2015年7月	
29	大桥	上莨坑高架桥（左幅）	LK105+967	234.39	15.5	3	公路—Ⅰ级	2014年2月	2016年7月	
30	大桥	上莨坑高架桥（右幅）	RK105+982	234.39	15.5	3	公路—Ⅰ级	2014年2月	2016年7月	
31	大桥	大围高架桥（左幅）	LK106+682.998	807.54	15.5	3	公路—Ⅰ级	2013年11月	2016年7月	
32	大桥	大围高架桥（右幅）	RK106+696	807.54	15.5	3	公路—Ⅰ级	2013年11月	2016年7月	
33	大桥	高塑高架桥（左幅）	LK111+489.8	367.54	15.5	3	公路—Ⅰ级	2014年5月	2016年7月	
34	大桥	高塑高架桥（右幅）	RK111+515	367.54	15.5	3	公路—Ⅰ级	2014年5月	2016年7月	
35	大桥	国道G324蒲竹跨线桥（左幅）	ZK112+114	422.54	16.75	3	公路—Ⅰ级	2013年12月	2016年8月	
36	大桥	国道G324蒲竹跨线桥（右幅）	K112+105.25	405.04	16.75	3	公路—Ⅰ级	2013年12月	2016年8月	
37	大桥	新围高架桥（左幅）	ZK114+220	567.54	16.75	3	公路—Ⅰ级	2013年12月	2016年8月	
38	大桥	新围高架桥（右幅）	K114+240	527.54	16.75	3	公路—Ⅰ级	2013年12月	2016年4月	
39	大桥	国道G324前进跨线桥（左幅）	ZK116+405	697.54	16.75	3	公路—Ⅰ级	2013年12月	2016年6月	
40	大桥	国道G324前进跨线桥（右幅）	K116+405	697.54	16.75	3	公路—Ⅰ级	2014年1月	2016年6月	
41	大桥	大和高架桥	K116+892.000	125.54	33.5	6	公路—Ⅰ级	2014年11月	2016年5月	
42	大桥	国道G324托洞立交跨线桥	K118+178.5	300.54	变宽	6	公路—Ⅰ级	2013年11月	2016年6月	
43	大桥	横垌高架桥（左幅）	ZK119+416	817.54	16.75	3	公路—Ⅰ级	2014年9月	2016年7月	
44	大桥	横垌高架桥（右幅）	K119+426	817.54	16.75	3	公路—Ⅰ级	2014年9月	2016年6月	

续上表

序号	桥梁分类	桥梁名称	中心桩号	桥梁长度（m）	桥面宽度（m）	车道数	设计汽车荷载等级	开工时间	完工时间	备注
45	大桥	国道G324莲塘跨线桥	K120+925	327.54	33.5	6	公路—Ⅰ级	2013年12月	2016年7月	
46	大桥	下河贝高架一桥（左幅）	ZK121+460	277.54	16.75	3	公路—Ⅰ级	2015年1月	2016年7月	
47	大桥	下河贝高架一桥（右幅）	K121+475	307.54	16.75	3	公路—Ⅰ级	2015年1月	2016年7月	
48	大桥	下河贝高架二桥（左幅）	ZK122+225	517.54	16.75	3	公路—Ⅰ级	2014年1月	2016年5月	
49	大桥	下河贝高架二桥（右幅）	K122+210	607.54	16.75	3	公路—Ⅰ级	2014年1月	2016年5月	
50	大桥	黄花凹高架二桥（左幅）	ZK122+985	277.54	16.75	3	公路—Ⅰ级	2013年12月	2016年5月	
51	大桥	黄花凹高架二桥（右幅）	K122+955	277.54	16.75	3	公路—Ⅰ级	2013年11月	2016年4月	
52	大桥	坪塘高架桥	K125+850	487.54	33.5	6	公路—Ⅰ级	2014年8月	2016年4月	
53	特大桥	大漫高架桥（左幅）	LK128+375	727.54	16.5	4	公路—Ⅰ级	2013年11月	2016年9月	
54	特大桥	大漫高架桥（右幅）	RK128+360	757.54	16.5	4	公路—Ⅰ级	2013年11月	2016年9月	
55	大桥	国道G324上尉跨线桥（左幅）	LK130+182.923	49×2.04	16.5~20.81	4	公路—Ⅰ级	2013年11月	2016年8月	
56	大桥	国道G324上尉跨线桥（右幅）	RK130+178.385	492.04	16.5~24.593	4	公路—Ⅰ级	2013年11月	2016年8月	
57	大桥	沙子岗高架桥（左幅）	K133+290.5	190.54	16.75	4	公路—Ⅰ级	2013年11月	2016年5月	
58	大桥	沙子岗高架桥（右幅）	K133+278	205.54	16.75	4	公路—Ⅰ级	2013年11月	2016年5月	
59	大桥	大吉岭高架桥	K136+482.5	230.54	33.5	4	公路—Ⅰ级	2013年11月	2016年3月	
60	大桥	大寨高架桥	K137+780	455.54	33.5	4	公路—Ⅰ级	2013年12月	2016年3月	

江罗高速公路隧道表

表 3-10-8

序号	隧道分类	隧道名称	起止桩号	长度（单洞，m）	行车道宽度（单洞，m）	隧道净高（m）	车道数	开工时间	完工时间	备注
1	中隧道	牛山左线隧道	LK19+210～LK19+725	515	14.75	8.4	3	2013年10月	2016年6月	
2	中隧道	牛山右线隧道	RK19+195～RK19+730	535	14.75	8.4	3	2013年10月	2016年6月	
3	短隧道	金中山棚洞	K30+597～K30+720（仅左线）	123	14.75	8.4	3	2013年10月	2016年6月	半幅
4	中隧道	鸦髻岭左线隧道	LK65+161.5～LK65+955	793.5	14.75	8.4	3	2012年10月	2015年6月	
5	中隧道	鸦髻岭右线隧道	RK65+166.5～RK66+001.5	835	14.75	8.4	3	2013年10月	2016年6月	
6	中隧道	良洞左线隧道	LK88+996～LK89+652	656	14.75	8.4	3	2013年10月	2016年6月	
7	中隧道	良洞右线隧道	RK89+017～RK89+691	674	14.75	8.4	3	2013年10月	2016年6月	
8	短隧道	大顶左线隧道	LK93+157～LK93+404	247	14.75	8.4	3	2013年10月	2016年6月	
9	短隧道	大顶右线隧道	RK93+131～RK93+408	277	14.75	8.4	3	2013年10月	2016年6月	
10	特长隧道	王北凹左线隧道	LK96+920～LK100+671	3751	14.75	8.4	3	2013年10月	2016年6月	
11	特长隧道	王北凹右线隧道	RK96+953～RK100+666	3713	14.75	8.4	3	2013年10月	2016年6月	
12	短隧道	周仔左线隧道	LK101+932～LK102+279	347	14.75	8.4	3	2013年10月	2016年6月	
13	短隧道	周仔右线隧道	RK101+916～RK102+299	383	14.75	8.4	3	2013年10月	2016年6月	
14	长隧道	尖峰顶左线隧道	LK104+715～LK105+849	1134	14.75	8.4	3	2013年10月	2016年6月	
15	长隧道	尖峰顶右线隧道	RK104+711～RK105+864	1153	14.75	8.4	3	2013年10月	2016年6月	
16	特长隧道	三岔顶左线隧道	LK107+434～LK110+625	3191	14.75	8.4	3	2013年10月	2016年6月	
17	特长隧道	三岔顶右线隧道	RK107+449～RK110+641	3192	14.75	8.4	3	2013年10月	2016年6月	
18	中隧道	大石岭左线隧道	LK128+852～LK129+398	546	14.75	8.4	3	2013年10月	2016年6月	
19	中隧道	大石岭右线隧道	RK128+828～RK129+340	512	14.75	8.4	3	2013年10月	2016年6月	

监理单位:广东华路交通科技有限公司、广东翔飞公路工程监理有限公司、广州诚信公路建设监理咨询有限公司。

(三)科技创新

江罗分公司在资源节约、环境友好、技能减排等方面开展了多个科研项目,尤其在隧道工程建设方面结合工程实际问题进行了多项科技创新试验,为项目隧道建设管理和隧道行业发展发挥了积极作用。

资源节约方面,一是结合金中山棚洞施工,开展了大跨防灾型半隧道结构施工技术研究,在节约土地及运营安全方面做出相应贡献;二是结合复垦复绿开展了高速公路建设土地破坏防控与复垦利用研究。

环境友好方面,结合三岔顶隧道爆破施工,开展了公路隧道高效爆破精细控制成套技术研究,控制光面爆破的同时,减少爆破烟尘及炸药使用。

节能减排方面,结合王北凹隧道及三岔顶隧道施工及后期运营,开展了山区长大公路隧道按需运营综合节能技术研究,利用太阳能辅助后期运营用电。

(四)运营管理

1. 运营公司

江罗高速公路由广东省公路建设有限公司江罗分公司负责运营管理,实行总经理负责制,运营部分共设置5个职能部门。

2. 收费站点

江罗高速公路一期于2015年12月31日开通运营,设稔村、东成、新兴3个收费站,2016年底全线通车后,共有12个收费站,见表3-10-9。

收费站点设置情况表 表3-10-9

站点名称	车道数	收费方式	备注
古猛收费站	7(3进4出)	MTC + ETC	
水井收费站	7(3进4出)	MTC + ETC	
宅梧收费站	7(3进4出)	MTC + ETC	
双桥收费站	7(3进4出)	MTC + ETC	
双合—水台收费站	7(3进4出)	MTC + ETC	
稔村收费站	7(3进4出)	MTC + ETC	
东成收费站	10(3进7出)	MTC + ETC	
新兴收费站	10(3进7出)	MTC + ETC	
南盛收费站	7(3进4出)	MTC + ETC	
托洞收费站	7(3进4出)	MTC + ETC	

续上表

站点名称	车道数	收费方式	备注
冲花收费站	7(3进4出)	MTC+ETC	
华石收费站	7(3进4出)	MTC+ETC	

3. 车流量

车流量情况见表3-10-10。

车流量情况表　　　　　　表3-10-10

年份(年)	日平均流量(辆)	备注
2016	6458	一期先行段
2017	19934	全线开通
2018	23545	

4. 路政管理

江罗高速公路路政大队于2015年7月29日正式成立,下设三个中队,负责江罗高速公路的路产路权维护管理工作。

(五)企业文化建设

工程项目建设之初,就提出了建设"安全耐久、优质美观、环保节约"高速公路的目标,以"双标"管理、精细化管理为抓手,开展多层次的专项整治,做好"优质优价、优监优酬"检查评比,奖优罚劣,营造"质量至上"的氛围,通过开展专项整治活动,深入推进工程实体质量的提升和项目质量管理水平。

七、云浮—罗定高速公路双东—䓣滨段

云浮(双凤)—罗定(䓣滨)高速公路(简称"云罗高速公路")位于广东省云浮市境内,路线走向呈南东至北西走向,云罗高速分为双凤—双东段及双东—䓣滨段,其中双东—䓣滨段为《广东省高速公路网规划》中第四横线的重要组成部分,是深岑高速公路G2518的路段,全长32.302km;双凤—双东段为《广东省高速公路网规划》中第八条纵线的一段,属S51路段,全长32.457km。

云罗高速公路项目工程起于云浮市郁南县东坝镇双凤管理区,北接广梧高速公路河口至双凤段,经郁南县的东坝镇、宋桂镇、河口镇和罗定市的华石镇、双东镇、附城镇、䓣滨镇,止于广东和广西两省交界处的罗定市䓣滨镇的杨梅坑附近,与广西境内在建的筋竹至岑溪高速公路相连。

(一)主要技术指标和建设规模

云罗高速公路项目沿线地貌以侵蚀丘陵为主,次为河流或山间洼地、谷地,局部为溶

蚀地貌岩溶，丘陵面积约占80%。沿线地表侵蚀切割较为强烈，地形起伏较大。

全线按山岭重丘区、全封闭、全立交四/六车道高速公路标准建设，设计速度100km/h。双凤至双东段设大桥35座（表3-10-11），分离隧道（单洞）2座（表3-10-12），全线路桥隧比例为30.8%。全线设双凤立交、宋桂立交、莫村立交、双东立交4处立交，预留河口互通式立交1处；设双东管理所1处。双东至罾滨段设特大桥1座，大桥34座，全线路桥隧比例为36.69%。全线设附城立交、罾滨互通式立交2处，主线收费站一处，附城服务区一处。

(二)建设情况

1. 建设依据

2009年3月25日，广东省发展改革委《关于云浮（双凤）至罗定（罾滨）高速公路项目核准的批复》。

2010年3月10日，广东省交通运输厅《关于云浮（双凤）至罗定（罾滨）高速公路双东至罾滨段初步设计的批复》。

2. 资金来源

建设资金来源为25%资本金由股东出资，其余75%通过银行贷款。

3. 征地拆迁

2009年6月项目公司与云浮市人民政府签订了云罗高速公路双凤—罾滨段的征地拆迁承包合同。项目征地拆迁工作进展顺利，共征用土地7357亩。

4. 招投标

(1)设计单位招投标：云浮—岑溪高速公路双凤—罾滨段公路工程勘察设计招标于3月27日完成评标工作。广东省公路勘察规划设计院有限公司中标。

(2)施工单位招投标：施工招标工作在广州建设工程交易中心进行。2009年10月20日，云浮（双凤）—罗定（罾滨）高速公路双凤—双东段项目完成招标；2010年9月28日，云浮（双凤）—罗定（罾滨）高速公路双东—罾滨段项目完成招标；2010年7月8日云浮（双凤）—罗定（罾滨）高速公路双东—罾滨段路面工程完成招标；2010年12月3日，云浮（双凤）—罗定（罾滨）高速公路双东—罾滨段绿化工程完成招标；2011年12月14日，云浮（双凤）—罗定（罾滨）高速公路双东—罾滨段机电工程完成招标。

(3)监理单位招标：2009年11月2日双凤—双东段工程施工监理完成招标。2010年7月20日双东—罾滨段工程施工监理完成招标。2011年9月6日广东云浮（双凤）—罗定（罾滨）高速公路工程房建监理完成招标。2011年11月9日云浮（双凤）—罗定（罾滨）高速公路机电监理完成招标。

云罗高速公路主要桥梁表

表 3-10-11

序号	桥梁分类	桥梁名称	中心桩号	桥梁长度（m）	桥面宽度（m）	车道数	设计汽车荷载等级	开工时间	完工时间	备注
1	大桥	大山脚大桥（右幅）	RK1+308	854	11.50	2	公路—I级	2010年1月	2012年12月	
2	大桥	大山脚大桥（左幅）	LK1+308	907	11.50	2	公路—I级	2010年1月	2012年12月	
3	大桥	曾屋大桥（右幅）	K2+537.5	836	11.50	2	公路—I级	2010年1月	2012年12月	
4	大桥	曾屋大桥（左幅）	K2+525	861	11.50	2	公路—I级	2010年1月	2012年12月	
5	大桥	陂角2号大桥（右幅）	RK3+943.420	277	11.50	2	公路—I级	2010年1月	2012年12月	
6	大桥	陂角2号大桥（左幅）	LK3+945	277	11.50	2	公路—I级	2010年1月	2012年12月	
7	大桥	道村尾大桥（右幅）	RK7+084	581	11.50	2	公路—I级	2010年1月	2012年12月	
8	大桥	道村尾大桥（左幅）	LK7+082	631	11.50	2	公路—I级	2010年1月	2012年12月	
9	大桥	枫树坪大桥	K8+590	736.5	23.00	4	公路—I级	2010年1月	2012年12月	
10	大桥	道村大桥	K9+160	206	11.50	2	公路—I级	2010年1月	2012年12月	
11	大桥	宋桂大桥	K10+262	506	23.00	4	公路—I级	2010年1月	2012年12月	
12	大桥	新安寨大桥	K12+010	226	23.00	4	公路—I级	2010年1月	2012年12月	
13	大桥	书屋背大桥	K15+077	146	11.50	2	公路—I级	2010年1月	2012年12月	
14	大桥	黄泥洞大桥（右幅）	K16+429.5	421.5	11.50	2	公路—I级	2010年1月	2012年12月	
15	大桥	黄泥洞大桥（左幅）	K16+429.5	425	11.50	2	公路—I级	2010年1月	2012年12月	
16	大桥	留塘1号大桥（右幅）	K19+107	226	11.50	2	公路—I级	2010年1月	2012年12月	
17	大桥	留塘1号大桥（左幅）	K19+097	206	11.50	2	公路—I级	2010年1月	2012年12月	
18	大桥	油草湾大桥	K19+898.5	331	23.00	4	公路—I级	2010年1月	2012年12月	
19	大桥	水波塘大桥	K20+775	226	23.00	4	公路—I级	2010年1月	2012年12月	
20	大桥	古栏大桥（右幅）	K24+180	206	11.50	2	公路—I级	2010年1月	2012年12月	
21	大桥	古栏大桥（左幅）	K24+170	226	11.50	2	公路—I级	2010年1月	2012年12月	
22	大桥	里云塘大桥（右幅）	K25+805	246	11.50	2	公路—I级	2010年1月	2012年12月	
23	大桥	里云塘大桥（左幅）	K25+795	226	11.50	2	公路—I级	2010年1月	2012年12月	

续上表

序号	桥梁分类	桥梁名称	中心桩号	桥梁长度（m）	桥面宽度（m）	车道数	设计汽车荷载等级	开工时间	完工时间	备注
24	大桥	JK27+331.811桥	JK27+331.811	396.5	23.00	4	公路—Ⅰ级	2010年1月	2012年12月	
25	大桥	大步塘大桥（右幅）	K263+374	912	15.25	3	公路—Ⅰ级	2010年12月	2013年12月	
26	大桥	大步塘大桥（左幅）	K263+374	912	15.25	3	公路—Ⅰ级	2010年12月	2013年12月	
27	大桥	泷江大桥	K266+247	406	30.50	6	公路—Ⅰ级	2010年12月	2013年12月	
28	大桥	省道S279跨线桥（右幅）	K267+557	281	15.25	3	公路—Ⅰ级	2010年12月	2013年12月	
29	大桥	省道S279跨线桥（左幅）	K267+570	256	15.25	3	公路—Ⅰ级	2010年12月	2013年12月	
30	大桥	凤凰寨大桥（右幅）	K270+280	231	15.25	3	公路—Ⅰ级	2010年12月	2013年12月	
31	特大桥	二步水大桥	K275+575	1136	30.50	6	公路—Ⅰ级	2010年12月	2013年12月	
32	大桥	车仔田大桥	K276+702	688	30.50	6	公路—Ⅰ级	2010年12月	2013年12月	
33	大桥	刘屋湾大桥（右幅）	K277+492	561	15.25	3	公路—Ⅰ级	2010年12月	2013年12月	
34	大桥	刘屋湾大桥（左幅）	K277+492	561	15.25	3	公路—Ⅰ级	2010年12月	2013年12月	
35	大桥	银竹根大桥（右幅）	K278+840	232	15.25	3	公路—Ⅰ级	2010年12月	2013年12月	
36	大桥	银竹根大桥（左幅）	K278+827	256	15.25	3	公路—Ⅰ级	2010年12月	2013年12月	
37	大桥	河岔大桥（右幅）	K279+975	230	15.25	3	公路—Ⅰ级	2010年12月	2013年12月	
38	大桥	河岔大桥（左幅）	K279+980	283	15.25	3	公路—Ⅰ级	2010年12月	2013年12月	
39	大桥	王口2号桥（右幅）	K281+286	418	15.25	3	公路—Ⅰ级	2010年12月	2013年12月	
40	大桥	王口2号桥（左幅）	K281+271	448	15.25	3	公路—Ⅰ级	2010年12月	2013年12月	
41	大桥	木呠咀大桥（右幅）	K282+062	728	15.25	3	公路—Ⅰ级	2010年12月	2013年12月	
42	大桥	木呠咀大桥（左幅）	K282+067	718	15.25	3	公路—Ⅰ级	2010年12月	2013年12月	
43	大桥	大塘口2号桥	K282+997	487	30.50	6	公路—Ⅰ级	2010年12月	2013年12月	
44	大桥	鸦阜头1号桥	K283+662	217	30.50	6	公路—Ⅰ级	2010年12月	2013年12月	
45	大桥	鸦阜头2号桥（右幅）	K284+062	427	15.25	3	公路—Ⅰ级	2010年12月	2013年12月	
46	大桥	鸦阜头2号桥（左幅）	K284+212	367	15.25	3	公路—Ⅰ级	2010年12月	2013年12月	

续上表

序号	桥梁分类	桥 梁 名 称	中 心 桩 号	桥梁长度(m)	桥面宽度(m)	车道数	设计汽车荷载等级	开工时间	完工时间	备注
47	大桥	鸦卓头3号桥(右幅)	K284+672	307	15.25	3	公路—Ⅰ级	2010年12月	2013年12月	
48	大桥	鸦卓头3号桥(左幅)	K284+672	247	15.25	3	公路—Ⅰ级	2010年12月	2013年12月	
49	大桥	船地大桥(右幅)	K285+219	423.5	15.25	3	公路—Ⅰ级	2010年12月	2013年12月	
50	大桥	船地大桥(左幅)	K285+217	420	15.25	3	公路—Ⅰ级	2010年12月	2013年12月	
51	大桥	嵛溪镇跨线桥(右幅)	K286+632	277	15.25	3	公路—Ⅰ级	2010年12月	2013年12月	
52	大桥	嵛溪镇跨线桥(左幅)	K287+167	482	15.25	3	公路—Ⅰ级	2010年12月	2013年12月	
53	大桥	石头屋大桥(右幅)	K287+360	401	15.25	3	公路—Ⅰ级	2010年12月	2013年12月	
54	大桥	石头屋大桥(左幅)	K287+362	416	15.25	3	公路—Ⅰ级	2010年12月	2013年12月	
55	大桥	潭应大桥(右幅)	K287+840	226	15.25	3	公路—Ⅰ级	2010年12月	2013年12月	
56	大桥	潭应大桥(左幅)	K287+815	276	15.25	3	公路—Ⅰ级	2010年12月	2013年12月	
57	大桥	大石大桥(右幅)	K288+352	551	15.25	3	公路—Ⅰ级	2010年12月	2013年12月	
58	大桥	大石大桥(左幅)	K288+340	476	15.25	3	公路—Ⅰ级	2010年12月	2013年12月	
59	大桥	新栗大桥(右幅)	K289+143	328	15.25	3	公路—Ⅰ级	2010年12月	2013年12月	
60	大桥	车门洞大桥(左幅)	K289+452	200	15.25	3	公路—Ⅰ级	2010年12月	2013年12月	
61	大桥	双廉塘大桥	K292+252	473	30.50	6	公路—Ⅰ级	2010年12月	2013年12月	
62	大桥	小垌大桥(右幅)	K293+190	296	15.25	3	公路—Ⅰ级	2010年12月	2013年12月	
63	大桥	小垌大桥(左幅)	K293+205	328	15.25	3	公路—Ⅰ级	2010年12月	2013年12月	
64	大桥	及更大桥(右幅)	K293+825	251	15.25	3	公路—Ⅰ级	2010年12月	2013年12月	
65	大桥	及更大桥(左幅)	K293+812	276	15.25	3	公路—Ⅰ级	2010年12月	2013年12月	
66	大桥	培岭1号桥	K295+037	376	30.50	6	公路—Ⅰ级	2010年12月	2013年12月	
67	大桥	培岭2号桥(右幅)	K295+392	186	15.25	3	公路—Ⅰ级	2010年12月	2013年12月	
68	大桥	培岭3号桥(右幅)	K295+672	301	15.25	3	公路—Ⅰ级	2010年12月	2013年12月	
69	大桥	培岭3号桥(左幅)	K295+672	226	15.25	3	公路—Ⅰ级	2010年12月	2013年12月	

云罗高速公路隧道表

表 3-10-12

序号	隧道分类	隧道名称	起止桩号	长度（单洞,m）	行车道宽度（单洞,m）	隧道净高（m）	车道数	开工时间	完工时间	备注
1	长隧道	罗岭右线隧道	K4+855～K6+354	1499	8	5	2	2009年6月	2012年12月	
2	长隧道	罗岭左线隧道	K4+840～K6+359	1519	8	5	2	2009年6月	2012年12月	
3	短隧道	道村尾右线隧道	K6+401～K6+695	294	8	5	2	2009年6月	2012年12月	
4	短隧道	道村尾左线隧道	K6+691～K6+430	261	8	5	2	2009年6月	2012年12月	

5. 主要设计、施工、监理单位

设计单位：广东省公路勘察规划设计院有限公司。

施工单位：广东省长大公路工程有限公司、中国铁建港航局集团有限公司、广西路桥工程集团有限公司等17个单位。

监理单位：长沙华南土木工程监理有限公司、武汉大通公路桥梁咨询监理有限责任公司等4个单位。

6. 重大工程变更

重大工程变更有：罗阳高速公路线位调整引起莫村立交范围罗阳段线位的变更；高液限土处理利用变更；LK3+280～LK3+840路堑左侧高边坡变更；大山脚大桥部分桩基改为扩大基础的变更；罗岭隧道下穿山塘处理方案变更设计；罗岭隧道左线涌泥及塌方地质灾害处理方案；隧道照明变更设计；K42+830～K43+360路堑右侧高边坡设计变更；路面主要变更设计；高填方路基石方调配方案变更等。

（三）复杂技术工程

1. 罗岭隧道

云罗高速公路罗岭隧道位于云浮市郁南县宋桂镇北约10km，为分离式双向四车道高速公路隧道。隧道穿过罗岭丘陵，分左、右线分离设置。

隧址处于山岭重丘区，山体走向总体成东西走向，隧道线路经过最大高程约为223.5m，进口及出口段山体呈缓坡状，自然坡度30°～40°，隧道中部山顶两侧山坡坡度较大，坡度为40°～50°，进隧道最大埋深约117m。进出口洞门均采用削竹式洞门。

左洞：ZK5+560～ZK5+518，长42m。该段围岩反射面稀疏，纵、横波速度均匀，纵波速度较前段小幅升高。推测该段围岩裂隙发育～较发育，围岩呈块状～镶嵌结构，轻微裂隙水，纵波速度4.2km/s。综合判断，围岩级别为Ⅴ级。

右洞：YK5+630～YK5+520，长110m。该段围岩反射面密集，纵、横波速度小幅起伏，纵、横波速度值偏低。推测该段围岩裂隙发育～极发育，围岩呈碎块状～镶嵌结构，局部少量裂隙水渗漏，纵波速度3.8km/s。综合判断，围岩级别为Ⅴ级。

为保证山塘段洞内的安全施工，先对山塘换填处理、地表注浆。洞内施工遵循新奥法的原理进行施工，少扰动，充分保护围岩；早喷锚，充分发挥围岩的自承能力；快封闭，尽快使支护结构闭合；勤测量，加强监测，根据监测数据指导施工。采用此方案处理后的山塘段质量效果理想，没有出现渗水、混凝土开裂和变形等不良情况。2012年11月隧道安全、优质建成。

2. K13～K19、K39～K44段路堑右侧高边坡

根据勘察资料和边坡病害调查结果，该项目沿线边坡顺层边坡分布范围较广，分布里

程为 K13～K19、K39～K44 段,总长度约 11km,约占全线的 16.8%,该段顺层边坡病害较为集中,为该线路边坡病害发育主要地层。

顺层边坡病害主要发育在 K13+000～K19+000、K38+000～K44+000 段右侧。病害发育地层同为全～强～中风化粉砂岩、泥岩,垂直节理发育,贯通性好,岩层面与边坡倾向一致,均为顺倾边坡。且结构面大部分充填灰白色高岭土,光滑,强度低。

2011 年 6 月,K42+830～K43+360 段右侧路 K43+080～K43+180 段四、五级坡出现了明显的滑动变形。滑坡后缘距堑顶截水沟外边线约 18.0m,裂缝宽 20～25cm,下错高度约 2.0m,长约 15.0m。前缘剪出口位于三级平台附近。2012 年 10 月,K43+260～K43+300 段三、四级坡出现了明显的滑塌变形。采取的措施以卸载(放缓边坡及加宽平台)为主,锚杆格梁和锚索框梁加固为辅,坡面采用喷混植生绿化防护并加强坡面排水。最后一个病害边坡于 2013 年 11 月安全、优质建成。

3. 高液限土改良施工技术

云罗高速公路第一标段 K24+000～K34+000 施工段原设计中路基填方需要大量利用方,进场后经过对利用方施工路段的土质进行调查和试验,发现部分利用土方为高液限土(约 36.7 万 m³),由于高液限土具有含水率高、遇水软化等物理力学特性,若直接用于填筑路堤,会导致路堤填土难以压实、边坡坍塌等一系列病害。但如果对此部分高液限土作为弃方处理,势必增加借方量,而沿线地形、土质及社会风俗等因素导致满足要求的借土场较难寻找,费用高,对环境影响较大。因此,在施工中根据高液限土 CBR 值、细颗粒含量、液限等指标以及改良高液限土的物理力学性能、工程特性和路用性能的试验研究,提出高液限土处理方法。主要包括:

(1)确定掺砂比例。

(2)提出掺砂改良的具体施工工艺。

(3)提出高液限土填筑的空气率和压实度双控制指标,以及填料质量、高液限土改良填料的含水率、掺砂量、掺砂均匀性、松铺厚度、降低压实度标准等质量控制方法和量化指标。

(4)采用该技术,规范了高液限土掺砂改良填筑施工,促进高液限土科学利用,确保工程施工质量和进度。而且可减少弃土和借土的数量,降低工程造价,避免由此产生的水土流失、生态平衡失调等对自然环境的破坏。

(四)科技创新

1. 丘陵区鸡爪沟地形土石混填路基修筑关键技术与效果研究

针对丘陵区山区高速起伏变化的鸡爪沟地段,课题重点研究鸡爪沟地形局部软基处治技术、桥涵结构物台背和土石混填施工与质量控制技术,解决鸡爪沟地形土石混填路堤工后不均匀沉降和桥头跳车等技术问题,成果直接应用于云罗高速公路工程建设中,效果良好。

2015年6月30日,课题成果通过了广东省交通运输厅组织的鉴定,认为研究成果总体上达到了国际先进水平。

2.山区高等级公路高填路堤施工关键技术与质量控制指标优化研究

云罗高速公路地处广东省西部山区,存在大量的高填路堤,容易出现沉降和边坡失稳等问题。为提高路基填筑质量和高填方路堤的稳定,该课题对传统高填路基的施工工序进行了优化和改进,系统开展了室内外填料物理力学特性和压实试验,确定了不同工况条件下坡脚位移、安全系数和潜在滑动面,提出了相应的回填压实与质量控制的关键技术,并应用于项目高填路堤质量控制和三背回填施工过程,产生了较好的经济和社会效益。

2015年6月30日,课题成果通过了广东省交通运输厅组织的鉴定,认为研究成果总体上达到了国际先进水平。

3.Budunsel岩沥青改性沥青混合料路用性能及施工工艺研究

Budunsel天然岩沥青改性剂是由产自南太平洋印度尼西亚布敦岛的天然岩沥青矿料在保留天然沥青成分的基础上经过科学提炼、精细加工、复合制成的新型沥青混合料添加剂,Budunsel天然岩沥青由于常年与自然环境共存,性质极其稳定,耐老化性能特别好,具有很好的吸收沥青的能力,能够加强沥青与矿料的黏附作用。使用天然岩沥青改性形成的改性沥青混合料,具有高使用寿命与很强的耐微生物侵蚀的能力,可显著改善和提高混合料的高温抗车辙、抗水损坏、抗老化和低温抗裂性能。

课题通过分析Budunsel岩沥青改性机理,获得Budunsel岩沥青作为较好改性剂的理论基础,确定Budunsel岩沥青掺量数据,对Budunsel岩沥青改性沥青混合料拌和、摊铺、碾压等施工工艺进行研究并在室外试验过程中验证、改进,形成一套系统的、适用于广东地区的Budunsel岩沥青改性沥青混合料施工方法,能有效解决广东地区沥青路面车辙等病害,具有较好的实用性和经济性。

2014年11月27日,课题成果通过了广东省交通运输厅组织的鉴定,认为研究成果达到了国内领先水平,具有较好的社会经济效益和广阔的推广应用前景。

4.基于交通流理论的公路隧道照明节能技术研究

课题紧紧围绕《国家中长期科学和技术发展规划纲要》及《公路水路交通运输节能减排"十二五"规划》的要求,在保证安全的前提下,以公路隧道照明节能技术作为切入点,对隧道照明理论、亮度标准、设计方法、控制方法与灯具开发等方面进行了研究,系统解决了高速公路隧道照明理论、设计、施工成套关键技术,以照明系统节能为核心,以降低高速公路隧道照明系统运营费用、提高高速公路隧道安全运营水平为目标,依托云罗高速公路进行了应用,节约了大量的能源,降低了隧道运营成本,社会效益与经济效益显著。

2013年11月7日,课题成果通过了广东省交通运输厅组织的鉴定,认为总体成果达到了国际先进水平,部分成果达到国际领先水平。2015年课题成果获"广东省科学技术奖三等奖"。

5. 基于物联网技术的公路智慧型节能供配电关键技术研究

针对公路供配电系统普遍存在的系统造价高、供电成本高、管理模式粗放、系统能效大等问题,本课题研究提出一套适用于高速公路用电情况的供配电技术和方案,通过优化供配电方案、改善供电质量、提高系统效率、降低系统能效等手段改善公路供配电系统存在的高成本高能耗问题。研究实现电源的智能通信和控制,最终实现节能减排的效果,其社会效益与经济效益显著。

2013年11月7日,课题成果通过了广东省交通运输厅组织的鉴定,认为研究成果达到了国际先进水平,部分成果达到国际领先水平。

6. 数控千斤顶张拉系统

这是一种用于千斤顶数控张拉系统的电磁控制器,电磁控制器分别与油泵电机和千斤顶相连,通过单片机控制电磁控制器的通断。采用电磁控制器可以实现油压的精准控制,相对机械控制器来说,电磁控制器具有动作快速、功率微小、外观轻巧、使用安全、控制方便的特点。预应力智能同步张拉控制系统对实时性要求很高,采用电磁控制器控制油压,能够使整千斤顶数控张拉系统更加安全可靠。

2013年6月12日,数控千斤顶张拉系统获国家知识产权局授予实用新型专利。

(五)运营管理

1. 运营公司

云罗高速公路公司于2003年5月26日成立,负责云罗高速公路的投资建设和运营管理。2017年4月经上级批准,设立新的广东省路桥建设发展有限公司云梧分公司。云罗高速公路公司下设综合事务部、党群人力资源部、计划财务部、收费管理部、机电隧道部、路政大队、养护工程部等职能部门。

该公司同时经营管理云罗高速公路(云浮双凤—罗定䓣滨)、广梧高速公路(G80广昆高速公路粤境段),受委托管理广云高速公路(G80肇庆马安至云浮河口段)。

2. 收费站点

云罗高速公路共5个收费站,分别为宋桂站、双东站、附城站、䓣滨匝道站、䓣滨主线站5个收费站,见表3-10-13。全路段收费站点共有51条收费车道,其中入口车道23条(入口ETC车道6条),出口车道28条(出口ETC车道6条),绿色通道5条,另有复式收费亭19个。

收费站点设置情况表　　　　　　　　　　表3-10-13

站点名称	车道数	收费方式
宋桂	2条入口,3条出口	封闭式收费,MTC+ETC
双东	3条入口,5条出口	封闭式收费,MTC+ETC
附城	3条入口,3条出口	封闭式收费,MTC+ETC
辖滨匝道	3条入口,4条出口	封闭式收费,MTC+ETC
辖滨主线	13条入口,13条出口	封闭式收费,MTC+ETC

3.车流量

车流量情况见表3-10-14。

车流量情况表　　　　　　　　　　表3-10-14

年份(年)	日均车流量(辆)
2013	7038
2014	16867
2015	19611
2016	21546

4.服务区

云罗高速公路全线设有附城服务区1处。服务区占地面积80亩,设有停车位170个。

5.养护管理

(1)养护工作全面推行招标。选择具备优秀施工能力的大型专业施工单位,结合养护工程的特点,合同采用单价合同与包干合同相结合的形式,专项工程按照土建工程造价小于100万元的工程实行指定或比价,大于100万元的工程实行施工招标。

(2)积极推动预防性养护。积极贯彻"预防为主、防治结合"的方针,在养护管理上实施主动的预防性养护,通过检测及时掌握路况,尽早发现并消除病害苗头,避免出现重大路面病害现象。通车以来,主要明显的病害为沉降,通过积极及时有效地处治路面沉降病害,有效提高路面耐久性,持续延长路面使用寿命。

(3)机电及隧道养护管理。云罗高速公路机电及隧道日常养护管理分为外包维护和自行维护两种模式。外包项目括高压架空线、高压设备、不间断电源、柴油发电机、灯具、隧道附属设施、石英计重设备、ETC、绿通快检。针对外包项目维护,主要是进行跟进、监督及记录。根据高速公路机电及隧道特点,按照机电隧道部管理的要求进行养护。

6.路政管理

(1)强化路域巡查,依法维护路产路权

云梧路政大队对沿线所有的交通标志牌、公路设施、桥隧等路产进行登记建档,并逐年对新增的路产及时登记更新。对路面交安设施、标志标线、桥下空间和高速公路建筑控制区等进行重点检查,发现问题及时报送相关单位进行处理。

(2)借助多方力量,制止公路违法侵权案件发生

云梧路政大队积极加强与当地政府及各个部门的沟通联系,取得地方政府的支持和配合,形成联合共管、综合治理的机制。并通过结合路段路况复杂、桥涵比例大、沿线村民法律意识淡薄等特点,制订了一系列的整治措施,形成长效管理机制。对于违章建筑物、违章广告,或者其他破坏、侵占公路的行为,一旦发现一律坚决加以制止。同时制作相关资料移交当地交通行政综合执法局跟踪处理;并多次连同养护队清理。

(3)采用有力措施,提升路产损坏案件赔付

主要是通过保险方式追偿路产损失,对于路产损坏逃逸案件、偷盗案件以及路产索赔未结案件,通过路产保险方式来获取补偿金。将碰撞条款和盗窃条款纳入路产保险合同中的扩展条款范畴,使路产损失得到补偿。

(六)企业文化建设

1.企业文化建设的目标

2010年6月,随着云梧高速公路的建成通车和云罗高速公路的全面开工,云梧公司的业务由单一的工程建设转变为工程建设与运营管理并存,为此,公司围绕的经营目标,在工程建设上提出了"双标管理齐并进,建设粤西精品样板工程",在运营管理上提出了"创先争优促发展,打造大西关文明示范路"的工作目标。

2.科技引路,打造绿色生态的科研文化

在云梧高速公路和云罗高速公路的设计过程中,在遵循自然规律的基础上,形成了独特的生态科技文化。采用原生本土植物进行绿化,利用表土进行高速公路边坡绿化的施工;设立埋地式生活污水处理设备,回用处理日常排放物,大大减少了对周边环境的影响;采用LED灯动态调光系统控制,以新一代的LED照明替代高压钠灯,既保证行车安全,又节省能源。云梧公司逐步形成了与环境相适应的生态科技文化。

3.推行社区文化,营造和谐多彩的物质文化

云梧公司以不同年龄层、文化层的员工开展各类有针对性的企业文化活动,引入"社区文化"模式,围绕"爱国、敬业、诚信、友善"的要求不断提升职工思想道德素质。鼓励"人才多元化",突出"文化多样性",重视员工职场规划,适度地给予员工引导和搭建便于

他们展现特长的舞台。根据员工特长和爱好,先后成立了摄影、网球、羽毛球、舞蹈、歌唱等兴趣小组,开展丰富多样的业务文化活动,将员工的工余时间组织起来,加强员工之间非正式的沟通,促进企业内部的和谐氛围。

4.企业文化建设中取得成就

公司获"广东省重点项目建设工作先进集体""全国交通运输企业文化建设优秀单位""全国交通运输企业文化建设卓越单位""广东省五四红旗团委"、广梧高速公路(河口至平台段)荣获第七届广东省土木工程"詹天佑故乡杯"奖和中国土木工程协会第十三届"中国土木工程詹天佑奖"。

"广梧高速公路隧道群安全保障与节能关键技术研究"获广东省科学进步一等奖、"山岭重丘区高速公路建设管理关键技术研究与应用"获中国公路学会科学技术奖一等奖、"高速公路营运企业绿色生态管理"获全国交通行业管理现代化创新成果三等奖、"基于交通流理论的公路隧道照明节能技术研究"项目获广东省科学技术三等奖。

云梧公司"山区高速公路"六要素""四预"服务机制的创新与实践"管理成果荣获第二十六届广东省企业管理现代化创新成果二等奖。

平台收费站、连滩收费站被授予广东省"巾帼文明岗"、平台收费站被授予广东省委"青年文明号"、监控中心获广东省"三八红旗集体"、隧道班组获"全国班组安全建设与管理成果展示比赛"一等奖。

第十一节　济南—广州高速公路广东段(G35)

济南—广州高速公路(简称"济广高速公路"),是国家高速公路网"71118+6"中的一条纵线,编号为 G35,起于山东省济南市,途经山东泰安、河南商丘、安徽安庆、江西景德镇、广东平远,止于广州市,全长 1975km,是沟通胶东半岛、长江三角洲和珠江三角洲,贯穿南北的一条大通道。

济广高速公路广东境内路段与《广东省高速公路网规划》第二纵线、第二横线、第三纵线、第三横线部分路段共线,起于梅州市平远县八尺镇粤赣交界处,顺接江西瑞金至寻乌高速公路,线路往南经平远、兴宁、五华、紫金、博罗、惠州,止于广州市萝岗,与广州北二环高速公路相接,全长 403.943km(含共线 42.35km),已全线建成通车。

济广高速公路广东境内路段由 5 个项目段组成:平远—兴宁高速公路、兴宁—五华高速公路、汕头—湛江高速公路揭西—博罗段、惠州—河源高速公路石坝—小金口段、广州—惠州高速公路。

一、平远—兴宁高速公路

广东平远—兴宁高速公路是济南—广州高速公路(编号G35)的重要组成部分,是《广东省高速公路网规划》的第二纵——汕尾—江西寻乌高速公路的组成部分。路线起于梅州市平远县的赣粤界,与济广高速公路江西瑞金—寻乌段顺接,经梅县、兴宁,止于五华县境内梅河高速青西大桥,全长98.544km。批复投资概算为80.34亿元。2012年12月28日控制性工程先行开工;2013年6月25日工程全面开工;2015年12月15日通过交工验收,2015年12月31日建成通车运营。

平兴高速公路的建成,彻底结束了平远县没有高速公路的历史,对于实现济广高速公路的全线贯通,促进沿线矿产、旅游资源开发,推动红色土地实现绿色崛起,改变粤东北落后面貌,逐步实现广东区域的均衡协调发展等具有重要意义。

平兴高速公路有限公司负责建设和运营管理。

(一)主要技术指标和建设规模

路线位于粤东北丘陵、低山与盆地相间地段,全线按高速公路标准建设,双向四车道,设计速度100km/h,沿线设八尺、河头、平远、石正、梅西、黄陂、大坪、教礼、叶塘、新陂、转水共11处互通式立交,预留梅平互通式立交。同步建设河头、石正、大坪连接线共21.24km。桥梁175座,其中主要桥梁35座,隧道2座,见表3-11-1和表3-11-2。

(二)建设情况

1. 建设依据

2010年11月17日,广东省发改委将平兴项目建设审查意见上报国家发改委和交通运输部。

2011年3月31日,国家发改委批复平兴项目。

2011年5月5日,交通运输部核准平兴项目。

2012年2月29日,平兴项目申请报告正式取得国家发改委核准建设。

2. 资金来源

平兴项目投资概算约80.34亿元,2013年,项目资本金28.5亿元(含省财政补助12亿元、中期票据15亿元)全部到位。同年,与国家开发银行、中国邮政储蓄银行、交通银行组成的贷款银团如期签订了52亿元的贷款合同。

3. 征地拆迁

项目征用土地约1.2万亩,截至2015年底,共完成各类红线外"三改"工程征地约1000亩的拆迁工作。

平兴高速公路主要桥梁表

表 3-11-1

序号	桥梁分类	桥梁名称	起止桩号	桥梁长度（m）	桥面宽度（m）	车道数	设计汽车荷载等级	建设时间	备注
1	大桥	排下跨线桥	左幅 K1576+244.47～K1576+477.53	233.06	13	2	公路—Ⅰ级	2012年12月～2015年12月	
2	大桥	榕树下高架大桥	右幅 K1576+244.47～K1576+477.53	233.06	13	2	公路—Ⅰ级	2012年12月～2015年12月	
3	大桥	八尺互通主线桥	K1578+016.97～K1578+263.03	246.06	26	4	公路—Ⅰ级	2012年12月～2015年12月	
4	大桥	樟田河大桥	K1581+826.97～K1582+058.03	231.06	26	4	公路—Ⅰ级	2012年12月～2015年12月	
5	大桥	水口跨线桥	K1584+466.97～K1584+683.03	216.06	13	2	公路—Ⅰ级	2012年12月～2015年12月	
5	大桥	水口跨线桥	左幅 K1589+892.32～K1590+354.38	462.06	13	2	公路—Ⅰ级	2012年12月～2015年12月	
	大桥		右幅 K1589+892.32～K1590+354.38	462.06	13	2	公路—Ⅰ级	2012年12月～2015年12月	
6	大桥	重甫亭跨线桥	左幅 K1591+278.07～K1591+590.63	312.56	13	2	公路—Ⅰ级	2012年12月～2015年12月	
			右幅 K1591+278.07～K1591+590.63	312.56	13	2	公路—Ⅰ级	2012年12月～2015年12月	
7	大桥	大屋下跨线桥	K1592+455.47～K1592+794.53	339.06	26	4	公路—Ⅰ级	2012年12月～2015年12月	
8	大桥	中行河大桥	K1593+944.97～K1594+161.03	216.06	13	2	公路—Ⅰ级	2012年12月～2015年12月	
9	大桥	岗上高架桥	K1595+614.97～K1595+831.03	216.06	26	4	公路—Ⅰ级	2012年12月～2015年12月	
10	大桥	岗咀下高架桥	K1597+191.97～K1597+528.03	336.06	26	4	公路—Ⅰ级	2012年12月～2015年12月	
11	大桥	田螺纽跨线桥	左幅 K1600+350.97～K1600+787.03	436.06	13	2	公路—Ⅰ级	2012年12月～2015年12月	
			右幅 K1600+510.97～K1600+787.03	276.06	13	2	公路—Ⅰ级	2012年12月～2015年12月	
12	大桥	南台山跨线桥	K1602+500.97～K1602+732.03	231.06	26	4	公路—Ⅰ级	2012年12月～2015年12月	
13	大桥	上竹子坝南高架桥	K1605+351.97～K1605+568.03	216.06	26	4	公路—Ⅰ级	2012年12月～2015年12月	
14	大桥	黄花陂跨线桥	左幅 K1607+941.47～K1608+301.53	360.06	13	2	公路—Ⅰ级	2012年12月～2015年12月	
			右幅 K1607+941.47～K1608+301.53	360.06	13	2	公路—Ⅰ级	2012年12月～2015年12月	
15	大桥	石岭村跨线桥	K1615+553.77～K1615+909.83	356.06	26	4	公路—Ⅰ级	2012年12月～2015年12月	
16	大桥	石篆高架桥	K1619+201.97～K1619+433.03	231.06	13	2	公路—Ⅰ级	2012年12月～2015年12月	
17	大桥	双下高架桥	左幅 K1624+202.23～K1624+537.77	335.54	13	2	公路—Ⅰ级	2012年12月～2015年12月	
			右幅 K1624+292.23～K1624+567.77	275.54	13	2	公路—Ⅰ级	2012年12月～2015年12月	

续上表

序号	桥梁分类	桥梁名称	起止桩号	桥梁长度（m）	桥面宽度（m）	车道数	设计汽车荷载等级	建设时间	备注
18	大桥	新圩高架桥	左幅 K1627+432.23～K1627+827.77	395.54	13	2	公路—Ⅰ级	2012年12月～2015年12月	
	大桥		右幅 K1627+272.23～K1627+787.77	515.54	13	2	公路—Ⅰ级	2012年12月～2015年12月	
19	大桥	省道S225跨线桥	左幅 K1628+040.23～K1628+620.77	580.54	13	2	公路—Ⅰ级	2012年12月～2015年12月	
	大桥		右幅 K1628+000.23～K1628+610.77	610.54	13	2	公路—Ⅰ级	2012年12月～2015年12月	
20	大桥	陶塘高架桥	K1630+507.23～K1630+782.77	275.54	26	4	公路—Ⅰ级	2012年12月～2015年12月	
21	大桥	陶古高架桥	AK0+402.955～AK0+605.045	202.09	8.5	1	公路—Ⅰ级	2012年12月～2015年12月	
22	大桥	圳下高架桥	左幅 K1633+368.23～K1634+123.77	755.54	13	2	公路—Ⅰ级	2012年12月～2015年12月	
	大桥		右幅 K1633+398.23～K1634+123.77	725.54	13	2	公路—Ⅰ级	2012年12月～2015年12月	
23	大桥	廿一高架桥	K1634+854.46～K1635+215.54	361.08	26	4	公路—Ⅰ级	2012年12月～2015年12月	
24	大桥	县道X014跨线桥	左幅 K1635+936.73～K1636+473.27	536.54	13	2	公路—Ⅰ级	2012年12月～2015年12月	
	大桥		右幅 K1635+996.73～K1636+473.27	476.54	13	2	公路—Ⅰ级	2012年12月～2015年12月	
25	大桥	黄石高架桥	左幅 K1637+772.23～K1638+077.77	305.54	13	2	公路—Ⅰ级	2012年12月～2015年12月	
	大桥		右幅 K1637+772.23～K1638+047.77	275.54	13	2	公路—Ⅰ级	2012年12月～2015年12月	
26	大桥	金盆地高架桥	左幅 K1638+704.23～K1639+011.77	307.54	13	2	公路—Ⅰ级	2012年12月～2015年12月	
	大桥		右幅 K1638+704.23～K1639+041.77	337.54	13	2	公路—Ⅰ级	2012年12月～2015年12月	
27	大桥	大坪河大桥	左幅 K1644+899.73～K1645+187.27	287.54	13	2	公路—Ⅰ级	2012年12月～2015年12月	
	大桥		右幅 K1644+801.23～K1645+168.77	367.54	13	2	公路—Ⅰ级	2012年12月～2015年12月	
28	大桥	牙子寨高架桥	左幅 K1647+982.23～K1648+287.77	305.54	13	2	公路—Ⅰ级	2012年12月～2015年12月	
	大桥		右幅 K1647+981.73～K1648+262.27	280.54	13	2	公路—Ⅰ级	2012年12月～2015年12月	
29	大桥	石壁下高架桥	左幅 K1649+690.23～K1649+857.77	167.54	13	2	公路—Ⅰ级	2012年12月～2015年12月	
	大桥		右幅 K1652+624.23～K1652+929.77	305.54	13	2	公路—Ⅰ级	2012年12月～2015年12月	
30	大桥	石子岗高架桥	左幅 K1652+624.23～K1652+904.77	280.54	13	2	公路—Ⅰ级	2012年12月～2015年12月	
	大桥		K1654+412.23～K1654+757.77	345.54	26	4	公路—Ⅰ级	2012年12月～2015年12月	

续上表

序号	桥梁分类	桥梁名称	起止桩号	桥梁长度（m）	桥面宽度（m）	车道数	设计汽车荷载等级	建设时间	备注
31	大桥	乐仙高架桥	K1663+530.23～K1663+760.77	230.54	26	4	公路—Ⅰ级	2012年12月～2015年12月	
32	大桥	廖屋高架桥	左幅 K1665+182.23～K1665+662.77	480.54	13	2	公路—Ⅰ级	2012年12月～2015年12月	
			右幅 K1665+207.23～K1665+662.77	455.54	13	2	公路—Ⅰ级	2012年12月～2015年12月	
33	大桥	漳龙铁路跨线桥	左幅 K1666+238.23～K1666+738.77	500.54	13	2	公路—Ⅰ级	2012年12月～2015年12月	
			右幅 K1666+238.23～K1666+738.77	500.54	13	2	公路—Ⅰ级	2012年12月～2015年12月	
34	大桥	余禾塘高架桥	K1670+462.23～K1670+737.77	275.54	26	4	公路—Ⅰ级	2012年12月～2015年12月	
35	大桥	上排高架桥	左幅 K1672+867.23～K1673+112.77	245.54	13	2	公路—Ⅰ级	2012年12月～2015年12月	
			右幅 K1672+852.23～K1673+097.77	245.54	13	2	公路—Ⅰ级	2012年12月～2015年12月	

平兴高速公路隧道表

表 3-11-2

序号	隧道分类	隧道名称	起止桩号	长度（单洞,m）	行车道宽度（单洞,m）	隧道净高（m）	车道数	建设时间	备注
1	短隧道	南山隧道	K1625+926～K1626+284	左:358	7.5	7.24	2	2012年12月～2015年12月	
			K1625+900～K1626+276	右:376	7.5	7.24	2		
2	短隧道	甘专隧道	K1634+127～K1634+457	左:330	7.5	7.24	2	2012年12月～2015年12月	
			K1634+140～K1634+474	右:334	7.5	7.24	2		

4. 招投标

平兴高速公路本着"划大标段以产生规模效应"的理念,秉承"公平、公开、公正"的原则和合法合规的招投标程序,选择了有实力、信誉好的承包人。

5. 主要设计、施工、监理单位

设计单位:山东省交通规划设计院、广东省冶金建筑设计研究院、广东省公路勘察规划设计院股份有限公司、招商局重庆交通科研设计院有限公司。

施工单位:广东省长大公路工程有限公司、中交第二公路工程局有限公司、中铁隧道集团有限公司、广东冠粤路桥有限公司、广州市公路工程公司等22家公司。

监理单位:北京华宏工程咨询有限公司、广东华路交通科技有限公司、广东工程建设监理有限公司。

6. 工程重大变更

(1)两层变三层

平兴高速公路路面结构层初期设计为分两期施工。第一期路面工程方案为路基段路面采用为6cm GAC-16(SBS改性)+8cm GAC-25(SBS改性)的双层沥青混凝土结构。

建设前期,广东省交通集团对施工进度及施工质量可控性进行研究分析后,确认沥青混凝土面层结构由两层变更为三层一次实施的方案。

(2)二波变三波

2013年12月,交通运输部颁布了《公路护栏安全性能评价标准》(JTG B05-1—2013)(简称《新评价标准》)。为满足《新评价标准》的新要求,进一步提高公路波形梁护栏安全性能,广东省交通运输厅委托广东省公路学会组织相关单位开展了专题调查和研究工作,编制了设计通用图,经专家审查通过后,2015年3月25日发布该通用图,在2015年建设期间,平兴公司对原设计A级二波形梁护栏提出变更为新型A级三波形梁护栏。

(三)复杂技术工程

1. 多孔水磨钻施工技术——漳龙铁路跨线桥

施工期间解决的重要技术问题:2号墩处地质极其坚硬,经地质补钻,岩石强度高达74MPa,采用回旋钻无法成孔。2号墩小里程侧为陡峭山体,坡率较小(约1:0.2),若按原设计钻孔灌注桩施工,将影响小里程侧山体稳定,且对附近民房造成安全隐患,无法采用冲击钻成孔。采用多孔水磨钻施工技术成功解决了地质及位置难题,同时解决了该控制性工程的工期压力。

2. 岩溶区桩基施工——圳下高架桥

平兴高速公路 8 号标圳下高架桥位于隐伏岩溶潜在发育地段,局部钻孔勘探深度范围内揭露灰岩分布,桥位区内底层夹有多处土洞、溶洞,溶洞分布空间具有一定的随机性,岩面埋深不一,强度不均匀,地质情况变化较大。

圳下高架桥钻孔灌注桩设计总数为 106 根,施工中变更增加 2 根桩,实际总数为 108 根。根据地质钻探资料,53 根桩基为溶洞桩,施工中有 54 条桩出现漏浆现象,溶洞分布率为 50%,属岩溶极强发育区。2013 年 10 月 1 日开始进场施工,至 2015 年 8 月 1 日完成 11RB 桩基桩底溶洞处理,总施工周期为 22 个月,最长溶洞桩基处理时间为 145 天,平均每根溶洞桩基处理时间约为 30 天。

作为地下隐蔽工程,根据溶洞大小、填充情况、经济比选及以往处理成功经验,溶洞处理方案为回填片石黏土袋装水泥、回填素混凝土、钢护筒跟进及双液注浆等五种方案。施工过程中,桩基总数为 108 条,溶洞桩基为 54 条,溶洞分布率为 50%,处理成功 48 条,失败 6 条,处理成功率为 89%。大部分溶洞处理成功,未成功的采取桩底注浆等方式补充处理,实际施工过程中溶洞桩基施工均处理成功。

(四)运营管理

1. 运营公司

2011 年 6 月 8 日,广东平兴高速公路有限公司在广州注册。2015 年 12 月 31 日建成通车后,广东平兴高速公路有限公司负责平兴高速公路的运营管理,公司设有综合事务部、计划财务部、养护工程部、路政大队、收费管理部等共 5 个职能部门,下设 3 个中心收费站、3 个路政中队。

2. 收费站点

平兴高速公路共设有 11 个收费站,分别覆盖在梅县、兴宁市,五华县。收费站包括八尺主线收费站,五指石、河头、平远、石正、梅西、黄陂、大坪、教礼、叶塘、新陂等 10 个匝道收费站。

3. 车流量

平兴高速公路于 2015 年 12 月 31 日通车运营,2016 年 1 月至 4 月的日均车流量为 1.06万辆。

4. 养护管理

平兴公司养护工作全面推行精细化、标准化的管理模式,结合养护工程的特点,合同采用总价包干的形式,计量支付与养护质量挂钩。

一是日常养护管理。落实养护制度,强化监督检查,实施养护质量月度考评及年度绩效考核。充分利用路面管理系统及桥梁管理系统,建立路面、桥梁基础数据库。系统化安排日常的巡查及修复工作。

二是推动预防性养护。贯彻落实预防性养护和早期养护的方针,通过检测及时掌握路况,尽早发现并消除病害苗头,避免出现重大路面病害现象。

5.路政管理

平兴高速公路路政大队于2015年9月15日正式成立,管理辖区全长98.54km,下设三个中队,主要工作如下:一是充分发挥监督作用,加强施工安全管理及车辆救援业务、服务区业务的监管,强化考核,确保了全线道路安全畅通;二是开展沿线原有路产设施档案建档工作,对路产附属设施进行定期检查和路面安全隐患排查工作,依法保护路产路权,制止和查处各种违法利用、侵占、污染、毁坏和破坏路产的行为;三是积极推进路政软件信息化建设、规范路政许可等工作。

(五)企业文化建设

平兴公司在项目建设过程中,以苏区革命精神为己任,充分发扬党组织和党员特别能吃苦、特别能战斗的精神,结合工程建设的实际,从党支部、党小组、党员三个层面主动培育和提炼出了独具特色的党建工作"三三三"精神,以文化力量让党员凝聚于组织之"魂",受制于组织之"道",在潜移默化中约束和规范行为,提升影响力和感召力。

党支部"三有"精,即在公司发展上"有推动力"、在管理工作上"有创造力"、在廉政建设上"有免疫力";党小组"三不"精神,即"不简单"——小角色扛大旗,小舞台唱大戏;"不畏难"——遇事不躲闪,有事大家干;"不离群"——小组打冲锋,队伍当先锋;党员"三能"精神,即"能担当"——勇于担当使命、履职尽责;"能战斗"——敢于吃苦耐劳、不懈奋斗;"能奉献"——乐于服务群众、服务发展。

公司着力创建"一支部一品牌""平安工程"和"路面标杆工程"等为主题的书记项目活动。2015年,平兴公司党支部开展了"凝心聚力抓党建,打造路面新标杆"的党建主题活动,发挥党组织在"打造路面标杆"活动中的战斗堡垒作用和党员干部的先锋模范作用,通过"信息化支部""先锋行动""路面施工远程动态监控""文明施工"四大载体,打造了一支"召即来战则胜"的党员队伍,不断建设服务型基层党组织,把平兴高速公路打造成为"十二五"时期质量、管理、技术满意"三满意"的路面标杆工程。2014年平兴公路项目被交通运输部授予"平安工地"示范创建项目。

二、兴宁—五华高速公路

兴宁—五华高速公路是济广高速公路的重要组成部分,也是《广东省高速公路网规划》"二纵"[汕尾—江西瑞金(省界)]高速公路的重要组成部分。主线起于兴宁市转水镇,接济广高速公路平远至兴宁转水段,途经五华县县城、横坡、安流镇,止于梅林镇,接汕湛高速公路,全长59.1km。支线称为畲江支线,长25.0km。项目总投资估算为73.5亿元,兴华高速公路先行段控制性工程畲江支线的浮湖梅江大桥于2013年11月28日开工,主线段路基土建标于2015年1月陆续进场开工建设,2017年底建成通车。

兴华高速公路是由广东兴华高速公路有限公司负责建设和管理。

(一)主要技术指标和建设规模

按高速公路标准建设,转水至横陂段及畲江支线设计速度100km/h,横陂至樟树塘段设计速度120km/h。罗湖连接线采用一级公路技术标准,设计速度60km/h;畲江北连接线采用二级公路技术标准。

兴华高速公路由2段组成,主线转水至梅林段和畲江支线(水口至横陂段),路线长59.6km,设主要大桥36座(表3-11-3),设短隧道1座(双洞)(表3-11-4),设转水(枢纽)、五华、五华南、安流、梅林、樟树塘(枢纽)互通式立交共6处,设服务区1处、停车区1处。畲江支线线路长25.0km,设大桥12座、中桥4座,设畲江北(枢纽)、水口、河东、横陂(枢纽)互通式立交共4处。

(二)建设情况

1. 建设依据

2013年11月4日,广东省交通运输厅批复先行段工程(浮湖梅江大桥)初步设计。
2014年7月14日,广东省交通运输厅批复全线的初步设计。
2015年8月14日,广东省交通运输厅批复全线施工许可。

2. 资金来源

由股东资本金和银行贷款,其中股东资本金进资比例占总投资的35%,银行贷款比例占总投资的65%。

3. 招投标

勘察设计标、土建施工标、土建施工监理标、试验检测服务标、材料采购标、桩基检测标等均采用公开招标。

4. 主要设计、施工、监理单位

设计单位:广东省交通规划设计研究院股份有限公司、中交公路规划设计院有限公司等单位。

施工单位:中铁十二局集团有限公司、中交第三航务工程局有限公司、广东省长大公路工程有限公司等单位。

兴华高速公路主要桥梁表

表 3-11-3

序号	桥梁分类	桥梁名称	起止桩号	桥梁长度（m）	车道数	设计汽车荷载等级	建设时间	备注
1	大桥	梅河跨线桥	K0+029.695~K0+419.695	393.2	4	公路—Ⅰ级	2015年7月	
2	大桥	新中大桥	K0+900~K1+290	396.4	4	公路—Ⅰ级	2015年11月	
3	大桥	新村大桥	K0+900~K1+260	366.4	4	公路—Ⅰ级	2015年11月	
4	大桥	北坑里大桥	K1+503~K1+773	276.4	4	公路—Ⅰ级	2015年11月	
5	大桥	甘塘寨大桥	K3+836~K4+076	247	4	公路—Ⅰ级	2015年11月	
			K3+806~K4+076	277	4	公路—Ⅰ级		
	大桥		K4+420~K4+660	247	4	公路—Ⅰ级	2015年10月	
6	大桥	五华河大桥	K10+118~K10+958	846.4	4	公路—Ⅰ级	2015年6月	
7	大桥	联长大桥	K16+944.2~K17+224.8	280.6	4	公路—Ⅰ级	2015年5月	
8	大桥	西湖大桥	K19+800~K20+125	330.6	4	公路—Ⅰ级	2015年5月	
9	大桥	湖背大桥	K20+352.8~K20+929.2	576.4	4	公路—Ⅰ级	2015年5月	
10	大桥	下坝大桥	K21+548~K21+873	330.6	4	公路—Ⅰ级	2015年5月	
11	大桥	新寨2号桥	K24+158	330.6	4	公路—Ⅰ级	2015年8月	
12	大桥	兴华大桥	K27+370~K27+795	430.6	4	公路—Ⅰ级	2015年8月	
			K27+370~K27+820	455.6				
13	大桥	前光大桥	左幅 K33+125.2~K33+455.8	330.6	4	公路—Ⅰ级	2015年8月	
			右幅 K33+150.2~K33+455.8	305.60				
14	大桥	楼光大桥	K34+692.8~K34+999.2	306.4	4	公路—Ⅰ级	2015年9月	
15	大桥	白头禾大桥	K36+043.2~K36+223.8	180.6	4	公路—Ⅰ级	2015年10月	
16	大桥	杨梅坳大桥	K42+543.2~K42+723.8	180.6	4	公路—Ⅰ级	2015年6月	
17	大桥	郑坑大桥	K45+152~K45+520	368	4	公路—Ⅰ级	2015年6月	
18	大桥	福昌大桥	K46+961~K47+401	448	4	公路—Ⅰ级	2015年5月	
19	大桥	神前排大桥	K47+566~K48+046	488	4	公路—Ⅰ级	2015年6月	

续上表

序号	桥梁分类	桥梁名称	起止桩号	桥梁长度（m）	车道数	设计汽车荷载等级	建设时间	备注
20	大桥	河口大桥	K49+349~K49+749	408	4	公路—Ⅰ级	2015年6	
21	大桥	下成塘大桥	K50+688~K50+928	248	4	公路—Ⅰ级	2015年9月	
22	大桥	马峰角大桥	K51+331~K51+571	248	4	公路—Ⅰ级	2015年9月	
23	大桥	当岭大桥	K52+257.2~K52+587.8	330.6	4	公路—Ⅰ级	2015年9月	
24	大桥	寨岗大桥	K56+666.8~K57+033.2	366.4	4	公路—Ⅰ级	2015年7月	
25	大桥	北琴江大桥	HK56+091.5~HK56+365	273.5	4	公路—Ⅰ级	2014年10月	
26	大桥	浮湖梅江大桥	K8+685	457	4	公路—Ⅰ级	2015年7月	
27	大桥	巫仙塘大桥	K9+552	397	4	公路—Ⅰ级	2015年8月	
28	大桥	沙沟塘大桥	K10+727	217	4	公路—Ⅰ级	2015年9月	
29	大桥	钟屋寨大桥	K13+397	205.6	4	公路—Ⅰ级	2015年7月	
30	大桥	合溪里大桥	K3+239~K3+679	448	4	公路—Ⅰ级	2015年7月	
31	大桥	蛇塘里大桥	K7+159~K3+679	528	4	公路—Ⅰ级	2015年7月	
32	大桥	省道S120跨线桥	K7+402~K7+722	327	4	公路—Ⅰ级	2015年5月	
33	大桥	田螺寨大桥	K17+495.2~K18+234.8	739.6	4	公路—Ⅰ级	2015年8月	
34	大桥	琴江大桥	K31+614.8~K31+921.24	306.4	4	公路—Ⅰ级	2015年6月	
35	大桥	欧阳大桥	K39+690.5~K40+532.5	842	4	公路—Ⅰ级	2015年6月	
36	大桥	骆屋宁江大桥	K42+035.2~K42+290.8	255.6	4	公路—Ⅰ级	2015年7月	
	大桥		K4+785	488	4	公路—Ⅰ级		

兴华高速公路隧道表

表3-11-4

序号	隧道分类	隧道名称	起止桩号	长度（单洞,m）	行车道宽度（单洞,m）	隧道净高（m）	车道数	建设时间	备注
1	短隧道	大平山隧道	K13+653~K14+047	左:394	9	5	2	2015年7月	
			RK13+634~RK14+035	右:401					

监理单位：广东华路交通科技有限公司、育才-布朗交通咨询监理有限公司。

三、汕头—湛江高速公路揭西—博罗段

汕头—湛江高速公路揭西大溪—博罗石坝段项目（简称"揭博高速公路"）是广东省高速公路网规划的"二横"汕头至湛江高速公路（S14）的重要组成部分，其中五华县华阳镇至博罗县石坝镇路段也是济广高速公路的重要路段。

揭博高速公路东起揭阳市揭西县大溪镇，与汕湛高速公路汕头至揭西段相接，设杨林枢纽互通与省网规划的四横线（潮州至惠州高速公路）相交，起于桩号 K86+983.283，经揭阳市揭西县南山镇、龙潭镇、河婆镇、梅州市五华县棉洋镇、桥江镇、梅林镇、华阳镇、河源市紫金县敬梓镇、水墩镇、紫城镇、瓦溪镇、九和镇、蓝塘镇、义容镇、古竹镇、惠州市博罗县杨桥镇、石坝镇，与广河高速公路顺接，设石坝枢纽互通与惠河高速相交，终点桩号 K250+186.276，全长 160.339km，（其中五华县华阳镇至博罗县石坝镇路段与济广高速公路共线线路长 105.4km）。线路概算总投资 194 亿元。于 2013 年 7 月全面动工，2015 年 12 月 21 日顺利通过交工验收，2015 年 12 月 30 日全线建成通车。

揭博高速公路的建设对贯通济广高速公路和汕湛高速公路、完善广东省高速公路网、进一步改善粤东地区交通条件和投资环境、加快珠三角产业转移步伐、促进区域经济可持续发展有着重要意义。

揭博高速公路由广东省路桥建设发展有限公司汕湛分公司投资建设和运营管理。

（一）主要技术指标和建设规模

该路段处于粤东中部山岭重丘区，山峦沟壑纵横、海拔落差大，局部路段地形复杂，属于长期风化剥蚀的丘陵、中低山地貌区。全线桥隧比例高，含较多大跨、高墩桥梁和穿越大型地质断裂带的特长隧道，高填深挖边坡达 500 余处。

主线采用高速公路标准，双向六车道，设计速度 120km/h，整体式路基宽度 34.5m，分离式路基宽 16.5m；紫金连接线 9.05km，采用一级公路标准，路基宽度 23.0m，设计速度 60km/h。设主要特大桥、大桥 87 座，特长隧道 1 座，长隧道 3 座，互通式立交 16 处（含枢纽互通 4 处），见表 3-11-5 和表 3-11-6。揭西连接线 4.02km，服务区 3 处，停车区 3 处（缓建），养护工区 3 处，管理中心 1 处、中心管理站 3 处，收费站 11 处。

（二）建设情况

1. 建设依据

2011 年 5 月 30 日，广东省发展和改革委员会《关于汕头至湛江高速公路揭西大溪至博罗石坝段项目申请报告核准的批复》。

揭博高速公路主要桥梁表

表 3-11-5

序号	桥梁分类	桥梁名称	桩号	桥面半幅宽 (m)	车道数（半幅）	桥梁长度 (m)	建设时间	备注
1	特大桥	横江河特大桥	K102+579.500	16.5	3	2000.0	2013年07月	
2	特大桥	横江水库特大桥（主桥）	K106+210.000	18.55	3	1030.0	2013年07月	
3	特大桥	东江特大桥	K236+120.47	18.4	3	2070	2012年05月	
4	特大桥	跨京九铁路特大桥	K244+112	16.5	3	1066.0	2013年07月	
5	特大桥	跨G205特大桥	K247+164	16.5	3	1216.0	2013年07月	
6	大桥	K87+218.67主线桥（左幅）	K87+151.16.5	16.5	3	155.0	2013年07月	
7	大桥	S335省道跨线桥左幅	ZK91+423.1	16.5	3	408.5	2013年07月	
8	大桥	S335省道跨线桥右幅	K91+425.3	16.5	3	385.0	2013年07月	
9	大桥	K96+488.5龙潭河大桥	K96+266	16.5	3	445.0	2013年07月	
10	大桥	牛牯岭大桥	K105+110.000	16.5	3	950.0	2013年07月	
11	大桥	K107+410大桥	K107+290.000	16.5	3	240.0	2013年07月	
12	大桥	高湖大桥	K108+690.000	16.5	3	275.0	2013年07月	
13	大桥	高棚大桥（左线）	ZK109+500.000	16.5	3	250.0	2013年07月	
14	大桥	高棚大桥（右线）	YK109+500.000	16.5	3	250.0	2013年07月	
15	大桥	凹子里大桥	K116+124.2	16.5	3	211.6	2013年07月	
16	大桥	桐树下大桥	K119+249.2	16.5	3	244.3	2013年07月	
17	大桥	下莲湖省道S238跨线桥左幅	K122+283	16.5	3	426.0	2013年07月	
18	大桥	下莲湖省道S238跨线桥右幅	K122+283	16.5	3	446.0	2013年07月	
19	大桥	富强大桥	K124+713.2	16.5	3	193.6	2013年07月	
20	大桥	下门大桥	K128+997.96	16.5	3	888.08	2013年07月	
			K128+997.96	16.5	3	928.08	2013年07月	
21	大桥	上横寨大桥	K125+16.51.5	16.5	3	307.0	2013年07月	
22	大桥	琴口大桥左幅	K133+529.5	16.5	3	427.0	2013年07月	

续上表

序号	桥梁分类	桥梁名称	桩号	桥面半幅宽(m)	车道数(半幅)	桥梁长度(m)	建设时间	备注
23	大桥	琴口大桥右幅	K133+499.5	16.5	3	487.0	2013年07月	
24	大桥	锡古塘大桥	K134+746.5	16.5	3	157.0	2013年07月	
25	大桥	曾洞大桥	K136+711.5	16.5	3	307.0	2013年07月	
26	大桥	官洞大桥	K140+618.5	16.5	3	277.0	2013年07月	
27	大桥	寨岭大桥	K142+181	16.5	3	180.0	2013年07月	
28	大桥	曾岭下大桥	K142+211	16.5	3	150.0	2013年07月	
29	大桥	新坑大桥	K143+090	16.5	3	270.0	2013年07月	
30	大桥	万屋场大桥	K147+950	16.5	3	180.0	2013年07月	
31	大桥	高坪河大桥	K149+215	16.5	3	225.0	2013年07月	
32	大桥	黎坑分离立交桥	K149+190	16.5	3	250.0	2013年07月	
33	大桥	长塘大桥	K151+626.5	16.5	3	216.5	2013年07月	
34	大桥	秋溪大桥	K153+521.97	16.5	3	231.1	2013年07月	
35	大桥	旱田角大桥	K156+168.97	16.5	3	181.1	2013年07月	
36	大桥	吉水河大桥	K158+16.52.97	16.5	3	405.6	2013年07月	
37	大桥	鸱鸪大桥	K164+184.97	16.5	3	281.1	2013年07月	
38	大桥	升平大桥	JZK5+837	16.5	3	166.0	2013年07月	
39	大桥	排巷2号大桥	K166+322.96	16.5	3	528.0	2013年07月	
40	大桥	潘老屋大桥	K169+794.96	16.5	3	528.0	2013年07月	
41	大桥	排巷1号大桥	左幅 K16.55+350 右幅 K16.55+349.96	16.5	3	648.0	2013年07月	
42	大桥	白昌屋大桥左幅	K16.56+755.96	16.5	3	448.0	2013年07月	
			K16.57+758.5	16.5	3	348.0	2013年07月	
						247.0	2013年07月	

续上表

序号	桥梁分类	桥梁名称	桩号	桥面半幅宽（m）	车道数（半幅）	桥梁长度（m）	建设时间	备注
43	大桥	白昌屋大桥右幅	K16.57+758.5	16.5	3	216.5	2013年07月	
44	大桥	万年坑大桥	K181+538.5	16.5	3	247.0	2013年07月	
45	大桥	叶塘2号大桥左幅	K184+507	16.5	3	156.0	2013年07月	
46	大桥	围澳水大桥	K183+555	16.5	3	306.0	2013年07月	
47	大桥	上濑水大桥	K185+931.5	16.5	3	487.0	2013年07月	
48	大桥	四联大桥左幅	K186+595	16.5	3	300.0	2013年07月	
49	大桥	四联大桥右幅	K186+565	16.5	3	330.0	2013年07月	
50	大桥	三社坑大桥	K188+462	16.5	3	231.0	2013年07月	
51	大桥	围坪大桥	K189+204	16.5	3	231.0	2013年07月	
52	大桥	黎坑大桥	K190+032	16.5	3	256.0	2013年07月	
53	大桥	秋香江大桥	K185+582	16.5	3	256.0	2013年07月	
54	大桥	竹园下1号大桥	K192+089.5	16.5	3	247.0	2013年07月	
55	大桥	竹园下2号大桥	K192+538.0	16.5	3	206.0	2013年07月	
56	大桥	茜坑大桥	K194+030.0	16.5	3	306.0	2013年07月	
57	大桥	梦公坑大桥	K197+006.5	16.5	3	307.0	2013年07月	
58	大桥	桐子大桥	K198+424.5	16.5	3	216.5	2013年07月	
59	大桥	富竹水大桥	K198+999.5	16.5	3	397.0	2013年07月	
60	大桥	东坑大桥	K200+604.5	16.5	3	216.5	2013年07月	
61	大桥	坳背大桥	K202+536	16.5	3	240.0	2013年07月	
62	大桥	山坪大桥	K203+765	16.5	3	210.0	2013年07月	
63	大桥	联光1号大桥	K204+923	16.5	3	300.0	2013年07月	
64	大桥	联光2号大桥	K205+670	16.5	3	270.0	2013年07月	
65	大桥	青溪河大桥	K201+383	16.5	3	330.0	2013年07月	

续上表

序号	桥梁分类	桥梁名称	桩号	桥面半幅宽（m）	车道数（半幅）	桥梁长度（m）	建设时间	备注
66	大桥	秋香江大桥	LTK0+102	16.5	3	166.0	2013年07月	
67	大桥	车坝秋香江大桥	1570	16.5	3	500	2013年07月	
68	大桥	岳布大桥	3897	16.5	3	225	2013年07月	
69	大桥	社前大桥	5455	16.5	3	250	2013年07月	
70	大桥	林田大桥	2316.5	16.5	3	369	2013年07月	
71	大桥	大新村大桥	K218+164	16.5	3	206.0	2013年07月	
72	大桥	郑屋村大桥	K211+479.5	16.5	3	256.0	2013年07月	
				16.5	3	256.0	2013年07月	
73	大桥	吴屋坝大桥	K211+932	16.5	3	206.0	2013年07月	
				16.5	3	206.0	2013年07月	
74	大桥	邓屋1号大桥	K212+805	16.5	3	206.0	2013年07月	
75	大桥	邓屋2号大桥	K213+501.5	16.5	3	256.0	2013年07月	
76	大桥	大同村大桥	K216+215	16.5	3	381.0	2013年07月	
77	大桥	左幅坑口村大桥	K219+882	16.5	3	166.0	2013年07月	
78	大桥	右幅坑口村大桥	K219+862	16.5	3	186.0	2013年07月	
79	大桥	义容河大桥	K226+737	16.5	3	186.0	2013年07月	
80	大桥	左幅S340分离式立交	K227+894.5	16.5	3	151.0	2013年07月	
				16.5	3		2013年07月	
81	大桥	K229+793 乌坑水库大桥	K229+690	16.5	3	206.0	2013年07月	
				16.5	3		2013年07月	
82	大桥	K232+024.5 源塘大桥	K231+934	16.5	3	181.0	2013年07月	
83	大桥	K232+355 武石塘大桥	K232+252	16.5	3	206.0	2013年07月	
84	大桥	K234+563.5X168 分离式立交	K234+473	16.5	3	181.0	2013年07月	

续上表

序号	桥梁分类	桥梁名称	桩号	桥面半幅宽（m）	车道数（半幅）	桥梁长度（m）	建设时间	备注
85	大桥	澄塘大桥	K239+204	16.5	3	126.0	2013年07月	
86	大桥	石坝河大桥	k246+445	16.5	3	226.0	2013年07月	
87	大桥	下坑村大桥	K248+633	16.5	3	506.0	2013年07月	

揭博高速公路隧道表

表3-11-6

序号	隧道分类	隧道名称（单洞）	起止桩号 起点桩号	起止桩号 终点桩号	长度（m）	行车道宽度（单洞,m）	隧道净高（m）	车道数（单洞）	开工时间	通车时间	备注
1	中长隧道	大溪隧道（左线）	ZK89+814.0	ZK90+892.0	1078	13.25	5	3	2013年7月	2014年11月28日	
2	中长隧道	大溪隧道（右线）	YK89+804.0	YK90+874.0	1070	13.25	5	3	2013年7月	2014年12月27日	
3	长隧道	东岭隧道（左线）	ZK110+471.0	K114+719.0	4248	13.25	5	3	2012年8月	2015年9月3日	
4	长隧道	东岭隧道（右线）	YK110+576.0	K114+820.0	4244	13.25	5	3	2012年8月	2015年6月24日	
5	中长隧道	水墩隧道左洞	ZK161+198.0	K162+590.0	1392	13.25	5	3	2013年6月	2015年1月5日	
6	中长隧道	水墩隧道右洞	YK161+205.0	K162+575.0	1370	13.25	5	3	2013年6月	2015年9月1日	
7	中长隧道	白眉寨隧道左洞	ZK16.52+600.0	K16.53+628.0	1028	13.25	5	3	2013年6月	2014年10月21日	
8	中长隧道	白眉寨隧道右洞	YK16.52+590.0	K16.53+650.0	1060	13.25	5	3	2013年6月	2014年10月21日	

2012年7月31日,广东省交通运输厅《关于汕头至湛江高速公路揭西大溪至博罗石坝段初步设计的批复》。

2. 资金来源

初步设计概算批复总投资为1940633.87万元。项目资本金以外、投资总额以内的资金由广东省路桥建设发展有限公司汕湛分公司向银行贷款。

3. 征地拆迁

全线建设用地共20795.8亩,其中揭阳市揭西段建设用地26165.0亩、梅州市五华段建设用地5322.8亩、河源市紫金段建设用地11121.0亩、惠州市博罗段建设用地16535.0亩。

4. 招投标

项目工程招标采用公开招标、邀请招标的方法进行。2011年4月7日通过公开招标方式确定了设计、施工、监理单位。

5. 主要设计、施工、监理单位

设计单位:广东省公路勘察规划设计院股份有限公司、中国公路工程咨询集团有限公司、中交公路规划设计院有限公司、山东省交通规划设计院/广东省冶金建筑设计研究院(联合体)以及北京交科公路勘察设计院有限公司。

施工单位:广东冠粤路桥有限公司、中国中铁股份有限公司、广东省长大公路工程有限公司、中铁十一局集团有限公司等42个单位。

监理单位:广东华路交通科技有限公司、广州诚信公路建设监理咨询有限公司等8个单位。

(三)复杂技术工程

揭博高速公路地处粤东中部山岭重丘区,地势总体东高西低,沿线所经地形复杂地貌变化大,路线穿越广东省最大的区域性地质断裂带。海拔落差大、隧道围岩破碎、地表水系发达、地下水丰富以及存在的多条断裂带是施工中碰到的技术难题。

(1)深挖高填。全线20m以上深挖路堑高边坡384处,挖方最高为76.8m,边坡地质结构复杂,防护工程量和施工难度大。全线12m以上高填路堤202处,最高填方为54.1m,施工质量、安全控制难度大。

(2)T4标东岭特长隧道单洞长8492m,隧道穿越广东省最大的区域性地质断裂带——莲花山断裂带,受断裂影响的岩体破碎带和糜棱带长达1.5km,工程地质和水文地质条件极其复杂,且开挖断面大,是控制工期和施工安全的关键工程。

(3)T3标横江水库特大桥主桥为55m+5×100m+55m预应力混凝土连续刚构,是控制工期和质量的关键工程。

①工程数量大:刚构水泥混凝土28260.0m^3,墩身水泥混凝土49886.0m^3;

②工程施工困难:跨越横江水库,水中桩基础、水中承台、水上高墩、挂篮悬臂浇筑施工难度大;

③工程技术复杂:高墩(高达80m)、大跨径($55m + 5 \times 100m + 55m$);

④工程环保要求高:横江水库水资源为饮用水源二级保护区,环境标准要求高。

(四)科技创新

1. 管理创新

(1)探索监理管理模式改革

揭博高速公路实行"剥离试验检测、调整监理职责、优化监理配置、提高监理待遇、强化监理管理、第三方试验检测实行计件取费制"等为核心的监理模式改革方案及其配套实施办法,显著提升项目工程质量的监管力度,取得较大成效。

(2)质量管理手段信息化

揭博高速公路大力推动技术创新,应用信息化管理手段进行关键工程的监控。采用GPS定位系统、数据自动采集及无线传输与视频监控系统、质量控制预警系统等技术对关键工程进行质量管理,增强关键工序质量管控力度。

2. 技术创新

(1)端头分段自锚预应力锚索新技术研究

端头分段自锚预应力锚索新技术研究和总结了已有预应力锚索破坏特征及极限抗拔力和锚索锚固段黏结应力分布规律等资料,在前期对端头自锁结构的一定研究成果基础上,通过进一步的理论分析和现场试验,改进和完善自锁结构,更好地实现边坡锚固支护。通过对锚索结构的自由段进行改进,形成一种新结构,可依靠自由段孔周围岩(土)体与锚筋体之间的黏结强度提供预应力锚索的部分锚固抗力,从而将传统的"锚固荷载=外锚头荷载"转化为"锚固荷载=自锚荷载+外锚头荷载",降低或抵消反力结构所承担的锚固抗力,使预应力锚索的整体应力场更趋均匀分布,可降低反力混凝土结构的体积,也可有效避免端头出现应力集中所引发的突发安全隐患,同时通过自由段反向自锁功能,可使得锚固结构在反力混凝土结构承载之前预先发挥锚固抗力作用,使得锚固力施加及时,提高边坡施工安全。并在此基础上深入研究其作用机理、对孔周岩土体的敏感性以及自锚能力,然后提出端头自锚预应力锚索的设计和施工方法,以便于该技术的推广应用。

(2)基于OTDR技术的边坡安全自动监测告警系统的应用研究

基于OTDR技术的边坡监测告警方法是通过在边坡体上预先埋置多路分布式光纤,运用光时域反射原理(Optical Time Domain Reflection,OTDR)检测光纤宏弯变形或断裂破坏等故障事件定位边坡岩土体的变形破坏位置,通过告警门限设置,实现边坡安全自动监测告警。改变传统的分散式监测为分布式监测,分布式光纤既是传感器又是传输线,具有布设灵活、成本低廉、操作简单、直观可靠和便于实时远程自动监测告警等优点,而且突破了以往监测告警手段只能对重点边坡的重要部位布控的局限,特别适用于对大量边坡进行全面安全管控,是边坡安全监测告警技术的一个重要创新和突破。

通过新技术应用,使得基于OTDR原理检测光纤宏弯变形或断裂破坏等故障事件能准确定位边坡岩土体的变形破坏位置,并通过告警门限设置,实现边坡安全自动监测报警;利用分布式光纤既是传感器又是传输线的特点,改变边坡与滑坡传统的分散式监测方式为分布式监测方式;同时利用分布式光纤具有布设灵活、成本低廉、操作简单、直观可靠和便于实时远程监测等优点,突破以往监测预警手段只能对重点边坡与滑坡的重要部位布控的局限,实现对大量边坡与滑坡工点进行全面实时安全管控的目标。

(3)提升抗裂、排水功能的湿热地区沥青路面结构关键技术研究

通过对设置碎石过渡层或大空隙排水基层的沥青路面结构的抗裂、排水及综合使用性能是否更适用于广东高温多雨的条件进行研究,并结合路基的条件对路面碎石垫层及其设置位置的合理性进行研究,以丰富广东省的沥青路面结构类型,提高湿热地区高速公路沥青路面的使用性能。抗裂、排水型沥青路面可以有效地减少湿热地区沥青路面的反射裂缝,提高沥青路面内部排水的能力,进而延长沥青路面的使用寿命,可大幅节约高速公路总投资,并降低路面长期维修所带来的不良社会影响。

(4)新型BFRP锚索在公路边坡加固工程中应用的试验研究

通过对锚具制作工艺、黏结剂适用性、BFRP基本物理力学性能、BFRP锚固理论、BFRP筋材锚杆边坡支护大型试验、BFRP筋材锚杆岩质边坡锚固工程应用、BFRP筋材锚索岩质边坡锚固工程应用等研究,发现BFRP复合筋材锚杆具有高强、轻质、耐腐蚀等优异的物理化学性质。随着FBRP复合筋材生产规模的提高,产品价格将进一步降低,不但经济优势明显,而且对解决南方气候湿润地区钢筋腐(锈)蚀问题具有重要意义。

(五)运营管理

1. 运营公司

汕湛高速公路(揭博段)建成后,2015年12月30日正式通车运营。汕湛分公司下设党群人力资源部、综合事务部、计划财务部、养护工程部、机电隧道部、收费管理部、路政队。

2. 收费站点

汕湛高速公路(揭博段)沿线设有龙潭、揭西、棉洋、华阳、水墩、紫金东、紫金西、九和、蓝塘、义容、古竹、蓝田12个匝道收费站,设置揭西、华阳、九和、蓝田4个中心收费站分管12个匝道站,见表3-11-7。

收费站点及车道设置情况表　　　　　　表3-11-7

站点名称	入口车道数		出口车道数	
	MTC	ETC	MTC	ETC
龙潭站	1	1	3	1
揭西站	1	1	3	1
棉洋站	1	1	3	1
华阳站	1	1	3	1
水墩站	1	1	3	1
紫金东站	1	1	4	1
紫金西站	1	1	4	1
九和站	1	1	3	1
蓝塘站	1	1	3	1
义容站	1	1	3	1
古竹站	1	1	3	1
蓝田站	1	1	3	1

收费站采取人工收费(MTC)结合粤通卡自动缴(ETC)的模式收取通行费,共有74条车道。

3. 养护管理

汕湛高速公路2016年1月1日开通运营,日常养护管理工作围绕"路容路貌整洁、美观,病害处治及时、快捷、优质,路基边坡稳定、排水畅通,桥涵、隧道等构造物保持完好状态,沿线设施设置规范、状态完好,养护作业规范,档案资料齐全"的质量目标进行开展。

建立数据资料库,掌握路段和桥梁在各时期的动态,为养护决策提供前瞻性、战略性的统计数据和信息支持,推进养护管理信息化、现代化。通过对桥涵病害的检测、维修加固,有效地保障桥涵的运营安全,提高桥涵的安全性、耐久性。

增设完备的养护基地基础设施,分别在古竹、棉洋设置了两个养护中心,全线配置扫地车(3辆)、洒水车(2辆)、隧道清洗车(1辆)、护栏打拔桩机(1台)、高空作业车(1辆)、路面灌缝机(3台)等养护设备30余种,达到养护机械的配置水平。

4. 路政管理

汕湛高速公路(揭博段)设有路政大队,管理辖区包括高速公路160.339km。路政大队对路产、路权实施三级管理,大队负责全线道路产权的维护和管理,中队负责辖区的道路产权维护和管理,班组负责责任区的道路产权的维护和管理。其中中队根据属地划分管理辖区,中队再将辖区划分成4个责任区,每个班组负责一个责任区,班组内再将责任区落实到人(责任到人制);实施24小时路产巡查工作。

在全程监控模式中,路政巡查、养护巡查和视频监控巡查相结合,养护巡查和路政巡查实施交叉巡查,视频监控实施定时轮巡,三种巡查模式相结合快速发现路损或侵权案件。监控和养护发现路损或侵权案件后,通知路政前往处置,及时制止侵权行为。

(六)企业文化建设

公司坚持以人为本的原则,通过人本管理,形成凝心聚力的良好氛围,调动职工的积极性和主动性,发挥职工的主体作用;坚持传承创新的原则,传承发扬企业优良文化传统,挖掘自身文化底蕴,总结推广好经验做法,不断丰富和发展自身企业文化;坚持因地制宜的原则,结合区域文化特点和单位行业特征,在确保基本模式不变的前提下,鼓励和支持各单位构建具有个性化特征和本单位特点的企业文化;坚持合力共为的原则,完善领导体制和工作机制,建立起党政工团各级组织、各部门和全体干部职工,分工负责、合力共为,共同推进企业文化建设的工作格局。

四、惠州—河源高速公路石坝—小金口段

惠河高速公路属于G25长深高速公路,桩号为K3515+090~K3595+506。其中,埔前至小金口段即为长深高速公路(G25)与济广高速公路(G35)共线段,桩号为K3515+090~K3569+540。

惠河高速公路北起广东省河源市埔前镇,接粤赣高速公路,南至广东省惠州市平南工业区,接惠盐高速公路,途经惠州市、河源市。惠河高速公路的建设加强了粤东北地区与特区的经济联系,提供了快速通道,缓解过境交通对惠州市的交通压力,改善投资环境,促进经济建设新发展。

惠河高速公路全长80.926km,工程分两期实施,一期小金口至平南段全长30.29km,1998年9月28日开工,2001年11月28日建成通车;二期埔前至小金口段全长50.636km,2001年10月28日开工,2003年12月28日建成通车。

惠河高速公路全线采用平原微丘区高速公路标准,双向四车道,设计速度主线100km/h,路线全长80.926km,包括各类桥梁168座,总长10493m。

惠河高速公路一期工程由广东河惠高速公路有限公司、惠州市公路发展公司及河源市公路发展有限公司共同投资、建设和管理。惠河高速公路二期工程由广东河惠高速公路有限公司、惠州市公路物业发展公司及河源市公路发展有限公司共同投资、建设和管理。

济广高速公路(G35)于石坝至小金口段,长42.35km,与长深高速公路(G25)与共线,其建设和管理的具体情况见长深高速公路(G25)惠河高速公路段。

五、广州—惠州高速公路

广州—惠州高速公路是国家和广东省规划的干线公路网的重要组成部分,路线全长154.992km。其中,小金口至萝岗段(国高网改造后称济广高速公路G35)起于惠州市小金口镇小金口互通,与惠河高速公路(G25国家高速公路)相接,途经博罗县、增城市,在石滩互通与广州北三环高速公路(G94国家高速公路)相交,止于广州市萝岗区,与广州北二环高速公路连接,长97.899km。小金口至凌坑段(S21省道)属于广东省高速公路网的一纵,起于惠州市小金口镇的小金口互通,与G35国家高速公路(广惠高速公路小金口至萝岗段)和G25国家高速公路(惠河高速公路)相接,途经惠州市惠城区、惠东县,在大岭互通与惠莞高速公路(S20省道)相交,终点在凌坑互通与深汕高速公路(G15国家高速公路)连接,长57.407km。项目实际投资692680万元。

广惠高速公路分A、B、C三段分别立项,A段(含萝岗互通)为(广州)萝岗至(博罗)石湾,长46.452km;B段为(博罗)石湾至(惠州)小金口,长50.83km;C段为(惠州)小金口至(惠东)凌坑,长55.918km。A段于1999年10月开工,B段于2000年7月开工,C段于2000年4月开工,三段同时于2003年12月通过交工验收,2003年12月20日通车。2006年10月12日~2007年10月15日,广惠高速公路石湾至小金口段(B段)完成路面扩建,实现小金口至萝岗段全线双向六车道通车。

广惠高速公路由广东广惠高速公路有限公司负责投资建设和运营管理。公司自2003年12月起开始运营。

(一)主要技术指标和建设规模

广惠高速公路全线按平原微丘区高速公路标准修建。A段双向六车道,设计速度100km/h,路基宽度33.5m。B段双向六车道,设计速度100km/h,路基宽度33.5~35m;C段双向四车道,设计速度100km/h,路基宽度26m。

广惠高速公路沿线设1个管理中心,3个管理处,3个养护工区,13个收费站,3对服务区,15处互通式立交,29处分离式立交。广惠高速公路主要桥梁及隧道情况见表3-11-8、表3-11-9。

(二)建设情况

1. 建设依据

1998年8月16日,广东省计划委员会分别批复广惠高速公路A、B、C段的项目建议书。

广惠高速公路主要桥梁表

表 3-11-8

序号	桥梁分类	名称	路线编号及名称	中心桩号	桥梁全长（m）	车道数	设计汽车荷载	通车时间	备注
1	大桥	萝峰寺高架桥（左线Z）		ZK2+409	725.2	单向3		2003年12月	
2	大桥	萝峰寺高架桥（右线Y）		ZK2+412	725.2	单向3		2003年12月	
3	大桥	西福河特大桥		K25+705	576.5	6		2003年12月	
4	大桥	石滩互通跨线桥		K30+960	243.7	6		2003年12月	
5	大桥	增江大桥		K35+028	972.15	6		2003年12月	
6	大桥	汤泉高架桥	G35济广高速公路	GK93+414.7	223	6		2003年12月	
7	大桥	主线1号高架桥		QK94+629	517.06	6		2003年12月	
8	大桥	主线2号高架桥		QK95+153.52	592.08	6		2003年12月	
9	大桥	C线高架桥		CK0+283.984	227.32	单向2		2003年12月	
10	大桥	小金口高架桥		K96+815	248.52	双向4		2003年12月	
11	大桥	广梅汕铁路高架桥		K98+975	319.21	双向4		2003年12月	
12	大桥	白鹭湖大桥		K100+497.5	266.8	4		2003年12月	
13	大桥	东江边滩大桥	S21广惠高速公路	K114+840	701.36	4		2003年12月	
14	大桥	东江主槽大桥		K115+933.35	618.86	4	汽车—超20级、挂车—120	2003年12月	
15	大桥	新雅上沥河大桥		K133+146	293.2	4		2003年12月	
16	特大桥	文布西枝江大桥		K138+854.315	1031.86	4		2003年12月	

广惠高速公路隧道表

表 3-11-9

序号	隧道名称（单洞）	新起点桩号	新终点桩号	长度（m）	路面宽度（m）	隧道净高（m）	车道数	建设（通车）时间	备注
1	萝峰隧道（左）	ZK1951+087	ZK1951+982	895	11.25	5	单向3	2003年12月	
2	萝峰隧道（右）	YK1951+952	YK1951+007	945	11.25	5	单向3	2003年12月	
3	望牛岭隧道（左）	ZK1880+317	ZK1880+558	241	11.25	5	单向3	2003年12月	
4	望牛岭隧道（右）	YK1880+492	YK1880+257	235	11.25	5	单向3	2003年12月	

续上表

序号	隧道名称（单洞）	新起点桩号	新终点桩号	长度（m）	路面宽度（m）	隧道净高（m）	车道数	建设（通车）时间	备注
5	小金口隧道	AK1859+553	AK1859+573	200	7.5	5	双向4	2003年12月	
6	菁山隧道（左）	ZK55+137（ZK52+197）	ZK54+682（ZK51+742）	455	7.5	5	单向2	2003年12月	
7	菁山隧道（右）	ZK54+591（ZK51+752）	YK55+051（YK52+212）	460	7.5	5	单向2	2003年12月	

1999年5月26日及2000年1月5日,广东省计划委员会分别批复广惠高速公路A、B、C段项目的可行性研究报告。

1999年9月23日、2000年11月27日及2001年7月25日,广东省建设厅分别批复广惠高速公路A、B、C段项目的初步设计和概算。

1999年10月7日,广东省交通厅批准广惠高速公路A段项目的开工报告。2003年7月28日,广东省交通厅同意补办萝岗互通式立交以及B、C段的开工报告。

2. 资金来源

项目采取项目资本金制度,35%的资本金由股东按股权比例进资,其余65%的资金以项目收费权益向银行融资。

3. 征地拆迁

在各级政府和相关部门的共同努力下,广惠高速公路征地拆迁工作进展顺利。完成征地面积19778.15亩,房屋拆迁面积196507m^2。

4. 招投标

1999年9月,根据广东省建设委员会、广东省建设工程交易中心批示,广东广惠高速公路有限公司邀请了三家有高速公路监理资格的单位进行招标,通过评标工作组的认真评定,并报广东省交通运输厅批准,确定广东省公路监理站为中标单位。

(1)设计单位招标

广东省交通厅《关于委托进行广惠高速公路施工图勘察设计工作的函》通过签订《广州至惠东高速公路勘察设计合同》,确定由交通部第二公路勘察设计院作为广州(萝岗)至惠东(凌坑)高速公路的设计单位。机电工程则由北京交科公路勘察设计院设计。

(2)施工单位招标

项目施工招标工作按规定在南方日报等媒体上发布招标公告。资格预审文件和招标文件出售、文件递交、评审结果发布等工作均在广东省建设工程交易中心进行。评标工作在业主与交易中心商定地点封闭进行。

5. 主要设计、施工、监理单位

设计单位:中交第二勘察规划设计研究院、北京交科勘察规划设计院。

施工单位:广东省长大公路工程有限公司、广东省珠江工程总承包有限公司。

监理单位:广东省公路工程监理站。

(三)重大工程变更

(1)沥青混凝土路面变更为改性沥青混凝土路面:广惠高速公路A、B段106.4km的中面层和上面层由普通沥青混凝土改为SBS的改性沥青混凝土。

(2)安全设施B段增加中央分隔带护栏,因广惠B段中央预留两条车道原设计只考虑用绿化带分隔,不设钢护栏,但实践证明安全隐患不少。因此,决定增设中央分隔带钢护栏。

(3)石滩互通与北三环相交需要扩大规模。

(四)复杂技术工程

1. 萝峰隧道

萝峰隧道为上、下行分离的六车道高速公路隧道,开挖面积$123m^2$,开挖跨度$16m$,高度$9.15m$,高跨比仅为0.57,属于大跨隧道。开挖形状过于扁平,对结构受力不利,洞口段埋深较浅。鉴于以上原因,通过监控量测了解各施工阶段围岩动态和支护结构的工作状态,利用量测结果修改设计、指导施工;对险情防患于未然,及时采取措施;确保该隧道提供安全可靠的依据。

监控量测项目可分为两类,一类为必测项目,另一类为选测项目。萝峰隧道必测项目:超前地质预报、地质及支护状态的观察、水平收敛及拱顶下沉量、仰拱隆起量测等;选测项目:地表沉降、围岩内部位移量测(洞内设点)、锚杆内力量测、钢支撑内力量测、喷射混凝土应力量测、二次衬砌后应力量测等。量测的重点以Ⅱ、Ⅲ类围岩段为主。

2. K25+200~K25+435路段真空联合堆载预压加固软土地基

该工程位于西福河大桥广州岸,该路段软基土层含水率高,淤泥层厚度大(平均为$7.0~7.5m$),标贯击数低,土质松软,工程力学指标非常差。路基填土高度平均为$7.992m$。

针对以上情况,依据地质情况、填土高度和桥台施工工期要求,确定采用袋装砂井+真空预压+土工布+堆载预压联合处理的方法对该区进行加固。

(五)科技创新

1. 热再生技术应用推广研究

厂拌热再生沥青路面技术就是将旧沥青路面铣刨、翻挖后运回拌和厂,再集中破碎,根据路面不同层次的质量要求,进行再生沥青混合料配合设计,确定旧沥青混合料、再生剂、新沥青材料、新集料等材料的比例,然后在拌和机中搅拌形成新的混合料,用以铺筑成沥青路面的施工技术。

为积累和掌握高比例RAP厂拌热再生沥青路面成套技术,广惠公司联合华路公司、新粤公司、长大公司以及华南理工大学等单位,于2010年在广惠高速公路维修工程中开展了厂拌热再生沥青混合料试验路研究与热再生技术应用推广研究工作。

2010年12月选取具有代表特征的东行K53+000~K57+000路段为厂拌热再生试验段。铣刨主2主3车道原路面沥青层,修复损坏的基层后,铺筑添加一定比例旧沥青混合料的 AC-25C 及 AC-20C,最后在整幅路面上铺筑 4cm 厚 AC-13C 罩面。在 2010 年热再生试验段取得成功的基础上,于 2011 年大幅调整旧料掺量配合比,将 45% RAP 掺量和 60% RAP 掺量的混合料作为中下面层的试验路。广惠高速公路于 2012 年推广热再生混合料在硬路肩表面层罩面的应用,共实施热再生 AC-13 沥青罩面 56130.6m^2,合计 2245.2 m^3;由此利用了 1010.3m^3 铣刨沥青混凝土废料,间接减少了石料开采影响的环境破坏,比新沥青料节约 20% 左右成本,取得了较可观的经济效益。2013—2014 年进行深层病害处治和 A、B 段病害处治,厂拌热再生被大量应用到 BK11+971~BK12+500 段超、主、硬车道的上面层中。"十二五"期间广惠高速公路推广热再生应用里程 46.146km(单车道),合计利用了 23705.584m^3 铣刨沥青混凝土废料。

2. 软弱围岩双跨连拱高等级公路隧道综合修建技术研究

小金口隧道位处小金口互通 A 匝道,鉴于实际地形需要,小金口隧道设计位双跨连拱隧道。为了对双连拱隧道的施工过程进行良好的监控和研究,在广东省交通运输厅的支持下,广惠公司与西南交通大学开展了"软弱围岩双跨连拱高等级公路隧道综合修建技术研究"课题。通过课题所提供的中间成果,解决了项目的技术难题,对隧道实际施工以及隧道建成后长期运营期间的安全性都有指导作用。课题收集的大量资料除对现场施工起到指导作用外,通过模型试验研究,可填补连拱隧道设计中某些参数选取依据的不足,为今后类似的双连拱隧道施工提供经验。

3. 高速公路路政管理集成网络系统的应用

2004 年广惠高速公路路政大队积极参加广东省交通集团研发试点,2005 年下半年开发完毕,正式启用了高速公路路政管理集成网络系统,成为广东省首批在高速公路上使用路政移动办公系统进行路政执法的单位之一。路政管理办公系统有效地规范了路政执法行为,提高了办案质量效率,减少了工作失误和差错,对路政执法和管理工作起到了极大的促进作用。该系统于 2007 年 10 月被广东省企业管理现代化成果评审委员会评为"广东省创新成果一等奖"。

4. 监控系统中应用汽车牌照识别系统

我国高速公路普遍采用封闭式半自动收费模式,"入口发卡、出口收费",监控员在监控室通过闭路电视监控系统监视收费人员的工作和车辆通行情况,同时监控系统进行抓拍和录像,防止收费员在车型、车情上作弊以及驾驶员冲卡逃费等情形的发生,但随着车辆数量增大,录像及抓拍的信息不断增大,出现逐一审核的工作量太大等问题。

汽车牌照是车辆独立唯一的标志,汽车牌照识别器正是根据这个一一对应的关系,通过牌照识别技术获取汽车牌照号。广惠高速公路在所有出入口的 128 条车道中安装了上海高德威汽车车牌识别器,通过汽车牌照识别系统自动获取的车牌,可以对车辆进行动态监控管理,有效遏制通行卡流失,实现对收费员作弊、车辆作弊行为方便快捷地稽查,有效解决收费中逃费、漏费等问题。

(六)运营管理

1. 运营公司

1998年8月28日,广东省长大发展有限公司、广东省路桥建设发展有限公司、广东省高速公路发展股份有限公司、惠州市公路物业发展公司、新粤(香港)广惠公司正式签订了《合作建设经营广州(萝岗)至惠东(凌坑)高速公路合同》及《章程》,并积极做好项目法人(合作公司)的组建工作。1998年12月18日重新签订了《合作建设经营广州(萝岗)至惠东(凌坑)高速公路合同》及《章程》,广东省交通厅转广东省计划委员会批准,于1999年8月成立了项目公司。其后,对项目股东又作了调整。股东和所占的股比为广东省长大发展有限公司37.5%、广东珠江公路桥梁投资有限公司30%、广东省高速公路发展股份有限公司30%、惠州市公路物业发展公司2.5%。合作方式是资本金部分由股东出资,其余资金以项目收益权质押贷款。

广东广惠高速公路有限公司实行总经理负责制,共设9个职能部门:路政大队、收费管理部、合同管理部、综合事务部、计划财务部、人力资源部、工程养护部、督察队、各管理所。

2. 收费站点

广惠高速公路共设有包括萝岗、永和、仙村、三江、石湾、长宁、龙溪、博罗、小金口、汝湖、蓬陵、乌塘、白花、凌坑14个收费站(表3-11-10),随着交通事业的发展,2007年对广惠B段(即惠州段)进行了扩建,由原来的四车道扩建为六车道,同时在该段增加了园洲收费站。

2014年为配合联网收费撤销了3个主线收费站(萝岗、小金口主线站、凌坑),目前全线共有13个收费站(含小金口匝道站),包含41条出口车道和32条入口车道。

收费站设置情况表 表3-11-10

站点名称	入口				出口		
	人工发卡	自动发卡	ETC	小计	人工收费	ETC	小计
永和		1	1	2	2	1	3
仙村		1	1	2	1	1	2
三江	2		2	4	2	2	4
石湾		1	1	2	2	1	3
园洲		1	1	2	3	1	4
长宁		1	1	2	4	1	5

续上表

站点名称	入口				出口		
	人工发卡	自动发卡	ETC	小计	人工收费	ETC	小计
龙溪		2	1	3	3	1	4
博罗	1	1	1	3	3	1	4
小金口匝道	1		1	2	2	1	3
汝湖	1		1	2	1	1	2
蓬陵	1		1	2	1	1	2
乌塘		1	1	2	1	1	2
白花	2		2	4	1	2	3
合计	8	9	15	32	26	15	41

3. 车流量

车流量情况见表3-11-11。

车流量情况表 表3-11-11

年份（年）	年车流量（辆）	日均车流量（辆）
2003	106939	26735
2004	8654230	23645
2005	11183886	30641
2006	14489894	39698
2007	16332151	44746
2008	18446080	50399
2009	20118715	55120
2010	26037352	71335
2011	28062530	76884
2012	27960368	76394
2013	32032835	87761
2014	37410558	102495
2015	43192987	118337

4. 服务区

广惠高速公路设有沙埔、沙河、汝湖3个服务区。

5. 养护管理

广惠高速公路养护工作分别由收费管理部（负责机电、收费系统维护管理）、工程技术部（负责路面、桥涵隧、高边坡等结构物的养护管理）和路政大队（负责沿线安全设施的维护管理）负责养护管理。

养护工作牢固树立"建设是发展，养护管理也是发展，而且是可持续发展"的观念，全面推行养护管理工作的专业化、标准化、制度化、信息化和规范化,在提高养护质量、营造安全交通环境、提高服务水平等方面均取得良好成绩,实现了高速公路养护与管理的新发展。

近几年,每年实施中修工程约35km(单向),占路线总里程的23%。其中,较为突出的是2012年广惠高速公路沿线生态景观绿化工程。主要是对沿线互通式立交区景观、服务区景观、隧道出入口分隔带、C段中央分隔带和路两侧带景观绿化工程进行绿化提升。

6. 路政管理

广惠高速公路设有路政大队,大队下设沙浦、沙河、白花路政队和机动中队,管理辖区G35济广高速公路小金口至广州萝岗95.4km和S21广惠高速公路小金口至凌坑55.92km;主线154km,17处互通式立交,3处服务区,3座隧道。

路政大队根据相关法律、法规,依法对高速公路进行管理,保护路产、维护路权、保障高速公路的完好、安全和畅通。路政大队负责全线道路产路权的维护和管理,其中沙浦、沙河、白花辖区路政队按照属地划分负责各自辖区的道路路产路权维护和管理工作;机动中队协助大队加强检查管理路产路权工作。

路政大队通过定时或不定时巡查和检查沿线路产路权工作及监督各路政队管理辖区的路产路权工作;各辖区路政队坚持全天候的路政巡查,管理辖区路产路权,并结合特殊情况,如重大节假日、恶劣天气等均开展加强巡查和检查工作。

在与沿线相关部门的沟通协调下,对路产路权进行检查,发现各种路产受损和路权受侵的案件,及时通知辖区路政队前往现场调查和查处。

(七)企业文化建设

1. 坚持民主管理制度,落实党风廉政建设,共筑健康企业环境

公司围绕"服务企业,服务员工,实现双赢"的工作思路,不断完善民主管理制度和渠道,推进公司党风廉政建设工作制度化、规范化,促进企业健康发展。

2. 加强安全文化建设,着力构建企业精神

除在公司内紧抓安全生产,2007年还与沿线交警一起启动了"平安广惠"的创建活动。

二是公司"职业健康安全管理体系"于2009年12月顺利通过了中鉴认证有限公司的外审认证工作,标志着公司的安全生产管理工作跨上了新台阶。

三是坚持"预防为主、安全第一""双岗双责"方针,深入开展安全生产排查治理和"打非治违"专项活动。

3. 依托各种文化契机,增强综合管理实力

一是2006年,针对广惠沿线旅游资源丰富及自驾游形势,挖掘途经增城、博罗、惠州

各地区特色风光景点,推出"广惠生态之旅"自驾游品牌,为广东自驾游市场的成熟与自驾游服务的深化做出了的贡献。

二是2008年,经动员广大职工全力以赴,广惠高速公路荣获"企业档案工作目标管理国家二级"称号。

三是2012年,广惠高速公路完成全省第一条试点高速公路建设国庆花廊生态景观路的生态惠民工程,优化行车环境。

4. 加强精神文明建设,凝聚企业发展力量

公司坚持塑造企业宗旨和企业形象,以人为本抓管理,注重经营思想和经营方法,深入、持续开展凝心聚力班级活动、岗位建功立业、岗位练兵等竞赛活动,以及人文关怀工程,为企业健康发展凝聚力量。

第十二节　大庆—广州高速公路广东段(G45)

大庆—广州高速公路,简称"大广高速公路",是国家高速公路网"71118+6"中的一条纵线,起于黑龙江省大庆市,途经吉林、辽宁、内蒙古、河北、北京、河南 湖北、江西,从连平进入广东、止于广州市,全长3450km。编号为G45。

大广高速公路广东境内路段起于河源市连平县上坪镇李屋排粤赣交界处,接大广高速公路江西段,经河源市连平县、韶关市新丰县、惠州市龙门县、广州市从化区、白云区,止于广州市白云区蚌湖枢纽互通,与广州北二环高速公路相接,全长228.68km,2015年12月底已全线建成通车。

大广高速公路在广东境内线路由5段组成:连平至从化高速公路、从化街口至北兴高速公路、广州机场高速公路。

一、连平—从化高速公路

大广高速公路(G45)广东连平(赣粤界)至从化段,是大广高速公路广东境内的重要路段及广东省规划的高速公路网广州至赣州高速公路的重要路段,同时也是广州市规划的"四环十八射"主骨架公路网中的第五射的重要组成部分。该路段起于广东省连平县九连山,经连平、新丰、龙门和广州从化区,在从化街口中和里接街北高速公路,全长182.014km,项目投资213.88亿元。2013年7月开工建设,2015年12月底全线建成通车。由广州交通投资集团有限公司与广州胜洲投资有限公司合作组建的广州大广高速公路有限公司(简称"大广公司")负责投资建设、经营和管理。

该项目的建设将进一步加强广州中心区与粤北山区的新丰、连平、翁源及江西等地的交通联系和经济发展,对完善广东高速公路网及国家高速公路网、泛珠江三角洲公路网和粤赣两省公路网中均具有重要地位。

(一)主要技术指标及建设规模

大广高速公路(G45)广东连平(赣粤界)至从化段,地处粤北九连山区和广州北部从化山区,沟壑纵横,与路线相关的断裂19条,存在多种不良地质及特殊性岩土,地形地貌以及地质条件都十分复杂,项目隧道长,桥梁规模大。全线按高速公路标准建设,在全长182.014km 的线路中,永兴互通至会前互通段22km 双向八车道,其余双向六车道。互通式立交连接线采用一级、二级公路标准建设。全线主线桥梁145座,其中主要特大桥、大桥92座(表3-12-1);隧道14座(双洞),其中特长隧道3座,长隧道4座,中隧道2座,短隧道5座,见表3-12-2;桥隧比例为35.13%。全线共设置14处互通式立交,4处服务区,2处停车区,1个管理中心。

(二)建设情况

1. 建设依据

2011年,国家发展和改革委员会《国家发展和改革委员会关于广东省连平(赣粤界)至从化公路项目核准的批复》。

2012年5月15日,交通运输部《关于连平(赣粤界)至从化公路初步设计的批复》。

2. 资金来源

项目资本金由股东按股比入资,其余资金向银行贷款。

3. 征地拆迁

该项目征地拆迁涉及韶关市新丰县、河源市连平县、惠州市龙门县、广州市从化区共14个镇、街,共完成征地共19200亩。征地拆迁工作按照国家规定补偿标准进行征地拆迁补偿。

4. 招投标

广州市交委组织项目的公开招投工作,经招投标确定由广州市高速公路总公司及其合作公司广州胜洲投资有限公司组成的合作公司承担项目BOT任务。

5. 主要设计、施工、监理单位

全线设计、监理、施工单位全部在上级主管单位的监管下由广州大广高速公路有限公司通过社会公开招标选定。工程质量受广东省交通运输工程质量监督站监督。

设计单位分别为江西省交通设计院、广东省公路勘察规划设计院有限公司、中交公路规划设计院有限公司、中铁二院工程集团有限责任公司、北京交科公路勘察设计研究院有

连平—从化高速公路主要桥梁表

表 3-12-1

序号	桥梁分类	桥 梁 名 称	起 止 桩 号	桥梁长度（m）	桥面宽度（m）	车道数	设计汽车荷载等级	建设时间（年）	备注
1	特大桥	楼下特大桥	左幅 K35+293~K36+403 右幅 K35+263~K36+403	1131	31	6	公路—Ⅰ级	2013—2015	
2	特大桥	潘山下特大桥	K88+232~K89+549	1317	31	6	公路—Ⅰ级	2013—2015	
3	特大桥	徐坑口高架桥	K91+460~K92+958	1498	31	6	公路—Ⅰ级	2013—2015	
4	特大桥	莲株河特大桥	K104+815~K106+361	1511	15.5×2	6	公路—Ⅰ级	2013—2015	
5	特大桥	黄龙带特大桥	ZK137+478.469~ ZK138+104.527	876.058	18.3×2	6	公路—Ⅰ级	2013—2015	
6	特大桥	大江里特大桥	ZK141+249.5~K142+672.5	1430	16.5×2	6	公路—Ⅰ级	2013—2015	
7	特大桥	流溪河特大桥（左幅）	K166+310~K167+875	1565	15.75	6	公路—Ⅰ级	2013—2015	
8	大桥	径口大桥	K2+013~K2+433	426	31	6	公路—Ⅰ级	2013—2015	
9	大桥	镰子角大桥	ZK2+474~ZK2+684 （YK1+996~YK2+626）	423.73	31	6	公路—Ⅰ级	2013—2015	
10	大桥	园山大桥	K3+773~K4+103	336	31	6	公路—Ⅰ级	2013—2015	
11	大桥	雨头大桥	K4+475（+520）~K5+150	681(636)	31	6	公路—Ⅰ级	2013—2015	
12	大桥	旗尾下大桥	K7+526~K7+886	366	31	6	公路—Ⅰ级	2013—2015	
13	大桥	K10+794.5 大塘面大桥	K10+604~K10+985	381	31	6	公路—Ⅰ级	2013—2015	
14	大桥	K13+166 新围大桥	K13+058~K13+301.73（左线）、 K13+058~K13+271.73（右线）	228.73	31	6	公路—Ⅰ级	2013—2015	
15	大桥	K14+120 陈泥坑大桥	K13+956~K14+439.73	483.73	31	6	公路—Ⅰ级	2013—2015	
16	大桥	K14+785 洋飞坑大桥	K14+647~K14+920.73	273.73	31	6	公路—Ⅰ级	2013—2015	
17	大桥	K16+656（左线） 寨子大桥	K16+528~K16+781.73	253.73	31	6	公路—Ⅰ级	2013—2015	
18	大桥	丰树坑大桥	K17+025~K17+400 （K17+051~K17+396）	366	31	6	公路—Ⅰ级	2013—2015	

续上表

序号	桥梁分类	桥梁名称	起止桩号	桥梁长度(m)	桥面宽度(m)	车道数	设计汽车荷载等级	建设时间(年)	备注
19	大桥	分水坳大桥	K21+247～K21+757 (K21+297～K21+777)	498	31	6	公路—Ⅰ级	2013—2015	
20	大桥	上李屋大桥	ZK22+407～ZK22+707 (YK22+457～YK22+732)	291.23	31	6	公路—Ⅰ级	2013—2015	
21	大桥	×160跨线桥	ZK22+834～ZK23+049 (YK22+834～YZ23+064)	228.5	31	6	公路—Ⅰ级	2013—2015	
22	大桥	岭背G105跨线桥	K23+755.5～K24+160.5	411	31	6	公路—Ⅰ级	2013—2015	
23	大桥	S341跨线桥	K30+499～K30+854	361	31	6	公路—Ⅰ级	2013—2015	
24	大桥	石龙大桥	K30+928～K31+438	516	31	6	公路—Ⅰ级	2013—2015	
25	大桥	赖屋大桥	K33+735～K34+555 (K33+710～K34+555)	838.5	31	6	公路—Ⅰ级	2013—2015	
26	大桥	车田坝大桥	K41+316～K41+916	606	31	6	公路—Ⅰ级	2013—2015	
27	大桥	黄屋大桥	左幅K43+203～K43+528 (右幅K42+179～K43+528)	342.37	31	6	公路—Ⅰ级	2013—2015	
28	大桥	礁砍石大桥	K48+493～K49+118	631	31～49.8	6～8	公路—Ⅰ级	2013—2015	
29	大桥	永兴围大桥	K53+461～K54+351	893.73	31	6	公路—Ⅰ级	2013—2015	
30	大桥	张星大桥	K57+959～K58+484	531	38.5	8	公路—Ⅰ级	2013—2015	
31	大桥	老围大桥	K58+763～K59+038	281	38.5	8	公路—Ⅰ级	2013—2015	
32	大桥	黄泥寮大桥	ZK60+322～ZK60+653 Y60+325～YK60+575	左幅:331 右幅:256	38.5	8	公路—Ⅰ级	2013—2015	
33	大桥	羌坑河大桥	ZK62+062～ZK62+368 Y60+062～YK60+318	左幅:306 右幅:256	38.5	8	公路—Ⅰ级	2013—2015	
34	大桥	甑洞大桥	ZK66+082～ZK66+450 Y66+057～YK66+375	左幅:374 右幅:324	38.5	8	公路—Ⅰ级	2013—2015	

续上表

序号	桥梁分类	桥梁名称	起止桩号	桥梁长度（m）	桥面宽度（m）	车道数	设计汽车荷载等级	建设时间（年）	备注
35	大桥	长坑大桥	ZK66+815~ZK67+114 Y66+815~YK67+089	左幅:299 右幅:274	38.5	8	公路—Ⅰ级	2013—2015	
36	大桥	河沙坑大桥	K67+848~K68+056	306	38.5	8	公路—Ⅰ级	2013—2015	
37	大桥	山老角大桥	ZK68+220~ZK68+466 YK68+190~ZK68+466	左幅:246 右幅:276	38.5	8	公路—Ⅰ级	2013—2015	
38	大桥	龙更背大桥	ZK69+241~ZK68+568 YK68+241~ZK68+538	左幅:327 右幅:297	38.5	8	公路—Ⅰ级	2013—2015	
39	大桥	新丰江大桥	K71+048~K71+826	778	38.5	8	公路—Ⅰ级	2013—2015	
40	大桥	上横坑大桥	K74+097~K74+403	306	38.5	8	公路—Ⅰ级	2013—2015	
41	大桥	茨菇坑大桥	ZK76+620~ZK77+076 YK77+650~YK77+016	左幅:456 右幅:366	38.5	8	公路—Ⅰ级	2013—2015	
42	大桥	朱峒河大桥	ZK77+818~ZK78+058	248	31	6	公路—Ⅰ级	2013—2015	
43	大桥	新星楼大桥	ZK80+167~ZK80+613 YK80+180~YK80+586	左幅:408 右幅:448	31	6	公路—Ⅰ级	2013—2015	
44	大桥	高岭排大桥	ZK81+674~YK82+137 YK81+675~YK82+155	左幅:402 右幅:486	31	6	公路—Ⅰ级	2013—2015	
45	大桥	朱老固大桥	K85+480~K85+816	336	31	6	公路—Ⅰ级	2013—2015	
46	大桥	石梨卜大桥	K90+082~K90+493	411	31	6	公路—Ⅰ级	2013—2015	
47	大桥	黄京派大桥	K90+867~K91+388	521	31	6	公路—Ⅰ级	2013—2015	
48	大桥	上白芒地大桥	K94+217~K94+433	216	31	6	公路—Ⅰ级	2013—2015	
49	大桥	下茅田大桥	K95+047~K95+293	246	31	6	公路—Ⅰ级	2013—2015	
50	大桥	张菇坳大桥	K97+622~K97+838	216	31	6	公路—Ⅰ级	2013—2015	
51	大桥	大芒斜大桥	ZK97+892~ZK98+168 YK97+892~YK98+198	左幅:246 右幅:306	31	6	公路—Ⅰ级	2013—2015	

续上表

序号	桥梁分类	桥梁名称	起止桩号	桥梁长度（m）	桥面宽度（m）	车道数	设计汽车荷载等级	建设时间（年）	备注
52	大桥	欧岭下大桥	ZK98+567~ZK99+038 YK98+567~YK99+008	左幅:471 右幅:441	31	6	公路—Ⅰ级	2013—2015	
53	大桥	南山大桥	ZK99+062~ZK99+278 YK99+062~YK99+218	左幅:216 右幅:156	31	6	公路—Ⅰ级	2013—2015	
54	大桥	川龙大桥	ZK99+967~ZK100+183 YK99+967~YK100+153	左幅:216 右幅:186	31	6	公路—Ⅰ级	2013—2015	
55	大桥	桐子窝大桥	ZK100+829~ZK101+157 YK100+789~YK101+157	左幅:328 右幅:368	31	6	公路—Ⅰ级	2013—2015	
56	大桥	蒲芦夫大桥	K101+526~K101+934	408	31	6	公路—Ⅰ级	2013—2015	
57	大桥	大峒大桥	ZK102+546~ZK103+080; YK102+546~YK103+074	左幅:531 右幅:528	31	6	公路—Ⅰ级	2013—2015	
58	大桥	石墩大桥	ZK103+556~ZK104+204; YK103+556~YK104+164	左幅:648 右幅:608	31	6	公路—Ⅰ级	2013—2015	
59	大桥	黄沙大桥	K109+424~K109+921	497	15.5	6	公路—Ⅰ级	2013—2015	
60	大桥	仓下1号大桥	K110+023~K110+829	806	15.5	6	公路—Ⅰ级	2013—2015	
61	大桥	仓下2号大桥	K110+900~K111+120	210	15.5	6	公路—Ⅰ级	2013—2015	
62	大桥	竹坑1号大桥	K116+365~K116+496	225	15.5	3	公路—Ⅰ级	2013—2015	
63	大桥	穿竹山大桥	K123+287~K123+363	210	15.5	3	公路—Ⅰ级	2013—2015	
64	大桥	高窝仔2号大桥	左幅:ZK126+864~ZK127+120 右幅:YK126+874~YK127+000	左幅:256 右幅:126	15.4	6	公路—Ⅰ级	2013—2015	
65	大桥	玉溪湖大桥	左幅:ZK127+358~ZK127+640 右幅:YK127+358~YK127+640	左幅:282 右幅:282	17.3	6	公路—Ⅰ级	2013—2015	
66	大桥	高围1号大桥	左幅:ZK127+797~ZK128+030 右幅:YK127+857~YK128+033	左幅:233 右幅:176	15.4	6	公路—Ⅰ级	2013—2015	

续上表

序号	桥梁分类	桥梁名称	起止桩号	桥梁长度（m）	桥面宽度（m）	车道数	设计汽车荷载等级	建设时间（年）	备注
67	大桥	高围2号大桥	左幅:ZK128+030~ZK128+513 右幅:YK128+087~YK128+513	左幅:483 右幅:426	15.4	6	公路—Ⅰ级	2013—2015	
68	大桥	红坭坳1号大桥	左幅:ZK128+557~ZK129+313 右幅:YK128+557~YK129+313	左幅:756 右幅:756	15.4	6	公路—Ⅰ级	2013—2015	
69	大桥	红坭坳2号大桥	左幅:ZK129+350~ZK129+856 右幅:YK129+350~YK129+856	左幅:506 右幅:506	15.4	6	公路—Ⅰ级	2013—2015	
70	大桥	红坭坳3号大桥	左幅:ZK129+914~ZK130+500 右幅:YK129+934~YK130+530	左幅:586 右幅:586	15.4	6	公路—Ⅰ级	2013—2015	
71	大桥	大田里大桥	左幅:ZK130+565~ZK131+056 右幅:YK130+650~YK130+881	左幅:494 右幅:231	15.4	6	公路—Ⅰ级	2013—2015	
72	大桥	合星电站1号大桥	左 K133+252~K133+625 右 K133+247~K133+578	352	2×16.4	6	公路—Ⅰ级	2013—2015	
73	大桥	合星电站2号大桥	左 K133+625~K133+853 右 K133+672~K133+848	202	2×16.4	6	公路—Ⅰ级	2013—2015	
74	大桥	倒中山1号大桥	K133+899~K134+595	696	16.4+18.2	6	公路—Ⅰ级	2013—2015	
75	大桥	倒中山2号大桥	左幅:K134+782~K135+698 右幅:K134+782~K135+618	左幅:916 右幅:836	16.4+18.2	6	公路—Ⅰ级	2013—2015	
76	大桥	麓湖山1号大桥	左幅:K135+820.87~K136+051.87 右幅:K135+820.87~K135+876.87 中间路基:K135+920.87~K136+026.87	左幅:231 右幅:56+106	16.4+18.2	6	公路—Ⅰ级	2013—2015	
77	大桥	麓湖山2号大桥	左幅:K136+245~K136+516 右幅:K136+245~K136+491	左幅:271 右幅:246	16.4+18.2	6	公路—Ⅰ级	2013—2015	
78	大桥	黄龙带大桥	左幅:K136+856.1~K137+282.1 右幅:K136+866~K137+332	左幅:426 右幅:466	2×18.3	6	公路—Ⅰ级	2013—2015	

续上表

序号	桥梁分类	桥梁名称	起止桩号	桥梁长度（m）	桥面宽度（m）	车道数	设计汽车荷载等级	建设时间（年）	备注
79	大桥	佛公顶大桥	ZK138+354.527~ZK138+617.527	263	18.3	加宽双向6车道	公路—Ⅰ级	2013—2015	
80	大桥	流溪河1号大桥	ZK140+476.5~ZK141+211.5	676	16.5×2	6	公路—Ⅰ级	2013—2015	
81	大桥	流溪河2号大桥		336	16.5×2	6	公路—Ⅰ级	2013—2015	
82	大桥	石岭1号大桥	K150+987~K151+583	596	15.5	3	公路—Ⅰ级	2013—2015	
83	大桥	石岭2号大桥	K151+580~K151+943	363	15.5	3	公路—Ⅰ级	2013—2015	
84	大桥	黄田埔大桥	K152+420~K152+906	486	15.5	6	公路—Ⅰ级	2013—2015	
85	大桥	米埗大桥	K153+049.5~K153+525.5	476/496	15.5	6	公路—Ⅰ级	2013—2015	
86	大桥	流溪河大桥	ZK156+700.558~K157+653 YK156+697~K157+588	956/891	15.5	6	公路—Ⅰ级	2013—2015	
87	大桥	牛步迳大桥（左幅）	K161+847.3-K162+098.3	251	15.75	6	公路—Ⅰ级	2013—2015	
88	大桥	佛子凹大桥（左幅）	K165+540.5~K165+881.5	341	15.75	6	公路—Ⅰ级	2013—2015	
89	大桥	象平里大桥	K168+482.946~K168+705.946	223	15.5	3	公路—Ⅰ级	2013—2015	
90	大桥	何村大桥	K173+411~K173+657	246	15.5	3	公路—Ⅰ级	2013—2015	
91	大桥	城郊大桥	K174+194.067~K174+610.067	416	15.5	3	公路—Ⅰ级	2013—2015	
92	大桥	三将军大桥	K176+581.5~K176+275.5	306	15.5	3	公路—Ⅰ级	2013—2015	

连平—从化高速公路隧道表

表3-12-2

序号	隧道分类	隧道名称	起止桩号	长度（单洞，m）	行车道宽度（单洞，m）	隧道净高（m）	车道数	建设时间（年）	备注
1	特长隧道	九连山隧道	ZK0+000~ZK1+555 （YK0+000~YK1+570）	左:1555 右:1570	14.75	5	6	2013—2015	
2	特长隧道	上坪隧道	ZK17+403~ZK20+890 YK17+399~YK20+977	左:3487 右:3578	14.75	5	6	2013—2015	

续上表

序号	隧道分类	隧道名称	起止桩号	长度（单洞,m）	行车道宽度（单洞,m）	隧道净高（m）	车道数	建设时间（年）	备注
3	特长隧道	黄龙带隧道	ZK138+815～ZK140+455 K138+863～K140+455	左:1640 右:1582	14.75	5	6	2013—2015	
4	长隧道	凤门凹隧道	K83+170～ZK84+765 YK83+273～YK84+751.959	左:1595 右:1478.959	14.75	5	6	2013—2015	
5	长隧道	塘基隧道	K104+690～ZK106+334.884 YK104+065～YK106+7330	左:1644.884 右:	14.75	5	6	2013—2015	
6	长隧道	高窝仔隧道	K124+976～K125+440	左:408	11.25	5	6	2013—2015	
7	长隧道	明珠隧道	K169+780～K171+000	左:1200 右:1200	11.25	5	6	2013—2015	
8	中隧道	耙齿髟隧道	ZK177+765～ZK178+339 K177+805～K178+313	左:574 右:508	11.25	5	6	2013—2015	
9	中隧道	花村岭隧道	ZK27+527～ZK28+198 YK27+500～YK28+216	左:671 右:716	14.75	5	6	2013—2015	
10	短隧道	塘基二号隧道	左:K106+577～ZK107+051 右:K106+581～K107+033	左:474 右:452	11.25	5	6	2013—2015	
11	短隧道	黄棕岭隧道	ZK155+870～ZK156+255 ZK155+855～ZK156+295	左:385 右:440	14.75	5	6	2013—2015	
12	短隧道	李屋排隧道	ZK1+752～ZK2+010 (YK1+724～YK1+990)	左:258 右:266	14.75	5	6	2013—2015	
13	短隧道	虎背隧道	ZK79+903.851～ZK80+167 YK79+900～YK80+180	左:236.159 右:280	14.75	5	6	2013—2015	
14	短隧道	牛步迳隧道	ZK161+393～ZK161+820 K161+392～K161+900	左:427	14.75	5.0	6	2013—2015	

限公司(机电工程),共同承担全线182km的设计任务。

6. 重大工程变更

(1)从化明珠下穿隧道:因从化市区规划,从化明珠工业园区附近路段,需要将原横江高架桥调整为下穿隧道穿越。

(2)明珠互通立交:根据《从化市人民政府关于调整互通立交位置的函》要求,设计方案调整论证会专家组意见,明珠立交东移至规划的从化大道,并改为现阶段实施。

(三)复杂技术工程

九连山特长隧道连贯粤赣两地,隧道全长3268m,广东省境内长1562m,洞门均采用削竹式。上坪特长隧道为该项目最长隧道,全长3532m。黄龙带隧道穿越水源保护区,全长1618m。新丰江大桥跨越G105与新丰江,连续刚构桥方案。徐坑口特大桥主桥为连续刚构桥,最大墩高81m。玉溪湖大桥主桥为连续刚构桥,桥墩均水库岸边。黄龙带特大桥为该项目跨径最大的桥梁,主桥采用108m+208m+108m预应力混凝土矮塔斜拉桥结构,主塔高26m,主墩高22m。

(四)科技创新

1. 黄龙带特大桥曲线部分斜拉桥关键技术研究

该项目为广东省交通运输厅科技项目,编号:2014-01-027。主要子课题有:
(1)曲线部分斜拉桥建设关键技术研究。
(2)曲线部分斜拉桥施工监控技术研究。
(3)曲线部分斜拉桥承载能力及安全性研究。

研究课题的创新点:①确定曲线部分斜拉桥适宜的结构体系,得到适宜的设计参数范围;②提出曲线部分斜拉桥的温变、收缩徐变与预应力效应耦合作用分析方法;③提出曲线部分斜拉桥承载力分析方法和及安全评价的初步方法。

科研成果很好地指导黄龙带特大桥的修建,避免施工过程中经常出现的一系列缺陷和问题。

2. 高速公路穿越水源保护群水安全保障关键技术研究

该项目为广东省交通运输厅科技项目,编号:2015-02-001。该项目穿越多处水资源保护区,重点开展了高速公路穿越水源保护群水安全保障关键技术研究,已经对现场的水源保护设计进行了一部分优化,目前仍在研究阶段,已节省了投资资金超2000万元。

(五)营运管理

1.营运公司

广州大广高速公路有限公司由广州交通投资集团有限公司和广州胜洲投资有限公司按照50∶50股比成立的合作公司,负责大广高速公路粤境段的运营管理;公司设1个管理中心、4个中心站、6个职能部门、3个路政中队。

2.收费站点

大广高速公路(粤境段)设九连山1个主线收费站,上坪、连平北、连平南、隆街北、马头、新丰、地派、吕田、良口、隆街南、米埗、温泉12个匝道收费站,全线实行"聚核式"管理模式,设有米埗中心站、吕田中心站、连平南中心站、九连山中心站,见表3-12-3。

收费站点设置情况表　　　　表3-12-3

站点名称	入口车道数	入口ETC车道数	出口车道数	出口ETC车道数
地派收费站	2	1	3	1
马头收费站	2	1	3	1
粤赣界九连山主线站	16	2	22	2
连平北收费站	2	1	2	1
连平南收费站	2	1	3	1
隆街北收费站	2	1	2	1
米埗收费站	2	1	3	1
温泉收费站	4	1	7	1
吕田收费站	2	1	3	1
良口收费站	2	1	5	1
隆街南收费站	2	1	2	1
上坪收费站	2	1	2	1
新丰收费站	3	1	7	1
合计	43	14	64	14

3.车流量

车流量情况见表3-12-4。

车 流 量 情 况 表(单位:辆)　　　　表3-12-4

	1月	2月	3月	4月
2016年日均车流量	18047	22245	12958	13769

4. 服务区

设上坪、马头、吕田、从化4个服务区,溪山、下茅2个停车区。

5. 养护管理

大广高速公路(粤境段)的日常养护工程由广州大广高速公路有限公司养护工程部负责。公司的养护管理实行"预防性养护、机械化养护为主,防止中断交通"的原则,公路养护管理要求标准高、管理严。大广高速公路养护,主要是保持或恢复公路原有技术状况和技术标准,增强公路抗灾能力,延长公路使用寿命,保证公路畅通。大广高速公路养护按其工程性质、规模大小、技术性繁简划分为小修保养、中修、大修和改善四类。加强高速公路养护机械的配备、保修和使用,以强化养护、维修作业的时效性和机动性。

6. 路政管理

大广高速公路路政大队下设一、二、三中队,管理辖区182.014km,横跨三个市(惠州市、韶关市、河源市)一个区(广州市从化区),其中服务区4处,停车区2处,桥梁145座,隧道14座。

路政大队对路产、路权实施分级管理,路政大队负责全线路产、路权的维护和管理,路政中队负责辖区的路产、路权维护和管理。其中中队根据属地划分管理辖区,中队路巡班组依照"四班三运转"对管辖区域进行24h巡查,防止侵占路产路权案件的发生。

在全线全程监控的模式下,路政巡查、养护巡查与视频监控巡查相结合,养护巡查和路政巡查实施交叉巡查,视频监控实施定时轮巡,三种巡查模式结合快速发现路产损坏或路权侵占案件。路面的施工作业许可由路政大队严格把关审批,路政中队根据路政大队颁发的施工许可证掌握路面的施工情况,有效区分侵权行为和合规作业行为,及时制止侵权行为。

(六)企业文化建设

1. 加强阵地建设,为企业文化建设提供多种载体

大广高速公路项目公司和建管处成立时建立户外宣传栏和室内公告栏,设立文化长廊,定期将上级单位企业文化理念结合大广项目或建管处实际进行宣传,如遇重大事项或活动,则制作横幅、标语等,营造浓厚的氛围。

2. 结合实际,为员工提供人性化工作生活环境

重视员工工作能力和综合素养的提高,定期组织进行相关岗位业务培训、综合技能培

训,组织参观学习,还设置了图书室,提供书籍供员工借阅。公司组织"建设管理大讲坛",结合工程建设实际,举办工程质量、安全等专题讲座。

3. 多种措施并举,加强廉政文化建设

大广项目对廉政建设高度重视,在《项目管理手册》中提出了廉政目标,严格遵守党的政策规定和国家有关法律法规及交通部的有关规定,严格执行高速公路工程建设有关的廉政规定。

4. 发挥党工团组织作用,加强思想政治工作和企业文化建设

大广公司党总支部、工会和团委发挥各自组织优势、政治优势,将日常工作和企业文化建设紧密结合,通过多种方式向员工灌输企业的价值观和经营理念,引导员工创建先进的企业文化。

党总支落实"书记项目",把各党支部一把手作为企业文化建设的第一责任人,把思想政治工作和企业文化建设紧密结合,用先进文化引导人、凝聚人,以文化管理为纽带,融思想教育、制度约束和激励机制于一体,使企业文化建设的执行力度大大增强。

二、从化街口—北兴高速公路

从化街口—花都北兴高速公路(简称"街北高速公路")位于广州市从化区南部,途经从化街口街、江浦街、太平镇和花都区花东镇。东与国道 G105、增从高速公路相接,经流溪河、新村、大兴庄、格塘、老屋、花都华侨农场至北兴。通过北兴立交,实现与机场高速公路北延线对接,与京珠高速公路快速连接,全长 19.751km。2004 年 4 月开工,2007 年 2 月建成通车。据国高网规划调整,街北高速公路划分为 S16 派(潭)街(口)高速公路和 G45 大广高速公路两段。其中,街北高速公路起点与 S16 派街高速公路对接,中间设置中和里互通立交与 G45 大广高速公路、佛(山)清(远)从(化)高速公路相接,设置杨荷互通立交与北三环高速公路等相接。项目由广东汇裕投资发展有限公司、广东方圆集团有限公司和香港金仕投资有限公司投资建设。

(一)主要技术标准及建设规模

街北高速公路全线采用高速公路标准,设计速度 100km/h,路基宽度:起点至杨荷互通立交段(北三环接入处)路基宽度 26m,双向四车道;北三环接入处至北兴立交匝道,主线路基宽度 41m,双向八车道,与机场北延线采用六车道对接。全线共设互通式立交 4 座;全线桥梁 20 座,其中主要大桥 5 座(表 3-12-5)。

从化街口—北兴高速公路主要桥梁表

表 3-12-5

序号	桥梁分类	桥梁名称	中心桩号	桥梁长度(m)	车道数	设计汽车荷载等级	开工时间	通车时间	备注
1	大桥	流溪河大桥	20.603	779.060	双向六车道	汽车—超20级、挂车—120	2005年2月	2007年2月1日	
2	大桥	大兴庄大桥	3395.567	326.060	双向四车道	汽车—超20级、挂车—120	2004年6月	2007年2月1日	
3	大桥	牛心岭大桥	3403.709	331.060	双向四车道	汽车—超20级、挂车—120	2005年1月	2007年2月1日	
4	大桥	流溪花渠大桥	3404.370	345.100	双向四车道	汽车—超20级、挂车—120	2005年5月	2007年2月1日	
5	大桥	山前旅游大道大桥	3405.927	430.560	双向八车道	汽车—超20级、挂车—120	2005年6月	2007年2月1日	

（二）建设情况

1. 建设依据

2002年4月4日，广东省发展计划委员会《关于合作经营从化街口至花都北兴高速公路工程可行性研究报告的批复》。

2004年5月，广东省发展和改革委员会《关于从化街口至花都北兴高速公路调整建设方案的批复》。

2009年7月，广东省发展和改革委员会《关于调整从化街口至花都北兴高速公路建设及投资规模的批复》。

2. 资金来源

由广东汇裕投资发展有限公司、广东方圆集团有限公司和香港金仕投资有限公司投资。资本金为总投资的35%，其余占总投资65%为银行贷款。

3. 征地拆迁

项目用地1997.66亩，从化段征用土地1565.1亩，完成房屋拆迁40658.28m^2，花都段征用土地432.56亩。

4. 招投标

依据《中华人民共和国招标投标法》规定对该项目的设计、监理和施工标进行公开招标，招标过程中受从化市监察局和从化市建设工程交易中心的监督和指导。

5. 主要设计、施工、监理单位

设计单位：铁道部第二勘察设计院、北京交科公路勘察设计研究院。

施工单位：中铁二十局集团有限公司、中港第三航务工程局、广东省佛山公路建设有限公司等17个单位。

监理单位：甘肃铁一院工程建设监理公司、广州诚信公路建设监理咨询有限公司。

（三）运营管理

1. 运营公司

广州广从高速公路有限公司，成立于2004年1月21日，负责该项目的运营管理。公司设有5个职能部门，其中运营部下设3个中心、1个路政队。

2. 收费站点

街北高速公路设立街口、机场北2个收费站。2014年6月30日，广东省高速公路联网收费实施"一张网"时，撤销机场北收费站。街北高速公路现设收费站1个，共计13条车道。

3. 养护管理

公司从试运营就树立"专业化、社会化、规范化和制度化"的养护管理总体目标,明确将预防性养护和早期养护作为养护工作的重点,对公路实行经常性、及时性、周期性和预防性养护。每年年初对全线路面裂缝进行一次灌缝处理;每年国庆后,安排一次沥青路面下沉地段的铣刨和重新摊铺,重点整治路面平整度;每年下半年,对全线匝道和收费广场混凝土破碎板进行一次更换;每年年末对全线的坑槽进行微波和热辐射再生修复。同时在养护实践中,不断提高公路养护的科技含量,加强新工艺、新材料、新技术的推广运用,如采用英达的热再生修补沥青路面和威特的微波修补路面坑槽,采用壁可法进行桥梁裂缝封闭等。

4. 路政管理

广州广从高速公路有限公司设有路政管理队伍,保护公路的路产,维护路权,保障公路安全、畅通。

(1)路产管理与保护方面。路政队对高速公路路产每一项目进行分类登记,专人负责管理,建立一套完善的路产档案管理制度。为确保路产不受损害,采取不间断巡查措施,加大巡查力度,做到及时发现及时处理各种损坏路产案件。

(2)路权维护与管理方面。路政队深入沿线村镇,利用资源,多方位进行宣传,通过设立路政宣传咨询台、发放宣传单、悬挂条幅标语、利用可变情报板宣传标语等方式,向社会各界宣传高速公路管理法律法规,有效提高人民群众爱路护路的意识;路政队加强与交通综合执法局及属地城管等部门的沟通和联系,对各类违法案件做到沟通协调、密切配合、快速处理。

(四)企业文化建设

1. 服务至上文化

树立全员服务意识,将服务热诚融入每位员工的工作细节中,使每位客户都能享受到优质、快捷、周到的服务,赢得了客户的尊重和赞扬。

2. 共同成长文化

提倡"工作学习化,学习工作化",让每一个员工都在学习中成长,实现自我价值。

3. 亲和美善文化

各部门之间平等、互助、协作、共享;员工之间互相尊重,求同存异,让员工在宽容、信任、平等、积极向上的环境中发挥最大的潜能。

4. 民主决策文化

建立群策群力的民主决策模式,尊重每位员工的参与权,认真倾听员工的意见与建议,充分发挥每位员工的积极性。

5.人文关怀文化

提倡"和谐广从,幸福你我"的人文关怀体系,建立基金会对突发疾病或事件、喜丧事的员工开展送温暖慰问活动,定期组织员工年度体检,让员工能安心工作、健康愉快生活。

6.多彩文体文化

经常组织员工参加运动会、中秋游园、春节晚会、员工旅游、摄影、征文、唱歌比赛等各类活动,丰富员工业余生活。

三、广州机场高速公路

广州机场高速公路由大广高速公路G45广州段及省道S41路段组成,分别与京珠高速公路(G4)、街北高速公路(G45、S16)、乐广高速公路(G4W3)、北三环高速公路(G94)、北二环高速公路(G15、G1501)、华南快速干线(S303)、广州环城高速公路(S81、S15)、内环路相连接,是一条连接广州北部地区、新白云国际机场的重要通道。南段起于广州市三元里,通过左右线高架至新市合龙至平沙落地,经罗岗、清湖至大麦地,跨流溪河,在蚌湖东北侧与北二环高速公路交叉,经黄榜岭、鸭水塘(设新机场互通)跨106国道至凤和庄接机场,全长23.68km。北段由新机场互通南侧起,经草塘庄、裕丰庄、连子帘,止于京珠高速公路的北兴,全长26.79km。广州机场高速公路全线全长50.47km,项目总投资为61.97亿元。广州市机场高速公路分两期建设,一期工程由广州市区至新白云机场及二期工程南段于2002年1月建成通车;二期工程北段于2007年2月1日建成通车。

广州机场高速公路建设不仅起到连接机场至广州市区集散出入港交通量的作用,同时还北延向东接入京珠高速公路,通过平坧大道向西接广清高速公路,南行连接规划的北二环高速公路、华南北路、北环高速公路,并通过东、南、西、北环城高速公路与广深、广佛、广珠、广珠东等高速公路相连,形成高速公路运输网络,对缓和广州市区、广州周边大部分地区的交通压力和经济发展有重大作用。

(一)主要技术标准和建设规模

机场高速公路南段设计速度为平沙以南100km/h、平沙至机场120km/h,北段设计速度为100km/h。平沙以南和机场以北为双向六车道,平沙以北至新机场为双向八车道(部分路段为双向十车道),中间铺设较宽的分隔绿化带,路两侧种植人造林带,集景观、科技、文明、环保于一体,风光旖旎,是广州城市建设一道亮丽的风景线,被誉为"华南第一路"和"广州第一森林大道"。广州机场高速公路主要桥梁见表3-12-6。

广州机场高速公路主要桥梁表

表 3-12-6

序号	桥梁分类	桥梁名称	起止桩号	桥梁长度（m）	桥面宽度（m）	车道数	设计汽车荷载等级	开工时间	通车时间	备注
1	特大桥	大沙河高架桥	K3414+648～K3417+147	2499	32.5	6	汽车—超20级、挂车—120	2005年1月11日	2006年1月17日	
2	特大桥	高溪河高架桥	K3417+285.3～K3419+206.8	1921.5	35.5	6	汽车—超20级、挂车—120	2005年1月11日	2007年1月24日	
3	特大桥	新市高架桥北段	K3+250～K7+842.5	4592.5	27.5	6	汽车—超20级、挂车—120	2000年5月4日	2001年5月10日	
4	大桥	清湖大桥	K10+919.1～K11+440.9	521.8	58	8	汽车—超20级、挂车—120	2000年2月21日	2001年11月21日	
5	大桥	流溪河大桥	K14+329.48～K15+044.52	715.04	58	8	汽车—超20级、挂车—120	1999年11月22日	2001年6月30日	
6	大桥	金马高架桥	K3408+121～K3408+702	581	32.5	6	汽车—超20级、挂车—120	2005年1月28日	2006年12月28日	
7	大桥	康乐村大桥	K3409+385～K3409+939	554.06	32.5	6	汽车—超20级、挂车—120	2005年2月4日	2006年1月25日	
8	大桥	弯弓唐大桥	K3411+765.5～K3412+149.5	393	32.5	6	汽车—超20级、挂车—120	2005年2月4日	2006年1月25日	
9	大桥	东方村大桥	K3420+700～K3420+946	246	32.5	6	汽车—超20级、挂车—120	2005年1月11日	2005年12月20日	
10	大桥	花山互通2号主线桥	K3421+887.5～K3422+614.5	727	32.5	6	汽车—超20级、挂车—120	2005年1月11日	2005年12月16日	
11	大桥	向西特大桥	K3428+158～K3428+678	520	32.5	6	汽车—超20级、挂车—120	2002年12月15日	2004年3月18日	
12	大桥	蚌湖大桥	K17+005.98～K17+436.02	430.04	58	8	汽车—超20级、挂车—120	1999年12月7日	2001年12月26日	

(二)建设情况

1. 建设依据

1993年,广东省提出重建白云机场,选址位于花都市龙口镇与广州市白云区边缘。广州市政府决定,兴建北部地区(新国际机场)高速公路。

1999年9月1日和2000年3月9日,国家发展计划委员会分别批复同意建设广州机场高速公路项目和可行性研究报告。

2. 资金来源

广州机场高速公路由广州市快速交通建设有限公司负责投资建设和经营。

3. 征地拆迁

广州机场高速公路共征用土地5429亩。

4. 招投标

根据建设任务和要求,全路段划分为37个标段进行施工招标。

5. 主要设计、施工、监理单位

设计单位:铁道部第二勘测设计院、广州市市政工程设计研究院、上海市城市建设设计研究院。

施工单位:广州市政集团有限公司、汕头市市政工程总公司、广东筑波路桥工程有限公司等37个单位。

监理单位:广州穗高工程监理有限公司、广东省广梅汕建设监理有限公司。

(三)科技创新

1. 2001-A型电子投包机

2001年,国内绝大多数高速公路都采用财务员管理路费票据的工作方式,工作效率低,人为误差大。为减少运营成本,提高工作效率,公司自主研发了电子投包机。设备主要工作流程为:收费员从车道下班后,到缴款室清点路费和回收通行卡,将整理出来的工作数据输入投包机出入口交班软件,投包机即时将数据上传数据库,并允许收费员打开投包口投入钱袋,投包机检测到投包后,自动关闭投包口。整个操作简单、快捷、方便。

电子投包机投入使用后,使高速公路的收费管理更科学,提高收费站的工作效率,每年可为公司节省100多万元开支,降低运营成本。电子投包机获2002年广东省优秀新产品三等奖。

2. 滚轮式IC卡无人值守自动发卡机

传统的卡钩式自动发卡机由于设计缺陷,导致设备经常出现卡卡、坏卡、通行卡磨损等问题。滚轮式自动发卡机的设计理念就是通过改变出卡方式,减少卡卡、降低通行卡磨损程度。

广州机场高速公路滚轮式无人值守自动发卡机项目获第十六届广东省企业管理创新成果二等奖。

3. 伸缩卡盘式 IC 卡无人值守自动发卡机

卡钩式卡机和滚轮式卡机在使用过程中,都存在取卡不方便的情况。停车位置太远,驾驶员必须下车取卡,停车位置太近,容易刮伤车轮,伸缩卡盘式自动发卡机能很好地解决以上问题。

伸缩卡盘通过前线圈和取卡光感控制工作。前线圈检测到车辆,允许卡盘发卡;取卡光感感应到有物体在感应范围内,自动伸出,驾驶员轻松取卡,卡片取走后卡盘自动回缩。这种发卡方式使得平均单车取卡时间比滚轮式卡机和卡钩式卡机缩短 1.5s 左右,特别适用于车流量较大的收费站入口。

2011 年,自动发卡机技术获得国家专利。

(四)运营管理

1. 运营公司

广州快速交通建设有限公司由广州市高速公路总公司和广州交通投资有限公司共同投资组建,于 1999 年 6 月 16 日成立,现为广州交通投资集团有限公司下属企业。公司下设综合行政部、计划财务部、人力资源部、运营管理部、养护工程部、机电工程部、路政大队、工会办公室和各收费站。主要负责广州机场高速公路道路设施设备养护维修、收费管理、交通及路产管理、技术咨询等。

2. 收费站点

广州机场高速公路全线设有 14 个收费站,总车道数 129 条,其中出口 84 条(MTC 车道 65 条、ETC 车道 19 条、计重车道 35 条、绿色通道 16 条),入口车道 45 条(MTC 车道 4 条、ETC 车道 18 条、自助发卡 23 条),另有出口复式收费 15 条,入口复式发卡 2 条(表3-12-7)。

机场高速公路收费站车道设置情况表　　　　表 3-12-7

收费站	入口车道				出口车道				
	MTC车道	ETC车道	自助发卡	复式发卡车道	MTC车道	ETC车道	计重车道	绿色通道	复式收费车道
三元里	2	2	2	2	8	2	2	1	8
白云新城	0	0	0	0	4	1	2	1	0
新市	0	1	2	0	3	1	2	1	3
黄石南	0	1	2	0	4	1	2	1	4

续上表

收费站	入口车道				出口车道				
	MTC车道	ETC车道	自助发卡车道	复式发卡车道	MTC车道	ETC车道	计重车道	绿色通道	复式收费车道
黄石北	0	1	2	0	3	1	2	1	0
平沙	0	1	2	0	6	1	4	1	0
蚌湖	0	1	1	0	3	1	2	1	0
人和	0	1	1	0	2	1	1	1	0
太成	1	1	0	0	4	1	3	1	0
机场	1	3	4	0	12	3	1	1	0
东湖	0	1	1	0	2	1	2	1	0
花山	0	1	2	0	6	1	4	1	0
金谷	0	2	2	0	4	2	4	2	0
山前	0	2	2	0	4	2	4	2	0
合计	4	18	23	2	65	19	35	16	15

3.车流量

广州机场高速公路自建成通车以来,车流量逐年增长,日平均车流量从2002年的5647辆增长到2015年的261739辆(表3-12-8)。

车流量情况表(单位:辆)　　　　表3-12-8

年份(年)	车流量(含出口及过境)	日均车流量
2002	2061135	5647
2003	4484365	12286
2004	13294126	36323
2005	31535696	86399
2006	36330017	99534
2007	43075299	118015
2008	49947804	136469
2009	50925900	139523
2010	59178808	162134
2011	63664777	174424
2012	69110095	188825
2013	77717130	212924
2014	85208192	233447
2015	95534914	261739

4.养护管理

(1)坚持防治结合

广州机场高速公路全长50.47km,根据养护技术规范要求,坚持每年委托专业的第三方检测单位进行检测,从 2003 年至今,机场高速公路技术状况指数(MQI)均高于 90 分。广州机场高速公路坚持"预防为主,防治结合"的方针,2006—2016 年总投入 2875.3 万元用于路面的预防性养护,其主要应用的技术有微表处和雾封层。对沥青路面出现的裂缝,及时采取灌缝措施,防止裂缝的扩大造成路面及基层水损害等不良后果,保障了道路的使用性能和行驶畅通;对水泥混凝土路面板块伸缩缝,坚持每 1~2 年嵌缝养护;对沥青路面出现的坑槽、翻浆等病害当天及时处治。通过预防性养护,有效地改善路面的平整度及使用性能,防止水损坏对路面及基层的破坏,大大延长道路的使用寿命,降低高速公路的运营管理成本。

(2)推进科学化、规范化管理

机场高速公路大力推进养护管理科学化、规范化。一方面,机场高速公路以科学的态度和手段为依托,根据机场高速公路的实际路况质量、交通量大小及其他经济技术参数,确定养护对策措施。另一方面,广州机场高速公路坚持做好道路和桥梁的第三方检测工作。在养护管理中,充分应用高速公路桥梁管理系统(CBMS)和路产管理系统,建设好养护信息库,掌握各路段或桥梁在各时期的养护动态,为养护决策提供统计数据和信息支持,推进养护管理信息化、现代化。

5.路政管理

机场高速公路路政管理队伍组建于 2002 年,2010 年正式成立机场高速公路路政大队。所辖路段里程 50.47km(路政巡查里程 70km),其主要职能是贯彻国家及上级单位有关路政管理的法律法规,依法保护路产、维护路权。采用路政巡查、养护巡查与视频监控巡查相结合的工作模式,快速发现路产损失,建立路产报修流程,做到及时发现,及时修复。严格把关涉路施工作业许可审批,掌握监督路面施工情况,并积极与沿线村委建立互报互助的协作关系,做到及时制止侵害路权的行为。建立路警联动工作模式,成功协助交警每年完成约 300 次保卫车队任务;机场高速公路路政管理人员经过专业的培训,具备相关道路交通拯救技能,能够及时处理应急交通事故,确保通往广州白云机场高速公路的道路通畅。

(五)企业文化建设

1.以"三优一畅"为核心的管理文化建设

公司创立之初,就提出创建"华南第一路"品牌的目标。经过多年建章立制,逐步建立科学、严谨、高效的收费、养护、路政、财务、人事、行政及后勤行为规范、考核标准等企业规章制度,形成一套成功的管理模式。2003 年,公司在全国同行业内率先通过 ISO 质量管理体系、ISO14001 环境管理体系以及 OHSAS18001 职业健康安全管理体系"三标一体"

认证,实现高速公路营运管理的制度化、程序化、规范化。

2. 以"延伸空中服务"为核心的服务文化建设

广州机场高速公路是连接广州白云机场的重要交通枢纽,作为交通服务的提供者,公司把空中的服务延伸到地面上,创立的礼仪服务"四步曲"标准,"扶窗瞭望、点头微笑、唱收唱找、扬手送行",成为行业内收费礼仪服务的典范。公司以"延伸空中服务"为核心进行服务文化建设,受到同行和社会各界广泛赞誉,历年来先后获得"文明窗口单位""文明诚信示范单位"、全国"青年文明号""工人先锋号""三八红旗集体"等荣誉称号。

3. 以"三个一样"为核心的团队文化建设

公司积极探索和推行"三个一样"文化理念:像军队一样管理以打造刚性执行力,像家庭一样关爱以培育柔性凝聚力,像学校一样培养以提升内在创新力。通过倡导"严、细、快、准、实"的工作作风,通过"职工之家"建设和关爱伤病"三道防线"体系营造和谐企业氛围,通过学习型组织建设将企业愿景与员工的成长和发展联系在一起,形成开拓进取的团队风貌。以"三个一样"为核心的团队文化建设为公司员工队伍的健康成长提供土壤和阳光雨露,为"华南第一路"品牌注入蓬勃生机与活力,确保了企业健康、持续发展。

4. 2002年以来获省部级以上奖励

2002年以来获省部级以上奖励如下:"2006年度全国青年文明号""全国三八红旗集体""全国交通运输企业文化建设优秀单位""全国交通运输企业文化建设卓越单位"、广东省"广州市亚运会、亚残运会先进集体";自主研发的"智能投包机"获广东省优秀新产品三等奖;广州北部地区高速公路D-16标立交工程获2004年度国家优质工程银质奖;广州新国际机场高速公路北延线北段ND5标段获2005年度广东省市政优良样板工程。

第十三节　江西龙南—河源高速公路广东段(G4511)

龙南—河源高速公路(简称"龙河高速公路"),是大广高速公路与长深高速公路的一条联络线,编号为G4511。起于江西龙南县,与大广高速公路连接,经和平县、连平县,止于河源市东源县热水镇,与长深高速公路相连,全长127.27km。

龙河高速公路广东境内线路起于河源市和平县上陵镇东村粤赣交界处,接江西境内龙河高速公路段,线路往南经和平县大坝、阳明、合水镇、连平县顺天、绣缎、太湖镇、东源县灯塔镇,止于东源县热水枢纽互通,接长深高速公路,全长100.978km。

龙河高速公路广东境内线路与粤赣高速公路的部分线路共线。粤赣高速公路线路起于河源市埔前镇,经东源县热水、连平县顺天镇、和平县上陵镇,至江西龙南县。河源埔前至东源热水段与长深高速公路(G25)和济广高速公路(G35)共线;其东源热水至上陵镇东村粤赣交界处与龙河高速公路(G4511)广东段共线。

粤赣高速公路起于河源市埔前镇,南接惠(州)河(源)高速公路,经过河源市源城区、东源县、连平县、和平县,止于和平县上陵镇,北连江西省赣定高速公路,线路全长136.103km。其中,上陵至热水段国高网编号G4511(龙河高速公路),长100.978km;热水至埔前段为G25(长深高速公路)与G35(济广高速公路)共线,长35.125km。概算总投资49.0663亿元。2002年12月19日正式开工,2005年12月28日建成通车。

粤赣高速公路是衔接粤、赣两省的快速大通道,它的建设对连接广东省东北部地区与中心城市,改善河源、梅州这两个山区市的投资环境,加强粤、赣两省的经济互动,构筑珠江三角洲经济圈,实现统筹区域发展、和谐发展的战略目标,有着重要作用。

(一)主要技术指标和建设规模

粤赣高速公路沿线是典型的山岭重丘区,地形地质复杂,高填深挖、高边坡多,桥多墩高、桥隧相连,坡长路陡。全线采用高速公路标准、全立交、全封闭,设计速度100km/h,双向四车道。

全线设有桥梁127座,其中主要大桥30座(表3-13-1),隧道5座(双向)(表3-13-2),互通式立交10处。

(二)建设情况

1. 建设依据

2002年12月12日,广东省计划委员会《关于阿(荣旗)深(圳)国家重点公路粤境上陵至合水段项目建议书的批复》《关于阿(荣旗)深(圳)国家重点公路粤境合水至热水段项目建议书的批复》《关于阿(荣旗)深(圳)国家重点公路粤境热水至埔前段项目建议书的批复》。

2003年8月26日,广东省计划委员会《关于阿(荣旗)深(圳)国家重点公路粤境上陵至合水段可行性研究报告的复函》《关于阿(荣旗)深(圳)国家重点公路粤境合水至热水段可行性研究报告的复函》《关于阿(荣旗)深(圳)国家重点公路粤境热水至埔前段可行性研究报告的复函》。

2. 资金来源

该项目批复概算为490663.07万元,贷款资金与股东资金比例为65∶35。其中项目资本金由广东省高速公路有限公司、广东交通实业投资公司和广东省路桥建设发展公司出资。

江西龙南—河源高速公路主要桥梁表

表 3-13-1

序号	桥梁分类	桥梁名称	中心桩号	桥梁长度 (m)	桥面宽度 (m)	车道数	设计汽车荷载等级	开工时间	完工时间	备注
1	大桥	K32+173 鸭妈径 2 号大桥	K32+1732	248.06	12.75	双向四车道	汽车—超 20 级、挂车-120	2003 年 12 月	2005 年 12 月	
2	大桥	K33+684.75 鸭妈径 3 号大桥	K33+684.753	500.56	12.75	双向四车道	汽车—超 20 级、挂车-120	2003 年 12 月	2005 年 12 月	
3	大桥	K34+353 鸭妈径 5 号大桥	K34+353	248.06	12.75	双向四车道	汽车—超 20 级、挂车-120	2003 年 12 月	2005 年 12 月	
4	大桥	K34+652 鸭妈径 6 号大桥	K34+652	256.06	12.75	双向四车道	汽车—超 20 级、挂车-120	2003 年 12 月	2005 年 12 月	
5	大桥	K35+362.75 上陵互通主线特大桥	K35+362.75	677.56	12.75	双向四车道	汽车—超 20 级、挂车-120	2003 年 12 月	2005 年 12 月	
6	大桥	K41+716.5 白洋大桥	K41+716.5	293.06	12.75	双向四车道	汽车—超 20 级、挂车-120	2003 年 12 月	2005 年 12 月	
7	大桥	K42+641 石灰坝大桥	K42+641	282.06	12.75	双向四车道	汽车—超 20 级、挂车-120	2003 年 12 月	2005 年 12 月	
8	大桥	K44+260 鹅塘特大桥	K44+260	552.06	12.75	双向四车道	汽车—超 20 级、挂车-120	2003 年 12 月	2005 年 12 月	
9	大桥	K47+113.5 东岭下大桥	K47+113.5	334.24	12.75	双向四车道	汽车—超 20 级、挂车-120	2003 年 12 月	2005 年 12 月	
10	大桥	K49+412.5 南坑寨大桥	K49+412.5	382.06	12.75	双向四车道	汽车—超 20 级、挂车-120	2003 年 12 月	2005 年 12 月	
11	大桥	K51+450 楼口大桥	K51+450	357.06	12.75	双向四车道	汽车—超 20 级、挂车-120	2003 年 12 月	2005 年 12 月	
12	大桥	K53+420 新星大桥	K53+420	285.06	12.75	双向四车道	汽车—超 20 级、挂车-120	2003 年 12 月	2005 年 12 月	
13	大桥	K59+136.5 楼南大桥	K59+136.5	285.06	12.75	双向四车道	汽车—超 20 级、挂车-120	2003 年 12 月	2005 年 12 月	
14	大桥	ZK60+189.64/YK60+229 和平河大桥	ZK60+189.64/YK60+229	748.78	12.75	双向四车道	汽车—超 20 级、挂车-120	2003 年 12 月	2005 年 12 月	
15	大桥	ZK61+089.25/YK61+129.25 石角大桥	ZK61+089.25/YK61+129.25	697.56	12.75	双向四车道	汽车—超 20 级、挂车-120	2003 年 12 月	2005 年 12 月	
16	大桥	ZK62+510/YK62+901 店背寨大桥	ZK62+510/YK62+901	217.06	12.75	双向四车道	汽车—超 20 级、挂车-120	2003 年 12 月	2005 年 12 月	
17	大桥	ZK62+927.5/YK62+457 松山排大桥	ZK62+927.5/YK62+457	232.06	12.75	双向四车道	汽车—超 20 级、挂车-120	2003 年 12 月	2005 年 12 月	
18	大桥	K64+525.5 俐江大桥	K64+525.5	273.06	12.75	双向四车道	汽车—超 20 级、挂车-120	2003 年 12 月	2005 年 12 月	

续上表

序号	桥梁分类	桥 梁 名 称	中 心 桩 号	桥梁长度(m)	桥面宽度(m)	车道数	设计汽车荷载等级	开工时间	完工时间	备注
19	大桥	K65+752.65 高圳大桥	K65+752.65	385.36	12.75	双向四车道	汽车—超20级,挂车—120	2003年12月	2005年12月	
20	大桥	K69+950 新寨大桥	K69+950	277.06	12.75	双向四车道	汽车—超20级,挂车—120	2003年12月	2005年12月	
21	大桥	K70+592 丰岭1号大桥	K70+5921	407.06	12.75	双向四车道	汽车—超20级,挂车—120	2003年12月	2005年12月	
22	大桥	K118+565 老庄田大桥	K118+565	240.06	12.75	双向四车道	汽车—超20级,挂车—120	2003年12月	2005年12月	
23	大桥	K119+135 柯木洞大桥	K119+135	277.06	12.75	双向四车道	汽车—超20级,挂车—120	2003年12月	2005年12月	
24	大桥	K122+442.885 龙颈1号大桥	K122+442.885	247.06	12.75	双向四车道	汽车—超20级,挂车—120	2003年12月	2005年12月	
25	大桥	K124+721.25 冲坑大桥	K124+721.25	392.56	12.75	双向四车道	汽车—超20级,挂车—120	2003年12月	2005年12月	
26	大桥	K125+300 金竹坑大桥	K125+300	287.06	12.75	双向四车道	汽车—超20级,挂车—120	2003年12月	2005年12月	
27	大桥	K127+559.5 热水互通主线桥	K127+559.5	235.06	12.75	双向四车道	汽车—超20级,挂车—120	2003年12月	2005年12月	
28	大桥	K3481+115 姑婆坑大桥	K3481+115	482.06	12.75	双向四车道	汽车—超20级,挂车—120	2003年12月	2005年12月	
29	大桥	K3495+162 新港路大桥	K3495+162	228.06	12.75	双向四车道	汽车—超20级,挂车—120	2003年12月	2005年12月	
30	大桥	K3499+947 新丰江大桥	K3499+947	516.04	12.75	双向四车道	汽车—超20级,挂车—120	2003年12月	2005年12月	

江西龙南—河源高速公路隧道表

表3-13-2

序号	隧道分类	隧 道 名 称	起 止 桩 号	长度(单洞,m)	行车道宽度(单洞,m)	隧道净高(m)	车道数	开工时间	完工时间	备注
1	中隧道	大路岗右线隧道	AK37+413~AK38+217	804	7.5	7	2	2003年12月	2005年12月	
2	中隧道	大路岗左线隧道	BK37+450~BK38+240	790	7.5	7	2	2003年12月	2005年12月	
3	中隧道	和平右线隧道	AK57+403~AK58+135	732	7.5	7	2	2003年12月	2005年12月	
4	中隧道	和平左线隧道	BK57+375~BK58+155	780	7.5	7	2	2003年12月	2005年12月	
5	小隧道	合水右线隧道	AK61+941~AK62+376	435	7.5	7	2	2003年12月	2005年12月	
6	中隧道	合水左线隧道	BK61+520~BK62+060	540	7.5	7	2	2003年12月	2005年12月	
7	小隧道	神土右线隧道	AK68+990~AK69+241	251	7.5	7	2	2003年12月	2005年12月	
8	小隧道	神土左线隧道	BK68+990~BK69+241	251	7.5	7	2	2003年12月	2005年12月	
9	小隧道	龙祖山右线隧道	AK114+150~AK114+600	450	7.5	7	2	2003年12月	2005年12月	
10	小隧道	龙祖山左线隧道	BK114+222~BK114+581	359	7.5	7	2	2003年12月	2005年12月	

银行贷款资金由广东粤赣高速公路有限公司向银行贷款。

3.征地拆迁

项目主线及附属设施征各类土地总面积为17471.65亩。土地征收补偿标准及房屋拆迁严格按照2003年6月30日广东省政府办公厅《印发广东省交通基础设施建设征地拆迁补偿实施办法的通知》规定执行。项目公司与河源市政府签订《广东粤赣高速公路征地拆迁承包协议》,具体操作实施由市政府统一实施。

4.招投标

粤赣高速公路是广东省政府首次通过招标形式来确定高速公路建设项目投资主体的项目,由广东省高速公路有限公司、广东省路桥建设发展有限公司和广东交通实业投资公司组成的联合体中标。2003年9月15日,三单位成立广东粤赣高速公路有限公司负责粤赣高速公路的建设管理。设计、施工、监理、物资供应等全部面向全国招标。

5.主要设计、施工、监理单位

设计单位:铁道第二勘察设计院、广东省城乡规划设计研究院、中国公路工程咨询监理总公司等7个单位。

施工单位:中国路桥(集团)总公司、广东省长大公路工程有限公司、广东冠粤路桥有限公司、广东晶通公路工程建设集团有限公司等46个单位。

监理单位:广东省公路工程监理站、广东虎门技术咨询有限公司等6个单位。

(三)复杂技术工程

粤赣高速公路通过南岭古陆东西向构造带、以河源断裂与龙颈断裂为代表的华夏构造带组成的复合交界区,山高谷深,地质极为复杂。

该项目地处山区,30m以上的高边坡多达68个,30m以下的边坡120多个,为保证全线的施工进度和质量,邀请国内在高边坡处理方面知名的设计院,举行高边坡设计方案竞赛,从中择优选择处理方案;要求各合同段在高边坡施工前,要复测高边坡的横断面及复核高边坡的地质资料并由总监办和业主共同组织对高边坡的施工队伍进行资质审查,以达到选择有高边坡施工经验的专业队伍;高边坡开挖前,先完成截水沟和临时排水设施;开挖时要逐级开挖、逐级防护,上一级边坡没有完成加固防护的,下一级边坡不允许开挖;委托铁科院进行专题的拉拔试验,取得各类岩土的试验数据,提供各类岩土锚杆锚索施工注浆的施工工艺和操作规程,以指导大面积的施工;委托河海大学负责8个高危边坡的稳定性监测,各合同段负责其标段内高边坡的监测工作。

(四)科技创新

1.大功率摊铺机全幅摊铺沥青路面试验成功及推广应用

粤赣高速公路在沥青混凝土路面面层施工中,提高沥青混凝土路面质量的重点措施之一,就是重视路面施工新型机械设备的引进,通过试验加以改进,取得试验成功后加以推广应用,解决传统施工机械无法解决的缺点。通常沥青层施工采用双机并行摊铺,由于摊铺设备质量状况及管理等因素,致使施工均匀性仍不理想。粤赣项目大胆尝试采用并成功实现大功率沥青摊铺机进行全幅摊铺成功。大功率沥青摊铺机以解决摊铺离析为重点,在设备技术设计上融入了新思路:①大功率。增大螺旋输料能力,降低螺旋驱动转速,增加螺旋二次搅拌功能,减少螺旋起动工作的冲击和加速度使之平稳缓慢起动,主要表现为物料满埋螺旋工作、采用变径螺旋设计、增加整机功率匹配。②防止竖向离析。针对摊铺施工中的薄弱环节前挡板和端部卸料口,设计了弹性卸荷橡胶板。③防止纵向离析。如减少支撑点的间隙,中间断点加装反向螺旋叶片等。大功率摊铺机全幅摊铺的大面积采用不仅提高了沥青混凝土面层施工均匀性,同时也提高了路面平整度。

2. 山岭重丘区长陡坡沥青混凝土路面性能技术研究

广东省山区高速公路沥青路面都出现不同程度的早期损害问题,特别是以长陡坡沥青路面早期车辙现象最为典型。粤赣高速公路项目作为2005年底建成通车的出省大通道,同时也是山岭重丘区高速公路,试验研究出一整套克服山区高速公路沥青路面早期损害的防治技术是粤赣高速公路沥青混凝土路面建设重点课题之一。粤赣高速公路项目共有11段有代表性的长陡坡路段(纵坡大于3%)分别从材料设计和结构设计的角度采用多项新技术成果。为了解决路基不均匀沉降和层间排水问题采用了柔性基层;从提高沥青混合料黏结能力的角度增强抗车辙能力,对车辙影响深度范围内的中上面层采用高模量沥青混合料,同时,尝试采用高模量添加剂沥青混合料面层来达到同样的目的;矿物纤维的使用不仅改善沥青混合料的高低温性能,也大大提高其疲劳性能,对山区高速公路是一种全新的技术应用;在结构上采取增加结构层厚度以及铺筑沥青面层上中下三层SBS改性沥青混合料的方案提高路面整体抗高温性能。这些新技术的应用,在粤赣高速公路运营过程中再深入对服务性能进行对比,从中摸索出适合重交通量的山区高速公路陡坡路段的沥青混凝土路面类型,解决省内沥青混凝土早期病害的难题。

3. 连续配筋水泥混凝土路面适应性研究

为了解决连续配筋水泥混凝土路面设计与施工中的问题,验证连续配筋水泥混凝土路面的工作原理及理论基础,填补现行设计规范及施工规范中相关参数的空白,粤赣高速公路项目在水泥混凝土路面选择两段有代表性的路段,分别铺筑单层连续配筋及双层连续配筋试验段进行对比研究。粤赣高速公路项目通过对国内外的连续配筋水泥混凝土路面的设计原理,及存在的相关病害进行调查研究后,提出连续配筋水泥混凝土路面的主要目的是提高行车舒适性,减低运营养护费用;重点需解决的问题是大型摊铺机摊铺时,如何确保振捣密实,从而对应的提出双层连续配筋水泥混凝土路面的配筋原则为"上细密,下粗疏",同时通过减少碎石最大粒径,增大碎石用量,减少水泥掺量等措施优化连续配筋水泥混凝土配合比设计。

4. 改进水泥混凝土 DBI 摊铺技术,确保水泥混凝土路面平整度

在《公路水泥混凝土路面施工技术规范》(JTG F30—2003)中,要求在水泥混凝土路面中全缩缝设置传力杆。为此,各路面施工单位纷纷引进具备具有自动插入传力杆装置(DBI)的水泥混凝土摊铺机。但采用 DBI 技术施工的水泥混凝土路面平整度受到极大影响,使水泥混凝土路面的平整度合格率大为降低,同时对缩缝位置处的水泥混凝土密实性也有很大的影响。为此,粤赣高速公路项目第 24 合同段对上述问题进行认真细致的分析研究,组织技术攻关,对水泥混凝土摊铺机 DBI 技术进行改进,即在搓平梁与 DBI 装置之间增加一套振动平板来专门修复 DBI 缺陷,使缩缝处的水泥混凝土在插入传入杆后得到二次振捣,提高了水泥混凝土的密实性和路面的平整度。同时通过计算和试验,选择合适的振动频率和平板面积,使振动平板的振动力对水泥混凝土的影响深度控制在路表面以下 12~14cm 的范围之内,防止振动力过大对传力杆造成影响,致使传力杆位置发生变化。经取芯检测和平整度检测,第 24 合同段水泥混凝土路面缩缝位置水泥混凝土密实,平整度合格率基本能达到 100%。

5. 高边坡安全自动化监测技术应用试验

高危边坡施工期及运营期的安全至关重要,采用安全自动化监测技术可以密集点测读数据、多监测手段高准确性同步测量、自动预警。

施工及运行期人工测量受到时间和环境的限制,可能丢失特征点数据,自动化观测系统可以实现不同采集密度的数据测量;监测手段分为地表位移、深层位移、渗透压力、锚杆加固结构应力,不同监测指标的同步测量的数据,更有利于综合判断坡体的整体稳定状态;采用自动化电测系统,避免了人工测量人为误差和人为造成测量间隔的不确定性,使得监测数据定期、定点,准确可靠;设置自动预警系统,代替人工实现智能监控。

6. 高速公路安全设计和安全运营技术研究

该项目根据国内外高速公路多年的运营实践经验,从道路使用者入手,引入驾驶员期望值、设计一致性、公路安全审计的概念,将这三个概念贯彻到设计和运营阶段。从这三方面着手,对设计和运营的不同阶段进行研究,将安全性作为高速公路设计和运营中的一个有机组成部分。目前通过对粤赣高速公路的设计安全进行评价,相应调整设计,如波型护栏防阻块由 4.5cm 改为 6cm,提高防撞安全度;隧道口进行环氧抗滑层材料铺装,提高抗滑性能;隔离栅在人口稠密的路段采用点焊网;高墩桥梁外侧新泽西护栏加高;高填方、长陡坡路段采用加强型四波护栏、交通标线在路侧边缘线设置排水缺口等等。

7. 高墩桥梁的安全简化设计结构

（1）为了增加钢筋混凝土双柱式轻型桥墩的刚度和稳定性，对墩高大于30m的简支桥梁采用墩梁固结形成连续-刚构体系。为方便施工，简化固结形式，墩梁固结处采用钢筋混凝土。

（2）部分墩高大于30m的双柱式轻型桥墩采用"墩梁绞接桥"以增加桥墩刚度及稳定性。

（五）运营管理

1. 运营公司

2003年9月15日，广东粤赣高速公路有限公司成立，负责粤赣高速公路工程建设。此后股东股权曾多次转让，2015年12月21日按照广东省高速公路有限公司收购合并广东粤赣高速公路有限公司的有关决定，于12月23日在河源市源城区注册成立了广东省高速公路有限公司粤赣分公司（简称"粤赣分公司"）。

粤赣分公司设有党群人力部、综合事务部、计划财务部、收费管理部、机电管理部、惠河养护工程部、粤赣养护工程部和路政大队8个部门，以及1个监控中心、3个路政中队、8个管理站。

粤赣分公司负责粤赣高速公路（136.103km）以及（受广东河惠高速公路有限公司委托负责）惠河高速公路（80.926km）全长共217.029km的收费、养护、路政和服务区监管等营运管理工作。

2. 收费站点

粤赣分公司管理路段沿途共设置了20个收费站。其中惠河高速公路段从南到北沿线设平南、惠州、小金口、四角楼、泰美、杨村、麻陂、石坝和埔前9个收费站，共计59条收费车道（入口19条、出口40条）。粤赣高速公路段从南到北沿线设城南、河源、城北、东源、灯塔、忠信、大湖、合水、和平、上陵和粤赣11个收费站，共计85条收费车道（入口26条、出口59条），其中有ETC不停车收费车道22条（入口10条、出口12条）。粤赣分公司管理路段采取人工收费（MTC）结合粤通卡自动缴费（ETC）的模式收取通行费。

3. 车流量

惠河高速公路日均车流量从2003年的2804辆增长到2015年的74260辆，车辆通行饱和度达1.35；粤赣高速公路日均车流量从2005年的13696辆增长到2015年的57662辆，车辆通行饱和度达1.105（表3-13-3）。

车流量情况表（单位：辆）　　　　　　　表3-13-3

年份（年）	惠河日均车流量	粤赣日均车流量	年份（年）	惠河日均车流量	粤赣日均车流量
2003	2804	—	2010	42313	31658
2004	11458	—	2011	43634	33655
2005	16760	13696	2012	49354	37309
2006	26191	20024	2013	60230	44358
2007	32481	24251	2014	67594	51412
2008	36208	26435	2015	74260	57662
2009	39469	27923			

4. 服务区

惠河、粤赣路段统一规划设置服务区及停车区，按功能位置划分有上陵（停车区）、和平（服务区）、忠信（服务区）、热水（服务区）、城南（停车区）、泰美（服务区）共4个服务区和2个停车区。

5. 路政管理

粤赣分公司路政大队负责惠河、粤赣两条高速公路的路政管理工作，管辖里程217.029km。下设小金、河源及和平三个路政中队，采取"统一管理，分级负责"的管理模式。

路政大队围绕着保护路产维护路权这个核心工作任务开展各项管理工作。在保护路产方面，结合辖区路段车流量大，事故频发的特点，为更好地做好路产索赔工作，积极与监控中心、交警、拯救、保险等部门沟通协调，紧密合作无缝衔接，探索和创新高速公路科学管理方式和方法，先后建立交叉巡逻、联合排查、交通事故联动处理等联动工作机制，并不断加以完善。通过联动机制的有效实施，为保障道路路产的完整性提供有力保障。在维护路权方面，自执法体制改革以后，为有效地维护高速公路的路权不受侵犯，积极主动与辖区交通综合执法局沟通联系，并提供一定的帮助。同时加强与广告公司及地方政府的宣传，减少对高速公路路权的侵犯。

6. 养护管理及重大工程

（1）养护管理模式

粤赣高速公路全线养护管理工作由广东省高速公路有限公司粤赣分公司（简称"项目公司"）负责，项目公司设总工程师岗位和设立养护工程部，路段养护由项目公司、养护施工单位、监理单位和技术服务单位组成，严格贯彻执行上级有关政策和规定，负责管养路段的养护计划的编制，组织养护工程的实施和具体养护管理的日常工作。

（2）桂山立交扩建工程

该互通立交工程内容包括互通立交范围内粤赣高速公路主线的局部扩宽1.46km。

路线采用高速公路标准,全封闭、全立交,设计速度100km/h,路基宽度26m,批复概算总投资12592.16万元。该立交工程互通立交部分由广东粤赣高速公路有限公司(现名:广东省高速公路有限公司粤赣分公司)组织实施。项目于2010年6月6日开工建设,2010年11月23日完工。广东省高速公路有限公司于2010年11月25日组织交工验收。

(3)埔前立交改建工程

长深高速公路(G25)河源埔前互通立交改建工程(简称"埔前互通改建工程")是在惠河、粤赣高速公路交界处原埔前立交的基础上进行的扩建。

该项目主要扩建粤赣高速公路主线440m,新建匝道总长1005.27m。批准总概算为3331.15万元,项目于2014年11月23日开工,2015年5月21日完工。2015年5月25日,广东省交通集团有限公司组织交工验收。

(六)企业文化建设

1. 奉献交通事业的敬业文化

粤赣分公司所运营管理的惠河、粤赣高速公路地处粤东山区,地形复杂、气候条件多变,交通流量大、突发事件多,特别是重大节假日,实际交通量达到设计交通量的4~5倍,给运营管理带来巨大挑战。对此,粤赣分公司全体员工传承延续建设时期敢于吃苦、能打硬战的艰苦奋斗精神,在重大节假日期间取消休假全员上岗,2016年春运期间,粤赣分公司所辖路段遭遇开通后首个极端寒潮天气,因毗邻江西省的河源市和平县上陵路段容易出现夜间结冰的情况,和平中队路政员日夜不间断对路面进行测温,在纬度最高的粤赣收费站前方指挥车辆,守护广大驾乘人员的平安回家路。

2. 彰显人文关怀的温情文化

建立富有感召力的企业文化,把企业打造成员工情感的归宿与精神的家园。一是建立困难员工帮扶机制,为出现紧急困难、特重大病的困难职工,提供一些力所能及的帮助。二是建立领导基层联系点制度,及时搜集、解决基层难题;设立联系点意见箱和开通总经理微信号,听取员工当面不愿说、不敢提的意见、建议。三是开展富有特色的文化活动,如青歌赛、全国ETC联网并网征文比赛等,培养员工兴趣特长,为员工搭建展示才艺的平台。同时把惠河、粤赣高速公路打造成传递温情的纽带,鼓励员工为驾乘人员提供力所能及的帮助。

3. 勇担社会责任的公益文化

粤赣分公司积极倡导公益文化。在对口帮扶梅州市五华县的金石村,组织进行村小学改造、村委会办公楼建设、卫生医疗站、老人活动中心改造等项目。从2013年6月至2016年,分公司对金石村投入帮扶资金700多万元。2015年5月中下旬,河源市源城区连降暴雨,导致公司附近村庄进出的唯一道路及排水涵管被冲垮,道路中断。灾情发生后,公司与当地政府高度重视,将道路修复作为灾后重建的民心工程,认真做好抢险救灾工作,解决附近村民的出行难题。此外,公司每年组织员工开展各类公益活动,如捡垃圾、绿色骑行活动和献血、慰问孤寡老人、捐赠旧衣、为灾区人民捐款等活动。

粤赣分公司先后获得了"中国中小企业创新100强""广东省五四红旗团支部"、广东省总工会"模范职工小家"、中国公路学会"高速公路沥青路面大中修工程冷再生及结构转换适用性研究三等奖"、中国交通企业管理协会"全国交通运输企业文化建设优秀单位"等荣誉称号。

第十四节　二连浩特—广州高速公路广东段(G55)

二连浩特—广州高速公路(简称"二广高速公路"),是国家高速公路网"71118+6"中的一条纵向干线,编号为G55,北起内蒙古自治区二连浩特市,途经山西太原、河南洛阳、湖北荆州、湖南益阳,于广东连州市进入广东,止于广州市,全长共2651km,是纵贯中国南北的大动脉。

二广高速公路广东境内线路与《广东省高速公路网规划》第八纵线共线,起于连州市三水瑶族乡南风坳(湘粤界),接二广高速公路湖南段,经连州、连南、连山、怀集、广宁、四会、三水、南海等市县,止于佛山市南海区黎边,与广州西二环高速公路相接,全长292.353km,于2014年12月前全部建成通车。

二广高速公路广东境内路段由3个项目段组成:连州至怀集高速公路、怀集至三水高速公路、三水布心至南海黎边段。

一、连州—怀集高速公路

广东省连州至怀集高速公路由G55二广高速公路粤境连州至怀集段和怀集支线(G78汕昆高速公路粤境怀城至岗坪段)组成,其中G55二广高速公路连州至怀集段北起于清远市连州三水(湘粤界),接湖南省永州至蓝山(湘粤界)高速公路,向南延伸经连州市、连南县、连山县、肇庆市怀集县,止于怀集怀城,接怀集至三水高速公路;怀集支线即汕昆高速公路怀城至岗坪段,东起于怀集县怀城鹤塘互通,向西经怀城、冷坑、梁村、岗坪等乡镇,止于怀集县岗坪(桂粤界),接广西壮族自治区灵峰(桂粤界)至贺州高速公路。

该路全长191.7km,其中二广高速公路主线168km,怀集支线19km(属汕昆高速公路),连州连接线即二广高速公路与许广高速公路在连州的连接线约4.7km。项目概算总投资166.17亿元,于2010年11月开工建设,2014年12月31日全线建成通车。

该项目先后开通东西向和南北向两条快速出省通道,成为广东省通湘达桂,连接大西南和中北部省份的新干线,发挥着"三省通衢"的交通枢纽作用,大大加强粤湘、粤桂等省际交通联系和经济往来。特别是线路经广东省三个少数民族自治县中的两个县(连山壮族瑶族自治县、连南瑶族自治县),对进一步改善少数民族地区的生产、生活条件,实现发展成果共享,加强民族团结、维护国家稳定和构建和谐社会有着重要意义。

全线按高速公路标准建设,其中二广高速公路起点连州(湘粤界)至鹤塘互通段为双向四车道、设计速度100km/h、路基宽度26m;二广高速公路鹤塘互通至终点怀集怀城段及怀集支线(汕昆高速公路鹤塘至岗坪段)为双向六车道、设计速度100km/h。全线桥梁150座(表3-14-1),其中特大桥5座(双幅),大桥57座(双幅);全线隧道(单洞)10座(表3-14-2),其中特长隧道3座,长隧道3座,短隧道4座;互通式立交15处。

(一)建设情况

1. 建设依据

2009年11月,广东省建设厅批复二广高速公路粤境连州三水至怀集怀城段项目规划选址报告。

2010年4月,国家发展和改革委员会核准广东省连州(湘粤界)至怀集公路项目。

2010年6月,交通运输部批复连州(湘粤界)至怀集公路初步设计。

2010年11月,交通运输部批复广东省连州(湘粤界)至怀集公路项目先行段施工许可申请。

2. 资金来源

项目总投资166.17亿元,其中项目资本金占35%(约58.16亿元),由广东省财政补助资金25.7亿元,其余由广东省路桥建设发展有限公司和广东省高速公路有限公司按75:25的比例以现金出资,另外65%向银行贷款。

3. 招投标

该项目施工、监理、主要材料采购等实行公开招标。全部招标工作做到上网公告率100%,项目备案率100%。

4. 征地拆迁

2010年6月22日,项目业主与怀集县政府签订《二广国家高速公路粤境连州至怀集段项目先行工程怀集南至岗坪段征地拆迁合同》。2011年1月17日,与怀集县政府签订《二广国家高速公路粤境连州至怀集段项目怀城至中洲段征地拆迁合同》。2011年11月11日,与清远市政府签订《二广高速公路粤境连州至怀集项目(连州段)征地拆迁合同》

第三章 国家高速公路

连州—怀集高速公路主要桥梁表

表 3-14-1

序号	桥梁分类	桥梁名称	中心桩号	桥梁长度(m)	桥面宽度(m)	车道数	设计汽车荷载等级	开工时间	完工时间	备注
1	大桥	沙坪1号高架桥（右幅）	K2416+101.087	266	12	2	公路—Ⅰ级	2011年11月	2014年12月	
2	大桥	沙坪1号高架桥（左幅）	K2416+118.241	246	12	2	公路—Ⅰ级	2011年11月	2014年12月	
3	大桥	沙坪2号高架桥（右幅）	K2417+147.087	757.04	12	2	公路—Ⅰ级	2011年11月	2014年12月	
4	大桥	沙坪2号高架桥（左幅）	K2417+168.987	757.04	12	2	公路—Ⅰ级	2011年11月	2014年12月	
5	大桥	水王冲1号高架桥（右幅）	K2419+291.087	328.04	12	2	公路—Ⅰ级	2011年11月	2014年12月	
6	大桥	水王冲1号高架桥（左幅）	K2419+297.087	328.04	12	2	公路—Ⅰ级	2011年11月	2014年12月	
7	特大桥	云雾特大桥（右幅）	K2420+556.087	1137.04	12	2	公路—Ⅰ级	2011年11月	2014年12月	
8	特大桥	云雾特大桥（左幅）	K2420+556.087	1137.04	12	2	公路—Ⅰ级	2011年11月	2014年12月	
9	大桥	三江口1号高架桥（右幅）	K2421+545.087	408.04	12	2	公路—Ⅰ级	2011年11月	2014年12月	
10	大桥	三江口1号高架桥（左幅）	K2421+545.087	448.04	12	2	公路—Ⅰ级	2011年11月	2014年12月	
11	大桥	三江口2号高架桥（右幅）	K2421+892.087	277.04	12	2	公路—Ⅰ级	2011年11月	2014年12月	
12	大桥	三江口2号高架桥（左幅）	K2421+892.087	243.08	12	2	公路—Ⅰ级	2011年11月	2014年12月	
13	大桥	柚油坪高架桥（右幅）	K2422+691.087	526.54	12	2	公路—Ⅰ级	2011年11月	2014年12月	
14	大桥	柚油坪高架桥（左幅）	K2422+691.087	526.54	12	2	公路—Ⅰ级	2011年11月	2014年12月	
15	大桥	沙铺1号高架桥（右幅）	K2423+741.087	367.04	12	2	公路—Ⅰ级	2011年11月	2014年12月	
16	大桥	沙铺1号高架桥（左幅）	K2423+741.087	337.04	12	2	公路—Ⅰ级	2011年11月	2014年12月	
17	大桥	沙铺2号高架桥（右幅）	K2425+238.587	406.08	12	2	公路—Ⅰ级	2011年11月	2014年12月	
18	大桥	沙铺2号高架桥（左幅）	K2425+238.587	381.08	12	2	公路—Ⅰ级	2011年11月	2014年12月	
19	大桥	柯木湾1号桥（右幅）	K2426+294.087	331	12	2	公路—Ⅰ级	2011年11月	2014年12月	
20	大桥	柯木湾1号桥（左幅）	K2426+294.087	306.08	12	2	公路—Ⅰ级	2011年11月	2014年12月	
21	大桥	柯木湾3号桥（右幅）	K2427+650.411	206	12	2	公路—Ⅰ级	2011年11月	2014年12月	
22	大桥	柯木湾3号桥（左幅）	K2427+650.411	206	12	2	公路—Ⅰ级	2011年11月	2014年12月	
23	大桥	下石咀大桥（右幅）	K2428+873.411	381.08	12	2	公路—Ⅰ级	2011年11月	2014年12月	

续上表

序号	桥梁分类	桥梁名称	中心桩号	桥梁长度(m)	桥面宽度(m)	车道数	设计汽车荷载等级	开工时间	完工时间	备注
24	大桥	下石明大桥（左幅）	K2428+798.411	481.08	12	2	公路—Ⅰ级	2011年11月	2014年12月	
25	大桥	朱岗高架桥（右幅）	K2431+228.411	381	12	2	公路—Ⅰ级	2011年11月	2014年12月	
26	大桥	朱岗高架桥（左幅）	K2431+215.911	406	12	2	公路—Ⅰ级	2011年11月	2014年12月	
27	大桥	墩头村高架桥（右幅）	K2434+163.911	206	12	2	公路—Ⅰ级	2011年11月	2014年12月	
28	大桥	墩头村高架桥（左幅）	K2434+163.911	206	12	2	公路—Ⅰ级	2011年11月	2014年12月	
29	大桥	太平坡1号高架桥（右幅）	K2435+703.911	387.54	12	2	公路—Ⅰ级	2011年11月	2014年12月	
30	大桥	太平坡1号高架桥（左幅）	K2435+705.911	387.54	12	2	公路—Ⅰ级	2011年11月	2014年12月	
31	大桥	太平坡2号高架桥（右幅）	K2436+320.739	397	12	2	公路—Ⅰ级	2011年11月	2014年12月	
32	大桥	太平坡2号高架桥（左幅）	K2436+308.739	427	12	2	公路—Ⅰ级	2011年11月	2014年12月	
33	大桥	西岸东陂河大桥（右幅）	K2441+778.739	381	12	2	公路—Ⅰ级	2011年11月	2014年12月	
34	大桥	西岸东陂河大桥（左幅）	K2441+778.739	381	12	2	公路—Ⅰ级	2011年11月	2014年12月	
35	大桥	奎池东陂河大桥（右幅）	K2450+577.739	331.08	12	2	公路—Ⅰ级	2011年11月	2014年12月	
36	大桥	奎池东陂河大桥（左幅）	K2450+577.739	331.08	12	2	公路—Ⅰ级	2011年11月	2014年12月	
37	大桥	大龙河大桥（右幅）	K2452+025.739	306.08	12	2	公路—Ⅰ级	2011年11月	2014年12月	
38	大桥	大龙河大桥（左幅）	K2452+013.239	331.08	12	2	公路—Ⅰ级	2011年11月	2014年12月	
39	大桥	鹿鸣关大桥（右幅）	K2470+709.77	251.04	12	2	公路—Ⅰ级	2011年11月	2014年12月	
40	大桥	鹿鸣关大桥（左幅）	K2470+712.77	272.04	12	2	公路—Ⅰ级	2011年11月	2014年12月	
41	大桥	白沙大桥（右幅）	K2472+057.62	591.64	12	2	公路—Ⅰ级	2011年11月	2014年12月	
42	大桥	白沙大桥（左幅）	K2472+005.646	466.54	12	2	公路—Ⅰ级	2011年11月	2014年12月	
43	大桥	旧城一号大桥（右幅）	K2474+523.77	307.04	12	2	公路—Ⅰ级	2011年11月	2014年12月	
44	大桥	旧城一号大桥（左幅）	K2474+523.77	307.04	12	2	公路—Ⅰ级	2011年11月	2014年12月	
45	大桥	旧城二号大桥（右幅）	K2475+096.586	556.04	12	2	公路—Ⅰ级	2011年11月	2014年12月	
46	大桥	旧城二号大桥（左幅）	K2475+096.586	556.04	12	2	公路—Ⅰ级	2011年11月	2014年12月	

续上表

序号	桥梁分类	桥梁名称	中心桩号	桥梁长度（m）	桥面宽度（m）	车道数	设计汽车荷载等级	开工时间	完工时间	备注
47	大桥	旧城三号大桥（右幅）	K2475+752.586	256.04	12	2	公路—Ⅰ级	2011年11月	2014年12月	
48	大桥	旧城三号大桥（左幅）	K2475+740.086	281.04	12	2	公路—Ⅰ级	2011年11月	2014年12月	
49	大桥	北川大桥（右幅）	K2476+599.086	571.04	12	2	公路—Ⅰ级	2011年11月	2014年12月	
50	大桥	北川大桥（左幅）	K2476+544.086	462.54	12	2	公路—Ⅰ级	2011年11月	2014年12月	
51	大桥	太保一号大桥（右幅）	K2477+202.586	306.04	12	2	公路—Ⅰ级	2011年11月	2014年12月	
52	大桥	太保一号大桥（左幅）	K2477+152.586 K2477+327.586	206.04	12	2	公路—Ⅰ级	2011年11月	2014年12月	
53	大桥	蛇撘山一号大桥（右幅）	K2478+827.586	632.04	12	2	公路—Ⅰ级	2011年11月	2014年12月	
54	大桥	蛇撘山一号大桥（左幅）	K2478+827.586	632.04	12	2	公路—Ⅰ级	2011年11月	2014年12月	
55	大桥	蛇撘山二号大桥（右幅）	K2479+502.586	656.04	12	2	公路—Ⅰ级	2011年11月	2014年12月	
56	大桥	蛇撘山二号大桥（左幅）	K2479+527.586	656.04	12	2	公路—Ⅰ级	2011年11月	2014年12月	
57	特大桥	分水垇特大桥（右幅）	K2484+099.586	1127.54	12	2	公路—Ⅰ级	2011年11月	2014年12月	
58	特大桥	分水垇特大桥（左幅）	K2484+057.032	1121.54	12	2	公路—Ⅰ级	2011年11月	2014年12月	
59	大桥	安邦东大桥（右幅）	K2486+652.586	306.04	12	2	公路—Ⅰ级	2011年11月	2014年12月	
60	大桥	安邦东大桥（左幅）	K2486+665.086	281.04	12	2	公路—Ⅰ级	2011年11月	2014年12月	
61	大桥	中站大桥（右幅）	K2487+805.086	781.04	12	2	公路—Ⅰ级	2011年11月	2014年12月	
62	大桥	中站大桥（左幅）	K2488+030.086	331.04	12	2	公路—Ⅰ级	2011年11月	2014年12月	
63	特大桥	羊公其特大桥（右幅）	K2489+687.086	2672.04	12	2	公路—Ⅰ级	2011年11月	2014年12月	
64	特大桥	羊公其特大桥（左幅）	K2489+687.086	2672.04	12	2	公路—Ⅰ级	2011年11月	2014年12月	
65	大桥	香坪一号大桥（右幅）	K2492+985.086	272.04	12	2	公路—Ⅰ级	2011年11月	2014年12月	
66	大桥	香坪一号大桥（左幅）	K2492+960.086	272.04	12	2	公路—Ⅰ级	2011年11月	2014年12月	
67	大桥	香坪二号大桥（右幅）	K2493+443.586	397.04	12	2	公路—Ⅰ级	2011年11月	2014年12月	
68	大桥	香坪二号大桥（左幅）	K2493+457.586	367.04	12	2	公路—Ⅰ级	2011年11月	2014年12月	

续上表

序号	桥梁分类	桥梁名称	中心桩号	桥梁长度（m）	桥面宽度（m）	车道数	设计汽车荷载等级	开工时间	完工时间	备注
69	大桥	高楼大桥（右幅）	K2495+811.586	488.04	12	2	公路—Ⅰ级	2011年11月	2014年12月	
70	大桥	高楼大桥（左幅）	K2495+811.586	488.04	12	2	公路—Ⅰ级	2011年11月	2014年12月	
71	大桥	下茅大桥（右幅）	K2501+918.418	587.04	12	2	公路—Ⅰ级	2011年11月	2014年12月	
72	大桥	下茅大桥（左幅）	K2501+910.025	568.04	12	2	公路—Ⅰ级	2011年11月	2014年12月	
73	大桥	龙水大桥（右幅）	K2502+745.918	687.54	12	2	公路—Ⅰ级	2011年11月	2014年12月	
74	大桥	龙水大桥（左幅）	K2502+775.918	627.54	12	2	公路—Ⅰ级	2011年11月	2014年12月	
75	大桥	关门岭一号大桥（右幅）	K2503+390.418	226.04	12	2	公路—Ⅰ级	2011年11月	2014年12月	
76	大桥	关门岭一号大桥（左幅）	K2503+390.418	266.04	12	2	公路—Ⅰ级	2011年11月	2014年12月	
77	大桥	关门岭二号大桥（右幅）	K2503+677.418	227.04	12	2	公路—Ⅰ级	2011年11月	2014年12月	
78	大桥	关门岭二号大桥（左幅）	K2503+667.418	248.04	12	2	公路—Ⅰ级	2011年11月	2014年12月	
79	大桥	湾岛大桥（右幅）	K2504+457.918	812.04	12	2	公路—Ⅰ级	2011年11月	2014年12月	
80	大桥	湾岛大桥（左幅）	K2504+465.418	796.04	12	2	公路—Ⅰ级	2011年11月	2014年12月	
81	大桥	文彪大桥（右幅）	K2513+023.418	356.54	12	2	公路—Ⅰ级	2011年11月	2014年12月	
82	大桥	文彪大桥（左幅）	K2513+000.918	331.54	12	2	公路—Ⅰ级	2011年11月	2014年12月	
83	大桥	清水塘大桥（右幅）	K2518+793.418	706.04	12	2	公路—Ⅰ级	2011年11月	2014年12月	
84	大桥	清水塘大桥（左幅）	K2518+805.918	681.04	12	2	公路—Ⅰ级	2011年11月	2014年12月	
85	大桥	华峰大桥（右幅）	K2519+870.918	712.04	12	2	公路—Ⅰ级	2011年11月	2014年12月	
86	大桥	华峰大桥（左幅）	K2519+885.918	712.04	12	2	公路—Ⅰ级	2011年11月	2014年12月	
87	大桥	水流大桥（右幅）	K2520+768.918	281.04	12	2	公路—Ⅰ级	2011年11月	2014年12月	
88	大桥	水流大桥（左幅）	K2520+768.918	281.04	12	2	公路—Ⅰ级	2011年11月	2014年12月	
89	大桥	江灶大桥（右幅）	K2534+419.985	787.06	12	2	公路—Ⅰ级	2011年11月	2014年12月	
90	大桥	江灶大桥（左幅）	K2534+419.985	847.06	12	2	公路—Ⅰ级	2011年11月	2014年12月	
91	大桥	大冧1号大桥（右幅）	K2535+385.985	206	12	2	公路—Ⅰ级	2011年11月	2014年12月	

续上表

序号	桥梁分类	桥梁名称	中心桩号	桥梁长度（m）	桥面宽度（m）	车道数	设计汽车荷载等级	开工时间	完工时间	备注
92	大桥	大荻1号大桥（左幅）	K2535+385.985	206	12	2	公路—Ⅰ级	2011年11月	2014年12月	
93	大桥	大荻2号大桥（右幅）	K2536+554.986	851.06	12	2	公路—Ⅰ级	2011年11月	2014年12月	
94	大桥	大荻2号大桥（左幅）	K2536+547.486	866.06	12	2	公路—Ⅰ级	2011年11月	2014年12月	
95	大桥	小利大桥（右幅）	K2537+194.985	217.06	12	2	公路—Ⅰ级	2011年11月	2014年12月	
96	大桥	小利大桥（左幅）	K2537+179.985	247.06	12	2	公路—Ⅰ级	2011年11月	2014年12月	
97	大桥	大利大桥（右幅）	K2538.136.485	474.06	12	2	公路—Ⅰ级	2011年11月	2014年12月	
98	大桥	大利大桥（左幅）	K2538.128.985	459.06	12	2	公路—Ⅰ级	2011年11月	2014年12月	
99	大桥	植屋大桥（右幅）	K2539+849.217	939.06	12	2	公路—Ⅰ级	2011年11月	2014年12月	
100	大桥	植屋大桥（左幅）	K2539+870.967	955.56	12	2	公路—Ⅰ级	2011年11月	2014年12月	
101	特大桥	水下特大桥（右幅）	K2541+711.217	1677.06	12	2	公路—Ⅰ级	2011年11月	2014年12月	
102	特大桥	水下特大桥（左幅）	K2541+698.717	1702.06	12	2	公路—Ⅰ级	2011年11月	2014年12月	
103	大桥	佛仔大桥（右幅）	K2543+901.217	286	12	2	公路—Ⅰ级	2011年11月	2014年12月	
104	大桥	佛仔大桥（左幅）	K2543+901.217	286	12	2	公路—Ⅰ级	2011年11月	2014年12月	
105	大桥	增田大桥（右幅）	K2546+568.217	565.59	12	2	公路—Ⅰ级	2011年11月	2014年12月	
106	大桥	增田大桥（左幅）	K2546+551.717	537.59	12	2	公路—Ⅰ级	2011年11月	2014年12月	
107	大桥	石埂1号大桥（右幅）	K2547+463.217	187.06	12	2	公路—Ⅰ级	2011年11月	2014年12月	
108	大桥	石埂1号大桥（左幅）	K2547+418.217	97.06	12	2	公路—Ⅰ级	2011年11月	2014年12月	
109	大桥	石埂2号大桥（右幅）	K2547+878.467	523.59	12	2	公路—Ⅰ级	2011年11月	2014年12月	
110	大桥	石埂2号大桥（左幅）	K2547+888.467	543.59	12	2	公路—Ⅰ级	2011年11月	2014年12月	
111	大桥	马宁水大桥（右幅）	K2572+378.217	381.06	12	2	公路—Ⅰ级	2011年11月	2014年12月	
112	大桥	马宁水大桥（左幅）	K2572+378.217	381.06	12	2	公路—Ⅰ级	2011年11月	2014年12月	
113	大桥	广福河大桥（右幅）	K2574+592.217	281.06	12	2	公路—Ⅰ级	2011年11月	2014年12月	
114	大桥	广福河大桥（左幅）	K2574+592.217	281.06	12	2	公路—Ⅰ级	2011年11月	2014年12月	

续上表

序号	桥梁分类	桥梁名称	中心桩号	桥梁长度(m)	桥面宽度(m)	车道数	设计汽车荷载等级	开工时间	完工时间	备注
115	大桥	谭埂大桥(右幅)	K617+597.5	231.06	16	3	公路—Ⅰ级	2010年11月	2013年12月	
116	大桥	谭埂大桥(左幅)	K617+597.5	231.06	16	3	公路—Ⅰ级	2010年11月	2013年12月	
117	大桥	鹤塘枢纽互通主线桥(右幅)	K618+389.4	478.16	16	3	公路—Ⅰ级	2010年11月	2013年12月	
118	大桥	鹤塘枢纽互通主线桥(左幅)	K618+389.4	478.16	16	3	公路—Ⅰ级	2010年11月	2013年12月	
119	大桥	冷坑水大桥(右幅)	K621+649.065	401.13	16	3	公路—Ⅰ级	2010年11月	2013年12月	
120	大桥	冷坑水大桥(左幅)	K621+649.015	401.03	16	3	公路—Ⅰ级	2010年11月	2013年12月	
121	特大桥	蓝钟河特大桥(右幅)	K627+809.5	1037.56	16	3	公路—Ⅰ级	2010年11月	2013年12月	
122	特大桥	蓝钟河特大桥(左幅)	K627+809.5	1037.56	16	3	公路—Ⅰ级	2010年11月	2013年12月	
123	大桥	大山边大桥(右幅)	K632+349	325	16	3	公路—Ⅰ级	2010年11月	2013年12月	
124	大桥	大山边大桥(左幅)	K632+349	345	16	3	公路—Ⅰ级	2010年11月	2013年12月	

连州—怀集高速公路隧道表

表3-14-2

序号	隧道分类	隧道名称	起止桩号	长度(单洞,m)	行车道宽度(单洞,m)	隧道净高(m)	车道数	开工时间	完工时间	备注
1	特长隧道	九嶷山右线隧道	K2422+000~K2424+815	2815	10.75	7.24	2	2010年11月	2014年12月	
2	特长隧道	九嶷山左线隧道	K2422+000~K2424+817	2817	10.75	7.24	2	2011年11月	2014年12月	
3	长隧道	沙坪右线隧道	K2417+526.087~K2419+121.087	1595	10.75	7.24	2	2011年11月	2014年12月	
4	长隧道	沙坪左线隧道	K2417+616.087~K2419+132.087	1516	10.75	7.24	2	2011年11月	2014年12月	
5	短隧道	鱼形山右线隧道	K2435+125.911~K2435+508.911	381	10.75	7.24	2	2011年11月	2014年12月	
6	短隧道	鱼形山左线隧道	K2435+125.911~K2435+508.911	383	10.75	7.24	2	2011年11月	2014年12月	
7	特长隧道	鹿鸣关右线隧道	K2467+376.77~K2470+578.77	3202	11.40	7.24	2	2011年11月	2014年12月	
8	特长隧道	鹿鸣关左线隧道	K2466+642.77~K2470+550.77	3188	11.40	7.24	2	2011年11月	2014年12月	

续上表

序号	隧道分类	隧道名称	起止桩号	长度(单洞,m)	行车道宽度(单洞,m)	隧道净高(m)	车道数	开工时间	完工时间	备注
9	短隧道	白沙右线隧道	K2470+849.77~K2471+202.77	353	11.40	7.24	2	2011年11月	2014年12月	
10	短隧道	白沙左线隧道	K2470+858.77~K2471+215.77	357	11.40	7.24	2	2011年11月	2014年12月	
11	长隧道	竹盖山右线隧道	K2480+726.586~K2483+387.586	2661	11.40	7.24	2	2011年11月	2014年12月	
12	长隧道	竹盖山左线隧道	K2480+727.586~K2483+379.586	2652	11.40	7.24	2	2011年11月	2014年12月	
13	特长隧道	茅田界右线隧道	K2497+053.418~K2501+401.418	4348	11.40	7.24	2	2011年11月	2014年12月	
14	特长隧道	茅田界左线隧道	K2497+052.418~K2501+389.418	4337	11.40	7.24	2	2011年11月	2014年12月	
15	短隧道	福堂右线隧道	K2512+503.918~K2512+843.418	339.5	11.40	7.24	2	2011年11月	2014年12月	
16	短隧道	福堂左线隧道	K2512+500.418~K2512+830.418	330	11.40	7.24	2	2011年11月	2014年12月	
17	长隧道	抛石界右线隧道	K2522+208.418~K2524+392.418	2184	11.40	7.24	2	2011年11月	2014年12月	
18	长隧道	抛石界左线隧道	K2522+208.418~K2524+419.418	2211	11.40	7.24	2	2011年11月	2014年12月	
19	短隧道	龙珠右线隧道	K2545+964.989~K2546+276.217	311.228	10.75	7.24	2	2011年11月	2014年12月	
20	短隧道	龙珠左线隧道	K2545+966.217~K2546+278.985	312.768	10.75	7.24	2	2011年11月	2014年12月	

和《二广高速公路粤境连州至怀集项目(连南、连山段)征地拆迁合同》,由当地政府负责实施项目征地拆迁工作。

5. 主要设计、施工、监理单位

设计单位:中交第二公路勘察设计研究院有限公司、广东省公路勘察规划设计院股份有限公司、中国公路工程咨询集团有限公司3个单位。

施工单位:中铁十二局集团有限公司、中交第一航务工程局有限公司、广东冠粤路桥有限公司、广东省长大公路工程有限公司、广东晶通公路工程建设集团有限公司等41个单位。

监理单位:湖南省交通建设工程监理有限公司、育才-布朗交通咨询监理有限公司、重庆中宇工程咨询监理有限责任公司、陕西公路交通科技开发咨询公司等6个单位。

(二)复杂技术工程

1. 九嶷山隧道

九嶷山隧道位于湘粤交界处,全长6400m,广东省境内长度为2800m,隧道最大埋深486m,出口覆盖层较薄,属第四系全新统坡残积层,施工难度极大。九嶷山特长隧道在施工过程中从隧道施工方案选择、施工工艺控制、材料设备配置、人员配置等方面进行控制,从隧道光面爆破入手、做好隧道初期支护质量,优化钢(格栅)拱架焊接工艺,强化防排水工程,实行衬砌台车准入制,加强混凝土强度、外观质量控制,切实提高隧道施工质量。隧道初期支护等实体工程,以及防水板焊接、二氧化碳保护焊焊接钢架连接板等施工工艺被评为广东省高速公路建设标杆工程。

2. 茅田界隧道

茅田界特长隧道全长4348m,在施工过程中采用CIFA Spritz CSS-3混凝土喷射台车和Boomer WE3C凿岩台车相结合的方式,保证了隧道工程进度,有效解决了隧道施工中劳动力紧缺及环保问题。

(1)CIFA Spritz CSS-3混凝土喷射台车应用

CIFA Spritz CSS-3混凝土喷射台车拥有全球首创的双转台系统,具有以下优势:

①一次定位喷射面积更广,侧向作业更简单,能更好捕捉隧道拱形轮廓,极大地提高了工作适应性。

②独有的移动式臂座设计,可实现臂座沿底盘轴线3.7m滑移。

③独有的全钢板机身和封闭式驾驶室设计,环保、安全。

④独特防偏磨技术,使切割环与眼镜板使用寿命提高2~3倍。

⑤全球唯一使用电能或柴油驱动双驱动底盘,工况适应性好。

喷射台车采用湿喷技术,有效地解决了以前喷射混凝土粉尘大,喷射回弹大,喷射混凝土强度离散较大,强度不高,身体伤害较大等问题。

(2)Boomer WE3C 凿岩台车应用

①RCS 控制系统使定位和钻孔更精确、效率更高,提供了单孔自动、半自动、全自动三种不同的自动化级别。

②BUT 45 重型钻臂定位直接、快速、准确。通过 1.8m 的推进补偿、2.5m 钻臂延伸以及配有 ±190°和 ±135°旋转度的双重旋转机构,在实际钻孔操作中大大增加了作业面,增大了台车的灵活性。

③COP 2238 凿岩机冲击功率 22kW,钎尾 T38 回转扭矩,能适应不同的岩石条件,同时采用双缓冲系统延长了机器的使用寿命。

④Boomer WE3C 配备了一个钻机操作室,操作室有多个紧急停机按钮应对突发状况,同时空气良好,噪声小。台车上各种报警信号灯、安全信息提示以及驾驶室两侧台阶各有一个 ABC 灭火器和二氧化碳灭火器,台车安全系数高。

⑤Tunnel Manager 软件与 WE3C 凿岩台车结合使用,保证了钻孔效果,减少了人工标点工序。同时 Tunnel Manager 使用方便,可分析实际钻孔循环记录,也可进行岩石状况分析,提前做好预防措施。

3. 抛石界隧道

抛石界隧道长 2211m,连州端洞口设计高程 441.512m,怀集端洞口设计高程 398.219m,进口端采用削竹式,出口端采用端墙式。隧道最大埋深约 166m,坡度 -1.968%。右线隧道长 2184m,连州端洞口设计高程 441.407m,怀集端洞口设计高程 398.463m,进口端采用削竹式,出口端采用端墙式,隧道最大埋深约 156m,坡度 -1.975%。

隧道全线位于沟谷位置,有 F22 等多个断裂构造通过,围岩为加里东期花岗闪长岩,风化层及坡积层较厚,围岩极不稳定;隧道双洞日平均涌水量达 11000m^3,水文地质条件非常差,曾多次出现塌方、突水和突泥等情况。

施工中主要采取的措施:

(1)为探明跑石界隧道的不良地质范围、前方地下水突涌等不利工程情况,聘请经验丰富的第三方开展超前地质预报(采用 TSP 超前地质预报和地质雷达探测)与隧道围岩变形的监控量测。

(2)对于隧道洞口Ⅳ、Ⅴ级软弱围岩、浅埋偏压地段及断层破碎带地段,采用超前支护与初期支护相结合,以确保安全。施工措施有:超前长管棚注浆、超前小导管注浆、超前钢插管、超前锚杆等。

(3)采用复合式衬砌。初期支护采用柔性的锚喷支护,以充分发挥围岩自承载能力,二次衬砌采用模筑混凝土曲墙式衬砌。

(4)针对隧道水量较大的情况,在开挖面量测设置多个长 30~50m 直径 11~15cm 超前钻孔排水并对隧道上方的水沟采取截流改道措施。在隧道防排水施工中,按照防、排、截和堵相结合的原则,对地表水、地下水进行综合处置,使洞内外形成一个完整畅通的防排水体系。

(三)科技创新

开展了"重载条件下刚柔复合式路面结构及界面处理技术研究"(项目编号:科技-2012-02-014),由广东省路桥建设发展有限公司、招商局重庆交通科研设计院有限公司、广东华路交通科技有限公司、广东省长大公路工程有限公司共同完成。

该研究主要针对混凝土基层切缝的存在以及与沥青面层的材料模量差异大、反射裂缝的防治以及刚柔界面层的处治重点和难点开展研究,提出能体现复合式路面刚柔层间状态的结构设计指标及设计方法、性能优良的层间防治反射裂缝技术以及刚柔层间界面处理技术。

1. 性能指标

(1)在结构力学分析及参考原有设计方法基础上,提出了增加抗剪强度和黏结强度为控制指标的新建复合式路面结构设计方法,给出了混凝土基层界面不同处理方式的层间强度建议值,并提出了新建复合式的结构设计流程。

(2)研究对比了聚酯玻纤布及 HZ/ZD-4 型等防反新材料的防反性能,为实体工程推荐了效果优良的防反措施。基于"强加筋+应力吸收"双重防反机理,选取强加筋材料和应力吸收材料研发了一种适用于重载交通条件的新型防反材料——高抗拉复合防反新材料。通过试验验证了其有突出的防反性能和耐老化性能,可实现常温施工,社会经济效益明显。

(3)针对目前常用界面层处置措施存在的问题,该研究对比刻槽、拉毛等传统混凝土表面处理技术在新建复合式路面界面处理中的应用,得出露石处理技术具有较优的效果。开发了一种混凝土高碳糖露石剂,并验证了其对刚柔复合界面具有良好的露石处理效果,可明显提高层间剪切强度和层间黏结强度(相比未处理的光面,层间抗剪切强度增大了 62% 左右,相比喷砂处理提高了 21% 左右);但成本仅为市面露石剂成本的一半左右,经济效益明显。

2. 技术创新

(1)在沥青层底拉应力指标的基础上,提出把沥青面层与混凝土基层界面的抗剪强度和黏结强度作为复合式路面设计的验算和验证指标;并提出了新建复合式路面结构设计流程与不同界面处理方式的层间抗剪和黏结强度的建议值范围。

（2）通过对比不同技术处理效果，得出露石处理能显著提高层间抗剪和黏结强度，在此基础上开发了新型混凝土露石剂。

（3）针对新建复合式路面界面防反射裂缝技术开展研究，对比研究了不同技术处理效果，在此基础上开发了高抗拉复合防反新材料。

经专家鉴定，研究成果总体达到国际先进水平。"高抗拉复合防反新材料"已同时申报实用新型专利和国家发明专利。

(四)运营管理

1. 运营公司

二广高速公路广东段由广东二广高速公路有限公司(简称"二广公司")负责投资、建设和运营管理。

2014年7月28日，成立二广高速公路运营管理处，负责项目全线开通前的运营筹备及怀集通车路段运营管理工作。

2014年12月，全线通车后，二广公司撤销运营管理部和运营管理处，设立综合事务部、党群人力资源部、计划财务部、收费管理部、养护工程部、机电隧道管理部、路政大队7个职能部门。下设丰阳中心站、连南中心站、小三江中心站、岗坪中心站4个中心站，由公司垂直管理。公司按路段分设路政一中队、路政二中队、路政三中队、路政怀岗中队4个路政中队，由公司路政大队统一管理。

2. 收费站点

全线设匝道收费站12处（丰阳、东陂、西岸、连南、太保、连山、福堂、小三江、泰来、冷坑、梁村、怀集西），省界收费站2处（粤湘省界朱岗主线收费站、粤桂省界岗坪主线收费站）（表3-14-3）。

收费站点设置情况表 表3-14-3

站点名称	车道数	收费方式
朱岗站	入口19条，出口19条	ETC+MTC
丰阳站	入口3条，出口3条	ETC+MTC
东陂站	入口3条，出口3条	ETC+MTC
西岸站	入口3条，出口3条	ETC+MTC
连南站	入口3条，出口3条	ETC+MTC
太保站	入口3条，出口3条	ETC+MTC
连山站	入口3条，出口5条	ETC+MTC
福堂站	入口3条，出口3条	ETC+MTC
小三江站	入口3条，出口3条	ETC+MTC

续上表

站点名称	车道数	收费方式
泰来站	入口3条,出口3条	ETC+MTC
怀集西站	入口3条,出口5条	ETC+MTC
冷坑站	入口2条,出口3条	ETC+MTC
梁村站	入口2条,出口4条	ETC+MTC
岗坪站	入口15条,出口15条	ETC+MTC

2015年6月,实现ETC全国联网收费、货车完全计重收费、国标化车型收费,2016年全面实施全秤台收费。

3. 车流量

车流量情况见表3-14-4。

车流量情况表　　　　　　　　　　　　　　　表3-14-4

年份(年)	路段一	路段二	日均车流量
2014	G55(12km)	G78(18.8km)	17323
2015	G55(168km)	G78(18.8km)	39520

4. 服务区

全线设服务区3处(丰阳、白沙、小三江),停车区4处(青龙、永丰、连麦、梁村)。

5. 养护管理

该项目土建、绿化工程采取委托养护的方式,通过公开招标,委托有资质、有实力的专业养护单位进行日常养护。公司设立养护工程部,配置了专门的养护工程师,采用"分段及专业分工"相结合的管理模式进行精细化管理,全线分两个养护段(泰来和西岸养护工区)。土建项目以"提早预防,及时养护,立足小养,避免大养,确保有良好路况"为出发点,以"学习先进的养护技术,提高管理水平"为标准和具体要求,提高养护工作的管理水平。同时为提高二广高速公路通行能力,以突出"畅",保持"洁",实现"绿",展示"美"为目的,积极开展日常养护样板路创建活动,构建具有二广高速公路特色的畅通、安全、舒适、优美的通行环境。

机电设备、机电系统项目采取外包维护的方式,通过公开招标,委托有资质、有实力的专业机电养护单位进行日常维护。

6. 路政管理

二广高速公路路政大队于2014年成立,下辖4个路政中队,路政管理按照相关法律法规,致力于保护路产、维护路权。公司全面推行规范化建设,应用路政标准化管理系统,建立了一整套完善的管理机制,针对本路段隧道、桥梁、高边坡较多,部分路段海拔较高,安全管理压力大的特点,与地方交警、综合执法、消防、养护部门以及相邻高速公路运营公司建立联动联勤机制,通过联合巡查、资源共享、信息互通、共同处理突发事件,有效保障道路安全畅通。同时定期组织应急演练,有效提升应急处置能力。

(五)企业文化建设

1. 培育自身特色文化,着力传承企业精神

一是二广高速公路的建设一直受到外界的关注,特别是连山、连南两个民族自治县和连州瑶安、三水,怀集下帅百姓的热切期盼。为加快项目推进,二广公司组织开展"比、学、赶、超"的劳动竞赛,确保工程建设各项目标如期实现。在2014年"五一前",广东二广高速公路有限公司被广东省总工会授予广东省五一劳动奖状。

二是2015年是二广高速公路全线建成通车的开局之年,公司围绕争创运营管理新标杆的总体目标,推行"6S"(6S指的是"整理、整顿、清扫、清洁、素养、安全")管理标准,全面建立规范化和标准化服务管理体系。

三是培育"自觉文化"。同时,以推行企业"走廊文化"为契机,向广大员工征集"工程建设、文明服务、廉政建设、安全生产、规范管理、领导关怀、员工风采、路容路貌、沿线风景名胜、民族风情"等为主题的平面创意作品共32幅,并完成制作上墙打造文化走廊。

2. 加强精神文明建设,推动企业发展

一是积极开展专项劳动竞赛、岗位练兵、技术比武等竞赛活动,进行了厨师烹饪、驾驶员驾驶技术、路政军事会操、收费业务技能等多项竞赛。

二是开展群众性精神文明创建活动,实行党、工、团、妇联合发展,协同作战,进行形式多样的群众性文化活动:演讲比赛,户外骑行,登山秋游以及"三八"国际妇女节、"五四"青年节、"八一"建军节茶话会等。

三是开展扶贫帮困活动。建立健全了困难职工档案,掌握职工的困难和所需,对生病住院职工进行探视及对困难职工进行帮扶。

3. 扎实推进"书记项目"活动

一是开展"学习型企业"创建活动。以"二广大课堂"的教育学习形式,为"90后"青年员工创造学历提升的机会,2015年共有40多人参与了学历再提升的培训。

二是因地制宜,开垦果园农场,建设员工劳动实践基地。公司在全线各生活区择空地规划开垦果园、农场、鱼塘等,各生活区以站、队、班组为单位,建设员工劳动实践基地。

三是开展支教帮扶驻地留守儿童活动。二广公司党总支启动支教帮扶驻地留守儿童活动,支教驻地新和村留守儿童2名并开展了近20期慰问支教活动。

四是加强高速公路普法宣传活动。公司普法宣传小分队多次到沿线村庄、学校、服务区等地开展高速公路法律法规宣传活动,让公路普法走进壮乡瑶寨,宣传贯彻高速公路法律法规。

4. 加大资金投入,确保企业文化建设持续发展

制定规划。将企业文化活动经费纳入单位的年度预算,确保各项活动设施的建设和奖励措施的实现。

二广公司荣获"全国公路交通系统重点工程劳动竞赛先进单位"、交通运输部第三批"平安工地"示范创建项目、广东省五一劳动奖状、全国公路交通系统"模范班组"等荣誉称号。

二、怀集—三水高速公路

二(连浩特)广(州)高速公路怀集—三水段(G55)为国家高速公路的重要干线,也是广东省高速公路网"七纵"的重要组成部分。路线起于广东省肇庆市怀集县怀城,与二(连浩特)广(州)高速公路连州—怀集段高速公路相接,并与汕头—昆明高速公路(G78)相通,经由广宁县古水、洲仔、横山、宾亨镇、四会市黄田、石狗、东城镇,进入肇庆市大旺高新技术开发区、四会市南江工业园,与珠三角环线高速公路(G94)相交,并向南延伸至佛山市三水区西南镇,连接广州—三水高速公路(S55广州支线),路线全长116.872 km。概算投资总额84.585亿元。2005年12月20日先行工程北江特大桥开工,2010年12月全线建成通车。

该项目的建成进一步拉近粤西北地区与珠三角核心区的距离,成为广东省通达湘桂和沟通大西南的重要干线,是广州市通达大西南腹地的一条重要的通道。肇庆市广贺高速公路有限公司(简称"广贺公司")负责投资建设和经营管理二广高速公路怀集—三水段及其配套设施。

(一)主要技术指标和建设规模

采用平原微丘区和重丘区双向六车道高速公路标准:K2581+000(起点)~K2666+732.860为山岭重丘区双向六车道高速公路,设计速度80km/h;K2666+732.860~K2694+800为平原微丘区双向六车道高速公路;K2694+800~K2697+872(终点)为平原微丘区双向八车道高速公路,设计速度100 km/h。

新建六车道高速公路里程116.872km,设互通立交8处,特大桥3座,主要大桥34座(表3-14-5),隧道15座(表3-14-6),设服务区3处,管理中心1处,中心管理站2处及沿线交安设施、机电、房建和绿化等附属工程。

怀集—三水高速公路主要桥梁表

表 3-14-5

序号	桥梁分类	桥梁名称	中心桩号	桥梁长度(m)	桥面宽度(m)	车道数	设计汽车荷载等级	开工时间	完工时间	备注
1	特大桥	金场水特大桥(上行)	LK2616+494	998.04	14.5	6	公路—I级	2007年5月	2010年11月	
	特大桥	金场水特大桥(下行)	RK2616+534	1054.74	14.5	6	公路—I级	2007年5月	2010年11月	
2	特大桥	坑口大桥(上行)	ZK2635+776	1095.06	14.5	6	公路—I级	2007年5月	2010年11月	
	特大桥	坑口大桥(下行)	YK2635+786	1115.06	14.5	6	公路—I级	2007年5月	2010年11月	
3	特大桥	北江特大桥(上行)	K2687+740	2913.38	14.5	6	公路—I级	2007年5月	2010年11月	
	特大桥	北江特大桥(下行)	K2687+740	2913.38	14.5	6	公路—I级	2007年5月	2010年11月	
4	大桥	龙凤水库2号大桥(上行)	K2583+412	187.04	14.5	6	公路—I级	2007年5月	2010年11月	
	大桥	龙凤水库1号大桥(下行)	K2583+872	648.06	14.5	6	公路—I级	2007年5月	2010年11月	
5	大桥	白牧前2号大桥(上行)	LK2586+308	217.04	14.5	6	公路—I级	2007年5月	2010年11月	
	大桥	白牧前2号大桥(下行)	RK2586+323	241.44	14.5	6	公路—I级	2007年5月	2010年11月	
6	大桥	龙塘1号桥	K2587+078	247.04	14.5	6	公路—I级	2007年5月	2010年11月	
7	大桥	车田高架桥(上行)	LK2587+688	257.04	14.5	6	公路—I级	2007年5月	2010年11月	
	大桥	车田高架桥(下行)	RK2587+673	244.24	14.5	6	公路—I级	2007年5月	2010年11月	
8	大桥	闸脚高架桥	RK2588+963	206.04	14.5	6	公路—I级	2007年5月	2010年11月	
	大桥	回龙洞2号大桥(上行)	LK2592+448	493.74	14.5	6	公路—I级	2007年5月	2010年11月	
9	大桥	回龙洞2号大桥(下行)	RK2592+452	456.04	14.5	6	公路—I级	2007年5月	2010年11月	
	大桥	回龙洞1号大桥(上行)	LK2593+058	614.74	14.5	6	公路—I级	2007年5月	2010年11月	
	大桥	回龙洞1号大桥(下行)	RK2593+078	587.54	14.5	6	公路—I级	2007年5月	2010年11月	
10	大桥	坳仔立交1号桥	K2594+373	223.04	14.5	6	公路—I级	2007年5月	2010年11月	
11	大桥	护坑高架桥(上行)	LK2595+758	688.04	14.5	6	公路—I级	2007年5月	2010年11月	
	大桥	护坑高架桥(下行)	RK2595+778	648.04	14.5	6	公路—I级	2007年5月	2010年11月	
12	大桥	石川林场3号桥(上行)	LK2597+550	346.04	14.5	6	公路—I级	2007年5月	2010年11月	
	大桥	石川林场3号桥(下行)	RK2597+540	366.04	14.5	6	公路—I级	2007年5月	2010年11月	

续上表

序号	桥梁分类	桥梁名称	中心桩号	桥梁长度（m）	桥面宽度（m）	车道数	设计汽车荷载等级	开工时间	完工时间	备注
13	大桥	石川林场2号桥	K2598+088	156.04	14.5	6	公路—Ⅰ级	2007年5月	2010年11月	
14	大桥	石川林场1号桥（上行）	LK2598+460	221.04	14.5	6	公路—Ⅰ级	2007年5月	2010年11月	
	大桥	石川林场1号桥（下行）	RK2598+443	226.04	14.5	6	公路—Ⅰ级	2007年5月	2010年11月	
15	大桥	石川坑2号桥（上行）	LK2600+708	517.04	14.5	6	公路—Ⅰ级	2007年5月	2010年11月	
	大桥	石川坑2号桥（下行）	RK2600+726	547.04	14.5	6	公路—Ⅰ级	2007年5月	2010年11月	
16	大桥	石川坑1号桥（上行）	LK2601+302	434.08	14.5	6	公路—Ⅰ级	2007年5月	2010年11月	
	大桥	石川坑1号桥（下行）	RK2601+308	457.04	14.5	6	公路—Ⅰ级	2007年5月	2010年11月	
17	大桥	冲流坑1号桥（上行）	LK2602+383	457.54	14.5	6	公路—Ⅰ级	2007年5月	2010年11月	
	大桥	冲流坑1号桥（下行）	RK2602+338	364.74	14.5	6	公路—Ⅰ级	2007年5月	2010年11月	
18	大桥	永固河大桥（上行）	K2603+678	277.04	14.5	6	公路—Ⅰ级	2007年5月	2010年11月	
	大桥	永固河大桥（下行）	K2603+678	277.04	14.5	6	公路—Ⅰ级	2007年5月	2010年11月	
19	大桥	贤洞高架桥（上行）	LK2604+228	427.04	14.5	6	公路—Ⅰ级	2007年5月	2010年11月	
	大桥	贤洞高架桥（下行）	RK2604+238	444.24	14.5	6	公路—Ⅰ级	2007年5月	2010年11月	
20	大桥	小益大桥（上行）	LK2606+278	554.74	14.5	6	公路—Ⅰ级	2007年5月	2010年11月	
	大桥	小益大桥（下行）	RK2606+283	484.28	14.5	6	公路—Ⅰ级	2007年5月	2010年11月	
21	大桥	丰田坑大桥（上行）	LK2608+164	231.04	14.5	6	公路—Ⅰ级	2007年5月	2010年11月	
	大桥	丰田坑大桥（下行）	RK2608+171	231.04	14.5	6	公路—Ⅰ级	2007年5月	2010年11月	
22	大桥	高良大桥	K2610+652	381.04	14.5	6	公路—Ⅰ级	2007年5月	2010年11月	
23	大桥	南木坑1号桥（上行）	K2614+763	427.04	14.5	6	公路—Ⅰ级	2007年5月	2010年11月	
	大桥	南木坑1号桥（下行）	K2614+763	187.04	14.5	6	公路—Ⅰ级	2007年5月	2010年11月	
24	大桥	根竹坑大桥	K2619+623	387.04	14.5	6	公路—Ⅰ级	2007年5月	2010年11月	
25	大桥	江坪高架桥（上行）	ZK2621+177	397.43	14.5	6	公路—Ⅰ级	2007年5月	2010年11月	
	大桥	江坪高架桥（下行）	YK2621+165	397.08	14.5	6	公路—Ⅰ级	2007年5月	2010年11月	

续上表

序号	桥梁分类	桥梁名称	中心桩号	桥梁长度（m）	桥面宽度（m）	车道数	设计汽车荷载等级	开工时间	完工时间	备注
26	大桥	凤坑高架桥（上行）	ZK2621+788	367.08	14.5	6	公路—I级	2007年5月	2010年11月	
27	大桥	凤坑高架桥（下行）	YK2621+763	277.08	14.5	6	公路—I级	2007年5月	2010年11月	
28	大桥	敦厚里分离式立交桥	K2628+988	431.08	14.5	6	公路—I级	2007年5月	2010年11月	
29	大桥	吉岜高架桥	K2637+089	288.56	14.5	6	公路—I级	2007年5月	2010年11月	
30	大桥	罗汶大桥	K2637+734	645.06	14.5	6	公路—I级	2007年5月	2010年11月	
31	大桥	廖沙坑高架桥（上行）	ZK2646+080	308.08	14.5	6	公路—I级	2007年5月	2010年11月	
32	大桥	廖沙坑高架桥（下行）	YK2646+066	337.78	14.5	6	公路—I级	2007年5月	2010年11月	
33	大桥	黄田绥江大桥	K2647+931	867.18	14.5	6	公路—I级	2007年5月	2010年11月	
34	大桥	白坭口高架桥	K2651+119	487.08	14.5	6	公路—I级	2007年5月	2010年11月	
35	大桥	英兴村分离立交桥（上行）	LK2652+370	905.08	14.5	6	公路—I级	2007年5月	2010年11月	
36	大桥	英兴村分离立交桥（下行）	RK2652+417	905.08	14.5	6	公路—I级	2007年5月	2010年11月	
37	大桥	四会西互通主线桥	K2662+212	215.56	14.5	6	公路—I级	2006年12月	2010年3月	
38	大桥	济广一塘分离立交桥	K2665+411	405.06	14.5	6	公路—I级	2006年12月	2010年3月	
39	大桥	龙江大桥	K2666+946	656.08	14.5	6	公路—I级	2006年12月	2010年4月	
40	大桥	工业大道分离立交桥	K2678+428	435.4	14.5	6	公路—I级	2007年1月	2010年3月	

怀集—三水高速公路隧道表

表3-14-6

序号	隧道分类	隧道名称	起止桩号	长度（单洞,m）	行车道宽度（单洞,m）	隧道净高（m）	车道数	开工时间	完工时间	备注
1	长隧道	南木岭左线隧道	K2612+211~K2613+747	1570	11.25	5	3	2007年5月	2010年11月	
	长隧道	南木岭右线隧道	K2612+198~K2613+768	1536.5	11.25	5	3	2007年5月	2010年11月	
2	长隧道	大崛岭1号左线隧道	K2653+757~K2654+809	1052	11.25	5	3	2007年5月	2010年11月	
	长隧道	大崛岭1号右线隧道	K2653+936~K2654+904	965	11.25	5	3	2007年5月	2010年11月	

续上表

序号	隧道分类	隧道名称	起止桩号	长度（单洞,m）	行车道宽度（单洞,m）	隧道净高（m）	车道数	开工时间	完工时间	备注
3	长隧道	马头塘左线隧道	K2656+093～K2657+045	1035	11.25	5	3	2007年5月	2010年11月	
	中隧道	马头塘右线隧道	K2656+066～K2657+101	952	11.25	5	3	2007年5月	2010年11月	
4	中隧道	石川岭左线隧道	K2599+949～K2600+455	503	11.25	5	3	2007年5月	2010年11月	
	中隧道	石川岭右线隧道	K2599+925～K2600+438	512	11.25	5	3	2007年5月	2010年11月	
5	中隧道	高顶左线隧道	K2617+363～K2618+328	968	11.25	5	3	2007年5月	2010年11月	
	中隧道	高顶右线隧道	K2617+370～K2618+299	933	11.25	5	3	2007年5月	2010年11月	
6	中隧道	凤村左线隧道	K2622+066～K2622+855	795	11.25	5	3	2007年5月	2010年11月	
	中隧道	凤村右线隧道	K2622+080～K2622+842	762	11.25	5	3	2007年5月	2010年11月	
7	中隧道	文村左线隧道	K2625+295～K2626+216	920	11.25	5	3	2007年5月	2010年11月	
	中隧道	文村右线隧道	K2625+278～K2626+145	867	11.25	5	3	2007年5月	2010年11月	
8	中隧道	石门左线隧道	K2629+834～K2630+602	768	11.25	5	3	2007年5月	2010年11月	
	中隧道	石门右线隧道	K2629+856～K2630+637	781	11.25	5	3	2007年5月	2010年11月	
9	短隧道	梨公顶左线隧道	K2591+670～K2591+983	315.5	11.25	5	3	2007年5月	2010年11月	
	短隧道	梨公顶右线隧道	K2591+670～K2591+983	315.5	11.25	5	3	2007年5月	2010年11月	
10	短隧道	护坑岭左线隧道	K2596+111～K2596+283	175	11.25	5	3	2007年5月	2010年11月	
	短隧道	护坑岭右线隧道	K2596+111～K2596+283	175	11.25	5	3	2007年5月	2010年11月	
11	短隧道	猫儿顶左线隧道	K2607+655～K2608+050	397	11.25	5	3	2007年5月	2010年11月	
	短隧道	猫儿岭右线隧道	K2607+637～K2608+060	424	11.25	5	3	2007年5月	2010年11月	
12	短隧道	西岸左线隧道	K2646+246～K2646+529	285	11.25	5	3	2007年5月	2010年11月	
	短隧道	西岸右线隧道	K2646+255～K2646+538	286	11.25	5	3	2007年5月	2010年11月	
13	短隧道	英兴左线隧道	K2651+384～K2651+599	215	11.25	5	3	2007年5月	2010年11月	
	短隧道	英兴右线隧道	K2651+384～K2651+599	215	11.25	5	3	2007年5月	2010年11月	

续上表

序号	隧道分类	隧道名称	起止桩号	长度（单洞,m）	行车道宽度（单洞,m）	隧道净高（m）	车道数	开工时间	完工时间	备注
14	短隧道	大崛岭2号左线隧道	K2653+118～K2653+399	282	11.25	5	3	2007年5月	2010年11月	
	短隧道	大崛岭2号右线隧道	K2653+126～K2653+570	445	11.25	5	3	2007年5月	2010年11月	
15	短隧道	下布左线隧道	K2660+464～K2660+884	420	11.25	5	3	2007年5月	2010年11月	
		下布右线隧道	K2660+506～K2660+871	365	11.25	5	3	2007年5月	2010年11月	

(二)建设情况

1. 建设依据

2005年10月18日,国家发展和改革委员会《关于广东省怀集至三水公路项目核准的批复》。

2005年10月26日,广东省交通运输厅《关于广东省怀集至三水公路四会至三水段初步设计的批复》。

2. 资金来源

项目批复概算为84.585亿元,项目资本金(35%)由经营股东出资,其余(65%)向银行贷款。

3. 征地拆迁

路线征地总面积13750.8亩,共拆迁房屋11.94万m^2。根据广东省委、省政府征地拆迁工作要求,统一由当地政府负责实施。

4. 招投标

根据项目工程建设进度情况,把设计、施工、监理各标段分期分批在广东省肇庆市建设工程交易服务中心,通过向全国公开招标的方式确定中标单位。

5. 主要设计、施工、监理单位

设计单位:中国公路工程咨询集团有限公司、广东省公路勘察规划设计院有限公司。

施工单位:吉林省交通建设集团有限公司、云南路桥股份有限公司、广东省长大公路工程有限公司、中铁十四局集团有限公司、安徽省交通建设有限责任公司、广东冠粤路桥有限公司等。

监理单位:广东翔飞公路工程监理有限公司、育才-布朗交通咨询监理有限公司、中国公路工程咨询集团有限公司。

(三)复杂技术工程

(1)该项目高路堤多、填挖交界地段多、路基土质变化多,为解决在路面使用年限内出现工后不均匀沉降导致的路面沉陷、跳车等早期破坏问题,该项目引进了国内先进的冲击压实技术、液压传动超重吨位拖式振动技术,在高路堤、填挖交界处的路基填土增压补强中广泛应用,成效显著。

(2)在处于地质、地形复杂处隧道洞口施工中,引进隧道洞口施工前置工法。采用先支护、后开挖的方式,最大限度地减少开挖和扰动范围,隧道洞口生态环境得到保护,边、仰坡稳定和施工安全得到保障。

(3)探索不同地层条件下最佳基础形式。该项目桥梁工程中尝试了预应力混凝土管桩桥梁基础,该类型基础的混凝土管桩由工厂化预制、现场施打从而适用地层范围广。

(4)在长、大陡坡路段采用钢纤维混凝土路面。为减少混凝土的脆性,防止路面开裂,并保证行车舒适,减少了混凝土中钢纤维掺量,并调整了钢筋网的间距。调整技术参数后的钢纤维路面受力性能更好,更符合质量要求和行车舒适程度的需要。

(5)在满足线形要求的基础上和减少对农、林、水布局的影响之外,特别注意充分利用沿线的风景要素,对挖方边坡进行了动态设计。根据高速公路沿线不同地质情况,分别采用相适宜的防护、绿化方案,并积极采用国内具有先进水平的三维植被植草、喷混植草、客土喷播及预应力锚索等防护和绿化技术,形成多种技术综合运用。

(四)科技创新

1. 高陡边坡失稳预测与处置关键技术研究

二广高速公路四会—广宁段以土质与类土质边坡为主,广宁—怀集段以岩质边坡为主。土质、类土质边坡约占总边坡数量的51%,岩质边坡占49%,且基本分布在广宁—怀集段。高边坡的稳定性状况,对整个工程的可行性、安全性及经济性等起着重要的控制作用,并在一定程度上影响着工程建设的投资及使用效益。

(1)高边坡锚固机理及其优化设计。采用工程地质调查、原位测试、室内模型试验以及数值模拟相结合的方式对预应力锚索(杆)工作机理、预应力分布、损失规律、影响因素、群锚效应、设计参数和预应力锚索框格梁结构体系受力等进行研究,同时针对具体的工程实例进行边坡坡率等参数优化和锚固参数优化研究。

(2)岩质高陡边坡在爆破开挖过程中的稳定性控制技术研究。通过风化岩石现场爆破试验和测试,结合数值计算研究岩质高边坡动力反应规律和岩体损伤规律,对爆破方法、药量等各种参数进行综合优化。既减少爆破振动影响,保证边坡的稳定性和安全,又能提高爆破质量,加快施工进度,降低施工成本。

2. 大断面连拱隧道设计施工关键技术研究

二广高速公路怀集至三水段的下布隧道、护坑隧道、犁公顶隧道为双向六车道大断面连拱隧道。对大断面双连拱隧道展开围岩及支护结构受力特征、断面形式与支护参数设计、施工动态力学响应与最佳施工方法等研究,主要研究内容:

(1)大断面连拱隧道围岩与结构受力特征研究。因开挖跨度大,同时还受左右洞施工的相互影响,因此,大断面连拱隧道围岩及结构的受力情况与分离式隧道或四车道连拱隧道存在较大的差别。特别是中隔墙,因跨度大及左右洞施工的相互干扰,其受力非常复杂。通过计算机仿真模拟及现场量测、室内模型试验等方法,对围岩及结构应力场、应变场及位移场等分布特征进行研究。

(2)断面形式、支护形式及支护参数的研究。以围岩与结构受力特征的研究为基础,对隧道断面形式及初期支护、二次衬砌等设计参数进行研究与优化,提出适合于工程实际的合理断面形式及支护参数。

(3)开挖面时空效应和二次衬砌最佳支护时机研究。根据现场监控量测数据及室内模型试验结果,得到大断面连拱隧道在不同围岩地质条件下的围岩位移全过程曲线,对位移的发生、发展规律进行分析,从而对隧道开挖面的时间效应、空间效应以及两主洞相互施工扰动效应等进行研究。在此基础上,提出二次衬砌最佳支护时机,指导依托工程的施工。

(4)施工动态力学响应和开挖方法研究。通过室内三维相似模型试验、计算机仿真模拟等,对不同围岩级别(主要为Ⅴ级和Ⅳ级)条件下围岩的应变、应力等在不同开挖方案时的动态力学响应进行研究,提出各围岩级别条件下,能简化施工程序、加快施工进度的最佳施工方案。

(5)大断面连拱隧道信息化施工技术研究。通过对隧道不良地质段落的预测预报和开展多种选测项目和必测项目的监控量测,判断隧道及围岩在施工中的稳定性、设计支护组合及参数的经济性,并通过反分析技术预测围岩物理力学参数,反馈设计并修正设计,节省工程投资、保证施工安全。

"大断面连拱隧道设计施工关键技术研究"科技成果已通过广东省交通运输厅组织鉴定(粤交科鉴字〔2012〕04号)。研究成果已成功应用于二广高速公路怀集—三水段连拱隧道工程,解决了连拱隧道设计施工中的技术难点与关键问题。研究成果社会和经济效益显著,具有广泛的推广应用前景。

(五)运营管理

1. 运营公司

2005年11月3日,肇庆市广贺高速公路有限公司正式注册成立,公司由肇庆市公路发展总公司、广东省路桥建设发展有限公司及广东华锐投资有限公司按46∶39∶15的股比共同出资组建。2012年9月19日,广东华锐投资有限公司将其15%股权分别转让给肇庆市公路发展总公司和广东省路桥建设发展有限公司5%和10%;2014年10月31日,广东省路桥建设发展有限公司购买肇庆市公路发展总公司持有的51%股权,广贺公司正式成为广东省路桥建设发展有限公司全资子公司。广贺公司设7个职能部门、3个中心收费站、3个路政中队。

2. 收费站点

广贺高速公路沿线分别设怀集南、古水、广宁、宾亨、黄田、四会西、大旺和唐家8个收费站,共计53条车道,采取人工收费(MTC)结合粤通卡自动缴费(ETC)的模式收取通行费(表3-14-7)。

收费站点设置情况表　　　　表3-14-7

站点名称	车道数	收费方式	站点名称	车道数	收费方式
唐家	10	MTC+ETC	宾亨	5	MTC+ETC
大旺	7	MTC+ETC	广宁	6	MTC+ETC
四会西	7	MTC+ETC	古水	5	MTC+ETC
黄田	5	MTC+ETC	怀集南	8	MTC+ETC

3.车流量

车流量情况见表3-14-8。

车流量情况表　　　　表3-14-8

年份(年)	日均流量(辆)	备注	年份(年)	日均流量(辆)	备注
2010	30822		2014	60666	
2011	37563		2015	72765	
2012	39816		2016	74745	
2013	52019				

4.路政管理

广贺高速公路路政大队于2010年12月9日成立,负责二广高速公路怀集—三水段全线116.872km的路政管理工作。大队下设3个路政中队。

大队自成立以来按照路政管理有关法律、法规及上级主管部门的要求落实执行,确保巡查质量,提高巡查效率,维护高速公路的完好、安全和畅通。

(1)认真落实路政巡查工作责任制,做到人员落实、时间落实、制度落实、职责落实,巡查时及时发现问题,及时处理问题,同时按规范做好巡查记录。

(2)加强对路面情况、标志、标线、安全设施和公路两侧建筑控制区进行监管,对存在安全隐患的公路设施及时统计,及时上报,对公路两侧建筑控制区的各类违章违法行为及时制止和处理。

(3)按标准进行各种路产索赔工作。坚持做到实事求是、依法办案,对公路赔(补)偿案件做到准确无误地进行索赔收费。

(六)企业文化建设

1.以行为规范为基础,建设广贺高速公路行为文化

结合公司实际和自身建设需要,开展岗位技术比武、学习兴趣班组等活动把团队学习与个人学习有机结合,提高职工素质。通过各种形式的文明服务创建活动,树立广贺高速

公路正面、优质服务的社会形象。2010—2015年,广贺高速公路共取得"广东省青年文明号""广东省五四红旗支部""广东省巾帼文明示范岗"广东省(优秀)诚信企业""全国企业文化优秀单位"等荣誉称号。

2. 创特色文娱活动,立健康文明形象

公司开展了书画摄影展,职工健身运动会、广贺大讲堂、百人瑜伽、小小菜园、绿色宿舍评比等活动,充分展示广贺人的风采;开展"收获快乐,开心菜园"活动,各生活区设置了自己的劳作园地,为员工提供了参加劳动、收获快乐的场所;"三八妇女节"组织开展厨艺比拼、计生知识问答及趣味活动等;还组建了足球队、篮球队、羽毛球队及乒乓球队等,培养团结协作的精神,健康文明形象。

3. 至善为本,厚德天下,开展志愿服务活动

广贺公司志愿服务队成立于2012年11月9日,下设有公司本部、怀集中心站、广宁中心站、四会中心站四个志愿队,当时有队员240人。志愿队取名"明德",意旨是在于改变自己,努力工作,造福社会,为有需要帮助的人尽微薄之力、伸出援助之手。

从2013年起,广贺公司第一志愿队定期到怀集文星福利院帮助孩子们,三年来共组织慰问探访活动12次,帮扶物资共计金额3万多元。还开展了4次为困难职工筹款的大型募捐活动,这几年来共募得善款17万余元,为患病或遭遇变故的困难职工送上了及时的帮助,体现了广贺职工之家救急扶危、互助互爱的团结精神。

三、三水布心—南海黎边段

二广高速公路三水布心—南海黎边段与广州—三水高速公路共线,起自三水布心接怀集—三水段,止于南海黎边接广州西二环高速公路,长7.481km。

广州—三水高速公路,编号S55。建设时名为广三汽车专用公路,2015年12月广东省交通运输厅发布的《广东省国家高速公路线位规划》中,广三高速公路又称二广高速公路广州支线,起于广东省佛山市南海区大沥镇雅瑶,与广佛高速公路相接,途径佛山市南海区和三水西南等乡镇,止于三水布心,与二广高速公路相接,是广东高速公路网的重要组成部分。

第十五节 南昌—韶关高速公路广东段(G6011)

南昌—韶关高速公路(简称"南韶高速公路"),是上海至昆明高速公路与京港澳高速公路及乐广高速公路的一条联络线,编号为G6011,起于江西南昌,经江西赣州市、广东南雄县,止于广东韶关市。

一、韶关—赣州高速公路

南昌至韶关高速公路粤境段（又称韶关市曲江至南雄公路，简称"韶赣高速公路"）编为 G6011 南（昌）韶（关）高速公路粤境段，是广东省高速公路网的重要组成部分。路段西起于韶关市曲江区文山村，连接京港澳高速公路和广乐高速公路，经曲江、浈江、仁化、始兴、南雄等 5 个县（市、区），东止于南雄市梅岭粤赣两省交界处。全长 129.731km（含曲江马坝至白土 3.183km），总投资 70 亿元。2007 年 9 月 28 日开工，2011 年 1 月 1 日建成通车。

该路与赣州至大余高速公路对接，沿线与韶关市境内武汉至深圳高速公路粤境段以及 G106、G323 两条国道主干线，S244、S248、S253、S342、S343 等省道干线公路相交。该项目的建设，是完善广东省高速公路网布局，加强粤北中心城市韶关与赣南重要城市赣州联系的需要，对推动"泛珠三角"和"红三角"区域合作，提高韶关市公路网等级，加强韶关的交通枢纽地位，改善韶关市的投资环境，促进社会经济发展具有重大意义。

韶赣高速公路管理中心负责全路段的运营管理工作。

（一）主要技术指标和建设规模

韶赣高速公路粤境段地处南岭山系南侧并与大庾岭山脉相连，地势东高西低，属山岭重丘区。

韶赣高速公路粤境段主线长 126.548km，支线曲江马坝至白土长 3.183km。设计速度：100km/h；路基宽度：起点至丹霞互通立交路段 33.5m，双向六车道，丹霞互通立交至终点路段 29.0m，双向六车道。

全线主要大桥 19 座（表 3-15-1），互通式立交 11 处，分离式立交 34 处，隧道 4 座（表 3-15-2），收费站 12 处，管理中心 1 处，集中居住区 2 处，服务区 3 个，养护工区 2 处，停车区 2 个。

（二）建设情况

1. 建设依据

2005 年 11 月 4 日，广东省发展和改革委员会《关于韶关市曲江至南雄公路项目建设书的批复》。

2006 年 8 月 17 日，广东省发展和改革委员会《关于韶关市曲江至南雄公路可行性研究报告的批复》。

2007 年 5 月 9 日，广东省交通厅《关于韶关市曲江至南雄公路初步设计的批复》。

2014 年 6 月 4 日，《广东省交通运输厅关于韶关市曲江至南雄公路马坝互通立交设计变更的批复》。

韶关—赣州高速公路主要桥梁表

表 3-15-1

序号	桥梁分类	桥梁名称	中心桩号	桥梁长度（m）	桥面宽度（m）	车道数	设计汽车荷载等级	开工时间	完工时间	备注
1	大桥	京广铁路跨线桥	K8+112.8	337	13.5	3	公路—Ⅰ级	2007年9月	2010年12月	
2	大桥	韶关东互通跨线桥（左幅）	K14+692.139	617	13.5	3	公路—Ⅰ级	2007年9月	2010年12月	
3	大桥	韶关东互通跨线桥（右幅）	K14+692.139	617	13.5	3	公路—Ⅰ级	2007年9月	2010年12月	
4	大桥	黄浪水大桥	K22+339.2	366	13.5	3	公路—Ⅰ级	2007年9月	2010年12月	
5	大桥	白泥塘大桥	K34+372	226	13.5	3	公路—Ⅰ级	2007年9月	2010年12月	
6	大桥	周田浈江大桥（左幅）	K45+023	665.54	13.5	3	公路—Ⅰ级	2007年9月	2010年12月	
7	大桥	周田浈江大桥（右幅）	K45+034.75	645.54	13.5	3	公路—Ⅰ级	2007年9月	2010年12月	
8	大桥	老虎冲大桥	K49+585	204.54	13.5	3	公路—Ⅰ级	2007年9月	2010年12月	
9	大桥	江口浈江大桥（左幅）	K64+940	505.54	13.5	3	公路—Ⅰ级	2007年9月	2010年12月	
10	大桥	江口浈江大桥（右幅）	K64+930	485.54	13.5	3	公路—Ⅰ级	2007年9月	2010年12月	
11	大桥	九江塘高架桥	K65+175	280.54	13.5	3	公路—Ⅰ级	2007年9月	2010年12月	
12	大桥	国道G323始兴跨线桥	K70+868.5	380.54	13.5	3	公路—Ⅰ级	2007年9月	2010年12月	
13	大桥	黄沙坑高架桥（左幅）	K75+318	285.54	13.5	3	公路—Ⅰ级	2007年9月	2010年12月	
14	大桥	黄沙坑高架桥（右幅）	K75+318	265.54	13.5	3	公路—Ⅰ级	2007年9月	2010年12月	
15	大桥	乌龟坪高架桥（左幅）	K78+190	205.54	13.5	3	公路—Ⅰ级	2007年9月	2010年12月	
16	大桥	马市浈江大桥	K86+245	365.54	13.5	3	公路—Ⅰ级	2007年9月	2010年12月	
17	大桥	凌江大桥	K103+500	307	13.5	3	公路—Ⅰ级	2007年9月	2010年12月	
18	大桥	石头坝大桥（左幅）	K116+645.25	325.5	13.5	3	公路—Ⅰ级	2007年9月	2010年12月	
19	大桥	石头坝大桥（右幅）	K116+632.75	350.5	13.5	3	公路—Ⅰ级	2007年9月	2010年12月	

韶关—赣州高速公路隧道表

表 3-15-2

序号	隧道分类	隧道名称	起止桩号	长度(单洞,m)	行车道宽度(单洞,m)	隧道净高(m)	车道数	开工时间	完工时间	备注
1	长隧道	回龙山左线隧道	K3+790～K4+956	1166	11.25	5	3	2007年9月	2010年12月	
2	长隧道	回龙山右线隧道	K3+800～K4+945	1145	11.25	5	3	2007年9月	2010年12月	
3	长隧道	白山左线隧道	K5+231～K6+944	1713	11.25	5	3	2007年9月	2012年12月	
4	长隧道	白山右线隧道	K5+250～K6+937	1687	11.25	5	3	2007年9月	2010年12月	
5	长隧道	大梅关右线隧道	K124+173～K126+548	2375	11.25	5	3	2006年11月	2010年12月	
6	短隧道	顶峰山左线隧道	LK1+655～LK2+104	449	8	5	2	2007年9月	2010年12月	乐村坪连接线
7	短隧道	顶峰山右线隧道	LK1+669～LK2+104	435	8	5	2	2007年9月	2010年12月	乐村坪连接线

2. 资金来源

项目由广东省公路管理局与韶关市人民政府共同投资、合作建设。项目资本金占总投资的35%，其余资金通过国内银行贷款解决。

3. 征地拆迁

项目征用土地16326.81亩。其中代广韶高速公路公司征用京珠南扩建工程用地39.51亩，代广乐高速公路公司征用马坝互通立交变更设计用地114.8亩。

2006年12月8日，广东省公路管理局、韶关市政府、韶赣高速公路粤境段管理处三方签订《韶关市曲江至南雄公路工程征地拆迁合同协议书》，由韶关市政府负责完成征地拆迁。

4. 招投标

韶赣高速公路项目分17个标段进行公开招标。

5. 主要设计、施工、监理单位

设计单位：四川省交通厅公路规划勘察设计研究院、广东省公路勘察规划设计院股份有限公司等7个单位。

施工单位：衡阳公路桥梁建设有限公司、葛洲坝集团第五工程有限公司、广东省长大公路工程有限公司、中交第四航务工程局有限公司等35个单位。

监理单位：广东华路交通科技有限公司、中国公路工程咨询集团有限公司、北京华宏工程咨询有限公司等6个单位。

6. 重大设计变更

重大设计变更主要有：①第三设计合同段土石比例调整变更；②京广铁路跨线桥桥梁方案变更；③马坝互通式立交变更；④路面上面层变更；⑤增设声屏障变更；⑥路基边坡绿化防护变更；⑦白山隧道左线坍塌处理设计变更；⑧红砂岩路段路基顶部填筑用土外借变更；⑨增加南雄珠玑连接线延长线。

（三）复杂技术工程

1. 多跨预应力连续箱梁修建技术——周田浈江大桥

该桥桥址区属构造剥蚀、侵蚀、深切谷地斜坡地貌区，跨越国道G323和浈江。由于主线与浈江、国道交角均为70°，为满足浈江7级通航和国道扩建要求，主线桥墩与主线行驶方向的夹角均设为70°。采用左、右幅错墩布置。左幅跨径组合为(4×20m)简支小箱梁+(31.5m+50m+45m+33.5m)连续箱梁+(8×30m)简支转连续小箱梁+(9×20m)简支小箱梁，全长665.54m；右幅全长625.54m。下部构造采用钻孔灌注桩基础、柱式桥墩台及座板式桥台。

由于桥位地层由第四系冲积层、中泥盆系东岗岭炭页质岩、砂岩和灰岩及其风化层组成。溶岩发育规模不一,加上钻孔桩径有120cm、130cm、150cm、160cm、180cm五种之多,总长达5439m,施工难度大。参建各方现场办公,发现问题及时处治,保证了施工期的有效进度,确保了该桥按期建成,为跨江路基工程施工创造了有利条件。

2. 多断层网状填充性岩溶隧道修建技术——回龙山隧道、白山隧道

回龙山、白山隧道是位于路线K3+790~K5+945穿越相邻两座山的隧道,隧道间由S248跨线桥相连。该区发育F1~F6六条断层。其中回龙山隧道穿越F1、F2、F3断层;白山隧道穿越F4、F5、F6断层。隧址区岩溶发育,主要表现为地表落水洞和深部隐伏岩溶。其中回龙山山顶发育4个落水洞,白山隧道也在施工时发生冒顶落水洞4个。隐伏岩溶在回龙山隧道K4+340~K4+630段;白山隧道ZK6+290~ZK7+006发育明显。隧道区涌水现象明显:回龙山隧道最大涌水量1582m^3/d,白山隧道最大涌水量2134m^3/d,种种不利因素给隧道施工增加难度,容易引发安全隐患。为把好现场安全、质量关,结合科研课题"多断层网状填充性岩溶隧道灾变预测及防治技术研究"和"富水段衬砌结构和防排水系统的设计与施工技术研究"组织技术攻关,取得了显著成效。回龙山隧道和白山隧道在施工中都曾发生塌方,但都由于做好预警防患避免了人财损失,并最终顺利建成。

3. 沥青路面新型结构组合形式修建技术——沥青路面结构的变更

由于项目区属中亚热带湿润季风气候,受温差大,雨水多严重影响,选择适当的沥青路面结构及其组合形式非常重要,加上我国现行规范的缺陷,使这一问题尤为突出。

该项目在采用水泥稳定碎石下基层的基础上,采用了15cm ATB-25沥青稳定碎石上基层结构,并将上面层4cm AC-13由普通沥青改用改性沥青。

ATB-25沥青碎石混合料属于嵌挤骨架——密实型结构,具有较高的抗剪强度、抗弯拉强度和耐疲劳等特性,尤其是在该项目沥青面层厚度较小(6cm+4cm=两层厚为10cm)的情况下,有效起到了刚性水泥稳定基层向柔性沥青面层的受力变形缓冲作用。在不增加造价的情况下,达到增强沥青路面的抗车辙能力和延缓反射裂缝的目的;上面层用改性沥青代替普通沥青,有效地提高了沥青路面的抗剪(抗车辙)能力以及抵御极端气温温差的变形能力。

4. 生态路基边坡防护修建技术——深挖高填红层岩土边坡的生态防护工程

韶赣高速公路粤境段区域独特的地理环境造就了独特的地质状况,沿线地质多以红层岩土、软土、高液限黏土、煤系土等不良建筑土组成,加上温差大和雨量多的气候水文因素,对路基尤其是深挖高填路基修筑提出很大的挑战。特别是占全线约50%的红层岩土

的路基修建，边坡防护成为一个难题。

该项目红层岩土为薄、中、厚层状，泥质或钙质胶结，其物理风化强烈，风化形成的土壤颗粒较细，日间升温快，夜间散温快，植物难以越夏，作为母质土壤植被存在很大困难。通过开展"红层岩土边坡CF生态防护技术研究"的科研项目，在路基边坡防护修建上大力推广生态防护技术应用，达到绿化坡体、与自然协调、减缓边坡表层的风化、防止雨水对坡面的冲刷破坏的目的。在修建生态边坡中，结合实际采用路堤包边土、路堑通过喷射增大客土厚度，为植物提供良好稳定的生长环境，采用CF+植灌木、改良的湿式喷播、拱架植草防护、喷混植生等措施，取得了显著的成效。该项目建成以来，公路范围内几乎见不到黄土，绿化边坡与沿线绿化融为一体，形成了和谐协调的自然环境，破解了红层岩土路基边坡防护的老大难问题。

（四）科技创新

韶赣高速公路粤境段项目在建设过程中，申报了"韶赣高速公路关键技术研究"课题，通过与相关科研单位和高等院校合作，进行了大量的室内试验、现场试验和理论分析，开展大量的实体工程应用研究，并将研究成果在项目建设中成功应用，取得了丰硕成果。该课题成果获2014年广东省科学技术奖三等奖。该课题共分为9个分课题组织实体研究，其中有4个课题的研究成果经鉴定达到国际先进水平。

1. 韶赣生态文化高速公路建设技术研究

项目来源：广东省交通运输厅2007年交通科技计划项目（编号2007-11-4）。该课题联合交通部科学研究院合作开展研究。课题组在大量的室内外试验研究基础上，依托该项目工程，完成了高速公路人文景观设计及景观评价。进行高速公路边坡无痕迹化植被建植技术、场站区生活污水生态型处理技术、高速公路路域生态系统生态连续性和表土资源保护与综合利用技术等研究并成功运用，取得显著的社会和经济效益。

主要创新成果：①提出了基于层次分析法的高速公路地域文化景观资源评价方法，克服了景观资源评价的主观盲目性，实践证明是一种有效的方法；②首次提出了高速公路边坡无痕化植被建植理念及关键技术，将生物坯技术应用于高速公路边坡生态防护；③系统地进行了高速公路路域生态连续性研究，首次在高速公路区域内进行野生动物栖息地恢复和营建技术研究，为高速公路建设和运营过程中的野生动物保护工作提供理论和技术支持；④系统地开展高速公路原表土的堆肥技术研究并成功运用。

2012年1月14日，广东省交通运输厅组织"韶赣生态文化高速公路建设技术研究"课题成果鉴定（粤交科鉴字〔2012〕02号）。鉴定认为，该课题研究成果具有先进性和实用性，具有广阔的推广应用前景，研究成果达到了国际先进水平。

2.韶赣高速公路红层岩土边坡CF生态防护技术研究

项目来源:广东省交通运输厅科技项目(编号2007-11-5)。该项目联合福建省交通规划设计研究院、中山大学、厦门鹭路兴绿化工程建设有限公司四家共同组成课题完成单位开展科研工作。课题基于采用可完全降解的CF网作为边坡生态防护结构,提出了红层残积土土质改良方法与配比,采用乡土灌木混播,通过加强养护使边坡植物群落演替直接进行较为稳定的灌木群落,建立起新型的高速公路生态边坡防护技术"CF网+全灌"技术及其相应的设计方法与施工方法,有效地解决了红层岩土边坡的生态防护问题,经在全线红层岩土边坡处治上推广采用,取得了显著的社会和经济效益。

主要创新成果:①结合依托工程,首次系统提出了粤北红砂岩土性改良方法与基质基材配比,应用效果良好,并获得国家发明专利;②采用CF(椰纤维)网替代其他加筋材料作为高速公路边坡生态防护材料,既满足边坡防护要求,又在植物群落稳定后降解,环保性能优异;③提出了高速公路边坡"CF网+全灌"生态防护技术,并将其应用于依托工程,具有新颖性;④首次建立了高速公路生态边坡防护形式与防护物种评价的模糊多层次多属性决策模型与方法,为生态边坡防护工程的决策提供了技术支撑。

2012年1月14日,广东省交通运输厅组织"韶赣高速公路红层岩土边坡CF生态防护技术研究"课题成果鉴定(粤交科鉴字〔2012〕01号)。鉴定认为,课题研究成果整体达到国内领先水平,在高速公路生态边坡防护形式与物种的模糊多层次多属性决策等方面达到国际先进水平。

3.沥青路面新型结构组合形式在韶赣高速公路中的应用

项目来源:广东省交通运输厅2007年交通科技计划项目(编号2007-11-1)。该项目与同济大学联合开展"沥青路面新型结构组合形式在韶赣高速公路中的应用"课题研究,课题在进一步深化"按性能设计,按力学验算"的设计思想和方法体系的基础上,对影响路面设计的关键因素——路面温度、路面湿度、交通荷载参数等进行深入研究,根据韶赣高速公路所处区域的气候环境、通行的交通荷载、沿线的地质水文和筑路材料供应等状况进行分析研究,结合道路建设中的环保理念,提出了新型沥青路面结构组合形式并进行了详细的材料设计,通过铺筑试验路,总结设计、施工经验,创造了项目建设显著的经济和社会效益。

主要创新成果:①建立室内人工模拟环境湿度影响的加速试验方法,验证了湿度对沥青混合料性能的显著影响并提出了改进湿度影响的措施;②提出了新型沥青路面结构组合形式:采用土工格室加劲级配碎石基层以获得较高的柔性基层强度;采用具有节能减排作用的不同温拌技术组合应用于沥青路面不同面层结构中,在满足环保效果同时提高其路用性能;③根据结构设计要求及不同结构层位的具体功能进行材料组成设计,采用双层高弹、高黏、高模沥青混凝土和不同特性温拌沥青混合料技术；④采用红外热像仪现场实测不同沥青层在摊铺碾压过程中的温度变化情况，通过对比发现，温拌沥青可有效延长施工作业时间；⑤提出了适用于沥青路面不同车道数的标准轴载轮迹横向分布系数推荐值及等效标准轴次的确定方法。

2012年2月24日，广东省交通运输厅组织"沥青路面新型结构组合形式在韶赣高速公路中的应用"课题成果鉴定（粤交科鉴字〔2012〕05号）。鉴定认为，该课题具有先进性、实用性，社会和经济效益显著，具有广阔的推广应用前景，成果总体达到国际先进水平。

4. 多断层网状填充性岩溶隧道灾变预测及处治技术研究

项目来源：交通部科技项目2008-353-344-320中项目任务书SG-YS-B57。项目联合中南大学成立课题组，开展研究及推广应用工作。课题研究结合项目隧道建设实际，根据多断层网状填充性岩溶隧道灾变预测及处治中断层、褶皱引起的构造应力场特征分析及对隧道稳定性影响评价、岩溶的探测技术和安全性评定标准、隧道穿越岩溶的地质灾害处理和隧道穿越岩溶的地质灾害处理效果检测及评价等关键技术，确定了岩溶稳定性评价标准，编写了综合处治技术指南，通过在该项目隧道工程中进行示范应用，确保了隧道施工安全。利用多断层网状填充性岩溶灾害预测及处治技术研究成果，实现了各种探测、分析评价、治理和质量检测技术在公路隧道穿越复杂地质构造中岩溶的综合应用，形成了隧道穿越岩溶时，地质构造及岩溶对隧道稳定性影响的成套评判方案和评价体系，隧道穿越岩溶有效处治技术和质量监控指南，填补了国内外空白。

主要创新成果：①对国内外岩溶突水机理、岩溶形成历史和探测技术进行了分析评价；确定了各种物探技术探测原理、选择原则，结合实际提出物探技术的组合方式，适用条件，通过不同地质条件下选择最佳物探组合方式，验证综合探测技术的有效性；②通过总结岩溶隧道风险识别、风险估计、风险评价的方法，为岩溶隧道的风险管理提供了切实可行的理论，结合实际进行隧道风险评估，并根据风险评估提出具体的处理方式和事故处理预案；③通过分析总结隧道区域的地质构造，总结隧道区域断层形成的力学机制，图解出隧道断层主应力场特征，推导出三维几何变换和三维坐标变换的矩阵表达式，以现场监控量测的数据为基础，制订具体处理方式以及应急处治方案，特别是对回龙山隧道的安全施工保障起到了明显效果。

2012年2月24日，广东省交通运输厅组织"多断层网状填充性岩溶隧道灾变预测及处治技术研究"课题成果鉴定（粤交科鉴字〔2012〕06号）。鉴定认为，该研究成果具有先进性和实用性，有较好的社会和经济效益，具有广阔的推广和应用前景，研究成果达到了国际先进水平。

（五）运营管理

1.运营公司

该项目为政府出资建设收费还贷的非经营性高速公路，由广东省公路管理局与韶关市人民政府共同投资、合作建设。合作双方组建韶赣高速公路粤境段管理处作为项目法人组织项目建设。2012年和2013年，广东省政府和广东省交通运输厅先后发文广东省公路管理局，要求韶赣项目成建制移交给广东省南粤交通投资建设有限公司。项目收尾工程及相关后续工作由广东省南粤交通投资建设有限公司承接，负责韶赣高速公路的运营管理工作。公司内设6个职能部门和韶关东、总甫、南雄3个中心站。

2.收费站点

韶赣高速公路分别设乐村坪、韶关东、大塘、丹霞、总甫、始兴北、马市、南雄、珠玑、梅岭、梅关主线11个收费站，共计72条车道（表3-15-3）。2014年实现广东省"一张网"联网收费。2015年实现全国ETC联网、全计重收费模式和国标化车型分类收费。

收费站点及车道设置情况表　　　　　　　　表3-15-3

站点名称	车道数	收费方式	站点名称	车道数	收费方式
乐村坪	8	MTC+ETC	始兴北	5	MTC+ETC
韶关东	10	MTC+ETC	马市	5	MTC+ETC
大塘	4	MTC+ETC	南雄	8	MTC+ETC
丹霞	4	MTC+ETC	珠玑	6	MTC+ETC
总甫A	4	MTC+ETC	梅岭	4	MTC+ETC
总甫B	4	MTC+ETC	梅关主线	10	MTC+ETC

3.车流量

车流量情况见表3-15-4。

车流量情况表（单位：辆）　　　　　　　　表3-15-4

年份（年）	入口	出口	日均车流量
2011	2374242	2421387	13139
2012	2930371	3051225	16343
2013	3878435	3938497	21416
2014	4463058	4491231	24532
2015	5152628	5210865	28393

4.养护管理

管理中心按照"安全、统一、规范、高效"的养护管理目标，贯彻"科学决策"和"预防为主，防治结合"的养护管理理念，抓好预防性养护，全面提升运营和养护管理水平，实现道路的"畅、安、舒、美"。

(1)管理模式

第一阶段:2011—2013年采用自养与委托养护相结合的养护模式,即自设部分养护队伍、购置基本养护机械设备,进行自主养护与委托养护相结合。

第二阶段:2014—2015年采用市场化养护管理模式,即把养护工作推向市场,日常养护和专项工程均通过招标确定养护施工单位,实现"管养分离"。

(2)养护资金

依法依规、科学规范做好年度养护计划的编制特别是养护资金需求计划,积极争取政策支持,确保养护资金落实到位。

(3)路容路况

①公路技术状况。韶赣高速公路2011—2014年公路技术状况指数MQI值分别为95.90、95.50、94.06、95.40,均评定为"优"。

②桥隧技术状况。共有桥梁132座,隧道4座,根据2014年检测结果:桥梁评定为"一类桥"的72座,评定为"二类桥"的60座,无三类或以上的桥梁;隧道评定为"S"级的4座,无"B"级或以上的隧道。

5.路政管理

韶赣高速公路路政大队成立于2010年12月26日,下设3个巡查中队和1个督查中队。2013年11月完成了全省路政标杆队伍的创建。韶赣路政大队主要职能是贯彻国家有关公路管理法律法规、依法保护路产、维护路权、控制区管理、施工监督管理、许可申报、路政管理档案等。在开展日常工作中积极探索和推行"预防性管理""首问负责制",提出"管理前置、事前预防、主动应对"的管理模式,与高速公路交警建立路警联勤关系、与区域内相邻路段建立路路联动关系、与沿线村镇建立"属地"互报互助协作关系。通过相关联动机制的建立和推行,提高了韶赣高速公共服务与行政执法水平,树立了效能型、服务型、责任型路政部门的新形象。

6.企业文化

多年来,韶赣高速公路管理中心在建设和管理中获得多种奖项。

2012年12月,韶赣管理中心被全国公路职工思想政治工作研究会评为全国公路系统创先争优"先进基层党组织"。

2013年4月,韶赣管理中心梅关收费站被广东省总工会授予"工人先锋号"荣誉称号。

2013年5月,韶赣管理中心被交通运输部、中国海员建设工会全国委员会评为全国2013年春运农民工平安返乡(岗)安全优质服务竞赛"先进集体"。

2014年12月,韶赣管理中心工会南雄中心站工会小组被广东省总工会授予"广东省模范职工小家"荣誉称号。

2015年3月,韶赣管理中心被交通运输部评为全国交通运输行业"文明单位"。

2016年4月,韶赣管理中心梅关收费站被中华全国总工会授予"全国工人先锋号"荣誉称号。

二、韶关—赣州高速公路南连接线

韶赣南连接线,由曲江马坝接韶赣和京港澳高速公路,至白土连接广乐高速公路,全长3.183km,2009年开工建设,2014年建成通车。

第十六节　包头—茂名高速公路广东段(G65)

包头—茂名高速公路(简称"包茂高速公路"),是国家高速公路网"71118+6"中的一条纵线,编号为G65,起于内蒙古自治区包头市,途经延安、西安、重庆、怀化、桂林、梧州,止于广东省茂名市,全长2982km。

包茂高速公路广东境内路段与《广东省高速公路网规划》第十纵线共线,起于茂名信宜市陈金顶(粤桂界),接包茂高速公路广西段,经信宜、高州、茂港区、电白等市县,止于电白县林头镇大昌口四海岭北侧,与沈海高速公路互通,全长122.322km。投资概算约109.60亿元,2013年6月动工建设,2015年12月建成通车。项目由广东省高速公路公司投资建设,并成立广东省高速公路有限公司包茂高速公路粤境段建设管理处进行建设和管理。

该项目的建成将进一步密切粤、桂两省(自治区)的联系和合作,加强南海之滨与西北、西南广大地区的联系,促进广东省粤西片区各市、县、区的经济发展。

(一)主要技术指标和建设规模

包茂高速公路地处粤西云开大山东部地区,山脉走向多呈北东—西南及北北东—南南西方向,大部分为低山—丘陵地形,地势切割较深,常呈"V"形谷,工程施工技术难度较大。根据地形地貌主线按高速公路标准建设,全封闭、全立交、双向四车道,设计速度100km/h。

全线软基处理路段总长约26.7km,深挖路堑路段121处,高填路堤路段120处;全线设有特大桥1座、大桥66座(表3-16-1),隧道6座(表3-16-2),桥隧比例约24.1%;全线设置11处互通式立交,2处主线收费站,2处服务区和2处停车区,同步建设信宜等互通式立交连接线7条,总长约18.739km。

包头—茂名高速公路广东段主要桥梁表

表 3-16-1

序号	桥梁分类	桥梁名称	中心桩号	桥梁长度（m）	桥面宽度（m）	车道数	设计汽车荷载等级	开工时间	完工时间	备注
1	大桥	旺科1号大桥	K2886+830	280.6	25.5	4	公路—Ⅰ级	2013年6月	2015年12月	
2	大桥	旺科2号大桥（左幅）	K2887+289	280.6	12.5	2	公路—Ⅰ级	2013年6月	2015年12月	
3	大桥	旺科2号大桥（右幅）	K2887+276	255.6	12.5	2	公路—Ⅰ级	2013年6月	2015年12月	
4	大桥	平寨坑尾大桥（左幅）	K2889+126	205.6	12.5	2	公路—Ⅰ级	2013年6月	2015年12月	
5	大桥	平寨坑尾大桥（右幅）	K2889+206	355.6	12.5	2	公路—Ⅰ级	2013年6月	2015年12月	
6	大桥	龙社1号大桥（左幅）	K2890+341	205.6	12.5	2	公路—Ⅰ级	2013年6月	2015年12月	
7	大桥	龙社1号大桥（右幅）	K2890+343	255.6	12.5	2	公路—Ⅰ级	2013年6月	2015年12月	
8	大桥	龙社2号大桥（右幅）	K2890+776	305.6	12.5	2	公路—Ⅰ级	2013年6月	2015年12月	
9	大桥	G207跨线1号大桥（左幅）	K2891+714	225.6	12.5	2	公路—Ⅰ级	2013年6月	2015年12月	
10	大桥	G207跨线1号大桥（右幅）	K2890+745	265.6	12.5	2	公路—Ⅰ级	2013年6月	2015年12月	
11	大桥	莲塘1号大桥	K2892+551	716.8	25.5	4	公路—Ⅰ级	2013年6月	2015年12月	
12	大桥	莲塘2号大桥	K2893+516	205.6	25.5	4	公路—Ⅰ级	2013年6月	2015年12月	
13	大桥	朱砂立交主线桥（左幅）	K2895+234	225.8	12.5	2	公路—Ⅰ级	2013年6月	2015年12月	
14	大桥	朱砂立交主线桥（右幅）	K2895+223	247.6	12.5	2	公路—Ⅰ级	2013年6月	2015年12月	
15	大桥	里五大桥	K2896+816	217	25.5	4	公路—Ⅰ级	2013年6月	2015年12月	
16	大桥	X629跨线桥（左幅）	K2898+316	307	12.5	2	公路—Ⅰ级	2013年6月	2015年12月	
17	大桥	X629跨线桥（右幅）	K2898+331	277	12.5	2	公路—Ⅰ级	2013年6月	2015年12月	
18	大桥	大庆大桥（左幅）	K2900+791	457	12.5	2	公路—Ⅰ级	2013年6月	2015年12月	
19	大桥	大庆大桥（右幅）	K2900+686	404	12.5	2	公路—Ⅰ级	2013年6月	2015年12月	
20	大桥	大旺岭1号大桥（左幅）	K2903+488	248	12.5	2	公路—Ⅰ级	2013年6月	2015年12月	
21	大桥	大旺岭1号大桥（右幅）	K2903+496	232	12.5	2	公路—Ⅰ级	2013年6月	2015年12月	
22	大桥	大旺岭2号大桥（左幅）	K2903+745	232	12.5	2	公路—Ⅰ级	2013年6月	2015年12月	
23	大桥	大旺岭2号大桥（右幅）	K2903+757	208	12.5	2	公路—Ⅰ级	2013年6月	2015年12月	

续上表

序号	桥梁分类	桥梁名称	中心桩号	桥梁长度（m）	桥面宽度（m）	车道数	设计汽车荷载等级	开工时间	完工时间	备注
24	大桥	洛湛铁路跨线大桥（左幅）	K2904+154	216.5	12.5	2	公路—Ⅰ级	2013年6月	2015年12月	
25	大桥	洛湛铁路跨线大桥（右幅）	K2904+144	206.5	12.5	2	公路—Ⅰ级	2013年6月	2015年12月	
26	大桥	扶参1号大桥（左幅）	K2904+509	406	12.5	2	公路—Ⅰ级	2013年6月	2015年12月	
27	大桥	扶参1号大桥（右幅）	K2904+522	431	12.5	2	公路—Ⅰ级	2013年6月	2015年12月	
28	大桥	扶参3号大桥	K2907+110	272	25.5	4	公路—Ⅰ级	2013年6月	2015年12月	
29	大桥	扶参5号大桥（左幅）	K2908+010	331	12.5	2	公路—Ⅰ级	2013年6月	2015年12月	
30	大桥	扶参5号大桥（右幅）	K2907+947	206	12.5	2	公路—Ⅰ级	2013年6月	2015年12月	
31	大桥	独田大桥	K2908+885	232	25.5	4	公路—Ⅰ级	2013年6月	2015年12月	
32	大桥	县道X621跨线桥	K2911+151	705.6	25.5	4	公路—Ⅰ级	2013年6月	2015年12月	
33	大桥	横垌大桥（左幅）	K2912+230	405.6	12.5	2	公路—Ⅰ级	2013年6月	2015年12月	
34	大桥	横垌大桥（右幅）	K2912+243	380.6	12.5	2	公路—Ⅰ级	2013年6月	2015年12月	
35	大桥	白坡1号大桥（左幅）	K2914+554	217	12.5	2	公路—Ⅰ级	2013年6月	2015年12月	
36	大桥	白坡1号大桥（右幅）	K2914+584	277	12.5	2	公路—Ⅰ级	2013年6月	2015年12月	
37	大桥	白坡2号大桥	K2915+520	487	25.5	4	公路—Ⅰ级	2013年6月	2015年12月	
38	大桥	漳坡1号大桥	K2916+507	307	25.5	4	公路—Ⅰ级	2013年6月	2015年12月	
39	大桥	漳坡3号大桥	K2917+619	337	25.5	4	公路—Ⅰ级	2013年6月	2015年12月	
40	大桥	旺同大桥	K2919+644	337	25.5	4	公路—Ⅰ级	2013年6月	2015年12月	
41	大桥	湾统大桥	K2921+187	480.6	25.5	4	公路—Ⅰ级	2013年6月	2015年12月	
42	大桥	石背大桥（左幅）	K2925+842	480	12.5	2	公路—Ⅰ级	2013年6月	2015年12月	
43	大桥	石背大桥（右幅）	K2925+855	505	12.5	2	公路—Ⅰ级	2013年6月	2015年12月	
44	大桥	隔子塘大桥	K2928+208	330.6	25.5	4	公路—Ⅰ级	2013年6月	2015年12月	
45	大桥	马枯塘大桥	K2928+940	247	25.5.5	4	公路—Ⅰ级	2013年6月	2015年12月	
46	大桥	张星大桥	K2930+047	217	25.5	4	公路—Ⅰ级	2013年6月	2015年12月	

续上表

序号	桥梁分类	桥梁名称	中心桩号	桥梁长度（m）	桥面宽度（m）	车道数	设计汽车荷载等级	开工时间	完工时间	备注
47	大桥	岭脚水库大桥	K2930+997	255.6	25.5	4	公路—Ⅰ级	2013年6月	2015年12月	
48	大桥	X648跨线2号桥	K2932+687	341	25.5	4	公路—Ⅰ级	2013年6月	2015年12月	
49	大桥	根竹水大桥	K2937+881	255.6	25.5	4	公路—Ⅰ级	2013年6月	2015年12月	
50	大桥	荔枝根2号大桥（左幅）	K2938+501	305.6	12.5	2	公路—Ⅰ级	2013年6月	2015年12月	
51	大桥	荔枝根2号大桥（右幅）	K2938+501	255.6	12.5	2	公路—Ⅰ级	2013年6月	2015年12月	
52	大桥	车垌头大桥	K2939+871	427	25.5	4	公路—Ⅰ级	2013年6月	2015年12月	
53	大桥	黄榄化大桥	K2942+832	305.6	25.5	4	公路—Ⅰ级	2013年6月	2015年12月	
54	特大桥	东岸河特大桥（左幅）	K2947+065	1217	12.5	2	公路—Ⅰ级	2013年6月	2015年12月	
55	特大桥	东岸河特大桥（右幅）	K2947+065	1237	12.5	2	公路—Ⅰ级	2013年6月	2015年12月	
56	大桥	莲垌大桥（左幅）	K2951+788	280.6	12.5	2	公路—Ⅰ级	2013年6月	2015年12月	
57	大桥	莲垌大桥（右幅）	K2951+800	305.6	12.5	2	公路—Ⅰ级	2013年6月	2015年12月	
58	大桥	石骨江大桥（左幅）	K2964+541	776.3	12.5	2	公路—Ⅰ级	2013年6月	2015年12月	
59	大桥	石骨江大桥（右幅）	K2964+541	776.3	12.5	2	公路—Ⅰ级	2013年6月	2015年12月	
60	大桥	高州北互通主线桥	K2965+663	205.6	25.5	4	公路—Ⅰ级	2013年6月	2015年12月	
61	大桥	平龙大桥	K2969+868	516.6	25.5	4	公路—Ⅰ级	2013年6月	2015年12月	
62	大桥	龙井垌大桥	K2973+578	255.6	25.5	4	公路—Ⅰ级	2013年6月	2015年12月	
63	大桥	良锦塘大桥（右幅）	K2975+138	205.6	12.5	2	公路—Ⅰ级	2013年6月	2015年12月	
64	大桥	南山大桥（左幅）	K2985+792	427.1	12.5	2	公路—Ⅰ级	2013年6月	2015年12月	
65	大桥	南山大桥（右幅）	K2985+792	427.1	12.5	2	公路—Ⅰ级	2013年6月	2015年12月	
66	大桥	深田坑大桥（左幅）	K2998+769	871.6	12.5	2	公路—Ⅰ级	2013年6月	2015年12月	
67	大桥	深田坑大桥（右幅）	K2998+772	886.6	12.5	2	公路—Ⅰ级	2013年6月	2015年12月	
68	大桥	沙琅江大桥	K3000+199	205.6	25.5	4	公路—Ⅰ级	2013年6月	2015年12月	

表 3-16-2

包头—茂名高速公路广东段隧道表

序号	隧道分类	隧道名称	起止桩号	长度（单洞,m）	行车道宽度（单洞,m）	隧道净高（m）	车道数	开工时间	完工时间	备注
1	短隧道	陈金顶隧道左线隧道	K2885+386~K2885+839	453	9.00	5.00	2	2013年6月	2015年12月	
2	短隧道	陈金顶隧道右线隧道	K2885+386~K2885+867	481	9.00	5.00	2	2013年6月	2015年12月	
3	短隧道	平寨1号隧道左线隧道	K2888+740~K2889+024	284	9.00	5.00	2	2013年6月	2015年12月	
4	短隧道	平寨1号隧道右线隧道	K2888+768~K2889+029	261	9.00	5.00	2	2013年6月	2015年12月	
5	短隧道	平寨2号隧道左线隧道	K2889+766~K2890+025	259	9.00	5.00	2	2013年6月	2015年12月	
6	短隧道	平寨2号隧道右线隧道	K2889+772~K2890+025	253	9.00	5.00	2	2013年6月	2015年12月	
7	短隧道	车头隧道左线隧道	K2891+124~K2891+592	468	9.00	5.00	2	2013年6月	2015年12月	
8	短隧道	车头隧道右线隧道	K2891+127~K2891+601	474	9.00	5.00	2	2013年6月	2015年12月	
9	短隧道	白石岗隧道左线隧道	K2892+914~K2893+208	294	9.00	5.00	2	2013年6月	2015年12月	
10	短隧道	白石岗隧道右线隧道	K2892+914~K2893+208	294	9.00	5.00	2	2013年6月	2015年12月	
11	中隧道	岑安岭隧道左线隧道	K2941+553~K2842+056	503	9.00	5.00	2	2013年6月	2015年12月	
12	中隧道	岑安岭隧道右线隧道	K2941+554~K2842+059	505	9.00	5.00	2	2013年6月	2015年12月	

(二)建设情况

1. 建设依据

2013年3月,国家发展和改革委员会核准项目申请报告。

2013年5月,交通运输部批复项目初步设计,核定概算109.60亿元。

2013年7月,交通运输部批复项目先行工程施工许可申请。

2014年4月,交通运输部批复项目工程施工许可申请。

2. 资金来源

资金来源于广东省高速公路公司进资及财政专项资金。项目业主广东包茂高速公路有限公司(简称"包茂公司")与银团签订包茂项目银团合同贷款。

3. 征地拆迁

征地拆迁工作由包茂公司委托茂名市政府负责组织实施。在茂名市各级地方政府的关心支持下,土地交付及拆迁工作顺利完成,征用土地16965.214亩。

4. 招投标

根据工程施工特点及工期要求,各个项目均采用国内公开招标,招标人为包茂公司,招标工作在广东省建设工程交易中心进行按规定进行公示。

5. 主要设计、施工、监理单位

设计单位:中交第二公路勘察设计研究院有限公司、广东省公路勘察规划设计院股份有限公司、中国公路工程咨询集团有限公司等单位。

施工单位:中铁十一局集团有限公司、中交第二公路工程局有限公司、广东冠粤路桥有限公司、广东省长大公路工程有限公司等29个单位。

监理单位:育才-布朗交通咨询监理有限公司、广东翔飞公路工程监理有限公司、广东华路交通科技有限公司等单位。

6. 重大工程变更

该项目路面工程中的沥青路面(桥面)结构层进行设计调整:一般主线路基段以及大昌口枢纽互通立交匝道沥青路面结构层由二层调整为三层实施,由原来的上面层5.5cm GAC-16C+下面层8.5cm GAC-25中粒式改性沥青混凝土变更为上面层4.5cm GAC-16C中粒式改性沥青混凝土+中面层5.5cm GAC-20C中粒式改性沥青混凝土+下面层7cm GAC-25粗粒式沥青混凝土;沥青桥梁铺装、隧道沥青路面以及部分特殊短路基段的沥青路面结构层也相应调整了设计。

(三)复杂技术工程

1. 大昌口枢纽互通立交

大昌口枢纽互通为单环匝道加半定向匝道组合式互通,主线起讫桩号为 K119+000~K120+850,主线与广湛高速公路的交叉桩号为 K119+741=LK299+728,被交路范围长度 2.15km。主桥跨越广湛高速公路,桥孔为搭架现浇箱梁。该枢纽互通主线及匝道共 5 座桥上跨既有广湛高速公路,跨高速公路主桥上部结构为现浇连续刚构,施工组织复杂,协调难度大,是该项目的难点工程之一。施工单位克服工程量大、工期时间紧和现场交通协调维护难度大的困难,精心组织,加大施工设备和人员的投入,按目标工期完成施工。

2. 白石岗连拱隧道

白石岗隧道为连拱隧道,起讫桩号为 K7+523~K7+822,长度为 299m。岑溪端和茂名端洞口均采用削竹式洞门。隧道地面最大高程约为 310m,最大埋深约为 51m,隧道位于直线上,隧道纵坡为 -0.6%。山体植被茂密,进出口坡形较陡,围岩级别为Ⅳ~Ⅴ级,工程地质条件差,隧道左侧为滑坡地带,施工难度较大。

在施工过程中业主委托第三方监测单位对隧道进行超前地质预报和洞身沉降监测,根据不同的围岩级别,施工单位及时调整开挖方法。根据双连拱隧道结构特点严格按施工规范施工,对于Ⅴ级围土质岩层浅埋段采用三导洞法施工,合理的控制三导洞开挖作业面间距,中导洞先行、左导洞滞后中导洞、右导洞滞后左导洞。导洞采用正台阶法施工,主洞采用单侧壁导坑法施工,必要时侧导洞可增设临时仰拱;对于Ⅳ级围岩段施工开挖,合理的控制中导洞、左右侧主洞开挖作业面的间距,中导洞先行,左侧主洞滞后中导洞,右侧主洞滞后左侧主洞,中导洞采用全断面法开挖,主洞采用上弧形导坑法施工。确保隧道的施工质量和施工安全。

3. 软基处理

该项目沿线软弱地基分布广,设计最大软基处理深度约 18m,软基路段主要分布于山间冲沟或开阔的山间洼地,填土比较高,最高填土有 42m。软基处理方式主要有浅层挖除换填、砂沟预压、深层处理袋装砂井、素混凝土桩以及预应力管桩等,其中挖除换填处理路段总长度达 19.2km,为主要的软基处理方式。

素混凝土桩施工过程中重点控制素混凝土桩的钻孔深度和混凝土质量;预应力管桩在正式施工前进行试验桩施工,经对试验桩进行单桩承载力试验合格,确定管桩最后打入 10cm 的收锤数,在正式施工过程中严格按试验桩确定的收锤数进行施工。

在素混凝土桩及预应力管桩施工完后,均经业主委托的第三方检测单位对素混凝土桩的桩身完整性和对素混凝土桩、预应力管桩的单桩承载力检测合格后才能进行下工序施工。同时业主委托第三方监测单位对沿线软土路基高填路段进沉降监测,根据反馈监测结果,及时采取处理措施,确保工程质量。

4. 深挖路堑及高填、陡坡路堤

该项目深挖路堑及高填、陡坡路堤众多,保质量、保安全施工技术难度大。全线共有深挖路堑计121处,其中7级坡1处,6级坡5处,5级坡16处,4级坡58处,3级坡39处,2级坡2处;陡坡路堤51处;高填路堤120处,其中20m以上19处,10~20m有96处,10m以下5处。项目边坡防护方式主要有:人字型骨架、锚杆格梁、锚索框梁等。在施工过程中做到开挖一级及时防护一级。施工单位严格按图纸和施工规范进行施工,所有的锚杆格梁、锚索框梁的锚杆和锚索的拉拔施工完后,均经业主委托的第三方检测单位检测合格后才能进行下工序施工,确保了工程质量。与此同时,业主委托第三方监测单位对高边坡的稳定性进行定期监测,发现异常情况及时反馈给业主,采取处理措施,确保高边坡的稳定。

(四)科技创新

1. 数字公路基础信息平台研究与开发

为实现建设过程中相关信息的可视化查询和管理,结合计算机信息与网络、GIS等技术的研究和应用,开发道路、桥梁以及相关构造物的三维模型、空间地理位置与设计资料之间的实时关联技术,建立数字公路基础信息平台。最终实现项目信息浏览与检索、进度形象展示、三级清单的自动提取等功能。课题已取得广东省交通运输厅立项。

(1)研究建立数字仿真环境,实现与数字公路平台的关联。研究开发利用数字地形图、路线几何数据等数据建立公路三维仿真环境,建立公路仿真环境与多元空间数据库的实时关联,实现基于数字仿真环境的项目展示和漫游并使项目地形地貌充分展示。

(2)设计成果数字化。基于GIS环境,根据设计资料成果(区域路网、电子地形图、建设前期文档、施工图设计资料等),构建GIS环境下地图窗口。十分便于工程管理人员图纸调取,集成变更图纸后,便于竣工图纸编制。

(3)研究确定制式工程数量表。结合设计标准化,制订标准化工程数量表,实现清单自动生成与提取。

(4)构建基于全寿命周期应用的公路BIM基础信息平台系统。根据运营和养护管理系统需求,开发并提供地形、设计数据、文件图档、变更文件以及其他辅助数据信息接口和数据转换功能,实现高速公路设计建设基础数据全寿命周期的应用和挖掘。

2. 南方山区高填方涵洞设计新方法与工程应用技术研究

该项目大部分处于典型的南方山区,根据原技术方案开展"南方山区高填方涵洞设计新方法与工程应用技术研究"。课题已取得省交通运输厅的立项。

(1)调研广东地区不同公路等级、不同地质与气候条件下的高填方涵洞病害。针对广东地区不同公路等级,不同地质与气候条件下的高填方涵洞典型病害调研,调查内容包括设计图纸的收集,使用单位关于涵洞病害的记录及维修方案和治理效果、涵洞病害的实地勘察,结构和施工形式典型且运行良好的涵洞设计资料的收集等。

(2)高填方涵洞典型病害成因分析。根据调研资料,对涵洞病害的现象进行分类和反分析,从而找出产生涵洞病害的主要原因。完成多处实体工程的实施,研究中采用的主要手段为理论分析、模型试验与计算机仿真分析。

(3)高填方涵洞合理结构选型及其适用条件的研究。根据调研资料和对涵洞病害机理的分析成果,通过现场实体工程测试分析与仿真分析,考虑地形条件、涵洞几何因素,填土条件、地基条件、过水能力等,结合包茂高速公路的实施,完成多处涵洞的现场实测工作。在此基础上,提出高填方涵洞合理结构选型及适用条件。

(4)高填方涵洞合理的受力分析和设计荷载计算方法的研究。基于高填方涵洞的病害成因分析,结合现场实测结果与数值仿真,依照土工基本原理,考虑涵洞结构、填土介质及地基的共同作用,分析高填方涵洞受力特性,建立常规的计算方法,并以受力分析为基础,提出符合实际的高填方涵洞结构设计荷载计算公式与参数。

(5)高填方涵洞地基应力与变形特性研究。采用数值分析方法,考虑不同的地基条件、涵洞形式、填土高度等情况,模拟涵洞的施工和路堤填筑全过程的地基变形、涵洞受力等性状,分析填土作用下的涵顶土压力和涵洞基底应力分布特点及地基破坏模式,对比和分析涵洞基底压力与一般路堤压力的关系,提出高填方涵洞受力特性和地基应力与变形特性。

(6)高填方涵洞地基承载力计算方法研究。在分析地基承载力与稳定性的关系规律的基础上,针对地基破坏模式和特性,提出基于地基变形控制的地基容许承载力确定方法,并与规范地基承载力修正公式及现场试验的测试成果进行对比。

(7)高填方涵洞的设计与施工技术及其质量控制研究。基于上述分析成果,结合实体工程的现场试验和实施,提出高填方涵洞的设计方法,建立施工质量控制标准体系,有效地指导高填方涵洞的设计与施工。

(五)运营管理

1.运营公司

广东省包茂高速公路有限公司成立于2013年5月,主要负责投资、建设和管理包茂高速公路粤境段项目。2015年6月26日,成立广东包茂高速公路有限公司包茂运营管理处(简称"管理处"),与广东茂湛高速公路有限公司实行联合运营管理,通过合署办公,联营共管的模式,负责茂湛、包茂高速公路的生产经营和发展。

包茂公司实行董事会领导下的总经理负责制。至2015年,设有6个职能部门、4个中心收费站和3个路政中队。

2. 收费站点

包茂高速公路粤境段全线共设有12个收费站点,分别是茂名电白、茂名东、分界、泗水、高州、曹江、东岸、信宜南、信宜、信宜北、朱砂和粤桂省界(因包茂高速公路广西岑溪—汶水段尚未开通),总车道数99条(表3-16-3)。

收费站点设置情况表　　　　表3-16-3

站点名称	车道数		收费方式	通车时间
	出口	入口		
粤桂省界站	14		人工+ETC	暂未开通
朱砂	3	2	人工+ETC	2015年12月30日通车
信宜北	3	3	人工+ETC	
信宜	7	3	人工+ETC	
信宜南	3	3	人工+ETC	
东岸	3	3	人工+ETC	
曹江	3	3	人工+ETC	
高州	6	3	人工+ETC	
泗水	3	3	人工+ETC	
分界	6	3	人工+ETC	
茂名东	10	4	人工+ETC	
茂名电白	5	3	人工+ETC	
合计	66	33		

3. 车流量

车流量情况见表3-16-4。

车流量情况表(单位:车辆)　　　　表3-16-4

年份(年)	包茂高速公路	日均车流量	备注
2015	20752	10376	

4. 服务区

包茂高速公路粤境段设茂名、水口等2个服务区。茂名服务区于2015年12月30日建成使用。水口服务区于2016年1月18日建成使用。

5. 养护管理

根据高速公路养护维修类型,将养护工作划分为土建养护和机电养护两大部分:土建养护包括桥涵、路基路面、交通安全设施、房建、绿化等维护工程。

养护管理推行"管养分离"的专业化养护模式,确立"制度化、规范化、标准化、精细化"的养护管理目标,制定规范完善的养护管理制度。日常养护按年度通过社会招标的方式选择养护单位,结合养护工作的特点和实际,不断总结和完善养护管理制度体系,规范和完善日常养护管理工作。

6. 路政管理

包茂高速公路路政大队成立于2015年,下设一、二、三等3个路政中队,负责122.322km辖区路段的路政管理工作。

针对包茂高速公路粤境段"线长、点多、面广"的特点,为履行保护路产、维护路权职责,主要通过三方面着手强化管理成效:一是加强自身监管,落实"复式巡查"和"三级巡查"体系优化巡查质量与效率;二是加强内部合作,建立"路养联巡"机制,针对沿线边坡高的情况,重点巡视边坡情况,发现问题及时通知养护部门修复,防止路产缺陷扩大造成的损失,全面提高突发事件处置效率;三是加强外部合作,通过与属地交警优化路警联勤机制,联合开展"入口拒超劝返",查处公路违法案件;建立公路违法案件联合查处机制,与属地政府及交通综合执法部门紧密联动,全力维护高速公路合法权益。

(六)企业文化建设

1. 重视企业文化建设,提升道路建设成效

包茂高速公路粤境段项目工程从动工建设开始,坚持以"优化质量、巧排工期、严控造价、确保安全生产和促进廉政建设"和"打造特色亮点和安全、畅通、节能、环保并具有岭南特色的原生态高速公路"为出发点,确立五大工程建设基本目标和亮点目标,努力营造广东包茂高速公路的建设与运营特色品牌。

(1)质量目标:分项工程合格率100%,优良率90%以上,杜绝重大质量事故。

(2)工期目标:建设工期控制在两年半,确保2015年底建成通车,实现广东省"县县通高速公路"。

(3)投资目标:严控工程造价,优化方案设计和施工程序,确保总投资控制在批准概算范围内。

(4)安全生产目标:严格执行安全生产规章制度,杜绝重大安全事故的发生。

(5)廉政建设目标:严格执行廉政建设制度,确保"工程优质、干部优秀、管理到位"。

(6)亮点目标:以双标准化管理为手段,以全数字化为平台,努力建设成安全、畅通、节能、环保并具有岭南特色的原生态高速公路。

2. 加强企业文化建设,优化企业公众形象

推行精细化、标准化和服务化管理,贯彻落实"以人为本、持续发展"观念,完善"选、用、育、留"的人事管理体系,打造适应企业战略和经营发展需要的高度人才队伍,优化企业公众形象。

3. 丰富企业文化建设,提升精神文明水平

积极推进"我为基层站队作服务"活动,打造服务型机关,深入开展"读好书、爱本职、献交通"读书活动,主动落实"文明服务""规范执法"和"科学养护"三大服务品牌创建活动,充分调动员工学知识、钻业务的积极性,不断提升员工的综合素质和服务水平。

包茂高速公路粤境段荣获第四批交通运输部级"平安工地"示范创建项目、全国交通基础设施重点工程劳动竞赛奖、全国交通基础设施重点工程劳动竞赛等奖项。

第十七节 兰州—海口高速公路广东段(G75)

兰州—海口高速公路(简称"兰海高速公路"),是国家高速公路网"71118+6"中的一条纵向干线,编号为G75,起于甘肃省兰州市,途经陇南、四川、重庆、贵州、广西、广东,止于海南省海口市,全长2439km。

兰海高速公路在广东境内线路与《广东省高速公路网规划》第五横线的部分线路共线,起于廉江市高桥镇(粤桂交界),与广西合浦至山口高速公路相接,经遂溪、湛江、雷州、徐闻等市县及琼州海峡过海隧道,全长约210.852km(含共线148km),已建180.852km(含共线114.302km),待建30km(含共线30km)。

兰海高速公路在广东境内线路由3个项目段组成:廉江高桥至遂溪高速公路、湛江遂溪至徐闻高速公路(与G15沈海高速公路共线)、琼州海峡过海隧道工程(待建)。

一、廉江高桥—遂溪高速公路

廉江市高桥(粤桂界)至遂溪高速公路是国家高速公路网兰州至海口高速公路G75的一段,是广东高速公路网的重要组成部分,亦称渝湛高速公路。起于廉江市高桥镇(粤桂交界处),与广西合浦至山口高速公路相接,经广东省廉江市的营仔、安铺镇、遂溪县的沙古、洋青、遂城镇,止于湛江市麻章区黄略镇,接广州至湛江高速公路,路线全长68.861km。其中,高速公路66.55km,一级公路2.311km,总投资额为21.35亿元。2003年12月开工建设,2005年12月28日正式建成通车。该项目的建设对完善粤西地区运输网络,加强广东省与我国西南各省的经济联系具有重要意义。

2009年,兰海高速公路渝湛粤境段荣获"第九届中国土木工程詹天佑奖",2012年荣

获"南方最美、最新高速公路——最佳生态环保奖"。

(一)主要技术指标和建设规模

兰海高速公路(简称"渝湛高速公路")按平原微丘高速公路标准建设,双向四车道。设计速度120km/h。

全线设主要大桥6座(表3-17-1),互通式立交6处,分离式立交33处,服务区1处。

(二)建设情况

1. 建设依据

2003年2月,交通部《关于渝湛国道主干线高桥(粤桂界)至遂溪公路可行性研究报告的批复》。

2003年8月,交通部《关于渝湛国道主干线高桥(粤桂界)至遂溪公路初步设计的批复》。

2003年11月,国土资源部办公厅《关于渝湛高速公路高桥至遂溪路段控制工期单体工程先行用地的复函》。

2003年12月,交通部批准渝湛高速公路工程的开工报告。

2. 资金来源

渝湛高速公路建设总投资21.63亿元,由广东省高速公路有限公司(占70%)和广东省路桥建设发展有限公司(占30%)共同出资。

3. 征地拆迁

2003年9月26日,渝湛公司与湛江市政府签订征地拆迁合同,渝湛项目完成红线范围征地共7206.5亩。

4. 招投标

(1)设计单位招标

2003年2月28日发布招标公告,广东省公路勘察规划设计院等4个单位报名,2003年4月11~12日,在北京召开了评标会议,由广东省公路勘察规划设计院中标。

(2)施工单位招标

渝湛高速公路项目通过广东省建设工程交易中心向全国公开招标,在招标过程中按《中华人民共和国招标投标法》,从申请资格预审的498家施工单位中评选出18家施工单位。

(3)监理单位招标

渝湛高速公路公司将施工监理招标向全国甲级监理单位公开招标,从申请资格预审的20家监理单位中评选出4个单位。

廉江高桥—遂溪高速公路主要桥梁表

表 3-17-1

序号	桥梁分类	桥梁名称	中心桩号	桥梁长度(m)	桥面宽度(m)	车道数	设计汽车荷载等级	开工时间	完工时间	备注
1	大桥	K0+946.4 大桥	K2211+946.4	225	12	4	汽车—超20级、挂车—120	2003 年 11 月	2015 年 12 月	
2	大桥	九洲江大桥	K2245+600	929	12	4	汽车—超20级、挂车—120	2003 年 11 月	2015 年 12 月	
3	大桥	安铺大桥	K2251+075	462	12	4	汽车—超20级、挂车—120	2003 年 11 月	2015 年 12 月	
4	大桥	沙古大桥	K2253+758.8	390	12	4	汽车—超20级、挂车—120	2003 年 11 月	2015 年 12 月	
5	大桥	洋青跨线大桥	K2260+929.8	204	12	4	汽车—超20级、挂车—120	2003 年 11 月	2015 年 12 月	
6	大桥	K65+033.75 大桥	K65+033.75	274.5	11.75	4	汽车—超20级、挂车—120	2003 年 11 月	2015 年 12 月	

5. 主要设计、施工、监理单位

设计单位：广东省公路勘察规划设计院有限公司。

施工单位：中铁十一局集团有限公司、广东冠粤路桥有限公司、广东长大公路工程有限公司、广东省航盛工程有限公司、广东晶通公路工程有限公司等18个单位。

监理单位：广东省公路工程监理站、山西省交通建设工程监理总公司等4个单位。

（三）复杂技术工程

1. 不良土地区综合处理

渝湛高速公路部分挖方段零星分布有膨胀土，对路基、路面、桩基、沿线的生态环保都有很不利的影响。渝湛公司与东南大学联合开展了"高速公路穿越不良土地区综合处理研究"。通过对石灰改良膨胀土进行对比试验研究，表明掺加一定量的石灰后能明显改善膨胀土的膨缩性能，解决特殊土处治关键技术，有效消除或减轻不良土的病害，确保路面平整度，减少后期养护维修工程量。

2. 台背填料灌浆加固处理技术

用袖阀灌浆法对台背回填进行预防性加固处理，以弥补施工过程中的工艺漏洞，清除填料自然密实过程的自身压缩变形，清除砂填料的流土变形，可以对台背填土的不均匀沉降、搭板下脱空等病害起到防患于未然的作用。

3. 软基处理采用预应力管桩

该管桩相对CFG桩、素混凝土桩具有抗挤土效应能力强、质量容易保证、施工速度快、适用深度大等优点，桩顶设置托板，然后铺设一层SS20双向土工格栅，使预应力管桩系统均匀受力。

（四）科技创新

1. 生态公路成套技术研究

渝湛公司联合交通部科学研究院开展"生态公路成套技术研究"，主要研究内容：

（1）生态型桥梁锥坡。革新传统的桥梁锥坡均采用牢固护砌的工程措施，改用"加筋网墙""复合型预制块"及"二布一膜"等既能保证锥坡稳定，又能扩大锥坡绿化面积的生态防护措施。

（2）高速公路附属区污水处理。结合地域特点采用生态土壤深度处理技术，该技术通过土壤—微生物—植物系统的综合生态作用来达到深度处理污水。污水中的水可作为中水回用，进行绿化浇洒和冲厕，节约了大量的淡水资源，污水中的有机污染经分解后作为植物的废料，从而实现废水的资源化和无害化处理。

(3)公路边坡生物防护技术。采用全生物防护,在喷播的草种中掺入适量的灌木种子,试验研究有利于沿线各路段不同土质条件的植物植生技术。

客土喷播是一种融合土壤学、植物学、生态学理论的生态防护技术,结合边坡地质条件和当地气候条件等因素,经试验确定配方,配制出适合的植物生长基质(客土)和种子,然后用挂网喷附的方式覆盖在坡面,从而实现对岩石边坡的防护和绿化。

三维植被网植草技术,它将一种带有突出网包的多层聚合物网固定在边坡上,在网包中敷土植草,该技术对于设计稳定的上、下边坡,特别是土质贫瘠的上边坡和土石混填的下边坡可以起到固土防冲刷并改善植草质量的良好效果。

(4)生物声屏障。结合公路景观的美学要求,用混凝土或加筋土袋进行造型设计和与生物吸声技术结合的设计,达到既能有效吸声,又有满目青绿的效果。

(5)生态型水沟。通过分析植被型水沟的水力学特征,选择合适的生态型水沟断面尺寸和植被构造,使之既可保证雨水的畅流排泄,又便于日常养护维修。

(6)水质敏感路段路面径流处理。采用人工湿地对水质敏感路段路面径流污水进行净化,主要通过人工基质、水生植物和微生物共同完成。

2006年10月,交通部在湛江市组织"生态公路成套技术研究"成果鉴定,认为:研究成果应用于渝湛高速公路工程实践,不仅满足了工程的需要,而且取得了显著的环境效益、经济效益和社会效益,研究成果总体达到国际先进水平。

2. 重交通柔性路面设计施工技术研究

通过理论分析和工程试验,提出合理的模量组合设计,基于课题组的相关研究成果及目前构想的路面设计框架,提出柔性基层路面设计方法,提出核心的路面疲劳方程及相关设计参数,并采用此方法进行路面设计,通过试验道路来修正设计结果、验证所提出的设计方法和核心方程的可靠性、摸索和完善柔性基层路面的施工和检测配套技术,最终形成柔性基层路面设计方法和施工方法的成套技术,为相关规范的制定提供有力的借鉴和依据。

该课题研究的创新点:

(1)提出适应于我国重交通特性的柔性基层路面设计方法。

(2)提出核心的路面疲劳方程及相关设计参数。

(3)首次将沥青混合料的抗剪切强度应用到沥青路面的结构设计中,并铺筑试验路予以检验。

(4)提出新的 F 修正公式。

(5)完善柔性基层路面的施工和检测配套技术,最终形成柔性基层路面设计方法和施工方法的成套技术。

(五)运营管理

1. 运营公司

2005年11月8日,成立广东省高速公路有限公司湛江分公司,负责渝湛高速公路广东段的运营管理工作。2014年5月~2016年1月,历经机构整合后,重新成立广东省高速公路有限公司湛江分公司,独立运营管理渝湛高速公路。渝湛高速公路设有2个中心站、1个路政中队。

2. 收费站点

渝湛高速公路路段设沙坡中心站(下设湛江、沙坡、洋青、安铺4个收费站)和高桥中心站(下设仰塘、高桥、粤西3个收费站)2个中心站,共计50条车道(15入35出)。

3. 车流量

车流量情况见表3-17-2。

车流量情况表　　　　　　　　　　　　　　表3-17-2

年份(年)	日均车流量(辆)	年份(年)	日均车流量(辆)
2006	5808	2011	11552
2007	10727	2012	13031
2008	12028	2013	15881
2009	10086	2014	18729
2010	14504	2015	19949

4. 养护管理

渝湛公司的养护管理工作重点是抓好预防性养护和早期养护,实行"管养分离"的专业化养护管理,2009年实行"日常养护工程招投标制度",将日常养护工程推向市场,通过招标方式择优选取日常养护专业单位,提升养护专业化水平。

为及时、全面地掌握路况,确保道路安全畅通,渝湛公司先后制定了养护管理办法和实施细则等规章制度,加强路面和桥涵方面的巡查。每年委托有资质的检测单位对路况、平整度、抗滑、车辙等指标进行定期检测,掌握全线路况和桥涵结构物的技术状态,发现的常规病害,及时组织日常养护单位进行维护。

2011—2015年,在大中修方面重点对桥涵、路面进行养护,渝湛高速公路路况一直维持在良好的状态。渝湛MQI值为95.9,达到优良等级。

5. 路政管理

渝湛高速公路设有路政大队,下设1个高桥路政中队,管理辖区包括高速公路66.55km,一级公路2.311km(湛江市疏港公路),其中桥梁111座,涵洞251座,服务区1

对。**路政管理**存在沿线社情较复杂、隐患点多、出省通道管理难度大等特点,大队通过完善联勤机制、路政巡查、路政许可、桥下空间与控制区、入口超限超载劝返等方面对路域进行依法维权和保畅。

依法维权。在路域安全管理方面,大队通过加强排查建立台账,大力推进路政班组巡查、中队领导抽查和路政大队督查的"三级巡查"方式和"路养一体化"相结合的巡查管理模式,有效处理路域安全隐患和制止各类破坏路产侵害路权的违法行为,并且主动牵头多部门联动,加强桥下空间常态化管理,确保路域安全管理态势良好。

体系保畅。在"五位一体"(交警、高速公路、拯救、养护、服务区)应急联动保畅体系的基础上,出台了"高速公路交通安全管理联勤机制",实施信息共享、勤务资源巡查共享、应急联动等有力措施,充分发挥联勤效应,有效打击和制止各类违法侵权行为,有效组织各类抢险救灾和道路交通管制,保持浓雾天气、台风期间"零伤亡、零有效投诉、零责任事故"记录。

(六)企业文化建设

1."湛道"企业文化理念体系构建

(1)创建具有特色的企业文化。2007年公司完成了《高速公路委托营运管理操作指南》的编撰工作;2009年,率先提出并开展高速公路营运管理标准化研究;2010年,系统构建了高速公路营运管理标准化体系;2011年,编印出版了营运管理标准化手册及各业务分册,进一步完善了营运管理标准化体系。

(2)高速公路服务"优乐美"理念体系。2010年底,通过总结多年企业文化建设经验,梳理各类活动方案,系统推进企业文化建设的理念体系——高速公路服务"优乐美"。

(3)"湛道"企业文化理念体系。2014年,公司进行机构改革,实行"三块牌子、一套人马"的联合管理模式,实现从委托营运管理到联合自主营运等管理模式上的改革。机构整合加快了企业转型,多家公司的大融合进一步深化了企业文化体系。2015年,公司梳理和总结近年的企业文化建设经验、成果,在"优乐美"理念体系基础上发展具有地域及行业特色的"湛道"企业文化理念体系。

一是创建"用心服务、畅想交通"活动。注重以文"化"人,培养员工文化自觉性,增强文化自信心,利用典型人物事迹报告会、企业文化体系宣讲等方式,并采用PDCA方法进一步完善文化理念体系。

二是创新主题活动。开展青年员工文明修身工程、青年文化论坛、团支部风采大赛、摄影书画展、员工兴趣小组等,丰富企业文化建设载体。同时,引用信息化手段,利用微博、BBS、QQ群等平台,丰富企业文化建设氛围。

三是落实社会责任。举办集体生日会、亲子活动、子女关爱活动、职工运动会、扶贫帮困活动,建立健全困难职工档案。对生病住院职工进行探视及对困难职工进行帮扶,让职工真正得到集体的关怀。

2."湛道"企业文化建设成果

公司在推进企业文化建设的过程中,荣获2010年中国中小企业"创新百强奖""全国模范职工小家""全国工人先锋号"称号、"广东省青年文明号""南粤女职工文明岗"等部、省级多项荣誉。

二、湛江遂溪—徐闻高速公路

沈海高速公路湛徐段是广东往海南主要的高速公路通道,是沈海高速公路和兰海高速公路在广东境内的共线段。线路北起雷州半岛遂溪县东坡岭,接沈海高速公路茂湛段和兰海高速公路渝湛段;南止于徐闻县城北乡和家,接 G207 国道。自北向南依次经过湛江市麻章区、遂溪县、雷州市、徐闻县,主线长 114.302km。项目工程由广东省高速公路有限公司投资建设和管理,投资总额决算为 52.57 亿元。于 2008 年 12 月 17 日开工建设,2010 年 12 月 31 日正式通车,2012 年 11 月已通过了广东省交通运输厅组织的竣工验收。[湛徐高速公路与沈海高速公路(G15)和兰海高速公路(G75)共线]

第十八节　汕头—昆明高速公路广东段(G78)

汕头—昆明高速公路,简称"汕昆高速公路",是国家高速公路网"71118+6"中的一条横向干线,编号为 G78,起于广东省汕头市,经广西壮族自治区、贵州省、云南省,止于云南省昆明市,全长 1710km。

汕昆高速公路在广东省境内线路与《广东省高速公路网规划》第一纵线、第一横线的部分线路共线,起于汕头市澄海外砂镇,与沈海高速公路相接,经潮安、揭东、丰顺、梅县、兴宁、五华、龙川、和平、连平、翁源、英德、清新、怀集等市县,止于怀集岗坪镇粤桂交界处,接汕昆高速公路广西段,全长 591.471km(含共线 65.05km),已建 225.078km(含共线 65.05km),在建约 366km。

汕昆高速公路广东省境内线路由 5 段组成:汕梅高速公路外砂—畲江段、兴宁—畲江高速公路、梅州—河源龙川高速公路、龙川—怀集高速公路、怀集—岗坪段。

一、汕梅高速公路外砂—畲江段

汕梅高速公路是广东通往江西、福建两省的重要通道。该项目为 G78 汕昆高速公路汕头外砂至梅州畲江段。该路段起于汕头市外砂镇与 G15 沈海高速公路相接,经汕头金平区、龙湖区、潮州潮安县、揭阳揭东区、梅州丰顺县、梅县区,止于梅县区畲江镇与 S19 梅汕高速公路相接,全长 113.678km。项目于 1998 年 3 月 8 日开工建设莲花山隧道右洞(原称清潭隧道)控制性工程,其余路段于 1998 年 8 月开工,由于线路较长,项目采用了分段立项建设的方法。2001 年 1 月 16 日,北斗至清潭段(右线)建成通车;2002 年 12 月 28 日,清潭至畲江段建成通车;2003 年 10 月 30 日,北斗至清潭段(左线)建成通车;2003 年 12 月 20 日,新亨至北斗段建成通车;2006 年 12 月 30 日,汕揭一期(云路至新亨)建成通车;2010 年 12 月 30 日,汕揭二期(庵埠至云路)建成通车;2012 年 1 月 12 日,汕揭三期(月浦至庵埠)建成通车;2014 年 1 月 18 日,汕揭四期(泰山至月浦)建成通车;2014 年 12 月 31 日,汕揭五期(外砂至月浦)建成通车。

汕梅高速公路外砂至畲江段由广东省路桥建设发展有限公司汕揭分公司、广东粤嘉高速公路有限公司、广东省路桥建设发展有限公司路达分公司三家公司投资,统一委托广东省路桥建设发展有限公司路达分公司运营管理。

(一)主要技术指标和建设规模

汕梅高速公路地形复杂,北斗至畲江路段位于莲花山脉中低山区及其余脉丘陵,群山连绵,山势陡峭;新亨至北斗路段为冲积平原、丘陵山地、低缓丘陵区;汕头至揭阳段路段为低缓丘陵区和三角洲平原区,几乎汇聚了高速公路建设可能面临的所有工程难题。

全线按高速公路标准建设,其中,新亨至畲江段为双向四车道,汕揭一期(云路至新亨)为双向六车道,汕揭二期(庵埠至云路)、三期(庵埠至云路)为双向四车道,汕揭四期(泰山至月浦)、汕揭五期(月浦至外砂)为双向六车道。全线设计速度 80~100km/h。全线共有桥梁 260 座,其中特大桥 7 座、主要大桥 30 座(表 3-18-1),隧道 12 座(单洞)(表 3-18-2)。

(二)建设情况

1. 建设依据和资金来源

(1)北斗至清潭段右线工程

汕梅高速公路北斗至清潭段右线工程项目由广东粤嘉高速公路有限公司建设管理,建设总里程 13.972km。起于丰顺县北斗镇,起终点平接 206 国道,止于丰顺县建桥镇。全线统一按山岭区高速公路标准立项、设计、实施,建成后并入汕梅高速公路统一管理。

1995 年 1 月 19 日,广东省计划委员会《关于汕(头)揭(阳)梅(州)高速公路建设有关问题的复函》。

1997 年 1 月 8 日,广东省计划委员会《关于 206 国道丰顺莲花山隧道工程项目建议书的批复》。

汕梅高速公路外砂—畲江段主要桥梁表

表 3-18-1

序号	桥梁分类	桥梁名称	中心桩号	桥梁全长（m）	桥面宽度（m）	车道数	设计汽车荷载等级	开工时间	完工时间	备注
1	特大桥	新津河特大桥（右幅）	K1+393	1883.6	14.25	3	公路—Ⅰ级	2011年2月	2014年12月	
	特大桥	新津河特大桥（左幅）	K1+393	1980.8	14.25	3	公路—Ⅰ级	2011年2月	2014年12月	
2	特大桥	泰山路跨线桥（右幅）	K3+095	1424	14.25	3	公路—Ⅰ级	2010年4月	2014年1月	
	特大桥	泰山路跨线桥（左幅）	K3+095	1424	14.25	3	公路—Ⅰ级	2010年4月	2014年1月	
3	特大桥	梅溪河特大桥（右幅）	K4+578.5	1543	14.25	3	公路—Ⅰ级	2010年4月	2014年1月	
	特大桥	梅溪河特大桥（左幅）	K4+578.5	1543	14.25	3	公路—Ⅰ级	2010年4月	2014年1月	
4	特大桥	月浦跨线桥（右幅）	K6+131	1561	14.25	3	公路—Ⅰ级	2008年12月	2012年1月	
	特大桥	月浦跨线桥（左幅）	K6+131	1561	14.25	3	公路—Ⅰ级	2008年12月	2012年1月	
5	特大桥	K7+590.5沟南特大桥（右幅）	K7+590.5	1362.03	13	2	公路—Ⅰ级	2008年12月	2012年1月	
	特大桥	K7+590.5沟南特大桥（左幅）	K7+590.5	1362.03	13	2	公路—Ⅰ级	2008年12月	2012年1月	
6	特大桥	龙坑跨线桥（右幅）	K10+584	1376	13	2	公路—Ⅰ级	2008年9月	2010年12月	
	特大桥	龙坑跨线桥（左幅）	K10+584	1376	13	2	公路—Ⅰ级	2008年9月	2010年12月	
7	特大桥	梅林湖特大桥（右幅）	K11+942	1341.66	13	2	公路—Ⅰ级	2008年9月	2010年12月	
	特大桥	梅林湖特大桥（左幅）	K11+942	1334.2	13	2	公路—Ⅰ级	2008年9月	2010年12月	
8	大桥	K12+800大桥	K12+809	403.5	26	4	公路—Ⅰ级	2008年9月	2010年12月	
9	大桥	K23+619.25五嘉陇大桥	K23+600	762.9	26	4	公路—Ⅰ级	2008年9月	2010年12月	
10	大桥	K26+161.444登岗跨线桥	K26+142	727.6	26	4	公路—Ⅰ级	2008年9月	2010年12月	
11	大桥	K26+872大桥	K26+852.6	245.4	26	4	汽车—超20级,挂车—120	2004年9月	2006年12月	
12	大桥	K31+610枫江大桥	K31+595.64	376.04	26	4	汽车—超20级,挂车—120	2004年9月	2006年12月	
13	大桥	K34+464.864云南跨线桥	K34+445.63	525.7	26	4	汽车—超20级,挂车—120	2004年9月	2006年12月	
14	大桥	SM1K36+105广梅汕铁路跨线桥	K36+076.5	520	13	2	汽车—超20级,挂车—120	2004年9月	2006年12月	
15	大桥	揭东互通立交SM2K36+180.5跨线桥（右幅）	SM2K36+180.5	274	13	2	汽车—超20级,挂车—120	2004年9月	2006年12月	

续上表

序号	桥梁分类	桥梁名称	中心桩号	桥梁全长(m)	桥面宽度(m)	车道数	设计汽车荷载等级	开工时间	完工时间	备注
16	大桥	揭东互通立交SM2K36+180.5跨线桥(右幅)	SM2K36+180.5	274	13	2	汽车—超20级、挂车—120	2004年9月	2006年12月	
17	大桥	K48+704马鞍山跨线桥	K50+096.6	272.72	26	4	汽车—超20级、挂车—120	2004年9月	2006年12月	
18	大桥	K52+970崎岭跨线桥	K53+857	485.4	26	4	汽车—超20级、挂车—120	2004年9月	2006年12月	
19	大桥	溢溪大桥	K58+159	406	26	4	汽车—超20级、挂车—120	2001年12月	2003年12月	
20	大桥	广梅汕铁桥跨线桥(右幅)	K59+337	296	13	2	汽车—超20级、挂车—120	2001年12月	2003年12月	
20	大桥	广梅汕铁桥跨线桥(左幅)	K59+337	246	13	2	汽车—超20级、挂车—120	2001年12月	2003年12月	
21	大桥	潭岭跨线桥(右幅)	K65+484	646.8	13	2	汽车—超20级、挂车—120	2001年12月	2003年12月	
21	大桥	潭岭跨线桥(左幅)	K65+484	646.8	13	2	汽车—超20级、挂车—120	2001年12月	2003年12月	
22	大桥	北河大桥	K66+972	554	13	2	汽车—超20级、挂车—120	2001年12月	2003年12月	
22	大桥	北河大桥	K66+972	554	13	2	汽车—超20级、挂车—120	2001年12月	2003年12月	
23	大桥	雨站山跨线桥(右幅)	K67+662	266	13	2	汽车—超20级、挂车—120	2001年12月	2003年12月	
23	大桥	雨站山跨线桥(左幅)	K67+662	266	13	2	汽车—超20级、挂车—120	2001年12月	2003年12月	
24	大桥	龙上埔跨线桥(右幅)	K72+366	866	13	2	汽车—超20级、挂车—120	2001年12月	2003年12月	
24	大桥	龙上埔跨线桥(左幅)	K72+366	866	13	2	汽车—超20级、挂车—120	2001年12月	2003年12月	
25	大桥	蓝田大桥(左幅)	K75+406	226	13	2	汽车—超20级、挂车—120	2001年12月	2003年12月	
26	大桥	莲塘大桥(右幅)	K78+914	206	13	2	汽车—超20级、挂车—120	2001年12月	2003年12月	
26	大桥	莲塘大桥(左幅)	K78+914	206	13	2	汽车—超20级、挂车—120	2001年12月	2003年12月	
27	大桥	二渡溪大桥(右幅)	K87+847	242	11.5	2	汽车—超20级、挂车—120	2001年12月	2003年12月	
27	大桥	二渡溪大桥(左幅)	K87+847	242	11.5	2	汽车—超20级、挂车—120	2001年12月	2003年12月	
28	大桥	沙梨坡大桥(右幅)	K89+648	305	11.5	2	汽车—超20级、挂车—120	1998年3月	2000年12月	
28	大桥	沙梨坡大桥(左幅)	K89+648	305	11.5	2	汽车—超20级、挂车—120	1998年3月	2000年12月	

续上表

序号	桥梁分类	桥梁名称	中心桩号	桥梁全长(m)	桥面宽度(m)	车道数	设计汽车荷载等级	开工时间	完工时间	备注
29	大桥	茜坑大桥(右幅)	K90+133	388	11.5	2	汽车—超20级,挂车—120	1998年3月	2000年12月	
	大桥	茜坑大桥(左幅)	K90+133	388	11.5	2	汽车—超20级,挂车—120	1998年3月	2000年12月	
30	大桥	荷水特大桥(右幅)	K91+041	836	11.5	2	汽车—超20级,挂车—120	1998年3月	2000年12月	
	大桥	荷水特大桥(左幅)	K91+041	836	11.5	2	汽车—超20级,挂车—120	1998年3月	2000年12月	
31	大桥	拾荷大桥	K92+169	238	11.5	2	汽车—超20级,挂车—120	1998年3月	2000年12月	
32	大桥	清潭大桥(右幅)	K98+994	385	11.5	2	汽车—超20级,挂车—120	1998年3月	2000年12月	
	大桥	清潭大桥(左幅)	K98+994	385	11.5	2	汽车—超20级,挂车—120	1998年3月	2000年12月	
33	大桥	甲路排大桥	K99+587	354	23	4	汽车—超20级,挂车—120	1998年3月	2000年12月	
34	大桥	兵营子大桥(右幅)	K107+456	291	11.5	2	汽车—超20级,挂车—120	2000年8月	2002年12月	
	大桥	兵营子大桥(左幅)	K107+456	340	11.5	2	汽车—超20级,挂车—120	2000年8月	2002年12月	
35	大桥	伯公亭大桥	K110+061	200	23	4	汽车—超20级,挂车—120	2000年8月	2002年12月	
36	大桥	杉山下大桥	K111+624	247	23	4	汽车—超20级,挂车—120	2000年8月	2002年12月	
37	大桥	双溪大桥	K112+183	300	23	4	汽车—超20级,挂车—120	2000年8月	2002年12月	

汕梅高速公路外砂—畲江段隧道表

表3-18-2

序号	隧道分类	隧道名称	起止桩号	长度(单洞,m)	行车道宽度(单洞,m)	隧道净高(m)	车道数	开工时间	完工时间	备注
1	中隧道	汤坑隧道左线	K76+078	K76+923	845	7.5	5	2001年12月	2003年12月	
2		汤坑隧道右线	K76+112	K76+918	806	7.5	5	2001年12月	2003年12月	
3	短隧道	竹子寨隧道左线	K88+305	K88+592	287	7.5	5	2001年12月	2003年10月	
4		竹子寨隧道右线	K88+386	K55+588	202	7.5	5	1998年3月	2003年12月	
5	短隧道	拾荷隧道左线	K88+873	K89+082	209	7.5	5	2001年12月	2003年10月	
6		拾荷隧道右线	K88+789	K89+107	318	7.5	5	1998年3月	2003年12月	

续上表

序号	隧道分类	隧道名称	起止桩号	长度(单洞,m)	行车道宽度(单洞,m)	隧道净高(m)	车道数	开工时间	完工时间	备注
7	长隧道	柚树下隧道左线	K93+153	K94+676	1523	7.5	5	2001年12月	2003年10月	
8		柚树下隧道右线	K93+122	K94+691	1569	7.5	5	1998年3月	2003年12月	
9	长隧道	莲花山隧道左线	K95+052	K97+954	2902	7.5	5	2001年12月	2003年10月	
10		莲花山隧道右线	K95+058	K97+954	2888	7.5	5	1998年3月	2003年12月	
11	短隧道	雷公岽隧道左线	K106+832	K107+272	440	7.5	5	2000年8月	2002年11月	
12		雷公岽隧道右线	K106+815	K107+295	480	7.5	5	2000年8月	2002年11月	

1997年7月14日,广东省计划委员会《关于206国道丰顺莲花山隧道工程可行性研究报告的批复》。

1997年8月25日,广东省建设委员会《关于206国道丰顺莲花山隧道工程初步设计的批复》。

1998年3月2日,广东省交通厅批复开工报告,同意项目全面开工。

汕梅高速公路北斗至清潭段由三家股东共同出资兴建,其中广东省路桥建设发展公司占40%,香港东南亚(中国)基建有限公司占50%,梅州市康达公路建设有限公司占10%,各家股东按出资比例向合作公司投入。汕梅高速公路北斗至清潭(右线)段批准投资概算为7.5614亿元,实际总投资6.467743亿元。

(2)北斗至清潭段左线工程

汕梅高速公路北斗至清潭段左线工程共分两段:第一段为竹子寮至拾荷隧道段;第二段为柚树下至莲花山隧道段。

1997年1月8日,广东省计划委员会批准立项。

2001年9月21日,广东省计划委员会批复项目工可。

2001年11月19日,广东省建设厅批复项目初步设计方案和概算。

2001年12月26日,广东省交通厅批复项目开工报告,同意项目全面开工。

汕梅高速公路是由广东省路桥建设发展公司、梅州市康达公路建设有限公司、揭阳市公路建设投资公司分别按照96%、3%、1%的比例共同投资,成立广东路达高速公路有限公司进行建设管理工作。其中的北斗至清潭段(左线)由广东路达高速公路有限公司成立左线管理处进行建设管理。

(3)清潭至畲江段工程

清潭至畲江段是汕梅高速公路中的一段,起于丰顺县建桥镇清潭甲路排村,止于梅县畲江镇莲江村与河梅高速公路相接。该段工程地处粤东山区,自然环境恶劣,交通不便,地形、地质复杂。

1996年4月26日,广东省交通厅批准立项。

1998年12月9日,广东省计划委员会批复项目工可。

2000年2月1日,广东省建设委员会批复项目初步设计方案和概算。

2000年8月30日,广东省交通厅批复项目开工报告,同意项目全面开工。

1998年9月7日,广东省路桥建设公司与梅州市康达公路建设有限公司签订合作经营广东路达高速公路有限公司合同,成立广东路达高速公路有限公司,合作建设经营该工程。项目资本金占投资的40%,由广东省路桥建设发展公司、梅州市康达公路建设有限公司、揭阳市公路建设投资公司分别按照96%、3%、1%的比例投入,其余资金通过申请银行贷款。

(4) 新亨至北斗段工程

新亨至北斗段工程位于揭阳市揭东县和梅州市丰顺县境内,起于揭东县锡场镇何厝营村,与揭普高速公路相接;止于丰顺县北斗镇庆瑶村,与汕梅高速公路北斗至清潭段相接,全长31.25km。

2001年1月22日,广东省计划委员会批准立项。

2001年5月22日,广东省计划委员会批复项目工可。

2001年11月1日,广东省建设厅批复项目初步设计方案和概算。

2001年12月26日,广东省交通厅批复开工报告,同意项目全面开工。

资金来源由广东省路桥建设发展有限公司、梅州市康达公路建设有限公司、揭阳市公路建设投资公司分别按照96%、3%、1%的比例出资。

(5) 汕头至揭阳段工程

汕头至揭阳段起于汕头市外砂镇设金州立交与汕汾高速公路连接,止于揭阳市揭东县设揭阳立交与汕梅高速公路新亨至梅州段及揭普高速公路连接,全长55.344km。登岗至新亨段先行2004年9月开工建设,后续路段陆续开工建设,于2014年12月底全线建成通车。

2002年,广东省发展计划委员会《关于汕头至揭阳高速公路项目建议书的批复》。

2003年,广东省发展计划委员会《关于汕梅高速公路汕头至揭阳段可行性研究报告的批复》。

2009年9月21日,广东省发展改革委员会《关于汕梅高速公路汕头至揭阳段调整建设规模的复函》。

2004年,广东省交通厅《关于汕梅高速公路(汕头至揭阳)登岗至新亨段初步设计的批复》、广东省交通厅《关于汕梅高速公路(汕头至揭阳)庵埠至登岗段初步设计的批复》。

2008年,广东省交通厅《关于汕梅高速公路(汕头至揭阳)外砂至月浦段初步设计的批复》。

2004年8月17日,广东省交通厅批准开工报告。

2004年1月13日,由广东省路桥建设发展有限公司与广东省高速公路有限公司共同签订《合作建议经营汕(头)揭(阳)高速公路项目》合同,其中广东省路桥建设发展有限公司出资70%,广东省高速公路有限公司出资30%。根据广东省交通集团有限公司《关于无偿划转汕揭公司30%股权的批复》,于2011年12月变更为由广东省路桥建设发展有限公司全额投资。

2. 征地拆迁

北斗至清潭段右线工程实际征用土地1152亩,征地拆迁款均按《征地拆迁承包合同》执行。

清潭至畲江段工程共征用土地1989亩,均按《征地拆迁承包合同》顺利完成。

北斗至清潭段左线工程建设用地、新亨至北斗段工程建设用地和汕头至揭阳段工程建设用地均按《征地拆迁承包合同》进行。

3.招投标及主要设计、施工、监理单位

(1)北斗至清潭段右线工程

①招投标

1998年4月17日,广东省公路管理局向广东省交通厅上报《关于请求审批〈206国道改造丰顺莲花山隧道工程招标工作计划〉的请示》。1998年5月12日,广东省交通厅《关于206国道改造丰顺莲花山隧道工程招标工作计划的批复》,同意上报的招标工作计划。

②主要设计、施工、监理单位

设计单位:广东省公路勘察规划设计院。

施工单位:广东省长大公路工程有限公司、广东汕头市市政工程总公司、中港航四航局一公司。

监理单位:广东虎门技术咨询有限公司。

(2)北斗至清潭段左线工程

①招投标

2001年10月22日,广东路达高速公路有限公司提交关于汕梅高速公路北斗至清潭段(左线)工程的《广东省省管建设工程公开招标申请书》;2001年10月23日,广东省交通厅审批同意;2003年3月19日,广东省交通厅《关于汕梅高速公路交通工程(包括交通安全设施、机电设备采购、通信管道及附属区工程)施工招标资格预审评审报告的批复》,批复同意广东省交通集团上报的汕梅高速公路北斗至清潭段(左线)《汕梅高速公路交通工程招标资格预审评审报告》。

②主要设计、施工、监理单位

设计单位:广东省公路勘察规划设计院。

施工单位:广东省长大公路工程有限公司、中国铁道建筑总公司、中港四航局第一工程公司。

监理单位:广东虎门技术咨询有限公司。

(3)清潭至畲江段

①招投标

2000年3月20日,广东路达高速公路有限公司提交了关于汕梅高速公路清潭至畲江段的《广东省省管建设工程公开招标申请书》;2000年3月22日,广东省交通厅和广东省公路管理局审批同意;2000年4月18日,广东省交通厅《关于汕梅高速公路清潭至畲江段工程施工招标资格预审文件、招标文件及招标工作计划的复函》，批复同意按招标工作计划安排进行施工招投标。

②主要设计、施工、监理单位

设计单位：重庆交通科研设计院。

施工单位：中铁十二局集团有限公司、广东省公路工程施工总公司。

监理单位：广东虎门技术咨询有限公司。

（4）新亨至北斗段

①招投标

2001年10月22日，广东路达高速公路有限公司《关于汕梅高速公路新亨至北斗段工程公开招标申请书》；2001年10月23日，广东省交通厅审批同意。2003年3月19日，广东省交通厅《关于汕梅高速公路交通工程（包括交通安全设施、机电设备采购、通信管道及附属区工程）施工招标资格预审评审报告的批复》，批复同意广东省交通集团上报的汕梅高速公路新亨至北斗段《汕梅高速公路交通工程招标资格预审评审报告》。

②主要设计、施工、监理单位

设计单位：广东省公路勘察规划设计院、重庆交通科研设计院。

施工单位：中铁三局集团有限公司、汕头公路桥梁工程总公司、广东省长大公路工程有限公司。

监理单位：湖南省交通建设工程监理有限公司。

（5）汕头至揭阳段

①招投标

汕头至揭阳段采用资格预审一次完成，分段招标。2004年6月23~25日，在广州建设工程交易中心完成招标工作，后续主体工程招标工作均在广州建设工程交易章完成招标工作。

②主要设计、施工、监理单位

设计单位：广东省公路勘察规划设计院。

施工单位：中国中铁股份有限公司、广东省长大公路工程有限公司、广东冠粤路桥有限公司、广东晶通公路工程建设集团有限公司。

监理单位：广东华路交通科技有限公司。

（三）复杂技术工程

1. 长隧道修建技术——莲花山隧道

莲花山隧道是206国道改造丰顺莲花山隧道工程重点工程项目，毗邻现有206国道，进口端位于丰顺县北斗镇柚树下村，出口端位于建桥镇清潭村，隧道全长2888m。隧道按山岭区一级路的标准修建,前期设计为单洞,两车道双向行车。隧道内设人字形纵坡,进口与出口端的坡度分别为1.2%和0.8%。隧道出口位于半径为5900m的圆曲线上,隧道设计建筑界限高度为5m,宽度为7.5m,洞身净高度为6.71m,净宽为10.5m。

隧道穿越完整的山岭地层,除两端洞口一部分处于Ⅱ、Ⅲ类围岩外,洞身Ⅳ、Ⅴ类围岩占隧道全长的88.6%。Ⅱ、Ⅲ类围岩均位于洞口段,具有洞身埋深浅、围岩变化大、自稳条件差等特点,为确保施工安全,Ⅱ、Ⅲ类围岩采用正台阶法开挖。莲花山隧道Ⅱ、Ⅲ类围岩的拱部较为破碎,初期支护需要紧跟,为减少各工序施工的相互干扰,采用长台阶开挖,上、下台阶距离为40m,上、下台阶高度的划分应以满足机械作业和便于施工为原则,清潭隧道上、下台阶的高度分别为5m和3m。上半部开挖采用大断面预裂爆破开挖,循环进尺不宜过长,应视格栅钢架间距而定,以确保初期支护紧跟掌子面,Ⅱ类围岩循环进尺为75cm,Ⅲ类围岩循环进尺为100cm。为确保隧道落底安全,同时不影响上半部开挖施工,下半部开挖采取半幅开挖,且左右两半幅错开掘进。隧道采用新奥法原理进行设计施工,采用喷锚支护作为其初期支护。通过对围岩和支护变位、应力量测,进行支护参数的变更;同时可根据围岩实际收敛情况进行开挖断面的调整,掌握围岩和支护的动态信息并及时反馈,指导施工作业。在各参建单位的共同努力下优质完成该项控制工程。

2."广东第一高边坡"——西关坳边坡

西关坳边坡是当时修建的广东省内的第一高边坡,最大开挖高度88.4m。西关坳边坡施工对不稳定的高边坡采用了锚索、锚杠、格子梁等综合处治的措施,左侧边坡原设计只是拱架护坡,边坡开挖后出现边坡不稳定的险情。业主现场决定,设计单位迅速补充的锚索、锚杆处治设计,施工单位及时施工,排除险情,观测情况表明,西关坳的边坡是非常稳定的。

西关坳路段路槽的地下水非常丰富。排水系统设计上,路槽横向采用盲沟,纵向在满足规范要求的情况下采用较深的明沟,纵横相连,使地下水顺势而排。

在206国道改线施工中,新线与旧线相距较近,高差较大,最大处超过20m,旧线交通量繁重,而且新线的边坡率仅为1:0.5,施工难度较大。施工单位克服了重重困难,精心组织,按期按质完成了施工任务。

石质边坡培土及植草施工中培土对植草能否成活的影响很大。在施工石质边坡培土及植草增加以下工序:选土(选择黏性大、含砂率小的土)→搅拌土(人工拌土,使土成黏状)→夯实土(在边坡已打的小格子内人工将土夯实,厚度不小于10cm)。经过对土进行处理后再植草,经过几场大雨,石质边坡植草未发生塌落等现象,植草成活率达98%。

(四)运营管理

1. 运营公司

广东省路桥建设发展有限公司路达分公司成立于2010年5月31日,前身为广东路达高速公路有限公司。2010年8月1日,广东路达高速公路有限公司被广东省路桥建设发展有限公司吸收合并,由路达分公司负责接管原路达公司人员及日常运营管理工作。

公司主要负责S19梅汕高速公路程江至畲江段和G78汕昆高速公路金洲至畲江段(总里程达141.549km)的经营管理。公司设置党群人力资源部、计划财务部、综合事务部、收费管理部、机电隧道部、养护工程部和汕梅路政大队7个部门;下设2个中心收费站、6个分站式收费站、3个路政中队和1个监控室。从2006年底开始,为了节约运营管理成本,提高经济效益,广东省路桥建设发展有限公司通过采用委托管理的模式,将汕梅、汕揭高速公路交由路达分公司运营管理。

2. 收费站点

汕梅高速公路先后建成通车,沿线分别设梅南、畲江、径义、附城、丰顺、玉湖、埔田、云路、登岗、沙溪、月浦、泰山共12个收费站(表3-18-3)。其中入口车道31条,出口车道46条,共计77条车道。

收费站点及车道设置情况表　　　　表3-18-3

站点名称	入口车道数	出口车道数	收费方式
梅南	2	3	MTC + ETC
畲江	2	3	MTC + ETC
径义	2	3	MTC + ETC
附城	2	3	MTC + ETC
丰顺	2	3	MTC + ETC
玉湖	2	3	MTC + ETC
埔田	3	5	MTC + ETC
云路	4	5	MTC + ETC
登岗	2	3	MTC + ETC
沙溪	2	3	MTC + ETC
月浦	5	7	MTC + ETC
泰山	3	5	MTC + ETC

3. 车流量

车流量情况见表3-18-4。

车流量情况表　　　　　　表3-18-4

年份(年)	日均车流量(辆)	年份(年)	日均车流量(辆)
2015	62020	2016	76118

4.服务区

汕梅高速公路外砂畲江段设有锡场服务区、黄竹坪服务区、北斗服务区,分别于2002年12月和2006年12月建成投入使用。

5.养护管理

(1)日常养护通过招标确定。土建日常养护工程由广东晶通公路工程建设集团有限公司承包,绿化日常养护工程由深圳市宏浩园林建设有限公司承包。

(2)长大桥隧安全运营。重视长大桥隧安全管理,公司配备了专职的桥梁养护工程师,同时通过加强日常养护管理人员,路政巡查人员以及隧道所得管理人员的对桥隧结构物实施不定时巡查,发现问题及时通报并及时处理。

(3)机电养护。路达分公司机电隧道管养模式为"自行维护+外包维护"方式,全线机电隧道管养共有12个收费广场、1个管理中心、1个中心监控室,1个隧道监控室、14个机房、莲花山隧道群(6座隧道单洞总长12.47km)及相应变电房机电设施。

机电隧道管养以自行维护为主,外包维护主要包括高压架空线、高压设备、不间断电源、前有发电机、隧道灯具、隧道附属设施、计重设备、ETC等其他项目由路达分公司自行维护。

6.路政管理

汕梅高速公路设有路政大队,管理辖区高速公路141.902km。

路政大队对路产、路权实施三级管理,大队负责全线道路产权的维护和管理,路政队负责辖区的道路产权维护和管理,班组负责责任区的道路产权的维护和管理。其中路政队根据属地划分管理辖区,再将辖区划分成四个责任区,每个班组负责一个责任区,班组内再将责任区落实到人。日常路产巡查工作由当班人员负责全线例行巡查,早班在日常巡查的基础上,专门负责本班组责任区的仔细排查,发现较难在例行检查中发现的路产受损或侵权案件。

在全程监控模式下,路政巡查、养护巡查与视频监控巡查相结合,养护巡查和路政巡查实施交叉巡查,视频监控实施定时轮巡,三种巡查模式结合快速发现路损或侵权案件。监控和养护发现路损或侵权案件后,及时通知路政前往处置;路面的施工作业许可由路政大队严格把关,区分侵权行为和合规作业行为,及时制止侵权行为。

整治公路违法案件方面,鉴于G78山昆高速公路(汕揭段)公路违法案件较多,辖区路政队成立协查班组,主要负责汕揭段桥涵与建筑控制区的检查工作,提高日常检查桥涵的质量和次数,将原来以路面巡查为主转变为路面、桥涵巡查并重,强化公路违法案件管控能力。

实施拒超专项行动方面,按照"高速公路入口阻截劝返和流动稽查相结合"的总体要求,坚持依托收费站设立拒超检测点,建立健全拒超监控网络,根据超限超载运输规律,联合辖区交警、交通综合行政执法局加强路面执法,利用高速公路服务区实施固定或流动稽查,逐步加大对超限超载车辆避站绕行等违法行为的治理,全面加强公路保护。

(五)企业文化建设

一是创建了"情暖汕梅,共创未来"的核心价值观。根据潮梅人民"重情好客、勤劳朴实、团结进取"的特点,路达分公司总结出了"情暖汕梅,共创未来"的核心价值观。体现"服务司乘有热情,关心员工有温情,帮助群众有真情,创造未来有激情"的意义,彰显以人为本的创业精神,为推动企业发展发挥了积极的作用。

二是创立了"一路通达,臻于至善"的企业文化品牌。公司上下秉承高效务实、开拓进取的工作作风,在汕梅山区埋头苦干,踏实工作,把优良的作风、优质的服务、优越的路况、优美的环境奉献给顾客,展示路达人亮丽的风采。"一路通达"的企业文化品牌体现了路达分公司高度的社会责任感和职业使命感。

三是确立"安全就是生命、安全就是效益"的安全文化理念。其具体包含了7个安全观念:①树立安全预防观,即一切事故都是可以控制和避免的;②培养安全远比效益更重要的安全价值观;③坚持确保安全是首要责任的安全责任观;④强化一人安全,全家幸福的安全亲情观;⑤建立安全是一种仁爱之心的安全道德观;⑥贯彻细节决定一切的安全执行观;⑦落实规章至尊,干标准活的安全作业观。通过开展安全文化建设推进"平安畅通高速"创建活动,提高道路交通安全管理水平。

四是以文化理念为指引,开展各种丰富多彩的文体活动、创建活动,增强广大员工的荣誉感和凝聚力。

多年来,路达分公司先后荣获"全国2011年度交通运输行业文化建设优秀单位""全国2012年度交通运输行业文化建设优秀单位""全国2013年度交通运输行业文化建设卓越单位""全国2014年度交通运输行业文化建设卓越单位"。公司还先后获得广东省"安全文化建设示范企业"、全国"安全文化建设示范企业"、广东省"第二十六届企业管理现代化创新成果一等奖"等省部级荣誉多项。

二、兴宁—畲江高速公路

兴(兴宁)畲(梅县畲江)高速公路(简称"兴畲高速公路"),是汕昆高速公路(G78)粤境内的重要路段。起于兴宁市永和镇,经兴宁市坜陂、新圩、水口,止于梅县畲江镇,与汕梅高速公路畲江互通相接,路线全长25.74km(含畲江互通二期工程)。总投资竣工决算9.976亿元。主线于2006年11月开工,全线于2008年12月建成通车。

兴畲高速公路由广东梅河高速公路有限公司负责建设。

(一)主要技术指标和建设规模

主线按高速公路标准建设,双向四车道,互通式立交共3处,设计速度100km/h,全线共有桥梁49座,其中大桥8座(含分离式立交)(表3-18-5)。

(二)建设情况

1. 建设依据

2004年1月15日,广东省交通厅以《关于印发梅(州)河(源)高速公路兴宁市兴城至梅县畲江支线工程可行性研究报告评审意见的函》批准工可报告。

2005年9月14日,广东省发展和改革委员会以《关于兴宁市兴城至梅县畲江高速公路项目申请报告的核准意见》核准项目申请报告。

2005年11月28日,广东省交通厅《关于兴宁市兴城至梅县畲江高速公路初步设计的批复》。

2. 资金来源

项目资本金由广东交通实业投资有限公司出资70%和广东省路桥建设发展有限公司出资30%组成,项目资本金占建设资金的35%,其余建设资金65%向银行贷款。

3. 征地拆迁

梅州市及兴宁、梅县各级政府及交通、国土等部门全力支持该项目建设,征地拆迁工作顺利进行,完成征用土地2821亩。

4. 招投标

兴畲高速公路项目实行施工设计总承包招标。土建工程划分为两个设计施工总承包合同段和一个跨广梅汕铁路桥梁施工合同段(由第二合同段中标联合体中设计单位负责设计)。总承包合同段的投标人通过组建联合体的方式进行投标,一家施工单位联合一家设计单位组成联合体,施工单位为主办方,所有标段均按有关程序公开招投标。

5. 主要设计、施工、监理单位

设计单位:铁道第四勘察设计院联合体、广东省公路勘察规划设计院。

兴宁—畲江高速公路主要桥梁表

表 3-18-5

序号	桥梁名称	桩号	桥梁分类	桥面半幅宽度（m）	车道数半幅（道）	桥梁长度（m）	开工时间	备注
1	东湖水库大桥	K134+568	大桥	10.75	2	266.06	2008年12月	
2	鸡西坑大桥	K129+813	大桥	10.75	2	238.06	2008年12月	
3	河塘坑大桥	K128+470	大桥	10.75	2	346.06	2008年12月	
4	当日山大桥	K127+591	大桥	10.75	2	151.08	2008年12月	
5	跨广梅汕铁路分离立交桥	K126+585	大桥	10.75	2	157.04	2008年12月	
6	小丰水库大桥	K123+560	大桥	10.75	2	187.04	2008年12月	
7	布头坝梅江大桥	K119+162	大桥	10.75	2	547.04	2008年12月	
8	跨广梅汕铁路分离立交桥	K117+713	大桥	10.75	2	206.06	2008年12月	

施工单位：广东晶通公路工程建设集团有限公司、中铁二十五局集团有限公司、广东省长大公路工程有限公司。

监理单位：华杰工程咨询有限公司联合体、广东华路交通科技有限公司。

6. 兴畲高速建设期取得主要荣誉

2008年3月，荣获第十五届全国企业管理现代化创新成果二等奖。

2008年9月，荣获全国公路施工企业重点工程劳动竞赛优胜奖。

2009年3月，荣获2008年度广东省十项工程劳动竞赛"优胜单位"。

2009年6月，荣获全国交通企业管理现代化创新成果一等奖。

2010年10月，荣获"广东省工人先锋号"荣誉称号。

（三）运营管理

兴畲高速公路于2008年12月建成通车后至2012年11月委托河源河龙高速公路有限公司运营管理。2012年11月，兴畲高速的运营管理工作委托广东交通实业投资有限公司东御运营管理分公司管理。[具体运营情况详见本章第九节长春—深圳高速公路广东段（G25）"三、梅州—河源高速公路"]

三、梅州—河源龙川高速公路

梅河高速公路是国道G25长深高速公路的粤境程江（梅州）至柳城（河源）段。路线起于梅州市梅县程江镇的湖洋唇，与梅州市西环、南环以及汕梅高速公路相接，路线向西经梅县南口、荷泗镇，兴宁市径南、永和、坭陂、宁新、刁坊镇，五华县转水、华城、岐岭镇，龙川县登云、老隆、附城、佗城镇，东源县柳城镇，止于蓝口镇五星村，与河（源）龙（川）高速公路柳城至热水段相接，路线全长118.41km。梅河高速公路由广东梅河高速公路有限公司负责投资建设。总投资决算为49.793亿元。

G25长深高速公路的兴宁至龙川段与G78汕（头）昆（明）高速公路共线，共线路段桩号为K3353+735~K3418.782，共65.047km。[共线路段的建设和管理详细情况见本章第九节长春—深圳高速公路广东段（G25）"三、梅州—河源高速公路"]

四、龙川—怀集高速公路

龙川至怀集高速公路是国家高速公路网规划"7118+6"布局方案中第17横汕头至昆明的重要路段，也是广东省"九纵五横两环"高速公路网规划主骨架中"一横"的重要组成部分。龙川至怀集高速公路（龙川至连平段）起于河源市龙川县城东，经过河源市龙川县、东源县、连平县，韶关市翁源县，清远英德市清新区、阳山县，止于肇庆怀集县汶朗镇与二广高速公路相接。其中龙连段全长127.467km，平英段全长148.553km，英怀段长

88.8km。

龙怀高速公路建成通车为粤北地区提供了一条东西向快速便捷的交通通道,不但可繁荣该地区经济、改善投资环境、提升城市经济地位,而且对连通珠三角地区与西南地区及粤北腹地、增加客运物流往来、繁荣经济具有重要意义。

(一)龙怀高速公路龙川至连平段

龙川至连平高速公路(简称"龙连高速公路")起于河源市龙川县城东,与梅河高速公路相接,经河源龙川县、东源县、连平县,止于韶关翁源县龙仙镇,全长127.467km。概算总投资144.24亿元。2014年12月31日开工建设,2017年底建成通车。

广东省龙怀高速公路(龙川至连平段)由广东省南粤交通龙怀高速公路管理中心龙连管理处负责投资建设和运营管理。

1.主要技术指标和建设规模

全线按高速公路标准建设,双向四车道,设计速度100km/h。全线设桥梁153座,其中特大桥2座,主要大桥90座(表3-18-6)。设隧道5座,其中特长隧道2座(表3-18-7)。全线桥隧比40.14%,互通式立交13处,服务区3处,停车区1处,养护工区2处、管理分中心1处、收费站9处。

2.建设情况

(1)建设依据

2014年9月28日,国家发展和改革委员会《关于广东省龙川至怀集公路可行性研究报告的批复》。

2014年11月2日,交通部《关于龙川至怀集公路初步设计的批复》。

2015年9月8日,广东省交通运输厅《关于龙怀高速龙连段全线施工图设计批复》。

2016年2月2日,广东省交通运输厅《关于龙怀高速龙连段全线施工许可的批复》。

(2)资金来源

广东省龙川至怀集公路采取"省市共建、政府还贷"模式,由省、市共同投资、建设、经营及管理。省级和市级投资主体的出资比例为7∶3,其中龙川至连平段项目为广东省南粤交通投资建设有限公司、河源市(国鸿)公路建设投资有限公司和韶关市交通投资建设有限公司。

(3)征地拆迁

2015年2月15日,广东省南粤交通龙怀高速公路管理中心与河源市人民政府签订《广东省龙川至怀集公路项目河源市路段征地拆迁工作包干协议》,2015年3月31日,广东省南粤交通龙怀高速公路管理中心与韶关市人民政府签订《广东省龙川至怀集公路

表 3-18-6

龙川—怀集高速公路龙川—连平段主要桥梁表

序号	桥梁分类	桥梁名称	中心桩号	桥梁长度（m）	桥面宽度（m）	车道数	设计汽车荷载等级	开工时间	完工时间	备注
1	大桥	佗城主线桥（左幅）	ZOK3+241.193	276.4	12.5	2	公路—Ⅰ级	2015年8月	2017年6月	
2	大桥	佗城主线桥（右幅）	K3+249.64	276.4	12.5	2	公路—Ⅰ级	2015年8月	2017年6月	
3	大桥	东江大桥（左幅）	ZK4+231.536	956	12.5	2	公路—Ⅰ级	2015年9月	2017年10月	
4	大桥	东江大桥（右幅）	K4+246.5	986.4	12.5	2	公路—Ⅰ级	2015年9月	2017年10月	
5	大桥	西牛权大桥（左幅）	K4+997	240.6	12.5	2	公路—Ⅰ级	2016年3月	2017年7月	
6	大桥	西牛权大桥（右幅）	K5+072.85	340.6	12.5	2	公路—Ⅰ级	2016年3月	2017年7月	
7	大桥	上围大桥（左幅）	ZK7+412.500	330.6	12.5	2	公路—Ⅰ级	2015年8月	2016年12月	
8	大桥	上围大桥（右幅）	K7+400.000	305.6	12.5	2	公路—Ⅰ级	2015年8月	2017年1月	
9	大桥	九龙径大桥	K9+645.000	208	25	4	公路—Ⅰ级	2015年11月	2017年5月	
10	大桥	黄竹沥大桥	K11+092.000	208	25	4	公路—Ⅰ级	2016年3月	2017年5月	
11	大桥	簕背大桥（左幅）	ZK11+717.000	636.4	12.5	2	公路—Ⅰ级	2015年11月	2017年3月	
12	大桥	簕背大桥（右幅）	K11+702.000	606.4	12.5	2	公路—Ⅰ级	2015年11月	2017年4月	
13	大桥	山阴下2号大桥（左幅）	ZK12+505.000	276.4	12.5	2	公路—Ⅰ级	2015年9月	2017年5月	
14	大桥	山阴下2号大桥（右幅）	K12+520.000	306.4	12.5	2	公路—Ⅰ级	2015年9月	2017年4月	
15	大桥	新谭大桥（左幅）	ZK12+910.000	216.4	12.5	2	公路—Ⅰ级	2015年12月	2017年4月	
16	大桥	新谭大桥（右幅）	K12+895.000	246.4	12.5	2	公路—Ⅰ级	2015年11月	2017年5月	
17	大桥	义都互通主线桥	K14+012.65	580.6	25~29.5	4	公路—Ⅰ级	2015年9月	2017年5月	
18	大桥	水蓝村1号大桥	K15+877.5	555.6	25	4	公路—Ⅰ级	2015年8月	2017年5月	
19	特大桥	义都圩特大桥	K17+153	1408	25	4	公路—Ⅰ级	2015年10月	2017年5月	
20	大桥	义都河大桥（左幅）	K19+588	528	25	4	公路—Ⅰ级	2015年8月	2017年5月	
21	大桥	义都河大桥（右幅）	ZK19+597.6	547.2	25	4	公路—Ⅰ级	2015年8月	2017年4月	
22	大桥	新岭大桥	K20+210	186.4	25	4	公路—Ⅰ级	2015年8月	2017年4月	
23	大桥	竹山下大桥（右幅）	K21+301	848	25	4	公路—Ⅰ级	2015年8月	2017年4月	
24	大桥	竹山下大桥（左幅）	ZK21+307	848	25	4	公路—Ⅰ级	2015年8月	2017年5月	

续上表

序号	桥梁分类	桥梁名称	中心桩号	桥梁长度(m)	桥面宽度(m)	车道数	设计汽车荷载等级	开工时间	完工时间	备注
25	大桥	陈屋大桥	K23+693.000	230.6	25	4	公路—Ⅰ级	2016年3月	2017年4月	
26	大桥	两磜村1号大桥(左幅)	ZK24+430.000	205.6	12.5	2	公路—Ⅰ级	2015年8月	2017年1月	
27	大桥	羊古山大桥	K26+712.000	528	25	4	公路—Ⅰ级	2015年10月	2017年4月	
28	大桥	蛇背大桥(右幅)	K27+413.000	620	12.5	2	公路—Ⅰ级	2015年6月	2017年4月	
29	大桥	蛇背大桥(左幅)	ZK27+402.400	678.8	12.5	2	公路—Ⅰ级	2015年6月	2017年5月	
30	大桥	梨树下大桥	K28+211.000	336.4	25	4	公路—Ⅰ级	2015年11月	2017年3月	
31	大桥	梁排大桥(右幅)	K29+188.400	696.8	12.5	2	公路—Ⅰ级	2015年8月	2016年12月	
32	大桥	梁排大桥(左幅)	ZK29+208.400	656.8	12.5	2	公路—Ⅰ级	2015年8月	2016年12月	
33	大桥	李田大桥(右幅)	K29+778	255.6	12.5	2	公路—Ⅰ级	2015年9月	2017年4月	
34	大桥	李田大桥(左幅)	K29+848	405.6	12.5	2	公路—Ⅰ级	2015年9月	2017年4月	
35	大桥	许村大桥(右幅)	K32+262	230.6	12.5	2	公路—Ⅰ级	2015年10月	2017年1月	
36	大桥	许村大桥(左幅)	K32+199.5	305.6	12.5	2	公路—Ⅰ级	2015年10月	2017年1月	
37	大桥	船塘互通主线1号桥	K36+428	330.6	25.5~29.49	4	公路—Ⅰ级	2016年4月	2017年4月	
38	大桥	走马塘3号大桥(左幅)	ZK37+968	375.5	12.5	2	公路—Ⅰ级	2015年10月	2017年5月	
39	大桥	走马塘3号大桥(右幅)	K37+970.55	380.6	12.5	2	公路—Ⅰ级	2015年11月	2017年5月	
40	大桥	三角枢纽互通式立体交叉主线大桥	K51+530.475	620.6	12.5	2	公路—Ⅰ级	2015年7月	2017年4月	
41	大桥	莞洞河3号大桥(左幅)	K62+372.5	330.6	12.5	2	公路—Ⅰ级	2015年8月	2017年1月	
42	大桥	莞洞河3号大桥(右幅)	K62+385	305.6	12.5	2	公路—Ⅰ级	2015年8月	2017年1月	
43	大桥	油溪互通主线大桥(右幅)	K65+341.00	656.3	12.5~23.073	2	公路—Ⅰ级	2015年9月	2017年4月	
44	大桥	油溪互通主线大桥(左幅)	K65+341.00	656.3	12.5~21.537	2	公路—Ⅰ级	2015年9月	2017年4月	
45	大桥	小水河大桥(右幅)	K67+700.00	246.4	12.5	2	公路—Ⅰ级	2015年8月	2017年3月	
46	大桥	小水河大桥(左幅)	ZK67+708.00	246.4	12.5	2	公路—Ⅰ级	2015年8月	2017年3月	
47	大桥	长岗2号大桥(右幅)	K69+279.00	328	12.5	2	公路—Ⅰ级	2015年9月	2017年5月	

续上表

序号	桥梁分类	桥梁名称	中心桩号	桥梁长度（m）	桥面宽度（m）	车道数	设计汽车荷载等级	开工时间	完工时间	备注
48	大桥	长岗2号大桥（左幅）	ZK69+304.00	289	12.5	2	公路—Ⅰ级	2015年9月	2017年5月	
49	大桥	池湖山1号大桥（右幅）	K70+760.00	608	12.5	2	公路—Ⅰ级	2015年10月	2017年6月	
50	大桥	池湖山1号大桥（左幅）	ZK70+740.00	649	12.5	2	公路—Ⅰ级	2015年10月	2017年6月	
51	大桥	池湖山2号大桥	K71+420.00	448	12.5	2	公路—Ⅰ级	2015年10月	2017年6月	
52	大桥	禾上阁大桥（右幅）	K71+960.00	576.4	12.5	2	公路—Ⅰ级	2015年9月	2017年6月	
53	大桥	禾上阁大桥（左幅）	ZK71+945.00	546.4	12.5	2	公路—Ⅰ级	2015年9月	2017年6月	
54	大桥	伯公坳1号大桥（右幅）	K72+850.00	968	12.5	2	公路—Ⅰ级	2015年9月	2017年6月	
55	大桥	伯公坳1号大桥（左幅）	ZK72+730.00	728	12.5	2	公路—Ⅰ级	2015年9月	2017年6月	
56	大桥	上坝大桥	ZK74+016.00	528	12.5	2	公路—Ⅰ级	2015年9月	2017年6月	
57	大桥	紫场大桥（右幅）	K75+730.50	673	12.5	2	公路—Ⅰ级	2015年9月	2017年4月	
58	大桥	紫场大桥（左幅）	ZK75+730.50	673	12.5	2	公路—Ⅰ级	2015年9月	2017年4月	
59	大桥	大石板1号大桥	K77+096.00	729	12.5	2	公路—Ⅰ级	2015年10月	2017年6月	
60	大桥	大石板2号大桥	K77+722.54	395	12.5	2	公路—Ⅰ级	2015年10月	2017年6月	
61	大桥	大石板3号大桥（右线）	K78+052.54	273.2	12.5	2	公路—Ⅰ级	2015年10月	2017年6月	
62	大桥	大石板3号大桥（左线）	ZK78+382.54	933.2	12.5	2	公路—Ⅰ级	2015年10月	2017年6月	
63	大桥	大石板4号大桥（右线）	K78+565.00	576.4	12.5	2	公路—Ⅰ级	2015年10月	2017年6月	
64	大桥	坪山大桥（右幅）	K84+841.5	311	12.5	2	公路—Ⅰ级	2015年7月	2017年7月	
65	大桥	坪山大桥（左幅）	ZK84+841.5	311	12.5	2	公路—Ⅰ级	2015年7月	2017年7月	
66	大桥	大埠河大桥（右幅）	K85+466.6	460	12.5	2	公路—Ⅰ级	2015年7月	2017年7月	
67	大桥	大埠河大桥（左幅）	ZK85+466.1	455	12.5	2	公路—Ⅰ级	2015年7月	2017年7月	
68	大桥	连平东互通1号主线桥	K86+500	804	12.50~17.71	2	公路—Ⅰ级	2015年1月	2017年7月	
69	大桥	连平东互通1号主线桥（左幅）	K86+475	678.2	12.50~17.00	2	公路—Ⅰ级	2015年1月	2017年7月	
70	大桥	连平东互通2号主线桥（右幅）	K87+106	415.2	12.50~23.35	2	公路—Ⅰ级	2015年1月	2017年7月	

续上表

序号	桥梁分类	桥梁名称	中心桩号	桥梁长度（m）	桥面宽度（m）	车道数	设计汽车荷载等级	开工时间	完工时间	备注
71	大桥	连平东互通2号主线桥（左幅）	K87+106	420.2	12.50~23.72	2	公路—Ⅰ级	2015年1月	2017年7月	
72	大桥	连平东互通3号主线桥（左幅）	K87+744	276.4	13.55~12.5	2	公路—Ⅰ级	2015年7月	2017年7月	
73	大桥	连平东互通3号主线桥（右幅）	K87+759	246.4	12.5	2	公路—Ⅰ级	2015年7月	2017年7月	
74	特大桥	元善枢纽互通立交主线桥（左幅）	K90+586.790	2536	12.75~25.48	2	公路—Ⅰ级	2015年5月	2017年7月	
75	特大桥	元善枢纽互通立交主线桥（右幅）	K90+601.790	2566	12.75~24.6	2	公路—Ⅰ级	2015年5月	2017年7月	
76	大桥	莲塘大桥（左幅）	ZK94+870	456.4	12.5	2	公路—Ⅰ级	2015年9月	2017年4月	
77	大桥	莲塘大桥（右幅）	K94+864.5	456.4	12.5	2	公路—Ⅰ级	2015年9月	2017年4月	
78	大桥	塘面大桥（左幅）	ZK99+240	246.4	12.5	2	公路—Ⅰ级	2015年11月	2017年4月	
79	大桥	塘面大桥（右幅）	K99+240	246.4	12.5	2	公路—Ⅰ级	2015年12月	2017年4月	
80	大桥	茂龙大桥（右幅）	K105+122	306.4	12.5	2	公路—Ⅰ级	2015年9月	2017年4月	
81	大桥	茂龙大桥（左幅）	ZK105+185	276.4	12.5	2	公路—Ⅰ级	2015年9月	2017年4月	
82	大桥	牛岭水大桥	K106+540	426.4	25	4	公路—Ⅰ级	2015年10月	2017年5月	
83	大桥	田心大桥（右幅）	K107+680	449	12.5	2	公路—Ⅰ级	2015年10月	2017年5月	
84	大桥	田心大桥（左幅）	ZK107+640	528	12.5	2	公路—Ⅰ级	2015年10月	2017年6月	
85	大桥	永龙大桥（左幅）	ZK108+790	849	12.5	2	公路—Ⅰ级	2015年9月	2017年5月	
86	大桥	永龙大桥（右幅）	K108+750	769	12.5	2	公路—Ⅰ级	2015年9月	2017年5月	
87	大桥	石壁滩大桥	K106+668	246.4	12.5	4	公路—Ⅰ级	2015年9月	2017年3月	
88	大桥	邓屋大桥（左幅）	K113+219	666.4	12.5	2	公路—Ⅰ级	2015年9月	2017年4月	
89	大桥	邓屋大桥（右幅）	K113+369	366.4	12.5	2	公路—Ⅰ级	2015年9月	2017年4月	
90	大桥	陂头互通1号主线桥左幅	K117+513	268.2	12.5	2	公路—Ⅰ级	2015年11月	2017年3月	
91	大桥	陂头互通1号主线桥右幅	K117+513	248.2	12.5	2	公路—Ⅰ级	2015年10月	2017年3月	
92	大桥	太坪水大桥	K127+735（左）	396.4	25.5	4	公路—Ⅰ级	2015年8月	2016年12月	
93	大桥	太坪水大桥	K127+789（右）	276.4	25.5	4	公路—Ⅰ级	2015年8月	2016年12月	

龙川—怀集高速公路隧道表

表 3-18-7

序号	隧道分类	隧道名称	起止桩号	长度（单洞,m）	行车道宽度（单洞,m）	隧道净高（m）	车道数	开工时间	完工时间	备注
1	长隧道	两礤左线隧道	ZK21+750~ZK23+033	1283	7.5	7.24	2	2015年8月	2017年4月	
2	长隧道	两礤右线隧道	K21+734~K23+021	1287	7.5	7.24	2	2015年8月	2017年4月	
3	中隧道	李田左线隧道	ZK30+455~ZK31+186	731	7.5	7.24	2	2015年9月	2017年4月	
4	中隧道	李田右线隧道	K30+461~K31+185	734	7.5	7.24	2	2015年9月	2017年4月	
5	特长隧道	金花左线隧道	ZK78+865~ZK83+595	4730	7.5	7.24	2	2015年2月	2017年6月	
6	特长隧道	金花右线隧道	K78+880~K83+627	4747	7.5	7.24	2	2015年2月	2017年6月	
7	中隧道	东联左线隧道	ZK93+194~ZK94+113	919	7.5	7.24	2	2015年11月	2017年4月	
8	中隧道	东联右线隧道	K93+177~K94+094	917	7.5	7.24	2	2015年11月	2017年3月	
9	特长隧道	粗石山左线隧道	ZK100+148~ZK104+358	4210	7.5	7.24	2	2015年4月	2017年7月	
10	特长隧道	粗石山右线隧道	K100+157~K100+342	4185	7.5	7.24	2	2015年4月	2017年7月	

龙川至连平段韶关市境内土地与房屋征收协议》。

龙川至怀集公路项目河源段征用土地12379亩,拆迁构造物197853m²,翁源段征用土地637亩,拆迁房屋3416m²。

(4)招投标

项目的设计、施工、监理及试验检测服务等各类招标均在国家和广东省交通运输厅规定的媒体上公告,资格预审评审、开标、评标、定标均进入广州公共资源交易中心,招标结果在广州公共资源交易中心网站上公示。

(5)主要设计、施工、监理单位

设计单位:中交公路规划设计院有限公司、江苏省交通规划设计院股份有限公司等单位。

施工单位:中铁十四局集团有限公司、中交第一公路工程局有限公司、中铁十二局集团有限公司等16个单位。

监理单位:广东华路交通科技有限公司、广东翔飞公路工程监理有限公司等单位。

3. 复杂技术工程

大跨度高墩桥梁液压爬模和挂篮悬浇施工技术——大埔河大桥。大埔河大桥主跨为82m+150m+82m连续刚构桥,上下行分幅布置,桥宽12.5m。高墩采用液压爬模施工,主梁采用挂篮悬浇施工。

(1)主墩墩身液压爬模施工

大埔河大桥主墩外侧采用液压自爬模进行施工,内侧采用整体提升架进行施工。液压爬模可整体爬升,也可单榀爬升,爬升稳定性好,操作方便,安全性高,可节省大量工时和材料。爬模架一次组装后,一直到顶不落地,液压爬升过程平稳、同步、安全。

爬模兼有滑模施工与普通模板施工的优点,既像滑模那样有提升平台和模板的提升系统,以减少模板上下起吊组装作业,又像普通模板那样分节分段进行安装定位,可根据模板拼装能力制定挂板的分块尺寸,爬架结构轻巧简便,提升系统操作方便,分体拆装,每吊质量较轻,施工安全可靠;锚固系统受力明确可靠,便于安装检查;适用于高墩结构施工作业,省掉了施工承重支架,节省了费用。其结构施工误差小,纠偏简单,施工误差可逐层消除。爬架模板随墩柱各节混凝土浇筑交替提升,简化了施工程序,形成了循环作业,使施工进度加快。面板采用WISA板,强度高耐久性好,周转次数多,表面光滑不宜黏模,浇筑完成后混凝土表面光滑,色泽光鲜。

(2)主墩悬浇施工

大埔河大桥主墩采用菱形挂篮悬臂浇筑施工,菱形挂篮结构简洁、受力明确、拆装锚固方便,完全不占用其他辅助资源,靠自身液压推进,依靠"挂篮"的移动,让现场浇筑的混凝土梁段在"挂篮"中逐节段生产。施工人员每次浇筑长度待每节段梁体强度达到设计要求后,液压千斤顶装置将把挂篮向前推进,然后再循环浇筑新一段梁体直至合龙。菱形挂篮主要组成部分为主桁架、悬吊系统、锚固系统、行走系统、底模板。挂篮具有自重轻、结构简单、坚固稳定、前移和装拆方便、具有较强的可重复利用性,受力后变形小等特点,并且挂篮下空间充足,可提供较大施工作业面,利于钢筋模板施工操作。

4. 科技创新

(1) 基于长期性能的高墩大跨连续刚构桥建造关键技术研究

为解决连续刚构桥长期性能中存在的开裂、下挠、耐久性不足等突出技术问题,节省桥梁生命周期费用,广东省南粤交通龙怀高速公路管理中心联合长安大学,依托广东省龙川至怀集公路中的两座高墩大跨连续刚构桥——蛇背大桥(主桥为 66m + 120m + 66m 预应力混凝土连续刚构桥)、大埠河大桥(主桥为 82m + 150m + 82m 预应力混凝土连续刚构桥),开展基于长期性能的高墩大跨连续刚构桥建造关键技术研究。主要开展高墩精确化、快速、安全施工关键技术研究,基于长期性能的高墩、主梁快速化建造技术研究;提出高墩大跨预应力混凝土连续刚构桥的施工阶段控制指标,以及施工改进技术与质量控制方法;提出从人员安全、设备安全、结构安全三个层面考虑的施工阶段风险预警与规避系统,并在实桥应用中检验修正该项目的研究成果。

① 提出高墩大跨预应力混凝土连续刚构桥的施工阶段控制指标。

一是已建高墩大跨预应力混凝土连续刚构桥的施工阶段统计分析。通过对国内外已建典型的高墩大跨预应力混凝土连续刚构桥的设计、施工、使用性能等基本状况进行调查与统计分析,尤其是施工阶段的工艺、工法、工序、控制指标等,得出影响高墩大跨预应力混凝土连续刚构桥高墩安全和长期使用性能的关键因素及其影响规律,从而为提出高墩大跨预应力混凝土连续刚构桥的施工阶段控制指标奠定基础。

二是各种因素共同作用下的高墩大跨预应力混凝土连续刚构桥的施工阶段控制指标研究。在对龙川至怀集公路中的两座高墩大跨连续刚构桥施工阶段研究的基础上,研究多种因素对高墩大跨预应力混凝土连续刚构桥高墩安全和长期使用性能的影响,解决连续刚构桥长期性能中存在的开裂、下挠、耐久性不足等突出技术问题,并由此建立各种因素共同作用的施工阶段控制指标,用于指导高墩大跨预应力混凝土连续刚构桥的施工。

② 开展高墩大跨预应力混凝土连续刚构桥的施工关键技术研究。

以广东省龙川至怀集公路中的两座高墩大跨连续刚构桥为依托,综合考虑施工阶段、短期使用阶段与长期使用阶段的结构要求,开展高墩大跨预应力混凝土连续刚构桥的施工关键技术研究,从混凝土质量、高墩纠偏、预拱度设置、加载龄期、收缩徐变、预应力施工、环境因素等多方面研究施工过程中的关键控制措施,以保证施工安全、优质优量、工期合理。

③建立施工阶段质量与安全控制体系。

考虑施工方法、施工工序、施工设备等影响因素,开展施工阶段风险分析,尤其是0号块施工和全桥合龙等关键施工阶段,从桥梁长期性能的角度提出施工过程控制指标,建立施工阶段的监测系统,提出从人员安全、设备安全、结构安全三个层面考虑的施工阶段风险预警与规避系统,通过桥梁施工阶段及运营阶段的结构性能监测,验证该项目提出的施工阶段质量与安全控制体系的合理性。

④结合依托工程对各技术方案进行实践验证,编制《基于长期性能的高墩大跨预应力混凝土连续刚构桥建造技术指南》。

依托实桥,建立施工阶段的监测与预警系统,提出考虑长期性能的高墩大跨预应力混凝土连续刚构桥的建造关键技术,指导桥梁安全建设,保证桥梁的长期使用性能。

(2)预制梁场硬化层再利用工程

龙怀高速公路属于典型的山区高速公路,地处高山深谷,交通运输不便,沿线桥梁较多,桥梁预制场的设置受场地限制。在考虑施工方便、易于吊装、减少运距及二次搬运、缩短工期、减少征地、降低建造费用等情况下,桥梁预制场一般选在已完成的路基处,以减少土地的征用和对环境的破坏,既节约了成本,也保护了环境。

广东省南粤交通龙怀高速公路管理中心联合华南理工大学和广东华路交通科技有限公司对预制厂硬化层的再利用进行技术研究,对其作为路面结构层进行研究分析,提出合理的再利用桥梁预制场混凝土硬化层作路面结构层的方案。

预制场硬化层再利用可产生较好的社会经济效益,根据龙怀高速公路龙连段预制场再利用的规模,施工单位可节约预制场临时用地150亩,节约运梁便道用地58亩,节约弃渣场用地39亩,节约预制场、弃渣场、运输便道征地及复绿247亩,共节约施工成本约1378万元;业主将节约路面垫层6.7万m^2,节约水泥稳定基层6.7万m^2,节省建设成本约281万元。龙连段全线路基上的桥梁预制场硬化层的再利用可节约费用1659万元,同时每个预制场可节省场地清理工期约20天,为加快路面施工,减小施工周期,提前开放交通创造了有利条件。

5. 企业文化建设

(1)传承交通文化,打造"龙连品牌"工程

龙怀高速公路龙连段在建设中,面对项目工期短、任务重的艰巨挑战,管理处以塑造"优秀文化"为导向,引导全体员工树立交通人正确的行业价值观,打造了一支职业素养高、创新理念强的优秀团队。以发扬龙连精神作为己任,将建设优质样板工程作为工作目标,发扬"5+2""白加黑"和"工匠精神",为打造样板工程而奋斗。

(2)加强精神文明建设,坚持生态和谐发展

积极开展精神文明建设,通过组织各类体育比赛、书法比赛、外出学习、参加警示教

育、征文等活动,加强员工对企业的归属感,提高员工团结协作、和谐共进的企业精神。

管理处为了服务当地群众和地方发展,以"服务为本"的高速公路建设文化,打造山区生态和谐路的标准进行施工和管理,让"服务为本"和"生态和谐"成为龙连项目的一张名片。

(3)以人为本,树立安全文化理念

龙连管理处在加强推行"双标管理",将安全生产制度化、标准化的同时,把安全文化的建设作为加强管理、落实执行的关键举措。通过落实一系列安全措施,全面提高了全体员工的安全文化素质,形成了良好的安全文化环境,树立"安全生产,人人参与"的管理共识,用安全文化推进安全管理。

(4)以廉政文化推进规范管理

为把廉政文化建设作为落实企业规范管理、提高效率的重要依托,管理处在落实各项保障制度的同时,选取了一些重点领域和环节,营造廉政文化氛围,加强党风廉政建设,确保相关工作取得实效。特别是以党员干部作为模范先锋,全体员工共同进步的模式,不断加强管理处的作风建设,不断夯实廉政文化的基础。

(二)龙川至怀集高速公路连平—英德段

连(平)英(德)段项目路线起讫点桩号为 K127+524.155~K276+915。路线基本东西走向,途经翁源县龙仙、周陂、官渡镇、英德市青塘、桥头、东华、望埠、英红、横石塘、石灰铺、西牛、浛洸、九龙镇。路线全长 148.553km。概算总投资 150.2 亿元。2015 年 10 月底开工建设,2018 年底建成通车。

广东省南粤交通投资建设有限公司负责建设、运营和管理。

1. 主要技术指标和建设规模

全线采用高速公路标准,双向四车道,设计速度 100km/h。路线设桥梁 83 座,其中特大桥 13 座、大桥 40 座;设隧道 4 座,其中特长隧道 1 座、长隧道 2 座、中隧道 1 座,桥隧占路线长度的比例为 21.3%。设互通式立交 14 处(不含预留互通式立交 1 处),服务区 4 处,停车区 1 处(不含预留停车区 2 处),养护工区 3 处,管理中心 1 处,收费站 12 处,居住区 2 处。

2. 建设情况

(1)建设依据

2014 年 9 月 28 日,国家发展和改革委员会《关于广东省龙川至怀集公路可行性研究报告的批复》。

2014 年 11 月 2 日,龙川至怀集公路初步设计获得交通运输部批复。

2016年4月25日,广东省交通运输厅批复龙怀高速公路连英段全线施工许可。

(2) 资金来源

连英段概算总投资约为150.2亿元。项目按政府还贷模式实施,资本金比例为40%,资本金来源除国家补助外,其余部分由广东省筹措解决,项目资本金以外的建设资金通过银行贷款。

(3) 征地拆迁

2015年3月,项目业主与韶关市人民政府签订《广东省龙川至怀集公路连平至英德段韶关市境内土地与房屋征收协议》,2015年2月,与清远市人民政府签订《广东省龙川至怀集公路清远市英德路段征地拆迁工作协议》,2015年6月,全面启动征地拆迁工作。韶关翁源段征用土地4311.08亩,清远英德段征用土地10505.65亩。

(4) 招投标

该项目勘察、设计、建筑工程、安装工程、监理、设备及重要材料采购均按照国家和广东省有关规定实行公开招标,由广东省南粤交通投资建设有限公司自行组织招标工作。

(5) 主要设计、施工、监理单位

设计单位:广东省交通规划设计研究院股份有限公司。

施工单位:中国铁建港航局集团有限公司、广东冠粤路桥有限公司、广东省长大公路工程有限公司等15个单位。

监理单位:广东华路交通科技有限公司。

3. 复杂技术工程

(1) 金门隧道

金门特长隧道位于清远市英德市境内,为分离式隧道,长度约6487.313m。隧道进出口分别位于英德市大镇镇蒲玲村及望埠镇同心村,隧址区属低山丘陵地貌,区内植被发育,纵向坡度较大,进口位于冲沟西侧陡坡上,横跨两个山脊,山脊中部为剥蚀槽谷,出口位于省道347西侧斜坡中下部,隧址区现状自然斜坡无变形迹象,处于稳定状态。

(2) 北江特大桥

北江特大桥位于英德市英红镇,主桥采用108m+190m+108m预应力混凝土连续刚构,主要跨越北江、英红滨江路、市政道路,桥位位于英德市白石窑水电站下游1.2km处,桥位处北江目前为Ⅴ级航道,远期规划为Ⅲ航道,最高通航水位35.77m。

(3) 京广高速铁路跨线桥

龙川至怀集公路与京广高速铁路交叉位置位于英红镇顺德(英德)经济合作区范围,线位主要受该区域英德市城市及沿线工业园区规划、北江倒灌区洪水位、京广高速铁路桥梁设置及其运营安全等因素的控制。主桥采用90m+90m转体结构上跨京广高速铁路马鞍山大桥。

4. 科技创新

为解决该项目建设过程中的重大技术难题,提高工程建设质量,保障项目顺利推进,广东省南粤交通龙怀高速公路管理中心经过科研选题、编制科技规划书,报广东省交通运输厅及交通运输部批复,于2014年7月列入2014年度广东省交通运输厅交通运输科技计划重大项目(项目编号2014-01-001)。

课题重点解决该项目难度大的桥梁、隧道等工程在建设施工过程中遇到的问题,开展高速公路安全评估及应急管理的研究,同时以该项目为依托研究高速公路建设对本地区经济社会发展的影响和广东省政府还贷型高速公路投资建设管理模式。

项目已开展"广东省高速公路建设对地区经济社会发展的影响研究""广东省政府还贷型高速公路投资建设管理模式研究""汕昆高速公路安全评估及应急管理系统研究与应用""上跨高铁T形刚构桥转体施工及营运安全风险研究""基于长期性能的高墩大跨连续刚构桥建造关键技术研究"等专项课题研究。

(三)龙川至怀集高速公路英德—怀集段

龙怀高速公路英德至怀集段,起于K276+915位处清远市清新区浸潭镇,途经清新区石潭镇,阳山县杨梅镇、肇庆市怀集县凤岗、汶朗镇,止于与二广高速公路相连接,在怀集县怀城镇以西组成鹤塘枢纽互通式立交。线路全长约88.8km。概算投资108.8亿元。2014年12月3日开工建设,2018年底建成通车。

1. 主要技术指标和建设规模

全线采用高速公路标准,双向四车道,设计速度100km/h,整体式路基宽26m,分离式路基宽2×13m。特大桥2座,大、中桥60座,隧道10座,桥隧比例35.26%,互通式立体交叉5座,设有服务区2处,停车区1处。

2. 建设情况

(1)建设依据

2014年9月28日,国家发展和改革委员会《关于广东省龙川至怀集公路可行性研究报告的批复》。

2014年11月2日,龙川至怀集公路初步设计获交通运输部批复。

2016年4月27日,广东省交通运输厅批复龙怀高速公路英怀段全线施工许可。

(2)资金来源

批复概算108.8亿元,按政府还贷高速公路模式,省市按7∶3比例投资建设。

(3)征地拆迁

2015年2月项目业主与清远市政府签订《广东省龙川至怀集公路清远英德段征地拆

迁工作协议》。

五、怀集鹤塘—岗坪段

广东省连州（湘粤界）至怀集公路由 G55 二广高速公路粤境连州至怀集段和怀集支线 G78 汕昆高速公路粤境鹤塘至岗坪段组成，其中 G55 二广高速公路连州至怀集段北起清远市连州三水（湘粤界），接湖南省永州至蓝山（湘粤界）高速公路，向南延伸经连州市、连南县、连山县、肇庆市怀集县，止于怀集怀城，接怀集至三水高速公路；怀集支线即汕昆高速公路怀城至岗坪段，东起怀集县怀城鹤塘互通，向西经怀城、冷坑、梁村、岗坪等乡镇，止于怀集县岗坪（桂粤界），接广西壮族自治区灵峰（桂粤界）至贺州高速公路。

该路全长 191.7km，其中二广高速公路主线 168km，怀集支线 19km，连州连接线即二广高速公路与许广高速公路在连州的连接线约 4.7km。项目概算总投资 166.17 亿元。于 2010 年 11 月正式开工建设，2014 年 12 月 31 日全线建成通车。

全线采用高速公路标准，其中二广高速公路起点连州（湘粤界）至鹤塘互通段为双向四车道、设计速度 100km/h。二广高速公路鹤塘互通至终点怀集怀城段及怀集支线（汕昆高速公路鹤塘至岗坪段）为双向六车道、设计速度 100km/h。

G55 二广高速公路怀集至鹤塘段及 G78 汕昆高速公路鹤塘至岗坪段于 2010 年 11 月正式开工建设，2013 年 12 月 28 日建成通车。

因 G78 汕昆高速公路鹤塘至岗坪段与 G55 二广高速公路粤境连州至怀集段同为一个施工项目。[详细情况见本章第十四节二连浩特—广州高速公路广东段（G55）"一、连州—怀集高速公路"]

第十九节　广州—昆明高速公路广东段（G80）

广州—昆明高速公路（简称"广昆高速公路"），是国家高速公路网"71118 + 6"中的一条横向干线，编号为 G80。起于广东省广州市，经广东省、广西壮族自治区、云南省，止于云南省昆明市，全长 1376km。

广昆高速公路在广东省境内线路与《广东省高速公路网规划》第三横线部分线路共线，起于佛山市南海区丹灶镇横江圩金沙互通式立交，与沈海高速公路广州西二环相接，线路往西经三水、高要城区、云浮市区、云安县、郁南县，止于郁南平台镇粤桂交界处，接广昆高速公路广西段，全长 187.037km，已全部建成通车。

广昆高速公路广东境内线路由 3 段组成：广州—肇庆高速公路、肇庆马安—云浮河口高速公路、云浮河口—郁南平台高速公路。

一、广州—肇庆高速公路

广肇高速公路南海横江—高要马安段是广昆高速公路粤境内的重要路段,与广东省干线公路网中第三横线部分共线,东起佛山南海横江与沈海高速公路(G15)广州西二环南段相连,经丹灶、金本、金利、蚬岗、白土、莲塘镇,西止高要市马安镇,与广昆高速公路广云路段及国道324线相连,全长51.128km。总投资23.6亿元,分两期建设。广肇高速公路一期于1995年12月开工建设,2002年8月通车。广肇高速公路二期于2008年6月开工建设,2010年9月通车。

广肇高速公路由肇庆粤肇公路有限公司负责投资建设和运营管理。

(一)主要技术指标和建设规模

广肇高速公路一期工程上官员至马安段按平原微丘高速公路标准建设,全长48.01km,双向四车道,设计速度120km/h。设金马和新兴江特大桥2座,主要大桥2座(表3-19-1)。设上官员、金利、蚬岗、白土和马安等5处互通式立交。广肇高速公路二期工程路线全长5.386km,双向六车道,特大桥2座,大桥1座,设五村互通立交1处,采用高速公路标准,设计速度120km/h。路段全线设6个匝道收费站、1个服务区、1个养护工区。

(二)建设情况

1. 建设依据

1993年10月12日,广东省计划委员会批复项目工可报告。

1995年8月29日,广东省计划委员会批复一期项目工可报告。

1998年10月23日,广东省计划委员会批复一期项目变更投资主体。

1999年10月22日,广东省建委批复项目初步设计。

2006年1月26日,广东省发改委批复二期项目工可。

2007年6月26日,广东省交通厅批复二期项目初步设计。

2. 资金来源

广肇高速公路第一期工程由广东省路桥建设发展公司、肇庆市公路发展总公司、广东省高速公路发展股份有限公司、Art Smart International Limited 四方按各占25%比例共同投资,其中35%为资本金,其余为银行贷款。二期工程项目资金来源由肇庆粤肇公路有限公司提供,其余通过银行贷款。

3. 征地拆迁

广肇高速公路第一期工程与佛山市三水区政府、高要市政府签订征地拆迁包干协议

广肇高速公路横江—马安主要桥梁表

表 3-19-1

序号	桥梁分类	桥梁名称	起止桩号	桥梁长度（m）	桥面宽度（m）	车道数	设计汽车荷载等级	通车时间	备注
1	特大桥	K1+609 横江特大桥	K0+710～K2+508	1798	33.5	6	公路—Ⅰ级	2010年	二期工程
2	特大桥	K4+178 五村特大桥	K2+947.47～K5+408.53	2461.06	33.5	6	公路—Ⅰ级	2010年	二期工程
3	特大桥	K10+010 金马大桥	K9+054.14～K10+966.74	1912.6	主桥29.8,引桥26.5	6	汽车—超20级,挂车—120	2002年	一期工程
4	特大桥	K49+379 新兴江大桥	K48+830.24～K49+927.76	1097.52	24.5	4	汽车—超20级,挂车—120	2002年	一期工程
5	大桥	K5+612.53 大桥	K5+6559.53～K5+665.53	106	33.5	6	公路—Ⅰ	2010年	二期工程
6	大桥	K51+359 路改桥	K51+188.28～K51+529.72	341.44	24.5	4	汽车—超20级,挂车—120	2002年	一期工程
7	大桥	K51+737 跨三茂铁路	K51+637.64～K51+836.36	198.72	24.5	4	汽车—超20级,挂车—120	2002年	一期工程

书,共征用土地6006.72亩。二期工程征地在拆迁补偿工作以当地政府为主,与佛山市三水区政府、南海区政府签订征地拆迁包干协议书,由政府组织拆迁工作。共征地336.12亩,其中南海境内104.58亩,三水境内231.54亩。

4. 招投标

广肇高速公路第一期工程采取工程施工总承包建设的模式,总承包单位自营50%工程,公开招标50%工程。1998年12月,在广东省公证处公证下,总承包招标邀请了广东省内三家有总承包资质的公司竞标,评审确定广东省公路工程建设集团有限公司中标。公开招标50%的工程总承包委托广东虎门技术咨询有限公司对外公开招标,2001年1月9日,在肇庆市建设工程交易中心公开开标。

金马大桥按照基建程序,经过招标投标竞争,1995年3月20日,广东省公路工程建设集团有限公司与重庆桥梁工程总公司签订了金马大桥工程项目总承包合同。

5. 主要设计、施工、监理单位

设计单位:广东省公路规划勘察设计院。

施工单位:广东省公路工程建设集团有限公司、肇庆市公路工程总公司、广东冠粤路桥有限公司、重庆桥梁工程总公司。

监理单位:广东虎门技术咨询有限公司、广东华路交通科技有限公司。

6. 重大工程变更

2002年1月,广东省交通厅批复该项目6项工程设计变更。一是沥青路面上面层碎石变更为玄武岩;二是软基处理,新增软土路基约4.8km;三是桥台(涵)背填筑砂砾材料,原设计概算中漏列;四是K60+886~K61+220段高路堤变更为桥梁方案,增加桥长340m;五是肇江分离式立交(K46+673.925)提高标准加宽工程;六是增设金利、蚬岗、白土互通立交连连接线工程。

2002年5月,广东省交通厅批复新兴江特大桥溶洞设计变更。

2005年10月,广东省交通厅召开协调会,同意项目业主意见金马大桥工程相关重大变更。

2007年10月,广东省交通厅批复新兴江特大桥桩基变更、路线调整纵坡变更等。

(三)复杂技术工程

金马大桥位于广(州)肇(庆)高速公路上,在三水市金本镇与高要市金利镇之间横跨西江,是广肇高速公路跨越西江的特大型桥梁,也是广肇高速公路的控制性工程之一。

金马大桥全长1912.6m,桥宽26.5m,双向六车道。主桥采用预应力钢筋混凝土独塔斜拉桥与刚构联合体系,结构新颖,技术复杂,施工难度大。主跨 $2\times283m$,是当时世界上同类型结构中跨径最大的公路桥梁。

(四)运营管理

1. 运营公司

广肇高速公路由肇庆粤肇公路有限公司负责投资、建设、经营、管理业务及服务区的监管。广肇公司成立于1998年11月23日,由广东省路桥建设发展有限公司、肇庆市公路发展总公司、广东省高速公路发展股份有限公司和迅浩国际有限公司(外资)四家股东均按25%的比例出资组成合作企业。

广肇公司实行董事会领导下的经营班子负责制,按公司经营班子—管理部门—基层单位(站、队)三级管理模式设置,实行以"条块结合,以块为主"的扁平化管理,设有综合事务部、人力资源部、计划财务部、收费管理部、养护工程部五个职能部门和一个路政大队,其中人力资源部下设培训中心,收费管理部下设监控调度中心、稽查队和系统维护,路政大队下设广肇一中队。

2. 收费站点

广肇高速公路沿线分别设三水西、金利、蚬岗、白土、莲塘、马安6个匝道收费站,总车道数59条(表3-19-2)。

收费站点设置情况表 表3-19-2

站点名称	车道数		收费方式
	出口	入口	
三水西站	7	3	人工+ETC
金利站	6	3	人工+ETC
蚬岗站	4	2	人工+ETC
白土站	9	5	人工+ETC
莲塘站	7	4	人工+ETC
马安站	6	3	人工+ETC
合计	39	20	

3. 车流量

车流量情况见表3-19-3。

车流量情况表 表3-19-3

年份(年)	日平均流量(辆)	年份(年)	日平均流量(辆)
2002	9200	2004	13386
2003	10943	2005	16723

续上表

年份(年)	日平均流量(辆)	年份(年)	日平均流量(辆)
2006	19328	2011	46844
2007	23762	2012	55138
2008	25643	2013	64221
2009	29389	2014	72559
2010	37089	2015	78173

4.养护管理及主要大修工程

广肇公司自2002年开通之日起推行"管养分离"养护模式,确立"专业化、社会化、规范化和制度化"的养护管理总体目标,形成比较完整的养护管理制度体系。通过招投标方式,选择有相应资质的养护施工单位进行高速公路的日常小修保养工作,一般专项工程直接委托养护施工单位实施,大的专项工程实行施工招标。

2010年以来,广肇公司共计投入约22280万元进行日常养护及大中修工程,主要大修工程有:

(1)沥青路面大修先行工程:2010年12月,对沥青路面出现的车辙、裂缝、坑槽、唧浆等病害进行处治,沥青路面大修先行工程左右幅,共48.151km。

(2)沥青路面大修后续工程:2014年9月对沥青路面出现的车辙、裂缝、坑槽、唧浆等病害进行处治,对路基出现的纵向裂缝进行加固处理。

(3)水泥混凝土路面加铺沥青混凝土工程:2014年12月,对水泥路面破碎板进行更换,对损坏基础进行处理,对脱空板块进行压浆,并加铺沥青混凝土。

5.路政管理

广肇高速公路路政大队于2003年5月20日成立,负责维护和管理广肇高速公路的路产路权。

广肇高速公路路政大队对路产路权实行两级管理,其中大队负责广肇高速公路产权的维护和管理,中队负责辖区路段产权的维护和管理。在日常工作中,中队按照"四班三轮转"的作业模式开展路政巡查工作。发现路产受损或侵犯路权案件,由当班巡查人员及时前往案发现场处理。同时,大队加强路面施工作业管理,规范施工证发放。

(五)企业文化建设

1.广肇公司文明服务"五要素"体系

广肇公司在运营管理工作中,以规范、高效、创新服务作保证,将文明服务"五要素"体系渗入到各个岗位当中。规范文明服务和文明执法流程,规范岗位行为,做到服务工作制度化,服务用语规范化,服务程序程序化,服务项目系统化,标准服务条理化。

2. 以创建"青年文明号"为目标,定期开展"站长服务日"活动

公司以"创一流的专业化运营管理公司"为战略目标,以团员青年为核心,按照"管理一流、服务一流、业绩一流、人才一流"的要求,达到国家级青年文明号的标准,荣获全国"青年文明号"称号。

每年开展"站长服务日"活动,现场开展文明服务满意度调查,解答驾乘人员的疑难,受理车主投诉和建议,提供现场咨询服务,同时,让养护车、路政车随车携带维修工具、水、药品、食品,行驶在公路上,为需要帮助的驾乘人员提供服务等。

10多年来,粤肇公司先后荣获"全国三八红旗集体""企业质量信用AAAA级单位"、广东省级"青年文明号"、全国"青年文明号"等各种荣誉称号,初步创立了自己的企业文化,走出了一条具有广肇特色的路。

二、肇庆马安—云浮河口高速公路

广昆高速公路(马安至河口段,立项时称"广梧高速公路")位于粤西地区,东接已建成通车的广肇高速公路,往西延伸接广梧高速公路(河口至平台段)和广西南(宁)梧(州)、桂(林)梧(州)等高速公路,是国家高速公路G80的一段,是沟通粤港澳与广西及西南各省的重要通道,是广东省高速公路网和连通山区高速公路的重要组成部分,也是"十五"规划建设的重点高速公路项目之一。该路东起于肇庆辖高要市马安镇,接广肇高速公路,沿线经高要市白诸镇,云浮市云城区思劳、安塘镇,西止于云浮市区河口镇,并与国道G324线相连,全长约37.419km。工程概算14.2亿元,竣工决算136645.62万元。2003年3月1日开工建设,2004年12月24日建成通车。

(一)主要技术指标和建设规模

广梧高速公路(马安至河口段)按平原微丘区和重丘区高速公路标准建设,双向四车道,设计速度100～120km/h,全长37.419km。全线设有桥梁64座,其中特大桥2座(双福),主要大桥2座(双福)(表3-19-4)。

(二)建设情况

1. 建设依据

1998年7月23日,广东省计划委员会《关于广州至苍梧高速公路马安至河口段项目建议书的批复》。

2002年4月10日,广东省计划委员会批复项目工可。

2002年11月11日,广东省建设厅批复项目初步设计方案和概算。

2002年12月25日,广东省交通厅批准广梧高速公路(马安至河口段)项目开工报告。

表3-19-4

肇庆马安—云浮河口高速公路主要桥梁表

序号	桥梁分类	桥梁名称	中心桩号	桥梁长度(m)	桥面宽度(m)	车道数	设计汽车荷载等级	开工时间	完工时间	备注
1	特大桥	马安主线桥(右幅)	K52+908.289	2057.04	11.25	2	汽车—超20级,挂车—120	2002年12月26日	2004年12月24日	
	特大桥	马安主线桥(左幅)	K52+908.289	2057.04	11.25	2	汽车—超20级,挂车—120	2002年12月26日	2004年12月24日	
2	特大桥	大朗大桥(右幅)	K57+576	1305.54	11.25	2	汽车—超20级,挂车—120	2002年12月26日	2004年12月24日	
	特大桥	大朗大桥(左幅)	K57+576	1305.54	11.25	2	汽车—超20级,挂车—120	2002年12月26日	2004年12月24日	
3	大桥	石下大桥(右幅)	K58+706	545.54	11.25	2	汽车—超20级,挂车—120	2002年12月26日	2004年12月24日	
	大桥	石下大桥(左幅)	K58+706	545.54	11.25	2	汽车—超20级,挂车—120	2002年12月26日	2004年12月24日	
4	大桥	布院大桥(右幅)	K63+981	315.54	11.25	2	汽车—超20级,挂车—120	2002年12月26日	2004年12月24日	
	大桥	布院大桥(左幅)	K63+981	315.54	11.25	2	汽车—超20级,挂车—120	2002年12月26日	2004年12月24日	
5	大桥	南山河大桥(右幅)	K87+570	225.54	11.25	2	汽车—超20级,挂车—120	2002年12月26日	2004年12月24日	
	大桥	南山河大桥(左幅)	K87+570	225.54	11.25	2	汽车—超20级,挂车—120	2002年12月26日	2004年12月24日	

2. 资金来源

广梧高速公路(马安至河口段)工程建设批复概算14.2亿元。出资比例为广东省路桥建设发展有限公司占70%,深圳高速公路股份有限公司占30%。

3. 征地拆迁

广梧高速公路(马安至河口段)项目的征地拆迁工作分别委托云浮市政府和肇庆高要市政府包干负责,并分别签订《征地拆迁承包合同》。全线完成征用土地4203.5亩。

4. 招投标

广梧高速公路(马安至河口段)工程项目按照《中华人民共和国招标投标法》,全部进入广东省建设工程交易中心进行全国范围公开招标。

5. 主要设计、施工、监理单位

设计单位:广东省公路勘察规划设计院有限公司、中国公路工程咨询监理总公司。

施工单位:中港四航局第一工程公司、广东省航盛建设集团有限公司、广东冠粤路桥有限公司、广东省长大公路工程有限公司等13个单位。

监理单位:北京华宏工程监理咨询有限公司、北京路桥通工程监理咨询有限公司。

6. 重大变更

(1)根据地方政府及群众要求对南山河渠进行大规模改线。

(2)因沿线地质水文情况特殊,实施施工过程中发现软土地基远远超出初步设计及施工图设计规模,全线软基处理工程量及长度增加较大;路线纵坡调整长度4410m。新增桥长3312m。

(3)增加三座地方道路上跨主线的跨线桥线桥。

(4)沥青路面上、中面层的沥青使用SBS(I-D)改性沥青,下面层的沥青由原设计的AH-50变更为AH-70重交通沥青。

(5)马安立交桥及马安大桥桥面铺装改用钢纤维混凝土。

(6)针对溶洞地区桥梁桩基在施工中出现的问题,对基础进行变更设计。

(7)根据三茂铁路公司的要求部分修改跨铁路大桥连续箱梁的上下部结构,增加桥下预留宽度。

(8)为方便二期工程施工,将路线终点桩号延长107m,新增3×20m中桥一座。

(9)对云浮东立交平交口变更,采用渠化T形平面交叉。

(10)调整服务区设计规模。

(三)复杂技术工程

(1)引进先进的石料生产工艺,从源头上控制石料质量。针对沥青中、下面层部分石料小于 0.075mm 含量超标的现象,要求在碎石加工生产线上加装负压式除尘设备,对碎石在反击式破碎机和振动筛上进行除尘。根据广梧高速公路(马安至河口段)沿线分布有辉绿岩,适合用于抗滑表层的岩石的情况,云浮市广云高速公路有限公司要求施工单位在云浮云安县开采了一辉绿岩石场。该石场采用颚式破-圆锥破-反击破的三级破碎、三级筛分(圆锥破后筛除石屑、反击破后筛除石屑、然后进行碎石筛分)、双料仓(颚式破和圆锥破后各设一料仓)、二级除尘(反击破和二级振动筛一级除尘,即石屑除尘;三级振动筛二级除尘,即碎石除尘)的生产工艺进行生产,同时加大反击式破碎机的进料粒径,以减少碎石针片状含量。有效保证提高集料与沥青的黏附性能,为路面的抗车辙起到良好作用。

(2)为使边坡绿化工程具有自己鲜明的独特性及先进性,在施工中采用了喷混植生的坡面快速绿化新技术。喷混植生技术是利用强压喷射机将种植介质、有机物、复合肥、保水材料、固土剂、接合剂、植物种子等基材混合物搅拌均匀后加水喷射到坡面上,由于接合剂的黏结作用,基材混合物可在喷浆表面形成一个既能让植物生长发育而种植基质又不被冲刷的多孔稳定结构,种子可以在空隙中生根发芽、生长,而一定程度的硬化又可防止被雨水冲刷,从而达到快速(2~3个月)固土护坡、恢复植被、美化环境的目的,同时通过喷播经催芽的灌木种子,与草种共同生长,形成草木共生的植物群落。

(3)机电工程收费数据传输及闭路电视图像传输都采用了比较新的传输以太网传输技术。收费数据采用 10M/100M 以太网方式传输,给收费数据提供了足够带宽的数据通道,突破了以往光端机 2 兆口点对点进行传输方式,为以后网络扩容及增加业务模块提供硬件支持。

(四)科技创新

(1)联合同济大学道路与机场工程系开展了"长寿命沥青路面结构行为研究"。针对重交通道路动水压力大、轮胎接地压力不均布的特点,进一步深化动水压力的研究,结合沥青路面早期损坏调查的成果,将理论研究应用于道路实践,提出防治对策,提高沥青路面质量,减少和避免早期损坏的发生,减少维修,节约路面的寿命周期成本。

(2)联合武汉理工大学开展"基于光纤传感技术的公路软基仿真监控及管桩加固软土路基的应用研究",系统地开展高液限土路基填筑技术和软基施工监控量侧技术的研究。

(五)运营管理

1. 运营公司

2004年11月,云浮市广云高速公路有限公司与肇庆粤肇公路有限公司(粤肇公司)

签订《广梧高速公路马安至河口段运营业务委托管理协议》,将广云高速公路包括主线约37km,以及云浮东、思劳、白诸、马安(1/2)三个半互通式立交的运营管理业务委托粤肇公司管理。至2012年12月31日,广云高速公路终止与粤肇公司的运营业务委托管理。转而采用主体运作、业务委托的管理模式,将运营管理业务委托广东云梧高速公路有限公司管理。

2. 收费站点

广云路段共3个收费站,分别为白诸、思劳、云浮东3个收费站(表3-19-5)。全路段收费站点共有16条收费车道,绿色通道3条,另有复式收费亭10个。

收费站点设置情况表　　　　　　　　　　　　　　表3-19-5

站点名称	车道数	收费方式
云浮东	2条入口,4条出口	封闭式收费,MTC+ETC
思劳	2条入口,3条出口	封闭式收费,MTC+ETC
白诸	2条入口,3条出口	封闭式收费,MTC+ETC

3. 车流量

车流量情况见表3-19-6。

车流量情况表　　　　　　　　　　　　　　表3-19-6

年份(年)	车流量(辆)	年份(年)	车流量(辆)
2004	3468	2011	23557
2005	5784	2012	25489
2006	7695	2013	30885
2007	9185	2014	34488
2008	9805	2015	37702
2009	11523	2016	42632
2010	17439		

4. 服务区

全线设有安塘服务区,服务区占地75亩。

5. 养护管理及主要维修工程

(1)养护管理

广云高速公路的养护工作由广东云梧高速公路有限公司代管,通过招投标,土建日常养护工程由广东省长大公路工程有限公司负责施工。

日常工作中,积极贯彻"预防为主、防治结合、依靠科技、全面养护"的养护工作方针,实行四项制度,即项目法人制度、招投标制度、工程监理制度和合同管理制度,实行统一领导、分级管理,推行专业化、规模化、社会化和科学化。

（2）主要维修工程

①2013年广昆高速公路G80粤境马安至河口段沥青路面预防性养护及维修处治中修工程；

②2013年广昆高速公路G80粤境马安至河口段桥涵维修加固工程；

③2013年广昆高速公路G80粤境马安至河口段广州方向布院大桥10号墩顶桥面抢险工程；

④2013年广昆高速公路G80粤境马安至河口段布平大桥、清水塘大桥等桥梁更换伸缩缝工程；

⑤2014年广昆高速公路G80粤境马安至河口段沥青路面预防性养护及维修处治中修工程；

⑥2015年广昆高速公路G80粤境马安至河口段沥青路面预防性养护及维修处治中修工程；

⑦2015年广昆高速公路G80粤境马安至河口段桥涵病害维修处治中修工程；

⑧2015年运营高速公路交通标志规范化改造工程。

6.路政管理

广云高速公路路政中队于2013年1月1日起由广东云梧高速公路有限公司接管。路政中队对广云高速公路沿线所有的交通标志牌、公路设施、桥梁等路产进行登记建档，并逐年对新增的路产及时登记更新。对于违章建筑物、违章广告，或者其他破坏、侵占公路的行为，要求限期拆除。同时，采用有力措施，提升路产损坏案件赔付率。对于路产损坏逃逸案件、偷盗案件以及路产索赔未结案件，通过路产保险方式来获取补偿金。

(六)企业文化建设

一是关注需求，服务公共出行，打造平安畅通的服务文化。通过对社会需求、顾客需求、政府需求、员工需求、股东需求进行分析，以及对高速公路公共出行服务需求的"六要素"，打造平安畅通的服务文化。

二是思路创新，完善评价体系，打造平等公正的制度文化。在企业制度建设过程中，健全、完善各项管理制度，强化绩效考核，形成按制度办事、靠制度管人的有效机制，推进全方位制度化管理。

三是推行社区文化，营造和谐多彩的物质文化。在日常管理中融入了"社区文化"的组织形式，根据员工特长和爱好，先后成立了摄影、网球、羽毛球、舞蹈、歌唱等十几个兴趣小组，开展丰富多样的业务文化活动。

四是建立完善的廉政制度。专门制定了《廉政合同》实施细则和党风廉政建设责任制,使得廉政建设有章可循。

三、云浮河口—郁南平台高速公路

广东省河口至平台(粤桂界)高速公路(简称"广梧高速公路"),位于广东省云浮市境内,是国家高速公路G80的重要组成部分。广梧高速公路项目起于云浮市云城区河口镇与广云高速公路连接,经云安,止于郁南县平台镇,顺接广西苍梧至郁南高速公路;封开连接线位于广东省云浮市郁南县境内,起于肇庆封开长岗上涌村,跨西江,止于郁南互通立交出口,串联了国道G321线。

路线全长98.49km;封开连接线为新建双向两车道二级公路,全长14.79km。广梧高速公路项目总投资为85.81亿元。2005年11月8日开工建设,2010年6月30日建成通车。由广东省路桥建设发展有限公司、广东省长大发展有限公司投资建设。

(一)主要技术指标和建设规模

广梧高速公路项目沿线地貌单元主要分为两大类型:山地丘陵、河谷盆地(平原),并以低山丘陵为主(约占90%)。该项目特点:①线路穿越典型粤西山岭重丘区;②桥隧比大,全线桥隧比达50%;③地质条件复杂,高填深挖多。

主线按高速公路标准建设,全封闭、全立交、双向四车道,设计速度80km/h。封开连接线长14.79km,按二级公路标准建设。

广梧高速公路项目设有大、中、小各类桥梁122座,其中主要桥梁45座(表3-19-7),隧道18座(单洞)(表3-19-8)。全线设云安、连滩、建城、郁南、高村、平台6处互通式立交,预留高村、平台2处互通式立交;设双凤枢纽立交与云罗高速公路相接;设葵洞、建城两处服务区和逍遥口停车区;设管理中心1处。

(二)建设情况

1. 建设依据

2005年11月11日,国家发展和改革委员会《关于广东省河口至平台段(粤桂界)公路项目核准的批复》。

2006年12月5日,广东省交通厅以《交通部关于河口至平台(粤桂界)公路初步设计的审查意见的通知》对项目初步设计批复。

2006年12月7日和2007年11月5日,广东省交通厅分别下发《广东省河口至平台(粤桂界)公路河口至双凤段施工图设计审查意见的函》和《关于印发广东省河口至平台(粤桂界)公路双凤至平台段施工图设计审查意见的通知》。

表 3-19-7

云浮河口—郁南平台高速公路主要桥梁表

序号	桥梁分类	桥梁名称	中心桩号	桥梁长度（m）	桥面宽度（m）	车道数	设计汽车荷载等级	开工时间	完工时间	备注
1	大桥	云浮铁路跨线桥（右幅）	K91+335	327.54	12.25	2	公路—Ⅰ级	2006年10月	2010年6月	
	大桥	云浮铁路跨线桥（左幅）	K91+335	327.54	12.25	2	公路—Ⅰ级	2006年10月	2010年6月	
2	大桥	钟屋高架桥（右幅）	K93+137	230.54	12.25	2	公路—Ⅰ级	2006年10月	2010年6月	
	大桥	钟屋高架桥（左幅）	K93+444	230.54	12.25	2	公路—Ⅰ级	2006年10月	2010年6月	
3	大桥	青洲水泥厂铁路跨线桥（右幅）	K95+447	470.54	12.25	2	公路—Ⅰ级	2006年10月	2010年6月	
	大桥	青洲水泥厂铁路跨线桥（左幅）	K95+154	579.79	12.25	2	公路—Ⅰ级	2006年10月	2010年6月	
4	大桥	硫铁矿铁路跨线桥	K97+078	280.54	24.50	4	公路—Ⅰ级	2006年10月	2010年6月	
5	大桥	罗冲跨线桥	K97+086	359.14	24.50	4	公路—Ⅰ级	2006年10月	2010年6月	
6	大桥	彩营高架桥	K98+419	355.54	24.50	4	公路—Ⅰ级	2006年10月	2010年6月	
7	大桥	高峰跨线桥（右幅）	K100+213	793	12.25	2	公路—Ⅰ级	2005年11月	2010年6月	
	大桥	高峰跨线桥（左幅）	K100+246	777	12.25	2	公路—Ⅰ级	2005年11月	2010年6月	
8	大桥	大庆跨线桥（右幅）	K100+982	568.5	12.25	2	公路—Ⅰ级	2005年11月	2010年6月	
	大桥	大庆跨线桥（左幅）	K100+982	568.5	12.25	2	公路—Ⅰ级	2005年11月	2010年6月	
9	大桥	高简头高架桥（右幅）	103+104	206	12.25	2	公路—Ⅰ级	2005年11月	2010年6月	
	大桥	高简头高架桥（左幅）	K103+163	206	12.25	2	公路—Ⅰ级	2005年11月	2010年6月	
10	大桥	婆岭跨线桥（左幅）	110+296	181	12.25	2	公路—Ⅰ级	2005年11月	2010年6月	
11	大桥	旧仓跨线桥（右幅）	K110+678	936	12.25	2	公路—Ⅰ级	2005年11月	2010年6月	
12	大桥	大洞跨线桥（左幅）	K110+683	246	12.25	2	公路—Ⅰ级	2005年11月	2010年6月	
13	大桥	大山跨线桥（左幅）	K111+218	426	12.25	2	公路—Ⅰ级	2005年11月	2010年6月	
14	大桥	四芽洞高架桥（右幅）	K113+066	233.54	12.25	2	公路—Ⅰ级	2006年10月	2010年6月	
15	大桥	上围高架桥（右幅）	K113+586	355.54	12.25	2	公路—Ⅰ级	2006年10月	2010年6月	
	大桥	上围高架桥（左幅）	K113+507	455.54	12.25	2	公路—Ⅰ级	2006年10月	2010年6月	
16	大桥	新星高架桥	K114+994	500.74	24.50	4	公路—Ⅰ级	2006年10月	2010年6月	

续上表

序号	桥梁分类	桥梁名称	中心桩号	桥梁长度(m)	桥面宽度(m)	车道数	设计汽车荷载等级	开工时间	完工时间	备注
17	大桥	等头高架桥（右幅）	K116+961	340	12.25	2	公路—I级	2006年10月	2010年6月	
	大桥	等头高架桥（左幅）	K116+948.5	370.54	12.25	2	公路—I级	2006年10月	2010年6月	
18	大桥	官桥跨线桥（右幅）	K118+499.9	573.14	12.25	2	公路—I级	2006年10月	2010年6月	
	大桥	官桥跨线桥（左幅）	K118+514	600.54	12.25	2	公路—I级	2006年10月	2010年6月	
19	大桥	五里顶高架桥	K120+875.5	380.54	24.50	4	公路—I级	2007年10月	2010年6月	
20	大桥	BK70+290.7跨线桥（左幅）	K121+853.7	375.54	12.25	2	公路—I级	2007年10月	2010年6月	
21	大桥	东坜高架桥（右幅）	K129+508	702.77	12.25	2	公路—I级	2007年10月	2010年6月	
	大桥	东坜高架桥（左幅）	K129+438	840	12.25	2	公路—I级	2007年10月	2010年6月	
22	大桥	南江大桥	K130+253	435.54	24.50	4	公路—I级	2007年10月	2010年6月	
23	大桥	逍遥口大桥（右幅）	K130+713	282.76	12.25	2	公路—I级	2007年10月	2010年6月	
	大桥	逍遥口大桥（左幅）	K130+703	262.77	12.25	2	公路—I级	2007年10月	2010年6月	
24	大桥	高寨坪高架桥	K131+958	530.54	24.50	4	公路—I级	2007年10月	2010年6月	
25	大桥	下寨高架桥	K132+616	280.54	24.50	4	公路—I级	2007年10月	2010年6月	
26	大桥	书管高架桥（右幅）	K134+511	665.76	12.25	2	公路—I级	2007年10月	2010年6月	
	大桥	书管高架桥（左幅）	K134+501	645.76	12.25	2	公路—I级	2007年10月	2010年6月	
27	大桥	旧屋背高架桥（右幅）	K135+193	560.76	12.25	2	公路—I级	2007年10月	2010年6月	
	大桥	旧屋背高架桥（左幅）	K135+198	573.15	12.25	2	公路—I级	2007年10月	2010年6月	
28	大桥	盆古高架—右幅	K135+679	300.76	12.25	2	公路—I级	2007年10月	2010年6月	
	大桥	盆古高架—左幅	K135+693	310.76	12.25	2	公路—I级	2007年10月	2010年6月	
29	特大桥	新庆高架桥（右幅）	K138+753	1201.36	12.25	2	公路—I级	2007年10月	2010年6月	
	特大桥	新庆高架桥（左幅）	K138+753	1203.45	12.25	2	公路—I级	2007年10月	2010年6月	
30	大桥	龙庆宫高架桥（右幅）	K139+818	480	12.25	2	公路—I级	2007年10月	2010年6月	
	大桥	龙庆宫高架桥（左幅）	K139+803	510	12.25	2	公路—I级	2007年10月	2010年6月	

续上表

序号	桥梁分类	桥梁名称	中心桩号	桥梁长度（m）	桥面宽度（m）	车道数	设计汽车荷载等级	开工时间	完工时间	备注
31	特大桥	石排口高架桥（右幅）	K140+793	1081.2	12.25	2	公路—Ⅰ级	2007年10月	2010年6月	
	大桥	石排口1号桥（左幅）	K140+430	324.1	12.25	2	公路—Ⅰ级	2007年10月	2010年6月	
	大桥	石排口2号桥（左幅）	K141+008	711.2	12.25	2	公路—Ⅰ级	2007年10月	2010年6月	
32	大桥	白石岭高架桥（右幅）	K145+703	465.54	12.25	2	公路—Ⅰ级	2007年10月	2010年6月	
	大桥	白石岭高架桥（左幅）	K145+703	485.54	12.25	2	公路—Ⅰ级	2007年10月	2010年6月	
33	大桥	路下寨跨线桥（右幅）	K146+850	470.1	12.25	2	公路—Ⅰ级	2007年10月	2010年6月	
	大桥	路下寨跨线桥（左幅）	K146+848	474.1	12.25	2	公路—Ⅰ级	2007年10月	2010年6月	
34	大桥	路下寨高架桥（右幅）	K147+574	564.1	12.25	2	公路—Ⅰ级	2007年10月	2010年6月	
	大桥	路下寨高架桥（左幅）	K147+599	630.6	12.25	2	公路—Ⅰ级	2007年10月	2010年6月	
35	特大桥	大用跨线桥	K148+889	1957	24.50	4	公路—Ⅰ级	2007年10月	2010年6月	
36	大桥	连城河大桥（右幅）	K150+383	521.2	12.25	2	公路—Ⅰ级	2007年10月	2010年6月	
	大桥	连城河大桥（左幅）	K150+363	481.2	12.25	2	公路—Ⅰ级	2007年10月	2010年6月	
37	大桥	大林高架桥	K151+551	280.54	24.50	4	公路—Ⅰ级	2007年10月	2010年6月	
38	大桥	陈屋跨线桥（右幅）	K157+352	430.54	12.25	2	公路—Ⅰ级	2007年10月	2010年6月	
	大桥	陈屋跨线桥（左幅）	K157+380	486.54	12.25	2	公路—Ⅰ级	2007年10月	2010年6月	
39	大桥	横埔高架桥	K162+208	253.46	24.50	4	公路—Ⅰ级	2007年10月	2010年6月	
40	大桥	桂河大桥（右幅）	K164+718	480.54	12.25	2	公路—Ⅰ级	2007年10月	2010年6月	
	大桥	桂河大桥（左幅）	K164+705	505.54	12.25	2	公路—Ⅰ级	2007年10月	2010年6月	
41	大桥	百路领高架桥（右幅）	K167+550	363.45	12.25	2	公路—Ⅰ级	2007年10月	2010年6月	
	大桥	百路领高架桥（左幅）	K167+546	391.36	12.25	2	公路—Ⅰ级	2007年10月	2010年6月	
42	大桥	百路领跨线桥（右幅）	K168+029	351.36	12.25	2	公路—Ⅰ级	2007年10月	2010年6月	
	大桥	百路领跨线桥（左幅）	K167+003	391.36	12.25	2	公路—Ⅰ级	2007年10月	2010年6月	
43	大桥	三窝跨线桥（右幅）	K170+375	539.54	12.25	2	公路—Ⅰ级	2007年10月	2010年6月	

续上表

序号	桥梁分类	桥梁名称	中心桩号	桥梁长度（m）	桥面宽度（m）	车道数	设计汽车荷载等级	开工时间	完工时间	备注
43	大桥	三窝跨线桥（左幅）	K170+375	539.54	12.25	2	公路－Ⅰ级	2007年10月	2010年6月	
44	大桥	新屋高架桥	K177+029	755.54	24.50	4	公路－Ⅰ级	2007年10月	2010年6月	
45	大桥	新塘跨路桥（右幅）	K182+163	244.04	12.25	2	公路－Ⅰ级	2007年10月	2010年6月	
	大桥	新塘跨路桥（左幅）	K182+158	230.54	12.25	2	公路－Ⅰ级	2007年10月	2010年6月	

云浮河口—郁南平台高速公路隧道表

表3-19-8

序号	隧道分类	隧道名称	起止桩号	长度（单洞,m）	行车道宽度（单洞,m）	隧道净高（m）	车道数	开工时间	完工时间	备注
1	长隧道	大哗山右线隧道	K93+654～K94+833	1179	7.7	5	4	2006年10月	2010年6月	
		大哗山左线隧道	K94+829～K93+649	1180	7.7	5	4	2006年10月	2010年6月	
2	短隧道	石梯迳右线隧道	K95+433～K95+718	285	7.7	5	4	2005年11月	2010年6月	
		石梯迳左线隧道	K95+718～K95+457	261	7.7	5	4			
3	特长隧道	石牙山右线隧道	K104+907.16～K109+513.61	4606.45	7.7	5	4	2006年10月	2010年6月	
		石牙山左线隧道	K109+485.07～K104+929.16	4555.91	7.7	5	4			
4	短隧道	大涧右线隧道	K111+325.42～K111+605.58	280.16	7.7	5	4	2006年10月	2010年6月	
	中隧道	大涧左线隧道	K111+680～K112+215	535	7.7	5	4			
5	短隧道	五指山右线隧道	K112+644.2～K111+853	791.2	7.7	5	4	2006年10月	2010年6月	
	长隧道	五指山左线隧道	K118+918～K120+156.94	1238.94	7.7	5	4			
			K120+141.12～K118+922	1219.12						
6	长隧道	茶林顶右线隧道	K123+163～K125+763	2600	7.7	5	4	2007年10月	2010年6月	
		茶林顶左线隧道	K125+776～K123+085	2691	7.7	5	4			
7	短隧道	三家赛右线隧道	K134+047～K134+173	126	7.7	5	4	2007年10月	2010年6月	
		三家赛左线隧道	K134+173～K134+047	126	7.7	5	4			

续上表

序号	隧道分类	隧道名称	起止桩号	长度（单洞,m）	行车道宽度（单洞,m）	隧道净高（m）	车道数	开工时间	完工时间	备注
8	长隧道	旗山顶右线隧道	K136+197.46~K138+148.15	1950.69	7.7	5	4	2007年10月	2010年6月	
9	短隧道	旗山顶左线隧道	K138+153.15~K136+201.56	1951.59	7.7	5	2	2007年10月	2010年6月	
10	特长隧道	石排口右线隧道	K142+071~K141+967	104	7.7	5	4	2007年10月	2010年6月	
		鹅公髻右线隧道	K142+151.26~K145+264.38	3113.12	7.7	5	4	2007年10月	2010年6月	
		鹅公髻左线隧道	K145+272.9~K142+142.24	3130.66	7.7	5	4	2007年10月	2010年6月	
11	短隧道	白石岭右线隧道	K145+937~K146+080	143	7.7	5	4	2007年10月	2010年6月	
		白石岭左线隧道	K146+098.31~K145+946.81	151.5	7.7	5	4	2007年10月	2010年6月	
12	短隧道	黄茅村右线隧道	K146+405.09~K146+608	202.91	7.7	5	4	2007年10月	2010年6月	
		黄茅村左线隧道	K146+608~K146+405.09	202.91	7.7	5	4	2007年10月	2010年6月	
13	长隧道	牛车顶右线隧道	K152+298~K154+755.9	2457.9	7.7	5	4	2007年10月	2010年6月	
		牛车顶左线隧道	K154+766~K152+263	2503	7.7	5	4	2007年10月	2010年6月	
14	短隧道	亚婆髻右线隧道	K157+840.32~K158+303.26	462.94	7.7	5	4	2007年10月	2010年6月	
		亚婆髻左线隧道	K158+308~K157+843	465	7.7	5	4	2007年10月	2010年6月	
15	中隧道	息村大山右线隧道	K166+276~K166+903	627	7.7	5	4	2007年10月	2010年6月	
		息村大山左线隧道	K166+847.58~K166+222.42	625.16	7.7	5	4	2007年10月	2010年6月	
16	短隧道	百路顶右线隧道	K167+143~K167+363.64	220.64	7.7	5	4	2007年10月	2010年6月	
		百路顶左线隧道	K167+346.64~K136+136	210.64	7.7	5	4	2007年10月	2010年6月	
17	短隧道	正涌右线隧道	K168+221.58~K168+493	271.42	7.7	5	4	2007年10月	2010年6月	
		正涌左线隧道	K168+493~K168+221.58	271.42	7.7	5	4	2007年10月	2010年6月	
18	短隧道	次步右线隧道	K184+271.04~K184+538.75	267.71	7.7	5	4	2007年10月	2010年6月	

2. 资金来源

广梧高速公路项目建设资本金35%由股东广东省路桥建设发展有限公司和广东省长大发展有限公司共同出资,其余65%通过银行贷款。

3. 征地拆迁

项目公司分别与云浮市政府和肇庆市封开县政府签订了广梧高速公路河口至平台段及封开连接线的征地拆迁承包合同。项目全线征用土地10633亩,拆迁各类房屋面积128688m^2。

4. 招投标

(1)设计单位招标工作从2006年1月16日开始,至2008年11月13日完成评标工作。中标单位为广东省公路勘察设计院有限公司、中交第二公路工程局有限公司等4个单位。

(2)监理单位招标工作从2005年8月11日开始,至2009年4月完成监理招标工作。中标单位为广东华路交通科技有限公司、广东翔飞公路工程有限公司、广东工程建设监理有限公司。

(3)施工单位进行公开招标,从2005年6月13日开始至2009年7月完成施工招标工作。中标单位为广东省长大公路工程有限公司、中铁十二局集团有限公司等31个单位。

5. 主要设计、施工、监理单位

设计单位:广东省公路勘察规划设计院有限公司。

施工单位:广东省长大公路工程有限公司、中铁二十二局集团有限公司、广东晶通公路工程建设集团有限公司、贵州省桥梁工程总公司等。

监理单位:广东华路交通科技有限公司。

6. 工程变更

广梧高速公路项目处于粤西山区,地势复杂,岩溶、滑坡等不良地质灾害分布广,施工难度大,不可预见的因素多,增加了工程变更。

(1)隧道工程变更:①石牙山隧道竖井及风道变更;②大哗山隧道IK42+177塌方处理;③LK57+793围岩变更;④石牙山隧道LK57+768塌方处理变更;⑤石牙山隧道左线专用道变更;⑥石牙山隧道取消局部锚杆和增设垫板工程。

(2)桥梁工程变更:①云浮铁路路线桥桩基变更;②K49+910中桥增加一跨。

(3)路基工程变更:①RK44+155~RK44+235洗矿池不良地基处理;②K45+762~K46+000段路基变更;③K37+400~K38+840段路基土洞处理变更;④高液限土改良处理;⑤郁南互通AK0+015~AK0+350浸水路堤处理变更;⑥K119+160~K119+300滑塌路基处治;⑦K123+060~K123+260段路基边坡整治;⑧大哗山隧道左线LK42+222.5塌

方处理。

(三)复杂技术工程

1. 石牙山隧道

石牙山隧道左线长4555.91m,右线长4606.45m,是广东省当时在建最长的高速公路隧道,是全线的控制性工程。石牙山隧道2005年11月18日开始施工,2008年3月20日隧道左右线贯通。

石牙山隧道单头掘进施工近2300m,工程量大,施工技术难,须高压进洞才能满足施工用电要求,同时也对通风、出渣、排水等有很高要求。特别是广州端洞身掘进纵向坡度为1.8%,洞内高于洞外,对施工期间通风排气影响很大;此外在苍梧端施工中,LK109.173、RK109.393往小桩号施工开挖为下坡掘进,反坡逐级排水,施工难度大,施工成本增加。隧道洞身开挖与初期支护采用左右线进出口4个洞口施工掘进、二次衬砌左右线4台衬砌台车投入施工的方案。正洞掘进1000m后安装变压器以满足线路电压降要求;采用压入式通风设计方案解决洞内通风要求;反坡排水采用每150m设一集水坑,逐级抽水泵抽排方法。

石牙山隧道采用15m长全液压二次衬砌模板台车灌注混凝土(国内二次衬砌台车一般长度为9~12m,以往施工的隧道二次衬砌台车主要为10~12m),一次浇筑混凝土可达到160m^3,大大加快了施工进度。

石牙山隧道设置通风竖井,是广东省第一座高速公路隧道竖井,井深,施工工序多,技术难度大。通风竖井位于隧道RK108.028偏右25m处,距右线苍梧端洞口1472.37m,井深157m,成井直径7.0m。采用复合式衬砌结构,底部通过联络风道与隧道主洞相连,由送风系统和排风系统组成。施工时针对竖井洞壁直立的筒形规则断面多腔室结构、施工条件复杂、工作面小、投入的施工机械多等结构和施工特点,采用反井钻机法,自上而下至工作透点钻出导孔后,换扩孔钻头由下至上反向提拉扩孔形成先导井,再由上至下采用钻爆法扩挖成井,并利用先导井排水、溜渣至井底,最后由下向上采用顶升式液压滑模完成衬砌施工。

2. 茶林顶隧道

茶林顶隧道是广梧高速公路的另一控制性工程,左线长2691m,右线长2600m。2007年11月30日开始施工,2009年11月14日左洞贯通,11月20日右洞贯通。

该隧道地质及水文地质非常复杂,变质砂岩与白云质灰岩交替存在,地下水非常丰富,同时又受地质构造的影响使得围岩非常破碎,在施工过程中出现溶洞、土洞、涌水、涌泥等不良地质现象。在隧道施工过程中,建设单位和设计单位对照实际地质情况,根据动态设计理念,加强超前地质预报和监控量测,采取了相应的处理措施和对隧道围岩级别进行调整变更,基本采用了Ⅴ级加强的防护措施,确保安全生产和施工质量。监理单位重点加强对围岩软弱地段的施工监理力度,要求严格遵循"短进尺,小循环,早锚喷,强支护,快封闭"的原则,严格控制软弱围岩地段的隧道施工质量,具体措施如下:

(1)隧道开挖方面:根据围岩条件的不同确定开挖方式及每一循环的进尺,对于围岩条件相对较差的主要控制超挖现象,避免出现大的空洞,影响支护施工。

(2)洞身衬砌方面:洞身衬砌主要包括初期支护及二次衬砌,主要控制钢架的加工、安装精度、锚杆的打设、喷射混凝土的强度厚度、二次衬砌钢筋网的加工安装精度、二次衬砌的厚度、强度以及初支断面、二次衬砌断面的检查等。

(3)做好监控量测和超前地质预报工作:针对围岩软弱、地质情况复杂、溶洞较发育的段落,为更好地应对因溶洞引起的涌水、涌泥等情况,除加强监控量测、采用TSP仪进行超前地质预报外,还增加瞬变电磁仪法检测、地质雷达检测、超前钻孔等超前地质预报项目。

3. 高液限土处理施工

广梧高速公路建设中,受山区土源、工程造价、项目性质(环境友好型)等因素制约有大量的高液限土(近150万m^3)需要作为路堤填料使用。这些高液限土物理力学性质差异悬殊、工程特性差,其基本特征是液限高、天然含水率远远超过最优含水率(超过最优含水率8%以上)、粗细颗粒含量极不均匀等。由于高液限土具有的物理力学特性,若直接用于填筑路堤,会产生路堤填土难以压实、翻浆、边坡坍塌等一系列病害。尤其是用在路槽时,由于其保水性能强,不但施工难以进行,完工后路堤水稳性极差,难以满足公路工程的需要。为确保工程质量和建设工期,降低工程造价,广梧高速公路系统地开展了高液限土用于高速公路路基填料的试验研究,先后对部分原位填筑土进行了有针对性的现场碾压试验。主要有:

(1)晾晒及各种掺料降低高液限土的含水率。
(2)掺砂、水泥改良高液限土现场碾压试验研究。
(3)素土、生石灰改良高液限土物理力学性质研究。
(4)石灰改良高液限土的现场试验研究等。

该项目针对广东省高液限土土性特点,确定了合理的加固方法和材料比例,提出了压实度和空气率双指标控制工程质量的方法,减少了弃方及其对环境的影响,通过改良利用近150万m^3高液限土,避免了大量的弃方,保护了生态环境,降低了工程造价。

(四)科技创新

广梧高速公路为交通运输部、广东省联合实施典型勘察设计示范项目,也是广东省交通运输厅首批科技示范工程。在建设过程中结合该项目工程的特点,通过对新工艺、新材料、新技术、新理念地运用、总结、提高,经过不懈努力,课题项目进展顺利、硕果累累;开展课题研究项目共计18项,获得国家专利12项,国家级工法1项,广东省部级工法3项。其中,"广梧高速公路隧道群安全保障与节能关键技术研究"获得2010年度广东省科学技术奖励一等奖;"广东省高速公路环境友好型建设技术研究"获得2010年度中国公路学会科学技术奖二等奖;"高速公路建设信息化管理技术研究及应用"获得2009年度中国公路学会科学技术奖一等奖;"山岭重丘区高速公路建设管理关键技术研究与应用"获得2011年度中国公路学会科学技术奖一等奖;"高液限土路用特性和改良填筑施工技术"获得2012年度中国公路学会科学技术奖一等奖;"广东地区高液限土改良施工技术及应用"获得2013年度广东省科学技术奖二等奖;"基于GTM的重载交通沥青混合料设计与施工技术研究"获得2014年度中国公路学会科学技术奖二等奖。

2015年,广梧高速公路项目获得了广东省第七届土木工程詹天佑故乡杯奖,同年荣获第十三届中国土木工程詹天佑奖。

1. 广梧高速公路隧道群安全保障与节能关键技术研究

该课题的研究是落实国家能源规划、响应建设节约型社会的需要,是提高隧道安全保障措施的重大举措。该项目的研究有效地提高广梧高速公路隧道群信息化施工水平,降低高速公路隧道运营成本,达到安全节能的目的。该课题研究中编写了6项关于隧道施工、设计及运营管理的标准指南、1项关于竖井机械化施工工法。课题成果在公路隧道设计、施工、运营管理方面具有广泛的应用价值。

2010年3月28日,广东省交通运输厅组织了科技成果鉴定,认为该项目的研究成果具有先进性和实用性,经济社会效益显著,解决了隧道安全保障与节能关键技术,具有广阔的推广应用前景。课题成果总体达到了国际先进水平,照明节能达到了国际领先水平。

2. 山岭重丘区高速公路建设管理关键技术研究与应用

该项目的研究有效地提高我国山岭重丘区高速公路建设管理水平,实现减少工程投资、保障施工安全、节约土地资源以及保护生态环境的目的,采用隧道照明节能、安全条件提升技术、土地节约技术、公路路域材料技术应用、施工安全保障、生态恢复技术、建设管理技术等技术原理,立足于安全、环保和节能目标。综合运用地质、环保、节能、景观的选线理念,提出了合理的路线线位及线形指标,有效节约土地资源;首次提出了隧道防火安全分级标准及公路隧道(群)运用安全性评价系统。

2011年6月28日,广东省交通运输厅组织项目科技成果鉴定,认为该项目的研究成果推广应用前景广阔,社会经济效益显著。研究成果总体达到了国际先进水平,其中部分成果达到国际领先水平。

该项目科研整体成果直接应用于广梧高速公路项目建设,并推广至国内上海桥隧工程、青岛胶州湾隧道工程、潮莞高速公路惠州段、重庆涪陵至石柱高速公路、四川雅泸高速公路、吉林图们至珲春高速公路等多项重大工程建设项目,产生了显著的经济和社会效益,对山岭重丘区高速公路建设起到了示范作用。

(五)运营管理

1. 运营公司

广东云梧高速公路有限公司(简称"公司")成立于2003年5月26日。2009年12月10日,经股权变更后,公司的现有股东为两家,即广东省路桥建设发展有限公司和广东省长大发展投资有限公司,分别占注册资本的54%和46%。2017年4月,经上级批准,广东省长大公路工程有限公司所持广东云梧高速公路有限公司46%的股权全部划至广东省路桥建设发展有限公司后,广东省路桥建设发展有限公司合并广东云梧高速公路有限公司,设立广东省路桥建设发展有限公司云梧分公司。公司设综合事务部、党群人力资源部、计划财务部、收费管理部、机电隧道部、路政大队、养护工程部等职能部门。

公司同时经营管理云罗高速公路(云浮双凤至罗定蘼滨),受托管理广云高速公路(G80肇庆马安至云浮河口段)。

2. 收费站点

全路段设有云安、高村、连滩、建城、郁南、平台等广东省界主线6个收费站,有46条收费车道,6条绿色通道,另有31个复式收费亭。

3. 车流量

车流量情况见表3-19-9。

车 流 量 情 况 表　　　　　表3-19-9

年份(年)	云梧路段车流量(辆)	年份(年)	云梧路段车流量(辆)
2010	13518	2014	27229
2011	16521	2015	30214
2012	18703	2016	36185
2013	23874		

4. 服务区

全路段分别设有葵洞服务区和建城服务区,另设有逍遥口停车区。

葵洞服务区位于云梧高速公路云安—连滩路段,占地96亩,服务区设有便利店、餐厅、熟食商店、水果商店、加油站、汽修厂、客房、停车场、公共卫生间等。葵洞服务区是广东省首个采用单边设计、资源节约型、环境友好型服务区。在2014—2015年的创文活动中,葵洞服务区获得"全国高速公路百佳示范服务区""广东省高速公路文明服务区""广东省青年文明号"的称号。

逍遥口停车区位于云梧高速公路连滩—建城路段，服务区占地35亩，服务区设有便利店、停车场、公共卫生间等。

建城服务区位于云梧高速公路建城—都城路段，服务区占地90亩，服务区设有便利店、加油站、停车场、公共卫生间等。

5. 养护管理

（1）贯彻"预防为主、防治结合、依靠科技、全面养护"的养护工作方针，实行四项制度，即项目法人制度、招投标制度、工程监理制度和合同管理制度，实行统一领导、分级管理。

（2）养护工作采取招标方式选择具备优秀施工能力的大型专业施工单位，结合养护工程的特点，合同采用单价合同与包干合同相结合的形式，专项工程按照土建工程造价小于100万元的工程实行指定或比价，大于100万元的工程实行施工招标。

（3）重视预防性养护。在养护管理上实施主动的预防性养护，在工程技术方案和措施方面上重视并贯彻预防性养护和早期养护方针，通过检测及时掌握路况，尽早发现并消除病害苗头，避免出现重大路面病害现象。

（4）创新工程养护技术。提高养护工程的技术含量和质量，发挥预防性养护效果，云梧公司对水泥路面抗滑性能衰减较大且事故频发的五指山隧道（广州方向），采用水泥路面精铣刨养护技术进行处治（精铣刨后构造深度 TD$\geq$1.0mm 以上，且横向力系数 SFC$\geq$55）。通过采取以上措施，路况水平始终处于优良状态，成效明显。

6. 机电及隧道养护管理

云梧高速公路机电及隧道日常养护管理分为外包维护和自行维护两种模式。外包项目包括高压架空线、高压设备、不间断电源、柴油发电机、灯具、隧道附属设施、石英计重设备、ETC、绿通快检，针对外包项目维护主要是进行跟进、监督及记录。根据高速公路机电及隧道特点，自行维护按照机电隧道部"一保、二限、三查、四预、五定"开展工作。

7. 路政管理

（1）加强路域巡查，依法维护路产路权。在云梧高速公路运营通车初期，云梧路政大队对沿线所有的交通标志牌、公路设施、桥隧等路产进行登记建档，并逐年对新增的路产及时登记更新。根据相关路政法律法规和上级主管部门的要求，制定符合云梧高速公路实际的巡查管理规定，对路面交安设施、标志标线、桥下空间和高速公路建筑控制区等进行重点检查，发现存在问题及时报送相关单位进行处理。

（2）宣传路政法规，提高沿线群众法律意识。云梧路政大队通过结合"路政宣传月""文明服务月"和"安全生产月"等活动，携手属地高速公路交警、综合行政执法局等单位在云梧高速公路沿线服务区和收费站广场开展交通安全、公路法律法规宣传活动，以设置宣传咨询台、悬挂宣传横幅、派发宣传单和开展调查问卷等多种形式,为过往驾乘人员及沿线群众传递安全及法制知识,共同提高全社会爱路、护路、惜路的意识水平。

(3)借助多方力量,保障高速公路完好通畅。云梧路政大队积极加强与当地政府及各个部门的沟通联系,取得地方政府的支持和配合,形成联合共管、综合治理的机制。对于违章建筑物、违章广告,或者其他破坏、侵占公路的行为,一旦发现一律坚决加以制止,开具《公路违法行为告知书》要求限期拆除。

(4)采用有力措施,提升路产损坏案件赔付率。按照《关于重新制订损坏公路路产赔偿标准的通知》和《关于增补公路路产赔偿项目标准的通知》文件执行;对未列入赔(补)偿标准的,按照实际造价予以赔偿;对于路产损坏逃逸案件、偷盗案件以及路产索赔未结案件,通过路产保险方式来获取补偿金。将碰撞条款和盗窃条款纳入路产保险合同中的扩展条款范畴,使路产损失得到补偿。

(六)企业文化建设

云梧公司根据企业的特点、资源优势,从实际情况出发,把企业文化建设融入公司的生产经营活动中,围绕"打造'大西关'文明示范路"的总体目标,坚持"集约、和谐、创新、幸福"的管理理念,用企业文化来增强公司的内聚力,提升了公司的管理水平。

1. 企业文化建设过程

2010年6月,云梧高速公路的建成通车和云罗高速公路的全面开工,云梧公司的业务由单一的工程建设转变为工程建设与营运管理并存,使得公司的制度、管理等方面出现了新的变化与新的要求,公司分别将两家股东公司的企业文化进行了吸收与融合,找出了工程建设与营运管理的契合点,围绕公司的经营目标,在工程建设上提出了"双标管理齐并进,建设粤西精品样板工程",在营运管理上提出了"创先争优促发展,打造大西关文明示范路"的工作目标。

2. 企业文化建设的践行

一是科技引路,引入环保概念,打造绿色生态的科研文化。在云梧高速公路和云罗高速公路的设计过程中,采用原生本土植物进行绿化,利用表土进行高速公路边坡绿化的施工;设立埋地式生活污水处理设备,回用处理日常排放物,大大减少了对周边环境的影响;采用LED灯动态调光系统控制,以新一代的LED照明替代高压钠灯,既保证行车安全,又节省能源。云梧公司逐步形成了与环境相适应的生态科技文化。

二是关注需求,服务公共出行,打造平安畅通的服务文化。云梧公司通过对社会需求、顾客需求、政府需求、员工需求、股东需求进行分析,以及对高速公路公共出行服务需求的"六要素"打造平安畅通的服务文化。

三是推行社区文化,营造和谐多彩的物质文化。公司重视员工职场规划,为员工搭建便于展现特长的舞台。在日常管理中融入了"社区文化"的形式,根据员工特长和爱好,先后成立了摄影、网球、羽毛球、舞蹈、歌唱等十几个兴趣小组,开展丰富多样的业务文化活动,加强员工之间互相沟通,促进企业内部的和谐氛围。

四是加强廉政建设。在运营管理和工程建设中,云梧公司从制度建设、决策环节、执行过程等方面入手打造具有云梧特色的廉政文化体系。

公司获得广东省"2009年广东省重点项目建设工作先进集体"、广东省"巾帼文明岗""全国交通运输企业文化建设卓越单位"、全国"巾帼文明岗"、河口至平台段获第七届广东省土木工程"詹天佑故乡杯"奖和第十三届中国土木工程学会詹天佑奖;课题"广梧高速公路隧道群安全保障与节能关键技术研究"荣获2010年度广东省科学进步一等奖、"山岭重丘区高速公路建设管理关键技术研究与应用"荣获中国公路学会科学技术奖一等奖、"高速公路营运企业绿色生态管理"成果获得交通行业管理现代化创新成果三等奖、"基于交通流理论的公路隧道照明节能技术研究"项目荣获广东省科学技术奖三等奖等荣誉称号。

第二十节　珠三角环线高速公路广东段(G94)

珠江三角洲地区环线高速公路(简称"珠三角环线高速公路"),是国家高速公路网"71118+6"中的一条地区环线,与《广东省高速公路网规划》中的珠江三角洲外环高速公路共线,编号为G94,起于港珠澳大桥香港大屿山,经澳门、珠海、中山、江门、佛山、肇庆、广州、东莞、深圳,终于深圳市梅林,全长453.797km(含共线49.774km),已建354km(含共建49.774km),在建97.72km。

珠三角环线高速公路由12个项目段组成:港珠澳大桥主体工程、港珠澳大桥珠海连接线工程、西部沿海高速公路南屏—月环支线及延长线、中山月环—东升段、中山—江门高速公路、江门—肇庆高速公路、肇庆—花都高速公路、广州机场高速公路花山—北兴段、花都北兴—荔城段、增城荔城—东莞石碣段、东莞—深圳高速公路、深圳梅林—观澜高速公路。

一、港珠澳大桥主体工程

港珠澳大桥跨越伶仃洋,东接香港特别行政区,西接广东省珠海市和澳门特别行政区,是在"一国两制"框架下、粤港澳三地首次合作建设的超大型跨海交通工程。整个项目包括海中桥隧主体工程、香港连接线及香港口岸、珠海、澳门连接线和珠海、澳门口岸,总长约55km。国家高速公路网编号为G94,总投资约1047亿元。2009年12月正式开工建设,2016年6月29日项目主体桥梁合龙。

港珠澳大桥将极大地缩短港珠澳三地间的距离,珠海至香港的交通时间将由现在的水路约1小时,陆路3小时,缩短至20~30分钟,并将首次实现珠海、澳门与香港的陆路连接,对提升珠江三角洲地区的综合竞争力,保持港澳的长期繁荣稳定,促进珠江两岸经济社会协调发展具有重大战略意义。

(一)主体工程

港珠澳大桥主体工程全长约29.6km,采用桥、岛、隧组合,其中22.9km为桥梁,穿越伶仃西航道和铜鼓航道段约6.7km为岛隧组合,由港珠澳大桥管理局负责建设和运营管理。

1. 自然条件

伶仃洋地处亚热带海洋性季风气候,常年高温潮湿,外海作业受台风影响十分频繁;该海域基岩埋藏在海床面下50~110m,软弱地层深厚,为保证珠江水系防洪纳潮,海中结构物的阻水率必须控制在10%以内;伶仃主航道是海域最繁忙区段,最大航运日流量超过4000艘次;该海域还设有中华白海豚国家级自然保护区,环境敏感点众多,海洋水质和生物保护要求高。

2. 通航要求

主体工程共设一条隧道和三座航道桥,自东向西依次为隧道、青州桥、江海桥和九洲桥。

(1)隧道区伶仃西航道和铜鼓航道通航30万吨级油轮、25万吨级散货船和15万吨级集装箱船。

(2)青州桥设一个主通航孔和两个辅通航孔。主通航孔通航净宽318m、净高42m、利用自然水深通航,现状水深5.1~6.1m,满足3000吨级杂货船单孔双向通航。两个辅通航孔满足500吨级以下小型船舶单孔单向通航。

(3)江海桥设两个主通航孔和两个辅通航孔。主通航孔通航净宽173m、净高24.5m、利用自然水深通航,现状水深3.0~4.5m,满足5000吨级江海直达船单孔单向通航。辅通航孔满足500吨级以下小型船舶单孔单向通航。

(4)九洲桥设一个主通航孔和两个辅通航孔。主通航孔通航净宽210m、净高40m、利用自然水深通航,现状水深1.5~3.2m,满足3000吨级杂货船单孔双向通航。辅通航孔满足500吨级以下小型船舶单孔单向通航。

大桥通航孔净空高度起算点为桥区附近历史最高潮位+3.52m(国家85高程),各通航孔富裕高度为4.5m。

3. 建设依据

2009年11月4日,国家发改委批复了港珠澳大桥工程可行性研究报告。

2010年5月6日,广东省交通运输厅《关于转发交通运输部关于港珠澳大桥主体工程初步设计的批复的通知》。

2009年12月15日,国务院副总理李克强宣布港珠澳大桥开工。

4. 资金来源

主体工程采用政府还贷公路模式,总投资480.68亿元,其中,内地出资70亿元,香港特区政府出资67.5亿元,澳门特区政府出资19.8亿元;资本金以外部分,由港珠澳大桥管理局通过银行贷款解决。

5. 管理架构

主体工程由三地共建共管,采用"专责小组—三地联合工作委员会—项目法人"三个层次的组织架构。其中专责小组由国家发展和改革委员会牵头,国家有关部门和粤港澳三方政府组成,负责协调与中央事权有关的事项;三地联合工作委员会:由粤港澳三地政府共同组建,广东省人民政府作为召集人,主要协调与项目建设有关的公共事务并对项目法人进行监管;项目法人即港珠澳大桥管理局由三方政府共同举办,负责大桥主体部分的建设、运营、维护和管理的组织实施等工作。

为确保工程建设的优质和安全,由交通运输部牵头组织成立港珠澳大桥技术专家组,在重大技术方案、施工方案的论证以及重大工程问题的处理等方面提供咨询和技术支持。

(二)桥、岛、隧

1. 主要技术指标

主体工程采用双向六车道高速公路标准建设,设计速度100km/h,桥梁总宽33.1m,隧道宽度为$2\times14.25m$、净高为5.1m。全线桥涵设计汽车荷载等级采用公路—Ⅰ级,同时满足香港《道路及铁路结构设计手册》中规定的活载要求。大桥的设计使用寿命为120年。

2. 技术特点

港珠澳大桥建设目标为"建设世界级跨海通道、为用户提供优质服务、成为地标性建筑"。结合建设目标和项目特点,形成了四大建设理念,以指导工程实践。

设计理念:全寿命周期规划,施工驱动设计,需求引导设计。

施工理念:大型化、标准化、工厂化、装配化。

管理理念：立足自主创新，整合全球优势资源。

发展理念：绿色环保，可持续发展。

3. 隧道通风设施

港珠澳大桥沉管隧道施工图阶段采用"纵向通风加重点排烟"的通风方案。根据功能需求，通风系统由"环境检测系统""行车孔通风系统""独立排烟系统""安全通道通风系统""高压细水雾降温系统"五部分组成。

4. 监控系统

港珠澳大桥主体工程交通监控采用两级管理、三级控制的模式，全线设监控中心、监控所各1处，负责道路的交通监控业务。日常交通监控由西人工岛监控所负责，监控中心在需要时也可直接对交通监控进行管理。西人工岛监控所和监控中心在配置上可以实现互备，两者中若有一个出现故障，另一个可完全独立实现对道路全线的监控。

5. BIM系统

港珠澳大桥交通工程引入BIM系统，有效解决工程设计、施工、运营维护阶段的大量实际性问题，所带来的信息整合，重新定义了整个建设流程。

港珠澳大桥交通工程系统庞大，包括收费、通信、监控、交通安全设施、供配电、照明、通风、消防、给排水、综合管线、防雷接地、系统集成等，内部及外部接口界面关系错综复杂，所用设备种类繁多、数量庞大，综合管线布设十分密集，系统集控要求高、难度大。

BIM系统在交通工程建设全过程中，发挥着重要作用。BIM的三维技术在前期可以进行碰撞检查，优化工程设计，减少损失优化净空和管线排布方案；施工过程中，可对施工进度和投资额有效管理；在系统运行和实时控制状态可方便运营人员提高管理效率；BIM技术与维护管理系统相结合，可为保修服务的快速响应、降低运营维护成本提供数据信息支撑。

6. 交通工程系统集成综合管理及新技术、新产品

交通工程监控项目涉及的业务设备种类多、数据分类广、应用功能集成度高、系统联动复杂。通过系统集成综合监控管理平台，可以实现各种基础数据的统一管理以及相关系统之间数据共享，实现各系统联动，为辅助决策提供支持，为运营管理人员提供基于BIM架构的运营实时信息和系统维护信息，同时实现交通工程各系统在工程全寿命周期的信息高度集成。除了内部各子系统的系统集成监控，港珠澳大桥的运营管理具有国内其他工程建设没有的特殊性，在粤港澳三地需要与相邻路段、海关口岸、有关政府部门等外部单位和部门之间进行协调配合，实现信息交互与共享。

同时，港珠澳大桥交通工程积极研发新技术、新产品，包括电缆伸缩装置、给水管道安

装作业车、供水管道伸缩装置等。大桥收费系统所有车道均支持 ETC 收费和 MTC 收费。交通工程电子(不停车)收费系统是国内独一无二的兼容香港和内地 ETC 标准的收费系统,除兼容识别粤、港、澳三地车牌的功能,还能解决跟车干扰、旁道干扰和重复收费等方面难题。

(三)设计、施工和监理

1. 设计情况

港珠澳大桥采用桥岛隧集群方案,较好地处理了地形、地质、水文气象、通航、航空、工期、投资、安全环保等多方面的关系。全桥跨海段长 41.6km,错落有致,线形优美,体现了"珠联璧合"的景观理念。东西人工岛岛体全部地处开敞海域,造型上强调建筑元素和整体的文化理念,选用椭圆的贝壳形,似长桥珠链中的美玉,通过海底隧道巧妙地将人工岛连通并与桥梁连接,好似美玉成双。青州桥主跨采用 458m 双塔双索面钢箱梁斜拉桥,桥塔造型为"中国结",寓意粤港澳三地共建大桥、共结同心;江海桥主跨采用 2×258m 三塔中央索面钢箱梁斜拉桥,桥塔造型为"海豚",将桥梁美学与海洋生态相结合;九洲桥主跨采用 268m 双塔中央索面钢箱梁斜拉桥,桥塔造型为"风帆",寓意扬帆远航。

2. 施工情况

港珠澳大桥主体工程主要包括岛隧工程、桥梁工程、房建工程及交通工程四大部分。除岛隧工程采用设计施工总承包模式外,其他工程均采用施工总承包模式,其中桥梁工程共七个施工标段(钢箱梁采购与制造 CB01、CB02 标,土建工程 CB03、CB04、CB05 标,桥面铺装工程 CB06、CB07 标),房建工程及交通工程各一个施工标段(CA01、CA02 标)。

(1)岛隧工程

岛隧工程东、西人工岛建设采用深插式钢圆筒围护快速成岛工艺,施工单位于 2011 年 1 月正式开工,同年 5 月西人工岛首个钢圆筒打设成功,12 月完成东、西人工岛共 120 个钢圆筒的振沉施工,顺利实现"当年开工、当年成岛"的目标。沉管隧道是我国首条在外海建设的超大型沉管隧道,采用"工厂法"预制沉管管节,承包人在桂山牛头岛设置了建设时世界上最大的沉管预制厂,管节预制于 2012 年 5 月启动,两条生产线为大桥海底隧道制作 33 个巨型沉管。每个标准沉管长 180m,由 8 个管段组成,质量约 8 万 t。2017 年 3 月管节安装全部完成,5 月最终接头对接完成,沉管隧道实现全线贯通。

(2)桥梁工程

钢箱梁采购与制造钢结构总质量约 40 万 t,制造规模及数量巨大。为此,该项目在国内首次引进焊接机器人、数控折弯机等先进的智能化生产设备,建造了世界一流的板单元制造生产线。

桥梁土建工程包括青州桥、江海桥、九洲桥共三座通航孔桥和约20km长的非通航孔桥；非通航孔桥混凝土承台墩身和组合梁桥面板采用工厂法预制，承包人分别在中山、东莞建立预制基地；墩台安装采用大型钢圆筒围堰干法施工、分离式胶囊柔性止水钢套箱围堰施工和无底双壁钢围堰施工等工艺，并使用大型吊装设备进行海上安装。青州桥主塔采用现浇爬模法施工，九洲桥、江海桥主塔分别采用钢塔柱整体竖转及空中竖转法安装；2016年6月29日主体桥梁工程全线合龙；9月27日主体工程桥梁工程实现全线贯通。

桥面铺装工程包括524000m^2的钢桥面和203000m^2混凝土桥面；钢桥面铺装采用全新的MMA+GMA+SMA结构体系，组合梁铺装采用防水黏结层+GA+SMA的结构体系。由于桥面铺装施工区域与陆地无其他通道，桥面施工与桥梁工程其他作业面相互交叉、施工组织难度大。桥面铺装大规模采用了新材料和全新施工工艺、设备，施工前需要较长时间进行设备改造、技术储备及材料准备。施工单位（CB06、CB07标）于2014年6月进场，历时近2年准备期、试验段及首制件施工，于2016年年中全面展开施工；2017年1月底，组合梁铺装全部完成；6月底，钢桥面铺装全部完成。

(3) 房建工程

房建工程包括管理养护中心、珠澳口岸人工岛大桥管理区、东/西人工岛岛上建筑装饰装修、绿化及景观工程共三部分。管理养护中心于2016年底完工并入驻，同时开展珠澳口岸大桥管理区房建装饰装修、收费大棚安装及室外排水工程等施工，2017年9月底完工；东、西人工岛房建工程10月底完工。

(4) 交通工程

交通工程系统庞大，包括收费、通信、监控、交通安全设施、供配电、照明、通风、消防、给排水、综合管线、防雷接地、系统集成等12个子系统，内部及外部接口界面关系错综复杂，所用设备种类繁多、数量庞大，综合管线布设十分密集。2015年，交通工程施工和监理队伍进场，完成了交通工程联合设计。2016年4月，交通工程正式开工。

3. 施工质量管理

(1) 建立和完善质量管理体系

港珠澳大桥管理局制定了系统的项目管理制度，对各参建单位的原材料管理、施工过程管理、质量检验和验收等作出明确规定和要求。管理局成立了技术委员会、质量管理委员会，对各参建单位的勘察设计、施工过程管理、测量、试验检测、施工监控、质量验收等工作进行检查、审核和定期考核，督促各单位不断完善质量管理体系，提高质量管理水平。

岛隧、桥梁等工程施工单位成立相应的质量管理机构，负责做好施工过程质量管理工作。

(2)制定专用施工及质量标准

针对港珠澳大桥三地共建共管、建造技术复杂、质量标准及耐久性要求高等特点,港珠澳大桥管理局基于内地技术标准规范和质量要求,充分吸纳港澳地区相关技术标准,在开展耐久性等相关技术专题研究的基础上,制定了该项目岛隧工程、桥梁工程专项施工及质量验收标准,对该项目施工技术和质量验收工作进行控制管理。

(3)强化试验检测、测量控制及施工监控

为加强试验检测工作,成立了主体工程试验检测中心,负责全桥各监理单位常规项目抽检试验,并代表管理局按不少于5%的频率对原材料、实体工程质量进行抽检。针对钢结构施工,通过招标方式选择钢结构第三方检测机构,对钢结构焊缝质量进行独立抽检。

针对该项目跨境测量协调难度大、测量技术复杂、测量精度要求高等特点,成立主体工程测量控制中心,负责全桥测量基准网及统一施工坐标系的建立、使用与维护,建立项目测量管理架构体系和测绘质量保证体系,指导、监管各参建单位的测量工作,并对工程实体测量精度进行抽检。

针对施工过程技术复杂,设计标准与质量验收评定要求高等特点,港珠澳大桥管理局和各参建单位成立了施工监控领导小组,委托相关单位开展施工过程监控工作,做好施工过程控制管理。

(4)加强国际合作,借鉴国际工程建设管理经验

为吸纳国际上类似工程先进的建设管理经验,港珠澳大桥管理局聘请了英国、美国、荷兰等国家的咨询机构,开展设计和施工过程咨询审查、巡视检查,为参建各方质量管理工作提供咨询意见和建议;各参建单位根据各自需求聘请了日本、德国、英国等国家的技术专家指导、参与相关工程项目的建设。

4. 工程实体质量

港珠澳大桥主体工程通过规范化的管理和先进的科技手段,从施工工艺选择、原材料质量控制、混凝土配合比优选、施工过程监测监控、结构物细部处理及成品保护等方面采取措施,确保结构耐久性达到预期目标,实现建设和运营全寿命周期内的高品质。

严格执行工序自检、交接检、专检"三检制",经检查及检测,项目质量控制良好。成品混凝土强度、氯离子扩散系数等主要质量指标合格率达到100%,桥梁桩基超声波检测合格率达到100%,各标段Ⅰ类桩基桩比例达到80%以上。其中:岛隧工程沉管隧道33个管节安装精度控制在允许范围内,东/西人工岛岛壁结构、岛上建筑、室外工程、减光罩安装施工未发现质量问题;钢箱梁制造与吊装、三座航道桥桥塔施工安装精度均满足项目专用验收标准要求,承台墩身预制均满足结构物尺寸、强度及保护层厚度等控制指标要求,钢桥面铺装各项检测指标均符合要求。

5. 主要设计、施工及监理单位

主要设计、施工及监控单位见表 3-20-1 ~ 表 3-20-3。

港珠澳大桥主体工程主要设计单位一览表　　表 3-20-1

序号	合同段	施工单位	起止桩号	长度(km)
1	岛隧工程	中交公路规划设计研究院有限公司 COWI A/S 丹麦科威国际咨询公司 上海市隧道工程轨道交通设计研究院 中交第四航务工程勘察设计院有限公司	K5+972.454 ~ K13+413	7.44
2	桥梁 DB01 标	中交公路规划设计研究院有限公司 日本株式会社长大 CHODAI	K13+413 ~ K29+237	15.824
3	桥梁 DB02 标	中铁大桥勘测设计院集团有限公司 合乐集团有限公司 HAL CROW GROUP LIMITED	K29+237 ~ K35+890	6.653

港珠澳大桥主体工程主要施工单位一览表　　表 3-20-2

序号	合同段	施工单位	起止桩号	长度(km)
1	岛隧工程设计施工总承包	中国交通建设股份有限公司联合体	K5+972.454 ~ K13+413	7.44
2	钢箱梁采购与制造 CB01 标	中铁山桥集团有限公司	K13+413 ~ K22+083	8.670
3	钢箱梁采购与制造 CB02 标	武船重型工程有限公司	K22+083 ~ K29+237	7.154
4	桥梁工程施工 CB03 标	中交第一航务工程局有限公司联合体	K13+413 ~ K22+083	8.67
5	桥梁工程施工 CB04 标	广东省长大公路工程有限公司	K22+083 ~ K29+237	7.154
6	桥梁工程施工 CB05 标	中铁大桥局股份有限公司	K29+237 ~ K35+890	6.653
7	桥梁工程施工 CB06 标	重庆市智翔铺道技术工程有限公司	K13+413 ~ K22+083	8.67
8	桥梁工程施工 CB07 标	广东省长大公路工程有限公司	K22+083 ~ K35+890	13.807
9	桥梁工程施工 CA01 标	湖南省建筑工程集团总公司		
10	桥梁工程施工 CA02 标	中国铁建电气化局集团有限公司		

港珠澳大桥主体工程主要监理单位一览表　　表 3-20-3

序号	监理合同段	监理单位	所监施工合同段	备注
1	岛隧工程监理	中铁武汉大桥工程咨询监理有限公司 广州港工程管理有限公司 广州市市政工程监理有限公司	岛隧工程设计施工总承包	
2	钢箱梁制造监理 SB01 标	中国船级社实业公司	钢箱梁采购与制造 CB01 标	
3	钢箱梁制造监理 SB02 标	武汉桥梁建筑工程监理有限公司	钢箱梁采购与制造 CB02 标	
4	桥梁工程监理 SB03 标	铁四院(湖北)工程监理咨询有限公司 广州南华工程管理有限公司	桥梁工程施工 CB03 标、CB04 标	

续上表

序号	监理合同段	监理单位	所监施工合同段	备注
5	桥梁工程监理 SB04 标	西安方舟工程咨询有限责任公司 中国船级社实业公司	桥梁工程施工 CB05 标	
6	桥梁工程监理 SB05 标	西安方舟工程咨询有限责任公司	桥梁工程施工 CB06、CB07 标	
7	房建工程 SA01 标	广东重工建设监理有限公司	房建工程 CA01 标	
8	交通工程 SA02 标	重庆中宇工程咨询监理有限公司	交通工程 CA02 标	

（四）项目技术攻关与科技创新

1. 各阶段科研工作

从 2003 年前期研究工作开始，港珠澳大桥为推动不同阶段工作，坚持以需求导向、问题导向为理念组织开展科研工作。

（1）工程可行性研究阶段

为协调解决大桥登陆点、桥位方案、口岸设置、投融资、通航标准和环境影响、锚地影响评价、桥隧工程方案等许多重大问题，围绕开展了以水温、气象、地质、地震、测绘、海洋环境等建设条件、工程技术标准、营运管理规范、项目管理、投融资和经济评价等方面共 51 项专题研究。

（2）总体方案深化研究阶段

为了解大桥建设对珠江口港口、航道及环境的长期影响，进一步解决水利部门提出的阻水比要求，又组织开展了涉及总体方案、珠江口港口与航道、防洪纳潮、水下地形测绘、水下结构扫海等 8 项专题研究。

（3）初步设计阶段

根据工程难点，为支撑工程结构方案比选、为岛隧工程开展总承包管理模式奠定基础、为后续施工招标提供工作依据，有针对性地开展了 25 项专题研究，其中论证隧道方案的有 8 项、桥梁方案的有 2 项、人工岛的有 2 项、技术标准的有 5 项。

前期科研工作取得了工程可行性、方案深化、方案比选所需要的全部基础数据和参数，形成了大桥专用的设计、施工和营运维护标准，基本形成了满足三地要求的技术标准体系，同时也为大桥融资方式、建设管理和运作模式提供了执行依据。

科研成果也有力支持大桥项目获得了国家法规所要求的全部行政许可和批复，使大桥项目圆满完成前期工作任务，顺利进入实施阶段。

（4）项目实施阶段

2010 年，项目进入实施阶段。为做好这项工作，系统地总结了前期科研成果和遗留问题，梳理了建设期工程技术需求和科研工作思路，组织编写了《港珠澳大桥科研规划纲要》,经过技术专家组第一次会议审查后,用于指导建设期科研工作的开展。

同时,科技部和交通运输部大力支持港珠澳大桥科研,从《科研规划纲要》中提炼出的有利于推动行业技术进步的五个课题、十九项子课题列入国家"'十一五'国家科技支撑计划项目"。研究内容包括隧道、桥梁、人工岛、混凝土耐久性、项目管理、安全环保、交通工程等多个方面。研究团队集合了设计、施工、业主、科研院所等多种力量,共有30个单位,503名研究人员参与工作。

在项目研究过程中,紧扣大桥建设进展需求,分阶段重点推进:2010—2011年重点支撑工程设计,2011—2012年重点支撑施工工艺和装备,2013—2014年重点推进大型试验,促进科学试验与现场验证对比,推动科研成果和生产结合,2014年重点开展总结与评审,2015年完成了课题与项目验收。

2. 取得成绩

科研工作在技术理论、标准指南(规程)、施工工艺与产品装备、试验研究基地和项目管理等方面都取得了创新性成果,有力支撑了工程建设。科技部专家组高度评价了科研项目发挥的作用和意义。

(1)设计理论方面

研究了沉管隧道接头剪力与地基刚度变化间关系,揭示了沉管隧道与垫层、地基间的相互作用机理,提出了隧道不均匀沉降控制标准、节段接头剪力及张开量简化计算公式,开发了具有独立知识产权的沉管隧道结构-基础集成分析软件,为港珠澳大桥关键性控制工程的6.7km长深水沉管隧道的设计与施工打下了坚实的理论基础,弥补了我国在超长沉管隧道工程设计理论上的严重不足。针对外海复杂建设条件和桥梁埋床装配式基础技术问题,系统开展了海洋环境下埋床式基础设计及受力机理、埋床法预制基础基坑开挖及回淤、预制墩台精确定位及安装技术、预制承台与钢管复合桩连接施工技术等研究,揭示了钢管复合桩承载力与变形机理,提出了大直径钢管复合桩构造及设计方法,有效支撑了港珠澳大桥工程深水区非通航孔桥梁工程的建设。结合港珠澳大桥混凝土结构耐久性设计需求,采用相似环境长期暴露试验数据与工程调查数据,提出了基于可靠度理论的混凝土结构耐久性设计新方法。这些创新成果填补了国内空白,部分在国际上处于领先地位。

(2)工程标准

研究形成的工程专用技术标准共57项,在大桥建设过程中起到了重要指导作用,也为行业及国家标准的编制奠定了基础。如,完成了国内首部《沉管隧道设计与施工指南》,直接支撑了沉管隧道施工图设计;编制的《港珠澳大桥混凝土结构耐久性设计指南》《港珠澳大桥混凝土结构耐久性质量控制技术规程》和《港珠澳大桥大体积混凝土控裂技术规程》,不但在沉管管节预制中得到应用,还在桥梁工程的设计、施工招标和施工质量控制上发挥了重要作用,得到世界范围的认可;编制的《正交异性钢桥面板抗疲劳设计准则》《正交异性钢桥面板制造工艺》和《正交异性钢桥面板质量控制标准》,也直接支撑了港珠澳大桥钢桥面板的设计与施工;此外,还结合交通行业工程建设特点,提出了融合多个组织的健康、安全、环保(HSE)一体化的管理方法和标准,编制的《交通运输基础设施建设健康、安全、环境一体化管理技术指南》,在现场各施工标段组织实施示范,为安全生产提供了重要保障;首次提出了《施工海域中华白海豚的声学驱赶(保护)技术规程》,落实了对施工区域中华海豚的保护。

(3)施工工艺与产品装备

研发的高水压120年设计使用寿命Ω止水带打破国外公司的垄断,性能媲美国际产品,通过参与止水产品的竞争投标,促使国外厂商大大降低了投标报价,工程费用节省约1570万元。研发建造了具有自主知识产权的,集定位测量、水下抛石、深水整平、质量检测为一体的自升平台式高精度碎石铺设整平船,实现碎石基床的精度达到30mm;研制和改进全套设备的水上挤密砂桩船,实现了装备国产化,全面提升了自动化水平,这些装备已成为岛隧工程现场施工的核心装备。此外,根据港珠澳大桥钢桥面铺装结构,研发了浇注式沥青混凝土(GMA)施工工艺,首次提出了采用浇注式沥青混凝土(GA)工艺生产传统沥青玛蹄脂(MA)浇注式沥青混合料的施工方法,显著提升了桥面铺装施工效率。

(4)试验研究基地、中试线建设

研究过程还研发建成了如同济大学的多功能隧道振动台试验基地、长安大学的大比例尺沉降试验基地、东南大学的深基础模型试验基地、西南交通大学的钢箱梁桥面板疲劳加载试验基地、华南理工大学的路面铺装加速加载试验基地、重庆交通科研设计研究院的沉管隧道1:1足尺模型火灾综合试验基地、港珠澳大桥西人工岛暴露试验站,以及株洲时代新材有限公司的Ω橡胶止水带生产线等多个试验基地和中试线,为项目研究和未来科技工作提供了有力的硬件支撑。

(5)项目管理

课题研究结合港珠澳大桥项目"一国两制连三地"的项目建设特点,把握项目管理特点难点和发展趋势,提出三大建设管理理念"全寿命周期规划,需求引导设计;大型化、标准化、工厂化、装配化;立足自主创新,整合全球优势资源"和八大管理策略。首次在交通运输大型复杂工程建设领域提出了融合多个组织的健康、安全、环保(HSE)一体化的管理方法和标准,并进行了工程示范,实现了在不确定因素高发条件下对健康、安全、环保的有效控制。课题研究还提出了适用于三地实施跨境交通控制与管理的组织体系架构,提前为运营管理编制了应急总体预案、专项预案和跨境交通控制的事件管理程序,为交通工程施工图设计提供了重要依据;提出的三地信息交换运作机制和接口标准为跨境交通管理信息交互提供了技术支撑。

港珠澳大桥科研共创建了如水上挤密砂桩施工等工法逾40项,获得专利授权逾百项,获得如沉管隧道结构-基础集成分析等软件著作权4项,形成专著18本,技术标准57本,发表论文逾500篇,其中国外论文逾80篇。业已取得的成果中获得省部级特等奖和一等奖计8项,二等奖3项。

(五)建设难点、亮点工程项目

1. 大桥项目特点

(1)建设条件复杂

涉及台风、航道、水文、工程地质、航空限高、防洪等多方面要求;工程内容复杂,囊括跨海桥梁、海底隧道、离岸人工岛填筑等多个领域;标准体系复杂,需综合考虑内地、香港、澳门三地标准体系的融合。

(2)协调难度大

主体工程由三地共建共管,需协调主体部分的管理规则、通行费收费标准、车辆通行政策、口岸接驳巴士及应急救援安排等与三地公共管理相关的事项。涉及粤港澳三方政府的合作,以及与相关政府部门的配合(航道、海事、水利、环保、口岸等),协调工作量大。

(3)环保要求高

项目跨越珠江口中华白海豚国家级自然保护区、珠江口幼鱼/幼虾保护区,对海洋生态和渔业资源的影响需高度重视,建设中需综合多种环境保护措施,以降低影响。

2. 难点、亮点工程项目

(1)桥梁工程

桥梁工程包括青州桥、江海桥、九洲桥三座通航孔桥和约20km非通航孔桥,其中深水区15km采用110m跨径钢箱连续梁桥,浅水区约5.4km采用85m钢混组合连续梁桥。主要特点为:

①海上长桥装配化施工

非通航孔桥190个承台墩身(最大装质量约2600t)以及组合梁2516块桥面板全部岸上工厂内预制,再由浮吊运输至施工现场进行整孔安装。桥梁工程上部大规模采用钢结构,"工厂化、机械化、智能化、信息化"的钢箱梁板单元全自动生产线理念,推动了钢箱梁制造行业创新及变革,使我国钢结构加工制造水平一跃进入世界前列。

②大规模采用埋置式承台基础

为减少对河势、航道、水利等的不利影响,非通航孔桥190个承台全部埋入深达8~

15m 的海床面以下,在国内桥梁建设中尚属首次;通过采用新型胶囊 Gina 止水带以及钢圆筒围堰干法施工等创新工法,成功解决了因采用埋置式承台而带来的止水和环保难题。

③世界最大规模钢桥面铺装

主体工程 22.9km 的桥梁,桥面铺装规模达 700000m²,其中 500000m² 为钢桥面,是建设时世界规模最大的单体钢桥面铺装工程。创建了世界一流的集料生产线,首次引进车载式抛丸机,研制了防水层机械化自动喷涂设备,大大提高钢桥面板除锈防腐及防水层施工的机械化程度,提出"露天工厂化施工"的理念,用各种手段极大地保证了施工质量,使港珠澳大桥钢桥面铺装技术和管理的复杂性得到妥善解决。

(2)人工岛

为实现桥梁和隧道的转换,隧道两端各有一个人工岛。人工岛长约 625m,横向最宽约 215m,面积约 100000m²,位于约 30m 厚的软基上,是当时我国建设速度最快的离岸人工岛工程。

①钢圆筒快速成岛

人工岛建设采用深插式钢圆筒围护快速成岛工艺,并首次采用 8 台 APE600 液压振动锤联动振沉系统。钢圆筒共 120 组,单个直径 22m,高 40.5~50.5m,质量约 500t,最大入土深度达 29m。通过该创新技术,两个 100000m² 的人工岛在 215 天内即完成岛体成岛,比传统工法施工效率提高近 5 倍,且最大限度地减小了对海洋环境的污染。

②岛内软基处理

钢圆筒快速成岛实现了止水和围护结构一体,岛内、岛外同步施工,通过回填砂形成陆域,采用"局部开挖换填、插打塑料排水板、井点降水联合堆载"的大超载比预压方案进行岛内软基处理,开创了外海环保节约型的软基处理新方法。

(3)沉管隧道

港珠澳大桥沉管隧道长达 6700m,是我国建设的规模最大的公路沉管隧道和世界罕见的深埋沉管隧道,其中海底沉管段长达 5664m,由 33 节管节和 1 个最终接头组成,标准管节长度 180m,质量约 8 万 t,最大作业水深 46m。

①隧道管节工厂化生产

33 个巨型管节全部采用"工厂法"生产,在距离隧道轴线约 7 海里的桂山牛头岛预制厂中预制,然后整体拖运到工程现场进行沉放。管节工厂化制造在国内属于首次,相对传统作业模式建设具有连续作业、质量优质可控的好处。

②隧道基础处理

沉管隧道穿越外海深厚软基区域,大规模采用挤密砂桩地基加固技术和复合地基,依靠自主研发的大型装备,对基槽开挖、清淤、基床铺设等关键工序进行高精度控制,监测结果显示效果良好。

③巨型沉管浮运安装

单个管节体量巨大,且浮运线路位于伶仃洋最繁忙的通航水域,每天有超过4000艘船舶经过,操控难度极大。需精确预测气象、水文条件施工窗口,并实施海上临时交通管制和护航,采用8艘大马力全回转拖轮协同作业。配置深水无人沉放系统的国内首条安装船,通过信息技术和遥控技术实现管节姿态调整、轴线控制和精确对接。

④创新工法实施隧道最终接头

首创钢壳混凝土"工厂化预制、现场安装"整体化施工工法,化现场浇筑为工厂化制造,化被动止水为主动式压接止水,化人工作业为机械化作业,大大提高了工效,减低了水下作业强度,确保了施工质量,降低了现场作业风险。

(六)企业文化建设

围绕"建设世界级地标,为用户提供优质服务,成为地标性建筑"的总目标,制定了港珠澳大桥建设期的文化宣传工作规划,主要包括三个阶段性战略目标:一是建宣传内核,筑外宣阵地;二是立大桥品牌,成文化之风;三是树世界地标,创时代标识。

以"世纪大桥,廉洁同行"的廉洁文化为基石,构建了全方位、立体化的港珠澳大桥文化宣传阵地,开展了多种形式的文化宣传活动,用真心、细心、恒心构筑了一座钢筋混凝土之外的连接大桥、建设者和社会公众的精神文化之桥。

1. 廉洁文化一马当先,支撑大桥"精气神"

为把廉洁的理念打造成廉洁的文化,港珠澳大桥管理局制定了一系列规章制度,会同广东省监察厅派驻港珠澳大桥工程监察专员办公室约谈中标单位进行预警谈话,开展多种形式的廉政示范和警示教育。邀请清华大学、中山大学、省检察院的专家做客"大桥讲堂",举办多次廉政主题讲座;不断拓展廉政宣教阵地,在管理局官方网站和《港珠澳大桥》期刊中开辟专栏刊登廉政主题文章,督促参建单位悬挂和张贴廉政标语。开展劳动竞赛,掀起"比、学、赶、帮、超"建设热潮,搜集和整理了200多位先进人物的事迹材料,编印成《港珠澳大桥风采录》广泛宣传,弘扬劳模精神。通过制度建设和宣教活动,有效地提高了参建各方的廉洁意识、风险意识和法律意识,打造了积极向上的廉洁文化,在港珠澳大桥各个工区、各个领域、各条战线形成了良好的干事创业的氛围。

2. 夯实宣传主阵地,大桥文化多姿多彩

为做好港珠澳大桥文化宣传工作,管理局和参建单位结精兵强将,打造了一支充满战斗力的文化宣传队伍,不断拓展和夯实宣传主阵地。一方面积极构建由期刊、网站、微信公众号、项目部报纸、展览中心等组成的立体化文化宣传平台,开展既定的文化宣传工作;另一方面适时举办港珠澳大桥之歌歌曲征集、"建设中的港珠澳大桥"摄影作品展、书画艺术作品展、"工地沙龙""绿岛夜话"等因地制宜、各具特色的活动,极大地丰富了大桥文化的形式和内涵。

截至2017年5月已完成37期的《港珠澳大桥》双月刊,紧跟工程建设进展情况,从管理、技术、文化等方面深度记录和报道工程建设的足迹和建设者的心路历程,通过向中央、省以及港澳政府相关部门递送,起到了主动、正面宣传的作用。管理局展览中心开放五年以来,共接待近1500批22000人次,包括来自亚洲、欧洲、非洲、北美洲、大洋洲等7个大洲的26个国家的外宾,来访者不乏前中央政治局常委、前外国总统、行业主管部门领导和业内专家,极大地提高了港珠澳大桥在国内外和业内外的影响力。

除日常宣传工作之外,还不定期举办丰富多彩的文化活动。2014年,从主体工程、珠澳口岸人工岛和珠海连接线的近三十家参建单位中,广泛征集优秀的摄影作品,成功举办"建设中的港珠澳大桥"摄影作品展,并在此基础上扩编成同名摄影画册。2015年,组织书画艺术家深入工程一线进行采风、创作,举办港珠澳大桥书画作品展,并编辑同名作品集。由管理局和珠海电视台联合发起,工联会主办的港珠澳大桥之歌征集活动历时两年,经历歌词作品和作曲作品征集两个阶段,2016年《梦桥》等五首入选的港珠澳大桥之歌通过中央人民广播电台、大桥官方网站和微信等渠道,正式面向社会公布,引起了良好的反响。

3. 联袂主流媒体,演绎大桥主旋律

港珠澳大桥"一国两制"的背景和超级工程的地位,使其成为国际国内媒体追逐的焦点。围绕工程建设的重大节点,中央电视台、新华社、中新社、《南方日报》《羊城晚报》、广东电视台、珠海电视台等数十家媒体运用电视、平面、网络新媒体等多种手段,通过新闻、专题片、纪录片等多种形式,从工程规模、技术难度、环保要求等各个方面进行了全方位的报道,为工程建设营造了良好的舆论氛围。

2015年和2016年,《羊城晚报》多次精心策划了一系列质量极高的专题报道,引起了社会各界的强烈反响,受到了中宣部的肯定和赞许。

央视新闻中心经济新闻部专门成立"港珠澳大桥专题报道小组",定期跟踪报道。2016年港珠澳大桥新闻在中央电视台《新闻联播》上播出了12次;2017年元旦的《新闻联播》在回顾2016年国家重点工程取得的进展时,将港珠澳大桥作为"大国工程,彰显中国力量"的重要内容播出;5月E30管节成功沉放安装,在央视《朝闻天下》《新闻直播间》及《新闻联播》等栏目滚动播出,为大桥建设者和中国能力点赞等,向全社会讲述在港珠澳大桥演绎的中国故事。

4. 立足大桥平台,着力打造品牌资产

2011年,央视制作纪录片《超级工程》在全球发行,港珠澳大桥由此成为"超级工程"

的代名词;2015年5月,《新闻联播》报道了"大国工匠"深海钳工管延安的事迹,8月财经频道《对话》栏目将大桥誉为"桥梁界的珠穆朗玛峰",11月英国《卫报》将大桥列为"现代世界七大奇迹"之一。

在科技创新宣传方面,2014年,全球工程建设领域权威学术杂志《Engineering New Record》(ENR)在封面故事上刊登了工程建设情况。2015年11月,国家科技支撑计划项目顺利通过科技部组织的项目总验收,港珠澳大桥管理局组织制作了5集专题汇报片专题展示5个课题的研究成果。2016年5月,国际桥协来自20多个国家和地区的200多位专家来到港珠澳大桥施工现场参观考察,高度评价大桥乃至中国工程建设的成绩。2016年,在科技部的组织下,港珠澳大桥作为交通基建领域唯一入选项目,分别于6月和9月在北京和香港参加科技创新成就展。

由著作权、专利权和商标权及其相关权益组成的港珠澳大桥知识产权是大桥品牌资产的核心组成,对知识产权的保护是大桥品牌保护的核心内容,也是未来大桥实施综合开发的基础。在建设期间,管理局协同参建各方共同创建了"港珠澳大桥"这一具有世界影响力的品牌,在项目管理、科学技术、文化传播等各个层面形成了大量创造性智力劳动成果,特别是凝结、产生了一系列技术标准和创新的工艺工法等各种科研技术成果,具有极大的技术及商业价值。

二、港珠澳大桥珠海连接线工程

港珠澳大桥珠海连接线工程(国家高速公路网编号为G94),是港珠澳大桥的重要组成部分。项目起自珠澳口岸人工岛,向西设拱北湾大桥连接珠海连接线人工岛;采用海底隧道方式穿越拱北湾海域、城区隧道形式下穿拱北口岸;经茂盛围、前山河跨南湾大道,穿越将军山至该项目终点洪湾,与西部沿海高速公路月环至南屏支线延长线连接,路线全长13.4km。

珠海连接线项目批复概算为91.53亿元。控制性工程(拱北隧道)于2012年7月底正式开工建设,后续土建工程于2013年9月初开工,横琴北互通至终点洪湾互通段于2016年1月28日建成通车。项目由广东省南粤交通投资建设有限公司下属港珠澳大桥珠海连接线管理中心负责建设管理。

(一)主要技术指标和建设规模

按高速公路标准建设,双向六车道,设计速度80km/h,整体式路基宽度32.0m,分离式路基宽度16.0m。主线隧道长6204.0m/2座(表3-20-4),桥梁长5779.8m/3座(表3-20-5),设人工岛1处,南湾互通、横琴北互通、洪湾互通3处互通式立交和口岸人工岛连接匝道1处。

港珠澳大桥珠海连接线隧道表

表3-20-4

序号	隧道分类	隧道名称	起止桩号	长度(单洞,m)	行车道宽度(单洞,m)	隧道净高(m)	车道数	开工时间	完工时间	备注
1	长隧道	拱北隧道左线隧道	ZK1+150~ZK3+891.063	2741.063	14.25	5.1	3	2008年12月	2010年12月	
2	长隧道	拱北隧道右线隧道	YK1+515~YK3+890	2375	14.25	5.1	3	2009年3月	2010年12月	
3	特长隧道	加林山隧道左线隧道	ZK5+910~ZK9+551	3641	14.25	5.1	3	2013年9月	2015年10月	
4	特长隧道	加林山隧道右线隧道	ZK5+913~YK9+563	3650	14.25	5.1	3	2013年8月	2015年4月	

港珠澳大桥珠海连接线主要桥梁表

表3-20-5

序号	桥梁分类	桥梁名称	中心桩号	桥梁长度(m)	桥面宽度(m)	车道数	设计汽车荷载等级	开工时间	完工时间	备注
1	大桥	拱北湾大桥(左幅)	YK0+690.000	535.54	17.6~23	3	公路—Ⅰ级	2013年1月	2015年10月	
2	大桥	拱北湾大桥(右幅)	ZK0+690.300	535.54	15.75~23	3	公路—Ⅰ级	2012年10月	2014年12月	
3	特大桥	前山河特大桥(左幅)	ZK4+751.876	1775.5	15.75	3	公路—Ⅰ级	2012年10月	2014年12月	
4	特大桥	前山河特大桥(右幅)	YK4+751.537	1777	15.75	3	公路—Ⅰ级	2013年10月	2015年8月	
5	特大桥	南琴路高架(左幅)	ZK11+404.1	3675.8	15.75	3	公路—Ⅰ级	2013年6月	2015年5月	
6	特大桥	南琴路高架(右幅)	YK11+409.01	3639.288	15.75	3	公路—Ⅰ级	2007年2月	2009年6月	

（二）建设情况

1. 建设依据

2003年7月，内地与香港有关方面共同委托研究机构完成了《香港与珠江西岸交通联系研究》。

2003年8月，国务院批准开展港珠澳大桥项目前期工作。

2009年11月，国家发改委批复了港珠澳大桥工程可行性研究报告（含珠海连接线）。

2012年6月15日，交通运输部《关于港珠澳大桥珠海连接线工程初步设计的批复》。

2. 资金来源

国家安排专项基金12.3亿元，广东省安排财政性资金29.2亿元，共计41.5亿元作为珠海连接线项目的资本金（资本金比例为45.3%），其余50亿元资金向银行贷款。

3. 征地拆迁

2012年2月12日，广东省政府召开了港珠澳大桥建设联席会珠海现场会议。会上明确按该项目批复概算中对应的土地、青苗等补偿和安置补偿费由珠海市政府以"总包干"形式负责土地、房屋和管线征收拆迁工作。2月17日，项目管理中心与珠海市政府签订了港珠澳大桥珠海连接线征地拆迁总包干合同。

4. 招投标及中标单位、合同段划分

项目按照国家法律法规、交通运输部和广东省相关招投标管理办法进行招标，对勘察设计、土建和交安机电等工程施工、监理、试验检测等实行公开招标。

5. 主要设计施工监理单位

设计单位：中交第二公路勘察设计研究院有限公司、中交第四航务工程设计院有限公司等4个单位。

施工单位：中铁十八局集团有限公司、广东省长大公路工程有限公司等7个单位。

监理单位：中国公路工程咨询集团有限公司、广东华路交通科技有限公司等4个单位。

6. 重大变更

（1）从维持附近海域潮流动力、减少岸滩演变、降低附近港口航道回淤等方面考虑，广东省交通运输厅批复珠海连接线人工岛和珠澳口岸人工岛分离方案，珠海连接线人工岛紧邻现有海岸建设。

（2）拱北隧道由工可推荐的"海中隧道筑堤明挖、拱北口岸段浅埋暗挖的组合方案"调整为按"先分离并行，再上下重叠，最后又分离左右并行"的形式设置，采用明挖＋局部暗挖的施工方案。暗挖段采用管幕＋水平冻结法施工工法。

(3)前山河特大桥主桥由工可推荐的"桥跨布置为 82.5m + 150m + 82.5m 连续梁桥"调整为"桥跨布置为 90m + 160m + 90m 的波形钢腹板连续梁桥"。

(4)根据珠海市地方规划的要求,在茂盛围增加简易出入口。

(三)复杂技术工程

1. 拱北隧道

拱北隧道是珠海连接线的关键性控制工程,隧道长 2741m,按照"先分离并行,再上下重叠,最后又分离并行"的形式设置,涉及海域人工岛明挖段、口岸暗挖段及陆域明挖段等不同结构形式和施工工法。其中口岸暗挖段采用 255m 曲线管幕 + 冻结法施工,是世界首座采用该工法施作的双层公路隧道,其管幕长度和冻结规模均创造了新的纪录。

拱北隧道建设环境复杂,下穿我国第一大陆路口岸拱北口岸等敏感地带,跨度大、埋深浅,水文地质条件复杂,地面建筑多,地下管线及邻近桩基密集。隧道暗挖段采用上下叠层的卵形结构,开挖断面达到 $336.8m^2$。首先在隧道周围采用 36 根 $\phi1620mm$ 的管幕形成超前支护体系;然后采用冻结法对管幕之间约 35cm 的土体进行冻结,起到止水作用;最后在顶管管幕 + 冻结止水帷幕的超强支护下实施暗挖施工。

(1)工程地质条件复杂

拱北隧道大部分位于水位线以下,水力场复杂,隧址区上部覆盖层发育,且岩性在纵向上具有海相、海陆交互相、陆相多层结构,岩性条件较为复杂,特别是海相、海陆交互相沉积层发育,一般厚度达到 28～35m,土质极软弱。软土层具有多层、厚度大、分布广泛、含水率高、压缩性高、极易触变等特性,使隧道在围岩稳定性方面、支护设计方面、施工方面都存在诸多不利因素。

(2)周边环境复杂

拱北隧道沿线途经珠海连接线人工岛、珠海拱北口岸、澳门关闸口岸、广珠城际轨道拱北站等,涉及口岸、边防部队等众多单位。其中,珠海拱北口岸已成为我国第一大陆路口岸,日均旅客 30 万多人次,日均车辆 10000 多辆次,口岸内建筑物密集且安全级别高。管幕群外缘最近处距离澳门联检大楼桩基仅为 1.50m,距离拱北口岸出入境长廊基桩最近距离为 0.5m。广珠轻轨的终点站珠海拱北站,距拱北隧道最小距离不足 24m。隧道路线范围内电力、电信网络众多,给排水管网密布。

(3)隧道施工工法复杂多样

拱北隧道沿线结构变化复杂,按"先分离并行,再上下重叠,最后又分离左右并行"的形式设置,包括海域明挖段、口岸暗挖段及陆域明挖段,涉及深基坑工程、浅埋暗挖施工、冻结施工、顶管管幕施工等。

(4)设计施工技术难度大、风险高

拱北隧道暗挖段下穿拱北口岸,穿越具有高压缩性、高触变、高灵敏度、高含水率、大孔隙比、低强度等软土特征的地层,工程地质条件极其复杂,地层变形控制要求极高。隧道施工涉及海域动水超大深基坑施作及全球首创管幕+水平冻结工法。其中,海域明挖段长1225m,最大基坑开挖跨度达32.66m,最大开挖深度达26.89m;陆域明挖段总长1230m,最大基坑开挖跨度达30.50m,最大开挖深度达22.06m;口岸内工作井最大开挖深度超过31m。暗挖段全长255m,平面线形为缓和曲线+圆曲线,采用255m曲线管幕+冻结法施工,曲线管幕顶进长度创造当前新纪录,采用上下叠层的卵形结构,开挖断面达到336.8m^2,该施工工法属于首创,施工难度大,风险高。

2. 前山河特大桥

前山河特大桥全桥共14联,左线全长1775.5m,右线全长1777m。主桥采用90m+160m+90m波形钢腹板连续梁桥,纵向采用全预应力结构。主梁为单箱单室截面。

前山河特大桥采用波形钢腹板预应力混凝土连续梁桥方案,是一种在国内兴起的新型组合结构桥型。技术难点主要有:

(1)大尺寸波形钢腹板屈曲稳定性与几何参数的控制。

(2)大跨、宽幅波形钢腹板预应力混凝土组合连续梁桥力学性能的把握。

(3)大跨度波形钢腹板预应力混凝土组合连续梁桥设计理论的深化。

(4)大跨度波形钢腹板预应力混凝土组合连续梁桥施工技术。

(四)科技创新

珠海连接线开展隧道、桥梁、管理等3个方向的研究。

课题一:隧道类(珠海连接线隧道工程关键技术研究)

(1)子课题一"拱北隧道设计关键技术研究"由设计单位中交第二公路勘察设计研究院有限公司牵头承担。

(2)子课题二"拱北隧道施工关键技术研究"主要研究内容为:复杂条件下长距离曲线顶管及管幕施工关键技术研究[由中国地质大学(武汉)承担]、临海环境高水压下超长水平冻结止水帷幕施工关键技术研究(由同济大学承担)、复杂环境下浅埋超大断面隧道施工变形控制技术研究(由同济大学承担)、临海隧道结构防水技术及其应用研究(由北京交通大学承担)。

(3)子课题三"高风险公路建设项目施工阶段安全风险管控研究"由交通运输部科学研究院承担。

(4)子课题四"异形结构隧道通风及防灾救援关键技术研究"由国家消防工程技术研究中心和北京交科公路勘察设计研究院有限公司联合承担。

(5)子课题五"水库影响区断层破碎带大断面隧道建设安全控制技术研究"由招商局重庆交通科研设计院有限公司承担。

课题二:桥梁类(大跨、宽幅波形钢腹板预应力混凝土连续梁桥设计与施工关键技术)

由中交第二公路勘察设计研究院有限公司、东南大学联合承担。

课题三:管理类(港珠澳大桥拱北隧道顶管管幕和冻结工法工程定额研究)

由广东工业大学承担。

依据珠海连接线科研项目的总体规划,管理中心先后申报了交通运输部、广东省交通运输厅科技项目,包括:

(1)省交通运输厅科技项目计划重大工程项目"港珠澳大桥珠海连接线隧道工程关键技术研究"。将隧道类子课题一、三、四、五全部纳入该重大工程项目。

(2)省交通运输厅市场主导性科技项目"大跨、宽幅波形钢腹板预应力混凝土连续梁桥设计与施工关键技术"。

(3)省交通运输厅市场主导性科技项目"港珠澳大桥拱北隧道顶管管幕和冻结工法工程定额研究"。

(4)交通运输部科技项目"港珠澳大桥珠海连接线拱北隧道建设关键技术与应用研究"。该项目主要内容为隧道类课题子课题二的研究内容。

(五)运营管理

1. 运营公司

2012年,广东省政府决定,原由省交通集团代建代管的珠海连接线项目按要求成建制移交给广东省南粤交通投资建设有限公司。项目法人港珠澳大桥珠海连接线管理中心属于广东省南粤交通投资建设有限公司下设的全资事业单位,负责珠海连接线的建设、运营管理。

2. 收费站点及出入口

珠海连接线采用开放式收费模式,通过不停车电子收费技术,对通行珠海连连接线工程的粤港(澳)两地车牌的车辆收取通行费。

出入口设有:茂盛围出入口、南湾互通、横琴北互通和洪湾互通。

3. 养护管理及维修工程

珠海连接线项目养护模式为委托第三方单位管养。

4. 路政管理

2015年12月11日,成立港珠澳大桥珠海连接线路政队,主要负责珠海连接线的路产、路权管理和道路安全畅通等日常业务。

(六)企业文化建设

一是以企业文化建设为基础,构建核心价值理念。建立健全了以中心主任为组长的企业文化建设组织领导机构,并制定了企业文化宣传工作方案。总结提炼出了"优质耐久、安全环保、规范廉洁、求实创新"的建设总体目标,反映了全体职工的共同信念和价值观,增强了管理中心的凝聚力。

二是以人文关怀为己任,推进安全文化建设。管理中心结合项目实际特点,以实现人的价值、保护人的生命安全与健康为宗旨,努力构建"工程安全、职工安全、企业稳定、社会和谐"四位一体的企业安全文化。

三是以实体质量为目标,提升项目管理水平。管理中心在质量管理方面坚持高标准、严要求,树立了"争创中国工程质量最高奖鲁班奖或詹天佑奖"的目标,积极宣传"百年工程、质量为先"的理念。在日常质量管理中,按照"粗活细做,细活精做"的原则,明确实体合格率及外观质量目标;落实各参建单位质量管理责任。大力推进"双标"管理,建立质量管理与信用评价的关联机制;推行监理考核制度,将质量管理效果纳入考核体系中。

四是以廉洁文化为保障,实现项目"双廉双优"。管理中心实行工程建设和廉政建设同步推进,实现两促进、两不误。一方面,通过开展"廉政大讲堂""亲情助廉""社会倡廉""企业促廉"等活动,宣传珠海连接线廉洁文化理念。另一方面,通过创新载体,如微信、QQ等平台向职工转发廉政资讯,及在办公区域设置以廉政警示漫画为主要内容的"廉洁文化走廊",同时开展"廉政教育影视周"观影活动,加大廉洁文化的开放度和群众参与度等。通过不断完善制度,推进廉洁文化规范化。

五是以主题教育为契机,不断丰富职工文化生活。管理中心坚持把主题教育活动作为企业文化的重要组成部分,组织开展了"世纪大桥,廉洁同行"系列讲座、安全知识培训讲座、党课专题辅导等。

珠海连接线项目在质量、安全、廉政等方面均取得丰硕成果,先后获得"全国五一劳动奖状""中国工人先锋号""全国交通基础设施重点工程劳动竞赛先进单位"等荣誉称号。

三、西部沿海高速公路南屏—月环支线及延长线

广东省西部沿海高速公路珠海金鼎—新会古井段支线南屏—月环段(简称"珠海段支线")北起广东省中山市坦洲镇月环,设月环互通立交接广东省西部沿海高速公路珠海段主线,向南经坦洲镇到项目终点 K110+240 处接南琴路,路线主线全长 12.74km,在中山市坦洲镇境内约 10.85km,珠海市境内约 1.89km。批复概算 15.047 亿元。由广东省

公路建设有限公司和广东交通实业投资有限公司按9∶1的投资比例合资兴建,并成立广东西部沿海高速公路珠海段有限公司负责项目建设管理。

广东西部沿海高速公路月环—南屏支线延长线,路线起于珠海市南屏镇南屏工业园(顺接月环—南屏支线),利用既有南屏互通主线跨线桥跨越珠海大道,止于香洲区南屏镇洪湾村(设置洪湾互通连接港珠澳大桥珠海连接线)。长5.232km,2016年1月建成通车。[西部沿海高速公路南屏—月环支线及延长线详细情况见本章第三节京港澳高速公路广澳段(G4W)]

四、广州—珠海西线中山月环—东升段

中山月环—沙溪及沙溪—东升两段共42.007km,是环珠江三角洲高速公路G94与广珠西线S43共线段。[详见第四章第十七节广东西部沿海高速公路(S32)]

五、中山—江门高速公路

中江高速公路和江鹤二期高速公路项目是位于珠江三角洲呈东西走向的高速公路主干线,起于中山市港口镇新隆立交与广澳高速公路(G4W)相接,途经中山东升镇和横栏镇,跨西江和江门水道,沿线与广珠西线高速公路(S43)、江珠高速公路(S47)、105国道、歧江公路、广中江高速公路和广佛江高速公路连接,止于江门市礼乐镇天沙河西岸,与连接沈海高速公路(G15)的江鹤一期高速公路相接,全长40.07km,是国家高速公路网的重要组成部分,分属于国高网编号G94(珠三角环线高速公路)和G2518(深罗高速公路),其中新隆至东升段属G2518线,东升至龙湾段为G94和G2518共线路段。总投资32.68亿元(含2011年建成通车的小榄互通1.3亿元)。1998年11月起陆续开工,2005年11月8日全线建成通车。

项目由广东省公路建设有限公司(股权比为60%)、广东省高速公路发展股份有限公司(股权比为15%)和深圳高速公路股份有限公司(股权比为25%)合作,组建广东江中高速公路有限公司(简称"江中公司")负责项目投资建设和经营管理,并受托负责江鹤一期高速公路(20km)的运营管理。

中江高速公路东升至龙湾段为G94和G2518共线路段。[建设和管理的详细情况见本章第十节深圳—岑溪高速公路广东段(G2518)"四、中山—江门高速公路"]

六、江门—肇庆高速公路

江门—肇庆公路(简称"江肇高速公路")是国家高速公路网珠江三角洲环线高速公路中重要的一段,路线起于江门市杜阮镇,连接江鹤高速公路,经江门蓬江区、鹤山市、佛山高明区、肇庆高要市、肇庆鼎湖区、四会市,在张洞与广贺高速公路连接,终点与肇花高

速公路顺接,全长107.7km。项目于2008年8月28日开工,江肇一期(K0+000~K73+500)于2010年底建成通车,江肇二期(K73+500~K107+700)于2012年12月底建成通车。

(一)主要技术指标和建设规模

该项目地势低缓,山地以低山丘陵为主,山体植被发育,边坡坡度较小,山体较为稳定,崩塌、滑坡较少,平原区多属河谷平原,发育大片软土,第四系松散物下存在岩溶。同时沿线水系河道发达,地质环境复杂多变。

全线采用高速公路标准,双向六车道,设计速度为100km/h。有特大桥5座,主要大桥18座(表3-20-6);特长隧道1座,长隧道1座,隧道群1组(表3-20-7)。设有收费站11处。

(二)建设情况

1. 建设依据

2007年9月10日,广东省发改委转发《国家发展和改革委员会关于广东省江门至肇庆公路可行性研究报告的批复》。

2007年10月13日,交通部《关于江门至肇庆公路初步设计的批复》。

2010年11月4日,交通运输部批复江门至肇庆段公路项目施工许可申请书。

2012年7月24日,交通运输部《关于江门至肇庆公路调整概算的批复》。

2. 资金来源

项目建设资金为:国家专项基金(车购税)、省财政公路建设资金和国债出资为项目资本金,其余向银行贷款。

3. 征地拆迁

项目征地拆迁涉及6个市(区)、13个镇,红线范围征地约13108亩。江肇管理中心与沿线政府主管部门签订征地拆迁合同,如期完成征地拆迁工作。

4. 招投标

(1)设计单位招标

①2004年11月30日,发布土建设计招标公告,广东省公路勘察规划设计院等5个单位报名,2005年3月7~9日,在广州召开了评标会议,A合同段为中交第一勘察设计研究院中标,B合同段为广东省公路勘察规划设计院中标。

②2005年6月27日,发布交通工程设计招标公告,广东省公路勘察规划设计院等5个单位报名,2005年9月12~14日,在广州召开了评标会议,广东省公路勘察规划设计院、

表 3-20-6

江门—肇庆高速公路主要桥梁表

序号	桥梁分类	桥 梁 名 称	中心桩号	桥梁长度 (m)	桥面宽度 (m)	车道数	设计汽车荷载等级	开工时间	完工时间	备注
1	特大桥	高明河特大桥	K277+242	1739.40	33.5	6	公路—Ⅰ级	2008年12月	2010年12月	
2	特大桥	西江特大桥	K239+154	2697.54	33.5/38.3	6	公路—Ⅰ级	2008年10月	2012年12月	
3	特大桥	三茂铁路跨线桥	K227+537	1506.54	33.5	6	公路—Ⅰ级	2009年2月	2012年12月	
4	特大桥	青绥特大桥	K225+081	2346.54	33.5	6	公路—Ⅰ级	2008年8月	2012年12月	
5	特大桥	张洞互通主线桥	K219+011	1025.54	33.5	6	公路—Ⅰ级	2009年3月	2012年12月	
6	大桥	杜阮河大桥	K322+842	610.16	33.5	6	公路—Ⅰ级	2008年11月	2010年12月	
7	大桥	福泉大道分离立交	K321+439	左幅:227.32,右幅:251.32	33.5	6	公路—Ⅰ级	2008年11月	2010年12月	
8	大桥	南北大道高架桥	K317+005	477.06	33.5	6	公路—Ⅰ级	2009年3月	2010年12月	
9	大桥	坪头村大桥	K306+962	左幅:384.54,右幅:387.455	33.5	6	公路—Ⅰ级	2009年7月	2010年12月	
10	大桥	青溪村大桥	K301+385	224.34	33.5	6	公路—Ⅰ级	2008年12月	2010年12月	
11	大桥	松岗村大桥	K298+674	304.09	33.5	6	公路—Ⅰ级	2008年12月	2010年12月	
12	大桥	三凤高架桥	K296+356	257.40	33.5	6	公路—Ⅰ级	2008年12月	2010年12月	
13	大桥	新村高架桥	K293+727	308.88	33.5	6	公路—Ⅰ级	2009年1月	2010年12月	
14	大桥	牛眠村高架桥	K291+932	左幅:416.4,右幅:434.82	33.5	6	公路—Ⅰ级	2008年11月	2010年12月	
15	大桥	荷梗分离式立交	K288+711	左幅:406.4,右幅:300.74	33.5	6	公路—Ⅰ级	2009年7月	2010年12月	
16	大桥	杨梅河1号大桥	K285+837	282.56	33.5	6	公路—Ⅰ级	2008年12月	2010年12月	
17	大桥	人和互通立交A匝道2号桥	AK1+460	231.00	15.5	2	公路—Ⅰ级	2009年6月	2010年12月	
18	大桥	桥头路高架桥	K274+835	504.64	33.5	6	公路—Ⅰ级	2009年5月	2010年12月	
19	大桥	潭粤互通立交主线桥	K270+766	257.40	33.5	6	公路—Ⅰ级	2008年10月	2010年12月	
20	大桥	鲶鱼水库大桥	K264+308	224.47	33.5	6	公路—Ⅰ级	2009年3月	2010年12月	
21	大桥	古球高架桥	LK244+596 RK244+590	545.54	33.5	6	公路—Ⅰ级	2008年12月	2012年12月	
22	大桥	苏三跨线桥	K242+217	765.54	33.5	6	公路—Ⅰ级	2009年11月	2012年12月	
23	大桥	省道263跨线桥	K222+139	750.54	33.5	6	公路—Ⅰ级	2009年2月	2012年12月	

江门—肇庆高速公路隧道表

表 3-20-7

序号	隧道分类	隧道名称	起止桩号	长度（单洞,m）	行车道宽度（单洞,m）	隧道净高（m）	车道数	开工时间	完工时间	备注
1	长隧道	大王顶左线隧道	K281+505～K283+705	2200	11.25	8.05	3	2008年11月	2010年11月	
2		大王顶右线隧道	K281+521～K283+680	2159	11.25	8.05	3	2008年11月	2010年11月	
3		将军山1号左线隧道	K269+370～K270+220	850	11.25	8	3	2008年5月	2010年11月	
4		将军山1号右线隧道	K269+330～K270+250	920	11.25	8	3	2008年5月	2010年11月	
5		将军山2号左线隧道	K268+464～K269+325	861	11.25	8	3	2008年5月	2010年11月	
6	长隧道	将军山2号右线隧道	K268+945～K269+249	304	11.25	8	3	2008年5月	2010年11月	
7		将军山3号右线隧道	K268+665～K268+897	232	11.25	8	3	2008年5月	2010年11月	
8		将军山4号右线隧道	K268+510～K268+620	110	11.25	8	3	2008年5月	2010年11月	
9		将军山5号左线隧道	K266+785～K266+980	195	11.25	8	3	2008年5月	2010年11月	
10		将军山5号右线隧道	K266+785～K266+980	195	11.25	8	3	2008年5月	2010年11月	
11	特长隧道	毛毡岭左线隧道	K245+122～K249+884	4762	11.25	7.92	3	2008年11月	2011年4月	
12		毛毡岭右线隧道	K245+052～K249+873	4821	11.25	7.92	3	2008年11月	2011年4月	

北京交科公路勘察设计研究院有限公司(联合体)中标。

(2)监理和施工单位招标

江肇项目进入省建工程交易中心向全国范围公开招标。

5. 主要设计、施工、监理单位

设计单位:中交第一公路勘察设计研究院、广东省公路规划勘察设计院有限公司等4个单位。

施工单位:中交第一航务工程局有限公司、广东省长大公路工程有限公司、中铁隧道集团有限公司等31个单位。

监理单位:山西交科公路工程咨询监理有限公司、广东华路交通科技有限公司等4个单位。

(三)复杂技术工程

1. 西江特大桥

西江特大桥位于肇庆市鼎湖区永安镇与沙浦镇之间,桥位跨越西江主干流,一级黄金航道,施工过程中的航道安全格外重要。西江特大桥在里程K238+322~K239+422通过西江,桥位中轴水深约1.4~21.5m,桥位区在K238+422以东地段处隐伏岩溶区,基底下石炭系石磴子组灰岩岩溶较发育。全桥由南引桥、主桥、北引桥三部分组成,全长2697.54m,南引桥跨径组合为$23 \times 30m + 5 \times 35m$,北引桥跨径组合为$5 \times 35m + (35.5 + 65 + 35.5)m + 21 \times 30m$,跨越西江的主桥采用$128m + 3 \times 210m + 128m$四塔单索面预应力混凝土矮塔斜拉桥,塔高30m,跨越西江北堤采用$(35.5 + 65 + 35.5)m$预应力混凝土连续刚构,30m跨、35m跨为装配式预应力混凝土先剪支后结构连续小箱梁结构。在西江特大桥K83+117~K84+314段两侧各加设1.5m宽人行道,单幅宽达16.55m。

2. 毛毡岭隧道

毛毡岭隧道左线隧道长4762m,右线隧道长4821m。两端洞口均为小净距,其余为正常间距。设计速度100km/h,属于大断面特长高速公路隧道。

隧道穿过低山丘陵地貌区,山体走向总体呈近东西向。隧道线路经过最大高程约为407.00m,山体植被茂密,隧道所处地貌地形起伏较大,最大相对高差约375.52m。隧址区域地质构造发育,区域上主要为栏柯山背斜和栏柯山断裂带发育部位,围岩地质情况复杂。隧道进、出口地形地质条件较差,隧道洞口较长范围内覆盖层较薄,属于超浅埋地段,围岩地质情况复杂。

隧道衬砌按照新奥法原理采用复合式衬砌,初期支护采用锚喷支护,二次衬砌采用模筑混凝土衬砌,衬砌采用曲墙式衬砌。隧道施工采用动态施工,施工中加强监控量测,及时了解围岩动态变化并反馈设计。此外通过安全、经济和技术综合比较,毛毡岭隧道采用全射流纵向通风方案,全射流纵向通风技术运用于近4.8km的隧道在国内隧道中比较罕见。

毛毡岭隧道穿越栏柯山自然保护区,对环境水的保护要求高,为尽量减少开挖隧道后对地下水结构的破坏,减少地下水的流失,做到保护区内"树常青、水长流",对地下水采用"限量排放"的原则。

(四)科技创新

1. 主要研究内容

根据广东省交通厅科技项目(项目编号 2008 08)任务书的要求,广东江肇高速公路管理中心、同济大学、广东省公路勘察规划设计院股份有限公司对江肇高速公路西江特大桥项目分3个专题进行研究。

课题一:多跨刚构体系矮塔斜拉桥合理设计状态研究。

课题二:矮塔斜拉桥空间受力状态及合理构造设计研究。

课题三:基于结构仿真分析的多跨刚构体系矮塔斜拉桥施工监控系统研究。

该项目针对宽幅脊梁多跨刚构体系矮塔斜拉桥,主要在以下方面取得研究成果:

(1)形成多跨刚构体系矮塔斜拉桥合理体系;

(2)形成多跨刚构体系矮塔斜拉桥合理受力状态;

(3)多跨刚构体系矮塔斜拉桥合理受力状态实现方法;

(4)多跨刚构体系矮塔斜拉桥拉索设计优化;

(5)宽幅脊骨梁纵向受力性能及试验研究;

(6)宽幅脊骨梁横向受力性能及优化;

(7)多跨刚构体系矮塔斜拉桥鞍座性能及换索策略;

(8)多跨刚构体系矮塔斜拉桥施工控制方法。

2. 研究创新点

一是全面系统地研究了多塔刚构体系宽幅脊梁矮塔斜拉桥的结构体系及结构性能,确定了塔跨比、中跨无索区长度、近塔无索区长度、边中跨比、拉索间距等参量的合理取值范围。

二是结合施工过程实桥试验,对脊骨箱梁纵横向受力机理以及配束效果展开研究,提出了脊骨梁配束方法。

三是用敏感性分析方法,对影响多跨宽幅脊梁矮塔斜拉桥应力及线形的因素进行分析,提出针对性的施工控制方法。

(五)运营管理

1.运营公司

广东江肇高速公路管理中心设置综合事务部、人力党群部、营运管理部、养护管理部、计划财务部、路产管理部6个职能部门,路产管理部下设路政一中队、路政二中队和路政三中队;营运管理部下设桃源中心站、大沙中心站和回龙收费站。

2.收费站点

江肇高速公路沿线分别设蓬江主线站、杜阮北站、棠下站、桃源站、龙口站、杨和站、人和站、回龙站、沙埔站、永安站(暂未开通)、大沙站、四会站12个收费站和1个江肇标识站(表3-20-8)。

收费站点设置情况表 表3-20-8

桩 号	管辖站	收费站	出口车道数(条)		入口车道数(条)		备注
			MTC	ETC	MTC	ETC	
K225+241	大沙中心站	四会站	6	1	2	1	
K231+285		大沙站	4	1	2	1	
K239+775		永安站	3	1	2	1	未通车
K243+705		沙埔站	1	1	1	1	沙埔东
K243+705			1	1	1	1	沙埔西
K262+301	回龙收费站	回龙站	3	1	2	1	
K279+210	桃源中心站	人和站	4	1	2	1	
K287+385		杨和站	2	1	1	1	
K298+110		龙口站	2	1	1	1	
K304+308		桃源站	2	1	1	1	
K315+984		棠下站	2	1	1	1	
K320+596		杜阮北站	4	1	3	1	
合计			45	13	30	13	

3.车流量

车流量情况见表3-20-9。

车流量情况表 表3-20-9

年份(年)	车流量(辆)	日均车流量(辆)	年份(年)	车流量(辆)	日均车流量(辆)
2010	1728	1728	2014	7292869	19980
2011	2595769	7112	2015	7512898	20583
2012	3281131	8965	2016	4136330	22727
2013	6869352	18820			

备注:2016年数据统计截至6月30日。

4. 服务区

江肇高速公路管理中心管养路段共有3个服务区。

5. 养护管理

广东江肇高速公路采用市场化、专业化养护模式,严格按招标程序确定养护承包人。按照养护工程性质、技术复杂程度和规模大小,将养护工程划分为小修保养、养护专项工程、服务类专项工程三类。在招标时采用建设类资质作为"门槛"进行养护工程的招投标。推进养护专业化,实行"管养分离"。

"十二五"期间,管理中心共投入6100万元实施预防性养护工程,包括CAP封层、Novachip薄层罩面、AC-16C罩面、抗裂贴等裂缝封补技术,实施以路面车辙、抗滑、坑槽等提高耐久性和加强路面结构为主题的预防性养护工程,确保路面性能指标符合养护管理目标要求。

6. 路政管理

江肇高速公路路政大队成立于2010年12月。下设3个中队,配备巡逻车辆9台,负责江肇高速公路107.7km的路政管理工作。

(1) 加强路产索赔工作,提高路产结案率。推行服务型索赔,对路损金额在1000元以下的案件到就近收费站缴纳赔偿款,对1000元(含)以上的案件向当事人派发提示卡,告知案件办理详细信息并通过交警配合等方式进行跟踪索赔。

(2) 加强巡查,及时排除险情。通过加大巡查力度、实行路养联巡等方式及时处理各类突发事件,消除各种安全隐患。

(3) 制止违章,维护路权。采取主动劝阻、干预查处、跟踪检查、宣传教育的多种方式,清除了多宗在控制区内违法修建建筑物、设置广告标牌的行为,维护了公路的合法权益。

(4) 加强涉路施工监管。一是严把施工许可审批关;二是加强施工点的检查;三是做好施工单位、路政、监控中心等部门的信息互通;四是加强施工人员的安全教育;五是重视施工撤场管理等。

(六) 企业文化建设

一是推进党组织建设,统领企业文化建设。江肇高速公路始终坚持以党建工作的创新带动企业文化建设,健全党的基层组织建设,创新党的管理,深化党员教育,强化党风廉政和专项预防工作,保证党员发展质量;组织开展学习实践科学发展观、创先争优、"三好"基层党组织建设、党员示范岗创建、和"三严三实"等主题活动,定期开展党员活动,确保了企业文化正确的发展方向。

二是践行社会主义核心价值观,积极做好企业文化宣贯。通过开设专题宣传栏、印发企业文化手册、张贴宣传海报、宣传简报等大力宣传社会主义核心价值观的深刻内涵,通过入职培训、专题讨论学习等多种形式,使全体员工对企业文化的核心理念、企业精神、价值主张和执行理念有了全面认识和理解,把公司企业文化所倡导的理念和行为融入江肇营运管理的日常工作和全体员工的生活之中,不断提升企业的影响力和凝聚力。

三是实践以人为本理念,关心关爱员工。江肇公司作为政府还贷高速公路建设项目,始终把为员工搭建成长成才舞台、发挥人的主观能动性作为主要工作目标之一。为此,建立内部考核激励机制,形成能者上、庸者让的良好竞争氛围。同时,通过举办各类培训,提升岗位专业技能,增强员工综合素质。

四是以文化活动为载体,营造良好文化氛围。通过组织开展丰富多彩的文化活动,丰富员工的精神生活,增强队伍凝聚力,不断提升自身形象。管理中心组织开展了篮球联赛、集体登山活动、革命圣地参观学习、毽球比赛等活动,组织了收费、路政技能竞赛、驾驶技能竞赛、安全知识竞赛、安全演讲比赛等,开展了员工生日集体活动、重要节日文艺晚会等活动。

(七)2006—2015年荣获的集体荣誉

2014年12月,江肇公司被广东省总工会评为广东省"模范职工之家"。

2015年1月,江肇公司荣获广东省"青年文明号"称号。

2015年12月,江肇公司鼎湖服务区荣获"全国优秀服务区"称号。

七、肇庆—花都高速公路

珠江三角洲环线高速公路黄岗—花山段(简称"肇花高速公路")是《国家高速公路网规划》中地区环线珠江三角洲环线(G94)的组成部分;是《广东省高速公路网规划(2004—2030)》"九纵五横两环"中二环(珠江三角洲外环高速公路)的西北段;是《广州市公路网规划(2005—2030)》"四环十八射十五条重要公路"布局中的四环组成部分。该路段起于肇庆四会市东城区,经肇庆市高新技术产业开发区,佛山市三水区芦苞、大塘镇,广州市花都区赤坭、狮岭镇,止于花都区花山镇,与珠江三角洲环线花山至北兴段及乐昌至广州高速公路相接,全长63.577km。2010年7月开工,2014年12月31日建成通车。

肇花高速公路的建设对改善珠江三角洲地区路网结构,加强珠三角经济区东部和中部、西部区域的联系,促进珠江三角洲经济区一体化,增强深圳、香港的经济辐射作用有着重要的意义。

(一)主要技术指标和建设规模

珠江三角洲环线高速公路(G94)黄岗—花山段按高速公路标准建设,双向六车道,设计速度120km/h。同步建设连接线长5.05km,采用双向两车道二级公路标准,主要桥梁见表3-20-10。

肇庆—花都高速公路主要桥梁表

表 3-20-10

序号	桥梁分类	桥梁名称	起 止 桩 号	桥梁长度（m）	桥面宽度（m）	车道数	设计汽车荷载等级	建设时间	运营桩号	备注
1	大桥	大旺大桥	K5+417.48~K6+413.03	995.55	34.5	6	汽车—Ⅰ级	2014年12月31日	K212+555~K211+559	
2	大桥	大良岗大桥	K7+908.17~K8+293.83	385.66	34.5	6	汽车—Ⅰ级	2014年12月31日	K210+064~K209+678	
3	大桥	老鸦岗大桥	K9+261.97~K9+718.03	456.06	34.5	6	汽车—Ⅰ级	2014年12月31日	K208+710~K208+254	
4	特大桥	北江特大桥	K12+114.97~K16+297.53	4182.56	34.5	6	汽车—Ⅰ级	2014年12月31日	K205+857~K201+674	
5	特大桥	望岗特大桥	K17+111.97~K18+318.03	1206.06	34.5	6	汽车—Ⅰ级	2014年12月31日	K200+860~K199+654	
6	特大桥	新屋特大桥	K19+296.47~K22+737.03	3440.56	34.5	6	汽车—Ⅰ级	2014年12月31日	K198+675~K195+235	
7	特大桥	东升高架桥	左幅 K25+503.78~K27+205.57 右幅 K25+503.78~K27+235.37	1729.54	34.5	6	汽车—Ⅰ级	2014年12月31日	K192+468~K190+739	
8	特大桥	省道S114跨线桥	K28+186.3~K32+194.3	4008	34.5	6	汽车—Ⅰ级	2014年12月31日	K189+786~K185+778	
9	大桥	连珠高架桥	K32+450~K32+735	285.04	34.5	6	汽车—Ⅰ级	2014年12月31日	K185+522~K185+237	
10	大桥	三坑水库大桥	K33+857~K34+107	256.04	34.5	6	汽车—Ⅰ级	2014年12月31日	K184+115~K183+859	
11	特大桥	碧桂园高架桥	K34+296.5~K35+414.52	1121.02	34.5	6	汽车—Ⅰ级	2014年12月31日	K183+676~K182+558	
12	特大桥	狮岭高架桥	K38+336.98~K52+710	14364	34.5	6	汽车—Ⅰ级	2014年12月31日	K179+635~K165+262	
13	特大桥	芙蓉大道跨线桥	K52+786.75~K53+971.95	1185.2	34.5	6	汽车—Ⅰ级	2014年12月31日	K165+185~K164+000	
14	大桥	儒林高架桥	K55+456~K56+121	665	34.5	6	汽车—Ⅰ级	2014年12月31日	K162+516~K161+851	
15	特大桥	国道G106跨线桥	K57+140.8~K58+875.8	1735	34.5	6	汽车—Ⅰ级	2014年12月31日	K160+831~K159+096	
16	大桥	花河北路跨线桥	K59+532~K60+129	597	34.5	6	汽车—Ⅰ级	2014年12月31日	K158+440~K157+843	
17	特大桥	花山北互通花分离式左线、右线特大桥	ZHZK61+278.900~ZHZK63+015.1	1770.1	34.5	6	汽车—Ⅰ级	2014年12月31日	K156+693~K154+957	

(二)建设情况

1. 建设依据

2009年12月7日,国家发展和改革委员会《国家发展和改革委员会关于广东省黄岗至花山公路项目核准的批复》。

2009年12月22日,交通运输部《关于黄岗至花山段公路初步设计的批复》。

2009年12月,广东省交通运输厅以《关于印发珠江三角洲外环高速公路黄岗至花山段第一标段(K0+000~K5+300)施工图设计审查意见的通知》批复了该项目第一合同段施工图设计。2010年7月,以《关于印发广东省黄岗至花山公路施工图设计审查意见的通知》批复了该项目后续合同段施工图设计。

2010年4月,交通运输部批复了先行工程(第一合同段)施工许可;2011年5月,交通运输部批复了肇庆段(第二合同段)施工许可;2011年7月,交通运输部批复了佛山段(第三合同段~第四合同段)施工许可;2012年7月,交通运输部批复了广州段(第五合同段~第十二合同段)施工许可。

2. 资金来源

由广东省高速公路有限公司、广东省公路建设有限公司分别按75%和25%的比例出资,占总投资的25%;总投资其余75%的建设资金向银行贷款。

3. 征地拆迁

广东肇阳高速公路有限公司分别与肇庆高新技术产业开发区管理委员会签署《珠江三角洲外环高速公路肇庆(黄岗)至花都(花山)段肇庆高新区路段征地拆迁工作合同》、四会市政府签署《珠江三角洲外环高速公路肇庆(黄岗)至花都(花山)段四会市路段征地拆迁工作合同》、佛山市国土资源局三水区分局签署《珠江三角洲地区环线高速公路黄岗至花山段三水区路段征地拆迁工作合同》、广州市花都区政府征用土地办公室签署《珠江三角洲环线高速公路黄岗至花山段花都区路段征地拆迁工作合同》。

4. 招投标和主要设计、施工、监理单位

按照国家招投标法和交通运输部、广东省有关招投标的文件规定,对该项目的勘察设计、监理、施工单位均采取公开招标。

招标项目在《中国交通报》《南方日报》等媒体上发布招标公告,评标等工作均在广州建设工程交易中心进行。

勘察设计单位:广东省公路勘察规划设计研究院股份有限公司、中国公路工程咨询集团有限公司、北京交科公路勘察设计研究院有限公司等。

监督单位:广东省交通工程质量监督站。

施工单位：广东省长大公路工程有限公司、广东冠粤路桥有限公司、中铁十二局集团有限公司、广州市政集团有限公司等。

监理单位：广东翔飞公路工程监理有限公司、重庆中宇工程咨询监理有限责任公司等。

（三）科技创新

1. 科学研究

（1）新建高速公路桥梁支座配套技术研究。该课题于2010年在广东省交通运输厅科技计划立项，主要研究新建高速公路桥梁支座的设计要求、新建高速公路桥梁支座供货技术要求及质量检验标准、新建高速公路桥梁支座施工安装及验收标准、新建高速公路桥梁支座维修养护标准等内容。

（2）水泥搅拌桩质量快速检测与评价方法研究。该课题由广东肇阳高速公路有限公司、河海大学共同承担开展，2011年在广东省交通运输厅科技计划立项。

2. 机电工程应用多项新技术

（1）全程高清IP摄像机监控。肇花高速公路设有13处互通立交，无隧道等特殊构造物，基本路段线形良好。围绕该项目互通立交多且密集、存在高架桥区等特点，结合项目交通量、车型比例，监控系统全线实施全程监控，摄像机按照每公里1台布设，所有摄像机均采用高清IP摄像机。

（2）广场、互通及场区均采用LED照明。肇花高速公路根据工程建设的需要及特点，在全线各收费站广场、互通以及管理中心、集中居住区均采用LED照明产品，实现绿色、环保、节能之效。

（3）交通事故应急处置管理系统。肇花高速公路机电工程设置了一套交通事故应急处置管理系统，实现更为高效的应急救援。

（四）运营管理

1. 运营公司

2014年12月31日，肇花高速公路主线顺利通车后，广东省高速公路有限公司广清分公司负责广清、肇花路段运营管理工作。

公司职能部门设置有综合事务部、党群人力部、计划财务部、养护工程部、收费管理部、机电管理部和路政大队等7个职能部门，并设有江高独立站、新华中心站、银盏中心站、北江东中心站、红群中心站、江高路政中队、银盏路政中队、肇花路政一中队、肇花路政二中队等9个基层站队。

2. 收费站点

沿线设有红群、芙蓉嶂、六花岗、钟屋、马岭、三坑、国泰、大塘、北江东、北江西、大旺北11个收费站(表3-20-11),共计105条车道。

收费站点设置及车道设置情况表　　　表3-20-11

站点名称	车道数	收费方式	站点名称	车道数	收费方式
红群	11	MTC+ETC	国泰	18	MTC+ETC
芙蓉嶂	9	MTC+ETC	大塘	9	MTC+ETC
六花岗	9	MTC+ETC	北江东	9	MTC+ETC
钟屋	9	MTC+ETC	北江西	9	MTC+ETC
马岭	9	MTC+ETC	大旺北	9	MTC+ETC
三坑	4	MTC			

3. 车流量

车流量情况见表3-20-12。

车流量情况表　　　表3-20-12

年份(年)	日均车流量(辆)
2015	9936

4. 服务区

肇花高速公路设大塘服务区,服务区设有加油站、便利店等。

5. 路政管理

肇花高速公路设有路政大队,路政大队设有肇花一中队及二中队两个中队,管理辖区63.577km,其中服务区1个,桥涵洞共99座。

路政大队对路产、路权实施三级管理,路政大队负责全线道路产权的维护和管理,中队负责辖区的道路产权维护和管理,班组负责责任区的道路产权维护和管理。其中中队根据属地划分管理辖区,并将管理辖区按班组划分责任区,班组内再将责任区落实到人。

一是在巡查过程中及时发现、处置路面安全隐患,维护路产路权的完整。

二是路政巡查、养护巡查与视频监控巡查相结合。养护巡查和路政巡查实施交叉巡查,视频监控实施定时轮巡,三种巡查模式结合快速发现路损或侵权案件。监控和养护发现路损或侵权案件后及时处置。

三是加强建筑控制区和桥涵空间的管理。检查和制止违章建筑、违章广告,在日常工作中加强预先控制。对于违章建筑物、违章广告,或者其他破坏、侵占公路的行为,一律坚决加以制止。

四是加强路产索赔工作。对于路产损坏案件,做到现场测量准确,计量工作,填写《路产索赔清单》,按价索偿。

（五）企业文化建设

见第四节许广高速公路广东段。

八、广州机场高速公路花山—北兴段

广州机场高速公路由大广高速公路（G45）广州段及S41路段组成，分别与京珠高速公路（G4）、街北高速公路（G45、S16）、乐广高速公路（G0423）、北三环高速公路（G94）、北二环高速公路（G15、G1501）、华南快速干线（S303）、广州环城高速公路（S81、S15）、内环路相连接，是一条连接广州北部地区、新白云国际机场的交通枢纽。

广州市机场高速公路分两期建设，一期工程由广州市区至新白云机场及二期工程南段（机场至花山）于2002年1月建成通车；二期工程北段（花山至北兴段）于2007年2月1日建成通车。项目总投资为61.97亿元，建安费37.01亿元。

广州机场高速公路由广州快速交通建设有限公司（由广州市高速公路总公司与广州交通投资有限公司共同组建）负责项目的建设、经营及还贷。

广州机场高速公路花山至北兴段与珠江三角洲地区环线G94的共线路段，长17.22km。[该路段建设和管理的详细情况见本章十二节大庆—广州高速公路广东段（G45）"三、广州机场高速公路"]

九、花都北兴—荔城段

花都北兴—增城荔城段又称北三环高速公路，位于广州市东北部，是国家高速公路网珠江三角洲环线（G94）中的一段，也是珠江三角洲地区及广州市公路网络的重要组成部分。起于增城区荔城街，终于花都区花东镇，呈环状贯穿增城区、从化区、白云区、花都区等地，连通广惠、增莞深、京珠、机场北延线、大广等高速公路和多条国道、省道干线公路，全长44.435 km。项目批复概算投资额为65.52亿元，于2013年12月开工建设，2017年12月建成通车。广州市高速公路有限公司负责建设。

（一）主要技术指标和建设规模

全线按高速公路标准建设，设计速度100km/h，双向六车道。设互通立交6处，主线桥梁32座，其中特大桥2座，大、中、小桥30座；地方路上跨主线分离式立交桥3座；长隧道1座，桥隧比25.6%。全线设服务区1处，养护工区、管理中心和住宿区各1处。

（二）建设情况

1. 建设依据

2003年，国家发展和改革委员会批复北三环高速公路项目立项。

2012年，国家发展和改革委员会批复北三环高速公路项目核准，交通运输部批准北三环高速公路项目初步设计。

2. 资金来源

北三环高速公路项目批复概算为65.52亿元。其中,项目资本金为总投资的25%,由项目业主自筹,资本金以外的建设资金通过银行贷款。

3. 征地拆迁

北三环高速公路自2013年10月启动沿线花都、白云、从化、增城4个区的征拆工作。该项目实行征地拆迁包干方式,征用土地4827亩。

4. 招投标

按照招投标有关法律法规和公司管理办法公开招标。

5. 主要设计、施工、监理单位

设计单位:广东省公路勘察规划设计院有限公司。

施工单位:中铁二十二局集团有限公司、福建路桥建设有限公司。

监理单位:广东翔飞公路工程监理有限公司、育才—布朗交通咨询监理有限公司。

(三)复杂技术工程

1. 流溪河特大桥

流溪河特大桥全桥长1199m,共42跨,桥宽2×16.25m。上部构造主要为25m预制小箱梁,跨流溪河处为现浇连续刚构;下部构造为常规的桥梁桩基础和墩柱结构。流溪河特大桥0号墩~5号墩跨河处为五跨一联的240m连续刚构桥,最大跨度为65m,断面采用单箱单室,梁高按抛物线从2.5m变化至4m,下部结构固结墩采用圆端型矩形桥墩。

2. 九佛特大桥

九佛特大桥长1257m,共51跨,桥宽2×16.25m。上部构造全部为预制小箱梁,下部构造为常规的桥梁桩基础和墩柱结构。

(四)科技创新

项目共申请广东省交通运输厅科技项目立项3项,交通运输部企业创新项目立项1项。

"高速公路安全防护设施性能提升及集成应用技术"主要针对立交分流三角端、中央分隔带开口部、路桥(隧)过渡段、收费岛三角端防护设施进行研发,以满足最新规范的要求。已经申请实用新型专利3项,分别为:钢管索组合梁(ZL 2014 2 0320936.8)、桁架式钢管索活动护栏(ZL 2014 2 0320883.X)、弧形吸能单元(ZL 2014 2 0320884.4)。

"半刚性-柔性复合式基层沥青路面结构设计及优化技术研究"主要研究优化沥青混凝土路面结构层设计,达到提高耐久性的目标,申请实用新型专利1项,一种新型倒装式沥青路面结构(ZL 201420356932.5)。

十、增城荔城—东莞石碣段(在建)

增城—东莞高速公路(简称"增莞高速公路")是珠江三角洲高速公路路网的重要组成部分。项目起自增城沙庄,接北三环二期增城至花都新机场高速公路,其中石滩互通立交与广惠高速公路相接,止于东莞石碣,接莞深高速公路三期工程和东莞环城快速路,路线全长13.887km,双向六车道。全线设石头收费站和增城收费站。2015年4月开工建设。

十一、东莞—深圳高速公路

莞深高速公路位于东莞市内,是东莞市第一条自筹资金、自行组织建设的高速公路,是东莞市公路网中一条重要的南北快速通道,属国家高速公路网编制中G94珠三角环线高速公路的一部分。莞深高速公路全长为52.818km,起于塘厦接梅观高速公路,往北跨东江北支流与增莞深高速公路增城段相接,连通广惠高速公路、京珠高速公路。线路穿越东莞中部地区,是东莞南北向交通大动脉之一。莞深高速公路分三期建设,一期为梅观高速公路延伸至东莞塘厦段工程,全长4.0km,1997年2月21日正式开工,1998年4月10日完工;二期为莞深高速公路塘厦至附城(东城)段工程,路线全长35.55km,于1999年3月正式开工,2000年9月28日完工;三期为莞深高速公路附城(东城)至石碣段工程,全长13.268km,东城段2001年3月正式动工,2003年3月完工,石碣段于2006年8月开工建设,2009年9月底完工。全线主要桥梁情况见表3-20-13。莞深高速公路实现全线贯通,对完善路网结构,加强东莞对外联系,推进城市升级有重要意义。

(一)主要技术指标和建设规模

1. 第一期

项目起于东莞市塘厦镇大坪黎光村,与深圳梅观高速公路相接,经大坪、水坑龙,止于塘厦龙背岭,路线全长4.0km。双向六车道。沿线共设置中桥2座。

2. 第二期

项目起于东莞市塘厦镇的龙背岭村,经黄江、大朗、寮步,于寮步镇与莞樟公路交叉睦横坑村,路线全长35.55km,与清龙公路、公常公路、石大公路及莞樟公路互通形成塘厦、黄江、大朗、石大和东莞市5个互通立交。双向六车道,沿线设置特大桥1座,大桥14座,中桥23座。

3. 第三期

(1)东城段

项目起于二期终点与莞樟路相交的东莞互通立交处,经横杭、温塘、桑园、周屋等管理

东莞—深圳高速公路主要桥梁表

表 3-20-13

序号	桥梁分类	桥梁名称	起止桩号	桥梁长度（m）	桥面宽度（m）	车道数	设计汽车荷载等级	建设时间	备注
1	大桥	黄牛浦水库大桥（K10+920）	K10+820～K11+020	200	33.5	6	汽车—超20级,挂车—120	2000年9月	
2	大桥	黄江互通大桥（K13+457）	K13+307～K13+607	300	33.5	6	汽车—超20级,挂车—120	2000年9月	
3	大桥	祺山大桥（K14+901）	K14+801～K15+001	200	33.5	6	汽车—超20级,挂车—120	2000年9月	
4	大桥	收容所大桥（K20+748）	K20+638～K20+858	220	33.5	6	汽车—超20级,挂车—120	2000年9月	
5	大桥	K33+739桥	K33+629～K33+849	220	33.5	6	汽车—超20级,挂车—120	2000年9月	
6	大桥	黄沙河大桥（K35+967）	K35+917～K36+017	100	33.5	6	汽车—超20级,挂车—120	2000年9月	
7	特大桥	东莞特大桥	K38+934.1～K40+965.9	2030.7	33.5	6	汽车—超20级,挂车—120	2000年9月	
8	大桥	K40+839大桥	K40+739～K40+939	200	33.5	6	汽车—超20级,挂车—120	2000年9月	
9	特大桥	温塘跨线桥	K41+647.6～K41+885.4	291.83	33.5	6	汽车—超20级,挂车—120	2003年7月	
10	特大桥	桑园跨线桥	K42+538～K44+330	1792	33.5	6	汽车—超20级,挂车—120	2003年7月	
11	大桥	东江大桥莞深高速南引桥（一）	K46+632～K47+283	651	33.5	6	汽车—超20级,挂车—120	2003年7月	
12	大桥	东江大桥南引桥（二）（双层）	K66+4～K47+563	280	33.5	6	汽车—超20级,挂车—120	2009年9月	
13	特大桥	东江大桥	K47+563～K47+997	434	33.5	6	汽车—超20级,挂车—120	2009年9月	
14	大桥	东江大桥北引桥（一）（双层）	K47+997～K48+780	781	33.5	6	汽车—超20级,挂车—120	2009年9月	
15	大桥	东江大桥北引桥（二）	K48+457～K49+205	425	33.5	6	汽车—超20级,挂车—120	2009年9月	
16	特大桥	石鸽高架桥（一）	K49+205～K50+658.4	1453	33.5	6	汽车—超20级,挂车—120	2009年9月	
17	大桥	石鸽高架桥（二）	K50+658.4～K51+324.9	667	33.5	6	汽车—超20级,挂车—120	2009年9月	
18	大桥	石鸽高架桥（三）	K51+324.9～K52+200	875.1	33.5	6	汽车—超20级,挂车—120	2009年9月	
19	大桥	东江北干流特大桥南引桥	K52+200～K52+818	618	33.5	6	汽车—超20级,挂车—120	2009年9月	

区,止于莞龙互通立交。路线全长7.01km,双向六车道,设莞龙互通立交。沿线共设特大桥1座,大桥4座,中桥2座。

(2)石碣段

莞深高速公路石碣段长约6.258km,起于莞深高速公路莞龙立交,向北跨过东江南支流,止于东江北干流南岸,设有石碣互通立交1处。路线全程为高架桥,桥梁宽度33.5m,双向六车道,其中K47+281~K48+780为双层桥与环城路共线。

(二)建设情况

1. 建设依据

1997年1月和10月,广东省发展计划委员会(原广东省计划委员会)批复同意一期工程可行性研究报告和一期工程初步设计方案。

1998年12月,广东省发展计划委员会批复二期工程可行性研究报告,批准分段分期实施;2000年6月,广东省建设厅批复了二期工程初步设计方案。

2003年4月,广东省发展计划委员会批复同意对项目的建设规模进行调整;同年4月,广东省建设厅批复了三期工程初步设计方案。

2. 资金来源

建设资金由业主企业通过银行贷款和自筹解决。

3. 主要设计、施工、监理单位

第一期工程:

设计单位:黑龙江省林业设计研究院。

施工单位:东莞市经纬化路工程有限公司、东莞市交通工程总公司。

监理单位:江龙工程监理所。

第二期工程:

设计单位:黑龙江省林业设计研究院。

施工单位:东莞市经纬化路工程有限公司、东莞市交通工程总公司、深圳市长筑路桥工程公司。

监理单位:育才-布朗交通咨询监理有限公司。

第三期工程:

(1)东城段

设计单位:广东省冶金建筑设计研究院。

施工单位:东莞市经纬公司第九分公司、汕头路桥建设总公司、惠州公路建设总公司。

监理单位:育才-布朗交通咨询监理有限公司。

(2)石碣段

设计单位:中铁大桥勘测设计院有限公司、广东省冶金建筑设计研究院。

施工单位:中铁十四局集团第五工程有限公司、湖南省郴州公路桥梁。

建设有限责任公司、云南路桥股份有限公司。

监理单位:武汉大通公路桥梁工程咨询监理有限公司。

(三)复杂技术工程

1. 东江大桥

东江大桥位于莞深高速公路与环城路共线段上,主桥为双层刚性悬索加劲三跨连续钢桁梁桥,跨度布置为112m+208m+112m。主桁主面采用有竖杆的华伦式桁架,上加劲弦采用二次抛物线,上弦与上加劲弦之间用吊杆连接。主桁横向采用三桁结构,桁高10m,桁间距2×18m,中间支点处加劲弦中心到上弦中心高度28m,上加劲弦与上弦在跨中合成上弦,节间长度8m。主桁三片桁间仅在中间支点上加劲弦与上弦间的大竖杆处设有横向联结系,其他位置将竖杆与横梁联结成横向框架。

主桥采用了新型的刚性悬索加劲连续梁桥型,外形美观,受力合理;通过空间计算采用三片桁结构,技术先进,节约空间,采用了连续的桥面系,并通过在纵梁上设长圆孔,施工起顶座等方法减少纵横梁与主桁的共同作用,提高了行车舒适性和桥梁的耐久性。

2. 石碣立交的连体桥及门架横梁工程

石碣立交桥梁布跨异常复杂,主线及匝道桥需多处跨越五环快速路,若按常规布跨,将会出现多处更大跨径的桥跨,不仅与30m基本跨出入甚大,还会出现极不合理的边大中小式的跨径组合,相近的呈平行状的桥梁也难将墩位对齐,影响经济性、美观性的同时结构受力也极为不利。为了避免出现大量不规则的大跨结构,提高桥梁墩位的合理布局,工程最终采用桥连体的形式,将相近的呈平行状的桥梁通过预应力横梁连为一体,横梁适当拉伸以便满足立柱的需要;采用恒活载分离取值的方法满足下穿的五环路净空要求,恒载由腹板传力,活载按验算荷载横向布置设定为特殊荷载,通用桥梁杆系程序对连体横梁进行分阶段模拟分析计算,在反复调整钢束计算通过后,采用三维桥梁结构计算分析通用系统 ASBEST'98 对连体桥梁进行整体仿真验算,以对连体横梁进行空间精确计算,并给出各墩支座反力,对新结构形式进行了充分的计算分析,保障其安全性;通过采用连体桥的形式,使得立交桥梁布跨合理,桥跨结构形式得到优化。

(四)科技创新

1. 东江大桥整体节点残余应力测试研究

(1)对刚性悬索加劲刚桁梁桥整体节点的焊接残余应力大小及分布规律进行研究。

(2)1∶1 的足尺节点模型残余应力测试验在国内尚属首次。

2. 东江大桥特殊节点模型试验研究

(1)对刚性悬索加劲刚桁梁桥的特殊点进行有限元仿真计算。

(2)对刚性悬索加劲刚桁梁桥特殊节点的受力方式及应力分布采用数值方法和试验方法相结合的方法进行研究。

(3)1∶2 的节点模型静力试验在国内尚属首次。

3. 东江大桥刚性悬索加劲三片钢桁结构受力特性分析与施工控制措施研究

解除纵梁、平纵联与横梁的纵桥连接,以及纵梁分段滞后连接对减少横梁水平弯曲作用具有突出贡献,提出了解决桥面系参与主桁架共同作用引起的横梁水平弯曲效应的方案。

4. 刚性悬索加劲三片钢桁双层桥面梁结构破坏模式与极限承载力研究

(1)建立刚性悬索加劲三片钢桁梁桥非线性有限元全过程分析模型,提出其破坏模式与超载能力。

(2)首次进行刚性悬索加劲三片钢桁梁桥 1∶25 整桥模型试验。

5. 刚性悬索加劲三片钢桁双层桥面桥梁结构制作安装分析与精确合龙技术研究

(1)运用大型软件 ANSYS 为平台进行第二次开发,建立随机有限元模型,研究施工过程中制作安装误差对结构受力性能的影响。

(2)采用 1∶25 整桥模型进行精确合龙技术研究。

6. 东江大桥塔柱,弦杆施工稳定性及大型起重机械关键技术研究

(1)对东江大桥双层刚性悬索加劲三跨连续钢桁梁桥这种新型结构的塔柱稳定性进行分析。

(2)对内外加劲的钢筋截面柱进行弹塑性稳定极限承载力计算分析。

(3)对施工过程中最不利工况下最不利部位弦杆的稳定性进行分析。

(4)对东江大桥的大型施工机械的稳定性进行有限元计算分析。

(五)运营管理

1. 运营公司

东莞发展控股股份有限公司是东莞市属国有控股的上市公司,控股股东为东莞市交通投资集团有限公司。公司共设 10 个部门,主营业务为东莞市高速公路的投资、建设和经营。

2. 收费站点

莞深高速公路共有 9 个收费站,分别是石碣站、莞龙路站、东莞站、上屯站、管理中心站、石大路站、大朗站、黄江站、大坪站,见表 3-20-14。

第三章
国家高速公路

收费站及车道情况表　　　　　　　　　　　　表 3-20-14

站 点 名 称	车 道 数	收费方式
石碣站	出 10 条，入 9 条	MTC + ETC
莞龙站	出 5 条，入 3 条	MTC + ETC
东莞站	出 10 条，入 6 条	MTC + ETC
上屯站	出 8 条，入 5 条	MTC + ETC
中心站	出 2 条，入 2 条	MTC + ETC
石大路站	出 5 条，入 2 条	MTC + ETC
大朗站	出 7 条，入 4 条	MTC + ETC
黄江站	出 10 条，入 4 条	MTC + ETC
大坪站	出 6 条，入 3 条	MTC + ETC

3. 车流量

车流量情况见表 3-20-15。

车 流 量 情 况 表　　　　　　　　　　　　表 3-20-15

年份(年)	车流量(辆)	日均车流量(辆)	年份(年)	车流量(辆)	日均车流量(辆)
2001	9192484	25185	2009	21309405	58382
2002	11444746	31355	2010	17737657	48596
2003	14562622	39898	2011	20486845	56128
2004	20761414	56725	2012	23124134	63181
2005	20515891	56208	2013	26137566	71610
2006	19333999	52970	2014	28607058	78376
2007	20582765	56391	2015	32522931	89104
2008	19230413	52542	2016 年上半年	18006968	49199

4. 养护管理和大中修

一是做好日常养护工作。加强日常巡查和预防性养护。

二是莞深高速公路第一、二期工程原路面结构均为水泥混凝土路面，出现部分路段路基下沉，路面平整度差，构造物局部出现病害等问题。为保障高速公路行车安全，公司对莞深高速公路第一、二期（K0+000～K40+685.749）全长 40.685km 路段进行大修改造。主要在原有水泥混凝土路面上加铺沥青罩面，对沿线桥涵进行加固处理。

5. 路政管理

莞深高速公路路政队于 2015 年 5 月 28 日成立。所辖莞深高速公路路段里程 52.818km。莞深路政队负责莞深高速公路全线（含龙林高速公路、石碣段）道路产权的维护和管理，结合实际情况，实行"分段驻点+巡查"模式，加快突发事件处理的响应速度，提升统筹协调能力，保障高速公路路面的安全畅通。同时，将全线桥下及公路两侧控制区划分为若干小段，每个班组负责一小段的公路两侧边坡、广告、辖区内构筑、桥下空间及用地管理工作。

(六)企业文化建设

1. 以物质文化建设为基础,构建文化传播平台

公司以建设社会主义核心价值体系为统领,定期开展道德讲堂,传播身边善举,推动先进文化理念内化于心,外化于行;创办内部刊物《东莞控股月刊》,宣传企业文化理念,展示企业精神风貌;建有篮球场、羽毛球场、山顶公园等员工运动场所,总面积达6000m^2。

2. 以行为文化建设为重点,提升一线文明服务水平

莞深高速公路本着"以服务为中心"的管理理念,以提高员工队伍的综合素质为着力点,坚持"文明收费、一车一礼"的服务承诺,发扬"在岗一分钟,奉献60秒"的精神,推选"服务专业化、工作程序化、管理规范化"的运作模式,严格落实"来有迎声、问有答声、走有送声"的待客三声服务,为广大驾乘人员提供"快捷、安全、舒适、文明"的通行服务。

3. 以精神文明建设为核心,传播企业文明风尚

公司定期举办新员工拓展、演讲比赛等一系列丰富多彩的文体活动,提高员工的凝聚力、向心力;营造浓厚的传统节日气氛,增强员工对传统文化的认同感,自觉担起传承传统文化的重任;大力开展"图说我们的价值观""社会主义核心价值观"等宣传工作,营造企业正能量氛围。同时,公司发扬"一方有难,八方支援"的传统精神,积极开展灾区捐款活动;开展"平安春运,送温暖"便民志愿服务;尽绵薄之力为贫困地区儿童送上物质上的保障和精神上的关爱等。历年获省级以上表彰荣誉见表3-20-16。

历年获省级以上表彰荣誉表　　　　　　　　表3-20-16

序号	荣誉名称	授予时间(年)	授予单位
1	2015年度全国交通运输文化建设优秀单位	2015	中国交通企业管理协会、交通行业优秀企业管理成果评审委员会
2	模范职工之家	2013	中华全国总工会
3	广东省模范职工之家	2011	广东省总工会

十二、深圳梅林—观澜高速公路

梅观高速公路是珠江三角洲环线的一部分,起于新建的梅林二线联检站,途经龙华,止于观澜,与东莞内莞深高速公路相连,与机荷高速公路呈十字相交,把惠盐、深汕、广深珠等3条公路连为一体。1993年2月动工,1995年6月建成通车。工程总投资近12亿元。

梅观高速公路全长19.30km,水泥混凝土路面,设计速度100km/h,其中梅林至清湖10.28km,双向六车道。清湖至终点9.02km,双向四车道。全路段有互通式立交3处,分离式立交4处,特大桥1座。设有梅林、大发埔、观澜、黎光4个收费站,采用封闭式分车型按运行里程收费管理,有先进的收费、监控和通信系统。在管理中心可随时了解各收费站的收费情况和交通情况,收集交通信息、提供情报、监督路况及指挥管理。

梅观高速公路是深圳市第一条完全自筹资金,自行组织建设管理的高速公路。该项目由深圳市高速公路股份有限公司控股,梅观高速公路股份有限公司经营管理。

第二十一节　东莞—佛山高速公路(G9411)

东莞—佛山高速公路(简称"莞佛高速公路"),是国家高速公路网"71118+6"中珠江三角洲地区环线高速公路的东西联络线,编号为G9411,起于珠江三角洲地区环线东环莞深立交,东接甬(宁波)(东)莞高速公路,向西经常虎高速公路、广深高速公路、虎门大桥、广珠北线高速公路、广州南二环高速公路、广州西二环高速公路、广明高速公路,止于佛山高明区明城,全长155.009km。2010年全线建成通车。

莞佛高速公路由7个路段组成:常虎高速公路树田—常平段、东莞树田—北栅段、虎门大桥工程、广州—珠海北段高速公路、广州南二环高速公路、广州西二环南段高速公路、广明高速公路西樵—更楼段。

一、常虎高速公路树田—常平段

常虎高速公路树田—常平段起于广深高速公路虎门镇树田村五点梅水库附近,与广深高速公路相接,经大岭山、大朗、黄江镇,止于常平镇朗州村,主线长41.456km。总投资估算为49.24亿元。2003年1月23日开工建设,2005年9月28日建成通车。由东莞市自筹资金投资建设的高速公路。常虎高速公路由东莞市路桥投资建设有限公司常虎高速公路分公司运营管理。

(一)主要技术指标和建设规模

常虎高速公路按高速公路标准建设,设计速度120km/h。五点梅水库至花灯盏大桥部分按高速公路标准建设,双向四车道;花灯盏特大桥至公路终点朗州段按高速公路标准建设,双向六车道。高速公路主线41.456km,桥梁93座,其中特大桥2座、主要大桥23座(表3-21-1)。设五点梅、大岭山、屏山、莞深、莞樟、常平、东深互通式立交、常虎中心站、大岭山、罗田、松山湖、莞樟、常平等收费站。

常虎高速公路树田—常平段主要桥梁表

表 3-21-1

序号	桥梁分类	桥梁名称	起止桩号	桥梁全长(m)	桥面宽度(m)	车道数	设计汽车荷载等级	建设时间	备注
1	大桥	五点梅水库大桥	左幅:FZK7+101.96~368.04 右幅:FYK7+101.96~388.04	左线 266.08 右线 286.08	28.00	4	汽车—超20级、挂车—120	2005年9月	
2	大桥	五点梅Z线2号大桥	ZK6+769.960~ZK7+033.04	266.08	12.00	2	汽车—超20级、挂车—120	2005年9月	
3	大桥	五点梅Y线3号大桥	FYK6+846.96~FYK7+053.04	206.08	13.75	3	汽车—超20级、挂车—120	2005年9月	
4	大桥	怀德大桥	FK8+031.9~FK8+481.9	450.00	28.00	4	汽车—超20级、挂车—120	2005年9月	
5	大桥	花灯盏1号大桥	左幅:FZK10+490.98~781.02 右幅:FYK10+486.96~735.02	左线 290.04 右线 266.04	27.50	4	汽车—超20级、挂车—120	2005年9月	
6	大桥	支线怀德大桥	左线:ZK9+282.98~689.02 右线:YK9+202.98~689.02	左线 406.04 右线 486.04	27.50	4	汽车—超20级、挂车—120	2005年9月	
7	特大桥	花灯盏特大桥	FZK11+142.01~K12+311	1186.00	48.00	8	汽车—超20级、挂车—120	2005年9月	
8	大桥	长湖2号大桥	K13+122.98~K13+354.32	左线 231.34 右线 214.04	35.00	6	汽车—超20级、挂车—120	2005年9月	
9	大桥	大塘1号大桥	K16+905.98~K17+260.02	354.04	35.00	6	汽车—超20级、挂车—120	2005年9月	
10	大桥	金多港大桥	K18+412.26~K19+066.34	654.08	38.00	8	汽车—超20级、挂车—120	2005年9月	
11	大桥	杨屋大桥	K19+782.96~K20+320.04	524.08	35.00	6	汽车—超20级、挂车—120	2005年9月	
12	大桥	大山大桥	K22+568~K23+054	486.00	35.00	6	汽车—超20级、挂车—120	2005年9月	
13	大桥	大有园特大桥	K30+066.248~K31+038.088	971.84	35.00	8	汽车—超20级、挂车—120	2005年9月	

第三章 国家高速公路

续上表

序号	桥梁分类	桥梁名称	起止桩号	桥梁全长(m)	桥面宽度(m)	车道数	设计汽车荷载等级	建设时间	备注
14	大桥	屏山村大桥	K29+271.79～K29+519.87	248.08	35.00	6	汽车—超20级、挂车—120	2005年9月	
15	大桥	新马莲大桥	K31+815.622～K32+065.138	249.516	35.00	6	汽车—超20级、挂车—120	2005年9月	
16	大桥	马头岭大桥	K34+344.9～K34+727.1	382.20	35.00	6	汽车—超20级、挂车—120	2005年9月	
17	大桥	万益大桥	K36+163.96～K36+731.04	567.08	35.00	6	汽车—超20级、挂车—120	2005年9月	
18	大桥	蚬壳河大桥	K36+881.5～K37+182	306.50	35.00	6	汽车—超20级、挂车—120	2005年9月	
19	大桥	大沥大桥	K38+276.98～K38+643.02	366.04	35.00	6	汽车—超20级、挂车—120	2005年9月	
20	大桥	桥沥1号大桥	K38+831.98～K39+038.02	206.04	17.50	3	汽车—超20级、挂车—120	2005年9月	
21	大桥	桥沥2号大桥	K39+614.38～K39+880.42	266.04	35.00	6	汽车—超20级、挂车—120	2005年9月	
22	大桥	桥沥3号大桥	K39+974.38～K40+180.42	206.04	35.00	6	汽车—超20级、挂车—120	2005年9月	
23	大桥	荔枝园大桥	K41+326.97～K41+773.03	446.06	35.00	6	汽车—超20级、挂车—120	2005年9月	
24	大桥	卢屋大桥	K42+424.97～K42+772.5	367.00	35.00	6	汽车—超20级、挂车—120	2005年9月	
25	特大桥	东深特大桥	K45+196.092～K46+408.040	1211.95	35.00	6	汽车—超20级、挂车—120	2005年9月	

(二)建设情况

1. 建设依据

2002年7月19日,广东省发展计划委员会批复了常虎高速公路工程可行性研究报告。

2003年4月17日,广东省建设厅批复了常虎高速公路初步设计。

2003年11月25日,广东省发展计划委员会批复了东莞市常虎高速公路分段分期建设。

2005年8月9日,东莞市发展和改革委员会批复了东莞市常虎高速公路调整建设及投资规模的请示。

2. 资金来源

常虎高速公路是由东莞市自筹资金投资建设的一条高速公路。其中35%由东莞市交通投资集团有限公司自筹资金并投入,其余65%来自银行贷款。

3. 征地拆迁

常虎高速公路的征地拆迁工作由东莞市路桥投资建设有限公司(原东莞市新远高速公路发展有限公司)征地拆迁办公室负责组织实施。沿线共征用土地5739.82亩,拆迁各类房屋71330m^2。

4. 招投标

常虎高速公路项目招标投标,按照国家有关招标、投标的法规,对该项目的设计单位、监理单位、施工单位实行公开招标。

5. 主要设计、施工、监理单位

设计单位:中交第二公路勘察设计研究院。

施工单位:长沙市公路桥梁建设有限责任公司、山东省交通工程总公司、广州市公路工程公司、深圳市道路工程公司、东莞市经纬公路工程有限公司等30个单位。

监理单位:武汉大通公路桥梁工程咨询监理有限责任公司、育才-布朗交通咨询监理有限责任公司、江苏华宁交通工程咨询监理公司、广东至艺工程建设监理有限公司等7个单位。

(三)复杂技术工程

1. 花灯盏特大桥

花灯盏特大桥跨越花灯盏水库北岸的低洼区,左侧紧靠花灯盏水库,左侧俯瞰大岭山风景区。本桥高度大、墩高达40m左右,桥长1186m。

花灯盏特大桥上部构造采用38×30m预应力混凝土分体箱梁,全桥共分六联。下部构造桥墩采用三柱式方墩,每联边跨连续,中跨采用墩梁固结。基础采用单排桩基础,桥台采用重力式桥台,扩大基础。该桥左、右幅桥单独设计,全桥线形复杂,上部构造折线设置,内外梁长差异由连续墩顶现浇连续段、减短预制梁长及桥台处的板托拽调整,桥面曲线由护墙按路线线形确定。

2. 东深特大桥

东深特大桥位于东深互通内,起点桩号为 K45+196,终点桩号为 K46+408,桥梁全长 1211.95m。

该桥平面位于 $R=1200$m 右偏圆曲线上,桥梁跨越东深供水渠、东深公路和石马河,其中在 K45+681.245 处与东深公路交叉,交叉角度为 $68°21'32''$。

东深特大桥下部构造桥墩根据不同情况进行设计,跨越东深供水渠的 T 梁与空心板、箱梁过渡墩为避免渠中设墩和保证桥下通行,采用 T 形墩;跨越东深公路桥孔专用直径 180cm 的独柱墩;其余桥墩采用双柱墩,加宽部分根据受力需要设置三柱式桥墩。桥墩采用钻孔灌注桩基础,桥台为肋板台,钻孔灌注桩基础。

(四)运营管理

1. 运营公司

常虎高速公路由东莞市路桥投资建设有限公司常虎高速公路分公司运营管理。

分公司以高速公路的养护、收费、路政管理及沿线服务区的监管为主要业务。设办公室、人事部、财务部、物业部、路产部、养护部、机电部和营运部共 8 个职能部门,在虎岗高速公路大岭山大塘村路段设有管理中心,营运部负责全线 9 个匝道收费站的业务管理。

2. 收费站点

常虎高速公路沿线设有常虎中心站、大岭山站、罗田站、松山湖站、莞樟路站、常平站、东深路站。

3. 车流量

车流量情况见表 3-21-2。

车流量情况表　　　　　　　　　　表 3-21-2

年份(年)	车流量(辆)	日均车流量(辆)	年份(年)	车流量(辆)	日均车流量(辆)
2005	1930017	20316	2011	45876132	125688
2006	12292988	33679	2012	50910226	139099
2007	25404312	69601	2013	56674992	155274
2008	28868878	78877	2014	61037163	167225
2009	30268359	82927	2015	21012964	57570
2010	40264551	110314			

4. 养护管理

常虎高速公路日常养护工作推行"管养分离"的专业化养护模式。将日常养护及中、小型维修工程业务通过公开招标委托专业实施,大型专项工程实行施工招标。形成比较完整的、行之有效的养护管理制度体系。从2011年起建立健全养护管理制度,全面推行实施规范化养护管理。

5. 路政管理

虎岗高速公路路政队成立于2015年,具体负责虎岗高速公路[由G15W3甬莞高速公路(原S20潮莞高速公路东莞段)、G9411莞佛高速公路东莞段和S304虎门港支线组成,合计里程114.57km、含匝道]的路政管理工作。其主要职能是贯彻国家有关公路管理法律法规、依法保护路产、维护路权、控制区管理、施工监督管理、许可申报、路政档案管理等。为了维护路产路权、保障沿线安全畅通,虎岗路政队一方面与高速公路交警实行路警联动机制并建立路警微信群,提高了工作效率;另一方面与东莞市交通局综合行政执法局高速公路路政执法大队、东莞市高速公路路政大队加强沟通联系,对沿线的违法行为进行综合整治,维护了路产路权。

(五)企业文化建设

1. 开展各种文化交流活动

组织篮球、羽毛球、器乐、舞蹈等活动团队,举办职工运动会、文艺汇演、岗位技能比赛、团队拓展训练等文体活动,丰富员工业余文化生活。

2. 开展特色主题文明服务活动

以"微笑在岗亭,满意在站点"文明服务活动为主线,开展文明单位、文明收费站等一系列文明创建活动,打造路桥收费服务品牌,以驾乘人员需求为起点,以驾乘人员满意为终点,通过开展"阳光·春风"主题服务活动,以及"站长服务日""文明服务日"等,展示东莞路桥的整体服务风貌。

3. 开展扶贫帮困活动

对生病住院和生活处于困难的员工,工会及时伸出援助之手,对住院、生育女工及时展开慰问并帮助解决实际困难,重视员工健康,定期进行健康体检,工会建立为全体工会会员庆生的机制。

公司在企业文化建设中获得了全国"巾帼文明岗"、广东省"青年文明号""先进职工之家""巾帼文明岗"等多项集体荣誉。

二、东莞树田—北栅段

莞佛高速公路东莞树田至北栅段,与京港澳高速公路(G4)广深高速公路共线。共线路段自东莞树田村与常虎高速公路相接,至虎门北栅再由广深高速公路接入虎门大桥路段,长2.85km,双向六车道。[详细情况见本章第一节北京—港澳高速公路广东段(G4)"四、广州—深圳高速公路"]

三、虎门大桥工程

虎门大桥工程是莞佛高速公路(编号G9411)的跨珠江口路段(桩号:K29+566~K45+328),位于广东省珠江三角洲中部,东起东莞市虎门镇,与广深高速公路相接,向西经虎门、新湾、跨虎门水道、南面村北、蒲洲水道、南北台南侧,在鸦片战争古战场虎门炮台旁横跨珠江主航道和辅航道,止于广州市南沙区,接广珠东线高速公路的大涌高架桥,全长15.76km,投资金额37.59亿元。1992年10月28日动工建设,1997年5月1日建成试通车,1997年6月9日正式通车。虎门大桥的建成通车,不仅使深圳、珠海两个经济特区间的陆路距离缩短了120km,而且使珠江三角洲和粤东、粤西交通网络得以形成,加强了广东、香港、澳门的相互联系。

(一)主要技术指标和建设规模

虎门大桥工程由跨越珠江口水面的虎门大桥及其东、西两岸引道和配套工程组成,全线采用平原微丘区高速公路标准,双向六车道,路线全长15.76km,包括各类桥梁29座(表3-21-3),总长11760m;隧道3座(表3-21-4),总长1065m;互通式立交2座。设计速度主线120km/h,隧道80km/h;设计车流量120000辆/日。

虎门大桥主桥长4606m,其中:主航道桥为跨径888m的单跨双铰加劲钢箱梁悬索桥,是国内首座六车道钢箱梁大跨径悬索桥,具有世界先进水平;辅航道桥为主跨270m的3跨预应力混凝土连续刚构(150m+270m+150m),建成时其跨度居世界同类桥梁之首。

(二)建设情况

1.建设依据

1981年6月27日,广东省公路建设公司与香港合和中国发展有限公司签署了合建包括虎门大桥在内的广(州)深(圳)珠(海)高速公路意向书。

1984年4月13日,国家计委批准立项。

1985年12月13日,广东省交通厅委托交通部公路规划设计院进行"虎门珠江口跨江工程技术方案论证"。

1986年6月,编制了技术方案论证报告。

1988年11月14日,在广东省省长叶选平主持的办公会议上,确定采用建桥方案。

虎门大桥工程主要桥梁表

表 3-21-3

序号	桥梁分类	桥 梁 名 称	中心桩号	桥梁长度(m)	桥面宽度(m)	车道数	设计汽车荷载等级	开工时间	完工时间	备注
1	大桥	小捷窖高架桥	K29+840	336.918	28	6	汽车—超20级,挂车—120	1992年10月	1997年6月	
2	大桥	太平大桥东引桥	K30+816	665	28	6	汽车—超20级,挂车—120	1992年10月	1997年6月	
3	大桥	太平大桥广济1桥	K31+554	810	28	6	汽车—超20级,挂车—120	1992年10月	1997年6月	
4	大桥	太平大桥广济3桥	K32+258	300	28	6	汽车—超20级,挂车—120	1992年10月	1997年6月	
5	大桥	太平大桥主桥	K32+573	330	28	6	汽车—超20级,挂车—120	1992年10月	1997年6月	
6	大桥	太平大桥西引桥	K33+030	582	28	6	汽车—超20级,挂车—120	1992年10月	1997年6月	
7	大桥	石桥涌1号桥	K34+206	217.860	14	3	汽车—超20级,挂车—120	1992年10月	1997年6月	
8	大桥	南面村3号桥	K34+811	163	14	3	汽车—超20级,挂车—120	1992年10月	1997年6月	
9	大桥	南面村4号桥	K35+235	261.99	28	6	汽车—超20级,挂车—120	1992年10月	1997年6月	
10	大桥	大石吓高架桥	K36+550	698.02	28	6	汽车—超20级,挂车—120	1992年10月	1997年6月	
11	大桥	威远高架桥	K37+243	281.24	28	6	汽车—超20级,挂车—120	1992年10月	1997年6月	
12	大桥	虎门大桥东引桥	K37+509	219.46	28	6	汽车—超20级,挂车—120	1992年10月	1997年6月	
13	特大桥	虎门大桥悬索桥	K38+062	888	28	6	汽车—超20级,挂车—120	1992年10月	1997年6月	
14	大桥	虎门大桥中引桥	K38+856	700.2/700	28	6	汽车—超20级,挂车—120	1992年10月	1997年6月	
15	大桥	虎门大桥辅航道桥	K39+491	570	28	6	汽车—超20级,挂车—120	1992年10月	1997年6月	
16	特大桥	虎门大桥西引桥	K40+401	1250	28	6	汽车—超20级,挂车—120	1992年10月	1997年6月	
17	特大桥	虎门大桥西岸引桥	K41+511	970.08	28	6	汽车—超20级,挂车—120	1992年10月	1997年6月	
18	大桥	深湾高架桥	K43+566	335.56	28	6	汽车—超20级,挂车—120	1992年10月	1997年6月	
19	大桥	深湾水库桥	K44+341	185	28	6	汽车—超20级,挂车—120	1992年10月	1997年6月	

虎门大桥工程隧道表

表 3-21-4

序号	隧道分类	隧道名称	起止桩号	长度(单洞,m)	行车道宽度,m(单洞)	隧道净高(m)	车道数	开工时间	完工时间	备注
1	短隧道	白花山隧道左线	K33+591.5~K33+951.5	360	13.75	8.814	3	1992年10月	1997年6月	
2	短隧道	南面山隧道左线	K34+263.5~K34+578.5	315	13.75	8.814	3	1992年10月	1997年6月	
3	短隧道	白花山隧道右线	K33+556.5~K33+946.5	390	13.75	8.814	3	1992年10月	1997年6月	

1989年5月20日,广深珠高速公路公司委托交通部公路规划设计院进行虎门大桥初步设计,同年12月交通部公路规划设计院和交通部第二公路勘察设计院先后完成虎门大桥和引道的初步设计。

2. 项目实施

1992年春,广东省委、省政府决定加快虎门大桥工程的建设,把虎门大桥工程从广深珠高速公路的项目合作合同中分离出来,由广东省交通厅组织实施,仍采用中外合作集资修建,以独立核算、自负盈亏的方式,筹建一个新的项目公司进行建设和管理。

1992年4月,广东省交通厅根据广东省政府的决定,正式成立广东虎门大桥有限公司筹备组,着手与港方谈判起草签订合作合同、公司章程、筹集建设资金、审定桥位和桥型等事项。

(1)桥位选定

1981年虎门大桥工程开始进行可行性研究,测量人员在这一江段上下4km范围内,先后选择了10个桥位,对其两岸接线、地形、地震、水文、航道、引道工程量、桥梁总长度和文物保护等方面进行比选后认为:在威远炮台北侧山头跨虎门水道,经金锁排小岛,由上横档岛与下横档岛之间再跨蒲州水道,以14°42′44″的偏角和7000m半径圆弧线到西岸南北台,再经东井村到塘坑立交与京珠高速公路广珠东线接线,即简称为"威远山—金锁排"桥位为最佳桥位。

1992年8月,在深化和优化虎门大桥设计时,又将桥位作了局部调整。主要原因是:根据文物部门的意见,为了更好地保护虎门主炮台——威远炮台,而将桥位向北移动,使其距威远炮台达到100m之外;为了利用金锁排小岛的有利地形设置悬索桥的西塔,而且使悬索桥东塔不致进入断层带,经仔细勘察钻探后,将东塔北移14m,而西塔不动,桥轴作了微小的转动。

工程实践证明,虎门大桥的桥位是正确的,东岸依据威远山,大大缩短了东引桥的长度,恰当地利用威远山、金锁排和露丝排的有利地形和地质条件,布置悬索桥的四大基础(两锚碇、两塔),既方便了施工,又保证了基础的稳固性。特别是经过北移后,最大限度地保护了文物。

(2)主航道桥悬索桥方案的深化设计与最终选定

地质钻探资料表明,虎门水道东岸有一个断裂带。东主墩应避开该断裂带。1992年4月,为配合悬索桥的深化设计,确定东主塔的位置,虎门大桥有限公司筹备组与地质部门一起,对威远山、金锁排一带的地形和地质情况进行了反复勘察,并通过补充钻孔的岩样分析,较为准确地判断出每条断层的位置,认定在K8+040~K8+080地段没有断层通过,仅是风化带较为复杂一些,具有较好的持力层,建议设计单位将东塔设在这一范围内。其优点是水浅,退潮时河底露出水面,第四系覆盖层薄,基岩埋藏浅,利于施工,也不影响通航。设计单位采纳了这个意见，在布置悬索桥两主塔时，在里程为 K8+940 的金锁排小岛设西塔，在 K8+052 的位置设东塔，两塔间距为 888m，所以主通航孔跨径定为 888m。

1992 年 7 月，交通部公路规划设计院受虎门大桥有限公司筹备组的委托，提出一个主跨为 888m 的悬索桥方案和一个主跨为 670m 的斜拉桥方案。1992 年 9 月，广东省政府召开评审会，经专家评审确定，推荐虎门大桥主跨为 888m 的悬索桥方案。广东省政府批准采用悬索桥方案。

(3) 严密组织、规范管理

虎门大桥工程是广东交通工程建设中的特大型工程，虎门大桥有限公司负责虎门大桥项目的建设和管理。按国际接轨的目标要求，推行一系列新的项目建设管理制度：项目管理实行中外合作股份制，项目公司实行法人负责制，设计、施工、科研实行总承包制和社会监理制，工程施工建设实行紧密依靠先进科技机制；特别在财务管理上实行由甲方广东省公路建设公司按政府批准的预算对虎门大桥工程总造价进行承包制，超支由甲方无偿垫支，不向股东摊分；节余则用来奖励建设有功的单位和个人，以发挥建设各方的积极性和创造性。

(4) 技术难点的解决

虎门大桥工程施工具有"高、大、新"的特点，一是高空作业多，高塔、高墩林立，高达 50~150m；二是大体积（件），主桥六车道 888m，混凝土施工达 13 万 t，钢铸件单件质量达 34t；三是主缆索股国内首次采用现场短线预制、加劲钢箱梁国内首次采用全焊接及钢桥面采用改性沥青混凝土施工等新技术。业主、设计及施工单位及专家针对悬索桥和主跨 270m 连续刚构桥在设计、施工中的关键性技术问题进行了 13 项专题审议和大小 35 个项目试验，解决了悬索桥抗风、抗震、270m 特大跨径预应力混凝土连续刚构长悬臂施工技术等方面的难题，保证了工程质量达到优良等级。

(5) 重大设计、施工方案评议

1992 年夏至 1994 年春，广东省交通厅和虎门大桥有限公司筹备组的技术管理部门，狠抓重大方案论证，先后组织设计、施工、科研、监理单位和顾委会联合攻关，对桥位选择、桥型和跨径组合等重大方案和悬索桥的主要分部工程（如锚碇、塔、墩和加劲梁等）的设计、施工方案组织 13 次专题论证，寻求最佳方案。

如组织审定悬索桥东塔基础设计。东塔基础位于珠江主航道水边的斜坡上，地质钻孔揭示，墩位地质在 4~26m 深度范围内为风化粉砂岩和风化石英砂岩互层，直至 48m 以下，才呈现微冈化砂岩层。在这种风化破碎岩层很厚的斜面上设置东塔，设计单位提出一个按破碎岩层中的摩擦桩基设计方案，摩阻力取用 120kPa，桩径 2.0m，长约 33m，每塔柱下共 20 根桩。由于我国当时桥梁规范关于岩石类土的摩阻力尚缺乏实际试桩资料，加之悬索桥主塔又是一个至关重要的结构，业主专门组织了设计评审。评审结果，专家同意采用岩石类土摩擦桩基设计方案,建议强风化至弱风化破碎岩的平均极限摩阻力取用250kPa左右,并做1根试桩来验证。试验结果极限摩阻力达503 kPa。设计单位采纳了这个建议,使一根塔柱下的基桩数由20根减少为16根(减少20%),节省了投资和工期。

此外,还组织对东锚碇方案、西锚碇基础方案、主缆索股与锚碇的连接方案、主跨270m连续刚构桥主墩方案、鞍座的结构与制造方案、悬索桥加劲钢箱梁主结构钢材选择的研讨、钢箱梁整体化连接方案、钢箱梁制造工艺方案、协调解决钢箱梁节段吊装的技术保障问题并审定钢箱梁节段吊装方案、涂装技术研讨和防腐蚀技术方案、选定主缆镀锌高强钢丝方案、审定主缆索股预制方案、悬索桥钢桥面上的铺装技术等专题审议。通过专题审议,取得很好的效果。

(6) 文物和环境保护

虎门大桥及其引道要通过国家级文物保护区和两岸的经济开发区,在工程可行性研究和初步设计中,建设单位就把文物保护和环境保护作为一项重要内容。

虎门大桥选定由威远山经金锁排至南沙为最佳桥位,该桥位从距鸦片战争遗址威远炮台北侧约800m的威远山顶通过。根据国家文物法规定,必须得到文物部门批准。建设单位于1982年向国家文物部门作了请示,1982年7月31日,国家文物局批复:"原则同意高速公路虎门大桥桥位"。1992年,根据广东省文物管理部门的建议,建设单位再次将此桥位向国家文物局请示,1992年9月4日,国家文物局批复:"原则同意威远山—金锁排桥位"。

1992年4月,建设单位委托交通部上海船舶运输科学研究所进行虎门大桥工程的环境影响评价工作,对文物保护、水土流失、植被破坏、农业生产以及大气、噪声、污染等进行了评估,编制出《环境影响报告书》,上报广东省和国家文物、环保部门审核批准。建设单位严格按批准的报告书实施。根据环保要求,在引道路线选择时,最大限度地避开了人口密集的虎门镇和新湾镇,而以高架桥从两镇之间的广济河上空通过。为保护虎门要塞文物,对桥位作了多个方案比选,还将已定桥位局部移位。为保护生态环境,在路线通过山区时,尽量减少大填大挖,而采用隧道与高架桥合理配合使用的方案。对施工和生活污水,均做到了处理后才排放入海。

3. 资金来源

虎门大桥工程采用中外合资合作方式修建,合作期为34年,其中建设期4年,合作经营期30年。由广东省公路建设公司(29%)、香港合和虎门发展有限公司(10%)、国家开发投资公司(10%)、东莞公路桥梁开发建设总公司(10%)、番禺市桥梁管理所(10%)、香港先锋有限公司(20%)、广东省路桥建设有限公司(6%)和广州市公路开发公司(5%)。

4. 招投标

交通部公路规划设计院和交通部第二公路勘察设计院承担虎门大桥和引道工程的设

计;广东省公路工程总公司对主体工程实行施工总承包;广东虎门技术咨询公司负责工程监理。

同时,聘请李国豪、曾威等22名著名桥梁专家组成虎门大桥技术顾问委员会,对虎门大桥桥位、桥型的决策和重大工程设计、施工方案审定进行咨询、把关和指导。

5. 主要设计、施工、监理单位

主要设计、施工、监理单位见表3-21-5。

主要设计、施工、监理单位一览表　　　　表3-21-5

分 类	主要项目	单 位
设计	虎门大桥初步设计与施工图设计 虎门大桥引道工程施工图设计 交通工程设计 虎门大桥管理中心建筑	中交公路规划设计院 交通部第二公路勘察设计院 交通部公路科学研究院 轻工部广州设计院
监理	施工监理 施工质量监督	广东虎门技术咨询有限公司 广东省交通厅质检站
顾问委员会	虎门大桥工程技术咨询	中国土木工程学会桥梁及结构工程学会
施工单位	总长15.762km高速公路的全部桥梁、隧道和道路工程	由广东省公路工程总公司承包,并由其所属第一、二、四、五、六、十、十二公司、悬索桥公司、隧道公司,以及铁四局、广州重型机械厂、广州广船国际有限公司、华南特种涂装公司、交通部重庆公路科学研究所和东莞市交通工程公司等分担
交通工程施工	收费系统 监控系统 通信系统 标志、护栏、标线 配电工程	美国 B./T. 公司 交通部上海船舶运输研究院 广州通讯设备厂 广东省交通工程有限公司 东莞市、番禺市电力工程安装公司

(三)复杂技术工程

1. 悬索桥西塔下游塔柱基础的处理

悬索桥西塔下游塔柱基础坐落在主航道西岸金锁排小岛的花岗岩层上。原设计为12m×60m扩大基础,嵌入花岗岩层中,施工时水深约8m,岩面不平。原施工方案是先用水下爆破将倾斜岩面整平,再炸成3m深基坑,在坑内设双壁钢围堰,然后在双壁间灌注水下混凝土,使其与基岩结合隔水,再清理基坑,浇灌混凝土基础。施工时钢围堰未能隔住水,其主要原因是水下爆破之后,岩面局部不平,并存在大量裂隙,钢围堰不能与岩体密接,而且在吊装钢围堰时,其吊耳脱落,坠落的围堰在强制复位中局部损坏变形,再加之灌注水下混凝土时,混凝土供应量不够,致使灌注时间过长,围堰不能隔水。后经多方处理仍不能奏效,拖延工期达5个月之久。据此业主出面协调研究确定,改变设计和施工方案,在围堰内布置12根直径为2m的嵌岩短桩,施工时先在围堰内进行水下清基,埋设钢护筒,用水下混凝土封闭整个坑底,再冲孔作桩,最后再抽水清基作钢筋混凝土承台。按此方案较为顺利地完成了这一重要基础工程的施工。

2. 18号墩桩基的补救措施

18号墩是辅航道连续刚构桥的东边墩,施工水深12m,其基础地质复杂,岩面高差大,砂及风化层厚达15~20m,设计为8根直径2m的钻孔桩,桩长41m。施工中下游侧的四根桩(编号为3、4、7、8号)有三根桩出现严重问题。3号桩钻孔时塌孔,回填片石后,重新冲孔,钻锤卡在-33m位置无法提起;8号桩成孔并下钢笼后坍孔,回填冲孔时又卡锤,护筒在-19m处严重变形。7号桩因邻近的桩位塌孔影响,护筒自动下沉达80m,偏斜30m。以上三根桩经长达9个月的处理补救,均未能全部奏效。最后确定,使用18根桩径为ϕ60cm的预应力高强混凝土打入桩,打入深度21m,承载力按250t检验。3号、8号桩长度减短保留。18号墩基础施工的主要教训是探孔少,施工前对地质资料分析研究不够,未能针对砂及风化层很厚,易于塌孔的情况采取相应的工艺措施。

3. 主缆索股制作架设中出现缺陷的处理

主缆索股制作架设初期,使用德国钢丝,采用现场短线法预制索股,从索盘中放出拖上桥后,多出现绑扎带崩断、扭转、鼓丝现象,在东散索鞍两端10~15m范围较为突出。在开始预制的42根索股中,有18根索股的55根钢丝出现不同程度的鼓丝,其中有27根鼓丝矢高达10m。对这种缺陷,采取先截断,割去长出部分,再接起来使用。对其中5根索股,因缺陷太多,无法整治补救而从桥上施下报废。鉴于上述情况,业主、科研、施工和监理单位共同研究确定:不再用德国钢丝而改用国产江阴钢丝制索,改用日本进口的绑扎带;增加索盘盘径;加长索股成型机至卷盘之间的距离;加大制索时钢丝后张力。通过上述措施,边制索边改进,质量日趋稳定。

4. 主索鞍预偏量不足问题的处理

根据施工程序设计,塔顶主鞍座的初始安装位置要偏离竣工位置即主塔柱中心一定距离。该距离称为"预偏移量"。施工前监控人员通过计算并与实际观测数据比较后发现,设计单位提供的预偏移量不够,建议修正,但未引起重视。后监控人员提出书面报告,指出如不修正,竣工时主鞍座将回归不到塔柱中心,对主塔受力不利,而且将影响全桥线形。但此时索股已架好32根,如要修正预偏量,返工量很大。在此情况下,广东省交通厅进行了协调,统一了思想,决定返工修正,保证了主缆线形和大桥竣工质量。实践说明,在我国尚无设计、监理的情况下,由业主组织对重要设计数据,进行复核和监控是十分必要的。

5. 虎门大桥悬索桥

虎门大桥主桥全长4606m,其中主航道桥为跨径888m的单跨双铰加劲钢箱梁悬索桥,是国内首座六车道钢箱梁大跨径悬索桥,由东塔、西塔、东锚碇、西锚碇、主缆、吊索、加劲钢箱梁、伸缩缝等组成。

东塔基础采用钻孔灌注桩,西塔基础采用分离式扩大基础。塔身为门式钢筋混凝土框架结构。东、西锚碇均为重力式锚碇。

主缆上、下游各一根,两主缆中距33m。主缆直径68.7cm,由110束索股组成。矢跨比为1:10.5。

吊索选用优质镀锌圆股钢丝绳,型号为8(55SWS+IWR,公称直径52mm)。吊索间距12m,每个吊索有4根,吊索与索夹的连接形式为背骑式。

加劲梁采用扁平闭口流线型单箱、单室钢箱梁,全宽为35.6m,设双向六车道,采用全焊接。

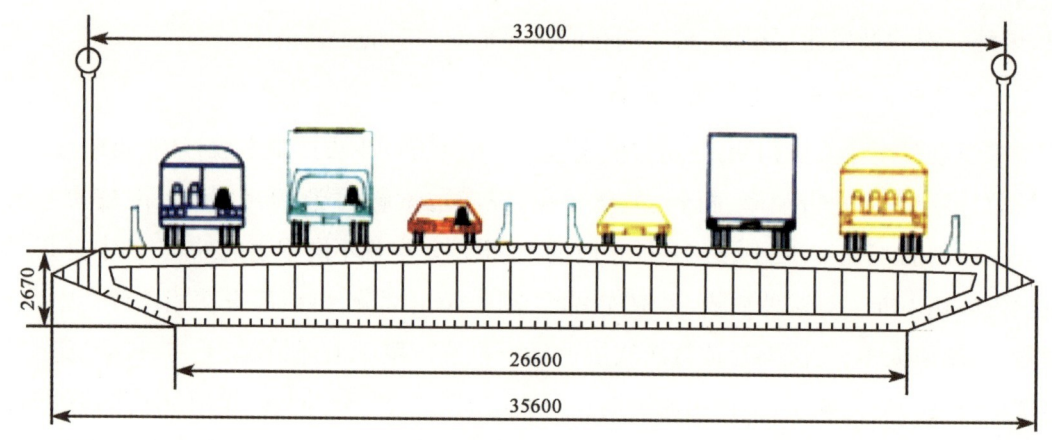

加劲钢箱梁断面形式(尺寸单位:cm)

6. 虎门大桥辅航道桥

辅航道桥是虎门大桥主桥的组成部分,桥型为主跨270m的三跨预应力混凝土连续刚构(150m+270m+150m),由钻孔桩、薄壁柔性空心墩、上部单箱单室箱形截面的独立单桥和桥面系等组成,270m的跨径为当时同类桥型世界之最,被誉为"世界刚构第一桥"。

主跨合龙时中线偏差5.1mm(允许10mm),两端相对高差偏差平均3.3mm(允许20mm),达到国际先进水平。

(四)科技创新

为解决虎门大桥悬索桥设计、施工的关键技术问题,交通部科技司与广东省交通厅联合组织了悬索桥关键技术研究课题,列为交通部"八五"通达计划的重点科研项目,由交通部公路科学研究所总承办,组织实施。业主、设计及施工总承包单位也针对悬索桥和主跨270m的连续刚构桥在设计、施工中的技术难题,组织开展了多项科学研究(表3-21-6、表3-21-7),并取得了一大批科技成果。

交通部"八五"通达计划虎门大桥悬索桥科研项目　　　　表3-21-6

序号	科研项目名称	研究单位	
		主持单位	参加单位
1	虎门大桥悬索桥关键技术研究	交通部公路科学研究所(总承办)	
2	虎门大桥悬索桥抗风稳定性试验研究	交通部公路科学研究所	同济大学、北京大学、北京航空航天大学
3	虎门大桥悬索桥钢箱梁拼接程序研究	交通部公路科学研究所	重庆交通学院、广东省公路工程总公司
4	虎门大桥悬索桥上部构造施工监控技术研究	交通部公路科学研究所	重庆交通学院、广东省公路工程总公司
5	虎门大桥悬索桥钢箱梁节段工厂制造技术条件	交通部公路科学研究所	广州广船国际股份有限公司、广东省公路工程总公司
6	虎门大桥钢箱梁节段工地拼焊工艺研究	交通部公路科学研究所	广州广船国际股份有限公司、广东省公路工程总公司
7	虎门大桥悬索桥现场工艺研究	交通部重庆公路科学研究所	广东省公路工程总公司
8	虎门大桥悬索桥紧缆机研制	交通部公路科学研究所	广东省公路工程总公司、广州市广重成套工程公司
9	虎门大桥悬索桥跨缆起重机研制	交通部水运科学研究所	广东省公路工程总公司、广州市航通船业有限公司
10	虎门大桥悬索桥主缆和吊索锚头组装件强度性能试验评定	交通部公路科学研究所	铁道部大桥工程局桥梁科学研究院
11	虎门大桥悬索桥竣工验收荷载试验	交通部公路科学研究所	广东省公路工程总公司、中交公路规划设计院

广东省交通厅虎门大桥科研项目　　　　表3-21-7

序号	科研项目	研究单位	
		主持单位	参加单位
1	悬索桥抗震分析	同济大学、广东省地震局	
2	悬索桥东锚碇岩体质量及其稳定性评价与工程对策研究	广东省公路工程总公司、同济大学	
3	悬索桥东塔基桩承载能力试验研究	广东省公路工程总公司、重庆交通学院	
4	悬索桥锚碇体与基岩摩阻力试验	广东省公路工程总公司	

续上表

序号	科研项目	研究单位 主持单位	研究单位 参加单位
5	液压提升跨缆吊机研制	广东省公路工程总公司	柳州欧维姆建筑机械有限公司
6	悬索桥主塔施工自动爬升模板研制	广东省公路工程总公司	
7	悬索桥锚碇大体积混凝土温度控制技术和工艺研究	广东省公路工程总公司	
8	悬索桥SMA改性沥青钢桥面铺装技术研究	交通部重庆公路科学研究所、广东省公路工程总公司	
9	网络计算机在虎门大桥施工中的应用	广东省公路工程总公司、重庆交通学院	
10	辅航道桥(270m连续刚构)桩基抗风模型试验研究	交通部第一公路工程总公司、同济大学	
11	270m连续刚构悬臂施工轻型挂篮研究	广东省公路工程总公司	
12	GPS测量新技术研究	西南交通大学、广东省公路工程总公司	
13	悬索桥主缆与索夹摩阻力试验	广东省公路工程总公司	
14	辅航道桥(270m连续刚构)单T模型风洞试验	同济大学、西南交通大学	

虎门大桥工程荣获2001年国家科技进步二等奖和1999年交通部科技进步特等奖。

(五)运营管理

1. 运营公司

广东虎门大桥有限公司成为虎门大桥经营管理的合作企业。多年来,虎门大桥有限公司股东历经变动,2014年底股东构成为:广东省公路建设有限公司(15%)、广州穗桥发展有限公司(5%)、越秀(中国)交通基建投资有限公司(22.78%)、东莞发展控股股份有限公司(11.11%)、广州市番禺交通建设投资有限公司(11.11%)、新粤虎门有限公司(XIN YUE HUMEN COMPANY LIMITED)(35%)。

虎门大桥有限公司实行董事会领导下总经理负责制,负责合作公司的经营管理,经营管理机构设综合事务部、计划财务部、养护工程部、收费管理部、路政部5个职能部门。

2. 收费站点

设有4个收费站点,分别是太平立交、威远、南沙A、南沙B,设置情况见表3-21-8,其中太平立交站是广东粤运交通股份有限公司委托虎门大桥有限公司管理。

收费站点设置情况表 表3-21-8

站点名称	车道数	收费方式	站点名称	车道数	收费方式
太平立交站	出5条,入4条	MTC+ETC	南沙A站	出4条,入2条	MTC+ETC
威远站	出6条,入4条	MTC+ETC	南沙B站	出4条,入4条	MTC+ETC

3. 车流量

虎门大桥工程建成通车以来,车流量增长迅速。日平均车流量从2003年的34829辆增长到2014年的92951辆(表3-21-9),车辆通行饱和度达1.55。

车流量情况表 表3-21-9

年份(年)	日均车流量(辆)	年份(年)	日均车流量(辆)
2003	34829	2009	57682
2004	39176	2010	67080
2005	42820	2011	72571
2006	50612	2012	75081
2007	61868	2013	84699
2008	62825	2014	92951

4. 养护管理

(1)发展历程

虎门大桥有限公司工程养护管理发展历程可概括为两阶段:

第一阶段是1997—2006年的"本体化阶段",即公司自设养护队伍、配备养护设备进行自主养护的阶段。其专业程度和管理水平较低,养护效果较差,表现在机械化程度低、技术薄弱、高消耗、低效率。

第二阶段是2006年起的"专业化、规范化"阶段,即进行养护管理体制改革,推行"管养分离"的专业化养护模式,确立"专业化、社会化、规范化和制度化"的养护管理总体目标,开始养护管理制度的建立和推行。

养护工作全面推行招标,日常养护按年度通过社会招标的方式,选择具备优秀施工能力的大型专业施工单位,结合养护工程的特点,合同采用单价合同与包干合同相结合的形式,计量支付与养护质量挂钩。专项工程按照土建工程造价小于100万元的工程实行比价,大于100万元的工程实行施工招标,机电工程造价小于50万元的实行比价,大于50万元的实行施工招标的方式开展。养护质量和管理水平从此有了较大的提高。

(2)创新工程养护技术

在积极发挥预防性养护的基础上,虎门大桥有限公司有针对性采用养护新技术、新工艺,不断升级养护硬件设备,提高养护工程的技术含量和质量。虎门大桥地处珠江入海口,2011年以来采用防腐涂装方式对悬索桥主缆、吊索,辅航道桥箱梁,主桥的东引桥、西引桥等进行了一系列的防腐维护,提高结构的耐久性。采用 TAF 环氧沥青混凝土置换悬索桥桥面铺装,改善桥梁路面性能指标;在辅航道桥箱梁内采用特希达智视桥梁安全快速视频检查系统对裂缝进行长期监测、养护。

(3)提高养护管理信息化水平

1998 年虎门大桥有限公司委托交通部公路科学研究所开发高速公路路面管理系统和桥梁管理系统软件,并逐步完善和升级,2007 年委托北京新桥技术发展有限公司研发高边坡管理系统和隧道管理系统,并逐步完善应用。通过科学运用路面与桥梁管理两套系统,依托养护信息系统决策功能,有效推进养护管理的科学化。

(4)注重路面材料循环利用

虎门大桥有限公司同地方养护部门及南面社区委员会建立了联系通道,每次工程开工前都提前和南沙区及虎门地方养护部门沟通,根据其需要将废料 100% 回收合理利用。2011—2014 年期间,虎门大桥有限公司路段产生路面旧材料 $6008.64m^3$(沥青铣刨料 $1819.25m^3$ + 混凝土废料 $4189.39m^3$),回收路面旧材料 $6008.64m^3$,回收率 100%。

5.路政管理

虎门大桥高速公路设有路政大队,管理辖区包括高速公路 15.76km,含桥梁 29 座(总长 11760m),隧道 3 座(总长 1065m)。路政大队负责全线道路产权的维护和管理,机动班负责桥下空间及涵洞的道路产权的维护和管理。日常路产巡查工作由中队当班人员负责全线例行巡查(每天至少 2 次),机动班在日常巡查桥下空间(每周至少 2 次)的基础上专门负责辖区的仔细排查,发现较难在例行检查中发现的路产受损或侵权案件。

在全程监控模式下(所有路政车辆均配备 GPS 视频监控设备),路政与养护每周进行联合巡查,联合巡查模式能及时发现和处理路损或侵权案件。对发现路损或侵权案件,路政将第一时间前往现场处置;路面的施工作业许可由路政大队严格把关,中队根据大队颁发的许可证掌握路面的施工情况,有效区分侵权行为和违规作业行为,及时制止侵权行为。

(六)企业文化建设

虎门大桥有限公司致力于企业文化建设,树立经营效益与社会责任并重、优化服务质量的经营新理念。通过深入开展以"构建和谐虎门大桥、关爱员工"为主题的企业文化建设活动,调动广大员工的积极性和工作热情,确保员工队伍稳定,有效促进各项运营管理工作水平的提高,确保运营效益与社会效益取得"双赢"的成效。

虎门大桥有限公司在社会主义核心价值观的指导基础上,进一步丰富企业文化活动载体,通过开展"寻找最美收费员""寻找最美路政员""文明服务月"和"耕耘十五载、永怀虎桥情"征文演讲比赛等主题活动,并充分利用"小报纸、小讲堂、小队伍、小舞台、小广告"等"五小载体",让员工深入工作和生活发掘公司企业文化的正能量。同时,落实国家重大节假日实行7座及以下小型客车免收通行费、绿色通道等惠民政策,举办"慰问残疾人""陪孤寡老人说说话"等活动,积极为希望工程、送温暖工程、抗洪救灾、帮困助学、抗击非典等捐助善款等。

虎门大桥有限公司先后获得国家科技进步二等奖和交通部科技进步特等奖("虎门大桥建设成套技术"研究项目)、詹天佑土木工程大奖、全国巾帼文明示范岗、全国职工职业道德百佳班组、广东省模范职工之家、全国模范职工之家、全国交通系统先进单位等一系列荣誉称号。

四、广州—珠海北段高速公路

广珠北段高速公路(G4W)是广州至珠海的重要路段,位于广州市东南部,路线起于广州市番禺区化龙镇,经番禺区石楼、石碁镇和南沙区东涌、黄阁镇,止于坦尾,全长26.547km,双向六车道,设计速度120km/h,项目总投资21.61亿元,于2002年12月动工建设,2005年12月20日正式通车。

广珠北段由广东省公路建设有限公司、广州市番禺交通建设投资有限公司和香港志滔投资有限公司共同投资建设,由广东省公路建设有限公司建设经营。

广珠北段高速公路番禺塘坑至亭角段和亭角至东涌段与莞佛高速公路G9411共线,共线里程分别为6.665km、13.67km,共线路段的建设和管理具体内容见本章第三节"二、广州—珠海高速公路北段"。

五、广州南二环高速公路

广州绕城高速公路南段(简称"南二环高速公路"),与莞佛高速公路(G9411)共线,国家高速公路编号为G1501,位于广东省经济最为活跃的珠江三角洲,作为京珠、沈海两条国道绕广州的公路,是国道主干线系统的重要组成部分。

广州南二环高速公路路线基本为东西走向,起于广州市番禺区东涌镇石排村,与京珠高速公路广珠北段(G4W)相交,途经番禺区东涌、榄核镇,佛山市顺德区伦教街、勒流、杏坛、龙江镇,止于南海区九江镇,接广州绕城高速公路九江至小塘段,并与佛开高速公路相交。路线全长49.317km,采用高速公路标准,设计速度100km/h,双向六车道。

批复概算为71.1亿元,竣工决算75.46亿元。2007年11月28日开工,2010年12月31日建成通车,于2016年3月22日通过交工验收。

莞佛高速公路(G9411)与广州南二环高速公路全程共线,其建设和管理的具体内容见本章第八节广州绕城高速公路(G1501)"三、广州南二环高速公路"。

六、广州西二环南段高速公路

广州西二环南段高速公路,起于佛山市南海区九江镇,与佛开高速公路交叉并与广州绕城公路南段相接,止于南海区小塘镇黎边村,与广三高速公路交叉并与广州绕城高速公路小塘至茅山段连接。途径南海区九江、西樵、丹灶、金沙、小塘镇及三水区白坭镇,路线全长 41.564Km。双向六车道(其中横江至小塘段采用八车道),设计速度 100km/h。全段特大桥 6 座 9643.65m、大桥 25 座 10500.56m。沿线设九江、大同、西樵、丹灶、横江、金沙和小塘互通立交。2005 年 3 月 1 日开工,2007 年 12 月 13 日建成通车,2012 年 11 月 29 日通过交工验收。项目竣工决算 381402.47 万元。

广州西二环南段高速公路南海区九江至西樵路段与莞佛高速公路 G9411 共线,里程为 20.46km。该共线路段的建设和管理具体内容见本章第八节广州绕城高速公路(G1501)"四、广州西二环高速公路南段"。

七、广明高速公路西樵—更楼段

广州至高明高速公路是《广东省高速公路网规划(2004—2030 年)》的一条加密和联络线。广明高速公路路线呈东西走向,东连广州番禺,西接肇庆、云浮,先后与广珠东线、东新、广珠西线、广州绕城线、珠三角环线等多条高速公路相接,是珠三角高速公路网中的一条重要的联络线,同时与江罗、云岑等高速公路共同构筑了一条广佛都市圈通往粤西和我国大西南地区的便捷通道。

广明高速公路西樵至更楼段东起于佛山市南海区西樵镇,与西二环、江肇高速公路相接,止于佛山市高明区更楼镇,与广明高速公路延长线和省道 S273 相接。路线全长 42.257km,按高速公路标准建设,双向六车道,全线设桥梁 52 座,其中富湾特大桥 3094m;设大岗、荷城、沧江、明城互通立交 4 座,设计速度 100km/h。2005 年 12 月开工,2009 年 6 月 25 日建成通车。

中国交通建设股份有限公司于 2005 年通过业主招标获得了广明高速公路西樵至更楼段的特许经营权,并由中交投资有限公司和中交第四航务工程局有限公司共同出资成立了佛山广明高速公路有限公司,负责对广明高速公路西樵至更楼段的建设和运营管理。

第四章
地方高速公路

概　　况

1989年12月,广东省政府批准省交通厅制订的《广东省高速公路建设方案》,要求各级政府和广大群众大力支持修建高速公路。

1990年后,广东根据国家高速公路网规划,积极做好本省高速公路规划与国家高速公路的连接,构建本省的高速公路网。

2004年10月,广东省政府审议通过《广东省高速公路网发展规划(2004—2030年)》。2008年,广东省交通厅印发了《广东省高速公路网路线命名和编号规则》,确定广东省境内纳入国家高速公路网的路线以及国道命名和编号由交通运输部负责,代号为G,在原国道基础上改造的高速公路其编号采用原国道编号,广东省地方高速公路代号为S。2013年广东省人民政府办公厅印发《广东省高速公路2015年至2017年建设计划及中远期规划的通知》以及《广东省交通运输发展"十三五"规划》,为此,广东省交通运输厅对2008年印发的《广东省高速公路网路线命名和编号规则》进行重新修订,形成2017年修订版(2017年2月发布)。广东省境内除国家规划的21条国家高速公路外,境内地方高速公路规划有78条。

广东省境内高速公路按线路的走向和功能,对线路编号分为省会放射线、横线、纵线、环线、联络线和支线等,其中省会放射线7条,横线和纵线49条,环线和联络线及支线22条。

截至2017年底,广东省地方高速公路建成通车里程3509km,其中新建高速公路2917km,共线、重复路线里程592km,在建高速公路2708km,见表4-0-1。

广东省地方高速公路建设情况简表（单位：km）

表 4-0-1

线路编号	线路名称	起止地点	线路经过主要控制点	线路总里程	已通车里程 小计	已通车里程 新建	已通车里程 共线	在建里程	备注
S1	广连高速公路	广州天河奥体立交—连州大路边镇凤头岭	清远连州、阳山、英德、佛冈、花都、白云、黄埔、天河区	280.578				263.578	
S2	广河高速公路	广州春岗—博罗石坝	广州市天河、白云、增城、惠州市龙门、博罗、河源市	146.065	146.065	146.065			
S3	广深沿江高速公路	广州黄埔双沙—深圳粤港界	广州市、东莞市、深圳市	97.671	97.671	97.671			含深圳西部通道
S5	广台高速公路	广州化龙—台山下川岛	广州市番禺、佛山市顺德、南海、高明、江门市恩平、台山	259.464	126.108	83.122	42.986	49.32	
S6	广龙高速公路	广州番禺—龙川粤赣界	广州市、东莞市、惠州市惠阳、河源市紫金、龙川	359.95	23.23	23.23		336.72	
S8	广佛肇高速公路	广州黄埔萝岗立交—肇庆封开粤桂界	广州市白云、佛山市南海、三水、肇庆市四会、德庆、封开	253.849	192.558	192.558		61.379	
S11	大潮高速公路	大埔—潮州港及大埔漳州线	梅州市大埔、潮州市	120.768				120.768	
S12	梅龙高速公路	梅龙—大埔闽粤界	梅州市、大埔	89.876	89.996	89.996			
S13	揭惠高速公路	揭东县—惠来县	揭阳市揭东、汕头市、揭阳市惠来	63.227	33.535	33.535		29.692	含揭阳市区连接线8.5km
S14	汕湛高速公路	汕头—湛江	汕头、揭阳、揭西、清远、揭阳、紫金、博罗、龙门、佛冈、清远清新、肇庆、新兴、阳春、茂名、化州、廉江、湛江	851.181	459.091	265.351	193.74	392.09	不含兰海联络线和博贺港支线
S15	沈海高速公路广州支线	广州火村—南海九江	广州市、佛山市	76.185	76.185	76.185			
S16	佛清从高速公路	佛山狮山官窑—增城派潭	佛山市、清远市、广州市	148.779	19.608	19.608		129.171	
S17	揭普惠高速公路	揭东—惠来东港	揭阳市揭东、普宁、惠来	86.447	86.447	86.447			

第四章 地方高速公路

续上表

线路编号	线路名称	起止地点	线路经过主要控制点	线路总里程	已通车里程 小计	已通车里程 新建	已通车里程 共线	在建里程	备注
S19	梅汕(尾)高速公路	梅汕程江—汕尾	汕尾,海丰,陆河,揭西,五华,梅州	191.5	115.538	55.538	60	75.91	
S20	广中江高速公路	鹤山雅瑶—番禺大岗	广州市,中山市,江门市	50.16	27	27		23.16	
S21	广惠高速公路	广州萝岗—惠东港口	广州白云区,增城市,博罗县,惠州市惠城区,惠东县	184.755	172.755	74.857	97.899		
S22	惠阳东莞高速公路	惠阳沙田—东莞塘厦	惠阳,东莞	63.6	24.6	24.6			
S26	中山阳春高速公路	中山—阳春	中山,江门,开平,阳春	211.274				211.274	不含中山小榄支线
S29	从莞深高速	从化温泉—深圳清平高速	广州从化,惠州,东莞,深圳	140.735	98.535	98.535		42.2	
S30	惠深沿海高速公路	惠东稔山—深圳连塘	惠州,深圳	89.61	89.61	89.61			
S32	西部沿海高速公路	珠海金鼎—阳江	珠海,新会,台山,阳江	200.677	200.677	188.717	11.96		
S36	珠海台山高速公路	珠海洪湾—台山	珠海,新会,台山	73.814				43.814	
S40	罗定信宜高速公路	罗定—高州粤桂界	罗定,信宜,高州	128.53				128.53	
S42	兰海高速公路联络线	化州石湾街—廉江安铺镇	化州,廉江	51.74	51.74	51.74			
S43	广珠西线高速公路	广州芳村—中山月环	广州市,中山市,珠海市	97.96	97.96	55.867	42.093		
S47	广佛江珠高速公路	顺德北滘镇—江门江海区	广州市,佛山市,江门市,珠海市	159.998	109.412	70.45	38.962	50.586	
S51	肇庆阳江高速公路	肇庆—阳江海陵(已计共线)	肇庆,云浮市,罗定市,阳春,江城区	180.17	170.837	170.837		9.333	
S55	广三高速公路	三水董求涡—南海雅瑶	广州,佛山	29.986	29.986	29.986			含二广布心至黎边共线
S59	怀集郁南高速公路	怀集岗坪—郁南平台	怀集,封开,郁南	106.121				106.121	
S63	玉湛高速公路	廉江和寮镇—湛江东海岛	湛江,遂溪,廉江	121.216	14.68	14.68		106.536	含支线7.6km
S85	潮汕环线高速公路	潮州,汕头,揭阳	潮州,汕头,揭阳	91.159	10.8	10.8		80.359	
S86	深圳外环江高速公路	长安广深沿江高速公路—龙岗	深圳,东莞	92.864				92.864	

广 东

续上表

线路编号	线 路 名 称	起 止 地 点	线路经过主要控制点	线路总里程	已通车里程 小计	已通车里程 新建	已通车里程 共线	在建里程	备注
S4	华南快速干线	(第三期里程计共线)	广州市内	30.86	30.86	30.86			
S18	花都高速公路	花都—东莞	广州市内	65.18				65.18	
S39	东新高速公路	荔湾东沙大道—大岗镇新联	广州市内	45.67	45.67	45.67			
S41	机场高速公路南段	三元里—机场	广州市内	23.68	23.68	23.68			
S73	南沙港快速路	仓头—新龙	广州市内	65.4	65.4	65.4			
S76	黄榄快速路	细沥—黄阁	广州市内	7.05	7.05	7.05			
S81	广州环城高速公路		广州市内	40.23	40.23	40.23			
S8111	新化高速公路	广州新洲—化龙	广州市内	12.565	12.565	12.565			
S102	广园快速路		广州市内	45.48	45.48	45.48			
S28	水官高速公路	布吉水径村—龙岗官井头	深圳市内	20.14	20.14	20.14			
S31	龙大高速公路	龙华—大岭山	深圳市内	28.2	28.2	28.2			
S3111	福龙联络线	福龙路—龙华	深圳市内	14.00	14.00	14.00			
S33	南光高速公路	南山—光明新区	深圳市内	31.047	31.047	31.047			
S203	丹平快速路	丹沙路—平湖	深圳市内	11.7	11.7	11.7			
S301	南坪快线	南山—坪山	深圳市内	58.47	40.87	40.87		17.6	
	东部过境高速公路	莲塘—金钱坳	深圳市内	31.1				31.1	
S3211	珠海机场联络线	珠海机场—田心村	珠海市内	30.35	30.35	30.35			
S3213	高栏港联络线		珠海市内	23.55	23.55	23.55			
S34	香海大桥工程	香洲区—湖心路	珠海市内	20.234				20.234	
S38	金琴高速公路	金鼎—横琴	珠海市内	32.6				32.6	
	金海公路大桥		珠海市内	24.377				24.377	
S9919	广澳高速公路支线	珠海平顶村—下册	珠海市内	5.16	5.16	5.16			
S82	一环快速路		佛山市内	99.538	99.538	99.538			

第四章 地方高速公路

续上表

线路编号	线路名称	起止地点	线路经过主要控制点	线路总里程	已通车里程 小计	已通车里程 新建	已通车里程 共线	在建里程	备注
S8211	佛山一环北延线	北延线入口—西二环	佛山市内	9.1	9.1	9.1			
S88	东莞环城快速路	高埗三联立交至G4石鼓口	东莞市内	47.233	47.233	47.233			
S8816	东莞环城快速路石鼓联络线	西平立交—G4石鼓口	东莞市内	5.013	5.013	5.013			
S9918	虎门港支线	花灯盏—新联互通—轮渡路	东莞市内	19.8	10.78	10.78			
S305	东莞东部快速干线	东莞寮步—桥新联路口	东莞市内	28.13	28.13	28.13			
S23	惠大(澳)高速公路	惠州—大亚湾	惠州市内	54.88	54.88	54.88			
S9925	长深高速公路惠州支线	惠州口岸路—平南开发区	惠州市内	7.95	7.95	7.95			
S49	新台高速公路		江门市内	58.375	58.375	58.375			
S365	麻阳线汶村、北陡匝道	红关至西部沿海金门口至北陡匝道出口	江门市内	20.622	20.622	5.52	15.102		
S83	梅州环城高速公路		梅州市内	23.3	23.3		23.3		
S1211	梅州梅州高速公路	平远—梅州		14.556				14.556	
S66	平远梅州高速公路	平远—梅州	梅州市内	33.8				33.8	
S68	大丰华高速公路	五华—丰顺段	梅州市内	40.18				40.18	
S9975	兰海高速公路湛江支线		湛江市内	4.412	4.412	4.412			
S50	东海岛至雷州高速公路	东海岛—雷州	湛江市内	35.826				35.826	
S84	韶关北环高速公路	韶赣高速公路大塘与广乐高速公路乳源东	韶关市内	29.65	29.65	29.65			
S1011	韶关环城广乐匝道	乐昌至韶关高速公路与广乐匝道	韶关市内	3.183	3.183	3.183			
S61	博贺港高速公路	汕湛高速公路支线		32.62	32.62	32.62			

注:表内数据统计时间截至2017年12月31日。

第一节　广州—河源高速公路(S2)

广州—河源高速公路(简称"广河高速公路"),编号S2。起于广州龙洞春岗立交,与华南快速干线相接,途经白云区、黄埔区、增城区、惠州市,止于博罗县石坝镇,接惠河高速公路,全长146.094km。2008年4月14日动工,2011年12月29日全线建成通车。

广河高速公路分为广州段和惠州段建设。

一、广河高速公路广州段

广州—河源高速公路广州段,起于广州市天河区龙洞春岗立交,与华南快速干线(二期)相交,与华南快速干线(三期)对接,经广州北二环八斗立交连接北二环和省道S116,再经蛟湖新村、中新、正果镇、龙门县,接广河高速公路惠州段,路线全长70.754km。2008年4月开工建设,2011年12月17日交工,2011年12月30日通车,2015年12月29日竣工验收。

该项目是广州市路网规划"五环十八射"中的"第六射",是广州市东北向重要对外出口道路。它的建设对完善广州高快速路网结构,促进珠江三角洲产业向东翼经济带转移和增城北部山区经济发展具有重要意义。

(一)主要技术指标和建设规模

广河高速公路按高速公路标准建设,双向六车道,设计速度100km/h、120km/h。设特大桥、大桥43座(表4-1-1),隧道4座(表4-1-2),互通式立交该期实施8座,管理中心、集中住宿区、服务区和停车区各1处。

(二)建设情况

1. 建设依据

2006年2月8日,广东省交通厅《关于印发广州至河源高速公路工程可行性研究报告评审意见的函》。

2007年9月11日,广东省发展和改革委员会以《关于广州至河源高速公路广州段项目申请报告的核准意见》批准立项。

2007年10月26日,广东省交通厅以《关于广州至河源高速公路广州段初步设计的审查意见》批准初步设计。

2009年10月6日,广东省交通运输厅批准先行段施工许可,2010年9月1日批准整体施工许可。

第四章
地方高速公路

广河高速公路广州段主要桥梁表

表 4-1-1

序号	桥梁分类	桥梁名称	中心桩号	桥梁长度（m）	桥面宽度（m）	车道数	设计汽车荷载等级	建设时间	备注
1	梁式桥	春岗互通主线桥	K2+171	2430		3	公路—Ⅰ级	2011年12月	
2	梁式桥	璋坑高架桥	K5+601	左:507,右:532		3	公路—Ⅰ级	2011年12月	
3	梁式桥	建设高架桥	K6+041	左:230,右:206		3	公路—Ⅰ级	2011年12月	
4	梁式桥	山猪塘大桥	K6+625	577		3	公路—Ⅰ级	2011年12月	
5	梁式桥	金田隆1号大桥	K7+114.5	左:254,右:230	17	3	公路—Ⅰ级	2011年12月	
6	梁式桥	金田隆2号大桥	K7+550	277		3	公路—Ⅰ级	2011年12月	
7	梁式桥	金田隆3号大桥	K7+920	306.5		3	公路—Ⅰ级	2011年12月	
8	梁式桥	凤树坳大桥	K13+540	180		3	公路—Ⅰ级	2011年12月	
9	梁式桥	庙下角大桥	K15+410	257.1		3	公路—Ⅰ级	2011年12月	
10	梁式桥	兴丰大桥	K15+995	450		3	公路—Ⅰ级	2011年12月	
11	梁式桥	大坑尾高架桥	K17+932.03	623.7		3	公路—Ⅰ级	2011年12月	
12	梁式桥	潭洞高架桥	K18+857	427.08		3	公路—Ⅰ级	2011年12月	
13	梁式桥	扁石1号高架桥	K19+432	270		3	公路—Ⅰ级	2011年12月	
14	梁式桥	八兴高架桥	K19+680	700		3	公路—Ⅰ级	2011年12月	
15	梁式桥	份田大桥	K20+842	217.08		3	公路—Ⅰ级	2011年12月	
16	梁式桥	福洞村大桥	K21+527.5	482.08		3	公路—Ⅰ级	2011年12月	
17	梁式桥	萝岗1号大桥	K23+661.7	510		3	公路—Ⅰ级	2011年12月	
18	梁式桥	萝岗2号大桥	K25+434.28	962		3	公路—Ⅰ级	2011年12月	
19	梁式桥	萝岗3号大桥	K27+223.4	991.2		3	公路—Ⅰ级	2011年12月	
20	梁式桥	蕉口大桥	K29+580	304		3	公路—Ⅰ级	2011年12月	
21	梁式桥	曾屋高架桥	K34+424.934	1035.9		3	公路—Ⅰ级	2011年12月	
22	梁式桥	三星村大桥	K37+095	360		3	公路—Ⅰ级	2011年12月	
23	梁式桥	石迳村大桥	K37+755	300		3	公路—Ⅰ级	2011年12月	
24	梁式桥	乌石大桥	K39+078.340	231		3	公路—Ⅰ级	2011年12月	
25	梁式桥	长布大桥	K40+513	216		3	公路—Ⅰ级	2011年12月	
26	梁式桥	勿头大桥	K41+639	266		3	公路—Ⅰ级	2011年12月	
27	梁式桥	乌石田大桥	K42+705.5	486		3	公路—Ⅰ级	2011年12月	

续上表

序号	桥梁分类	桥梁名称	中心桩号	桥梁长度(m)	桥面宽度(m)	车道数	设计汽车荷载等级	建设时间	备注
28	梁式桥	山吓大桥	K44+825	226	15.8	3	公路—Ⅰ级	2011年12月	
29	梁式桥	玄村大桥	K45+730	左:360,右:350		3	公路—Ⅰ级	2011年12月	
30	梁式桥	七岭大桥	LK46+625	左:510,右:600		3	公路—Ⅰ级	2011年12月	
31	梁式桥	白兀益大桥	LK48+185	240		3	公路—Ⅰ级	2011年12月	
32	梁式桥	S256跨线桥	K50+759.25	206.5		3	公路—Ⅰ级	2011年12月	
33	梁式桥	二龙河大桥	K52+720.5	315		3	公路—Ⅰ级	2011年12月	
34	梁式桥	X261跨线桥	K54+151.5	545		3	公路—Ⅰ级	2011年12月	
35	梁式桥	派潭河大桥	K54+865	240		3	公路—Ⅰ级	2011年12月	
36	梁式桥	凤岗尾特大桥	K56+279.5	1015		3	公路—Ⅰ级	2011年12月	
37	梁式桥	赖屋大桥	LK57+492.5	225		3	公路—Ⅰ级	2011年12月	
38	梁式桥	高挡山大桥	LK58+717.5	左:325,右:375	17	3	公路—Ⅰ级	2011年12月	
39	梁式桥	禾岭头大桥	LK59+290	左:400,右:425	17~27.6	3	公路—Ⅰ级	2011年12月	
40	梁式桥	高楼墩大桥	LK61+026.5	475		3	公路—Ⅰ级	2011年12月	
41	梁式桥	S119跨线桥	LK61+673.650	589		3	公路—Ⅰ级	2011年12月	
42	梁式桥	马排大桥	K62+760	600		3	公路—Ⅰ级	2011年12月	
43	梁式桥	杭脑河立交主线桥	K67+148	707	8.5~15.5	3	公路—Ⅰ级	2011年12月	

广河高速公路广州段隧道表

表4-1-2

序号	隧道分类	隧道名称	起止桩号	长度(单洞,m)	行车道宽度(单洞,m)	隧道净高(m)	车道数	建设时间	备注
1	曲墙衬砌结构	大凤凰山隧道	ZK3+522~ZK5+201(YK3+515~YK5+221) K7+715~K7+750	左:1679 右:1702	12.25	5	3	2011年12月	
2	曲墙衬砌结构	天鹿山隧道	LK46+980~LK47+300 (RK47+040~RK47+335)	左:35 右:35	12.25	5	3	2011年12月	
3	曲墙衬砌结构	长径隧道	ZK3+522~ZK5+201(YK3+515~YK5+221) K7+715~K7+750	左:320 右:295	12.25	5	3	2011年12月	
4	曲墙衬砌结构	禾岭头隧道	LK46+980~LK47+300 (RK47+040~RK47+335)	左:447 右:420	12.25	5	3	2011年12月	

2.资金来源

概算总投资69.8亿元,项目由广州市高速公路有限公司全资建设。

3.征地拆迁

项目与天河区、白云区、萝岗区和增城区相关的镇、街(村)签订了征地拆迁补偿协议,征用土地8702.79亩,各类建筑构造物15.8万 m^2。

4.招投标

项目的设计、监理、施工和统购材料均通过招标的方式选择承包人。

5.主要设计、施工、监理单位

设计单位:中交第二公路勘察设计研究院有限公司、广东省公路勘察规划设计院、中国公路咨询总公司等单位。

施工单位:中交路桥北方工程有限公司、中铁九局集团有限公司、广东冠粤路桥有限公司、广州市公路工程公司等38个单位。

监理单位:广州诚信公路建设监理咨询有限公司、广东华路交通科技有限公司、广州市穗高工程监理有限公司、北京兴通交通工程监理有限责任公司等单位。

(三)复杂技术工程

1.桥面抛丸技术

针对预制梁桥面混凝土调平层及现浇箱梁桥面均普遍存在浮浆多的问题,该项目对部分浮浆较为严重的桥面进行抛丸处理。抛丸工艺采用的主要设备是抛丸机,具体工艺主要步骤是:在抛丸施工前,保持桥面干燥,清除钢筋头、用清渣机仔细打磨掉混凝土浮浆及结硬杂物,用斧头凿除尖锐突出物,并认真清扫干净,再操作抛丸机通过控制丸料的颗粒大小、形状及抛丸机的行走速度,来控制处理效果。一般行走速度采用18m/min左右,匀速前行。

抛丸工艺取代传统的人工凿毛法、机械凿毛、铣刨等工艺,提高施工效率,实现了无尘无污染。该项目S26、S27合同段路面施工污染控制、桥面抛丸清理工艺荣获广东省2011年标杆工程。

2.水泥稳定层土工布洒水再覆盖塑料薄膜养生

水泥稳定碎石基层采用铺设土工布洒水湿润后加覆盖薄膜的双重养生保湿方法,确保基层湿润。具体工艺过程为:水泥稳定土(底)基层终压→人工覆盖土工布→洒水车洒水→人工薄膜覆盖→交通管制。

采用此养生方式:基层实体强度好,芯样完整,整体性好,弯沉检测值小,并基本消除了收缩裂缝。

3. 模板台车施工拱涵

拱涵施工的一个难点就是如何控制拱圈的线形，保证拱圈的轮廓线准确度。该项目共有拱涵 22 座，为有效控制施工质量，该项目绝大部分拱涵施工均采用了钢模板台车进行拱圈施工。钢模板台车采用可前后推移的活动台车支撑，底模采用定制的组合式钢模，配合高程调节器、水平轮轨位移调节器。采用钢模板台车施工的拱涵拱圈混凝土实体质量及外观工艺精良，成品拱壁线条直顺平滑，沉降缝上下线条一致。其中 S20 合同段 K63+770 拱涵施工质量精良，入选 2010 年广东省第一批样板工程。

4. 煤油沥青用作沥青路面透层油

沥青路面透层较多是采用乳化沥青，但乳化沥青在水泥稳定基层的渗透深度一直是困扰施工的问题。为克服透层渗透深度不足的问题，在华南理工大学的技术指导下，该项目采用煤油沥青作为透层油，并采用具有加热功能的欧亚同步碎石封层车洒布。经实践表明，煤油沥青渗透效果非常好，有效地保证了沥青结构层与水泥稳定层的良好连接。

(四) 科研课题

项目科研课题"广河高速公路建设与运营的工程安全性关键技术研究"于 2009 年由省交通运输厅正式批准立项。总课题由四个子题组成，分别为：子题一"连续曲线梁桥安全控制技术研究"、子题二"广河高速公路边坡植物适应性及防护技术研究"、子题三"高速公路特殊路段交通安全与环境和谐性研究"和子题四"高速公路花岗岩沥青路面抗滑表层设计与性能的应用研究"，分别与西南交通大学、中科院武汉岩土力学研究所、同济大学和华南理工大学合作开展研究工作。

四个子题和总课题均顺利通过验收评审，其中子题二、三、四同时通过了鉴定评审。鉴定评审委员会一致认为：子题二研究成果整体上达到了国内领先水平，部分达到国际先进水平；子题三和子题四研究成果均整体达到国际先进水平，这些科研成果已成功应用于广河项目，并具有很好的推广应用价值。

1. 连续曲线梁桥施工及运营安全控制技术研究

该课题与西南交通大学合作研究。我国虽然在曲线梁桥的研究和应用方面稍晚于国外，与国外相比还存在一定的差距，但是自 20 世纪 80 年代以来正迎头赶上，在公路和城市立交桥工程中，开始大量修建曲线梁桥。

该课题主要是针对 S01 合同段 E 匝道桥的施工安全监控而设立的，由西南交通大学利用有限元方法对施工过程进行仿真分析，形成一套成熟的连续曲线梁桥施工安全控制技术并对连续曲线梁桥运营阶段进行分析，对连续曲线梁桥运营安全控制提出建议。

2.高速公路边坡植物适应性与生态岩土力学防护技术研究

该项目联合中国科学院武汉岩土力学研究所进行课题研究,以求使该项目建设最大限度地减少对公路沿线生态环境的破坏,努力做到不破坏自然环境,适度改善沿线生态环境。遵循"因地制宜、景观协调、易于养护"的原则,给出边坡混合植被群落播种量计算方法,确定该项目边坡不同边坡类型和不同生态岩土力学护坡模式下的混合植被群落播种量;建立反映边坡植被群落生长特性的生态调控模型,实现边坡植物群落生长过程的定量模拟分析;研发一种适宜于该项目边坡生态恢复的新型生态基材,建立边坡生态系统营养元素循环平衡的调控模式与方法;确定该项目边坡各种生态岩土力学护坡模式下,生态适应性强、价格低廉、护坡效果好的植物物种配置模式;形成一套适用于该项目边坡生态岩土力学护坡的技术指标体系,提出相应的生态岩土力学护坡技术模式。

3.高速公路特殊路段交通安全与环境和谐性研究

我国"十一五"规划充分意识到切实保护好自然生态的重要性,2004年"全国公路勘察设计工作会议"上提出了公路设计"六个坚持和六个树立"的新理念。一些发达国家逐渐重视改善原有公路的景观,并在新路设计中考虑景观或者专门进行景观设计,并制定了相应的规范和有关的法规。路基(包括路堑)与环境的协调已经引起了人们的注意,但是相关的规定尚不系统和全面。

该项目联合同济大学进行研究分析公路交通功能设计的当代要求,进行特殊路段事故致因机理及事故预防对策研究和公路路域交通环境与自然环境交互影响的研究,并提出灾害性天气和突发性事件条件下的高速公路特殊路段运营管理对策,探讨人文信息在公路路域的体现。

4.高速公路花岗岩沥青路面抗滑表层设计与性能的应用研究

该课题与华南理工大学合作研究。针对4cm厚的结构特点和缺乏优质抗滑石料不得不采用花岗岩石料的工程应用现状,确定采用耐离析性能更好的AC-13C型作为抗滑层,并开展增强其抗滑性能相关的研究。目的在于形成花岗岩AC-13C沥青混合料设计及其抗滑性能室内评价方法和满足山区高速公路特殊路段需要的彩色抗滑铺装材料设计方法及其施工技术指南,以数字图像法、激光构造法等手段为主,构建沥青路面抗滑性能现场高精度快速检测评价方法。

(五)运营管理

1.运营公司

广州市高速公路有限公司运营分公司负责运营管理。

2. 收费站点

设置八斗、九龙、中新、二龙、腊圃、正果等6个匝道收费站(表4-1-3)。

收费站点设置情况表　　　　表4-1-3

站　名	车道数		收费方式
	入口	出口	
八斗站	4	5	MTC + ETC
九龙站	3	5	MTC + ETC
中新站	3	5	MTC + ETC
二龙站	2	3	MTC + ETC
腊圃站	2	3	MTC + ETC
正果站	4	4	MTC + ETC

3. 车流量

车流量情况见表4-1-4。

车　流　量　情　况　表　　　　表4-1-4

年份(年)	日均车流量(辆)	年份(年)	日均车流量(辆)
2012	17979	2014	30891
2013	24639	2015	38572

4. 路政管理

广河(广州)、增从高速公路路政大队负责对广河高速公路(广州)、增从高速公路实施路政巡查,依法维护路产路权,保障道路安全畅通。路政严格按照"路面巡查每天不少于两次,桥梁巡查每周不少于一次"的巡查频率,对沿线公路状况、标志标线、路产设施、违法修建等内容进行巡查和处置。发现公路出现坍塌、坑槽、水毁等损坏的,及时做好现场警示,同时通知相关单位采取措施修复;发现公路标志、标线不清晰、不规范、遮挡的,及时通知相关单位完善;发现涉及损坏公路、公路附属设施的,及时制止,对造成路产损失的,依路产赔(补)偿程序进行处理,同时安排相关单位予以修复;发现涉及违法修建建筑物、擅自埋设管线、设置广告标牌的,及时制止,对不听劝阻继续实施违法行为的,及时告知相关执法部门处理。路政还主动加强沿线校园、村镇及社区等地爱路护路的法制宣传,协调相关执法部门,共同做好公路路产路权的管理工作。

5. 养护管理

(1) 编好计划,实现精细化管理

制定年度养护计划、月度养护计划及周计划,明确养护目标。围绕公司制定的精细化管养模式,结合广河增从道路养护的实际情况,编写好年度工作计划。工作计划包括道路养护必须达到的日常养护水平,各系统管理员工素质的提高,安全工作目标、机电设施维修目标、房建维修目标、保洁工作目标、绿化工作目标等,并围绕目标制定了实现目标的具体保障措施等。

(2)高标准养护作业,确保道路安全畅通

日常维修中养护工程部对维修管理人员进行了职责调整,实施管理人员一线带班制度,强化对养护单位的考评管理制度,提高了养护单位的工作积极性,日常养护维修更加及时高效。

(3)养护管理系统

在养护管理中,充分应用高速公路桥梁管理系统(CBMS)和路面管理系统(CPMS),建设好养护信息库,掌握各路段或桥梁在各时期的养护动态,为养护决策提供前瞻性、战略性的统计数据和信息支持,推进养护管理信息化、现代化。通过对桥涵病害的检测、维修加固,有效地保证桥涵的运营安全,提高桥涵的安全性和耐久性。

(六)企业文化建设

广州市高速公路有限公司营运分公司坚持"为广州建设大交通,让员工生活更愉快"的企业宗旨,在企业文化建设中充分发挥党、工、团组织等作用,搭建各种平台,为广大员工施展才华提供广阔的舞台。

一是搭建学习平台,提高员工素质。大力开展员工学习教育工作,公司与华南理工大学网络教育学院联系,及时传递员工教育学习信息。同时,还以"时代光华""职工教育网""劳工大学堂"为平台,满足不同岗位员工的学习需求,不断提升员工综合素质。

二是完善竞赛平台,锻炼员工技能。每年公司都组织一系列竞赛活动,包括收费、路政业务技能,后勤保障、设备维护技能,安全知识、法律知识等。

三是利用协会平台,展现员工才华。公司成立了歌舞、足球、篮球、羽毛球等特色鲜明、员工参与度高的文体协会,公司每年向各协会发放一定的协会活动经费,予以鼓励和支持。

四是借助工会平台,关心关爱员工。依托集团工会,积极开展"爱在路上"系列活动。通过加强建设"职工之家"和"四访四助"形式,了解员工的家庭实际困难,建立了帮扶员工困难的三道防线。

五是建设展示平台,传播企业文化。公司建设企业文化园。企业文化园主要通过文字和实物向员工介绍行业知识、发展历程、集团荣誉、企业核心价值观等。

二、广河高速公路惠州段

广州至河源高速公路惠州段位于惠州市北部,路线总体呈东西走向,起于增城正果镇九龙江大桥,途经惠州市龙门县、博罗县,终点与惠河高速公路相接,全长75.215km。项目总投资为56.93亿元。2008年7月8日开工建设,2011年12月交工验收,2012年1月10日全线通车。广河高速公路的开通将经济发达的珠江三角洲核心区与经济欠发达山区连接起来,大大改善广州东北部白云、萝岗、增城北部地区,以及惠州市北部龙门、博罗东部地区的通车环境。对推进珠江三角洲产业向山区两翼转移、开发山区资源、实现区域经济协调发展有着重要意义。

（一）主要技术指标和建设规模

按高速公路标准建设,设计速度120km/h,双向六车道。沿线设特大桥1座、大桥48座、隧道3座;管理中心1处、服务区2处;互通式立交5处。

（二）建设情况

1. 建设依据

2007年9月21日,广东省发展和改革委员会批准广河高速公路惠州段工程项目立项。

2007年12月12日,广东省交通厅批复广河高速公路惠州段项目初步设计。

2008年7月2日及2008年8月28日,广东省交通厅批复广河高速公路惠州段项目施工图设计。

2011年6月28日,广东省交通运输厅批复施工许可。

2. 资金来源

资金来源由企业自筹和银行贷款。深业广河高速公路有限公司和惠州市公路发展公司分别按股权比例出资。

3. 征地拆迁

广河高速公路惠州段中,项目总用地面积9400亩。

4. 招投标

项目招标均在广州市工程交易中心进行公开招标。

5. 主要设计、施工、监理单位

设计单位:广东省公路勘察规划设计院、四川省交通厅公路规划勘察设计研究院与惠州市道路桥梁勘察设计院联合体等单位。

施工单位:中铁大桥局股份有限公司、中铁二十局集团第四工程有限公司、浙江八咏公路工程有限公司、广东省佛山公路工程有限公司等24个单位。

监理单位:广东华路交通科技有限公司、广东翔飞公路工程监理有限公司、广东工程建设监理有限公司等单位。

（三）运营管理

1. 运营公司

2006年3月15日,深圳市深业广河高速公路有限公司和惠州市公路发展公司分别按70%和30%的股权比例在惠州市注册成立,负责广河高速公路惠州段的投资建设及经营管理。

公司职能部门有:收费管理部负责收费、监控、稽查等工作,养护工程部负责公路养护维修、机电工程维护以及缺陷修复等工作;计划财务部负责财务及票证管理等工作。

2. 收费站点

广河高速公路惠州段全线设龙华管理中心1处,永汉、沙迳、龙华、路溪、公庄匝道收费站、石坝北主线收费站共6处,其中石坝北主线收费站于2014年7月1日撤站,沙迳、杨村服务区2处。收费管理采取集中管理的模式,不设分站式管理。

3. 车流量

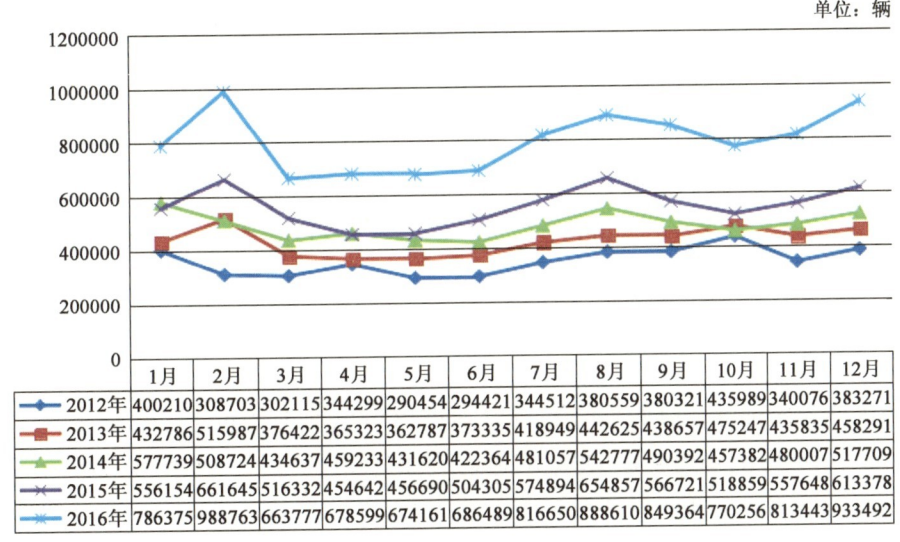

车流量情况图

4. 服务区

设有沙迳服务区和杨村服务区。

第二节　广州—深圳沿江高速公路(S3)

广(州)深(圳)沿江高速公路位于狮子洋、伶仃洋珠江东岸,编号S3,是广东省高速公路网中的"广州—东莞—深圳"加密联络线。起于广州市黄埔区双沙接G107黄埔东路

（快速路），沿线经广州黄埔区、东莞麻涌、虎门、长安镇、深圳宝安区、南山区，止于深圳市南山区月亮湾，与深港西部通道顺接直达香港，是继广深高速公路之后粤港之间的第二条南北向高速路大通道。线路全长97.671km，项目总投资157.71亿元。2006年10月开工建设，2013年建成通车。

广深沿江高速公路不仅将广州、东莞、深圳、香港四座城市紧密连在一起，贯穿穗、莞、深、珠江东岸相关机场、港区、轨道交通和公路网，实现海、陆、空无缝对接，而且通过珠江黄埔大桥、虎门大桥、虎门二桥、深中通道等跨江通道衔接珠江东、西两岸，使之成为珠三角高速公路网的核心枢纽。对促进区域经济乃至泛珠江三角洲经济发展都具有重要意义。

广深沿江高速公路分3段建设：广深沿江高速公路广州、东莞段，广深沿江高速公路深圳段，深圳月亮湾—粤港界段。

一、广深沿江高速公路广州、东莞段

广深沿江高速公路广州、东莞段起于广州市黄埔区双沙，止于东莞市长安镇东宝河，全长58.999km。项目总投资约157.71亿元（未决算），于2006年10月开工建设，一期工程（黄埔至威远段约41km）于2012年1月18日建成通车；二期工程（威远至东宝河大桥段及黄埔主线站约18km）于2013年12月28日建成通车。

该段路由广东广深沿江高速公路有限公司投资、建设及运营，该项目公司由广东珠江公路桥梁投资有限公司与东莞市路通投资集团有限公司分别按65%、35%的比例出资组建，2006年1月23日注册成立。

（一）主要技术指标和建设规模

采用高速公路标准，双向八车道，设计速度100km/h、120km/h。路基宽度41m，主线设特大桥、大桥62座，隧道4座，桥梁隧道占比高达90%以上。其中，东莞段牛头山隧道双洞八车道。主要桥梁和隧道情况见表4-2-1、表4-2-2。

（二）建设情况

1. 建设依据

2005年10月、2006年1月广东省发展改革委核准立项。广州段于2005年11月批复初步设计，2006年12月批复施工图设计；东莞段于2006年8月批复初步设计，分阶段于2007年7月、2009年4月、2009年11月批复施工图设计。

2. 资金来源

广深沿江高速公路建设资金65%由银行贷款，35%由股东自筹。

第四章 地方高速公路

广深沿江高速公路广州、东莞段主要桥梁表

表 4-2-1

序号	桥梁分类	桥梁名称	起止桩号		桥梁长度(m)	桥面宽度(m)	车道数	设计汽车荷载等级	建设时间	备注
			起点桩号	终点桩号						
1	特大桥	双沙高架桥	K0+141.000	K1+487	1336(左幅) 1346(右幅)	27.5~45.0变宽	6	公路—Ⅰ级	2012年1月18日	
2	大桥	官田主线2号桥	K3+046.970	K3+538.530	481.56	33	6	公路—Ⅰ级	2012年1月18日	
3	大桥	庙头大桥	K3+882.890	K4+110.000	227.11	33	6	公路—Ⅰ级	2012年1月18日	
4	特大桥	大沙东路高架桥	K4+447.000(左幅) K4+443.310(右幅)	K6+246.530	1799.53	33	6	公路—Ⅰ级	2012年1月18日	
5	大桥	笔岗1号高架桥	K6+440.470	K6+655.530	215.06	33	6	公路—Ⅰ级	2012年1月18日	
6	大桥	笔岗2号高架桥	K6+765.320(左幅) K6+791.310(右幅)	K6+951.560(左幅) K6+923.860(右幅)	左幅:186.24 右幅:132.55	33	6	公路—Ⅰ级	2012年1月18日	
7	大桥	南岗高架桥	K7+190.970	K7+846.500	655.53	33	6	公路—Ⅰ级	2012年1月18日	
8	特大桥	富南路高架桥	K7+846.500	K9+074.000	1227.5	33.00和40.50	6/8	公路—Ⅰ级	2012年1月18日	
9	大桥	东江大桥	K9+074.000	K10+070.000	996	40.5	8	公路—Ⅰ级	2012年1月18日	
10	特大桥	南洲村高架桥	K10+070.000	K11+133.000	1060	40.5	8	公路—Ⅰ级	2012年1月18日	
11	特大桥	麻涌村高架桥	K11+516.100	K12+946.800	1424.7	40.5	8	公路—Ⅰ级	2012年1月18日	
12	大桥	第二涌大桥	K13+615.350	K14+368.350	753	40.5	8	公路—Ⅰ级	2012年1月18日	
13	大桥	麻涌河大桥	K14+368.350	K15+193.350	825	40.5	8	公路—Ⅰ级	2012年1月18日	
14	大桥	两丫涌大桥	K15+164.550	K15+801.450	636.9	39.5	8	公路—Ⅰ级	2012年1月18日	
15	大桥	进港路高架桥	K15+813.700	K16+634.300	820.6	39.5	8	公路—Ⅰ级	2012年1月18日	
16	特大桥	麻漳路高架桥	K16+651.350	K17+653.000	1001.65	40.5	8	公路—Ⅰ级	2012年1月18日	
17	大桥	漳澎1号高架桥	K17+653.000	K18+585.000	932	40.5	8	公路—Ⅰ级	2012年1月18日	
18	大桥	漳澎2号高架桥	K18+585.000	K19+485.000	900	40.5	8	公路—Ⅰ级	2012年1月18日	

续上表

序号	桥梁分类	桥梁名称	起止桩号 起点桩号	起止桩号 终点桩号	桥梁长度（m）	桥面宽度（m）	车道数	设计汽车荷载等级	建设时间	备注
19	大桥	潭鹅 3 号高架桥	K19+485.000	K20+060.000	575	40.5	8	公路—Ⅰ级	2012年1月18日	
20	特大桥	淡水河特大桥	K20+060.000	K21+184.000	1124	40.5	8	公路—Ⅰ级	2012年1月18日	
21	大桥	沙头高架桥	K21+184.000	K22+092.000	908	40.5	8	公路—Ⅰ级	2012年1月18日	
22	特大桥	中围村高架桥	K22+969.700	K24+112.700	1143	40.5	8	公路—Ⅰ级	2012年1月18日	
23	大桥	立沙大桥	K24+112.700	K24+630.700	575	40.5	8	公路—Ⅰ级	2012年1月18日	
24	大桥	太阳洲西海大桥	左幅:K24+630.700 右幅:K24+630.700	左幅:K25+540.805 右幅:K25+552.025	左幅:910.11 右幅:921.32	40.5	8	公路—Ⅰ级	2012年1月18日	
25	特大桥	洪屋涡特大桥	左幅:K25+540.805 右幅:K25+552.025	左幅:K26+123.500 右幅:K26+123.500	左幅:585.23 右幅:568.88	40.5	8	公路—Ⅰ级	2012年1月18日	
26	大桥	大流高架桥	K26+123.500	K26+879.500	756	40.5	8	公路—Ⅰ级	2012年1月18日	
27	大桥	西北沙 1 号高架桥	K26+879.500	K27+479.500	600	40.5	8	公路—Ⅰ级	2012年1月18日	
28	特大桥	西北沙 2 号高架桥	K27+479.500	K28+818.500	1339	40.5	8	公路—Ⅰ级	2012年1月18日	
29	特大桥	东江南特大桥	K28+818.500	K29+758.500	940	40.5	8	公路—Ⅰ级	2012年1月18日	
30	特大桥	联检大道高架桥	K29+758.500	K30+948.900	1190.4	40.5	8	公路—Ⅰ级	2012年1月18日	
31	大桥	北涌高架桥	K30+948.900	K31+903.900	955	40.5	8	公路—Ⅰ级	2012年1月18日	
32	大桥	文田涌高架桥	K31+903.900	K33+028.400	980	40.5	8	公路—Ⅰ级	2012年1月18日	
33	大桥	沙田分离式立交桥	FLSK0+432.500	FLSK0+898.500	466	40.5	8	公路—Ⅰ级	2012年1月18日	
34	大桥	明珠路高架桥	K34+002.000	K34+891.500	889.5	40.5	8	公路—Ⅰ级	2012年1月18日	
35	特大桥	进港中路高架桥	K34+891.500	K35+851.000	959.5	40.5	8	公路—Ⅰ级	2012年1月18日	
36	大桥	大丰路高架桥	K35+851.000	K36+803.000	952	40.5	8	公路—Ⅰ级	2012年1月18日	
37	大桥	进港南路高架桥	K36+803.000	K37+769.000	966	40.5	8	公路—Ⅰ级	2012年1月18日	
38	大桥	环保路 1 号高架桥	K37+769.000	K37+944.000	175	40.5	8	公路—Ⅰ级	2012年1月18日	
39	大桥	环保路 2 号高架桥	K37+944.000	K38+836.000	892	40.5	8	公路—Ⅰ级	2012年1月18日	

第四章 地方高速公路

续上表

序号	桥梁分类	桥梁名称	起点桩号	终点桩号	桥梁长度（m）	桥面宽度（m）	车道数	设计汽车荷载等级	建设时间	备注
40	大桥	渡轮路高架桥	K38+836.000	K39+699.100	863.1	40.5	8	公路—Ⅰ级	2012年1月18日	
41	大桥	后围高架桥	K39+649.100	K40+306.500	657.4	40.5	8	公路—Ⅰ级	2012年1月18日	
42	大桥	齐沙大桥	K40+308.500	K40+989.500	681	39.7	8	公路—Ⅰ级	2012年1月18日	
43	大桥	五围高架桥	K40+990.000	K41+786.000	右幅:796.00;左幅:798.20	39.7	8	公路—Ⅰ级	2012年1月18日	
44	大桥	环岛路高架桥	K41+792.000	K42+782.000	右幅:990.00;左幅:970.20	39.7	8	公路—Ⅰ级	2012年1月18日	
45	大桥	南北大道高架桥	K43+116.000	K43+793.000	左幅:671.00;右幅:622.00	39.7	8	公路—Ⅰ级	2012年1月18日	
46	大桥	白花山大桥	K43+324.000	K43+552.000	左幅:228.00;右幅:298.00	39.7	8	公路—Ⅰ级	2012年1月18日	
47	大桥	南面山大桥	K43+996.000	K44+712.000	716	39.7	8	公路—Ⅰ级	2012年1月18日	
48	特大桥	太平特大桥	K45+877.000	K46+753.000	右幅:876.00;左幅:907.00	39.7	8	公路—Ⅰ级	2012年1月18日	
49	大桥	海景路高架桥	K46+874.000	K47+782.000	908	39.7	8	公路—Ⅰ级	2012年1月18日	
50	大桥	文明路高架桥	K48+301.500	K49+016.500	右幅:995.00;左幅:715.00	39.7	8	公路—Ⅰ级	2012年1月18日	
51	大桥	太沙路高架桥	K48+828.000	K49+568.000	右幅:641.00;左幅:740.00	39.7	8	公路—Ⅰ级	2012年1月18日	
52	大桥	连升路高架桥	K50+360.000	K51+320.000	右幅:942.90;左幅:960.00	39.7	8	公路—Ⅰ级	2012年1月18日	
53	大桥	民昌路高架桥	K51+151.750	K51+870.250	718.5	39.7	8	公路—Ⅰ级	2012年1月18日	

续上表

序号	桥梁分类	桥梁名称	起止桩号 起点桩号	起止桩号 终点桩号	桥梁长度 (m)	桥面宽度 (m)	车道数	设计汽车荷载等级	建设时间	备注
54	大桥	新安路高架桥	K51+844.000	K52+664.000	820	39.7	8	公路—Ⅰ级	2012年1月18日	
55	大桥	磨蝶河大桥	K52+788.200	K53+631.800	843.6	39.7	8	公路—Ⅰ级	2012年1月18日	
56	大桥	夏岗村高架桥	K53+966.500	K54+541.500	575	39.7	8	公路—Ⅰ级	2012年1月18日	
57	大桥	福海路高架桥	K54+708.000	K55+534.000	826	39.7	8	公路—Ⅰ级	2012年1月18日	
58	大桥	中南路高架桥	K55+489.500	K56+376.500	887	39.7	8	公路—Ⅰ级	2012年1月18日	
59	大桥	新沙大道高架桥	K56+270.800	K57+149.200	878.4	39.7	8	公路—Ⅰ级	2012年1月18日	
60	大桥	正大路高架桥	K56+736.680	K57+651.330	914.65	39.7	8	公路—Ⅰ级	2012年1月18日	
61	大桥	东宝河引桥	K57+676.900 K56+499.200（断链桩）		912.8	39.7	8	公路—Ⅰ级	2012年1月18日	
62	特大桥	东宝河特大桥	K58+619.000	K59+075.000	456	39.7	8	公路—Ⅰ级	2012年1月18日	

广深沿江高速公路广州、东莞段隧道表

表4-2-2

序号	隧道分类	隧道名称	起止桩号	长度（单洞,m）	行车道宽度（单洞,m）	隧道净高（m）	车道数	建设时间	备注
1	短隧道	牛头山隧道	左:ZK45+691.000~ZK46+060.000 右:YK45+695.000~YK46+068.000	左:369 右:373	18.88	9.30	8	2013年12月28日	
2	短隧道	威远一号隧道	CK0+790.000~CK0+965.000	175	10.28	6.74	2	2013年12月28日	
3	短隧道	威远二号隧道	GK0+255.000~GK0+455.000	200					
4	短隧道	宴岗隧道	左:ZK49+861.000~ZK50+171.000 右:YK49+866.000~YK50+166.000	左:310 右:300	18.88	9.30	8	2013年12月28日	

3. 征地拆迁

广深沿江高速公路有限公司于 2005 年 9 月 29 日与广州市黄埔区土地开发中心签订了《广深沿江高速公路(广州段)征地拆迁工作合同》;从 2006 年至 2008 年分别与东莞市麻涌镇、洪梅镇、道滘镇、沙田镇、虎门镇、长安镇签订了征收土地工作协议书。

4. 招投标

(1)工程的勘察设计采用邀请招标方式,广深沿江高速公路广州、东莞段勘察设计(不含交通工程)由中铁二院工程集团有限责任公司承担;交通工程勘察设计由中国公路工程咨询监理总公司承担。

(2)土建施工、监理、机电工程及安全设施工程施工、房建施工均在广州建设工程交易中心进行公开招标。

5. 主要设计、施工、监理单位

设计单位:中铁二院工程集团有限责任公司、中国公路工程咨询监理总公司。

施工单位:湖南路桥建设集团公司、中交第二公路工程局有限公司、广东省长大公路工程有限公司与山东琴通路桥集团有限公司联合体等 13 个单位。

监理单位:安徽省高等级公路工程监理有限公司。

6. 重大工程变更

(1)广州双沙起点段方案调整。

广州起点位于黄埔区双沙,主线桥梁约 600m 范围高架在 G107 黄埔东路落地后进行顺接,且规划上黄埔东路将同步进行快速化改造。由于规划地铁 13 号线又经过此处,建设过程中双方存在交叉施工冲突,项目无法推进。此时,项目股东向市政府提议,鉴于此处高速公路起点距离广州市中心城区较远,现有 G107 道路状况无法满足交通需求,建议延长至珠江新城黄埔大道的华南快速立交甚至内环路。

(2)虎门威远岛路段整体改线增设隧道。

威远岛路段增加了一处主线隧道和两处匝道小隧道,太平特大桥桥型方案进行了较大调整。

(三)复杂技术工程

1. 牛头山隧道

牛头山隧道为双洞小净距隧道,隧道左洞长 369m,右洞长 373m,左右洞隧道净岩柱 14.58~17.54m,其单洞断面积达 243.5m^2,建设时是国内单向四车道最大跨径的公路隧道之一。

该隧道地质结构复杂,技术含量高,施工难度大。2009 年 8 月开工,参建各方坚持质量、安全、进度并重,专业队伍与高等院校积极开展科研攻关合作,相继攻克了地质结构复杂、裂隙发育、围岩变化频繁、施工工法双侧壁导坑法和三台阶七步开挖法多次转换等诸多施工技术难题,保持了快速平稳掘进的良好势头,仅用11个月就实现了双线隧道优质、安全、高效贯通。

2. 东宝河特大桥

东宝河特大桥拥有"一桥两市"的特殊身份,其桥型结构为120m+216m+120m跨径的双塔四索面部分斜拉桥。结构形式采用塔墩固结、塔梁分离的三跨连续体系,主梁采用挂篮悬臂施工。施工过程中相继攻克了曲线梁悬臂浇筑施工、分丝管索鞍的空间定位安装、曲线内外侧不对称索力钢绞线单根张拉等关键施工技术难题。

(四)运营管理

1. 运营公司

广深沿江高速公路广州、东莞段由广东广深沿江高速公路有限公司负责营运,公司经营班子受董事会聘任,全线实行"一个管理中心、两个管理所"的运营管理模式,内部组建收费管理、路产管理、投资经营及综合管理等部门负责项目营运管理。

2. 收费站点

广深沿江高速公路广州、东莞段开通初期设有10个收费站点(黄埔、官田匝道、开发大道、南岗、麻涌、洪梅、沙田、威远、虎门、长安);2014年6月30日,广东省高速公路实施"一张网"联网收费时撤销官田收费站。现有收费站点9个(表4-2-3),共设有103条收费、发卡车道(出口65条、入口38条)。

收费站点及车道设置情况表　　　　表4-2-3

站点名称	车道数	收费、发卡方式	备注
黄埔	9出、7入	ETC+MTC+自动发卡	
开发大道	4出、2入	ETC+MTC+自动发卡	含出口1个复式收费亭
南岗	6出、3入	ETC+MTC+自动发卡	
麻涌	15出、7入	ETC+MTC+自动发卡	含出口6个复式收费亭
洪梅	5出、4入	ETC+MTC+自动发卡	
沙田	7出、4入	ETC+MTC+自动发卡	
威远	5出、3入	ETC+MTC+自动发卡	
虎门	7出、4入	ETC+MTC+自动发卡	
长安	7出、4入	ETC+MTC+自动发卡	

3. 车流量

广深沿江高速公路开通后,广州、东莞段车流呈逐年增长态势,自2012年至2016年5月底,由日均车流量0.86万辆增长至10.12万辆,增长率为1076.74%。

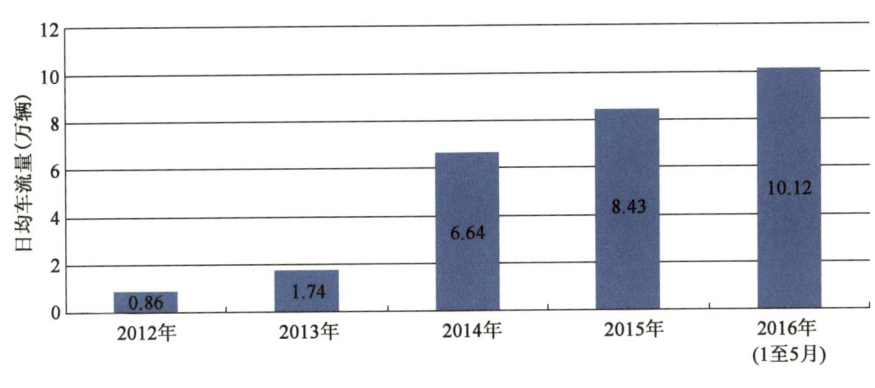

日均车流量柱状图

4. 服务区

广深沿江高速公路广州、东莞段服务区设置于 K13+450 处，双向设置，服务区设有加油站、餐饮、便利店、洗手间、停车场等配套设施。

5. 养护管理

广深沿江高速公路广州、东莞段通过招标形式选择具有专业资质及优秀的养护单位承担高速公路的日常养护工作，分为主体养护及机电养护。

（1）主体工程养护

公司通过招标形式选择具有专业资质及优秀的养护单位承担高速公路的日常养护工作。养护范围包括日常维护及小修保养保养工作，结合养护工程的特点，合同采用单价合同与包干合同相结合的形式，计量支付与养护质量挂钩。结合养护工作的特点和实际，逐步形成了比较完整的养护管理制度体系，养护管理各项工作不断完善和规范。

对道路、桥梁、隧道和涵洞进行定期检查，通过检测及时掌握路况，尽早发现并消除病害苗头，根据检查检测结果，拟订维修计划和积极开展预防性养护工作。

（2）机电养护

加强日常机电养护管理，确保各系统安全、稳定、高效的运行，2011 年开通初期，结合公司机电养护管理实际情况组织技术人员开发了收费运营管理办公系统。2015 年与广州华软联合开发营运信息管理综合平台，涵盖高速公路全方位的业务，包括收费、监控、路政、机电、办公等营运管理核心的业务，实现相关业务数据共享，信息一体化服务。

6. 路政管理

广深沿江高速公路设有路政大队，具体负责 S3 广州至东莞段的路政管理和服务区的停车秩序等监管工作。路政大队下设一中队、二中队。

路政大队对路产、路权实施二级管理，大队主要负责后台操作，包括许可、办证窗口、数据统计整合、分析、内业、档案管理，对外业务、方案策划等。中队按照管理区域划分分别负责辖区路面及桥下的维护和管理。

在全程监控模式下,路政、交警、养护、拯救与视频监控巡查相结合。路政、交警、养护、拯救实施错峰巡查,视频监控实施定时轮巡,五种巡查模式结合快速发现路损或侵权案件。路面的施工作业许可由路政大队严格把关,中队根据大队的施工审批掌握路面施工情况,有效规范路面施工作业行为。

(五)企业文化建设

1. 传承企业文化理念,促进项目可持续健康发展

"惠人达已、守正出奇"是公司的企业宗旨,建设高速公路精品工程,打造一流品牌营运项目,实现社会、股东、企业多方共赢是项目的愿景通过组织企业文化宣讲活动,以学习企业文化为契机,强化员工责任意识,提升管理水平。

2. 加强企业精神文明建设及业务技能评比,提升企业核心竞争力

积极开展文明服务之星评比,通过"追、赶、超、评"等各种激励措施,涌现出一批收费能手和文明服务之星,促使项目收费服务投诉率控制在省运营服务质量体系标准0.1‰内。积极开展岗位练兵,促进业务、服务双提升,通过不定期举办业务技能竞赛,提升收费一线员工业务技能及团队整体业务水平。

3. 组织多元化企业文化活动,提升企业活力及团队素质

一是重视企业文化活动设施建设。公司在管理中心设有足球场、篮球场、羽毛球场、舞蹈室、多功能活动厅等各种文化活动设施,营造良好的文化环境。二是组建兴趣团队与主题活动相结合。根据员工的兴趣爱好,在公司内部组建足球队、篮球队、舞蹈队等文化活动团队,不定期组织各种文体比赛活动及员工户外拓展活动、植树活动等。

二、广深沿江高速公路深圳段

广深沿江高速公路深圳段起于东莞深圳交界的东宝河口,沿途经过宝安区,止于南山区的月亮湾大道,与深港西部通道侧接线对接。全长30.45km,2013年12月建成通车。项目总投资约112.4亿元,深圳市广深沿江高速公路投资有限公司建设。一期工程2009年4月开工建设,2013年11月底建成通车,二期工程2016年底开工建设。

(一)主要技术指标和建设规模

按高速公路标准建设,全封闭、全立交,双向八车道,主线设计速度100km/h。互通范围内匝道桥梁长18.214km;路线起点至前海互通段路基宽度41.0m,桥梁宽度40.5m;前海互通至终点段路基宽度36.5m,桥梁标准宽度36.0m。全线主要桥梁情况见表4-2-4。全线设主线收费站1处,互通区匝道收费站10处。

第四章 地方高速公路

广深沿江高速公路深圳段一期工程主要桥梁表

表 4-2-4

序号	桥梁分类	桥梁名称	起止桩号	桥梁长度（m）	桥面宽度（m）	车道数	设计汽车荷载等级	开工时间	完工时间	备注
1	特大桥	东宝河特大桥主桥	K57+412~K57+868	456	2×22.05	8	公路—Ⅰ级	2009年4月25日	2013年11月	
2	特大桥	田园特大桥	K57+868~K59+316	1448	2×19.85	8	公路—Ⅰ级	2009年4月25日	2013年11月	
3	特大桥	保税区特大桥	K59+316~K63+250	3934	2×19.85	8	公路—Ⅰ级	2009年4月25日	2013年11月	
4	特大桥	福永互通主线桥	K63+250~K66+103	2853	左幅:19.85~33.464 右幅:19.85~32.787	8	公路—Ⅰ级	2009年4月25日	2013年11月	
5	特大桥	机场特大桥	K66+103~K72+943	6840	2×19.85	8	公路—Ⅰ级	2009年4月25日	2013年11月	
6	特大桥	机场互通部分主线桥	K72+943~K74+524	1581	2×19.85	8	公路—Ⅰ级	2009年7月23日	2013年11月	
7	特大桥	机场互通主线桥	K74+524~K75+704	1180	2×19.85	8	公路—Ⅰ级	2009年4月25日	2013年11月	
8	特大桥	大铲湾特大桥	K75+704~K77+561	1857	2×19.85	8	公路—Ⅰ级	2009年4月25日	2013年11月	
9	特大桥	西乡互通主线桥	K77+561~K81+658	4097	左幅:19.85~33.464 右幅:19.85~31.901	8	公路—Ⅰ级	2009年4月25日	2013年11月	
10	特大桥	前海特大桥	K81+658~K84+298	2640	2×19.85	8	公路—Ⅰ级	2009年4月25日	2013年11月	
11	特大桥	收费站、检查站特大桥	K84+298~K85+648	1350	左幅:19.85~38.7 右幅:19.85~103.5	8	公路—Ⅰ级	2009年4月25日	2013年11月	
12	特大桥	南头村特大桥	K85+648~K87+045	1397	2×19.85	8	公路—Ⅰ级	2009年4月25日	2013年11月	
13	大桥	月亮湾互通主线桥	K87+045~K87+932	887	左幅:16.1~27.35 右幅:16.1~27.84	8	公路—Ⅰ级	2009年4月25日	2013年11月	

(二)建设情况

1. 建设依据

2004年1月,广东省计委《关于广州至深圳沿江公路深圳段项目建议书的批复》。

2006年4月5日,广东省发改委《关于东莞长安至深圳南山高速公路项目申请报告的核准意见》。

2008年7月2日,广东省交通厅《关于东莞长安至深圳南山高速公路初步设计(工程部分)的审查意见》。

2008年7月11日,广东省交通厅《关于东莞长安至深圳南山高速公路施工图设计审查意见的通知》。

2009年5月17日,广东省交通厅《广深沿江高速公路(深圳段)施工许可申请书》。

2. 资金来源

项目资金由政府统筹统贷,深圳市财政拨付资金46亿元;项目建设资金由建设单位通过银行融资解决。

3. 征地拆迁

项目提前开展了征地拆迁工作。通过制定征地拆迁工作流程,具体明确职责,各部门协作配合,促进了建设单位征地拆迁工作的开展。

4. 招投标

项目公司采用公开招标方式进行。除路基桥涵工程段技术标评审工作在广东省建设工程交易服务中心进行外,其余工作均在深圳市建设工程交易中心公开进行。

5. 主要设计、施工、监理单位

设计单位:中国华西工程设计建设有限公司。

施工单位:中交第二公路工程局有限公司、广东省长大公路工程有限公司、中交第二航务工程局有限公司等单位。

监理单位:北京华通公路桥梁监理咨询有限公司、湖南省交通建设工程监理有限公司

(三)复杂技术工程

1. 机场特大桥

机场特大桥上部结构采用60m预应力混凝土整体预制箱梁,单片梁质量2400t,顶板宽19.65m,建设时是我国同类型混凝土箱梁中最重、顶板最宽的单箱双室箱梁,也是首次采用单箱双室结构的整体预制大箱梁。

2.收费站特大桥

收费站特大桥桥面宽度从40.5m到143m,建设时是国内规模最大的主线收费站大桥,其桥面最大宽度达143m,为当时国内最宽的桥梁。

(四)科技创新

1.研究开发超宽曲线部分斜拉桥建造新技术

由于东宝河特大桥主桥位于半径为2000m圆曲线上,为双幅分修的双塔四索面部分斜拉桥,主跨跨径216m,建设时其跨径位居国内小半径平曲线部分斜拉桥第一。这种结构由于斜拉索的作用其面外的位移远远大于曲线梁式桥,施工过程中箱梁的平面线形控制和索塔偏位控制难度很大。同时大桥下塔柱较矮,弯曲刚度大,在塔梁临时固结尚未解除前对主梁的纵向移动约束强,使得大桥的中跨合龙难度非常大,是广深沿江高速公路深圳段工程技术创新的一座代表桥梁。

2.研制浮式底板吊箱围堰施工承台设备

机场特大桥海中承台数量大,为优质高效完成施工,研究开发了浮式钢底板吊箱围堰施工工艺。围堰底板为自浮式拼装结构,侧板采用大块整体设计,同时将内导梁与侧板结合为一体,提高了侧板整体刚度。利用围堰内斜撑作封底混凝土施工时围堰吊挂分配梁,围堰构件之间均采用销接或螺栓连接,围堰各构件均可重复倒用,减少了围堰投入数量,降低了成本,缩短了施工周期。

3.研究开发收费站特大桥超宽桥梁施工技术

收费站特大桥桥面宽度从40m变化到143m,斜直梁结合。桥宽总宽度及桥宽变幅之大创建设时国内桥梁之最,超宽桥面的横向收缩及斜直梁结合的变幅桥面箱梁架设成为设计和施工的技术难点。设计中通过对支座的巧妙布设,施工中通过改造现有架桥机前后天车使其具备架设斜梁和直梁的条件,利用桥梁自身作为架桥机支点,从桥梁中点里程处向两端架设,确保了桥箱梁架设的顺利实施。

(五)运营管理

1.运营公司

广深沿江高速公路深圳段项目前期工作由广东广深沿江高速公路有限公司进行管理。2013年,深圳市广深沿江高速公路投资有限公司成立,由深圳市投资控股有限公司全资控股,主要负责广深沿江高速深圳段的运营管理。

2. 收费站点

深圳段设有前海、大铲湾、西乡南、西乡北、福永收费站,见表4-2-5。

收费站点设置情况表　　　　表4-2-5

	站点名称		车道数	收费方式
沿江高速公路深圳段	前海站	前海	25	主线封闭式收费
	大铲湾站	大铲湾	20	匝道封闭式收费
		西乡南	13	匝道封闭式收费
		西乡北	14	匝道封闭式收费
	福永站	福永	20	匝道封闭式收费
合计			92	—

3. 车流量

深圳段自2013年12月28日开通后,日均车流量呈现逐年增长趋势。2013年到2015年,日均车流量从2967辆增加至63134辆,见表4-2-6。

车流量情况表　　　　表4-2-6

年份(年)	日均车流量(辆)	年份(年)	日均车流量(辆)
2013	2967(2013年11月21日开通试运营)	2015	63134
2014	48697		

三、深圳月亮湾—粤港界段

广深沿江高速公路月亮湾大道通称深港西部通道,接深圳湾公路大桥,止于粤港界,长8.22km。按高速公路标准建设,设计速度100km/h,双向六车道。该路由深圳市公路管理处投资建设和管理。

第三节　广州—台山高速公路(S5)

广州—台山高速公路(简称"广台高速公路"),编号S5。广台高速公路是连接广州市番禺区至江门市台山市的一条高速公路,起于广州市番禺区化龙镇,与广州东二环高速公路连接,途经佛山市顺德区、南海区、高明区、江门市恩平、台山市,止于台山市下川岛,全长约259km,已建成通车126.1km(其中陈村立交—罗格立交约22km与佛山一环高速公路共线,以及西樵大岗—高明西安段约20.68km与莞佛高速公路G9411共线)。

广台高速公路由已建成通车的广明高速公路、在建的高恩高速公路和规划中的恩台高速公路组成,分别为广台高速公路广州段、广台高速公路佛山段、广台高速公路高明段、高明—恩平高速公路。

一、广台高速公路广州段

广州段起于广州市番禺区化龙镇,途经番禺区、佛山市南海区,止于佛山市顺德区陈村镇与广明高速公路佛山段相接,全长30.047km。2009年12月开工,2015年底广州化龙至佛山吴家围23.6km建成通车。概算总投资61.61亿元。由广州市高速公路有限公司全资子公司广州广明高速公路有限公司投资建设。

广州段位于广州环城高速公路南段与国道主干线广州绕城公路南段之间,同时它还连接着广珠北线、南沙港快速路、迎宾路、东新高速公路和广珠西线等多条南北纵线,起到转向分流的作用。

(一)主要技术指标和建设规模

广州段项目处于广州市番禺区北部,途经地域属珠江三角洲中部平原,地形复杂,有深软基和宽阔河道,建设难度较大。主线按高速公路标准建设,路基宽34.5m,设计速度100km/h,双向六车道,全封闭、全立交。共设主要特大桥、大桥13座(表4-3-1);共设隧道2座(表4-3-2);旧桥加固1座,设互通式立交6处,定向立交共3处;收费站11处,服务区1处,管理中心1处。

(二)建设情况

1. 建设依据

2005年广州市政府批复同意广州市公路管理局的项目建议书;2006年广东省交通厅明确对项目工可的评审意见,广东省建设厅同意广明高速公路广州段项目的选址方案;2008年广东省发展和改革委员会核准同意广明高速公路广州段项目建设;2008年广东省交通厅批复同意广明高速公路广州段项目的初步设计。

2. 资金来源

资金来源由项目股东广州市高速公路有限公司出资本金15.4亿元,向银行贷款46.2亿元。

3. 征地拆迁

广州段项目共征地3728亩,拆迁房屋约160000m^2。

4. 招投标

广州市交通委员会通过业主招标的方式,确定广州市公路开发公司(广州市高速公路有限公司前身)为广州段BOT项目建设单位。

广 东
高速公路建设实录

广台高速公路广州段主要桥梁表

表 4-3-1

序号	桥梁分类	桥梁名称	起止桩号	桥梁长度（m）	桥面宽度（m）	车道数	设计汽车荷载等级	开工时间	建设时间	备注
1	大桥	西山村高架桥	RK7+150.7～RK7+822.9	672.2	34.5	6	公路-Ⅰ级	2013年9月	2015年10月	
2	特大桥	南村高架桥	RK9+474～RK10+531	1057	34.5	6	公路-Ⅰ级	2014年1月	2015年10月	
3	特大桥	七星岗高架桥	RK11+981.5～RK12+426.5	450	33.8	6	公路-Ⅰ级		2015年5月	
4	大桥	冼庄高架桥	RK13+581.7～RK14+558.7	977	2×16.92	6	公路-Ⅰ级		2013年11月	
5	大桥	冼庄立交主线桥	RK16+820～RK16+592	228	34.5	2	公路-Ⅰ级		2013年12月	
6	大桥	金山湖2号车高架桥	BFK11+295.053～BFK11+345.053 BFK11+453.849～BFK11+653.849	50+200	12	2	公路-Ⅰ级		2015年7月	
7	特大桥	屏山高架桥（Ⅰ）	左幅:LK22+681.9～LK23+769.345 右幅:RK22+681.900～RK23+769.088	左幅:1087.445 右幅:1087.188	15.92	6	公路-Ⅰ级	2014年2月	2015年12月	
8	特大桥	金山互通主线桥	左幅:LK23+751.276～LK25+201.276 右幅:RK23+751.714～RK25+201.114	左幅:1450 右幅:449.4	15.92	6	公路-Ⅰ级	2014年3月	2015年1月	
9	大桥	屏山高架桥（Ⅱ）	左幅:LK25+201.276～LK26+004.276 右幅:RK25+201.114～26+004.114	803	19.67	6	公路-Ⅰ级	2010年10月	2014年12月	
10	特大桥	韦涌高架桥	左幅:LK26+558.146～LK27+597.146.276; 右幅:RK26+558.775～RK27+596.775	1038	15.92	6	公路-Ⅰ级	2010年11月	2014年12月	
11	大桥	陈村特大桥引桥	左幅:LK27+597.146～LK28+077.146, 右幅:RK27+596.775～RK28+076.775	480	17.25	6	公路-Ⅰ级	2010年6月	2014年12月	
12	特大桥	陈村特大桥主桥	RK28+076.775～RK28+534.775	458	36	6	公路-Ⅰ级	2010年7月	2014年12月	
13	大桥	吴家围互通主线桥	左幅:LK29+235.146～LK30+169.565 右幅:RK29+234.775～RK30+047.275	左幅:934.419 右幅:812.5	16.92	6	公路-Ⅰ级	2013年10月	2015年12月	

广台高速公路广州段隧道表

表 4-3-2

序号	隧道分类	隧道名称	起止桩号	长度（单洞,m）	行车道宽度（单洞,m）	隧道净高（m）	车道数	建设时间	备注
1	长隧道	祈福隧道	K19+087.845～K20+930	左:1848 右:1848	14.5	5	6	2013年4月～2015年12月	
2	中隧道	钟村隧道	K21+200～K22+120	左:920 右:920	14.5	5	6	2013年4月～2015年12月	

通过招标方式确定广东省公路勘察规划设计院负责广明高速公路广州段项目勘察设计。确定广州市公路工程公司、江西省路桥工程集团有限公司、中铁二十三局集团有限公司等承担施工任务。

5. 主要设计、施工、监理单位

设计单位：广东省公路勘察规划设计院。

施工单位：广州市公路工程公司、江西省路桥工程集团有限公司、中铁二十三局集团有限公司等15个单位。

监理单位：广东翔飞公路工程监理有限公司、广州诚信公路建设监理咨询有限公司、广州市市政监理有限公司。

(三) 复杂技术工程

1. 陈村特大桥

陈村特大桥是项目的控制性工程，主桥为120m+218m+120m的塔梁墩固结体系P.C.矮塔斜拉桥；引桥全长480m，桥型为16×30m预应力混凝土连续小箱梁。

2. 钟村定向立交、吴家围立交及屏山高架桥工程

钟村定向立交是连接G105与广明高速公路的重要通道。吴家围互通式立交是广明高速公路与广珠西高速公路之间的互通式立交。屏山高架桥是广明高速公路一期工程的主要桥梁工程，桥梁全长3.26km。

3. 祈福隧道

祈福隧道全长3.775km，钻孔灌注桩支护明挖施工。

祈福隧道横穿钟村工业园区，线路走向基本与钟屏岔道一致，需占用原钟屏岔道、下穿市广路，钟屏岔道出入日换算车辆达7万以上，人流15万以上。线位下有高压LNG天然气管、ϕ800自来水管、ϕ2500排水管、高压电力、通信管线等100多条管线，施工难度大。

(四) 技术创新

项目建设工程中，为克服工程质量通病，提高工程质量水平，结合广东省公路工程建设标准化的要求对影响工程质量的难点和要点进行攻关，其中"改良盖梁立柱施工工艺"入选广东省交通运输厅标准化施工的标杆工程。

1. 推广钢筋制作成型机及预制梁钢筋胎膜的标准化工艺

为实现进度质量的双提高，全面推广标准化工业并鼓励工艺创新。在预制梁施工中，预制场均采用钢筋制作成型机及预制梁钢筋胎膜的标准化工艺，既提高了钢筋骨架的制

作效率又确保了施工质量。经对预制梁跟踪监测,使用钢筋胎膜的预制梁在钢筋间距和保护层都得到较大提高,钢筋间距合格率在90%以上,保护层合格率达到70%以上。

2. 预应力智能张拉系统及大循环智能压浆系统

引进预应力智能张拉系统和大循环智能压浆系统,该系统有效消除了施工过程中人为因素的影响,基本实现了自动化控制,提升了张拉和压浆施工质量。

工艺特点:精确施加应力及时校核伸长量,实现"双控"、规范张拉过程,避免预应力损失。浆液满管路持续循环排除管道内空气、准确控制压力、准确控制水胶比,提高工效,规范搅拌时间。以上自动化工业可以生成报表,杜绝数据造假,且具备远程监控功能。

3. 改良盖梁墩柱施工工艺

为提高墩柱盖梁施工质量,保证混凝土表面减少裂缝、无蜂窝、麻面,水气泡很少且分布均匀,表面平整、密实、光洁、混凝土色泽均匀一致,无成带花纹,模板接缝或施工缝无错台,不漏浆。重点采取以下工艺:①采用大块大刚度整体钢模板,以保证结构线形,减少模板接缝且接缝不设在倒圆或转角处;②盖梁钢筋骨架采用胎膜施工后整体吊装,比传统的现场板扎钢筋骨架效率提高且质量得到提升;③采用专用脱模剂,脱模剂涂刷完毕后用干净纱布涂抹均匀不得凝聚成团;④用塑料薄膜包裹养护7天,保证混凝土实体质量。

(五)运营管理

1. 运营公司

广州段由广州广明高速公路有限公司负责运营管理。公司实行总经理负责制,下设综合行政部、财务部、养护工程部、运营控制指挥中心和路政大队5个部门负责企业管理工作。

2. 收费站点

设有双岗站、朱山岗站、隔岗站和钟村收费站,收费站总车道数37条(表4-3-3)。

收费站点情况表　　　　　表4-3-3

站点名称	车道数		收费方式
	入口	出口	
双岗	6	8	闸道封闭式收费
朱山岗	3	4	闸道封闭式收费
隔岗	4	5	闸道封闭式收费
钟村	3	4	闸道封闭式收费

3. 车流量

车流量情况见表4-3-4。

车流量情况表　　　　　　　　　　　表4-3-4

月份(月)	车流量(辆)	日均车流量(辆)	月份(月)	车流量(辆)	日均车流量(辆)
1	564479	18209	3	789716	25475
2	408376	13613	4	815187	27173

4. 服务区

设有金山服务区。

5. 养护管理

日常养护由养护工程部负责。公司对广明高速公路广州段的养护管理坚持"预防为主,防养结合"的方针。制定《保洁考核管理制度》和《绿化考核管理制度》,强化落实日常综合管养。

在养护管理中,应用高速公路桥梁管理系统(CBMS)和路面管理系统(CPMS),建设好养护信息库,掌握各路段或桥梁在各时期的养护动态,为养护决策提供前瞻性、战略性的统计数据和信息支持,推进养护管理信息化、现代化。

6. 路政管理

广州段路政大队成立于2014年底,下设广明中队和新化中队,分别管理广明高速公路广州段和广州新化快速路两条路,管辖里程分别为24km及10km。两条路段分别适用高速公路及城市快速路两种法律体系。路政大队主要职能为贯彻国家有关公路管理法律法规、依法保护路产、维护路权、控制区管理、施工监督管理、许可申报、路政管理档案等。

实行多位一体巡查模式,在全程监控模式下,路政巡查、养护巡查、拯救巡查与视频监控巡查相结合,养护巡查、拯救和路政巡查实施交叉巡查,视频监控实施定时轮巡,多种巡查模式结合,做到资源共享、信息互通、协同处理突发事件、形成处置合力,最大限度地发挥各单位的联动效应。以发现事故及时处理、发现路障及时清理、发现损坏及时修理、发现违法案件及时制止为准则开展巡查。

路政班组实行分巡模式,分为机动班与路巡班。负责路面情况巡查,对路面突发情况进行及时处理及公路产权维护和管理;机动班负责桥下空间的巡查及建筑控制区内路产权维护和管理。

逐步推进路政工作信息化建设。提供硬件设施保障,改变执法文书制作方式。在车上配备手提电脑和打印机等硬件设施,应用自行创立的文书模板,现场执法现场处理,缩短了路政文书的制作时间。

(六)企业文化建设

一是坚持建一流道路目标,在工程建设上充分发挥工匠精神,着眼于耐久、安全等工程内在品质,工程建设运营管理无缝对接,避免二次建设,推动道路建设和运营朝一流目标发展。

二是勇于探索技术创新,积极采用"预应力智能张拉系统及大循环智能压浆系统"等国内外先进技术,开展"路面废物利用环保技术研究""超薄磨耗层技术研究"等研究并取得显著成就,其中"改良盖梁立柱施工工艺"入选广东省交通厅标准化施工的标杆工程。进入运营期,公司重视先进科技的应用,结合ETC联网并网、收费打逃等工作,开展智能交通建设,营造安全、顺畅、便捷的行车环境。

三是采用"二合一"的管理模式,即广明高速公路、新化快速路均保留原有公司,项目运营按照"两块牌子、一套人马"的原则进行统一管理,积极整合两条道路信息资源,提升管理效率,降低营运成本。

四是加强员工业务技能培训,组织车型判别、逃费案例等培训,开展路网知识竞赛、联网收费技能竞赛、点钞及识别伪钞比赛,不断提高员工综合业务能力;落实好收费服务规范,开展文明收费、礼貌服务活动,保持收费站场整洁有序,展示良好的文明窗口形象。

二、广台高速公路佛山段

广台高速公路佛山段起于顺德区陈村镇吴家围,经过顺德区、禅城区、南海区,止于南海区西樵镇大岗村,接西樵至更楼段,路线全长约42.1km。工程批复概算总造价约81.81亿元。

佛山段高速公路分两期实施,第一期工程包括:起点林岳(吴家围)立交至佛山一环高速公路(东线)陈村立交路段以及佛山一环高速公路(西线)罗格立交至终点大岗立交路段,全长约19.8km。第一期工程于2009年开工建设,2014年建成通车,部分连接线于2015年底建成通车。第二期工程包括:陈村立交—罗格立交路段。二期工程正在进行前期工作。

佛山路段由佛山市中策广明高速公路有限公司具体负责项目建设工作。

(一)主要技术指标及建设规模

佛山段一期工程包括林岳(吴家围)立交至佛山一环高速公路陈村立交路段约7.3km以及佛山一环高速公路(西线)罗格立交至终点大岗立交路段约12.5km,全长共19.8km。共设主要特大桥、大桥14座(表4-3-5)。设有吴家围、仙涌、陈村、罗格、下安、百东、大岗立交共7处,设管理中心1处。

全线按高速公路标准建设,双向六车道,设计速度100km/h,整体式路基宽33.5m(34.5m)。

广台高速公路佛山段主要桥梁表

表4-3-5

序号	桥梁分类	桥梁名称	起止桩号	桥梁长度（m）	桥面宽度（m）	车道数	设计汽车荷载等级	开工时间	完工时间	备注
1	特大桥	吴家围立交主线桥	K0+000～K0+726.246	726.24	34.5	6	公路—I级	2010年	2014年	
2	特大桥	仙涌高架桥I	K0+726.246～K1+995.32	1269.07	34.5	6	公路—I级	2010年	2014年	
3	特大桥	仙涌高架桥II	K1+995.32～K3+346.00	1350.68	34.5	6	公路—I级	2010年	2014年	
4	大桥	花卉大道跨线桥	K3+904.357～K4+189.857	285.5	34.5	6	公路—I级	2010年	2014年	
5	特大桥	文登路高架桥	K4+189.857～K5+588.357	1398.50	左幅16.95 右幅16.95	6	公路—I级	2010年	2014年	
6	特大桥	佛陈大道跨线桥	K5+588.357～K7+000.657	1412.30	左幅13.25 右幅13.25	6	公路—I级	2010年	2014年	
7	特大桥	罗格立交主线桥	K0+427.352～K1+543.974	11166.62	左幅17.50 右幅17.50	8	公路—I级	2010年	2014年	
8	特大桥	高田高架桥	K31+358.426～K32+745.026	1386.60	33.5	6	公路—I级	2010年	2014年	
9	特大桥	顺德水道特大桥	K32+745.026～K34+752.000	2006.97	33.5	6	公路—I级	2010年	2014年	
10	大桥	下安立交主线桥	K34+719.864～K35+7720.864	1001	33.5	6	公路—I级	2010年	2014年	K34+752.000＝ 长链K34+719.864
11	特大桥	罗行涌大桥及大岸高架桥	K35+720.864～K38+436.000	2715.14	33.5	6	公路—I级	2010年	2014年	
12	大桥	官山涌大桥	K38+436.000～K39+086.000	650	33.5	6	公路—I级	2010年	2014年	
13	大桥	百东立交主线桥	K39+086.000～K39+436.000	350	33.5	6	公路—I级	2010年	2014年	
14	特大桥	百东高架桥	K40+666.50～K41+606.50	940	33.5	6	公路—I级	2010年	2014年	

(二)建设情况

1. 建设依据

2009年5月,广东省发改委核准广明高速公路陈村至西樵段立项。

2009年6月,佛山市交通运输局初步设计批复。

2. 资金来源

项目资金由佛山市中策广明高速公路有限公司筹措。

3. 征地拆迁

佛山段一期工程征用土地2264.94亩,拆迁房屋168184m^2。

4. 招投标

通过招标确定中标的设计、施工、监理等单位。

5. 主要设计、施工、监理单位

设计单位:广东省公路勘察规划设计院有限公司、上海市政工程设计研究总院(集团)有限公司、中国公路工程咨询集团有限公司等单位。

施工单位:中国铁建大桥局集团有限公司、中国中铁航空港建设集团有限公司、广东省佛山公路工程有限公司等10个单位。

监理单位:铁四院(湖北)工程监理咨询有限公司、广东翔飞公路工程监理有限公司等5个单位。

6. 重大工程变更

2010年6月,佛山市交通局批复同意将罗格立交从原"设置临时主线站,以立交匝道与佛山一环现有道路连接"变更为"临时主线收费站+苜蓿叶+定向型互通式立交"。

2016年4月,广东省交通运输厅批复同意吴家围立交的设计变更,新增加2条匝道出入口。

(三)复杂技术工程

顺德水道(丹灶)特大桥主桥采用预应力混凝土连续刚构结构设计,属于连续刚构特大桥梁(主航道跨径为200m)。桥梁建设按钢栈桥和钢平台搭设贯通临时便道,主墩承台钢板桩围堰、副墩承台钢套箱围堰、大体积混凝土承台、墩柱施工,上部连续钢构桥、连续箱梁挂篮悬挂等施工工序进行,大桥施工难度较大、技术含量较高。

顺德水道(丹灶)特大桥呈东西走向,跨越航道等级为Ⅲ级的顺德水道,主跨采用单孔双向通航,连接佛山市禅城区南庄镇和南海区丹灶镇,为项目重要的工期控制节点。桥梁全长2006.974m,为上下行分离双幅双向六车道跨河特大桥。

(四)科技创新

"高速公路新型直立式路堤成套技术研究"由佛山市中策高速公路投资有限公司和广州大学、上海市政工程设计研究总院、广州博粤科技发展有限公司联合开发研究,为广东省交通运输厅科技计划项目(编号:2010-02-005)。

项目以广明高速公路陈村至西樵段工程为依托,分别开展新型轻质直立式路堤的材料性能、设计、施工、质量监控及应用等成套技术研究,通过室内外试验和理论分析,明确新型轻质直立式路堤在缓解路桥过渡段及新旧路堤的差异沉降、桥台结构优化等方面的技术参数,提出设计标准,为珠三角地区乃至长三角地区的道路建设提供理论依据及示范。

该项目属高新技术项目,其成果属国内首创,产品具有较高的附加价值及较强的核心竞争力,省能源、省资源、有利于环保、符合国家的可持续发展战略。

经广东省交通运输厅组织成果鉴定,认为:

(1)项目以广明高速公路S02标陈村立交FD辅路工程、S03标罗格立交收费广场及桥头路基工程为依托,系统地研究了新型轻质直立式路堤的成套技术。通过适量掺入粉煤灰、矿渣等工业废料,达到资源再生利用的目的。

(2)编制了《广明高速陈村至西樵段现浇泡沫轻质土路基工程质量管理指南》。

(3)项目成果在依托工程得到了成功的应用。项目形成的设计、施工研究成果已纳入交通运输部公路路基设计、施工规范。

(五)运营管理

1. 运营公司

佛山市中策广明高速公路有限公司运营管理中心(简称"管理中心")由佛山市广明高速公路有限公司(简称"广明公司")组建,主要负责广明高速公路陈村至西樵段的运营管理。2015年1月26日正式成立管理中心,运营管理中心设综合行政部、运营管理部、路政队3个职能部门。

2. 收费站点

沿线共设置4个收费站,分别是仙涌和罗格临时主线收费站,以及下安和百东匝道收费站,见表4-3-6。

3. 车流量

车流量情况见表4-3-7。

收费站点及车道设置情况表 表4-3-6

站点名称	车道数				收费方式
	入口		出口		
	MTC	ETC	MTC	ETC	
仙涌	3	1	4	1	人工、ETC收费
罗格	3	1	6	1	
下安	1	1	4	1	
西樵	1	1	1	1	
合计	8	4	15	4	

车流量情况表 表4-3-7

年份	车流量(万辆)	日均车流量(万辆)
2014年	0.58	0.58
2015年	943.7	2.59
截至2016年9月17日	1293.05	4.95

4.养护管理

养护项目分为机械保洁、人工保洁、交安维护、应急处理等。

(1)机械保洁:对广明高速公路管养路面、立交桥匝道及收费广场的机械清扫工作,确保车辆清扫过后,道路无杂物,无过多灰尘。

(2)人工保洁:对广明高速公路管养路面、立交桥匝道、收费广场、路肩及中分带及绿化带可视范围内的保洁清捡、"牛皮癣"清理、坑槽冷补、边坡修整、排水沟清理、路面除杂、桥面伸缩缝及泄水孔清理、路面裂缝处理等工作,保持路面、绿化带及道路两侧可视范围内无散落、无垃圾。

(3)交安维护:对广明高速公路管养路面因交通事故损坏的交安、路面、机电土建设施(路缘石、井盖、标牌、轮廓标、防眩板、护栏、出入口防撞墩、桶、灯杆、人孔等)的更换、修复及设置工作,对沿线交安设施进行定期检查、保养,及时拆除损坏或存在安全隐患的交安设施。

(4)应急处理:对广明高速公路管养的24小时道路交通事故清障、清洗、应急(夜间清捡)及其他指定项目的修复、处理工作。

5.路政管理

佛山段路政队与运营管理中心紧密配合,深入开展路政管理各项工作。除日常路政案件的处理外,坚持对全线桥梁的巡查,妥善处理全线路面、桥涵等突发事件,保障公路路产和行车安全。同时,还分别与高速公路交警建立起路警联勤关系,与区域内相邻路段建立路路联动关系,与地方公安建立路警联合关系,与沿线村委建立"属地"互报互助协作关系。通过相关联动机制的建立和推行,提高路政队的公共服务与行政执法水平,为运营管理中心树立了良好的路政执法形象。

(六)企业文化建设

公司以"客户满意、员工满意、社会满意"为服务宗旨,一是在工程建设期通过各种企业文化的创造,如开展先锋队活动、劳动竞赛、工人文化屋的创建等,给工程顺利推进创造良好的外部环境及人文关怀的文化。二是在通车营运期,完善软硬件设施的配置,建设职工书屋,发挥综合活动室作用;三是开展丰富多彩的活动,组织员工参加"电影下基层"活动,每年举办"庆中秋、迎国庆"中秋文艺晚会,以及职工运动会等,丰富了员工的业余生活;四是推行"星级标兵班""星级岗位能手""文明优质服务之星""星级文明宿舍"的创先争优考核评比活动,奖励获得"星级"称号的集体和个人,树立窗口单位的良好形象。

三、广台高速公路高明段

广台高速公路西樵至高村段,起于南海区西樵镇,接广台高速公路佛山段,止于高明高村,与江罗高速公路和高恩筒公路相接,全长60.408km。

广台高速公路西樵至高村段分两期建设:一期为西樵至更楼(白石)段,起于南海区西樵,止于高明区更楼镇白石工业园。路线全长42.256km,2006年2月开工建设,2009年6月交工通车。项目工程竣工决算为31.91亿元。二期为广明高速公路延长线,起于高明区更合镇,止于高村。主线全长18.152km,批准概算为180362.97万元,于2011年5月开工建设,2013年12月交工通车。

(一)主要技术指标和建设规模

一期为西樵至更楼(白石)段,按高速公路标准建设,双向六车道,路基标准宽度33.5m;特大桥1座(富湾大桥),大桥9座,主要桥梁情况见表4-3-8,隧道情况见表4-3-9。互通式立交4座;服务区1处。

广台高速公路高明段主要桥梁表　　　　表4-3-8

序号	桥梁分类	桥梁名称	起止桩号	桥梁长度(m)	桥面宽度(m)	车道数	设计汽车荷载等级	开工时间	完工时间	备注
1	大桥	西环南跨线桥	K34+362.25~K34+592.57	230.32	16.38×2	3×2	公路—Ⅰ级	2006年	2009年	
2	大桥	西安河大桥	K46+398.405~K46+623.595	225.19	16.38×2	3×2	公路—Ⅰ级	2006年	2009年	
3	大桥	高明河大桥	K64+837.58~K65+142.42	304.84	16.38×2	3×2	公路—Ⅰ级	2006年	2009年	

续上表

序号	桥梁分类	桥梁名称	起止桩号	桥梁长度(m)	桥面宽度(m)	车道数	设计汽车荷载等级	开工时间	完工时间	备注
4	大桥	沧江河大桥	K75+007.572~K75+232.428	224.856	16.38×2	3×2	公路—I级	2006年	2009年	
5	大桥	白石大桥	K76+575.985~K77+047.015	471.03	16.5×2	3×2	公路—I级	2011年	2013年	
6	大桥	罗丹大桥	K78+820~K79+146	326	16.5×2	3×2	公路—I级	2011年	2013年	
7	大桥	大岭大桥	K81+081.5~K81+808.5	727	16.5×2	3×2	公路—I级	2011年	2013年	
8	大桥	螺洞大桥	K87+863~K88+219	356	16.5×2	3×2	公路—I级	2011年	2013年	
9	特大桥	富湾特大桥	K36+657~K39+738.8	3094	16.38×2	3×2	公路—I级	2006年	2009年	

广明高速公路高明段隧道表　　　　表4-3-9

序号	隧道分类	隧道名称	起止桩号	长度(单洞,m)	行车道宽度(单洞,m)	隧道净高(m)	车道数	建设时间	备注
1	短隧道	小洞隧道	K82+899~K83+484	左:292 右:292	12.89	8.0	3	2011—2013年	

二期为延长线,主线全长18.152km,设计标准与一期相同。

(二)建设情况

1.建设依据

2004年1月16日,广东省发改委批复了该项目工程可行性研究报告。

2006年7月18日,广东省交通厅批复了初步设计,批复概算为31.42亿元。

2.资金来源

由中交资产管理有限公司、中交投资有限公司、中交第四航务工程局有限公司出资建设。

3.征地拆迁

高明段项目在2005年3月22日签订特许经营权合同,2005年12月取得先行性控制工程富湾特大桥用地,2006年5月全面开展征地工作,2007年4月完成征地任务。

4.招投标

按照《中华人民共和国招标投标法》,从承包单位选择、监理单位的选择到主要材料的采购,按国家相关招投标要求进行公开招投标。

设计单位由高明交通基建有限公司在广明公司接管前已招标完成。

监理单位和施工单位全部在广州建设工程交易中心公开招标。

第二施工合同段由中交第四航务工程局有限公司与广东长大公路工程有限公司联合

体承建,由联合体负责招标确定施工单位。

5. 主要设计、施工、监理单位

设计单位:广东省公路勘察规划设计院有限公司、湖南省交通规划勘察设计院、北京交科公路勘察设计院。

施工单位:中交四航局第一工程有限公司、中交第四航务工程局有限公司/广东省长大公路工程有限公司(联合体)、浙江浙大中控信息技术有限公司等11个单位。

监理单位:广东翔飞公路工程监理有限公司、北京兴通交通工程监理有限责任公司、广东建设工程监理有限公司。

6. 重大设计变更

(1)西樵至更楼段明富线跨线立交桥(K49+200)按双向四车道进行设计变更,K49+200跨线桥桥梁宽度由12m变更为25.5m。

(2)将白石临时入口B匝道取消,将A匝道改为双向进出匝道,并且A匝道与旧高铜线设置T形平交。同时取消了部分通道,改为涵洞。将收费站由原设置在A匝道上改为设置在主线上。

(3)高村互通立交线路平移设计变更。

(三)复杂技术工程

1. 富湾特大桥工程

广明高速公路西樵至更楼段的重要组成部分,是控制工期的关键工程。大桥在高明区富湾镇南蓬山向东跨越西江在三水区白坭镇解放沙下地。采用双向六车道高速公路标准,路基和桥梁标准宽度33.5m。

2. 小洞(社仔山)隧道

小洞隧道位于丘陵区,隧道区地下水类型为基岩裂隙水,主要存在于强、中风化岩的开放性节理、裂隙中,分布极不均匀,微风化层为弱透含水层。由于花岗岩裂隙发育不均一,隧道涌水量在隧道实际开挖时大小是不一的,因此在裂隙发育段富有较大的涌水。

根据围岩的组成特点选择拱顶下沉量测,地质及支护状态观测,周边位移量测,地质超前预报,地表下沉量测,围岩内部位移,围岩及支护间压力,锚杆轴力及拉拔力,钢筋支撑内力及外力,支护、衬砌内应力及裂缝量测围岩弹性波测试,山体边坡稳定性监测12个量测项目。隧道洞口段Ⅴ、Ⅳ级围岩洞身开挖均采用三导洞开挖法,总体施工顺序为中导坑施工、中隔墙施工、侧壁导坑施工、右洞施工、右洞衬砌、左洞施工、左洞衬砌。隧道Ⅲ级围岩洞身采用中导洞+主洞台阶法进行开挖,先开挖中导洞以及中隔墙、后上台阶开挖采用下台阶开挖采用光面爆破或预裂爆破,采用微差弱振控制爆破。

（四）科技创新

1. 大跨度混凝土刚构桥结构变形控制技术及耐久性研究

该项目为广东省交通运输厅2007年交通科技项目（项目编号2007-16），完成单位为中交第四航务工程局有限公司、华南理工大学。

主要创新性成果：

（1）研发的钢纤维聚合物高强结构混凝土新材料，用于大跨度混凝土刚构桥结构关键部位，与国内外同类材料相比，具有既强又韧、抗裂及抗疲劳性能优异、耐久性好等特点。

（2）研发的基于远距离摄像及图像处理的桥梁结构位移长期监测技术及监测子系统，首次用于桥梁位移监测，与现有技术相比，具有监测距离远、测量精度高、成本低、稳定性好、使用方便等特点。

（3）自主研发的光纤光栅传感器用于桥梁结构健康监测系统，具有稳定性好、体积小、寿命长、造价低等特点。

（4）基于实测数据提出了桥梁结构安全及耐久性评估方法，以及大跨度混凝土刚构桥主跨跨中挠度的预测公式，具有明显的使用价值。

2012年10月，广东省交通运输厅组织了成果鉴定，认为：该研究成果具有先进性和实用性，具有显著的社会、经济效益。研究成果整体达到了国际先进水平，其中，钢纤维聚合物高强结构混凝土新材料和远距离摄像及图像处理技术，在大跨度混凝土刚构桥中的应用达到国际领先水平。

该科技成果获广东省科学技术奖二等奖。

2. 广明高速公路富湾特大桥主桥长期健康监测系统

2012年6月19日，佛山广明高速公路有限公司组织有关专家对华南理工大学土木与交通学院和上海伍道信息技术有限公司共同完成的"广明高速公路富湾特大桥主桥长期健康监测系统"项目进行验收，形成验收意见：

（1）开发了大跨度混凝土刚构桥长期健康监测系统，该系统包含了三个子系统：①基于远距离摄像与图像处理技术的桥梁结构位移监测子系统；②光纤光栅传感器应变（应力）监测子系统；③振弦式传感器应变（应力）监测子系统，该系统满足了合同的要求。

（2）该项目监测采集的数据精度满足使用要求，系统功能齐全，数据分析结果正确，对富湾特大桥主桥上部构造安全健康监测起到了应有的作用。

（五）运营管理

1. 运营公司

佛山广明高速公路有限公司负责运营管理。

公司采用中心站管理模式。设综合管理部、财务资金部、收费管理部、路产维护部等职能部门。

2. 收费站点

全路段设金白、荷城、沧江、明城、更合东、更合西收费站等，见表4-3-10。

收费站点及车道设置情况表　　　　　　　　　表4-3-10

站点名称	车道数	收费方式	站点名称	车道数	收费方式
金白收费站	5	计重收费	明城收费站	7	计重收费
荷城收费站	11	计重收费	更合东收费站	5	计重收费
沧江收费站	7	计重收费	更合西收费站	5	计重收费

3. 车流量

车流量情况见表4-3-11。

车流量情况表　　　　　　　　　表4-3-11

年份(年)	车流量(辆)	日均车流量(辆)
2009	598555	1640
2010	2185881	5989
2011	4277549	11719
2012	5222993	14310
2013	6530540	17892
2014	8015020	21959
2015	10645204	29165

4. 服务区

广明高速公路设有松岗服务区和更合停车区。松岗服务区占地总面积为3600m^2，停车场面积1800m^2。更合停车区占地总面积为17653.20m^2，停车场面积6000m^2。

5. 养护管理

养护实行"管养分离"的专业化养护管理模式，对养护工程实行计划管理，依据路面和桥涵检测报告，确定养护方案，编制年度养护计划，同时结合高速公路养护"预防为主、防治结合、依靠科技、强化管理、主附并重、全面养护"的工作方针，重视预防性养护，及时处治各种病害，提高路况水平。

6. 路政管理

路政大队于2009年成立。路政大队围绕"全面推进依法行政，切实保护路产维护保护"的工作目标，按照《中华人民共和国公路法》要求，加强对辖区内路产路权的管理与保护。

(1) 强化管理和重点路段的巡查。实行分片、分段、分工管理,各巡查队员结合管辖路段实际,加强对事故多发路段、桥梁、隧道、弯道等重点路段的巡查,对违法行为早预防、早发现、早处理。

(2) 加强涉路施工管理和施工现场监管,对不符合安全作业规范的施工及时进行整改。

(3) 加强沟通积极配合。积极辖区政府相关部门沟通,加强部门配合,加大对利用公路乱堆乱放、乱搭乱建、摆摊设点、私设加水点等行为进行专项整治力度,维护公路畅通。

(六)企业文化建设

公司秉承"阳光服务,生态广明"的核心理念和"科学管理,标准规范,服务至优,精益求精"的质量管理方针,为广大驾乘人员提供安全、快速的通行服务。

为保障企业文化建设工作的有效开展,公司制定了《宣传报道管理办法》《文明创建评选管理办法》等,完善相关文化建设制度。

在企业文化宣传方面,公司充分利用公司内刊、板报、网站、微信、上级及外部媒介平台,广泛宣传公司经营理念、经营成果等内容,同时通过党、工、团组织,针对社会热点、主题,积极开展"创先争优"活动和丰富多样的文化活动,引导广大员工参与企业文化建设。

公司致力于提升收费窗口服务质量,积极开展"青年文明号""巾帼文明岗"创建活动。荷城收费站于2012年荣获广东省"青年文明号"称号,2015年荣获广东省"巾帼文明岗"称号。

四、高明—恩平高速公路

高明—恩平高速公路,是鹤山至台山高速公路的重要路段(尚未编号)。北起佛山市高明区更合镇高村枢纽互通,与广明高速公路和江罗高速公路相连,途经新兴县稔村镇、开平市龙胜、马冈镇,止于恩平市沙湖镇凤山水库东,设置凤山互通与开阳高速公路相连,并与中山至开平高速公路对接。线路全长42.915km,批复概算46.957亿元。于2015年9月开工建设。由广东高恩高速公路有限公司负责投资、建设、经营及管理。

(一)主要技术指标和建设规模

全线采用高速公路标准,双向六车道,其中项目起点至稔村东互通式立交段设计速度100km/h,稔村东互通式立交至项目终点段设计速度120km/h,主要桥梁和隧道情况见表4-3-12、表4-3-13。

高恩高速公路主要桥梁表　　　　　　　　　　　表4-3-12

序号	桥梁分类	桥梁名称	起止桩号	桥梁长度（m）	桥面宽度（m）	车道数	设计汽车荷载等级	建设时间	备注
1	大桥	官山大桥	左幅：K2+865.000~K3+045.000 右幅：K2+865.000~K3+075.000	左幅：186.4 右幅：216.4	32.5	6	公路—Ⅰ级	2016年	
2	大桥	坑美1号桥	K3+523.000~K3+883.000	366.4	32.5	6	公路—Ⅰ级	2016年	
3	大桥	黄田大桥	左幅：K12+167.000~K12+342.000 右幅：K12+142.000~K12+317.000	180.6	32.5	6	公路—Ⅰ级	2016年	
4	大桥	大沙河大桥	K20+588.000~K20+813.000	230.6	32.5	6	公路—Ⅰ级	2016年	
5	大桥	咀厚大桥	K39+025.000~K39+225.000	205.6	32.5	6	公路—Ⅰ级	2016年	

高恩高速公路隧道表　　　　　　　　　　　表4-3-13

序号	隧道分类	隧道名称	起止桩号	长度（单洞，m）	行车道宽度	隧道净高	车道数	建设时间	备注
1	长隧道	托盘顶隧道	左：ZK5+632~ZK6+770 右：K5+736~K6+820	左：1138 右：1084	11.25	5	3	2016年 2016年	
2	短隧道	上咀坑隧道	左：ZK16+290~ZK16+674 右：K16+291~K16+672	左：384 右：381	11.25	5	3	2016年 2016年	

（二）建设情况

1. 建设依据

2014年6月10日，广东省交通运输厅同意核备鹤山至开平高速公路项目投资人招标文件。

2015年7月30日，广东省发展和改革委员会批复立项，同时明确将项目名称调整为高（明）恩（平）高速公路。

2015年8月13日，广东省交通运输厅批复高明至恩平高速公路初步设计。

2. 建设资金

该项目的建设资金由企业自筹和银行贷款。

3. 征地拆迁

项目用地面积5449.989亩，涉及佛山市高明区、云浮市新兴县、江门开平及恩平，征地拆迁由当地政府负责。

4. 招投标

2014年7月7日，江门市交通运输局按照法定程序在国内进行公开招标，选定广东省公路建设有限公司为第一中标候选人。2014年10月13日，广东省交通运输厅以《关于鹤山至开平高速公路项目投资人招标结果核备的意见》同意核备由广东省公路建设有限公司投资建设。2014年10月16日,江门市交通运输局向广东省公路建设有限公司发出了鹤山至开平高速公路项目中标通知书。

5.主要设计、施工、监理单位

设计单位:广东省交通规划设计研究院股份有限公司、中国公路工程咨询集团有限公司。

施工单位:中铁十八局集团有限公司等单位。

监理单位:山西省交通建设工程监理总公司、广东华路交通科技有限公司。

(三)复杂技术工程

(1)高填深挖边坡相对较多,施工难度大。全线高填方(填方高度≥12m)34处,其中30m以上2处,最高39.7m;高路堑(3级及以上挖方边坡)51处,其中6级及以上挖方边坡2处,最高7级70m。

(2)全线包含两座隧道,其中托盘岭隧道长1111m(双洞平均长度),属于长隧道,是影响全线工期的关键控制性工程;上坑咀隧道长382.5m(双洞平均长度),地质条件较差,围岩状况为Ⅳ或Ⅴ级,且隧址处存在一隐伏断裂带。

(四)科技创新

高恩项目开展"50m跨径无预应力超高性能混凝土装配式梁桥设计施工关键技术研究"与"8m以上跨径组合式盖板涵设计施工关键技术研究"2个项目。

(五)企业文化建设

(1)注重建章立制。公司结合项目实际,制定了《项目工作大纲》《广东高恩高速公路有限公司合约、财务、综合规章制度汇编》,制度共汇编了33个管理办法或细则,为项目开展各项工作奠定了制度基础。

(2)注重主动作为。在征地拆迁工作中,高恩项目的班子成员时刻保持关口前移的状态,在与地方政府签订有关土地征收承包合同时,提出一并签订廉政合同,以进一步筑牢廉政防线。

(3)注重视觉传播。高恩公司着力实施廉政文化进企业的工作,在办公区域宣挂了廉洁宣传画30幅,通过这种视觉传播的方式,使员工时刻保持倡廉、养廉、思廉、保廉的精神状态,促进了廉政文化建设工作发展。

第四节 广佛肇高速公路(S8)

广州至佛山至肇庆高速公路(简称"广佛肇高速公路"),编号S8,是广东省高速公路网规划中的重要加密线路和重要出省通道。起于广州市黄埔区萝岗立交,对接济广高速公路终点,经凤凰山隧道、华南快速路三期、佛山一环北段,佛山市南海、三水和肇庆的大旺、鼎湖、端州、高要、德庆、封开粤桂界接广西梧州环城高速公路,全长253.983km,已建成通车192.558km。

广佛肇高速公路分为5个项目段进行建设:广州凤凰山隧道工程、广州华南快速干线第三期、华南快速干线三期终点至佛山一环里水立交段、广佛肇高速公路佛山段、广佛肇高速公路肇庆段。

一、广州凤凰山隧道工程

广州市凤凰山隧道工程是广(州)惠(州)高速公路西延线。广州市政府为优化广州区域高速公路路网,完善中心城区道路出口,促进广州市萝岗区、增城区及粤东地区区域的发展,实现珠三角经济一体化及产业结构优化升级的需要。

广州市凤凰山隧道工程路线总体呈东西走向,起于广河高速公路春岗互通式立交,经凤凰山、天鹿南路、牛鼻山、广汕公路、斜山等主要控制点,止于广惠高速公路萝岗互通式立交,对接济广高速公路。路线全长13.997km,桥梁长12座5217m(表4-4-1),主线隧道3座4737m(以右线计)(表4-4-2),设渔沙坦、黄麻、萝岗互通式立交共3处,桥隧长度占总里程的70%以上。按高速公路标准建设,双向六车道,设计速度100km/h,批复概算30.70亿元。2014年1月开工,2018年开通。

广州市凤凰山隧道工程主要桥梁表　　　　　　　　　　　　表4-4-1

序号	桥梁分类	桥梁名称	起止桩号	桥梁长度(m)	桥面宽度(m)	车道数	设计汽车荷载等级	建设时间(年)	备注
1	大桥	广河拼宽桥	GK1+893.9～GK2+993.9	1100	16.25	3	公路—Ⅰ级	2014—2017	
2	大桥	渔沙坦大桥	YK2+259.549～YK2+565.749	306.2	16.25	3	公路—Ⅰ级	2014—2017	
3	特大桥	黄陂村特大桥	YK4+992～YK6+098.8	1107	16.25	3	公路—Ⅰ级	2014—2017	
4	大桥	竹仔顶大桥	YK8+150.000～YK8+475.000	334.6	16.25	3	公路—Ⅰ级	2014—2017	
5	大桥	石桥见大桥	YK10+276.500～YK10+551.500	284.2	16.25	3	公路—Ⅰ级	2014—2017	
6	大桥	牛鼻头大桥	YK10+791.437～YK11+106.437	321	16.25	3	公路—Ⅰ级	2014—2017	
7	大桥	石头尾大桥	YK11+732.000～YK12+157.000	430.6	16.25	3	公路—Ⅰ级	2014—2017	
8	大桥	水西村大桥	YK12+914.578～YK13+855.554	946.636	16.25	3	公路—Ⅰ级	2014—2017	

广州市凤凰山隧道工程隧道表　　　　　　　　　　　　表4-4-2

序号	隧道分类	隧道名称	起止桩号	长度(单洞,m)	行车道宽度(单洞,m)	隧道净高(m)	车道数	建设时间(年)	备注
1	长隧道	凤凰山隧道	YK2+589～YK4+960	左:2363 右:2371	13.25	5	3	2014—2017	
2	长隧道	牛鼻山隧道	YK6+114～YK7+935	左:1768 右:1821	13.25	5	3	2014—2017	
3	中隧道	斜山隧道	YK11+140～YK11+675	左:511 右:535	13.25	5	3	2014—2017	

项目由广州市道路养护中心投资成立的广州市凤凰山隧道建设有限公司负责项目的投融资、建设和运营管理。建设情况如下。

1. 建设依据

2012年11月27日,广东省发展改革委《关于广州市凤凰山隧道项目建议书的批复》。

2013年6月25日,广东省发展改革委《关于广州市凤凰山隧道工程可行性研究报告的批复》。

2013年7月19日,广东省交通运输厅《关于广州市凤凰山隧道工程初步设计的批复》。

2. 资金来源

广州市凤凰山隧道工程是广州市首个政府还贷的高速公路项目,建设资金分别为35%的财政出资的项目资本金和65%的银行贷款。

3. 征地拆迁

广州市凤凰山隧道工程共征交地1100亩,拆迁房屋64280m^2。

4. 招投标

项目所有应招标项目均采用委托招标代理方式在广州市建设工程交易中心进行公开招标。

5. 主要设计、施工、监理单位

设计单位:中交第二公路勘察设计研究院。

施工单位:葛洲坝集团第五工程有限公司、湖北天浩公路工程有限公司、中铁九局集团有限公司等单位。

监理单位:广州诚信公路建设监理咨询有限公司。

二、广州华南快速干线第三期

华南快速干线第三期(简称"华快三期"),起于白云区龙洞村春岗立交,沿线通过立交连通了广花高速公路、新机场高速公路、106国道、广从一级公路、广汕公路等,止于黄石鸦岗,全长17.673km,双向六车道,设计速度80km/h。全线主线设大桥高架桥9座、中桥5座,分离式立交3座。工程总投资20亿元。2004年动工,2007年建成通车。项目由广州市隧道开发公司和华南(香港)快速公路发展有限公司于2002年9月签署《关于合作建设和经营华南路第三期项目协议》投资建设。

2016年广东省交通运输厅发文将华南快速干线第三期改为广佛肇高速公路路段。

因其原与华南快速干线一、二期一起建设和管理,所以详细情况见第二十三节广州市域内地方高速公路"一、华南快速路(S4)"。

三、华南快速干线三期终点至佛山一环里水立交段

广佛肇高速公路广州华南快速路三期终点至佛山一环高速公路里水立交段,亦称广州段。在市政道路鸦岗大道上高架桥,跨过广清高速公路,设朝阳枢纽立交与广清高速公路相接,下穿武广高速铁路,设鸦岗互通连接鸦岗大道,向西在广和大桥北侧新建桥梁跨越珠江,最后与佛山一环高速公路里水立交相接,全长4.454km。该项目采用高速公路标准,双向六车道,设计速度100km/h。2017年5月20日动工建设。

广佛肇高速公路广州段由广州交通投资集团有限公司投资,委托广州市高速公路有限公司负责建设期的实施工作。

四、广佛肇高速公路佛山段

广佛肇高速公路佛山段,起于佛山一环高速公路北线里水互通立交,经佛山一环高速公路北线路段(佛山一环北线里水互通至官窑互通段,并在高速公路两边设置双向四车道辅道)。向西跨越西南涌、广州西二环高速公路、北江和二广高速公路,与广佛肇高速公路大旺至小湘段顺接,全长42.974km。该项目采用高速公路标准,双向六车道,设计速度100km/h。2017年5月20日动工建设。

五、广佛肇高速公路肇庆段

广佛肇高速公路肇庆段,是广佛肇高速公路的主要路段,东起于肇庆的大旺,接广佛肇高速公路佛山段,向西经莲花、广利、小湘、禄步、德庆县城、封开县城,至粤桂省界,接梧州环城高速公路。线路全长174.885km。项目批准投资概算为212.94亿元。2013年6月28日先行工程开工,2013年底,项目全线动工,2016年12月28日建成通车。

该路由广东省长大公路工程有限公司和肇庆市公路发展有限公司投资建设和管理。

(一)主要技术指标和建设规模

广佛肇高速公路肇庆大旺至封开粤桂省界段,主线上共设桥梁139座,其中主要桥梁93座(表4-4-3);隧道16座,其中特长隧道1座,浅埋(明挖)隧道2座,隧道情况见表4-4-4,桥隧比例为35.95%。全线设置互通19处,其中2处预留,服务区3处,停车区3处,主线收费站1处,匝道收费站14处;管理中心1处,养护工区4处(与互通合建)。

广佛肇高速公路肇庆段主要桥梁表

表 4-4.3

序号	桥梁分类	桥梁名称	中心桩号	桥梁长度（m）	桥面宽度（m）	车道数	设计汽车荷载等级	开工时间	完工时间	备注
1	特大桥	绥江特大桥	K80+870.5	1035.8	左:29.044,右:30.182	6	公路—Ⅰ级	2013年6月	2016年12月	
2	特大桥	青歧涌特大桥	K86+475.7	1906.4	左:30.945,右:28.53	6	公路—Ⅰ级	2013年6月	2016年12月	
3	特大桥	长利涌特大桥（左幅）	K105+607.6	2414.8	16.25	3	公路—Ⅰ级	2013年6月	2016年12月	
4	特大桥	长利涌特大桥（右幅）	K105+757.6	2114.8	16.25	3	公路—Ⅰ级	2013年6月	2016年12月	
5	特大桥	三家村特大桥左线桥	K124+691.4	852.8	12.5	2	公路—Ⅰ级	2013年6月	2016年12月	
6	特大桥	三家村特大桥右线桥	K125+286.9	2127.8	12.5	2	公路—Ⅰ级	2013年6月	2016年12月	
7	大桥	S263分离式立交桥	K82+318	399.1	16.25	6	公路—Ⅰ级	2013年6月	2016年12月	
8	大桥	S260分离式立交桥（左幅）	K91+231.5	387.24	16.25	3	公路—Ⅰ级	2013年6月	2016年12月	
9	大桥	S260分离式立交桥（右幅）	K91+237.5	375.24	16.25	3	公路—Ⅰ级	2013年6月	2016年12月	
10	大桥	燕子岗大桥（左幅）	K94+80	546.4	16.25	3	公路—Ⅰ级	2013年6月	2016年12月	
11	大桥	燕子岗大桥（右幅）	K94+95	516.4	16.25	3	公路—Ⅰ级	2013年6月	2016年12月	
12	大桥	大旗山大桥左线桥	K109+789.1	206.9	16.25	6	公路—Ⅰ级	2013年6月	2016年12月	
13	大桥	蕉园大桥	K113+239.1	330.6	22.127	2	公路—Ⅰ级	2013年6月	2016年12月	
14	大桥	端州互通主线2号桥（左幅）	K118+374.6	405.6	12.5	2	公路—Ⅰ级	2013年6月	2016年12月	
15	大桥	端州互通主线2号桥（右幅）	K118+399.6	355.6	12.5	2	公路—Ⅰ级	2013年6月	2016年12月	
16	大桥	坎脚大桥	K118+343.9	230.6	左:22.509,右:22.515	4	公路—Ⅰ级	2013年6月	2016年12月	
17	大桥	小湘互通主线1号桥	K126+563.2	430.3	12.5	4	公路—Ⅰ级	2013年6月	2016年12月	
18	大桥	爱村大桥	K131+209.8	576.4	12.5	4	公路—Ⅰ级	2013年6月	2016年12月	
19	大桥	杨梅塘大桥	K131+180.3	636.4	2×12.5	4	公路—Ⅰ级	2013年6月	2016年12月	
20	大桥	笋闸1号大桥	K134+525.3	336.4	12.5	4	公路—Ⅰ级	2013年6月	2016年12月	
			K135+096.3	345	12.5					
			K135+106.3	325	12.5					
21	大桥	天湖江大桥	K139+145.3	755.6	12.5	4	公路—Ⅰ级	2013年6月	2016年12月	
			K139+132.8	730.6	12.5					

续上表

序号	桥梁分类	桥梁名称	中心桩号	桥梁长度(m)	桥面宽度(m)	车道数	设计汽车荷载等级	开工时间	完工时间	备注
22	特大桥	大运河特大桥	K140+555.8	1030.6	16.5	4	公路—Ⅰ级	2013年6月	2016年12月	
23	大桥	省道S264跨线桥	K140+568.3	1005.6	21.941	4	公路—Ⅰ级	2013年6月	2016年12月	
24	大桥	西角村大桥	K141+728.3	907.6	25.5	4	公路—Ⅰ级	2013年6月	2016年12月	
25	大桥	黄田堡大桥	K143+936.8	955.6	2×12.5	4	公路—Ⅰ级	2013年6月	2016年12月	
	大桥		K144+508.3	396.4	12.75	4	公路—Ⅰ级	2013年6月	2016年12月	
			K144+523.3	366.4	12.75	4	公路—Ⅰ级	2013年6月	2016年12月	
26	大桥	黄田堡2号大桥	K144+862.3	216.4	16.955	4	公路—Ⅰ级	2013年6月	2016年12月	
			K144+870.3	246.4	17.171	4	公路—Ⅰ级	2013年6月	2016年12月	
27	大桥	上升大桥	K146+540.3	255.6	12.75	4	公路—Ⅰ级	2013年6月	2016年12月	
			K146+527.8	230.6	12.75	4	公路—Ⅰ级	2013年6月	2016年12月	
28	大桥	官双大桥	K148+550.3	155.6	2×12.5	4	公路—Ⅰ级	2013年6月	2016年12月	
29	大桥	大榕大桥	K149+567.8	280.6	2×12.5	4	公路—Ⅰ级	2013年6月	2016年12月	
30	大桥	云英大桥	K150+176.3	216.4	2×12.5	4	公路—Ⅰ级	2013年6月	2016年12月	
31	大桥	罗丁大桥	K151+025.3	286.4	2×12.5	4	公路—Ⅰ级	2013年6月	2016年12月	
32	大桥	县道×414跨线桥	K151+617.8	471.8	12.5	4	公路—Ⅰ级	2013年6月	2016年12月	
33	大桥	枫木坪大桥	K152+962.8	239.8	12.5	4	公路—Ⅰ级	2013年6月	2016年12月	
			K152+987.8	188.6	12.5	4	公路—Ⅰ级	2013年6月	2016年12月	
34	大桥	鸟槭大桥	K154+427.8	230	12.5	2	公路—Ⅰ级	2013年6月	2016年12月	
35	大桥	双斗1号大桥	K157+829.4	365	12.5	4	公路—Ⅰ级	2013年6月	2016年12月	
			K157+823.0	365	12.5	4	公路—Ⅰ级	2013年6月	2016年12月	
36	大桥	双湖塘大桥	K158+638.0	546.4	12.5	4	公路—Ⅰ级	2013年6月	2016年12月	
			K158+653.0	516.4	12.5	4	公路—Ⅰ级	2013年6月	2016年12月	
37	大桥	罗花大桥	K159+148.0	246.4	12.5	4	公路—Ⅰ级	2013年6月	2016年12月	
			K159+133.0	216.4	12.5	4	公路—Ⅰ级	2013年6月	2016年12月	

续上表

序号	桥梁分类	桥梁名称	中心桩号	桥梁长度(m)	桥面宽度(m)	车道数	设计汽车荷载等级	开工时间	完工时间	备注
38	大桥	悦城河大桥	K159+928.0	385	2×12.5	4	公路—Ⅰ级	2013年6月	2016年12月	
39	大桥	播植互通立交主线1号桥	K159+928.0	365	2×12.5	4	公路—Ⅰ级	2013年6月	2016年12月	
40	大桥	田磨大桥	K163+244.0	276.4	2×12.5	4	公路—Ⅰ级	2013年6月	2016年12月	
41	大桥	龙苏大桥	K166+433.0	246.4	2×12.5	4	公路—Ⅰ级	2013年6月	2016年12月	
42	大桥	县道X454跨线桥	K169+100.5	280.6	2×12.5	4	公路—Ⅰ级	2013年6月	2016年12月	
43	大桥	双子塘水库1号大桥	K171+644.0	455.6	2×12.5	4	公路—Ⅰ级	2013年6月	2016年12月	
44	大桥	双子塘水库2号大桥	K172+153.0	455.6	2×12.5	4	公路—Ⅰ级	2013年6月	2016年12月	
45	大桥	大坪1号大桥	K172+590.5	230.6	2×12.5	4	公路—Ⅰ级	2013年6月	2016年12月	
46	大桥	河源洞大桥	K179+046.0	876.4	12.5	4	公路—Ⅰ级	2013年6月	2016年12月	
47	大桥	里都洪1号大桥	K179+076.0	822.8	12.5	4	公路—Ⅰ级	2013年6月	2016年12月	
48	大桥	里都洪2号大桥	K179+954.0	216.4	2×12.5	4	公路—Ⅰ级	2013年6月	2016年12月	
49.	大桥	高良河大桥	K180+963.0	264	2×12.5	4	公路—Ⅰ级	2013年6月	2016年12月	
50	大桥	省道S352跨线桥	K181+348.0	448	2×12.5	4	公路—Ⅰ级	2013年6月	2016年12月	
51	大桥	石头村大桥	K184+372.9	594.8	12.5	4	公路—Ⅰ级	2013年6月	2016年12月	
52	大桥	马圩大桥	K184+358.0	564.8	12.5	4	公路—Ⅰ级	2013年6月	2016年12月	
53	大桥	峒表大桥(左幅)	K187+103.0	276.4	12.5	4	公路—Ⅰ级	2013年6月	2016年12月	
54	大桥	峒表大桥(右幅)	K187+087.9	306.4	12.5	2	公路—Ⅰ级	2013年6月	2016年12月	
55	大桥	S352跨线桥	K189+153.0	366.4	25.5	4	公路—Ⅰ级	2013年6月	2016年12月	
56	大桥	百家坪大桥(左幅)	K194+370.0	705.6	12.5	2	公路—Ⅰ级	2013年6月	2016年12月	
57	大桥	百家坪大桥(右幅)	K202+316.6	306.4	12.5	2	公路—Ⅰ级	2013年6月	2016年12月	

续上表

序号	桥梁分类	桥梁名称	中心桩号	桥梁长度(m)	桥面宽度(m)	车道数	设计汽车荷载等级	开工时间	完工时间	备注
58	大桥	望天冲大桥	K204+980.7	336.4	2×12.5	4	公路—Ⅰ级	2013年6月	2016年12月	
59	大桥	河尾大桥	K206+693.5	645.7	12.5	4	公路—Ⅰ级	2013年6月	2016年12月	
60	大桥	白花大桥	K206+698.5	635.0	12.5	4	公路—Ⅰ级	2013年6月	2016年12月	
61	大桥	宾村大桥	K207+836.0	680.6	2×12.5	4	公路—Ⅰ级	2013年6月	2016年12月	
62	大桥	新寨大桥	K211+296.0	330.6	2×12.5	4	公路—Ⅰ级	2013年6月	2016年12月	
	大桥		K212+503.5	225.0	12.5	4	公路—Ⅰ级	2013年6月	2016年12月	
63	大桥	独屋1号大桥左线	K212+483.5	225.0	12.5		公路—Ⅰ级	2013年6月	2016年12月	
64	大桥	独屋2号大桥右线	K214+232.0	555.6	12.5	4	公路—Ⅰ级	2013年6月	2016年12月	
65	大桥	小河1号大桥	K214+375.8	280.6	12.5		公路—Ⅰ级	2013年6月	2016年12月	
			K214+911.6	212.5	12.5	4				
			K214+908.3	219.0	右:23.10		公路—Ⅰ级	2013年6月	2016年12月	
66	大桥	胜田尾大桥	K215+795.5	768.0	2×12.5	4	公路—Ⅰ级	2013年6月	2016年12月	
67	大桥	上河大桥	K216+618.5	156.4	12.5	4	公路—Ⅰ级	2013年6月	2016年12月	
			K216+558.5	276.4	12.5	4				
68	大桥	大石1号大桥	K217+118.5	516.4	12.5	4	公路—Ⅰ级	2013年6月	2016年12月	
69	大桥	罗目兔大桥左线	K219+228.5	345.0	12.5	4	公路—Ⅰ级	2013年6月	2016年12月	
70	大桥	罗目兔大桥右线	K219+188.5	345.0	12.5	4	公路—Ⅰ级	2013年6月	2016年12月	
71	大桥	罗莫大桥	K221+653.5	486.4	2×12.5	4	公路—Ⅰ级	2013年6月	2016年12月	
72	大桥	贺村1号大桥	K223+378.5	306.4	12.5	4	公路—Ⅰ级	2013年6月	2016年12月	
73	大桥	贺村2号大桥	K223+363.5	276.4	12.5	4	公路—Ⅰ级	2013年6月	2016年12月	
74	大桥	贺村3号大桥	K223+910.0	408.0	2×12.5	4	公路—Ⅰ级	2013年6月	2016年12月	
			K225+170.5	246.4	12.5	4				
			K225+200.5	306.4	12.5	4				
75	大桥	欧垌1号大桥	K226+144.5	306.4	12.5	4	公路—Ⅰ级	2013年6月	2016年12月	

续上表

序号	桥梁分类	桥梁名称	中心桩号	桥梁长度(m)	桥面宽度(m)	车道数	设计汽车荷载等级	开工时间	完工时间	备注
76	大桥	欧垌2号大桥	K226+812.5	186.4	2×12.5	4	公路—Ⅰ级	2013年6月	2016年12月	
77	大桥	合圩大桥左线	K230+137.5	426.4	12.5	4	公路—Ⅰ级	2013年6月	2016年12月	
78	大桥	合圩大桥右线	K230+122.5	396.4	12.5		公路—Ⅰ级	2013年6月	2016年12月	
79	大桥	石罗涌大桥(合圩互通主线桥)	K230+606.5	276.4	左:16.5 右:12.5	4	公路—Ⅰ级	2013年6月	2016年12月	
80	大桥	周黎大桥	K230+621.5	246.4				2013年6月	2016年12月	
81	大桥	山塘大桥	K231+801.5	396.4	2×17.0	4	公路—Ⅰ级	2013年6月	2016年12月	
82	大桥	胜利大桥	K233+596.5	296.0	2×12.5	4	公路—Ⅰ级	2013年6月	2016年12月	
83	大桥	榕木根大桥	K234+527.5	330.6	2×12.5	4	公路—Ⅰ级	2013年6月	2016年12月	
84	大桥	封开东互通主线桥	K234+944.5	280.6	2×12.5	4	公路—Ⅰ级	2013年6月	2016年12月	
85	大桥	桐油根大桥	K235+539.7	216.4	12.5	4	公路—Ⅰ级	2013年6月	2016年12月	
			K235+524.7	246.4	右:21.06	4	公路—Ⅰ级	2013年6月	2016年12月	
86	大桥	黄岭大桥	K236+932.5	246.4	12.5	4	公路—Ⅰ级	2013年6月	2016年12月	
87	大桥	思委村1号大桥	K236+917.5	276.4	12.5	4	公路—Ⅰ级	2013年6月	2016年12月	
88	大桥	思委村2号大桥	K238+248.5	648.0	12.5	4	公路—Ⅰ级	2013年6月	2016年12月	
89	大桥	石问顶大桥左线	K239+978.5	368.0	12.5	4	公路—Ⅰ级	2013年6月	2016年12月	
90	大桥	石问顶大桥右线	K240+406.5	408.0	12.5	4	公路—Ⅰ级	2013年6月	2016年12月	
91	大桥	石牛角1号大桥左线	K240+998.5	408.0	12.5	4	公路—Ⅰ级	2013年6月	2016年12月	
92	大桥	石牛角1号大桥右线	K240+998.5	408.0	12.5	4	公路—Ⅰ级	2013年6月	2016年12月	
93	大桥	黑尼园大桥	K242+319.5	456.4	12.5	4	公路—Ⅰ级	2013年6月	2016年12月	
94	大桥	蛇咀1号大桥	K242+359.5	306.4	12.5	4	公路—Ⅰ级	2013年6月	2016年12月	
95	大桥	蛇咀2号大桥	K243+718.5	156.4	2×12.5	4	公路—Ⅰ级	2013年6月	2016年12月	
	大桥		K244+253.5	216.4	2×12.5	4	公路—Ⅰ级	2013年6月	2016年12月	
	大桥		K244+588.5	368.0	2×12.5	4	公路—Ⅰ级	2013年6月	2016年12月	

续上表

序号	桥梁分类	桥梁名称	中心桩号	桥梁长度（m）	桥面宽度（m）	车道数	设计汽车荷载等级	开工时间	完工时间	备注
96	大桥	共和田大桥左线	K247+171.8	208.0	12.5	4	公路—Ⅰ级	2013年6月	2016年12月	
97	大桥	共和田大桥右线	K247+153.5	248.0	12.5	4	公路—Ⅰ级	2013年6月	2016年12月	
98	大桥	贺江大桥	K249+635.9	456.3	左:14.75,右:12.50			2013年6月	2016年12月	
99	大桥	扶来涌大桥	K250+730.6 / K250+803.1	721.8 / 816.8	左:23.17,右:26.09	4	公路—Ⅰ级	2013年6月	2016年12月	

广佛肇高速公路肇庆段隧道表

表4-4-4

序号	隧道分类	隧道名称	起止桩号	长度（单洞,m）	行车道宽度（单洞,m）	隧道净高（m）	车道数	开工时间	完工时间	备注
1	短隧道	白石隧道	K108+272~K108+747 / K110+372~K111+052	475	11.25	5	3	2013年6月	2016年12月	
2	中隧道	鼎湖山一号隧道	K110+392~K111+092 / K111+052~K112+242	690	11.25	5	3	2013年6月	2016年12月	
3	长隧道	鼎湖山二号隧道	K111+092~K112+242 / K112+096	1184.5	11.25	5	3	2013年6月	2016年12月	
4	特长隧道	北岭山隧道	K119+841~K124+131/K119+836~K124+096	4275	7.5	5	2	2013年6月	2016年12月	
5	长隧道	黎壁山隧道	K128+406~K130+844/K128+322~K130+815	2465.5	7.5	5	2	2013年6月	2016年12月	
6	长隧道	罗仔山隧道	K154+625~K156+856/K154+621~K156+830	2220	7.5	5	2	2013年6月	2016年12月	
7	长隧道	长达岭隧道	K174+570~K177+025/K177+560~K177+033	2458	7.5	5	2	2013年6月	2016年12月	
8	中隧道	独尾隧道	K213+320~K213+854/K213+351~K213+829	512	7.5	5	2	2013年6月	2016年12月	
9	中隧道	罗日兔隧道	K219+744~K220+484/K219+749~K220+489	747	7.5	5	2	2013年6月	2016年12月	
10	短隧道	合周明隧道	K228+942~K229+309/K228+914~K229+312	384.75	7.5	5	2	2013年6月	2016年12月	
11	中隧道	大要顶隧道	K241+399~K241+944/K241+404~K241+939	540	7.5	5	2	2013年6月	2016年12月	
12	短隧道	蛇咀1号隧道	K245+334~K245+656/K245+336~K245+659	322.5	7.5	5	2	2013年6月	2016年12月	
13	短隧道	蛇咀2号隧道	K246+029~K246+417/K246+044~K246+404	375.5	7.5	5	2	2013年6月	2016年12月	
14	短隧道	冷水顶隧道	K246+652~K247+024/K246+654~K247+029	363.5	7.5	5	2	2013年6月	2016年12月	
15	长隧道	葫芦顶隧道	K251+529~K253+924/K251+644~K253+934	2342.5	7.5	5	2	2013年6月	2016年12月	
16	短隧道	粤桂隧道	K254+784~K254+896/K254+762~K254+883	118.86	7.5	5	2	2013年6月	2016年12月	

全线按高速公路标准建设,设计速度100km/h,起点至端州互通双向六车道,端州互通至粤桂省界双向四车道。

(二)建设情况

1. 建设依据

2013年4月9日,广东省发展改革委《关于广佛肇高速公路肇庆大旺至封开江口段项目申请报告核准的批复》。

2013年9月3日,广东省交通运输厅《关于广佛肇高速公路肇庆大旺至封开江口段初步设计的批复》。

2013年11月,广东省交通集团先后完成对广佛肇高速公路肇庆大旺至封开江口段肇庆大旺至高要小湘、高要小湘至德庆马圩、德庆马圩至封开江口的施工图设计批复。

2013年6月27日,先行工程施工许可获省交通厅审批,整体用地手续2014年7月11日获国土资源部批复,2014年11月25日完成全线施工许可手续。

2. 资金来源

项目投资概算212.94亿元。项目资本金除省财政补贴28亿元外,其余由项目业主自筹和通过银行贷款解决。

3. 征地拆迁

项目采用省市共建"双业主制",全线征拆工作由肇庆市负责包干完成。共计征用土地20793亩,拆迁房屋36.74万m^2。

4. 招投标

广佛肇项目所有招标都在国家指定的媒体发布公告,招标过程及评标结果按规定进行公示。

5. 主要设计、施工、监理单位

设计单位:中国公路工程咨询集团有限公司、广东省交通规划设计研究院股份有限公司、广东省长大公路工程有限公司交通勘察设计分公司、中交第一公路勘察设计研究院有限公司。

施工单位:该工程为BOT+EPC项目,由广东省长大公路工程有限公司成立了广佛肇高速公路总承包项目经理部和广佛肇高速公路总承包项目A、B、C、D段经理部、广佛肇高速公路路面总承包项目LM1、LM2经理部。

监理单位:北京路桥通国际工程咨询有限公司、长沙华南土木工程监理有限公司、武汉大通公路桥梁工程咨询监理有限责任公司、广东华路交通科技有限公司。

6. 建设模式

广佛肇高速公路项目采用"双业主制"的省市共建模式,即由省交通集团和肇庆市以经营性模式省市共建。由广东省交通集团所属长大公路工程有限公司以 BOT+EPC 模式实施该项目。

该项目在广东省首次采用 BOT+EPC 的新模式进行投资建设与管理,即"建设—运营—转让"和"设计—采购—施工"的组合形式。BOT+EPC 建设管理模式是集投融资、设计、施工、采购、运营一体化的项目管理方式。

广佛肇高速公路项目肩负着为广东全省高速公路建设提供新路径的重大使命。广东省委、省政府十分重视广佛肇项目建设,中共中央政治局委员、广东省委书记胡春华先后于 2013 年 6 月 28 日、2015 年 9 月 17 日和 2016 年 3 月 30 日三次到广佛肇调研,并对该项目在省内首次试点 BOT+EPC 模式的实践给予肯定。

(三)复杂技术工程

1. 多雨地区强风化花岗岩路基水毁防治新技术

广佛肇高速公路 K83+400~K120+889 段基底和丘陵中分布燕山期花岗岩,因地表花岗岩风化带厚度大,受构造、土质、雨水、气温等影响,大量发育水土流失,形成了锯齿状、勺状、陡坎状等山坡坡面水土流失地貌。

为防治多雨气候条件下厚层花岗岩风化层路堑边坡深层水毁破坏,选择 K126+618.426~K126+693.426 段右路堑边坡作为厚层花岗岩风化区路堑边坡的深层水毁防治新结构的设计试验段。通过设计试验段的实施,为广佛肇高速公路风化花岗岩路基边坡水毁治理提供了一种新的技术方法,以提高路基边坡的浅层稳定性,避免路基浅层滑坡破坏的发生,降低公路养护成本。

2. 桥梁桩基溶洞处理

广佛肇高速公路肇庆大旺至封开江口段中 K2+900(沙历互通)~K30+500(鼎湖互通)、小湘互通、禄步互通分布着大量灰岩,岩溶发育极强烈,且埋藏深、普遍为地下 30m 以下,覆盖层主要为冲积的粉质黏土、淤泥质土、砂层、砂砾层、卵石土层,稳定性差,给施工带来很大困难。为使灰岩区桥梁桩基准确设计、科学施工,开展了以下工作:

(1)加强地质勘探,指导设计、施工。对桥梁一般性桩基的桩位勘探采取逐桩钻孔+管波,对桥梁的主墩桩基和位于重要河堤两侧、重要建(构)筑物旁、公路中分带上、重要公路、铁路路基两侧及水中桩无填充溶洞等敏感区域的桩基的桩位取逐桩钻孔+管波+跨孔地震 CT。

(2)先对溶洞进行科学分类,后根据溶洞的大小、充填情况、充填物的性质、覆盖层土厚及性质等制定相应的处理对策。

完成了1039根灰岩区桩基溶洞的处理,经检测均达到设计规范要求。

(四)科技创新

2013年7月,由广东省长大公路工程有限公司牵头,在广东省交通运输厅立项重大工程类课题"广佛肇高速公路建设关键技术研究"(项目编号:科技2013-01-002),该课题从高速公路路基、路面、桥梁、边坡等各方面入手,重点研究建设工程的安全、环保、耐久、经济等方面。

1. 新一代高速公路耐久性路基路面建造技术及应用示范

该课题依托广佛肇高速公路路基路面工程,开展了如下几方面研究工作:路基承载性能提升技术研究;全风化花岗岩路基填筑技术研究;高填路堤的地基承载力特性研究与处理技术优化;全风化花岗岩路基边坡水毁防治新技术研究;耐久性沥青路面材料性能指标与参数研究;耐久性沥青路面荷载标准化、抗力模型及结构设计方法研究;耐久环保功能型沥青混合料研发与应用。拟解决广佛肇高速公路路基路面工程建设中的关键技术难题:①高填与软土地基处理与全风化花岗岩路基填筑的问题;②特殊地质和土质路段边坡稳定加固的问题;③耐久性沥青路面结构与材料的问题。

2016年5月5日,该课题通过了由广东省交通运输厅主持的课题中期评审。

2. 特大跨钢桁-混凝土组合连续刚构建设基础理论与应用研究

该课题以广佛肇高速公路青歧涌大桥为依托工程,对钢桁-混凝土组合连续刚构桥设计理论、关键构造开展了系统深入的研究,提出了装配式钢桁-混凝土组合梁的设计计算方法,研发了无须现浇混凝土的预制桥道板与钢结构后焊连接的PCSS剪力联结构造,建立了剪力-滑移本构模型及抗剪强度计算公式,研究提出了特大跨装配式钢桁-混凝土组合连续刚构桥主体结构的布置方法与构造细节,研究制定了特大跨装配式钢桁-混凝土组合连续刚构桥的施工工艺,及时地为依托工程建设提供技术支撑。

2016年5月5日,该课题通过了由广东省交通运输厅主持的课题中期评审。

3. 绿色交通体系下公路机电系统智能与节能新技术研究

该课题通过室内外试验、数据采集、理论分析与依托工程应用相结合的研究方法,建立了机电工程供配电系统按需分配模型,提出了基于隧道集中供电系统的回路智能控制技术,研发了具有节能、均衡、不间断调压、高效率、智能监控等多种功能的绿色公路机电系统智能节能平台,提出基于绿色交通的公路机电系统智能与节能新技术体系架构。

2016年5月6日,该课题通过了由广东省交通运输厅主持的课题中期评审。

4. 广佛肇高速公路建设模式的构建理论与实践

该课题采用多种分析方法,结合广佛肇高速公路建设实践,对BOT + EPC模式在高速公路建设中的应用进行了分析,形成了该模式的整体应用方案。构建了 BOT+EPC 在广佛肇高速公路建设中的应用模式,分析了 BOT+EPC 项目运作所需的前提条件,提出了总承包企业应具备的基本能力和关键能力条件,总结了广佛肇高速公路建设模式的成功经验,同时提出该建设模式下应注意的问题。

2016年5月6日,该课题通过了由广东省交通运输厅主持的课题中期评审。

(五)企业文化建设

广佛肇高速公路坚持开展企业文化建设,通过从"大团队"文化建设、企地和谐文化建设、"创效"文化建设、安全文化建设等,确保项目建设的快速、高效、有序,有效保障通车目标的实现。

1."大团队"文化建设

为保障广佛肇项目建设快速、有序推进,确保 BOT+EPC 建设模式在广东省内首次实践的成功,广佛肇公司结合模式特点,积极开展"大团队"文化建设工作。通过深入开展基层党建创新"书记项目"工作,发挥基层党组织战斗堡垒、党员的先锋模范作用,全面凝聚各参建队伍合力。

发挥"省市共建"机制,破解项目征拆难点、难题,为项目无障碍施工的实现创造有利条件,开展专题讲座、参观廉政教育基地、联合开展专项资金检查等方式,强化对项目建设的廉洁监督,确保建设阳光工程。2015年,公司党建工作获评广东省属企业党建创新优秀"书记项目"。

2.企地和谐文化建设

广佛肇项目建设过程中注重国企担当与履行社会责任,致力于打造"企地和谐"的外部形象,努力维护和树立好企业的品牌形象。通过积极参与地方抢险救灾,如:为受广西贺江砣污染影响的项目沿线施工段百姓送水,积极参与国道 G321 线肇庆高要市小湘镇黄禁段山体塌方抢险工作。通过开展便民、利民工作,项目施工便道与新农村建设统筹策划,桥梁加装人行通道,为沿线农村小学开展送书活动等。同时,为保护鼎湖山自然保护区,不惜增加投资 2.32 亿元,采用暗埋隧道的方案通过保护区,保护了敏感目标景观。2015年,项目被交通运输部确定为"绿色循环低碳公路主题性项目"。

3."创效"文化建设

深入开展群众性经济创新活动,研究实施"新一代永久性路基修筑技术研究"等8个科研课题,综合运用"环切法凿除桩头""自动喷淋养生"等新技术、新工艺。其中,"基于交通流理论的公路隧道照明节能技术研究"获评广东省科学技术奖三等奖;"中短隧道单向 CD 挑梁法出洞方案探讨与应用"在项目中得到推广运用,节省了约250万元。

广佛肇公司高度重视新模式的管理成效及经验总结工作,在结合项目 BOT+EPC 模式建设实际的基础上,联合长沙理工大学、华南师范大学等高校共同开展给模式课题研究与经验总结工作,取得良好成果。2015 年,广佛肇公司获评广东省企业管理现代化创新成果一等奖、全国企业管理现代化创新成果二等奖。

4. 安全文化建设

广佛肇公司坚持把企业安全文化建设作为加强安全管理的一项重要内容列入议事日程。通过把安全文化建设活动与企业安全生产标准化建设、隐患排查治理、安全生产宣传教育培训等工作有机结合。

按照"一个目标,二个实现,三个提高"的安全工作思路,逐步建立起一整套协同、联动的标准化安全管理体系,明确了实现"平安工程"示范工程及安全生产标准化的目标,保障工程安全有序推进。

2015 年,广佛肇项目获评广东省首批"平安工地"示范单位称号;广佛肇公司获评"广东省安全文化建设示范企业"称号。

第五节　梅州—龙岩高速公路(S12)

广东梅州—福建龙岩高速公路(简称"梅龙高速公路"),编号 S12,是广东省高速公路网(九纵五横)规划中一横线的组成部分,是粤东北通往闽西南的一条省际高速公路,该线路起于梅州市程江镇,与长深高速公路相连接,向东北经梅县三角、西阳、丙村、雁洋,大埔县银江、大麻、三河、西河等镇,止于大埔县西河镇上黄沙村粤闽界,接福建莆永高速公路,全长 89.976km,于 2014 年全线建成通车。

梅龙高速公路线路由 3 个项目段组成:梅州西环高速公路程江—三角段、梅大高速公路梅县三角—大埔三河段、梅龙高速公路大埔东延线段。

一、梅州西环高速公路程江—三角段

梅州市西环高速公路程江至三角段起于梅县程江镇猫石下村,通过程江互通立交与梅州市高速公路城东至程江段、梅河高速公路、汕梅高速公路相接,止于梅江区三角镇湾下村,与梅州至大埔高速公路相接,路线全长 4.819km。项目总投资约 4.50 亿元。项目于 2008 年 8 月 1 日开工,全线 2010 年 12 月 18 日通车试运营。由广东天汕高速公路有限公司负责建设,2015 年 1 月 1 日后转由新整合后的广东省路桥建设发展有限公司天汕分公司负责运营管理。

(一)主要技术指标和建设规模

项目地处梅城盆地内,地势较为平坦,沿线地貌以风化剥蚀残丘及河流冲积平原类型为主。项目按高速公路标准建设,设计速度100km/h。主线为复合式路面;立交匝道、收费广场为水泥混凝土路面。主要桥梁情况见表4-5-1。

梅州西环高速公路程江至三角段主要桥梁表　　　表4-5-1

序号	桥梁名称	中心桩号	桥梁分类(按跨径)	桥梁全长(m)	桥面半幅宽度(m)	车道数半幅(道)	开工时间	通车时间	备注
1	主线高架桥	K85+251	大桥	283	13	2	2008年8月1日	2010年12月18日	
2	梅江大桥	K86+430	大桥	411.5	13	2	2008年8月1日	2010年12月18日	
3	程江互通C匝道桥	CK0+746	大桥	255	13	1	2008年8月1日	2010年12月18日	

(二)建设情况

1. 建设依据

2002年1月30日,广东省发展计划委员会《关于梅州市西环高速公路可行性研究报告的批复》。

2007年11月28日,广东省发展和改革委员会《关于调整梅州市西环高速公路程江至三角段项目建设方案的复函》。

2008年2月17日,广东省交通厅《关于梅州西环高速公路程江至三角段(不含城南连接线)初步设计的批复》。

2009年4月15日,广东省交通厅《关于梅州西环高速公路程江至三角段城南连接线初步设计的批复》。

2. 资金来源

项目由广东省路桥建设发展有限公司和广东交通实业投资公司合作出资。

3. 征地拆迁

梅州市西环高速公路程江至三角段沿线实际完成征地823.82亩,其中梅县段为528.18亩,梅江区为295.64亩,完成结构物拆迁27873.65 m^2。

4. 招投标及主要设计、施工、监理单位

设计单位:项目原由梅州市公路局负责,设计招标由梅州市公路局完成,2002年底由广东省路桥建设发展有限公司接手梅州市西环程江至三角段的前期工作。沿用原设计中标单位中交公路规划设计院有限公司。

施工单位:广东冠粤路桥有限公司、北京华凯交通科技有限公司、山西交研科学实验

工程有限公司、贵州建工集团第二建筑工程有限责任公司等单位。

监理单位：项目土建施工监理通过在广州市建设工程交易中心公开招标，长沙中核公路工程监理咨询有限公司中标，负责梅州市西环程江至三角段的路基、路面、环保、交安监理；梅县建安工程监理有限公司和广东华路交通科技有限公司负责房建监理和机电监理。

（三）运营管理

详见本节"二、梅大高速公路梅县三角—大埔三河段"。

（四）企业文化建设

详见本节"二、梅大高速公路梅县三角—大埔三河段"。

二、梅大高速公路梅县三角—大埔三河段

梅（州）至大（埔）高速公路是梅（州）至龙（岩）高速公路（编号：S12）重要的一段，是广东省高速公路网（九纵五横）规划中一横线的组成部分，是粤东北通往闽西南的一条省际高速公路。梅（州）大（埔）高速公路起于梅江区三角镇，与梅州市西环高速公路程江至三角段相接，经梅县西阳镇、丙村镇、雁洋镇、大埔县银江、大麻镇，止于大埔县三河镇，主线全长61.27km，批复概算为59.57亿元。2010年8月1日开工建设，梅大高速公路一期在2013年底建成通车；梅大高速公路二期2014年底建成通车。

项目由广东省公路建设有限公司和广东省路桥建设发展有限公司双方共同合作出资组建的广东博大高速公路有限公司梅大分公司负责建设。

（一）主要技术指标和建设规模

该项目地处山地丘陵区，梅县北部县周山地围绕，明山嶂银窿顶海拔1357m为全县最高山峰，路线附近低山丘陵有明山嶂（1245m）、桃子峰（849m），路线经过丘陵脊线明显，多呈北东或北西展布，丘陵地形切割深，谷地狭小，地势陡峻；大埔县境内山地丘陵，西部属莲花山—阴那山系，高山深谷外貌明显，散流片蚀和暴流发育，明山嶂海拔1357m；东部属凤凰山系，多层地形明显，峡谷不发育，高速公路经过地带多为丘陵和高丘陵，呈脉状延续。

全线按高速公路标准建设，双向四车道，设计速度为100km/h，设特大桥、大桥（含主线跨线桥）42座（表4-5-2）；设分离式长隧道3座，中隧道1座，短隧道2座，隧道情况见表4-5-3；设互通式立交4处；设服务区1处，停车区1处，另设丙村连接线3.07km。

梅大高速公路梅县三角—大埔三河段主要桥梁表

表 4-5-2

序号	桥梁分类	桥梁名称	路网中心桩号	桥梁长度（m）	桥面宽度（m）	车道数	设计汽车荷载等级	建设时间	备注
1	大桥	三角分离立交桥	K84+737.013	453	12.75	4	公路—Ⅰ级	2010年8月25日~2013年12月28日	
2	特大桥	潭龙铁路分离立交桥	K83+832.013	1136	12	4	公路—Ⅰ级	2010年8月25日~2013年12月28日	
3	大桥	洋坑大桥	K81+777.013（K81+787.013）	487(457)	12	4	公路—Ⅰ级	2010年8月25日~2013年12月28日	
4	大桥	径下大桥	K77+844.013（K77+883.013）	247(337)	12	4	公路—Ⅰ级	2010年8月25日~2013年12月28日	
5	大桥	龙坑大桥	K76+894.513	381(331)	12	4	公路—Ⅰ级	2010年8月25日~2013年12月28日	
6	大桥	下郑大桥	K75+502.013（K75+482.013）	587.5(547.5)	12	4	公路—Ⅰ级	2010年8月25日~2013年12月28日	
7	大桥	耕和大桥	K72+190.513（K72+175.513）	907(877)	12	4	公路—Ⅰ级	2010年8月25日~2013年12月28日	
8	大桥	哑塘高架桥	K69+676.013	217	12	4	公路—Ⅰ级	2010年8月25日~2013年12月28日	
9	大桥	K17+485高架桥	K67+477.013	306(326)	12	4	公路—Ⅰ级	2010年8月25日~2013年12月28日	
10	大桥	下径大桥	K64+961.013	227(197.5)	12	4	公路—Ⅰ级	2010年8月25日~2013年12月28日	
11	大桥	K20+353.5高架桥	K64+608.513	277	12.25~16.25	4	公路—Ⅰ级	2010年8月25日~2013年12月28日	
12	大桥	丙村高架桥	K63+185.513	319	12	4	公路—Ⅰ级	2010年8月25日~2013年12月28日	
13	大桥	K23+679高架桥	K61+283.013	288	12	4	公路—Ⅰ级	2010年8月25日~2013年12月28日	
14	大桥	K24+776高架桥	K60+186.013	497.5(457.5)	12	4	公路—Ⅰ级	2010年8月25日~2013年12月28日	
15	大桥	K25+320高架桥	K59+642.013	127	12	4	公路—Ⅰ级	2010年8月25日~2013年12月28日	
16	大桥	LK28+530（511）高架桥	K56+432.013（K56+451.013）	317.5(367)	12	4	公路—Ⅰ级	2010年6月23日~2013年12月28日	
17	大桥	圆潭角高架桥	K56+029.013（K56+013.013）	267	12	4	公路—Ⅰ级	2010年6月23日~2013年12月28日	
18	大桥	林农高架桥	K55+238.013（K55+243.213）	277(307)	12	4	公路—Ⅰ级	2010年6月23日~2013年12月28日	
19	大桥	圣公潭高架桥	K54+563.013	397	12	4	公路—Ⅰ级	2010年6月23日~2013年12月28日	
20	大桥	三乡高架桥1	K53+511.013（K53+501.013）	267(247)	12	4	公路—Ⅰ级	2010年6月23日~2013年12月28日	
21	大桥	果行高架桥	K51+798.513	247(217)	12	4	公路—Ⅰ级	2010年11月5日~2013年12月28日	

续上表

序号	桥梁分类	桥梁名称	路网中心桩号	桥梁长度（m）	桥面宽度（m）	车道数	设计汽车荷载等级	建设时间	备注
22	大桥	排子里高架桥	K50+962.013	487	12	4	公路—Ⅰ级	2010年11月5日~2013年12月28日	
23	大桥	K34+727高架桥	K50+235.013	217	12	4	公路—Ⅰ级	2010年11月5日~2013年12月28日	
24	大桥	高梓湖1号大桥	K49+701.532（K49+747.282）	368.58（277.08）	12	4	公路—Ⅰ级	2010年9月6日~2013年12月28日	
25	大桥	高梓湖2号大桥	K49+007.032（K48+992.032）	308.58（338.58）	12	4	公路—Ⅰ级	2010年9月6日~2013年12月28日	
26	大桥	盐水坳大桥	K47+461.282（K47+456.782）	448（409）	12.25	4	公路—Ⅰ级	2010年9月6日~2013年12月28日	
27	大桥	下深坑1号大桥	K45+763.282	307.08	12	4	公路—Ⅰ级	2010年9月6日~2013年12月28日	
28	大桥	下深坑2号大桥	K45+261.282	528	12	4	公路—Ⅰ级	2010年9月6日~2013年12月28日	
29	大桥	昆仑1号大桥	K44+281.282（K44+291.282）	328（308）	12.25	4	公路—Ⅰ级	2010年9月6日~2013年12月28日	
30	大桥	昆仑2号大桥	K43+351.302（K43+358.012）	597.04（478.29）	12.25	4	公路—Ⅰ级	2010年9月6日~2013年12月28日	
31	大桥	昆仑3号大桥	K42+919.282（K42+883.032）	157.08（100.58）	12.25	4	公路—Ⅰ级	2010年9月6日~2013年12月28日	
32	大桥	下麻大桥	K37+771.282	717.04	12	4	公路—Ⅰ级	2010年9月1日~2013年12月28日	
33	大桥	上径2号大桥	K36+254.282	246	12	4	公路—Ⅰ级	2010年9月6日~2013年12月28日	
34	大桥	院下排大桥	K34+805.282	247.08	12	4	公路—Ⅰ级	2010年9月6日~2013年12月28日	
35	大桥	林坑大桥	K32+768.282（K32+772.282）	220.08	12.25	4	公路—Ⅰ级	2010年9月6日~2014年12月30日	
36	大桥	老屋大桥	K31+616.282（K31+612.282）	548	12.25	4	公路—Ⅰ级	2010年9月6日~2014年12月30日	
37	大桥	湖伯陂大桥	K28+266.282（K28+271.282）	889.58（817.08）	12.25	4	公路—Ⅰ级	2010年5月15日~2014年12月30日	
38	特大桥	韩江特大桥	K27+445.782（K27+464.782）	634（562）	12.25	4	公路—Ⅰ级	2010年5月15日~2014年12月30日	
39	大桥	梅罩河大桥	K25+964.982（K25+948.282）	297.08（327.08）	12.25	4	公路—Ⅰ级	2010年5月15日~2014年12月30日	
40	大桥	深度1号大桥	K25+494.382（K25+500.982）	340.08（338.58）	12.25~21.629	6	公路—Ⅰ级	2010年5月15日~2014年12月30日	
41	大桥	深度2号大桥	K25+076.182（K25+061.182）	458.58（428.58）	12~22.82	6	公路—Ⅰ级	2010年5月15日~2014年12月30日	
42	大桥	深度3号大桥	K24+615.182	308.58	12~16.668	5	公路—Ⅰ级	2010年5月15日~2014年12月30日	

梅大高速公路梅县三角—大埔三河段隧道表

表 4-5-3

序号	隧道分类	隧道名称	路网起讫桩号	长度（洞,m）	行车道宽（单洞,m）	隧道净高（m）	车道数	建设时间	备注
1	长隧道	圣人山隧道	K78+786.013～K81+362.013	左:2576	8	5	2	2010年8月25日～2013年12月28日	
		圣人山隧道	K78+766.013～K81+331.013	右:2565					
2	中隧道	龙岭隧道	K78+102.013～K78+711.013	左:609	8	5	2	2010年8月25日～2013年12月28日	
		龙岭隧道	K78+062.013～K78+644.013	右:582					
3	长隧道	三台顶隧道	K56+736.013～K56+422.013	左:1686	8	5	2	2010年6月23日～2013年12月28日	
		三台顶隧道	K56+696.013～K56+419.013	右:1710					
4	短隧道	盐水坳隧道	K48+136.282～K48+425.282	左:289	8	5	2	2010年9月6日～2013年12月28日	
		盐水坳隧道	K48+126.282～K48+411.282	右:285					
5	短隧道	山子顶隧道	K43+651.282～K44+114.282	左:463	8	5	2	2010年9月6日～2013年12月28日	
		山子顶隧道	K43+631.282～K44+131.282	右:500					
6	长隧道	昆仑隧道	K40+046.282～K42+841.282	左:2795	8	5	2	2010年9月6日～2013年12月28日	
		昆仑隧道	K40+023.282～K42+828.282	右:2805					
7	短隧道	桃子窝隧道	K32+121.282～K32+373.282	左:252	8	5	2	2010年9月6日～2014年12月30日	
		桃子窝隧道	K32+124.282～K32+385.282	右:261					
8	长隧道	杨公坑隧道	K28+836.282～K31+143.282	左:2307	8	5	2	2010年9月6日～2014年12月28日	
		杨公坑隧道	K28+847.282～K31+133.282	右:2286					
9	长隧道	三河隧道	K26+111.282～K27+121.282	左:1010	8	5	2	2010年5月15日～2014年12月30日	
		三河隧道	K26+109.282～K27+151.282	右:1042					

(二)建设情况

1. 建设依据

2009年6月16日,广东省发展和改革委员会《关于梅州市梅县至大埔高速公路梅县三角至大埔三河段项目核准的批复》。

2009年10月8日,广东省交通厅《关于梅州市梅县至大埔高速公路梅县三角至大埔三河段初步设计的审查意见》。

2. 资金来源

项目资本金占总投资的35%,约20.85亿元,其中18.3亿元由广东省政府财政资金中安排,余下2.55亿元由广东省公路建设有限公司和广东省路桥建设有限公司自筹,其余建设资金向银行贷款。

3. 征地拆迁

项目业主分别与大埔县人民政府、梅县人民政府、梅江区人民政府签订了《征地拆迁包干办理合同》。

4. 招投标

根据广东省发展和改革委员会《关于梅州市梅县至大埔高速公路梅县三角至大埔三河段项目核准的批复》"工程招标核准意见",该项目的勘察设计、施工单位除房建设计和监理单位采用直接委托方式外,其余26个标段均采用在广州市建设工程交易中心公开招标方式进行。

5. 主要设计、施工、监理单位

设计单位:广东省公路勘察规划设计院有限公司、中交公路规划设计院有限公司、中国公路工程咨询集团有限公司等单位。

施工单位:中铁九局集团有限公司、广东冠粤路桥有限公司、中铁二十局集团有限公司、广东省长大公路工程有限公司、广东晶通公路工程建设集团有限公司等26个单位。

监理单位:北京华通公路桥梁监理咨询有限公司、中国公路工程咨询集团有限公司、广东华路交通科技有限公司等单位。

6. 重大工程变更

2011年5月3日,将原设计水泥混凝土路面变更为沥青混凝土路面。

2012年,将省道S333线三河至湖寮县城段按四车道一级公路技术标准建设,以原中标价移交大埔县组织实施。

(三)复杂技术工程

1. 圣人山隧道上方山塘渗漏水的技术处理

圣人山隧道右洞长 2565m,左洞长 2576m。隧道开挖至 RK5+930~RK5+917 桩号隧道拱顶发生了涌水,水平射出 1.5m 左右,涌水量为 $0.112m^3/s$(约 $9677m^3$/天)。此时开挖面以中风化变质砂岩为主,节理裂隙发育。通过对附近的地表水源调查,发现右线隧道上方有一名叫"两眼桥"的山塘,当地承包商在上游盘湖水库的泄洪通道上修建了一座拦水坝,使其蓄水成为山塘,蓄水量达到 9 万 m^3。通过对山塘水位变化与洞内涌水情况进行分析对比,得出了隧道渗涌水与"两眼桥"山塘渗漏水存在密切相关性,山塘渗水量远远超过隧道原设计排水能力。

2011 年 12 月 3 日,广东省交通集团主持召开了专家研讨会,临时技术处理方案是:采用洞内后注浆堵水为主,防排结合的设计原则,先引水集中排泄,后采用深、浅结合进行全断面注浆。注浆深孔长为 5m,浅孔长为 3.5m,深孔间距采用梅花形布设,间距为 1.5m,深孔注浆液采用水泥-水玻璃双液浆,浅孔注浆液采用水泥单液浆。水泥-水玻璃双液浆体积比为 1:06,水玻璃浓度为 35BE′,水泥浆水灰比为 1:1,水泥单液浆水泥浆水灰比为 1:1,对 RK5+875~RK5+935 段全断面注浆,顺利地通过了该路段。

2013 年 5 月连续降大暴雨,"两眼桥"山塘因盘湖水库泄洪开始蓄水,由于水压过大,导致隧道注浆止水段出现了不同程度的渗漏水。此后,广东省交通集团多次组织专家研讨会,技术方案是:一是拆除水坝;二是在洞内采取技术措施进行处理,即在原圣人山隧道右侧约 15m 的位置修筑一条平行的长约 150m 的泄水隧道,引导、截流由山塘方向渗漏至主线隧道的地下水,以保证主线隧道在山洪暴发、水库排洪时能正常运营不受影响。

2. K24+776 高架桥高空心墩柱的施工

K24+776 高架桥 4 号高空心墩高 60.16m。为保证空心薄壁墩的竖直度和外观,需采取钢模翻模分节施工,钢模要有足够的刚度,每分节高度控制在 2.25m,每一次浇灌高度为 4.5m。模板、钢筋等材料的垂直运输使用大吨位吊车,混凝土采用集中拌和,灌车运输混凝土,塔吊配合施工。

由于墩身高,需多次翻模,为保证墩身垂直度和中心位置准确,施工中采用三维空间定位法。模板安装前后要利用全站仪直接测量墩身四角坐标与计算的理论坐标对比,利用千斤顶调整模板,误差控制在 10mm 以内。

在墩身施工中时,主要采取"水降温法"即通过安装在内外翻模板结构上的环形喷水养生管,间断地向墩身喷水,在养护墩身的同时起到降低阴阳面温差的作用,从而使日照温差引起的墩身轴线偏位减少到最小。同时,通过测量控制确定一个基准温度和基准时间,以消除温度变形对墩身成型精度的影响。

3. 杨公坑隧道地质条件复杂,发生多次坍塌

杨公坑隧道穿越杨公坑山,为丘陵地貌,起伏较大,围岩主要为强化岩变质砂岩、板岩,结构较松散。隧道开挖时,易引起变形、坍塌、滑落。2012年3月30日,杨公坑隧道掌子面开挖至 ZK55+931.5 处,上台阶已开挖完成,喷射混凝土被向外挤出,混凝土层部分剥落,且临时仰拱被向外挤断。2012年4月1日,杨公坑隧道 ZK55+931.5 掌子面上台阶左起拱线处突然有小股水涌出,不久后掌子面上方左起拱线位置处有大量泥浆涌出,涌水量峰值达到 $1200m^3/h$,上台阶土体塌陷,掌子面前方20m范围被泥浆覆盖,其左半部分超前小导管被泥水冲切,弯向后方。峰值涌水持续2小时左右,水量开始减少,维持在 $150m^3/h$。4月11日,掌子面上方地表出现塌陷,地表塌陷范围为 $7.7m×6.81m$,深度为 5.0m,桩号 ZK55+929.908~ZK55+936.213,总体呈上小下大的形状,坑壁未见地下水,塌腔体地质主要以黏土为主,在底部出现强风化基岩,呈块石状。

2012年4月16日,广东省交通集团组织召开了杨公坑隧道左洞出口掌子面(ZK55+931.5)突泥及表面塌陷地质灾害的处治方案会议。决定尽快对地表陷坑、掌子面分台阶回填碎石,建立施工作业平台。对受突泥涌水影响的初期支护段进行径向帷幕注浆加固,注浆加固厚度3~5m,注浆浆液采用水泥-水玻璃双液浆。采用浅孔注浆加固地层法对掌子面前方松散岩体进行超前加固,径向加固范围6m以上。采用三台阶临时仰拱法或CD法进行施工,掌子面前方采用双层小导管超前支护。临时仰拱施工时做成反拱,初期支护钢支撑采用 I20a 工字钢,间距为30cm一榀,加强纵向连接筋强度。为保证初支上方塌腔体密实,初支完成后对上方围岩进行检测,严格控制开挖进尺,及时施作初期支护及二衬,避免二次事故发生。

(四)运营管理

1. 运营公司

广东省路桥建设发展有限公司天汕分公司(简称"天汕分公司")为运营管理单位。公司管辖路段含G25长深高速公路(梅州至蕉岭段)、S12梅龙高速公路(梅州至大埔段),全线总里程166km,共16个收费站。

公司管辖路段总里程共计166.54km,其中天汕高速公路(现已改为长深高速公路)长约76.74km,梅龙高速公路全长89.80km。

天汕分公司设置7个职能部门,党群人力部、计划财务部、收费管理部、综合事务部、养护工程部、机电隧道部、路政大队。

2. 收费站点

梅大高速公路先后建成通车,沿线分别设西阳、丙村、三乡、大麻、大埔等5个收费广

场,出入口总车道数 26 条,见表 4-5-4。

收费站点及车道设置情况表　　　表 4-5-4

站点名称	车道数	收费方式	站点名称	车道数	收费方式
西阳	5	MTC + ETC	大麻	5	MTC + ETC
丙村	5	MTC + ETC	大埔	6	MTC + ETC
三乡	5	MTC + ETC			

3. 车流量

车流量情况见表 4-5-5。

车流量情况表　　　表 4-5-5

年份(年)	日均车流量(辆)	年份(年)	日均车流量(辆)
2013	1949	2015	4526
2014	2956		

4. 养护管理

天汕分公司土建养护工作由养护工程部具体负责,为了保证养护管理工作规范化,2015 年 4 月 15 日,印发《天汕分公司养护工程部管理制度(试行)》,为进一步健全制度,于 2015 年 10 月 22 日印发《天汕分公司养护管理制度汇编(试行)》。在日常工作中严格执行各项养护管理制度和规定。

5. 路政管理

天汕分公司运营管理路段共成立 2 个路政大队,天汕高速公路和西环高速公路由天汕高速公路路政大队管辖,管辖里程为:G25 长深高速公路天汕段 58km、G25 长深高速公路西环一期、二期 18.8km 和 S12 梅龙高速公路西环三期 4.424km。梅大高速公路由梅大高速公路路政大队管辖,管辖里程为 S12 梅龙高速公路 85.111km。

路政大队对路产、路权实施三级管理,大队负责全线路产路权的维护与管理,路政中队负责辖区路段内的路产路权维护与管理,外业班组负责责任区内的路产路权维护与管理。日常路政巡查工作实施路政巡查、路政养护联合巡查,两种巡查模式相结合快速发现路损或侵权案件,及时制止公路侵权或违法行为。

(五)企业文化建设

1. 建设期

广东博大高速公路有限公司梅大分公司致力于构建质量管理文化、安全文化、廉政文化。

质量管理文化:在项目建设管理过程中始终坚持"安全第一,质量为核心"的方针,认真落实"双标管理"的要求,积极推行发展理念人本化、项目管理专业化、工程施工标准化、管理手段信息化和日常管理精细化,狠抓质量通病的预防、治理工作,并且制定了工地建设标准化、施工作业标准化两方面的标准化项目管理,消除工程质量通病、全面提高项目工程质量。

安全文化:按照"安全第一,预防为主、综合治理"的方针,全面推行安全生产标准化管理和开展"平安工地"建设活动,着重抓基础、抓示范、抓关键,顺利实现了安全生产管理目标。围绕"平安工地"、学习白国周"零事故班组"活动的开展,每月进行了包括劳动竞赛在内的各类安全检查和考核验收,奖优罚劣。对检查存在的问题进行全线通报,要求施工单位整改落实,及时消除隐患,提升安全管理水平,提高了一线作业人员的安全意识。

廉政文化:重视廉政建设,完善惩防体系工作。坚持定期召开党内民主生活工作会议,组织党员干部学习"廉政准则""党风廉政建设责任制实施细则",观看反腐教育宣传片。开展"反四风""批评和自我批评""廉政纪律教育学习月"活动,举办廉政为主题的讲座,设置廉政举报箱,公布举报电话等。

2. 运营期

广东省路桥建设发展有限公司天汕分公司紧紧围绕公司生产经营目标,以人为本,开展"开心工作 愉快生活"的企业文化和精神文明创建活动,提高职工的归属感和满意度,有效促进了企业又好又快发展。

(1)加强组织领导,夯实创建基础

一是建立健全管理机制和运行机制,成立精神文明建设领导小组。二是党政工团齐抓共管,为精神文明创建工作提供可靠的组织保证。三是加大财物投入。为企业文化建设等提供必要的财政支持。

(2)重视民主管理,促进企业持续健康发展

一是推行以职工代表大会为基本形式的企业民主管理制度,落实职工的知情权、参与权、监督权和选举权。

二是通过"书记项目"党建综合管理系统、宣传公告栏、OA办公系统、QQ工作群等途径,及时将公司的重大事项进行公开,让职工"知司情、议司事、参司政"。

(3)关心慰问职工,打造"暖心留人"的企业文化

一是重大节日慰问困难职工、退休职工、探访住院职工及慰问家属等。二是实施"职工帮扶计划",让困难职工真正享受到了职工帮扶计划的保障实惠,真正感受到了工会组织的温暖。

(4)选准活动载体,增强创建实效

选准载体是抓好精神文明建设活动。结合公司的实际情况,以节日活动、文体活动、主题活动为载体,广泛开展企业精神文明建设,取得良好的创建效果。

三、梅龙高速公路大埔东延线段

梅州至大埔高速公路东延线工程是梅(州)至龙(岩)高速公路(S12)中的一段。项目起于大埔县三河镇的梅大高速公路终点,经大埔县茶阳镇、西河镇,止于粤闽省界处的大埔县西河镇上黄沙村,与福建省永春至永定高速公路相接,主线全长23.787km。项目于2012年10月1日开工,2014年底建成通车。

该项目由广东省公路建设有限公司和广东省路桥建设发展有限公司双方合作出资组建的广东博大高速公路有限公司梅大分公司负责建设。2015年1月1日后转由广东省路桥建设发展有限公司天汕分公司负责运营管理。

(一)主要技术指标和建设规模

项目位于大埔县中北部,地势起伏较大,属盆岭相间低山丘陵地貌。

全线按高速公路标准建设,双向四车道,设计速度100km/h。设有主要大桥8座,分离式长隧道1座,短隧道2座;设茶阳互通1处,设服务区1处,另设茶阳连接线4.276km。梅龙高速公路大埔东延线段主要桥梁、隧道表见表4-5-6、表4-5-7。

梅龙高速公路大埔东延线段主要桥梁表　　表4-5-6

序号	桥梁分类	桥梁名称	中心桩号	桥梁长度(m)	桥面宽(半幅)(m)	车道数	设计汽车荷载等级	建设时间	备注
1	大桥	石背坑大桥	K23+613.758	247.08	12	4	公路—Ⅰ级	2012年10月1日~2014年12月30日	
2	大桥	上沿坑大桥	K20+666.758	307.54	12	4	公路—Ⅰ级	2012年10月1日~2014年12月30日	
3	大桥	南坑大桥	K19+013.758	208.00	12	4	公路—Ⅰ级	2012年10月1日~2014年12月30日	
4	大桥	曾公坑大桥	K18+225.758	208.00	12	4	公路—Ⅰ级	2012年10月1日~2014年12月30日	
5	大桥	虾子坑大桥	K17+838.758	368.00	12	4	公路—Ⅰ级	2012年10月1日~2014年12月30日	
6	大桥	青坑大桥	K16+337.758	217.08	12	4	公路—Ⅰ级	2012年10月1日~2014年12月30日	
7	大桥	漳溪河1号大桥	K9+305.758	588.00	12	4	公路—Ⅰ级	2012年10月1日~2014年12月30日	
8	大桥	漳溪河2号大桥	K2+449.758	607.08	12	4	公路—Ⅰ级	2012年10月1日~2014年12月30日	

梅龙高速公路大埔东延线段隧道表 表4-5-7

序号	隧道分类	隧道名称	施工起讫桩号	路网起讫桩号	长度（洞）(m)	行车道宽度（单洞）(m)	隧道净高(m)	车道数	建设时间	备注
1	长隧道	茶阳隧道（左）	K78+177~K79+441	K5+575.037~K6+841.758	1264	8	5	2	2012年10月1日~2014年12月30日	
		茶阳隧道（右）	ZK78+177~ZK79+448	K5+568.037~K6+841.758	1271					
2	短隧道	上黄沙隧道（左）	K84+076~K84+471	K0+545.037~K0+942.758	395	8	5	2	2012年10月1日~2014年12月30日	
		上黄沙隧道（右）	ZK84+077~ZK84+475	K0+541.037~K0+941.758	398					
3	短隧道	粤闽隧道（左）	K84+680~K85+018.758	K0+002.720~K0+338.758	338.758	8.45	5	2	2012年10月1日~2014年12月30日	
		粤闽隧道（右）	ZK84+650~ZK84+987.609	K0+028.428~K0+368.758	337.609					

（二）建设情况

1. 建设依据

2011年3月14日,广东省发展和改革委员会《关于梅州至大埔高速公路东延线项目申请报告核准的批复》。

2011年3月30日,广东省交通运输厅《关于梅州至大埔高速公路东延线初步设计的批复》。

2. 资金来源

广东省公路建设有限公司和广东省路桥建设发展有限公司出资,项目资本金占总投资的25%;其余向银行贷款,占总投资的75%。

3. 征地拆迁

征地拆迁工作由建设单位与当地政府协商,由当地政府包干完成。东延线项目征用土地3073.73亩,拆迁房屋4313m^2。

4. 招投标

该项目除房建设计、监理单位进行委托外,其余项目工程全部采用国内竞争性招标形式进行公开招标,招标均在广州市建设工程交易中心进行。

5. 主要设计、施工、监理单位

设计单位:中交公路规划设计院有限公司、中国公路工程咨询集团有限公司。

施工单位：广东省长大公路工程有限公司、广东冠粤路桥有限公司、中交第二公路工程局有限公司等20个单位。

监理单位：广东华路交通科技有限公司、北京华宏工程咨询有限公司。

6.重大工程变更

2012年5月8日，广东省交通集团《关于梅大高速公路路面结构优化变更设计的通知》，同意将路面结构统一调整为5cm GAC-16（SBS改性沥青）+6cm GAC-20C（SBS改性沥青），其他结构层不变。后来又将原SBS改性沥青变更为PG82-10改性沥青。2014年7月20日，广东省交通运输厅以《广东省交通运输厅建设项目设计变更建议申请处理表》进行了批复。

2013年3月12日，广东省交通集团对梅大高速公路东延线第3、4标段寨背窝大桥改路基方案设计进行了变更，同意将寨背窝大桥、茶阳互通式立交部分匝道桥改为路基的方案。

（三）复杂技术工程

1.超高薄壁空心墩工程

一标、二标、三标设计均有超高薄壁空心墩工程。其中三标的K66+005南坑大桥、K66+793曾公坑大桥、K67+180虾子坑大桥、K68+681青坑大桥、K75+713漳溪河1号大桥设计采用的薄壁空心墩共有32根，墩高在24～51.26m。三标5座大桥下部薄壁空心墩均统一为一种形式，断面尺寸有550cm×260cm。薄壁空心墩身设计采用C40钢筋混凝土。

考虑安全性及施工进度要求，高度超过45m的空心薄壁墩采用翻模作业平台+塔吊进行施工，钢筋绑扎和模板安装采用塔吊配合人工安装，模板施工作业平台+塔吊作业一体化，随墩柱高度的升高而升高，直至盖梁施工结束。塔吊底座预埋在承台边侧上，主要解决施工过程中材料、机具、模板、钢筋等的水平和垂直运输。施工人员由墩身外侧搭设的"之"字爬梯上、下墩。塔架至墩身模板之间设临时脚手板，并设置安全防护措施且连接牢固。

翻模法的工艺原理：塔吊提升模板和工作平台不断翻升，模板采用一托二的形式，即通过底层模板抱住已浇筑的混凝土给上层模板提供支撑力。薄壁空心墩模板由内模、外模组成，其连接和加固支撑通过套筒螺栓来完成。外模板施工方式为翻升模板，每套7.5m/5环，每环高1.5m/4块，除第一次施工浇注下实体段外，其余每次浇注6m，另外1.5m模板在已完成的混凝土上，暂时不拆模，待下一段混凝土完成后翻升时拆除并向上拼装。内模板施工方式为爬升模板，两节高度共6m，分别为4m和2m，顶部与外模平齐。

竖向主筋采用滚轧直螺纹钢筋连接。钢筋安装好后,进行模板的安装、支立和提升,吊装顺序为先吊外模,再吊内模。钢筋、模板施工结束后,再一次对模板的加固情况、垂直度、平面位置、钢筋的保护层等进行检查,验收合格后进行薄壁空心墩混凝土浇筑工作。

2. 茶阳隧道工程

茶阳隧道进口为小净距,出口为分离式隧道。隧道主要围岩类型为Ⅲ、Ⅳ、Ⅴ级。左线长1264m,右线长1271m,为双洞四车道,设计速度100km/h。隧道施工采用新奥法施工。

施工中贯彻"光面爆破是基础,初期支护保安全,围岩量测明情况,施工通风出效率,铺底先行造环境,二次衬砌质量树形象"的工作思路。隧道主要采取人工钻孔,挖掘机配合装载机出碴,无轨运输施工方案。实施开挖(钻、爆、装、运)、支护(拌、运、喷、锚)、衬砌(拌、运、灌、捣)三条机械化作业线。

施工过程中,根据不同围岩等级采用不同的开挖工法。隧道Ⅴ级围岩加强段及Ⅳ级围岩紧急停车带段采用侧壁导坑法开挖。隧道Ⅴ级围岩正常段及Ⅳ级围岩加强段开挖采用上下台阶预留核心土法,环形开挖进尺按规范控制为0.5~1.0m,台阶长度在12~15m。隧道Ⅳ级围岩正常段开挖采用上下台阶法,隧道Ⅲ级围岩采用全断面开挖法。

(四)运营管理

详见本节"二、梅大高速公路梅县三角—大埔三河段"。

(五)企业文化建设

详见本节"二、梅大高速公路梅县三角—大埔三河段"。

第六节 揭阳—惠来高速公路(S13)

揭阳—惠来高速公路是广东省高速公路网中的联络线和加密线,编号S13,是纵贯揭阳、汕头两市南北向的重要通道。主线起于揭阳市榕城区,向南经汕头市潮阳区金灶镇,揭阳市普宁南径镇、麒麟镇,汕头市潮阳区贵屿、铜盂镇,潮南区司马浦、两英、红场、雷岭镇,揭阳市惠来县华湖镇、神泉镇,止于惠来县前詹镇,全长63.227km。该项目的建设对完善广东省的高速公路网络,进一步提高潮汕机场和惠来港区的集疏运能力,构建区域综合运输体系,促进区域经济协调发展具有重要意义。

揭惠高速公路是以"省市共建"双业主制模式实施的政府还贷高速公路项目。主线初步设计批复概算约79.7亿元,由广东省南粤交通投资建设有限公司负责投资、建设和管理。先行工程于 2013 年 6 月底开工,2017 年底建成通车。另有 8.5km 揭阳市区连接线由揭阳市负责建设、管理。

(一)主要技术指标和建设规模

全线采用高速公路技术标准建设,双向四车道,设计速度 100km/h。全线设主要桥梁 41 座,隧道单洞 6 座,互通式立交 9 处,设服务区、养护工区、管理中心各 1 处。揭惠高速公路主要桥梁、隧道表见表 4-6-1、表 4-6-2。

揭惠高速公路主要桥梁表 表 4-6-1

序号	桥梁分类	桥梁名称	中心桩号	桥梁长度(m)	桥面宽度(m)	车道数	设计汽车荷载等级	开工时间	完工时间	备注
1	大桥	南截洪大桥(左幅)	ZK10+601.8	204	11.5	2	公路—Ⅰ级	2014年12月	2017年12月	
2	大桥	南截洪大桥(右幅)	K10+601.8	204	11.5	2	公路—Ⅰ级	2014年12月	2017年12月	
3	大桥	莲溪大桥(左幅)	ZK18+232	305.6	11.5	2	公路—Ⅰ级	2014年5月	2017年12月	
4	大桥	莲溪大桥(右幅)	K18+236.5	305.6	11.5	2	公路—Ⅰ级	2014年5月	2017年12月	
5	大桥	S237跨线桥(左幅)	ZK22+852.8	668.1	12.5	2	公路—Ⅰ级	2014年10月	2017年12月	
6	大桥	S237跨线桥(右幅)	K22+852.8	668.1	12.5	2	公路—Ⅰ级	2014年11月	2017年12月	
7	大桥	马望大桥(左幅)	ZK25+194	890.6	12.5	2	公路—Ⅰ级	2014年11月	2017年12月	
8	大桥	马望大桥(右幅)	K25+194	890.6	12.5	2	公路—Ⅰ级	2014年11月	2017年12月	
9	特大桥	贵屿循环经济区高架桥	K26+891.8	1127.2	25.5	4	公路—Ⅰ级	2014年5月	2017年12月	
10	大桥	草南路高架桥	K31+380.5	245.6	25.5	4	公路—Ⅰ级	2014年8月	2017年12月	
11	大桥	K31+650.5大桥	K31+650.5	300	25.5	4	公路—Ⅰ级	2014年10月	2017年12月	
12	特大桥	练江特大桥	K32+521.1	1446.8	25.5	4	公路—Ⅰ级	2014年7月	2017年12月	
13	特大桥	司马浦北枢纽主线桥(左幅)	ZK34+074	1659	变宽	2+1	公路—Ⅰ级	2014年7月	2017年12月	
14	特大桥	司马浦北枢纽主线桥(右幅)	K34+074	1659	变宽	2+1	公路—Ⅰ级	2014年7月	2017年12月	
15	大桥	司马浦1号高架桥(左幅)	ZK35+323.5	840	12.5	2	公路—Ⅰ级	2014年8月	2017年12月	
16	大桥	司马浦1号高架桥(右幅)	K35+323.5	840	12.5	2	公路—Ⅰ级	2014年8月	2017年12月	
17	特大桥	司马浦互通式立交主线桥(左幅)	ZK36+481.75	1477	变宽	2+1	公路—Ⅰ级	2014年11月	2017年12月	
18	特大桥	司马浦互通式立交主线桥(右幅)	K36+481.75	1477	变宽	2+1	公路—Ⅰ级	2014年11月	2017年6月	
19	特大桥	司马浦2号高架桥(左幅)	ZK37+777.5	1115	12.5	2	公路—Ⅰ级	2015年1月	2017年12月	

续上表

序号	桥梁分类	桥梁名称	中心桩号	桥梁长度（m）	桥面宽度（m）	车道数	设计汽车荷载等级	开工时间	完工时间	备注
20	特大桥	司马浦2号高架桥（右幅）	K37+777.5	1115	12.5	2	公路—Ⅰ级	2015年1月	2017年12月	
21	特大桥	两英高架桥	K39+735	2800	25.5	4	公路—Ⅰ级	2014年8月	2017年11月	
22	特大桥	陈沙公路跨线桥	K41+818	1366	25.5	4	公路—Ⅰ级	2014年5月	2017年11月	
23	大桥	两英互通立交主线桥（左幅）	ZK42+634.9	267.8	变宽	2+1	公路—Ⅰ级	2014年7月	2017年11月	
24	大桥	两英互通立交主线桥（右幅）	K42+634.9	267.8	变宽	2+1	公路—Ⅰ级	2014年7月	2017年11月	
25	大桥	两英互通式立交A匝道桥	AK0+878	395.66	17.5	2	公路—Ⅰ级	2014年8月	2017年11月	
26	特大桥	新寮门特大桥（左幅）	ZK44+912	1206.4	12.5	2	公路—Ⅰ级	2014年4月	2017年11月	
27	特大桥	新寮门特大桥（右幅）	K44+897	1236.4	12.5	2	公路—Ⅰ级	2014年4月	2017年11月	
28	大桥	仙田大桥（左幅）	ZK47+583.4	600	12.5	2	公路—Ⅰ级	2014年8月	2017年11月	
29	大桥	仙田大桥（右幅）	K47+582	570	12.5	2	公路—Ⅰ级	2014年7月	2017年11月	
30	大桥	水美大桥（左幅）	ZK50+668.5	380.6	11.5	2	公路—Ⅰ级	2014年7月	2017年11月	
31	大桥	水美大桥（右幅）	K50+672.5	370.6	11.5	2	公路—Ⅰ级	2014年7月	2017年11月	
32	大桥	林招林场大桥（左幅）	ZK52+233	1086.4	11.5	2	公路—Ⅰ级	2014年9月	2017年11月	
33	大桥	林招林场大桥（右幅1号桥）	K51+867	366.4	11.5	2	公路—Ⅰ级	2014年9月	2017年11月	
34	大桥	林招林场大桥（右幅2号桥）	K52+360	421.6	11.5	2	公路—Ⅰ级	2016年6月	2017年11月	
35	大桥	龟山湾大桥（左幅）	ZK53+055.429	346	12.5	2	公路—Ⅰ级	2016年5月	2017年11月	
36	大桥	龟山湾大桥（右幅）	K53+070.429	316	12.5	2	公路—Ⅰ级	2016年5月	2017年11月	
37	大桥	松林大桥（左幅）	ZK54+247.965	304	12.5	2	公路—Ⅰ级	2014年10月	2017年11月	
38	大桥	松林大桥（右幅）	K54+247.965	304	12.5	2	公路—Ⅰ级	2014年10月	2017年11月	
39	大桥	美园枢纽互通式立交主线桥（左幅）	ZK62+394.158	480.6	12.5	2	公路—Ⅰ级	2014年8月	2017年11月	
40	大桥	美园枢纽互通式立交主线桥（右幅）	K62+394.158	480.6	12.5	2	公路—Ⅰ级	2014年7月	2017年11月	
41	大桥	寮仔大桥	K69+818	350	11.5	2	公路—Ⅰ级	2013年9月	2017年10月	

揭惠高速公路隧道表　　　　　　　　　　　　　　　　　　　　　　　　　表4-6-2

序号	隧道分类	隧道名称	起止桩号	长度（单洞）（m）	行车道宽度（单洞）（m）	隧道净高（m）	车道数	开工时间	完工时间	备注
1	特长隧道	小北山1号隧道左线	ZK14+390～ZK17+390	3000	11	5	2	2014年4月	2017年12月	
2	特长隧道	小北山1号隧道右线	K14+380～K17+388	3008	11	5	2	2014年4月	2017年12月	
3	长隧道	小北山2号左线隧道	ZK19+571～ZK21+091	1520	11	5	2	2014年6月	2017年12月	
4	长隧道	小北山2号右线隧道	K19+599～K21+081	1482	11	5	2	2014年5月	2017年12月	
5	长隧道	坝峰山左线隧道	ZK45+941～ZK46+864	923	11	5	2	2015年1月	2017年11月	
6	长隧道	坝峰山右线隧道	K45+903～K46+818	915	11	5	2	2014年8月	2017年11月	
7	短隧道	仙田左线隧道	ZK47+220～ZK47+276	56	11	5	2	2016年6月	2017年11月	
8	短隧道	仙田右线隧道	K47+200～K47+270	70	11	5	2	2016年10月	2017年11月	
9	长隧道	排金山左线隧道	ZK48+654～ZK49+716	1062	11	5	2	2014年6月	2017年11月	
10	长隧道	排金山右线隧道	K48+652～K49+738	1086	11	5	2	2014年6月	2017年11月	
11	中隧道	雷岭峰左线隧道	ZK51+032～ZK51+656	624	11	5	2	2014年4月	2017年11月	
12	中隧道	雷岭峰右线隧道	K51+014～K51+630	616	11	5	2	2014年4月	2017年11月	

1. 建设依据

2013年6月5日，广东省发展改革委《广东省发展改革委关于广东省揭阳至惠来高速公路工程可行性研究报告审批的批复》。

2013年6月6日，广东省交通运输厅《广东省交通运输厅关于揭阳至惠来高速公路先行工程华湖至神泉段初步设计的批复》。

2013年10月9日，广东省交通运输厅《广东省交通运输厅关于揭阳至惠来高速公路初步设计的批复》。

2. 资金来源

项目主线按政府还贷模式，由广东省南粤交通建设投资有限公司、汕头投资建设总公司、揭阳市城市投资开发有限公司按80%：10%：10%的股比出资建设。

3. 征地拆迁

2013年11月，揭惠管理中心分别与汕头市、揭阳市人民政府签订了汕头段、揭阳段的征地拆迁总包干协议书。地方政府负责完成概算内全部征地拆迁、安置补偿等工作。

项目总征地面积约6587.645亩。

4. 招投标

土建工程施工、路面工程施工、机电工程施工、交通安全设施施工招标均在广州公共资源交易中心进行公开招标。

5. 主要设计、施工、监理单位

设计单位:广东省公路勘察规划设计院股份有限公司、中国公路工程咨询集团有限公司等单位。

施工单位:中铁十五局集团有限公司、中铁十四局集团有限公司、广东冠粤路桥有限公司等单位。

监理单位:广东华路交通科技有限公司。

中心试验室:交通运输部公路科学研究所。

6. 重要变更

揭惠高速公路500万元以上的较大变更工程有:K24+234.5下穿厦深铁路、K24+360~K24+650北港运河改河、K31+500.5~K31+800.5路改桥、K47+350仙田明洞、沥青混凝土路面面层变更等5项。

(二)复杂技术工程

1. 小北山1号隧道:断裂破碎带隧道掘进及限制性防排水技术

项目控制性工程小北山1号隧道属于特长隧道,全长3004m,以地下隧洞形式从龙潭峰水库斜下方穿越。水库与隧道设计高程高差约为150m。隧道范围发育3条断裂带,分别为F1、F2、F3。

施工过程中解决的重大技术问题如下。

(1)综合地质超前预报

以TSP、GPR、红外探水物探技术为主要探测手段,辅以必要的超前水平钻孔和加深爆孔,对掌子面前方断裂破碎围岩进行综合地质超前预报,判明断裂破碎带裂隙发育及地下水连通情况,包括断裂破碎带的宽度、填充物、地下水以及隧道轴线与断裂构造线方向的组合关系,并提出相应的防治原则及合理可行的防治措施。

(2)减振控制爆破技术

通过现场爆破试验监测隧道爆破震动波特性及其衰减规律。根据爆破振动监测结果,确定减振爆破技术参数、控制隧道围岩的变形、减小爆破施工对龙潭峰水库的影响。

(3)隧道快速掘进施工工艺技术

针对断裂破碎带地质条件差、岩层较破碎、节理裂隙发育的特点,分析不同开挖方法和辅助施工工艺对围岩应力分布、围岩变形的影响,评价支护的可靠性和围岩的稳定状态;进行减少超欠挖技术,小导管预注浆加固围岩,周边帷幕注浆辅助工法及喷、锚、网强支护等技术。

(4)隧道"限制性防排水"施工技术

结合隧址区生态环境的承受能力和毗邻水库下断裂破碎带的含水特点,实行"限制性防排水"施工技术,控制断裂破碎带的排水和隧道涌水量,保持地下水环境的相对平衡和原有的生态环境。

2. K24+226~K24+400段:下穿厦深铁路施工

揭惠高速公路在普宁市南径镇与厦深铁路相交,公路采用分离式路基方式与铁路交叉。路线左幅、右幅在南径镇龙门村东侧分别从厦深铁路砂铺特大桥第52孔、第53孔内,以桥下桥方式下穿。桥梁结构采用1×30m预应力混凝土小箱梁,两端桥头50m采用高压旋喷桩进行处理,桥体加密。

连接路基由于受下穿铁路条件限制涉及河道水系的改变,北港运河河堤距离厦深铁路只有80m,揭惠高速公路路基高程低于目前河堤高程,需要回填河道做公路路基,原有河道将无法满足泄洪及灌溉要求。因此,受高速公路K24+300~K24+400路段路基影响,北港运河须在对应桩号K24+300跨运河处至马望大桥处河段进行迁移、改造。

(三)科技创新

1. 公路工程施工安全防护标准化研究

该课题属于政府主导性科技项目(编号:科技-2014-03-004),由省南粤交通公司中标,委托揭惠管理中心开展后续课题研究工作,合作单位为交通运输部科学研究院。重点开展公路工程施工风险辨识、通用安全防护标准和施工安全防护标准等方面的研究。

2. 高水位下断裂破碎带隧道掘进及限制性防排水技术研究

该课题属于市场主导性科技项目(编号:科技-2015-02-022),合作单位为华中科技大学。课题着眼于毗邻水库与隧道的相互影响、减振控制爆破、限制性防排水、围岩综合地质超前预报和隧道掘进施工等技术研究,对确保毗邻水库的正常蓄水、保持区域地下水环境的相关平衡、促进山岭高速公路隧道建设具有明显的社会效益。该课题直接服务于揭惠高速公路小北山1号隧道的建设。

3. 广东省政府还贷高速公路项目廉政监督和效能监察对策研究

该课题属于政府引导性科技项目(编号:科技-2015-03-011),揭惠管理中心为项目承担单位,合作单位为广东省省情调查研究中心。该课题致力于探寻和设计政府还贷高速公路项目"依法治路"的有效对策,形成适应广东实际情况、具有可复制性和推广性的监察模式,对促进高速公路等交通基础设施建设顺利实现"廉洁高效、质量优良"的目标具有现实意义。

(四)企业文化建设

1. 以人为本、狠抓落实的制度文化

建章立制即为规范管理。按照"谁制定制度、谁监督落实"的原则,管理中心贯彻三个公式推动制度的落地,即"开会+不落实=零;布置工作+不检查=零;抓住不落实的事+追究不落实的人=落实"。同时引入高速公路建设管理系统(HCS)等信息化系统,管理思路与信息化手段相融,从而大大增强了对业务制度的监管和落实力度。

2. 精细管理、至臻至善的质量文化

按照"目标导向,制度管事,结果说话"的质量管理要求,以及"策划先行、样板引路、过程跟踪、达标验收、奖优罚劣"的质量管理思路,以建设"品质工程"为目标,进一步细化完善相关制度规章和检测指标,形成"日常监测—专项考核—整改落实"的闭合管理,并积累了"三线四度"路基施工法等有效经验,精细化管理理念辐射到每一位员工、渗透到每一个细节。

3. "水陆空作业如履平地"的平安工地文化

遵循"安全第一,预防为主,综合治理"的方针,"一岗双责"逐级落实,安全责任意识日益深入人心,从建章立制、应急预防、过程管理、工艺创新、防护标准化研究、培树标杆等方面,全面夯实安全生产工作基础。

4. 廉政与效能"两手抓"的廉洁文化

以"项目建设安全、权力行使安全、干部成长安全"为目标,着力抓好执行力监督和关键岗位风险防控。重点防范质量、安全、进度、资金等风险,加强廉政风险的事前预防、过程监管,堵塞管理漏洞,加强效能问责,当好服务型业主,营造廉洁从业、勤励敬业的良好风气。

5. 多思善想、学无止境的成长文化

以"书记项目"为抓手,发挥党建引领作用,坚持"抓好基层党建,核心是抓强组织,关键是抓好队伍,根本是抓实服务"的工作思路,从"创新党员教育管理"的角度破题,帮助党员找到自主学习、自我教育的有效杠杆,将"书记项目"打造成为党员素养提升的有效渠道。

6. 2013—2016年获省(部)级以上奖励

2014年5月,揭惠管理中心获广东省总工会授予"工人先锋号"称号。

2014年12月,揭惠管理中心获中国海员建设工会全国委员会表彰"全国交通基础设施重点工程劳动竞赛优胜班组"。

第七节 汕头—湛江高速公路(S14)

汕头—湛江高速公路,简称"汕湛高速公路",编号S14,是广东省高速公路网规划九纵五横二环中的二横,全线经过汕头、梅州、揭阳、河源、惠州、广州、清远、肇庆、云浮、阳江、茂名、湛江等12个地以上市,以及揭西、五华、紫金、龙门、从化、佛冈、清新、新兴、阳春、化州、廉江等县(市),全长851.181km。

汕湛高速公路连接广东省北部、东部和西部的12个城市,是贯通广东省东西两翼经济欠发达地区的一个重要通道,是广东省中心城市与区域中心城市的主通道的复线,是促进沿线经济欠发达地区加快融入珠三角发达地区的快速干线,对促进沿线城市经济社会发展具有积极的辐射和带动作用。

汕湛高速公路分7段建设:汕头—揭西段、揭西—博罗段、博罗—清远段、清远—云浮段、新兴—阳春段、阳春—化州段、化州—湛江段及支线。

一、汕头—揭西段(在建)

汕湛高速公路汕头至揭西段是广东省高速公路路网规划的"二横"的起点段。该项目起于汕头市濠江区滨海接深汕高速公路,经汕头市潮阳区、潮南区、揭阳市所属的普宁市、揭西县,终点位于揭西县大溪镇,与"四横"潮州至惠东高速公路相交,与汕湛高速公路揭西大溪至博罗石坝段对接,主线全长86.6km。控制性工程于2013年8月开工建设。项目批复概算117.46亿元。

(一)主要技术指标和建设规模

项目按高速公路标准建设,设计速度120km/h,双向六车道,路基宽度34.5m。普宁东连接线长4.482km,按一级公路标准建设;和平连接线2.673km以及普侨连接线8.042km均按二级公路标准建设。

(二)建设情况

1. 建设依据

2008年,广东省人民政府批准,由广东省交通运输厅授权汕头、揭阳两市人民政府采用BOT特许经营方式,公开招标确定投资人。

2011年11月,国家发改委批准建设。

2012年7月,交通运输部批准工程初步设计。

2012年12月,广东省交通运输厅审查通过施工图设计。土建工程施工招标和监理招标于2013年6月全部完成,控制性工程于2013年8月开工建设。

2. 资金来源

由招标人汕头市交通运输局、揭阳市交通运输局于2016年7月招标确定投资人和总承包方。

3. 征地拆迁

2016年10月28日,在汕头召开会议部署继续完成汕湛高速公路汕揭路段的征拆工作。

二、揭西—博罗段

揭西大溪至博罗石坝段项目(简称"揭博高速公路")是广东省高速公路网规划的"二横"汕头至湛江高速公路(S14)的重要组成部分,其中五华县华阳镇至博罗县石坝镇105.4km路段也是济广高速公路的重要路段。

揭博高速公路东起揭阳市揭西县大溪镇,与汕湛高速公路汕头至揭西段相接,设杨林枢纽互通与省网规划的"四横"(潮州至惠州高速公路)相交,经揭阳市揭西县南山镇、梅州市五华县、河源市紫金县、惠州市博罗县,止于与广河高速公路石坝枢纽互通与惠河高速公路相交,全长160.339km。概算总投资194亿元。于2013年7月全面动工,2015年12月21日通过交工验收,2015年12月30日全线建成通车。

揭博高速公路由广东省路桥建设发展有限公司汕湛分公司投资建设和运营管理。

(一)主要技术指标和建设规模

该路处于粤东中部山岭重丘区,山峦沟壑纵横、海拔落差大,局部路段地形复杂,属于长期风化剥蚀的丘陵、中低山地貌区。全线桥隧比例高,含较多大跨、高墩桥梁和穿越大型地质断裂带的特长隧道,高填深挖边坡达500余处。

主线按高速公路技术标准,双向六车道,设计速度120km/h。设主要特大桥、大桥72座,特长隧道1座,长隧道3座,互通式立交16处(含枢纽互通4处);揭西连接线4.02km;服务区3处,停车区3处(缓建),养护工区3处,管理中心1处、中心管理站3处,收费站11处。揭博高速公路主要桥梁、隧道表见表4-7-1、表4-7-2。

揭博高速公路主要桥梁表 表4-7-1

序号	桥梁分类	桥梁名称	中心桩号	桥面半幅宽(m)	车道数(半幅)	桥梁全长(m)	建设时间	备注
1	特大桥	横江河特大桥	K102+579.500	16.5	3	2000.0	2013年7月	
2	特大桥	横江水库特大桥(主桥)	K106+210.000	18.55	3	1030.0	2013年7月	
3	特大桥	东江特大桥	K236+120.47	18.4	3	2070	2012年5月	

第四章 地方高速公路

续上表

序号	桥梁分类	桥梁名称	中心桩号	桥面半幅宽(m)	车道数(半幅)	桥梁全长(m)	建设时间	备注
4	特大桥	跨京九铁路特大桥	K244+112	16.5	3	1066.0	2013年7月	
5	特大桥	跨G205特大桥	K247+164	16.5	3	1216.0	2013年7月	
6	大桥	S335省道跨线桥(左幅)	ZK91+423.1	16.5	3	408.5	2013年7月	
7	大桥	S335省道跨线桥(右幅)	K91+425.3	16.5	3	385.0	2013年7月	
8	大桥	K96+488.5龙潭河大桥	K96+266	16.5	3	445.0	2013年7月	
9	大桥	牛牯岭大桥	K105+110.000	16.5	3	950.0	2013年7月	
10	大桥	K107+410大桥	K107+290.000	16.5	3	240.0	2013年7月	
11	大桥	高湖大桥	K108+690.000	16.5	3	275.0	2013年7月	
12	大桥	高棚大桥(左线)	ZK109+500.000	16.5	3	250.0	2013年7月	
13	大桥	高棚大桥(右线)	YK109+500.000	16.5	3	250.0	2013年7月	
14	大桥	凹子里大桥	K116+124.2	16.5	3	211.6	2013年7月	
15	大桥	桐树下大桥	K119+249.2	16.5	3	244.3	2013年7月	
16	大桥	下莲湖省道S238跨线桥(左幅)	ZK122+283	16.5	3	426.0	2013年7月	
17	大桥	下莲湖省道S238跨线桥(右幅)	K122+283	16.5	3	446.0	2013年7月	
18	大桥	富强大桥	K124+713.2	16.5	3	193.6	2013年7月	
19	大桥	下门里大桥	K128+997.96	16.5	3	888.08	2013年7月	
			K128+997.96	16.5	3	928.08	2013年7月	
20	大桥	上横寨大桥	K125+16.51.5	16.5	3	307.0	2013年7月	
21	大桥	琴口大桥(左幅)	ZK133+529.5	16.5	3	427.0	2013年7月	
22	大桥	琴口大桥(右幅)	K133+499.5	16.5	3	487.0	2013年7月	
23	大桥	曾洞大桥	K136+711.5	16.5	3	307.0	2013年7月	
24	大桥	官洞大桥	K140+618.5	16.5	3	277.0	2013年7月	
25	大桥	曾岭下大桥	K143+090	16.5	3	270.0	2013年7月	
26	大桥	万屋场大桥	K149+215	16.5	3	225.0	2013年7月	
			K149+190	16.5	3	250.0	2013年7月	
27	大桥	高坪河大桥	K151+626.5	16.5	3	216.5	2013年7月	
28	大桥	黎坑分离式立交桥	K153+521.97	16.5	3	231.1	2013年7月	
29	大桥	秋溪大桥	K158+16.52.97	16.5	3	405.6	2013年7月	
30	大桥	早田角大桥	K164+184.97	16.5	3	281.1	2013年7月	
31	大桥	鹧鸪大桥	K166+322.96	16.5	3	528.0	2013年7月	
32	大桥	升平大桥	K169+794.96	16.5	3	528.0	2013年7月	
33	大桥	排巷2号大桥	K16.55+780.96	16.5	3	648.0	2013年7月	
34	大桥	潘老屋大桥	K16.56+755.96	16.5	3	448.0	2013年7月	
35	大桥	排巷1号大桥	左幅 ZK16.55+350 右幅 K16.55+349.96	16.5	3	348.0	2013年7月	

续上表

序号	桥梁分类	桥梁名称	中心桩号	桥面半幅宽（m）	车道数（半幅）	桥梁全长（m）	建设时间	备注
36	大桥	白昌屋大桥（左幅）	ZK16.57+758.5	16.5	3	247.0	2013年7月	
37	大桥	白昌屋大桥（右幅）	K16.57+758.5	16.5	3	216.5	2013年7月	
38	大桥	万年坑大桥	K181+538.5	16.5	3	247.0	2013年7月	
39	大桥	围澳水大桥	K183+555	16.5	3	306.0	2013年7月	
40	大桥	上濑水大桥	K185+931.5	16.5	3	487.0	2013年7月	
41	大桥	四联大桥（左幅）	ZK186+595	16.5	3	300.0	2013年7月	
42	大桥	四联大桥（右幅）	K186+565	16.5	3	330.0	2013年7月	
43	大桥	三社坑大桥	K188+462	16.5	3	231.0	2013年7月	
44	大桥	围坪大桥	K189+204	16.5	3	231.0	2013年7月	
45	大桥	黎坑大桥	K190+032	16.5	3	256.0	2013年7月	
46	大桥	秋香江大桥	K185+582	16.5	3	256.0	2013年7月	
47	大桥	竹园下1号桥	K192+089.5	16.5	3	247.0	2013年7月	
48	大桥	竹园下2号桥	K192+538.0	16.5	3	206.0	2013年7月	
49	大桥	茜坑大桥	K194+030.0	16.5	3	306.0	2013年7月	
50	大桥	梦公坑大桥	K197+006.5	16.5	3	307.0	2013年7月	
51	大桥	桐子大桥	K198+424.5	16.5	3	216.5	2013年7月	
52	大桥	富竹水大桥	K198+999.5	16.5	3	397.0	2013年7月	
53	大桥	东坑大桥	K200+604.5	16.5	3	216.5	2013年7月	
54	大桥	坳背大桥	K202+536	16.5	3	240.0	2013年7月	
55	大桥	山坪大桥	K203+765	16.5	3	210.0	2013年7月	
56	大桥	联光1号大桥	K204+923	16.5	3	300.0	2013年7月	
57	大桥	联光2号大桥	K205+670	16.5	3	270.0	2013年7月	
58	大桥	青溪河大桥	K201+383	16.5	3	330.0	2013年7月	
59	大桥	车坝秋香江大桥	1570	16.5	3	500	2013年7月	
60	大桥	岳布大桥	3897	16.5	3	225	2013年7月	
61	大桥	社前大桥	5455	16.5	3	250	2013年7月	
62	大桥	林田大桥	2316.5	16.5	3	369	2013年7月	
63	大桥	大新村大桥	K218+164	16.5	3	206.0	2013年7月	
64	大桥	郑屋村大桥	K211+479.5	16.5	3	256.0	2013年7月	
				16.5	3	256.0	2013年7月	
65	大桥	吴屋坝大桥	K211+932	16.5	3	206.0	2013年7月	
				16.5	3	206.0	2013年7月	
66	大桥	邓屋1号大桥	K212+805	16.5	3	206.0	2013年7月	
67	大桥	邓屋2号大桥	K213+501.5	16.5	3	256.0	2013年7月	

续上表

序号	桥梁分类	桥梁名称	中心桩号	桥面半幅宽(m)	车道数(半幅)	桥梁全长(m)	建设时间	备注
68	大桥	大同村大桥	K216+215	16.5	3	381.0	2013年7月	
69	大桥	K229+793乌坑水库大桥	K229+690	16.5	3	206.0	2013年7月	
				16.5	3		2013年7月	
70	大桥	武石塘大桥	K232+252	16.5	3	206.0	2013年7月	
71	大桥	石坝河大桥	k246+445	16.5	3	226.0	2013年7月	
72	大桥	下坑村大桥	K248+633	16.5	3	506.0	2013年7月	

揭博高速公路隧道表 表4-7-2

序号	隧道分类	隧道名称（单洞）	起止桩号		长度(m)	行车道宽度(单洞,m)	隧道净高(m)	车道单洞(道)	开工时间	通车时间	备注
			起点桩号	终点桩号							
1	中长隧道	大溪隧道（左线）	ZK89+814.0	ZK90+892.0	1078	13.25	5	3	2013年7月	2014年11月28日	
2	中长隧道	大溪隧道（右线）	K89+804.0	K90+874.0	1070	13.25	5	3	2013年7月	2014年12月27日	
3	长隧道	东岭隧道（左线）	ZK110+471.0	ZK114+719.0	4248	13.25	5	3	2012年8月28日	2015年9月3日	
4	长隧道	东岭隧道（右线）	K110+576.0	K114+820.0	4244	13.25	5	3	2012年8月28日	2015年6月24日	
5	中长隧道	水墩隧道左洞	ZK161+198.0	ZK162+590.0	1392	13.25	5	3	2013年6月	2015年1月5日	
6	中长隧道	水墩隧道右洞	K161+205.0	K162+575.0	1370	13.25	5	3	2013年6月	2015年9月1日	
7	中长隧道	白眉寨隧道左洞	ZK16.52+600.0	ZK16.53+628.0	1028	13.25	5	3	2013年6月	2014年10月21日	
8	中长隧道	白眉寨隧道右洞	K16.52+590.0	K16.53+650.0	1060	13.25	5	3	2013年6月	2014年10月21日	

（二）建设情况

1.建设依据

2011年5月30日，广东省发展和改革委员会《关于汕头至湛江高速公路揭西大溪至博罗石坝段项目申请报告核准的批复》。

2012年7月31日，广东省交通运输厅《关于汕头至湛江高速公路揭西大溪至博罗石坝段初步设计的批复》。

2. 资金来源

项目资本金除省政府财政补贴一部分外,其余由广东省路桥建设发展有限公司出资。资本金以外的建设资金由广东省路桥建设发展有限公司汕湛分公司用向银行贷款。

3. 征地拆迁

全线建设用地共20795.8亩,其中揭阳市揭西段建设用地2616.50亩、梅州市五华段建设用地5322.8亩、河源市紫金段建设用地11121.0亩、惠州市博罗段建设用地16.535亩。

4. 招投标

项目招标采用公开招标、邀请招标的方法进行。

(1) 设计单位招标

2011年4月7日,项目通过公开招标确定设计中标单位分别为广东省公路勘察规划设计院股份有限公司、中国公路工程咨询集团有限公司、中交公路规划设计院有限公司、山东省交通规划设计院/广东省冶金建筑设计研究院(联合体)以及北京交科公路勘察设计院有限公司。

(2) 施工单位招标

广东冠粤路桥有限公司、中国中铁股份有限公司、广东省长大公路工程有限公司、中铁十一局集团有限公司等42个单位中标。

(3) 监理单位招标

广东华路交通科技有限公司、广州诚信公路建设监理咨询有限公司等8个单位中标。

(三) 复杂技术工程

1. 东岭特长隧道

东岭特长隧道单洞长8492m,隧道穿越广东省最大的区域性地质断裂带——莲花山断裂带,受断裂影响的岩体破碎带和靡棱带长达1.5km,工程地质和水文地质条件极其复杂且开挖断面大,是控制工期和施工安全的关键工程。

2. 横江水库特大桥

横江水库特大桥主桥为55m+5×100m+55m预应力混凝土连续刚构桥,是控制工期和质量的关键工程。

(1) 工程数量大:刚构水泥混凝土28260.0m^3,墩身水泥混凝土49886.0m^3。

(2) 工程施工困难:跨越横江水库,水中桩基础、水中承台、水上高墩、挂篮悬臂浇筑施工难度大。

(3) 工程技术复杂:高墩(高达80m)、大跨径(55m+5×100m+55m)。

(4)工程环保要求高:横江水库水资源为饮用水源二级保护区,环境标准要求高。

(四)科技创新

1.端头分段自锚预应力锚索新技术研究

通过对现有锚索结构的自由段进行改进,形成一种新结构,可依靠自由段孔周围岩(土)体与锚筋体之间的黏结强度提供预应力锚索的部分锚固抗力,从而将传统的锚固荷载 = 外锚头荷载,转化为锚固荷载 = 自锚荷载 + 外锚头荷载,降低或抵消反力结构所承担的锚固抗力,使预应力锚索的整体应力场更趋均匀分布,可降低反力混凝土结构的体积,也可有效避免端头出现由应力集中引发的突发安全隐患,同时通过自由段反向自锁功能,可使得锚固结构在反力混凝土结构承载之前预先发挥锚固抗力作用,使得锚固力施加及时,提高边坡施工安全。并在此基础上深入研究其作用机理、对孔周岩土体的敏感性以及自锚能力,然后提出端头自锚预应力锚索的设计和施工方法,以便该技术的推广应用。

2.基于OTDR技术的边坡安全自动监测告警系统的应用研究

基于OTDR技术的边坡监测告警方法是通过在边坡体上预先埋置多路分布式光纤,运用光时域反射原理(Optical Time Domain Reflection,简称"OTDR")检测光纤宏弯变形或断裂破坏等故障事件,定位边坡岩土体的变形破坏位置,通过告警门限设置,实现边坡安全自动监测告警。系统改变传统的分散式监测为分布式监测,分布式光纤既是传感器又是传输线,具有布设灵活、成本低廉、操作简单、直观可靠和便于实时远程自动监测告警等优点,而且突破了以往监测告警手段只能对重点边坡的重要部位布控的局限,特别适用于对大量边坡进行全面安全管控,是边坡安全监测告警技术的一个重要创新和突破。

新技术的应用使得基于OTDR原理检测光纤宏弯变形或断裂破坏等故障事件能准确定位边坡岩土体的变形破坏位置,并通过告警门限设置,实现边坡安全自动监测报警;利用分布式光纤既是传感器又是传输线的特点,改变边坡与滑坡传统的分散式监测方式为分布式监测方式;同时利用分布式光纤布设灵活、成本低廉、操作简单、直观可靠和便于实时远程监测等优点,突破以往监测预警手段只能对重点边坡与滑坡的重要部位布控的局限,实现对大量边坡与滑坡工点进行全面实时安全管控的目标。

3.提升抗裂、排水功能的湿热地区沥青路面结构关键技术研究

通过对设置碎石过渡层或大空隙排水基层沥青路面结构的抗裂、排水及综合使用性能是否更适用于广东高温多雨条件进行研究,并结合路基条件对路面碎石垫层及其设置位置的合理性进行研究,以丰富广东省的沥青路面结构类型,提高湿热地区高速公路沥青路面的使用性能。抗裂、排水型沥青路面可以有效地减少湿热地区沥青路面的反射裂缝,提高沥青路面内部排水的能力,进而延长沥青路面的使用寿命。

湿热地区沥青路面结构关键技术研究发现,具有抗裂、排水功能的沥青路面可以较大地提高路面使用性能,减少沥青路面早期损害问题,同时减少路面维修废料对环境的污染和破坏。

4. 新型BFRP锚索在公路边坡加固工程中应用的试验研究

通过对锚具制作工艺、黏结剂适用性、BFRP基本物理力学性能、BFRP锚固理论、BFRP筋材锚杆边坡支护大型试验、BFRP筋材锚杆岩质边坡锚固工程应用、BFRP筋材锚索岩质边坡锚固工程应用等研究,得到BFRP复合筋材锚杆具有高强、轻质、耐腐蚀等优异的物理化学性质。随着BFRP复合筋材生产规模的提高,产品价格将进一步降低,不但经济优势明显,而且对解决南方气候湿润地区钢筋腐(锈)蚀问题具有重要意义。

(五)运营管理

1. 运营公司

汕湛高速公路(揭博段)由广东省路桥建设发展有限公司汕湛分公司运营管理。汕湛分公司下设党群人力资源部、综合事务部、计划财务部、养护工程部、机电隧道部、收费管理部、路政队等。

2. 收费站点

汕湛高速公路(揭博段)沿线有龙潭、揭西、棉洋、华阳、水墩、紫金东、紫金西、九和、蓝塘、义容、古竹、蓝田12个匝道收费站,设置揭西、华阳、九和、蓝田4个中心收费站分管12个匝道站,具体设置情况见表4-7-3。

收费站点及车道设置情况表　　　　表4-7-3

站点名称	入口车道数		出口车道数	
	MTC	ETC	MTC	ETC
龙潭站	1	1	3	1
揭西站	1	1	3	1
棉洋站	1	1	3	1
华阳站	1	1	3	1
水墩站	1	1	3	1
紫金东站	1	1	4	1
紫金西站	1	1	4	1
九和站	1	1	3	1
蓝塘站	1	1	3	1
义容站	1	1	3	1
古竹站	1	1	3	1
蓝田站	1	1	3	1

3. 养护管理

汕湛高速公路的日常养护工作由公司养护工程部负责。公司的养护管理,始终坚持"预防为主、防治结合、依靠科技、全面养护"的管理方针。通过计划、技术、组织、评定等一系列有效措施,确保道路安全畅通。

日常养护管理工作围绕"路容路貌整洁、美观,病害处治及时、快捷、优质,路基边坡稳定、排水畅通,桥涵、隧道等构造物保持完好状态,沿线设施设置规范、状态完好,养护规范,档案资料齐全"的质量目标进行。

建立数据资料库,掌握路段和桥梁在各时期的动态,为养护决策提供前瞻性、战略性的统计数据和信息支持,推进养护管理信息化、现代化。通过对桥涵病害的检测、维修加固,有效地保证桥涵的运营安全,提高桥涵的安全性和耐久性。

增设完备的养护基地基础设施,分别在古竹、棉洋设置了两个养护中心,全线配置扫地车(3辆)、洒水车(2辆)、隧道清洗车(1辆)、护栏打拔桩机(1台)、高空作业车(1辆)、路面灌缝机(3台)等养护设备30余种,达到养护机械的配置水平。

4. 路政管理

汕湛高速公路(揭博段)设有路政大队,管理辖区包括高速公路160.339km。主线特大桥5座、大桥80座、中小桥38座、隧道4座;匝道大桥7座、中小桥12座;紫金连接线大桥6座;互通式立交16处,服务区3处,停车区3处,养护工区3处,管理中心1处,收费站12处。

路政大队对路产、路权实施三级管理,大队负责全线道路产权的维护和管理,中队负责辖区的道路产权维护和管理,班组负责责任区道路产权的维护和管理。其中中队根据属地划分管理辖区,中队再将辖区划分成四个责任区,每个班组负责一个责任区,班组内再将责任区落实到人(责任到人制);实施24小时路产巡查工作。

在全程监控模式中,路政巡查、养护巡查和视频监控巡查相结合,养护巡查和路政巡查实施交叉巡查,视频监控实施定时轮巡,三种巡查模式相结合,快速发现路损或侵权案件。监控和养护发现路损或侵权案件后,通知路政前往处置,及时制止侵权行为。

(六)企业文化建设

公司坚持以人为本的原则,通过人本管理,形成凝心聚力的良好氛围,调动职工的积极性和主动性,发挥职工的主体作用;坚持传承创新的原则,传承发扬企业优良文化传统,挖掘自身文化底蕴,总结推广好经验做法,不断丰富和发展自身企业文化;坚持因地制宜的原则,结合区域文化特点和单位行业特征,在确保基本模式不变的前提下,鼓励和支持各单位构建具有个性化特征和本单位特点的企业文化;坚持合力共为的原则,完善领导体制和工作机制,建立起党政工团各级组织、各部门和全体干部职工,分工负责、合力共为,共同推进企业文化建设的工作格局。

三、博罗—清远段

博罗至清远高速公路是广东省规划的"九纵五横两环"公路网中"二横"的重要组成部分,是一条贯穿广东东西两翼经济文化的重要纽带。路线分两部分,一条是博罗石坝至龙门永汉镇与广河高速公路共线,全长75.215km(建设和运营管理情况见广河高速公路惠州段);另一条是永汉镇至清新县太和镇,全长125.277km,线路自惠州市龙门县永汉镇起,经铁岗镇、广州从化区良口镇、清远市佛冈县四九、汤塘、龙山镇、清远市清城区,止于清新县永和镇,顺接汕湛高速公路清远清新至云浮新兴段。概算投资约208亿元。于2016年12月30日全线开工建设。

(一)主要技术指标和建设规模

全程主线按高速公路标准建设,双向六车道,设计速度100km/h,整体式路基宽度33.5m,分离式路基16.75m。设桥梁104座、隧道16座。

(二)建设情况

1. 建设依据

2015年中完成工可编制,2015年底通过省发展改革委立项。

2. 资金来源

项目由广东省交通集团有限公司投资建设。

3. 招投标

2016年完成各项招标工作。

四、清远—云浮段

汕(头)湛(江)高速公路清远清新至云浮新兴段,位于珠三角西部地区外围,是广东省高速公路网规划的"二横"——汕头至湛江高速公路的重要组成部分。线路起于清远市清新区太和镇,接汕湛高速公路惠州至清远段,经肇庆四会市、高要市、德庆县、云浮市云安县、云城区,止于云浮市新兴县簕竹镇,接汕湛高速公路云浮至湛江段。主线全长157.75km,批复概算168.46亿元。先行工程于2014年9月开工,2016年上半年全线开工建设。

该项目的建设将完善广东省高速公路网,对建立粤西地区与珠三角西部、粤北地区联系的快速通道,形成沈海高速公路粤境段复线,构筑清远、肇庆、云浮三市公路网主骨架,完善粤西北区域干线公路网,促进粤西北地区经济加速发展,推动珠三角发达地区与粤西北山区之间的"双转移"有着重要意义。

(一)主要技术指标和建设规模

线路处于南岭山脉南侧,地形区划属西江两岸山地与粤中低山丘陵,山峦起伏,山系多为华夏式山脉,呈北东—南西向展布。沿线溪流众多,地形复杂,"V"形谷、峡谷发育,属于长期风化剥蚀的丘陵、中低山地貌区。

项目按高速公路标准建设,双向四车道,设计速度100km/h。全线共设主要特大桥、大桥59座,隧道9座,设互通式立交15处、管理中心1处、服务区3处、停车区3处。清云高速公路主要桥梁、隧道表见表4-7-4、表4-7-5。

(二)建设情况

1. 建设依据

2010年9月19日,广东省交通运输厅《关于印发汕头湛江高速公路清远清新至云浮新兴段工程可行性研究报告评审意见的通知》。

2014年8月4日,广东省发展改革委《关于汕(头)湛(江)高速公路清远清新至云浮新兴段工程可行性研究报告的批复》。

2014年8月7日,广东省交通运输厅《关于汕(头)湛(江)高速公路清远清新至云浮新兴段初步设计的批复》。

2. 资金来源

项目按政府还贷模式实施"省市共建",项目资本金占总投资的40%,由省、市按70%∶30%的比例出资,资本金以外的建设资金通过银行贷款。

2014年10月广东省南粤交通投资建设有限公司成立广东省南粤交通清云高速公路管理中心,负责对广东省汕(头)湛(江)高速公路清远清新至云浮新兴段工程的设施投资、建设、经营及管理。

3. 征地拆迁

项目已征用土地18036.8亩,征拆房屋261077m^2。

4. 主要设计、施工、监理单位

设计单位:中交路桥技术有限公司、华杰工程咨询有限公司、中国公路工程咨询集团有限公司。

施工单位:中交第二公路工程局有限公司、中交第一航务工程局有限公司、广东省长大公路工程有限公司等16个单位。

清云高速公路主要桥梁表

表 4-7-4

序号	桥梁分类	桥梁名称	中心桩号	桥梁长度（m）	桥面宽度（m）	车道数	设计汽车荷载等级	开工时间	备注
1	大桥	清新特大桥	K0+205.186	450	25.5	4	公路—Ⅰ级	2015年12月	
2	大桥	牛仔谷1号大桥	ZK3+808	288	12.5	4	公路—Ⅰ级	2015年12月	
3	大桥	牛仔谷2号大桥	ZK4+371.5	230.6	12.5	4	公路—Ⅰ级	2015年12月	
4	大桥	清营2号大桥	K4+384	205.6	12.5	4	公路—Ⅰ级	2015年12月	
5	大桥	秦皇大桥	ZK7+805	595.6	12.5	4	公路—Ⅰ级	2015年12月	
6	大桥	北坑水库大桥	K7+807.5	590.6	12.5	4	公路—Ⅰ级	2015年12月	
7	大桥	木坑大桥	K9+324.5	550	25.5~34.37	4	公路—Ⅰ级	2015年12月	
8	大桥	蓼背岭大桥	K14+665	305.6	25.5	4	公路—Ⅰ级	2015年12月	
9	大桥	三坑河大桥	K18+254	205	25.5	4	公路—Ⅰ级	2015年12月	
10	大桥	仓背1号大桥	ZK20+650	276.4	12.5	4	公路—Ⅰ级	2016年4月	
11	大桥	仓背2号大桥	ZK20+655	276.4	12.5	4	公路—Ⅰ级	2016年4月	
12	大桥	大云脚大桥	ZK22+096	368	12.5	4	公路—Ⅰ级	2016年4月	
13	大桥	黄坑大桥	K22+076	368	12.5	4	公路—Ⅰ级	2016年4月	
14	大桥	山大塘大桥	K26+735	205	25.5	4	公路—Ⅰ级	2016年4月	
15	大桥	龙坑大桥	K27+155	480.6	25.5	4	公路—Ⅰ级	2016年4月	
16	大桥	江合大桥	K35+035	505.6	25.5	4	公路—Ⅰ级	2016年4月	
17	大桥	水花潭大桥	K37+289.5	380.6	25.5	4	公路—Ⅰ级	2016年4月	
18	大桥	磨刀坑大桥	K38+539	336.4	25.5	4	公路—Ⅰ级	2016年4月	
			K40+716	285	25.5	4	公路—Ⅰ级	2016年4月	
			K41+970	605.6	25.5	4	公路—Ⅰ级	2016年4月	
			K45+237.5	380.6	25.5	4	公路—Ⅰ级	2016年4月	
			K47+060.5	205.6	25.5	4	公路—Ⅰ级	2016年4月	

续上表

序号	桥梁分类	桥梁名称	中心桩号	桥梁长度（m）	桥面宽度（m）	车道数	设计汽车荷载等级	开工时间	备注
19	大桥	朱家地大桥	ZK55+139.5	830.6	12.5	4	公路—Ⅰ级	2016年4月	
			K55+139.5	829.9	12.5				
20	大桥	绥江大桥	K59+482.7	104.9	12.5	4	公路—Ⅰ级	2016年4月	
21	特大桥	进步特大桥	K60+033.1	315.3	29.4	4	公路—Ⅰ级	2016年4月	
22	大桥	贵广高铁跨线桥	K60+890.1	1406.5	25	4	公路—Ⅰ级	2016年4月	
			ZK64+503.9	446.4	12.5				
			K64+528.3	386.4	12.5				
23	大桥	带下大桥	ZK66+354	254.9	12.5	4	公路—Ⅰ级	2016年4月	
			K66+291.5	379.9	12.5				
24	大桥	上旱大桥	ZK71+733	216.4	12.5	4	公路—Ⅰ级	2016年4月	
			K71+733	216.4	12.5				
25	大桥	朱石大桥	ZK76+610	254.3	12.5	4	公路—Ⅰ级	2016年4月	
			K76+579	305.3	12.5				
26	大桥	小良大桥	ZK78+002.5	579.2	12.5	4	公路—Ⅰ级	2016年4月	
			K78+015	630.6	12.5				
27	大桥	双任大桥	ZK78+595	275.3	12.5	4	公路—Ⅰ级	2016年4月	
			K78+640	425.3	12.5				
28	大桥	罗文大桥	ZK80+534	204.2	12.5	4	公路—Ⅰ级	2016年4月	
			K80+528	204.2	12.5				
29	大桥	三堂车大桥	ZK81+597.5	230.6	12.5	4	公路—Ⅰ级	2015年12月	
			K81+590	254.2	12.5				
30	大桥	石下大桥	K82+240	385	25	4	公路—Ⅰ级	2015年12月	

续上表

序号	桥梁分类	桥梁名称	中心桩号	桥梁长度（m）	桥面宽度（m）	车道数	设计汽车荷载等级	开工时间	备注
31	大桥	塘州大桥	ZK85+147.5	179.2	12.5	4	公路—Ⅰ级	2015年12月	
32	大桥	竹岗大桥	K85+310	502.1	15	4	公路—Ⅰ级	2015年12月	
			ZK85+897.5	599.2	12.5	4	公路—Ⅰ级	2015年12月	
33	大桥	舍村大桥	K85+885	652.1	12.5	4	公路—Ⅰ级	2015年12月	
			ZK89+360	485	12.5	4	公路—Ⅰ级	2015年12月	
34	大桥	石苟大桥	K89+370	425	12.5	4	公路—Ⅰ级	2015年12月	
			ZK89+845	354.9	12.5	4	公路—Ⅰ级	2015年12月	
35	大桥	官塘大桥	K89+857.5	380.6	12.5	4	公路—Ⅰ级	2015年12月	
			ZK90+548.5	373	12.5	4	公路—Ⅰ级	2015年12月	
			K90+548.5	373	12.5	4	公路—Ⅰ级	2015年12月	
36	大桥	隔水大桥	K91+705	574.2	25	4	公路—Ⅰ级	2015年12月	
37	大桥	隔岭大桥	K95+210	305.6	25	4	公路—Ⅰ级	2015年12月	
38	大桥	乌石坑大桥	K97+069.6	368.4	25	4	公路—Ⅰ级	2015年12月	
39	大桥	乐洞大桥	ZK99+780.24	699.9	12.5	4	公路—Ⅰ级	2015年12月	
			K99+780.24	699.9	12.5	4	公路—Ⅰ级	2015年12月	
40	大桥	官州大桥	K100+875	364.2	25	4	公路—Ⅰ级	2015年12月	
41	大桥	西坑大桥	ZK101+950.3	255.6	12.5	4	公路—Ⅰ级	2016年10月	
			K101+937.85	230.6	12.5	4	公路—Ⅰ级	2016年10月	
42	大桥	将军2号桥	K102+860.35	354.9	25	4	公路—Ⅰ级	2016年10月	
43	大桥	桐槎大桥	ZK104+086.1	255.6	12.5	4	公路—Ⅰ级	2016年10月	
			K104+093.1	255.6	12.5	4	公路—Ⅰ级	2016年10月	

续上表

序号	桥梁分类	桥梁名称	中心桩号	桥梁长度 (m)	桥面宽度 (m)	车道数	设计汽车荷载等级	开工时间	备注
44	大桥	寻边大桥	K107+412.5	755.6	25	4	公路—Ⅰ级	2016年10月	
45	特大桥	西江特大桥（主桥）	K115+192	940	34	4	公路—Ⅰ级	2015年9月	
46	大桥	格塘大桥	K120+910	606.4	14.75/变宽	4	公路—Ⅰ级	2015年12月	
47	大桥	杨古跨线桥	K125+772.9	265	25	4	公路—Ⅰ级	2014年9月	
48	大桥	黄泥大桥	ZK128+402.7	305.0	12.5	4	公路—Ⅰ级	2014年9月	
			K128+382.75	265.0	12.5	4	公路—Ⅰ级		
49	大桥	乌石大桥	ZK129+240.1	505.6	12.5	4	公路—Ⅰ级	2014年9月	
			K129+252.6	530.6	12.5	4	公路—Ⅰ级		
50	特大桥	夏洞特大桥	ZK134+285.228	1428.9	变宽	4	公路—Ⅰ级	2016年11月	
			K134+283.978	1431.9	变宽	4	公路—Ⅰ级		
51	大桥	搅坑大桥	K135+770	486.4	25	4	公路—Ⅰ级	2016年11月	
52	大桥	古笼大桥	K136+964	230.6	25	4	公路—Ⅰ级	2016年11月	
53	大桥	斗带大桥	K138+003.35	454.9	25	4	公路—Ⅰ级	2016年11月	
54	大桥	三都大桥	ZK140+978.9	306.4	12.5	4	公路—Ⅰ级	2016年11月	
			K140+963.9	336.4	12.5	4	公路—Ⅰ级		
55	大桥	董迳大桥	K142+652	280.6	25	4	公路—Ⅰ级	2015年12月	
56	大桥	欧村大桥	K145+123.725	635.3	25	4	公路—Ⅰ级	2015年12月	
57	大桥	布马大桥	K151+640	306.4	25	4	公路—Ⅰ级	2016年10月	
58	大桥	鹊岗大桥	K153+815	280.6	25	4	公路—Ⅰ级	2016年10月	
59	大桥	良洞互通主线桥	ZK158+239.2	800.4	变宽	4	公路—Ⅰ级	2016年10月	
			K158+239.2	800.4	变宽	4	公路—Ⅰ级		

清云高速公路隧道表

表 4-7-5

序号	隧道分类	隧道名称	起止桩号	长度（单洞，m）	行车道宽度（单洞，m）	隧道净高（m）	车道数	开工时间	备注
1	中长隧道	金鸡山隧道	左：ZK22+310～ZK23+042 右：YK22+276～YK23+126	732 850	11 11	5 5	4 4	2015年12月	
2	短隧道	新村隧道	左：ZK49+245～ZK49+640 右：K49+255～K49+560	395 305	11 11	5 5	4 4	2016年4月	
3	长隧道	梅心岭隧道	左：ZK55+997～ZK57+575 右：K55+993～K57+566	1578 1573	11 11	5 5	4 4	2016年4月	
4	长隧道	大山头隧道	左：ZK63+468～ZK64+013 右：K63+486～K63+964	545 478	11 11	5 5	4 4	2016年4月	
5	长隧道	黄牛凸隧道	左：ZK72+396～ZK75+237 右：K72+408～K75+249	2841 2841	11 11	5 5	4 4	2016年4月	
6	中长隧道	罗文隧道	左：ZK79+875～ZK80+414 右：K79+860～K80+417	539 557	11 11	5 5	4 4	2016年4月	
7	长隧道	虎山隧道	左：ZK111+225～ZK113+005 右：K111+240～K113+050	1780 1810	11 11	5 5	4 4	2016年10月	
8	长隧道	将军山隧道	左：ZK116+460～ZK118+295 右：K116+435～K118+270	1835 1828	11 11	5 5	4 4	2015年12月	
9	长隧道	乌石隧道	左：ZK129+730～ZK131+005 右：K129+732～K131+020	1275 1288	11 11	5 5	4 4	2014年9月	

监理单位：北京路桥通国际工程咨询有限公司、北京华通公路桥梁监理咨询有限公司、广东翔飞公路工程监理有限公司、武汉大通公路桥梁工程咨询监理有限责任公司。

2014年9月28日，先行标开工建设。2015年12月起，已经完成招标的施工合同段陆续进场开始施工。

（三）复杂技术工程

1. 西江特大桥

西江特大桥是该项目的控制性工程，该桥采用主跨738m的悬索桥，为广东省南粤交通投资建设有限公司项目首次采用的桥型，技术复杂。桥梁跨越西江主航道，该航道为规划Ⅰ级航道，航运量大。施工期间，采取有效措施，确保通航安全。

工程强化西江特大桥管理，发挥设计施工总承包管理优势。利用设计施工总承包模式，以"设计与施工联动，施工驱动设计"为原则，加强安全管理，确保西江桥控制性工程顺利推进。在全国首次在钢桥面采用U肋内焊技术，大大延长了钢结构桥梁的使用寿命。

2. 黄牛凸隧道

黄牛凸隧道位于广东省四会市石狗镇与高要市水南镇交界处，设计为洞口小净距洞身分离式隧道，左线长2841m，右线长2841m，洞底设计高程135.9~155.0m，最大埋深300m。洞内轮廓尺寸为：净宽11.77m，净高7.20m。进口端采用端墙式洞门，出口端采用直削式洞门。共设置4处车行横通道和5处人行横通道，隧道设计使用年限为100年，采用灯光照明，机械通风。

隧道进口围岩分级为Ⅴ级，自然山坡为逆向坡，地形相对较平缓，洞轴线与地形线斜交，有一定的偏压现象，入口段岩层围岩岩体破碎，自稳能力差。但岩层倾角较缓，对边坡稳定性影响不大。

（四）科技创新

"清云高速公路生态敏感段表土资源收集与利用技术研究"为广东省交通运输厅科技项目（编号：科技-2015-02-012），由广东省南粤交通清云高速公路管理中心、交通运输部科学研究院、深圳市如茵生态建设有限公司共同开展研究工作。

高速公路的建设和扩展不可避免地变更了原有土地的功能，特别是公路建设中的表土清理工序往往是将公路路域范围内的表层耕作土和地表植被完全清理出去。这些被清理的表土（含地表植物残体）通常被视为公路建设中的废弃物堆放，形成新的弃渣场，占用土地、影响景观，且容易造成新的水土流失，对区域植被、土壤等生态环境要素也产生不利影响。另外，公路建设清理掉的表土中往往含有丰富的乡土植物种子资源和土壤微生物资源。土质肥沃地段的土壤中腐殖质、有机质、NPK养分等含量较高,对于保护当地物种及加速边坡植被的生态恢复有重要价值,是可以重复再利用的宝贵资源。

该课题形成一套适合清云高速公路的表土资源收集与高效利用技术,为实现清云高速公路全路段表土资源利用提供技术支撑。

五、新兴—阳春段

汕湛高速公路新兴至阳春段,起于云浮市新兴县簕竹镇,顺接汕湛高速公路清远清新至云浮新兴段终点,途经新兴县河头、天堂镇,阳春市春湾、松柏镇,止于八甲镇;路线全长85.777km(不含与罗阳高速共线段32.77km),设计概算约为94.6亿元。第一期44.157km于2015年9月2日开工,2017年底建成通车。第二期计划于2018年9月通车。

(一)主要技术指标和建设规模

全线采用高速公路标准,分段采用四、六车道,设计速度分段采用100km/h、120km/h,路基宽分段采用26m、28m。共设主线桥80座,其中特大桥、大桥65座;隧道5座,其中中隧道1座、短隧道4座。桥隧总长18997.6m,占路线比例22.25%。设有互通立交10处,服务区1处,停车区3处,匝道收费站8处。汕湛高速公路新阳段主要桥梁、隧道表见表4-7-6、表4-7-7。

汕湛高速公路新阳段主要桥梁表　　　　表4-7-6

序号	桥梁分类	桥梁名称	中心桩号	桥梁长度(m)	桥面宽度(m)	车道数	设计汽车荷载等级	开工时间	备注
1	大桥	围仔大桥(左幅)	K0+365.5	696.4	12.5	2	公路—Ⅰ级	2016年3月	
2	大桥	围仔大桥(右幅)	K0+365.5	696.4	12.5	2	公路—Ⅰ级	2016年3月	
3	大桥	庙背大桥(左幅)	K1+423	386.4	12.5	2	公路—Ⅰ级	2016年3月	
4	大桥	庙背大桥(右幅)	K1+423	386.4	12.5	2	公路—Ⅰ级	2016年3月	
5	大桥	落地郎大桥(左幅)	K2+213	686.4	12.5	2	公路—Ⅰ级	2016年3月	
6	大桥	落地郎大桥(右幅)	K2+210.5	691.4	12.5	2	公路—Ⅰ级	2016年3月	
7	大桥	坑背大桥(左幅)	K3+615	330.6	12.5	2	公路—Ⅰ级	2016年3月	
8	大桥	坑背大桥(右幅)	K3+615	330.6	12.5	2	公路—Ⅰ级	2016年3月	
9	大桥	马溪大桥(左幅)	K5+020	366.4	12.5	2	公路—Ⅰ级	2016年3月	
10	大桥	马溪大桥(右幅)	K5+035	336.4	12.5	2	公路—Ⅰ级	2016年3月	
11	大桥	下村大桥(左幅)	K6+228.5	245	12.5	2	公路—Ⅰ级	2016年3月	
12	大桥	下村大桥(右幅)	K6+230.5	245	12.5	2	公路—Ⅰ级	2016年3月	
13	大桥	大王蛇大桥(左幅)	K7+400.5	336.4	12.5	2	公路—Ⅰ级	2016年3月	
14	大桥	大王蛇大桥(右幅)	K7+407	366.4	12.5	2	公路—Ⅰ级	2016年3月	
15	大桥	枫木郎大桥(左幅)	K8+079.5	336.4	12.5	2	公路—Ⅰ级	2016年3月	

续上表

序号	桥梁分类	桥梁名称	中心桩号	桥梁长度（m）	桥面宽度（m）	车道数	设计汽车荷载等级	开工时间	备注
16	大桥	枫木郎大桥（右幅）	K8+109	306.4	12.5	2	公路—Ⅰ级	2016年3月	
17	大桥	回龙口大桥（左幅1号）	K8+768.5	305.6	12.5	2	公路—Ⅰ级	2016年3月	
18	大桥	回龙口大桥（左幅2号）	K9+157.5	280.6	12.5	2	公路—Ⅰ级	2016年3月	
19	大桥	回龙口大桥（右幅）	K9+014.5	555.6	12.5	2	公路—Ⅰ级	2016年3月	
20	大桥	梅仔大桥（左幅）	K9+845.7	480.6	12.5	2	公路—Ⅰ级	2016年4月	
21	大桥	梅仔大桥（右幅）	K9+882	530.6	12.5	2	公路—Ⅰ级	2016年4月	
22	大桥	白灰屋大桥（左幅2号）	K11+459	475.3	12.5	2	公路—Ⅰ级	2016年5月	
23	大桥	白灰屋大桥（右幅）	K11+284.5	920.3	12.5	2	公路—Ⅰ级	2016年5月	
24	大桥	桃坑大桥	K12+772	230.6	25.5	4	公路—Ⅰ级	2016年8月	
25	大桥	蓝坑大桥	K14+123	325	25.5	4	公路—Ⅰ级	2016年5月	
26	大桥	大河口大桥（左幅）	K14+970	530.6	12.5	2	公路—Ⅰ级	2016年5月	
27	大桥	大河口大桥（右幅）	K14+945	630.6	12.5	2	公路—Ⅰ级	2016年5月	
28	大桥	河仔口1号桥（左幅）	K18+166	255.6	12.5	2	公路—Ⅰ级	2016年8月	
29	大桥	河仔口1号桥（右幅）	K18+166	305.6	12.5	2	公路—Ⅰ级	2016年9月	
30	大桥	河仔口2号桥	K18+541	255.6	25.5	4	公路—Ⅰ级	2016年7月	
31	大桥	云灰大桥（左幅）	K19+268	356.6	12.5	2	公路—Ⅰ级	2016年5月	
32	大桥	云灰大桥（右幅）	K19+268	405.6	12.5	2	公路—Ⅰ级	2016年6月	
33	大桥	沙坪大桥（左幅）	K20+760.5	288	12.5~16.5	2	公路—Ⅰ级	2016年3月	
34	大桥	沙坪大桥（右幅）	K20+754.5	288	12.5	2	公路—Ⅰ级	2016年3月	
35	大桥	大水坑大桥（左幅）	K24+038	255.6	12.5	2	公路—Ⅰ级	2016年7月	
36	大桥	大水坑大桥（右幅）	K24+037	255.6	12.5	2	公路—Ⅰ级	2016年7月	
37	特大桥	三茂铁路跨线桥（左幅）	K26+597.7	1095.6	12.5~14.953	2	公路—Ⅰ级	2016年1月	
38	特大桥	三茂铁路跨线桥（右幅）	K26+597.7	1095.6	12.5~22.107	2	公路—Ⅰ级	2016年3月	
39	大桥	大郎河1号大桥（左幅）	K28+671	255.6	12.5	2	公路—Ⅰ级	2016年5月	
40	大桥	大郎河1号大桥（右幅）	K28+671	255.6	12.5	2	公路—Ⅰ级	2016年4月	
41	大桥	大郎河2号大桥（左幅）	K29+907	255.6	12.5	2	公路—Ⅰ级	2016年3月	
42	大桥	大郎河2号大桥（右幅）	K29+907	255.6	12.5	2	公路—Ⅰ级	2016年4月	
43	大桥	黄村河大桥	K34+200.5	380.6	23	4	公路—Ⅰ级	2016年4月	
44	大桥	漠阳江大桥	K38+633	366.4	23	4	公路—Ⅰ级	2016年3月	
45	大桥	连接线2号大桥	LK1+394.3	345	9	2	公路—Ⅰ级	2016年8月	
46	大桥	田坡大桥	K89+090	275.6	26.5	4	公路—Ⅰ级	2015年12月	
47	大桥	石菉互通一号大桥（左幅）	K89+808	180.6	12.25~16.28	2	公路—Ⅰ级	2015年10月	
48	大桥	石菉互通一号大桥（右幅）	K89+804.5	195.6	15.83~23.6	2	公路—Ⅰ级	2015年11月	
49	大桥	黄皮山大桥	K90+905	155.6	26.5	4	公路—Ⅰ级	2015年11月	

续上表

序号	桥梁分类	桥梁名称	中心桩号	桥梁长度(m)	桥面宽度(m)	车道数	设计汽车荷载等级	开工时间	备注
50	大桥	运岗大桥	K93+325	245	26.5	4	公路—Ⅰ级	2015年11月	
51	大桥	高仰岗大桥	K94+143	185	26.5	4	公路—Ⅰ级	2015年12月	
52	大桥	明里大桥(左幅)	K105+280.0	245	13.75	2	公路—Ⅰ级	2015年9月	
53	大桥	明里大桥(右幅)	K105+290.0	225	13.75	2	公路—Ⅰ级	2015年9月	
54	大桥	S113一号大桥(左幅)	K106+092.0	592.6	13.75	2	公路—Ⅰ级	2015年9月	
55	大桥	S113一号大桥(右幅)	K106+117.0	542.6	13.75	2	公路—Ⅰ级	2015年9月	
56	大桥	荆山大桥	K106+701.5	330.6	27.5	4	公路—Ⅰ级	2015年9月	
57	大桥	三甲河大桥(左幅)	K108+552.0	500.6	13.75	2	公路—Ⅰ级	2015年9月	
58	大桥	三甲河大桥(右幅)	K105+562.0	480.6	13.75	2	公路—Ⅰ级	2015年9月	
59	大桥	S113二号大桥(左幅)	K110+100.5	271.6	15	2	公路—Ⅰ级	2015年12月	
60	大桥	S113二号大桥(右幅)	K110+113	246.6	15	2	公路—Ⅰ级	2015年12月	
61	大桥	潭水河大桥	K114+701	546.4	29.38	4	公路—Ⅰ级	2015年12月	
62	大桥	安马大桥(左幅)	K116+876	366.4	13.25	2	公路—Ⅰ级	2015年12月	
63	大桥	安马大桥(右幅)	K116+876	306.4	13.25	2	公路—Ⅰ级	2015年12月	
64	大桥	月水垌大桥	K117+668	276.4	27.5	4	公路—Ⅰ级	2015年12月	
65	大桥	河壁大桥	K118+410	306.4	27.5	4	公路—Ⅰ级	2015年12月	

汕湛高速公路新阳段隧道表　　　　表4-7-7

序号	隧道分类	隧道名称	起止桩号	长度(单洞,m)	行车道宽度(单洞,m)	隧道净高(m)	车道数	开工时间	备注
1	短隧道	下村隧道(左线)	K6+410~K6+893	483	11	5	2	2016年5月	
2	短隧道	下村隧道(右线)	K6+408~K6+893	485	11	5	2	2016年5月	
3	短隧道	中间村隧道(左线)	K8+249~K8+630	381	11	5	2	2016年6月	
4	短隧道	中间村隧道(右线)	K8+265~K8+603	338	11	5	2	2016年6月	
5	短隧道	三角郎隧道(左线)	K10+236~K10+715	479	11	5	2	2016年4月	
6	短隧道	三角郎隧道(右线)	K10+249~K10+748	499	11	5	2	2016年4月	
7	短隧道	八楼隧道(左线)	K23+492~K23+900	408	11	5	2	2016年7月	
8	短隧道	八楼隧道(右线)	K23+480~K23+903	423	11	5	2	2016年7月	
9	中隧道	马山顶隧道(左线)	K72+396~K75+237	596	11	5	2	2015年12月	
10	中隧道	马山顶隧道(右线)	K72+408~K75+249	597	11	5	2	2015年12月	

(二)建设情况

1. 建设依据

2014年11月13日,广东省发展和改革委员会《关于汕(头)湛(江)高速公路云浮至湛江段及支线工程可行性研究报告的批复》。

2014年11月14日,广东省交通运输厅《关于汕(头)湛(江)高速公路云浮至湛江段及支线工程初步设计的批复》。

2. 资金来源

项目按政府还贷模式实施"省市共建",项目资本金占总投资的40%,由省、市按70%:30%的比例出资,其中的30%由云浮市和阳江市出资,资本金以外的建设资金通过国内银行贷款。

2013年初,广东省人民政府批准成立广东省南粤交通投资建设有限公司,负责交通建设投融资和政府还贷高速公路的建设、经营、管理。

3. 征地拆迁

项目征用土地12733.3亩,征拆房屋133587m^2。

4. 主要设计、施工、监理单位

设计单位:山西交科公路勘察设计院、山东省交通规划设计院。

施工单位:中铁十七局集团有限公司、广东长大公路工程有限公司、中铁十五局集团有限公司等9个单位。

监理单位:广东华路交通科技有限公司、海南交通建设咨询有限公司。

(三)复杂技术工程

新兴至阳春段穿越岩溶区,全线岩溶路段共计10余公里,占全线总里程的24.6%。为保证路基稳定及注浆工程量可控,结合该项目的溶洞特征,岩溶处治主要采用高压旋喷桩和膜袋袖阀管方案。该项目岩溶路基处治方案原则如下:

(1)当路基溶洞埋藏深度大于15m或溶洞顶板厚度大于5m时,不予处治。

(2)对串珠状溶洞,溶洞顶埋深小于15m时进行处理,溶洞顶埋深大于15m的部分溶洞不予处理。

(3)对覆盖层薄、塌陷风险较高的段落,建议采用膜袋注浆处理,在路基影响范围内通过模袋袖阀管注浆形成强度相对较高的桩体,与溶洞内充填物形成复合地基,施工时做好引孔处理,同时应确定膜袋桩检测的相关指标。

(4)对覆盖层厚、塌陷风险大的段落或岩溶主要为土洞且全充填软塑、流塑状黏土的,建议采用高压旋喷桩对溶洞腔体内的充填物进行固结以形成复合地基。

(5)对以黏性土为主、塌陷风险较低的路段,路基填筑前进行强夯+双层土工格栅包裹50cm砂砾层处理;当路基段岩溶区地表有粉细砂覆盖层时,也可采用双层土工格栅包裹50cm砂砾层处理,确保路基的整体性。

(6)对原设计需要处治的段落以外,施工现场出现过地表塌陷的易塌陷区,结合现场情况、地质等因素,采用动态的处理措施。

(四)科技创新

"'碳中性'绿色公路建设关键技术研究与示范"为广东省交通运输厅科技项目,完成单位为广东省南粤交通云湛高速公路管理中心、华南理工大学。主要研究内容如下:

(1)新阳段高速公路绿色服务区绿化景观与生态停车场"碳中性"构建技术。

(2)新阳段高速公路服务区生活污水复合生物滤池-生态处理与回用技术。

(3)新阳段高速公路服务区生活垃圾的分类回收与资源化成套技术。

(4)新阳段高速公路绿色生态服务区"碳中性"绿化设计与系统集成污水处理及生活垃圾处理处置的污染物绿色循环"零排放"工程示范。

(5)高速公路绿化带常用绿化植物及植被恢复的"碳汇"效应研究。

(6)高速公路绿化带及服务区绿化的植物组配模式与新阳段公路建设受破坏区域植被恢复及碳补偿研究。

(7)制定南亚热带地区绿色高速公路绿化带与沿线植被恢复评价指标体系及设计技术指南。

(五)企业文化建设

项目建设理念:以人为本,诚信守约,优质高效,绿色低碳,科学管理,廉政建设。

六、阳春—化州段

汕湛高速公路阳春—化州段,起于阳春市八甲镇,沿线经过茂名电白、高州、茂南,止于化州市丽岗镇。路线全长133.94km,由主线及博贺疏港支线组成,主线路线全长101.32km,博贺疏港支线全长32.62km,位于茂名市电白区黄岭镇至马踏镇。汕湛高速公路云湛项目阳化段初步设计概算为134.57亿元,于2014年12月28日开工建设,2017年12月建成通车。

(一)主要技术指标和建设规模

阳化段路线全长133.94km,由2段组成。主线路线全长101.32km,按高速公路标准建设,双向四车道,设计速度分段采用100km/h、120km/h,路基宽分段采用26m、28m。主线设特大桥2座,大桥62座,中桥34座。互通式立交10处,服务区2处,停车区1处。博贺疏港支线全长32.62km,按高速公路标准建设,双向四车道,设计速度100km/h,路基宽26m。设有桥梁49座,其中特大桥5座,大桥44座;互通式立交4处,停车区1处。汕湛高速公路阳化段主要桥梁见表4-7-8。

汕湛高速公路阳化段主要桥梁表

表 4-7-8

序号	桥梁分类	桥梁名称	中心桩号	桥梁长度（m）	桥面宽度（m）	车道数	设计汽车荷载等级	开工时间	完工时间	备注
1	大桥	响水大桥	K122+855	261.4	2×12.25	4	公路—Ⅰ级	2015年9月	2017年6月	
2	大桥	肖河大桥	K125+692	608	2×12.25	4	公路—Ⅰ级	2015年9月	2017年6月	
3	大桥	苏竹窝大桥	K127+091	216.4	2×12.25	4	公路—Ⅰ级	2015年9月	2017年6月	
4	大桥	黄垌河大桥	K131+404	648	2×13.25	4	公路—Ⅰ级	2016年2月	2017年5月	
5	大桥	省道113跨线桥	K134+877	295.6	2×13.25	4	公路—Ⅰ级	2015年12月	2017年3月	
6	大桥	大路村大桥	K139+612	516.4	28	4	公路—Ⅰ级	2015年12月	2017年7月	
7	大桥	坡面洞大桥	K140+109	205.6	28	4	公路—Ⅰ级	2015年12月	2017年6月	
8	特大桥	那霍河特大桥	K144+276	1005.64	28	4	公路—Ⅰ级	2015年11月	2017年5月	
9	大桥	大方洞大桥	K147+529	305.6	28	4	公路—Ⅰ级	2015年12月	2017年7月	
10	特大桥	石坦河特大桥	K149+893.5	1380.6	28	4	公路—Ⅰ级	2016年1月	2017年7月	
11	大桥	三茂铁路跨线桥	BZK4+270	575.7	2×12.25	4	公路—Ⅰ级	2016年4月	2017年7月	
12	特大桥	沙琅江特大桥	BZK5+961	1256.4	2×12.5	4	公路—Ⅰ级	2015年12月	2017年6月	
13	大桥	上旺村大桥	BZK7+871	205	2×12.5	4	公路—Ⅰ级	2016年4月	2017年6月	
14	大桥	罗黄干渠大桥	BZK9+620.5	306.4	2×12.5	4	公路—Ⅰ级	2016年1月	2017年7月	
15	大桥	书房屋大桥	BZK10+789	325	2×12.5	4	公路—Ⅰ级	2015年12月	2017年6月	
16	大桥	左幅佛子楼大桥	BZK16+944	305	11.5	2	公路—Ⅰ级	2015年12月	2017年6月	
	大桥	右幅佛子楼大桥	BZK16+954	285	11.5	2	公路—Ⅰ级	2015年12月	2017年6月	
17	大桥	左线坡尾村大桥	BZK25+352.2	265	12.5	4	公路—Ⅰ级	2015年12月	2017年7月	
18	大桥	右线坡尾村大桥	BZK25+349.0	265	12.5	4	公路—Ⅰ级	2015年12月	2017年7月	
19	大桥	咸水大桥	BZK31+011.0	845.7	25	4	公路—Ⅰ级	2015年10月	2017年6月	
20	大桥	黄羌枢纽互通主线桥	BZK29+330.4	468.8	变宽	4	公路—Ⅰ级	2016年1月	2016年9月	
21	大桥	塘众大桥	K157+600	397	2×13.25	4	公路—Ⅰ级	2015年10月	2017年6月	
22	大桥	碗窑大桥	K160+787.5	231	2×13.25	4	公路—Ⅰ级	2015年11月	—	
23	大桥	坳脚大桥	K161+630	768	2×13.25	4	公路—Ⅰ级	2015年10月	2017年5月	
24	大桥	白泥坳大桥	K162+740	396.4	2×13.25	4	公路—Ⅰ级	2015年11月	2017年4月	
25	大桥	大木山大桥	左:K163+480.5 右:K163+483	左:481 右:486	2×13.25	4	公路—Ⅰ级	2015年11月	2017年5月	

续上表

序号	桥梁分类	桥梁名称	中心桩号	桥梁长度(m)	桥面宽度(m)	车道数	设计汽车荷载等级	开工时间	完工时间	备注
26	大桥	亚松园大桥	K163+998	306.4	2×13.25	4	公路—Ⅰ级	2015年11月	2017年5月	
27	大桥	昌角大桥	左:K164+935 右:K164+932.8	左:436 右:215.922	2×13.25	4	公路—Ⅰ级	2015年11月	2017年5月	
28	大桥	兰塘大桥	左:K165+771 右:K165+746	左:786 右:736	2×13.25	4	公路—Ⅰ级	2015年11月	2017年5月	
29	大桥	凤凰坡大桥	K166+590	426.4	2×13.25	4	公路—Ⅰ级	2015年11月	2017年5月	
30	大桥	下陂大桥	K168+997	255.6	2×13.25	4	公路—Ⅰ级	2015年12月	2017年5月	
31	大桥	河背岭大桥	K169+405	205.6	2×13.25	4	公路—Ⅰ级	2016年3月	2017年3月	
32	大桥	大塘大桥	K170+080	265.0	2×13.25	4	公路—Ⅰ级	2016年5月	2017年3月	
33	大桥	高田大桥	K170+710	555.6	2×13.25	4	公路—Ⅰ级	2015年10月	2017年5月	
34	大桥	根子河大桥	K172+327	225.0	2×13.25	4	公路—Ⅰ级	2015年10月	2017年5月	
35	大桥	仙塘大桥	K175+345	330.6	12.25	4	公路—Ⅰ级	2015年11月23日	2017年6月	
36	大桥	仙塘互通2号主线桥	K176+474.062	314	12.25~23.17	4	公路—Ⅰ级	2015年11月27日	2017年6月	
37	大桥	东干渠大桥	K177+252	156.4	12.25	4	公路—Ⅰ级	2016年1月14日	2017年5月	
38	大桥	松木山大桥	K177+902	305	12.25	4	公路—Ⅰ级	2015年11月4日	2017年1月	
39	大桥	福地堂大桥	K180+578	365	12.25~17	4	公路—Ⅰ级	2016年1月9日	2017年6月	
40	大桥	杏花大桥	K181+655	305	12.25	4	公路—Ⅰ级	2015年11月12日	2017年5月	
41	大桥	洛湛铁路大桥	K183+286.5	321	12.25	4	公路—Ⅰ级	2015年12月12日	2017年5月	
42	大桥	长塘大桥	K185+785	245	12.25	4	公路—Ⅰ级	2015年11月9日	2017年5月	
43	大桥	如良山大桥	K190+904	345.0	2×13.25	4	公路—Ⅰ级	2015年11月	2016年12月	
44	大桥	白沙河大桥	K193+410	671	2×13.25	4	公路—Ⅰ级	2015年05月	2017年1月	
45	大桥	大水田大桥	K200+600	285	2×13.25	4	公路—Ⅰ级	2015年12月	2017年5月	
46	特大桥	鉴江大桥	K203+265	839.6	2×13.25	4	公路—Ⅰ级	2015年11月	2017年6月	
47	大桥	浩村大桥	K213+070	305.6	2×13.25	4	公路—Ⅰ级	2015年11月	2017年5月	
48	大桥	镇安大桥	K213+616.576	201.4	变宽	4	公路—Ⅰ级	2016年1月	2017年5月	
49	特大桥	罗江大桥	K220+848.5	601.5	2×13.25	4	公路—Ⅰ级	2016年5月	2017年7月	

（二）建设情况

1. 建设依据

2014年11月13日，广东省发展改革委《广东省发展改革委关于汕（头）湛（江）高速公路云浮至湛江段及支线工程可行性研究报告的批复》。

2014年11月14日，广东省交通运输厅《广东省交通运输厅关于汕（头）湛（江）高速公路云浮至湛江段及支线工程初步设计的批复》。

2. 资金来源

云湛高速公路阳化段项目总投资40%为项目资本金，其中广东省南粤交通投资建设有限公司出资70%，地市出资30%。其余资金由云湛高速公路公司向银行贷款。

项目运营管理由省市共同成立项目事业法人（云湛高速公路管理中心）负责。

3. 征地拆迁

广东省南粤交通投资建设有限公司与茂名市人民政府签订了《汕（头）湛（江）高速公路云浮至湛江段及支线工程茂名市先行工程路段征地拆迁框架协议》。广东省南粤交通云湛高速公路管理中心分别与茂名、阳江市人民政府签订了《汕（头）湛（江）高速公路云浮至湛江段及支线工程项目茂名市路段征地拆迁工作包干协议》《汕（头）湛（江）高速公路云浮至湛江段及支线工程项目阳江市路段征地拆迁工作包干协议》，由两市具体负责辖区路段建设用地的征地拆迁工作。

汕湛高速公路阳化段共需征地1.66万亩，茂名市境内用"包茂高速模式"采取征拆"包干"，沿线用地报批与征地拆迁顺利完成。

4. 主要设计、施工、监理单位

设计单位：中交第一公路勘察设计研究院有限公司、中交第二公路勘察设计研究院有限公司。

施工单位：中铁十七局集团有限公司、广东冠粤路桥有限公司、湖南路桥建设集团有限公司。

监理单位：陕西高速公路工程咨询有限公司、长沙中核工程监理咨询有限公司、武汉大通公路桥梁工程咨询监理有限公司、山东格瑞特监理咨询有限公司。

（三）复杂技术工程

1. 软土路基

受区域地层条件、构造条件、地形条件及气象水文地质条件等因素影响和控制，阳化段软土路基极其发育，据统计软基达330万 m^3 以上，主要分布于沟谷、河谷、池塘、盆地走廊带第四系地层中。地形平坦,因长期积水浸泡软化形成,部分属冲洪积成因、塘中淤积成因,表层为灰—灰黑色淤泥质土,局部夹砂、砾石,流塑—软塑状,地基承载力较低,对路基稳定、沉降影响较大。

根据软土的地质水文条件、软土埋深、软土厚度、路基荷载(路基高度)、施工工期,以及设计对路基沉降与稳定的要求,结合筑路材料来源、环境保护等要求,并做到处治方案安全可靠、经济合理,施工可行,方便施工,云湛高速公路阳化段软土地基处理主要采用了换填、砂井沟堆载预压、砂垫层堆载预压、袋装砂井+堆载预压、水泥搅拌桩、素混凝土桩、预应力管桩等方法。

2.薄壁高墩翻模施工技术——坳脚大桥

坳脚大桥全长768m,桥宽26.5m。下构平均高度为29.2m,下构最高高度53.2m。下部构造采用双圆柱式墩、灌注桩基础、实体薄壁墩接群桩基础,桥台采用桩柱式桥台、肋板式桥台、桩基础。上部构造采用40m装配式预应力混凝土T梁(先简支后结构连续)。

高墩主要采用翻模施工,共投入翻模模板16套,塔吊6台。薄壁高墩主要采用塔吊和翻模组织施工,翻模时保留最顶层模板作为翻升后模板的持力部分,然后从最下层模板开始逐一拆除并滑出,利用塔吊将模板吊起,并放置于顶层模板相应平面位置上,将模板与周围模板连接,重复以上操作至墩身浇筑完成。高墩混凝土浇筑主要利用泵车进行混凝土输送,采用插入式振捣棒进行振捣。

(四)科技创新

1.活性粉末改善半刚性基层材料抗裂性研究

该课题针对高等级公路基层结构中普遍存在的抗开裂性能差问题,提出将活性粉末掺入水泥稳定类混合料中,从提高基层材料的组成设计出发,改善其抗开裂性能;同时,设计出适合广东省公路工程环境的活性粉末改性基层材料配合比,为省内高等级公路基层材料改性提供理论依据和技术支撑。该课题用活性粉末替代部分水泥剂量,可降低原材料成本、节约工程造价,符合我国高等级公路绿色环保的发展理念和交通建设资源节约型的可持续发展趋势。

2.预制预应力混凝土箱梁桥施工质量控制及结构安全技术研究

该课题针对预制预应力混凝土简支小箱梁桥展开研究,提出预制预应力箱梁桥常见病害的工程对策、施工质量控制措施和力学参数的时变模型,分析在确定箱梁预制、架设各施工阶段参数设置方法的同时,对预制预应力混凝土小箱梁及整桥全过程承载性能、变化规律及其工程改进措施进行研究,为同类桥梁的建造提供技术支持,提高和改进预制预应力混凝土小箱梁桥的设计方法、构造技术、施工质量。

七、化州—湛江段及支线

汕湛高速公路化州—湛江段全长98.172km,总投资约101.4亿,分为主线和支线两部分。

主线起于化州市石湾镇,顺接阳化段,经化州石湾镇、湛江吴川塘㙍镇、坡头区龙头、坡头镇后在吴川黄坡镇与省道S373相接,路线全长45.825km。

兰海联络线起于化州笪桥镇,经廉江市良垌、石城、安铺镇,设洋官塘枢纽互通与渝湛高速公路(G75)相接,后延伸主线设收费站与环雷州半岛一级公路对接,路线长52.347km。

项目先行标段于2014年12月开工,全线于2015年10月开工建设,2017年12月建成通车。

(一)主要技术指标和建设规模

主线按高速公路标准建设,双向四车道;K248+100~K269+111(终点)按高速公路标准建设,双向六车道,全线设计速度120km/h。

支线按高速公路标准建设,双向四车道;设计速度120km/h。

全线共设主要特大桥、大桥20座,设7处互通式立交,服务区1处、停车区1处、管理中心1处。兰海联络线设6处互通式立交,服务区1处、停车区1处、主线收费站1处。汕湛高速公路化湛段主要桥梁见表4-7-9。

(二)建设情况

1. 建设依据

2014年11月13日,广东省发展和改革委员会《关于汕(头)湛(江)高速公路云浮至湛江段及支线工程可行性研究报告的批复》。

2014年11月14日,广东省交通运输厅《广东省交通运输厅关于汕(头)湛(江)高速公路云浮至湛江段及支线工程初步设计的批复》。

2016年2月26日,取得项目施工许可。

2. 资金来源

建设资金来自政府投入的资本金及国内银行贷款,资本金占总投资的40%,由省、市(云浮市、阳江市、茂名市、湛江市)按70%:30%的比例出资,其余占总投资的60%通过银行贷款。

3. 征地拆迁

2015年1月~2016年12月,一期征用土地7633.871亩,拆迁房屋47600m^2。

汕湛高速公路化湛段主要桥梁表

表 4-7-9

序号	桥梁分类	桥梁名称	中心桩号	桥梁长度（m）	桥面宽度（m）	车道数	设计汽车荷载等级	开工时间	完工时间	备注
1	大桥	省道 S284 跨线桥	K226+279.5	285	27.5	4	公路—Ⅰ级	2015年10月	2016年11月	
2	大桥	月塘二号大桥	K227+392	245	27.5	4	公路—Ⅰ级	2015年10月	2017年3月	
3	大桥	笪桥镇国道 G207 跨线桥	K237+669.5	265	27.5	4	公路—Ⅰ级	2015年11月	2017年6月	
4	大桥	瑶埇大桥	K238+587.3	230	27.5	4	公路—Ⅰ级	2015年12月	2017年6月	
5	大桥	县道 X645 跨线桥	K246+883	245	27.5	4	公路—Ⅰ级	2015年10月	2017年6月	
6	大桥	塘缀镇沈海高速跨线桥	K247+436	490.3	27.5	4	公路—Ⅰ级	2015年11月	2017年6月	
7	大桥	林屋大桥	K247+937.5	330	34	6	公路—Ⅰ级	2015年11月	2017年6月	
8	大桥	塘叕大桥	K249+720	965	34	6	公路—Ⅰ级	2015年12月	2017年9月	
9	特大桥	茂湛铁路跨线桥	K252+014.75	2043.1	34	6	公路—Ⅰ级	2015年10月	2017年6月	
10	大桥	龙头镇国道 G325 跨线桥	K264+067	525	27.5	4	公路—Ⅰ级	2016年4月	2017年3月	
11	大桥	省道 S284 跨线桥	LZK19+925.5	231	27.5	4	公路—Ⅰ级	2016年6月	2017年5月	
12	大桥	黎湛铁路跨线桥	LZK25+443	460	27.5	4	公路—Ⅰ级	2016年8月	2017年6月	
13	大桥	省道 S287 跨线桥	LZK26+566.5	225	27.5	4	公路—Ⅰ级	2016年3月	2017年7月	
14	大桥	雷州青年运河大桥	LZK30+147	508	27.5	4	公路—Ⅰ级	2016年6月	2017年6月	
15	大桥	县道 X680 跨线桥	LZK31+210.5	305.6	27.5	4	公路—Ⅰ级	2015年11月	2017年4月	
16	大桥	新民 2 号大桥	LZK33+510	205	27.5	4	公路—Ⅰ级	2015年11月	2017年2月	
17	大桥	新圩大桥	LZK41+135	265	27.5	4	公路—Ⅰ级	2015年12月	2016年12月	
18	大桥	合湛铁路跨线桥	LZK43+341	971	27.5	4	公路—Ⅰ级	2015年10月	2017年4月	
19	大桥	西海河大桥	LZK46+129.5	325	27.5	4	公路—Ⅰ级	2015年12月	2017年6月	
20	大桥	洋官塘枢纽互通主线桥	LZK50+586	935	27.5	4	公路—Ⅰ级	2016年6月	2017年5月	

4. 招投标及主要设计、施工、监理单位

化州至湛江项目划分9个施工合同段，主要中标单位如下：

设计单位：广东省交通规划设计研究院股份有限公司、北京交科公路勘察设计研究院有限公司。

施工单位：中铁十二局集团有限公司、中铁大桥局集团有限公司、广东省长大公路工程有限公司等9个单位。

监理单位：北京路桥通国际工程咨询有限公司、安徽省高等级公路工程监理有限公司。

5. 重大变更

（1）林屋枢纽立交设计变更

沈海高速公路主线需扩建为八车道，林屋枢纽按照沈海高速公路扩建为八车道设计，主线改扩建工程与新建互通立交的匝道工程同步建设，需对林屋枢纽进行设计变更。

（2）廉江南互通式立交设计变更

廉江市政府要求调整廉江南互通出口交叉形式，取消原被交路S287高架桥，路口采用完全平交形式，并加设信号灯进行交通管制，交叉口范围内S287按双向六车道断面拓宽。

（三）复杂技术工程

1. 茂湛铁路跨线桥

茂湛铁路跨线桥，公路里程K252+620.78，铁路里程K51+116.59，公路与铁路中线交角83.6°。主桥采用双幅75m+75m T形刚构桥，双幅同步转体施工，其中左幅桥在铁路南侧预制，右幅桥在铁路北侧预制，转体长度均为67m+67m，两幅桥同步逆时针转体83.6°就位。单幅桥转体质量约10500t，铁路右侧基坑距离铁路边缘20.66m，左侧基坑距离铁路边缘20.88m。该转体桥是广东省高速公路建设史上的首座转体桥。

2. 林屋枢纽互通

林屋枢纽互通是汕湛高速公路与沈海高速公路茂湛段的交通转换枢纽工程。林屋枢纽互通云湛高速公路主线设计范围为K246+750~K248+750，交叉桩号为K247+623.316，交叉角度为83.93°。互通为"高接高"混合型枢纽互通，除主线外尚有8条匝道。林屋枢纽主线及匝道共5次跨越沈海高速公路，全部为预应力混凝土现浇连续梁，沈海中央绿化带共12根桩基。沈海高速公路茂湛段是珠三角通往粤西地区的唯一高速公路，交通繁忙，施工期间必须保证沈海高速公路的正常通行，施工期间交通疏导难度较大，工期紧张。

3. 洋官塘枢纽互通

洋官塘枢纽互通是汕湛高速公路与渝湛高速公路的交通转换枢纽工程。洋官塘枢纽互通采用单环型混合式互通形式，上跨既有运营的渝湛高速公路，交叉角度为87°。其中B、D、F、H 4座小半径曲线匝道桥均采用现浇箱梁的结构形式上跨既有运营的渝湛高速公路，每座上跨桥均在渝湛高速公路中央分隔带内落墩，原设计采用一联一次性整体浇筑成型，其最低净空为5.7m。在满足支架受力性能的情况下，难以保证交警、路政部门要求的行车净空5.5m，通行情况下增加了箱梁施工过程中对既有高速公路的安全隐患。经过多方研究讨论，最终选择采用分段现浇支架法的优化设计方案。相对于整体浇筑，其交通转换次数减少了2次、工期节省了20%，节约了经济费用。

第八节　沈海高速公路广州支线（S15）

沈海高速公路广州支线原是沈海高速公路在广东的主要路段，2015年国家高速公路网调整后改为现名，编号为S15。线路起于广州火村，经广州广氮、沙贝、南海谢边，止于九江，全长76.189km。

沈海高速广州支线由4个项目段组成：广深高速公路火村—广氮段、广州北环高速公路、广州—佛山高速公路、佛开高速公路谢边—九江段。

一、广深高速公路火村—广氮段

广深高速公路是京港澳高速公路主干线重要组成部分，在国家高速公路网中编号为G4。

广深高速公路广州火村—广氮段，北起点广氮与广州环城高速公路相接，至火村与广州北二环、广州东二环高速公路相接，长10.884km，原是沈海高速公路广深高速公路路段，因线路调整，改为沈海高速公路广州支线，编号为S15。其建设和管理均与广深高速公路同为一个项目。[详细情况见第三章第一节北京—港澳高速公路广东段（G4）"四、广州—深圳高速公路"]

二、广州北环高速公路

广州北环高速公路（简称"北环高速"）是广东省最早建成通车的高速公路之一，路线全长21.652km。北环高速呈东西走向，西连广佛高速公路，东接广深高速公路，是广州环城高速公路（S81,K0~K21+652）、沈海高速广州支线（S15,K10+884~K32+536）和国道福昆线（G342,K978+096~K993+096）的一部分。北环高速瑶台至沙河路段于1991

年3月动工,1993年11月8日建成试通车,12月18日全线通车。2015年日均车流量已超过28万辆,是广东省乃至全国车流量最高的高速公路之一,对加强广州、珠江三角洲和港澳地区的经济往来,促进经济繁荣,发挥了积极作用。

(一)主要技术指标和建设规模

北环高速路线全长21.652km,按高速公路标准建设,设计速度100km/h,双向六车道(其中沙贝至广清段扩建为双向八车道),设置沙贝、广清、广花上下道、三元里、广园上下道、沙河、岑村、科韵路等立交;设收费站9处。全线设有桥梁15座,其中特大桥2座,大桥8座,隧道1座242m(短隧道),桥隧比为41.3%。广州北环高速公路主要桥梁、隧道见表4-8-1、表4-8-2。

广州北环高速公路主要桥梁(主线)表　　表4-8-1

序号	桥梁分类	桥梁名称	起止桩号	桥梁长度(m)	桥面宽度(m)	车道数	设计荷载等级	备注
1	大桥	白泥河大桥	K2+629.86~K3+069.97	469.7	13	3	汽车—超20级、挂车—120	
2	大桥	广清跨线桥	K3+069.97~K3+798.94	553	13	3	汽车—超20级、挂车—120	
3	大桥	石井河桥	K4+059.42~K4+358.53	299.11	13	3	汽车—超20级、挂车—120	
4	大桥	广北立交桥	K5+259.86~K5+959.9	700.1	13	3	汽车—超20级、挂车—120	
5	大桥	广花立交桥	K6+552.49~K7+067.51	515.02	13	3	汽车—超20级、挂车—120	
6	特大桥	广园互通立交桥	K7+067.51~K9+936.56	2869.05	13	3	汽车—超20级、挂车—120	
7	大桥	双燕岗特大桥	K11+031.56~K11+607.65	576.09	13	3	汽车—超20级、挂车—120	
8	特大桥	侨乐大桥	K12+719.45~K14+108.41	1388.96	13	3	汽车—超20级、挂车—120	
9	大桥	元岗大桥	K15+418.45~K16+368.65	950.2	13	3	汽车—超20级、挂车—120	
10	大桥	沙河中桥	K15+412~K15+412	304	13	3	汽车—超20级、挂车—120	

广州北环高速公路隧道表　　表4-8-2

序号	隧道分类	隧道名称	起止桩号	长度(单洞,m)	行车道宽度(单洞,m)	隧高净高(m)	车道数	建设时间(年)	备注
1	短隧道	白云隧道	K10+390~K10+632	242	3.75	7.57	3	1993	

(二)建设情况

1.建设依据

1990年,广州市计划委员会发文《关于与香港新世界发展有限公司合作建设和经营管理沙贝至广氮段高速公路项目建议书的批复》和《关于市高速公路总公司与香港新世界发展有限公司合作建设及经营管理广州北环高速公路可行性研究报告的批复》。

2. 资金来源

北环高速公路总投资 9.05 亿元,其中内地方面股份占 60%,香港方面股份占 40%。

3. 征地拆迁

北环高速建设工程共征地 1990.83 亩。

4. 招投标

广州北环高速公路是广东省最早筹建的高速公路项目之一,招投标标段划分采用投议结合办法选定施工队伍。

5. 主要设计、施工单位

设计单位:广州市政设计院、铁道部第二勘测设计院。

施工单位:广州市政工程总公司、广州市公路局工程公司、铁道部第五工程局第三工程处、广州市建筑机械施工有限公司等 15 个单位。

(三)复杂工程及技术创新

1. 白云隧道

白云隧道在白云山风景区南侧,西临广园路,东接双燕岗,隧道长 242m,双跨连拱结构,单跨净宽 13.82m,双跨净宽 30.01m(含中墙 2.27m),开挖总宽 31.51m,断面属当时亚洲之首。于 1992 年 4 月开工,1993 年 6 月主体工程完工。

施工在新奥法原则指导下进行,采用三导坑先墙后拱法,导坑用超短、正台阶开挖,其台阶高度为 3m,导坑打通后施作中墙及边墙两次衬砌。隧道扩大则先沿拱部环形开挖,高度为 2.5m,然后做拱部一、二次衬砌,再挖核心部分,最后灌底做仰拱和铺底。

该隧道采用的三导坑先墙后拱法以及相配套的各种支护措施、微震爆破掘进等,对修建开挖宽度约 32m 的大跨度浅埋隧道是相当成功的,施工期间各种位移均得到有效控制,支护效果、围岩稳定性均优于类似工程。

2. 广北立交桥

广北立交桥上跨京广铁路,桥面全宽 27m,双向六车道,全桥长 700.1m,桥面宽度 27m。全桥纵向最大坡度 4%、横向坡度 1.5%,全桥处于半径为 6500m 的竖曲线及半径为 2000m、2200m 的平面同向曲线内。

主桥上部为跨径 60m＋100m＋60m 的预应力混凝土变截面连续梁,边跨及中跨两端为单室双箱截面,采用顶推法施工;中间挂孔为长 53m 的 6 片简支 T 梁,吊装就位后通过体系转换从挂孔式悬臂梁转换成为连续梁。下部采用钢筋混凝土板式桥墩、钻孔桩基础。引桥上部为 19×16m＋28.2m＋9×16m 钢筋混凝土简支 T 梁,下部为矩形截面双柱式桥墩、钻孔桩基础。

广北立交桥建设需跨越广州铁路广北站,其当时是广州铁路主要编组场,调车作业繁忙,京广线亦由此通过,因此铁路部门要求桥梁建设不得侵入铁路运输限界,不得干扰铁路正常运营。经与广州铁路局反复研究,最终确定以100m大跨度一次跨越站场,其关键就在于上部结构的桥型选择和施工工艺。广北立交桥在国内首次采用变高度箱梁的顶推和架设长大挂孔,解决了桥梁施工不影响铁路运营的难题。在工艺上,采用加垫的办法,把变高梁的顶推简化为等高梁的顶推,无需增加任何特殊设备,且在顶推中没有采用临时束,也简化了常规的顶推工艺。

(四)运营管理

1. 运营公司

1990年6月29日,广州市高速公路总公司(现为"广州交通投资集团有限公司")与香港新世界发展有限公司(现为"香港新创基建管理有限公司")签订兴建和经营北环高速公路合同,总投资9.05亿元,其中内地方面股份占60%,香港方面股份占40%。同年12月1日,成立了广州北环高速公路有限公司(简称"北环公司")。北环公司下设运营控制指挥中心、养护工程科、路政大队、机电工程科、综合行政科、人力资源科、财务科、党群办共8个职能部门。

2. 收费站点

北环高速公路全线设有沙贝、浔峰洲、广清、广花、广园、广从、广汕、岑村、广氮9个收费站,具体情况见表4-8-3。2014年全省联网撤除沙贝主线站,设立了匝道站。

收费站点设置情况表　　　　　　　　　　　　　　　　　表4-8-3

站点名称	入口车道数量	出口车道数量	收费方式
沙贝	4	5	人工+ETC
广清西	12	17	人工+ETC
广清东	9	10	人工+ETC
广花	7	9	人工+ETC
广园	4	10	人工+ETC
广从	6	8	人工+ETC
广汕	5	7	人工+ETC
浔峰洲	12	19	人工+ETC
科韵路	8	10	人工+ETC
合计	67	95	人工+ETC

3. 车流量

广州北环高速公路车流量情况见表4-8-4。

车流量情况表　　　　　　　　　　　　　　　　　　　　　　表4-8-4

年份(年)	车流量(辆)	日均车流量(辆)	备　注
1994	27493790	75325	
1995	36799916	100822	
1996	37539503	102567	
1997	42918487	117585	
1998	45150448	123700	
1999	52016867	142512	
2000	56436845	154199	
2001	47242799	129432	
2002	46434641	127218	
2003	45775728	125413	
2004	48468174	132427	
2005	50950764	139591	
2006	58388203	159968	
2007	61915482	169631	
2008	62996212	172121	
2009	51444838	140945	
2010	62451912	171101	
2011	69755457	191111	
2012	79358497	216826	
2013	92835405	254344	
2014	97235526	266399	
2015	103317948	283063	

4. 养护管理

（1）完善养护体系

一是完善组织体系。北环公司建立完善的养护组织体系，日常养护方面由北环养护工程科负责管理组织，综合管养中标单位（广州市公路工程公司）负责管养工作的实施，第三方监理单位负责监督管理。

二是完善制度体系。北环公司根据省交通运输厅发布的公路日常养护管理、小修保养工作等制度要求，参照2012年广东省公路管理规范化检查和2015年国检要求，结合公司制度汇编工作，不断对养护管理制度进行修订完善。制定了切合北环高速公路需求的15项工作制度（包括日常小修、绿化管理、路面保洁、大中修项目管理、桥梁技术档案管理制度、桥梁信息化管理制度、预防性养护制度、招投标管理办法等），并严格按照制度开展各项养护工作。

(2)日常养护管理

一是加强制度落实和监督检查。执行落实上级制度和公司制度落实各项养护管理工作,加强对养护工作实施月度考核,每半年对养护单位小修保养工作进行检查评分,对存在问题的进行通报,并提出整改意见。

二是加强养护基地建设。北环高速公路养护基地主要设置在广氮服务区,对养护基地进行合理规划,形成了集办公、养护机械停放保养、养护材料堆放、应急物资存放为一体的养护基地。

5. 路政管理

北环路政队成立于2010年,具体负责北环高速公路的路政管理工作。北环路政队主要职责是负责宣传和贯彻执行公路路政管理的法律、法规,依法实施辖区内的公路路政巡查,维护高速公路路产、路权,及时制止各类侵占、损害公路、公路用地、公路附属设施及其他违法行为,申报挖掘、占用、利用公路等许可项目,监督和管理公路交通标志、标线,维护公路养护和施工作业的正常秩序,做好路政管理档案等。在日常管理工作中,除了做好日常巡查工作、及时发现并处理路政案件外,还与公司养护工程部门开展联合巡查,与高速公路交警部门建立路警联勤机制,定期召开会议协调解决管理问题,与相邻路段建立联动机制,与沿线街道、村委建立属地协作关系。通过建立完善的路政管理体系,不断优化各项管理制度,进一步提升了北环路政队伍的执法水平。

(五)企业文化建设

1. 企业文化发展三个阶段

(1)孕育积淀阶段(1993—1999年)

公司成立初期就十分重视企业文化的建设。作为省内最早通车的高速公路之一,公司以企业文化建设为抓手,对高速公路收费管理、路政管理、交通安全管理、道路养护等各方面内容总结推出了《高速公路管理实务》,为广州交通投资集团系统其他路段的开发和运营管理提供了借鉴。

(2)成长发展阶段(1999—2009年)

北环公司在总结前一阶段企业文化建设的基础上,提出了企业文化也是生产力,并提出全员服务、全员培训和全员创新的"三全"、"爱我员工,四访四助"送温暖工程与"打造和谐工作团队"的人文关怀推动企业加速发展。

(3)新的发展阶段(2009—2016年)

经过近二十年的积累和发展,北环公司的企业文化建设进入新的发展阶段,呈现许多亮点。

一是公司紧抓广州市举办亚运会的机遇,实施北环大修、沙涌大修、迎亚运整饰等系列工程,提高了北环路桥的技术状况,重塑了北环的形象。对路面、路灯、绿化带、站房全面整饰翻新,形成了一道优美的风景线。

二是公司致力于实现"人、车、路"的和谐统一,相继开展了分车道限速行驶、事故黑点整治、引进高科技抓拍系统等交通环境整治工程,创造了安全、舒适、畅顺的行车环境。

三是大力倡导优质文明服务的理念,形成了有北环特色的服务"四要素"——注视、微笑、点头、扬手。通过开展"收费服务形象大赛""职业形象礼仪培训""微笑服务之星评比"等活动和措施来巩固提升员工的服务技能和谐服务在社会上树立了形象,赢得了口碑。

四是结合实际,创新党建模式,开展中外合作企业的党建工作,确保党组织在合作企业中的政治核心地位。通过开展我是党员我先锋、创先争优、党内互助等主题活动,充分发挥了党组织的"两个作用"和共产党员的先锋模范作用。

五是坚持开展"四访、四助"主题活动,为员工解难事、办好事、做实事,为有需要的员工及时送上组织的关怀和帮助。同时,坚持做好"职工之家"的建设工作,为员工工作之余提供休闲的娱乐场所,使员工从建"家"的过程中感受到"家"的温暖舒适。

六是倡导"大安全"的管理理念,包括道路安全、交通安全、使用者安全、员工安全等,通过健全和完善安全生产管理制度、坚持开展日常安全管理与安全生产检查、加强内保治安管理、制定完善应急预案、加强安全知识宣传培训等创造和谐的环境。

2. 1993—2015年获部省级以上奖励情况

2000年广氮收费站被评为广东省青年文明号。

2006年获全国交通企业文化优秀成果实践创新奖。

2007年被评为全国交通企业文化建设优秀单位。

2012年人力资源科被评为广东省巾帼文明岗。

三、广州—佛山高速公路

广(州)佛(山)高速公路是沈海高速公路广州支线(S15)的路段,是广东省公路网中以广州为枢纽通往粤西的主骨架高速公路。路段起于广州市白云区沙贝,与广州北环高速公路相接,途经佛山市南海区泌冲、沙涌、雅瑶、大沥,止于佛山市南海区谢边,与佛开高速公路相接,全长15.704km,总投资22000万元。于1986年12月28日开工建设,1989年8月8日建成通车,是广东省第一条建成通车的高速公路。1997年、2007年分期扩建为双向八车道的高速公路,2001年扩建雅瑶及谢边枢纽立交。

广佛高速公路由广东省公路建设公司和香港珠江船务有限公司合作成立的广佛高速公路有限公司(简称"广佛公司")负责运营管理。

（一）主要技术指标和建设规模

广佛高速公路是地处珠江三角洲北部低丘陵区南缘与三角洲平原连接地段，地形复杂，有深软基和宽河道，建设难度较大。

广佛高速公路设计速度120km/h，双向四车道，全封闭、全立交，主线15.407km，匝道6.042km；建有桥梁48座，其中特大桥1座，大桥5座，中桥10座，桥梁总长4.75km，桥梁长度占路线里程的30.24%，主要桥梁见表4-8-5。设有泌冲、沙涌、大沥、谢边共4个互通式立交，设有7个收费站。

广佛高速公路主要桥梁表 表4-8-5

序号	桥梁分类	桥梁名称	中心桩号	桥梁长度（m）	桥面宽度（m）	车道数	设计汽车荷载等级	通车时间（年）	备注
1	大桥	湖州大桥	K35+363	368.84	34.87	8	汽车—超20级、挂车—120	1989	
2	大桥	雅瑶大桥	K37+883	344.755	44.98	8	汽车—超20级、挂车—120	1989	
3	大桥	大沥跨线桥	K42+148.72	300.5	35	8	汽车—超20级、挂车—120	1989	
4	特大桥	谢边立交桥	K47+711.48	1371.3	27.5	8	汽车—超20级、挂车—120	1989	
5	大桥	谢边村跨线桥	K14+143	401.84	18	4	城—A级	2009	
6	大桥	里水跨线桥	沙涌互通式立交	342.1	9.9	2	汽车—超20级、挂车—100	1989	

（二）建设情况

1984年8月，广东省政府以省府办公厅工作会议决定事项第31号"决定修建广佛高速公路"。

1986年，广东省计委批准修建广佛高速公路工程计划任务书。省建委批准广佛高速公路工程初步设计，并列为省重点建设项目。

1. 资金来源

资金来源主要是在省的基本建设和自有的养路费中安排部分，交通部基建投资安排部分，其余资金引进外资。

2. 征地拆迁

征地拆迁工作从1986年12月开始，于1989年7月完成，总共征地1827亩、拆迁房屋18500m^2。

3. 招投标

广佛高速公路建设项目由广东省交通厅通过议标方式，确定由广东省公路建设公司（现为"广东省高速公路有限公司"）负责承包建设，总承包投资额按照广东省建委批复的结算价，订立总承包合同。

4. 主要设计、施工、监理单位

设计单位：广东省公路勘察设计院、广东省交通科研所。

施工单位：广东省公路工程公司、佛山公路局、湛江公路局等7个单位。

监理单位：广东省公路工程监理站（扩建立交）、广东华路交通科技有限公司（扩建工程）。

(三)扩建工程

1989年8月广佛高速公路建成通车以后，交通量由通车初期的7000多辆/天增加到1997年的70000多辆/天（折合成小汽车），设计速度由120km/h减到60km/h左右，交通量已远超原设计要求。为适应社会经济发展的需求，先后对沙贝至雅瑶路段、雅瑶枢纽立交、谢边枢纽立交进行扩建。

1995年11月广东省高速公路公司委托省公路勘察规划设计院进行广佛高速公路扩建的工可及设计工作。省计委于1996年7月批复广佛高速公路扩建工程可行性研究报告，省建委于1997年8月批复广佛高速公路扩建工程初步设计。

1. 广佛高速公路沙贝至雅瑶段扩宽工程

扩宽工程主要是将沙贝至雅瑶路段由双向四车道扩宽为双向八车道，雅瑶至谢边路段由双向四车道扩宽为双向六车道。

1997年3月3日，广东省交通厅以《关于广佛高速公路扩建工程总承包问题的请示》批复，同意该工程由广东省高速公路工程建设有限公司（后改称"广东冠粤路桥有限公司"）总承包，项目由广佛高速公路有限公司出资。通过签订《广佛高速公路扩建工程项目总承包合同》，委托广东省高速公路有限公司负责建设，由广东省高速公路有限公司成立的广佛高速公路扩建工程办公室负责组织实施，广东省长大公路工程有限公司、广东省航务工程总公司、广东省交通发展公司参与施工，广东省公路勘察规划设计院负责设计，广东省大雄技术咨询有限公司、湖北省公路工程咨询监理中心负责监理。

1997年8月25日，广佛高速公路扩建工程开工建设，1999年10月完工通车。

该工程的建设资金由企业自筹。

2. 雅瑶枢纽立交扩建工程

自1988年建成后，广佛高速公路既是广州通向西部沿海的一条通道，也是佛山、南海去广州北部等地的一条快速通道，同时，在佛山市的谢边处及南海市的雅瑶处，由于325国道的存在，南海市东西大道交汇点及雅瑶出口处与南海市南北大道交汇点路桥连接不通畅，造成地方道路交通严重堵塞，严重影响广佛高速公路的车辆通行速度，为使广佛高速公路车辆分流而采取扩建。

雅瑶枢纽立交于2001年7月13日开工建设,2003年1月建成通车。

3. 谢边枢纽立交扩建工程

谢边立交项目的建设,实现了广佛高速公路、325国道、东西大道三条主干道的全互通,改善了相关道路的交通条件,完善了路网布局。建设谢边立交项目,将广佛高速公路、325国道以及桂丹公路及海八路连接起来,构成路网,相互联通,使车辆从325国道、桂丹公路及海八路都能直接上广佛高速公路,有利于疏导各方车流,解决佛山城区北面交通堵塞的症结,改善行车条件和道路服务水平。

1999年3月雅瑶立交获得广东省计委批准立项。谢边立交于2000年获得广东省发改委批准立项。2001年由项目的合作方共同成立南海市雅瑶枢纽立交项目建设有限公司;2001年2月成立谢边枢纽立交项目建设有限公司负责扩建工作。

谢边枢纽立交工程于2001年2月开工建设,2002年10月建成通车。

4. 广佛高速公路雅瑶至谢边段扩宽工程

扩宽工程主要是将长8.562km的雅瑶至谢边路段由双向六车道加宽至双向八车道。

2002年7月31日,广东省交通厅委托广东省公路勘察规划设计院开展扩建工程的可行性研究。2005年8月24日,广东省交通厅批准了本项目工程可行性研究报告。2006年2月14日,广东省发展和改革委员会批复同意项目立项。2006年6月,广东省交通厅批复项目的初步设计,2007年8月进入施工阶段。

项目业主广佛高速公路有限公司与广东省高速公路有限公司签署委托管理协议,由广东省高速公路有限公司负责对广佛雅瑶至谢边段高速公路扩建工程进行建设管理。工程所需资金由企业自筹。

广佛高速公路雅瑶至谢边扩建工程的设计、监理、土建工程(除房建、绿化工程外)和机电工程施工全部在广州公共资源交易中心面向全国公开招标。

2007年8月广佛高速公路雅瑶至谢边段扩宽工程开工建设,2009年12月建成通车。

(四)科技创新

广佛高速公路建设正处于我国高速公路建设的起步期,监控、通信还是空白领域,交通安全设施和交通标志也不完善。广东省高速公路公司与科研部门合作,以广佛高速公路为委托工程共同承担国家"七五"科技攻关24-4-1(交通标志、标线和安全设施中的标志牌的视认性和反光膜、标线中的油漆和划线车、防眩板和绿化、波纹板防撞栏)和24-4-2(监控系统)。自安装调试完成后,运行工作正常,并将其推广应用于沈大高速公路,为我国高速公路监控系统、交通标志和安全设施的建设和发展提供可借鉴的经验。

扩建项目中,为破解在经济发达地区对现有高速公路改扩建的一系列技术难题,建设单位组织科研、设计等单位对影响安全和工程质量的难点进行攻关,设立研究课题,包含"路基拼接及软土地基处治技术研究""加筋土挡墙应用技术研究""桥梁拼接技术研究""旧路面再生技术应用研究""气泡混合轻质土路堤应用技术研究""高速公路扩建施工期间交通组织和交通管制总体方案研究"和"路面拓宽关键技术研究"7个专题研究,取得很好的研究成果和实际应用效果。

(五)运营管理

1. 运营公司

广佛高速公路由广东省高速公路有限公司和香港珠江船务公司共同组成广佛高速公路有限公司负责运营管理。广佛公司下设综合事务部、人力资源部、计划财务部、收费管理部、养护工程部、综合开发项目办公室、路政队等职能部门。

2. 收费站点

广佛高速公路自1989年8月8日开始运营收费,设有横沙、沙涌、罗城、大沥、谢边收费站,其中,横沙站于2014年7月撤并,在原横沙站的泌冲点新设立了泌冲收费站,具体情况见表4-8-6。

收费站点设置情况表　　　　　　　　　　　表4-8-6

站点名称	车道数		收费方式
	出口	入口	
泌冲	4	1	人工+ETC
沙涌	8	3	人工+ETC
罗城	0	3	人工+ETC
大沥	8	4	人工+ETC
谢边	8	4	人工+ETC
合计	28	15	

3. 车流量

车流量情况见表4-8-7。

车　流　量　情　况　表　　　　　　　　　　表4-8-7

年份(年)	车流量(辆)	日均车流量(辆)	年份(年)	车流量(辆)	日均车流量(辆)
2003	24480460	67070	2006	39760519	108933
2004	28660452	78307	2007	37424355	102532
2005	37010820	101400	2008	30334146	82880

续上表

年份(年)	车流量(辆)	日均车流量(辆)	年份(年)	车流量(辆)	日均车流量(辆)
2009	25635121	70233	2012	34975098	95560
2010	30631883	83923	2013	39663163	108666
2011	34229903	93781	2014	44081785	120772

4. 机电管理

广佛高速公路是国家"七五"攻关项目——高速公路监控系统第一个落户的路段,该系统于1990年通过验收,是我国第一个高速公路机电系统,由此带来第一批高速公路机电人成长。1994年广佛高速公路又建成新的计算机收费系统,采用亭内外视频监控、入口发手撕卡、出口打印票和计算机终端处理并生成报表,成为我省高速公路联网收费的示范样板;1996年与佛开高速实现联网收费;2000年采用非接触式IC卡结合半自动卡箱管理的收费模式。

2003年9月与佛开、开阳、西部沿海等实现粤西片区联网,并同步使用粤通卡和采用ETC不停车电子收费。2011年9月对货车实行电子秤计量收费模式;2015年6月实现全国ETC联网、货车完全计重和车型国标化收费。

5. 养护管理

广佛高速公路建成通车后的日常养护工程由广佛公司养护工程部下设养护队自行管理,2002年改为委托管理。

大修工程主要是路基路面处治、桥梁维护加固、大桥和中小桥纵缝处理及伸缩缝更换等工程。于2000年12月28日开工,2004年9月30日竣工。

在养护管理中,充分应用高速公路桥梁管理系统(CBMS)和路面管理系统(CPMS),建设好养护信息库,掌握各路段或桥梁在各时期的养护动态,为养护决策提供前瞻性、战略性的统计数据和信息支持,推进了养护管理信息化、现代化。通过对桥涵病害的检测、维修加固,有效地保证了桥涵的运营安全,提高了桥涵的安全性和耐久性。

6. 路政管理

广佛路政队成立于1990年,所辖路段里程15.7km,其主要职能是贯彻国家有关公路管理法律法规、依法保护路产、维护路权、控制区管理、施工监督管理、许可申报、路政管理档案等。在开展日常工作中积极探索和推行"预防性管理",提出"管理前置、事前预防、主动应对"的管理模式,并分别在2011、2012年与高速公路交警建立路警联勤关系、与区域内相邻路段建立路路联动关系、与社区警务室建立路地联合关系、与沿线村委建立"属地"互报互助协作关系。通过相关联动机制的建立和推行,提高了广佛路政队公共服务与行政执法水平,树立了效能型、服务型、责任型路政部门的新形象。

(六)企业文化建设

1."管理规范化"文化建设

广佛公司成立后便积极探索先进的管理经验,实现了从无到有、从粗到精,在实践中逐步建立了体现人本管理思想和科学严谨态度的收费、养护、路政、财务、人事、行政后勤的行为规范、考核标准等具有广佛特色的企业规章制度,并编印成《广佛高速公路运营管理手册》。2001年,广佛公司率先引入ISO 9001质量管理体系,2002年5月通过香港BSI太平洋有限公司的认证并获得了证书。2003年4月引入OHSAS18001:1999职业安全健康管理体系,并将其与ISO9001:2000质量管理体系合并,即建立ISO9001/OHSA18001一体化管理体系,2004年7月获得了国际性标准发行机构BSI的证书,实现了高速公路运营管理制度化、程序化、规范化。

2."践行大责任"文化建设

广佛公司的"大责任"文化包括"惠民责任、保畅责任、安全责任、廉洁责任、服务责任",目的是培养员工树立对社会负责、对国家负责、对企业负责的精神。要求员工履行社会责任,从具体工作做起,认真落实国家"绿色通道"政策,在各收费站设置"绿色通道"专用车道,确保鲜活农产品、抗洪抢险车辆、抢运电煤车辆等快速免费通行。在"春运""五一""十一"三大节日期间,制定应急预案,采取间歇性免费放行等各项保畅措施,全力保障安全畅通。

3."服务无差异"文化建设

一是外部客户服务无差异。以"您的满意就是我们的工作标准"为宗旨,从抓服务、重服务发展到升华服务,全力打造"全员VIP"服务无差异理念,让每一位驾乘人员的出行更畅通、更安全、更快捷、更舒适。

二是内部服务无差异。公司提出,人事、财务、行政后勤为主营业务服务,领导为员工服务,管理人员为基层一线服务,一线员工为司乘人员服务。以吸引员工、留住员工、发展员工为目标,让员工在广佛高速公路能创造价值、成就自我,与公司风雨同舟、和衷共济。

三是业务工作无差异。通过了解员工工作、生活情况,构建服务行为规范体系,引导教育员工逐步养成标准的、规范的、良好的行为习惯,提升员工的工作热情,以获得公司外部顾客的满意,全面提升工作效能。

近三十年来,广佛高速公路有限公司在我国高速公路建设、运营管理上创造了骄人的成绩,为广东省交通行业输送了300多名管理和技术人才,涌现出一批先进集体和先进个人。

4. 主要获奖情况

1995年8月20日,广佛公司征费部通信组被授予"全国交通系统通信服务先进集体"。

1996年8月,广佛公司横沙收费站被交通部、共青团中央授予"青年文明号"。

2011年2月,广佛公司大沥收费站被中华全国总工会授予"全国五一巾帼标兵岗"称号。

2015年10月10日,广佛公司荣获"2015年度全国交通运输文化建设优秀单位"荣誉称号。

2006年7月,广佛公司"广佛高速公路新旧结构纵缝连接研究"荣获2005年广东省科学技术奖三等奖。

2008年9月,广佛公司荣获"广东省第十八届广东省企业管理现代创新成果高速公路运营企业安全质量标准化管理一等奖"。

四、佛开高速公路谢边—九江段

佛开高速公路是广东省通向粤西的交通大动脉,是沈阳至海口高速公路(G15)的重要路段,起于佛山市南海区的谢边,与广佛高速公路相接,途经佛山、南海(九江)、鹤山、江门、新会、开平等市(区),止于开平市水口镇,与开阳高速公路相连,全长79.864km。原线路为双向四车道,设计速度120km/h,全封闭全立交高速公路。

佛开高速公路是广东省首次利用世界银行贷款和按"菲迪克"条款对工程质量、工程造价、工程进度进行管理而建设的大型交通基础设施项目,建设单位为广东省高速公路有限公司,于1993年6月22日开工,1996年12月8日主体工程建成通车。

随着交通量的增加,佛开高速公路进行了扩建大修,其中三堡至水口段(33.264km)(简称"南段")大修于2008年底完成,谢边至三堡段(46.6km)(简称"北段")扩建于2006年开工建设,扩建段为双向八车道。

根据2015年《交通运输部关于印发国家公路网线位规划的通知》,佛开高速公路分属两条线路:从佛开高速公路起于南海谢边至九江的27.919km路段为沈海高速公路广州支线,编号为(S15);从南海九江至佛开高速公路终点开平市水口镇的51.945km仍是沈海高速公路(G15)路段。从南海谢边至九江路段改为沈海高速公路广州支线后,仍是佛开高速公路项目。[其建设和运营管理的详细情况见第三章第六节沈阳—海口高速公路广东段(G15)"十一、佛山—开平高速公路"]

第九节　佛清从高速公路(S16)

佛(山)清(远)从(化)高速公路(简称"佛清从高速公路"),编号S16,是清远市、广州市公路网规划及佛山市公路水路交通"十一五"规划的重要组成部分,是京港澳高速公路、广乐高速公路、广清高速公路三条高速公路主干线向珠三角两翼辐射的联络线,是清远与佛山、江门、从化、东莞、深圳等地联系的快速通道。线路起于佛山市狮山镇官窑,接佛山一环官窑互通,路线往北跨过西南涌,经乐平镇东侧,在显联进入广州花都区,经赤坭镇进入清远清城区,经石角镇、龙塘镇跨越广清高速公路和国道G107,经源潭镇进入广州从化区,接派街(街北)高速公路,至增城派潭接从莞深高速公路,全长147.467km。

佛清从高速公路由三个项目组成:佛清从高速公路南段、佛清从高速公路北段、派街高速公路。

一、佛清从高速公路南段(一期)

佛清从高速公路南段路线起于佛山市禅城区南庄,接广明高速公路罗格互通,往北利用佛山一环,经狮山镇接佛山一环官窑互通,跨越西南涌,途经乐平镇中心规划区东侧,止于广州花都官坑,顺接佛清从高速公路北段。佛清从高速公路南段分两期建设:一期工程由佛山一环官窑互通至广州花都官坑,顺接佛清从高速公路北段,路线全长16.72km,于2013年12月28日开工建设;二期工程由佛山市禅城区南庄,至佛山一环官窑互通接上一期工程,路线长24.668km。项目由佛山市路桥建设有限公司投资建设和管理。

(一)主要技术指标和建设规模

一期工程项目按高速公路标准建设,设计速度120km/h,双向六车道,全线设特大桥、大桥18座;设互通式立交3处;设管理中心、服务区各1处。佛清从高速公路南段一期工程主要桥梁见表4-9-1。

佛山一环改造段主要为路基加宽和在已建主(匝)道旁新增连接线。桥涵建设以利用佛山一环旧桥、局部改造为主。主线桥设计速度100km/h;辅道桥设计速度50km/h;改建或新建大桥、中桥11座;利用佛山一环主线桥共12座。

(二)建设情况

1. 建设依据

2012年1月取得广东省发改委工可批复。

2012年11月取得广东省交通运输厅对初步设计的批复。

佛清从高速公路南段一期工程主要桥梁表

表 4-9-1

序号	桥梁分类	桥梁名称	起止桩号	桥梁长度(m)	桥面宽度(m)	车道数	设计汽车荷载等级	建设时间	备注
1	特大桥	三江互通主线桥	K0+285.92～K1+895	606	34.5	6	公路—Ⅰ级	2015年12月	
2	大桥	贤寮高架桥	K1+895～K2+295	400	34.5	6	公路—Ⅰ级	2015年7月	
3	特大桥	西南涌大桥	K2+295～K2+840	545	34.5	6	公路—Ⅰ级	2014年7月	
4	特大桥	高岗高架桥	K3+362～K3+890	528	34.5	6	公路—Ⅰ级	2014年10月	
5	大桥	乐平涌大桥	K3+890～K4+360	470	34.5	6	公路—Ⅰ级	2014年10月	
6	特大桥	海洲涌大桥	K3+360～K4+885	525	34.5	6	公路—Ⅰ级	2014年10月	
7	特大桥	三水高新区互通主线桥	K4+885～K6+055	1215	34.5	6	公路—Ⅰ级	2014年8月	
8	大桥	良岗头高架桥	K6+055～K6+408	350	34.5	6	公路—Ⅰ级	2015年4月	
9	特大桥	下华高架桥	K6+677.6～K7+434.04	750	34.5	6	公路—Ⅰ级	2015年6月	
10	特大桥	塘功高架桥	K8+027.96～K8+656	625	34.5	6	公路—Ⅰ级	—	尚未开工
11	特大桥	米步高架桥	K8+656～K9+381	725	34.5	6	公路—Ⅰ级	—	尚未开工
12	特大桥	新村高架桥	K9+381～K10+256	875	34.5	6	公路—Ⅰ级	2016年7月	
13	大桥	卫东高架桥	K14+592～K15+020.04	428.04	34.5	6	公路—Ⅰ级	2014年7月	
14	大桥	芦苞涌大桥	K13+967～K14+592	625	34.5	6	公路—Ⅰ级	2014年5月	
15	大桥	大院高架桥	K13+538.96～K13+967	428.04	34.5	6	公路—Ⅰ级	2015年5月	
16	大桥	三花高架桥	K12+591～K13+162.04	571.04	34.5	6	公路—Ⅰ级	2014年9月	
17	大桥	龙眼园高架桥	K12+141～K12+591	450	34.5	6	公路—Ⅰ级	2014年9月	
18	特大桥	K11+198.5主线桥	左:K10+256～K11+211	1885	渐变	3	公路—Ⅰ级	2014年10月	
			右:K10+256～K11+221		渐变	3	公路—Ⅰ级		
			左:K11+211～K11+341		23.75	3	公路—Ⅰ级		
			右:K11+221～K11+3511		23.75	3	公路—Ⅰ级		
			左:K11+341～K12+141		渐变	3	公路—Ⅰ级		
			右:K11+351～K12+141		渐变	3	公路—Ⅰ级		

2. 资金来源

项目工程概算批复为 27.76 亿元，建设资金的 25% 由佛山市路桥建设有限公司自筹，其余 75% 向银行贷款。

3. 征地拆迁

2013 年 12 月~2016 年 9 月一期征用土地 1637.42 亩，拆迁房屋 12366.16m²。

4. 招投标及主要设计、施工、监理单位

佛山市路桥建设有限公司成立了佛山市佛清从高速公路有限公司具体负责项目建设工作。对参建单位实行招标确定中标单位。主要参建单位如下。

设计单位：湖南省交通规划勘察设计院。

施工单位：广州市市政集团有限公司、中交第二航务工程局有限公司、中铁十九局集团有限公司。

监理单位：广州诚信公路建设监理咨询有限公司。

(三) 复杂技术工程

1. 三水高新区互通

三水高新区互通为 A 形单喇叭，互通布设在满足收费站中心与平交口距离要求的前提下，尽可能地缩小互通规模。互通段主线全线采用架设高架桥的形式。

根据交通量分布并结合地形条件，互通主体布置在受地物影响较小的东北象限，即中油大道延伸的南侧。主线上跨，互通范围主线高程约为 5.5m，纵面位于 0.6% 的纵坡上。主线设计速度 120km/h，平面最小半径 2000m，最小凸型竖曲线半径 45000m。

2. 乐平互通

乐平互通采用变形苜蓿叶+单喇叭复合式立体交叉形式。佛清从高速公路与西二环高速公路交叉主流方向两条左转匝道设计为定向型，交通转换较为便利。匝道线形流畅，行驶速度较高，主流交通转换里程较短。主线桥梁桥长 1885m。

3. 西南涌大桥

西南涌大桥位于佛山市三水区乐平镇贤寮村和古灶村交界处。桥位区两岸以平原农田、水塘地貌为主，地形起伏很小。桥位处河道较顺直，两岸均有河堤防护，河堤顶面宽 6m。清远岸河堤距离河道较近，顶面高程为 6.28m；佛山岸河堤距离河道较远，顶面高程为 7.54m。

西南涌大桥全长 545m，最大桥高 21m。为保证桥墩方向与水流方向一致，左右幅采用错墩布置。

(四)科技创新

广东省交通运输工程质量监督站联合佛山市公路桥梁工程监测站、河海大学组织开展了"广东地区桩土复合路基质量检测地方指南研究"(广东省交通运输厅科技项目,编号:2013-02-003),佛清从高速公路南段一期工程作为本课题的依托项目。研究目的如下。

(1)解决检测结果与实际情况脱节问题。如桥头过渡路段,检测结果大部分均满足要求,但桥头过渡路段跳车现象仍很普遍。这说明现有检测体系自身存在缺陷,对一些本质问题认识不足。

(2)解决检测方法和检测指标的选取问题。在检测方法和检测指标的选取上盲目性与随意性比较大,没有统一的标准,导致检测、设计等单位无法根据桩型和实际工程质量要求进行选择,影响检测效果。

(3)解决检测结果科学、合理的评价问题。现有检测方法在评定上存在一些明显不足,如复合路基静载试验,载荷板给路基的荷载与实际情况差别很大,常常导致试验结果与实际情况不符;喷粉桩特别是6m以下桩体很难取到样,无法评定等。

二、佛清从高速公路北段(在建)

佛清从高速公路北段地处广东省中部地区,起于花都西南面的官坑(市界),顺接佛清从高速公路南段,途经花都区赤坭镇、清远市清城区石角镇、源潭镇、龙塘镇、从化区鳌头、太平镇,止于从化区西南的井岗,接街北高速公路和大广高速公路,主线全长86.471km。批复概算约111.14亿,由广东佛清广高速公路发展有限公司负责投资建设和运营管理。

(一)主要技术指标和建设规模

该路按高速公路标准建设,设计速度120km/h,双向六车道,设主要特大桥、大桥21座,隧道1座,互通式立交12处,服务区2处,停车区2处,养护中心2处,管理中心1处。主要桥梁和隧道情况见表4-9-2、表4-9-3。

佛清从高速公路北段主要桥梁表　　　　　　　表4-9-2

序号	桥梁分类	桥梁名称	中心桩号	半幅桥面宽度(m)	半幅车道数(道)	桥梁全长(m)	备注
1	大桥	赤坭互通1号主线桥	K19+407.5	16.75	3	414	
2	大桥	九曲河大桥	K23+292	16.75	3	802	
3	大桥	东升互通2号主线桥	K29+042	变宽	3	256	
4	大桥	兴仁互通1号主线桥	K35+496.25	变宽	3	472.5	

续上表

序号	桥梁分类	桥梁名称	中心桩号	半幅桥面宽度（m）	半幅车道数（道）	桥梁全长（m）	备注
5	大桥	民西大桥	K38+106	16.75	3	605.5	
6	大桥	德兴2号高架桥	K45+027.5	变宽	3	481.06	
7	特大桥	龙塘1号高架桥	K47+246.7	16.75	3	1015.06	
8	特大桥	龙塘2号高架桥	K49+339.3	16.75	3	1094.56	
9	大桥	穿山坳水库大桥	K56+850	变宽	3	206.06	
10	大桥	南围高架桥	K57+971	变宽	3	285.66	
11	大桥	马啼瓜高架桥	K59+151	变宽	3	856.06	
12	特大桥	大莲高架桥	K60+523.45	变宽	3	1611.53	
13	特大桥	左线黄田高架桥	K61+911.95	17.0	3	1171.53	
14	特大桥	右线黄田高架桥	K61+913.2	17.0	3	1174.03	
15	大桥	山心高架桥	K76+052	变宽	3	306.06	
16	大桥	大地顶高架桥	K81+189.5	16.75	3	648.06	
17	大桥	禾岬高架桥	K82+513	16.75	3	456.06	
18	大桥	鲶鱼塘2号高架桥	K84+027	16.75	3	408.06	
19	大桥	打砍岬分离式立交桥	K84+902.2	变宽	3	333.06	
20	大桥	白兔大桥	K88+655	16.75	3	285.66	
21	大桥	郭屋大桥	K101+085	16.75	3	245.04	

佛清从高速公路北段隧道表　　表4-9-3

隧道分类	隧道名称	起止桩号	长度（单洞,m）	行车道宽度（单洞,m）	隧道净高（m）	车道数	开工时间	通车时间	备注
中长隧道	石牛岭隧道	ZK62+815~ZK65+312	2497.0	15.75	5.0	3	2016年7月20日	2018年12月31日	
		YK62+803~YK65+310	2507.0						

（二）建设情况

1. 建设依据

2011年广东省发展和改革委员会《关于佛（山）清（远）从（化）高速公路北段项目申请报告核准的批复》。

2011年清远市交通运输局《关于佛（山）清（远）从（化）高速公路北段初步设计的批复》。

2015年广东省发展和改革委员会《关于变更佛（山）清（远）从（化）高速公路北段工程项目建设主体的批复》。

2. 资金来源

资本金由中电建路桥集团有限公司、中证基金和广东龙浩集团三方按照5%：60%：35%的股权比例出资，其余资金通过银行贷款。

3. 征地拆迁

(1) 清远段

2015年12月25日,签订征地拆迁合同。

(2) 花都段

2016年5月12日,花都区政府常务会议通过了佛清从高速公路北段项目(花都段)征地拆迁委托合同。

(3) 从化段

2016年4月11日,从化区政府召开了区内高速公路项目协调会,明确了佛清从高速公路项目(从化段)征地拆迁委托合同。

4. 招投标

项目采用BOT + EPC(投资、设计施工、运营一体化)模式建设建筑工程,安装工程不采用招标方式,监理、重要设备、重要材料全部采用委托招标的组织形式。

5. 主要设计、施工、监理单位

设计单位:中国公路工程咨询集团有限公司、广东省交通规划设计院股份有限公司。

施工单位:中电建路桥集团有限公司。

监理单位:珠海市公路工程监理公司。

(三)科技创新

1. 高速公路桥梁桩基串珠状溶洞影响机理及处理技术研究

研究分析串珠状溶洞对桥梁桩基力学特性的主要影响因素及规律,并结合工程实际情况研究溶洞处理的必要性;针对不同的地质及施工条件,综合考虑工程质量、成本等方面因素,提出高速公路桥梁桩基串珠状溶洞最佳处理方案;研究提出桥梁桩基工程串珠状溶洞处理效果评价新技术,保证溶洞处理效果和桩基质量。

2. 高强防水结构层在高温多雨地区高速公路铺装中的应用研究

研究开展高强防水结构层铺装材料的设计与性能评价,基于高强防水结构层进行适合广东省气候环境与交通条件的路面和桥面铺装结构组合设计,通过试验段的实施研究高强防水结构层的施工工艺,并通过后期的跟踪观测,对其应用效果以及经济效益进行评估,最终形成适用于广东省高速公路的高强防水结构层路面结构组合设计与施工工艺成套关键技术。

(四)运营管理

1. 运营公司

佛清从北段高速公路工程建设项目由广东佛清广高速发展有限公司(简称"项目公

司")负责经营管理。项目公司实行总经理负责制,由前期的项目公司组建增减相应部门,新设7个职能部门3个收费管理处负责企业管理工作。

2. 收费站点

广东佛清从北段高速公路共设赤坭、兴仁、石角、清远南、洲心、源潭南、鳌头南收费站,具体情况见表4-9-4。

收费站点及车道设置情况表　　　　表4-9-4

站点名称	车道数	收费方式	备注
赤坭互通	2入3出	MTC+ETC	花都段
兴仁互通	3入4出	MTC+ETC	
石角互通	3入4出	MTC+ETC	
清远南互通	5入8出	MTC+ETC	清远段
洲心互通	3入5出	MTC+ETC	
源潭南互通	3入4出	MTC+ETC	
鳌头南互通	2入3出	MTC+ETC	从化段

三、派街高速公路

派(潭)街(北)高速公路是广州市北部的一条高速公路,原为从莞深高速公路街口支线,2010年起被纳入广东省高速公路网,编号为S16。派街高速公路起于增城区派潭镇,与从莞深高速公路相连,经从化区江埔街道,止于街口街道,与大广高速公路相接,路线全长19.608km。项目由广东汇裕投资发展有限公司、广东方圆集团有限公司和香港金仕投资有限公司投资建设,2004年4月开工,2007年2月建成通车。

派街高速公路和街北高速公路(街北高速公路起于从化街口街,经太平镇和花都区花东镇,止于花都区至北兴,与机场高速公路北延线连接,全长19.751km)原同为一个建设项目,据国高网规划调整,派街高速公路划为从莞深高速公路街口支线(S16),街北高速公路划为G45大广高速公路路段。因该两条高速公路共同建设和管理,仍综合撰写。[详细情况见第三章第十二节大广—广州高速公路广东段(G45)"二、从化街口—北兴高速公路"]

第十节　揭阳—普宁—惠来高速公路(S17)

揭阳—普宁—惠来高速公路(简称"揭普惠高速公路"),编号为S17,是广东省高速公路网中粤东地区的重要线路。起于揭阳市揭东县新亨镇,接汕(头)梅(州)高速公路,经揭阳市揭东县、普宁市,止于惠来县东港镇,全长86.447km,2003年建成通车。

揭普惠高速公路分为揭普高速公路和普惠高速公路两期建设。

揭普高速公路起于揭阳市揭东县新亨镇,接汕(头)梅(州)高速公路,途经揭东县的新亨、锡场、月城、霖磐,普宁市的南溪、洪阳、赤岗、大坝、燎原,止于普宁市池尾镇。路线全长45.162km,项目决算18.13亿,于2001年12月开工,2003年12月建成通车。

普惠高速公路起于普宁市池尾镇,接揭普高速公路,途经普宁的云落、高埔,惠来县的葵潭等,止于惠来县的东港镇,与深汕高速公路相连。路线全长41.285km,项目决算11.59亿,于1998年12月开工,2001年12月建成通车。

揭普惠高速公路由广东省交通集团有限公司下属企业广州新粤沥青有限公司和广东省高速公路有限公司,并共同组建广东粤东高速公路实业发展有限公司(下称"粤东公司"),负责投资建设和运营管理。

(一)主要技术指标和建设规模

揭普惠高速公路全线按高速公路标准建设,双向四车道,设计速度100km/h,全线共有桥梁173座,其中特大桥1座,主要大桥11座(表4-10-1)。

揭普惠高速公路主要桥梁表　　表4-10-1

序号	桥梁分类	桥梁名称	起止桩号	桥梁总长(m)	桥面宽度(m)	车道数	设计汽车荷载等级	建设时间	备注
1	大桥	跨广梅汕铁路桥	K050+307~K050+943	635.04	14.38	4	公路—Ⅰ级	2001年12月1日	
2	大桥	锡场互通桥	K051+304~K052+118	813.86	14.38	4	公路—Ⅰ级	2001年12月1日	
3	大桥	江兴路跨线桥	K055+171~K055+431	259.36	13.62	4	公路—Ⅰ级	2001年12月1日	
4	大桥	榕江北河大桥	K055+857~K056+841	983.14	15.42	4	公路—Ⅰ级	2001年12月1日	
5	大桥	英蓝公路跨线桥	K057+525~K057+823	298.05	14	4	公路—Ⅰ级	2001年12月1日	
6	大桥	霖磐跨线桥	K059+629~K060+563	933.26	12.38	4	公路—Ⅰ级	2001年12月1日	
7	大桥	老雨亭大桥	K063+229~K063+535	305.04	13.58	4	公路—Ⅰ级	2001年12月1日	
8	特大桥	榕江南河大桥	K064+266~K065+586	1320.04	12.88	4	公路—Ⅰ级	2001年12月1日	
9	大桥	赤岗跨线桥	K075+508~K076+246	738.44	13.58	4	公路—Ⅰ级	2001年12月1日	
10	大桥	西清跨线桥	K089+191~K089+757	565.04	13.58	4	公路—Ⅰ级	2001年12月1日	
11	大桥	龙潭河大桥	K123+216~K123+472	256.25	12.87	4	公路—Ⅰ级	1998年12月1日	
12	大桥	三池埔大桥	K126+853~K127+103	250.74	13.25	4	公路—Ⅰ级	1998年12月1日	

(二)建设情况

1. 建设依据和资金来源

(1)普宁惠来段

1995年12月29日,广东省计划委员会《关于合作经营普宁乌石至惠来东港一级汽车专用公路工程可行性研究报告的批复》。

2000年,广东省计划委员会《关于普宁至惠来公路调整建设规模和技术标准等问题的批复》。

2001年4月19日,广东省建设厅批复普惠高速工程的初步设计。

2001年5月29日,广东省发展计划委员会《关于普宁至惠来高速公路工程可行性研究报告的批复》。

建设资金35%由公司股东投入,其余65%向银行贷款。

(2)揭阳普宁段

2001年9月19日,广东省建设厅批复了揭普高速工程的初步设计。

建设资金35%由公司股东投入,其余65%向银行贷款。

2. 征地拆迁

(1)揭阳普宁段

项目业主与揭阳市政府签订了《揭普高速公路征地拆迁包干协议书》。揭普段共征用土地4487.76亩,拆迁房屋46990m^2。

(2)普宁惠来段

项目业主与揭阳市政府签订了《普宁至惠来高速公路征地拆迁承包合同》。普惠段共征用土地4741.3亩,拆迁房屋11859.49m^2。

3. 招投标

(1)揭阳普宁段

按照工程招投标规定,工程设计、监理、土建施工、交通工程施工均在广州市建设工程交易中心进行公开招标。

(2)普宁惠来段

普惠高速公路项目路基桥涵、路面工程均采用国内竞争性公开招标选择施工队伍。交通工程由广东新粤交通投资有限公司总承包。广东省高速公路公司负责招标工作。经评标领导小组审核确定,广东省长大公路工程有限公司等13个单位承担普惠高速公路的工程施工。

4. 主要设计、施工、监理单位

(1)揭阳普宁段

设计单位:广东省公路勘察规划设计院、中国公路工程咨询监理总公司等单位。

施工单位:广东省基础工程公司、广东省长大公路工程有限公司、中港第六航务工程局、汕头公路桥梁工程总公司等32个单位。

监理单位:广东省公路工程监理站、北京兴通交通工程监理有限公司等单位。

(2)普宁惠来段

设计单位:广东省公路勘察规划设计院、中国公路工程咨询监理总公司等单位。

施工单位：广东省长大公路工程有限公司、普宁公路桥梁工程公司、江门市路桥集团有限公司、广东省筑路机械租赁联营公司等13个单位。

监理单位：广东省公路工程监理站、北京兴通交通工程监理有限公司等单位。

（三）复杂技术工程

揭普高速公路地处榕江和练江冲积平原，水系发达，村镇密布，地质复杂，深层处理软基16.7km，占路基全长1/3；软基路段通常是高速公路建设的薄弱环境，突出的问题是路基垮塌和工后沉降过大。揭普项目经过建设各方努力，软基处治效果达到了一个新水平。2003年10月22日，在揭普项目软基处治效果汇报会上，与会专家一致认为，高速公路软基处理技术在国内处于领先地位。

（四）运营管理

1. 运营公司

粤东公司于1999年12月17日注册成立，负责普惠、揭普高速公路项目的建设、经营管理和综合开发。采取"边建设，边运营；建成一段，运营一段"的运作方式。普惠高速公路于2001年12月28日建成通车运营；揭普路段于2003年12月8日建成通车运营。

2. 收费站点

揭普惠高速公路设有锡场、霖磐、赤岗、泥沟、池尾、高柏、葵潭和东港等8个收费站，见表4-10-2。2014年6月30日，广东省高速公路联网收费实施。

收费站点及车道设置情况表　　　　　　　　　　　　表4-10-2

站点名称	车道数		收费方式
	入口	出口	
锡场	3	5	MTC + ETC
霖磐	4	6	MTC + ETC
赤岗	2	4	MTC + ETC
泥沟	3	5	MTC + ETC
池尾	4	5	MTC + ETC
高柏	2	4	MTC + ETC
葵潭	3	4	MTC + ETC
东港	1	3	MTC + ETC

3. 车流量

揭普惠高速公路车流量情况见表4-10-3。

车流量情况表 表4-10-3

年份(年)	路 段	日均车流量(辆)	年份(年)	路 段	日均车流量(辆)
2002	揭普惠路段	3388	2009	揭普惠路段	18802
2003	揭普惠路段	4205	2010	揭普惠路段	20806
2004	揭普惠路段	14035	2011	揭普惠路段	24981
2005	揭普惠路段	16919	2012	揭普惠路段	31777
2006	揭普惠路段	17739	2013	揭普惠路段	33713
2007	揭普惠路段	19623	2014	揭普惠路段	34380
2008	揭普惠路段	22449	2015	揭普惠路段	38917

4.路政管理

揭普惠高速公路设有路政大队,管理辖区高速公路86.447km。路政大队对路产、路权实施三级管理,大队负责全线道路产权的维护和管理,中队负责辖区的道路产权维护和管理,班组负责责任区的道路产权的维护和管理。其中中队根据属地划分管理辖区,中队再将辖区划分成四个责任区,每个班组负责一个责任区,班组内再将责任区落实到人;日常路产巡查工作由当班人员负责全线例行巡查,早班在日常巡查的基础上,专门负责本班组责任区的仔细排查,发现较难在例行检查中发现的路产受损或侵权案件。

日常巡查包括路政巡查、养护巡查与拯救巡查,三种巡查模式结合快速发现路损或侵权案件。养护和拯救发现路损或侵权案件后,第一时间通知路政前往处置;路面的施工作业许可由路政大队严格把关,中队根据大队颁发的许可证掌握路面施工情况,有效区分侵权行为和合规作业行为,及时制止侵权行为。

(五)企业文化建设

揭普惠高速公路在企业文化建设中积极探索出了具有自身特色的高速公路经营模式。其中,"构建和谐粤东文化,建设特色收费站"是揭普惠高速公路开阔思路的一项特色运营管理工作。活动中,公司通过举行"换位思考大讨论",要求员工做到"一个换位、两个坚持、三个转变"。池尾收费站抓住荣获"全国女职工建功立业标兵岗"荣誉的契机,在特色站的建设中,结合争创国家级"青年文明号""全国三八红旗集体"目标,提出创建"向阳花"特色服务品牌;随后,又推出收费队伍"366服务品牌"创建活动,不断提高了员工幸福感,工作水平和服务意识也不断增强。

十多年来,粤东公司获得国家级荣誉9项、省级荣誉13项,其中,公司在2012年、2013年连续两年荣获"全国交通运输企业文化建设优秀单位"称号,2014年荣获"全国交通运输企业文化建设卓越单位"称号;公司工会在2010年荣获"全国模范职工小家";公司管辖池尾收费站在 2006 年荣获"巾帼标兵岗"称号、2013 年"全国工人先锋号"。此外，公司先后获得"广东省模范职工小家""广东省青年文明号""广东省五四红旗团委"等荣誉称号。2009 年公司关于"高速公路运营企业品牌美誉度管理"课题研究获得了第三届中国中小企业"创新成果奖";2010 年"提升高速公路运营企业品牌美誉度的实践"课题研究获得广东省企业管理现代化创新成果奖。

第十一节　梅州—汕尾高速公路(S19)

梅州—汕尾高速公路(简称"梅汕高速公路")，编号 S19，是广东省高速公路网规划的第二纵线。梅汕高速起于梅州市程江，途经梅县、五华、揭西、陆河、海丰，止于汕尾，全长 187.793km。

梅汕高速公路由 4 个项目组成:程江—畲江段、畲江—横陂段及横陂—安流段、五华—陆河段、陆河至汕尾段。

一、程江—畲江段

梅汕高速公路梅州程江至梅县区畲江段是广东省高速公路网规划中"一纵"的主要路段，2016 年改为梅州—汕尾高速公路的组成路段，编号为 S19。

梅州程江至畲江段起于梅州市梅县区程江镇，与 G25 长深高速公路相接，向南经梅南镇，止于梅县区畲江镇与 G78 汕昆高速公路相接，全长 27.833km。

项目自 1998 年 11 月 10 日开工，采用分段立项建设，2001 年 9 月 28 日，梅汕高速公路梅南至畲江段建成通车;2003 年 12 月 28 日，梅汕高速公路梅州至梅南段建成通车。

梅汕高速公路程江至畲江段由广东粤嘉高速公路有限公司、广东省路桥建设发展有限公司路达分公司合作投资，统一委托广东省路桥建设发展有限公司路达分公司建设和运营管理。

(一)主要技术指标和建设规模

该路段从梅州盆地西南边缘起，进入梅江河谷两侧，呈北东向延伸至山岭重丘区，工程建设中桥梁、涵洞较多，工程量大。

全线按山岭重丘区高速公路标准建设，双向四车道，设计速度 80km/h。全线共设有桥梁 30 座，其中主要大桥 2 座(表 4-11-1)。

梅汕高速公路程江至畲江段主要桥梁表　　　　　表 4-11-1

序号	桥梁分类	桥梁名称	中心桩号	桥梁长度（m）	桥面宽度（m）	车道数	设计汽车荷载等级	开工时间	完工时间	备注
1	大桥	轩坑河大桥	K99+853	186.7	23	4	汽车—超20级、挂车—120	2002年6月	2003年12月	
2	大桥	梅江大桥	K101+295	377	23	4	汽车—超20级、挂车—120	2002年6月	2003年12月	

（二）建设情况

1. 建设依据和资金来源

（1）梅南—畲江段

1995年12月25日，广东省计划委员会《关于河源至梅州高速公路梅州至畲江段工程立项的批复》。

1997年6月30日，广东省计划委员会《关于河梅高速公路梅南至畲江段工程可行性研究报告的批复》。

1998年4月7日，广东省建设委员会《关于河梅高速公路梅南至畲江段工程初步设计的批复》。

资金来源中广东省路桥建设发展公司占40%，香港东南亚（中国）基建有限公司占50%，梅州市康达公路建设有限公司占10%。1998年10月省路桥建设发展公司与粤嘉公司签订建设项目总承包合同，由粤嘉公司负责对梅南至畲江段进行投资和建设管理。

（2）梅州—梅南段

2001年9月21日，广东省发展计划委员会《关于河梅（汕梅）高速公路梅州至梅南段可行性研究报告的批复》。

2002年2月7日，广东省建设厅《关于河梅（汕梅）高速公路梅州至梅南段工程初步设计的批复》。

汕梅高速公路梅州至梅南段是由广东省路桥建设发展公司、梅州市康达公路建设有限公司、揭阳市公路建设投资公司分别按照96%、3%、1%的比例共同投资。

2. 征地拆迁

1999年7月15日，广东省国土厅《关于河梅高速公路（梅南至畲江）路线建设征用土地补偿手续的批复》，共征用土地2634亩，拆迁房屋42825 m^2。

2003年7月25日，广东省国土厅《关于河梅高速公路梅州至梅南段（梅县境内）工程建设用地的批复》，共征用土地1446亩。

3. 招投标

（1）梅南—畲江段

1998年10月5日，广东省公路管理局向广东省交通厅上报《关于请求审批河梅高速公路梅南至畲江段招标方案及招标评标办法的请示》。

1998年10月26日，广东省交通厅《关于河梅高速公路梅南至畲江段招标方案及招标评标办法的批复》，同意上报的招标评标办法及招标方案。

（2）梅州—梅南段

2001年10月22日，广东路达高速公路有限公司提交了关于汕梅高速公路梅南至梅州段公开招标申请书，2001年10月23日，广东省交通厅审批同意。

2002年3月22日，广东省路桥建设发展公司向广东省交通厅上报《关于报送〈汕梅高速公路梅州至梅南段施工招标评标报告〉的函》。

2003年3月19日，广东省交通厅《关于汕梅高速公路交通工程（包括交通安全设施、机电设备采购、通信管道及附属区工程）施工招标资格预审评审报告的批复》，同意广东省交通集团上报的汕梅高速公路梅州至梅南段《汕梅高速公路交通工程招标资格预审评审报告》。

4. 主要设计、施工、监理单位

（1）梅南—畲江段

设计单位：华杰工程咨询有限公司。

施工单位：广东省公路工程建设集团有限公司、广东新粤交通投资有限公司。

监理单位：广东省路通公路工程监理有限公司。

（2）梅州—梅南段

设计单位：重庆交通科研设计院。

施工单位：中铁大桥局集团有限公司、山东泰山路桥工程公司、中国建筑第七工程局、广东省建筑工程机械施工有限公司、广东冠粤路桥有限公司等单位。

监理单位：广东诚信公路工程监理咨询有限公司。

（三）运营管理

1. 运营公司

广东省路桥建设发展有限公司路达分公司设有总工程师岗位和职能部门养护工程部，养护工程部下设2个养护管理站驻点到畲江管理中心和云路收费站，养护工程中心本部负责管理养护站、组织各专项工程的实施管理、协调沟通上级单位等相关工作，养护站负责各自路段的日常养护小修保养工作。日常养护单位通过招标确定。

2. 收费站点

程江至畲江段原设城西、梅南、畲江三个收费站。从2006年底开始，广东省路桥建设发展有限公司通过采用委托管理的模式，将汕梅、汕揭高速公路交由路达分公司实行一体化、规模化运营管理，路达分公司、汕揭分公司、粤嘉公司三家公司实行联合管理、合署办公，统一管理汕头至畲江和畲江至程江高速公路运营业务。

3. 养护管理

（1）实施预防性养护

根据"以科技维修，提高养护技术水平"的指导思想，在养护管理上实施主动的预防性养护，在工程技术方案和措施方面上重视并贯彻预防性养护和早期养护方针，通过检测及时掌握路况，尽早发现并消除病害苗头，避免出现重大路面病害现象。

（2）新养护技术有效应用

加强技术创新，有针对性地采用养护新技术、新工艺，不断升级养护硬件设备，提高了养护性工程的技术含量和质量，如通过有机硅酮密封胶封闭水泥路面板内裂缝；超快硬混凝土修复王修补坑洞、边角；采用7cm PG-82改性沥青混凝土罩面改善水泥混凝土路面的使用性能；采用桩身加厚截面外包混凝土施工工艺进行桩身的加固施工；采用微表处对沥青路面的轻微车辙进行处治。

（3）长大桥隧安全运营

为全面落实桥隧的安全管理工作，配备专职的桥梁养护工程师和隧道养护工程师，同时加强日常养护管理人员、路政巡查人员以及隧道所的管理人员对桥隧结构物实施不定时巡查，发现问题及时通报并及时处理。

4. 机电养护

机电隧道管养以自行维护为主，对需要专业技术检测资质和安全技术资质要求的项目采取外包维护。

（四）企业文化建设

路达分公司以"情暖汕梅，共创未来"和"一路通达，止于至善"为企业文化建设的核心，提高员工整体素质，优化企业管理水平，推动路达分公司和谐、稳定、向前发展。

1. 创建"情暖汕梅，共创未来"的文化理念

根据潮梅人民"重情好客、勤劳朴实、团结进取"的特点，路达分公司结合自身的工作任务和工作实践，总结出了"情暖汕梅，共创未来"的文化理念，成为工作、生活和服务的推动力和润滑剂，为推动企业发展发挥了积极的作用。

2.创立"一路通达,止于至善"的经营理念

路达分公司成长于汕梅山区,扎根于汕梅山区,努力融入汕梅山区。公司上下秉承高效务实、开拓进取的工作作风,在汕梅山区埋头苦干,踏实工作,把"一路通达"的经营理念和优质的服务、优良的路况和环境奉献给顾客。

3.确立"安全就是生命、安全就是效益"的安全文化理念

通过开展安全文化建设活动,路达分公司积极推进"平安畅通高速"创建活动,管辖道路交通安全管理水平得到了大幅度的提升。

路达分公司不断加强企业文化建设,提升了企业的核心竞争力,经济效益不断提升。2008—2016年均顺利完成上级下达的收费任务。同时,路达分公司以文化理念为指引,开展各种丰富多彩的文体活动、创建活动,增强广大员工的荣誉感和凝聚力,在汕梅地区树立了良好的社会形象。2011年以来,路达分公司先后荣获"全国2011年度交通运输行业文化建设优秀单位""全国2012年度交通运输行业文化建设优秀单位""全国2013年度交通运输行业文化建设卓越单位""全国2014年度交通运输行业文化建设卓越单位""全国安全文化建设示范企业""国家最具节能减排成效企业"等多项荣誉。

二、畲江—横陂段及横陂—安流段

梅汕高速公路畲江至横陂段,原是兴汕高速公路兴宁至五华项目段的支线,2016年线路调整后改为梅汕高速公路畲江至横陂段,起于五华县横陂镇,经水口镇,止于梅县畲江,长25.0km。先行段控制性工程浮湖梅江大桥于2013年11月28日开工,2017年底建成通车。

横陂至安流段,长22.76km,是济广高速公路(编号G35)兴宁至五华项目的主线,也是调整后的梅汕高速公路的主线(共线),起于五华横陂,顺接梅汕高速公路畲江至横陂段,止于五华安流,与梅汕高速公路五华安流—陆河段相接。

梅汕高速公路畲江至横陂段和横陂至安流段,在梅汕高速公路线路调整前均属于济广高速公路兴华项目,由省交通集团所属省路桥建设发展有限公司、省长大公路工程有限公司和梅州市政府全资国有企业梅州市高速公路建设投资有限公司投资建设,并成立广东宁华高速公路有限公司负责建设和管理。

梅汕高速公路畲江至横陂段及横陂至安流段的建设和管理详细情况见第三章第十一节济南—广州高速公路广东段(G35)"二、兴宁—五华高速公路"。

三、五华—陆河段

梅汕高速公路五华至陆河段,起于五华县安流镇,接梅汕高速公路横陂至安流段,经五华县棉洋镇、揭西县上砂镇,止于陆河县水唇镇,与潮惠高速相接,全长48km。五华至

陆河段采用高速公路标准，双向四车道，设计速度100km/h。全线共设置特大桥1座，大桥42座、中、小桥3座；隧道2座；互通式立交6座；设下砂服务区及管理中心1处。项目估算总投资55.9191亿元。于2016年12月动工建设。

该项目是全省高速公路网规划中"二纵"的重要组成部分，是北往江西省，南达汕尾港、揭阳港的出海出省通道。

四、陆河—汕尾段

梅汕高速公路陆河至汕尾段是广东省高速公路网规划"二纵"的重要组成部分，与"二纵"其他路段共同构成粤赣两省新的省际通道。路线起于海丰县平东镇（陆河水唇镇至海丰县平东镇段与潮惠高速公路共线26km），经过可塘镇、陆丰市潭西镇、海丰县赤坑镇，止于红海湾经济开发区田墘镇，终点连接省道S241（红海湾大道）。新建路线全长38.2km，项目投资估算总额为44.65亿元，按高速公路标准建设，双向四车道，设计速度100km/h，全线设置了塘尾枢纽、陆丰西互通、西湖枢纽、沙港互通、红海湾互通5处互通式立交，设服务区1处，于2015年12月25日开工建设。

项目设置了塘尾枢纽互通立交连接潮惠高速公路，设置了西湖枢纽互通式立交与深汕高速公路、兴汕高速公路、潮惠高速公路等三条高速公路无缝对接，使粤东地区构建出一张高速公路网络。

兴汕高速公路汕尾段的建设是对于加强粤赣两省交通往来，增加梅州、汕尾交通联系，促进汕尾市社会经济协调和振兴发展具有重要作用。

第十二节　广州—中山—江门高速公路（S20）

广中江高速公路由广州—中山—江门高速公路（简称"广中江高速公路"，线路编号S20）和广州—佛山—江门—珠海高速公路江门段（简称"广佛江珠高速公路"，线路编号S47）两段组成，相交于顺德区均安镇天连村，全长67.31km。

广中江高速公路（编号S20），起于鹤山市雅瑶镇，经江门蓬江区、中山小榄、东凤、南头，止于广州市南沙区大岗镇，路线全长50.16km；广佛江珠高速公路江门段（编号S47），起于江门市高新区，接江中高速公路，主要经江门江海区、蓬江区、中山古镇、小榄，止于顺德均安镇，路线全长17.15km。

广中江高速公路总投资约195.88亿元，2010年2月28日开工建设。2017年12月28日建成通车44km，其余在建。路段由广东省南粤交通投资建设有限公司与江门市政府按51%：49%比例出资，并成立广中江高速公路项目管理处负责项目建设管理。

该项目的建设对落实《珠江三角洲地区改革发展规划纲要》,促进珠三角交通一体化进程,完善路网布局,改善区域交通运输条件具有重要的意义。

(一)主要技术指标和建设规模

广中江高速公路按高速公路标准建设,双向六车道,其中广中江高速公路起点至狮子里互通段,双向四车道;广中江高速公路剩余路段及广佛江珠高速公路,双向六车道,设计速度100km/h。全线共设桥梁69座(含双幅),桥梁占比83.29%,隧道1座,设18处互通式立交(含一处预留),1处服务区,1处管理中心。桥梁及隧道情况见表4-12-1、表4-12-2。

(二)建设情况

1. 建设依据

2010年10月9日,广东省发改委批复同意建设江门至广州番禺高速公路及江珠高速公路北延线江门四村至顺德均安段工程。

2010年11月,广东省交通运输厅《关于江门至广州番禺高速公路及江珠高速公路北延线江门四村至顺德均安段初步设计的批复》。

2. 资金来源

项目总投资195.88亿元。筹集资本金68.56亿元,其中省级资本金为34.96亿元,市级资本金33.60亿元,银行贷款127.32亿元。

3. 征地拆迁

截至2017年12月,该项目共征用土地8115.891亩,拆迁房屋780102.12m^2。

4. 招投标及主要设计、施工、监理单位

广中江高速公路通过招投标确定设计、施工、监理单位。

设计单位:中国交通公路规划设计有限公司、广东粤路勘察设计有限公司联合体等单位。

施工单位:中交第二公路工程局有限公司、广东省长大公路工程有限公司、中铁十四局集团有限公司、广东冠粤路桥有限公司等17个单位。

监理单位:中国公路工程咨询集团有限公司及广东省路通公路工程监理有限公司联合体、北京路桥济通国际工程咨询有限公司等单位。

(三)技术创新

1. 广中江高速公路与高压线路共用走廊段安全技术研究

该项目处于资源受限的珠三角地带,为最大限度地达到节地目标并尽可能减少征地拆迁对地方带来的影响,项目在前期选线过程中创新性的与17km高压线路走廊一致。

广中江高速公路主要桥梁表

表 4-12-1

序号	桥梁分类	桥梁名称	中心桩号	桥梁长度（m）	桥面宽度（m）	车道数	设计汽车荷载等级	开工时间	备注
1	特大桥	狮子里互通主线高架桥（左幅）	K4+009.202	1204.9	12.75~16.5	2,3	公路—I级	2014年1月	
2	特大桥	狮子里互通主线高架桥（右幅）	K4+009.202	1204.9	12.75~16.5	2,3	公路—I级	2014年1月	
3	特大桥	先进路高架桥（左幅）	K5+393.326	1563.348	16.5	3	公路—I级	2014年1月	
4	特大桥	先进路高架桥（右幅）	K5+393.326	1563.348	16.5	3	公路—I级	2014年1月	
5	大桥	石坑口高架桥	K6+626.5	903	33.5	6	公路—I级	2010年12月	
6	特大桥	江沙桥（左幅）	K7+582.5	1001	16.75	3	公路—I级	2014年4月	
7	大桥	江沙桥（右幅）	K7+595	976	16.75	3	公路—I级	2014年4月	
8	大桥	棠下高架桥	K8+837.5	481	33.5	6	公路—I级	2014年4月	
9	大桥	北玎大桥	K9+424	306	33.5	6	公路—I级	2014年4月	
10	大桥	江门大道桥	K10+329	786	33.5	6	公路—I级	2014年4月	
11	大桥	腾泽大桥	K11+546.6	653.2	33.5	6	公路—I级	2014年4月	
12	特大桥	东炮台桥	K13+228.418	2710.436	33.5	6	公路—I级	2014年4月	
13	特大桥	石山高架桥（左幅）	K15+116.393	1065.579	16.5	3	公路—I级	2013年6月	
14	特大桥	石山高架桥（右幅）	K15+116.818	1066.364	16.5	3	公路—I级	2013年6月	
15	特大桥	西江桥西引桥（左幅）	K15+791.715	285	16.5	3	公路—I级	2013年6月	
16	特大桥	西江桥西引桥（右幅）	K15+792.5	285	16.5	3	公路—I级	2013年6月	
17	特大桥	西塘水道桥	K16+365	860	40.8	6	公路—I级	2013年6月	
18	特大桥	荷塘高架桥（左幅）	K29+126.062	1377.585	16.5	3	公路—I级	2013年6月	
19	特大桥	荷塘高架桥（右幅）	K29+146.120	1365.9	16.5	3	公路—I级	2013年6月	
20	大桥	东堤一路高架桥（左幅）	K28+323.270	278	16.5	3	公路—I级	2013年6月	
21	大桥	东堤一路高架桥（右幅）	K28+324.170	278	16.5	3	公路—I级	2013年6月	
22	大桥	江番古镇桥	K25+230.070	948	30.5	6	公路—I级	2013年6月	
23	大桥	规划路桥（左幅）	K24+541.070	430	15	3	公路—I级	2013年12月	
24	大桥	规划路桥（右幅）	K24+541.070	430	15	3	公路—I级	2013年12月	
25	大桥	均安桥（左幅）	K23+863.570	925	15	3	公路—I级	2013年12月	
26	大桥	均安桥（右幅）	K23+861.570	929	15	3	公路—I级	2013年12月	
27	大桥	百安桥（左幅）	K23+055.005	692.129	15	3	公路—I级	2013年12月	

第四章 地方高速公路

续上表

序号	桥梁分类	桥梁名称	中心桩号	桥梁长度(m)	桥面宽度(m)	车道数	设计汽车荷载等级	开工时间	备注
28	大桥	百安桥(右幅)	K23+049.005	696.129	15	3	公路—Ⅰ级	2013年12月	
29	大桥	崀洲桥(左幅)	K22+488.655	440.571	15	3	公路—Ⅰ级	2013年12月	
30	大桥	崀洲桥(右幅)	K22+493.655	414.571	15	3	公路—Ⅰ级	2013年12月	
31	特大桥	天连大道桥(左幅)	K21+488.120	1560.5	16.5	3	公路—Ⅰ级	2013年12月	
32	特大桥	天连大道桥(右幅)	K21+497.120	1578.5	16.5	3	公路—Ⅰ级	2014年12月	
33	特大桥	天连枢纽桥(左幅)	K19+959.350	1497.04	16.5	3	公路—Ⅰ级	2014年12月	
34	特大桥	天连枢纽桥(右幅)	K20+059.350	1497.04	16.5	3	公路—Ⅰ级	2014年12月	
35	大桥	小榄1号桥(左幅)	K28+028.24	910	16.5	3	公路—Ⅰ级	2014年8月	
36	大桥	小榄1号桥(右幅)	K28+028.24	910	16.5	3	公路—Ⅰ级	2014年8月	
37	特大桥	小榄互通桥(左幅)	K29+023.47	1080.46	16.5	3	公路—Ⅰ级	2014年8月	
38	特大桥	小榄互通桥(右幅)	K29+023.47	1080.46	16.5	3	公路—Ⅰ级	2014年8月	
39	特大桥	小榄2号桥(左幅)	K30+078.7	1030	16.5	3	公路—Ⅰ级	2014年3月	
40	特大桥	小榄2号桥(右幅)	K30+078.7	1030	16.5	3	公路—Ⅰ级	2014年8月	
41	特大桥	小榄水道桥	K30+801.2	415	33.5	6	公路—Ⅰ级	2013年11月	
42	大桥	同乐工业大道高架桥(左幅)	K31+418.7	820	16.5	3	公路—Ⅰ级	2014年2月	
43	大桥	同乐工业大道高架桥(右幅)	K31+388.7	760	16.5	3	公路—Ⅰ级	2013年12月	
44	大桥	105国道高架桥(左幅)	K32+183.7	710	16.5	3	公路—Ⅰ级	2013年12月	
45	大桥	105国道高架桥(右幅)	K31+153.7	770	16.5	3	公路—Ⅰ级	2013年12月	
46	特大桥	东凤高架桥(左幅)	K33+945.45	2813.5	16.5	3	公路—Ⅰ级	2013年8月	
47	特大桥	东凤高架桥(右幅)	K33+943.7	2810	16.5	3	公路—Ⅰ级	2013年8月	
48	大桥	鸡鸦水道桥(左幅)	K35+542.2	380	16.5	3	公路—Ⅰ级	2013年8月	
49	大桥	鸡鸦水道桥(右幅)	K35+540.45	383.5	16.5	3	公路—Ⅰ级	2013年8月	
50	大桥	南三公路高架桥	K35+997.2	530	33.5	6	公路—Ⅰ级	2013年8月	
51	特大桥	园林路高架桥(左幅)	K37+274.7	2025	16.5	3	公路—Ⅰ级	2014年4月	
52	特大桥	园林路高架桥(右幅)	K37+274.7	2025	16.5	3	公路—Ⅰ级	2014年4月	
53	大桥	辉北路高架桥(左幅)	K38+654.7	735	16.5	3	公路—Ⅰ级	2014年11月	

续上表

序号	桥梁分类	桥梁名称	中心桩号	桥梁长度（m）	桥面宽度（m）	车道数	设计汽车荷载等级	开工时间	备注
54	大桥	辉北路高架桥（右幅）	K38+654.7	735	16.5	3	公路—Ⅰ级	2014年11月	
55	特大桥	南头北互通主线高架桥（左幅）	K39+898.620	1752.839	16.5	3	公路—Ⅰ级	2014年9月	
56	特大桥	南头北互通主线高架桥（右幅）	K39+898.620	1752.839	16.5	3	公路—Ⅰ级	2014年9月	
57	大桥	黄圃岭栏桥	K43+002.039	444	33.5	6	公路—Ⅰ级	2013年11月	
58	特大桥	大雁1号桥（左幅）	K44+224.039	1000	16.5	3	公路—Ⅰ级	2013年11月	
59	特大桥	大雁1号桥（右幅）	K44+224.039	1000	16.5	3	公路—Ⅰ级	2013年11月	
60	大桥	黄圃雁林1号桥（左幅）	K45+042.169	636.26	16.5	3	公路—Ⅰ级	2013年11月	
61	大桥	黄圃雁林1号桥（右幅）	K45+053.770	659.461	16.5	3	公路—Ⅰ级	2013年11月	
62	大桥	大雁2号桥（左幅）	K46+032.799	965	20.25	3	公路—Ⅰ级	2013年11月	
63	大桥	大雁2号桥（右幅）	K46+044.399	941.8	16.5	3	公路—Ⅰ级	2013年11月	
64	特大桥	大雁3号桥（左幅）	K47+070.571	1110.544	16.5	3	公路—Ⅰ级	2013年11月	
65	特大桥	大雁3号桥（右幅）	K47+070.951	1111.303	16.5	3	公路—Ⅰ级	2013年11月	
66	大桥	黄圃雁大高架一（左幅）	K47+804.881	390	16.5	3	公路—Ⅰ级	2013年8月	
67	大桥	黄圃雁大高架二（右幅）	K47+805.664	390	16.5	3	公路—Ⅰ级	2013年8月	
68	特大桥	番中大桥	K48+388.164	775	38	6	公路—Ⅰ级	2013年8月	
69	大桥	放马1号桥二期（左幅）	K49+356.396	743.03	13	2	公路—Ⅰ级	2015年1月	
70	大桥	放马1号桥二期（右幅）	K49+325.287	789.244	13	2	公路—Ⅰ级	2015年1月	
71	大桥	放马2号桥	K49+941.905	444	21	4	公路—Ⅰ级	2015年1月	
72	大桥	龙溪主线桥（左幅）	K103+707.957	890	16.5	3	公路—Ⅰ级	2013年12月	
73	大桥	龙溪主线桥（右幅）	K103+707.957	890	16.5	3	公路—Ⅰ级	2013年12月	
74	大桥	南山1号桥（左幅）	K102+265.813	856	16.5	3	公路—Ⅰ级	2013年12月	
75	大桥	南山1号桥（右幅）	K102+265.813	791	16.5	3	公路—Ⅰ级	2013年12月	
76	大桥	江海路高架桥（左幅）	K100+593.910	775.6	16.5	3	公路—Ⅰ级	2012年11月	
77	大桥	江海路高架桥（右幅）	K100+593.910	775.6	16.5	3	公路—Ⅰ级	2012年11月	
78	特大桥	北街水道桥	K99+806.110	800	40.8	6	公路—Ⅰ级	2012年11月	
79	特大桥	潮连1号桥（左幅）	K98+902.760	1006.7	16.5	3	公路—Ⅰ级	2012年11月	

第四章 地方高速公路

续上表

序号	桥梁分类	桥梁名称	中心桩号	桥梁长度(m)	桥面宽度(m)	车道数	设计汽车荷载等级	开工时间	备注
80	特大桥	潮连1号桥(右幅)	K98+902.760	1006.7	16.5	3	公路—Ⅰ级	2012年11月	
81	大桥	潮连2号桥(左幅)	K98+141.910	515	16.5	3	公路—Ⅰ级	2012年11月	
82	大桥	潮连2号桥(右幅)	K98+141.910	515	16.5	3	公路—Ⅰ级	2012年11月	
83	特大桥	潮连西江桥	K97+554.410	660	40.8	6	公路—Ⅰ级	2012年11月	
84	大桥	古镇1号桥(左幅)	K96+970.660	507.5	16.5	3	公路—Ⅰ级	2012年11月	
85	大桥	古镇1号桥(右幅)	K96+970.660	507.5	16.5	3	公路—Ⅰ级	2012年11月	
86	大桥	古镇2号桥(左幅)	K96+228.160	977.5	16.5	3	公路—Ⅰ级	2012年11月	
87	特大桥	古镇2号桥(右幅)	K96+228.160	977.5	16.5	3	公路—Ⅰ级	2012年11月	
88	大桥	古镇3号桥(左幅)	K95+487.910	503	16.5	3	公路—Ⅰ级	2014年4月	
89	大桥	古镇3号桥(右幅)	K95+487.910	503	16.5	3	公路—Ⅰ级	2014年4月	
90	大桥	沙龙口高架桥(左幅)	K94+253.110	503	16.5	3	公路—Ⅰ级	2014年4月	
91	大桥	沙龙口高架桥(右幅)	K94+253.110	503	33.5	6	公路—Ⅰ级	2014年4月	
92	大桥	古镇水道桥	K93+716.610	570	16.5	3	公路—Ⅰ级	2014年4月	
93	特大桥	海州高架桥一(左幅)	K92+869.510	1124.2	16.5	3	公路—Ⅰ级	2014年4月	
94	特大桥	海州高架桥一(右幅)	K92+869.510	1124.2	33.5	6	公路—Ⅰ级	2014年4月	
95	特大桥	海州高架桥二	K91+662.010	1290.8	16.5	3	公路—Ⅰ级	2014年4月	
96	大桥	岜洲河水道桥(左幅)	K90+566.610	900	16.5	3	公路—Ⅰ级	2014年4月	
97	大桥	岜洲河水道桥(右幅)	K90+566.610	900	16.5	3	公路—Ⅰ级	2014年4月	
98	特大桥	永宁互通主线桥(左幅)	K89+475.110	1283	16.5	3	公路—Ⅰ级	2014年4月	
99	特大桥	永宁互通主线桥(右幅)	K89+475.110	1283	16.5	3	公路—Ⅰ级	2014年4月	
100	大桥	天连枢纽北延线桥(左幅)	MK20+025.5	727	16.5	3	公路—Ⅰ级	2014年4月	
101	大桥	天连枢纽北延线桥(右幅)	MK20+025.5	727	16.5	3	公路—Ⅰ级	2014年4月	

广中江高速公路隧道表

表4-12-2

序号	隧道分类	隧道名称	起止桩号	长度(单洞,m)	行车道宽度(单洞,m)	隧道净高(m)	车道数	开工时间	完工时间	备注
1	短隧道	大牛山隧道	MK2+933~MK3+289	356	11.25	5	6	2013年10月	2016年12月	连拱隧道,双洞长度相同,净高为建筑界限净高

为掌握共线路段高压线和高速公路的相互影响机理,确保施工期和运营期的安全,管理处向广东省交通厅进行申报"广中江高速公路与高压线路共用走廊段安全技术研究",正式立项成为省交通厅 2010 年度科技项目。

课题形成了"广中江高速公路与 500kV 高压线路共用走廊段安全性评价报告""桥梁基础与高压电塔基础影响分析和控制技术研究报告""共用走廊段桥梁结构形式及施工安全保障技术研究报告""施工安全保障技术指南及应急预案""广中江高速公路与 500kV 高压线路共用走廊段防护罩及桥梁护栏设置方案""高压公路和高压线路营运期间安全保障技术研究报告"等一系列成果,为土地资源紧张地区共用走廊提供了一系列标准和成果。各项成果均对高压共用走廊段的施工、运营起到重要指导意义。

2. 超高韧性混凝土(STC)在钢箱梁桥面上的应用

广中江高速公路龙溪互通 A 匝道第 11 联 30 号~33 号墩受限于桥下地方旧桥无法拆除,支架无法落地,因此上部设计为钢箱梁结构,吊装工艺。但钢箱梁顶面钢结构与桥面铺装层混凝土层、沥青层之间,刚性材料和柔性材料的连接稳定性,一直是个复杂的技术难题。尤其在匝道转弯半径较小的位置,连接不好,极易使沥青层产生推移、车辙等问题,影响行车舒适性甚至行车安全,同时也不利于钢箱梁的结构防腐。

广中江高速公路在龙溪互通 A 匝道钢箱梁上采用了新材料超高韧性混凝土(STC),这是一种具有超高强度、超高韧性、高耐久性的水泥基复合材料,与高性能混凝土(HPC)相比,STC 材料的显著特点是强度更高、韧性更大,其特性可与金属铝相媲美。利用超高韧性混凝土(STC)超高的强度和韧性,将 STC 层与钢桥面板通过剪力钉的焊接形成一种组合结构。该组合结构大幅度提高了桥面刚度,从而有效改善磨耗层受力状态;铺装层下层采用水泥基材料,改善了沥青面层工作条件,从而大幅降低了黏结层失效、车辙、推移等破坏风险;减小了面板和纵横肋在轮载下的应力,大幅提高了钢桥面的抗疲劳寿命;STC 层使得钢桥面处于良好的耐腐蚀状态。

(四)复杂技术工程

1. 与 500kV 高压线路共用走廊

广中江项目地处珠三角核心地区,沿线城镇高度密集,人口密度大,土地开发程度高,大部分土地已经开发为建设用地,基本没有未利用地,农用地大部分为基本农田保护区。为在经济发达的珠三角地区极大限度节约和保护土地环境资源,广中江高速公路在佛山顺德区均安镇、中山市小榄镇、东凤镇和南头镇境内路线与广东电网公司 500kV 狮洋至五邑线路和 500kV 顺广乙线共用走廊,总长约 17km,高架桥与高压线路的位置关系为紧贴平行(紧贴平行指高压线路边导线与高速公路限界最小水平距离不大于 20m),或为交叉情况。

由于在世界范围内尚未有高速公路和高压线长距离共用走廊的先例，高速公路在两个500kV同塔四回线路间穿插走线，距离较近，无论在设计、施工、运营期间都存在下列问题。

一是高速公路桥梁基础与铁塔基础间距过近；二是高速公路上方的铁塔横担、高压线影响行车安全；三是失控车辆冲出路外时影响铁塔结构安全；四是高压电力线下桥梁施工安全问题突出。

针对上述共用走廊段存在的一系列问题，广中江项目成立专项科研课题组开展广中江高速公路与共用走廊段安全技术研究，分别从"桥梁基础与高压电塔基础间影响分析和控制技术研究""共用走廊段桥梁结构形式及施工安全保障技术研究""高速公路和高压线路营运期安全保障技术研究"这三个专题开展相关的研究工作，以科研和创新指导项目设计、施工、运营的工作。采取增设防护罩等相关的措施，确保项目各阶段建设顺利进行。

2. 桥梁工程

广中江项目全线共设6座特大桥梁（以单跨计算）。其中S20江南段设特大桥4座，西江水道桥为主跨400m中央索面混凝土斜拉桥，番中大桥为主跨365m中央索面混凝土斜拉桥，小榄水道桥为主跨195m连续刚构桥，鸡鸦水道桥为主跨175m连续刚构桥。S47佛江段设置斜拉桥两座，潮连西江桥为主跨320m中央索面混凝土斜拉桥，北街水道桥为主跨380m中央索面混凝土斜拉桥。广中江项目四座斜拉桥设计难点及施工工艺创新方面如下。

（1）桥梁宽度大：箱梁宽度达到41m，横向受力复杂，设计难度加大。

（2）桥梁采用中央索面：中央索面景观效果好，但设计难度较大。西江水道桥为400m中央索面混凝土斜拉桥，建成后将成为国内跨径最大的中央索面混凝土斜拉桥。

（3）4座斜拉桥均位于城区或开发区，景观效果要求高，除采用中央索面结构提高景观效果外，在索塔造型上也提出了"天圆地方"的理念，诠释"天人合一、效法自然、和谐包容"寓意，并根据桥梁结构及环境特点进一步演变为更为简洁抽象的景观造型。

（4）采用多种索面形式：该项目四座斜拉桥，西江水道桥和番中大桥采用扇形索面，潮连西江桥采用平行索面，北街水道桥采用斜拉桥集中锚固形式，形式多样，各有优缺点，例如平行索景观效果最佳，集中锚固形式抗震性能好等。

（5）中央索面的设计：在索塔位置，主梁预留空间以便索塔穿过，为保证主梁的传力效果，该处需加强计算并细化设计，但难度较大。

（6）地质条件复杂：西江水道桥基岩为中风化泥岩，承载能力差，采用摩擦桩设计，桩长长且需考虑群桩效应，设计难度大；潮连西江桥中风化及微风化岩面存在较大的起伏，同一索塔基础需要采用不同的桩长设计,设计难度较大。

（五）运营管理

广中江高速公路是政府还贷项目,由广东省南粤交通投资建设有限公司与江门市人民政府按51%：49%比例出资建设。广中江高速公路设置13处匝道收费站和1处主线收费站,具体情况见表4-12-3。

收费站点设置情况表　　　　表4-12-3

站点名称	车道数	收费方式	站点名称	车道数	收费方式
南山收费站	11	人工半自动收费	荷塘收费站	11	人工半自动收费
潮连收费站	5	人工半自动收费	均安收费站	5	人工半自动收费
古镇收费站	5	人工半自动收费	小榄北收费站	8	人工半自动收费
海洲收费站	9	人工半自动收费	东凤收费站	10	人工半自动收费
赤草收费站	4	人工半自动收费	南头北收费站	9	人工半自动收费
沙富收费站	15	人工半自动收费	黄圃收费站	8	人工半自动收费
石山收费站	10	人工半自动收费	放马主线收费站	12	人工半自动收费

（六）企业文化建设

广中江高速公路项目管理处自2009年成立以来,始终坚持"争创一流管理团队,争创一流优质工程,争创一流廉洁示范工程,争创一流安全标兵工程"的项目建设目标,本着"项目运作制度化、人本化,建设管理合同化、信息化,投资控制科学化、系统化"的项目管理理念,坚持以人为本,高扬"以管理处为家,以广中江为业"的理想大旗,着力打造广中江项目文化建设,促进队伍整体业务素质的提高,实现职工的共同成长和进步,发挥职工的主观能动性和创造性,促使全体职工为广中江项目建设做贡献。

第十三节　广州—惠州高速公路及东延线（S21）

广州—惠州高速公路（简称"广惠高速公路"）,编号S21。是"广东省高速公路网规划"中"三横"线路的一部分,线路起于广州市白云区萝岗镇,通过萝岗互通立交与北二环高速公路相连,途经广州白云区、增城市、博罗县、惠州市惠城区、惠东县,止于惠东县凌坑,通过凌坑互通式立交接入深汕高速公路西段,全长153.2km（实际为154.992km）,实际投资69.268亿元。于1999年10月开工建设,2003年12月建成通车。后来规划增建广惠高速公路东延线。

第四章
地方高速公路

广惠高速公路东延线,起于惠东县白花镇凌坑立交,与广惠高速公路对接,向南与深汕高速公路西段相交,并以跨海大桥横跨范和湾,止于惠州港碧甲港区,全长31.352km。线路分两期建设,一期从凌坑至赤砂,长17.45km,已于2015年2月5日建成通车;二期从赤砂至碧甲惠东港区,13.902km,于2016年底开工建设。

广惠高速公路及东延线由3个项目段组成:广州萝岗—惠州凌坑段(与G35济广高速公路共线)、广惠高速公路东延线、平海赤砂—碧甲惠东港段。

一、广州萝岗—惠州凌坑段

广州—惠州高速公路是国家和广东省规划的干线公路网的重要组成部分,路线全长154.992km。其中,小金口至萝岗段(国高网改造后称济广高速公路G35),起点位于惠州市小金口镇小金口互通,与惠河高速公路(G25)相接,途经博罗县、增城市,在石滩互通与广州北三环高速公路(G94)相交,终点在广州市萝岗区与广州北二环高速连接,长97.899km,双向六车道。小金口至凌坑段(S21省道),属于广东省高速公路网"三横"的一部分,起点位于惠州市小金口镇的小金口互通,与G35国家高速公路(广惠高速公路小金口至萝岗段)和G25国家高速公路(惠河高速公路)相接,途经惠州市惠城区、惠东县,在大岭互通与惠莞高速公路(S20省道)相交,终点在凌坑互通与深汕高速公路(G15国家高速公路)连接,长57.407km,双向四车道。广惠高速公路沿线设1个管理中心,3个管理处,3个养护工区,13个收费站,3对服务区,15处互通式立交,29处分离式立交。

广惠高速公路分A、B、C三段,A段(含萝岗互通)从(广州)萝岗至(博罗)石湾,长46.452km;B段从(博罗)石湾至(惠州)小金口,长50.83km;C段从(惠州)小金口至(惠东)凌坑,长55.918km。A段于1999年10月开工,B段于2000年7月开工,C段于2000年4月开工,三段同时于2003年12月通过交工验收,2003年12月20日通车。2006年10月12日~2007年10月15日广惠高速公路石湾至小金口段(B段)完成路面扩建,实现小金口至萝岗段全线双向六车道通车。

广惠高速公路由广东广惠高速公路有限公司负责投资建设和运营管理。公司自2003年12月起开始运营。[该项目详细情况见第三章第十一节济南—广州高速公路广东段(G35)"五、广州—惠州高速公路"]

二、广惠高速公路东延线

广惠高速公路东延线(惠州海湾大桥),属广东省重点规划干道,在广东省高速公路网中编号为S21。全线位于惠州市惠东县境内,起于连接广惠高速公路凌坑立交,途经白花、稔山镇,止于巽寮管委会赤砂村,全长17.45km。于2010年3月23日开工建设,2015年2月5日建成通车。

惠州海湾大桥由广东珠江公路桥梁投资有限公司（出资70%）、惠州市公路发展公司（出资30%）组成的惠州广惠东延线高速公路有限公司投资、建设、经营和管理。

惠州海湾大桥是惠州市开发稔平半岛、改善投资环境的交通先行项目，是稔平半岛连接半岛外的快速通道。惠州海湾大桥连接广惠高速公路、沈海高速公路、惠深沿海高速公路，融入惠深莞1小时生活圈，带动沿线地区的经济发展和开发。

（一）主要技术指标和建设规模

东延线（惠州海湾大桥）全线按高速公路标准建设，双向四车道，设计速度100km/h。主线全长17.45km，匝道12.7km，设特大桥1座，主要大桥3座（表4-13-1）；设互通式立交4处，管理中心、服务区各1处；设亚婆角、巽寮湾匝道收费站各一处，预留赤砂主线收费站，路面结构为沥青混凝土路面。

惠州海湾大桥高速公路主要桥梁表　　　表4-13-1

序号	桥梁分类	桥梁名称	起止桩号	桥梁长度(m)	桥面宽度(m)	车道数	设计汽车荷载等级	建设时间	备注
1	大桥	深汕高速跨线桥	K57+529.11~K57+769.11	240	24.5	4	汽车—超20级、挂车—120	2014年12月23日	
2	大桥	官布大桥	K65+151.5~K65+926.5	775	24.5	4	汽车—超20级、挂车—120	2014年12月23日	
3	特大桥	范和港大桥	K71+177.61~K73.918.61	2741	24.5	4	汽车—超20级、挂车—120	2014年12月23日	
4	大桥	县道X210跨线桥	K73+993.95~K74+258.05	264.1	24.5	4	汽车—超20级、挂车—120	2014年12月23日	

范和港跨海大桥全长2741m，主跨采用跨径300m的双塔单索面预应力混凝土箱梁斜拉桥，引桥采用移动模架法施工的预应力混凝土连续箱梁。

（二）建设情况

1. 建设依据

2008年12月15日，广东省发展和改革委员会核准建设惠东凌坑至碧甲高速公路。

2009年8月11日，广东省交通厅批复惠东凌坑至碧甲高速公路初步设计。

在建设过程中，由于地方规划发生变化，2013年经惠州市政府报省政府同意，凌坑至赤砂段调整为独立特大桥项目，并作为经营性项目建设；赤砂至碧甲段调整为城市快速路。

2014年7月14日,广东省发展改革委批复项目线路全长由32.2km调整为17.45km,项目名称调整为惠州海湾大桥。

2014年9月3日,广东省交通运输厅批复惠东凌坑至碧甲公路(惠州海湾大桥)调整初步设计。

2.资金来源

由广东珠江公路桥梁投资有限公司、惠州市公路发展有限公司出资和银行贷款。

3.征地拆迁

该项目共征用土地2012亩、海域175亩,拆迁房屋等建筑物面积8131m^2。

4.招投标

惠州海湾大桥项目的设计、监理、施工等均在广州建设工程交易中心进行,采取面向全国公开招标的形式选择承包人。

5.主要设计、施工、监理单位

设计单位:广东省公路勘察规划设计院有限公司。

施工单位:中交第二航务工程局有限公司与永昌路桥集团有限公司的联合体等单位。

监理单位:安徽省高等级公路工程监理有限公司。

6.重大设计变更

惠州海湾大桥与多条已通车项目互联互通,建设环境复杂多变,加上沿线地形地质复杂和建设用地征用困难等原因,在实施过程中,发生凌坑枢纽立交设计变更、牛牯墩枢纽立交设计变更、服务区移位、管理中心移位、高边坡滑塌等七项重大设计变更。2014年9月,广东省交通运输厅在批复惠州海湾大桥调整初步设计时批复重大设计变更。

(三)复杂技术工程

1.范和港跨海大桥

范和港跨海大桥全长2741m。主桥为双塔单索面、墩、塔、梁固结的预应力混凝土斜拉桥,桥长604m,近似三角形断面主梁,独柱式主塔。引桥上部采用40m、50m预应力混凝土连续箱梁,移动模架现浇。

范和港大桥主桥设计为中央索面双塔斜拉桥,主梁采用单箱三室预应力混凝土箱形梁结构,标准梁段高3.2m、梁顶面宽26.9m、浇筑长度6.00m。采用前支点(牵索式)挂篮施工,前支点挂篮自重控制在162t内(包括内模板),挂篮承载能力不小于345t。

该项目在桥梁设计阶段开展了抗风、抗震、防撞、防腐等方面的设计和研究，委托上海船舶运输科学研究所对桥梁的防撞进行专题研究。根据范和港大桥环境作用等级，采用海工高性能混凝土、疏水化合孔栓物、硅烷浸渍、透水模板布、永久钢护筒等综合防腐体系。

2. 凌坑枢纽立交

凌坑立交主线与广惠高速公路对接、上跨沈海高速公路，将原有凌坑立交改建成枢纽型立交。改建后的凌坑立交由深圳往返惠州、汕头往返惠州、深圳往返巽寮方向的6条匝道和广惠高速公路东延线主线组成，其中新建深圳往返惠州、汕头往返惠州的4条匝道替代现有匝道。凌坑枢纽立交改建过程中分阶段建设、分阶段进行交通转换，确保广惠高速公路、沈海高速公路正常通行。

（四）运营管理

1. 运营公司

惠州海湾大桥项目由广东珠江公路桥梁投资有限公司(70%)、惠州市公路发展公司(30%)组成的惠州广惠东延线高速公路有限公司负责经营管理。惠州海湾大桥实行总经理负责制，下设综合事务部、运营管理部、路产管理部、投资经营部4个职能部。

2. 收费站点

惠州海湾大桥设有巽寮湾、亚婆角2个收费站，具体情况见表4-13-2，于2015年2月5日开通运营。

收费站点设置情况表　　　　　　　　　　　　　　表4-13-2

站点名称	车道数		收费方式
	出口	入口	
亚婆角	5	4	人工+复式+ETC
巽寮湾	5	2	人工+复式+ETC

3. 车流量

惠州海湾大桥的车流量情况见表4-13-3。

车流量情况表　　　　　　　　　　　　　　表4-13-3

年份(年)	车流量(辆)	日均车流量(辆)
2015	2872572	7870

4. 养护管理

路段按"预防为主，防治结合"的养护方针，制订养护工作计划，加强日常保养。定期对重点路段及重点部位进行跟踪观测,及时做好桥涵构造物的安全排查和值班巡查等安全防范工作,对存在隐患和苗头性问题及时进行处理,实现了"治早、治小"的目标。

公司定期组织召开安全生产例会,落实安全生产的各项工作。通过日常检查和月度考评,进一步完善安全生产责任制。检查养护单位的三级安全教育、安全技术交底、安全检查记录是否齐全及安全标志标牌等安全设施的配置是否满足施工需要等,确保高速公路养护施工安全。

加强对养护队的管理。针对日常养护维护工作内容,部门对养护队分别从道路保洁、桥涵维护、排水设施清理、边坡维修加固等方面实施监督管理。同时每月开展安全生产检查,对安全措施落实不到位的严格整改。

对养护队的养护员工进行业务技术培训,加强对日常养护工作、路面维修操作、公路养护安全作业等业务培训学习。

5.路政管理

广惠东延线路政队成立于2014年,所辖路段合计里程30.15km(含匝道),其主要职能是紧密围绕公司运营目标,认真贯彻落实"依法治路、保障安全、保障畅通"的指导思想,结合实际扎实开展辖区路政管理工作。

(五)企业文化建设

惠州海湾大桥是巽寮湾旅游度假区的重要通道,是进入旅游区的第一个窗口。2015年2月开始运营后,公司大力探索和实践创新型服务文化理念,针对高速公路行业服务工作的特点,积极创建特色鲜明的,以理念文化、道德文化、安全文化、畅通文化为主要构成的"爱在海湾",全方位推进"以人为本"的现代管理理念,大力开展创建高速公路文明大通道活动。

三、平海赤砂—碧甲惠东港段(在建)

广惠高速公路东延线赤砂至碧甲段,是东延线二期工程。该二期工程起自一期工程终点赤砂,至项目终点碧甲惠东港,长13.902km。全线原按高速公路标准设计筹建,由于地方规划发生变化,2013年经惠州市政府报省政府同意,赤砂至碧甲段调整为城市快速路,按非收费公路另行组织建设。2014年9月3日,广东省交通运输厅批复惠东凌坑至碧甲公路调整初步设计。

项目于2016年底开工建设。

第十四节　惠阳—东莞塘厦高速公路（S22）

惠阳—东莞塘厦高速公路，编号S22，是惠州市"七横五纵一联"高速公路网中"横五"和东莞市规划中"六横四纵"高速公路网"六横"的重要路线，线路起于惠州市惠阳区沙田镇，接沈海高速深汕西段，向西经惠阳区新圩镇，东莞市清溪、塘厦镇，止于东莞市塘厦龙背岭，接珠三角环线，全长63.6km。

惠阳—东莞塘厦高速公路由3段组成：龙背岭—林村段、从莞高速公路清溪支线、惠阳沙田—东莞清溪段。

一、龙背岭—林村段

龙背岭至林村段（简称"龙林高速公路"），是珠三角环线与从莞深高速公路之间的联络线。龙林高速公路起于东莞市塘厦镇龙背岭，接珠三角环线，向东北经牛眠埔新围、田心，止于林村，全长9.1km。全线按高速公路标准建设，双向四车道，设计速度100km/h，工程概算4.73亿元，于2004年7月27日建成通车，由东莞发展控股股份有限公司投资建设和管理。

二、从莞高速公路清溪支线

从莞高速公路清溪支线，是珠三角环线与从莞深高速公路、博深高速公路之间的联络线。起于塘厦镇林村，接东莞市境内龙林高速公路，向东经石马河、松岗村，止于惠州约场北，长15.5km。2016年12月建成通车。该支线与从莞深高速公路东莞段同为一个建设项目。[详细情况见本章第十五节从莞深高速公路（S29）"三、从莞深高速公路东莞段"]

三、惠阳沙田—东莞清溪段

惠阳沙田至东莞清溪段是惠州市"七横五纵一联"高速公路网中"横五"，起于惠阳沙田，接沈海高速深汕西段，向西经三和、新圩，接东莞境内从莞高速东莞段的清溪支线，长约39km。规划等级为双向六车道。

第十五节　从莞深高速公路（S29）

从化—东莞—深圳高速公路（简称"从莞深高速公路"），编号S29，是珠江三角洲的一条纵向高速公路，线路起于广州从化市温泉镇卫东村，经派潭、增城、石湾、樟木头、东莞市凤岗镇，止于深圳清水河检查站，全长140.735km。

从莞深高速公路由4个项目段组成:广州增城—从化高速公路、从莞深高速公路惠州段、从莞深高速公路东莞段、深圳清平段。

一、广州增城—从化高速公路

广州增城至从化高速公路(含街口支线)位于广东省广州市东北部,纵贯从化、增城两地,全长66.8km,由主线和街口支线组成,呈"Y"字形南北走向。主线起于增城增江街,南接从莞高速公路惠州段,止于从化温泉镇,与大广高速公路连接,途中与广河高速公路、国道G105,省道S119、S256、S355等相交,长47.2km。街口支线起于增城派潭镇,止于与街北高速公路衔接,跨越国道G105,长19.6km。项目概算总投资61.8亿元,由广州市高速公路有限公司投资建设,于2009年8月开工,2012年6月交工验收。

该项目是广东省高速公路网规划中28条联络线和加密线中的第28条,也是广州市公路网规划"四环十八射"中第四环的重要组成部分。它的建成通车,有利于改善广州市北部交通状况,加强从化、增城与东莞、深圳等发达地区的交通连接,完善广东省高速公路网,带动沿线地区的经济社会发展。

(一)主要技术指标和建设规模

增从高速公路(含街口支线)项目全长约66.8km,主线里程K11+130~K36+760,按高速公路标准建设,双向六车道,设计速度100km/h,主线均为整体式路基,路基标准宽度33.5m。主线K36+760~K58+290及街口K0+330~K19+930.442按高速公路标准建设,双向四车道,设计速度100km/h,设主要大桥20座,隧道6座,其中凤凰山隧道长4002m、小径凹隧道长910m;互通式立交10座,管理中心和服务区各1处。增从高速公路桥梁、隧道情况见表4-15-1、表4-15-2。

(二)建设情况

1. 建设依据

2008年6月16日,广东省发改委《关于广州增城至从化高速公路(含街口支线)项目申请报告的核准意见》。

2008年10月17日,广东省交通厅《关于印发广州增城至从化高速公路(含街口支线)工程S07、S08标段(凤凰山隧道)施工图设计审查意见的通知》。

2008年12月31日,广东省交通厅《关于印发广州增城至从化高速公路(含街口支线)第一、第二设计合同段施工图设计审查意见的通知》。

2010年7月14日,广东省交通运输厅《关于印发广州增城至从化高速公路(含街口支线)路面施工图设计审查意见的通知》。

广州增城至从化高速公路（含街口支线）主要桥梁表

表 4-15-1

序号	桥梁分类	桥梁名称	中心桩号	桥梁长度（m）	桥面宽度（m）	车道数	设计汽车等级	建设时间	备注
1	梁式桥	谢屋跨线桥	K13+800	545.54	30.76	6	公路—Ⅰ级	2012年6月	
2	梁式桥	石宜吓跨线桥	K14+785	355.54	30.76	6	公路—Ⅰ级	2012年6月	
3	梁式桥	大合高架桥	K15+319	320.54	30.76	6	公路—Ⅰ级	2012年6月	
4	梁式桥	大塘高架桥	K17+467.5	430.54	30.76	6	公路—Ⅰ级	2012年6月	
5	梁式桥	新省道S119跨线桥	K19+138.864	280.54	30.76	6	公路—Ⅰ级	2012年6月	
6	梁式桥	增江大桥	K22+183.5	799.29	30.76	6	公路—Ⅰ级	2012年6月	
7	梁式桥	县道X261跨线桥	K23+010	255.54	30.76	6	公路—Ⅰ级	2012年6月	
8	梁式桥	新居大桥	K23+500.5	200.54	30.76	6	公路—Ⅰ级	2012年6月	
9	梁式桥	广河跨线桥	K25+581.62	635.14	30.76	6	公路—Ⅰ级	2012年6月	
10	梁式桥	潮山大桥	K36+954.45	345.69	23.5	4	公路—Ⅰ级	2012年6月	
11	梁式桥	车洞洞高架桥	K39+376.5	592.08	23.5	4	公路—Ⅰ级	2012年6月	
12	梁式桥	密石洞大桥	K52+048	666.50	23.5	4	公路—Ⅰ级	2012年6月	
13	梁式桥	中田大桥	K53+315	296.08	23.5	4	公路—Ⅰ级	2012年6月	
14	梁式桥	桃红里大桥	K53+890	206.08	23.5	4	公路—Ⅰ级	2012年6月	
15	梁式桥	上洞高架桥	YK57+996	516.00	23.5	4	公路—Ⅰ级	2012年6月	
16	梁式桥	铁山岚大桥	YK6+580.5	282.08	23.5	4	公路—Ⅰ级	2012年6月	
17	梁式桥	大岭里大桥	GK11+738	266.00	23.5	4	公路—Ⅰ级	2012年6月	
18	梁式桥	双凤互通主线2号桥	K9+120	206.00	23.5	4	公路—Ⅰ级	2012年6月	
19	梁式桥	东庄跨线桥	K15+731.5	376.00	23.5	4	公路—Ⅰ级	2012年6年	
20	梁式桥	白田岗主线桥	K19+532.4	562.08	23.5	4	公路—Ⅰ级	2012年6月	

广州增城至从化高速公路（含街口支线）隧道表

表 4-15-2

序号	隧道分类	隧道名称	起 止 桩 号	长度（单洞,m）	行车道宽度（单洞,m）	隧道净高（m）	车道数	建设时间	备注
1	曲墙衬砌结构	凤凰山隧道	ZK41+085～ZK45+083 YK41+070～YK45+072	左:2998 右:4002	10.75	5	2	2012年6月	
2	曲墙衬砌结构	马留山隧道	ZK50+140～ZK51+270 YK50+135～YK51+265	左:1111 右:1125	10.75	5	2	2012年6月	
3	曲墙衬砌结构	田螺山隧道	ZK56+005～ZK57+695 YK56+030～YK57+718	左:1690 右:1688	10.75	5	2	2012年6月	
4	曲墙衬砌结构	小泾凹隧道	ZK6+891～ZK7+785 YK6+883～YK7+785	左:894 右:902	10.75	5	2	2012年6月	
5	曲墙衬砌结构	桃园1号隧道	ZK54+918～ZK55+373 YK54+920～YK55+350	左:452 右:400	10.75	5	2	2012年6月	
6	曲墙衬砌结构	桃园2号隧道	ZK55+455～ZK55+632 YK55+445～YK55+632	左:187 右:201	10.75	5	2	2012年6月	

2010年8月24日,广东省交通运输厅批复整体工程施工许可。

2.资金来源

项目由广州市高速公路有限公司全资建设。

3.征地拆迁

增从高速公路项目分别与从化、增城签订了《征地和拆迁合同》。全线共征地7040亩,其中增城征地4613亩;从化征地2427亩。

4.招投标

增从高速公路项目的设计、监理、施工单位等全部通过公开招标选定。

5.主要设计、施工、监理单位

设计单位:广东省公路勘察设计研究院有限公司、中交第二公路勘察设计研究院有限公司、北京交科公路勘察设计研究院有限公司等单位。

施工单位:广州市公路工程公司、中铁九局集团有限公司、广东筑波路桥工程有限公司等28个单位。

监理单位:广东华路交通科技有限公司、广州诚信公路建设监理咨询有限公司等单位。

(三)科技创新

"增从高速公路建设运营安全与环保关键技术研究"被列入广东省交通运输厅2010年度科技项目计划。科研课题包括以下4个专题:

专题一:"隧道(群)安全设计与安全运行控制技术研究",由建设单位与同济大学、招商局重庆交通科研设计院有限公司合作开展。

增从高速公路全线设置隧道6座,建设期、运营期的隧道(群)安全问题突出。课题通过增从高速公路典型路段特征分析,应用交通仿真软件和驾驶模拟器等仿真评估技术,分析实时运营环境中用户交通行为及其与实时环境参数的关系,建立隧道及隧道群车辆运行环境与驾驶行为关系模型。在此基础上,针对高速公路隧道的特点,开展公路隧道及隧道群安全设计技术的研究,提出交通运营管理技术。

专题二:"南方水敏感区高速公路路面径流污染规律及防治对策研究",由建设单位与长沙理工大学合作开展。

增从高速公路约有13km属于增江二级水源保护区路段,对路面径流水质提出较高要求;增从高速公路主线经过区域多为人口密集城镇、较多农田和耕地,生产生活用水要求标准较高;沿线服务功能除连接产业带,带动区域经济发展外,还兼具开发区域内自然资源、旅游资源的重大功能,预期形成绿色通道,沿线环保要求较高,如何有效防治路面径流污染成为解决问题的关键所在。

课题从公路建设存在的路面径流污染问题出发,开展高速公路路面径流污染规律及防治措施研究。

专题三:"广州增从高速公路绿化景观工程技术研究与示范",由建设单位与中交第二公路勘察设计研究院有限公司合作开展。

课题在增从高速公路路域生态系统环境条件、人文地理、动植物资源和水资源等现状调查的基础上,应用景观生态学和恢复生态学理论方法,集成国内外先进的技术手段研究路域生态系统保护及景观恢复技术,探讨适合广州绿色生态建设理念的公路生态保护与景观再造技术,开展高速公路路域生态系统保护与景观恢复技术集成示范。

专题四:"废弃石屑综合处置应用研究",由建设单位与华南理工大学合作开展。

增从高速公路街口支线通过石场路段,项目红线穿越区的堆料规模巨大,搬迁运输时间跨度很长,影响施工进度且费用高昂;另外选址堆放废弃的石粉与碎石也要占用土地,影响环境。研究通过工程途径,如何妥善解决石粉、碎石的搬迁与应用是建设过程中亟需解决的现实问题。

课题通过对石场石料全面调查、检测与分析,将石场石料划分为几种类型,本着最大利用、经济合理以及施工便利、可操作性强的原则,制订合理利用的优选方案,尽量将石屑在工程中就地应用,实现经济、环保的有效处理。

(四)运营管理

1. 运营公司

广州市高速公路有限公司营运分公司负责运营管理。

2. 收费站点

全线共设有 8 个收费站,其中主线 6 个(桃园、灌村、派潭、小楼、正果南、增城),支线 2 个(街口、双凤),具体情况见表 4-15-3。

收费站点设置情况表　　　　表 4-15-3

站点名称	车道数		收费方式
	入口	出口	
增城站	4	8	MTC + ETC
正果南站	2	3	MTC + ETC
小楼站	4	4	MTC + ETC
派潭站	4	5	MTC + ETC
灌村站	2	3	MTC + ETC
桃园站	2	2	MTC + ETC

续上表

站点名称	车道数		收费方式
	入口	出口	
双凤站	2	2	MTC + ETC
街口站	3	5	MTC + ETC

3. 车流量

增从高速公路车流量情况见表4-15-4。

车流量情况表   表4-15-4

年份(年)	日均车流量(辆)	年份(年)	日均车流量(辆)
2012	5349	2014	9771
2013	7260	2015	13382

4. 路政管理

增从高速公路路政大队负责对增从高速公路实施路政巡查,依法维护路产路权,保障道路安全畅通。按照路面巡查的要求,对沿线公路状况、标志标线、路产设施、违法修建等内容进行巡查和处置。发现公路出现坍塌、坑槽、水毁等损坏的,及时做好现场警示,同时通知相关单位采取措施修复;发现公路标志、标线不清晰、不规范、遮挡的,及时通知相关单位完善;发现涉及损坏公路、公路附属设施的,及时制止,对造成路产损失的,依路产赔(补)偿程序进行处理,同时安排相关单位予以修复;发现涉及违法修建建筑物、擅自埋设管线、设置广告标牌的,及时制止,对不听劝阻,继续实施违法行为的,及时告知相关执法部门处理。同时,切实加强沿线校园、村镇及社区等地爱路护路的法制宣传,协调相关部门,共同做好公路路产路权的预防性管理工作。

5. 养护管理

一是强化养护目标,实现精细化管理。制订年度养护计划、月度养护计划及周计划,明确养护目标。落实精细化管理。

二是坚持做到"养护标准化、管理制度化、操作规范化",逐步提高公司的养护管理水平。

三是积极开展全国ETC联网工程及全计重工作。公司所辖路段收费系统于2016年6月26日6时顺利完成全国ETC联网及全计重收费软件升级改造工作,收费系统实现全计重收费模式及车型分类国标化。

(五)企业文化建设

广州市高速公路有限公司营运分公司于2011年组建成立。公司在企业文化建设中重视文化活动载体建设,充分发挥党、工、团组织等作用,搭建各种平台,培养员工的职业素养和劳动技能,让员工在企业发展中施展才华。

一是搭建学习平台,提高员工素质。公司与华南理工大学网络教育学院联系,及时传递员工教育学习信息。以"时代光华""职工教育网""劳工大学堂"为平台,加强老员工职工教育培训,满足不同岗位员工的学习需求,不断提升员工综合素质。

二是完善竞赛平台,锻炼员工技能。公司每年都会组织一系列的劳动竞赛活动,包括收费、路政业务技能,后勤保障、设备维护技能,安全知识、法律知识等。

三是利用协会平台,展现员工才华。公司成立了歌舞、足球、篮球、羽毛球等10个特色鲜明、员工参与度高的文体协会,由公司每年向各协会发放协会活动经费,鼓励员工自行组织活动并在组织过程中锻炼成长。

四是借助工会平台,关心关爱员工。积极开展"爱在路上"系列活动。加强建设"职工之家",成立工会驿站,通过"四访四助"形式,认真了解员工的家庭实际困难。并建立帮扶员工困难的三道防线。依托团总支成立廉洁使者服务分队,定期到中新服务区开展志愿服务活动。

五是建设展示平台,形象企业文化。公司建设企业文化园,通过文字和实物向员工介绍行业知识、发展历程、集团荣誉、企业核心价值观等。公司文化园展示的实物有收费系统设施、箱梁、预应力钢绞线、伸缩缝、波形护栏、桥梁支座等,让大家感受到高速公路收费业务的严肃性,理解高速公路事业发展的艰辛。

二、从莞深高速公路惠州段

从莞深高速公路惠州段路线呈南北走向,起于增城市增江街周山村与增从高速公路对接,往南经博罗县福田、石湾、园洲镇,与从莞高速公路东莞段起点相接,全长30.905km。于2010年11月开工建设,2016年底主线建成通车。

从莞深高速公路惠州段是广东省高速公路网规划的重要组成部分,该路段对完善广东省高速公路网规划布局,加强珠江三角洲东北部地区,特别是惠州西部、东莞东部、深圳及广州东北部(增城、从化等)等地的交通联系,带动珠江三角洲地区的产业结构调整,促进区域经济协调发展具有重要的意义。

(一)主要技术指标和建设规模

从莞深高速公路惠州段沿线地处丘陵、平原、河网地区,不良地质主要有崩塌、断裂及液化饱和砂土,特殊性岩土主要有软土、高液限土等。

该路设有特大桥、大桥9座(表4-15-5),隧道1座;设立交桥(主线上跨,含互通范围主线桥)5座,全段桥梁比例为53.36%。全线按高速公路标准建设,双向六车道,设计速度100km/h。

从莞深高速公路惠州段主要桥梁表

表 4-15-5

序号	桥梁分类	桥 梁 名 称	中心桩号	桥梁长度（m）	桥面宽度（m）	车道数	设计汽车荷载等级	开工时间	完工时间（年）	备注
1	大桥	五星高架桥	K1+800	255.5	33.5	6	公路—Ⅰ级	2010年11月	2017	
2	大桥	福田一号桥	K11+067	214.7	33.5~36.5	6	公路—Ⅰ级	2010年11月	2017	
3	大桥	福田互通高架桥	GK907+186.8	331.4	19.5	4	公路—Ⅰ级	2010年11月	2017	
4	大桥	G324跨线桥	K11+559.25	762	33.5~41.5	6	公路—Ⅰ级	2010年11月	2017	
5	大桥	福田二号桥	K12+708.5	345.5	32.5	6	公路—Ⅰ级	2010年11月	2017	
6	大桥	广惠速跨线桥	K14+760.2	929.9	13.5~37.5	6	公路—Ⅰ级	2010年11月	2017	
7	大桥	县道X193跨线桥	K18+558.4	678.6	23.5~38.17	6	公路—Ⅰ级	2010年11月	2017	
8	特大桥	园洲高架桥	K24+628.95	10665.45	46.63~33.5	6	公路—Ⅰ级	2010年11月	2017	
9	特大桥	东江大桥	K30+648.8	1377	33.5	6	公路—Ⅰ级	2010年11月	2017	

(二)建设情况

1. 建设依据

2009年广东省人民政府批准建设。

2. 资金来源

2009年惠州市人民政府确定采取BOT方式建设。

3. 招投标及主要设计、施工、监理单位

(1)施工总承包人

2015年12月惠州市交通运输局下发惠州市建设工程中标书,确定施工总承包为佛山公路工程有限公司。

(2)设计、监理单位

原项目公司通过公开招标的方式确认。

设计单位:广东省公路勘察规划设计院有限公司和北京交科公路勘察设计研究院有限公司联合体。

监理单位:汕头市公路工程监理有限公司。

4. 征地拆迁

项目建设单位分别与博罗县人民政府签订了《从莞高速公路惠州段项目惠州市博罗段征地拆迁工作责任协议书》、与增城市土地开发储备中心及增城市增江街道办事处签订了《从莞高速公路惠州段项目增城市增江街境内征地和拆迁合同》。

(三)复杂技术工程

1. 园洲高架桥特大桥

园洲高架桥全长10665m,桥梁跨越园洲振兴大道、铁场排洪渠、和安大道、沙河(三次跨越)、福园公路、县道X216等主要地方道路及河涌。线位在桩号K25+800~K29+100范围内路段与园洲镇工业大道共线,共线长3.3km。

施工难点和重点主要有跨线施工、跨河施工及既有通车道路上共线施工。上部结构除5处为现浇箱梁外,其余均为预应力预制小箱梁(共约4000片),其中4处需占道施工,即跨和安大道(4跨一联)、福园公路(3跨一联)及工业大道段2处,所在道路交通量大。

2. 东江特大桥

东江特大桥起点桩号为K29+960,终点桩号为K31+337。跨径布置为$(50m+2\times75m+60m)+(85m+2\times138m+85m)+(4\times50m)+(3\times50m)+(48m+3\times75m+48m)$,桥梁总长1377m。其中$(4\times50m)+(3\times50m)$两联采用先简支后连续刚构体系预

应力混凝土 T 梁;(48m+3×75m+48m)联采用刚构连续梁;其余结构采用预应力混凝土连续刚构。

采用搭设施工便桥和平台完成水中桩基础施工,水中承台采用钢套箱;上部结构连续刚构段采用挂篮施工工法,50m 预应力预制 T 梁采用集中预制,双导梁架桥机安装工法。

(四)企业文化(建设期)

1. 铁军队伍,攻坚精神

从莞深高速公路惠州段全长 30.905km,桥梁比例达到 53.36%,广东省交通运输厅要求 2017 年完工,项目建设任务重、工期紧。惠州莞从高速公路投资有限公司领导决心"要把确保按时通车上升到政治高度",带领惠州段建设团队,围绕该工作目标,形成团结、务实、开拓、创新的战斗集体。发扬了攻坚克难的铁军精神,全力实现"完美履约"。

2. 诚信为本,肩负责任

惠州莞从高速公路投资有限公司把"质量、进度、成本、环保、安全、廉政、和谐、创新"作为企业的工作方针,诚信为本,肩负责任。

一是防治结合,践行"安全"诺言。为把安全预防工作落到实处,成立《安全生产管理领导小组》,项目部制定完善《安全管理制度》《安全生产管理办法》《重特大事故应急处理预案》等安全管理规定。

二是严格监管,守护工程生命线。建立健全"政府监督、业主负责、社会监理、企业自检"四级质量保障体系,严格落实"谁建设、谁施工、谁监理、谁检测、谁负责"的工程管理责任制。

三是保护生态、践行科学发展观。在建设中优化道路,科学确定走廊带;实施耐久性路面、节能照明工程、ETC 不停车收费系统等系列节能减排工程;实施桥面径流净化与事故应急系统、路面径流净化工程、声屏障工程、路域植物保护与恢复工程等绿色环保工程。

三、从莞深高速公路东莞段

从莞深高速公路东莞段由主线和清溪支线组成,其中主线是从莞深高速公路(S29)的路段,清溪支线是惠莞高速(S22)路段。

主线起于东莞石排镇赤坎村,向南经石排、常平、塘厦、清溪、凤岗等镇,止于凤岗镇大湖洋,长约 42.2km。

清溪支线起于塘厦镇林村,向东经石马河、罗马、松岗、上元村,止于惠州约场北,长约 15.5km。

从莞深高速公路东莞段(含清溪支线)项目位于莞深高速公路和博深高速公路之间,是广东省高速公路网二环高速的重要组成部分,是东莞市"一环六纵五横三连"第五条纵向高速公路,对内是沟通东莞东部石排、企石、横沥、桥头、常平、黄江、樟木头、清溪、塘厦、凤岗等各镇之间交通联系的一条快速通道,对外是东莞东部地区北进惠州与南下深圳的一条快速通道。

（一）主要技术指标和建设规模

东莞段按高速公路标准建设,主线双向六车道,清溪支线双向六车道,设计速度100km/h。设主要特大桥、大桥29座(表4-15-6),设隧道6座(其中特长隧道2座),桥隧总长占路线比例为77.0%,设石排、东部快速、常平、常虎枢纽、樟木头、塘清枢纽、清溪、塘厦、凤岗枢纽互通式立交共9处。支线设特大桥2座、大桥8座,设隧道1座,桥隧总长占路线比例为35.4%,设清溪湖、约场北枢纽互通式立交2处。

（二）建设情况

1. 建设依据

2007年7月28日,广东省交通厅组织评审并批复工程可行性研究报告。
2009年6月15日,广东省交通厅批复东莞段从莞1标(并惠州段)初步设计。
2010年4月30日,广东省交通运输厅批复东莞段初步设计。
2012年8月9日,东莞市交通运输局批复办理施工许可。

2. 资金来源

东莞市路桥投资建设有限公司、沿线镇成立股份公司,出资建设从莞深高速公路东莞段。2009年4月15日注册成立"从莞高速公路发展有限公司",负责项目投资建设和经营管理。

3. 招投标

从莞深高速公路东莞段(含清溪支线)所有应招标工程项目均进行公开招标,工程设计、监理、土建施工、交通工程、房建工程等均在东莞市建设工程交易中心进行。

4. 征地拆迁

项目业主分别与石排、企石、清溪、塘厦、凤岗、樟木头、横沥、常平镇签订《从莞高速公路征地拆迁工作协议》,实行属地负责制拆迁包干。

5. 主要设计、施工、监理单位

设计单位:广东省公路勘察规划设计院/北京交科公路勘察设计研究院(联合体)、中交第二公路勘察设计研究院有限公司、中交第一公路勘察设计研究院有限公司等单位。

表4-15-6

从莞高速公路东莞段主要桥梁表

序号	桥梁分类	桥梁名称	中心桩号	桥梁长度（m）	桥面宽度（m）	车道数	设计汽车荷载等级	开工时间（年）	完工时间（年）	备注
1	大桥	东江特大桥东莞段	K31+126.8（K0+270.207）	421.00	2-净15.55	6	公路—Ⅰ级	2010	2016	
2	特大桥	石排1号高架桥	K1+274.7065	1468.59	2-净15.55	6	公路—Ⅰ级	2011	2016	
3	大桥	石排2号高架桥	K2+357.75	697.5	2-净15.55	6	公路—Ⅰ级	2011	2016	
4	特大桥	石排3号高架桥	K3+229.750	1051.0	2-净15.55	6	公路—Ⅰ级	2011	2016	
5	大桥	东部快速1号桥	K4+383	940	2-净15.55	6	公路—Ⅰ级	2011	2016	
6	大桥	东部快速2号桥	K5+406.5	990.00	2-净15.55	6	公路—Ⅰ级	2011	2016	
7	特大桥	东部快速3号桥	K6+110	1107.0	2-净15.55	6	公路—Ⅰ级	2011	2016	
8	大桥	横沥1号桥	K7+223	300.0	2-净15.55	6	公路—Ⅰ级	2011	2016	
9	大桥	常平2号高架桥	K10+340	1296.00	2-净15.55	6	公路—Ⅰ级	2011	2016	
10	特大桥	常平3号高架桥	K11+636.15	1296.30	2-净15.55~25.36	6	公路—Ⅰ级	2011	2016	
11	大桥	通道桥	K9+146	1175.00	2-净15.552/25.358	6	公路—Ⅰ级	2011	2016	
12	特大桥	常平5号桥	K14+894.3	221.00	2-净15.55	6	公路—Ⅰ级	2011	2016	
13	特大桥	麦元大桥	K16+283.4	1414.565	2-净15.55	6	公路—Ⅰ级	2011	2016	
14	大桥	常平6号高架桥	K16+439.8	1296.5	2-净15.55	6	公路—Ⅰ级	2011	2016	
15	大桥	常平7号高架桥	K17+229.150	1316.5	2-净15.55	6	公路—Ⅰ级	2011	2016	
16	大桥	LK44+780桥式通道	MK1+482.3	1478.40	左幅1-净3.24 右幅1-净6.63	6	公路—Ⅰ级	2011	2016	

续上表

序号	桥梁分类	桥梁名称	中心桩号	桥梁长度（m）	桥面宽度（m）	车道数	设计汽车荷载等级	开工时间（年）	完工时间（年）	备注
17	大桥	蕉坑水库大桥	LK44+780.000	1445.75	1-净15.854	6	公路—Ⅰ级	2011	2016	
18	大桥	莞惠公路跨线桥	ZK19+851	246.15	1-净15.85	3	公路—Ⅰ级	2011	2016	
19	大桥	官仓大桥	YK20+662.7	253.0	1-净15.85	2	公路—Ⅰ级	2011	2016	
20	大桥	石马河2号特大桥	ZK24+895.5	297.00	1-净15.55	2	公路—Ⅰ级	2011	2016	
21	大桥	塘清公路跨线桥	K29+428.50	386.24	1-净10.5~8.67	6	公路—Ⅰ级	2011	2016	
22	大桥	水口围大桥	AK0+267.141	386.12	1-净8.5	6	公路—Ⅰ级	2011	2016	
23	大桥	石马河3号特大桥	BK0+187.800	381.3	1-净24.55~23.67	2	公路—Ⅰ级	2011	2016	
24	大桥	东深供水大桥	EK0+803.188	765.5	2-净15.55	4	公路—Ⅰ级	2011	2016	
25	大桥	清溪支线1号桥	K38+965	408.50	2-净（7.30+9.30）	4	公路—Ⅰ级	2011	2016	
26	大桥	红门山大桥	K40+826	437.40	1-净7.60	4	公路—Ⅰ级	2011	2016	
27	大桥	塘清枢纽互通主线1号桥（左幅）	K40+065.012	215.00	1-净11.60	2	公路—Ⅰ级	2011	2016	
28	大桥	石马河3号特大桥	凤岗互通 AK0+384.1065	1226.40	1-净11.60	2	公路—Ⅰ级	2011	2016	
29	大桥	清溪北大桥	凤岗互通 BK1+142.569	531.09	1-净11.60	2	公路—Ⅰ级	2011	2017	

施工单位：长沙市公路桥梁建设有限责任公司、中铁七局集团有限公司、山东省公路建设(集团)有限公司、汕头市公路工程股份有限公司等23个单位。

监理单位：广东翔飞公路工程监理有限公司、长沙华南土木工程监理有限公司等7个单位。

6. 工程重大变更

(1)常平5号桥变更。该变更是由于受征地拆迁进度缓慢制约，以及环常东路跨广梅汕铁路方案等影响，桥梁上部结构由现浇改为预制，部分路段下调了纵坡，改为路基。

(2)常平北互通变更(方案阶段)。塘厦互通变更、清溪互通变更、石排2号、3号高架桥暗帽梁优化设计变更和横沥1号高架桥设计变更。

(三)复杂技术工程

1. 走马岗特长隧道与既有东深供水隧洞交叉施工

走马岗隧道为分离式隧道，洞室净空14.75m×5.00m，左线长3185m，右线长3150m，隧道最大埋深约183m，属特长隧道。

东深供水隧洞内净空宽度6.4m，高度7.2m，DSGSQ1+745～DSGSQ2+520段采用2型衬砌，衬砌厚度拱顶/边墙/底板厚度分别为300mm/300mm/300mm，喷射混凝土厚50mm，系统锚杆采用$\phi20$药卷锚杆，长2.0m，120cm(环)×120cm(纵)，梅花形布置。

走马岗隧道上穿既有东深供水隧洞，隧道之间平面线位夹角约30°。走马岗隧道左线与东深供水隧洞交叉桩号ZK22+119.2，右线与东深供水隧洞交叉桩号YK22+189.7。该处走马岗隧道埋深为143m。隧道纵向左线最小净距16.7m；右线最小净距17.6m。走马岗隧道交点处左右测设线之间距离为33m。

为确保新建走马岗隧道施工安全和东深供水隧洞运营安全，对走马岗隧道的纵坡进行调整，在保证进、出口纵坡不变情况下，左线洞身前段纵坡由0.724%加大至1.615%；右线洞身前段纵坡由0.715%加大至1.567%，以增大两隧道间的高差，并增加了交叉段洞内底板注浆加固及塑性混凝土隔震层。

走马岗隧道进入交叉段之前采用上下台阶法开挖，上下台阶保持50～60m距离，保证开挖台车不受爆破施工影响，上台阶采用全断面一次起爆。

监测分析报告预测，在走马岗公路隧道施工期间和东深供水引水隧洞今后3年的运营期间，引水隧洞二次衬砌爆破震动监测预警隧洞安全级别为0级，隧洞拱顶震动速度$v<7cm/s$，表面应变计拉应力$\sigma<0.5MPa$，压应力$\sigma<1.0MPa$，收敛速率(收敛量)$\delta<0.2mm$，东深供水隧道运行状态正常。

2. 观音山隧道下穿过水山沟浅埋段施工

观音山隧道设计为分离式左、右线双向六车道，净空(标准段)为14.75m(宽)×5m

(高)。隧道左线长3245m,右线长3185m。

观音山隧道左线下穿过水山沟浅埋段,属于浅埋、超浅埋隧道的里程区段为ZK27+090~ZK27+250和K27+050~K27+230,隧道埋深最浅处仅7.908m。观音山隧道过山沟处S4a衬砌段开挖宽度(跨径)16.916m,山沟处的偏压、浅埋段,山沟地势陡峭,山体偏压严重。

观音山隧道右线K27+090,从高程为59.81~71.22m的地层穿过;观音山隧道左线K27+110,从高程为59.825~71.12m的地层穿过;由于地层分布不均匀,很难准确判断隧道通过地层的地质情况。

过水山沟汇水面积约98.2万m^2,暴雨强度293.9(L/s)/公顷,雨季期间山沟的流水流速为24.5m^3/s,山沟内的流水汇集到下游约500m处的仙泉水库内,是仙泉水库的主要补给来源。此水库是旅游景区,开发有游泳项目、养殖鱼类等。隧道施工过程中需要保护环境,不得污染水源,更不能造成水源枯竭。山沟底分布有孤石,地层结构复杂,地层处理的施工难度大。

通过制订和实施切实可行的专项施工方案,观音山隧道顺利地通过了过水山沟路段,较好完成浅埋段隧道施工。

(四)企业文化建设

秉承"铸造精品从莞高速、争当优秀开路先锋"的企业管理文化理念,积极推进"标准化管理、精细化施工"建设,以"双标"管理为发力点,确保项目建设顺利进行。

1.重视安全生产

坚持"安全第一、预防为主、综合治理"的方针,落实安全生产责任制,以安全生产法律法规、规范标准为依据,建立安全生产有效机制,加强人员安全教育培训和机械设备的管理,推进"平安工地"和安全生产标准化的建设,确保项目建设安全。

2.强化质量管理

一是明确质量管理目标。抓好中间交工验收质量、工程交工验收质量、工程竣工验收质量和质量事故控制等。

二是完善各项管理制度并严格实施。公司以建设"阳光、和谐、精品"的"数字化高速公路"为目标,编制了项目公司管理制度和工程建设管理办法,对工程有关质量管理、施工安全管理、合同管理、工程费用管理、工程进度管理、内业资料管理等各个管理方面的工作内容、程序、要求、责任分工等,做了细致、明确的规定。在施工管理过程中,还结合施工进展情况和管理的需要,编制了多项标准化施工实施细则,落实到各个环节。

三是严把原材料质量关。对钢材、水泥、砂石料等,必须选定有资质、信誉好的单位提供,除出具厂家的生产检验合格证外,施工单位对每批材料进行抽检、监理同时进行抽检,必要时还请市交通工程质量监督站进行抽检,三重把关,使材料质量从源头上得到控制。

四是加大现场检测和现场巡视。管理人员随机抽查监理和施工单位的人员、设备和工程质量的情况。通过检查,消除隐患,保证工程质量。

3. 强化廉政建设

从莞公司在项目开工之前,就与各参建单位签订了廉政建设目标责任书,签订廉政合同,组织学习相关法律法规,树立"以廉为荣,以贪为耻"的理念。抓好党员的学习教育,筑牢党员干部的思想防线,把党风廉政建设工作落实到位,把从莞高速项目建设成为廉洁、优质、示范工程。

四、深圳清平段

清平高速公路,南起深圳市罗湖区清水河检查站,沿线经过深圳市龙岗区的布吉、南湾、平湖、宝安区观澜等街道,止于东莞市凤岗镇石马村,接深圳外环高速公路和从莞高速公路,全长 20.43km。

清平高速公路为两期实施,一期工程项目为深圳水官高速公路延长线工程,主线路线全长 5.25km,于 2005 年 7 月建成通车;二期工程项目为深圳水官高速公路连接线(清平高速公路)工程,路线全长 12.749km。清平二期 K7+680～K16+188 段于 2013 年 9 月建成通车,K16+188～K20+430 段的 2km 待建。

(一)清平段一期工程项目

清平高速一期工程(立项名称:水官高速公路延长段)起点位于清水河检查站,向南与深平大道(特区段)相接,向北在布吉镇西以隧道方式穿过鸡公山,与布吉中兴路相交,再向北经水径南石场西侧山体,终点与水官高速公路布龙立交相接,主线路线全长 5.25km。于 2002 年 12 月开工建设,2005 年 7 月 15 日建成通车。

1. 主要技术指标和建设规模

按山岭重丘区高速公路标准建设,全封闭、全立交,双向六车道,设计速度 80km/h。全线设主要桥梁 4 座(表 4-15-7),隧道 1 座,互通式立交 2 处(中兴立交、龙景立交),主线收费站 1 个,匝道收费站 1 个。

2. 建设情况

(1)建设依据

2002 年广东省发展计划委员会《关于深圳市水官高速公路延长线工程可行性研究报告的批复》。

清平高速公路一期主要桥梁表

表 4-15-7

序号	桥梁分类	桥梁名称	中心桩号	桥梁长度（m）	桥面宽度（m）	车道数	设计汽车荷载等级	开工时间	完工时间	备注
1	大桥	鸡公山高架桥	左：K3+210 右：K3+189	左：127.04 右：127.08	2×15.5	6	汽车—超20级、挂车—120	2003年9月	2005年1月	
2	大桥	中兴立交主线3号桥	K4+018	136.64	左幅15.952~23.902 右幅19.58~23.113	6	汽车—超20级、挂车—120	2003年9月	2005年1月	
3	大桥	龙景互通式立交主线1号桥	K6+857.783	左：332.94 右：342.34	左幅15.5~21.396 右幅15.5~22.943	6~10	汽车—超20级、挂车—120	2003年9月	2005年11月	

2002年深圳市交通局《关于深圳市水官高速公路延长段初步设计的批复》。

（2）资金来源

由深圳高速公路股份有限公司和深圳华昱投资开发(集团)有限公司投资。

（3）主要参建单位

中国铁道建筑总公司、深圳市政工程总公司、深圳道路工程公司等单位。

3. 运营管理

（1）运营公司

清平高速公路一期工程由深圳市华昱高速公路有限公司建设及运营，为股份合作企业，深圳高速公路股份有限公司和深圳华昱投资开发(集团)有限公司各占50%。

（2）收费站点

清平高速公路一期设有1个主线(神龙)收费站，1个匝道(龙景)收费站，见表4-15-8。

收费站点及车道设置表　　　　　　　　　　表4-15-8

站点名称	入口		出口		备注
	MTC	ETC	MTC	ETC	
神龙站	7	2	12	4	
龙景站	6	2	10	2	
小计	13	4	22	6	

（3）车流量

清平高速公路一期工程车流量情况见表4-15-9。

车流量情况表　　　　　　　　　　表4-15-9

年份(年)	日均车流量(辆)	年份(年)	日均车流量(辆)
2006	26563	2012	29331
2007	28086	2013	39119
2008	28181	2014	62715
2009	32295	2015	76031
2010	40485	2016	99651
2011	31941		

（4）养护管理

养护工作包括：①清扫、保洁及日常小修；②绿化养护；③路灯养护；④收费设备机电养护等，通过招标或委托的形式选择实施单位签订养护合同，做好养护工作。

（5）路政管理

公司推进路政管理制度化建设，从规章制度标准化、业务培训系统化、管理手段信息化、行政许可规范化及文明执法常态化等方面入手，不断提升路政执法服务水平。

在维护路产路权方面，一是创新巡查运作模式，如与交警采取交叉巡逻或同车巡逻的方式,及时发现和处理路面突发状况,在汛期、雨季、大雾等特殊时期,加大巡查密度,与养护部门联合检查,确保巡查时效和质量。二是加强路产索赔工作,提高路产索赔率。三是严格进行施工监管,确保路段安全畅通。四是开展"打非治违"活动,建设良好道路安全环境。

(二)清平二期工程项目

清平高速公路二期工程[立项名称:深圳水官高速公路连接线(清平高速公路)工程]路线全长12.749km,起于一期工程已建成的龙景立交北侧(桩号K7+680.517),向北跨越布吉吉华路、平南铁路,下穿机荷高速公路(东段),在平湖嘉湖路上平行高架,上跨十号路,跨越高尔夫大道至设计终点(桩号K20+430),与规划中的外环高速公路塘背立交衔接。清平二期项目于2010年12月开工建设,2013年金龙立交A以南段建成通车,A以北段待建。

1. 主要技术指标和建设规模

按高速公路标准建设,双向六车道,设计速度80km/h。全段设有桥梁22座,其中主要桥梁9座(表4-15-10),互通式立交3座。

2. 建设情况

(1)建设依据

2005年取得广东省发改委工可批复。

2010年3月取得广东省发改委的项目核准批复。

2010年4月取得广东省交通运输厅的项目初步设计批复。

(2)资金来源

深圳市高速公路股份有限公司。

(3)招投标及主要参建单位

设计单位:惠州设计院、中交一院单位等单位。

施工单位:中国地质(集团)公司、黑龙江省华龙建设公司等单位。

监理单位:湖南省金衡监理公司、北京市高速公路监理公司等单位。

3. 运营管理

(1)运营公司

清平二期项目于2013年9月17日通车试运营,运营管理单位为深圳华昱清平高速公路有限公司[深圳华昱投资开发(集团)有限公司全资控股公司]。

(2)收费站点

清平高速公路二期设有2个匝道(富安、金龙)收费站,见表4-15-11。

表 4-15-10

清平高速公路二期工程主要桥梁表

序号	桥梁分类	桥梁名称	中心桩号	桥梁长度(m)	桥面宽度(m)	车道数	设计汽车荷载等级	开工时间	完工时间	备注
1	大桥	吉华大桥	K8+134	346	2×15.99	6	公路—Ⅰ级	2010年6月	2013年8月	
2	大桥	平南大桥	K10+250.8	287	左幅19.82~24.11 右幅19.75~21.15	6	公路—Ⅰ级	2010年6月	2013年8月	
3	大桥	石壁大桥	K11+325.3	183.5	2×15.99	6	公路—Ⅰ级	2010年6月	2013年8月	
4	大桥	富安立交Ⅰ号桥	K13+016.571	187.08	2×15.99	6	公路—Ⅰ级	2010年6月	2013年8月	
5	大桥	富安立交Ⅱ号桥	K13+502.5	322	左幅28.287~16 右幅24.501~16	6,8	公路—Ⅰ级	2010年6月	2013年8月	
6	特大桥	平湖高架桥	K14+683.55	2040.1	2×15.99	6	公路—Ⅰ级	2010年6月	2013年8月	
7	特大桥	金龙主线Ⅰ号桥	K17+301	2226	2×15.99	6	公路—Ⅰ级	2010年6月		未完工
8	特大桥	金龙主线Ⅱ号桥	K18+957	1086	左幅16~19.45 右幅16~18.21	6,8	公路—Ⅰ级	2010年6月		未完工
9	大桥	观澜高架桥	K19+965	930	2×15.99	6	公路—Ⅰ级	2010年6月		未完工

收费站点及车道设置表 表4-15-11

站点名称	入 口		出 口	
	MTC	ETC	MTC	ETC
富安站	6	1	7	1
金龙站	3	1	5	1
小计	9	2	12	2

（3）车流量

清平高速公路二期工程车流量情况见表4-15-12。

车 流 量 情 况 表 表4-15-12

年份（年）	日均车流量（辆）	年份（年）	日均车流量（辆）
2013	16893	2015	51532
2014	35274	2016	74918

（4）路产路权和养护管理

详见清平段一期工程项目。

第十六节　惠深沿海高速公路（S30）

惠（州）深（圳）沿海高速公路（简称"惠深沿海高速公路"），编号S30。起于深圳白沙（莲塘），接深圳盐坝高速公路，进入惠州后经大亚湾澳头镇、霞涌，穿越国道324线，止于惠东县稔山镇，与深汕高速公路相连接。全长89.61km。

惠深沿海高速公路由3个项目段组成：惠深沿海高速公路惠州段、深圳盐田—坝岗段、深圳大梅沙—莲塘段。

一、惠深沿海高速公路惠州段

惠深沿海高速公路惠州段，起于惠东县稔山镇白云村，接深汕高速公路，穿过G324线，向西经大岭、盐灶背，在新桥水库南侧与惠澳大道相交，经洗马湖、小桂、大亚湾与深圳交界处，与深圳市盐田至坝岗高速公路相接，全长49.12km。于2006年8月开工建设，2010年3月25日建成通车。

惠深沿海高速公路的建成通车，使惠州、惠东、大亚湾、惠阳区、深圳等主要城市及地区连成一体，促进沿线经济和社会发展。

（一）主要技术指标和建设规模

全线按高速公路标准建设，双向六车道，设计速度80km/h，设新村、稔山、小径湾、霞涌、大亚湾、澳头、小桂 7 个出入口收费站。

(二)建设情况

1. 建设依据

2004 年 10 月广东省发改委核准立项。

2005 年 9 月 26 日,广东省交通厅下发《关于惠州市稔山至深圳白沙公路初步设计的批复》(现名称为"惠深沿海高速公路惠州段")。

2. 资金来源

深圳市盈泰森公司与健力宝集团共同投资建设。

3. 主要设计、施工、监理单位

中交一院设计;中国地质集团公司施工;北京市高速公路监理公司监理。

二、深圳盐田—坝岗段

深圳盐田—坝岗高速公路(简称"盐坝高速公路")是惠深沿海高速公路的组成部分,西起于盐田港东北侧,与深圳市东部快速干道(盐田段)相接,终点位于深圳市东部与惠州市交界处,接惠州稔白公路,路线总长 29.1km,概算总额为 21.0616 亿元,由深圳高速公路股份有限公司投资建设和运营管理。

盐坝高速公路分 A、B、C 三段建设:

盐坝 A 段起于盐田区盐田港,止于龙岗区溪涌,全长 10.384km。于 1998 年 3 月开工,2001 年 3 月完工。

盐坝 B 段起于 A 段终点(龙岗区溪涌),止于龙岗区葵涌,全长 6.8km。于 2001 年 10 月开工,2003 年 5 月完工。

C 段项目起于 B 段终点,止于惠深沿海高速公路起点,全长 11.937km。于 2006 年 10 月开工,2008 年 12 月完成交工验收,2010 年 3 月,惠深沿海高速通车。

盐坝高速公路是深圳市"九五"期间的重点工程建设项目,也是深圳市公路网的重要组成部分。该条路是盐田港通往惠州、汕头等地的重要通道。对促进东部沿海线地区的经济发展,有着重要意义。

(一)主要技术指标和建设规模

盐坝 A 段按山岭区高速公路标准建设,设计速度 80km/h(隧道内为 60km/h),双向六车道,其中 A 段大中桥 14 座、隧道 2 座,互通式立交 3 处,设大梅沙、小梅沙及溪涌 3 个收费管理区。

盐坝 B 段按山岭区高速公路标准建设,设计速度 80km/h(隧道内为 60km/h),双向六车道,其中大中桥 10 座、隧道 1 座,互通式立交 2 处,设土洋、葵涌西 2 个收费站。

盐坝 C 段按高速公路标准建设,设计速度 80km/h,双向六车道。设特大桥 1 座、大桥 7 座、中桥 1 座,互通式立交 2 处。

深圳盐坝高速公路主要桥梁、隧道见表 4-16-1、表 4-16-2。

(二)建设情况

1. 资金来源

盐坝 A 段投资额为 8.5505 亿元,为政府补贴、银行贷款及企业自筹;盐坝 B 段投资额为 6.8795 亿元,为政府补助及企业自筹;盐坝 C 段投资额为 5.6313 亿元,资金全部由企业自筹。

2. 征地拆迁

盐坝项目的征地拆迁工作得到地方政府的大力支持,加强同被拆迁物产权单位的协商,制订征地拆迁计划,征拆工作进展顺利。

3. 招投标

项目招投标按照深圳市建设工程交易中心的招投标工作程序进行。

(三)复杂技术工程

1. 大梅沙隧道

大梅沙隧道位于深圳市东部沿海地段正角嘴北,大梅沙村西,背山面海,地势复杂,紧靠大梅沙海滨旅游度假胜地,为路线穿越求水岭的取直隧道,是深圳盐田至坝岗高速公路的先期工程,也是深圳市的重点工程建设项目。隧道设计为上、下行左、右分离式双洞单向行车隧道,左洞长 1505m,右洞长 1520m,洞身基本平行,左、右洞中心相距 40m,单洞净宽 13.25m,净高 5.0m,隧道内轮廓采用三心圆设计。大梅沙隧道围岩主要为燕山期细粒黑云母花岗岩和黑云母二长花岗岩山体,表层及坡积层有厚度不等的风化岩土和坡积残积物,此外受断裂构造影响,在断裂破碎带有构造岩,因此施工难度极大。

隧道洞口处于浅埋、偏压、软弱围岩中,左、右洞口段Ⅰ、Ⅱ类围岩长度分别为 100m 和 56m,围岩为强风化花岗岩,自稳能力极差,且存在地表水和地下水,掌子面根本无法自稳,形不成承载拱。隧道埋深 2~10m 不等,极浅,属浅埋隧道,特别是左线洞口地形,左高右低,隧道存在显著偏压,况且洞口段Ⅰ、Ⅱ类围岩开挖跨度 16.2m,高度 11.5m,高跨比 0.71。在如此复杂的地质条件下施工如此大断面的隧道,施工异常困难,针对洞口为软岩遇水易坍塌的特点,在洞身开挖前,采取预加固、预支护的方法,提高洞身周围岩体的稳定性。施工中对洞口浅埋段洞身采取了 ϕ89 大管棚注浆超前支护和 ϕ32 超前锚杆对

深圳盐坝高速公路主要桥梁表

表 4-16-1

序号	桥梁名称	中心桩号	桥 跨 组 合	桥梁总长（m）	备注
1	葵涌高架桥	K18+073.925	(30+31+29)m+(30+33+30.75)m+(41+50+28)m+28.4m+(33+25.6)m+3×29m+3×30m+7×(4×30m)+5×40m+3×30m	1708.75	
		K18+88.775	(30+31+29)m+(30+33+28.15)m+(28+50+41)m+(31+33+25.6)m+3×29m+3×30m+7×(4×30m)+5×40m+3×30m	1738.45	
2	径心河大桥	K19+355.16	7×25m+12×30m+4×25m	649.5	
		K19+406.66	6×25m+12×30m+7×25m	698.5	
3	径心坳高架桥	K24+448	3×25m+11×40m	530	
		K24+486	3×25m+10×40m+5×25m	606	
4	坝光1号高架桥	K25+215.5	5×25m	141	
		K25+217	5×25m+4×25m+4×25m	341	
5	坝光2号高架桥	K25+713	7×30m	219.5	
		K25+709.5	7×30m	219.5	
6	坝光互通主线桥	K26+920	3×25m+5×25m	206	

深圳盐坝高速公路隧道表

表 4-16-2

序号	隧道名称	起 止 桩 号	结构类型	左线长度（m）	右线长度（m）	净高（m）	净宽（m）	照明方式	通风方式	洞门形式	通车时间	备注
1	大梅沙隧道	LK0+980~LK2+485 RK1+020~RK2+540	复合式衬砌	1515	1550	8	13.3	电光照明	机械通风	削竹式	2001年3月	
2	鹅公岌隧道	ZK3+912~ZK4+203 YK3+982~YK4+232	复合式衬砌	288	247	8	13.5	电光照明	自然通风	削竹式	2001年3月	
3	溪涌隧道	ZK10+462~ZK11+378 YK10+392~YK11+368	复合式衬砌	902	969	8	13.5	电光照明	机械通风	削竹式	2001年3月	

拱部周围岩体进行预加固等措施,采用上半断面弧形导坑预留核心法开挖,然后用工字钢、网锚喷进行初期支护。二次衬砌则采用了混凝土运输车、输送泵和全断面全液压衬砌台车实现机械化配套作业,保证混凝土质量达到了内实外光。

大梅沙隧道工程获"鲁班奖"。

2. 沙渔涌大桥

沙渔涌大桥分为左、右两幅,左幅桥长205.716m,右幅桥长183.738m。左、右幅单幅桥总长389.454 m。桥跨径组合为左幅桥(50+80+50+20)m,右幅桥(50+80+50)m;本桥平面位于$R=1000$m的圆曲线及$A=374.165$m缓和曲线内。桥梁下部构造为钻孔灌注嵌岩桩、薄壁空心墩、上部构造:左幅由变截面预应力混凝土连续箱梁和边跨20m等截面预应力简支箱梁组成;右幅由变截面预应力连续箱梁组成。箱梁两半幅分别独立采用斜拉挂篮悬臂浇注施工,0号、1号块梁段在托架上立模现浇,各单"T"箱梁除0号块外分为11对梁段,对称平衡悬臂逐段浇注施工。

(四)运营管理

1. 运营公司

同属深圳高速公路股份有限公司,详见第三章第二节武汉—深圳高速公路广东段(G4E)"三、深圳盐田—排榜高速公路"。

2. 收费站点

盐坝高速公路设有大梅沙主线、大梅沙匝道、小梅沙、溪涌、土洋、葵涌、坝光7个收费站。总车道数60条,见表4-16-3。

收费站点设置情况表　　　　　　表4-16-3

站点名称	车道数	收费方式
大梅沙主线站	15	主线封闭式收费
匝道站	4	匝道封闭式收费
小梅沙站	9	匝道封闭式收费
溪涌站	7	匝道封闭式收费
土洋站	5	匝道封闭式收费
葵涌站	12	匝道封闭式收费
坝光站	8	匝道封闭式收费
合计	60	—

3. 车流量

盐坝高速公路自2001年3月开通后,日均车流量呈现逐年增长趋势。2001—2015年,日均车流量从5762辆增加至36507辆,具体情况见表4-16-4。

车 流 量 情 况 表 表4-16-4

年份(年)	日均车流量(辆)	年份(年)	日均车流量(辆)
2001	5762	2009	16509
2002	5343	2010	24313
2003	7423	2011	27610
2004	9427	2012	28563
2005	11572	2013	31260
2006	14179	2014	35432
2007	12492	2015	36507
2008	13879		

三、深圳大梅沙—莲塘段

惠深沿海高速公路深圳大梅沙至莲塘段,起于罗芳立交以东罗沙公路4km处,与盐坝高速公路相接,路线全长11.384km。全线双向六车道,设计速度80km/h,全线有隧道7座、高架桥7座。路基宽度采用城市快速路标准,整体式路基宽27m,分离式路基宽2×13.5m,设计荷载为公路—Ⅰ级和城—A级。工程总投资约18.5亿元。于2005年10月开工,2008年建成通车。由深圳市交通运输委东部交通运输局管理。

第十七节 广东西部沿海高速公路(S32)

广东西部沿海高速公路是珠江三角洲西部高速公路网的重要组成部分,编号S32。东起珠海金鼎,与京珠高速公路广珠段相连,西至阳江奕垌与广湛高速公路开阳段相接,途经珠海、中山、新会、台山、阳江5个市(区),主线长200.326km。该路段的建成通车,为广西、海南、粤西地区通往珠海、深圳特区提供了一条经济捷径,大幅缩短了粤西地区与港澳、珠江三角洲及粤东地区的距离,对于开发粤西黄金海岸线以及加快沿线各市经济发展具有重要意义。

广东西部沿海高速公路由珠海、新会、台山、阳江4段项目组成:西部沿海高速公路珠海段、新会段、台山段、阳江段。

一、西部沿海高速公路珠海段

广东西部沿海高速公路珠海金鼎至新会古兜段(简称"珠海段主线"),路线起于设在中山、珠海交界处的翠亨村,沿线与京珠高速公路广珠段、广珠西线高速公路、江珠高速公路、珠海机场高速公路、珠海高栏港高速公路、国道105线等干线公路和省道268、365、272线等公路连接,止于新会市古兜镇,与广东省西部沿海高速公路新会段相接,该路段全长

55.265km,概算总投资35.68亿元。于2004年4月开工,2005年12月30日全线建成通车。该路是国家高速公路网的重要组成部分,是广东省粤西地区以及我国大西南地区通往广州、珠海等沿海经济发达城市和港澳地区的黄金通道。

广东西部沿海高速公路珠海段有限公司(简称"珠海段公司")负责项目投资建设和经营管理。

(一)主要技术指标和建设规模

全线按平原微丘区高速公路标准建设,设计速度100km/h,为全立交、全封闭、双向四车道,路基宽26m,水泥混凝土路面。全线设6处互通式立交,设置收费站5处,设服务区1处,管理中心1处,桥梁67座,其中主要桥梁14座(表4-17-1),隧道3座(表4-17-2)。

(二)建设情况

1. 建设依据

2003年8月12日,广东省发展计划委员会《关于西部沿海高速公路珠海金鼎至新会古兜段可行性研究报告的批复》。

2004年2月26日,广东省交通厅《关于西部沿海高速公路珠海金鼎至新会古兜段初步设计的批复》。

2. 资金来源

由广东省公路建设有限公司和广东交通实业投资有限公司按照股权比例出资35%,其余65%通过向银行贷款。

3. 征地拆迁

项目公司与地方国土部门分别签订征地拆迁总承包合同,各级政府部门大力支持,征地拆迁工作顺利推进。

4. 主要设计、施工、监理单位

设计单位:广东省公路勘察规划设计院、铁道第四勘察设计院、广州市白云建筑设计院有限公司、广东省城乡规划设计研究院、珠海市风景园林工程有限公司。

施工单位:中铁二十局集团有限公司、中港第四航务工程局、广东省长大公路工程有限公司、广东冠粤路桥有限公司等26个单位。

监理单位:广东省公路工程监理站、广东翔飞公路工程监理有限公司、广东建设工程监理有限公司。

5. 工程重大变更

(1)磨刀门大桥桩基础钢护筒变更。

广东西部沿海高速公路珠海段主线主要桥梁表

表 4-17-1

序号	桥梁分类	桥梁名称	起止桩号	桥梁长度（m）	桥面宽度（m）	车道数	设计汽车荷载等级	完工时间	备注
1	特大桥	永二高架桥	G4WK107+643～G4WK109+827	2182	22.5	4	汽车—超20级	2005年12月	
2	特大桥	联石湾高架桥（左）	S32K4+312.62～S32K6+771.39	2456	11.3	2	汽车—超20级	2005年12月	
	特大桥	联石湾高架桥（右）		2456	11.3	2	汽车—超20级	2005年12月	
3	特大桥	磨刀门大桥	S32K6+770～S32K9+990	3220	22.5	4	汽车—超20级	2005年12月	
4	特大桥	新环高架桥（左）	S32K9+990～S32K12+473	2483	11.3	2	汽车—超20级	2005年12月	
	特大桥	新环高架桥（右）		2483	11.3	2	汽车—超20级	2005年12月	
5	特大桥	茂生围高架桥（左）	S32K12+473～S32K14+544	2071	11.3	2	汽车—超20级	2005年12月	
	特大桥	茂生围高架桥（右）		2071	11.3	2	汽车—超20级	2005年12月	
6	特大桥	黄杨河大桥	S32K15+616.23～S32K17+876.77	2255	22.5	4	汽车—超20级	2005年12月	
7	特大桥	虎跳门大桥（左）	S32K33+133.51～S32K34+726.09	1580	11.3	2	汽车—超20级	2005年12月	
	特大桥	虎跳门大桥（右）		1580	11.3	2	汽车—超20级	2005年12月	
8	大桥	西山高架桥	G4WK102+202～G4WK103+000	793	22.5	4	汽车—超20级	2005年12月	
	大桥	古鹤高架桥（左）	G4WK105+997～G4WK106+424	540	11.3	2	汽车—超20级	2005年12月	
9	大桥	古鹤高架桥（右）		420	11.3	2	汽车—超20级	2005年12月	

第四章 地方高速公路

续上表

序号	桥梁分类	桥梁名称	起止桩号	桥梁长度（m）	桥面宽度（m）	车道数	设计汽车荷载等级	完工时间	备注
10	大桥	琪环高架桥	G4WK109+800~G4WK110+623	821	22.5	4	汽车—超20级	2005年12月	
11	大桥	月环高架桥	S32K0+32.23~S32K0+540.77	503	22.5	4	汽车—超20级	2005年12月	
12	大桥	沿涌高架桥	S32K3+352.23~S32K3+707.77	左幅:375m 右幅:350m	22.5	4	汽车—超20级	2005年12月	
13	大桥	白蕉跨线桥	S32K14+541.23~S32K15+279.77	733	22.5	4	汽车—超20级	2005年12月	
14	大桥	工业大道跨线桥	S32K29+092.25~S32K29+423.75	325	22.5	4	汽车—超20级	2005年12月	

广东西部沿海高速公路珠海段主线隧道表
表 4-17-2

序号	隧道类别	隧道名称	起止桩号	长度（单洞,m）	行车宽度（单洞,m）	隧道净高（m）	车道数	完工时间	备注
1	长隧道	大尖岭隧道	G4WK105+051~G4WK106+060	左:950 右:1058	10.25	7	2	2005年12月	
2	中隧道	鸡心岭隧道	G4WK106+661~G4WK107+160	左:479 右:518	10.25	7	2	2005年12月	
3	中隧道	和凤山隧道	S32K28+183~G4WK28+847	左:658 右:658	10.25	7	2	2005年12月	

(2)月环互通立交 K19+660～K21+690 段路基及桥梁工程数量变更。

(3)"磨刀门大桥桥跨组合"变更、斗门互通匝道软基处理变更、主线第三合同段高边坡防护变更、主线第六合同段 K20+000～K24+644.23 外借填方工程变更等。

(三)复杂技术工程

1. 软基处理

珠海段主线沿线河涌众多,桥梁和软基交错,因此,在珠海段主线上(K38+210～K38+535)约 325m 的路段进行软基先行段试验工程。通过现场实体试验检验原设计方案,并在此基础上探求最为经济可行的优化手段,以达到进一步保证质量、节省投资、缩短工期的目的,为以后全线大规模的施工提供指导。根据软基先行段试验,部分软基处理段桥头路段采用了 PHC 管桩加固软土路基、水泥搅拌桩复合地基、常规堆载预压材料的对比试验研究,以指导施工和动态设计,为全线软基处理提供指导性意见。

2. 磨刀门、虎跳门、黄杨河特大桥主桥的施工控制

该项施工技术主要运用在珠海段高速公路磨刀门、虎跳门、黄杨河特大桥主桥箱梁悬浇施工中,主要进行以下工作:验算施工过程中各断面的应力;提供悬臂施工时挂篮的定位高程;提供合理的合龙方案建设;协助提供合龙后桥面铺装高程并承担主梁断面应力测试工作。

磨刀门、虎跳门、黄杨河特大桥主桥施工的顺利进展,为整个珠海段主线的建成通车打下了坚实的基础。

3. 高速液压夯实机

高速液压夯实机是一种新型高效液压夯实机械,在重力和液压力的作用下强制下落对土壤进行压实,并在液压油缸的作用下实现快速的上下往复动作,在装载机或挖掘机工作装置的牵引下,可以机动灵活地对公路路基不同位置进行准确、快速夯实,从而满足对冲压作业面积进行单点或连续的压实要求。特别是对路基狭小面积或特殊作业面补强、路基扩宽新旧路基结合部位、路基填挖交界部位、桥涵台背和锥坡等冲击压实能量集中、作业范围受限部位进行夯实作业。在广东西部沿海高速公路珠海段部分桥涵台背、填挖交界处、局部狭小面积部位、桥头锥坡等部位分层夯实,提高路基压实度,提高工程质量,减少路基沉降,减缓桥头跳车。

(四)科技创新

1. 珠海段主线管理创新模式研究

珠海段主线高速公路建设是一个点多、线长、面广的复杂系统工程。珠海段主线软基

处理、深水域桩基施工、建设中结构物的抗裂等一直是迫切需要解决的技术难题,珠海段公司作了大量细致的分析和研究,分别对软基处理、桩基施工、结构物抗裂等都作了技术上的创新。珠海段主线管理模式的创新,是首次将全面精细管理应用于高速公路建设管理,大幅提高了投资的内部收益率,缩短了建设投资的回报周期,改善了粤西沿海地区的交通条件和投资环境,促进了经济的发展。2009年7月,珠海段主线公司荣获"2008中国企业自主创新组织管理奖"。

2. 边坡生态防护技术

高速公路边坡的生态防护受到越来越多的关注,但目前缺乏对于边坡生态系统基本情况及发生发展规律的研究,亦缺乏对于外来物种的生态风险评价和乡土优良种质资源的关注。在"路基边坡生物防护技术研究"试验段工程的基础上,对珠海段第六合同段、K17、K22处及第三合同段鸡心岭隧道出口处边坡和K1处两座荒山进行边坡生态防护工程的中间试验,以检验、完善研究所得的基质配方、植物群落配置和施工方法,要求效果不差于试验段工程。

项目通过理论分析和野外调查相结合、室内分析和工程试验相结合的方法,形成了一套适合于华南地区边坡生态防护的技术体系,项目成果不仅有令人满意的护坡效果,又有良好的生态和景观效果,应用成本较传统护坡技术费用低,体现了巨大的经济、社会和环境效益。

公司参与了由中山大学立项的课题"路基边坡生物防护技术研究"。课题成果获教育部2008年度科学技术进步奖二等奖。

(五)运营管理

珠海段主线采用委托运营的管理模式。于2005年12月30日建成通车后,珠海段主线段收费,运营,路政、机电和道路日常养护等一并委托广东西部沿海高速公路营运有限公司负责。

(六)企业文化建设

详细情况见本节"三、西部沿海高速公路台山段"。

二、西部沿海高速公路新会段

西部沿海高速公路斗门雷蛛至新会古兜段(简称"新会段")项目,起于江门市新会古兜,在崖门下沙向西跨越崖门水道,穿过猫山至台山金星农场与西部沿海高速公路台山段起点相接。全长15.656km,项目总投资10.06亿元。于1998年9月开工,2002年4月28日建成通车。西部沿海高速公路新会段是广东省粤西地区,以及我国西南地区通往广州、深圳、珠海等城市和港澳地区的重要通道。

(一)主要技术指标和建设规模

按平原微丘区高速公路标准建设,设计速度100km/h,全立交、全封闭,双向四车道。全线设互通式立交2处,收费站2处,设桥梁27座,其中主要特大桥、大桥3座,隧道2座,主要桥梁、隧道具体情况见表4-17-3、表4-17-4。

(二)建设情况

1. 建设依据

1999年4月,广东省计委《关于西部沿海高速公路新会段、阳江段可行性研究报告的批复》。

1999年11月,广东省建设委员会《关于广东西部沿海高速公路斗门雷蛛至新会古兜段第一期工程初步设计的批复》。

2. 资金来源

新会段建设投资由广东省建设公司和新会交通建设投资公司按照股权比例出资35%的资本金,其余65%由银行提供贷款。

3. 征地拆迁

新会段公司与新会市交通投资公司签订了项目的征地拆迁承包合同实行总承包。完成征地1955亩,拆迁建筑物22548m^2。

4. 主要设计、施工、监理单位

设计单位:广东省公路勘察规划设计院、交通部北京公路勘察规划设计所等6个单位。

施工单位:广东省长大公路工程有限公司一公司、广东冠粤道路工程公司等11个单位。

监理单位:广东虎门技术咨询有限公司、广东省公路工程监理站等单位。

5. 工程重大变更

(1)崖门大桥主要变更

①根据2001年9月4日"崖门大桥桥面铺装施工技术研讨会议纪要"的精神,将桥面铺装结构层由原设计"SMA16(4.0cm)+AC16-I(4.0cm)"变更为"SMA13(3.5cm)+AC16-I(4.5cm)"。

②原设计二次吊索待桥面系施工完成后再进行,由于施工方案的变化,二次调索需在桥面上面层未铺装时进行,故对二次调索的索力进行了变更。

第四章
地方高速公路

广东西部沿海高速公路新会段主要桥梁表

表 4-17-3

序号	桥梁分类	桥梁名称	起止桩号	桥梁长度（m）	桥面宽度（m）	车道数	设计汽车荷载等级	建成时间	备注
1	特大桥	崖门大桥	S32K37+216.4～S32K38+505.6	1289.2	22.5	4	汽车—超20级	2002年4月	
2	大桥	K62+970跨线桥	S32K42+519.25～S32K42+750.75	231.5	22.5	4	汽车—超20级	2002年4月	
3	大桥	K69+178古兜冲大桥	S32K48+727.7～S32K48+958.3	230.6	22.5	4	汽车—超20级	2002年4月	

广东西部沿海高速公路新会段隧道表

表 4-17-4

序号	隧道类别	隧道名称	起止桩号	长度（单洞,m）	行车宽度（单洞,m）	隧道净高（m）	车道数	建成时间	备注
1	短隧道	猫山隧道	S32K28+183～K28+847	左:411	10.25	7	2	2002年4月	
				右:411	10.25	7	2	2002年4月	

(2)道路工程主要变更

①路面变更:1999年广东省交通厅《关于广东省高速公路路面方案意见的通知》,要求全省高速公路原则上采用沥青混凝土路面方案,除交通部审查、审批项目按审批意见执行,其余在建项目原则上调整为沥青混凝土路面,因此对路面工程进行变更设计。

②隧道变更:猫山隧道原地质资料描述为Ⅳ类围岩,实际开挖后发现地质情况出入较大,东洞口的围岩比较破碎,只属于Ⅱ类围岩,而西洞口左洞室拱顶中间处有一条明显的断裂带,走向几乎与隧道平行,因而进行了变更设计。

③边坡变更:K3+000~K3+360左侧、K3+000~K3+540右侧、K8+280~K8+520右侧边坡原设计采用骨架植草防护,在施工过程中,实际开挖后发现坡面为破碎的石质边坡,骨架植草已不可行,因此对上述3处边坡的防护形式进行变更,改为采用喷锚防护。

(三)复杂技术工程

崖门大桥位于广东省西部沿海高速公路斗门雷蛛至新会古兜段,东接金门立交,西接猫山隧道,跨越潭江入海口崖门水道。崖门大桥主桥为双塔单索面塔墩梁固结的预应力混凝土斜拉桥,主桥的跨径组合为165m+338m+165m,共668m,其中在边跨距端部50m处设置一辅墩,采用塔、墩、梁固结体系。

崖门大桥工程荣获"詹天佑土木工程奖"。

1. 崖门大桥主墩3m大直径桩基成孔及海水造浆新技术

崖门大桥12号、13号主墩桩基为$\phi3.0$m大直径钻孔灌注桩,每墩桩基数量为18条,呈梅花形布置,桩底嵌入单轴极限抗压强度不小于50MPa的微风化花岗岩,成孔难度很大,投入使用的大型钻孔设备有KP-3500钻机3台、QT250钻机2台、12.5t/15t冲击钻机各2台,钻头为合金钢齿牙轮钻头,辅助设备有BE250泥浆处理器2台,自制600型泥浆处理罐2套等。

2. 主桥箱梁单索面牵索挂篮施工工艺

标准节段箱梁长6m,高3.48m,宽26.8m,为单箱五室结构。节段混凝土为106.3m^3,最大阶段为112.1m^3,一次性全断面浇筑混凝土。单索面牵索挂篮施工工艺为国内首创。

3. 主墩承台施工技术

崖门大桥主桥主墩混凝土承台平面尺寸为30.55m×21.80m,厚6.5m,规模大、施工控制难度高,其套箱安装及下放是施工的关键。施工单位提出的方案是将钢套箱竖向分段制作,现场拼装;承重系统由已成桩顶上的立柱和上承重梁(贝雷梁、型钢组成)、下承重格梁及底板(钢筋混凝土结构)组成,支撑在立柱上的上承重梁通过粗钢筋与下承重格梁联系起来,然后通过承重系统将拼装好的套箱下放到设计位置。此方法的特点是套箱模板、上承重梁等钢结构均能回收,可多次重复使用;不便回收的下承重格梁及底板采用钢筋混凝土结构,经济合理,且刚度较好。

4. 施工控制

施工控制的主要任务有以下四个方面:对结构进行计量,包括位移和内力;对误差进行分析,包括误差识别和参数识别;提出消除或降低误差的措施;对目前状态的合理性论证,应分析至成桥,并观察其内力、位移是否与设计相吻合。

5. TMD 抖振控制技术

为确保大桥在施工阶段的抗风安全,通过对大桥各项力学参数的认真研究,成功开发出 TMD 施工阶段抖振控制系统。

(四)科技创新

1. SMA 在崖门大桥桥面铺装中的应用

SMA 具有优良的抗车辙性能和抗滑性能,由于崖门大桥属于单索面钢筋混凝土斜拉桥,大跨径桥面产生的剧烈振动、相当大的位移和变形,对 SMA 结构是一个大考验。

新会段通过与华南理工大学交通科学研究所合作,经过周密论证和充分的试验研究,最后确定在崖门大桥桥面铺装中采用 FAC 和 SMA 双层结构,成功地解决了沥青路面抗滑构造深度和透水性之间的矛盾,并对各种桥面黏结防水材料进行研究比选,最终采用冷涂聚合物改性乳化沥青作为防水黏结层,取得了良好的效果。

2. 典型类比分析法在猫山隧道施工中的应用

典型类比分析法是将典型工程的地质条件及相应的施工条件对围岩周围位移的影响,类比应用于同一围岩类别的隧道围岩稳定性分析的方法。典型工程指具有比较系统的、完整的现场原位测试资料,同行公认在同类围岩中有良好代表性的隧道工程。类比应用的途径是:以典型工程原位测试资料作输入数据;岩石力学数值分析程序反馈修正后,其洞周位移分析结果应与以典型工程实测值尽可能地接近,修正后的程序可供同一围岩类别隧道工程初步设计应用。运用该方法对猫山隧道单洞、双洞各类围岩进行了位移和受力计算分析,较准确地预测了围岩的特点和规律、围岩破坏类型和部位,并用实测位移值进行了反分析,保证了猫山隧道的施工安全,并取得了一定的经济效益。

3. 按体积比设计沥青混合料应用技术研究

该课题由新会段公司与广东省交通科研所、广东冠粤路桥有限公司共同合作研究。

主要研究内容:对原材料进行检验;确定原材料的质量等级,并确定沥青混合料目标配合比的技术标准;确定适宜的技术指标评价方法和试验技术;按体积比设计方法完成沥青混合料目标配合比设计与生产配合比设计,并据此提出该设计方法的压实工艺和制定沥青路面的质量保证体系。

技术指标:按体积比设计出的配合比在原材料、施工机械、工程造价不明显改变的情况下较传统设计方法有更出色的沥青混合料性能和表面功能。

(五)运营管理

新会段采用委托运营的管理模式。新会段于2002年4月30日建成通车后,其收费、运营、路政、机电和道路日常养护等一并委托给广东西部沿海高速公路营运有限公司负责。

(六)企业文化建设

详细情况见本节"三、西部沿海高速公路台山段"。

三、西部沿海高速公路台山段

台山段分为台山一段及台山二段建设。

(一)台山一段

西部沿海高速公路台山一段是珠海至阳江高速公路在台山境内的第一路段,东起于台山与新会交界的金星农场,西止于台山汶村镇,全长74.584km,途经台山市金星农场、都斛、斗山、广海、海宴、汶村镇,在斗山镇通过南北公路与新台高速公路连接。该项目于1994年8月开工,1995年因资金不到位停工,1998年7月复工,2002年4月完工,与新会段、台山二段、阳江段同时通车运营。

1. 主要技术指标和建设规模

该路按平原微丘区高速公路标准建设,双向四车道,设计速度120km/h,全封闭、全立交;特大桥1座、大桥4座(表4-17-5);互通式立交7处;隧道1座(表4-17-6);在7个互通式立交出口处设7个匝道收费站、1个运营管理中心。

2. 建设情况

(1)建设依据

1993年,广东省计划委员会批复"工可研"同意台山一段以中外合作的形式,由台山市交通建设发展总公司与香港国际德祥公司合作建设经营。

1994年,广东省建设委员会批复广东省西部沿海高速公路台山金星农场至大担段初步设计。

2002年,广东省计划委员会批复西部沿海高速公路台山金星农场至大担段的投资规模及投资主体变更。

第四章 地方高速公路

西部沿海高速公路台山段主要桥梁表

表 4-17-5

序号	桥梁分类	桥梁名称	中心桩号	桥梁长度 (m)	桥面宽度 (m)	车道数	设计汽车荷载等级	开工时间	完工时间	备注
1	大桥	都斛跨线桥	S32K60+165	205.86	24.5	4	汽车—超20级	1999年12月	2002年4月	
2	大桥	广发大桥	S32K75+405	705	24.5	4	汽车—超20级	1999年12月	2002年4月	
3	大桥	海宴中跨线桥	S32K112+165	324.44	24.5	4	汽车—超20级	1999年12月	2002年4月	
4	大桥	大担跨线桥	S32K124+760	203.74	24.5	4	汽车—超20级	1999年12月	2002年4月	
5	特大桥	镇海湾大桥	S32K129+823	2896	24.5	4	汽车—超20级	1999年12月	2002年4月	

西部沿海高速公路台山段隧道表

表 4-17-6

序号	隧道分类	隧道名称	起止桩号	长度（单洞,m）	行车道宽度（单洞,m）	隧道净高 (m)	车道数	开工时间	完工时间	备注
1	短隧道	山咀左线隧道	S32K97+525~K98+315	804	10.25	7.15	2	1998年12月	2002年4月	
2	短隧道	山咀右线隧道	S32K97+525~K98+315	807	10.25	7.15	2	1998年12月	2002年4月	

2005年,广东省交通厅批复西部沿海高速公路台山金星农场至大担段调整初步设计。

(2)资金来源

建设资金的来源:股东投入的资本金占35%,其余65%向银行贷款。

(3)征地拆迁

台山一段共征用土地9144亩,拆迁房屋6875m^2;台山二段共征用土地1680亩,拆迁房屋322m^2。

(4)主要设计、施工、监理单位

设计单位:广东省公路勘察规划设计院。

施工单位:广东省长大公路工程有限公司、广东省航盛集团工程有限公司、铁道部第十九工程局第三工程处、广州市公路工程公司等单位。

监理单位:广东省公路工程监理站。

3. 复杂技术工程

(1)山咀隧道

山咀隧道是广东西部沿海高速公路台山段唯一的一座隧道。山咀隧道原名蛇仔迳隧道,双洞式,结构为单心圆拱式曲墙形状,左洞长804m,右洞长807m。隧道根据新奥法施工,由于洞内地质复杂,有多处地质挤压破碎带,岩层中部夹带全风化岩层,岩层大致处于水平状,层理厚度大约2～3m,给施工带来极大不便,并且在上下导开挖中多次出现坍塌,故全段均采用上下开挖,上下导支护方法施工。在Ⅳ、Ⅴ级围岩均采取光面爆破。其支护形式是由初期支护和二次模筑所组成的复合衬砌。1999年3月24日,召开了隧道变更、优化评审会,广东省公路勘察设计院对设计图纸进行了优化设计。主要变更内容为:①对隧道围岩类别进行了复查及调整;②修正了隧道的支护参数;③增加了隧道边排水、洞内外路面、行人通道的设计;④完善洞口设计;⑤初期支护1995年施工的部分因长期停工而严重开裂,1998年复工后,1995年的格栅拱架结构初期支护下加设Ⅰ180工字钢,并采取密排钢管棚方式通过不良地段。

(2)软基段处理

台山段地处沿海滩涂区,由于造陆前由浅海岛屿滩地所组成,因此,造陆后泥土分布不仅深厚(最厚处大于20m),而且厚薄不均匀,成分复杂,性质变化大。另外,表层土堆积时间短,造成淤泥形成后欠固结,而覆盖荷载又小,使得淤泥层的土质力学性能差,含水率高,压缩性大,强度低,渗透性差,地貌类型配置非常复杂等,都给软基处理带来了很大的困难。台山段的整条线路分布有大范围的超软地基,共计35.3km软基段,约占全路段40.7%。因此软基处理的方法及其效果对以后运营有较大的影响。

台山段软基处理方法主要有:堆载预压法、真空-堆载联合预压法、CFG桩复合地基方法、粉喷桩复合地基方法、塑料排水板、砂装袋井、砂垫层等,其中堆载预压法、真空-堆载联合预压法、CFG 桩复合地基方法、粉喷桩复合地基方法是台山段软基处理主要的方法。

(二)台山二段

西部沿海高速公路台山二段是珠海至阳江高速公路在台山境内的第二路段,东起于台山市汶村镇,西止于台山与阳江交界的北陡镇,全长 12.253km,途经台山市横山、北陡镇。1996 年 11 月 18 日开工,于 2002 年 4 月完工,与台山一段、新会段和阳江段同时开通运营。

1. 主要技术指标和建设规模

台山二段按山岭重丘区高速公路标准建设,双向四车道,设计速度 120km/h,全封闭、全立交;特大桥 1 座,互通式立交 2 处。

2. 建设情况

(1)建设依据

1995 年,广东省计划委员会《关于广东西部沿海高速公路台山大担至北陡工程可行性研究报告的批复》。

1996 年,广东省建设委员会《关于广东省西部沿海高速公路台山大担至北陡段工程初步设计的批复》。

1999 年,广东省交通厅《关于印发广东省西部沿海高速公路珠海至阳江段交通工程初步设计审查意见的函》。

2005 年,广东省发改委《关于同意西部沿海高速公路台山大担至北陡段调整投资主体的复函》。

(2)资金来源

项目建设资金的来源:股东投入的资本金占 35%,其余 65% 向银行贷款。

3. 复杂技术工程

镇海湾大桥镇海湾大桥是广东西部沿海高速公路(珠海—阳江)台山二段(大担—北陡段)特大型桥梁,全长 2896m,桥位在镇海湾雅洲岛南侧 1.2km 处,东岸位于汶村镇南州里,西岸位于北陡镇沙头冲。

该桥主跨为 105m + 190m + 105m 预应力混凝土连续刚构,其两侧各 2 联 5 × 50m 预应力混凝土 T 梁通过墩梁固结形成的连续刚构,其余桥跨为 20m 和 30m 的 T 梁,先简支后连续形成连续梁结构。左右幅各设置 SSF80 型伸缩缝 7 道、SSF160 型伸缩缝 5 道。

镇海湾大桥工程规模大,主桥 190m 跨连续刚构跨径较大,施工工艺复杂,桥址处于沿海地带,地质、水文条件复杂。为保证大桥工程顺利施工,确保工程施工质量,大桥工程项目部会同施工单位,对重点施工工程项目组织科技攻关,采用新工艺、新设备,成功地应用于工程施工,取得了显著成效。

(1) 咸水地域钻孔桩施工

镇海湾大桥基础全部为钻孔桩,大部分桩基在水中,在海水区域钻孔桩施工。流浆性能不稳定,胶体率降低,不能有效悬浮泥浆,在钻孔桩施工过程中,在已有的海水造浆技术基础上,选取适合于海水造浆的优质黏土,在试验基础上,加入适量的泥浆添加剂,提高了泥浆质量,确保了钻孔泥浆的稳定性,有效地提高了钻孔桩成孔质量。

(2) 研制成功大型施工设备

①研制 JQJ-170 型 50m T 梁架桥机

50m T 梁是我国设计跨径最大的简支梁,T 梁自重大,需用专用大型吊装设备安装。镇海湾大桥施工需用两台 50m T 梁架桥机,为此,成立了 50m T 梁研制组,在 CH-150 架桥机基础上,设计、制造了 JQJ-170T 梁架桥机。该机移动起吊受力性能好、刚度大,纵横移方便,大大降低了生产工人的劳动强度,有利于安全施工。对加快 50m T 梁施工起到积极作用。

②研制成功主桥箱梁悬臂施工挂篮

悬浇挂篮是主桥箱梁施工的专用设备,主桥箱梁块件长 5m,挂篮必须有较大的承载能力。二分公司专门成立了挂篮研制组。收集研究了已有的各种形式的挂篮资料,最后选定自重较轻,刚度较大的斜拉挂篮作为研制方向。为了使挂篮设计受力可靠,构造合理,研制组特别请钢结构专家为挂篮设计提供咨询论证,进一步完善了挂篮设计。

③主桥箱梁施工控制

主桥箱梁施工控制主要是箱梁施工高程控制,在建设单位的支持下,成立了由同济大学、西南交大、业主、设计、监理和施工单位组成的专家组,由设计单位提供箱梁施工各阶段的计算挠度和箱梁各梁段的施工高程。由箱梁施工挠度观测组对箱梁施工各阶段的实际挠度进行观测,取得大量的挠度实测资料,施工控制组对箱梁的计算挠度和实测挠度进行分析研究,及时调整箱梁施工高程。箱梁施工高程控制取得了满意的成果。

4. 科技创新

(1) 科研试验

项目成立了软基研究小组,开展软基处理相关研究工作。在总结台山段软基处理经验基础上,于 2005 年完成了《广东省高速公路软基处理实用技术》一书的编写工作,并在人民交通出版社出版发行。

（2）新技术应用

①真空联合堆载预压

由于K76+460~K77+200段为横山立交桥头段，软基深、路基填土又特别高，采用常规办法难以保证填土稳定安全和工期。为此，在台山一段K26+248~K26+545和K21+796~K24+000段真空联合堆载预压试验成功的基础上，在K76+460~K77+200段继续推广应用真空联合堆载预压新技术。由于采用了真空吸水，使孔隙水压力消散加快，沉降速度收敛时间缩短，大大地缩短了填土间隔时间，加快了填土速度，而且保证了填土的安全稳定，取得了良好的效果。

②喷播植草技术

高速公路的上边坡特别是软石质边坡植草困难，1999年选择四标的一个上边坡进行了喷播植草试验，并获得了成功。后期在土质边坡全面推广应用喷播植草技术，大大提高了植草效率；同时在软石质边坡应用三维网植草和客土喷播植草技术，提高了石质边坡的绿化率，保护了自然生态景观。

5. 运营管理

（1）运营公司

广东西部沿海高速公路营运有限公司于2002年3月成立，是广东省交通集团委托经营管理模式的试点单位。公司分别于2002年和2005年受托于广东西部沿海高速公路新会段有限公司、广东台山沿海高速公路有限公司、广东西部沿海高速公路（阳江）有限公司和广东西部沿海高速公路珠海段有限公司等四家业主，负责东起中山市翠亨，西至阳江市东城奕垌的西部沿海高速公路全线200.656km的运营管理。

公司设有综合事务部、人力资源部、财务计划部、收费管理部、路政大队、养护管理部6个职能部门。

（2）收费站点

全线设有18个收费站24个收费站场，分别归属珠海、崖门、广海、海宴、阳江等5个中心收费站管理。

（3）养护管理

养护管理模式是业主委托，公司负责养护工作，具体的委托给专业的养护公司进行道路养护。主要包括对养护公司的管理、监督、指导，以及业主对公司进行考核。委托路路通公司进行具体的机电养护工作，还包括参与业主的考核。

2002年4月通车以来，在养护方面，经历了两种经营模式：一是自主养护，公司按照业务性质，组建了路政大队和养护队进行日常养护管理；二是分包养护，从2003年下半年开始，将养护工作委托广东恒建高速公路发展有限公司。专业养护的营运公司管理的重点在养护计划的编制和执行、巡查与检查、养护质量考评、重点工程的监管等工作，保证了专业化养护的质量。

（4）路政管理

2002年4月组建了西部沿海路政大队，下设4个中队。公司的路政管理工作秉持"遵守法律法规，严格依法行政；热情服务社会，维护交通秩序；打击不法行为，保护路产路权"的工作理念，做到路政宣传到位、强化路域管理、建立和不断完善路产档案、严厉查处建筑控制区"二违"案件，全力以赴、尽职尽责保护路产路权，同时坚持依法行政、文明服务，规范路政内、外业管理，加强路面巡查，启动交通繁忙下的交通管制方案等，及时发现和处理各类事件，防止交通堵塞，持续提高管理水平。同时，联合沿线交警、辖区派出所、综合执法局制定路警联合执勤工作方案，实施"警政联合执勤"模式，组建紧急情况下的指挥专班，完善路警联合执勤的考核奖惩机制，使路产路权得到了有效维护。

6. 企业文化建设

不断完善企业管理制度，改进企业团队和员工行为模式，并与企业实际项目建设和运营管理有机结合起来，不断增强企业的软实力。

（1）"服务、规范、卓越、和谐"的企业文化

服务：一线员工服务社会，后勤人员服务一线员工，管理人员服务基层，领导服务全体员工的"四个服务"。

规范：以市场机制为准则，加强合同管理，实现委托品牌化，运营集约化。

卓越：收费管理规范化；养护管理标准化；路政管理精细化；服务人性化。

和谐：与员工的和谐相处；与业主的和谐合作；与社会的和谐共生。

（2）"情满沿海，甘雨服务"的服务品牌文化建设

公司坚持把培育优质的"特色"服务作为委托运营管理的目标，在全体员工中开展"青年安全示范岗""青年文明号""巾帼文明岗""明星班组"等岗、号、星级服务，注重服务环节的强化，做到优质服务人性化。

（3）以社会主义核心价值观为引领，打造新型企业文化

结合高速公路运营管理品牌建设，坚持社会主义核心价值观，打造"沿海大讲堂""沿海微平台""沿海博览馆""沿海艺术团"四大平台的新型企业文化。

（4）获省部级主要奖及荣誉情况

2016年7月，公司党总支被授予全国"先进基层党组织"荣誉称号，公司党总支被授予广东省"先进基层党组织"荣誉称号。

2016年1月，获"广东省文明单位"称号。

2016年3月，获"南粤女职工文明岗"称号。

2015年4月，获"全国模范职工之家"称号。

2014年4月，获"广东省诚信示范企业（2006—2013年连续8年）"称号。

2015年6月,获"全国'安康杯'竞赛优胜单位"称号。

2014年5月,获"2014全国交通运输企业诚信建设十佳先进单位"称号。

2014年12月,获"2014年广东省自主创新标杆企业"称号。

2013年4月,获"2012—2013年度广东省五四红旗团委"称号。

2012年7月,获"2011—2012年度中国管理科学创新杰出成果奖"称号。

四、西部沿海高速公路阳江段

广东西部沿海高速公路阳江段是西部沿海高速公路在阳江境内的路段,包括主线和联络线两部分。主线高速公路起于阳东县新洲,与西部沿海高速公路台山段相接,向西止于奕垌冯家寨,与开阳高速公路相接。主线全长42.95km,联络线为不封闭一级公路,起于高速公路雅韶立交,止于白沙镇,与阳江市站港一级公路相接,全长17.819km,全线(含支线)决算工程总造价为173239万元。1998年11月30日开工,2003年8月建成通车。西部沿海高速公路阳江段(S32)是广东省高速公路网规划的重要组成部分,它的兴建对提高粤西公路网的运输通行能力,缩短粤西地区与港澳及珠江三角洲地区的距离,开发沿海黄金海岸,促进粤西经济和城市发展,改善粤西的投资环境具有重要作用。

(一)主要技术指标和建设规模

主线采用高速公路标准建设,双向四车道,联络线按一级公路技术标准建设,设计速度:主线120km/h,联络线100km/h;路基宽度:主线24.5m,联络线24m。主要桥梁情况见表4-17-7。

(二)建设情况

1. 建设依据

1999年4月,广东省计划委员会《关于西部沿海高速公路新会段、阳江段工程可行性研究报告的批复》。

1999年12月9日,广东省建设委员会《关于广东西部沿海高速公路阳江段初步设计的批复》。

2. 资金来源

项目由广东省高速公路有限公司和阳江市交通建设总公司共同投资建设。

3. 征地拆迁

征地拆迁均由阳江市人民政府负责完成。项目业主与阳江高速公路工程建设指挥部于1998年10月签订了《征地拆迁承包合同》,全线征用土地5285.79亩,拆迁房屋1213m^2。

表 4-17-7

西部沿海高速公路阳江段主要桥梁表

序号	桥梁分类	桥梁名称	起止桩号	桥梁长度（m）	桥面宽度（m）	车道数	设计汽车荷载等级	建设时间	备注
1	特大桥	漠阳江西河特大桥		1188	21.5	4	汽车—超20级、挂车—120	1998年11月～2002年10月	
2	大桥	K96+405大桥	K96+350.68～K96+460.32	110.65	21.54	4	汽车—超20级、挂车—120	1998年11月～2001年11月	
3	大桥	K103+000寿长河大桥	K102+766～K103+238	468.00	21.54	4	汽车—超20级、挂车—120	1998年11月～2001年11月	
4	大桥	K121+958石伦大桥	K121+610～K122+306	696.00	21.54	4	汽车—超20级、挂车—120	1998年11月～2001年11月	
5	大桥	K127+014.6325国道跨线桥		646.00	21.54	4	汽车—超20级、挂车—120	1998年11月～2003年8月	
6	大桥	那龙河大桥		923.3	24	4	汽车—超20级、挂车—120	1998年11月～2002年10月	
7	大桥	漠阳江东河大桥		577.2	24	4	汽车—超20级、挂车—120	1998年11月～2002年10月	
8	大桥	埠场河大桥		445.2	24	4	汽车—超20级、挂车—120	1998年11月～2002年10月	

4. 主要设计、施工、监理单位

设计单位:广东省公路勘察规划设计院、广州白云区华宇建筑设计所、北京市泰克公路科学技术研究所。

施工单位:交通部第四航务工程局第三公司、广东美培混凝土有限公司、广东省长大公路工程有限公司、广东新粤交通投资有限公司。

监理单位:广东虎门技术咨询公司、广东奥科工程监理有限公司、广东省公路工程监理站。

(三)运营管理

详见本节"三、西部沿海高速公路台山段"。

(四)企业文化建设

详见本节"三、西部沿海高速公路台山段"。

第十八节　广州—珠海西线高速公路(S43)

广州—珠海西线高速公路(简称"广珠西线高速公路"),编号S43。起于广州芳村,经佛山顺德、中山、珠海市,止于中山市坦洲镇月环,与广东西部沿海高速公路珠海段支线(月环—南屏段)起点相接,总长97.287km(其中与G94共线42.007km)。全线双向六车道,分三期建设,一期起于芳村海南村,止于顺德碧江,2004年4月建成通车;二期起于顺德碧江,终于中山的沙溪镇,2010年6月建成通车;三期起于中山市沙溪,终于月环,2013年1月建成通车。

广珠西线高速公路是由广东省公路建设有限公司和香港合和广珠高速公路发展有限公司合作投资建设和经营管理,双方各占股份50%。2003年9月17日成立广东广珠西线高速公路有限公司负责经营管理(广东广珠西线高速公路有限公司于2013年1月开始代管广东西部沿海高速公路珠海段支线,2016年1月开始代管支线延长线,代管里程共16.932km)。

广珠西线高速公路的建成对进一步完善珠江三角洲地区路网布局,加强粤、港、澳地区之间特别是珠江三角洲西部地区南北向的交通和经济往来,改善地区交通条件和投资环境,加强外向型经济实力,促进经济的全面发展,具有重要的意义。

一、主要技术指标和建设规模

全线按高速公路标准建设,双向六车道,设计速度100km/h,全封闭,全立交;主线共设主要特大桥、大桥70座(表4-18-1);隧道8座(表4-18-2),其中连拱隧道1座,分离式隧道7座;设有16座互通式立交;管理中心1处、生活区和服务区各2处。

二、建设情况

(一)建设依据

1984年4月13日,国家计划委员会、交通部致函国务院《关于修建广(州)深(圳)珠(海)高速公路的报告》。

1995年6月,将改线方案报广东省交通厅、广东省计划委员会及广东省政府。

1995年7月,广东省政府批准了该方案。

(二)资金来源

1. 一期工程广州海南至顺德碧江段

广东省公路建设有限公司与香港合和广珠高速公路发展有限公司合作组建项目合作公司建设、经营,双方在注册资本中的出资比例各为50%,其余为银行贷款。

2. 二期工程顺德碧江至中山沙溪段

香港合和广珠高速公路发展有限公司与广东省公路建设有限公司共同组建了广东广珠西线高速公路有限公司对该项目投资建设,建设资本金占35%,双方各出资50%,其余为银行贷款。

3. 三期中山沙溪至月环段

交通运输部核准的项目投资概算为58.85亿元。资金来源包括双方股东投入资本金19.6亿元(广东省公路建设有限公司和香港合和广珠高速公路发展有限公司各出资9.8亿元),其余为银行贷款39.25亿元。

(三)征地拆迁

1. 一期工程广州海南至顺德碧江段

一期的征地拆迁,由广东广珠西线高速公路有限公司(简称"广珠西线公司")与广州、南海、顺德各地的国土部门分别签订征地拆迁总承包合同。

2. 二期工程顺德碧江至中山沙溪段

广珠西线公司分别在2005年与佛山市顺德区土地储备发展中心签订了《太澳公路顺德碧江至中山沙溪段顺德境内征地工作包干合同》、与中山市国土资源局签订了《太澳公路顺德碧江至中山沙溪段中山境内建设工作意向书》。太澳公路主线征用土地4499.82亩;全线共拆迁房屋总面积75847.75m²。

第四章 地方高速公路

广珠西线高速公路主要桥梁表

表 4-18-1

序号	桥梁分类	桥 梁 名 称	中心桩号	桥梁长度（m）	桥面宽度（m）	车道数	设计汽车荷载等级	开工时间	完工时间	备注
1	特大桥	珠江特大桥	K0+975	1517	30.8	6	公路—Ⅰ级	2001年12月	2004年4月	一期
2	特大桥	橹尾撬高架桥	K5+512	2488	30.8	6	公路—Ⅰ级	2001年12月	2004年4月	一期
3	大桥	石洲互通主线桥	K5+163	756	30.8	6	公路—Ⅰ级	2001年12月	2004年4月	一期
4	大桥	大塘村高架桥	K6+397	326	30.8	6	公路—Ⅰ级	2001年12月	2004年4月	一期
5	特大桥	冬瓜篢高架桥	K8+146	1040	30.8	6	公路—Ⅰ级	2001年12月	2004年4月	一期
6	大桥	勒竹高架桥	K10+680	720	30.8	6	公路—Ⅰ级	2001年12月	2004年4月	一期
7	特大桥	陈村涌大桥	K11+804	1050	30.8	6	公路—Ⅰ级	2001年12月	2004年4月	一期
8	大桥	碧江互通主线桥	K12+760	525	30.8	6	公路—Ⅰ级	2001年12月	2004年4月	一期
9	特大桥	西海特大桥	K8+909.7	1300	30.8	6	公路—Ⅰ级	2005年12月	2010年6月	二期
10	特大桥	三洲大桥	K21+225.8	1393.08	30.8	6	公路—Ⅰ级	2005年12月	2010年6月	二期
11	大桥	鸡洲河高架桥	K25+150.5	798.05	30.8	6	公路—Ⅰ级	2005年12月	2010年6月	二期
12	特大桥	顺德互通主线桥	K26+532.5	1989	30.8	6	公路—Ⅰ级	2005年12月	2010年6月	二期
13	大桥	逢沙水闸高架桥	K27+982.0	910	30.8	6	公路—Ⅰ级	2005年12月	2010年6月	二期
14	特大桥	逢沙公路高架桥	K29+886.06	1353.88	30.8	6	公路—Ⅰ级	2005年12月	2010年6月	二期
15	大桥	顺德大学1号高架桥	K30+704.74	526.52	30.8	6	公路—Ⅰ级	2005年12月	2010年6月	二期
16	大桥	顺德大学2号高架桥	K31+148.00	330	30.8	6	公路—Ⅰ级	2005年12月	2010年6月	二期
17	特大桥	板沙尾特大桥	K31+681.00	766	30.8	6	公路—Ⅰ级	2005年12月	2010年6月	二期
18	大桥	东升1号高架桥	K32+404.00	680	30.8	6	公路—Ⅰ级	2005年12月	2010年6月	二期
19	大桥	东升2号高架桥	K32+884.00	280	30.8	6	公路—Ⅰ级	2005年12月	2010年6月	二期
20	大桥	上冲高架桥	K33+384.00	723.04	30.8	6	公路—Ⅰ级	2005年12月	2010年6月	二期
21	大桥	科技产业园高架桥	K35+454.50	882.04	30.8	6	公路—Ⅰ级	2005年12月	2010年6月	二期
22	大桥	眉蕉河高架桥	K36+302.00	816	30.8	6	公路—Ⅰ级	2005年12月	2010年6月	二期
23	大桥	华口工业区高架桥	K37+013.422	591.54	30.8	6	公路—Ⅰ级	2005年12月	2010年6月	二期

续上表

序号	桥梁分类	桥梁名称	中心桩号	桥梁长度（m）	桥面宽度（m）	车道数	设计汽车荷载等级	开工时间	完工时间	备注
24	大桥	兴华东路高架桥	K38+758.250	900.53	30.8	6	公路—Ⅰ级	2005年12月	2010年6月	二期
25	大桥	九横路高架桥	K39+323.000	232	30.8	6	公路—Ⅰ级	2005年12月	2010年6月	二期
26	大桥	咨南特大桥	K39+740.00	453.997	30.8	6	公路—Ⅰ级	2005年12月	2010年6月	二期
27	大桥	低沙高架桥	K40+088.00	390	30.8	6	公路—Ⅰ级	2005年12月	2010年6月	二期
28	特大桥	晋隆围高架桥	K40+791.75	1017.5	30.8	6	公路—Ⅰ级	2005年12月	2010年6月	二期
29	特大桥	南三公路高架桥	K41+903.300	1205.6	30.8	6	公路—Ⅰ级	2005年12月	2010年6月	二期
30	特大桥	太平高架桥	K43+127.35	1242.5	30.8	6	公路—Ⅰ级	2005年12月	2010年6月	二期
31	大桥	圩沙高架桥	K44+100.00	840.9	30.8	6	公路—Ⅰ级	2005年12月	2010年6月	二期
32	大桥	九顷1号高架	K45+026.25	873.5	30.8	6	公路—Ⅰ级	2005年12月	2010年6月	二期
33	大桥	九顷2号高架	K45+598.00	270	30.8	6	公路—Ⅰ级	2005年12月	2010年6月	二期
34	特大桥	吉昌特大桥	K46+040.00	605	30.8	6	公路—Ⅰ级	2005年12月	2010年6月	二期
35	大桥	吉昌1号高架桥	K46+473.00	270	30.8	6	公路—Ⅰ级	2005年12月	2010年6月	二期
36	大桥	吉昌2号高架桥	K46+784.00	356	30.8	6	公路—Ⅰ级	2005年12月	2010年6月	二期
37	大桥	东阜公路高架桥	K47+270.75	616.54	30.8	6	公路—Ⅰ级	2005年12月	2010年6月	二期
38	大桥	高桥头1号高架桥	K48+861.00	815.04	30.8	6	公路—Ⅰ级	2005年12月	2010年6月	二期
39	大桥	高桥头2号高架桥	K49+654.50	775	30.8	6	公路—Ⅰ级	2005年12月	2010年6月	二期
40	大桥	东营1号高架桥	K50+282.00	480	30.8	6	公路—Ⅰ级	2005年12月	2010年6月	二期
41	大桥	东营2号高架桥	K50+662.00	280	30.8	6	公路—Ⅰ级	2005年12月	2010年6月	二期
42	大桥	新社高架桥	K51+262.00	920	30.8	6	公路—Ⅰ级	2005年12月	2010年6月	二期
43	特大桥	永胜特大桥	K51+940.00	436	30.8	6	公路—Ⅰ级	2005年12月	2010年6月	二期
44	大桥	东锐1号高架桥	K52+596.942	960	30.8	6	公路—Ⅰ级	2005年12月	2010年6月	二期
45	大桥	东锐2号高架桥	K53+258.00	280	30.8	6	公路—Ⅰ级	2005年12月	2010年6月	二期
46	大桥	北部排灌渠高架桥	K53+644.25	492.5	30.8	6	公路—Ⅰ级	2005年12月	2010年6月	二期

第四章 地方高速公路

续上表

序号	桥梁分类	桥梁名称	中心桩号	桥梁长度（m）	桥面宽度（m）	车道数	设计汽车荷载等级	开工时间	完工时间	备注
47	大桥	胜龙高架桥	K54+046.50	312	30.8	6	公路—Ⅰ级	2005年12月	2010年6月	二期
48	特大桥	中江高速公路高架桥	K54+580	1842.5	30.8	6	公路—Ⅰ级	2005年12月	2010年6月	二期
49	特大桥	坦背高架桥	K56+689.00	1369.7	30.8	6	公路—Ⅰ级	2005年12月	2010年6月	二期
50	大桥	裕生围高架桥	K57+648.70	432	30.8	6	公路—Ⅰ级	2005年12月	2010年6月	二期
51	大桥	G105国道高架桥	K58+288.5	864.84	30.8	6	公路—Ⅰ级	2010年8月	2013年1月	三期
52	特大桥	六顷特大桥	K363+558.5	261.03	30.8	6	公路—Ⅰ级	2010年8月	2013年1月	三期
53	特大桥	中部灌溉渠高架桥	K366+354.72	1412.46	30.8	6	公路—Ⅰ级	2010年8月	2013年1月	三期
54	特大桥	赤洲河特大桥	K369+947.2	1777.66	30.8	6	公路—Ⅰ级	2010年8月	2013年1月	三期
55	特大桥	老陈围高架桥	K370+815	1086.06	30.8	6	公路—Ⅰ级	2010年8月	2013年1月	三期
56	特大桥	麻斗高架桥	K391+696.86	1491.26	30.8	6	公路—Ⅰ级	2010年8月	2013年1月	三期
57	大桥	隆昌河大桥	K362+896.4	261.03	30.8	6	公路—Ⅰ级	2010年8月	2013年1月	三期
58	大桥	鸡头山高架桥	K371+649.3	330.46	30.8	6	公路—Ⅰ级	2010年8月	2013年1月	三期
59	大桥	水溪高架桥	K373+185.5	221.06	30.8	6	公路—Ⅰ级	2010年8月	2013年1月	三期
60	大桥	石歧河大桥	K375+764	761.06	30.8	6	公路—Ⅰ级	2010年8月	2013年1月	三期
61	大桥	兴福高架桥	K376+700.3	375.86	30.8	6	公路—Ⅰ级	2010年8月	2013年1月	三期
62	大桥	关环高架桥	K378+414.25	973.56	30.8	6	公路—Ⅰ级	2010年8月	2013年1月	三期
63	大桥	万宜高架桥	K379+400	337.06	30.8	6	公路—Ⅰ级	2010年8月	2013年1月	三期
64	大桥	马岭高架桥	K380+346.95	851.76	30.8	6	公路—Ⅰ级	2010年8月	2013年1月	三期
65	大桥	北台涌大桥	K381+366	366.06	30.8	6	公路—Ⅰ级	2010年8月	2013年1月	三期
66	大桥	鹿鸣湖高架桥	LK83+170.5	331.56	30.8	6	公路—Ⅰ级	2010年8月	2013年1月	三期
67	大桥	深湾高架桥	LK389+134.622	813.2	30.8	6	公路—Ⅰ级	2010年8月	2013年1月	三期
68	大桥	丰裕高架桥	K390+282.5	382.06	30.8	6	公路—Ⅰ级	2010年8月	2013年1月	三期
69	大桥	南坑高架桥	LK395+116.262	270.56	30.8	6	公路—Ⅰ级	2010年8月	2013年1月	三期
70	大桥	南峰高架桥	K396+146	844.06	30.8	6	公路—Ⅰ级	2010年8月	2013年1月	三期

广 东
高速公路建设实录

广珠西线高速公路隧道表

表 4-18-2

序号	隧道分类	隧道名称	起止桩号	长度（单洞,m）	行车道宽度（单洞,m）	隧道净高（m）	车道数（单洞）	开工时间	完工时间	备注
1	长隧道	月环左线隧道	K397+233～K398+500	1267	11.25	8.1	3	2011年5月	2012年12月	
2	长隧道	月环右线隧道	K397+142～K398+395	1253	11.25	8.1	3	2011年5月	2012年12月	
3	中隧道	北台左线隧道	K384+343～K385+262	850	11.25	8.1	3	2011年5月	2012年12月	
4	中隧道	北台右线隧道	K384+359～K385+266	845	11.25	8.1	3	2011年5月	2012年12月	
5	中隧道	鹿鸣湖左线隧道	K385+458～K386+133	675	11.25	8.1	3	2011年5月	2012年12月	
6	中隧道	鹿鸣湖右线隧道	K385+498～K386+170	672	11.25	8.1	3	2011年5月	2012年12月	
7	中隧道	八亩左线隧道	K392+539～K393+050	511	11.25	8.1	3	2011年5月	2012年12月	
8	中隧道	八亩右线隧道	K392+537～K393+087	550	11.25	8.1	3	2011年5月	2012年12月	
9	中隧道	南龙左线隧道	K393+648～K394+220	572	11.25	8.1	3	2011年5月	2012年12月	
10	中隧道	南龙右线隧道	K393+682～K394+269	587	11.25	8.1	3	2011年5月	2012年12月	
11	短隧道	石山左线隧道	K386+570～K387+018	448	11.25	8.1	3	2011年5月	2012年12月	
12	短隧道	石山右线隧道	K386+570～K387+018	480	11.25	8.1	3	2011年5月	2012年12月	
13	短隧道	深湾左线隧道	K388+284～K388+593	309	11.25	8.1	3	2011年5月	2012年12月	
14	短隧道	深湾右线隧道	K388+284～K388+593	309	11.25	8.1	3	2011年5月	2012年12月	
15	短隧道	斜飞凤左线隧道	K393+177～K393+482	305	11.25	8.1	3	2011年5月	2012年12月	
16	短隧道	斜飞凤右线隧道	K393+148～K393+524	376	11.25	8.1	3	2011年5月	2012年12月	

(3)三期中山沙溪至月环段

三期工程主要在中山市辖区内,征用土地面积约4173.6亩。

(四)招投标

1. 一期工程广州海南至顺德碧江段

广珠西线项目公开招投标,在相同条件下选最优秀的投标人。

2. 二期工程顺德碧江至中山沙溪段

(1)设计单位招标

采取邀请招标的方式选择设计单位,主体工程及附属工程勘察设计招标均严格按规定采用国内公开招标的方式进行,招标工作均在广州建设工程交易中心进行,招标结果按规定进行了公示。

(2)监理单位招标

房建监理委托广东华路交通科技有限公司。主体土建工程施工监理、机电监理均按规定采用国内公开招标的方式进行,招标工作均在广州建设工程交易中心进行。招标结果按规定进行了公示。

(3)施工单位招标

施工标段均采用国内公开招标,招标人为广东广珠西线高速公路有限公司,招标工作在广州建设工程交易中心进行。招标结果按规定进行了公示。

3. 三期工程中山沙溪至月环段

该项目采取公开招标选择相关单位,评标结果在广州建设工程交易中心网上按相关要求进行公示。

三、科技创新

2011年8月1日,《公路桥涵施工技术规范》(JTG/T F50—2011)颁布实施,对预应力张拉质量提出了束间预应力均匀度的新标准(±2%)。此项指标在原施工工艺中只有粗略、简单的控制方法,而新施工规范则提高了原标准,需要量化控制。针对新技术标准和要求,广珠西线高速公路引进了锚下预应力检测系统,可以对预应力大小及不均匀度进行量化控制。通过检测数据,及时修改施工工艺,如采用束编穿束等方法,控制多束钢绞线间由于角度变化所引起的束间受力不均匀状况,使预应力结构张拉后的质量控制达到了精准的程度。

四、运营管理

1. 运营公司

广珠西线高速公路由广东广珠西线高速公路有限公司负责经营管理。实行董事会领导下的总经理负责制。公司设置收费管理部、机电隧道部、路产管理部、工程（养护）部、财务部、人力资源部、综合事务部7个职能部门。

2. 收费站点

广珠西线高速公路收费站采取分站式管理模式，所辖收费站共12个（南屏收费站为委托管理）。分别为南丫、石洲、碧江、顺德、容桂、南头、东阜、中山西、沙溪、中山南、板芙、三乡12个收费站（表4-18-3）。

收费站点设置情况表　　　　　　表4-18-3

站点名称	车道数		收费方式
	出口	入口	
南丫收费站	17	10	MTC + ETC
石洲收费站	3	3	MTC + ETC
碧江收费站	9	5	MTC + ETC
顺德收费站	10	7	MTC + ETC
容桂收费站	11	7	MTC + ETC
南头收费站	6	5	MTC + ETC
东阜收费站	5	5	MTC + ETC
中山西收费站	10	6	MTC + ETC
沙溪收费站	6	4	MTC + ETC
中山南收费站	8	5	MTC + ETC
板芙收费站	6	4	MTC + ETC
三乡收费站	6	4	MTC + ETC
合计	97	65	

3. 车流量

车流量情况见表4-18-4。

车流量情况表（单位：辆）　　　　表4-18-4

年份（年）	一期日均车流量	二期日均车流量	三期日均车流量	全线日均车流量
2004	14951	—	—	14951
2005	21323	—	—	21323
2006	25628	—	—	25628
2007	26170	—	—	26170
2008	29195	—	—	29195
2009	29795	—	—	29795
2010	33735	38354	—	45991
2011	36837	53716	—	71806
2012	40322	69503	—	86461
2013	45931	90183	16569	113797
2014	50874	106024	22995	133196
2015	56821	114750	27324	146652

4.服务区

广珠西线高速公路在顺德段及沙溪段分别设置了两对服务区，分别于2010年6月和2013年1月投入使用，总建筑面积分别为84667m^2和56463m^2。停车区分别有小车停车位200多个及客车、化学品车辆80多个，区内服务设施功能齐全。

5.养护管理

广珠西线高速公路的养护管理采用"管养分离"模式，通过招标的方式选择具备优秀施工能力的大型专业施工单位，采用单价合同与包干合同相结合的形式，计量支付与养护质量挂钩的考核机制，使广珠西线高速公路拥有"畅、安、舒、美"的良好行车环境。

广珠西线公司养护管理坚持"预防为主，防治结合"的养护方针，应用先进的养护技术。一期工程广州海南至顺德碧江段，在2014年和2015年采用沥可贴技术进行预防性养护。采用"沥可贴"微薄罩面处治后黑化效果明显，显著提高了路面平整度，修复了一期原路面轻微车辙及轻微网状裂缝等病害，具有降噪效果显著，提高行车舒适度的功能，同时由于混合料采用OGFC-5开级配设计，可以有效地降低雨天行车雨雾，提高了原路面抗滑性能，利于路面排水，提高了行车安全性。

在养护管理中，充分应用高速公路桥梁管理系统（CBMS）和路面管理系统（CPMS），建设养护信息库，掌握各路段和桥梁在各个时期的养护动态，为养护决策提供统计数据和信息支持，推进养护管理信息化、现代化。

6. 路政管理

广珠西线高速公路设有路政大队，下设两个路政中队，负责全线路政管理工作，每日开展不少于3次路面巡查，及时处理路产索赔案件；开展对辖区标志标线、防眩板、隔离栅、波形钢板等交安设施进行排查，发现损坏或存在安全隐患的及时报修；严把施工审批关，加大施工现场监管力度，对存在安全隐患或违反规程的施工行为立即责令施工单位进行整改或者停工，并做好监管记录工作；针对辖区桥下空间点多线长、地域复杂的实际情况，各路政中队独立设置桥下巡查班，采取定期检查和经常性检查相结合的方式，实行分段、分班组管理，对发现的违法案件做到及时制止、及时处理，并加强与地方交通综合执法部门沟通联系，对发现的违法案件均采取先行制止、告知移交、协调实施联合执法的方式，共同开展桥下空间整治工作。做好高速公路超限车辆有关数据的采集、统计工作，落实超限超载车辆发放告知书工作，做好超限车辆数据信息报送属地交通综合执法机构工作，并根据辖区超限车辆的车流量和通行时间，安排当班路政人员在完成日常路政巡查任务情况下，选择超限车辆主要入口收费站点，通过便携式称重设备检测或查验运货单据的方式，对入口超限车辆进行劝返。同时，积极协调辖区高速交警、属地交通综合执法、地方交警等部门联合开展入口超限车辆治理工作，进一步加强了高速公路超限超载车辆的管理。

五、企业文化建设

1. 企业文化起步积淀阶段（2001—2009年）

广珠西线高速公路一期工程在建期间，编制落实了《项目管理手册》和《创"双优"质量保证措施》，实行"政府监督、社会监理、施工单位自检"三级质量保证体系，二期工程在全省范围内率先提出"精细化施工管理"理念，并通过向参建人员制发《太澳公路顺德至中山段精细化施工技术管理手册》《标准化施工管理手册》《广珠西二期环境监理实施细则》《钢筋制安与混凝土质量通病整治方案》《安全管理手册》，从制度上对项目的质量管理提出高要求和执行标准。

结合粤港合作企业经营管理特点和交通行业管理要求，从规范企业的规章制度抓起，撰写了《营运管理规程》，初步形成了适合公司建设和运营管理的规章制度体系，使公司步入规范、有序的运作与管理。

2. 企业文化发展锤炼阶段（2010—2012年）

广珠西线高速公路三期工程秉承一、二期工程的"精细化施工管理"理念，积极组织发动"双标管理"（标准化管理和树立标杆工程），在项目建成运营后，公司坚持做好预防性养护，保证路面质量，在2012年全省高速公路检查中排名第一。

3. 企业文化提炼升华阶段（2013—2016年）

广珠西线公司企业文化建设，是从物质文化、行为文化、制度文化、精神文化等方面系统性地提升企业文化，使企业"广珠西·金太阳"服务品牌日渐成熟。

公司在企业文化建设进程中，提出"四方共赢"经营理念，即为顾客提供优质文明服务，树立交通运输行业良好形象；为员工搭建实现自我价值平台，使企业与个人共同成长；为社会创建和谐美好环境，提供优质高速的行车环境；为股东创造良好经济效益，实现企业长远发展。

广珠西线公司先后获得多项荣誉：荣获"2015年度广东省诚信企业"称号、"2015年度广东省安全文化建设示范企业"称号、企业管理现代化创新成果二等奖、全国交通运输文化建设优秀单位、全国交通基础设施重点工程劳动竞赛先进集体、"全国优秀服务区"称号等奖项。

第十九节　广州—佛山—江门—珠海高速公路（S47）

广州—佛山—江门—珠海高速公路（简称"广佛江珠高速公路"），编号S47。线路起于广州市花都，接广清高速公路，经顺和镇，跨广州西二环高速公路，沿佛山一环北延线、佛山一环东线、佛山一环南延线，至江门市江海区四村，接江珠高速公路，经江门市新会区睦洲镇、珠海市斗门区莲洲、白蕉镇，止于珠海市金湾区，于鹤州北与珠海大道相接。是广东省内分别连接广州市、佛山市、江门市、珠海市的高速公路，线路全长161.048km。

广佛江珠高速公路在珠江西岸地区形成一条新的南北高速通道，是珠海、江门来往顺德、佛山最为快捷的高速通道。对进一步加强"广佛肇"和"珠中江"之间的交通联系，加强佛山地区与港澳地区的交通联系，加快珠江三角洲地区一体化进程等均有重要意义。

广佛江珠高速公路除花都段尚在规划外，其余线路由6段组成：广佛江珠高速公路和顺—陈村段、广佛江珠高速公路北滘—均安段、小榄联络线、广中江高速公路佛江段、江珠高速公路。

一、广佛江珠高速公路和顺—陈村段

广佛江珠高速公路和顺至陈村段，线路呈南北走向，利用部分佛山一环东线及利用全部一环东线北延线。路线起于与西二环衔接并与花都区红棉大道顺接，途经南海区里水、大沥镇、桂城街道、顺德区陈村镇，止于顺德区陈村镇的佛山一环主线与文登路交叉处。全长约38.926km，2016年底开工建设。

（一）主要技术指标和建设规模

项目按高速公路标准建设，双向八车道，路基宽度分为41m、44.5m、46.5m三种，其中中间带2~8m，行车道4×3.75m，硬路肩2×3.0m，土路肩2×0.75m，行车道、路缘带及硬路肩采用2%双向横坡，土路肩横坡为4%。全线共新建特大桥、大桥18座9245.392m，新建、改建中小桥13座534m，拼宽桥23座；互通式立交14处。

（二）建设情况

1. 建设依据

2016年8月10日，广东省发展和改革委员会对外进行项目核准前公示。

2. 资金来源

项目概算建设总投资约109.24亿元，其中佛山一环主线收购价44.22亿元、西龙立交购置费3.18亿，建安费约38.59亿元。

3. 主要设计单位

设计单位为广东省交通规划设计研究院股份有限公司、湖南省交通规划勘察设计院、北京交科公路勘察设计研究院有限公司。设计咨询单位为中国公路工程咨询集团有限公司。

二、广佛江珠高速公路北滘—均安段

广佛江珠高速公路北滘至均安段，项目路线呈南北走向，起于顺德区均安镇天连，跨越均安水道（东海水道），沿原佛山一环南延线（佛山市北滘至均安公路主干线）至北滘接佛山一环，沿一环至顺德区北滘镇西滘，止于连接广明高速公路处，全长30.682km（其中新建段天连立交至安成立交3.551km，利用佛山市北滘至均安公路主干线改造段20.618km，利用佛山一环改造段6.513km）。项目总投资为67.7亿元。2014年8月26日开工建设。

（一）主要技术指标和建设规模

项目按高速公路标准建设，双向六车道和双向八车道，设计速度100km/h（高赞立交范围80km/h）。全线设特大桥、大桥共计7座；互通式立交9处；设服务区1处，管理中心与广明高速佛山段管理中心同址合建。于2014年8月26日开工建设。

（二）建设情况

1. 建设依据

2009年，广东省政府批复同意江珠高速公路北延线佛山段（简称"该项目"）纳入省高速公路网规划,并作为政府还贷项目建设。

2009年,广东省政府同意广东省交通厅意见,该项目里程约32km单独立项、建设。

2010年1月和2010年9月17日,广东省交通运输厅主持工可评审会,审定了佛山市组织的项目可行性研究报告。

2. 资金来源

项目资金由佛山市自筹解决。

3. 主要设计、施工、监理单位

设计单位:广东省公路勘察规划设计院有限公司、北京交科公路勘察设计研究院有限公司。

监理单位:广东翔飞公路工程监理有限公司。

施工单位:广东省长大公路工程有限公司、中铁十二局集团有限公司。

监督单位:广东省交通运输工程质量监督站。

检测单位:湖南联智桥隧技术有限公司。

(三)复杂技术工程

均安水道特大桥位于均安镇,跨越均安水道,主桥桥面全宽为36.5m,整体式断面。该桥跨径组合为:北引桥采用 $5 \times 32.2m + 35m + 32m$ 连续小箱梁 + $17 \times 25m$ 简支小箱梁,全长653m;主桥为119m + 250m + 119m双塔双索面预应力混凝土梁斜拉桥,边中跨比为0.476,全长488m;南引桥采用 $6 \times 35m$ 连续小箱梁,全长210m。

三、小榄联络线(中开高速公路小榄支线)

中阳高速公路中山项目段,由主线和小榄支线组成。小榄支线起于中山市西区沙朗,与主线相接,经沙溪、东升、终于小榄,接广佛江珠高速公路,路线全长19.94km。采用高速公路技术标准,双向六车道,设计速度100~120km/h,于2015年12月25日开工建设。

四、广中江高速公路佛江段

广中江高速公路由两部分组成,即广中江段和佛江段,广中江段主线为东西走向,佛江段呈南北走向。

佛江段起于江门市江海区龙溪路,接中江高速公路和江珠高速公路,经蓬江区潮连街道、荷塘镇、中山市古镇镇、小榄镇,止于顺德均安镇,接广佛江珠高速公路佛山段,全长17.15km。

佛江段于2010年12月29日动工建设,2016年12月建成通车。由南粤交通投资建设有限公司投资建设。

本段建设详细情况见本章第十二节广州—中山—江门高速公路(S20)。

五、江珠高速公路

江门—珠海高速公路(简称"江珠高速公路"),全长53.3km。北起于江门市江海区四村,经新会区睦洲镇进入珠海市斗门区莲洲镇,跨越西江主干河流荷麻溪水道,南下白蕉镇,与鹤州北与珠海大道交汇。

江珠高速公路北端,通过广中江高速公路与佛山一环连接,北端东向经江中高速公路与广珠西线高速公路二期连接,使得江珠高速公路与广珠西线高速公路二期成为珠海西区至广州、佛山等地区最便捷、最经济的通行线路;南端直通珠海港和珠海机场,往东经珠海大桥抵达横琴新区和澳门特别行政区。

1999年1月15日,民营企业投资者——珠海新长江建设投资有限公司(简称"新长江公司"),组建了项目公司——江珠高速公路珠海段有限公司,与珠海市签订协议,取得江珠高速公路珠海段的建设经营权;2004年11月,新长江公司与江门市交通局签订协议,取得江珠高速公路江门段的建设经营权。珠海段于2003年8月开工,江门段于2004年9月开工,全线于2007年5月建成通车,江珠高速公路是广东省第一条民营企业全额投融资建设并按BOT模式运作的高速公路。

(一)主要技术指标和建设规模

江珠高速公路按平原微丘区高速公路标准建设,全封闭、全立交、双向四车道,设计速度120km/h。

江门段长20.66km,设有大型互通或立交3座、分离式立交2座;主要大桥和特大桥18座(表4-19-1);隧道2座(表4-19-2);处理软土地基13.2km。

珠海段长32.62km,设有大型互通式立交2座;主要大桥和特大桥11座;处理软土地基21.9km。

(二)建设情况

1.建设依据

1997年2月17日,广东省计划委员会《关于江珠高速公路珠海段项目建议书的批复》。

1999年6月7日,广东省计划委员会《关于江(门)珠(海)高速公路珠海段工程可行性研究报告的批复》。

江珠高速公路主要桥梁表

表 4-19-1

序号	桥梁分类	桥梁名称	中心桩号	桥长(m)	车道数	桥面净宽(m)	设计汽车荷载等级	开工时间	通车时间	备注
1	特大桥	南环互通主线桥	K3+491.73	610.4	6	26	汽车-超20级,挂车-120	2004年	2007年	
2	特大桥	睦洲互通主线桥	K10+799.65	544.4	6	26	汽车-超20级,挂车-120	2004年	2007年	
3	特大桥	睦洲围特大桥	K12+721	835.4	6	26	汽车-超20级,挂车-120	2004年	2007年	
4	特大桥	涝涝溪特大桥	K15+622.25	644.7	6	26	汽车-超20级,挂车-120	2004年	2007年	
5	特大桥	荷麻溪特大桥	K26+895	1895	6	28.3	汽车-超20级,挂车-120	2004年	2007年	
6	特大桥	三门海特大桥	K31+357.26	893.46	6	26	汽车-超20级,挂车-120	2004年	2007年	
7	特大桥	斗门互通主线桥	K39+906.88	579.7	6	26	汽车-超20级,挂车-120	2004年	2007年	
8	特大桥	黄杨特大桥	K42+792.56	884.6	6	26	汽车-超20级,挂车-120	2004年	2007年	
9	特大桥	界河特大桥	K52+050.02	657.54	6	26	汽车-超20级,挂车-120	2004年	2007年	
10	大桥	新港跨线桥	K1+385.384	210.06	6	26	汽车-超20级,挂车-120	2004年	2007年	
11	大桥	礼乐大桥	K2+602	425.4	6	26	汽车-超20级,挂车-120	2004年	2007年	
12	大桥	新沙河大桥	K7+496	200.1	6	26	汽车-超20级,挂车-120	2004年	2007年	
13	大桥	新沙分离立交	K7+973	375.4	6	26	汽车-超20级,挂车-120	2004年	2007年	
14	大桥	罗湾2号大桥	K16+390	325.4	6	26	汽车-超20级,挂车-120	2004年	2007年	
15	大桥	黄篦门大桥	K41+067.5	305.46	6	26	汽车-超20级,挂车-120	2004年	2007年	
16	大桥	天生河大桥	K45+010.16	425.46	6	26	汽车-超20级,挂车-120	2004年	2007年	
17	大桥	军建连大桥	K50+332.64	210.46	6	26	汽车-超20级,挂车-120	2004年	2007年	
18	大桥	八围大桥	K53+005	225.46	6	26	汽车-超20级,挂车-120	2004年	2007年	

江珠高速公路隧道表

表 4-19-2

序号	隧道分类	隧道名称	起止桩号	全部长度(m)	全部宽度(m)	净空高度(m)	车道数	开工时间	通车时间	备注
1	短隧道	将军山隧道	K14+130~K14+434	304	25.35	5	4	2004年	2007年	
2	短隧道	吉仔公隧道	K14+687~K14+986	299	25.35	5	4	2004年	2007年	

1997年4月11日,广东省计划委员会《关于江珠高速公路江门段段项目建议书的批复》。

2003年1月15日,广东省计划委员会《关于江珠高速公路江门段工程可行性研究报告的批复》。

2003年4月17日,广东省建设厅《关于江门至珠海高速公路珠海段工程初步设计的批复》。

2004年8月25日,广东省交通厅《关于江门至珠海高速公路江门段工程初步设计的批复》。

2. 资金来源

由珠海新长江建设投资有限公司投资建设。

3. 征地拆迁

全线完成征用土地5225.09亩,其中江门段1904.66亩,珠海段3320.43亩。

4. 招投标

项目的设计、监理、土建、路面、机电、交安等均分别在珠海市和江门市的公共资源交易中心面向全国公开招标。

5. 主要设计、施工、监理单位

设计单位:铁道第四勘察设计院、武汉中咨路桥设计研究院有限公司、北京交科公路勘察设计研究院。

施工单位:中铁十五局集团有限公司、辽宁省路桥建设总公司、中国地质工程集团公司等34个单位。

监理单位:广东翔飞公路工程监理有限公司、育才—布朗交通咨询监理有限公司、北京兴通交通工程监理有限责任公司。

6. 工程设计变更

(1)斗门互通式立交设计变更。由双喇叭形立交设计变更为三单喇叭形立交设计。

(2)荷麻溪特大桥设计变更。原大桥主桥方案为105m+190m+105m预应力混凝土连续刚构变更为以主跨230m的部分斜拉桥方案作为该桥的实施方案。

(3)南环互通式立交设计变更。由原南环路互通采用双喇叭互通形式变更为以环行平交形式连接南环路和东海路,远期预留与东海路的喇叭形立交。

7. 建设难点与亮点

(1)项目建设难点

①软基路段长。项目位于珠三角西南端沙泥沉积平原微丘区,地层上部为全新滨海

相沉积淤泥,工程上称为"特殊性路基土层",临海天然含水率处于饱和状态,各项性能指标差;须处理的软土路段长达 35.2km,占全线总长的 65.8%,其中相当部分路段淤泥深度超过 20m,最深达 46m,施工程序复杂,质量控制难度大,沉降稳定时间长。

②桥梁工程大。项目沿线溪涧纵横交错,有通航河流 18 条,河涌数十条,鱼塘众多。项目设计大桥和特大桥 21 座、中小桥 27 座,总长 11.62km,占全线总长的 21.78%。其中荷麻溪特大桥是我国当时主跨最长的部分斜拉桥,工程难度大。

③征地拆迁难。该项目建设须征用土地 5225.1 亩,拆迁房屋 16881m^2。在市场经济利益主体多元化条件下,征地拆迁是一项艰难的工作。

(2) 项目建设亮点

①民营企业在广东独家投融资并全程主持建设的高速公路。是广东省第一条民营企业全额投融资建设并按 BOT 模式运作的高速公路。

②是当时珠三角区域建设成本控制较好的高速公路项目之一。按调整后的概算总投资 33.3 亿元计算,平均每公里造价 6248 万元。

③探索民营企业特色的项目业主公司内部管理模式。江珠公司从民营企业实际出发,在内部管理指导思想上,重视我国的传统文化精华与现代管理科学的创新理念有机结合。

④建好全国当时主跨最长的部分斜拉桥——荷麻溪特大桥。荷麻溪大桥横跨荷麻溪水道,全长 1895m,主桥位于宽约 220m 的一级通航标准航道,主跨度为 125m + 230m + 125m,采用预应力混凝土双塔单索面部分斜拉结构,主塔为双圆构成的哑铃形截面。无需连续梁桥型的大吨位支座和体系转换,是当时我国最新型的部分斜拉公路大桥,在国内同类型桥梁中名列第一。

⑤将十一项技术创新成果转化为现实生产力。项目公司坚持技术创新的方针,引进新技术研究成果,采用先进的软土地基施工检测方法,建立关键项目技术咨询和专家论证体系,建设工程检测监控信息集成系统,加强对重点难点工程检测监控,技术创新了十一项科技成果,如含水率饱和状态下的超长超深软基路段处理技术、袋装砂井灌砂质量检测新技术、绿色高边坡生态防护和生态排水的"环境友好技术"等。

(三) 复杂技术工程

1. 荷麻溪特大桥

荷麻溪特大桥主桥上部构造为部分斜拉桥,为当时国内主跨最长的部分斜拉桥。构造跨径组合为 125m + 230m + 125m,分两个 T 构独立施工。两个 T 构悬臂段浇筑完毕后,与边跨现浇段合龙,第一次转换体系,T 构由静定结构转换成一次超静定结构。然后合龙中跨,第二次转换体系,由低次超静定结构转换成高次超静定结构,两个 T 构形成一个整体。

主梁为预应力混凝土结构。采用变高度单箱三室截面,斜腹板。主塔布置在0号段中心中央分隔带上,为钢筋混凝土结构,截面为双圆构成的哑铃形截面,塔高39.0m。斜拉索在塔顶的锚固采用双钢管鞍座结构,主塔采用C50混凝土。斜拉索为单面索,布置在中央分隔带上。

2. 睦洲隧道

江珠高速公路睦洲隧道位于睦洲镇大冲附近,穿越底丘,横穿吉仔公主峰。睦洲隧道由睦洲1号(304m)和睦洲2号(299m)隧道组成,两者相距253m,均为双向四车道双连拱隧道。隧道净高5.0m,净宽11.0m。1号隧道沿线路前进方向为0.75%的上坡,部分位于缓和曲线上,部分处于半径为3000m的圆曲线上;2号隧道沿线路前进方向为0.6%的下坡,隧道全部处于半径为3000m的圆曲线上。隧道衬砌结构按新奥法原理进行设计,设计中考虑充分发挥围岩的自承能力,采用柔性支护体系的复合式衬砌结构,即以锚杆、喷射混凝土(掺入刚纤维)等为初期支护,以钢筋混凝土为二次衬砌的复合式衬砌结构。在初期支护和二次衬砌之间敷设土工布加EVA防水卷材作为防水层。

(四)运营管理

1. 运营公司

江珠高速公路有限公司由江珠高速公路江门段有限公司和江珠高速公路珠海段有限公司组成,分别负责江门段和珠海段的运营管理。

公司实行董事会领导下的总经理负责制,公司下设综合事务部、运营管理部、工程养护部、路政安全部、合约部及财务部6个部门。

2. 收费站点

该路设有珠海西、斗门、莲洲A/B、睦洲、礼乐共5个收费站(表4-19-3)。

收费站点设置情况表　　　　　表4-19-3

站点名称	车道数	收费方式
珠海西收费站	7	MTC
斗门收费站	4	MTC
莲洲A/B收费站	6	MTC
睦洲收费站	5	MTC
礼乐收费站	6	MTC

3. 养护管理

(1)管理体系

在"管养分离"的专业化养护管理模式的基础上,建立了由公司领导、工程养护部、养护施工单位组成的养护管理组织体系,逐层进行管理和监督。

(2)计划管理

养护工程在实施过程中实行计划管理,在编制养护计划前,先充分了解道路的运行情况,编制出合理、科学的养护计划,目标是以最少的投入,达到最佳的路况效果。

强化养护计划管理。严格控制计划调整和资金使用,严格监督,确保执行的效果。

建设养护基地。养护单位在路段的中间即莲溪互通附近租用当地的大院作为养护基地,以满足摆放养护机具及养护工人的生活需要,基地位于路段的中间,能最快到达南北两边的养护作业面。

(3)规范化管理

为推动养护管理规范化建设,运营管理公司致力于各项养护管理机制的探索与建设,制定了《江珠高速公路日常养护手册》,并严格按照手册的各项规定开展养护工作,推进公司养护管理规范化步伐。

4. 路政管理

2007年组建了江珠高速公路路政队。路政队坚持以维护路产路权、保障畅通为工作中心,严格按照"安全畅通、依法行政、文明服务、扎实工作"的十六字方针来开展工作。通过建立"路警联动,高效协作"体系,与珠海、江门两地相关的执法局和公路等职能部门建立高速公路交通管理联勤机制,提升高速公路保安全、保畅通,维护路产路权。

(五)企业文化建设

1. 加强企业文化建设,建设"江珠"品牌

一是坚持奉献社会,体现企业的核心价值观。江珠公司奉行"发展企业,造福员工,奉献社会"的企业价值观。积极响应广东省政府提出"建设大交通,促进大发展"的战略决策,实践江门、珠海两市交通建设的战略方针;广东确保江珠高速公路按期建成,积极资助珠海、江门两市的一些贫困学生,为灾区捐款捐物等;坚持奉献社会成为江珠团队的核心价值观。

二是坚持平等观,培育江珠企业文化风格。江珠公司领导层既严格按市场经济规律驾驭企业,又通过建立健全各种科学严格的管理,规范员工职业道德和职务行为,实行"有形管理";同时又注重通过润物细无声的方式,潜移默化地影响员工,将员工们的道德观念、思想状态和行为作风,调整到利于企业优质高效运作的轨道上来,实施水乳交融的"无形管理"。努力营造上下一心、亲如手足的人际关系;坚持业绩为主的人才评价标准,充分调动员工的积极性;坚持平易近人的领导作风,公司领导经常深入实际,以普通员工的身份参与团队各种集体活动。

三是坚持注重细节建设,展现江珠企业文化特色。在公司办公楼内、每个办公室内、办公 OA 系统里,都能看到展示企业活动的照片和宣传资料。

公司努力在员工中倡导"细节影响成败",要求员工在工作的各环节都要注重细节,不放过每个小问题,及时进行日、周总结,达到每月、每周甚至每日都有工作质量提升。

四是坚持规范的规章制度,保障江珠企业文化建设持续发展。江珠公司以文化理念指导制定各项规章制度,体现公司企业文化的核心价值观;通过制度文化的建设来达到完善相关管理制度的目的,寓文化理念于制度之中,规范公司经营管理和员工行为,提高管理效能,实现企业制度的规范化、企业管理的人性化。

2. 着力推进交通行业特色的企业文化建设,形成企业发展"有形"与"无形"相结合的推动力

一是定期开展各种"劳动竞赛""劳动能手""先进评比""文明服务之星"等竞赛活动,通过树立典型与榜样来激励员工"赶、超",实现团队整体的提升。

二是积极参加各项社会活动,建立对社会和企业的责任感、道德感。组织员工与地方工会一起参加社会义务劳动、志愿者活动、为灾区捐款等活动。

三是开展各项文体娱乐活动,使员工的身心健康发展。定期举办篮球、乒乓球等体育比赛,组织员工集体生日会、外出旅游等,凝聚力得到增强。

第二十节 肇庆—阳江高速公路(S51)

肇庆—阳江高速公路(简称"肇阳高速公路"),编号 S51。起于肇庆市,经云浮市、罗定市、阳春市、江城区、阳江高新区、阳江港,止于阳江市海陵岛,除肇庆—云浮段在规划外,其余里程共 185.127km,在建 9.315km,建成通车 175.812km。

肇阳高速公路是联系和沟通肇庆、云浮、阳江,形成粤西地区的便捷通道。它的建设是完善粤西地区综合交通体系、拓宽阳江港经济腹地、构筑其集疏运系统的重要组成部分,有助于加强珠江三角洲经济区与粤西地区紧密联系,对促进沿线地区社会经济发展,具有重要意义。

肇阳高速公路(除肇庆—云浮段尚在规划外)分为 4 段建设:云浮—罗定高速公路双凤—双东段、肇庆—阳江高速公路罗定—阳春段、肇庆—阳江高速公路阳春—阳江港段、阳江海陵岛大桥项目(在建)。

一、云浮—罗定高速公路双凤—双东段

云浮—罗定高速公路(简称"云罗高速公路")双凤—双东段位于广东省云浮市境内,该路是广东省高速公路网规划中第八条纵线的路段,编号 S51。

云罗高速公路双凤—双东段,起于云浮市郁南县东坝镇双凤管理区,北接广昆高速公路,经郁南县东坝、宋桂、河口镇和罗定市华石、双东镇,于华石镇、双东镇间与深岑高速公路相交,接罗阳高速公路罗定至阳春段,全长32.457km。

该路全线按山岭重丘区高速公路标准建设,全封闭、全立交,四车道和六车道,设计速度100km/h;设大桥35座;设隧道2座,全线路桥隧比例为30.8%。全线设4处互通式立交;设双东管理所1处。

双凤至双东段先行控制性工程罗岭隧道于2009年6月26日开工,其他路段于2010年1月12日开工,2012年12月29日通车。

云罗高速公路项目建设单位——广东云梧高速公路有限公司(前称"广东云罗高速公路筹建处")由广东省路桥建设发展有限公司(占54%)、广东省长大发展有限公司(占46%)两家股东共同出资注册成立,负责建设和经营管理。

双凤至双东段建设和管理的其他情况详见第三章十节深圳—岑溪高速公路广东段(G2518)"七、云浮—罗定高速公路双东—筶滨段"。

二、肇庆—阳江高速公路罗定—阳春段

云阳高速公路(S51)罗定—阳春段,是广东省高速公路网规划中的"第八纵线"重要组成部分。路线起于罗定市华石镇莫村,与云(浮)岑(溪)和江(门)罗(定)高速公路相接,向南经过罗定市的围底镇,阳春市的河塱镇、松柏镇和陂面镇,止于阳春市春城街道办朝阳村,接云阳高速公路阳江—阳春段。主线全长83.202km,其中32.383km与汕(头)—湛(江)高速公路共线。按概算批复约578040万元。罗定段于2012年12月开工,阳春段于2013年6月底开工,于2016年11月28日建成通车。

广东罗阳高速公路有限公司负责建设和运营。

(一)主要技术指标和建设规模

项目位于广东省西南部罗定盆地南部、云雾山西段及其支脉西山山脉以及漠阳江中游平原地带。罗定—阳春段按高速公路标准建设,双向四车道,设计速度100km/h及120km/h,其中与汕湛高速公路共线段的起点以北路段采用100km/h,以南路段采用120km/h。整体式路基宽度分段采用26m及28m,其中与汕湛高速公路共线段为28m,其余均采用26m。分离式路基宽度13m。主线设主要特大桥、大桥25座(表4-20-1)(均含主线跨线桥);设中短隧道6座(表4-20-2);设互通式立交5处;设服务区2处。

(二)建设情况

1. 建设依据

2010年7月,该项目取得广东省发展和改革委员会批复。

肇庆—阳江高速公路罗定—阳春段主要桥梁表

表 4-20-1

序号	桥梁分类	桥梁名称	起止桩号	桥梁长度（m）	桥面宽度（m）	车道数	设计汽车荷载等级	建设时间	备注
1	特大桥	大旺塘高架桥	K17+225~K18+581	1356	12	2	公路—Ⅰ级	2013年2月~2015年10月	
2	特大桥	龙涌高架桥	ZK13+370.22~ZK14+440 右幅1：K13+390.22~K13+734 右幅2：K13+818~K14+441.78	左:1069.78 右:967.6	12	2	公路—Ⅰ级	2013年2月~2015年10月	
3	特大桥	广茂铁路分离立交	K81+338.5~K82+459.5	1121	12	2	公路—Ⅰ级	2013年8月~2016年6月	
4	大桥	罗春铁路跨线桥	K2+739.5~K3+240.5	501	12	2	公路—Ⅰ级	2013年4月~2015年9月	
5	大桥	K9+191.5国道跨线桥	K9+087~K9+296	209	19.283~12	2	公路—Ⅰ级	2013年8月~2015年8月	
6	大桥	莲塘头大桥	K9+544~K9+650	106	12	2	公路—Ⅰ级	2013年5月~2015年3月	
7	大桥	云炮高架桥	ZK10+669~ZK10+967、YK10+669~YK10+970	左:298 右:301	12	2	公路—Ⅰ级	2013年6月~2015年5月	
8	大桥	山田高架桥	ZK11+574.25~ZK11+941.83 YK11+549.05~YK11+941.03	左:367.6 右:391.98	12	2	公路—Ⅰ级	2013年8月~2015年12月	
9	大桥	城园高架桥	ZK12+723.25~ZK13+150.75、YK12+673.25~YK13+158.03	左:427.5 右:484.78	12	2	公路—Ⅰ级	2013年8月~2015年12月	
10	大桥	黄松坑高架桥	K14+573~K14+974	401	12	2	公路—Ⅰ级	2013年5月~2015年04月	
11	大桥	桐心大桥	K22+861~K23+542	681	12	2	公路—Ⅰ级	2013年6月~2015年12月	
12	大桥	天子岭水库大桥	K24+006~K24+287	281	12	2	公路—Ⅰ级	2014年1月~2015年11月	
13	大桥	高车河1号大桥	K28+657~K29+063	406	12	2	公路—Ⅰ级	2013年4月~2015年9月	
14	大桥	高车河2号大桥	K29+427~K29+633	206	12	2	公路—Ⅰ级	2013年10月~2015年6月	
15	大桥	相思墩大桥	ZK31+932~ZK32+163、YK31+925~YK32+156	231	12	2	公路—Ⅰ级	2013年8月~2015年8月	
16	大桥	椰子坑大桥	ZK34+024~ZK32+230、YK34+029.5~YK34+310.5	左:206 右:281	12	2	公路—Ⅰ级	2013年10月~2015年11月	
17	大桥	大喊大桥	K36+839~K37+235	396	12	2	公路—Ⅰ级	2013年12月4日~2016年5月	

续上表

序号	桥梁分类	桥梁名称	起止桩号	桥梁长度（m）	桥面宽度（m）	车道数	设计汽车荷载等级	建设时间	备注
18	大桥	沙牛颈大桥	K35+888~K36+194	306	12	2	公路—Ⅰ级	2013年12月3日~2016年4月	
19	大桥	马春坑1号大桥	K37+822~K38+038	216	12	2	公路—Ⅰ级	2014年9月26日~2016年5月	
20	大桥	围河大桥	左:K39+282~K39+498 右:K39+192~K39+498	左:216 右:306	12	2	公路—Ⅰ级	2013年8月30日~2016年4月	
21	大桥	根竹塘大桥	左:K39+882~K40+088 右:K39+882~K40+113	左:206 右:231	12	2	公路—Ⅰ级	2013年9月22日~2016年5月	
22	大桥	砖窑岭大桥	左:K42+362~K42+893 右:K42+362~K42+918	左:531 右:556	12	2	公路—Ⅰ级	2013年8月21日~2016年1月	
23	大桥	山背大桥	LK48+138.4~LK48+250.6	224.4	12.9	2	公路—Ⅰ级	2015年4月~2016年5月	
24	大桥	潭蓬大桥	K49+597~K49+823	226	左:12.9 右:16.3	左:2 右:3	公路—Ⅰ级	2013年10月~2016年1月	
25	特大桥	西山河特大桥	K54+823~K55+329	1012	12.9	2	公路—Ⅰ级	2013年7月~2015年12月	

肇庆—阳江高速公路罗定—阳春段隧道表

表4-20-2

序号	隧道分类	隧道名称	起止桩号	长度（单洞，m）	行车道宽度（单洞，m）	隧道净高（m）	车道数	建设时间	备注
1	中隧道	拱石山隧道	ZK30+395~ZK31+245 YK30+395~YK31+240	左:850 右:845	9	7.24	2	2013年9月~2015年10月	
2	中隧道	山奇岭隧道	ZK32+303~ZK33+265 YK32+298~YK33+272	左:962 右:974	9	7.24	2	2013年8月~2015年4月	
3	短隧道	城围隧道	ZK12+079~ZK12+545 YK12+072~YK12+526	左:466 右:454	9	5	2	2013年4月~2015年11月	
4	短隧道	三丫山隧道	K23+745~K24+001	256	9	5	2	2013年4月~2015年05月	
5	短隧道	麻竹物隧道	K25+899~K26+212	313	9	5	2	2013年4月~2016年06月	
6	短隧道	石主隧道	K27+689~K28+087	398	9	7.24	2	2013年4月~2015年2月	

2010年11月,该项目初步设计取得广东省交通运输厅批复。

2012年12月,该项目取得广东省交通运输厅批复施工许可。

2. 资金来源

项目资本金由广东省高速公路有限公司和广东省公路建设有限公司按股比出资。其中,资本金占总投资的25%,其余贷款占总投资的75%。

3. 征地拆迁

征地拆迁工作从2012年10月开始,至2014年5月完成,共征地8245.08亩。

4. 招投标

(1) 业主招标

2007年8月28日,广东省交通厅以《关于再次上报莲花山大桥(东莞厚街至番禺东涌高速公路)和阳春至罗定段捆绑招项目业主结果的请示》上报广东省政府,建议不再对两个高速公路项目业主进行招标,项目由唯一参加资格预审的广东省交通集团有限公司投资建设经营。

2008年1月8日,广东省政府《关于莲花山大桥(东莞厚街至番禺东涌高速公路)和阳江至云浮高速公路阳春至罗定段投资主体有关问题的复函》,同意罗阳高速公路由广东省交通集团有限公司投资建设经营。

2008年3月12日,广东省交通集团有限公司《关于莲花山大桥和罗阳高速公路项目投资主体的通知》,决定由广东省高速公路有限公司和广东省公路建设有限公司分别按51%和49%投资比例共同投资建设云浮至阳江高速公路罗定至阳春段,由广东省高速公路有限公司负责项目的建设和经营管理。

(2) 设计、监理、施工招标

经过公开招标,确定了罗阳高速公路的勘察设计、土建施工监理、路基桥涵施工、路面施工、机电施工、材料采购(水泥、钢筋、钢绞线)、沥青采购等中标单位。

勘察设计:广东省公路勘察规划设计院有限公司、中国公路工程咨询集团有限公司。北京交科公路勘察设计研究院有限公司参与部分设计。

监理:土建工程监理由北京华宏工程咨询有限公司、广东华路交通科技有限公司分别承担;房建工程监理由广州市穗高工程监理有限公司承担;机电工程监理由广东华路交通科技有限公司承担。

施工:土建工程施工由中交一公局第六工程有限公司、广东冠粤路桥有限公司、广东省长大公路工程有限公司、贵州省公路工程集团有限公司、中铁十四局集团有限公司、广东晶通公路工程集团有限公司、中铁十二局集团有限公司分别承担;交安工程施工由湖北省高速公路实业开发有限公司、广州市公路实业发展公司分别承担;机电工程施工由甘肃紫光智能交通与控制技术有限公司、广东飞达交通工程有限公司分别承担。

5. 主要设计、施工、监理单位

主要中标单位的设计、施工、监理单位均参与建设。

(三)企业文化建设

罗阳公司在项目建设中认真开展资金安全、工程安全、干部安全、生产安全等"四个安全"工程工作,以实现"四个安全"为目标,紧紧围绕项目建设这个中心工作,认真贯彻落实党的路线方针政策和各项任务,充分发挥基层党组织的领导核心、政治核心作用,增强党员对组织的归属感,群众对党组织的认同感,提高党组织的凝聚力和向心力,保障各项工作顺利完成。

三、肇庆—阳江高速公路阳江—阳春段

阳阳高速公路是肇阳高速公路(编号 S51)的一段,位于广东省西南部。南起阳江市平冈农场,连接阳江港,中跨广湛高速公路,北接 113 省道,与阳罗高速公路相连接,沿途经过高新区平冈镇,江城区白沙街、双捷镇,阳东县塘坪镇,阳春市岗美镇、马水镇、春城街等,项目主线长 55.178km,连接线长 5.155km,总投资约 30.46 亿元。阳阳高速公路于 2008 年 11 月开工建设,2010 年 12 月底建成通车。

阳阳高速公路由广东肇阳高速公路有限公司负责投资建设和运营管理。

(一)主要技术指标和建设规模

阳阳高速公路位于广东省西南低山丘陵及沿海平原之间的台地和低丘陵区,以台地地形为主,间夹冲积平原或谷地,地形起伏不大,海拔高程小于 100m。主线按高速公路标准建设,双向四车道,设计速度 120km/h。全线共有桥梁 64 座,其中特大桥 1 座、大桥 10 座(表 4-20-3);全线有隧道 2 座(单洞)(表 4-20-4)。

(二)建设情况

1. 建设依据

2007 年 9 月 4 日,广东省发展和改革委员会发文对该项目的申请报告进行了核准。2008 年 12 月 19 日,广东省交通厅发文批复了该项目的初步设计。

2. 资金来源

广东省高速公路有限公司、广东省公路建设有限公司分别按 75%、25% 的资金投入。建设资本金占总投资额的 35%,银行贷款占总投资额的 65%。

表 4-20-3

肇庆—阳江高速公路阳江—阳春段主要桥梁表

序号	桥梁分类	桥梁名称	中心桩号	桥梁长度（m）	桥面宽度（m）	车道数	设计汽车荷载等级	建设时间	备注
1	大桥	阳春西互通主线桥	K112+223	660	26	4	公路Ⅰ级	2010年12月	
2	大桥	阳春漠阳江大桥	K114+168	527	26	4	公路Ⅰ级	2010年12月	
3	特大桥	岗美阳铁路跨线特大桥	K120+771	1107	26	4	公路Ⅰ级	2010年12月	
4	大桥	轮水河大桥	K129+175	386	26	4	公路Ⅰ级	2010年12月	
5	大桥	阳江西互通主线桥	BK0+006	348	26	4	公路Ⅰ级	2010年12月	
6	大桥	阳江西互通B匝道桥	BK0+653.2	202	8.5	1	公路Ⅰ级	2010年12月	
7	大桥	阳江西互通E匝道桥	EK0+754.9	202	10.5	1	公路Ⅰ级	2010年12月	
8	大桥	大岗大桥	K145+911~K145+916	337	26	4	公路Ⅰ级	2010年12月	
9	大桥	马岗大桥	K149+342	446	26	4	公路Ⅰ级	2010年12月	
10	大桥	平冈阳铁路桥	K154+394	304.08	26	4	公路Ⅰ级	2010年12月	
11	大桥	漠西河大桥	K157+207~K157+179	208	26	4	公路Ⅰ级	2010年12月	

表 4-20-4

肇庆—阳江高速公路阳江—阳春段高速公路隧道表

序号	隧道分类	隧道名称	起止桩号	长度（单洞，m）	行车道宽度（单洞，m）	隧道净高（m）	车道数	开工时间	通车时间	备注
1	长隧道	鹅步岭隧道	左线：K50+245~K52+715 右线：K50+235~K52+730	左:2470 右:2495	8.75	6.65	2	2008年11月	2010年12月	
2	短隧道	沙洋寨隧道	K41+450~K41+666	左:215 右:215	8.75	6.65	2	2009年3月	2010年12月	

3. 征地拆迁

2008年8月6日,阳阳项目管理处与阳江市高速公路工程建设指挥部签订了《阳江至云浮高速公路阳江至阳春段征地拆迁工作协议》,征地拆迁工作顺利完成,主线征用土地5869.59亩。

4. 招投标

阳阳高速公路建设项目的勘察设计、监理、施工单位均公开招标。

(1) 设计单位

阳阳高速公路的勘察设计任务划分为两部分,即主体工程勘察设计(含绿化环保工程)、附属工程勘察设计(含交通安全设施、机电、房建工程)。均按规定采用国内公开招标的方式,在广州建设工程交易中心进行,招标结果进行了公示。

(2) 监理单位

阳阳高速公路的勘测勘察监理采用邀请招标的方式确定了铁道第三勘察设计院集团有限公司为中标单位。主体土建工程施工监理、房建监理和机电监理均按规定公开招标,招标工作均在广州建设工程交易中心进行,招标结果按规定进行了公示。

(3) 施工单位

项目施工标段招标人为广东肇阳高速公路有限公司,招标工作在广东省建设工程交易中心进行,招标结果按规定进行了公示。

5. 主要设计、施工、监理单位

设计单位:中交第二公路勘察设计研究院有限公司、广东省公路规划勘察设计院有限公司。

施工单位:中铁十二局集团有限公司、广东冠粤路桥有限公司、广东省长大公路工程有限公司、广东晶通公路工程建设集团有限公司等19个单位。

监理单位:广东华路交通科技有限公司、广东工程建设监理有限公司。

(三) 科技创新

1. 交通建设工程工地试验室管理体系研究

"交通建设工程工地试验室管理体系研究"由广东省交通运输工程质量监督站、广东华路交通科技有限公司、广东肇阳高速公路有限公司阳阳项目管理处联合研发,并列入广东省交通厅科技计划项目。研究内容包括交通建设工程工地试验管理制度建设、交通建设工程工地试验室信息管理系统、交通建设工程现场试验检测管理资源整合等。主要课题成果:

(1) 提交了一套自动化技术、计算机技术实现交通建设工程工地试验室标准化管理系统。

（2）采用提出的交通建设工程工地试验室管理体系模式，完善现行交通建设工程工地试验室的管理制度，规范了工程建设现场试验检测活动，强化检测试验数据在工程质量控制的主导作用，保证试验检测数据的真实性。

（3）提交了一套科学规范的交通建设工程现场试验检测表格体系，实现了工地试验室数据的电子化管理。

（4）提高工地试验室信息化管理水平，以规范工程建设现场试验检测活动，促进工地试验室规范化管理，为促进交通建设又好又快发展发挥了重要作用。

（5）推动了工地试验室管理向信息化、自动化、规范化发展。

2.《广东省水泥混凝土路面施工技术指南》在阳阳高速公路中的应用与后续技术研究

阳阳高速公路主线采用混凝土路面的结构形式，为确实保证混凝土路面的工程质量，通过总结施工过程中出现的先进施工工艺、工法、各种通病治理措施等组织申报的"《广东省水泥混凝土路面施工技术指南》在阳阳高速公路中的应用与后续技术研究"列入广东省交通运输厅2010年度科技计划项目。研究成果对于《广东省水泥混凝土路面施工技术指南》的补充和完善、提高水泥混凝土路面的平整度、减少早期开裂和中长期的断板量、延长路面的使用寿命等多个方面具有重大的应用价值。

3.新技术、新措施在机电工程上应用

（1）新旧高速公路管理无缝衔接、平滑兼容

从高速公路运营管理整合规划出发，以"升级阳茂高速公路、合并阳阳高速公路、预留罗阳高速公路"为设计需求，成功整合实现了"在现有一条高速公路管理基础上，合并管理一条高速公路、并预留下一条高速公路合并管理条件"，成功创出新旧高速公路管理无缝衔接、平滑兼容的新例。

（2）采用2.5G通信接入网传输方案

阳阳高速公路在广东省内首次在接入网采用2.5G通信接入网传输方案，解决了以往接入网多环设计、造价高、扩容困难等不利因素，也能更好满足日后运营管理、办公网络、数据传输等需求。

（3）建成省内最大的集隧道、多路段集中监控管理平台

阳阳高速公路项目在阳茂高速公路中心建成了集140多路LED液晶显示及4路LED光源背投监控平台，总路数约450路的监控点涵盖了隧道连续监控点、运营重要监控点，组成当时广东省高速公路管理路段最多、齐全的集中综合监控中心，为运营管理、应急管理提供全面、直接的指挥平台。

（4）采用先进的EPON以太无源光网络技术

该项目在隧道段和服务区路段视频图像多且密集,采用了部分视频数字化管理模式设计方案:即在监控点前端对视频图像进行数字编码,视频传输系统采用了 EPON 无源光网络技术,大大节约了光纤资源,减少了设备故障点、缩短了调试工期,从而使监控系统更具备扩展性和兼容性。

(5)开辟优化通信管道设计新思路

阳阳高速公路为设计速度 120km/h 的双向四车道高速公路,从节约用地角度出发,中央分隔带宽度设置为最小值 2m,而非规范一般值 3m,此举造成中央分隔带空间紧张,在设置了护栏、排水设施后,通信管道的布设极其困难。为此,开辟设计新思路,采用"栅格管 + 混凝土包封"优化设计,较好地解决了空间、工期、造价等因素,不仅满足空间有限条件下的快速、安全管道施工,而且实现了节省造价 20% ~ 30%。

(四)运营管理

1. 运营公司

阳阳高速公路由广东肇阳高速公路有限公司(简称"肇阳公司")负责投资建设和运营管理。肇阳公司是由广东省高速公路有限公司、广东公路建设有限公司分别按 75%、25% 的投资比例组建而成的有限责任制公司。

根据广东省交通厅、广东省交通集团有限公司的要求,阳阳路段建成后,肇阳公司委托广东阳茂高速公路有限公司(简称"阳茂公司")负责阳阳高速公路的运营管理工作。

2. 收费站点

阳阳高速公路采用中心站管理模式,分别对阳江港、高新区、平冈、双捷、岗美、阳春南、阳春西 7 个收费站(表 4-20-5)进行管理。

收费站点设置情况表 表 4-20-5

中心站	站点名称	车道数		收费方式
		出口	入口	
平冈	阳江港	3	2	MTC + ETC
	高新区	4	3	MTC + ETC
	平冈	4	3	MTC + ETC
阳春南	双捷	2	2	MTC + ETC
	岗美	3	2	MTC + ETC
	阳春南	4	3	MTC + ETC
	阳春西	4	3	MTC + ETC

3. 车流量

阳阳高速公路 2010 年 12 月 31 日建成通车以来,车流量(表 4-20-6)增长迅速。日均车流量从 2011 年的 5131 辆增长到 2015 年的 11574 辆。

车 流 量 情 况 表　　　　　表 4-20-6

年份(年)	日均车流量(辆)	年份(年)	日均车流量(辆)
2011	5131	2014	10337
2012	6969	2015	11574
2013	9055		

4. 路政管理

阳阳高速公路设立阳阳路政队，隶属阳茂路政大队管理。路政大队负责管辖阳阳高速公路主线长 54.295km，阳江港连接线长 5.155km（2014 年 5 月 6 日已移交地方政府管理），平冈连接线（一级公路）长 1.94km 的巡查、桥涵、建筑控制区、施工许可管理以及交通事故处理工作。同时，加强对拯救、服务区和养护单位的监管，提升运营服务质量。与交警实行错时巡查、路养联巡以及监控巡查相结合的模式，快速处理路面、建筑控制区和桥涵的突发事件以及交通事故处理工作。路面的施工作业许可由路政大队严格把关，并根据大队颁发的许可证每日检查施工现场规范作业情况，确保公路安全畅通。

5. 养护管理

养护管理工作重点是抓好预防性养护和早期养护，确保道路安全、畅通、舒适、保值。为了适应专业化、社会化养护管理的需要，养护工作全面推行招标工作，日常养护实行招标，择优选择承包人，以及结合养护工程的特点，合同采用单价合同与包干合同相结合的形式，计量支付与养护质量挂钩。

（五）企业文化建设

企业文化建设详见第三章第六节沈阳—海口高速公路广东段（G15）"十三、阳江—茂名高速公路"。

四、阳江海陵岛大桥

肇庆—阳江高速公路海陵岛大桥项目是广东省 2015 年重点建设项目，并已列入《广东省 2013 年至 2017 年高速公路建设计划》。项目起于平岗农场西北约 1km 处，接阳阳高速公路设置的阳江港互通，向南跨越长安围大堤和大湾水域，止于与"南海Ⅰ号"大道衔接。路线总长 9.315km。其中海陵岛大桥长 3024m，设计速度 100km，双向四车道。

全线桥梁 6 座（含立交主线桥），设特大桥 1 座、大桥 3 座、中小桥 2 座；互通式立交 1 处；主线收费站 1 处，养护工区 1 处。桥梁占路线总长的比例为 40.54%。项目总投资 10.8 亿元，2015 年 12 月 23 日开工建设。

第二十一节　广州—三水高速公路（S55）

广州—三水高速公路（简称"广三高速公路"），编号S55。建设时名为广三汽车专用公路（2015年12月广东省交通运输厅发布《广东省国家高速公路线位规划》中，广三高速公路又称二广高速公路广州支线）。广三高速公路起于广东省佛山市南海区大沥镇雅瑶，与广佛高速公路相接，途经佛山市南海区、大沥、松岗、罗村、狮山、小塘和三水西南等乡镇，止于三水布心，与二广高速公路（广贺高速公路）相接，是广东高速公路网的重要组成部分，主线全长29.986km。

广三高速公路分两期建设，其中一期工程大沥兴贤至三水布心段23.73km，工程造价为5.23亿元，于1991年11月开工，1994年10月28日建成通车；二期工程雅瑶至兴贤段6.23km，匝道长8.76km，工程造价为4.12亿元，1998年11月16日建成通车。

广三高速公路的改扩建工程于2009年8月1日开工，2013年1月30日全面完工。该路段成为双向八车道的连接二连浩特至广州和广州至昆明两条国家干线的高速公路。

一、广三高速公路（一期、二期）

（一）主要技术指标和建设规模

广三高速公路（原为一级汽车专用公路），主线全长29.98km，设计速度100km/h，设计荷载：汽车—超20级，挂车—120。路基宽度：24.5m，双向四车道，路面宽度2×10.5m。全线共设8个出口，依次为上亨、雅瑶、松岗、狮山、狮中、狮岭、三水、西南。有特大桥1座、大桥7座（表4-21-1）；全设互通式立交7座。

（二）建设情况

1. 建设依据

1991年2月5日，广东省计划委员会《关于国道321线K0+000~K44+500改建工程项目建议书的批复》。

1991年9月24日，广东省交通厅《关于印发国道321线K0+000~K44+500段改建工程初步设计纪要的函》。

1994年4月6日，广东省计划委员会、广东省对外经济贸易委员会《关于增加国道321线（佛山段）建设工程合作伙伴及投资规模的批复》。

1994年10月13日，广东省交通厅《关于国道321线佛山段改建工程初步设计批复》。

广州—三水高速公路主要桥梁表

表 4-21-1

序号	桥梁分类	桥梁名称	中心桩号	桥梁长度（m）	设计汽车荷载等级	桥面宽度（m）	完工时间	备注
1	大桥	大沥表桥	1.747	365	汽车—超20级	38	1996年12月	
2	特大桥	松岗立交桥	3.254	1058.8	汽车—超20级	38	1996年11月	
3	大桥	谭头村桥	4.19	246.9	汽车—超20级	38	1996年10月	
4	大桥	颜峰兴贤大桥	6.004	837.6	汽车—超20级	38	1996年12月	
5	大桥	水库大桥	9.613	192.6	汽车—超20级	38	1994年10月	
6	大桥	西南大桥	2704.592	381.5	汽车—超20级	38	1993年11月	
7	大桥	健力宝立交桥	2703.064	419.7	公路—Ⅱ级	38	1993年11月	
8	大桥	大桶涌桥	2701.931	246.8	汽车—超20级	38	1994年1月	

2. 资金来源

佛山公路工程公司[中方代表:广东省高速公路公司、佛山市公路局、南海市政府、三水市政府(甲方)]与香港惠记集团属下统怡投资有限公司(乙方)、香港丰利年有限公司(丙方)合作建设与管理。一期工程工程造价为5.23亿元。二期工程造价为4.12亿元。

3. 招投标及主要设计、施工、监理单位

公开招投标确定参建单位。

设计单位:上海市政设计研究院、佛山市公路局公路勘察规划设计所。

监理单位:广东省交通科研所监理站、广东省公路工程监理站担负质量监督(二期)。

施工单位:广东省航务工程公司、佛山公路局一和二队、广东省筑路机械租赁联营公司、佛山公路桥梁公司、南海交通局、南海市公路建设公司、三水市交通发展公司、三水市水利建设公司、三水西南市政公司、三水公路分局等单位。二期工程还有湖南路桥工程公司南海分公司、陕西汉中路桥工程队、湛江公路局海康工程队、广州市现代交通工程公司等单位。

4. 主要设计变更

(1) 沥表混凝土路面基层厚度由下基层20cm+上基层20cm改为下基层30cm,上基层20cm;下基层材料由水泥稳定石粉改用水泥稳定砂砾土。

(2) 水泥混凝土路面硬路肩原为沥青混凝土,为方便施工,改为18cm厚水泥混凝土。

(3) 水塘路段路堤高度(塘底至堤顶)少于8m时,边坡由1:2改为1:1.5。

(4) 将B匝道桥主孔跨径由原36m+56m+36m调整为44m+66m+44m;同时,为今后广佛扩建顺利衔接,对匝道桥头引道线形也做了修改变更。

(5) 颜峰大桥——兴贤立交间170m原为路堤,因该处有一座通信站,故将路堤改为高架桥(颜峰二桥)。

(6) 软基处理。初步设计因未发现软土,故未做软基处理。在施工图设计的补充钻探中发现软土4.92km。在总结一期工程软基处理经验的基础上,对其中2.12km进行水泥粉喷桩处理。

(7) 中央分隔带防撞栏,初步设计采用波形护栏。考虑二期主线上桥梁长度占70%,其中央分隔带防撞栏为钢筋混凝土结构,中央分隔带的防撞栏亦改用钢筋混凝土防撞栏。

5. 采用新技术、新材料

(1) 在软土路段采用了轻质填料粉煤灰填筑路堤以减轻路堤对地基的压力,达到路堤稳定;利用沿线丰富的砂砾土资源,采用水泥稳定砂粒土代替水泥稳定石粉,作为路面下基层,经大面积使用,取得明显的经济效益。

(2)采用 PC 打入桩作为桥梁桩基,在银狮立交桥上试用,取得良好效果。

(3)在省内首次采用 20~22m 后张预应力混凝土空心板作为桥梁上部结构,具有建筑高度低,施工安装容易等优点。

(4)采用真空吸水工艺。公路施工建设中被广泛采用的新工艺,它能提高混凝土早期强度,脱模早,提高工效,能提高混凝土的后期强度 10%~15%,节约水泥。

(5)在混凝土中掺 MG 减水剂,可增加混凝土的和易性和流动性,便于施工,同时可提高混凝土强度 10%~15%。

二、扩建工程

(一)扩建技术指标和规模

广三高速公路扩建项目,起于佛山大沥雅瑶(接广佛高速公路雅瑶互通立交收费站),途经松岗、狮山穆院、大涡塘、狮中、狮岭、三水西南、止于三水区西南镇(接建设中的三水至怀集高速公路,即二广高速公路),路线全长 28.53km。沿现有公路中线两侧加宽扩建,全线采用高速公路标准,设计速度 100km/h,双向八车道。项目 2009 年 8 月 1 日开工,2013 年 1 月 30 日全面完工。

(二)扩建情况

1. 扩建依据

2005 年 4 月,佛山市规划局《关于征求广三高速公路扩建项目城市规划意见的复函》。

2008 年 1 月,广东省发展和改革委员会《关于广三高速公路(佛山雅瑶至三水西南高速公路)扩建工程项目申请报告的核准意见》。

2008 年 7 月,广东省交通厅《关于广州至三水高速公路扩建工程初步设计的审查意见》。

2. 资金来源

广三扩建工程项目由广三高速公路业主(佛山广三高速公路有限公司)投资建设,项目资金占总投资的 35%,由广三公司自筹,其余资金向银行贷款。

3. 征地拆迁

项目业主于 2008 年 11 月 6 日与佛山市国土资源局三水分局签订了《征地拆迁实施协议》,2008 年 11 月 24 日与佛山市国土资源局南海分局签订了《征地拆迁实施协议》。该项目征地数量 616.83 亩,其中三水路段征地 153.36 亩,南海路段征地 463.47 亩。

4. 主要设计、施工、监理单位

设计单位：江苏省交通规划设计有限公司、上海市政工程设计研究总院、深圳市翰博景观及建筑规划设计有限公司。

监理单位：广东华路交通科技有限公司与佛山盛建公路工程监理有限公司联合体。

施工单位：中国第四冶金建设公司、广东冠粤路桥有限公司、广东晶通公路工程建设集团有限公司、广东筑波路桥工程有限公司等15个单位。

5. 重要设计变更

穆院—佛山一环互通式立交、G321跨越广三高速公路分离式立交、健力宝立交桥变更。

（三）科技创新

该项目为高速公路扩建工程，开展了"软土地区高速公路扩建新旧路基差异沉降及其控制技术研究"。

广三高速公路全线大部分路基土为典型的珠江三角洲软土，含水率高，孔隙比大，压缩性高，强度低。针对上述情况，佛山市公路局、华南理工大学、佛山市公路工程质量监测所一起成立课题组，根据广三高速公路扩建工程特点，开展了软土地区高速公路扩建新旧路基差异沉降及其控制技术研究。通过室内试验、现场监测、理论计算和数值分析等手段，展开了对公路扩建直接拼接路基工程中土工格栅工作性状模型试验研究；水泥搅拌桩、CFG桩、预制管桩加固拓宽路基的工程性状现场试验研究软土地基高速公路扩建工程路基受力和变形数值模拟分析；桩承式加筋路堤中土工格栅加筋垫层工作性状研究拓宽车道路面施工对路基沉降的影响分析；新旧路基的差异沉降控制标准研究等。

（四）运营管理

1. 运营公司

佛山广三高速公路有限公司（简称"广三公司"）负责经营管理。

公司设有综合办公室、财务部、营运部（下设监控中心、稽查队）、路政队、工程部等职能部门，负责广三高速管理养护、路政和加油站监管等运营管理工作。

2. 收费站点

全线设有上亨、松岗、狮山、狮中、狮岭、三水和云东海7个收费站（表4-21-2）。

3. 车流量

2005年以后车流量保持平稳持续增长，2009—2012年间增长比较缓慢，主要是因为扩建施工影响，在2012年底扩建完工后，车流增长速度进一步加快（表4-21-3）。

收费站点设置情况表　　　　　　　　　　　　　　　　　表4-21-2

站点名称	车道数	收费方式	站点名称	车道数	收费方式
上亨	8	人工+ETC	狮岭	4	人工+ETC
松岗	9	人工+ETC	三水	11	人工+ETC
狮山	12	人工+ETC	云东海	13	人工+ETC
狮中	8	人工+ETC			

车流量情况表　　　　　　　　　　　　　　　　　　　表4-21-3

年份(年)	项目	日均车流量(辆)	年份(年)	项目	日均车流量(辆)
1994	广三高速公路	8552	2005	广三高速公路	37617
1995	广三高速公路	13499	2006	广三高速公路	44329
1996	广三高速公路	16995	2007	广三高速公路	46619
1997	广三高速公路	22747	2008	广三高速公路	49777
1998	广三高速公路	22474	2009	广三高速公路	47601
1999	广三高速公路	24794	2010	广三高速公路	59891
2000	广三高速公路	25492	2011	广三高速公路	58264
2001	广三高速公路	26777	2012	广三高速公路	61270
2002	广三高速公路	29813	2013	广三高速公路	80769
2003	广三高速公路	25898	2014	广三高速公路	85773
2004	广三高速公路	30739	2015	广三高速公路	103626

4. 养护和路政管理

养护管理工作由佛山广三高速公司有限公司负责,设立工程部,配备专职的技术、管理人员,建立相应的职责制度和考核制度,开展日常的养护管理工作。

根据工程规模及技术特点划分成日常养护工程、零星专项工程、养护大中修工程等,采用公开招标或建库邀标委托有资质的工程养护承包单位实施。工程部负责管养路段的养护计划的编制,组织养护工程的实施和具体养护管理的日常工作。

1995年6月以来,广三高速公路路政队以佛山市公路局广三路政分所名义开展工作,2015年1月1日起,佛山市公路局具体负责管理广三高速公路路政队。

路政队以保护路产、维护路权的工作任务开展各项管理工作。在保护路产方面,结合辖区路段车流量大,事故频发的特点,认真做好路产索赔工作,积极与监控中心、交警、养护、拯救等部门沟通协调,紧密合作,先后建立交叉巡逻、联合排查、交通事故联动处理等联动工作机制。通过联动机制的有效实施,为维护路产提供有力保障。在维护路权方面,积极主动与辖区交通综合执法局沟通联系,采取交叉巡逻,同时加强与广告公司及公路沿线的社会宣传等,以减少对高速公路路权的侵犯。

(五)企业文化建设

广三高速公路自1994年建成运营以来,经历了中外合作经营阶段、外资退出中资合作经营阶段、边运营边扩建阶段。二十多年来,广三公司全体员工秉承"爱岗敬业、求真务实、和谐共进"的企业文化,谨记"优质服务、技术创新、科学管理、安全畅通"的指导思想,以"营造畅、安、舒、美通行环境,建设文明、平安、和谐、阳光高速路"为目标,努力探索、勇于实践,不断提高企业文化建设水平。

第二十二节 地方高速公路在建路段

一、广州—连州高速公路(S1)

广州—连州高速公路(简称"广连高速公路"),编号S1,是《广东省高速公路网规划2011—2030年》中第6条纵线的重要组成部分。线路起于广州市天河区奥体立交,对接环城高速公路,途经广州市黄埔、白云、花都区,清远市佛冈县、英德市、阳山县、连州市,止于连州市大路边镇凤头岭粤湘交界处,接湖南省衡阳至临武高速公路,全长280.578 km。

广连高速公路由3段组成:广州机场第二高速公路、花都—从化段、从化—连州段。

(一)广州机场第二高速路段

广州新白云国际机场第二高速公路(简称"广州机场第二高速公路"),起于花都区花东镇山前立交,止于天河区奥体立交,全长约45.7km,以北二环高速公路为界,分为北段工程和南段工程。北段工程投资估算总额为85.05亿元,南段工程尚未开工。项目建设主管单位是广州交通投资集团有限公司。

1. 主要技术指标和建设规模

广州机场第二高速公路北段按高速公路标准建设,双向八车道,设计速度100km/h。南段工程推荐按高速公路标准建设,双向六车道,设计速度100km/h。

2. 建设情况

(1)建设依据

2015年12月,广东省发展和改革委员会批复机场第二高速公路北段工程核准。

（2）资金来源

项目资本金为总投资的25%，由项目业主自筹；资本金以外的建设资金通过银行贷款解决。

（3）招投标

2015年11月，通过公开招标，广州市高速公路有限公司与中交公路规划设计院有限公司签订了勘察设计合同。

北段工程于2015年12月开工建设。

（二）花都—从化段

待建。

（三）从化—连州段

从化—连州高速公路起于广东省与湖南省交界处的连州市大路边镇凤头岭，接湖南省衡阳至临武高速公路，向南经连州市、阳山县、英德市、佛冈县、广州市从化区鳌头镇。项目由中交第四航务工程局有限公司和中国公路工程咨询集团有限公司于2016年3月中标获得投资建设经营权，以BOT+EPC模式投资建设运营。

1. 主要技术指标和建设规模

路线全长217.878km。主线全线共设大桥223座，总长88474m；全线共设隧道16座，总长19165m；桥隧总长度107639m，桥隧占路线长度的比例为49.40%；全线共设互通式立交18处；全线设服务区5处、停车区5处、养护工区5处、管理中心1处、管理分中心1处、收费站15处(含主线收费站1处)。

主线按高速公路标准建设，起点至大湾互通采用六车道，设计速度100km/h；大湾互通至佛清从高速公路采用六车道，设计速度120km/h。

2. 建设情况

（1）建设依据

2015年11月30日，广东省交通运输厅委托清远市交通局作为项目招标人进行公开招标，中交第四航务工程局有限公司和中国公路工程咨询集团有限公司为联合投资人参与投标，并于2016年3月14日被确定为中标人。项目投资中标价231.06亿元，以BOT+EPC模式投资建设运营。

2016年1月，广东省交通运输厅《广东省交通运输厅关于开展连州至佛冈高速公路南延至北三环段研究工作的通知》。

2016年7月，广东省交通运输厅《关于连州至佛冈高速公路粤湘对接方案及阳山连接线路线方案评审会议纪要》。

(2) 资金来源

中交第四航务工程局有限公司和中国公路工程咨询集团有限公司出资及银团贷款等。

二、广州—龙川高速公路(S6)

广州—龙川高速公路(简称"广龙高速公路"),编号 S6,原为《广东省高速公路网规划(2013—2030 年)》的加密联络线"河源龙川(粤赣界)至广州番禺"的重要线路,2017 年调整为省会放射线。线路起于广州市番禺区,途经东莞市、惠州市惠阳区、河源市紫金、东源、龙川县,止于龙川县与江西省交界处,接江西宁都至定南高速公路,全长 359.75km(其中共线线路 23.03km,已通车)。

广龙高速公路建成后将进一步优化广东省干线路网布局,开辟新的出省通道,构成珠三角地区通往粤东北及江西省中部新的高速通道,为粤东北地区跨越发展提供重要的交通运输保障,提高珠三角发达地区的辐射带动能力。

广龙高速公路由 5 个项目组成:虎门二桥工程、东莞—番禺高速公路段、惠州平潭—东莞桥头段(其中与惠大高速共线段约 9.43 km)、惠州惠阳—紫金段(其中与汕湛高速公路共线 13.6 km)、紫金—龙川(粤赣界)段。

(一)虎门二桥工程

虎门二桥工程位于珠江三角洲核心区域,为连接珠江口东西两岸广州市和东莞市的重要过江通道,路线起于广州市南沙区东涌镇,接广州绕城高速公路南环段,与广珠北线高速公路连接,先后跨越珠江大沙水道、海鸥岛、坭洲水道后,进入东莞市沙田镇,终点与广深沿江高速公路相接,全长 12.9km。虎门二桥项目批复概算 111.8 亿元。虎门二桥于 2013 年 12 月先行标开工建设;2014 年 8 月主体开工建设。

1. 主要技术指标和建设规模

全线按高速公路标准建设,双向八车道,桥梁宽度 40.5m,设计速度 100km/h。设 4 处互通式立交和两座跨海特大桥,其中坭洲水道桥为 658m + 1688m 的双塔双跨钢箱梁悬索桥;大沙水道桥为 1200m 双塔单跨钢箱梁悬索桥。两座超千米级特大跨度悬索桥在同个项目同时建设属世界首次。

2. 建设情况

(1)建设依据

2012 年 11 月,交通运输部发布关于虎门二桥建设项目的核准意见。

2013 年 6 月,国家发展和改革委员会对虎门二桥项目进行核准批复。

2013 年 9 月,交通运输部发文对虎门二桥初步设计进行了批复。

(2) 资金来源

资金由广东省公路建设有限公司负责筹集。

(3) 主要设计、施工、监理单位

设计单位：中交公路规划设计院有限公司与广东省公路勘察规划设计院有限公司（联合体）、北京交科勘察设计研究院有限公司等单位。

监理单位：中铁武汉大桥工程咨询监理有限公司、武汉桥梁建筑工程监理有限公司与广东华路交通科技有限公司（联合体）等4个单位。

施工单位：中交第二公路工程局有限公司、广东省长大公路工程有限公司等11个单位。

(二) 东莞—番禺高速公路

东莞—番禺高速公路（简称"莞番高速公路"），起于东莞市沙田镇，接虎门二桥连接线及广深沿江高速公路，经东莞沙田、厚街、常平镇，止于桥头镇与惠州交界处，接河惠莞高速公路惠州平潭至东莞桥头段。莞番高速公路还与虎门二桥、河惠莞高速公路相连，构成珠江西岸直通粤东北地区和江西中部地区新的高速出省通道。

路线全长约65.2km，全线采用高速公路技术标准，双向六车道，设计速度100km/h，路基宽度33.5m。全线桥梁占总长度的53.18%，包含特大桥12座总长27274m。项目投资估算约119亿元。

2012年广东省人民政府批准采用经营性公路投资方式建设。由东莞市交通运输局进行公开招标选定东莞市新远高速公路发展有限公司投资建设和经营管理。先行工程于2015年12月动工。

(三) 惠州平潭—东莞桥头段

河（源）惠（州）（东）莞高速公路惠州平潭—东莞桥头段，起于惠州惠阳区平潭镇粟岗，经马安镇，在水面岭至惠澳段与惠大高速公路共线，经惠州南部新城、仲恺区，止于潼湖镇长潭（接莞番高速公路桥头至沙田段），路线全长54.33km（其中建设里程约44.9km，与惠大高速公路共线段约9.43km）。

全线设置桥梁51座（含互通式立交主线桥、主线上跨分离式立交桥），其中特大桥4座、大桥37座、中桥10座；设置隧道6座，其中中隧道1座、短隧道5座。

全线设置粟岗（枢纽）10处互通式立交。设置管理中心1处，服务区2处，养护工区1处。

全线按高速公路标准建设，设计速度100km/h，双向六车道，路基宽度33.5m。

项目总投资101.38亿元。资金来源：资本金由项目业主自筹，资本金以外投资通过银行贷款解决。

项目由广东省联泰集团有限公司、惠州市交通投资集团有限公司、达濠市政建设有限公司、中铁二院工程集团有限责任公司组成的联合体投资建设和运营管理,于2016年12月30日开工建设。

(四)惠州惠阳—紫金段

河(源)惠(州)(东)莞高速公路紫金至惠州惠阳段,起于河源市紫金县瓦溪镇,与汕湛高速公路揭博段相接,并共线至紫金县蓝塘镇灯心坑(约13.6km)分离,途经紫金县、惠州市惠城区,止于惠阳区平潭镇,与河惠莞高速公路平潭至潼湖段对接。路线全长75.8km(建设线路62.22km),其中河源段长46.783km(建设里程33.171km),惠州段长29.053km。

全线按高速公路标准建设,设计速度100km/h,双向六车道,路基宽度33.5m;全线设置桥梁60座(含互通式立交主线桥、主线上跨分离式立交桥),其中特大桥2座、大桥58座;设置隧道6座,其中长隧道2座、中隧道1座、短隧道3座,桥隧比为38.55%;设有7座互通式立交;设置停车区1处,服务区1处,匝道收费站4处,管理中心1处,养护工区2处。

估算总投资为91.14亿元,项目资本金为总投资的35%,由省、市政府和项目业主自筹;资本金以外建设资金由项目业主通过国内银行贷款解决。项目由广东省高速公路有限公司负责建设、经营和养护管理,于2016年12月26日开工建设。

(五)紫金—龙川段

河(源)惠(州)(东)莞高速公路龙川至紫金段(简称"河惠莞高速公路")位于广东省河源市,项目起于赣粤两省交界处,与江西省宁都—定南高速公路对接,经龙川县、东源县,止于紫金县紫城镇,对接汕湛高速公路揭西至博罗段紫金连接线,路线全长151.947km。全线于2016年10月开工建设。

1. 主要技术指标和建设规模

河惠莞高速公路按高速公路标准建设,双向四车道,设计速度100km/h,共设桥梁120座,其中,特大桥3座、大桥108座、中桥9座;全线设有隧道7座;设互通式立交共12处;设管理中心1处、服务区3处、停车区1处、省界主线收费站1处、超限超载检测站1处、养护工区3处。

2. 建设情况

(1)建设依据

2015年11月17日,项目工可获《广东省发展改革委关于河(源)惠(州)(东)莞高速公路龙川至紫金段工程可行性研究报告的批复》。

2015年11月,项目获《广东省交通运输厅关于河(源)惠(州)(东)莞高速公路龙川至紫金段初步设计的批复》。

(2)资金来源

资本金按项目投资总额的40%计算,其中,广东省南粤交通投资建设有限公司出资占比70%,河源市交通建设投资有限公司出资占比30%。项目投资总额以外的建设资金向银行贷款。

(3)征地拆迁

广东省南粤交通投资建设有限公司于2015年12月1日与河源市人民政府签订了《河(源)惠(州)(东)莞高速公路龙川至紫金段先行工程(K0+000~K6+800)征地拆迁框架协议》。2016年3月1日,广东省南粤交通河惠莞高速公路管理中心与河源市人民政府签订了《河(源)惠(州)(东)莞高速公路龙川至紫金段土地房屋征拆包干协议》。截至2017年5月,项目全线应征地17009亩,已完成征地16633亩。

(4)招投标及主要设计、施工、监理单位

河惠莞高速公路招投标管理工作按照国家相关法律、法规、规章规定,将所有应招标工程项目均进行招标。其中勘察设计招标、监理、检测及施工等主要招标工作,均在广州公共资源交易中心公开进行。

设计单位:中交第一公路勘察设计研究院有限公司、北京交科公路勘察设计研究院有限公司、中交第二公路勘察设计研究院有限公司、中国公路工程咨询集团有限公司。

施工单位:核工业华南建设工程集团公司、中交第二航务工程分公司、广东冠粤路桥有限公司等16个单位。

监理单位:武汉大通公路桥梁工程咨询监理有限责任公司、江西省嘉和工程咨询监理有限公司、陕西高速公路工程咨询有限公司、山西交科公路工程咨询监理有限公司。

3. 复杂技术工程

(1)龙川枫树坝大桥

龙川枫树坝大桥是项目跨越枫树坝自然保护区的重要通道。大桥在K38+040~K38+370路段范围内跨越枫树坝水库库区,大桥全长828m;主桥上部采用主跨为160m+320m+160m的双塔单索面混凝土斜拉桥,塔墩梁固结体系;索塔塔柱采用空心截面,主墩采用双薄壁空心墩;基础均为钻孔灌注桩。引桥上部结构采用30m混凝土小箱梁,下部采用柱式墩台,基础均为钻孔灌注桩。

(2)赤竹坪隧道

赤竹坪隧道位于广东省河源市东源县康禾镇至紫金县紫澄镇,进口位于康禾镇田心黄坑村,出口位于紫金县紫澄镇水澄村,设计为分离式隧道,洞室净空$11\times5m$。左线长

3010m；右线长2994.5m，呈170°～176°方向展布；隧道最大埋深约266m，属特长隧道，隧道周身围岩由花岗岩及砂岩构成。

项目所经区域植被发育，沟壑纵横，地质构造复杂，可供选择的走廊带极其有限，对隧道的选线带来了一定的难度。

4. 科技创新

项目建设期间组织开展了"广东省高速公路路基设计标准化研究""广东省高速公路桥梁桩基设计标准化研究""钻爆隧道全断面装配式衬砌技术研究"等科研课题。

三、大埔—潮州高速公路（S11）

大埔至潮州高速公路北起梅大高速公路，南至沈海高速公路，大埔至漳州支线连接福建省拟建的漳州平和至梅州高速公路，编号S11，是广东省高速公路网总体布局规划中区内联网及疏港工程大通道和梅州地区通往潮汕平原的第二条南北向快速通道，是广东通往福建的出省通道。

大埔至潮州高速公路主线路线起于梅州市大埔县大麻镇，与梅州至大埔高速公路相接，经大埔县、饶平县，止于潮州市饶平县钱东镇，接沈海高速公路汕汾段，路线全长92.93km。

大埔至漳州高速公路支线路线起于梅州市大埔县高陂镇，与主线（大埔至潮州高速公路）相接，止于大东镇粤闽界（接漳州市拟建的漳梅高速公路），路线全长27.838km。2015年12月29日，项目先行工程开工。

广东大潮高速公路有限公司于2016年3月2日在梅州注册成立，负责大潮项目及配套设施的投资建设和运营管理。

（一）主要技术指标和建设规模

项目主线路线长92.93km，按高速公路标准建设，设计速度100km/h。设特大桥5座、大桥45座、中桥20座；设长隧道4座、中隧道3座、短隧道2座（均按双洞平均长计）；设互通式立交共10处；设管理中心1处、服务区2处、停车区2处、养护工区3处。

支线长27.838km，设大桥24座、中桥1座；设长隧道1座、中隧道2座、短隧道3座（均按双洞平均长计）；设互通式立交3处。

（二）建设情况

1. 建设依据

2015年10月22日，广东省交通集团有限公司向广东省发改委报送大潮项目申请报告，12月28日获广东省发改委核准。

2. 资金来源

项目概算总金额约 142.79 亿元,由企业自筹资金、省市财政补贴和银行贷款组成。

3. 征地拆迁

大潮项目沿线征用土地及各类附属设施等永久性用地约 1.35 万亩。

4. 主要设计、施工、监理单位

设计单位:广东省交通规划设计研究院股份有限公司、中交第二公路勘察设计研究院有限公司、中交第一公路勘察设计研究院有限公司、北京交科公路勘察设计研究院有限公司等单位。

施工单位:广东省长大公路工程有限公司、中交路桥建设有限公司、中交第二公路工程局有限公司、中铁十一局集团有限公司等 16 个单位。

监理单位:广东华路交通科技有限公司、深圳高速工程顾问有限公司、广东翔飞公路工程监理有限公司等单位。

四、中山—阳春高速公路(S26)

中山—阳春高速公路包括中山—开平高速公路、中开高速公路小榄支线和开平—阳春高速公路(简称"中阳高速公路"),编号 S26,主线起于中山市南蓢横门岛与深中通道高速公路对接,路线从东向西经中山市火炬开发区、石岐区,江门市新会区,台山市,开平市,恩平市,接开阳高速公路至阳春,全长 211.274km。中阳高速公路小榄支线起于中山市西区,以立交形式与主线相接,经沙溪镇、小榄镇,以立交形式接佛江高速公路江门段,全长 19.94km。

中阳高速公路是广东省高速公路网中珠江西岸中部东西走向主要轴线之一,串联京港澳、广珠西线、江珠高速、新台高速等多条南北向的高速公路,是完善整个珠江口西岸的重要高速公路网络。

中阳高速分 3 段建设:中阳高速公路中山段、中阳高速公路江门段、中阳高速公路开平—阳春段。

(一)中阳高速公路中山段

中阳高速公路中山段,由主线和小榄支线组成。主线起于中山市南朗横门岛,与深中通道以立交形式相接。经中山市南朗、石岐、横栏,长 45.1km。小榄支线起于中山市西区,与主线相接,经沙溪、东升、止于小榄,接正在建设中的广中江高速公路,路线全长 19.94km。按高速公路标准建设,双向六车道,设计速度 100~120km/h,路基宽 33.5~34.5m,2015 年 12 月 25 日先行工程开工建设。

(二)中阳高速公路江门段

中山—开平高速公路江门段,路线起于磨刀门水道东岸,顺接中山项目段,跨越西江磨刀门水道,经江门新会区大鳌镇北、台山大江镇、开平市,止于恩平沙湖镇,接高恩高速公路和开阳高速公路,全长85.65km。

中阳高速公路江门段,按高速公路标准建设,双向六车道,设计速度120km/h。全线设特大桥12座、大桥25座,主线桥梁共63座;设互通式立交16处(含预留1处);设服务区2处。初步设计概算核定为1227849.16万元。2016年1月30日开工建设。

项目采取BOT+EPC(投资、设计、施工、运营一体化)模式建设,由中电建路桥集团有限公司组建的项目公司中电建(广东)中开高速公路有限公司负责投资建设和经营管理。

2016年1月3日,中阳高速公路江门段开工建设。

(三)中阳高速公路开平—阳春段

中阳高速公路开平至阳春段,线路起于江门开平市百合镇,与中阳高速公路江门段对接。止于阳江阳春市陂面镇。全长80.524km,其中开平市境内3.9km,恩平市境内36.9km,阳春市境内39.724km。

项目按高速公路标准建设,设计速度120km/h,起点至K12+300段双向六车道,路基宽34m,K12+300至终点段双向四车道,路基宽26.5m。全线共设桥梁29座;桥梁占路线29.0%;其中特大桥9座、大桥13座、中小桥7座;共设隧道12座,占路线总长的18.5%,其中特长隧道1座、长隧道5座、中隧道3座、短隧道3座。桥隧总长度38245m,桥隧占路线长度的比例为47.5%。共设互通式立交8处。设服务区2处、停车区1处、养护工区2处、管理分中心1处、收费站5处。

中阳高速公路开平至阳春段,经广东省政府批准,该项目为政府还贷项目,项目代建业主及招标人为广东省南粤交通投资建设有限公司,建设资金为政府自筹和银行贷款。

2016年12月26日,开平至阳春段开工建设。

五、韶关—惠州高速公路翁源至新丰段(S27)

韶惠高速公路翁源至新丰段,起点位于翁源县新江镇的新梁屋,与京港澳高速公路相接,经翁源县周陂镇、回龙镇、新丰县梅坑镇,止于龙门县蓝田乡莲塘,对接大广高速公路,主线全长83.604km,双向六车道,设计速度100km/h,路基宽33.5m。桥梁全长56座17.299km,其中特大桥3座3866m、大桥37座12944.5m、中桥9座684m;特长隧道 2 座 11718.5m、长隧道 3 座 7563m、中隧道 3 座 2041.5m、短隧道 1 座 325m、桥隧比例为 46.8%。设有五龙岭(枢纽)、新江、翁城东、官渡、东三(枢纽)、周陂、沙田、梅坑、潘山下(枢纽)、蓝田北(预留)、莲塘(枢纽)11 处互通式立交;设置新江、梅坑服务区 2 处和官渡停车区 1 处;设置有翁城管理中心 1 处及 2 处养护工区。另设回龙连接线 10.525km,二级公路标准,路基宽度 12m,设计速度 60km/h。

该项目工程是 PPP 社会投资项目,总投资约 128 亿元。由中铁四局集团有限公司、中铁二院工程集团有限责任公司、中铁交通投资集团有限公司投资,成立了广东韶新高速公路有限公司负责建设和管理。

项目 2017 年 6 月 20 日开工建设。

六、珠海—台山高速公路(S36)

珠海—台山高速公路(简称"珠台高速公路"),编号 S36。起点位于珠海市香洲区南屏镇洪湾,对接港珠澳大桥珠海连接线,向西经鹤洲至高栏港高速公路、黄茅海通道至台山市,全长约 73km。

线路在珠海市境内分为 2 个项目:洪鹤大桥工程和鹤州—高栏港高速公路。

珠台高速公路的建设,连通了港珠澳大桥、广澳高速、广佛江高速、珠海机场高速、高栏港高速、西部沿海高速等多条高速公路,加快地区公路网的形成,增强珠三角核心区域对周边地区经济辐射具有重要意义。

(一)洪鹤大桥工程

洪鹤大桥是珠海市鹤州至高栏高速公路中的独立特大桥项目。起于珠海市香洲区南屏镇洪湾,对接港珠澳大桥连接线,并与广澳高速公路珠海段及横琴二桥形成十字交叉,向西跨越洪湾涌、洪湾水道、磨刀门水道至鹤洲,止于与鹤洲至高栏港高速公路相接。项目 2016 年 8 月开工建设(在建)。

1. 主要技术指标和建设规模

洪鹤大桥工程路线长 9.654km,全部为桥梁工程。按高速公路标准建设,双向六车道,设计速度 100km/h。桥涵设计汽车荷载等级:公路—Ⅰ级。桥梁宽度 33m。

洪鹤大桥主桥(跨越洪湾水道和磨刀门主航道)为两座主跨 500m 的斜拉桥,辅航道桥(跨越磨刀门辅航道)为双孔 160m 跨径的连续刚构桥;设洪湾(枢纽)、鹤洲南互通式立交共 2 处,设主线收费站 1 处。

2. 建设情况

(1)建设依据

2015 年 12 月 19 日,广东省发展和改革委员会《关于珠海洪鹤大桥项目核准的批复》。

2016年5月17日,广东省交通运输厅《关于珠海洪鹤大桥初步设计的批复》。

(2)资金来源

项目资本金为总投资的30%,由项目业主自筹资金解决,资本金以外建设资金由项目业主通过银行贷款。

(3)征地拆迁

项目共征用土地489.2亩。

(4)招投标及主要参建单位

为加快项目的推进工作,珠海市交通运输局以《关于洪鹤大桥和鹤洲至高栏港高速公路投资人招标问题的请示》请示珠海市人民政府不再对本项目进行招标,建议将珠海交通集团有限公司作为本项目投资人。2015年8月20日,珠海市交通运输局经报珠海市政府批准,同意由珠海交通集团公司负责投资洪鹤大桥项目的投资、建设和经营管理。

设计单位:中铁大桥勘测设计院集团有限公司。

施工单位:大桥分4个标段同步施工,其中1标段由广东长大公司承建,2标段由中铁大桥局承建,3标段由中交二航局承建,4标段由中铁十一局承建。

(二)鹤州—高栏港高速公路

鹤州至高栏港高速公路位于珠海市香洲区、金湾区,起点对接江珠高速公路,上跨珠海大道,止于高栏港高速公路,路线长34.16km。

该项目为广东省高速公路网"加密联络线"中的第37联,属2013—2017年省高网建设项目。在珠海市综合运输通道规划"三纵两横"布局中,属"横二通道"的组成部分。它的建设对加快地区公路网的建设、实现"泛珠三角经济区"战略发展、区域经济一体化,促进珠海市"双港"建设,加强东西部区域组团的联系和发展具有重要作用。

(1)建设依据

2015年12月19日,广东省发展和改革委员会《广东省发展改革委关于珠海洪鹤大桥项目核准的批复》。

(2)资金来源

项目资本金为总投资的30%,由项目业主自筹资金解决,资本金以外建设资金由项目业主通过银行贷款。

(3)招投标及参建单位

为加快该项目的推进工作,珠海市交通运输局以《关于洪鹤大桥和鹤洲至高栏港高速公路投资人招标问题的请示》请示珠海市人民政府不再对本项目进行招标,建议将珠海交通集团有限公司作为本项目投资人。2015年8月20日,珠海市交通运输局经报市政府批准,同意由珠海交通集团公司负责投资建设洪鹤大桥工程项目。

七、罗定—信宜高速公路(S40)

罗定—信宜高速公路(简称"罗信高速公路"),编号S40。是广东省高速公路网规划的"九纵线"罗阳高速公路与"十纵线"包茂国家高速公路的联络线。东接在建的罗阳高速公路,向西穿过包茂高速公路后向高州市荷花镇延伸至粤桂省界,西接广西壮族自治区规划的北流—南宁高速公路。全长128.53km。估算总造价约158.55亿元。项目于2016年12月26日开工建设。

罗信高速公路是广东通往广西的一条出省通道,同时也是粤西山区和北部湾北部地区通往珠江三角地区的一条经济干线。项目的建设对实现全省"三个定位、两个率先"总体目标,进一步改善粤西北山区交通条件及实现区域协调发展有着重要意义。

(一)主要技术指标和建设规模

主线按高速公路标准建设,双向四车道,设计速度100km/h。设有桥梁135座,其中特大桥9座、大桥107座;设置隧道9座,其中特长隧道1座、长隧道4座、中隧道2座、短隧道2座。桥隧总长度65390m,占路线长度的51%。共设互通式立交12处;设服务区3处、停车区2处,养护工区3处,管理中心和管理分中心各1处;收费站11处。

(二)建设情况

1. 建设依据

2009年12月,广东省委省政府《关于促进粤西地区振兴发展的指导意见》。

2015年8月21日,广东省交通运输厅委托省交通集团做好该项目前期工作。

2015年9月15日,广东省交通集团确定广东省公路建设有限公司开展罗定至信宜(粤桂界)高速公路项目前期工作。

2015年10月,成立罗信高速公路项目筹建处。

2015年11月,完成工程可行性研究报告,2015年11月27日广东省交通运输厅对工程可行性研究报告提出评审意见,12月完成项目工可修编工作。

2. 资金来源

项目公司自筹资金634196万元,作为项目资本金,占项目总投资的比例为40%,其余60%的建设资金由银行贷款。

3. 征地拆迁

征地拆迁与设计工作同步进行。

4. 招投标及主要设计、施工、监理单位

2016年1月29日,完成项目设计招标。先行工程于2016年12月底开工。

设计单位:中交公路规划设计院有限公司、广东省交通规划设计研究院股份有限公司、安徽省交通规划设计研究总院股份有限公司和北京交科公路勘察设计研究院有限公司。

八、怀集—郁南高速公路(S59)

怀集—郁南高速公路(简称"怀郁高速公路"),编号S59。路线起于肇庆市怀集县岗坪镇(接二广高速公路怀集支线),向南经过梁村镇,封开县长安镇、杏花镇、长岗镇,郁南县都城镇,止于郁南县平台镇与广梧高速公路相接,路线全长105.966km。分两期立项施工建设。

一期工程路线起于肇庆市怀集县岗坪镇(接二广高速公路怀集支线),向南经过梁村镇,止于封开县长岗镇(设置欧垌互通,接在建广佛肇高速公路),路线全长约91.5km。其中怀集县0.9km,封开县90.6km。先行工程于2016年12月30日开工建设。

二期工程路线起于封开县长岗镇设置的欧垌互通,路线向南跨国道G321和西江之后进入云浮市郁南县平台镇与广梧高速公路相接。路线全长14.6km,封开县3.98km,郁南县10.641km。先行工程于2016年12月开工建设。

该项目连通广佛肇(怀集)经济合作区、中山市大涌镇(怀集)产业转移工业园、广州黄埔(封开)产业转移园、顺德龙江(德庆)产业转移工业园、云浮双东环保工业园、两广合作怀集—八步试验区、粤桂合作特别试验区、珠江—西江经济带等众多重要产业区带,构筑了一条纵贯广东省西部地区的南北向大通道,带动沿线地区经济发展具有重大意义。

(一)主要技术指标和建设规模

一期工程按高速公路标准建设,双向四车道,设计速度100~120km/h。二期按高速公路标准建设,双向四车道,设计速度100km/h。全线设有特大桥1座、大桥50座、中桥20座;长隧道1座。

(二)建设情况

1. 建设依据

2015年12月28日,广东省发展和改革委员会《广东省发展改革委关于怀集至阳江港高速公路怀集至郁南段一期工程可行性研究报告的批复》。

2016年8月4日,广东省发展和改革委员会《广东省发展改革委关于怀集至阳江港高速公路怀集至郁南段二期工程可行性研究报告的批复》。

2. 资金来源

项目投资总额为103.783亿元,按政府还贷模式实施"省市共建"。

3. 征地拆迁

一期工程征地拆迁总包干协议于2016年8月23日签署。

4. 招投标和主要设计、施工、监理单位

一期先行工程于2015年12月30日开工建设,全线工程土建招标工作于2017年4月完成;二期先行工程于2016年12月开工建设。

一期工程勘察设计单位:广东省交通规划设计研究院股份有限公司、中交第一公路勘察设计研究院有限公司、中交公路规划设计院有限公司、中国公路工程咨询集团有限公司。二期工程勘察设计单位:中交公路规划设计院有限公司。

施工单位:中铁十七局集团有限公司、中交二公局第三工程有限公司、中铁大桥局集团有限公司等十一个单位。

九、玉林—湛江高速公路广东段(S63)

玉林—湛江高速公路广东段,编号S63,是广东省高速公路网规划中广东连接广西的出省通道,线路起于廉江市和寮镇,往南经和寮、新民镇与汕湛高速公路兰海连接线交叉,往东南进入遂溪县黄略镇与沈海高速公路交叉,并与沈海高速公路共线至高阳,经湖光农场跨湛江港湾至东海岛,止于民安镇,与东海岛至雷州高速公路衔接。线路全长121.216km,其中主线长113.616km(新建里程为98.936km,与沈海高速公路共线里程为14.68km),海田支线全长7.6km。估算投资141.829亿元。2016年12月20日先行工程开工建设,2017年6月全线开工建设。

(一)主要技术指标和建设规模

全线建设桥梁96座;互通式立交15处、分离式立交1处;服务区3处、停车区3处、管理中心1处;收费站12处。另设和寮连接线,长1.216km。

主线新建段及海田支线按高速公路标准建设,双向四车道,与沈海高速公路共线段按八车道标准扩建,路基宽度42m。设计速度120km/h。

(二)建设情况

1. 建设依据

2016年11月7日,广东省交通运输厅发文,将该本项目移交给中国交通建设股份有限公司投资建设。2016年12月20日,中国交通建设股份有限公司举行湛江段开工仪式。

2.资金来源

项目由中国交通建设股份有限公司投资建设。

十、大埔—丰顺—五华高速公路(S68)

大(埔)丰(顺)(五)华高速公路,编号S68。该路起于大埔粤闽界,经大埔、丰顺县,止于五华县横坡镇,接济广高速公路,全长145.929km,投资估算131亿元。全线采用高速公路技术标准,双向四车道,设计速度100km/h。大埔段27.8km,于2015年12月29日开工建设。五华至丰顺段40.6km,于2016年12月12日开工建设。

十一、潮汕环线高速公路(S85)

潮汕环线高速公路(含揭阳联络线),编号S85,是广东省"九纵五横两环"高速公路主骨架网中的加密线,也是《汕头市干线道路网规划》中"二纵三环九射"干线路网中"三环"的第二环线。

潮汕环线高速公路位于汕头市区外围,呈半环形穿过粤东汕头、潮州、揭阳三市共6个区县,与沈海高速公路(汕汾、深汕)一起构筑潮汕地区的高速公路环线;同时,串接了深汕、汕湛、潮惠、汕梅、汕汾5条高速公路和2条国道、8条省道,连接揭阳潮汕机场、汕头海港及厦深铁路站场,在潮汕平原形成了联系粤东各市区(县)域之间的快速通道。

潮汕环线高速公路全长82.23km(不含与汕梅共线的10.843km)其中主线58.66km,潮汕联络线15.718km,澄海连接线7.851km。总投资约130亿元,由广东省南粤交通投资建设有限公司投资建设。项目分两期立项、同步建成推进。

一期工程主线长约35.947km,设置隧道4处;桥梁11座,其中特大桥5座、大中桥6座;互通式立交9处(含6处服务型互通式立交,3处枢纽互通式立交);桥隧比为93.5%。潮汕连接线长约15.152km,设桥梁8座,其中特大桥3座、大桥及中桥5座;桥梁占路线长度比例82%。总投资约100亿元。2015年12月29日,一期工程先行段开工建设。

二期工程主线长约20.46km,汕梅高速公路共线段长约10.8km,澄海连接线长约8.8km。全线共设置桥梁7座,其中特大桥3座、大桥2座、中桥2座;设互通式立交5处。二期工程于2016年12月26日开工建设。

十二、深圳外环高速公路(S86)

深圳外环高速公路,编号S86,是广东省"九纵五横两环"高速公路主骨架网中的重要组成部分,也是深圳市"七横十三纵"高快速道路网重要"一横",西起于广深沿江高速公路,向东经深圳沙井、光明、东莞凤岗、深圳龙岗、坪山、葵涌等街道,止于与盐坝高速公路相接。深圳外环项目全长92.86km,其中深圳段全长75.8km,东莞段17.4km。

深圳外环高速公路分2段建设:深圳外环高速公路深圳段(一期、二期工程),全长75.8km,由深圳市负责建设;深圳外环高速公路东莞段,全长17.02km,由东莞市负责建设。

(一)深圳外环高速公路深圳段(一期、二期工程)

深圳外环高速公路深圳段长75.8km,概算总投资205.94亿元。2014年9月1日开工建设。

1. 主要技术标准及建设规模

深外环高速公路深圳段全线规划共设互通式立交22处,其中预留互通8处;共设桥梁52座,总长32958.9m;共设隧道8座,总长6660m。桥隧总长39618.9m,占深圳路线长度的比例为52.1%。

深圳段一期工程路线长51km。沿线设特大桥、大桥38座、中桥11座;主线隧道5座;互通式立交12处;设管理中心1处;匝道收费站9处;养护工区2处;停车区1处;集中住宿区2处。

深圳段二期工程路线长约9.35km。设特大桥及大桥(含分离式主线跨线桥)7座、中桥2座;互通式立交3处,预留宝龙互通调整同步实施。设临时主线收费站1处,横岭服务区1处。

深圳外环高速公路按高速公路标准建设,双向六车道。一期设计速度100km/h,二期设计速度80km/h。

2. 建设情况

(1)建设依据

2014年6月19日,广东省发展和改革委员会《广东省发展改革委关于深圳外环高速公路项目核准的批复》。

2014年7月21日,广东省交通运输厅批复初步设计。

(2)资金来源

深圳外环高速公路是深圳首个PPP模式(Public-Private Partnership)的收费公路投资项目。由深圳市特区建设发展集团有限公司代表深圳市人民政府,联合深圳高速公路股份有限公司共同投资建设。

(3)征地拆迁

深圳外环高速公路项目宝安段征地面积共6871.95亩、拆迁房屋面积共78.3万 m^2。该项目由沿线各区(新区)政府负责征地拆迁工作。

(4)招投标

外环高速公路项目公开招标,中交第二工程局有限公司、中铁大桥局集团有限公司、广东省长大公路工程有限公司等9个单位中标。由深圳高速公路股份有限公司为项目业主,负责对该项目深圳段的投资、建设、经营管理工作。

3. 科技创新

(1)基于全寿命周期的路面建养一体化设计

结合深圳外环高速公路建设,从路用性能和寿命周期费用的角度出发,研究提出适用性强的、系统可行的全寿命周期路面建养一体化设计与优化方法,在确定路面结构时,综合考虑结构、材料、荷载、环境、经济等多个因素,力求达到结构设计与材料设计的统一,力学性能与使用性能的统一,技术指标和经济指标的统一;并以经济指标为优化条件,通过寿命周期费用分析来选择既能满足力学指标又能满足使用性能指标的、最经济合理的结构厚度组合方案以及最佳养护时机和最佳养护策略。该课题为广东省交通运输厅科技计划项目。

(2)高密度交叉条件下多车道高速公路安全评价与优化技术研究

深外环高速公路在深圳市和广东省路网中都具有重要的地位。深外环高速公路约35.67km,共设置9处互通式立交,其中1处预留,不考虑预留互通的情况下,互通式立交的平均间距约为5km,互通最小净距为1.1km。从分析结果来看,交通量大、互通式立交密度大、运行环境复杂将是深外环高速公路突出的特点。

通过开展高密度交叉条件下多车道高速公路安全评价与优化技术研究,提出深外环高速公路项目安全性评价总体结论和交通组织方案,为深外环总体方案优化提供技术支撑。

(3)隧道与立交安全间距专题研究

深圳外环高速公路宝安至龙岗段玉律立交、高桥立交出口匝道分别与长流坡隧道、红花岭隧道出口距离不满足1km,为了保障的行车安全,进行了隧道与立交安全性评价及优化技术研究。

通过大量的工程实例现场调研、理论建模计算及行车仿真分析等手段,对隧道与立交安全间距进行的专题研究,研究结论和提出的改善措施对深圳外环高速公路施工图阶段的设计具有较高的指导作用。

(二)深圳外环高速公路东莞段

深圳外环高速公路东莞段,全长17.064km,概算投资487715.35万元,2015年9月28

日开工建设。

1. 主要技术指标和建设规模

东莞段全线采用高速公路标准,设计速度 100km/h。设特大桥 2 座、大桥 8 座;设中隧道 2 座;互通式立交 5 处。设管理中心(与服务区合建 1 处)、养护中心 1 处、收费站 2 处。

2. 建设情况

(1)建设依据

2014 年 6 月 19 日,广东省发展与改革委员会批复深圳外环高速公路项目立项。

(2)资金来源

东莞段采用 PPP 模式,由东莞市政府分期注入资本金的方式推进项目建设。东莞段由东莞市路桥投资建设有限公司担任项目业主,由东莞市新凤塘投资有限公司负责投资建设和经营管理。

(3)征地拆迁

东莞段于 2014 年 10 月 30 日前与沿线各镇签订了征地拆迁工作协议。

(4)招投标

外环高速公路项目通过公开招标,并经东莞市政府批准,确定深圳高速公路东莞段参建单位。

(5)主要设计、施工、监理单位

设计单位:东莞市路桥投资建设有限公司通过公开招标确定东莞段的勘察设计由中国公路工程咨询集团有限公司负责。

施工单位:东莞段施工先行段,中标单位为江西有色建设集团有限公司。

监理单位:公开招标确定东莞段的工程地质勘察监理由广东省冶金设计建筑设计研究院负责。

2016 年 3 月 4 日,施工监理公开招标,育才-布朗交通咨询监理有限公司中标。

第二十三节　广州市域内地方高速公路

广州市高速公路建设始于 1987 年(北环高速公路),至 2016 年底,广州市境内有地方高速公路 8 条(含在建项目),分别是:华南快速路(S4)、花莞高速公路(S18)、东新高速公路(S39)、广州新机场高速公路(S41)、南沙港快速路(S73)及鱼黄支线(S76)、广州东南西环城高速公路(S81)、新化快速路(S8111)、广园快速路(S102)。

一、华南快速路(S4)

华南快速路,又称为"华快",编号S4,位于广州市,为一条城市快速路,初时称为华南大道。北起于白云区太和与G4京港澳高速公路相连,南止于番禺大桥,全长48.573km,设计速度80km/h。华南快速路分三期建设:

第一期由番禺大桥至天河区广汕公路,沿线跨越南环高速公路、新港路、黄埔大道、中山大道、广园东路、北环高速公路、广汕公路,全长15.6km,双向八车道,设有土华、新洲、黄埔、中山、广园等互通式立交桥及收费站。于1999年9月建成通车。

第二期由天河区岑村立交至白云区太和镇,沿线跨越广汕公路龙洞路段,穿过太源山,在太和镇东面互通北二环后与京港澳高速公路对接,全长约15.3km,天河区路段双向八车道,白云区路段双向六车道,设计速度60~80km/h,设有岑村、龙洞、春岗、太和4座大型互通式立交,大源山建有长610m的双向六车道隧道。2002年9月25日开工建设,2004年底建成通车,总投资约14亿元。

第三期由广州市隧道开发公司华南(香港)快速公路发展有限公司于2002年9月签署《关于合作建设和经营华南路第三期项目协议》投资建设。该项目起于白云区龙洞村春岗立交,沿线通过立交连通了广花高速公路、新机场高速公路、106国道、广从一级公路、广汕公路等,止于黄石鸦岗,全长17.673km,双向六车道,设计速度80km/h。全线主线设大桥高架桥9座、中桥5座、隧道2座、分离式立交3座,于2004年动工,2007年建成通车。工程总投资20亿元(2016年广东省交通运输厅发文将华南快速路第三期改为广佛肇高速公路起始路段,因此,该段里程列为共线)。

二、花莞高速公路(S18)

花都—东莞高速公路(简称"花莞高速公路"),属广州市高快速路网中的第七条重要公路。该路起于广州新白云国际机场南出口,经白云区、黄埔区、增城区,止于增城石滩镇东江附近,与珠三角环线高速公路连接,全长65.18km。由广州市高速公路有限公司下设花莞高速公路项目管理处负责建设和管理。2014年8月开工建设。

花莞高速公路的建设将增强新白云机场对东莞客货源的吸引力,并缓和广州北二环高速公路的交通压力,促进黄埔区及增城经济开发区的发展。

(一)主要技术指标和建设规模

全线按高速公路标准建设,双向六车道,设计速度100km/h。主线设桥梁53座,其中:特大桥12座、大桥30座;互通式立交16处;服务区1处;管养中心1处;集中住宿区1处。

(二)建设情况

1. 建设依据

2014年6月,广东省发展和改革委员会批复花莞高速公路项目核准。2015年6月,广州市交通委员会批复花莞高速公路初步设计。

2. 资金来源

花莞高速公路项目批复概算为140.41亿元。项目资本金由业主自筹,资本金以外的建设资金通过银行贷款。

3. 征地拆迁

全线分别签订征地拆迁协议,白云区段与广州市白云区人民政府征地办公室签订,黄埔区段与广州经济技术开发区、黄埔区九龙镇人民政府和中新广州知识城土地开发中心签订,增城区段与中新镇政府、仙村镇政府、石滩镇政府、永宁街道办和增城区土地开发储备中心签订。

4. 招投标

花莞高速公路有2个标段已开工建设。

三、东新高速公路(S39)

广州芳村—番禺东新高速公路(简称"东新高速公路"),编号S39。该路起于广州市荔湾区东沙大道和南环高速公路,向南经番禺区的洛浦街、沙湾镇、大岗镇和佛山顺德区大良镇,止于番禺区大岗镇新联,全程46.69km。2005年5月16日,广东省交通厅印发《关于广州东沙至新联高速公路的初步设计审查意见的函》批复东新高速公路初步设计。东联高速公路双向六至八车道,设计速度80~100km/h,其中起点至金山互通立交段设计速度80km/h。沿线设东沙、南浦、新客站、禺山、沙湾、五沙、新联工业园7个匝道收费站。2005年10月28日开工建设,2010年12月31日建成通车。

四、广州机场高速公路(S41)

广州机场高速公路由大广高速公路G45广州段及S41路段组成,分别与京港澳高速公路(G4)、街北高速公路(G45、S16)、乐广高速公路(G4W3)、北三环高速公路(G94)北二环高速公路(G15、G1501)、华南快速路(S4)、广州环城高速公路(S81、S15)、内环路相连接,是一条连接广州北部地区、新白云国际机场的交通枢纽。南段起于广州市三元里,通过左右线高架至新市合龙至平沙落地,经罗岗、跨流溪河,在蚌湖东北侧与北二环高速公路交叉,经黄榜岭跨106国道至凤和庄连接机场,全长23.68km。北段由新机场互通南侧起,经草塘庄、连子帘,止于京珠高速公路的北兴,全长26.79km。全线全长50.47km。[详细情况见第三章第十二节大庆—广州高速公路广东段(G45)"三、广州机场高速公路"]。

五、南沙港快速路(S73)及鱼黄支线(S76)

广州南沙港快速路由主线和鱼黄支线组成,全长72.4km,其中主线南沙港快速路,编号S73,起于广州环城高速公路仑头立交,止于南沙区龙穴岛深水港,线路全长65.4km;鱼黄支线,编号S76,起于广州南沙港快速路细沥立交,止于南沙区黄阁镇市南路,线路全长约7km。主线在2003年1月开工建设,2004年12月31日建成通车;支线2004年10月开工建设,2005年12月28日建成通车。

广州南沙港快速路途经海珠区、大学城、番禺区和南沙新区,先后与金山大道、亚运大道、市南路、南沙大道、番中公路、广州绕城公路南环段、东新高速公路、广珠高速公路东线等多条城市主干道、高快速路相交,并通过环城高速公路与全省的高速公路网连接。由南到北形成一条快速通道,对于广州城区"南拓",加快南沙自由贸易区发展,增强广州作为中心城市的综合竞争能力具有重要意义。

广州南沙港快速路由广州环龙高速公路有限公司(简称"环龙公司")负责运营管理。

(一)主要技术指标和建设规模

南沙港快速路主线由起点仑头至南沙大道段全长25km,双向八车道,路面宽度31m;由南沙大道至终点龙穴岛全长40km,双向六车道;支线由细沥立交至终点黄阁全长约7km,双向六车道,设计速度80~100km/h。全线设有桥梁116座。其中,特大桥24座、大桥22座(表4-23-1)。沿线设仑头、大学城、七星岗、亚运城、市南路、鱼窝头、细沥、黄阁、庙贝沙、苏十顷、福安、沥心沙以及新龙13个收费站。

(二)建设情况

1. 建设依据

2002年1月24日,广东省发展计划委员会《关于广州南部地区(仑头至龙穴岛)快速路项目项目建议书的批复》。

2002年,广州市建设委员会《关于广州南部地区快速路仑头至金山大道段主体工程两阶段初步设计的批复》及《关于广州南部地区快速路金山大道至新龙特大桥段主体工程两阶段初步设计的批复》。

广州南沙港快速路主要桥梁表

表 4-23-1

序号	桥梁分类	桥梁名称	起止桩号	桥梁长度(m)	桥面宽度(m)	车道数	设计汽车荷载等级	通车时间	备注
1	大桥	仑头立交主线桥	K0+437~K1+218	781	31.00	8	城市—A级	2004年12月	
2	特大桥	赢洲高架桥	K0+218~K2+928	1710	31.00	8	城市—A级	2004年12月	
3	特大桥	官洲特大桥	K2+928~K3+764	925	31.00	8	城市—A级	2004年12月	
4	特大桥	新造立交主线桥	K3+764~K5+106	1342	31.00	8	城市—A级	2004年12月	
5	特大桥	珠江特大桥	K5+106~K6+787	1681	31.00	8	城市—A级	2004年12月	
6	大桥	汉溪路大桥	K7+925~K8+163	229	31.00	8	城市—A级	2004年12月	
7	特大桥	南村镇高架桥	K8+261~K9+910	1649	31.00	8	城市—A级	2004年12月	
8	大桥	北二环路大桥	K13+088~K13+368	280	31.00	8	城市—A级	2004年12月	
9	大桥	水濂大桥	K14+015~K14+345	330	31.00	8	城市—A级	2004年12月	
10	大桥	茶东大桥	K14+710~K15+418	708	31.00	8	城市—A级	2004年12月	
11	大桥	市莲特大桥	K15+418~K16+411	993	31.00	8	城市—A级	2004年12月	
12	特大桥	清河特大桥	K17+006~K18+336	1330	31.00	8	城市—A级	2004年12月	
13	特大桥	沙湾特大桥	K19+050~K21+497	2447	31.00	8	城市—A级	2004年12月	
14	特大桥	市南路特大桥	K21+497~K22+730	1233	31.00	8	城市—A级	2004年12月	
15	特大桥	骝岗特大桥	K23+452~K24+518	1066	31.00	8	城市—A级	2004年12月	
16	大桥	鱼窝头特大桥	K25+639~K26+409	770	31.00	8	城市—A级	2004年12月	
17	大桥	马兀大桥	K27+640~K28+020	380	25.50	6	城市—A级	2004年12月	
18	大桥	马兀特大桥	K28+328~K29+080	753	25.50	6	城市—A级	2004年12月	
19	特大桥	细沥立交高架桥	K29+080~K30+084	1004	25.50	6	城市—A级	2004年12月	
20	特大桥	细沥高架桥	K30+084~K31+334	1250	25.50	6	城市—A级	2004年12月	
21	特大桥	高沙河特大桥	K31+334~K32+592	1258	25.50	6	城市—A级	2004年12月	
22	大桥	郎口大桥	K33+047~K33+302	255	25.50	6	城市—A级	2004年12月	
23	特大桥	蕉门特大桥	K33+645~K36+770	3125	25.50	6	城市—A级	2004年12月	

续上表

序号	桥梁分类	桥梁名称	起止桩号	桥梁长度(m)	桥面宽度(m)	车道数	设计汽车荷载等级	通车时间	备注
24	大桥	潭州大桥	K37+143~K37+673	530	25.50	6	城市—A级	2004年12月	
25	特大桥	潭州沥特大桥	K38+158~K39+012	854	25.50	6	城市—A级	2004年12月	
26	特大桥	上横沥特大桥	K39+495~K40+410	915	25.50	6	城市—A级	2004年12月	
27	特大桥	横沥立交主线桥	K40+590~K41+974	1384	25.50	6	城市—A级	2004年12月	
28	特大桥	下横沥大桥	K41+974~K43+927	1953	25.50	6	城市—A级	2004年12月	
29	大桥	一涌大桥	K46+038~K46+458	420	25.50	6	城市—A级	2004年12月	
30	特大桥	苏十顷高架桥	K47+005~K49+960	2955	25.50	6	城市—A级	2004年12月	
31	特大桥	五、六涌大桥	K49+960~K51+038	1078	25.50	6	城市—A级	2004年12月	
32	大桥	七涌大桥	K51+659~K52+165	506	25.50	6	城市—A级	2004年12月	
33	大桥	八涌大桥	K52+876~K53+456	580	25.50	6	城市—A级	2004年12月	
34	大桥	九涌大桥	K54+025~K54+705	680	25.50	6	城市—A级	2004年12月	
35	大桥	十涌大桥	K55+358~K55+888	530	25.50	6	城市—A级	2004年12月	
36	特大桥	十一涌特大桥	K56+585~K57+730	1145	25.50	6	城市—A级	2004年12月	
37	大桥	十二涌大桥	K57+730~K58+070	340	25.50	6	城市—A级	2004年12月	
38	特大桥	十三、四涌特大桥	K58+628~K60+705	2077	25.50	6	城市—A级	2004年12月	
39	特大桥	十五涌特大桥	K60+705~K61+823	1118	25.50	6	城市—A级	2004年12月	
40	大桥	十六涌大桥	K61+823~K62+588	765	25.50	6	城市—A级	2004年12月	
41	特大桥	新龙特大桥	K63+770~K66+256	2486	25.50	6	城市—A级	2004年12月	
42	特大桥	细沥高架桥	K1+781~K2+796	1015	25.50	6	城市—A级	2005年12月	
43	特大桥	万州高架桥	K2+796~K3+846	1050	25.50	6	城市—A级	2005年12月	
44	特大桥	长莫高架桥	K3+846~K5+106	1260	25.50	6	城市—A级	2005年12月	
45	大桥	罾岗涌大桥	K5+106~K5+942	836	25.50	6	城市—A级	2005年12月	
46	大桥	莲溪高架桥	K5+942~K6+883	941	25.50	6	城市—A级	2005年12月	

2004年,广州市建设委员会《关于南部快速路鱼窝头—黄阁支线道路两阶段主体工程初步设计的批复》。

2004年,广东省发改委《关于调整广州南部地区(仑头至龙穴岛)快速路项目可行性研究报告的批复》。

2. 资金来源

由广州永达高速路有限公司与香港永冠国际有限公司、英属维尔京群岛统一凯旋有限公司分别按49%、45%、6%的股权出资建设。

3. 征地拆迁

广州永达高速路有限公司于2003年5月26日与广州市土地开发中心签订《广州南部快速路海珠区路段、大学城小谷围岛路段、南沙开发区路段委托征地拆迁合同》,于2003年3月25日与广州市道路扩建工程办公室签订了《广州南部快速路番禺区段(大学城小谷围岛除外)征地拆迁承包合同》,同年,与广州市番禺区征地拆迁办公室签订了《广州南部地区快速路番禺区段(不含新造镇)征地拆迁委托协议》。

4. 招投标

广州南沙港快速路项目的设计、监理、土建工程施工全部在广州市建设工程交易中心面向全国公开招标。

5. 主要设计、施工、监理单位

设计单位:铁道部第二勘测设计院、广州市政设计研究院。

施工单位:中铁三局集团有限公司、中铁大桥局集团第三工程有限公司、中港四航局第一工程公司、路桥华南工程有限公司等35个单位。

监理单位:广州市穗高工程监理有限公司、广东广梅汕建设监理有限公司、铁科院监理公司。

(三)复杂技术工程

1. 珠江特大桥

珠江特大桥总长1021m(K5+106~K6+127),由上下游两幅桥组成,桥跨布置为6×30m+3×45m+138m+250m+138m+4×45m。其中主跨为250m预应力钢筋混凝土箱梁结构,在国内同类型桥梁中名列前茅。桥梁具有桩长、承台体积大、墩高、跨度大、混凝土等级强度高等特点。

2. 新龙特大桥

新龙特大桥全长2486m(K63+770.007~K66+256.007),桥梁孔径布置为26×30m

$+ 4 \times 50m + 110m + 200m + 110m + 6 \times 50m + 26 \times 30m$,其中跨越龙穴南水道主桥采用 $110m + 200m + 110m$ 现浇预应力混凝土连续刚构,设置一个通孔;引桥为 30m、50m 预制预应力混凝土 T 梁。主桥基础为 $\phi2.5m$ 大孔径深水基桩,长度在 52～59m;双幅分离式承台,横桥向宽度为 13m,纵桥向宽度为 15m,承台之间间距为 1.75m,承台厚 4m。

(四)运营管理

1. 运营公司

广州环龙高速公路有限公司属中外合作企业。其中广州永达高速路有限公司占股权的 49%;永冠国际有限公司占股权的 45%;统一凯旋有限公司占股权的 6%。公司管理模式是董事会领导下的经营班子负责制。

2. 收费站点

广州南沙港快速路自 2005 年 1 月 31 日开始运营收费,共有 13 个收费站,分别为仑头、大学城、七星岗、亚运城、市南路、鱼窝头、细沥、黄阁、庙贝沙、苏十顷、福安、沥心沙、新龙(表 4-23-2)。2015 年 7 月在全线收费站实现了 ETC 全国联网收费。

收费站点设置情况表　　　　表 4-23-2

站点名称	车道数		收费方式
	出口	入口	
仑头	19	11	人工 + ETC
大学城	12	7	人工 + ETC
七星岗	5	7	人工 + ETC
亚运城	4	10	人工 + ETC
市南路	4	5	人工 + ETC
鱼窝头	5	3	人工 + ETC
细沥	4	3	人工 + ETC
黄阁	4	2	人工 + ETC
庙贝沙	6	4	人工 + ETC
苏十顷	5	3	人工 + ETC
福安	3	2	人工 + ETC
沥心沙	3	2	人工 + ETC
新龙	20	6	人工 + ETC
合计	94	65	人工 + ETC

3. 车流量

车流量发展情况见表 4-23-3。

车流量发展情况表 表4-23-3

年份(年)	车流量(辆)	日均车流量(辆)	年份(年)	车流量(辆)	日均车流量(辆)
2005	9616800	28707	2011	26280036	72000
2006	15925000	43630	2012	27378263	74804
2007	22108761	60572	2013	28245962	77386
2008	24654964	67363	2014	30979653	84876
2009	24764854	67849	2015	33965316	93056
2010	27405630	75084			

4. 养护管理

(1)完善养护组织体系。日常养护工作、专项工程及大中修工程从2011年的合同管理、邀请招标管理逐步过渡到2014年全部实行公开招标，从而使公路养护工作转向专业化、机械化、市场化发展，不断提高养护资金使用和公路养护质量。

(2)制定养护管理制度。公司制定了《大中修养护工程管理办法》《桥梁养护管理工作制度》《养护质量与考评管理办法》等系列养护管理制度，并严格按照制度开展各项养护工作，持续推进公司养护管理制度化、规范化、专业化步伐。

(3)应用信息化养护管理系统。以高速公路路产养护管理系统为平台，通过路况巡视、桥涵日常巡视、桥涵定期检查以及公路技术状况评定等方式，不断更新管理系统，及时掌握广州南沙港快速路养护质量和服务水平。

(4)落实预防性养护工作。遵循"预防为先，科学管理"的原则开展道路预防性养护工作，降低维修成本。

(5)加强大中修专项工程管理。环龙公司制定了《大中修养护工程管理办法》及《工程外包管理办法》等。对工程在实施前，委托设计单位进行施工图设计，并组织召开设计评审会，确定最终的设计方案。方案确定后，公司根据年度计划进行综合管养项目（含中修项目）公开招标。工程实施期间，工程部对中修项目下达任务单，并进行质量监管。

5. 路政管理

南沙港快速路路政大队于2010年成立，主要负责广州南沙港快速路（包括主线粤高速公路S105及支线粤高速公路S302）路政管理工作。主要职能是贯彻国家有关公路管理法律法规、依法保护路产、维护路权、控制区管理、施工监督管理、许可申报、路政管理档案等。在开展日常工作中积极探索和推行"预防性管理"，提出"管理前置、事前预防、主动应对"的管理模式，路政积极协调建立与高速公路交警路警联动机制、与区域内相邻路段路路合作关系、与交通综合执法互报查处机制、与社区警务室路地联合机制、与沿线村委"属地"互助协作机制。通过建立和推行联动机制，提高了南沙港快速路路政大队的公共服务与行政执法水平。

路政大队下设两队一室：一中队、二中队、内业室。一中队负责全线路面的巡查和路面的日常管理，二中队负责公路用地（桥下空间）及建筑控制区的巡查与管理，内业室负责档案管理及施工审批等日常事务。

（五）企业文化建设

1. 开展企业精神文明建设

一是以职工之家建设为契机，设立阅览室、小休室、电脑室、健身室以及室外运动场所，丰富了员工的业余生活。

二是积极开展劳动竞赛。积极创新竞赛模式，调动员工的积极性，通过全员参与竞赛涌现了一批又一批的业务骨干，岗位能手。

三是环龙公司根据广大员工的爱好，成立了10大文体协会，每个协会均有组织、有经费、有活动，丰富员工文体生活。

2. 开展公司特色企业文化建设

一是开展以"为广州建设大交通，让员工生活更愉快"为主题的企业文化建设。通过开展"友善"服务，客户满意度调查活动，在节假日开展"保畅"工作，同时开展生日会，节日联欢会，对困难员工进行困难救助，开办各项业务培训等，增强员工对公司的认同感，提升企业凝聚力。

二是开展以"阳光心态 和谐企业"为主题的企业文化建设。组织全体员工观看阳光心态视频，开展以"阳光心态 和谐企业"为主题的全员拓展培训活动，公司领导班子深入一线调研、座谈和谈心等活动，了解基层员工的所思所想，为员工解决实际问题。

三是开展"优质团队 活力交投"为主题的企业文化建设。公司借助书记项目，开展团队建设，利用团队力量，完成各项业务工作。

3. 加强廉政建设，促进公司健康发展

环龙公司积极开展"三严三实"专题教育，严格执行党风廉政建设的规定，坚持落实"两个责任"，建立健全企业内控机制，积极推进廉洁文化建设。

4. 环龙公司2004—2015年获省（部）级以上主要奖励情况

（1）2008年11月，获全国实施卓越绩效模式先进企业。

（2）2009年2月，获2008年全国交通企业管理现代化创新成果优秀奖。

（3）2009年9月，大学城站获2007—2008年度广东省青年文明号。

（4）2011年12月，亚运城收费站获2011年度广东省青年文明号荣誉称号。

六、广州东南西环城高速公路(S81)

广州东南西环高速公路,编号 S81,是广州市环城高速公路的组成部分,由东环线、南环线、西环线三段组成。广州市东南西环高速公路于 1997 年建成通车,原由广州东南西环高速公路有限公司营运部负责管理养护。从 2007 年 9 月 21 日起停止收费,纳入广州城区年票制范围。

(一)主要技术指标和建设规模

该项目道路等级由高速公路调整为城市快速路,全长 37.74km,主线双向六车道,设计速度 100km/h。主线桥梁 27 座,其中特大桥 12 座、大桥 6 座(表 4-23-4)。

工程分三期建设:

第一期:东南西环线第一期工程广氮立交至三滘路段,长 17.50km,1996 年 11 月动工,1999 年 2 月建成通车。

第二期:工程三滘至浔峰洲立交路段,长 19.8km,1998 年 10 月动工,2000 年 6 月 26 日全线建成通车。

第三期:丫髻沙特大桥段,为西南环控制工程,该桥全长 1084m,设计速度 100km/h,双向六车道,全封闭、全立交。跨越珠江主航道,大桥于 1998 年 7 月动工,1999 年 10 月 24 日主体合龙。2011 年 12 月竣工。

(二)建设情况

1. 建设依据

1992 年,广州市计划委员会《关于广州市东南西环高速公路合作项目可行性研究报告的批复》。

1993 年,广州市城乡建设委员会按照《关于广州环城高速公路东南西环线初步设计的批复》确定建设规模、技术标准、跨江大桥、互动式立交、环评绿化要求、总概算等。广州市建设委员会以《关于环城高速公路广氮至沥滘段设计方案的批复》进行了批复。

1998 年,广东省计划委员会、广东省建设委员会以《关于下达我省一九九八年重点项目计划的通知》批准工程施工。

2. 资金来源

广州东南西环高速公路项目投资总额为 45 亿元人民币。1992 年 11 月,广州市计划委员会发文确定广州东南西环高速公路由广州市高速公路总公司与香港合和环穗公路有限公司合作兴建。1996 年 5 月,广州市委、市政府决定,合和引进长江实业集团共同投资建设东南西环高速公路东南段。

第四章
地方高速公路

广州东南西环高速公路主要桥梁(主线)表

表 4-23-4

序号	桥梁分类	桥梁名称	起止桩号	桥梁长度(m)	桥面宽度(m)	车道数	设计汽车荷载等级	备注
1	特大桥	高架桥	DK24+467.891~DK26+821.040	2353.149	32.5	6	汽车-超20级,挂车-120	
2	大桥	东圃互通立交南主线桥	DK27+441.814~DK27+788.300	346.486	32.5	6	汽车-超20级,挂车-120	
3	特大桥	东圃特大桥	DK27+788.300~DK28+881.800	1093.5	32.5	6	汽车-超20级,挂车-120	
4	大桥	新洲互通立交桥	DK28+881.800~DK29+583.570	701.77	32.5	6	汽车-超20级,挂车-120	
5	大桥	黄埔涌大桥	DK30+200.220~DK30+663.520	463.3	32.5	6	汽车-超20级,挂车-120	
6	特大桥	石榴岗河特大桥	DK33+064.320~DK34+355.760	1291.44	32.5	6	汽车-超20级,挂车-120	
7	大桥	高架桥	DK35+277.362~DK35+875.102	597.74	32.5	6	汽车-超20级,挂车-120	
8	特大桥	高架桥	DK37+781.180~DK42+727.000	4945.82	32.5	6	汽车-超20级,挂车-120	
9	特大桥	丫髻沙特大桥副航道桥	DK42+727.000~DK43+098.820	371.82	32.5	6	汽车-超20级,挂车-120	
10	特大桥	丫髻沙特大桥主桥	DK43+098.820~DK43+811.000	712.18	32.5	6	汽车-超20级,挂车-120	
11	特大桥	高架桥	DK43+811.000~DK46+955.920	3144.92	32.5	6	汽车-超20级,挂车-120	
12	特大桥	花地河1号桥	DK46+955.920~DK48+040.470	1084.55	32.5	6	汽车-超20级,挂车-120	
13	特大桥	海南互通立交主线桥	DK48+040.470~DK49+394.640	1354.17	32.5	6	汽车-超20级,挂车-120	
14	大桥	增滘互通高架桥	DK51+633.701~DK52+573.741	940.04	32.5	6	汽车-超20级,挂车-120	
15	特大桥	花地河2号桥	DK53+181.980~DK54+852.000	1670.02	32.5	6	汽车-超20级,挂车-120	
16	特大桥	高架桥	DK54+852.000~DK57+492.400	2640.4	32.5	6	汽车-超20级,挂车-120	
17	大桥	黄竹岐大桥	DK57+492.400~DK58+452.400	960	32.5	6	汽车-超20级,挂车-120	
18	特大桥	高架桥	DK58+452.400~DK60+144.920	1692.52	32.5	6	汽车-超20级,挂车-120	

3. 招投标及主要设计、施工、监理单位

广州东南西环高速公路划分为 42 个标段进行招投标。

主要施工单位：铁道部第十二工程局、广州市公路工程公司、中港第二航务工程局、贵州省桥梁工程总公司等 42 个单位。

（三）复杂技术工程

1. 丫髻沙特大桥

丫髻沙大桥为广州市环城高速公路西南环上跨珠江南航道的一座特大桥，全长 1084m，分为主桥、副航道桥。主桥为 76m+360m+76m 三跨钢管混凝土中承式刚系杆拱桥，副航道桥为 86m+160m+86m 三跨连续预应力混凝土刚构桥，另有 6 孔 40m 预应力混凝土简支梁。桥梁设六车道，总宽 32.5m。设计荷载为汽车—超 20 级，挂车—120。桥位处主航道通航净高 34m，净宽 137m，通航水位 7.0m。

由于珠江航道繁忙，为保证航道的畅通，大桥主拱施工采用了转动体系重达 13600 多吨的"竖转+平转"转体施工法。

2004 年 5 月，全国第十六届桥梁学术会议揭晓首届"中国十佳桥梁"评选结果，丫髻沙大桥被评选为"中国十佳桥梁"之一。

2. 东圃特大桥

广州东南西环高速公路东圃特大桥由主航道桥和辅航道桥组成，全长 1093.5m。主桥跨径组合为 51m+3×80m+51m（跨越珠江辅航道）+6m（过渡梁）+106m+2×160m+106m（跨越珠江主航道）。东圃大桥主、辅航道桥为预应力混凝土连续刚构，左右幅分离，双向六车道。

（四）运营管理

1. 运营公司

广州交投城市道路建设有限公司创建于 1988 年 12 月。2008 年公司更名为广州环城高速公路北环营运公司，2012 年公司更名为广州交投城市道路建设有限公司。

公司负责广州东南西环高速公路全线综合管养，包括道路维护、桥涵维护、绿化管养、机电及电子维护、道路保洁、交通设施管养、路产路权维护等管理。

2. 收费站点

广州东南西环高速公路自 2007 年 10 月暂停收费后，沿线各收费站及广场已清拆，纳入年票制道路便于过往驾乘人员出行。

3. 养护管理

（1）完善养护体系

一是完善组织体系。广州市东南西环高速公路停止收费后，按年票制道路管理模式，由广州交通投资集团有限公司作为管理方，广州交投城市道路建设有限公司作业施工方来开展养护工作。按市财政年度计划，对东南西环高速公路进行综合养护工作，以维持道路技术状况。

二是完善制度体系。根据由收费道路转换成免费道路的模式，资金计划按市财政的统筹进行施工落实，对存在需要进行专项维修的桥梁加固等项目，按市级审批流程，逐项审批，完善养护制度建设。

（2）日常养护管理

一是加强制度落实和监督检查。对巡查发现的道路问题及时进行维修。

二是加强养护基地的规划和建设。2015年，公司在海南广场建设养护基地，打造养护、抢险和应急为一体的基地。

三是加强养护大道班的建设。从2014年开始，公司加大养护道班建设。2015年，在海南广场新建养护基地，增加班组人员投入，实行班组人员专业化分工。

（3）加强路况检查、技术评定和维修加固

落实日常养护和路况检查及落实桥梁安全运行十项制度。

4. 路政管理

广州东南西环高速公路路政队成立于2012年9月，具体负责东南西环高速公路的路政管理工作。东南西环高速公路路政队施行桥下、桥上分开管理，桥上路政队行政上隶属于广州交投城市道路建设有限公司。东南西环路政队主要职责是负责宣传和贯彻执行公路路政管理的法律、法规，依法实施辖区内的公路路政巡查，维护高速公路路产、路权，及时制止各类侵占、损害公路、公路用地、公路附属设施及其他违法行为，申报挖掘、占用、利用公路等许可项目，监督和管理公路交通标志、标线，维护公路养护和施工作业的正常秩序，做好路政管理档案等。在日常管理工作中，除做好日常巡查和及时发现并处理路政案件外，还与公司工程部门开展联合巡查，相互配合，解决路政、养护管理工作中存在的问题；与高速公路交警部门建立路警联勤机制；与相邻路段建立联动机制；与沿线街道、村委建立属地协作关系。通过建立完善的路政管理体系，提升路政队伍的执法水平，更好地为社会提供优质服务。

（五）企业文化建设

一是着力加强公司团队文化建设，推动企业不断发展，共塑和谐企业。通过倡导员工积极参与各类劳动技能大赛,开展文体娱乐活动等方式,引导员工形成积极、自信、乐观、宽容的健康心态。把企业文化与思想建设紧密结合,把理想信念、企业文化内化为公司党员、员工的约束力和行动力,促进企业健康发展。

二是重视企业廉洁文化建设,保证企业健康发展。加强廉洁风险教育,继续推进党的群众教育路线实践活动,为企业健康发展创造有利的条件。坚持不懈开展作风教育,认真落实专题组织生活会和"三会一课"制度,完善落实企业自查制度和内部管理制度,切实提高公司的管理水平。落实党风廉政责任制,为企业发展保驾护航。

七、新化快速路(S8111)

广州新洲—化龙快速路(简称"广州新化快速路"),编号S8111。位于广州市东南部,起于新洲起点有1.5km在建,与新港东路对接,并与广州环城高速公路东环线连接,止于番禺金山大道与广珠高速公路东线(化龙至坦尾段)连接,经海珠区琶洲、黄埔区长洲、番禺区新造镇,全长12.565km。2007年12月25日开工建设,2017年1月18日建成通车。

新化快速路是广州市区南出口的主要通道之一。它的建设进一步加强了广州中心区与番禺、南沙、顺德、中山及珠海的交通联系。

(一)主要技术指标和建设规模

新化快速路北段按照市政道路标准(城市主干路)实施,其中:主线部分按照设计速度60km/h、双向六车道的城市快速路建设,南段按照设计速度80km/h、双向六车道的城市快速路建设。

路线全长10.952km,设置主线桥梁11座(含互通主线桥),其中:主要特大桥、大桥8座(表4-23-5);设互通式立交5处。

(二)建设情况

1. 建设依据

2004年10月,广东省发展和改革委员会核准广州新化快速路项目。

2007年2月,广州市建设委员会批复项目初步设计。

2014年7月,广东省发展和改革委员会批复项目调整建设和投资规模。

2. 资金来源

由项目业主自筹及银行贷款筹集资金。

3. 征地拆迁

2007年6月,委托广州市海珠区土地开发中心(简称"海土中心")对广州新化快速路项目实施征地拆迁工作,2008年4月、5月及6月分别与海珠区、番禺区、黄埔区的征地办签订征地拆迁工作合同。

广州新化高速公路主要桥梁表

表 4-23-5

序号	桥梁分类	桥梁名称	起止/中心桩号	桥梁长度（m）	桥面宽度（m）	车道数	设计汽车荷载等级	建设时间	备注
1	特大桥	官洲河特大桥	K2+806.2～K4+027.408	1221.208	2×13.79	6	城市—A级	2007年12月～2014年12月	
2	特大桥	长洲特大桥	K4+674.893～K5+028.5	1110.52	2×13.79	6	城市—A级	2009年10月～2014年12月	
3	特大桥	新造珠江特大桥	K5+427.4～K7+407.4	1980	2×13.79	6	城市—A级	2007年12月～2014年12月	
4	大桥	育新路大桥	K7+758.200	493	28.5	6	城市—A级	2009年11月～2014年5月	
5	大桥	龙津路大桥	K8+295	231	28.5	6	城市—A级	2009年11月～2014年12月	
6	大桥	兴业路大桥	K9+427.552	682	28.5	6	城市—A级	2009年10月～2011年10月	
7	大桥	尖岗大桥	K10+640	306	2×13.95	6	城市—A级	2009年10月～2011年10月	
8	大桥	东庄大桥	K11+381.900	268.5	28.5	6	城市—A级	2009年10月～2014年12月	

4. 招投标及主要设计、施工、监理单位

该项目在广州建设工程交易中心（现更名为"广州市公共资源交易中心"）公开招标确定勘察设计、施工、监理等单位。

勘察设计单位：铁道部第二勘察设计院（现更名为"中铁二院工程集团责任有限公司"）、中交公路规划设计院。

施工单位：中铁十局集团第三工程有限公司、中国建筑工程总公司（现更名为"中国建筑股份有限公司"）、广州市第一市政工程有限公司等。

监理单位：广州市穗高工程监理有限公司。

（三）复杂技术工程

1. 长洲立交

起点K4+027.408，位于江乐海东南侧约120m处，与官洲河特大桥南侧桥台相接，转南斜交跨越既有金州南路，依次下穿黄赤甲（乙）线（220kV）等三组高压线后二跨江乐海，沿大学城外环路和高压铁塔走廊中间行进，于二跨江乐海东南侧约400m处到达终点K5+427.4，接新造珠江特大桥北引桥起点。路线在K4+660.12上跨既有金州南路（规划为双向六车道金州南路），并设置长洲立交，路线全长1399.992m，是广州大学园区进入市中心和往新城区的主要出口。

2. 新造珠江特大桥

新造珠江特大桥是跨越新造水道的特大型桥梁，全长1980m。采用塔墩梁固结的双塔单索面预应力混凝土斜拉桥，跨径布置为64m+140m+350m+140m+64m。主跨跨径当时在同类型桥梁中位居全国第一、世界第二。引桥采用50m、40m和30m预应力混凝土简支T梁。获2015年度广州市市政工程金杯奖及2015年度广东省优质样板工程奖。

（四）科技创新

1. 斜拉桥设计体系

通过采用塔墩梁固结的结构体系、增大索塔顺桥向刚度、在辅助墩顶设置压重等措施有效地克服了复杂的建设条件，保证大桥的安全性、经济性和景观效果。

2. C55高性能混凝土的研制和使用

为提高桥梁耐久性，保证现浇混凝土和易性，减少早期开裂、混凝土收缩徐变对桥梁造成的危害，新化快速路两座特大桥主梁采用了特别研制的C55高性能混凝土。C55高性能混凝土强度和弹性模量高、收缩和徐变率较低，具有极强的耐久性。

3. 50年长寿命斜拉索体系

斜拉索是大桥主要的受力构件。新造珠江特大桥采用了50年长寿命拉索体系，包括索体、锚具和索导管内防护3个部分：其中索体采用了优质高强度镀锌钢丝+高强聚酯带+内外层高性能HDPE等防腐措施；锚具采用涂层厚度不小于90μm的新型热镀锌涂层全密封防渗漏锚具；索导管内防护采用了新型聚氨酯材料。

4. 大位移伸缩缝体系

新造珠江特大桥在主桥两侧各设置一道640型伸缩缝。针对国内大位移伸缩缝常见病害，采用了特别研制的大位移伸缩缝，主要创新技术包括设计年限不低于20年的新型放腐体系、新型聚氨酯支座、全融透焊接的纵横梁连接体系、间距小于1.2m的横梁间距等。该型伸缩缝可以抵御规范规定的两倍车辆荷载的冲击。

（五）运营管理

1. 运营公司

新化快速路由广州交通投资集团有限公司营运分公司（简称"广州交投集团营运分公司"）负责运营管理。公司实行总经理负责制，下设综合行政部、财务部、养护工程部、运营控制指挥中心和路政大队5个部门负责企业管理工作。

2. 收费站点

新化快速路共设有长洲、思贤和兴业收费站（表4-23-6）。收费站总车道数23条。

收费站点设置情况表　　　　　表4-23-6

站点名称	车道数		收费方式
	入口	出口	
长洲	3	4	闸道封闭式收费
思贤	3	5	闸道封闭式收费
兴业	3	5	闸道封闭式收费

3. 养护管理

广州新化快速路的日常养护工程由交投营运分公司养护工程部负责。作为新开通路段，公司针对新化快速路的养护管理始终坚持"预防为主，防养结合"的方针。制定《保洁考核管理制度》和《绿化考核管理制度》，强化落实日常综合管养，为新化快速路的运营开通之初树立良好品牌形象。

在改扩建方面，实施"一站一策"及"港湾停车"工作计划，"一站一策"针对每个收费站实际情况建设收费员休息室，改善员工工作条件。"港湾停车"考虑交通车辆接送收费人员不便,在主线与匝道之间建设"港湾停车",方便上下班,保障安全通行。

在养护管理中,应用高速公路桥梁管理系统(CBMS)和路面管理系统(CPMS),建设好养护信息库,掌握各路段或桥梁在各时期的养护动态,为养护决策提供前瞻性、战略性的统计数据和信息支持,推进养护管理信息化、现代化。

4. 路政管理

新化快速路路政管理由广明高速公路广州路政大队新化中队负责。广明高速公路广州路政大队于2014年底成立,下设广明中队和新化中队,分别管理广明高速公路广州段和广州新化快速路两条路,管辖里程分别为24km及10km。两条路段分别适用高速公路及城市快速路两种标准体系。路政大队主要职能为贯彻国家有关公路管理法律法规、依法保护路产、维护路权、控制区管理、施工监督管理、许可申报、路政管理档案等。

实行多位一体巡查模式,在全程监控模式下,路政巡查、养护巡查、拯救巡查与视频监控巡查相结合,养护巡查、拯救和路政巡查实施交叉巡查,视频监控实施定时轮巡,多种巡查模式结合,做到资源共享、信息互通、协同处理突发事件、形成处置合力,最大限度地发挥各单位的联动效应。以发现事故及时处理、发现路障及时清理、发现损坏及时修理、发现违法案件及时制止。

八、广园快速路(S102)

广园快速路,又称为广园东快速干线,编号S102。广园路位于广州市白云区至黄埔区,连接广州及东莞两市。该路起于沙河禺东西路,向东沿广深铁路北侧,经广东省农科院、吉山、黄村、南岗、新塘镇止于东莞中堂镇,全长48km。

该路是一条高标准的城市快速路,设计速度地面60km/h,高架桥80km/h。全线共有10座互通式立交和11座分离式立交;中桥10座。全路设置完整的行人系统,无人行横道线,行人横过马路采用天桥或隧道。

广园快速路分三期建设,第一期工程建设沙河立交至丰乐立交段(共15km);第二期由黄埔区丰乐立交桥至增城市新塘荔新立交桥止,长约19km;第三期由增城市新塘荔新立交桥至东莞市中堂镇北王公路止,长约14km。

广园快速路一期工程建设和沙河立交建设,分别于1999年5月和9月开工,于2001年6月26日和9月30日竣工通车。广园快速路一期工程全路段共有东莞庄、五山、华南、援外仓、广氮、车陂、黄村、吉山、茅岗、丰乐10座立交,路的中间有8m宽及两侧各5m宽的绿化带,绿化设计突出地方特色,以大色块、大效果的绿化种植为主,路容景观良好。沙河立交系统,被誉为当时亚洲最大立交系统工程。它西接内环路永福路放射线,东接广汕公路和广园快速路,南接广州大道北,北接广从公路南湖乐园和广从路高速公路出口,大大改变了这一带的交通瓶颈状况。而且由于建设质量好,沙河立交系统工程已被评为广州市优良样板工程及获得"五羊杯"奖,被推荐参加评选广东省优质工程。

广园快速路二期工程、三期工程于2001年开始建设。其中西段(南岗以西)25.8km,双向八车道,宽60m;中段(南岗以东至增城市新塘荔新立交桥)7.8km,双向六车道,宽46m。全线于2003年12月开通,全长约48km,双向六车道,呈东西走向,设有沙河、广园、车陂、黄村、茅岗、丰乐、笔村、南岗、新塘、新新、荔新、塘美、仙村及北王14座出入口或立交桥,与内环路、广园路、华南快速干线等主要干道相接,与广深铁路、广深公路(107国道)平行,并可舒缓107国道及广深高速公路的交通压力。

第二十四节　深圳市域内地方高速公路

深圳市高速公路建设始于1985年(广深高速公路),2017年底,深圳市域有地方高速公路7条,分别是:水官高速公路(S28)、龙大高速公路(S31)、福龙联络线(S3111)、南光高速公路(S33)、深圳丹平快速路(S203)、南山—坪山快线(S301)、东部过境高速公路。

一、水官高速公路(S28)

深圳水官高速公路地处深圳市龙岗区,编号S28,线路呈东西走向;西起龙岗区布吉,东止龙岗区龙城新城(官井头村),路线全长20.14km。水官高速公路与南坪快速路一、二期对接,是深圳市东西向快速客、货运输的主要通道。

水官高速公路于1996年5月开工,2001年12月28日完工通车,扩建工程于2008年12月开工,2011年5月20日完工。

(一)主要技术指标和建设规模

按高速公路标准建设,双向六车道,设计速度80km/h,全封闭。全线设大桥6座、中桥6座、框架桥1座;互通式立交4处。设有2个主线(布龙、龙岗)收费站,3个匝道(布澜、平沙、横坪)收费站。扩建后路基宽度50.0m,为国内首条开通运营的双向十车道高速公路。

(二)建设情况

1. 建设依据

1996年12月,广东省计划委员会《关于深圳市水径村至官井村一级汽车专用公路工程可行性研究报告的批复》。

2. 资金来源

水官高速公路由华昱公司等单位投资建设。

3. 主要设计、施工、监理单位

设计单位：交通部第二公路勘察设计院。

监理单位：石家庄铁道学院工程建设监理有限公司、北京中通公路桥梁工程咨询发展有限公司。

施工单位：深圳市深安企业有限公司、深圳华泰企业有限公司、深圳市市政工程公司、深圳市交运工程公司等。

（三）扩建工程

1. 扩建依据

2009年3月25日，广东省发展和改革委员会《项目核准的批复》。

2009年6月8日，广东省交通厅《关于深圳市水官高速公路扩建工程初步设计的审查意见》。

2. 扩建工程规模

水官高速公路扩建工程的扩建范围为：K1+207.354~K14+680.499段，改造里程13.473km，路基宽度50.0m；设计速度80km/h，设有桥梁18座，总长2068m，改造互通式立交5处，完善全线的安全设施及管理设施，增加全线路的路灯照明系统和道路与车辆监控设施。

（四）运营管理

1. 运营公司

深圳清龙高速公路有限公司（其中深圳华昱投资开发（集团）有限公司、深圳高速公路股份有限公司各占50%股份），负责水官高速公路的建设、运营。

2. 收费站点

水官高速公路全线设有2个主线（布龙、龙岗）收费站，3个匝道（布澜、平沙、横坪）收费站（表4-24-1）。

3. 车流量

车流量情况见表4-24-2。

收费站点设置情况表　　　　　　　　　　　　　　　表4-24-1

站点名称		入口		出口		计重通道
		MTC	ETC	MTC	ETC	
水官高速公路	布龙站	6	3	16	3	
	布澜站	2	1	7	1	
	平沙站	4	1	9	1	
	横坪站	5	1	10	1	
	龙岗站	8	3	13	4	
合计		25	9	55	10	

车流量情况表　　　　　　　　　　　　　　　表4-24-2

年份（年）	日均车流量（辆）	年份（年）	日均车流量（辆）
2003	31932	2010	134561
2004	41521	2011	124715
2005	52888	2012	138286
2006	75275	2013	155512
2007	103236	2014	170390
2008	106241	2015	193252
2009	118064	2016	228602

4.养护管理及主要大修工程

公司根据专业性质不同,将养护工作内容分为以下几个方面,包括:清扫、保洁及日常小修;绿化养护;路灯养护;收费设备机电养护,并据此进行平行发包,通过招标或委托的形式选择实施单位签订养护合同,通过建立长期合作机制形成优质承包商名录,做好相关养护工作。

水官高速公路通车运营期间,在2011年实施了水官高速公路路面大修工程。

5.路政管理

水官路政队于2002年12月成立,负责水官高速公路、清平一期及清平二期的路政管理工作。积极推进路政管理制度化建设,从规章制度标准化、业务培训系统化、管理手段信息化、行政许可规范化及文明执法常态化5个方面入手,不断提升路政执法服务水平。同时加大路域管理力度、维护路产路权方面,主要通过以下措施:创新巡查运作模式,如与交警采取交叉巡逻或同车巡逻的方式,及时发现和处理路面突发状况,在汛期、雨季、大雾等特殊时期,加大巡查密度,与养护部门联合检查,确保巡查时效和质量;加强路产索赔工作,提高路产索赔率;严格进行施工监管,确保路段安全畅通;开展"打非治违"活动,建设良好道路安全环境。

(五)企业文化建设

华昱公司自1996年进入高速公路产业以来，先后以BOT形式在深圳市内修建了水官高速公路、清平高速公路(一期、二期)，企业伴随着深圳特区的高速公路发展而茁壮成长，形成了企业自有的具有"深圳特色"的企业文化。

一是坚持以社会利益为出发点，水官高速公路自2002年初通车以来，车辆通行大幅增长，2007年1月，深圳成功申办第26届世界大学生运动会，水官高速公路需由原有的六车道，扩建为十车道。新增项目投资近12亿元，公司在不增加水官高速公路收费年限的现实情况下，以社会利益为出发，主动承担了建设任务。在确保原双向六车道畅通的条件下，优质、高效地按期建成通车，不仅成就了全国首条双向十车道高速公路，更为深圳第26届世界大运会提供了美观、畅顺、快捷的交通安全保障，得到社会各界高度赞誉。

二是坚持质量第一，加强现场管理和质量检查，突出质量和安全一票否决，确保工程质量。

三是率先提出公路建设要达到"生态、环保、观光、精品"的要求，聘请了专业公司进行道路设计，运用生态防护技术处理边坡，因地制宜，与周边生态景观有机结合。高速公路沿线大量种植树木、花草和灌木，形成了一道亮丽的绿色景观长廊。

二、龙大高速公路(S31)

深圳龙华—东莞大岭山高速公路(简称"龙大高速公路")，编号S31。龙大高速公路南起深圳龙华街道，北至东莞大岭山镇，与布龙一级公路及福龙快速路相接，终点位于东莞大岭山镇，与常虎高速公路连接。全长28.2km，总投资14.5亿元，其中深圳段长25.6km，投资12.8亿元，深圳龙大高速公路公司负责建设和管理；东莞段长2.6km，投资1.7亿元。全线采用抗滑式沥青混凝土路面，双向六车道，设计速度100km/h。主线设收费站2个、匝道收费站5个。龙大高速公路是继广深高速公路、莞深高速公路后，连接东莞和深圳的第三条高速公路。2001年9月开工，2007年1月12日全线通车。

三、福龙联络线(S3111)

深圳福龙联络线，是城市A级快速路，编号S3111。该路是深圳市福龙路与龙大高速公路的联络线，起于龙大高速公路，止于香莲立交，全长14km。该路段全线采用双向六车道，设计速度80km/h，全线不设收费站。总投资21.08亿元，由深圳交通运输委西部交通运输局负责建设和管理。于2007年建成通车。

四、南光高速公路(S33)

深圳南山—光明新区高速公路(简称"南光高速公路")，编号S33，是深圳市规划的

"七横十三纵"干线路网体系中的一条纵向高速公路,连接南山区、宝安区、光明高新区及东莞部分城镇,是深圳西部连接香港、珠三角的一条重要南北通道。路线起于南山区,止于松岗互通,接龙大高速公路,全长31.047km。南光高速公路工程由深圳高速公路股份有限公司投资建设,于2006年4月底开工,2008年1月26日建成通车。

(一)主要技术指标和建设规模

全线按高速公路标准建设,设计速度100km/h,双向六车道。主线设特大桥、大桥14座,长11km;全线设一座双联拱隧道长515m,设立交9处。设主线收费站1处,匝道收费站6处。

(二)建设情况

1. 资金来源

南光高速公路由深圳高速公路股份有限公司投资兴建。

2. 征地拆迁

项目公司自主征地,在项目前期,项目管理处督促石岩、公明、松岗3个街道办分别与公司签署《征地拆迁服务协议书》。

3. 招投标及主要设计、施工、监理单位

招标工作按《中华人民共和国招标投标法》、交通部《公路工程施工招投标管理办法》和《深圳经济特区建设工程招标投标条例》规定的执行。

设计单位:铁道第二勘察设计院。

施工单位:中交集团第二公路工程局、路桥集团国际建设股份有限公司、湖南省第六工程公司、中交第四航务工程局有限公司等14个单位。

监理单位:江苏伟信工程咨询有限公司、北京市高速公路监理有限公司、深圳市邦迪地产顾问有限公司等6个单位。

(三)运营管理

1. 运营公司

深圳高速公路股份有限公司负责建设及经营管理。

2. 收费站点

南光高速公路分别设有西丽、白芒、宝石、洲石南、塘明、下村、洲石北站7个收费站点。车道数88条。

3. 车流量

南光高速公路从 2008 年至 2015 年,日均车流量从 16347 辆增加至 96295 辆(表 4-24-3)。

车 流 量 情 况 表　　　　表 4-24-3

年份(年)	日均车流量(辆)	年份(年)	日均车流量(辆)
2008	16347	2012	58715
2009	32212	2013	75029
2010	50612	2014	87314
2011	55995	2015	96295

五、深圳丹平快速路(S203)

深圳丹平快速路,编号 S203,是深圳"七横十三纵"高快速路网和"一横八纵"干线路网的快速干线道路之一,是联系罗湖、布吉、平湖、横岗的纵向城市快速路。一期工程起于爱国路与布心路交叉处,止于连接机荷高速公路白泥坑立交,线路全长 9.7km,全线采用城市快速路标准,沥青路面结构,主车道为双向六车道,辅道双向四车道,全程 90% 以上都是高架桥梁和隧道,2011 年建成通车。

深圳丹平快速路二期是与东深公路的对接项目,起于深圳平湖鹅公岭立交,止于接东深公路凤岗雁田段,全长约 2km,按城市快速路标准建设,主线为双向六车道,设计速度 80km/h,辅道为双向四车道,设计速度 40km/h。

六、南山—坪山快速路(S301)

深圳南山—坪山快速路(简称"南坪快速路"),编号 S301,位于深圳市北部,西起南山前海、东至龙岗坪山,全长约 44.5km,是深圳市东西方向另一条全封闭、全立交,主线双向八车道,支线双向六车道。

该项目分三期实施,一期起于南山区塘朗立交,止于龙岗区布吉龙景立交,长 19.05km,支线 4.0km,2006 年 6 月 30 日建成通车;二期起于沿江高速公路前海立交,止于接南坪一期塘朗立交,长 15.37km,支线 2.0km,2012 年 7 月 15 日建成通车;三期起于龙景立交,止于外环快速路,全长 17.6km,2013 年开工建设。

七、东部过境高速公路

深圳东部过境高速公路起于莲塘口岸,终点龙岗区金钱坳立交,全长 31.1km,设计速度 80km/h,双向六车道,总投资约 61.8 亿元。项目由深圳市政府投资建设,深圳华昱机构投资开发(集团)有限公司负责建设和管理,2016 年 6 月 1 日开工建设。

第二十五节　珠海市域地方高速公路

珠海市高速公路建设始于1995年(广澳高速公路)。至2016年底,珠海市内地方高速公路主要有4条,分别是:珠海机场高速公路(S3211)、高栏港高速公路(S3213)、香海高速公路香海大桥工程(S34)、广澳高速公路珠海支线(S9919)。

一、珠海机场高速公路(S3211)

珠海机场高速公路,编号S3211。该线位于珠海市西部地区,起于珠海机场西侧,对接机场西路,途经珠海市金湾区的三灶、红旗镇,斗门区乾务、斗门镇,跨西部沿海高速公路至黄杨大道,止于斗门区八甲村,全长30.354km。决算总投资33.27亿元。2010年3月2日开工,2013年11月20日交工通车。该路的建成是促进珠海机场的发展,把珠海机场建设成为辐射珠江西岸城市、服务港澳地区的航空物流、客流中心的重要举措。

(一)主要技术指标和建设规模

按高速公路标准建设,双向四至六车道,设计速度100km/h。全线设特大桥、大桥9座(表4-25-1);隧道4座(表4-25-2);互通式立交5处。

(二)建设情况

1. 建设依据

2009年,广东省发展和改革委员会《关于珠海机场高速公路工程可行性研究报告的批复》。

2009年,广东省交通运输厅《关于珠海市机场高速公路初步设计的批复》。

2. 资金来源

项目35%资本金由珠海市政府出资,其余65%向银行贷款。

3. 招投标

设计、施工、监理单位招标在珠海市建设工程交易中心进行,择优选择设计、监理、施工队伍。

4. 征地拆迁

珠海市政府成立项目督办组,由区国土部门、镇政府、项目管理部等相关人员组成,具体落实征地拆迁工作。该项目征用土地2947亩,拆迁房屋68648m^2。

珠海机场高速公路主要桥梁表

表 4-25-1

序号	桥梁分类	桥梁名称	桥梁长度（m）	桥面宽度（m）	车道数	设计汽车荷载等级	开工时间	完工时间	备注
1	大桥	机场西路高架桥	218.2	24	4	公路—Ⅰ级	2010年1月	2012年10月	
2	大桥	龙塘村1号大桥	458.2	24	4	公路—Ⅰ级	2010年6月	2012年10月	
3	大桥	龙塘村2号大桥	278.2	24	4	公路—Ⅰ级	2010年5月	2012年9月	
4	特大桥	金湾大道高架桥	2369.671	24	4	公路—Ⅰ级	2010年2月	2012年10月	
5	特大桥	大门河高架桥	1490.8	24	4	公路—Ⅰ级	2010年8月	2012年10月	
6	特大桥	鸡啼门特大桥	10032.90	25.5	4	公路—Ⅰ级	2010年6月	2012年10月	
7	特大桥	珠峰大道2号大桥（左线）	2277.90	12	2	公路—Ⅰ级	2010年8月	2012年9月	
		珠峰大道2号大桥（右线）	2279.124	12	2	公路—Ⅰ级			
8	大桥	乾务2号大桥（左线）	353.20	12	2	公路—Ⅰ级	2010年10月	2012年8月	
		乾务2号大桥（右线）	338.2	12	2	公路—Ⅰ级			
9	大桥	粤西沿海高速跨线桥（左线）	355.40	12	2	公路—Ⅰ级	2011年4月	2012年10月	
		粤西沿海高速跨线桥（右线）	355.4	12	2	公路—Ⅰ级			

珠海机场高速公路隧道表

表 4-25-2

序号	隧道分类	隧道名称	起止桩号	长度（单洞，m）	行车道宽度（单洞，m）	隧道净高（m）	车道数	开工时间	完工时间	备注
1	长隧道	眼浪山隧道	ZK4+070～ZK5+540 YK4+7070～YK5+510	左:1470 右:1440	净宽9.0	7.4	4	2010年3月	2012年11月	
2	短隧道	鱼林隧道	ZK6+570.25～ZK7+002.75 YK6+7535.25～YK6+974.75	左:432.5 右:439.5	净宽9.0	7.4	4	2010年8月	2012年10月	
3	短隧道	锅盖栋一号隧道	ZK26+076～ZK26+280 YK26+076～YK26+278	左:203 右:203	净宽9.0	7.4	4	2010年3月	2011年7月	
4	长隧道	锅盖栋二号隧道	ZK26+912～ZK29+745 YK26+903～YK29+728	左:2829 右:2829	净宽9.0	7.4	4	2010年4月	2012年6月	

5. 主要设计、施工、监理单位

设计单位：中交第一公路勘察设计研究院、广东省公路勘察规划设计院股份有限公司。

施工单位：中铁十二局集团有限公司、上海城建（集团）公司、中国水电建设集团路桥工程有限公司、广东冠粤路桥有限公司等11个单位。

监理单位：湖北省公路水运工程咨询监理公司、西安公路交大建设监理公司、湖南交通建设工程监理有限公司。

（三）运营管理

珠海机场高速公路全程免费通行，由珠海市公路管理局负责养护管理。

二、高栏港高速公路（S3213）

高栏港高速公路，编号S3213。全长约24km，主线双向四车道，设计速度100km/h，两边辅道双向四车道。2013年6月底完成交工验收，实现主、辅道全线正式通车。高栏港高速公路是珠海市筹资建设的首条高速公路，是全省首条不收费的高速公路。

高栏港高速公路北与西部沿海高速公路对接，使珠海西部与全国和全省高速公路网络连通，对加快珠海西部地区经济发展，实现港口集疏运的快速运输，成为珠江西岸集装箱及干散货对外贸易的窗口，发挥枢纽港的龙头作用。

三、香海高速公路香海大桥工程（S34）

香海高速公路香海大桥工程，编号S34。该工程是广东省高速公路网的联络和补充，也是联系珠海市多个组团的东西向交通大动脉之一，路线总体呈东西走向，串接了香海大桥支线、广澳高速公路、江珠高速公路等多条高速公路。路线起于珠海市香洲区，对接香海大桥支线翠屏段（造贝互通），向西经中山市坦洲镇、珠海市斗门区和金湾区，先后与G4W广澳高速公路、中山古神公路、S47江珠高速公路相交，止于S272湖心路，路线全长20.234km，其中独立大桥段长17.344km（含主桥、东引道、西引道），连接线长2.890km，主桥跨越珠海市磨刀门水道。

项目估算总投资427200万元，于2016年9月开工建设。建设单位为珠海香海大桥有限公司。

（一）主要技术指标和建设规模

项目起点至主线收费站段为独立大桥，采用高速公路标准，双向六车道，主线收费站以西至终点段为连接线,采用一级公路标准,双向六车道。

全线设置5处互通式立交,其中与高速公路交叉的枢纽2处,地方出入互通3处。另设置主线收费站和管理中心各1处。

(二)建设情况

1.建设依据

2015年12月,取得广东省发展和改革委员会的项目核准意见。

2016年3月,工程初步设计批复。

2.资金来源

项目资本金约占总投资的30%,由珠海香海大桥有限公司自筹,其余建设资金由银行贷款。

3.征地拆迁

项目业主与珠海市、中山市政府建立合作机制,共同开展征地拆迁工作。

4.主要设计、施工、监理单位

设计单位:中设设计集团股份有限公司(原江苏省交通规划设计院股份有限公司,于2016年6月变更为现用名)。

施工单位、监理单位:工程总体划分为5个施工合同标段,2016年7月,启动施工单位、监理单位等招标工作。

(三)复杂技术工程

该工程跨越磨刀门水道主桥为变截面预应力钢筋混凝土连续箱梁的结构形式,采用挂篮悬浇法施工,具有水上作业、悬浇节段多、节段混凝土方量大、线性控制要求高等特点,施工难度较大。

四、广澳高速公路珠海支线(S9919)

广澳高速公路珠海支线,编号为S9919。线路起于中山市平顶村(与珠海交界),止于珠海市香洲区金鼎镇下册村,全长5.156km,1999年12月建成通车。

广澳高速公路珠海支线是广澳高速公路坦尾至金鼎项目的一部分,与广澳高速公路坦尾至金鼎路段同时建设并一起运营管理。[详细情况见第三章第三节京港澳高速公路广澳段(G4W)"三、广州—珠海高速公路南段"]

第二十六节 其他市域内地方高速公路

一、佛山市域内地方高速公路

(一)佛山一环(S82)

佛山一环高速公路,编号S82。位于佛山市禅城、南海、顺德、三水4个区境内。环内面积约519km²。全线由主、辅路系统组成,主路设计速度100km/h,辅路设计速度50km/h,路线全长99.21km。总投资130亿元,资金由地方自筹解决。2003年6月18日全线开工建设,2006年11月18日建成通车。全线不设收费站,免费通行,为当时全国最长的免费高速公路。

1. 建设情况

佛山一环路分为东、南、西、北四条干线环路,主要桥梁情况见表4-26-1。

(1)和顺至北滘公路主干线工程

和北公路(一环东路)工程主要技术标准:道路等级主路为新建一级公路兼城市快速路,辅路为城市主干路。主线设计速度100km/h,双向八车道,辅路设计速度50km/h,双向六车道。2004年2月22日开工,2006年11月18日竣工。

①建设依据和资金来源

和北公路工程经广东省发展计划委员会批准,列入广东省基本建设计划,建设资金来源于地方自筹。

②招投标及主要设计、施工、监理单位

该工程的设计、施工、监理单位均由项目法人通过公开招标选定。

设计单位:湖南省交通规划勘察设计院、上海市政工程设计研究院、铁道第四勘察设计院等10个单位。

施工单位:中铁四局集团有限公司、广东省佛山公路工程有限公司、湖南路桥建设集团公司、广东兴业路桥工程有限公司等53个单位。

监理单位:广东省公路工程监理站、中国公路工程咨询监理总公司、佛山市盛建公路工程监理有限公司等13个单位。

③征地拆迁

工程项目范围内的征地及建设物拆迁工作由佛山市国土局负责实施。

广 东

佛山一环高速公路主要桥梁表

表 4-26-1

序号	桥梁分类	桥梁名称	中心桩号	桥梁长度（m）	桥面宽度（m）	车道数	建设时间（年）	备注
1	大桥	里横路跨线桥（左）	K4+388	572	18.5	5	2006	
	大桥	里横路跨线桥（右）		572	18.5	5	2006	
2	大桥	里水涌主线桥（左）	K6+560	722.47	18.5	5	2006	
	大桥	里水涌主线桥（右）		722.47	18.5	5	2006	
3	特大桥	广佛高速公路主路跨线桥（左）	K11+179	1491.29	18.5	5	2006	
	特大桥	广佛高速公路主路跨线桥（右）		1491.29	18.5	5	2006	
4	特大桥	广佛新干线立交主线桥（左）	K14+728	1476.05	18.5	5	2006	
5	特大桥	广佛新干线立交主线桥（右）		1476.05	18.5	5	2006	
6	大桥	穗盐路立交主路跨线桥（左）	K15+898	865.08	18.5	5	2006	
7	大桥	穗盐路立交主路跨线桥（右）		865.08	18.5	5	2006	
8	大桥	佛山水道一环主路桥（左）	K18+070	687.96	18.5	5	2006	
9	大桥	佛山水道一环主路桥（右）		687.96	18.5	5	2006	
10	大桥	海八路立交一环主路桥（左）	K18+834	863.55	18.5	5	2006	
11	大桥	海八路立交一环主路桥（右）		863.55	18.5	5	2006	
12	大桥	佛平路立交一环主线桥（左）	K22+281	705.82	18.5	5	2006	
13	大桥	佛平路立交一环主线桥（右）		705.82	18.5	5	2006	
14	特大桥	平胜大桥（左）	K25+048	2247.84	18.5	5	2006	
15	特大桥	平胜大桥（右）		2247.84	18.5	5	2006	
16	大桥	佛陈路立交（左）	K29+493	955.12	18.5	5	2006	
17	大桥	佛陈路立交（右）		955.12	18.5	5	2006	

续上表

序号	桥梁分类	桥梁名称	中心桩号	桥梁长度（m）	桥面宽度（m）	车道数	建设时间（年）	备注
18	特大桥	陈北大桥大桥（左）	K31+299	1141.06	25.25	6	2006	
19	特大桥	陈北大桥大桥（右）		1141.06	25.25	6	2006	
20	大桥	北滘立交A主线桥	AK0+874	839.39	31.38	5	2006	
21	大桥	北滘立交B主线桥	BK0+720	521.24	34.12	5	2006	
22	特大桥	北滘立交1主线桥	1K1+140	1468.13	14.75	4	2006	
23	大桥	北滘立交二期B主线北段	BK1+277	605.7	14.75~20.05	5	2006	
24	大桥	北滘立交二期B主线南段（左）	BK2+206	731.4	18.5~27.77	5	2006	
25	大桥	北滘立交二期B主线南段（右）	BK2+206	731.4	18.5~27.33	5	2006	
26	大桥	北滘立交2主线	2K0+495	305.7	14.75~18.82	4	2006	
27	特大桥	北滘立交C主线	CK0+871	1562.175	12~21.5	3	2006	
28	特大桥	北滘立交3主线	3K1+324	#REF!	12~21.5	3	2006	
29	大桥	马良大涌桥（左）		202.04	18.5	5	2006	
30	大桥	马良大涌桥（右）		202.04	18.5	5	2006	
31	大桥	新桂路分离式立交（左）	K45+071	489.04	18.5	5	2006	
32	大桥	新桂路分离式立交（右）		489.04	18.5	5	2006	
33	大桥	G325分离式立交（左）	K46+365	676.24	18.5	5	2006	
34	大桥	G325分离式立交（右）		676.24	18.5	5	2006	
35	大桥	环镇西分离式立交桥（左）	K47+893	399.04	18.5	5	2006	
36	大桥	环镇西分离式立交桥（右）		399.04	18.5	5	2006	
37	大桥	平流闸大桥（左）	K50+890	267.54	18.88	5	2006	

续上表

序号	桥梁分类	桥梁名称	中心桩号	桥梁长度(m)	桥面宽度(m)	车道数	建设时间(年)	备注
38	大桥	平流闸大桥(右)		267.54	18.88	5	2006	
39	大桥	佛开分离式立交(左)	K51+920	956.54	18.88	5	2006	
40	大桥	佛开分离式立交(右)		956.54	18.88	5	2006	
41	大桥	樵乐路互通立交(左)	K55+029	617.54	18.88	5	2006	
42	大桥	樵乐路互通立交(右)		617.54	18.88	5	2006	
43	大桥	515分离式立体交叉跨线桥(左)	K56+758	287.54	18.88	5	2006	
44	大桥	515分离式立体交叉跨线桥(右)		287.54	18.88	5	2006	
45	特大桥	南庄特大桥(左)	K57+745	1080	18.88	5	2006	
46	特大桥	南庄特大桥(右)		1080	18.88	5	2006	
47	大桥	季华互通立交跨线	K60+536	642.54	18.88	5	2006	
48	大桥	季华互通立交跨线右主桥		642.54	18.88	5	2006	
49	大桥	同济大桥(左)	K61+558	327.54	18.88	5	2006	
50	大桥	同济大桥(右)		327.54	18.88	5	2006	
51	特大桥	罗南特大桥(左)	K64+220	1398	18.88	5	2006	
52	特大桥	罗南特大桥(右)		1398	18.88	5	2006	
53	大桥	兴业路分离式立交(左)	K71+251	350.64	18.75	5	2006	
54	大桥	兴业路分离式立交(右)		350.64	18.75	5	2006	
55	大桥	博爱路分离式立交(左)	K73+892	341.24	18.75	5	2006	
56	大桥	博爱路分离式立交(右)		341.24	18.75	5	2006	
57	大桥	G320西立交(左)	K74+850	590.617	18.75	5	2006	

续上表

序号	桥梁分类	桥梁名称	中心桩号	桥梁长度(m)	桥面宽度(m)	车道数	建设时间(年)	备注
58	大桥	G321西立交(右)		590.617	18.75	5	2006	
59	大桥	广三互通立交(狮山立交)(左)	K75+760	335.66	18.75	5	2006	
60	大桥	广三互通立交(狮山立交)(右)		335.66	18.75	5	2006	
61	大桥	桃园路分离式立交桥(左)	K76+951	251.64	18.75	5	2006	
62	大桥	桃园路分离式立交桥(右)		251.64	18.75	5	2006	
63	大桥	虹岭路分离式立交桥(左)	K81+250	510.64	18.75	5	2006	
64	大桥	虹岭路分离式立交桥(右)		510.64	18.75	5	2006	
65	大桥	官窑立交B线桥(左)	K83+648	606.11	11.25	3	2006	
66	大桥	官窑立交B线桥(右)		606.11	11.25	3	2006	
67	大桥	官抱路分离式立交桥(左)	K86+472	370.64	18.75	5	2006	
68	大桥	官抱路分离式立交桥(右)		370.64	18.75	5	2006	
69	大桥	禅炭路分离式立交桥(左)	K89+542	402.64	18.75	5	2006	
70	大桥	禅炭路分离式立交桥(右)		402.64	18.75	5	2006	
71	大桥	桂和路分离式立交桥(左)	K92+629	944.14	18.75	5	2006	
72	大桥	桂和路分离式立交桥(右)		944.14	18.75	5	2006	
73	大桥	里和路立交(左)	K96+542	361.32	18.75	5	2006	
74	大桥	里和路立交(右)		361.32	18.75	5	2006	
75	大桥	里水立交—环主线桥(左)	K99+224	860.59	12.75	4	2006	
76	大桥	里水立交—环主线桥(右)	K99+224	860.94	12.75	4	2006	

(2)北滘至乐从公路主干线工程

北乐公路(一环南路)线路全长15.3km,全线设大桥1座(马良大涌桥),中小桥30座,枢纽互通立交1处(北滘立交),简易互通立交3处。于2004年3月动工,2006年11月18日建成正式通车。

①建设依据和资金来源

2003年广东省计划委员会及佛山市发展计划局批准建设北乐公路,资金来源为地方自筹。

②招投标及主要设计、施工、监理单位

该工程的设计、施工、监理单位均由项目法人通过公开招标选定。

设计单位:北京市市政工程设计研究总院、佛山市政设计研究院等5个单位。

施工单位:北京市海龙公路工程公司、中铁十八局集团有限公司、广东冠粤路桥有限公司等16个单位。

监理单位:海南交通工程监理公司、广东省公路工程监理站等4个单位。

③征地拆迁

项目的征地总面积为3768亩,青苗补偿5096亩(含征地面积),征地拆迁补偿标准按照2003年佛山市政府及佛山市国土局的相关文件规定执行。

(3)乐从至狮山公路主干线工程

乐狮公路(一环西路)项目全长20.512km,按一级公路兼城市快速路设计,双向八车道,设计速度100km/h。设有特大桥2座、大桥3座、中小桥11座;枢纽互通式立交1处、简易互通式立交5处、分离式立交3处。于2004年10月8日开工,2006年11月18日建成通车。

①建设依据和资金来源

2003年,广东省发展计划委员会批复乐狮公路项目立项。

2004年,佛山市交通局批复项目初步设计。

2006年,佛山市交通局批复施工图设计。

项目资金来源于地方自筹。

②招投标及主要设计、施工、监理单位

该工程的设计、施工、监理单位均由项目法人通过公开招标方式选定的。

设计单位:广东省公路勘察规划设计院。

施工单位:广东省佛山公路工程有限公司、广东省长大公路工程有限公司、中国葛洲坝集团公司等16个单位。

监理单位:佛山市盛建公路工程监理有限公司、中国公路工程咨询监理总公司、华南铁路建设监理公司等6个单位。

③征地拆迁

一环西线分别由顺德区路桥公司和南海区路桥公司负责征地拆迁工作。

(4)狮山至和顺公路主干线工程

狮和公路(一环北路)线路全长26.996km。主线采用一级公路标准结合城市快速路设计,设计速度100km/h,双向八车道;辅路按城市主干道标准,设计速度50km/h。于2004年9月正式开工,2006年11月18日建成通车。

①建设依据和资金来源

2003年,广东省发展计划委员会《关于佛山市狮山至和顺公路主干线可行性研究报告的批复》。

2004年,佛山市交通局《关于佛山市狮山至和顺公路主干线工程初步设计的批复》。

2006年,佛山市交通局《关于佛山市狮山至和顺公路工程两阶段施工图设计的批复》。

项目资金由佛山市自筹。

②招投标及主要设计、施工、监理单位

该工程的设计、施工、监理单位均由项目法人通过公开招标选定。

设计单位:天津市市政工程设计研究院。

施工单位:中铁十三局集团有限公司、广东冠粤路桥有限公司等26个单位。

监理单位:育才-布朗交通咨询监理有限公司、上海建通工程建设有限公司等单位。

③征地拆迁

佛山一环北路建设用地及房屋拆迁工作由当地政府负责。佛山一环狮山至官窑段总征地面积为3904.246亩。

2. 复杂技术工程

(1)北乐公路软基处理方案

佛山一环南线均为软土地基,软弱层较厚,且深浅不一,富含地下水,且水位高,为此专门设立了一个研究试验段。

试验段对南线软基处理采用了以下方法:袋装砂井排水固结、塑料排水板排水固结、动力固结、电渗、搅拌桩复合地基、管桩复合地基。加筋材料采用了聚合土工格栅、钢塑土工格栅。超载方法采用了水载、填砂、强夯等。最后推荐"一环"南线采用袋装砂井、水泥搅拌桩及预应力管桩的软基处理方式,堆载方式推荐采用堆水预压法。

电渗、水载施工方案在广东省高速公路建设上尚属首次应用。试验结果表明强夯软基处理超载方案在广东省珠江三角洲软土地带应用较为适宜,水载预压在佛山一环南线已推广应用,并取得了良好的堆载效果。在水系发达地区,水载预压具有经济、环保、施工速度快等特点,由于荷载的可流动性,水载对减少工后不均匀沉降具有独特的优点。

(2) LED 太阳能路灯

为响应绿色照明、环保节能的号召,在 K4+000~K7+000 南线两侧辅路各设置了 3km 的 LED 太阳能照明工程试验段,LED 节能技术及太阳能供能技术应用在城市主干道道路照明在国内尚属首例。

(3) 溶洞勘测及处理技术在桥梁桩基中的应用

由于北线官和段溶洞及采空区分布复杂,加上设计周期短,设计单位勘察经验不足,致使在施工成桩时多处碰到溶洞,多次受漏浆、塌孔的影响,工程进展一度受阻。经多次召开专家会议,决定对溶洞采空区采用钢护筒成孔,对 BS06、BS07 标采用钻孔、管波、CT 扫描等方法进一步查明溶洞及采空区的分布,对个别桩基采用加长桩长处理,对已成桩但怀疑持力层有隐患的,采用加桩或注浆加固处理。经处理后检测,处理效果良好。

(4) 采用"主辅路并行,与被交道路无缝对接"设计技术

提出了环城镇群快速干线道路"主辅路并行,与被交道路无缝对接"的设计原则,实现了公路和城市道路融为一体的综合道路交通体系;提出了超宽主辅路并行快速干线交通标志系统设计方法。

3. 科技创新

(1) 大跨度自锚式悬索桥设计理论与关键技术研究

依托平胜大桥工程,对大跨度自锚式悬索桥设计理论与关键技术进行了研究,在国际上率先建成了世界上最大跨度的独塔、混合梁、四索面自锚式悬索桥,从而得到:①首次对自锚式悬索桥结构力学特性、结构体系参数优化提供了有效的解析方法,并通过有限元分析和 1:20 全桥模型试验验证,从理论上解释了自锚式悬索桥矢跨比对结构特性的影响,研究了自锚式悬索桥整体稳定性的特点。②在国际上率先对双主缆、在国内率先对分离式桥面串列气动干扰问题开展了风洞试验研究,为双桥面和四索面新型结构形式的抗风安全提供了技术保证。③对桥梁结构动力特性关键参数进行了动力优化设计,系统地研究了自锚式悬索桥结构体系地震反应规律;通过模型试验,进一步论证了 PBL 剪力连接件的受力行为和破坏形式,提出了极限承载力计算经验公式;研究了钢箱梁 U 肋加劲板件的嵌固系数,提出了局部屈曲临界应力计算方法,并通过了模型试验验证。④在国内率先实现了 78m 大跨度钢加劲梁顶推施工,开发了钢箱梁顶推架设的自适应变形滑道系统;采用吊索张拉的多点同步连续调索法,率先解决了大跨度自锚式悬索桥体系转换的技术难题。

(2) 平胜大桥独塔自锚式悬索桥建造关键技术

针对独塔自锚式大跨度悬索桥施工控制计算理论与施工成套技术开展了多项研究,得到:①基于全新的滚动式支承单元模型和杆系非线性有限元"时变止效应"分析思路,提出了主缆系统快速收敛的数值分析改进算法,丰富和发展了主缆找形和非线性有限元

计算理论,并研发了拥有自主知识产权的相关软件,成功地应用于平胜大桥的施工监控。②研发了带 MGE 滑块的橡胶垫滑道的新型装置,提出了"分级平衡反力行程双控"的斜交顶推施工工艺,形成了一整套自锚式大跨度悬索桥钢箱梁顶推施工技术。③提出了"平行钢丝承重索"猫道形式并进行了相关研究,形成了经济、高效的主缆架设方法。④提出了独塔自锚式大跨度悬索桥体系转换方案确定的原则,改进了吊索张拉工艺,开发了"装配式延长杆",修正了拉索频率与索力关系求解的迭代算法,发展了自锚式大跨度悬索桥体系转换的施工技术。

(3) 南方湿热地区 TLA 改性沥青路面修筑成套技术研究

依托工程大面积应用 TLA 改性沥青的工程实际,通过大量室内外研究和工程验证得到:①揭示了 TLA 沥青改性机理,提出了 TLA 改性沥青合理掺量配比与胶浆性能指标。②提出了适合佛山湿热气候和重载交通条件的 TLA 改性沥青路面结构优化设计方案及中面层 TLA 改性 AC-20C 和表面层 TLA 改性 AC-13C 两种沥青混合料的目标配合比。③首次提出了 TLA 改性沥青混合料的疲劳方程及疲劳寿命预估方法,并提出了抗拉和抗弯拉强度结构系数。④首次提出了基于灰分影响的 TLA 改性沥青混合料配合比修正公式及 TLA 改性沥青的灰分含量控制范围。⑤提出了 TLA 改性沥青路面的施工技术指南和质量控制标准,并通过工程 TLA 改性沥青路面施工全过程质量监控和性能评价,提出了质量改进措施和建议。

(4) 海八路立交 WN 匝道钢桥面铺装工程研究

在大量的国内外调研基础上,依托佛山一环海八路立交 WN 匝道建设开展了钢桥面铺装工程研究,从而得到:①建立了有代表性的钢桥面沥青铺装力学简化模型,形成了钢桥面沥青铺装实用设计理论、设计指标和方法。②成功研发了高性能钢桥面沥青铺装专用界面黏结材料,确定了新材料的施工工艺与试验检测方法,开发了成套施工器具。③优化了钢桥面沥青铺装高性能沥青结合料的改性配方。

2013 年 2 月,《佛山一环快速干线工程建设与管理创新实践》获广东省科学技术特等奖。

4. 运营管理

佛山市路桥建设有限公司作为佛山一环高速公路运营、管养单位根据工作任务,建立了办公室、党建办公室、纪检监察审计部、人力资源部、资金财务部、企业发展部、工程建设管理中心、计划合约部、养护管理中心、收费管理中心、路政大队等职能部门为主体的管理体系。按照"统一领导、分级管理"的原则,公司于 2007 年 6 月成立了养护管理部(在 2015 年 5 月调整为养护管理中心),并以养护管理中心为主体建立了两级高速公路养护管理机构,即市路桥公司(养护管理中心)和招标选定具有资质的养护单位佛山路桥养护有限公司。

（1）养护管理

为加强一环高速公路的养护管理，组建了一环高速公路养护管理部门。全面开展各项日常养护工作。同时，有计划、有针对性地组织开展预防性养护工程，以提高路面使用性能、延长路面使用寿命和减少路面周期养护费用。此外，建立一环高速公路养护管理系统、智能交通管理系统、平胜大桥健康监控系统、管线动态信息化管理系统等，全面推进养护管理的信息化、智能化管理。

（2）车流量

佛山一环是一条不收费的开放式高速公路，交通枢纽的作用日益显著，沿线交通量剧增，其中2016年上半年一环东线最高交通量已达20万辆/日，达到设计年限的交通量（表4-26-2）。

车流量情况表（单位：辆/日）　　　　表4-26-2

年份（年）	东　线	南　线	西　线	北　线
2007	81866	37682	54010	38634
2008	159741	92188	83961	56000
2009	174933	99722	86649	80848
2010	175029	98796	107070	82107
2011	180684	109070	113861	86681
2012	189795	112662	118607	103688
2013	200725	121545	122990	108323
2014	198920	141709	137345	115081
2015	189056	125132	124720	106800
2016	209580	143555	147537	129776

5.企业文化建设

佛山市路桥建设有限公司（简称"佛山市路桥公司"）以"正道直行、通济天下"为核心价值观，加强企业文化建设。弘扬公司清正廉洁、干净干事的优良传统，树立企业正气，使公司始终循着正确的大道前行。大爱无疆的博爱情怀、奉献精神和崇高的价值追求，是佛山路桥做事和做人的统一，体现了企业的高尚品格和企业之魂。

2007年，广东省总工会授予佛山市路桥公司广东省十项工程劳动竞赛先进单位（获五一奖状）荣誉称号。

2011年，佛山市路桥公司荣获广东省"十一五"交通运输科技工作先进单位，交通运输部亚运交通运输保障"先进集体"。

（二）佛山一环北延线（S8211）

佛山一环东路北延线，又称"佛山市和顺棠溪至料美公路主干线"，起于里水镇棠溪村与广州绕城高速公路西二环相接,通过立交连接花都红棉大道。全长 9.1km,设互通式立交 3 处,建设标准为一级公路,主线为双向八车道,设计速度 100km/h,工程估算总投资 6.7 亿元。2008 年建成通车。

佛山一环北延线也是从佛山市区前往广州白云国际机场最快捷的通道。

二、东莞市域内地方高速公路

(一)东莞环城快速路(S88)

东莞环城快速路由环城东路、环城南路、环城西路和环城路北段组成,编号 S88。全长 47.233km。东莞环城快速路双向六车道,设计速度 80km/h。由东莞市城市管理局投资建设,于 2010 年建成通车。另外,莞穗路 G107 望牛墩路口至莞龙路立交 27.547km 快速路,于 2005 年建成通车。

(二)环城快速路石鼓联络线(S8816)

东莞环城快速路石鼓联络线,编号 S8816。起于西平立交,止于京港澳高速公路石鼓口,长 5.01km,2010 年建成通车,由东莞市城市管理局投资建设。

(三)常虎高速公路虎门港支线一期(S9918)

东莞市常虎高速公路虎门港支线(原为新联支线),编号 S9918。线路起于虎门港,止于花灯盏水库北岸接常虎高速公路,全长 19.8km。该项目分两期建设,一期已通车运营,二期待建。

虎门港支线一期路线全长约 10.779km。2006 年 12 月 29 日开工建设,2011 年 4 月 29 日建成通车。

由东莞市路桥投资建设有限公司常虎高速公路分公司运营管理。

1. 主要技术指标和建设规模

虎门港支线一期全长约 10.779km,设计速度 120km/h、双向四车道,桥梁 22 座,其中主要大桥 8 座(表 4-26-3)。设新联互通式立交及虎门北收费站。隧道情况见表 4-26-4。

2. 建设情况

(1)建设依据

2002 年 7 月 19 日,广东省发改委批复了常虎高速公路工程可行性研究报告。

2003 年 4 月 17 日,广东省建设厅批复了常虎高速公路初步设计。

2010 年 6 月 25 日,广东省发改委批复了常虎高速公路虎门港支线项目。

虎门港支线一期主要桥梁表

表4-26-3

序号	桥梁分类	桥梁名称	起 止 桩 号	桥梁长度（m）	桥面宽度（m）	车道数	设计汽车荷载等级	建设时间	备注
1	大桥	主线2号桥	左幅：K0+932～K1+623.8 右幅：K0+791.774～K1+623.8	左幅：691.80 右幅：832.03	左幅：13.85～31.27 右幅：16.85～26.19	4	汽车—超20级、挂车—120	2010年9月	
2	大桥	林场大桥	ZK7+627～ZK8+047 YK7+622～YK8+102	左幅：420.00 右幅：480.00	28.00	4	汽车—超20级、挂车—120	2010年9月	
3	大桥	虎眼山大桥	左幅：K7+099.751～ZK7+388.995 右幅：K7+099.751～YK7+390	400.00	28.00	4	汽车—超20级、挂车—120	2010年9月	
4	大桥	陈村大桥	K6+149.7～K6+684.2	534.50	28.00	4	汽车—超20级、挂车—120	2010年9月	
5	大桥	远丰大桥	K4+996.5～K5+856.5	860.00	28.00	4	汽车—超20级、挂车—120	2010年9月	
6	大桥	红星大桥	K3+890～K4+095	205.00	28.00	4	汽车—超20级、挂车—120	2010年9月	
7	大桥	赤岗大桥	K3+327.4～K3+634.4	307.00	28.00	4	汽车—超20级、挂车—120	2010年9月	
8	大桥	白坑大桥	K1+944.9～K2+315.9	371.00	28.00	4	汽车—超20级、挂车—120	2010年9月	

虎门港支线一期隧道表

表4-26-4

序号	隧道分类	隧道名称	起 止 桩 号	长度（单洞，m）	行车道宽度（m）	隧道净高（m）	车道数	建设时间	备注
1	中隧道	石洞1号隧道左线	ZK8+150～ZK8+970	820.00	7.50	5.00	2	2005年9月	
2	中隧道	石洞1号隧道右线	YK8+190～YK8+952	762.00	7.50	5.00	2	2005年9月	
3	中隧道	石洞2号隧道左线	ZK9+860～ZK10+510	650.00	7.50	5.00	2	2005年9月	
4	中隧道	石洞2号隧道右线	YK9+8650～YK10+510	645.00	7.50	5.00	2	2005年9月	

2010年7月5日,广东省交通运输厅批复了常虎高速公路虎门港支线初步设计。

（2）资金来源

由东莞市路桥投资建设有限公司自筹资金及银行贷款。

（3）征地拆迁

虎门港支线一期按东莞市《高速公路、一级公路征地、拆迁补偿标准》和《广东省征地补偿保护标准》执行。

（4）招投标及参建单位

项目对设计、监理、施工单位进行招标选择。设计单位为中交第二公路勘察设计研究院;监理单位为武汉大通公路桥梁工程咨询监理有限责任公司、育才-布朗交通咨询监理有限责任公司、北京泰华城技术咨询有限公司北京华兴建设监理咨询有限公司;施工单位为广州市公路工程公司、东莞市经纬公路工程有限公司、湖南省公路机械工程有限公司等10个单位。

3. 运营管理

（1）运营公司

虎门港支线一期工程建成由东莞市路桥投资建设有限公司常虎高速公路分公司代为管理。

（2）收费站点

虎门港支线一期设虎门北收费站,有15条收费车道,采取人工收费（MTC）结合自动缴费（ETC）的模式（表4-26-5）。

车流量情况表　　　　　　　　　　　　　　　　表4-26-5

年份（年）	车流量（辆）	日均车流量（辆）
2010	511409	5383
2011	2388756	6545
2012	2914978	7964
2013	7295437	19987
2014	61037163	167225
2015	21012964	57570

（3）养护管理

虎门港支线一期的日常养护工程主要由东莞市路桥投资建设有限公司常虎高速公路分公司养护部负责,公司推行"管养分离"的专业化养护模式。将日常养护及中、小型维修工程业务通过公开招标委托专业实施,大型专项工程实行施工招标。

（4）路政管理

虎岗高速公路路政队成立于2015年，其主要职能是贯彻国家有关公路管理法律法规、依法保护路产、维护路权、控制区管理、施工监督管理、许可申报、路政档案管理等。

4.企业文化建设

常虎高速公路分公司企业文化建设，实行整体规划，以党支部、团支部、工会、妇委等组织联合实施，让全体成员都能参与，真正做到了"两个文明一起抓，两个目标一起定，两个成果一起要"，不断研究探讨创建工作的新思路，注重创建效果。强化职业道德教育，努力塑造良好的行业形象。通过不断深化群众性精神文明创建活动，形成上下联动、整体推进的格局，广泛吸引群众积极参与精神文明创建活动。多年来，先后获得了广东省"先进职工之家"、广东省"青年文明号"、全国"巾帼文明岗"、广东省"巾帼文明岗"、广东省"青年安全生产示范岗"等集体荣誉30多项。

（四）东莞东部快速干线（S305）

东莞东部快速干线是东莞市快速交通路网中的东西走向主干道，编号S305，起于寮步上屯，止于桥头镇桥新大道，全长28.13km，总投资近11亿元。东部快速干线按城市快速路标准设计，全线为双向六车道，设计速度80km/h，全封闭、全立交，全线设主线桥梁33座，寒溪河特大桥一座，互通式立交6座。于2003年4月29日开工建设，2005年9月建成通车。由东莞市城市管理局建设和管理。

三、惠州市域内地方高速公路

（一）惠州—大澳高速公路（S23）

惠大高速公路是省道254线（惠澳大道一级公路）升级改扩建项目，编号S23。惠大高速公路主线全长54.88km，批复总投资52.39亿元。2009年9月先行标控制性工程东江特大桥先行动工，2011年3月全线开工，于2015年12月1日全线通车。

惠州市交通投资集团有限公司下属惠澳大道工程开发总公司和深业集团有限公司下属深业基建控股有限公司联合投资组建惠州惠大高速公路有限公司为项目业主，负责项目建设与运营管理。

1.主要技术指标和建设规模

惠大高速公路主线全长54.88km，其中：利用惠澳大道旧路升级改造约33.44km，新建路段约21.44km；主线路基宽33.5m，双向六车道，设计速度120km/h。全线设特大桥1座（表4-26-6）；互通式立交9处；收费站9个。隧道情况见表4-26-7。

表4-26-6

惠大高速公路主要桥梁表

序号	桥梁分类	桥梁名称	起止桩号	桥梁长度（m）	桥面宽度（m）	车道数	设计汽车荷载等级	开工时间	完工时间	备注
1	特大桥	东江特大桥	K4+7000～K5+826.720	1126.72	31	6	公路—Ⅰ级		2009年9月	

表4-26-7

惠大高速公路隧道表

序号	隧道分类	隧道名称	起止桩号	长度（单洞,m）	行车道宽度（单洞,m）	隧道净高（m）	车道数	开工时间	完工时间	备注
1	短隧道	大道下穿通道	K56+133～K56+323	190	13.75	5.0	3		2014年12月	

2. 建设情况

(1) 建设依据

2008年1月16日,广东省发展与改革委员会《关于惠大高速公路经营性收费权及项目投资主体有关问题的复函》。

2009年5月22日,广东省发展和改改革委员会批复同意建设惠大高速公路项目。

2009年7月3日,惠州市交通局批复了东江特大桥的初步设计。

2010年1月12日,惠州市交通局批复了(除东江特大桥外)的其他工程的初步设计。

(2) 资金来源

以惠澳大道旧路资产评估作价作为项目资本金以及向银团贷款。

(3) 征地拆迁

惠州惠大高速公路公司于2009年6月18日分别与惠州市惠城区人民政府、大亚湾区人民政府、惠阳区人民政府签订《惠大高速公路征地拆迁责任书》,由各区政府开展征拆工作,全线用地9400亩。

(4) 招投标及主要设计、施工、监理单位

惠大高速公路所有应招标工程项目均进行公开招标。2009年2月委托广州诚信公路建设监理有限公司在广州市建设工程交易中心公开招标项目勘察设计;2009年8月委托广东惠能工程顾问有限公司对关键控制性工程东江特大桥先行标的公开招标;2009年9月~2014年1月委托华杰工程咨询有限公司在广州市建设工程交易中心陆续公开招标监理、土建、机电、交安、绿化、房建工程施工招标。

设计单位:湖南省交通规划勘察设计院、中国公路工程咨询集团有限公司。

施工单位:吉林省长城路桥建工有限责任公司、江苏省交通工程集团有限公司、中核华泰建设有限公司等16个单位。

监理单位:广东虎门技术咨询有限公司、广州诚信公路建设监理咨询有限公司。

3. 科技创新

"钢纤维聚合物结构混凝土应用技术"是华南理工大学科技项目,编号:科技-2013-02-028,由华南理工大学、惠州惠大高速公路有限公司、深圳市市政工程总公司、广州大学共同研究。

钢纤维聚合物结构混凝土(SFPSC)是一种改性混凝土材料,具有以下特点:强度高(达到或超过C55,C60或更高等级混凝土的抗压强度)、抗拉强度是同等级强度混凝土的2倍左右、韧性/抗裂性能好(比同等级混凝土提高1倍以上)、抗疲劳性能好(比同等级混凝土的疲劳寿命提高10~100倍),能应用于桥梁上部结构等需要高强度等级的混凝土构

件(其他该类材料只能应用于桥面铺装层或路面等中低强度等级的结构件)。

主要研究成果:

(1)提出了箱梁、工字梁、T梁、空心板梁等多种钢纤维聚合物混凝土复合结构的优化设计方法及应用技术。

(2)探明了湿热环境与车辆载荷耦合作用下钢纤维聚合物结构混凝土材料的抗裂性能。

(3)探明了湿热环境与车辆载荷耦合作用下钢纤维聚合物结构混凝土构件的耐久性。

(4)提出了钢纤维聚合物结构混凝土复合结构的施工工艺及工法。

课题成果获广东省科技进步二等奖。

4.运营管理

(1)运营公司

2008年5月惠州惠大高速公路有限公司由惠州市交通投资集团有限公司下属惠澳大道工程开发总公司和深业集团有限公司下属深业基建控股有限公司联合投资组建,负责投资、建设、运营、管理惠大高速公路及沿线配套服务设施。

(2)收费站点

全线设永湖、水口、惠州东、沙澳、数码园、永和、淡水东、新桥、惠州港互通立交9处,设收费站9个(表4-26-8)。

收费站点设置情况表 表4-26-8

站点名称	车道数	收费方式	站点名称	车道数	收费方式
永湖收费站	3	MTC+ETC	永和收费站	5	MTC+ETC
水口收费站	4	MTC+ETC	新桥收费站	5	MTC+ETC
惠州东收费站	8	MTC+ETC	淡水东收费站	4	MTC+ETC
沙澳收费站	10	MTC+ETC	惠州港收费站	10	MTC+ETC
数码园收费站	8	MTC+ETC			

(3)车流量

惠大高速公路2015年12月1日正式通车运营。2015年12月车流量为402154辆,2016年1月为499417辆,2月为493134辆,3月为616080辆,4月为690937辆。

(4)养护管理

公司设立养护工程部,负责惠大高速公路的养护管理,并由惠澳大道工程开发总公司承接和开展惠大高速公路的日常养护工作,公司与其签订项目综合管养合同。

（5）路政管理

惠大高速公路设有路政中队,管理高速公路 54.88km,其中隧道 1 个、桥梁 58 座、涵洞 291 座。

公司制订了《惠大高速公路路政管理手册》,路产路权的维护与管理,以及路政应急处置预案等均按照《路政管理手册》执行。

5. 企业文化建设

（1）积极开展高速公路企业文化建设

惠大公司重视企业精神文明建设工作和员工的培训工作,不断增强员工的责任感、归属感、荣誉感,充分激发员工的工作积极性和创造性。与此同时,公司秉承"阳光坦诚、创新卓越、勤勉尽责、和谐共享"的核心价值观,不断加强企业文化建设,努力建设团结协作、开拓创新、真抓实干的工作氛围。

（2）加强廉政建设

一是严格执行招投标程序,合理确定评标方法,实行招标前公告和招标结果公示,并邀请股东及主管部门全程监督;二是认真贯彻落实中央八项规定,严格控制公务接待费用支出、公务用车管理费用、会议费用等支出,确保建设单位管理费控制在预算目标内;三是严把资金管控关,实行董事长、总经理财务联签制度,确保资金专款专用;四是强化工程监管,加强对工程变更等重点环节的管理;五是管理人员不得接受施工单位的"宴请"和"红包",并在各参建单位项目部设立了廉政信箱、廉政公示牌等,构建监督体系;六是采取网签计量,网签支付等方式,通过流程规范了计量及支付管理。

（二）长深高速公路惠州支线（S9925）

长深高速公路惠州支线,亦称惠州支线,编号 S9925。线路起于惠州口岸路,止于平南开发区,全长 7.95km,原是惠深（盐田）高速公路惠州段的线路。惠深（盐田）高速公路惠州段由广东省高速公路有限公司与惠州市道路桥梁开发总公司共同投资组建和经营管理。总投资 4.2 亿元。于 1990 年 10 月 1 日动工,1993 年 4 月建成通车。长深高速公路惠州支线的建设和管理情况,详见第三章第九节长春—深圳高速公路广东段（G25）"七、惠州—深圳（盐田）高速公路惠州段"。

四、江门市域内地方高速公路

（一）新会—台山高速公路（S49）

新会—台山高速公路（简称"新台高速公路"）,编号 S49,起于新会市司前镇佛开高速公路司前立交,经新会市的司前、牛湾镇、台山市的大江、水步镇、台城、四九、冲蒌、斗山镇,通过中和立交同西部沿海高速公路相接,主线长约58km,批准概(预)算投资151353.02万元。一期工程长50.95km,于1998年9月30日开工,2001年1月18日建成通车;二期工程主线长1.28km,于2004年3月16日开工,2005年12月28日建成通车,由广东省高速公路公司与台山市交通建设发展总公司共同投资,组建广东新台高速公路有限公司负责建设和管理;南延线工程长5.71km,2013年10月28日开工,2015年12月31日建成通车,由广东新台高速公路有限公司投资建设和管理。

1. 主要技术指标和建设规模

路段所处地貌主要为江河冲积平原、丘陵台地、滨海沉积平原,工程建设中的桥梁、涵洞较多,且全线软基路段,软基深度达20多米。

新台高速公路一、二期工程全线按高速公路标准建设,双向四车道,设计速度120km/h,全线有桥梁111座。其中,特大桥1座、大桥9座、中桥16座;互通式立交5处。

新台南延线全线按高速公路标准建设,双向四车道,设计速度100km/h,路线全长5.71km,特殊路基处理3.45km,主要大桥9座、特大桥1座,设互通式立交2处,匝道收费站1处。桥梁主要情况见表4-26-9。

2. 建设情况

(1)建设依据

①一、二期工程

1994年9月5日,广东省计划委员会《关于台山市南北高速公路工程可行性研究报告的批复》。

1999年10月8日,广东省建设委员会《关于新会至台山高速公路工程初步设计的批复》。

②新台南延线

2012年11月28日,广东省发展和改革委员会对该项目的申请报告核准。

2013年5月22日,广东省交通运输厅批复该项目的初步设计。

(2)资金来源

新台高速公路项目由广东省高速公路有限公司和台山市交通建设发展总公司共同投资建设。

(3)征地拆迁

广东新台高速公路有限公司(现为广东省高速公路有限公司台山分公司)于1998年10月,分别与台山市高速公路建设总指挥部、新会市牛湾镇政府、新会市司前镇政府签订征地拆迁承包合同。广东省高速公路有限公司台山分公司2013年6月25日与台山市人民政府签订了《新台高速公路南延线征地拆迁协议》。

新台高速公路主要桥梁表

表 4-26-9

序号	桥梁分类	桥梁名称	起止桩号	桥梁长度（m）	桥面宽度（m）	车道数	设计汽车荷载等级	开工时间	完工时间	备注
1	大桥	K10+276.7 锦源规划路跨线桥	K9+984～K10+570	586	21.76	4	汽车—超20级、挂车—120	2004年3月	2005年12月	
2	特大桥	K11+289 会司特大桥	K10+886～K11+692	806	21.76	4	汽车—超20级、挂车—120	1998年9月	2001年1月	
3	大桥	K13+410 天等冲大桥	K13+305～K13+516	211	21.76	4	汽车—超20级、挂车—120	1998年9月	2001年1月	
4	特大桥	K15+654.41 牛湾特大桥	K14+922～K16+387	1465	21.76	4	汽车—超20级、挂车—120	1998年9月	2001年1月	
5	大桥	DJK0+462 跨线桥（大江）		165.42	13.77	2	汽车—超20级、挂车—120	1998年9月	2001年1月	
6	大桥	TK0+218 跨线桥（台城）		246.4	13.77	4	汽车—超20级、挂车—120	1998年9月	2001年1月	
7	大桥	K39+293 合水大桥	K39+070～K39+516	446	21.76	4	汽车—超20级、挂车—120	1998年9月	2001年1月	
8	大桥	K40+073 四九跨线桥	K39+860～K40+286	426.86	21.76	4	汽车—超20级、挂车—120	1998年9月	2001年1月	
9	大桥	K49+508.2 冲婆跨线桥	K49+412～K49+604	192.540	21.76	4	汽车—超20级、挂车—120	1998年9月	2001年1月	
10	大桥	K61+835.5 省道S365跨线桥	K61+683～K61+988	305.000	21.5	4	汽车—超20级、挂车—120	2013年9月	2015年12月	

(4)招投标及主要设计、施工、监理单位

①一期土建工程公开招标

设计单位:广东省公路勘察规划设计院、广州中联设计顾问公司、广东飞达交通工程有限公司与北京交科公路勘测设计院联合承担设计。

施工单位:新台高速公路土建工程由广东省长大公路工程有限公司施工总承包。

监理单位:广东虎门技术咨询公司、广东工程建设监理公司、北京路桥通监理咨询有限公司。

交通工程由广东新粤交通投资有限公司总承包。

②二期土建工程公开招标

设计单位:广东省公路勘察规划设计院、北京交科勘察规划设计院、广东省冶金建筑设计院等单位。

施工单位:广东省长大公路工程有限公司、广东十六冶工程有限公司、广东新粤交通投资有限公司等单位。

监理单位:广东省公路工程监理站、北京兴通交通工程监理公司、广东海外建设监理公司等单位。

③南延线工程公开招标及主要设计、施工、监理单位

项目勘察设计、监理、施工各一个标段,均在广州建设工程交易中心进行的公开招标,其中施工标段为总包,机电、交安由中标单位分包。

设计单位:广东省公路勘察规划设计院股份有限公司。

施工单位:广东省长大公路工程有限公司。

监理单位:广东华路交通科技有限公司。

3.复杂技术工程

新台高速公路新会段的软土地基,淤泥层厚,性质差,台山段地形相对复杂,植被茂盛,地下含水丰富,两段交界处地下岩面起伏多变,工程难度大,是较为复杂的项目之一。

原设计软基处理采用袋装砂井固结排水和喷粉桩加固,处理范围为 K10+200~K18+122,处理长度 4478m。施工中因为设计无地质钻孔或勘察深度不够,该处理的设计未作处理,或处理不彻底,先后造成 K19+020~K19120 及牛湾立交 ST、WT 匝道、K13+044~K13273、K18+210~K18310、K18+520~K18545 路段填筑时发生塌陷开裂。经变更设计后,软基处理范围为 K10+200~K19+200,牛湾立交匝道、K61+000~K61+828.8,处理总长度 8982m,处理方式主要有:

喷粉桩加固地基 1052m,袋装砂井固结排水 7930m,真空联合堆载预压 2788m,加筋土路堤 500m,CFG 桩复合地基 277m。

2013年动工的新台南延线项目内软土主要由淤泥质黏土、淤泥、淤泥质砂、软塑状黏性土等。沿线软基分布广泛，软土含水率高、灵敏度高、压缩性高、孔隙比较大、抗剪强度低、地基基本承载力容许值低。特别是软基分布不均匀，地质变化复杂，给软基处理的设计和施工增加了一定的难度。

初步设计主要采用塑料排水板＋堆载预压处理，软基处理若采用常规的排水固结法难以保证工程的质量和进度。广东省交通集团认真研究加快软基施工的处理方案，在施工图设计时变更了软基处理方案，采用了预应力管桩处理的方案。

鉴于该路段软土路基的特殊性，预应力混凝土管桩在该路段的成功应用，为高速公路预应力混凝土管桩处理软土路基积累了不少的设计、施工经验，指导后期施工。

4. 运营管理

（1）运营公司

1999年1月8日，广东新台高速公路有限公司成立，负责建设经营、管理新台高速公路。2015年11月24日，广东省高速公路有限公司台山分公司（简称"台山分公司"）成立，负责新台高速公路段、西部沿海（阳江）高速公路段的运营管理工作及新台南延线的建设管理工作。分公司下设综合事务部、收费管理部（下辖台城、牛湾中心站）、养护工程部、计划财务部、路政队、工程部6个职能部门。

（2）收费站点

全线设有台城、冲蒌、斗山、牛湾、大江、司前6个收费站（表4-26-10）。共有46条车道，8个复式收费亭。

收费站点设置情况表　　　　表4-26-10

站点名称	车道数	收费方式	站点名称	车道数	收费方式
台城站	9	MTC＋ETC	牛湾站	8	MTC＋ETC
冲蒌站	6	MTC＋ETC	大江站	6	MTC＋ETC
斗山站	5	MTC＋ETC	司前站	12	MTC＋ETC

（3）服务区

设有2个服务区：新台高速往佛开高速方向合水服务区、新台高速往西部沿海高速方向合水服务区。

（4）车流量

车流量情况见表4-26-11。

车流量情况表　　　　表4-26-11

年份（年）	路段	日均车流量（辆）	年份（年）	路段	日均车流量（辆）
2001	新台路段	2591	2003	新台路段	4564
2002	新台路段	3590	2004	新台路段	4493

续上表

年份(年)	路　　段	日均车流量(辆)	年份(年)	路　　段	日均车流量(辆)
2005	新台路段	4940	2011	新台路段	13131
2006	新台路段	7639	2012	新台路段	14399
2007	新台路段	9672	2013	新台路段	16251
2008	新台路段	10560	2014	新台路段	17823
2009	新台路段	12332	2015	新台路段	19842
2010	新台路段	14137			

（5）养护管理

新台高速公路的日常养护工程由台山分公司养护工程部负责。按照"专业化、社会化、规范化和制度化"的养护管理总体目标，提出"预防性为主、防治结合、依靠科技、强化管理、主附并重、全面养护"的管理方针，工作重点是抓好预防性养护和早期养护。

新台高速公路一、二期主线沥青路面长约47.5km，其中软基路面长7.72km，路面结构为4cm+6cm两层路面长约42km，随着通车年限（一期2001年1月通车，二期2005年12月通车）的增长和车流量的增加，路面病害发展更快，且沥青路面设计使用年限为15年。新台高速公路从2005年开始通过有机硅、CAP、HAP封层、乳化沥青封层、微表处等技术对沥青面进行预防性养护，在2012开始对全线沥青路面按路面病害轻重缓急结合有限资金分批进行加铺4cm AC-16罩面处理，到2015年底已处理了单幅约57km。

在养护管理中，充分应用高速公路桥梁管理系统和路面管理系统，为养护决策提供规划性、战略性的统计数据和支持信息，预防性养护的开展，提升了养护信息化管理水平。

（6）路政管理

新台高速公路设有路政队，路政队共分4个班组，其中一、二、三班负责日常巡查、事故处理和保畅等工作，机动班主要负责与其他部门或单位沟通协调以及处理违章建筑物、广告标牌等。2006年，路政队采取警政联勤的工作模式，实行与交警通车巡逻，达到及时发现和处理路面突发情况的目的，消除安全隐患，确保巡查时效和质量。2015年，在警政联勤的基础上发展为"路、警、站、养、救""五位一体"的保安全、保畅通管理模式，通过"路政、交警、收费站、养护、拯救"的联合保畅、协同处理，有效将资源整合，树立路政队伍形象。

5.企业文化建设

台山分公司重视企业文化建设，将企业文化的理念灌输到员工的工作生活当中，陶冶员工的情操，不断深化企业文化内涵，增强企业的凝聚力。

坚持开展收费、路政业务技能竞赛，激发员工学业务、比技能的热情，形成了积极进取、文明服务的良好风气。2014年首次举办了厨艺大比拼技能竞赛活动，开展台城标杆站创建活动，从细节方面规范员工，加强培训学习，给予员工锻炼自我的平台，提升新台高速的服务形象和服务水平。

公司提出的"幸福企业"的主题,开展以"志愿服务 与爱同行"为主题的志愿服务活动,联合台山市义工联到敬老院慰问孤寡老人,组织了志愿服务小组到当地小学进行义教,为公司困难员工送去慰问。节假日期间,在收费现场为架乘人员提供必要的后勤保障和咨询服务。积极投身城市文明建设,开展义务大扫除活动;送书到基层,开展读书活动。

每年坚持"夏日送清凉""冬日送温暖"活动,完善户外健身器材设施,改善职工之家的条件,为员工营造健康生活快乐工作的氛围。组织举办茶话会、运动会、摄影和写作知识讲座、组建广场舞队伍等,丰富员工的业余文化生活。

2001年以来,新台公司先后获得广东省造林绿化先进集体、广东省第十二届企业管理现代化优秀成果一等奖、全国模范职工小家、国家级第十届企业管理现代化创新成果二等奖、广东省文明单位、广东省青年文明号、广东省模范职工之家等部省级荣誉奖项。

(二)麻阳线汶村、北陡匝道(S365)

麻阳线(S365)汶村、北陡段与广东西部沿海高速公路汶村、北陡段共线。麻阳线与西部沿海高速公路汶村、北陡等匝道出入口共线长20.982km,其中重复15.463km,实际里程为5.519km。因麻阳线段的建设和管理同属西部沿海高速公路,详见本章第十七节广东西部沿海高速公路(S32)"三、西部沿海高速公路台山段"。

五、梅州市域内地方高速公路

(一)梅州—平远高速公路(S66)

梅州—平远高速公路,编号S66。起于梅州市梅江区城北镇上村,止于平远县田兴村,路线全长33.356km。项目批复概算总金额为34.48亿元,由广东交通实业投资有限公司投资建设,先行工程于2015年9月29日开工建设。

广东交通实业投资有限公司成立广东梅平高速公路有限公司负责梅平高速公路的投资、建设和经营管理。

梅平高速公路的建设对进一步完善广东高速公路网,改善梅州地区交通状况,加强梅州与周边地区以及粤赣两省的经贸往来,推进区域经济跨越式发展将有重要的意义。

1. 主要技术指标和建设规模

全线采用高速公路标准建设,双向四车道,设计速度100km/h。主线设大桥28座、中桥2座;互通式立交4处;中隧道1座、短隧道1座;桥隧比约28.36%;设管理分中心1处、停车区1处、养护工区1处。

2. 建设情况

(1)建设依据

2015年8月19日,广东省发改委批复项目核准。

2015年10月11日,广东省交通运输厅批复初步设计。

2016年10月25日,广东省交通运输厅批复项目施工许可。

(2)资金来源

项目资本金占总投资的40%,按省市共建7:3资本金比例出资,其余60%通过银行贷款。

(3)招投标

梅平项目采用"公平、公开、公正"的原则和规定的程序进行招投标。

(4)主要设计、施工、监理单位

设计单位:中交公路规划设计院有限公司。

施工单位:广东省长大公路工程有限公司、广东晶通公路工程建设集团有限公司、广州市政集团有限公司等5个单位。

监理单位:广东华路交通科技有限公司。

(二)梅州环城高速公路(S83)

梅州环城高速公路是梅州市的城市环线高速公路,编号S83,分一期、二期(城东至程江段),全长19.1km,与长深高速公路G35共线,双向四车道,设计速度100km。沿线设有4个互通立交,北接长深高速公路,南接汕梅高速公路,西接梅河高速公路。于2006年11月15日建成通车。该路段与长深高速公路G35共线,其建设和管理详细情况见第三章第九节长春—深圳高速公路广东段(G25)"二、梅州西环高速公路"。

三期(程江至三角段)全长4.82km、总投资约3.78亿元,与梅龙高速公路S12共线,双向四车道,设计速度100km/h。起于梅县区程江镇,止于梅江区三角镇,设有分离式立交3处。2008年6月动工,2010年12月18日建成通车。该路段与梅龙高速公路S12共线。[其建设和管理详细情况见本章第五节梅州—龙岩高速公路(S12)"一、梅州西环高速公路程江—三角段"]

(三)梅州市东环高速公路(S1211)

梅州市东环高速公路,编号S1211。起于梅县区丙村镇的梅州东环高速公路,止于梅县区城东镇柿子坪,与长深高速公路相接。项目长14.556km、宽26m,按高速公路标准建设,双向四车道,设计速度100km/h,估算投资19.2亿元,于2016年12月26日开工建设。

六、湛江市域内地方高速公路

(一)东海岛—雷州高速公路(S50)

东(海岛)—雷(州)高速公路,简称"东雷高速公路",编号S50。项目由主线及东海岛中线公路连接线和雷州市雷城连接线组成。主线全长35.826km。

东海岛中线公路连接线起于与主线起点相接,止于省道S288与县道X667相交处,全长2.191km。

雷州市雷城连接线起于雷州市沈塘镇,与海湾大桥连接线二期相接,向南途经附城镇,止于雷州市区以南,与县道X691相接,全长9.007km。

东雷高速公路总投资约为51.773亿元,按政府还贷高速公路模式,由省市按7∶3比例共同投资建设。先行工程已于2015年9月开工建设。

1. 主要技术指标和建设规模

主线采用高速公路标准,双向四、六车道,全线有特大桥2座、大桥9座、中桥2座;天桥8座;互通立交3处;主线收费站1处,管理中心和养护工区各1处。通明海特大桥采用六车道高速公路标准,设计速度100km/h、主桥宽38.5m,引桥宽33m;其他路段采用高速公路标准,双向四车道,设计速度100km/h。连接线采用四车道一级公路标准,设计速度80km/h。

2. 建设情况

(1)建设依据

2015年8月21日,东海岛至雷州高速公路获广东省发展和改革委员会的立项批复。

(2)资金来源

项目资本金占总投资的40%,按照广东省、湛江市7∶3股比,由广东省南粤交通投资建设公司、湛江市交通投资集团有限公司按比例出资。项目资本金以外的资金向银行贷款解决。

(3)征地拆迁

2016年1月,广东省南粤交通投资建设有限公司与湛江人民政府签订了《湛江东海岛至雷州高速公路征地拆迁工作包干协议》。2016年7月,广东省南粤交通投资建设有限公司、湛江人民政府、东雷管理中心共同签订合同主体变更协议书。地方政府负责完成概算内全部征地拆迁、安置补偿等工作。

项目总征地面积约3495.5亩,其中开发区段征地面积约1479.9亩,雷州段征地面积约2015.6亩。

(4)招投标及主要设计、施工、监理单位

通过公开招标方式确定参建单位。

设计单位:广东省公路勘察规划设计院股份有限公司。

监理单位:广东华路交通科技有限公司。

施工单位:中铁二十局集团有限公司、中交第二航务工程局、广东省长大公路工程有限公司、中铁十二局集团有限公司、中铁十八局集团有限公司。

3. 复杂技术工程

通明海特大桥为本项目控制性工程,全长5761.5m,按3000吨级海轮通航要求设计,主桥通航跨径338m,为双塔双索面斜拉桥,主塔采用钻石型混凝土塔设计,主塔基础为高桩长方形承台基础,承台下设30根2.8~3.1m变截面钻孔灌注桩,桩长137.5m。

2017年3月16日,主桥35号主墩首根桩基正式开钻,首根桩基桩径为2.8~3.2m,桩长137.5m,为海中超深变直径桩基。单根桩基钢筋笼重量约为103t,水下C35海工混凝土浇筑量将近1000m³。

(二)兰海高速公路湛江支线(S9975)

兰海高速公路湛江支线,编号S9975,起于湛江市遂溪县遂城镇,止于湛江市麻章区黄略镇,接省道S293,长4.412km,由广东省高速公路有限公司投资建设和管理,于2003年12月开工建设,2005年建成通车。该路段是与兰海高速公路廉江市高桥镇至遂溪县遂城段一起建设和管理的,详细情况见第三章第十七节兰州—海口高速公路广东段(G75)"一、廉江高桥—遂溪高速公路"。

七、韶关市域内地方高速公路

韶关市北环高速公路(S84)和环城高速公路广乐匝道(S1011)

韶关北环高速公路,编号S84。为韶关环城高速公路的组成部分,也是广乐高速公路与韶赣高速公路的连接线。韶关北环高速公路,东起韶关市浈江区瑶前,穿过韶关市武江区,西至韶关市乳源县新街,全长28.9km。该路段采用高速公路标准建设,双向四车道,设计速度100km/h。已于2014年9月27日建成通车。

韶关环城高速公路广乐匝道,编号S1011,长3.54km。

韶关北环高速公路和韶关环城高速公路广乐匝道与乐广高速公路是同为一个建设项目,其建设和管理情况详见第三章第五节乐昌—广州高速公路(G4W3)。

八、茂名市域内地方高速公路

茂名市博贺疏港高速公路(S61)

茂名博贺疏港高速公路,是汕湛高速公路的支线,编号S61。线路位于茂名市电白区黄岭镇至马踏镇,全长32.62km。该路按高速公路标准建设,双向四车道,设计速度100km/h。于2014年12月28日开工建设,2017年底建成通车。

博贺疏港高速公路归汕湛高速公路云湛项目阳春—化州段建设和运营管理。其建设和管理情况详见本章第七节汕头—湛江高速公路(S14)"六、阳春—化州段"。

第五章
桥梁隧道

第一节 桥 梁

一、概况

改革开放后,广东省经济迅速发展,但是公路交通严重滞后。为解决汽车待渡现象,加快交通事业发展,广东积极筹集资金,集中人力物力修建桥梁。1981—1991年10年间,全省新建桥梁1195座,总长73156延米,其中特大桥、大桥56座,总长25440延米,基本实现全省公路主干线无渡口通车。

1990年后,随着高速公路的兴建和珠江三角洲航道通航要求,广东的公路桥梁跨径越来越大,结构越来越新,建造技术越来越先进,各种新颖桥型的桥梁相继出现在珠江等江河和海湾上。在这20多年间,先后建造的汕头海湾大桥、虎门大桥、崖门大桥、丫髻沙大桥、珠江黄埔大桥、港珠澳大桥和虎门二桥等,均为当时国内最大跨径和现代新型的公路桥梁。

广东公路桥梁建设在向长、大、高方向发展的同时,结合桥梁所在的地形地貌、水文气象、通航条件、安全环保、景观等自然条件进行精心设计施工,注重环境美化协调。特别是由桥、岛、隧结合组成的港珠澳大桥,建造线形优美,错落有致,体现了"珠联璧合"的景观理念。广东桥梁建设不但规模大,速度快,技术高,质量优,桥型美,而且类型多。拱桥、梁桥、斜拉桥、悬索桥以及立交桥等国际上通用的各种桥梁在广东省内都能找到。一座座新颖桥梁宛如一道道亮丽的彩虹展现在南粤大地,使广东成了全国闻名的桥梁大省,赢得了"桥梁博物馆"美誉,同时,有力地推动了广东经济发展和社会进步。

至2017年12月,广东全省有公路桥梁47794座3846964延米,其中:特大桥582座992886延米,大桥5533座1794510延米。

在全省公路桥梁中,国家高速公路共有桥梁6709座1341649延米,其中:特大桥241座425966延米,大桥2992座764587延米。

二、重要桥梁选介

(一)白土北江特大桥

白土北江特大桥是乐(昌)广(州)高速公路 G4W3 的特大桥。该桥位于韶关曲江区白土镇,跨越北江主航道,桥位处北江规划为Ⅲ级航道。桥梁全长 2276.8m,其中主桥 100m + 180m + 100m 采用变截面预应力混凝土连续刚构,两岸引桥采用预应力混凝土分体箱梁,先简支后连续。全桥共分为 15 联,主桥 1 联,后退岸引桥 11 联,前进岸引桥 3 联。

1. 结构特点

(1)主桥上部结构

主桥上部构造为 100m + 180m + 100m 三跨预应力混凝土连续刚构箱梁,箱梁断面采用单箱单室,根部梁高 11.3m,跨中梁高 3.8m,顶板厚 28cm,底板厚从跨中至根部由 32cm 变化为 120cm,腹板从跨中至根部分三段采用 45cm、70cm、90cm 三种厚度,箱梁高度和底板厚度按 1.8 次抛物线变化。箱梁顶板横向宽 16.75m,箱底宽 8.0m,翼缘悬臂长 4.375m。箱梁 0 号节段长 12m,每个悬浇"T"纵向对称划分为 24 个节段,梁段数及梁段长从根部至跨中分别为 4×2.5m、7×3.0m、13×4.0m,节段悬浇总长 83m。悬浇节段最大重量为 2310kN,挂篮设计自重 1040kN。边、中跨合龙段长均为 2m,边跨现浇段长 5m。箱梁根部设两道厚 1.5m 的横隔板,中跨跨中设一道厚 0.4m 的横隔板,边跨梁端设一道厚 1.05m 的横隔板。

主桥上部构造按全预应力混凝土设计,采用三向预应力,纵、横向预应力采用国家标准《预应力混凝土用钢绞线》(GB/T 5224—2003)高强度低松弛钢绞线,其标准强度 f_{pk} = 1860MPa,弹性模量 $E_p = 1.95 \times 10^5$ MPa,松弛率小于 0.035,设计锚下张拉控制应力 1395MPa。箱梁纵向钢束每股直径 15.2mm,大吨位群锚体系;顶板横向钢束每股直径 15.2mm,扁锚体系;竖向预应力采用精轧螺纹钢筋。纵向预应力束管道采用预埋塑料波纹管成孔,真空辅助压浆工艺。

(2)主桥下部构造

主墩墩身采用双肢等截面圆端形实心薄壁墩。横桥向为减小阻水面积,端部采用圆弧形,圆弧半径为 0.92m。墩身横桥向最长处 9.5m,顺桥向壁厚 1.8m。墩身设 D500H 橡胶防撞护舷。主墩承台厚 4m,左、右幅桥的承台连成整体,基础采用直径 2.4m 的钻孔灌注桩,基桩采用双排桩,每墩共 14 根桩。经计算,墩身自身防撞可满足规范要求,无须设置独立的防撞设施。主、引桥间过渡墩墩身采用等截面矩形实心薄壁墩,实心墩截面尺寸

7.5m×2.0m;承台厚3.0m,基础为双排4根直径1.8m的钻孔灌注桩。过渡墩处设RBKF-320型伸缩缝,主桥箱梁下设GPZ(Ⅱ)6.0DX单向活动盆式橡胶支座和GPZ(Ⅱ)6.0SX双向活动盆式橡胶支座各一套。

(3)引桥

引桥上部构造为25m、30m后张预应力混凝土分体箱,先简支后连续。

引桥下部构造全部采用双柱墩,桩基础。根据墩高的不同,25m跨径的墩柱直径分别为1.3m和1.4m,桩基直径为1.5m;30m跨径的墩柱直径分别为1.5m和1.6m,桩基直径为1.8m。桥台采用桩柱式板台,桥台桩基直径为1.5m。

2. 主要设计技术参数

计算行车速度:120km/h;荷载:公路—Ⅰ级;桥宽:整体式路基,路基全宽16.75m,桥梁与路基同宽,桥宽布置为0.5m(防撞护栏)+15.818m(行车道)+0.432m(防撞护栏);通航净空:171m×10m(宽×高);地震烈度:地震动峰值加速度不大于0.05g,按规范相关要求设置抗震设施,不做专门的抗震计算;桥面横坡:单向2%(半幅桥)。

3. 建设条件及创新点

(1)建设条件

①水文条件

桥址区地表水系发育,桥位所跨北江为常年性流水河。地下水为第四系孔隙水、基岩裂隙水、岩溶水等。孔隙潜水较丰富,赋存于下部砂性土中,与地表水有水动力联系。基岩裂隙水发育,岩溶水分布不均匀。

据线路段所取水样分析结果,桥址区地表、地下水对混凝土无腐蚀性,对钢结构具弱腐蚀性。

②地形及地貌

桥址区属河堤阶地平坦区,坡度约为5°~10°,向河床缓倾。依河床向岸边,依次可划分两个阶地区,一级阶地和二级阶地及河床区等,阶地内多为居民点及开发区。地面高程一般在37.43~53.29m之间,相对高差15.86m。

③地质状况

路线所经区在区域构造上位于粤北地块—粤北坳陷北部—韶关凹陷区。区内经历了多期次变形构造运动,形成了错综复杂的变形构造组合。先后经历了加里东、海西、印支、燕山、喜山等构造运动,这些构造运动的间歇性隆升,形成一系列褶皱体系和断裂构造,同时伴随岩浆岩侵入,测区以华夏构造为主体,形成东西向褶皱和盆地。线路穿越褶皱、重阳背斜、天子岭背斜西翼、白土背斜、曲江向斜西南翼。穿过断裂有北西向、北东向及东西向断裂。路线走廊大部分与构造线和走向呈大角度相交。

④工程地质与地震

桥梁抗震设防类别为B类，采取的抗震设防措施等级为7级。

⑤航运要求

该桥所跨北江干流为规划国家内河Ⅲ级航道。

(2)技术创新点

①乐广高速公路白土北江特大桥主桥跨径248m，是乐广高速公路唯一一座斜拉桥，也是单跨跨径最大的桥梁。

②严格控制塔身混凝土配合比及施工质量，要求混凝土质量均衡、稳定、外观色泽一致。

③主塔墩承台以及下塔柱实体段均为大体积混凝土，对施工水化热进行分析，并采取不间断洒水等有效温度控制措施，保证混凝土质量。

④在主塔施工前进行主塔锚固区短钢束预应力张拉试验，确保短钢束张拉不会失效，试验完成并得到理想结果，方允许主塔施工。

⑤主梁施工悬臂浇筑法(简称"母浇")，主要设备是一对能行走的挂篮。挂篮在已经张拉锚固与墩身连成整体的梁段上移动，绑扎钢筋、立模、浇筑混凝土、预施应力都在其上进行；完成本段施工后，挂篮对称向前各移动一节段，进行下一对梁段施工，直至悬臂梁段浇筑完成。

⑥跨中合龙前后，对索力进行检测，每组及每索的拉力误差超过设计规定时进行调整，调索时对塔和相应梁段进行位移检测，并做好存档记录。

4.主要设计、施工、监理单位及通车时间

设计单位：中交第二公路勘察规划设计院。

施工单位：河北路桥集团有限公司。

监理单位：广东华路交通科技有限公司。

通车时间：2014年9月。

(二)汕头海湾大桥

汕头海湾大桥位于汕头经济特区汕头港东部出入口，南引道起于汕头市达濠区葛洲村，深汕高速公路东段K286+600处，大桥跨越汕头港黄沙湾主航道，经妈屿岛，北引道止于汕头市龙湖区外汕汾高速公路K1+765处。全长2437m，其中主桥长760m，宽23.8m，为154m+452m+154m三跨双铰式预应力钢筋混凝土加劲梁悬索桥。主桥主要由塔、锚碇、缆索系缆、钢筋混凝土预制箱以及桥面系组成。塔身高95m，主缆长约1030m。为提高桥梁结构抵御海水和海洋大气中盐分侵蚀能力，对大桥的缆索、紧固件、塔身、主箱梁、塔基等部位均进行防腐处理。[详见第三章第六节沈阳—海口高速公路广东段(G15)"二、汕头海湾大桥"]

(三)九江大桥

九江大桥是沈海高速公路(G15)在广东省佛山至开平段上的一座特大型桥梁。全长1819.16m。它位于佛山和江门两市之间,跨越南海和鹤山交界处的西江干流。该桥在全国率先推行项目法人制,是广东省首个世界银行贷款项目,首次采用国际通用的"菲迪克"条款管理模式,第一个实行国际竞争性投标项目,第一个实现公开资本市场筹集资金的项目。

1. 结构特点

九江大桥主桥为六孔一联50m+100m+2×160m+100m+50m的大跨度预应力混凝土连续梁,建成时是当时国内最大跨径和规模的预应力混凝土连续梁桥。大桥全长1819.16m,桥幅总宽25.47m。大桥三个主墩,全部位于深水区,每墩采用18根$\phi220\sim\phi250$cm变截面嵌岩群桩,最大桩长达99.0m。主墩承台尺寸为30.372m×13.6m×5.5m,体积约1888m³,采用封底钢套箱施工,三个主墩桩基共浇筑混凝土13986m³,承台及水下封底混凝土7080m³。下部结构为预应力混凝土空心墩,平面尺寸为6.8m×4.0m,墩高为15.74~16.90m。主梁为单排支座多跨变截面预应力混凝土连续梁,为单箱单室结构,大吨位群锚体系,设计采用预制悬拼施工。根部梁高9.0m,合龙段梁高3.0m,箱梁顶板宽11.898m,底板宽6.8m,顶板厚40~28cm,腹板厚90~40cm,底板厚150~23cm。单个T梁划分为49个梁段。块件最大长度4.0m,最大重量(除0号块外)为1197kN,主墩上每个墩设两个球面支座,每个支座的承载力为31900kN。采用纵竖双向预应力。

2. 主要设计技术参数

设计速度:100km/h;设计荷载:汽车—超20级,挂车—120;桥面布置:主桥桥面宽度为2×12.735m,双向四车道,中间设置1.67m的中央分隔带,半幅桥宽11.9m;桥下通航净空:两通航孔净空为80m(宽)×22m(高);风荷载:按照$P=1/100$,桥位区设计风速33m/s;地震基本烈度:Ⅶ度。

3. 施工难点、创新点及建设成果

九江大桥主桥是当时国内规模最大的预应力混凝土连续梁桥,桥梁跨越交通繁忙的西江主航道,桥位处水文条件复杂,桩位处基岩岩面起伏较大,施工期间遇到的困难包括3m大直径桩基础、水中大体积承台、边跨超重长梁顶推、大跨度连续梁节段长线预制悬拼施工等,为解决以上问题,提出并实施一系列的创造性方案,形成了丰富的建设成果。该桥的创新点:

(1)九江大桥主桥跨径160m,是当时国内最大跨径的预应力混凝土连续梁桥,总结

形成了成套建设技术,成功经验可供从事桥梁设计、施工、监控、建设管理及相关工程人员参考。

(2)刷新了当时同类规模的连续梁桥的预制拼装速度。九江大桥160m大跨连续梁采用悬拼方法施工,每套吊机每天可拼装一对箱梁块件,每个T构悬拼21对,全桥仅135天就悬拼完毕。

(3)箱梁施工采用长线分段多点预制的方法,按工期要求设四个长线预制台座,每台座周转使用三次;每个悬臂分三段预制。这样多工作面同时进行施工,既有长线预制的高精度优点,又通过分段多点预制保证了三个主墩六个"T"同时悬拼对预制梁块的需求。

(4)该项目经过科技攻关,拼合断面采用横竖双向多齿键、底板预加临时预应力、合理设置预抬高量与湿接缝及三维动态控制拼装线型等技术工艺措施。

(5)在施工中采用了全断面暗管无黏结预应力拼装技术:即将管道分为三段,从两端张拉断面到各自对应的前一接缝断面各为一段,中间为一段;按满足钢束握裹力的要求先对头尾两段进行压浆,中间段的压浆则等主桥合龙、全部预应力钢束张拉完后,与合龙钢束及纵向连续束的压浆一同进行。其优点是:拼接质量非常好,消除了压浆过程中的串浆弊病,使压浆更饱满,加快了施工进度。

(6)采用以引桥顶推施工连续梁来合龙边跨,引桥50m箱梁采用柔性墩多点顶推法施工。在岸上顶推箱梁制梁台,将主桥边孔及辅孔接长段的68.5m箱梁如顶推箱梁一般分段预制好后,把它作为顶推连续梁的前联,与南岸连续梁(后联)一同向前顶推。最后与主桥悬拼施工的箱梁端部合龙成为主桥连续梁的一部分,避免了边孔及辅孔接长段的落地支架现浇。

(7)运用微差(毫秒)爆破解除墩梁固结技术。在九江大桥悬拼施工中,墩梁临时固结方式采用临时支承混凝土垫石加竖向预应力粗钢筋锚固。在体系转换时,采用的微差(毫秒)爆破技术,不但使施工更为安全可靠,大大简化了施工,而且经济效益显著,节约资金约200万元。

4. 主要设计、施工、监理单位及通车时间

设计单位:广东省公路勘察规划设计院。

施工单位:广东省公路工程总公司。

监理单位:广东省交通科研所和美国路易斯·伯爵公司联合体。

通车时间:1996年11月。

(四)广州珠江黄埔大桥

广州珠江黄埔大桥又称广州东二环高速公路G1501。该桥位于广州市东南面,起于广州市萝岗火村,与广州北二环高速公路及广深高速公路相接,重点与广珠东线高速公路

及广明高速公路相接。路线全长18.694km,其中黄埔大桥全长7016.5m,是广东省规模最大的桥梁之一。

黄埔大桥由北引桥、北汊桥、中引桥、南汊桥和南引桥五部分组成。

北汊斜拉桥跨越珠江菠萝庙水道,为跨径组成383m+197m+63m+63m+62m的独塔双索面半漂浮体系钢箱梁斜拉桥,北汊斜拉桥主塔高226m,通航净空为280m×55m,在当时同类桥梁中居国内第一。

南汊悬索桥跨越珠江航道,为单跨钢箱梁悬索桥。大桥主跨1108m,悬索桥两个锚锭重达45万t,通航净空469m×60m,可满足6万吨级海轮和30万吨级油轮通航,为华南地区当时跨径最大的钢箱梁悬索桥。[详见第三章第八节广州绕城高速公路(G1501)"二、广州东二环高速公路"]

(五)李家沙大桥

李家沙特大桥斜拉桥是广州绕城高速公路G1501南段的一座特大斜拉桥,位于广州番禺区和佛山顺德区交界的李家沙水道处,全长440m,全宽50m。主要由主塔、主梁、斜拉索三部分组成。桥跨布置为110m+220m+110m三跨双塔四索面预应力混凝土斜拉桥,采用平行的上下行两幅桥,两主梁横向完全分离,斜拉索布置在主梁两侧成空间四索面。

1. 结构特点

(1)主塔

主塔设计为两个并列的菱形塔,为广东省首次采用,塔形新颖,塔高91.549m,整个主塔由下塔柱、横梁、上塔柱及塔尖等部分组成。塔柱及横梁间连接转折处设大半径圆曲线,以适应结构内力的需要,同时使主塔线条过渡顺畅,造型显得更加挺拔美观。上塔柱采用箱形截面,纵向宽度为5.5m,壁厚1.2m,横向宽度为2.5m,壁厚0.7m。下塔柱采用实心断面,纵向宽度5.5m,横向宽度2.5m。两主塔横向连接处位于菱形下部V与上部倒V的转折点处。横梁为箱形断面,高3m,宽度与主塔塔柱相同,为5.5m。

(2)主梁

主桥主梁采用预应力混凝土肋板式结构,顶宽23m,底宽23.4m,高2.2m,桥面设2%单向横坡。桥面板厚0.3m,普通横隔梁厚0.26m,边墩顶横隔梁加厚至4m,辅助墩顶加厚至2m,主塔处横隔梁加厚至1.5m。主梁0号块长21m;1号块长7m;中跨标准节段2~14号块长均为7m,中跨合龙段(15号块)长3m;边跨标准节段2~13号块长均为7m,边跨合龙段(14号块)长度为2.5m,边跨现浇段长6.3m。标准节段最大体积117.73m^3,质量311.982t。

(3)斜拉索

本桥斜拉索采用空间四索面扇形布置,主塔两侧各分布14对,全桥共112对(224

根)。斜拉索用 PES 新型低应力防腐平行钢丝斜拉索。斜拉索为四索面,布置在每片主梁的两侧上。塔根附近无索区长度为 31m,跨中无索区长度为 7m,梁上索距 7.0m,塔上索距 1.6m。斜拉索两端锚管内设置减振器。

2. 主要设计技术参数

公路等级:双向六车道高速公路,因立交设置辅助车道,主桥采用双向八车道;设计荷载:公路—Ⅰ级;桥面布置:主桥全宽 50m,采用分离式桥面,半幅桥宽 23m,行车道净宽 19m,两幅桥间距 4m;地震:地震动峰值加速度系数为 $0.11g$,相应地震烈度为Ⅶ度,该桥按Ⅷ度设防;航道等级:国家Ⅰ级航道;通航净高:18m。

3. 创新点

李家沙特大桥为三跨双塔四索面预应力混凝土斜拉桥,桥型新颖,结构复杂,施工难度大。

(1)圆形混凝土拱圈钢板桩围堰

主墩 Z3、Z4 在靠近大堤内侧。其中 Z3 全部位于水中,Z4 承台大部分位于浅滩上。Z3 号、Z4 号主墩双幅共 4 个承台,每个承台结构尺寸为 14.2m(长)×15.7m(宽)×5.5m(高),封底混凝土高 1m。

项目经多方案比选,摒弃了传统的双壁钢围堰和多道内撑矩形钢板桩围堰,对传统钢板桩围堰结构和施工工艺进行了创新,创造性地提出了圆形混凝土拱圈钢板桩围堰施工方案。圆形混凝土拱圈钢板桩围堰采用无内撑结构,充分发挥了圆形结构的拱圈效应和混凝土受压性能好的特点,大大方便了承台施工,并省了大量的内支撑材料及人工。将钢板桩打插完毕后回填砂,筑岛施工桩基础,变水上施工为陆上施工。

圆形混凝土拱圈钢板桩围堰将水中桩基础和承台施工统筹考虑,有机结合,在满足承台施工深基坑支护需要的同时,作为桩基础施工的筑岛平台,节省了大量材料和人工,方便施工,加快了施工进度,节省施工工期约 40 天。

(2)轻型牵索挂篮

李家沙特大桥主梁为预应力混凝土肋板式结构,7m 长标准节段采用牵索挂篮悬浇施工。

项目部开发出轻型牵索挂篮应用于李家沙特大桥施工。大桥牵索挂篮长 16.8m,宽 25.6m,总重 120.37t,李家沙特大桥牵索挂篮承重比为 0.38,结构轻巧;主要构件安全系数均大于 2,刚度大,结构安全可靠;采用了贝雷梁用于次要的横向联系及平台,减少了一次性钢结构加工投入费用,且挂篮安装拆除非常方便;优化了挂篮行走系统,加快了施工进度;横梁后的内平台设计为可升降,降低了劳动强度,加快了施工进度。

(3)二次张拉低回缩钢绞线预应力系统

李家沙特大桥主塔有索区井字形预应力和主梁节段顶板纵向预应力均为短束钢绞

线,张拉后伸长量较小,夹片回缩6mm对预应力损失影响较大。为减小夹片回缩对预应力损失的影响,采用了二次张拉施工工艺,通过二次张拉将锚杯整体张拉,旋紧锚杯外支承螺母顶紧锚垫板,消除预应力损失后锚杯与锚垫板的空隙,消除了夹片回缩带来预应力损失,提高了张拉的施工质量。

4. 主要设计、施工、监理单位及通车时间

设计单位:广东省公路勘察规划设计院股份有限公司。

施工单位:贵州省桥梁工程总公司。

监理单位:广东华路交通科技有限公司。

通车时间:2010年12月。

(六)榕江大桥

榕江大桥是宁波至东莞高速公路和潮州至惠州高速公路上的大型桥梁,全长3370m。大桥靠近榕江出海口,跨越规划通万吨海轮的榕江航道。

1. 结构特点

(1)钢箱梁、混凝土箱梁

全桥钢箱梁划分为A～E、O和J共7种类型,39个梁段。箱梁全宽(包括风嘴)为38.7m,桥轴中心处梁高3.5m。钢箱梁纵向设两道外腹板、两道中腹板。其中外腹板中心间距34.7m,板厚32mm。标准梁段采用桁架式纵腹板,板厚14mm。近塔处纵腹板采用实腹式,板厚14mm和24mm。横隔板采用实腹式,标准间距3m。标准横隔板由上、下两块板竖向组焊而成,上板为顶板横向加劲板,下板为底板、斜底板横向加劲板,并设竖向、水平向加劲。

混凝土箱梁外形同钢箱梁一致,采用单箱三室截面,顶板厚30cm、底板厚28cm,腹板厚50cm,腹板在支点、钢混结合段附近局部加厚。横隔板间距4.0m,中室横隔板采用0.3m等厚截面,边室采用0.3～0.5m变厚截面。

(2)斜拉索

斜拉索采用准辐射形布置,全桥共96(2×4×12)根斜拉索,最长约186.3m,最大规格为PES7-301,根据索力分为PES7-139、PES7-151、PES7-163、PES7-187、PES7-211、PES7-223、PES7-241、PES7-253、PES7-283、PES7-301共10种规格。疲劳应力幅值均为200MPa。拉索均采用ϕ7mm平行钢丝成品索,强度等级为1770MPa。

(3)索塔

索塔塔身为门式框架结构,塔柱为钢筋混凝土空心薄壁箱形结构。上塔柱顺桥向宽7.0m,下塔柱顺桥向宽由7.0m直线变化到10.0m。索塔上塔柱横桥向尺寸为4.0～

5.449m,下塔柱横桥向宽度由4.0m渐变到7.0m。上塔柱、下塔柱均为单箱单室结构,上塔柱横桥向、纵桥向壁厚均为0.8m,下塔柱除塔底5m高范围外,横桥向和纵桥向壁厚均为1.2m,下塔柱底部5m范围壁厚由1.2m渐变至2.0m。索塔总高度94.35m,在桥面以上有效高度为50.856m,高跨比为0.133。每个索塔共锚固12对拉索。主塔共设上下两道横梁,下塔柱与承台顶面设置塔座。

(4)辅助墩、过渡墩

辅助墩采用左右幅分离的薄壁板式墩,横桥向宽6m、纵向宽3.5m,设0.25m圆弧倒角。

过渡墩采用薄壁墩,横桥向宽6m、纵向宽3.5m,设0.25m圆弧倒角。过渡墩墩顶设盖梁以满足支座布置的需要。

(5)基础

主墩采用哑铃形整体承台,横桥向宽73.9m,顺桥向宽21.4m,高6.0m。采用24根$\phi2.5 \sim \phi3.0$m钻孔灌注群桩基础。辅助墩采用矩形整体承台,横桥向宽23.25m,顺桥向宽10.25m,高3.5m。采用8根$\phi2.5$m钻孔灌注群桩基础。北岸过渡墩采用六边形承台,横桥向宽18.20m,顺桥向宽16.86m,高4.0m,采用14根$\phi2.0$m钻孔灌注群桩基础。南岸采用哑铃形承台,横桥向宽27.0m,顺桥向宽10.25m,高3.5m,采用8根$\phi2.5$m钻孔灌注群桩基础。

2.主要设计技术参数

设计速度:100km/h;设计荷载:公路—Ⅰ级;桥下通航净空:主航道净空347m×38m(宽×高),单孔双向通航,最高设计通航水位2.89m,最低设计通航水位-0.64m;抗风设计标准:使用阶段设计重现期为100年;地震动峰值加速度:0.183g(50年10%);抗震设防标准:抗震设防类别为A类。

3.建设重、难点和亮点

(1)索塔集中锚固体系

榕江大桥采用塔顶钢锚室对斜拉索进行集中锚固,这种锚固方式提高了斜拉索在塔上的锚固高度,增大了拉索的水平夹角,有利于提高拉索的使用效率和减小拉索水平分力,优化了整体结构受力。

索塔集中锚固构造主要为索塔上横梁对应塔柱顶设置集中锚固拉索的钢锚室。索塔钢锚室高6.0m,顺桥向长度4.6m,横桥向宽度2.36m,单个钢锚室约100t。钢锚室横桥向分为3个索室,每个索室锚固4对斜拉索,3个索室共锚固12对斜拉索。索塔集中锚固体系为榕江大桥的设计及施工的重、难点,索塔钢锚室的设计也体现了其独特性。

(2) 全桥约束体系

榕江大桥全桥采用半漂浮体系。在桥塔处设置竖向球形钢支座，纵向活动，横桥向设带有横向静力限位功能的钢阻尼器装置，为控制顺桥向位移和地震效应，纵桥向同时设置带静力限位功能的黏滞阻尼器装置；过渡墩和辅助墩设置竖向球形钢支座，横桥向设带有横向静力限位功能的弹塑性钢阻尼器装置。

球形钢支座横桥向均设有销钉，以约束其横向位移，保证正常使用情况下横桥向不发生位移。在地震作用下销钉被剪断，横桥向允许发生位移。弹塑性钢阻尼装置是一种新型的桥梁抗震装置，是结构被动控制中耗能减振装置的一种；在地震时，通过钢材发生塑性屈服滞回变形而耗散输入结构中的能量，从而达到减振的目的。弹塑性钢阻尼的设置也体现了设计的一大亮点。

(3) 相关专题及课题研究成果的应用

针对榕江大桥的技术特点，委托相关科研单位进行了榕江大桥抗风性能、抗震性能、结构仿真分析等专题研究以及"榕江大桥低塔斜拉桥建养关键技术研究"的课题研究，部分研究成果在设计中得到应用。

①"榕江大桥抗风性能专题研究"专题对结构的抗风性能进行了深入研究，并对钢箱梁风嘴设计选型、护栏设计选型提供了理论依据和试验数据支撑。

②"榕江大桥全桥结构仿真分析"专题为全桥整体的优化设计、钢混结合段局部构造设计、索塔及索梁锚固区设计优化等提供了指导和理论依据。

③"榕江大桥低塔斜拉桥建养关键技术研究"抗震子课题为抗震体系设计、阻尼器类型和参数选择以及桥塔（墩身）和桩基的设计提供了理论依据和试验数据支撑。

④"榕江大桥低塔斜拉桥建养关键技术研究"耐久性子课题为桩基、墩身、桥塔、混凝土主梁等的耐久性设计，尤其是钢筋保护层厚度提供了理论指导。

4. 施工新工艺、亮点及重难点

(1) 大直径超长嵌岩桩基施工亮点

主塔墩基础采用钻孔灌注桩，每个承台下设 24 根 $\phi2.5 \sim \phi3.0$m 的变截面钻孔灌注桩，梅花形布置，桩间距 7.305m，按嵌岩桩设计，桩尖进入中风化或微风化花岗岩，桩基根据持力层岩面高差，设计成不等桩长。47 号主墩桩基平均长度 129.78m，最长达137.5m，给施工带来了极大的挑战。超长桩基施工的重、难点在于如何避免塌孔、连续钻进以及钢筋笼和混凝土的顺利下放及灌注，施工亮点如下：

①定制专用泥浆

建立临时泥浆试验室，桩基施工过程中定期检查泥浆各项指标，如泥浆的相对密度、黏度、泥浆切力、含砂率、pH 酸碱度等。根据施工区域的水质和土质以及实测的泥浆各项指标，选用膨润土和其他外加剂按比例配置性能稳定、沉淀少、护壁效果好、成孔质量高的淡水泥浆。

②采用独立的泥浆循环系统

桩基采用气举反循环方法成孔。每台钻机采用一套独立的泥浆循环系统,确保循环利用泥浆的质量。

③根据地层特性选择不同钻头进行钻进

桩基施工采用 KP3500 回旋钻机。土、砂、砾等地层内采用未安装钢丝绳的合金刮刀钻头,风化岩地层采用镶齿牙轮钻头,从而保证钻进效率。

④长线法制作钢筋笼

主墩钢筋笼质量最大为 72t。主筋采用直螺纹套筒连接方式,连接钢筋笼采用长线制作方法,减少每节钢筋笼对接时的调整。

(2)承台施工中采取的新工艺及新材料

①钢套箱采取连续千斤顶进行多点同步下放

钢套箱采用自适应液压连续千斤顶系统下放,共设置 8 个下放吊点,每个吊点处设置 1 台 200t 千斤顶,其中每 4 台千斤顶配置一个中央控制系统,采用计算机控制整体同步下放技术。在自动下放过程中观察各吊点的运行同步情况,当累积高差达到 20mm 时可手动进行调整,确保同步性。

②免拆快易收口网模板施工

榕江大桥承台实体分为左右幅承台进行施工,左右幅承台施工时,为避免安装端头模板,施工缝采用快易收口网模板进行施工。当混凝土在模板后面浇筑时,网眼上的余角片就嵌在混凝土里,形成一个与邻近浇筑块相连的机械式楔,使接缝达到连接要求。当相邻块进行混凝土浇筑时,只需拆除模板支护,可免去模板拆除以及凿毛等工序,节省劳动力,缩短施工周期,并提高结合面的混凝土强度。

(3)索塔集中锚固体系施工重、难点

榕江大桥集中锚固构造主要为索塔上横梁对应塔柱顶设置集中锚固拉索的钢锚室。钢锚室由壁板、腹板、底板、隔板、锚箱部件及预埋件等构成,索塔钢锚室预埋件包括预埋承压板、PBL 剪力连接件、预埋锚固件等。钢锚室本身结构较复杂,其制造精度和质量以及安装精度和质量为集中锚固体系的施工重、难点。

①索塔钢锚室制造及残余应力消除

索塔钢锚室作为最重要的承力构造,对其质量及制造精度都提出了较高的要求。制造单位根据钢锚室结构的特点及设计要求,进一步细化了制造工艺。通过合理划分单元件,专项制定焊接方法,优化装焊顺序,确保焊接质量,控制焊接变形及残余应力,从而保证了制造精度。

由于钢锚室所用钢板较厚,且焊缝均要求为全熔透或部分熔透焊缝,其焊接残余应力较大。在制造过程中对钢锚室腹板与斜拉索锚箱传力腹板及承压板等焊缝进行超声频冲击,消除了部分残余应力。钢锚室整体组焊完成后,进行整体振动去应力,也使残余应力得以降低和均化。

②预埋承压板的平整度控制及钢锚室精确安装

钢锚室的精确安装是施工的关键,钢锚室及预埋件的制造精度基本得到满足,且钢锚室底板及预埋承压板的平整度经过机械精加工后,基本满足设计要求。施工过程中,对预埋承压板的平整度一直跟踪测量。混凝土浇筑前,预埋承压板局部最大高差2mm;混凝土浇筑后,局部最大高差4mm;注浆及上横梁预应力张拉完成后,局部最大高差8mm。

③后注浆确保预埋承压板下混凝土的密实

如何保证钢锚室预埋承压板与混凝土的密贴以及预埋承压板下混凝土的密实是施工控制的重、难点。塔柱混凝土浇筑时,在预埋承压板与塔顶混凝土间预留5cm空隙,采用压浆填充密实。

为确保压浆方案的可行,首先进行了相关的压浆模拟试验,并进行了试验总结。现场实际压浆过程中,由于无法做到完全封闭,稳压注浆无法较好实现,但从高处浆液较饱满可以基本判断预埋承压板下混凝土较为饱满、密实。

(4)钢箱梁制造、总拼及现场吊装

①钢箱梁板单元件基本实现自动化制造

榕江大桥钢箱梁委托武船制造,板单元均在双流厂区进行加工,基本实现了机械自动化。钢板采用等离子或火焰切割,零件下料采用澳大利亚FABRICATOR3500型门式数控钻割机等进行精密切割。U形肋在专用折弯机上压制,采用多头门式焊机+双向反变形胎架进行顶、底板单元件制造,确保了制造精度及焊接质量。

②提高钢箱梁总拼及涂装厂区标准

新建了一座长110m、宽50m的总拼厂房,能满足9+1梁段同时在室内进行总拼,避开了天气的影响,也保证了焊接质量。新建两间涂装厂房,确保钢箱梁打砂、底漆、中间漆及面漆均在室内进行,为涂装提供了较好的工作环境,进一步保证了涂装的质量。

③钢箱梁采用两种方式吊装

根据实测河床高程和水位调查结果,对次边跨及塔区无索钢箱梁(共2×8片)采取长吊臂浮吊依次安装到支架上,跨中钢箱梁(共2×12片)采用4台桥面吊机对称进行悬臂吊装。

5.主要设计、施工、监理单位及通车时间

设计单位:广东省公路勘察设计院股份有限公司。

施工单位:广东省长大公路工程有限公司。

监理单位:广东翔飞公路工程监理有限公司。

通车时间:2016年12月。

(七)金马大桥

金马大桥是广州至昆明高速公路(G80)上的一座特大桥,在三水市金本镇与高要市金利镇之间横跨西江,是广肇高速公路的控制性工程之一。全长1912.6m,桥宽26.5m,双向六车道。主桥采用预应力钢筋混凝土独塔斜拉桥与刚构联合体系,结构新颖,技术复杂,施工难度大。主跨2×283m,是当时世界上同类型结构中跨径最大的公路桥梁。

1. 结构特点

(1)主桥结构

金马大桥主桥采用2×283m独塔斜拉桥与2×60m的T构组成联合体系,斜拉桥梁塔墩固结,主跨采用梁板结构,边主梁为梯形结构,梁高2m,顶宽1.6m,底宽2.2m,横梁间距4m,梁宽0.28m,0号块根部主梁加宽1m,悬臂端与T构接头处8m范围内加底板,并加四条纵肋。

该桥跨径组合为:40×25m T梁+25.8m T梁+60m T构+2×283m(60m T构+223m 斜拉桥)+60m T构+25.8m T梁+7×25m T梁,全长1912.6m,主桥宽29.8m,引桥宽26.5m。

(2)斜拉索

斜拉索在梁上索间距为8m,塔上间距为8×2.4m+8×1.9m+11×1.6m,拉索采用$\phi 7$钢丝。

(3)主塔

主塔采用高桩承台、直立门式箱形截面索塔,设上、中、下3个横梁,塔高132.35m。

主墩采用24根$\phi 2.5 \sim \phi 2.85$m变截面嵌岩桩,承台外缘设裙板。

(4)T构

T构主梁采用双箱截面,梁顶宽26.5m,箱梁中心根部高7.92m,梁端处梁高2.114m,T构采用预应力混凝土结构,挂篮悬浇施工。河岸端设带牛腿的横梁与边墩及引桥相连。T构端横梁为带牛腿的实体横梁,通过牛腿支撑引桥T梁,设滑动支座。横梁与边墩通过橡胶支座及锚栓连接,横桥向限位采用钢板上粘不锈钢板以保证竖面可相对有小量位移。

T构主墩为双薄壁柔性墩,边墩为柔性薄壁墩。

2. 主要设计技术参数

公路等级:高速公路,双向六车道;设计荷载:汽车—超20级、挂车—120;桥宽:主桥

28.6m,引桥26.5m;通航净宽(高):主航道2×90m(22m),副航道2×80m(18m);通航水位:10.30m(黄海高程);设计洪水位:12.04m(黄海高程);地震烈度:按基本烈度Ⅵ度设计,按Ⅶ度设防。

3.主要设计、施工、监理单位及通车时间

设计单位:大连设计院。

施工单位:重庆桥梁工程总公司与大连理工大学施工设计联合体、广东省公路工程建设集团公司。

监理单位:广东虎门技术咨询有限公司。

通车时间:2002年8月。

(八)港珠澳大桥主体工程

港珠澳大桥是国家高速公路珠三角环线(G94)的重要组成部分,该桥跨越伶仃洋,东接香港特别行政区,西接广东省珠海市和澳门特别行政区,是粤港澳三地首次合作建设的超大型跨海交通工程,线路全长55km。

港珠澳大桥主体工程全长约29.6km,采用桥、岛、隧组合,其中22.9km为桥梁,穿越伶仃西航道和铜鼓航道段,约6.7km为岛隧组合。

1.主要设计技术参数

主体工程采用双向六车道高速公路标准建设,设计速度为100km/h,桥梁总宽33.1m,隧道宽度为2×14.25m、净高为5.1m。全线桥涵设计汽车荷载等级采用公路—Ⅰ级。大桥的设计使用寿命为120年。

2.技术特点

(1)桥梁工程包括青州桥、江海桥、九洲桥三座通航孔桥和约20km非通航孔桥,其中深水区15km采用110m跨径钢箱连续梁桥,浅水区约5.4km采用85m钢-混组合连续梁桥。

(2)人工岛。为实现桥梁和隧道的转换,隧道两端各有一个人工岛。人工岛长约625m,横向最宽约215m,面积约10万m^2,位于约30m厚的软基上,投入使用时是我国建设速度最快的离岸人工岛。

(3)沉管隧道。沉管隧道长达6700m,其中海底沉管段长达5664m,由33节管节和1个最终接头组成,标准管节长度180m,质量约8万t,最大作业水深46m,建设时是我国规模最大的公路沉管隧道和世界罕见的深埋沉管隧道。

3.隧道通风设施

港珠澳大桥隧道通风系统由"环境检测系统""行车孔通风系统""独立排烟系统"

"安全通道通风系统""高压细水雾降温系统"五部分组成。

4. 监控系统

港珠澳大桥主体工程交通监控采用两级管理、三级控制的模式,全线设监控中心、监控所各1处,负责道路的交通监控业务。

5. BIM系统

港珠澳大桥交通工程引入BIM系统,有效解决工程设计、施工、运营维护阶段的大量实际性问题,通过BIM系统的信息整合,重新定义了整个建设流程。[详见第三章第二十节珠三角环线高速公路广东段(G94)"一、港珠澳大桥主体工程"]

(九)前山河特大桥

前山河特大桥是珠三角环线高速公路(G94)上的一座特大桥,是港珠澳大桥珠海连接线项目的重要组成部分,位于珠海市香洲区,跨越珠海市香洲区前山河水道,全长1777m。全桥共14联,左线全长1775.5m,右线全长1777m。主桥采用90m+160m+90m波形钢腹板连续梁桥,纵向采用全预应力结构。

1. 结构特点

(1)主梁

主梁采用单箱室截面,中墩支点梁高9.5m,高跨比1/16.84,边墩支点及跨中梁高4m,高跨比1/40。梁高按1.8次抛物线变化。主梁为单箱单室,顶板宽15.75m,翼缘3.375m,箱室宽9m,设2%横坡。

①波形钢腹板构造

波形钢腹板采用1600型波形钢板,材料为Q345C钢,采用模压法成形。钢腹板波形水平段长430mm,斜段长430mm,斜段水平方向长370mm,波高220mm,弯折半径不小于15倍板厚。

②波形钢腹板连接

波形钢腹板间的连接采用双面搭接贴脚焊接,施工时先采用螺栓临时固定。波形钢腹板与顶板间采用双PBL键连接,与底板间采用角钢剪力键连接。

③预应力体系

预应力采用体内预应力与体外预应力结合的设置方式。

(2)下部构造及基础

主墩采用等截面矩形实心墩,左右幅桥墩采用分离式承台,厚4m,纵桥向宽12.94m。为减小阻水和船撞力,承台横桥向端部采用圆端设置,基桩采用直径2.8m的钻孔灌注桩,每墩四根,按支承在基岩中的端承桩设计。

2. 建设难点和创新点

（1）建设难点

前山河特大桥采用波形钢腹板预应力混凝土连续梁桥方案，是一种在国内兴起的新型组合结构桥型。技术难点主要有：

①大尺寸波形钢腹板屈曲稳定性与几何参数的控制。

②大跨、宽幅波形钢腹板预应力混凝土组合连续梁桥力学性能的把握。

③大跨度波形钢腹板预应力混凝土组合连续梁桥设计理论的深化。

④大跨度波形钢腹板预应力混凝土组合连续梁桥施工技术。

（2）创新点

①采用波形钢腹板预应力混凝土连续梁桥方案，主桥跨径 90m+160m+90m，波形钢腹板由专业生产厂家分块预制完成后运送至现场组合安装。该方案很好地利用了钢与混凝土的优点，提高了结构的稳定性及材料的使用效率，解决了传统的预应力混凝土箱梁腹板易出现裂缝的问题。

②开展大高度钢腹板——内衬混凝土组合腹板的屈曲稳定性理论计算与试验研究，并进行了墩顶附近梁段过渡区构造与内衬混凝土的设计方法研究。

③自行设计了波形钢腹板组合箱梁纯扭转试验加载装置并完成试验，得出了单箱单室波形钢腹板组合箱梁的抗扭承载力及混凝土板裂缝分布规律。进行波形钢腹板组合箱梁纯扭转的修正软化桁架扭转分析模型的开发与研究，得到准确的预测模型。

④进行波形钢腹板 PC 组合梁角钢剪力连接件试验，对角钢连接件在静力作用下的力学性能和传力机理进行研究，为这种结构的设计与应用提供参考。

3. 设计、施工、监理单位及通车时间

设计单位：中交第二公路勘察设计研究院有限公司、北京交科公路勘察设计研究院有限公司。

施工单位：中铁十四局集团有限公司与广东冠粤路桥有限公司联合体。

监理单位：中国公路工程咨询集团有限公司。

建设和通车时间：2013 年 5 月开工建设，2017 年 12 月建成通车。

（十）虎门大桥

虎门大桥是莞佛高速公路（G9411）上的特大桥，是广深珠高速公路网的重要组成部分。该桥坐落在百年前鸦片战争古战场的遗址上，东接广深高速公路，西连广珠高速公路，横跨珠江口虎门水道，全长 15760m，主桥 4606m，是当时国内规模最大的桥梁建设工程。其中的悬索桥是一座具有国际先进水平、技术复杂、设计与施工难度很大的桥梁，它的建成为我国公路特大跨径桥梁建设增添了新的经验。

1. 结构特点

虎门大桥悬索桥为虎门大桥工程跨越珠江的主航道桥,跨径为888m,全宽32m。主要由加劲钢箱梁、主缆、吊索、索塔、基础、锚碇六部分组成。

(1)加劲钢箱梁

加劲钢箱梁采用扁平闭口流线型钢梁截面,为全焊结构。箱梁全宽(包括风嘴)为35.6m,桥轴中心处梁高3.012m,桥面板为正交异性板,板厚为12mm,桥面板U形肋间距为620mm。底板及两侧风嘴的翼板厚为10mm,其上设间距为400mm的球头扁钢加劲肋。梁内每隔4m设横隔板一道,板厚8mm,吊索处横隔板加厚至10mm,横隔板上设人孔及管道预留孔,使全桥箱内空间贯通,横隔板将全桥箱梁分为225个节段。

(2)主缆

主缆采用预制平行索股,每根主缆由110束索股组成,每束有127根$\phi 5.2mm$的平行镀锌高强钢丝,主缆直径687.2mm,孔隙率20%,垂跨比为1:10.5。

(3)吊索

主缆与加劲梁之间采用平行竖直吊索相连,每个吊点由四根钢丝绳组成,间距12m。吊索与主缆的连接方式采用骑跨式,即吊索通过主缆上的索夹槽口骑越主缆。吊索两端为锌、铜合金热铸锚,通过钢加劲梁风嘴并锚固于钢箱内。吊索钢丝绳由$\phi 52mm$的优质金属芯镀锌圆股钢丝绳组成,公称直径d为52mm,公称抗拉强度$1770N/mm^2$。

(4)索塔

索塔塔身为门式框架结构,塔柱为钢筋混凝土空心薄壁箱形结构。塔柱顶平面尺寸为$5.6m \times 5.6m$,由于施工临时架设鞍座偏位的需要,在顺桥向加宽到8.6m,形成悬臂托架,塔柱底平面尺寸为$5.6m \times 8.5m$,塔柱壁厚以上、中、下系梁为界分别为0.6m、0.75m、0.95m,并在系梁处局部加厚,三道系梁均为钢筋混凝土空心箱形截面,预应力束布置在腹板内并穿过塔柱锚于塔壁外侧。东索塔基础采用大型群桩基础,西索塔采用分离式扩大基础。

(5)锚碇

东、西锚碇的锚体为重力式钢筋混凝土锚碇结构。东侧为明挖扩大基础,西侧为地下连续墙基础,由散索鞍墩、后锚块组成,每个锚碇体均为上下游各自独立的结构。

2. 主要设计技术参数

公路等级:高速公路双向六车道;设计速度120km/h;设计车辆荷载汽车—超20级,挂车—120;桥宽35.6m;桥位区设计风速61m/s;地震基本烈度Ⅶ度;通航孔净空为300m(宽)×60m(高)。

3. 建设难点和创新点

（1）虎门大桥是我国自主建设、工程宏大并具有世界先进水平的特大桥。主航道桥是国内首座且规模最大的悬索桥，跨径888m。

（2）列为交通部"八五"计划的虎门大桥悬索桥科研项目共10项，这些项目研究解决了悬索桥抗风、主缆、钢箱梁施工工艺及大型专用施工设备等问题。

（3）列为广东省交通厅虎门大桥悬索桥科研项目共14项，这些项目试验研究了悬索桥抗震、东锚碇的地基稳定、索塔翻转模板施工、大体积混凝土施工温控、钢箱梁吊装及钢桥面铺装技术以及现代化施工管理等问题。

（4）其他多项技术均居全国或世界领先地位，如：

①网路预计技术用于悬索桥的施工管理，在施工中对财力、物力、工期进行优化、控制，使虎门大桥悬索桥控制了投资，并优质、快速地建桥通车。

②针对悬索桥结构高、大的特点，施工中采用了GPS（全球卫星定位系统）测量技术，并取得良好效果，为特大桥施工测量开辟了一条新途径。

③针对悬索桥结构复杂、施工中结构行为变化多的特点，在施工中采用了监控技术，复核设计、跟踪施工中的结构行为，用以指导施工，对施工质量、施工安全起到了非常重要的作用。

④液压提升跨缆吊机成功地用于悬索桥，属国内首创，达到国际先进水平。

（5）在施工中对新技术、新工艺做了大量试验，取得数据、取得经验后再用于施工，形成了系统的悬索桥施工工艺，并达到国际先进水平。其主要项目有：

①主缆系施工方面：紧缆试验，缠丝试验，索夹安装工艺试验，索夹抗滑试验，索股制作试验，吊索制作工艺试验，热铸锚头工艺，强度试验，疲劳试验，架设索股小型工具，拽拉器、握索器、整形器的设计试验等。

②钢箱梁制造架设方面：焊接工艺试验，锚座组焊试验，U形肋坡口焊接熔透试验，油漆涂装附着力、切割性试验，钢桥面铺装材料性能环道试验，运输钢箱梁驳船的投锚点试验。

4. 主要设计、施工、监理单位及通车时间

设计单位：交通部公路规划设计研究院。

施工单位：广东省长大公路工程有限公司。

监理单位：广东虎门技术咨询公司。

通车时间：1997年6月。

（十一）虎门二桥工程

虎门二桥位于珠江三角洲核心区域，为连接珠江口东西两岸广州市和东莞市的重要

过江通道。

虎门二桥工程路线起于广州市南沙区东涌镇,顺接广州绕城高速公路南环段,同时与广珠北线高速公路连接,经广州市南沙区、番禺区,先后跨越珠江大沙水道、海鸥岛、坭洲水道后,穿越虎门港进入东莞市沙田镇,终点与广深沿江高速公路相接,全长12.9km。虎门二桥工程主线均采用桥梁方式建设,设置跨江特大桥两座(两座超千米级特大跨度悬索桥同时建设属世界首次),其中坭洲水道桥主跨1688m,跨径位居世界第二(钢箱梁悬索桥类跨径世界第一)。

虎门二桥工程2013年先行标段开工建设,2014年8月主体开工建设。

1. 结构特点

(1)坭洲水道桥

坭洲水道桥为主跨1688m双塔双跨悬索桥,跨径布置为658m+1688m+522m。矢跨比为1:9.5,主缆横桥向中心间距为42.1m,吊索顺桥向标准间距为12.8m。加劲梁的约束系统在西过渡墩和两个索塔处均设置横桥向抗风支座;在两个索塔处设置纵桥向限位阻尼装置;在西过渡墩和东塔处设置竖向拉压支座。

①索塔及基础

索塔高260m(含塔座4m),设上、中、下三道横梁。塔柱采用带圆倒角矩形截面;为增加桥塔景观效果,横梁采用圆弧形设计。

承台采用圆端哑铃形,基础采用64根ϕ2.8m钻孔灌注桩,按端承桩设计。

②锚碇及基础

锚碇采用空腹式锚体,高度约48m;采用地下连续墙基础,开挖深度约29m。

③主梁

主梁采用整体式钢箱梁,梁高4m,主梁全宽49.7m。平底板两边设置检查车轨道及轨道导风板。

④主缆

悬索桥主缆采用预制平行钢丝索股(PPWS)。主缆通长索股有252股,西边跨另设6根索股(背索)在西主索鞍上锚固。每根索股由127根直径为5.0mm的锌铝合金镀层高强度钢丝组成。主缆在架设时竖向排列成尖顶的近似正六边形,紧缆后主缆为圆形。索夹内直径为999mm(西边跨)和988mm(中跨及东边跨)。索股两端设索股锚头,索股锚头采用热铸锚。采用"S形钢丝+干燥空气除湿"主动式防护方案。

(2)大沙水道桥

大沙水道桥桥跨布置为360m+1200m+480m。采用1:9.5的矢跨比。锚碇均置于大堤以外,并远离大堤,索塔置于浅水区,满足防洪要求。大桥主跨和部分边跨覆盖了整个河床断面,将复杂的各种航路安排在1200m的主通航孔内,满足通航净空1114m×49m。

①索塔及基础

与坭洲索塔保持风格上的统一,大沙索塔采用门式索塔,塔高193.1m(含2m塔座),设上、下两道横梁。塔柱采用带圆倒角矩形截面;为了增加桥塔景观效果,上横梁采用圆弧形设计。

索塔承台采用圆端哑铃形承台。基础采用52根ϕ2.5m钻孔灌注桩,按端承桩设计。

②锚碇及基础

锚碇为空腹式锚体,高度约45m;采用地下连续墙基础,开挖深度约27m。

③主梁

主梁与坭洲水道桥钢箱梁断面形式相同。

④主缆

大沙水道桥悬索桥主缆采用预制平行钢丝索股(PPWS)。主缆通长索股由169根索股组成。每根索股由127根直径为5.20mm的高强钢丝组成,钢丝公称抗拉强度为1770MPa,外表面镀锌-铝合金镀层防护。主缆索夹内直径为841mm。索股两端设索股锚头,索股锚头采用热铸锚。采用"S形钢丝+干燥空气除湿"主动式防护方案。

2. 主要设计技术参数

虎门二桥工程全线采用双向八车道高速公路标准,设计速度为100km/h。

3. 建设难点和创新点

(1)建设难点

①同时建造两座超千米级悬索桥,世界首次,建设管理难度大。

②锚碇基坑规模大(直径90m,相当于15个篮球场),基坑淤泥厚度达20多米,开挖深度深(30m),基坑紧邻珠江大堤(30m),开挖安全风险高。

③高塔施工、上部结构施工安全风险高,多次经历台风期。

④预制节段梁宽(八车道,单幅箱梁宽20m),预制安装精度控制难度大。

(2)创新点

①开展"虎门二桥建设关键技术"科技攻关

a. 国产化1960MPa主缆新材料研发应用

国产化1960MPa主缆盘条、钢丝、索股研发试制成功,各项指标满足标准要求,并先后通过了专家鉴定,已规模化生产。编制了《桥梁用热镀锌铝合金钢丝》和《锌铝合金镀层钢丝缆索》,分别申报交通运输部标准、国家标准。

b. 互联网+BIM的建养一体化平台

在无标准、无经验、无借鉴的情况下,建设单位按照虎门二桥第一次技术专家委员会意见,通过为期两年来的探索开发,打造了"基于互联网+BIM技术的建养一体化平台"

并在项目全面推广使用,各方在一个统一信息化平台上实现信息的三维、实时互联互通,极大提升了工程管理的效率,为运营养护的全寿命周期管理打下了基础,更是为BIM技术在路桥工程的应用积累了经验。开发的功能主要包括:形象进度、图纸查阅、质量安全隐患"闭环化"治理、施工监控与健康监测、预制箱梁生产管理、钢箱梁智能制造、档案管理等多项功能,2016年获广东省企业管理现代化创新成果一等奖。

c. 可更换多股成品索式锚碇预应力锚固系统研究及应用

首次提出了可更换多股成品索式锚碇预应力锚固系统的结构设计方案。成品索索体采用多层防护,锚头密封性好,整体防腐性能优越,使用寿命可达50年以上。形成了可更换多股成品索式锚碇预应力锚固系统的施工安装工艺,成品索为工厂化生产,锚固性能可靠,现场工作量小,质量易保证。通过试验验证了多股成品索式锚碇预应力锚固系统的更换工艺,该锚固系统可在不影响车辆通行的情况下,逐根更换成品索。该锚固系统的设计、生产、试验及工程实践表明,系统各项性能指标符合国家相关标准和规范要求,并可为其他大型悬索桥锚碇工程提供技术支撑,具有显著的经济效益和推广应用价值。

d. 超大跨径悬索桥合理结构体系及关键装置研发与应用

分别在恒载、活载、温度、风荷载及地震作用下,开展塔梁间纵向结构体系比选,以主梁梁端纵桥向位移和塔底弯矩作为研究目标,提出了静力荷载作用下塔梁间适宜相对位移值后进行弹性约束,动力作用下塔梁间的阻尼器正常变形,解决了大跨径悬索桥伸缩装置规模大的难题;同时开展了塔梁间横桥向结构体系比选,以塔梁间抗风支座吨位和主梁的受力为研究目标,提出了弹性耗能减振体系,有效改善了桥梁横向受力性能,保证了主梁与支座始终紧密贴合,提高行车的舒适性。

e. 开展防腐清水混凝土长寿命设计与施工关键技术研究与应用

综合分析了国内外桥梁附加防腐措施和清水混凝土保护剂的技术特点、施工工艺及工程成本,并针对性地进行了全寿命成本分析,提出了大型桥梁防腐清水混凝土结构的全寿命评价方法。根据耐久性评估报告及设计参数,确定了桥梁需要外加防腐蚀措施的关键部位;研究了适用于不同部位的外加防腐蚀措施,提出虎门二桥主要构件的最优防腐蚀方案。首次提出了南方滨海环境考虑荷载修正的混凝土结构耐久性设计方法,为类似工程混凝土结构长寿命设计提供了依据。

②研发应用新工法、新设备,提升工程施工水准

a. 预制主塔钢筋网片,整体吊装作业。在坭洲水道桥东塔部分节段中,发挥新型锥套锁紧接头优质容错的特点,采用预制主塔钢筋网片后整体吊装的新工法。

b. 在引桥中高墩区,采用了短线法节段拼装预应力混凝土箱梁,全线3533榀箱梁集中在工厂化预制场生产,通过专业架桥机架设,实现了标准化设计、装配化施工。

c. 在索鞍制造中,采用三维机器人自动焊接设备,提高了焊接水准。在钢箱梁制造

中,采用了三维激光跟踪测量技术,高效精准地测取构件几何尺寸,并实现虚拟拼装功能。

d. 上部结构架设中,坭洲水道桥采用36mm牵引索一次过江施工;采用索股预制方形入鞍工法;考虑研发索夹紧固力同步导入设备及新型位移检测工装等,有效解决索夹滑移问题。

4. 主要设计、施工、监理单位及通车时间

设计单位:中交公路规划设计院有限公司与广东省公路勘察规划设计院有限公司(联合体)、北京交科勘察设计研究院有限公司。

施工单位:中交第二公路工程局有限公司、中交第二航务工程局有限公司、广东省长大公路工程有限公司等11个单位。

监理单位:中铁武汉大桥工程咨询监理有限公司、武汉桥梁建筑工程监理有限公司与广东华路交通科技有限公司(联合体)等4个单位。

通车时间:在建。

(十二)横江水库特大桥

横江水库特大桥是广东省汕头至湛江高速公路(S14)上揭西至博罗段的特大桥梁。全长1030m,跨越横江水库水域(宽约700m),桥跨组合为:3×40m(T梁) + (55m + 5×100m + 55m)(连续刚构箱梁) + 4×40m(T梁) + 3×40m(T梁)。桥高为70~85m,主桥主墩采用双薄壁实心墩,过渡墩采用单薄壁空心墩,群桩基础。引桥T梁桥墩均采用薄壁空心墩,根据桥高不同设置3.2m厚和2.8m厚两种薄壁空心墩,基础均采用钻孔灌注桩基础。

1. 结构特点

主桥上部结构采用55m + 5×100m + 55m预应力混凝土连续刚构箱梁,共分成15种梁段。其中0~1号梁段为立托架现浇,2~13号梁段采用挂篮悬臂现浇施工,14号梁段为合龙段,15号梁段为边跨现浇段(采用支架施工)。箱梁纵向分块为3.8m(边跨现浇段) + 2.0m(边跨合龙段) + 4×4m + 5×3.5m + 3×3m(12个悬浇段) + 2.5m(1号梁段) + 8m(0号梁段) + 2.5m(1号梁段) + 3×3m + 5×3.5m + 4×4m(12个悬浇段) + 2.0m(中跨合龙段)。半幅桥宽18.55m,采用单箱双室箱形断面,其中箱宽5.775m,两侧翼缘板悬臂长3.5m。

2. 主要设计技术参数

设计速度:主线120km/h;设计汽车荷载:公路—Ⅰ级;地震动峰值加速度:0.05g;桥面布置:主桥桥面全宽为38.1m,半幅横断面布置为0.5m(混凝土防撞栏) + 1.55m(排水通道) + 0.5(混凝土防撞栏) + 15.5m(行车道) + 0.5m(混凝土防撞栏) + 0.5m(中央分

隔带)。

3. 建设难点及创新点

(1) 地形地貌

横江水库特大桥位于丘陵坡地的水库内,运输道路狭窄及弯曲,无水上运输及水上起重设备,大桥施工材料和设备进场困难,因施工起重量受到影响,大大增加了桥梁施工的难度。

(2) 地质及水文条件

①横江水库特大桥位于山区水库,水深较深,水库地质条件复杂,河床面存在大量孤石和原始村落,地表覆盖层多为松散砂性土,桩基钢护筒入土较浅,桩基成孔难度大。

②该桥位于丘陵坡地的水库,受洪水季节山洪影响明显,水库水位高差达 32.62m,施工期间水位日高差达 15m,大大增加了大桥桩基和承台的施工难度。

③横江水库为二级水源保护区,施工环保要求高,库区施工需增加大量环保措施来确保水源不受到污染。

(3) 工程结构施工难度大,工期紧张

①横江水库特大桥主桥 24 个薄壁墩身平均高度达 65m,均为高墩施工,同时桥位阵风情况明显,施工安全风险较大。

②大桥主桥箱梁施工需同时采用 24 套挂篮施工,各墩施工步调一致,工期紧张,挂篮拼装及施工组织难度非常大,且施工安全的控制难度非常高。

③工期紧张,全桥建设工期为 29 个月,全过程不间断作业。

(4) 施工创新

①桩基施工过程中,采用振动筛及反循环成孔工艺对泥浆及钻渣进行回收。

②施工过程中,形成一整套的废水、废渣回收工艺。

③桩基施工一级水源污染源的辨识及施工处理措施。

4. 主要设计、施工、监理单位及通车时间

设计单位:交通部公路规划设计研究院。

施工单位:广东省长大公路工程有限公司。

监理单位:广东华路交通科技有限公司。

通车时间:2015 年 12 月。

(十三) 西江特大桥

西江特大桥是汕湛高速公路(S14)清远至云浮段的一座特大桥梁,位于肇庆市悦城镇,跨越西江。

1. 结构特点

西江特大桥全桥共 7 联:$3×(3×30)m+2×45m+4×47m+(202m+738m)+4×45m=1668m$,主桥为边跨 202m(清远侧)+主跨 738m 的双塔双跨吊悬索桥,矢跨比 1:9,主墩及过渡墩采用钻孔灌注桩基础,哑铃形承台,门框式索塔,塔顶设置象征龙头造型的装饰块,南北各设置一个重力式锚碇,北锚碇基础为地下连续墙结构,南锚碇采用新颖的通道锚结构,行车道从锚体中间穿过。主索鞍、散索鞍为铸焊结构,预制平行钢丝索股形成主缆,平行钢丝吊索,低合金铸钢索夹,扁平流线型钢箱加劲梁。

2. 主要设计技术参数

清云高速公路西江特大桥总长 3km,由悦城东互通、西江特大桥主桥、两侧引桥及路基组成。设计速度:100km/h;桥梁设计基准期:100 年;路基宽度:起点至悦城东互通为 26m,悦城东互通至项目终点 30.5m;通航水位:最高通航水位 17.63m,最低通航水位 0.730m;通航净空尺度:单孔双向通航 675m×30m。

3. 建设难点及创新点

(1) 建设难点

①项目设计周期短、难度大、任务艰巨;

②项目位于西江干流,水文条件复杂,航运十分繁忙,西江洪水落差十分大,且每年洪水的次数较多,施工技术、安全极具挑战;

③主墩承台位于河堤坡面,16 号墩采用双壁钢围堰,17 号墩采用钢板桩围堰,施工难度大、安全风险高;

④主桥北锚碇地下连续墙深度最深达 57m,深基坑开挖施工难度大、安全风险高;

⑤桥面高程高,主塔高度达 156m,引桥薄壁墩身数量大、高度达 62m,施工难度大、安全风险高;

⑥锚碇大体积混凝土及北锚碇深基坑填芯大体积混凝土施工难度大(单次混凝土浇筑 $5000m^3$ 以上有 15 次),施工组织难度大,质量控制难度大;

⑦项目跨交通繁忙的 G321 国道施工,施工人员及设备安全保障难度大。

(2) 创新点

①引入 BIM 技术进行设计碰撞检查,提高设计质量;

②清远侧新型地下连续墙锚碇基础专题研究成果应用;

③南锚碇采用结构新颖的通道锚结构;

④低温升抗裂耐久大体积混凝土设计及其施工质量控制技术专题研究成果应用、智能循环温控系统应用;

⑤正交异性板 U 形肋机器人自动化内焊技术研究成果应用;

⑥超载车辆对主桥钢箱梁桥面健康影响的 BIM 技术研究应用;

⑦钢筋现场焊接采用二氧化碳气体保护焊;

⑧试验室及拌和楼采用高清视频监控系统和数据传输监控报警系统;

⑨改进锚碇及主塔外模面板固定方式,提高外观质量;

⑩盖梁钢筋骨架片和钢筋笼施工采用胎架制作;

⑪高墩施工采用自动化喷淋设施,确保高墩施工养生质量;

⑫上、下通道采用定型爬梯,确保施工通道安全;

⑬预应力张拉采用智能张拉设备;

⑭采用无人机进行高墩支架检查。

4. 主要设计、施工、监理单位及通车时间

设计单位:中交公路规划设计院。

施工单位:广东省长大公路工程有限公司。

监理单位:广东翔飞公路工程监理有限公司。

建设和通车时间:2015 年开工建设,计划 2019 年建成通车。

(十四)崖门大桥

崖门大桥是广东西部沿海高速公路(S32)新会段上的特大型桥梁,东接金门立交,西接猫山隧道,跨越潭江入海口崖门水道。崖门大桥主桥为双塔单索面塔墩梁固结的预应力混凝土斜拉桥,主桥的跨径组合为 165m + 338m + 165m,其中在边跨距端部 50m 处设置一辅墩,采用塔、墩、梁固结体系。桥梁全长 1289.22m,主跨跨径 338m,为塔墩梁固结单索面斜拉桥的亚洲第一跨,崖门大桥的建成获得"詹天佑土木工程奖"。

1. 结构特点

(1)主桥下部构造

主墩采用双薄壁矩形柔性墩,横向宽 12m,双壁中心距 6m,墩高 47.6m。主墩采用 18 根 ϕ3m 钻孔灌注桩。辅墩采用柔性薄壁空心墩,墩厚 2m,横向宽 10m。基础采用 6 根 ϕ1.8m 钻孔灌注桩,边墩为悬臂式盖梁配双柱式墩身,以适应引桥的过渡,边墩基础为 8 根 ϕ1.8m 钻孔灌注桩,桩基均按嵌岩桩设计。

(2)主塔

桥面以上塔柱高 73.5m,高跨比 1:4.6,塔柱采用矩形空心断面,断面尺寸 360cm(横桥向) × (660 ~ 800)cm(纵桥向)。塔柱上斜拉索锚固区段高度约 47m,每侧的单根斜拉索直接锚固于塔中心处,塔冠拉索锚固区采用预应力粗钢筋加劲。

(3) 主梁

混凝土主梁采用单箱五室箱梁,梁高3.4m,箱宽26.8m,高跨比1:100,高宽比1:7.9,宽跨比1:12.6。为了提高抗风性能,主梁采用扁平流线型断面。

(4) 斜拉索

崖门大桥采用的是扭绞形平行钢丝斜拉索,由 $\phi 7mm$ 高强平行钢丝组成,规格为 PES7-109 ~ PES7-187, $\sigma_b = 1670MPa$。

2. 主要设计技术参数

设计速度:100km/h;设计荷载:汽车—超20级,挂车—120;通航标准:通航水位 2.87m(黄海高程),通航净高48m,通航净宽底宽≥300m、顶宽≥200m;桥幅布置:引桥分幅布置,全幅桥宽为 $2 \times 11.0m$(行车道) $+ 4 \times 0.45m$(防撞栏) $+ 3m$(分隔带);地震荷载:以基本烈度Ⅶ度设计。

3. 建设难点和创新点

(1) 工程技术难度大

由于广东西部沿海高速公路新会段地处珠江三角洲地带,地质条件差,拥有隧道、大桥、特大桥等各种构造物。崖门大桥主跨338m,为塔墩梁固结单索面斜拉桥的亚洲第一跨,同时,存在崖门大桥主墩桩基础处在断裂带上、隧道围岩变化大、软基处理等技术难题。

(2) 建设目标高,工程造价低

新会段从开工就提出了崖门大桥争创"鲁班奖"的目标,并在2000年响应全国公路质量年活动,提出了全线争创"双优"的目标,但由于新会段的概算偏低,如何在既定的概算前提下提高工程质量,成为建设单位面临的新问题。

(3) 主墩3m大直径桩基成孔及海水造浆新技术

崖门大桥12号、13号主墩桩基为 $\phi 3.0m$ 大直径钻孔灌注桩,每墩桩基数量为18条,呈梅花形布置,桩底嵌入单轴极限抗压强度不小于50MPa的微风化花岗岩,成孔难度很大,投入使用的大型钻孔设备有 KP-3500 钻机3台、QT250 钻机2台、12.5/15t 冲击钻机各2台,钻头为合金钢齿牙轮钻头,辅助设备有 BE250 泥浆处理器2台,自制600型泥浆处理罐2套等。

由于两主墩的地层均有沙混贝壳层、碎石层及破碎的弱风化岩层,钢护筒较难打入,所以对泥浆护壁的要求较高。而此地段河水受到海水影响,用普通膨润土或黄泥无法制造高质量泥浆。经比选采用本地一种黏土与海水拌成相对密度1.25的泥浆,其性能较好。泥浆循环及排渣方法,KP-3500 钻机采用自行设计的涡流泥浆处理罐,QT250 钻机采用 BE250 泥浆处理器。

(4)主桥箱梁单索面牵索挂篮施工工艺

标准节段箱梁长6m,高3.48m,宽26.8m,为单箱五室结构。节段混凝土为106.3m³,最大节段为112.1m³,一次性全断面浇筑混凝土。单索面牵索挂篮施工工艺为国内首创。

箱梁标准节段采用下承式牵索挂篮施工,取消传统挂篮所需的主桁架系统,将行走系统置于梁底,通过辅助劲性骨架移机,这样可大大增加桥面的施工作业面,更重要的是通过牵索,可调整全桥施工过程中的线形,减少箱梁0号块和塔根部的应力幅,有利于提高全桥的合龙精度。

(5)主墩承台施工技术

崖门大桥主桥主墩混凝土承台施工是个难点,承台平面尺寸为30.55m×21.80m,厚6.5m,规模大,施工控制难度高,其套箱安装及下放是施工的关键。施工单位提出的方案是:钢套箱竖向分段制作,现场拼装;承重系统由已成桩顶上的立柱和上承重梁(贝雷梁、型钢组成)、下承重格梁及底板(钢筋混凝土结构)组成,支撑在立柱上的上承重梁通过粗钢筋与下承重格梁联系起来,然后通过承重系统将拼装好的套箱下放到设计位置。此方法的特点是套箱模板、上承重梁等钢结构均能回收,可多次重复使用;不便回收的下承重格梁及底板采用钢筋混凝土结构,经济合理,且刚度较好。

(6)施工控制

施工控制的主要任务有以下四个方面:对结构进行计量,包括位移和内力;对误差进行分析,包括误差识别和参数识别;提出消除或降低误差的措施;对目前状态的合理性论证,应分析至成桥,并观察其内力、位移是否与设计相吻合。

(7)TMD抖振控制技术

为确保大桥在施工阶段的抗风安全,通过对大桥各项力学参数的认真研究,成功地开发出TMD施工阶段抖振控制系统。

(8)SMA在崖门大桥桥面铺装中的应用

SMA具有优良的抗车辙性能和抗滑性能,交通部组织的SMA技术推广工作,已在许多省份开展。1997年,交通部重庆公路研究所首次将改性沥青SMA结构应用于虎门大桥钢箱梁桥面铺装上,取得了经验。由于崖门大桥属于单索面钢筋混凝土斜拉桥,大跨径桥面产生的剧烈振动、相当大的位移和变形,对SMA结构是一个大考验。

新会段项目通过与华南理工大学交通科学研究所合作,在崖门大桥桥面铺装中采用FAC和SMA双层结构,成功地解决了沥青路面抗滑构造深度和透水性之间的矛盾,并对各种桥面黏结防水材料进行研究比选,最终采用冷涂聚合物改性乳化沥青作为防水黏结层,取得了良好的效果。

4. 主要设计、施工、监理单位及通车时间

设计单位:广东省公路勘察规划设计院。

施工单位：广东省长大公路工程有限公司。
监理单位：广东虎门技术咨询有限公司。
通车时间：2002年4月。

（十五）镇海湾大桥

镇海湾大桥是广东西部沿海高速公路（S32）台山段上的特大型桥梁，位于台山境内，跨镇海湾水道，全长2896m。该桥的跨径组合为：16×20m+18×30m+10×50m+（105m+190m+105m）+10×50m+13×30m+12×20m。主跨为105m+190m+105m预应力混凝土连续刚构，其两侧各2联5×50m预应力混凝土T梁通过墩梁固结形成的连续刚构，其余桥跨为20m和30m的T梁，先简支后桥面连续形成连续结构。上部构造均按上、下行两座分离式桥布置。

1. 结构特点

主桥为（105m+190m+105m）的预应力混凝土连续刚构。该桥主跨的上部结构为单箱单室的箱梁截面，梁底下缘及底板上缘均按二次抛物线变化。主墩为双肢薄壁墩，副墩墩身为薄壁空心墩。主墩距承台顶10m高范围内用C25混凝土填充，基础均为钻孔灌注桩基础，最大桩径为250cm，左右幅桥基础为整体基础。

（1）每半幅桥为单箱单室的箱梁截面，箱梁下缘及底板上缘均按二次抛物线变化，箱梁在0号梁段各设四道横隔板，在边跨端部各设一道横隔板。

（2）箱梁按三向预应力设计：

①纵向预应力：分别设置了顶板束、底板束和腹板束。顶板束由$22\phi_j15.24$和$12\phi_j15.24$钢绞线组成，分别采用OVM12-22锚具和OVM15-12锚具，每束张拉力分别为4296.6kN和2218.6kN；腹板束由$19\phi_j15.24$钢绞线组成，采用OVM15-19锚具，每束张拉力为3710.7kN；底板束由$12\phi_j15.24$钢绞线组成，采用OVM15-12锚具，每束张拉力为2218.6kN。

②横向预应力：箱梁顶板横向预应力由$3\phi_j15.24$钢绞线组成，一端为固定锚，采用OVM15H-3型，另一端为张拉端，采用OVM15B-3型，顺桥向交错布置，每束张拉力为585kN。

③竖向预应力：采用$\phi32$螺纹粗钢筋，YGM锚具，每根张拉力为542.9kN。

2. 主要设计技术参数

公路等级：高速公路；设计速度：100km/h；设计荷载：汽车—超20级，挂车—120；桥面宽度：2×[净12.5m+2×0.5m（防撞栏）]，半幅全宽13.5m；通航水位：黄海高程+3.386m；通航净空：按5000吨级船舶通航标准，设一个通航孔，净宽150m；通航净高32.0m，主通航孔跨径190m,副通航孔跨径105m;地震基本烈度:Ⅶ度。

3. 主要设计、施工、监理单位及通车时间

设计单位:广东省公路勘察规划设计院。

施工单位:广东省长大公路工程有限公司。

监理单位:广东省公路工程监理站。

通车时间:2000年11月。

(十六)广州丫髻沙大桥

丫髻沙大桥位于广州环城高速公路(S81),跨越珠江主航道。全长1084m,桥宽32.5m,通航净空34m。1998年7月动工建设,2000年6月建成通车。2004年5月在长沙召开的第十六届全国桥梁学术会议上丫髻沙大桥被评选为"中国十佳桥梁"。

1. 结构特点

丫髻沙大桥是一座特大型钢管混凝土拱桥。主桥上部结构为3跨钢管混凝土中承式桁架肋系杆拱,跨越珠江主副航道、丫髻沙岛。主拱施工采用两岸地面拼装—垂直提升—水平转动—对接合龙的新工艺,跨径达360m,为当时世界同类型桥梁第一。平转转体每侧质量达13680t,是世界同类第一座万吨转体桥梁。丫髻沙大桥竖转加平转相结合的施工工艺世界领先,两拱对接偏差仅2mm,极限承载力和抗风能力国内领先。

2. 主要设计、施工、监理单位及通车时间

设计单位:铁道部专业设计院深圳分院。

施工单位:贵州省桥梁工程总公司。

监理单位:广州市穗高工程监理有限公司。

通车时间:2000年6月。

第二节 隧 道

一、概况

1979年广东省公路隧道只有5座912.44m,平均每座不到200m。隧道的设计技术标准比较低,洞内的配套设施也不够完善。

1980年后,广东省加快国省道扩建改造需要,修建了许多隧道。但规模不大,中小隧道居多。

1990年,随着高速公路建设的发展,广东开始大规模修建现代化的公路隧道。特别

是高速公路建设不断向山区城乡延伸,隧道建设的规模越来越大。在地形地貌、水文地质复杂的情况下,对隧道的设计施工和技术质量要求越来越高。为此,广东的公路隧道建设坚持走科技创新之路。在设计施工中,结合工程项目实际,积极开展科研活动,组织技术攻关,创造了丰富的新工艺、新施工方法,使用新材料、新设备,使公路隧道不仅技术含量高,而且洞内设施配套完备先进,通行环境良好,如双洞八车道的黄埔龙头山隧道、双层六车道的珠海拱北隧道和穿越伶仃航道与铜鼓航道的长6.7km深埋沉管的港珠澳大桥隧道,都居国内或国际领先地位和先进水平。

至2017年12月,广东省有高速公路隧道648座668435m,其中特长隧道41座168688m,长隧道176座300169m。

二、重要隧道选介

(一)青云山隧道

青云山隧道是位于武深高速公路(G4E)的一座特长隧道,左线长5900m,右线长6010m,洞门采用端墙式。

1. 结构特点

青云山隧道为分离式隧道,洞室净空14.75m×5m;左线长5900m,右线长6010m,呈132°方向展布;进洞口设计高程左线351.4m、右线349.2m,出洞口设计高程左线388.8m、右线386.6m;隧道最大埋深808m,属特长深埋隧道。隧道设斜井一座,长860m,呈103°方向展布;进洞口设计高程503.897m,最大埋深534m。斜井主洞和线路交于ZK349+000处;联络通道和线路交于ZK348+981处,并贯通至YK348+962.4处,与主洞均呈近90°交角,斜井平均纵坡为11.53%。

2. 主要设计技术参数

公路等级:双向六车道高速公路;设计速度:100km/h;设计荷载:公路—Ⅰ级;主体结构设计基准期:100年;隧道抗震设防烈度:Ⅶ度;防水等级:二级。

3. 建设难点

青云山隧道洞身较长,穿越地层时代较多,各岩性差异较明显,且由于隧址区褶皱较发育,不同类型的结构面发育,具较强的透水性,地表水顺各结构面渗入地下,成为丰富的地下水水源,使得隧道区地下水较为发育,施工中易出现高地应力、高压水、软岩大变形、断层破碎带等特殊地质,是该项目工程的重、难点和关键节点。

4. 技术创新

项目部设立"创新工艺"基金,通过不断改进施工工艺,推广机械化、智能化施工,通过新技术、新设备、新材料、新工艺提高工程施工质量。青云山隧道施工期间主要采用了钢筋焊网机加工隧道钢筋网片,实现钢筋网片加工焊接的标准统一,保证网片加工的焊接及规格质量;拱架连接钢板采用液压联合冲剪机进行冲孔,确保了成孔的质量及精度;采用二氧化碳气体保护焊,焊缝平整密实,无焊渣,提高了焊接速度,保证了焊接质量;混凝土拌和站采用降温冷却系统,保证了夏季混凝土入模温度;采用止水带定位夹具对隧道中埋式止水带定位,保证了隧道中埋式止水带位置、线形及埋设深度,确保止水带埋设质量、衬砌无渗漏水现象;隧道配置二衬养护喷淋台车,保证二衬混凝土强度;通过在预制构件施工模具刻字,印上建设单位LOGO,在模具上涂刷固体蜡等举措改进小型预制构件施工工艺,达到预制构件外观色泽统一,具备反光、光滑效果;采用独自设计格栅拱架液压压花机对具有支撑花筋(连系筋)进行加工;采用格栅拱架胎具加工隧道格栅拱架;采用钢管缩尖机加工超前小导管、锁脚锚管;采用智能化程度高的数控等离子切割机对钢板、型钢进行切割;采用全自动工地洗轮机对进入施工场所车体进行全方位立体式清洗,实现冲洗底盘、车辆两侧无接触冲洗;隧道洞内采用炮雾机有效地达到抑尘和净化空气,同时达到对混凝土进行养护的效果。多项创新举措实现了机械化施工且操作简便,尺寸标准,精度高,大大降低人工操作误差和施工成本,有效地改善工人作业环境。

5. 主要设计、施工、监理及通车时间

设计单位:中国公路工程咨询集团有限公司。

施工单位:中铁十二局集团有限公司。

监理单位:甘肃兴陇工程监理咨询有限公司。

建设和通车时间:2015年10月10日开工建设,2018年底建成通车。

(二)九连山隧道

九连山隧道是武广高速公路(G4E)广东新丰至博罗段的一座特长隧道,左、右线分离布设,左线隧道长度为5450m,右线隧道长度为5510m,衬砌为复合式衬砌结构,洞门形式采用端墙式明洞。

1. 结构特点

左右线隧道中间设置竖井一座。隧道设计围岩分为Ⅴ级、Ⅳ级、Ⅲ级和Ⅱ级四种,按照新奥法原理施工。

2. 主要设计技术参数

公路等级:双向六车道高速公路;设计速度:100km/h;设计荷载:公路—Ⅰ级;隧道建筑限界:0.75m+0.75m+3×3.75m+1.00m+1.00m=14.75m;隧道净高:5.0m;车行横通道建筑限界:高度为5m,宽度为4.5m;人行横通道建筑限界:高度为2.5m,宽度为

2.0m；隧道抗震设防烈度：Ⅶ度。

3. 建设难点及创新点

（1）建设难点

①地质条件复杂，施工风险大：隧道区属构造剥蚀低山地貌，地形起伏较大，沟谷及山间冲沟发育，地表植被茂盛，全隧地质情况复杂，洞口处于山前斜坡地带，施工过程中将先后穿越地层地形偏压、浅埋、富水、断层等不良地质区段，施工难度大，属于施工高风险隧道。

②环保景观要求高：隧道途经风景秀丽的新丰、龙门二县，毗邻多处省市风景区，隧址拥有丰富的旅游、生态农业资源，自然风光优美，对施工过程中环保控制要求高。

（2）创新点

①研发推广"节能水压爆破技术"

"节能水压爆破技术"是在炮眼中先放"水袋"，后用"炮泥"回填堵塞的一种爆破技术，其光面爆破效果好，炮眼残留率高，达95%以上，且具有极其显著的"三提高一保护"的作用与效果，能提高炸药有效能量利用率，减少炸药用量，提高循环进尺，加快施工进度，提高经济效益，减少成本，改善作业环境，保护施工人员身体健康。

②微改进隧道二衬钢端模施工工艺

隧道二衬采用"合页式"钢端模工艺，模板由两块"L"形钢板组成，止水带安装时夹在两块钢板间，并在端模上预留纵向钢筋连接孔。采用新型二衬端模可确保止水带安装平顺、位置精确，端头混凝土浇筑密实、二衬纵向钢筋有效连接，有效解决了隧道二衬施工缝处质量通病。

③创新二衬养护技术

二衬养护采用"养护台车"与"雾化设备"相结合的养护技术，相较于普通洒水养护，一是操作简便，养护均匀到位，从工艺上保证了二衬混凝土质量；二是降尘效果好，净化隧道空气；三是加快衬砌施工循环时间，降低成本。

④创新隧道洞口景观绿化实施模式

根据主体设计关于环保、水保、生态恢复等相关要求，将隧道洞口绿化工程纳入土建中提前实施，结合施工阶段防扬尘等绿化，提前进行隧道洞口及中分带绿化，形成较好的景观绿化效果。

⑤落实推广隧道管理信息化

为贯彻落实广东省高速公路建设"五化"和"双标"管理要求，隧道管理以信息化建设作为科学管理、精细管理的重要推手，确保隧道安全、有序施工，隧道信息化管理系统主要包括安全监控系统和洞口门禁系统。

4.主要设计、施工、监理单位及通车时间

设计单位:中交第一公路勘察设计研究院有限公司。

施工单位:中铁十二局集团有限公司。

监理单位:广东翔飞公路工程监理有限公司。

建设和通车时间:2015年7月开工建设,2018年底建成通车。

(三)石鼓隧道

石鼓隧道是武深高速公路博罗至深圳的一座特长隧道,从银瓶山自然保护区(石鼓水库库首上游补给区)通过,左线长4011m,博罗端采用端墙式洞门,深圳端采用削竹式洞门,隧道最大埋深约534m;右线长3880m,博罗端采用端墙式洞门,深圳端采用削竹式洞门,隧道最大埋深约504m。

1.主体结构

(1)初期支护

隧道衬砌按新奥法原理采用复合式衬砌,初期支护采用锚喷支护,二次衬砌为模筑混凝土衬砌,衬砌采用曲墙式衬砌。

(2)隧道洞口及软弱围岩地段设计

对于洞口Ⅳ级、Ⅴ级软弱围岩、浅埋偏压地段,采取了以下了技术措施予以加强:

①增设仰拱;

②增设工字钢钢拱架;

③超前支护采用长管棚、双层短管棚、小导管注浆或钢插管;

④开挖过程中进行超前地质预报,提前掌握掌子面前方的地质、水文条件,及时采取应对技术措施。

(3)防排水施工

隧道防排水施工遵循"防、排、截、堵相结合,因地制宜,综合治理"的原则,形成完整的防排水系统,使隧道建成后达到洞内基本干燥的要求,保证结构和设备的正常使用及行车安全。

(4)主要设计技术参数

公路等级:高速公路双向六车道;设计速度:100km/h;隧道建筑限界净宽:0.75m + 0.5m + 3 × 3.75m + 1.0m + 1.0m = 14.50m;隧道建筑限界净高:5.0m。

2.建设难点

(1)隧道为特大断面扁平结构,且穿越软弱围岩

为了满足通车的需求,石鼓隧道为双向六车道,隧道断面每延米的开挖方量均超过

100m³,按照国际隧道协会的断面划分标准,石鼓隧道应为超大断面。隧道断面形式为扁平结构,结构受力形式复杂,且穿越软弱围岩段落,施工组织动态调整频繁,建设难度大大增加。

(2)特长隧道文明施工要求高

石鼓隧道博罗端与水涧山隧道深圳端相隔约40~50m,两座隧道共同穿越银屏山自然风景保护区。由于环境保护要求,禁止保护区内出渣,对排放的施工用水严格控制,现场的安全文明施工和环保要求高;受施工条件限制,现场主要施工方式为单头掘进施工,通风长度单向达4km,因此施工组织难度大,如何处理好安全、质量、进度、投资之间的关系非常关键。

(3)隧道穿过软弱围岩段落施工难度大

石鼓隧道进出口位置及石鼓隧道中的断层破碎带,隧道进出口段围岩软弱且为小净距,两洞相互影响严重,更增加了施工风险和现场管理难度。

3.施工期间通风方式

由于石鼓隧道施工过程中只能采用单头掘进施工,通风方式主要包括压入式通风及螺旋式通风管,从而使新鲜空气从隧道口进入隧道并沿隧道轴线流动。

4.监控系统

隧道监控计算机管理系统设在义和监控中心。隧道监控计算机管理系统由隧道交通管理工作站、隧道信息管理工作站、火灾报警联动工作站、隧道通风照明控制工作站、隧道紧急电话及有线广播管理工作站(计入通信专业)组成,负责隧道交通检测与控制系统、隧道火灾检测、报警与联动系统、通风控制系统和隧道照明控制系统的管理。

5.主要设计、施工、监理单位及通车时间

设计单位:广东省公路勘察规划设计研究院股份有限公司。

施工单位:广东省长大公路工程有限公司。

监理单位:广东华路交通科技有限公司。

通车时间:2013年1月。

(四)大瑶山隧道

大瑶山隧道是乐广高速公路(G4W3)的一座特长隧道,位于韶关乐昌市境内。左线长4257m,右线长4220m,属分离式隧道形式,洞门均采用钢筋混凝土洞门。

1.主体结构

(1)初期支护

隧道按新奥法施工原理进行洞身结构设计,以系统锚杆、喷射混凝土、钢筋网、格栅钢架、工字钢钢架等组成的初期支护与二次模筑混凝土相结合的复合衬砌形式;通过结构分析计算、技术经济比较及工程类比等多种方法拟定洞身衬砌支护参数,确保衬砌结构具有足够的强度、稳定性、耐久性。

(2)隧道洞口及软弱围岩地段施工

初期支护:对于Ⅴ级、Ⅳ级围岩,由工字钢拱架(或钢筋格栅)、径向锚杆、钢筋网及喷射混凝土组成,而对于Ⅲ级围岩,则由径向锚杆、钢筋网及喷射混凝土组成。钢拱架之间用纵向钢筋连接,并与径向锚杆及钢筋网焊为一体,与围岩密贴,形成承载结构。

二次衬砌:一般情况下采用素混凝土,以方便施工,但当设计荷载较大,特别是对于Ⅴ级围岩、Ⅳ级围岩洞口浅埋段及高水压力段时,采用钢筋混凝土结构,以确保隧道支护结构的安全。二次衬砌施作的合理时间根据施工监测量测数据最后确定(校核),尽可能发挥初期支护的承载能力,但又不能超过其承载能力。

(3)防排水施工

隧道防排水施工遵循"防、排、截、堵相结合,因地制宜,综合治理"的原则,使隧道建成后达到洞内基本干燥的要求,保证结构和设备的正常使用及行车安全。

2. 主要设计技术参数

公路等级:双向六车道高速公路;隧道设计速度:100km/h;隧道主洞建筑限界净宽:0.75m + 0.25m + 0.5m + 3 × 3.75m + 1.0m + 1.0m = 14.75m;隧道建筑限界净高:5.0m。

3. 建设难点

(1)隧道跨度大,矢跨比小。

(2)隧道存在不良地质现象主要为:崩塌、岩体风化的不均一性、岩溶、断层、岩爆。

(3)隧道区地势起伏较大,坡积土、强风化砂岩、浅变质粉砂岩、板岩,遇水易软化、崩解,浅层裂隙发育且与出口边坡构成顺向坡,不利于边坡稳定,边坡施工易产生掉块、坍塌。

(4)隧道穿越地段共发现低速异常带10条,分别推断解释为断层破碎带或构造破碎带,施工开挖易坍塌,可能产生突泥突水事故。

4. 施工期间通风方式

大瑶山隧道长4257m,从两头掘进,施工通风采用压入式通风,在每个洞口布置一台轴流式通风机:2 × 110kW,管径1.5m。为减少风阻,在洞口500m范围采用钢丝风筒。

5. 监控系统

隧道规模及埋深均较大,其工程地质及水文地质较为复杂,为保证施工安全,在施工阶段全程采取超前地质预报手段,坚持动态设计与施工。超前地质预报措施采取TSP结合超前水平钻孔的形式。TSP全程设置,在Ⅴ级围岩、断层破碎带、地下水丰富地段辅助设置地质钻孔进行验证。

6. 隧道课题研究

(1)粤北山区三车道大跨扁平隧道施工开挖新技术研究

以隧道围岩稳定性研究为核心,突破稳定性参数等级划分、支护选型、变形预警值控制等大跨隧道核心技术,保障施工安全;以隧道标准化开挖施工带动科学管理,并实现施工方案决策,提升管理品质和施工质量。解决了项目三车道大跨扁平隧道开挖施工工艺、施工开挖技术及方案决策关键技术等诸多关键工程技术难题。

①首次提出了基于分部开挖工法的三车道隧道变形基准值。

②首次建立了三车道隧道施工方案系统决策模型,实现了基于地质条件、施工技术水平和工期造价等多因素、多目标的层次分析分部开挖施工方案决策系统。

(2)粤北山区三车道特长隧道施工超前预报新技术研究

针对广乐高速公路穿越岩溶发育等长大隧道工程施工面临的各种复杂地质环境,在系统总结现有隧道超前地质预报技术经验的基础上,研究隧道围岩岩溶、富水区探测等综合预报技术。运用该研究成果,开展了隧道工程施工超前预报的现场试验和对比研究,并与相关施工开挖情况进行了对比,证明了本项目研究成果的有效性和合理性。

(3)三车道特长隧道施工安全监测与预警技术研究

针对本项目线长、点多、施工条件复杂、现场管理和安全管理任务重等突出特点,对隧道施工安全监控和应急指挥系统采用分级控制、远程监控等管理模式,采用无线定位技术实现了公路隧道施工人员精确定位,并在精确定位基础上实现了特殊施工区域闯入报警、超时报警、违禁时间闯入报警;应用首次采用 Zigbee 无线 RSSI 信号强度(0~120dB)定位计算方法;开发了移动式施工安全监测设备和监控应急指挥系统平台,提高了施工人员有效定位距离近 20m,定位精度提高到 2m 以内,充分考虑了施工单位的实际运作特性,实用性强,解决了隧道内施工安全监控、应急电话、声光报警、施工人员定位和门禁考勤等问题,具有很高的应用和推广价值。

(4)特长隧道群运营风险动态评估与联动控制技术

从隧道内外运营环境风险评估、交通流运行风险评估、突发事件风险评估三个方面构建了隧道及隧道群路段的运营风险动态评估技术。针对隧道及隧道群路段的三类运营风险,分别研究了相应的风险控制技术,注重隧道及隧道群路段的一体化协同控制策略的制定,并就隧道及隧道群路段联动监控控制策略进行研究,首次制定了国内山区高速公路特长隧道群"粤北山区三车道高速公路特长隧道群突发事件应急预案",可为同类工程项目提供借鉴。

7. 主要设计、施工、监理单位及通车时间

设计单位:中交第二公路勘察设计研究院有限公司。

施工单位:中铁十二局集团有限公司。

监理单位:广东华路交通科技有限公司。

通车时间:2014年9月。

(五)茅田界隧道

茅田界隧道是二广高速公路(G55)连州至怀集的一座特长隧道。左线长4337m;右线长4348m,连州端采用削竹式洞门,怀集端采用端墙式洞门,洞口段设置为小净距。

1. 主体结构

(1)初期支护

隧道洞身衬砌按照新奥法原理采用复合式衬砌。施工采用三臂凿岩台车钻孔,人工钻孔辅助,预裂爆破结合光面爆破,装载机装渣,自卸汽车出渣。初期支护采用锚喷支护,二次衬砌为模筑混凝土衬砌,衬砌采用曲墙式衬砌。复合式衬砌参数一般根据围岩级别、工程地质水文地质条件、地形及埋置深度、结构跨度及施工方法等,采用工程类比法进行设计,并通过理论分析进行验算。

(2)隧道洞口及软弱围岩地段施工

对于洞口Ⅳ级、Ⅴ级软弱围岩、浅埋偏压地段,设计中采取了以下技术措施予以加强:

①增设仰拱;

②增设工字钢;

③超前支护采用长管棚、小导管注浆或钢插管;

④开挖过程中进行超前地质预报,提前掌握掌子面前方的地质、水文条件,及时采取应对技术措施。

(3)防排水施工

隧道防排水遵循"防、排、截、堵结合,因地制宜,综合治理"的原则,使隧道建成后达到洞内基本干燥的要求,保证结构和设备的正常使用及行车安全;对隧道开挖后存在大面积淋水地段或开挖后局部的出露股水地段采用"限量排放"注浆堵水措施,减少地下水的排放量。

2. 主要设计技术参数

公路等级:高速公路双向四车道;设计速度:100km/h;隧道建筑限界净宽:0.75m + 0.5m + 2 × 3.75m + 1.0m + 1.0m = 10.75m;隧道建筑限界净高:5.0m。

3. 建设难点

(1)隧道跨度大,矢跨比小,出口设计为小净距。

(2)地质复杂,怀集、连州两端洞口段位于斜坡之上,不能直接从洞口外先期进行套拱、长管棚等辅助措施的施工,这给洞口施工带来一定的难度和安全风险。经实地勘察、论证和反复对比,确定预先对出口山谷中的路基进行填筑施工,便于洞口场地布置,随后采用进出口双向四个工作面同时掘进的施工方案,规避风险,确保了施工安全。

(3)隧道出口路基填土高度达40m左右,且与地形等高线小角度相交,存在偏压问题。

4. 施工期间通风方式

隧道施工通风方式有自然通风、压入式通风、吸出式通风、混合式通风及利用平行导坑做巷道通风。混合式通风集压入式和吸出式通风优点于一身,但经济性不如压入式,茅田界隧道属于特长隧道,存在通风困难问题,所以选取压入式通风方式进行隧道施工通风,其特点是:有效射程大,冲淡和排除炮烟的作用较强;对设备污染小;工作面回风不通过风机、风管,在有瓦斯涌出的工作面比较安全。

5. 监控系统

施工时采用隧道门禁安全监控系统,具有门禁、定位、视频及监测等多种功能,确保进、出洞人员及车辆信息准确,隧道内掌子面实施动态监控,同时实时监测洞内各种有害气体,确保洞内人员及隧道安全。

6. 隧道课题研究

隧道工程由于其具有隐蔽性大、作业空间有限、地质条件复杂、干扰因素多等特点,特长隧道茅田界隧道更成为二广高速公路全线重、难点控制工程,施工是否顺利十分关键。开工之初,管理公司二广公司和项目承建单位广东长大公路工程有限公司就十分重视茅田界隧道的施工准备和资料收集,研究分析公路隧道施工主要技术措施,以便作为同类公路隧道制定合理的施工方案与技术控制措施,为保证隧道施工质量及顺利开展提供参考、借鉴。项目相关单位以茅田界隧道为工程依托,开展了以下各种科研应用工作:

(1)茅田界特长公路隧道通风方案设计;

(2)气泡混合轻质土在茅田界隧道塌方中的应用;

(3)特长公路隧道湿喷混凝土施工管理优化控制;

(4)新奥法施工技术在二广高速公路茅田界隧道工程中的应用;

(5)茅田界隧道变质砂岩动力响应特性研究;

(6)特长公路隧道湿喷混凝土施工管理优化控制;

(7)茅田界隧道施工测量技术;

(8)茅田界隧道施工安全风险评估报告。

"茅田界隧道变质砂岩动力响应特性研究"是该项目最有代表性的研究成果。隧道掘进掌子面围岩爆破产生的振动易诱发工程事故,影响工程的安全性,为预防工程灾害,避免不必要的经济损失,广东二广高速公路有限公司联合华中科技大学开展了"茅田界隧道变质砂岩动力响应特性研究"课题,研究了茅田界隧道变质砂岩破坏特征。试验结果表明:围压可以有效抑制岩样的破坏,提高岩样的承载力;高卸荷速率下岩样的破坏存在突然性,岩样表现出更强的脆性破坏特征,同时岩样的极限储能降低。通过开展掏槽孔塑性区扩展的研究,确定掏槽孔合理的装药集度为 0.54kg/m,进而确定茅田界隧道Ⅲ级围岩光面爆破的设计参数。茅田界隧道Ⅲ级围岩的合理爆破进尺为 3~4m;隧道掌子面 1m 范围内的岩体动力响应最为敏感。

7. 主要设计、施工、监理单位及通车时间

设计单位:广东省公路勘察规划设计研究院股份有限公司。

施工单位:广东长大公路工程有限公司。

监理单位:育才-布朗交通咨询监理有限公司。

通车时间:2014 年 12 月。

(六)莲花山 1 号隧道

莲花山 1 号隧道是甬莞高速公路(G15W)潮州至惠州的一座特长隧道。莲花山 1 号隧道位于海丰县,主要穿越莲花山山脉。莲花山 1 号隧道左线长 5190m,右线长 5225m。进、出洞口两端均采用端墙式洞门,是当时广东省内建成最长的公路山岭隧道。

1. 主体结构

(1)初期支护

隧道洞身衬砌按照新奥法原理采用复合式衬砌。初期支护采用锚杆、喷射混凝土、钢拱架等,二次衬砌采用模筑混凝土或钢筋混凝土,并在两次衬砌之间敷设土工布及防水板;此外,对浅埋、偏压、围岩较为破碎的洞口段落及断层破碎带,均采用超前支护的辅助施工措施以增强安全性。衬砌结构方案设计根据工程类比法并结合构造要求,根据围岩类别和洞室埋深条件拟定相应的支护类型,再通过必要的理论分析计算(有限元法、荷载-结构法)等进行校核,合理确定支护体系的各种参数,施工中做好现场监控量测及超前地质预报,根据实际地质情况及时调整支护参数,实现"动态设计,信息化施工"的设计理念。

(2)隧道洞口及软弱围岩地段施工

为保证施工期间安全,莲花山 1 号隧道采用了必要的辅助施工措施,主要有以下措施:

①超前长管棚进洞;

②地表注浆加固;

③加强超前支护和初期支护强度；

④减小开挖断面（如双侧壁上下台阶改为双侧壁三台阶再加临时仰拱）；

⑤增加开挖工作面（变更增设斜井或通过车行横洞），加快进度。

（3）防排水施工

①隧道防排水设计遵循"防、排、截、堵结合，因地制宜，综合治理"的原则，形成完整的防排水体系，使隧道建成后达到洞内基本干燥的要求，保证结构和设备的正常使用及行车安全。在地下水发育且水文环境有严格要求的隧道，采取"以堵为主、限量排放"的原则。

②隧道全长在行车道左右侧设路缘排水沟和下沉式排水边沟，衬砌两侧墙脚外侧设 ϕ100mm 网状硬式 HDPE 纵向透水管，并用横向透水管与排水边沟横向连通，实现洞内消防清洗用水与地下水分开排放的目的。

③沿隧道全长在初期支护与二次衬砌之间设置 1.2mm 厚 EVA 防水卷材和 $350g/m^2$ 无纺土工布。

④隧道内所有施工缝和沉降缝均设置中埋式橡胶止水带，二次衬砌混凝土抗渗等级不低于 S8。

⑤为有效排出衬砌以外围岩裂隙水，消除二次衬砌背面的静水压力，按照"动态排水"原则，在初期支护喷射混凝土中，根据地下水量大小及出水点位置，设置多道 ϕ100mm 半圆排水管，将水引入衬砌两侧墙脚 ϕ100mm 网状硬式 HDPE 纵向透水管中，排出洞外。

⑥明洞段衬砌采用外贴式两布一膜防水层，洞顶回填并设置黏土隔水层，洞顶设截排水沟，防止雨水对坡面及洞口的危害。

⑦为了便于在运营期间对纵向排水管定期采用管道疏通机及时疏通防止堵塞，在二次衬砌墙脚每隔 50m 设置检查井。为了便于维修行车道边缘排水沟，沿纵向每隔 50m 设一处沉淀检查井。

⑧围岩破碎、富水、宜坍塌地段以及岩溶发育可能存在突水、突泥的地段采取注浆加固围岩，并采取分区防水措施。

⑨路面基层排水：为了防止路面底层地下水上升到路面影响行车安全、由于排水不畅而长期潜伏于路面下破坏路面结构，在路面基层施工前，在调平层（或仰拱回填）顶面设置了排水盲沟网络以排除隧道路面下部渗水（积水），其中富水段设 ϕ100mm 网状硬式 HDPE 透水管，密度为纵向 3 道、横向每 10m 一道；普通段设扁形盲沟，密度为纵向 2 道、横向每 20m 一道。

⑩有侵蚀性地下水时，应针对侵蚀类型，采用抗侵蚀性混凝土等措施。

（4）主要设计技术参数

公路等级：高速公路双向六车道；设计速度：100km/h；隧道建筑限界净宽：0.75m（左

侧检修道)+0.25m(余宽)+0.5m(左侧向宽度)+3×3.75m(车道宽度)+1.0m(右侧向宽度)+1.0m(右侧检修道)=14.75m;隧道建筑限界净高:5.0m。

2. 建设难点及亮点

(1)建设难点

①隧道跨度大,矢跨比小;

②隧道长,工程量大,工期紧,后期进洞较深因通风照明效率低引起工效降低;

③地质复杂,两座隧道穿越多条断层、破碎带,围岩变化频繁反复,施工风险高,另外还需攻克岩爆、高地温、突泥突水等难题;

④进口端有长达近500m长的浅埋段,围岩为富水全风化花岗岩,难自稳,易坍塌,进度慢,施工难度大。

(2)建设亮点

①隧道施工与路面施工捆绑招标的模式

潮惠项目在省内首次采用了隧道施工与路面施工捆绑招标的模式,促使隧道石料可全部用于路面工程。此举不仅保护了生态环境,也破解了沥青面层所需优质石料缺乏的困局,同时,工程直接成本有效节约了约24900万元,间接成本减少约9300万元。

隧道开挖将产生大量洞渣,这些洞渣的堆弃会对生态系统造成灾难性的破坏。潮惠项目结合沿线筑路材料分布情况、交通运输的条件、施工组织预计等,通过地质钻探与各种试验检测手段,对莲花山1、2号特长隧道的围岩性质进行详细分析,充分考虑了利用隧道洞渣加工为路面集料的方案,在核算工程量后,在省内首次提出优化划分标段、采用隧道施工与路面施工捆绑招标的理念:将隧道前后约100km的路面工程分别划入莲花山1、2号特长隧道施工标中。如此划分标段的优点如下:

一是通过控制价格及合同手段鼓励施工承包单位利用隧道洞渣加工成路面集料,节省总体工程造价;另一方面,施工承包单位减少隧道弃渣及路用石料采购量,大幅节约施工成本,达到"双赢"。

二是充分利用隧道洞渣加工为路面集料,大大降低隧道弃渣运输及堆弃对周边环境的影响。

三是利用同一隧道洞渣加工而成的集料,各种物理、力学指标相对比较稳定,有利于路面工程的质量控制。

四是承包人根据隧道施工与路面施工的进度要求,优化施工组织设计,减少路面施工备料时间。

②用电永临结合模式

潮惠高速公路路线较长,供电区域分散,项目在规划前期结合高速公路走向、全线用电情况和地方电力系统分布,通过实地勘察和收集调研,在专业设计基础上,在外供电建设上首次采用运营永久用电与土建施工捆绑招标的模式,实现施工临时用电利用运营永久用电的供电线路和设备。在建设过程中,在满足运营用电负荷前提下,兼顾土建单位施工临时用电保障,尽量让两者有效结合,避免了重复投资,又能为机电和房建单位争取到1~2个月的通电调试时间。

3.施工期间通风方式

隧道从两头掘进,施工通风采用压入式通风,在每个洞口布置一台轴流式通风机:2×110kW,管径1.5m。为减少风阻,在洞口500m范围采用钢丝风筒。

4.监控系统

施工时采用隧道施工安全信息化管理系统,具有门禁、定位、视频及监测等多种功能,确保进、出洞人员及车辆信息准确,隧道内掌子面实施动态监控,同时实时监测洞内各种有害气体,确保洞内人员及隧道安全。

5.隧道课题研究

大量公路隧道建设和运营实践表明,隧道衬砌渗漏水、衬砌开裂损坏、衬砌接缝裂损失效是隧道衬砌面临的突出问题,"十隧九漏"成为隧道普遍存在的病害现象,由此造成的行车安全隐患和巨大的养护维修压力也是管养部门十分关注的重要问题。

该项目采用项目调研、理论研究和现场试验研究相结合的技术手段,针对我国高速公路隧道渗漏通病的预防和整治课题,开展公路隧道防排水工程质量提升技术研究,在充分调研、系统总结、深入分析隧道渗漏通病成因的基础上,研究和开发隧道防排水材料、沉降缝、温度缝和施工缝以及排水设施的设计、施工和检测技术,研究制定隧道防排水工程施工技术指南和质量检测标准实施细则,通过理论模拟分析计算和现场试验检测研究验证相关技术的可靠性和有效性,从而指导本工程隧道建设。项目针对公路隧道防排水设施的薄弱环节进行设计与施工技术研究,制定简便易行、便于工程应用的技术工艺和检测方法,深化和完善了现有隧道防排水设计、施工技术与防排水施工现场检测技术措施。

所有研究成果均已应用于隧道施工中,隧道防排水效果比较明显。

6.主要设计、施工、监理单位及通车时间

设计单位:中交第一公路勘察设计研究院有限公司。

施工单位:广东省长大公路工程有限公司。

监理单位:广东华路交通科技有限公司。

通车时间:2016年12月。

(七)莲花山2号隧道

莲花山2号隧道是甬莞高速公路(G15W)潮州至惠州的一座特长隧道。莲花山2号隧道跨越海丰县与惠东县,主要穿越莲花山山脉。莲花山 2 号隧道左线长 5140m,右线隧道长 5108m。进、出洞口两端均采用端墙式洞门。

1. 主体结构

(1) 初期支护

隧道洞身衬砌按照新奥法原理采用复合式衬砌。初期支护采用锚杆、喷射混凝土、钢拱架等,二次衬砌采用模筑混凝土或钢筋混凝土,并在两次衬砌之间敷设土工布及防水板;此外,对浅埋、偏压、围岩较为破碎的洞口段落及断层破碎带,均采用超前支护的辅助施工措施以增强安全性。衬砌结构方案设计根据工程类比法并结合构造要求,根据围岩类别和洞室埋深条件拟定相应的支护类型,再通过必要的理论分析计算(有限元法、荷载-结构法)等进行校核,合理确定支护体系的各种参数,施工中应做好现场监控量测及超前地质预报,根据实际地质情况及时调整支护参数,实现"动态设计,信息化施工"的设计理念。

(2) 隧道洞口及软弱围岩地段施工

为保证施工期间安全,采用了必要的辅助施工措施,主要有以下措施:

①超前长管棚进洞;

②地表注浆加固;

③加强超前支护和初期支护强度;

④减小开挖断面(如双侧壁上下台阶改为双侧壁三台阶再加临时仰拱);

⑤增加开挖工作面(变更增设斜井或通过车行横洞),加快进度。

(3) 防排水施工

①隧道防排水设计遵循"防、排、截、堵结合,因地制宜,综合治理"的原则,形成完整的防排水体系,使隧道建成后达到洞内基本干燥的要求,保证结构和设备的正常使用及行车安全。在地下水发育且水文环境有严格要求的隧道,应采取"以堵为主、限量排放"的原则。

②隧道全长在行车道左右侧设路缘排水沟和下沉式排水边沟,衬砌两侧墙脚外侧设 ϕ100mm 网状硬式 HDPE 纵向透水管,并用横向透水管与排水边沟横向连通,实现洞内消防清洗用水与地下水分开排放的目的。

③沿隧道全长在初期支护与二次衬砌之间设置 1.2mm 厚 EVA 防水卷材和 $350g/m^2$ 无纺土工布。

④隧道内所有施工缝和沉降缝均设置中埋式橡胶止水带,二次衬砌混凝土抗渗等级不低于 S8。

⑤为了有效排出衬砌以外围岩裂隙水,消除二次衬砌背面的静水压力,按照"动态排水"原则,在初期支护喷射混凝土中,根据地下水量大小及出水点位置,设置多道 ϕ100mm

半圆排水管,将水引入衬砌两侧墙脚 ϕ100mm 网状硬式 HDPE 纵向透水管中排出洞外。

⑥明洞段衬砌采用外贴式两布一膜防水层,洞顶回填并设置黏土隔水层,洞顶设截排水沟,防止雨水对坡面及洞口的危害。

⑦为了便于在运营期间对纵向排水管定期采用管道疏通机及时疏通防止堵塞,在二次衬砌墙脚每隔 50m 设置检查井。为了便于维修行车道边缘排水沟,沿纵向每隔 50m 设一处沉淀检查井。

⑧围岩破碎、富水、宜坍塌地段以及岩溶发育存在突水、突泥可能的地段应采取注浆加固围岩,并采取分区防水措施。

⑨路面基层排水:为了防止路面底层地下水上升到路面影响行车安全、由于排水不畅而长期潜伏于路面下破坏路面结构,在路面基层施工前,在调平层(或仰拱回填)顶面设置了排水盲沟网络以排除隧道路面下部渗水(积水),其中富水段设 ϕ100mm 网状硬式 HDPE 透水管,密度为纵向 3 道、横向每 10m 一道;普通段设扁形盲沟,密度为纵向 2 道、横向每 20m 一道。

⑩有侵蚀性地下水时,应针对侵蚀类型,采用抗侵蚀性混凝土等措施。

2. 主要设计技术参数

公路等级:高速公路双向六车道;设计速度:100km/h;隧道建筑限界净宽:0.75m(左侧检修道) + 0.25m(余宽) + 0.5m(左侧向宽度) + 3 × 3.75m(车道宽度) + 1.0m(右侧向宽度) + 1.0m(右侧检修道) = 14.75m;隧道建筑限界净高:5.0m。

3. 建设难点

(1)隧道跨度大,矢跨比小。

(2)隧道长,工程量大,工期紧,后期进洞较深因通风照明效率低引起工效降低。

(3)地质复杂,两座隧道穿越多条断层、破碎带,围岩变化频繁反复,施工风险高,另外还需攻克岩爆、高地温、突泥突水等难题。

4. 施工期间通风方式

隧道从两头掘进,施工通风采用压入式通风,在每个洞口布置一台轴流式通风机:2 × 110kW,管径 1.5m。为减少风阻,在洞口 500m 范围采用钢丝风筒。

5. 监控系统

施工时采用隧道施工安全信息化管理系统,具有门禁、定位、视频及监测等多种功能,确保进、出洞人员及车辆信息准确,隧道内掌子面实施动态监控,同时实时监测洞内各种有害气体,确保洞内人员及隧道安全。

6. 主要设计、施工、监理单位及通车时间

设计单位:中交第一公路勘察设计研究院有限公司。

施工单位:中铁十四局集团有限公司。

监理单位:广东华路交通科技有限公司。

通车时间:2016年12月。

(八)龙头山隧道

龙头山隧道是国内第一条双洞分离式八车道高速公路长隧道,位于广州市东南面广州绕城高速公路(G1501)东二环段,是广州珠江黄埔大桥的关键工程之一。该隧道左线长1010m,右线长1006m,单洞净宽2×18m,净高8.95m,最大埋深98m,最大宽度13.58m,扁平率0.63,左右线进口最小净距23m,出口净距20.8m。受洞口地形地貌以及油库、公园、古庙等建筑物影响,隧道具有大跨、扁平、浅埋、间距小等施工难点。龙头山隧道关键技术:

(1)首次推出并验证大跨径隧道"过程荷载"的计算理论和方法。比按现有隧道设计方法减少荷载40%左右。提出了大断面隧道的信息化施工方法,推进了大断面隧道设计和施工技术的发展。

(2)提出了在硬岩特大断面钻爆法隧道施工中采用中导洞超前再扩孔的分块减振开孔方法,可减振30%左右,保证了附近油库和隧道施工安全。

(3)系统进行了照明光源比选、灯具生产及安装标准、灯具合理布置以及显色性、色温和照度关系等照明标准问题的研究,提出了LED光源的隧道照明设计、施工和质量验收标准,并编制了《公路隧道LED照明企业标准》,将LED照明节能技术研究成果应用于依托工程,节能超过40%。

(4)数字化平台管理技术建立了一个集勘察、设计、施工、监理于一体的信息化、数字化平台,首次实现了隧道建设过程中动态数字化管理和过程查询分析,为今后隧道运营、维修提供重要依据。[详细情况见第三章第八节广州绕城高速公路(G1501)"二、广州东二环高速公路"]

(九)王北凹隧道

王北凹隧道是深岑高速公路(G2518)江门至罗定的一座特长隧道。隧道位于丘陵及低山区的云浮市云安县与新兴县交界地带,地面高程约为131.5~643.7m,相对高差约为503.2m。左右线分离布设,左线长3751m,右线长3713m。江门端口采用端墙式洞门,罗定端口采用削竹式洞门。隧址区内山脊线大部分呈南北向,山体地形陡峻,山体植被发育,隧道进口处地形陡峻。

1.主体结构

(1)初期支护

隧道洞身衬砌按照新奥法原理采用复合式衬砌。初期支护采用锚喷支护,二次衬砌为模筑混凝土衬砌,衬砌采用曲墙式衬砌。复合式衬砌参数一般根据围岩级别、工程地质水文地质条件、地形及埋置深度、结构跨度及施工方法等采用工程类比法进行设计,并通过理论分析进行验算。

(2)隧道洞口及软弱围岩地段施工

对于洞口Ⅳ级、Ⅴ级软弱围岩、浅埋偏压地段,设计中采取了以下了技术措施予以加强:

①增设仰拱;

②增设工字钢;

③超前支护采用长管棚、小导管注浆或钢插管;

④开挖过程中进行超前地质预报,提前掌握掌子面前方的地质、水文条件,及时采取应对技术措施。

(3)防排水施工

隧道防排水施工遵循"防、排、截、堵相结合,因地制宜,综合治理"的原则,使隧道建成后达到洞内基本干燥的要求,保证结构和设备的正常使用及行车安全;对隧道开挖后存在大面积淋水地段或开挖后局部的出露股水地段采用"限量排放"注浆堵水措施,减少地下水的排放量。

2. 主要设计技术参数

公路等级:高速公路双向六车道;设计速度:100km/h;隧道建筑限界净宽:0.75m(左侧检修道)+0.25m(余宽)+0.5m(左侧向宽度)+3×3.75m(车道宽度)+1.0m(右侧向宽度)+1.0m(右侧检修道)=14.75m;隧道建筑限界净高:5.0m。

3. 建设难点及亮点

(1)建设难点

①隧道跨度大,矢跨比小;

②地质复杂,罗定端洞口段上方存在常年流水,施工期间发生多次涌水突泥、掌子面坍塌及由此引发的初期支护侵限问题;

③江门端洞口地处沟谷边缘,地形陡峭,施工场地受限,前期施工组织困难;

④王北凹隧道罗定端开挖为反坡进洞,施工期间排水困难,遇涌水突泥等突发状况排水困难,对涌水突泥软弱地质夹层段落影响较大。

(2)建设亮点

传统二次衬砌施工中采用整块木模作为端头模,安装过程中必须将止水带折叠,导致止水带安装位置不准确,线条不平顺且易破损,严重影响止水带安装质量;同时采用整块木模,安装过程中与台车不密贴,混凝土浇筑过程中,易产生漏浆,甚至跑模现象,混凝土面易产生蜂窝麻面现象,对端头混凝土质量不利。

王北凹隧道二衬端头模板采用新型组合模板,有效保证了隧道二衬环向止水带的安装质量,使设计的止水带真正发挥设计作用,对隧道防水工程起到了至关重要的意义,并有效提高了端头混凝土的施工质量,同时安装简单,有效减少人工投入,节约了施工成本,取得了较好的经济效益,提高了实体工程质量。

4. 施工期间通风方式

王北凹隧道长 3.7km,从两头掘进,施工通风采用压入式通风,在每个洞口布置一台轴流式通风机:2×110kW,管径 1.5m。为减少风阻,在洞口 500m 范围采用钢丝风筒。

5. 监控系统

施工时采用安吉达隧道施工安全信息化管理系统,具有门禁、定位、视频及监测等多种功能,确保进、出洞人员及车辆信息准确,隧道内掌子面实施动态监控,同时实时监测洞内各种有害气体,确保洞内人员及隧道安全。

6. 主要设计、施工、监理单位及通车时间

设计单位:广东省公路勘察规划设计研究院股份有限公司。

施工单位:广东省长大公路工程有限公司。

监理单位:广东翔飞公路工程监理有限公司。

通车时间:2016 年 12 月。

(十)三岔顶隧道

三岔顶隧道是深岑高速公路(G2518)江门至罗定的一座特长隧道,位于云浮市境内,主要穿越大云雾山脉。左线长 3191m,右线长 3192m。洞口段设置为小净距。江门端洞口采用端墙式洞门,罗定端洞口采用削竹式洞门。

1. 主体结构

(1)初期支护

隧道洞身衬砌按照新奥法原理采用复合式衬砌。初期支护采用锚喷支护,二次衬砌为模筑混凝土衬砌,衬砌采用曲墙式衬砌。复合式衬砌参数一般根据围岩级别、工程地质水文地质条件、地形及埋置深度、结构跨度及施工方法等采用工程类比法进行设计,并通过理论分析进行验算。

(2)隧道洞口及软弱围岩地段施工

对于洞口Ⅳ级、Ⅴ级软弱围岩、浅埋偏压地段,采取了以下了技术措施予以加强:

①增设仰拱;

②增设工字钢;

③超前支护采用长管棚、小导管注浆或钢插管;

④开挖过程中进行超前地质预报,提前掌握掌子面前方的地质、水文条件,及时采取应对技术措施。

(3)防排水施工

隧道防排水施工遵循"防、排、截、堵相结合,因地制宜,综合治理"的原则,使隧道建成后达到洞内基本干燥的要求,保证结构和设备的正常使用及行车安全;对隧道开挖后存在大面积淋水地段或开挖后局部的出露股水地段采用"限量排放"注浆堵水措施,减少地下水的排放量。

2. 主要设计技术参数

公路等级:高速公路双向六车道;设计速度:100km/h;隧道建筑限界净宽:0.75m(左侧检修道)+0.25m(余宽)+0.5m(左侧向宽度)+3×3.75m(车道宽度)+1.0m(右侧向宽度)+1.0m(右侧检修道)=14.75m;隧道建筑限界净高:5.0m。

3. 建设难点

(1)隧道跨度大,矢跨比小。

(2)地质复杂,江门、罗定两端洞口段上方均存在常年流水,洞身局部揭露煤系地层,隧道可能存在断层破碎带、突然涌水等不良地质现象,需采取各种探测手段加强隧道超前地质预报,确保前方地质尽量预测准确,拟定合理措施以规避风险。

(3)隧道进出口与地形等高线小角度相交,存在偏压问题。

(4)三岔顶隧道江门端开挖为反坡进洞,施工期间排水困难。

4. 施工期间通风方式

三岔顶隧道长3.192km,从两头掘进,施工通风采用压入式通风,在每个洞口布置一台轴流式通风机:2×110kW,管径1.5m。为减少风阻,在洞口500m范围采用钢丝风筒。

5. 监控系统

施工时采用安吉达隧道施工安全信息化管理系统,具有门禁、定位、视频及监测等多种功能,确保进、出洞人员及车辆信息准确,隧道内掌子面实施动态监控,同时实时监测洞内各种有害气体,确保洞内人员及隧道安全。

6. 主要设计、施工、监理单位及通车时间

设计单位:广东省公路勘察规划设计研究院股份有限公司。

施工单位:中铁十一局集团有限公司。

监理单位:广东华路交通科技有限公司。

通车时间:2016年12月。

(十一)石牙山隧道

石牙山隧道是广(州)至昆(明)高速公路(G80)粤境河口至平台段的特长隧道,位于云浮市境内,穿越粤桂边界云雾山脉,为双洞四车道,按左、右线隧道分离式布设,线间距约40m,左线长4555.91m,右线长4604.45m。石牙山隧道通风竖井位于隧道RK56+465偏右25m处,距右线苍梧端洞口1472.37m,井深157m,成井直径7.0m,底部通过联络风道与隧道主洞相连,由送风系统和排风系统组成;隧道主洞和竖井采用复合式衬砌结构,洞门设计为采用削竹式洞门。

1. 主体结构

(1)初期支护

隧道洞身衬砌按照新奥法原理采用复合式衬砌。初期支护采用锚喷支护,二次衬砌为模筑混凝土衬砌,衬砌采用曲墙式衬砌。复合式衬砌参数一般根据围岩级别、工程地质水文地质条件、地形及埋置深度、结构跨度及施工方法等采用工程类比法进行设计,并通过理论分析进行验算。

(2)隧道洞口及软弱围岩地段施工

对于洞口Ⅳ级、Ⅴ级软弱围岩、浅埋偏压地段,采取了以下了技术措施予以加强:

①增设仰拱;

②增设工字钢;

③超前支护采用长管棚、小导管注浆或钢插管;

④开挖过程中进行超前地质预报,提前掌握掌子面前方的地质、水文条件,及时采取应对技术措施。

(3)防排水施工

①隧道防排水施工遵循"防、排、截、堵相结合,因地制宜,综合治理"的原则,保证结构和设备的正常使用及行车安全。

②洞内防排水。

洞内防水:隧道衬砌混凝土采用防水混凝土,其抗渗等级强度不小于S6;隧道洞身、人行、车行横通道及其他各种附属洞室,衬砌背后均设置防水层,防水层采用PVC复合防水板($300g/m^2$ 无纺布+1.2mm厚PVC防水板),隧道衬砌管沟盖板底以上的所有纵、横施工缝均设置防水措施;有仰拱地段,仰拱与边墙及仰拱与仰拱间横向施工缝均设置Hx-2型钢板腻子止水带。

洞内排水:洞内设双侧排水沟,管沟与排水沟分开独立设置(在侧沟两侧沟壁上设置泄水孔,将衬砌背后及路面下地下水引入侧沟排除,侧沟间隔50m设沉沙井一处),在两侧边墙底部,衬砌混凝土与喷射混凝土之间沿隧道纵向全长各设一根80mm TJRX圆形盲沟排水管,隧道环向基本按20m一处在围岩与喷射混凝土间设置横向TJRX140×30mm扁形排水盲沟,隧道二次衬砌环向施工缝处,在其背后喷射混凝土与防水板之间设置TJRX140×30mm扁形排水盲沟;在隧道路面基层下设置纵、横向TJRX60×50mm扁形排水盲沟,对于沥青混凝土路面地段,横向盲沟间距从9m加密到3m;衬砌背后集中出露的股水,采用聚氯乙烯管将其直接引入侧沟内排除。

③洞外放排水。

隧道洞口仰坡外设截水沟,并予以铺砌,截水沟离开坡顶距离大于5m。

2. 主要设计技术参数

公路等级:高速公路双向四车道;设计速度:80km/h;设计车辆荷载:公路—Ⅰ级;设计平曲线最小半径590m,最大纵坡4%,最短坡长330m;路面结构宽度:行车道2×3.75m,爬坡车道3.5m,紧急停车带5.0m,路缘带0.5m,硬路肩2.5m,土路肩0.75m,中分带2.0m;隧道建筑限界及内轮廓:隧道净宽10.25m,建筑限高5.0m,内轮廓净高6.97m,内轮廓净宽10.86m。

3. 建设难点及管理亮点

(1)建设难点

石牙山隧道左线为下坡隧道,右线为上坡隧道,单头掘进开挖施工近2300m,工程量大,本隧道施工存在如下难点与重点。

①隧道围岩地质构造、地层岩性复杂,隧道攻坚克难破解开挖难点

根据隧道围岩分级标准《公路隧道设计规范》(JTJ D70—2004),综合物探、钻探资料及地调成果,本隧道围岩可划分为Ⅱ、Ⅲ、Ⅳ、Ⅴ 4个级别。隧道左线Ⅱ级围岩占63.0%,Ⅲ级围岩占25.3%,Ⅳ级围岩占8.7%,Ⅴ级围岩占3%;右线Ⅱ级围岩占65.0%,Ⅲ级围岩占23.8%,Ⅳ级围岩占8.0%,Ⅴ级围岩占3.2%。隧道工程总体地质条件较差。

该隧道以石英砂岩为主,伴随粉砂岩、角砾岩及硅化岩等风化岩形成互层挤压带,石英砂岩基本特征是透水性强,地下水非常丰富且石英砂岩自稳性能差,在隧道开挖过程容易坍塌,危及开挖作业安全;为此,运用瞬变电磁仪法、地质雷达法、超前钻孔及TSP等检测手段对地质进行超前预报,以厘清复杂围岩实际状况,为正确选择隧道钻爆设计方案(预裂爆破或光面爆破)打下坚实基础,为正确选择隧道支护参数和判定围岩类别提供数据支撑,严格执行了动态设计理念;隧道开挖施工严格遵循"短进尺,小循环,早锚喷,强支护,快封闭"的原则,加强了初期支护的监控量测管控工作,尽管围岩自稳差多次发生小面积坍塌,但由于施工措施落实到位,未造成人员、财产损失。

②应用新技术,破解长隧道施工用电、风及水方面技术重点

施工用电:由于长隧道施工存在电损(电压降)问题,电压不足所有施工机械设备无

法运转,同时也无法照明;因此施工用电采用电缆高压电进洞,破解电压降的方法是在每个车行横洞增设增变压器提高电压,才能满足施工用电需求;施工过程中对高压电实施严格管理与控制,未发生任何用电事故。

施工通风:长隧道施工期间作业人员需要足够新鲜空气才能正常作业,爆破作业产生大量有害气体必须及时排出洞外才能在洞内进行作业,因此通风质量优劣决定了施工作业安全及施工进度;为解决此施工难题,常规的单洞送风或抽风方式无法满足施工用风及施工进度需求,为此石牙山隧道的通风方式创新采用抽压式混合通风工法予以解决:如排左洞有害气体,则在左洞衬砌拱顶设置风机抽风外排,右洞采用风机通过车行或人行横洞压送新鲜空气进入左洞(隧底),使左洞有害气体迅速排出洞外,满足施工通风需求,加快了工程施工进度。

施工用水:隧道钻(爆破)孔及初期支护喷射混凝土施工作业,必须保持水压0.3MPa左右才能保证钻孔和喷射混凝土的进度和质量,保持稳定的水压是长隧道施工用水的一道坎,必须予以解决,为此成立QC小组,通过多次试验,采取管道中部接增压泵,掌子面处管道端部设压力表和卸压阀调节压力的方法,满足了施工用水及稳压需求。

③勇于创新,确保长隧道施工进度及工程质量

a. 创新衬砌台车,缩短二次衬砌施工周期,加快施工进度。

国内传统的二次衬砌固定衬砌台车长度为12m,以往浇筑隧道二次衬砌混凝土长度为10~11m,且紧急避险车道段需更换新的衬砌台车,浇筑二次衬砌混凝土及更换衬砌台车周期长,严重制约隧道施工进度;为缩短二次衬砌施工周期,加快施工进度,石牙山隧道衬砌施工对衬砌台车重新设计,将传统的二次衬砌固定衬砌台车改为全液压可伸缩的活动二次衬砌台车,衬砌台车由12m改为15m长,一次浇筑混凝土可达到160m^3,大大加快了施工进度。

b. 创新采用竖井开挖中导洞新工法,确保竖井施工进度与质量

为解决特长隧道运营期远景车流量和隧道防火安全的通风排烟要求,石牙山隧道设置了通风竖井,通风竖井位于隧道RK56+465偏右25m处,距右线苍梧端洞口1472.37m,井深157m,成井直径7.0m,采用复合式衬砌结构,底部通过联络风道与隧道主洞相连,由送风系统和排风系统组成。

高速公路隧道竖井,井深施工工序多,技术难度大;传统的开挖垂直钻爆法,对竖井周边围岩扰动大,作业面小且施工工期长。

石牙山隧道竖井从施工速度、质量、安全等多方面考虑,针对竖井洞壁直立的筒形规则断面多腔室结构、施工条件复杂、工作面小、投入的施工机械多等结构和施工特点,石牙山隧道竖井创新采用垂直中导洞开挖工法:首先采用反井钻机法,自上而下至工作透点钻出导孔(孔径20cm)后,换扩孔钻头由下至上反向提拉扩孔形成先导洞(洞径100~200cm),利用导洞临空面(减少对竖井围岩扰动)再由上至下采用垂直光面钻爆法扩挖成

井（井径700cm），并利用先导井排水、溜渣至井底，最后由下向上采用顶升式液压滑模完成衬砌施工。石牙山隧道竖井创新采用垂直中导洞开挖工法，缩短了竖井施工工期，确保了竖井开挖质量。

（2）管理亮点

①"复杂地质条件下隧道安全施工保障技术研究"首创了隧道非接触量测位移分析、预测和安全判定方法，提出了隧道群安全集成化同步动态控制理论与方法，实现了复杂地质条件下隧道施工零事故。

②"公路隧道通风竖井机械化施工关键技术研究"开创了公路隧道通风竖井机械化施工新工法。

③"广梧高速公路隧道群安全保障与节能关键技术研究"荣获广东省科学技术奖励一等奖。

④应用新技术，破解了长隧道施工用电、风及水方面的难题，具有积极的借鉴意义。

⑤全液压可伸缩活动二次衬砌台车的创新设计，缩短了二次衬砌施工周期，加快了施工进度。

4. 隧道通风方式

石牙山隧道左线为下坡隧道，采用8组16台112型射流风机纵向通风；石牙山隧道右线为上坡隧道，近期采用16组32台112型射流风机纵向通风，远期采用竖井送排式纵向通风，竖井通过联络风道与隧道相连。

5. 隧道监控系统

石牙山隧道布设监控系统配备火灾自动报警系统（186套）、高清摄像枪（82套）、CO检测器（8套）、光强检测器（2套）、紧急电话（46个）等。

6. 主要设计、施工、监理单位及通车时间

设计单位：广东省公路勘察规划设计研究院股份有限公司。

施工单位：广东省长大公路工程有限公司。

监理单位：广东华路交通科技有限公司。

通车时间：2010年6月30日。

（十二）拱北隧道

拱北隧道是港珠澳大桥珠海连接线项目的重要组成部分，是珠江三角洲环线高速公路（G94）的一座重要隧道。位于珠海市香洲区，由海底隧道与城区隧道两部分组成，采用海底隧道方式穿越拱北湾海域，采用城区隧道形式下穿拱北口岸。隧道东接拱北湾大桥，西连前山河特大桥，是港珠澳大桥从珠海拱北湾海域登陆内地的唯一通道。左线长

2741m,右线长 2375m。

1. 结构特点

拱北隧道按照"先分离并行,再上下重叠,最后又分离并行"的形式设置,涉及海域人工岛明挖段、口岸暗挖段及陆域明挖段等不同结构形式和施工工法。其中口岸暗挖段采用 255m 曲线管幕+冻结法施工,是世界首座采用该工法施作的双层公路隧道,其管幕长度和冻结规模均创造了新的纪录。

2. 主要设计技术参数

拱北隧道是珠海连接线的关键性控制工程,双向六车道,由海底隧道与城区隧道两部分组成,采用海底隧道方式穿越拱北湾海域,采用城区隧道形式下穿拱北口岸。隧道起讫里程桩号左线:ZK1+150~ZK3+891,长 2741m,右线:YK1+515~YK3+890,长 2375m,设计速度 80km/h,净空 14.25m×5.1m。

3. 建设难点和创新点

(1)建设难点

①工程地质条件复杂

拱北隧道大部分位于水位线以下,水力场复杂,隧址区上部覆盖层发育且岩性在纵向上具有海相、海陆交互相、陆相多层结构,岩性条件较为复杂,特别是海相、海陆交互相沉积层发育,一般厚度达到 28~35m,土质极软弱。软土层具有多层、厚度大、分布广泛、含水率高、压缩性高,极易触变等特性,使隧道在围岩稳定性方面、支护设计方面、施工方面都存在诸多不利因素。

②周边环境复杂

拱北隧道沿线途经珠海连接线人工岛、珠海拱北口岸、澳门关闸口岸、广珠城际轨道拱北站等,涉及口岸、边防部队等众多部门。其中,珠海拱北口岸已成为我国第一大陆路口岸,日均旅客 30 万多人次,日均车辆 10000 多辆次,口岸内建筑物密集且安全级别高。管幕群外缘最近处距离澳门联检大楼桩基仅为 1.50m,距离拱北口岸出入境长廊基桩最近距离为 0.5m。广珠轻轨的终点站珠海拱北站,距拱北隧道最小距离不足 24m。隧道路线范围内电力、电信网络众多,给排水管网密布。

③隧道施工工法复杂多样

拱北隧道沿线结构变化复杂,按"先分离并行,再上下重叠,最后又分离左右并行"的形式设置,包括海域明挖段、口岸暗挖段及陆域明挖段,涉及深基坑工程、浅埋暗挖施工、冻结施工、顶管管幕施工等。

④设计施工技术难度大、风险高

拱北隧道暗挖段下穿拱北口岸,穿越具有高压缩性、高触变、高灵敏度、高含水率、大孔隙比、低强度等软土特征的地层,工程地质条件极其复杂,地层变形控制要求极高。隧道施工涉及海域动水超大深基坑施作及全球首创管幕+水平冻结工法。其中,海域明挖段长1225m,最大基坑开挖跨度达32.66m,最大开挖深度达26.89m;陆域明挖段总长1230m,最大基坑开挖跨度达30.50m,最大开挖深度达22.06m;口岸内工作井最大开挖深度超过31m。暗挖段全长255m,平面线形为缓和曲线+圆曲线,采用255m曲线管幕+冻结法施工,曲线管幕顶进长度创造当前新纪录,采用上下叠层的卵形结构,开挖断面达到336.8m^2,该施工工法属于首创,施工难度大,风险高。

(2)创新点

拱北隧道建设环境复杂,下穿我国第一大陆路口岸拱北口岸等敏感地带,跨度大、埋深浅,水文地质条件复杂,地面建筑多,地下管线及邻近桩基密集。隧道暗挖段采用上下叠层的卵形结构,开挖断面达到336.8m^2。首先在隧道周围采用36根ϕ1620mm的管幕形成超前支护体系;然后采用冻结法对管幕之间约35cm的土体进行冻结,起到止水作用;最后在顶管管幕+冻结止水帷幕的超强支护下实施五台阶十四部暗挖施工。

①长距离大直径曲线管幕施工关键技术

拱北隧道口岸暗挖段采用大直径曲线管幕作为超前支护,长度为255m,平面线形为88m缓和曲线+167m圆曲线。管幕由36根直径1620mm钢管组成,管幕间距35.5~35.8cm。长距离大直径曲线管幕顶进是本工程的重、难点,是决定项目成败的关键,具有顶进精度控制难、障碍物处理难、地表沉降控制难、周边环境敏感突发事件处理难等特点。施工中研究应用了曲线群管顶进精确控制技术、复杂地层条件组合曲线顶管相互影响等技术,发明了顶管始发和接收止水装置、管节密封装置、钢套筒接收装置等。

②大管幕条件下超大断面隧道冻结止水帷幕关键技术

港珠澳大桥珠海连接线拱北隧道口岸暗挖段长255m,采用管幕超前支护+水平冻结止水组合围护结构技术建造超大断面隧道为国内首创,是国际上最富有挑战性的工程之一。其中长距离水平环形控制性冻结技术为国内首创,世界领先。冻结方案采用全长整环积极冻结,分段分区维护冻结,冻结纵向分三段,采用"圆形冻结管+异形冻结管+加热限位管"的冻结管布置方式,其中奇数管布置圆形冻结管+加热限位管,偶数管布置异形冻结管。施工中进行了管幕冻结法冻结方案与工艺优化、开挖条件下冻结止水帷幕可靠性、管幕冻结法动态控制技术与系统、冻胀融沉控制方法与技术、冻结止水帷幕安全保障技术等研究,以上关键技术成功应用于本项目,冻结壁厚度符合设计要求,满足隧道开挖要求。

③封闭体中超前水平注浆技术研究

拱北隧道口岸暗挖段断面高21m,宽18.8m,长255m,埋深4~5m。采用管幕超前支护+水平冻结止水组合围护结构,冻结壁厚2~2.6m。隧道断面周边是封闭冻结圈,注浆施工不能对其产生破坏,则只能在冻结壁的侧面,也就是隧道开挖断面正面进行水平注浆。暗挖段两端进行全断面水平后退式注浆,一次注浆长度50~70m。施工中研究了地层可注性分类、富水软弱地层注浆机理、注浆材料及其对地层适应性、注浆方式及工艺参数等。注浆效果好,能够排挤出多余的水分,加固地层,有效地保证了开挖面的稳定,注浆过程中没有损坏冻结壁。

④复杂环境条件下超大断面隧道暗挖施工关键技术

港珠澳大桥珠海连接线拱北隧道口岸暗挖段长255m,采用管幕超前支护+水平冻结止水组合围护结构技术建造超大断面隧道为国内首创,其中超大断面隧道高21.0m,宽18.8m,开挖面积336.8m^2,分成5层14部进行开挖支护施工,施工中研究了大断面隧道施工扰动的过程力学特性及控制原理、大断面隧道施工引起的地层固结及其影响作用、大断面隧道施工过程的时空效应分析、隧道快速安全施工控制理论等,通过以上研究保证了复杂环境条件下超大断面隧道暗挖顺利施工,支护变形极小,结构稳定。

4. 主要设计、施工、监理单位及通车时间

设计单位:中交第二公路勘察设计研究院有限公司(土建工程)、北京交科公路勘察设计研究院有限公司(交通工程)、中交第四航务工程设计院有限公司(人工岛)。

施工单位:中铁十八局集团有限公司。

监理单位:重庆中宇工程咨询监理有限责任公司。

通车时间:2017年12月。

(十三)加林山隧道

加林山隧道是港珠澳大桥珠海连接线的重要组成部分,是珠三角地区环线高速公路(G94)的一座特长隧道,位于珠海市香洲区。左线长3641m,右线长3650m,进口为端门式洞门,出口为削竹式洞门。有4处行车横洞,8处人行横洞。

1. 结构特点

加林山隧道为典型的山岭隧道,隧道通过岩层主要为黑云母斑状花岗岩及花岗闪长岩层,多为Ⅲ级围岩。隧道按新奥法施工原理进行洞身结构设计,以系统锚杆、喷射混凝土、钢筋网、格栅钢架、工字钢钢架等组成的初期支护与二次模筑混凝土相结合的复合衬砌形式。隧道涉及的地表水体主要包括竹仙洞水库、南屏水库、银坑水库和蛇地坑水库等多座互相连通的小型水库,竹仙洞水库、银坑水库距离隧道较近。在ZK6+000~KZ6+700的路段穿越竹仙洞水库饮用水源一级保护区范围,在ZK7+600~KZ9+000的路段穿越银坑水库饮用水源一级保护区范围。隧道路线与对澳供水管道有3次交叉,隧道进口与对澳供水7号隧洞交叉(ZK5+917.62、YK5+925.95),7号隧洞管底高程10.91m,隧

道进口高程约 22.0m。在 ZK6+556.78、YK6+523.34 的 6 号隧洞,隧道底高程与隧洞顶高程间约有 10m 的富余;在 ZK8+668.15、YK8+696.83 的 4 号隧洞,隧道底高程与隧洞顶高程间约有 8m 的富余。

2. 主要设计技术参数

加林山隧道是港珠澳大桥珠海连接线工程的一座分离式双向六车道山岭隧道。隧道起讫里程桩号左线:ZK5+910~ZK9+551,长 3641m,右线:YK5+913~YK9+563,长 3650m,隧道最大埋深约 130m,设计速度 80km/h,净空 14.25m×5.1m,采用灯光照明。

3. 建设难点和创新点

(1)项目建设难点

隧道在 ZK6+000~KZ6+700 的路段穿越竹仙洞水库饮用水源一级保护区范围,在 ZK7+600~KZ9+000 的路段穿越银坑水库饮用水源一级保护区范围。

(2)创新点

①隧道开挖采用新型水压爆破技术,提高了光面爆破效果。在不耦合光爆中,采用水作为不耦合软垫层,提高炸药能量利用率,从而降低单位耗药量,同时减少爆破灰尘对环境的污染。实践证明,采用该方法可以有效控制爆破振动对周围围岩的危害,杜绝塌方现象的发生,保证轮廓线基本一次成型,光面孔痕保存率不小于 90%,隧道支护量减少,防毒排烟费用降低;同时由于围岩破碎均匀和大块率降低,方便了机械化施工,加快了施工进度,显著提高了经济效益。

②隧道引入多臂凿岩台车和湿喷设备,降低了能源消耗和粉尘污染,大大减轻了施工作业人员投入和作业人员劳动强度,缩短施工工期,有效提升了施工工效和初期支护实体质量。结合设备的引入开展了隧道机械化施工相关研究和探索,形成了成套施工技术工法。

③加强超前地质预报,引入进口超前钻机进行超前钻探工作,提前掌握前方围岩情况及涌水预判,为顺利穿越水库段提供了安全保障。

④隧道混凝土路面采用滑模摊铺全幅一次性施工,通过试验段铺筑形成一整套成熟工艺和施工流程,从基面清扫、混凝土运输和布料、滑模摊铺、喷洒养护剂养护、切缝、覆盖养护到刻槽,施工过程中注重各个环节和细节的控制,实体工程各项指标特别是平整度均达到优良标准。

4. 主要设计、施工、监理单位及通车时间

设计单位:中交第二公路勘察设计研究院有限公司(土建工程)、北京交科公路勘察设计研究院有限公司(交通工程)。

施工单位:广东省长大公路工程有限公司、中铁十四局集团有限公司与广东冠粤路桥

有限公司联合体。

监理单位:中国公路工程咨询集团有限公司。

通车时间:2016年9月。

(十四)东岭隧道

东岭隧道是汕湛高速公路(S14)揭西至博罗的一座特长隧道,位于五华县、揭西县,地处中低山地带。左线长4248m,右线长4244m;左线进口小间距219m、出口105m;右线小间距进口70m、出口162m,其余均为分离式隧道;最大埋深305m。洞口段设置为小净距。洞门均采用削竹式洞门。线间距:进口端约为29m、洞身段约为40m、出口端约为23m。

1. 主体结构

(1)初期支护

隧道洞身衬砌按照新奥法原理采用复合式衬砌。初期支护采用锚喷支护,二次衬砌为模筑混凝土衬砌,衬砌采用曲墙式衬砌。复合式衬砌参数一般根据围岩级别、工程地质水文地质条件、地形及埋置深度、结构跨度及施工方法等采用工程类比法进行设计,并通过理论分析进行验算。

(2)防排水施工

隧道防排水施工遵循"防、排、截、堵相结合,因地制宜,综合治理"的原则,使隧道建成后达到洞内基本干燥的要求,保证结构和设备的正常使用及行车安全;对隧道开挖后存在大面积淋水地段或开挖后局部的出露股水地段采用"限量排放"注浆堵水措施,减少地下水的排放量。

2. 主要设计技术参数

公路等级:高速公路双向六车道;设计速度:120km/h;隧道建筑限界净宽:0.75m(左侧检修道)+0.5m(余宽)+0.75m(左侧向宽度)+3×3.75m(车道宽度)+1.25m(右侧向宽度)+1.0m(右侧检修道)=15.5m;隧道建筑限界净高:5.0m。

3. 建设难点

(1)东岭隧道为长大深埋隧道,围岩主要由坡残积粉质黏土、燕山晚期花岗岩及其风化层组成;岩性以全—微风化花岗岩为主,中—微风化岩属于硬岩,隧道围岩级别为Ⅱ~Ⅴ级,有多条断裂构造带与隧道相交,隧道工程地质条件复杂。

(2)隧道所穿山体为中低山地貌,两端洞口以外均为山谷,两端洞口地形有利于大气降水的径流排泄,洞口施工时遇暴雨,地表面流对洞口边坡有冲刷破坏作用,需采取适宜的疏排措施。

（3）洞口围岩为残坡积粉质黏土及全—强风化层，稳定性较差，易风化剥蚀，在雨水作用下其抗剪强度会降低，易形成滑塌。

隧道进出口洞口存在一段浅埋隧道，浅埋段围岩主要为全—中风化花岗岩，节理裂隙发育，岩石破碎，稳定性差，尤其全—强风化岩在雨水、施工用水等作用下其抗剪强度会降低，易形成滑塌、冒顶、拱脚地基沉降。

（4）该隧道局部属于深埋隧道，由于隧址区构造背景复杂，岩体局部节理裂隙发育，岩石的抗压、抗拉强度值不均匀，部分压裂段无破裂压裂值，对于断裂破碎带、裂隙发育的地段，存在断面收敛变形、片帮冒顶可能，对于完整岩洞存在局部应力集中发生岩爆的可能。

4. 主要设计、施工、监理单位及通车时间

设计单位：广东省公路勘察规划设计研究院股份有限公司。

施工单位：冠粤路桥有限公司/中铁二十局。

监理单位：广东华路交通科技有限公司。

通车时间：2015年12月。

第六章
科 研 技 术

1986年12月开始建设,1989年8月建成通车的广佛高速公路,是广东省第一条自行设计施工和管理的高速公路项目。广佛高速公路建成通车,拉开了全省高速公路建设的序幕。1986—2000年,全省高速公路通车里程1186km。2001—2015年,全省高速公路通车里程5835km,后者是前者的4.95倍。高速公路建设迅速走上快车道,实现跨越式发展,在这过程中科技进步起了有力支撑和推动作用。

30多年来,广东为加快高速公路建设步伐,积极地从人才、资金等方面逐年加大科研项目的投入,努力提高高速公路项目的科技含量。在建设中通过科技创新、机制创新和组织各种技术攻关,克服各种技术难题,使一大批具有独立自主产权的新技术、新材料、新工艺得到广泛推广和应用,取得了丰硕成果。"十五"和"十一五"期间,有168项技术成果通过部、省科技主管部门或交通主管部门的鉴定,其中达到国际领先或国际先进水平的有91项,达到国内领先或先进水平的有73项。"十二五"期间,获得中国土木工程詹天佑奖7项,广东省科学技术奖48项,中国公路学会科学技术奖56项,获得专利授权179项,还有部分成果已纳入行业规范。特别是"广东高速公路建设科技创新及应用"获得2007年广东省科学技术特等奖。诸多的科技创新项目在高速公路建设中的普遍应用,对推动高速公路跨越式发展起到了积极促进的作用。

第一节 科技创新及应用

广东在加快高速公路建设进程中,科技进步起到了支撑和推动作用。特别是"十一五"和"十二五"期间,高速公路建设的大发展为科技创新提供了广阔平台,在建设管理和技术创新方面取得了重大成绩。各期间的发展情况如下:

一、"十五"期间

"十五"期间,广东在高速公路建设中建立了科技新体系和运行机制,成功解决了一系列的技术难题,科技创新项目广泛推广应用。

（一）主要技术项目

在加快交通现代化建设的进程中，科技进步起到了支撑和推动作用，特别是"十五"至"十二五"期间，广东省交通厅和广东省交通集团在工程建设中通过科技创新、机制创新克服了各种问题，高速公路在建设管理与科学技术创新方面的取得了卓越成就。

（1）建立了科技创新体系和运行机制，成功解决了软土地基处理、山区高速公路岩土工程、大跨度桥梁、南方高温多雨地区沥青混合料配合比、高速公路生态防护与排水、智能交通等领域的一系列技术难题。

（2）发明"密封套技术"和"竖向排水体抽真空技术"等真空联合堆载预压软基处理新技术。

（3）提出"AGO"软土路基稳定控制方法。

（4）提出按照容许纵坡差对结构物附近路基工后沉降的有效控制措施，并提出考虑不同超载厚度的卸载时机确定方法。

（5）提出隧道施工非确定性反分析法分析隧道围岩非确定性动态规律，及时地预测和评价围岩的物理力学状况，并提出相应的工程措施。开发了公路隧道围岩稳定与结构综合试验系统，利用相似模型试验方法研究山岭公路隧道的施工力学形态。

（6）在国内首次将GFRP筋材作为高边坡钢锚杆的替代材料。

（7）引入了安全评价的理念，进行安全设计评价，开展新型护栏和雾区路段交通监控与管理技术研究，采用新材料、新技术对重点路段实施监控提高新建高速公路的安全运营水平；另外，对已建成山区高速公路委托专业权威的机构进行安全评价，改善公路线形，完善交通设施，进行交通安全整治。

（8）研制出采用海水与不同掺量的某种抗盐土拌和，再分别掺入不同剂量的CMC、聚丙烯酸、生物聚合物和纯碱等添加剂的泥浆，获得性能稳定、使用效果好、成本低廉的优质桩基护壁泥浆，同时还自行开发了涡流泥浆处理罐代替进口的产品。

（9）自主开发了单索面牵索挂篮在浇筑过程中可通过控制挂篮定位和调节索力，控制主梁成形。

（10）利用翼板直接相连的方案，解决高速公路扩建过程中新旧桥梁结构连接的难题，实现了不中断行车施工，并提出连接效果的试验评定方法。

（11）利用GPS、RTK技术建立悬索桥"三维位移GPS实时监控系统"，对悬索桥进行实时健康检测和诊断，及时发现病害并采取维护措施。

（12）提出采用体积法进行沥青混合料配合比设计，该方法具有确定的矿质混合料设计的目的性，混合料在抗车辙能力、抗水损害能力、抗滑性能等方面具有优势；而且按体积法设计的骨架密实型混合料具有和SMA相似的施工特性，如松铺系数小、不出现推移等。

（13）提出的混合料级配曲线成功地解决了 AK-13B、AK-16A 两种混合料密水和抗滑矛盾。

（14）通过对边坡生态防护植物群落结构的动态研究，及对不同季节、不同物种喷播的坡面从成活率、生态优势度方面的对比，提出不同季节、不同物种其适宜喷播时间以及合理的物种搭配，系统提出边坡生态防护工程的建议验收标准。

（15）通过模拟试验，得出中央分隔带、边沟、排水沟等系统的不同排水形式下的排水能力。给出了合理的设计计算参数，提出经济性排水系统合理的结构形式。

（16）实现了双界面、双 CPU 技术的不停车收费，实现了人工收费和不停车收费的兼容，其比传统的单片式电子标签技术大大节省了投资与管理成本。

（二）主要技术创新

1. 软土地基处理新技术

（1）首创密封套技术。采用该项技术不需增加机械设备，可以取代传统的柔性密封墙技术，达到与柔性密封墙技术一样的密封效果。与传统技术相比，具有施工方便、灵活和经济的特点。

（2）首创竖向排水体抽真空技术。该技术兼有真空预压和轻型井点降水两者的优点。与真空预压相比，它不需要铺设表面的水平向密封膜。与轻型井点降水相比，它不需打设专用降水井点。真空度直接通过管网传递到竖向排水体，降低了真空度的损失。采用该技术加固软基的效果显著，并且具有施工方便、灵活和经济的特点。

（3）首次提出了"AGO"法。"AGO"法判断地基稳定性有两大优点，一是该法结合软黏土三轴不排水变形特征，考虑了沉降数据的发展趋势，可以判断地基所处的变形阶段和稳定状态；二是可以利用分层沉降和深层沉降资料判断地基中最软弱土层的变形阶段和稳定状态，进而了解地基的整体稳定性。

（4）提出按照容许纵坡差对结构物附近路基工后沉降的有效控制措施；提出考虑不同超载厚度的卸载时机确定方法。

2. 高速公路隧道岩土工程技术

（1）创新了隧道围岩非确定性反分析理论和方法，在国内首次提出了扩张卡尔曼滤波器与有限元法耦合算法模型，通过早期量测值，可获得最终位移的预测关系；独立开发了相关计算软件，可计算出隧道开挖过程中围岩物理力学参数、主应力、最大剪应变分布以及塑性区历时变化量，可真实地反映开挖过程中围岩的动态情况。

（2）在国内率先开发和研制"公路隧道结构及围岩综合试验系统（超大立体模型试验）"，实现了"先加载，后开挖"的分级加载模拟试验公路隧道结构及围岩综合试验系统，并获国家新型实用专利;提出根据模型试验得出的位移确定二次衬砌合理厚度的方法。

(3)在国内首次提出了一整套路堑高边坡安全稳定的科学的、系统的工作方法,并在山区高速公路建设中大面积推广应用。通过现场调查和补勘,确定合理的支护设计方案,选取合理的施工工序及工艺,对重点边坡进行动态监测,根据开挖揭露的地质情况和动态监测获取的信息进行动态设计。

(4)在国内首次将GFRP锚杆应用于岩土高边坡加固工程中,并开展了杆体材料的物理力学指标的测试技术、GFRP锚杆锚具的设计与研制、GFRP锚杆与砂浆的耦合后的强度稳定性、GFRP光纤耦合锚杆智能技术等研究工作。

3. 大跨度桥梁新技术

(1)在大直径桥梁桩基施工中首创海水造浆新技术。研制出采用海水与不同掺量的抗盐土、CMC、聚丙烯酸、生物聚合物和纯碱等添加剂配置的泥浆,其性能稳定,使用效果好,成本低,已在崖门大桥施工中成功应用。同时,自行设计了涡流泥浆处理罐,替代进口产品。

(2)首次在单索面斜拉桥中采用牵索挂篮全断面悬臂浇筑成型施工工艺。挂篮前支点由斜拉索牵引,质量轻,施工作业面大,刚度大,特别是横向抗扭刚度大,能减少箱梁现浇过程中混凝土的应力幅,保证箱梁受力状态符合设计,在现浇过程中通过牵索控制挂篮定位和调整索力,控制主梁线性并提高全桥合龙精度。

(3)首次成功采用综合调索技术和两次调索方法,保证了结构设计的安全性、合理性和经济性。在设计阶段对斜拉桥主桥进行活载空间影响面加载分析,对引桥高墩进行非线性分析,确保了结构设计合理、经济。

(4)针对优选出的大跨度混凝土连续箱梁桥利用柔性翼板直接连接方案,在国内外首次对连接处局部应力分布和狭长形后浇带混凝土的收缩、徐变效应进行研究,为该连接方式打下理论基础。开发出适合新旧结构联结的具有早强、快硬、缓凝、微膨胀、抗拉性能好特点的特快硬钢纤维混凝土,配合植筋、界面剂等施工工艺,实现了在不中断交通条件下的成功联结,在国内尚属首次。

(5)研究和应用GPS、RTK技术对悬索桥进行三维实时动态监测,提高了超长跨径桥梁监测的技术水平,为桥梁的安全运营提供有力的技术保障。

4. 路面新技术

(1)首次系统地总结按体积比法设计技术在近十年来的应用情况,并通过总结修建的试验路段的施工特性,为广东省提供按体积法设计沥青混合料技术。说明了按体积法不仅可以设计连续级配,也可以设计单一粒径粗集料的特殊级配,还可以在再生沥青混合料的设计中发挥重要作用。

(2)采用溶剂法测定沥青混合料的最大毛体密度,代替传统的最大理论密度计算值。科学地解决压实度检测问题,保证沥青混合料的组成设计得以实施,显著提高工程质量。

(3)根据"广东省沥青路面密水抗滑磨耗层研究"总结出15条级配曲线成套试验数据,编制了高速公路沥青路面抗滑磨耗层配比设计手册,为广东省根据交通部颁布的《公路沥青路面施工技术规范》(JTG F40—2003)制定适合本省的施工指南,提供了重要的依据和准则,对提高配比设计水平和施工质量控制水平具有重要的实用价值。

5. 高速公路生态防护与排水技术

(1)提出了生态公路的概念并指导公路建设的全过程。在公路规划设计和建设过程中,不仅考虑到人的活动和公路之间的相互影响,而且也特别注重维护人与自然相互融洽和遵循其自然发展规律,形成行车安全舒适,运输高效便利,景观完整和谐,保护自然的可持续的公路发展模式。

(2)创新地提出了生态水沟的理论和技术模式。采用草皮铺砌排水沟的沟底,通过进行水力学冲刷试验,验证了生态水沟的可行性,提出了生态水沟设计的理论和方法,以及施工技术模式,这在国内是首次进行,具有理论创新和应用价值。其创新体现在生态水沟保证安全的前提下,景观美化、生态绿化,同时引进开发研制了新材料。

(3)丰富了景观生态设计理论和生态公路景观设计实践的创新。根据景观生态学理论,并结合研究对象的特点,将景观生态学引入到公路设计中,提出道路景观的仿自然性和植被恢复自然,丰富了景观生态学理论,同时也在实践上对于这一理论进行了验证。在实践中运用很多景观设计创意,如:将水体造型与排水系统联为一体;公路景观提出"北热带风情的生态路"。

(三)推广应用

"十五"期间,广东省新建成高速公路1954km,高速公路里程2005年底已增加到3140km,年均增长率达21.5%,覆盖了广东省全部21个地级市,出色地完成了"三大战役"的目标。

在基础理论、试验研究及工程技术研究方面也取得了具有重要推广应用价值的成果和技术。"竖向排水体抽真空技术"等多项新技术均申请并获得发明与应用专利,一系列的研究成果在广东省乃至全国都得到了推广与应用。如:中江高速公路真空联合堆载预压路段应用了密封套技术和竖向排水体抽真空技术,既提高了真空预压加固的效果及应用范围,又降低了工程成本。广梧、开阳、中江、广珠北、珠海段等多条高速公路应用了"AGO"软土路基稳定性控制方法,避免了多起路基滑塌事故,既保证了工程质量,又确保了工期,同时还避免了经济损失。高速公路隧道、高边坡等岩土工程技术研究成果"非确定性反分析技术""公路隧道围岩稳定与结构综合试验技术""GFRP锚杆在高边坡防护应用技术"等,在广东省"十五"期间高速公路的建设中得到了广泛的推广运用,为"十五"期间高速公路建设目标的实现发挥了不可替代的作用。同时对于广东高速公路建设向山区延伸发展的建设起到更大的作用,对于指导我国山区高速公路建设,尤其是为实现西部大开发的战略具有重大意义,应用前景十分广阔。又如:崖门大桥的"沿海地区大直径桩基施工海水造浆技术""单索面斜拉桥牵索挂篮悬臂施工技术"和"基于二次调索基础上的大跨径斜拉桥综合调索技术",对类似的斜拉桥工程,特别是沿海地区的特大型桥梁,都具有重大的推广价值,为高速公路桥梁工程建设提高质量、控制造价、延长使用寿命都起到积极的促进作用。"悬索桥三维位移 GPS 动态实时监测系统"为悬索桥的形变监测建立有效手段,对研究悬索桥的安全特性规律具有重要意义,对提高悬索桥的动态形变测量技术起到了显著的推动作用。

二、"十一五"期间

"十一五"落实各项科技经费共计约 7760 万元,依托项目配套及自筹经费约 5 亿元,科研投入比"十五"末增长 69%。据测算,"十一五"期科技进步对交通运输行业发展的贡献率为 60%,比"十五"期间增加了约两个百分点。特大桥梁隧道施工安全控制技术、软基处理技术、路面养护技术、标准化建设、智能交通等达到国内一流水平,对高速公路建设科技创新起到保障作用。

(1)长大桥隧建设技术取得新突破。在特大桥梁建设技术方面,突破了千米级悬索桥建设技术,成功攻克了海中不良土质深水桩基施工技术,海中桥墩防撞技术和海上桥梁抗风技术,在斜拉桥、悬索桥等特大跨径桥梁施工监控技术上取得重大成果和创新。完成了珠江黄埔大桥、湛江海湾大桥等一批高难度特大桥梁工程建设,推动广东省跨江跨海特大桥梁建设进入技术发展的快车道,为在建的港珠澳大桥、虎门二桥以及远期的琼州海峡跨海通道等储备了坚实的技术基础。以湛江海湾大桥建设等为依托,形成了海中特大跨径桥梁建设核心技术群,取得了包括设计、海中施工、抗风防撞、健康监测等一系列创新性成果。攻克了桥梁硬塑性黏土层海中深水桩基成孔施工技术、海中桥墩柔性吸能防撞技术、锚拉板应用技术、钢桥面沥青铺装层、主桥抗风研究等 12 个关键技术难题,其中大桥主墩柔性吸能防撞装置研究为国际首创,钢箱梁斜拉桥锚拉板应用技术研究为国内首创。依托珠江黄埔大桥对大桥建设成套技术展开了系统研究,形成了复杂条件大跨度公路桥梁工程建设与管理技术,研究成果总体达到国际领先水平。在隧道建设技术方面,突破了隧道(群)施工安全保障、绿色照明、通风防灾、监控、动态管理等关键技术瓶颈,形成了广东省隧道建设相关技术的地方规定和技术指南,为"十二五"广东省跨江(海)隧道,如港珠澳大桥连接线隧道等高难度隧道建设提供了技术支撑。龙头山隧道是国内第一座双洞八车道高速公路隧道,研究成果总体达到国际先进水平,荣获 2008 年度中国公路学会科学技术奖特等奖和 2008 年度广东省科学技术一等奖;广梧高速公路全线 18 座隧道,单洞长度共计 41.242km,通过组织全过程科技攻关,实现了隧道施工零重大伤亡事故,"隧道群安全保障与节能关键技术研究"项目获 2010 年度广东省科技进步一等奖。

(2)高速公路建设成套技术日趋成熟,逐步形成建设新理念。为消除工程质量通病,提升广东省高速公路工程质量安全管理水平,借鉴成功经验,在高速公路建设推行"双标管理"技术,不仅注重技术经济、安全可靠,而且充分考虑资源节约、环境友好,从全寿命周期进行建设规划。通过科技立项等方式开展双标管理技术研究,以广乐、博深等高速公路为依托和示范,取得初步成效。针对广东省珠三角水网发达,北部山岭重丘以及东、南、西沿海复杂的地质、地形和地理条件和高温多雨、交通量大、重载车多等特有环境,破解建设技术难题,组织科技攻关,在软基处理技术、路基不良土质的处理和利用、边坡生物防护、水质敏感路段路面径流处理等取得了新的技术突破,形成了涵盖建设管理、勘察、设计、施工、养护、运营管理等公路建设日臻完善的成套技术。广梧高速公路为广东省双示范工程,项目建设注重安全和节能,"公路隧道照明理论与照明控制创新""隧道群施工安全管理与预警处治"和"隧道防火标准体系创新、一体化监控与安全预警"等多项技术达到国际领先水平。渝湛高速公路开展的"生态高速公路建设成套技术研究"取得了一批创新成果。依托粤赣高速公路开展科技攻关,为高边坡的稳定安全、生态及攻关常规锚固工程难题和保证路基质量找出新的路子,多项研究成果获省部级科技进步奖。

(3)重视广东省交通运输行业前瞻性政策软课题研究。"十一五"期间,进行了约 40 个政策研究软课题立项,研究成果为广东省交通运输政策制定提供理论基础,为领导决策提供参考。如"珠江三角洲区域经济一体化综合运输体系研究"为落实《珠三角规划纲要》,构建现代综合交通运输体系提供理论依据和决策参考;"广东省大交通体制改革及发展研究"对广东省大交通行政管理体制改革的适应性分析以及大交通行政管理体制改革背景下广东省交通行政管理体制改革方案等关键技术问题进行研究,为深化交通行政管理体制改革提供有价值的理论依据和决策参考;"广东省交通行业突发公共事件应急管理对策研究"为广东省交通行业突发事件的应急管理提供理论、制度、预案、保障和技术手段方面的参考依据,有利于提高交通行业应急管理水平。

三、"十二五"期间

"十二五"以来,广东省交通运输行业全面实施"科技强交"发展战略,紧紧围绕广东经济建设的主题主线和"三个定位、两个率先"的总目标,统筹推进重大科技研发、科技成果推广、标准化建设、创新能力建设等各方面工作,顺利完成了"十二五"科技规划确定的目标任务,充分发挥了科技支撑和引领作用。"十二五"省级财政共下达广东交通行业科技计划项目 606 项,投入交通科技经费共计 1 亿多元,带动项目配套经费及自筹经费约 24

亿,科研投入比"十一五"期间增长了两倍。资金的加大投入有力地推动建设项目中关键技术的突破和提高科技创新水平。

(1)特大桥隧建设技术取得新突破。港珠澳大桥超长沉管隧道关键技术的突破和应用,有力地支撑了大桥建设。港珠澳大桥连接线拱北隧道采用曲线顶管和冻结止水的创新工法。虎门二桥研发了高强度主缆及锚具,推动了国内桥梁缆索技术水平的发展。

(2)山区高速公路建设成套技术取得新进展。乐广高速公路构建了隧道群的安全预警体系和决策系统;博深高速公路构建了远距离无线监控现场环境管理系统;广佛肇高速公路创建了特殊土路基填筑技术,并入选交通运输部"十二五"绿色公路试点项目。广东省山区高速公路安全、绿色、智慧的建设新理念逐步形成。

(3)路面关键技术取得新成效。研究开发了新式碾压混凝土基层设计施工技术,节省了基层施工费用和工期,该成果已在广东省境内的高速公路上推广应用300多公里。桥面铺装方面,首次采用FAC环氧沥青混合料配合比设计方法,并在省内首次开展浇筑式沥青施工的工程应用,解决了钢桥面铺装早期病害,提高了桥面铺装的使用寿命。其中"钢桥面高性能铺装关键技术研究及工程应用"取得发明专利3项、实用新型专利2项、工法3项,并荣获2016年度省科学技术奖一等奖。

(4)加快完善交通运输标准体系。构建了行业地方标准管理体系,开展交通标准规范研究41项,发布了《广东省高速公路建设标准化管理指南(试行)》等15项行业地方标准。其中,在安全生产标准化方面,开展了公路施工安全防护标准化、混凝土桥梁火灾后检测评定方法、高速公路桥下空间安全管理与应用指南、港口危险化学品企业安全生产标准化指南等研究项目。行业地方标准工作的开展,结合广东省实际,对国家、行业标准进行了补充和提升,健全了广东省交通运输行业标准技术体系。

第二节　重大科技成果选介

一、"十五"期重大科技成果

"十五"期间,交通科技工作面向交通建设主战场,积极开展新技术、新工艺、新材料等方面的研究和推广应用,科技水平得到全面提升,促进了广东省交通事业的快速发展。

(一)科技成果

1. 科技成果应用带动科技贡献率稳步增长

"十五"期广东省交通科技进步对交通行业发展的贡献率为55.41%,比"九五"期间的52.68%增加了2.73个百分点;"十五"期交通科技进步对交通基础设施的贡献率是53.66%,比"九五"期的50.26%增加了3.4个百分点。

2. 建设和养护关键技术有重大突破

"京珠高速公路粤境北段工程建设成套技术"项目成果的应用,树立了"京珠北模式";"山区高等级公路填石路堤修筑技术"成果的推广应用,节约工程造价约1.5亿元;"交通建设工程造价管理系统"的开发应用,提高了造价管理水平和效率;"冲击压实技术在旧水泥混凝土路面修复工程中应用研究"成果的应用,比传统换板处理节省费用最高可达50%。

3. 树立科技创新品牌和科技示范工程

2004年,广东省选择湛江海湾大桥、广梧高速公路二期和粤赣高速公路作为首批科技示范工程项目。科技示范工程以需求为导向,项目为载体,合作为纽带开展科研技术攻关,体现工程项目在设计、施工、管理过程中全方位依靠科技进步和创新。

(二)主要项目

1. 京珠高速公路粤境北段路堑高边坡养护管理系统

该项目是广东省交通厅2003年科技计划项目,项目编号:2003-08。本项目列为2004年广东省交通厅重点科研项目,申请书中项目名称为"京珠高速公路粤境北段高边坡养护维修信息系统",后来项目名称变更为"京珠高速公路粤境北段高边坡养护管理信息系统"。

(1)关键技术

深入研究了京珠高速公路不利地质条件下高边坡的特点和复杂的加固措施,利用高边坡勘察设计资料、病害处理资料、长期观测资料、日常检测资料研发了高边坡养护管理信息系统。

(2)适用范围

应用领域:交通设施养护管理、运营安全管理及养护决策信息化自动化。

(3)成果的创新性和先进性

针对复杂的地质条件和复杂的加固措施,编写了与一般路基养护不同的高边坡养护手册,使高边坡的养护维修管理规范化。

在缺失地形图的情况下,采用3Dmax技术,实现了高边坡的三维动态显示。

(4)应用效益

该项目研究成果的应用大幅度提高了高边坡勘察设计资料、病害处理资料、长期观测资料、日常检测资料的处理效率、利用效率和高边坡养护维修决策的科学性,从而确保了高速公路运营安全。

该项目研究成果总体上达到了国际先进水平。

2. 广东省高速公路路网指路标志一体化设置研究

该项目属2005年度广东省交通厅行业重点科技攻关项目"广东省提高路面质量对策研究"(项目编号2005-1)的8个分项研究之一。

(1) 关键技术

各类交通标志中,指路标志通过路径指引、地点指引、沿线设施和旅游区指引等各种版面来引导驾驶员的行驶,而驾驶员是在一定的运行速度下来读取信息的,因此如何保障在一定的运行速度下正确读取有效信息是一个关键技术。

如何做到"远""近"结合是需要解决的另一关键技术。编制了《广东省高速公路路网指路标志一体化设置指南》(简称《指南》),研究成果如下:

①首次提出了路网条件下指路标志的设置体系,强调指路标志满足连续性、一致性、系统性的要求。

②提出了广泛采用公路编号、出口编号、里程碑等数字化信息的理念,并针对城市间和城市内高速公路的特点提出了指路标志的不同设置方法。

③提出了城市多出口、枢纽互通、间距较近的互通交通标志的设置方法,以及计算警告标志距危险地点前置距离的新方法。

(2) 成果的创造性和先进性

通过分析驾驶人员的行为特征,根据高速公路的路网特点,以数字化信息作为为公众服务的一个重要手段,提出了人性化的设置规定,能有效地促进交通安全、减少交通拥堵。因此本研究的成果体现了交通标志设置的网络化、数字化和人性化。

(3) 推广应用前景与措施

通过项目的研究,形成了《广东省高速公路路网指路标志一体化设置指南》。该指南根据我国的相关法律和国家标准,紧密结合广东省高速公路的特点,充分借鉴和吸收了国内、外和省内、外的先进经验和做法,适应了我国公路建设中的"安全、环保、舒适、和谐"理念的要求,较全面地提出了交通标志的设置条件、设置位置和设置注意事项,并根据高速公路的发展趋势,提出了一些具有前瞻性的措施。该指南对促进公路运营安全、减少交通拥堵将发挥积极的作用。

项目成果已经成功应用于京港澳高速公路小塘至甘塘段和甘塘至太和段交通标志更换工作的设计工作中,对提高高速公路交通标志的视认性,减少因交通标志设置不当产生的交通事故和延误,提高路网可达性起到了积极的作用,示范工程的实施已经显现了良好的经济效益和社会效益。

3.珠三角地区高速公路改扩建关键技术研究

该项目是广东省交通厅2005年度科技计划项目,项目编号:2005-02。研究依托佛开高速公路改扩建工程。

(1)关键技术

①维持既有交通高速公路改扩建交通组织研究

提出了适合佛开扩建工程四车道通行的交通组织对策,如施工区长度、最小施工路段间隔、中央分隔带开口长度、合流路段长度的具体要求;针对路基施工、桥梁拼接、跨线桥拆除重建、互通立交改造、路面施工期间特点,提出完善的交通组织实施方案。

②珠三角地区典型软基处治与路基拼接关键技术研究

提出采用戴帽泵压螺旋素混凝土桩,可以有效控制新老路基差异沉降。采用有限元整体分析方法并结合施加差异沉降曲线法,通过路面结构对差异沉降的力学响应分析,建立了佛开高速公路双侧拓宽工程新老路基工后差异沉降控制标准和老路施工期差异沉降控制标准。

采用均质化技术,建立了不排水端承素混凝土桩复合地基固结解析解,与实际工程吻合度高,为端承素混凝土桩复合地基设计奠定了理论基础。悬浮桩复合地基总沉降随桩长增长而增大,穿透桩复合地基随桩长增长总沉降减少。

采用专门开发出来的CFG斜坡打桩机及施工工艺,满足老路填砂路堤施工期车辆通行条件下的稳定要求。提出采用埋入式可伸缩的非接触式大变形位移计,采用太阳能为不间断电源,无须人工干预,可远距离采集并监测数据,实现通行条件下软基路堤沉降及稳定自动监测。

③高密度桥梁改扩建关键技术研究

通过吉利河大桥、北江大桥旧桥再利用研究,提升了旧桥评估水平,为旧桥再利用确定了评估检测标准。采用一系列格构柱限位技术、液压千斤顶支撑技术,使原桥梁上部结构安全整体同步顶升。

在大跨径桥梁拼接关键技术方面,完成结构安全性验算,提出了最佳连接时机、连接位置的局部构造,分析了荷载下结构性能。通过采用低收缩徐变特性的高性能混凝土、在常规设计预应力混凝土连续梁基础上调整扩建桥主梁、连接局部构造调整、沉降控制等技术。针对狭窄区域特大桥扩建,主桥采用单箱双室箱形断面、单片薄壁墩连续刚构桥,突破了大跨径连续刚构桥主墩多采用双片薄壁墩的传统做法。

④复杂条件下扩建工程沥青路面关键技术研究

提出了高温多雨地区维持既有交通和结构耐久需求的路面结构方案。提出了满足重载路面临时通行要求的"新建水泥混凝土基层拼接旧沥青路面"的基层结构形式和界面处理原则。提出了系统的沥青路面柔性基层与刚性基层、半刚性基层与半刚性基层、刚性基层与刚性基层的纵向拼接缝的处理工艺和评价技术标准。采用基于施工快速的旧沥青路面再生体系，满足路面施工期紧的要求，实现路面性能与经济效益的统一。

(2)成果的创新性和先进性

运输通道内路网道路交通量已趋于饱和，不具备分流的条件，通过对佛开高速公路施工期道路通行能力的计算，实现了道路施工期间必须维持双向四车道通行才能满足道路交通量对车道数的要求。

佛开高速公路沿线软土地基分布广泛，填砂路堤使用比例高，确定了合适的软基处理方法、解决了深厚软土地基路堤拼接沉降控制技术、填砂老路基边坡软基加固施工工艺、高速公路拓宽施工期及工后的自动沉降监测技术。

全线共有特大桥梁5座8171m，大、中、小桥(通道)54座6299m，高密度桥梁改扩建解决了旧桥评估与再利用、特大桥同步顶升、大跨径桥梁拼接、长联桥梁拼接、狭窄区域特大桥扩建等技术问题。

全线路面结构多元化，1/3路段为水泥混凝土路面，1/3为沥青混凝土路面，1/3为桥面。复杂条件下扩建工程需要在维持既有交通和结构耐久的前提下，合理确定路面结构形式，解决高温多雨复杂条件下路面拼接等技术问题。

(3)推广应用前景与措施

珠江三角洲地区是广东省经济文化中心，自然和人文环境决定了未来高速公路工程建设的方案将以改扩建为主，同时对改扩建工程提出了更高的要求：最大限度地维持区域路网的通行能力，降低对区域社会经济发展的影响，保障交通与施工安全；解决软土地基上的路基拼接和地基处治问题；高密度桥梁改扩建技术、复杂条件下扩建工程需要在维持既有交通和结构耐久的前提下，合理确定路面结构形式。上述问题的解决有助于提升珠江三角洲区域高速公路改扩建工程建设水平，保持区域经济的飞速发展，保持社会生产活动的正常稳定。该项成果对于未来珠江三角洲区域高速公路改扩建具有重要的参考价值，具有广泛的应用前景。

4.广梧高速公路安全、环保建设综合技术研究

广东省交通厅2005年交通科技计划项目："广梧高速公路安全、环保建设综合技术研究"(2005-06)，依托工程为广梧高速公路(河口至平台段)。

(1)关键技术

①公路隧道照明标准问题与节能技术；

②高速公路行车安全条件提升技术；

③公路环保设计与土地节约技术；

④山区高液限土的改良利用技术；

⑤不良地质条件下隧道安全施工技术；

⑥高速公路生态恢复技术；

⑦山岭重丘区高速公路建设管理技术；

⑧"两型"高速公路评价技术。

（2）成果的创新性和先进性

照明标准理论与照明控制方法创新、隧道防火标准体系创新、事故预警方法创新、山区残积高液限土改良利用施工工艺创新、施工安全预警创新、土地节约技术创新、公路建设管理方法创新、"两型"高速公路评价标准创新。

（3）推广应用前景与措施

研究成果已成功推广应用于广东省广梧高速公路（河口至平台段）、上海长江隧道、山东省青岛胶州湾隧道、贵州省厦蓉高速公路（贵州境）水口至格龙、广东省潮莞高速公路惠州段、广西壮族自治区灵峰至八步高速公路项目、山西省闻垣高速公路、四川省雅泸高速公路、重庆涪陵至石柱高速公路涪陵至丰都段、江西省南昌至奉新高速公路、吉林省图们至珲春高速公路、吉林省图们至珲春高速公路及江苏省绕越高速公路等多项重大工程建设项目，产生了7.35亿元的直接经济效益，具有显著的社会效益、经济效益和推广应用前景，并体现了强大的市场竞争力，对提高我国高速公路建设水平和推动公路及相关行业的技术进步起到了积极作用。

二、"十一五"期重大科技成果

"十一五"科研围绕广东交通基础设施建设、养护中的重点、难点问题，结合广东省的自然环境条件和基础设施建设需求，组织调动全行业和社会力量开展科技攻关，取得了一系列具有国际领先水平的重大科技成果。

1. 隧道群安全保障与节能关键技术研究

该项目是广东省交通厅2005—2008年交通科技计划项目："广梧高速公路安全、环保建设综合技术研究"（2005-06）、"公路隧道竖井机械化施工关键技术研究"（2007-19）、"公路隧道防火抗灾技术研究"（2008-18）。

（1）关键技术

①隧道使用者和运营方行为因素的研究；

②隧道通风技术、通风智能控制系统研究；

③公路隧道交通流特性、交通异常自动检测算法研究；

④隧道群与中心监控一体化控制的研究。

（2）成果的创新性和先进性

成果的创新性、先进性在于：施工方法创新、施工安全预警创新、隧道防火标准体系创新、安全预警方法创新、照明标准理论与照明控制方法创新。

项目成果总体达到了国际先进水平,照明节能达到了国际领先水平。

"隧道群安全保障与节能关键技术研究"项目获2010年度广东省科技进步一等奖。

2. 广梧高速公路隧道群安全保障与节能关键技术研究

该项目是广东省交通厅2005—2008年交通科技计划项目:"广梧高速公路安全、环保建设综合技术研究"(2005-06)、"公路隧道竖井机械化施工关键技术研究"(2007-19)、"公路隧道防火抗灾技术研究"(2008-18)。

研究依托工程广梧高速公路(河口至平台段)。

(1)关键技术

①公路隧道通风竖井施工工法;

②不良地质条件下隧道安全施工;

③公路隧道防火规模确定标准;

④高速公路一体化监控与EED交通异常检测技术;

⑤公路隧道照明理论与标准问题。

(2)成果的创新性和先进性

施工方法创新、施工安全预警创新、隧道防火标准体系创新、安全预警方法创新、照明标准理论与照明控制方法创新。

(3)技术成果

①6项标准指南:《公路隧道施工标准化》《不良地质及地质灾害处治技术指南》《二衬及仰拱合理支护时机确定指南》《公路隧道防火抗灾技术指南》《公路隧道火灾自动报警系统技术条件》《公路隧道照明设计指南》。

②11项专利技术:液压式模板台车(201020026992.2)、自进式锚杆注浆的施工工艺(201010019484.6)、隧道开挖中掌子面反压处置的施工方法(201010019551.4)、隧道洞门挂网植草技术(受理中)、一种防霉阻燃隧道装饰涂料及其制备方法与应用(200910181098.4)、一种公路隧道照明控制方法(200810070194.7)、一种道路LED照明灯配光方法(200810237103.4)、一种公路隧道照明模糊控制方法(200810237102.x)、自然光和人工光结合的隧道照明控制方法(200910104583.1)、自然光和人工光结合的隧道布灯方法(200910104582.7)、EED车辆识别配置方法(201010126864.x)。

③1项工法:公路隧道通风竖井施工工法。

3. 广东省高速公路环境友好型建设技术研究

(1)项目研究内容

①广东省交通厅2007年交通科技计划项目:"环境友好型广梧高速公路建设对策研究";

②广东省交通厅 2007 年交通科技计划项目"高速公路生态环境恢复与景观综合设计研究";

③2008 年交通运输部、广东省交通厅部省联合攻关项目"广东省环境友好型高速公路建设评价研究";

④广东省长大公路工程有限公司攻关课题"高液限土改良利用技术研究"。

（2）关键技术

①环境友好型高速公路的内涵及环境友好度评价指标体系;

②基于环境友好的高速公路勘察设计;

③生态保护与恢复技术;

④高液限土改良利用技术。

（3）成果的创新性和先进性

①首次提出环境友好型高速公路的内涵与建设理念;

②首次构建广东省高速公路环境友好度评价指标体系;

③首次提出以勘察设计、植物资源保护、表土资源保护、乡土植物利用、高液限土改良利用为核心的成套环境友好技术;

④首次提出广东省公路绿化乡土植物配置模式;

⑤首次提出石灰改良高液限土路基施工工法和质量控制标准。

（4）推广应用前景与措施

环境友好型公路内涵及建设理念可以作为我国今后公路建设的指导方针予以贯彻。高速公路环境友好度评价指标体系不仅能够作为公路建设环境控制指标,还可用于开展广东省及华南地区环境友好型高速公路建设工程评选,对全国公路环境友好工程评选也有很强的借鉴作用。基于环境友好的高速公路勘察设计、公路建设中生态环境保护与恢复、高液限土改良利用等技术以及环境友好建设对策等研究成果处于同类研究的领先水平,可在公路建设中大力推广应用。

三、"十二五"期重大科技成果

"十二五"以来,广东省交通科技创新工作紧紧围绕广东省交通基础设施建设、养护中的重点、难点问题,结合广东省的自然环境条件和基础设施建设需求,组织调动行业和社会力量开展科技攻关,取得了一系列具有国际先进或领先水平的重大科技成果。荣获中国土木工程詹天佑奖 7 项,广东省科学技术奖 48 项（其中,一等奖 1 项,二等奖 12 项,三等奖 35 项）,中国公路学会奖 56 项,获得专利授权 179 项,制定行业及地方标准、指南 38 项。每年完成职业教育培训 11.4 万人次,投入经费约 1.7 亿元。

(一)科研成果

(1)特大桥隧建设技术取得新突破。港珠澳大桥超长沉管隧道关键技术的突破和应用,有力地支撑了大桥建设。港珠澳大桥连接线拱北隧道采用曲线顶管和冻结止水的创新工法。虎门二桥研发了高强度主缆及锚具,推动了国内桥梁缆索技术水平的发展。

(2)山区高速公路建设成套技术取得新进展。乐广高速公路构建了隧道群的安全预警体系和决策系统;博深高速公路构建了远距离无线监控现场环境管理系统;广佛肇高速公路创建了特殊土的路基填筑技术,并入选交通运输部"十二五"绿色公路试点项目。广东省山区高速公路安全、绿色、智慧的建设新理念逐步形成。

(3)路面关键技术取得新成效。研究开发了新式碾压混凝土基层设计施工技术,节省了基层施工费用和工期,该成果已在广东省境内的高速公路上推广应用300多公里。桥面铺装方面,首次采用FAC环氧沥青混合料配合比设计方法,并在省内首次开展浇筑式沥青施工的工程应用,解决了钢桥面铺装早期病害,提高了桥面铺装的使用寿命。其中"钢桥面高性能铺装关键技术研究及工程应用"取得发明专利3项,实用新型专利2项,工法3项,并荣获2016年度省科学技术奖一等奖。

(二)主要项目

1. 钢桥面高性能铺装关键技术研究及工程应用

该技术成果主要应用于已有大跨径钢桥面铺装维修和新建钢桥面铺装的科研、设计与施工。

(1)技术原理

基于桥面铺装与正交异性钢桥面板协同作用机理,开展了高性能钢桥面铺装材料研究开发、铺装复合结构分析与设计、铺装施工技术的系统研究,依托实体工程开展钢桥面铺装工程应用实践。为提高施工效率、降低施工成本、保证钢桥面铺装施工质量,研究形成综合整幅摊铺碾压、黏结层自动洒布、精细化质量控制、专用施工设备等的成套环氧沥青铺装施工技术。

(2)关键技术

我国2000年前建设正交异性钢桥面桥梁的顶板厚度多为12mm,钢桥面系整体刚度较低,在重载交通环境下,此类薄桥面板的桥面铺装极易发生破坏,正交异性钢桥面板体系也存在较大的疲劳开裂风险,对此类早期建设的大跨径钢桥运行和使用寿命带来显著影响。而正交异性钢桥面板体系自身加固补强的技术和施工难度也很大。为了解决刚度较低正交异性钢桥面板的铺装寿命短和钢桥面板的疲劳损伤开裂问题,基于桥面铺装与正交异性钢桥面板协同作用机理,开展了铺装材料研究、铺装复合结构设计、铺装施工技术的系统研究。

自2007年以来依托广东虎门大桥、马房大桥等工程钢桥面铺装开展了铺装材料的补强增韧、桥面系协同作用和施工技术实践的系统研究,截至2015年虎门大桥、马房大桥等采用补强增韧型热拌环氧沥青铺装进行了维修,维修铺装工程运行已有5~8年时间,依托工程钢桥面铺装整体表现良好,正交异性钢桥面板体系刚度显著增强,有效降低正交异性钢板系的应力幅,显著延长钢桥面铺装和正交异性钢桥面板的使用寿命,研究成果可为解决刚度较低的正交异性钢桥面铺装和钢桥面板补强问题提供参考,也可为正交异性钢桥面板设计、钢桥面铺装设计和环氧沥青钢桥面铺装施工提供参考。研究成果也应用于东沙大桥、大榭二桥、江顺大桥等新建桥梁钢桥面铺装项目。

(3) 成果的创新性和先进性

①经科学筛选与技术改进的高性能铺装材料可以满足钢桥面铺装材料的高模量、高韧性、耐疲劳、耐高温、抗滑性能优良和养护速度快等综合技术要求。提出了适用于钢桥面系高性能铺装层材料技术指标体系,结合细微观测试手段研究并揭示了钢桥面铺装结构与材料破坏机理与规律。

②根据钢桥面系与桥面铺装协同工作机制,揭示了使用高性能铺装材料对钢桥面系补强增韧的工作机理及其变化规律,研究设计的高性能铺装材料具有减少铺装层损伤和降低钢桥面板结构应力幅的显著效果,能够有效延长钢桥面系的使用寿命。

③热拌环氧沥青混凝土钢桥面铺装施工工法等多项国家和省级工法获得批准,环氧沥青黏结层洒布机等多项专利获得授权,研发了钢桥面环氧沥青综合养护车等施工装备,建立了钢桥面铺装施工质量控制标准化流程、精细化管理体系,形成的成套施工技术显著提高了钢桥面铺装质量,保证了钢桥面铺装的路用性能与耐久性。

(4) 推广应用前景

随着我国近20年来公路建设的发展,已有数十座大跨径钢桥建成,未来将有众多大跨径钢桥建设,但较严重的钢桥面铺装早期破坏情况影响了大跨径桥梁的交通功能发挥,尤其早期建设的钢桥面铺装急需可行有效的维修方案,加之我国重载、大交通量、高温的苛刻环境条件,对于具有高模量、高韧性、耐疲劳、耐高温和抗滑性能优良铺装综合解决方案具有很强的需求。

"钢桥面高性能铺装关键技术研究及工程应用"取得发明专利3项,实用新型专利2项,工法3项,并荣获2016年度省科学技术奖一等奖。

2. 港珠澳大桥科研成果

从2003年前期研究工作开始,港珠澳大桥为推动不同阶段工作,坚持以需求导向、问题导向为理念组织开展科研工作：

（1）在工程可行性研究阶段，为协调解决大桥登陆点、桥位方案、口岸设置、投融资、通航标准和环境影响、锚地影响评价、桥隧工程方案等许多重大问题，围绕开展了以水温、气象、地质、地震、测绘、海洋环境等建设条件、工程技术标准、运营管理规范、项目管理、投融资和经济评价等方面共51项专题研究。

（2）总体方案深化研究阶段，为了解大桥建设对珠江口港口、航道及环境的长期影响，进一步解决水利部门提出的阻水比要求，组织开展了涉及总体方案、珠江口港口与航道、防洪纳潮、水下地形测绘、水下结构扫海等8项专题研究。

（3）初步设计阶段，根据工程难点，为支撑工程结构方案比选、为岛隧工程开展总承包管理模式奠定基础、为后续施工招标提供工作依据，有针对性地开展了25项专题研究，其中论证隧道方案的有8项、桥梁方案的有2项、人工岛的有2项、技术标准的有5项。

前期科研工作取得了工程可行性、方案深化、方案比选所需要的全部基础数据和参数，形成了大桥专用的设计、施工和运营维护标准，基本形成了满足三地要求的技术标准体系，同时也为大桥融资方式、建设管理和运作模式提供了执行依据。

科研成果也有力支持大桥项目获得了国家法规所要求的全部行政许可和批复，使大桥项目圆满完成前期工作任务，顺利进入实施阶段。

（4）2010年，项目进入实施阶段。相比前期工作，实施阶段的科研工作重点在支撑结构设计、施工工艺和装备以及满足运营维护需求方面。为做好这项工作，系统地总结了前期科研成果和遗留问题，梳理了建设期工程技术需求和科研工作思路，组织编写了《港珠澳大桥科研规划纲要》，经过技术专家组第一次会议审查后，用于指导建设期科研工作的开展。

四、1999—2017年广东省高速公路科研项目获奖情况表

1999—2017年广东省高速公路科研项目获奖情况表

序号	项目名称	获奖单位	获奖等级	获奖时间（年）
1	虎门大桥成套技术成果	广东省长大工程股份有限公司	交通部科技进步特等奖	1999
2	虎门大桥成套技术成果	广东省长大工程股份有限公司	国家科技进步二等奖	2001
3	高速公路监控系统	广东省交通科研所	"七五"攻关成果三等奖	1991
4	高速公路监控系统	广东省交通科研所	交通部科技进步二等奖	1992

第六章 科研技术

续上表

序号	项目名称	获奖单位	获奖等级	获奖时间(年)
5	HCS公路项目建设管理系统	广东开阳高速公路有限公司	广东省科学技术奖二等奖	2002
6	珠江三角洲高含水量黏土地基工程特性及快速加固机理研究	广东省航盛工程有限公司	广东省科学技术奖二等奖	2002
7	虎门大桥三维位移GPS实时动态监测系统	广东虎门大桥有限公司	广东省科学技术奖三等奖	2002
8	崖门大桥主塔施工抗风减振措施研究	广东省长大公路工程有限公司第一分公司	广东省科学技术奖三等奖	2002
9	公路隧道监控系统设计合理性研究	广东省高速公路有限公司	广东省科学技术奖二等奖	2003
10	公路隧道围岩稳定与支护衬砌结构设计技术研究	广东省高速公路有限公司	广东省科学技术奖二等奖	2003
11	广东省公路建设造价管理模式研究	广东省交通工程造价管理站	广东省科学技术奖三等奖	2003
12	崖门大桥单索面牵索挂篮悬臂施工技术研究	广东省长大公路工程有限公司第一分公司	广东省科学技术奖三等奖	2003
13	高聚物化学网构改性沥青技术	广东省交通科学研究所	广东省科学技术奖三等奖	2003
14	京珠高速公路粤境北段工程建设成套技术	广东省高速公路有限公司	广东省科学技术奖一等奖	2004
15	高速公路新型护栏研究	广东开阳高速公路有限公司	广东省科学技术奖三等奖	2004
16	崖门大桥建设成套技术	广东省公路建设有限公司	广东省科学技术奖一等奖	2005
17	汕汾高速公路可液化砂土、软土双重地基综合处治试验研究	广东省高速公路有限公司	广东省科学技术奖二等奖	2005
18	广佛高速公路新旧结构纵缝连接研究	广东省高速公路发展股份有限公司	广东省科学技术奖三等奖	2005
19	广东高速公路建设科技创新及应用	广东省交通厅	广东省科学技术奖特等奖	2006
20	基于VPN光纤骨干网与T-C/S结构的高可维护型交通规费征收稽查系统	广东省公路管理局	广东省科学技术奖二等奖	2006
21	HOS高速公路营运管理系统	广东开阳高速公路有限公司	广东省科学技术奖三等奖	2006

续上表

序号	项目名称	获奖单位	获奖等级	获奖时间(年)
22	气泡混合轻质土的关键技术开发及在高等级公路上的应用	广东冠粤路桥有限公司	广东省科学技术奖三等奖	2006
23	沥青路面车辙病害分析与处理对策研究	广东省路桥建设发展有限公司	广东省科学技术奖三等奖	2006
24	新型混凝土路面材料及施工工艺研究	惠州市公路管理局	广东省科学技术奖三等奖	2006
25	广东省高速公路联网收费技术与模式创新及应用	广东联合电子收费股份有限公司	广东省科学技术奖二等奖	2007
26	旧沥青混合料厂拌热再生应用技术研究广东省高速公路用地的生态恢复与水土保持研究	广东省交通集团有限公司	广东省科学技术奖二等奖	2007
27	广东省高速公路用地的生态恢复与水土保持研究	广东省生态环境与土壤研究所	广东省科学技术奖二等奖	2007
28	广东省公路交通量数据采集与处理技术研究	广东省公路管理局	广东省科学技术奖三等奖	2007
29	CDMss50/1200 移动模架技术研究	广东省长大公路工程有限公司	广东省科学技术奖三等奖	2007
30	湛江海湾大桥硬塑性黏土层海中深水桩基成孔施工工艺	广东省长大公路工程有限公司	广东省科学技术奖三等奖	2007
31	山区公路高填方加筋陡坡应用技术研究	广东省路桥建设发展有限公司	广东省科学技术奖三等奖	2007
32	生态公路成套技术研究——广东渝湛高速公路生态公路成套技术研究	广东省高速公路有限公司	广东省科学技术奖三等奖	2007
33	双洞8车道高速公路隧道关键技术研究	广州珠江黄埔大桥建设有限公司	广东省科学技术奖一等奖	2008
34	沥青路面施工配套关键技术研究	广东省长大公路工程有限公司	广东省科学技术奖二等奖	2008
35	公路旧危桥承载能力检测评定及加固新技术	广东省公路管理局	广东省科学技术奖二等奖	2008
36	平胜大桥独塔自锚式悬索桥施工控制计算理论与施工成套技术	佛山市交通局	广东省科学技术奖二等奖	2008
37	HAP 沥青路面防护剂开发及工程应用研究	华南理工大学	广东省科学技术奖三等奖	2008

续上表

序号	项目名称	获奖单位	获奖等级	获奖时间(年)
38	珠三角大型地下连续墙桥梁基础施工技术研究	广东省长大公路工程有限公司	广东省科学技术奖三等奖	2008
39	山岭重丘陡坡路段沥青路面性能技术研究	广东粤赣高速公路有限公司	广东省科学技术奖三等奖	2008
40	不同隔离层对水泥混凝土路面结构的疲劳性能影响研究	广东清连公路发展有限公司	广东省科学技术奖三等奖	2008
41	50号硬质沥青在广东高速公路中的应用研究	广东省高速公路有限公司	广东省科学技术奖三等奖	2008
42	高速公路深厚软土地基处理新技术开发与应用	广东省航盛建设集团有限公司	广东省科学技术奖二等奖	2009
43	高等级公路沥青路面薄层罩面预防性养护效果研究	广东省公路建设有限公司	广东省科学技术奖三等奖	2009
44	广东省高速公路路面、桥梁养护管理系统的开发及应用	广东省高速公路有限公司	广东省科学技术奖三等奖	2009
45	广东省交通工程质量监督综合管理平台	广东省交通工程质量监督站	广东省科学技术奖三等奖	2009
46	碾压式贫混凝土基层关键技术研究	广东省长大公路工程有限公司	广东省科学技术奖三等奖	2009
47	重载高温区沥青路面罩面关键技术及工程应用	广东广韶高速公路有限公司	广东省科学技术奖三等奖	2009
48	广梧高速公路隧道群安全保障与节能关键技术研究	广东省长大公路工程有限公司	广东省科学技术奖一等奖	2010
49	已建大跨径桥梁长期下挠的对策研究	广东省佛开高速公路有限公司	广东省科学技术奖二等奖	2010
50	杭州湾跨海大桥北航道桥施工与设计关键技术研究及应用	广东省长大公路工程有限公司	广东省科学技术奖二等奖	2010
51	重交通柔性路面结构设计方法研究	广东渝湛高速公路有限公司	广东省科学技术奖三等奖	2010
52	高性能饰面清水混凝土及施工技术的研究	广东省长大公路工程有限公司	广东省科学技术奖三等奖	2010
53	沥青路面养护、维修关键技术研究	广东省高速公路有限公司	广东省科学技术奖三等奖	2010
54	高速公路路面典型结构的研究	广东省交通咨询服务中心	广东省科学技术奖三等奖	2010
55	山岭重丘区高速公路水泥混凝土路面设计施工成套技术研究	广东华路交通科技有限公司	广东省科学技术奖三等奖	2010

续上表

序号	项目名称	获奖单位	获奖等级	获奖时间(年)
56	高速公路车辆行驶速度管理技术研究	广东省交通集团有限公司	广东省科学技术奖三等奖	2010
57	水泥路面养护、维修关键技术研究	广东交通实业投资有限公司	广东省科学技术奖三等奖	2010
58	珠江黄埔大桥建设成套技术研究	广州珠江黄埔大桥建设有限公司	广东省科学技术奖二等奖	2011
59	桥梁监控检测应用技术研究	广东省建筑科学研究院	广东省科学技术奖二等奖	2011
60	高速公路电子不停车收费系统技术研究与推广应用	广州新软计算机有限公司新粤有限公司	广东省科学技术奖三等奖	2011
61	大跨径钢桥桥面铺装关键技术研究	广东省交通集团有限公司	广东省科学技术奖三等奖	2011
62	多功能轻质高强混凝土桥面铺装层新材料应用研究	广东省长大公路工程有限公司	广东省科学技术奖三等奖	2011
63	二次张拉钢绞线技术应用于箱梁腹板竖向预应力的标准化研究	广东省公路建设有限公司	广东省科学技术奖三等奖	2011
64	东江大桥刚性悬索加劲钢桁梁结构关键力学特性研究	东莞市新远高速公路发展有限公司	广东省科学技术奖二等奖	2012
65	无推力新型拱桥的研究与工程实践	广州大学	广东省科学技术奖二等奖	2012
66	广东地区高液限土改良施工技术研究及应用	广东省长大公路工程有限公司	广东省科学技术奖二等奖	2012
67	华南地区公路路面修筑成套技术的研究与推广应用	广东省交通运输规划研究中心	广东省科学技术奖三等奖	2012
68	九江大桥船撞风险评估与防撞系统方案研究	广东省高速公路有限公司	广东省科学技术奖三等奖	2012
69	京珠高速公路粤北段灾害气象防治和综合管理技术研究	广东省高速公路有限公司	广东省科学技术奖三等奖	2012
70	大跨度混凝土刚构桥结构变形控制技术及耐久性	中交第四航务工程局有限公司	广东省科学技术奖二等奖	2013
71	超强涌潮水域桥梁基础施工关键技术	广东省长大公路工程有限公司	广东省科学技术奖二等奖	2013
72	提高广东省水泥混凝土路面路用性能的关键技术研究	广东肇阳高速公路有限公司 广东华路交通科技有限公司	广东省科学技术奖二等奖	2013
73	特立尼达湖沥青在中国南方高温多雨地区应用技术研究	广东省路桥建设发展有限公司	广东省科学技术奖二等奖	2013

续上表

序号	项目名称	获奖单位	获奖等级	获奖时间(年)
74	既有高速公路路面寿命延长关键因素及处治技术研究	广东华路交通科技有限公司	广东省科学技术奖三等奖	2013
75	广东省刚柔复合路面结构的关键技术研究	广东华路交通科技有限公司	广东省科学技术奖三等奖	2014
76	韶赣高速公路关键技术研究	广东省南粤交通投资建设有限公司	广东省科学技术奖三等奖	2014
77	珠三角地区高速公路改扩建关键技术研究	广东省高速公路有限公司	广东省科学技术奖三等奖	2014
78	人工砂混凝土材料设计与工程应用研究	广东省长大公路工程有限公司	广东省科学技术奖三等奖	2015
79	动力测试在营运公路桥梁桩基安全技术状况评估中的应用技术研究	广东华路交通科技有限公司	广东省科学技术奖三等奖	2015
80	钢桥面高性能铺装关键技术研究及工程应用	广东省长大公路工程有限公司	广东省科学技术奖一等奖	2016
81	广东省高速公路联网收费"一张网"关键技术开发与应用	广东省交通集团有限公司	广东省科学技术奖三等奖	2016
82	大跨波形钢腹板组合梁桥施工过程分析与控制关键技术	深圳市市政设计研究院有限公司	广东省科学技术奖三等奖	2016

第七章
高速公路运营管理

广东高速公路是由投资主体单位组建公司进行运营管理。运营管理项目包括收费管理、公路养护、路政管理和路产维护、车辆通行收费、出行信息及服务区管理等。

第一节 高速公路养护

高速公路养护管理的主要任务是对公路养护及机电设备、交通标志、标线等设施的管理和维修，保持路况良好，设施完善，确保高速公路安全、畅通、舒适、美观。

一、高速公路养护管理发展历程

广东高速公路养护管理经历了三个阶段：

第一阶段是2000年以前的"本体化阶段"（或称"自主养护管理"），即公司自设养护队伍、配备简单的设备进行自主养护的阶段。自主养护管理，坚持"预防为主，防养结合，依靠科技，保障畅通"的管理方针，通过计划、技术、组织、评定等一系列有效措施，确保道路安全畅通。

第二阶段是2001—2004年的探索"专业化阶段"，即进行了养护管理体制改革，日常养护可以自主养护，也可以委托专业队伍养护，重大养护工程实行公开招投标和推行"管养分离"的专业化养护模式。广东省交通集团有限公司于2003年下半年开始推行"专业化、社会化、规范化和制度化"试点工作，重点探索"管养分离"，重大养护工程实行公开招投标。

第三阶段是2004年起的"规范化阶段"。全面推行"管养分离"，重大养护工程实行公开招投标，推行"专业化、社会化、规范化和制度化"，2005年起全面实现了规范化，养护质量和管理水平有了较大的提高。

二、高速公路养护分级管理

2000年以来，广东省交通集团在全面总结所属单位高速公路养护管理经验的基础上，于2015年6月13日制定了《广东省交通集团有限公司高速公路养护管理办法》，明确规定高速公路养护管理工作的组织机构由省交通集团、省交通集团直属二级业主单位和高速公路项目公司三级管理及职责任务。

广东省交通集团负责对高速公路养护工作实行统一领导,确保高速公路养护管理工作正常开展,主要职责:一是贯彻执行国家、行业主管部门及省级政府制定的关于高速公路养护的法律、法规,制定本集团相应的养护管理制度和企业标准;二是对二级业主单位的高速公路养护管理工作进行指导、检查、监督和考核;三是对养护基地进行总体规划,审批养护中长期计划和年度计划;四是负责重大养护工程的立项、设计审查、招标等的审批(核备)或上报,并参加其交竣工验收;五是负责组织系统的养护技术研究与开发,推广新材料、新技术、新工艺在本集团范围内的应用,组织养护管理与技术培训工作。

二级业主单位负责贯彻执行省交通集团制定的养护制度和总体目标,负责所属高速公路的养护管理工作,主要职责:一是贯彻执行国家、行业主管部门、省级政府及省交通集团制定的关于高速公路养护的法律、法规或管理制度,制定本公司相应的各项养护管理办法和实施细则;二是对项目公司的养护管理工作作出具体要求,并进行指导、检查、监督和考核;三是负责制订具体的考核标准,对项目公司的养护工作进行定期考核;四是根据养护工程管理权限,负责土建养护工程的计划、设计审查、招标等的审查或申报,组织或参与交竣工验收;五是负责机电系统养护计划的编制;六是负责高速公路养护管理系统业务的指导和信息资料的统计分析、整理归档,并上报交通行政主管部门和省交通集团。

项目公司的职责是贯彻执行上级有关政策和规定,负责管养路段养护计划的编制,组织养护工程的实施和具体养护管理的日常工作。主要职责(实行委托经营管理的高速公路,项目公司与受托人应在委托合同中明确双方职责):一是严格执行各级养护管理机构制定的养护制度,按标准、规范和规定对高速公路进行养护;二是严格执行和细化高速公路养护管理工作标准和工作程序;三是组织对高速公路的检查、检测与评定,按要求上报高速公路养护数据;四是预防为主,防治结合,建立高速公路防汛抢险等灾害性防治工作的长效机制,制定工作预案,并负责组织实施;五是负责高速公路养护安全生产管理工作;六是负责养护基地建设及落实养护资金;七是负责建立高速公路养护管理档案。

三、高速公路日常养护和大中修工程

(一)日常养护

在2000年前由项目公司养护工程部负责,2000年以后才逐步改为委托管理。养护管理坚持"预防为主,防养结合,依靠科技,保障畅通"的管理方针,通过计划、技术、组织、评定等一系列有效措施,确保道路安全畅通;在养护管理中,充分应用高速公路桥梁管理系统(CBMS)和路面管理系统(CPMS),建设好养护信息库,掌握各路段或桥梁在各时期

的养护动态,为养护决策提供前瞻性、战略性的统计数据和信息支持,推进养护管理信息化、现代化。通过对桥涵病害的检测、维修加固,有效地保证桥涵的运营安全。

(二)大中修工程

广东高速公路最早的大修项目是广佛高速公路。广佛高速公路大修工程主要是路基路面处治、桥梁维护加固、大桥和中小桥纵缝处理及伸缩缝更换等工程,向社会公开招投标方式选定专业队伍实施。大修后全线路面平均 MQI 评定结果为:94.5;全线桥隧结构物 BCI 状况为 100,评定为优等级;全线设施 TCI 值均在 90 以上,整体状况良好;全线路基 SCI 值均在 90 以上,评定等级为优。

桥梁维修实行"专业化、社会化、规范化和制度化"。2006 年 8 月,广深高速公路委托北京交科公路勘测设计研究院有限公司负责广深高速公路东莞北大桥两阶段维护设计。2007 年 7 月广东省交通厅在东莞组织召开东莞北大桥维护工程施工图设计审查会,通过维护设计方案。在实施过程中,按设计方案维修。经过 5 年多的通车试运营,桥梁状况总体良好,维修项目工程质量评定为合格。广深公司加强自养部分"规范化"升级,加强养护基地的规划和建设,提高自主养护工作质量。维修工程在实行养护模式后,2007 年广珠段高速公路对全线的肋板式桥台进行加固,并对沿线水下桩基缺陷进行修复和处理;2008—2009 年完成朗尾大桥 T 构体外预应力加固。2008 年,在预防性养护研究上,获"广东省科技进步三等奖"荣誉称号。2009 年,获"广东省高速公路养护规范化单位"荣誉称号。

四、机电及隧道养护

机电设备是公路养护的重要组成部分。广东高速公路机电设备日常维护管理分为外包维护和自行维护两种模式。外包项目通常是高压供电线路、UPS 机组、柴油发电机、计重设备(包含检定及设备维修)ETC 车道设备等。自行维护项目主要通过监督养护单位按照养护计划或要求实施养护,并做好相关养护记录。对高速公路机电系统及隧道系统,按照机电及隧道养护要求进行维护,管理单位加强监管。

2012 年,广东省高速公路有限公司制定了《广东省高速公路有限公司机电工程养护管理实施细则》,明确了机电养护基本任务、目标、要求、养护组织体系和管理模式、养护管理办法、参考标准等。

第二节 收费管理

广东高速公路收费站设置和收费标准是经省政府主管部门批准,由运营单位执行,并接受检查监督。随着高速公路的不断延伸和路网的不断完善,高速公路的收费方式和收费标准也经历了多次调整。公路主线中间设置的收费站均已撤销,实行联网收费,大大提高了高速公路的通行效率。

一、收费方式

(一)业主自行收费

广东自1989年8月8日建成第一条高速公路——广佛高速公路开始收费起,至2014年都是业主自行收取各自所建设的高速公路车辆通行费。这种业主自行收费方式(又称"一路一公司")造成了主线收费站设站过多过密,通行车辆需要多次停车缴费。

(二)电子不停车收费

2001年,广东省政府建立了省电子不停车联网收费工作联席会议制度,决定采用"政府主导,地区协作,企业参与"的模式,按照"统一规划、统一标准、统一发卡、统一结算"的原则,成立一家第三方企业,专门负责全省联网收费和电子不停车收费。2003年9月,广佛高速公路与佛开、开阳、广东西部沿海高速公路等实现粤西片区联网,并同步使用粤通卡和采用ETC不停车电子收费。

(三)高速公路联网收费

全省高速公路联网"一张网"收费,指的是在全省范围内高速公路采用兼容电子不停车收费(ETC)和人工半自动收费的组合式收费技术,将全省所有高速公路纳入一个统一的封闭式收费系统,通过车辆多义性路径识别技术,对各收费公路经营管理单位实行"统一收费、系统分账",撤销高速公路非省界及两端出入口的主线收费站和标识站。

2002年11月,省政府颁布了《广东省公路联网收费管理暂行办法》,对公路联网收费的规划和建设、运营和管理以及通行费结算等方面做出了明确的规定。广东联合电子服务股份有限公司负责全省高速公路联网收费的统一拆分结算,向公众提供电子标签和粤通卡的销售、安装、维修和充值等服务;高速公路业主单位负责所辖路段的收费系统(含电子不停车收费ETC系统)的建设和运营。同时发布了《广东省高速公路联网收费实施方案》,自2002年下半年正式启动广东省公路联网收费工作。联网收费工作分3个阶段进行:第一阶段(至2004年)广州、深圳、珠三角、粤北、粤西及粤东区实现联网收费。第二阶段(至2012年)先于2010年1月完成深圳、珠三角的区域合并,实现了中片区联网收费,2012年完成了广州区域与中片区区域的合并,实现联网收费。第三阶段自2014年6月正式实施全省高速公路联网收费"一张网",撤销高速公路非省界及两端出入口主线收费站和标识站,并同步全面施行货运汽车计重收费。

2014年实现了省内任意地方上下高速公路只需缴一次费。

（四）全国ETC联网收费

在2014年全省高速公路联网收费"一张网"的基础上，2015年6月底并入全国ETC联网，全省高速公路共建成ETC车道1325条，完成主线收费站100%覆盖率和匝道收费站90%覆盖率的目标。

（五）载货类汽车完全计重收费

根据交通运输部《印发关于收费公路试行计重收费指导意见的通知》要求，经省人民政府同意，自2015年6月26日零时起对广东省高速公路载货类汽车实行完全计重收取车辆通行费。

二、收费标准

（一）基本收费标准

（1）1989年起按吨位数以及座位数分类的车型分类收费。

（2）2003年1月1日起按统一的车型分类标准，即按车头高度、轮数、轴数、轴距等四项物理参数进行分类，并按相应的收费系数、规定的基价和行驶里程计收通行费。

（3）2008年在广东省高速公路联网收费粤北区域及韶关、清远市辖内的开放式收费公路试行货车计重收费，自此改变了广东省高速公路单一的按车型收费模式。

（4）2011年9月21日，在粤北区域成功实施货车计重收费的基础上，10月20日起，粤西、粤东区域一并开始实施货车计重收费；根据交通运输部、国家发展改革委、财政部、监察部、国务院纠风办要求，2012年6月1日起，广东省高速公路收费项目按以下原则统一收费标准：一是收费费率按四车道0.45元/（车·km）、六车道0.6元/（车·km）执行，一至五型车收费系数分别为1、1.5、2、3、3.5。二是互通式立交匝道按平均长度折半计入收费里程。三是收费金额以1元为最小计费单位，四舍五入取整。

（5）根据《交通运输部关于开展全国高速公路电子不停车收费联网工作的通知》，自2015年6月28日起，广东省高速公路车型分类统一按交通部《收费公路车辆通行费车型分类》（交通行业标准JT/T 489—2003）执行。

（二）优惠收费标准

1. 四类客车降档优惠

根据广东省交通运输厅、广东省发展和改革委《关于高速公路实施车型分类行业标准和货车完全计重收费的通知》要求,自 2015 年 6 月 26 日起,广东省高速公路车辆通行费(含委托高速公路代收的普通收费公路通行费次票)车型分类统一按交通部《收费公路车辆通行费车型分类》(交通行业标准 JT/T 489—2003)执行。同时,为维持公路客运票价稳定,鼓励公共交通出行,对四类车(40 座以上大型客车)实施降档收费,即按三类车收费。

2. 货车使用粤通卡实行通行费"八五折"优惠

根据中央和广东省关于推进供给侧结构性改革有关工作部署,为进一步降低社会物流业成本,助推货运物流业降本增效,支持实体经济发展,广东省对使用国标粤通卡支付通行费的合法装载货运车辆在所属部分高速公路实行通行费"八五折"优惠。

3. 粤通卡车辆通行费优惠

根据广东省物价局、广东省交通运输厅《关于对粤通卡用户继续实行车辆通行费优惠的通知》要求,行驶广东省境内高速公路并使用粤通卡成功缴纳通行费的车辆,继续享受当次应缴车辆通行费 2% 的优惠。

三、收费服务

《广东省交通集团有限公司高速公路运营管理规范》明确规定,从 2008 年起,重点抓高速公路运营管理,围绕"保计划、保安全、保畅通、保稳定、保服务质量"的管理目标,突出收费抓服务管理,通过"高峰车流应急响应管理""收费窗口优质服务"和"场站规范运作管理"的三项管理制度,提高收费服务管理水平。

(一)高峰车流应急响应服务

建立了高峰车流快速疏导与应急响应管理机制,结合各收费站运作实际情况与车流特点,为各收费站制定了适用的分级响应处置预案。从顾客需求出发,辅之以节前错峰出行的倡导、出行指南的引发及媒体宣传,出台了春节、清明节、五一国际劳动节、国庆节的指引线路,满足节假日顾客的出行需求。

(二)收费窗口优质文明服务

为提升高速公路收费窗口行业的服务形象,统一规范员工服务流程,构建了以窗口文明服务模式为核心的运营服务标准体系,实现了窗口服务的标准化与规范化,有效提升了服务品质,获得往来车友的一致赞誉与好评。

(三)收费站场规范化管理

2010 年初以来,在对收费站场的规范化管理中,明确各级管理人员在岗位工作中的具体内容和工作标准,实现基层管理者自主管理,全面提升站级管理水平。通过对收费站管理相关制度的全面实施,收费站标准化管理水平得到有效提升。

第三节 路 政 管 理

为了加强高速公路管理,近30年来,国家和广东省政府相继出台了《中华人民共和国公路法》《路政管理规定》《路政文明执法管理工作规范》《广东省公路管理条例》等法律、法规、规章等,使高速公路保护工作做到有法可依、有章可循。广东省高速公路管理部门加强机构和队伍建设,积极落实各项措施,强化执法监督,不断加大高速公路安全保护措施,保障高速公路安全畅通。

一、路政管理机构和主要职责

(一)管理机构

广东高速公路路政大队(中队)是广东省公路管理机构派驻高速公路经营单位内一个独立工作部门。一个高速公路经营管理路段原则上设置一个高速公路路政大队,大队可下设中队,其管理由大队负责。

路政管理业务由广东省公路管理局指导,行政上隶属于高速公路经营公司,实行双重领导管理体制。

(二)主要职责

广东高速公路路政管理的主要职责:一是加强对公路、公路用地、公路两侧建筑控制区、公路广告控制区的管控查处;二是以公司权益受损害身份,从民事行为角度制止拆除占用公路、公路用地违法搭建的设施,维护公路路权;三是涉路施工许可审批,在高速公路从事涉路施工作业,须经路政管理机构审核批准。

二、宣传路政管理法律法规

多年来,国家和广东省出台路政管理的法律法规,广东高速公路路政部门都进行大力宣传,通过"路政宣传月""文明服务月""安全生产月"等活动,携手属地高速公路交警、交通行政执法等单位,在高速公路沿线服务区、收费站场等开展宣传活动。同时,还设置宣传咨询台、悬挂宣传横幅、派发宣传单张、调查问卷等多种形式等,对过往驾乘人员及沿线群众宣传法律法规知识,提高人民群众维护路产路权意识。

三、路政巡查与路产路权维护

广东高速公路路政坚持以维护路产路权,加强路政巡查,按照"安全畅通、依法行政、文明服务、扎实工作"十六字方针来进行工作。对辖区进行监管,通过"看、查、宣、动、记"等措施,依法保护路产,维护公路合法权益。对隧道群的管理及特殊天气应急处置,采用隧道群电子巡查、轻微事故快速处理及节假日"无缝"联勤机制(隧道入口驻点),保证隧道群内交通实时状况完全监控,提高交通事故的处理效率,减少道路交通事故引发的交通拥堵。通过分别与高速公路交警建立路警联勤、与区域内相邻路段建立路路联动、与社区警务室建立路地联合、与沿线村委建立"属地"互报互助协作,形成联合共管,综合治理机制,保障公路完好畅通。对于各类破坏公路设施、桥下空间、建筑控制区搭建等涉及违法行为,加大路线追偿力度,提升路产损坏案件赔偿率。对列入赔偿标准的按1998年4月广东省交通厅、财政厅、物价局发布的《关于重新制订损坏公路路产赔偿标准的通知》和1999年9月广东省交通厅、财政厅、物价局发布的《关于增补公路路产赔偿标准的通知》执行。对于未列入赔(补)偿标准的,按照实际造价予以赔偿,对于路产损坏逃逸案件、偷盗案件及路产索赔未结案件,通过路产保险方式来获取补偿金。2010—2015年,广东云梧高速公路路产损失为204.65万元,向肇事者索赔路产损失金额为195.51万元,索赔率达95.53%。

四、加强超限运输治理

高速公路车辆违法超限运输行为危害极大。2005年以来,国家和广东省政府出台了一系列高速公路计重收费政策和法规,以遏制行驶高速公路车辆超限运输行为,保障高速公路安全畅通。

(一)完善超限制度建设

在国家法律法规和政策指导下,广东省通过省级地方性法规、政府规章、规范性文件等法律法规体系,建立了完善的治超制度。一是立法明确治理工作责任制。2012年,广东出台《广东省治理货运车辆超限超载工作责任追究办法》,建立了"省政府主导、市县政府负责、部门协作实施、区域联动治理,责任倒查保障"的工作机制。二是立法强力推进货运源头治超。2014年广东出台《广东省道路货物运输源头超限超载治理办法》,建立了道路货物运输源头超限超载治理工作联络协调机制和行政执法联动工作制度。三是制定一系列规范性文件。经省政府同意颁布《全省车辆超限超载长效治理的实施意见》《广东省关于进一步加强车辆超限超载治理工作意见》,广东省交通运输厅下发《关于公路超限检测站管理办法实施细则的通知》等,形成了一套完善的治超政策和管理制度。

(二)构建治超网全方位治超

管好路面治超是治超工作的重点。至 2017 年底,广东高速公路建成通车里程超过 8300km。规划设立高速公路治超检测站 19 个。高速公路是封闭式的,相对普通公路治超手段比较难的情况,广东采取了三项措施:一是在高速公路设立省际超限检测站,实施 24h 执勤,把好省界关口。京珠北高速公路梅花治超检测站从 2006 年建站以来,共检测车辆 353817 台次,查处超载车辆 19193 辆,卸载转运货物 198001t,有效地遏制超限运输行为。二是落实高速公路入口检测管理,做好高速公路入口阻截劝返工作,禁止超限超载货车驶入高速公路。2012 年,广东在汕头汕梅高速公路开展入口阻截劝返工作,经过三年试点取得良好效果。2015 年,省交通运输厅下发了《广东省交通运输厅关于进一步加强全省高速公路入口阻截劝返工作的通知》,在全省高速公路入口实行称重检测工作。据统计 2015—2017 年底,全省进入高速公路入口的货车共有 18417.92 万辆,劝返车次 55.2 万辆。三是运用科技手段,实施高速公路收费站治超非现场执法。2017 年 4 月 20 日起,广东在 38 条高速公路上进行试点。通过"数据采集、违法发现、属地处罚;全省互联、信息共享、协同办案、过程公开;试点总结、统一标准、规范流程",探索出一条治超执法新路径,取得良好效果。在总结试点基础上,2017 年 10 月起,广东在省内 103 条高速公路路段,839 个高速公路出口收费站同步开展治超非现场执法。从 2017 年 4 月试点至 10 月全面实施至 2017 年底,治超非现场执法结果呈现"三降三升"良好态势:"一降"是超限车辆数量和超限率大幅下降。与上年同期对比,涉嫌超限货车数量从 710 万辆次降至 188 万辆次,同比下降 73.51%;货车超限率从 7.996% 降至 2.18%。"二降"是因超限引发的交通安全事故伤亡率明显下降。与上年同期对比,货车事故从 5007 宗降至 2109 宗,同比下降 57.88%。"三降"是公路养护成本明显下降。由于超限运输车辆持续减少,高速公路路面、桥梁等构筑物得到有效保护,大大节省道路日常养护费用。"一升"是车辆通行效率有效提升。与上年同期对比,通行货车数量从 3924.79 万辆次增至 4374.53 万辆次,同比提升 11.46%。"二升"是执法效能大幅提升。如广东肇庆路政部门从 4 月 20 日至 7 月 20 日 3 个月试点中,处理的案件为 2016 年全年的 3 倍多。"三升"是执法规范化水平明显提升。

第四节 出行信息及服务区

一、客户服务中心

2009 年 9 月,广东省交通集团有限公司成立"客户服务中心"(也称"集团监控中心"),集高速公路路况监测、交通拯救、监控督导、路网指挥调度、应急值守和客户服务等业务职能于一体;集团监控中心统筹集团监控客服资源:41个路段级监控分中心、2127路道路主线交通视频、1168路收费广场视频、340路服务区视频、792处可变情报板、368处车辆监测器和77处气象监测器,拥有96998客服电话(省内直拨电话),集团监控中心负责承担全省高速公路联网收费投诉举报处理、高速公路路况咨询、粤运拯救统一救援受理与调度业务等,为客户提供服务。

二、"广东高速通"网站

2012年10月,广东省交通集团有限公司建立"广东高速通"网站,发布国内最早的"互联网+便捷交通"移动应用——"广东高速通"。该网站经过3.5年的发展用户已突破百万,社会反映良好。为进一步提升综合交通服务能力,充分利用集团现有的路况信息、监控视频、监控客服资源的商业价值,开展了"广东高速通"商业化运作。通过完善管理制度和重组业务流程,加强与合作单位(优路加,以及高德地图、中国路网、广东省旅游局、广东电视台、网易传媒、湖南FM90.5等)的协同配合,积极推进高速公路路况监控、客服、新媒体、车生活与"互联网+"的全面对接和升级。2017年1月10日"广东高速通"互联网+众媒体矩阵正式发布,网文推送、节目制作(音视频直播、省内省际媒体合作)、系统平台搭建等工作有序开展。至2017年底,"广东高速通"用户已突破140万。

三、服务区

服务区是高速公路重要的基础设施,主要是交通运输行业服务于社会经济的重要"窗口"。1990年前,广东建设的高速公路里程比较短,没有设置服务区。1991—2000年间修建的高速公路虽然超过1000km,如广深、深汕东、深汕西、广惠等高速公路虽建有服务区,但仅有供驾乘人员如厕及车辆加油单一功能,设施简陋。2000年后,为提升高速公路服务功能,广东省交通集团有限公司组建了广东通驿高速公路服务区有限公司,管理经营集团所属路段的服务区。广东省南粤交通投资建设公司以及广州、深圳等市所属路段建设经营服务区。经过近20年的发展,至2017年底,广东高速公路服务区已有188对建成和投入运营,其中广东省交通集团有限公司属下共有107对。从初期的单一服务功能发展到集购物、餐饮、加油、汽车维修等一体化、多功能服务,最大限度地满足客户的需求。

2000年9月7日,广东通驿高速公路服务区有限公司对省交通集团独资或控股的高速公路服务区实施规划、建设、经营和管理一体化运营,首创全省高速公路服务区统一经营和管理的一体化模式,开创了业界公认的"通驿模式"。至2017年12月31日,通驿公司拥有经营权的服务区(含停车区)107对,乐驿品牌门店434间,加油站185座,其中,自建自营粤运能源油站33座,率先成为全国同行首个自建自营的高速公路自主品牌加油站，实现了加油站经营由发包油站经营权转向自建自营、自主品牌的跨界转型，全力打造全方位粤运能源业务生态链。为不断提升公共服务功能，在各服务区增设了新能源充电桩设施、停车位剩余数显示牌和母婴休息室、信息查询机、第三卫生间、老幼病残孕等重点旅客休息区和医疗服务点，联合路政、交警、地方政府和志愿团体开展志愿活动，基本实现公共场所无线网络和视频监控全覆盖。通驿公司继雅瑶和葵洞2对服务区获评"2015年全国百佳示范服务区"之后，顺德、雅瑶、葵洞3对服务区获评"2017年全国百佳示范服务区"和热水等15对服务区获评"2017年全国优秀服务区"。同时，通驿公司继续保持"全国交通运输文化建设卓越单位""广东文明单位"称号。

广东高速公路服务区（含停车区）情况见表7-4-1。

广东高速公路服务区（含停车区）情况一览表　　　表7-4-1

序号	编号	所属高速公路路段	服务区	所在地	备注
1	G4	京珠粤境北段	粤北停车区	韶关乐昌市	
2	G4	京珠粤境北段	云岩服务区	韶关乐昌市	
3	G4	京珠粤境北段	大桥服务区	韶关乐昌市	
4	G4	京珠粤境北段	乳源停车区	韶关乳源县	
5	G4	京珠粤境南段	曲江服务区	韶关曲江区	
6	G4	京珠粤境南段	横石水服务区	清远英德市	
7	G4	京珠粤境南段	鱼湾服务区	清远英德市	
8	G4	京珠粤境南段	高岗服务区	清远佛冈县	
9	G4	京珠粤境南段	佛冈服务区	清远佛冈县	
10	G4	京珠粤境南段	瓦窑岗服务区	广州从化区	
11	G4	广深高速公路	广氮加油站	广州天河区	
12	G4	广深高速公路	厚街南行服务区	东莞市	
13	G4	广深高速公路	厚街北行服务区	东莞市	
14	G4	广深高速公路	新联白坑服务区	东莞市	
15	G4	广深高速公路	皇岗南行加油站	深圳市	
16	G4	广深高速公路	皇岗北行加油站	深圳市	
17	G4E	武深博深高速公路	城口停车区	韶关仁化县	
18	G4E	武深博深高速公路	丹霞山服务区	韶关仁化县	
19	G4E	武深博深高速公路	谢岗服务区	东莞市	
20	G4W	广珠高速公路北段	官桥服务区	广州市	
21	G4W	广珠高速公路	民众浪网加油站	中山市	
22	G4W2	许广高速公路	连州服务区	清远连州市	
23	G4W2	许广高速公路	阳山北服务区	清远阳山县	
24	G4W2	许广高速公路	阳山南服务区	清远阳山县	
25	G4W2	许广高速公路	清新服务区	清远清新县	

第七章 高速公路运营管理

续上表

序号	编号	所属高速公路路段	服务区	所在地	备注
26	G4W2	许广高速公路	狮岭服务区	广州花都区	
27	G4W2	广花高速公路	广花加油站	广州花都区	
28	G4W3	乐广高速公路	梅花北服务区	韶关乐昌市	
29	G4W3	乐广高速公路	乐昌服务区	韶关乐昌市	
30	G4W3	乐广高速公路	一六服务区	韶关乳源县	
31	G4W3	乐广高速公路	樟市服务区	韶关曲江区	
32	G4W3	乐广高速公路	英红服务区	清远英德市	
33	G4W3	乐广高速公路	英德服务区	清远英德市	
34	G4W3	乐广高速公路	黎溪服务区	清远英德市	
35	G4W3	乐广高速公路	源潭服务区	清远清城区	
36	G4W3	乐广高速公路	花城服务区	广州花都区	
37	G15	汕汾高速公路	铁铺服务区	潮州潮安区	
38	G15	深汕高速公路东段	惠来服务区	揭阳惠来县	
39	G15	深汕高速公路东段	内湖服务区	汕尾陆丰市	
40	G15	深汕高速公路东段	陆丰服务区	汕尾陆丰市	
41	G15	深汕高速公路西段	鲘门服务区	汕尾海丰县	
42	G15	深汕高速公路西段	白云仔服务区	惠州惠东县	
43	G15	深汕高速公路西段	湖东停车区	惠州惠东县	
44	G15	深汕高速公路西段	沙田服务区	惠州惠阳区	
45	G15	深汕高速公路西段	龙岗停车区	深圳龙岗区	
46	G15	机荷高速公路	荷坳服务区	深圳市	
47	G15	佛开高速公路	大雁山服务区	江门鹤山市	
48	G15	佛开高速公路	雅瑶服务区	江门鹤山市	
49	G15	开阳高速公路	梁金山服务区	江门开平市	
50	G15	开阳高速公路	大槐停车区	江门恩平市	
51	G15	阳茂高速公路	阳江服务区	阳江市	
52	G15	阳茂高速公路	阳西服务区	阳江阳西县	
53	G15	茂湛高速公路	电白服务区	茂名电白区	
54	G15	茂湛高速公路	官渡服务区	湛江遂溪县	
55	G15	湛徐高速公路	麻章停车区	湛江麻章区	
56	G15	湛徐高速公路	遂溪服务区	湛江遂溪县	
57	G15	湛徐高速公路	白沙停车区	湛江雷州市	
58	G15	湛徐高速公路	雷州服务区	湛江雷州市	
59	G1501	广州绕城高速公路	勒流服务区	佛山顺德市	
60	G1501	西二环北	炭步服务区	广州花都区	

续上表

序号	编号	所属高速公路路段	服务区	所在地	备注
61	G1501	西二环南	丹灶服务区	佛山南海区	
62	G15W3	甬莞高速公路潮州北段	古巷停车区	潮州市	
63	G15W3	宁莞高速公路潮州北段	樟溪服务区	潮州饶平县	
64	G15W3	宁莞高速公路潮莞段	大溪服务区	揭阳揭西县	
65	G15W3	宁莞高速公路潮莞段	坪上服务区	揭阳揭西县	
66	G15W3	宁莞高速公路潮莞段	金灶服务区	汕头潮阳区	
67	G15W3	宁莞高速公路潮莞段	陆河服务区	汕尾陆河县	
68	G15W3	甬莞高速公路潮莞段	多祝停车区	惠州惠东县	
69	G15W3	宁莞高速公路潮莞段	莲花山服务区	汕尾陆丰县	
70	G15W3	宁莞高速公路潮莞段	良井服务区	惠州惠阳区	
71	G15W3	宁莞高速公路潮莞段	沥林服务区	惠州惠城区	
72	G15W3	宁莞高速公路潮莞段	大岭山服务区	东莞市	
73	G25	长深蕉岭广福段	蕉岭服务区	梅州蕉岭县	
74	G25	梅河高速公路	兴宁服务区	梅州兴宁市	
75	G25	梅河高速公路	龙川服务区	河源龙川县	
76	G25	河龙高速公路	蓝口停车区	河源东源县	
77	G25	粤赣高速公路	热水服务区	河源东源县	
78	G25	粤赣高速公路	城南停车区	河源市	
79	G25	惠河高速公路	泰美服务区	惠州博罗县	
80	G25	盐排高速公路	坤达服务区	深圳罗湖区	
81	G2518	深岑高速公路	司前服务区	江门新会区	
82	G2518	深岑高速公路	新城服务区	云浮新兴县	
83	G2518	深岑高速公路	苹塘服务区	云浮罗定市	
84	G2518	深岑高速公路	附城服务区	云浮罗定市	
85	G35	济广高速平兴段	八尺服务区	梅州平远县	
86	G35	济广高速平兴段	叶塘服务区	梅州兴宁市	
87	G35	济广高速兴华段	横陂服务区	梅州五华县	
88	G35	济广高速广惠段	沙河服务区	惠州博罗县	
89	G35	济广高速广惠段	沙埔服务区	广州增城区	
90	G45	大广高速公路	上坪服务区	河源连平县	
91	G45	大广高速公路	溪山停车区	河源连平县	
92	G45	大广高速公路	马头服务区	韶关新丰县	
93	G45	大广高速公路	吕田服务区	广州从化区	
94	G45	大广高速公路	街口服务区	广州从化区	
95	G45	大广高速公路	下茅停车区	广州白云区	

第七章
高速公路运营管理

续上表

序号	编号	所属高速公路路段	服务区	所在地	备注
96	G4511	粤赣高速公路	上陵服务区	河源和平县	
97	G4511	粤赣高速公路	和平服务区	河源和平县	
98	G4511	粤赣高速公路	忠信服务区	河源连平县	
99	G55	二广高速公路连怀段	丰阳服务区	清远连州市	
100	G55	二广高速公路连怀段	金坑停车区	清远连南县	
101	G55	二广高速公路连怀段	白沙服务区	清远连州市	
102	G55	二广高速公路连怀段	永丰停车区	清远连山县	
103	G55	二广高速公路连怀段	小三江服务区	清远连南县	
104	G55	二广高速公路连怀段	连麦停车区	肇庆怀集县	
105	G55	二广高速公路连怀段	怀城服务区	肇庆怀集县	
106	G55	广贺高速公路	广宁服务区	肇庆广宁县	
107	G55	广贺高速公路	龙甫服务区	肇庆四会市	
108	G6011	南韶高速公路韶赣段	珠玑巷服务区	韶关南雄县	
109	G6011	南韶高速公路韶赣段	丹霞服务区	韶关始兴县	
110	G6011	南韶高速公路韶赣段	韶关东服务区	韶关市	
111	G65	包茂高速公路粤境段	池洞停车区	茂名信宜市	
112	G65	包茂高速公路粤境段	水口服务区	茂名信宜市	
113	G65	包茂高速公路粤境段	曹江停车区	茂名高州市	
114	G65	包茂高速公路粤境段	根子服务区	茂名高州市	
115	G65	包茂高速公路粤境段	茂名服务区	茂名市	
116	G75	兰海高速公路渝湛段	横山服务区	湛江廉江市	
117	G78	汕昆汕梅高速公路	锡场服务区	揭阳揭东县	
118	G78	汕昆汕梅高速公路	北斗服务区	梅州市	
119	G78	汕昆汕梅高速公路	黄竹坪服务区	梅州梅县	
120	G78	汕昆高速公路畲兴段	坜陂服务区	梅州兴宁市	
121	G78	汕昆高速公路龙连段	石塘停车区	河源龙川县	
122	G78	汕昆高速公路龙连段	船塘服务区	河源和平县	
123	G78	汕昆高速公路龙连段	忠信服务区	河源连平县	
124	G78	汕昆高速公路龙连段	连平服务区	河源连平县	
125	G78	汕昆高速公路怀集段	梁村服务区	肇庆怀集县	
126	G80	广昆高速公路广云段	蚬岗服务区	肇庆高要区	
127	G80	广昆高速公路广云段	安塘服务区	云浮云城区	
128	G80	广昆高速公路云梧段	葵洞服务区	云浮云安县	
129	G80	广昆高速公路云梧段	逍遥停车区	云浮郁南县	
130	G80	广昆高速公路云梧段	建城服务区	云浮郁南县	

续上表

序号	编号	所属高速公路路段	服务区	所在地	备注
131	G94	中江高速公路	东升服务区	中山市	
132	G94	江肇高速公路	龙口服务区	江门鹤山市	
133	G94	江肇高速公路	明城服务区	佛山高明区	
134	G94	江肇高速公路	鼎湖服务区	肇庆鼎湖区	
135	G94	莞深高速公路	黄江服务区	东莞市	
136	G94	莞深高速公路	联益加油站	东莞市	
137	G94	莞深高速公路	大坪服务区	东莞塘厦镇	
138	G9411	虎门大桥工程	南沙服务区	广州南沙区	
139	S2	广河高速公路	中新服务区	广州增城区	
140	S2	广河高速公路	正果停车区	广州增城区	
141	S2	广河高速公路	沙迳服务区	惠州龙门县	
142	S2	广河高速公路	杨村服务区	惠州博罗县	
143	S3	广深沿江高速公路	麻涌服务区	东莞市	
144	S5	广台高速公路广州段	金山服务区	广州番禺区	
145	S5	广台高速公路广明	松岗服务区	佛山高明区	
146	S5	广台高速公路广明	更合服务区	佛山高明区	
147	S8	广佛肇高速公路	鼎湖山服务区	肇庆鼎湖区	
148	S8	广佛肇高速公路	播植服务区	肇庆德庆县	
149	S8	广佛肇高速公路	笋围停车区	肇庆高要县	
150	S8	广佛肇高速公路	封开服务区	肇庆封开县	
151	S12	梅龙高速公路	西阳服务区	梅州市梅县	
152	S8	广佛肇高速公路	高良停车区	肇庆德庆县	
153	S8	广佛肇高速公路	宾村停车区	肇庆德庆县	
154	S12	梅龙高速公路	茶阳服务区	梅州大埔县	
155	S14	汕湛高速公路揭博段	棉洋服务区	梅州五华县	
156	S14	汕湛高速公路揭博段	水墩服务区	河源紫金县	
157	S14	汕湛高速公路揭博段	瓦屋服务区	河源紫金县	
158	S14	汕湛高速公路揭博段	义容服务区	河源紫金县	
159	S14	汕湛高速公路揭博段	石坝服务区	惠州博罗县	
160	S14	汕湛高速公路新阳段	天堂停车区	云浮新兴县	
161	S14	汕湛高速公路新阳段	阳春停车区	阳江阳春市	
162	S14	汕湛高速公路新阳段	潭水服务区	阳江阳春市	
163	S14	汕湛高速公路新阳段	八甲停车区	阳江阳春市	
164	S14	汕湛高速公路阳化段	那霍服务区	茂名电白区	
165	S14	汕湛高速公路阳化段	泗水停车区	茂名高州市	

第七章
高速公路运营管理

续上表

序号	编号	所属高速公路路段	服 务 区	所 在 地	备 注
166	S14	汕湛高速公路阳化段	石鼓服务区	茂名高州市	
167	S14	汕湛高速公路阳化段	观珠停车区	茂名电白区	
168	S14	汕湛高速公路化湛段	良光服务区	茂名化州市	
169	S14	汕湛高速公路化湛段	石湾停车区	茂名化州市	
170	S42	汕湛高速公路化廉高速公路	廉江停车区	湛江廉江市	
171	S14	汕湛高速公路化廉高速公路	良垌服务区	湛江廉江市	
172	S15	沈海高速公路广州支线	沙贝加油站	广州白云区	
173	S17	揭普惠高速公路	普宁服务区	揭阳普宁市	
174	S17	揭普惠高速公路	东港服务区	揭阳惠来县	
175	S21	广惠高速公路惠州段	汝湖服务区	惠州惠东县	
176	S29	从莞深高速公路	河洞服务区	广州增城区	
177	S30	惠深沿海高速公路	霞涌服务区	惠州惠东县	
178	S32	西部沿海高速公路	斗门服务区	珠海斗门区	
179	S32	西部沿海高速公路	上川服务区	江门台山区	
180	S32	西部沿海高速公路	大沟服务区	阳江阳东区	
181	S39	东新高速公路	潭州服务区	广州南沙区	
182	S43	广珠西线高速公路	顺德服务区	佛山顺德区	
183	S43	广珠西线高速公路	沙溪服务区	中山市	
184	S49	新台高速公路	合水服务区	江门台山市	
185	S51	肇庆阳江高速公路	阳春服务区	阳江阳春市	
186	S51	肇庆阳江高速公路	漠阳江服务区	阳江市	
187	S102	广园快速路	仑头服务区	广州黄埔区	
188	S102	广园快速路	仙村服务区	广州增城区	

注：至2017年底已开始运营的服务区（停车区）共188对。

第八章
精神文明与高速公路文化

第一节　精神文明创建

广东高速公路行业精神文明创建和交通文化活动的开展,是在省交通运输厅的总体部署和要求下开展的。根据广东省委、省政府和交通运输部的部署和要求,广东省交通系统各单位的党组织带领广大党员和职工踊跃参与"创先争优""五一劳动奖""青年文明号""三八红旗手"等创建活动,在精神文明创建活动中各单位坚持一把手负总责,领导班子成员一岗双责,党委工作部门组织协调,业务部门各负其责,党政工团合力齐抓共管的领导体制与工作机制,经过多年的创建实践,广东交通行业精神文明创建和文化建设取得了丰硕成果。

一、行业精神文明建设历程和成果

1984年以来,广东省交通系统各企事业单位认真贯彻党中央提出的"两个文明一起抓"的方针,在大力推进社会主义物质文明建设的同时,加强社会主义精神文明建设。各单位通过全面加强社会主义职业道德教育,大力纠正带有交通行业特点的不正之风,开展多种形式的创建文明单位争当文明个人的活动(如创建文明车、船、站、队和文明渡口、争当文明驾驶员、乘务员和文明交管员等),努力提高交通运输服务质量,使交通运输部门成为社会主义精神文明的重要"窗口"。至1988年,5年间广东省交通系统共有6个单位(集体)、12人次被授予"全国五一劳动奖章"称号,11人次被交通部分别授予"全国交通系统两个文明建设先进单位(集体)""全国交通系统两个文明标兵(先进个人)"的光荣称号,12人次被交通部分别授予"劳动模范"的光荣称号,128人次被广东省委、省政府授予"劳动模范(先进工作者)"称号。

1989年起,广东省交通系统以培养"四有"职工队伍和梳理良好交通行业风气为重点,继续开展交通行业精神文明建设:一是广泛开展"世界观、人生观、价值观"教育,开展学包起帆、学华铜海轮、学青岛港,创建文明行业的"三学一创"活动,学习"虎门大桥"精神,加强职工道德建设;二是广泛开展创"先进职工之家""青年文明号""青年岗位能手"

第八章
精神文明与高速公路文化

活动,努力培养一支高素质的交通职工队伍;三是开展建设文明样板路,坚决纠正行业不正之风,提高全行业服务水平。通过持续学习和创建活动,职工队伍和行业风气面貌一新,涌现大批先进单位和先进个人。1989—2005年间,广东省交通系统共有35人被授予"全国劳动模范"称号,50人次被授予"全国五一劳动奖章"称号,83人次被交通部授予"劳动模范(先进工作者)"称号,143人次被广东省委、省政府授予"劳动模范(先进工作者)"称号。还有不少单位、集体、个人在两个文明建设中作出了显著成绩,被市、县政府及有关部门进行表彰奖励,受到广大旅客、货主和群众好评。此外,107国道、324国道、321国道、205国道广东段与部分省道共3100km的文明建设样板路通过了部、省的验收。

2006年6月,交通部在武汉召开全国交通行业精神文明建设工作会议,并印发了《全国交通行业十一五时期精神文明建设工作指导意见》和《交通文化建设实施纲要》。广东省交通厅认真贯彻会议精神和两个文件,成立了广东省交通系统精神文明创建指导委员会,指导全省交通系统开展行业精神文明建设,开展"学先进,树新风,创一流"活动,推进创新型行业与和谐行业建设。全系统各单位的行业精神文明建设,文明单位建设,文明示范窗口建设,文明样板路、文明样板航道、文明工地、文明车船港站路建设等创建活动扎实推进。至2006年底,广东省交通厅在直属单位省公路局开设了980个收费征稽窗口、287个路政服务窗口,省航道局开设了22个对外服务窗口。通过开展"微笑服务"、争创"文明服务窗口"的活动,全面推行首问责任制、限时办结制、责任追究制等,简化办事程序,提高办事效率,真正做到便民、利民,不断提高管理和服务水平,受到社会广大群众赞许。

2010年4月,中央组织部、中央宣传部发出在党的基层组织和党员中深入开展创先争优活动,广东省交通系统各单位立即行动,将行业精神文明建设的"学先进、树新风、创一流"活动与深入开展"创先争优"活动紧密结合,坚持"党建带团建""党建带工建""党建带妇建",以基层党组织和党员的创先争优活动,带动工会、共青团、妇联等群团组织广泛开展创建先进集体、争当先进个人活动,在全行业形成创先争优的浓厚氛围,把创建文明行业活动不断向纵深发展,职工队伍素质和行业文明程度显著提高。

2006—2010年,全省交通行业的精神文明建设通过"学先进、树新风、创一流"和"创先争优"活动,涌现了全国"青年文明号"29个,全国"巾帼文明岗"16个,省部级"先进集体"23个,"文明单位"17个,"文明示范窗口"23个;全国劳动模范6人,省部级劳动模范和先进工作者80人;国道G107线广东段,国道G105线,西江肇庆至南江口段也相继建成国家级文明样板路和文明样板航道,充分展示了新时期广东交通运输行业的新形象。在推动交通运输快速发展、高效发展、安全发展、绿色发展中起到了重要作用。

2011年11月30日,广东省交通运输厅在广州召开全省交通运输行业精神文明建设工作会议。会议根据交通运输部《交通运输文化建设"十百千"工程实施方案》的要求,决定2011—2015年在全省交通运输行业开展交通运输文化建设"十百千"工程和开展"用心服务、畅享交通"活动。

一是广东省交通运输厅公布了《广东省交通运输行业精神文明建设工作规划（2011—2015年）》《广东省交通运输行业精神文明建设考评管理办法》《广东省交通运输文明行业考核标准》《广东省交通运输行业文明单位考核标准》《广东省交通运输行业文明示范窗口考核标准》《广东省交通运输行业文明职工标兵考核标准》《广东省交通运输行业精神文明建设先进工作者考核标准》《广东省交通运输文化建设"十百千"工程实施方案》《广东省交通运输行业窗口单位深入开展"为民服务创先争优"活动的指导意见》《广东省创建全国交通运输文明行业"用心服务畅享交通"主题文明创建活动实施方案》等文件。

二是举办文化建设培训班，重点培训厅直属单位，各地市交通运输局、港航局、公路局、航道局，全省交通运输企事业文化建设的分管领导和文明办负责人，积极推进全省交通运输行业开展精神文明建设。

三是选择广东省高速公路有限公司京珠北分公司党总支作试点单位，京珠北分公司党总支通过以点的经验带动面上深入开展活动。制定创先争优工作机制，围绕企业中心工作，以为民服务为突破口，着力构建"平安高速公路、文明高速公路、畅通高速公路"，深入开展创先争优活动，党组织创先进、党员争优秀、企业上水平、员工素质大提高的良好局面。广东省交通运输厅向全行业及时总结推广京珠北分公司开展创先争优活动的经验。

2011—2015年，广东省交通系统通过文化建设"十百千"工程和开展"用心服务、畅享交通"活动，涌现了全国"青年文明单位"1个；部级"先进集体"15个；部级"文明单位"15个；部级"文明示范窗口"14个；部级文明职工标兵14人；全国和省级"五一劳动奖章"30人，"五一劳动奖状、工人先锋号"37个；部省级"青年文明号"28个；省级"青年文明号标兵示范单位"3个，"青年岗位能手"20人，"保畅通先进集体"47个，"保畅通先进个人"128人；全国劳动模范2人，省部级劳动模范和先进工作者19人。广东省委组织部授予的"广东省创先争优'南粤先锋'先进基层党组织"；中央组织部授予的"全国创先争优先进基层党组织"等荣誉称号。

2016年5月，广东省交通运输厅又印发了《2016年交通运输行业精神文明建设工作要点》，对增强思想凝聚力、构建交通人精神家园、提升行业文明程度、提升行业社会形象等四个方面的工作作出具体部署，继续推进全省交通运输行业的精神文明建设。2017年11月，省委、省政府授予广东通驿高速公路服务区有限公司、广东省路桥建设发展有限公司广韶分公司等6个单位"广东省文明单位"称号。

二、"用心服务畅享交通"文明创建活动

根据《广东省交通运输行业文明建设工作规划》（2011—2015年）要求，为推动全省交通运输行业文明创建工作，促进广东畅通高效安全绿色交通运输体系建设，提高广东交

通运输行业的服务水平,广东省文明办与广东省交通运输厅联合在全省交通运输行业开展"用心服务畅享交通"主题文明创建活动。

2011年11月30日,广东省交通运输厅与省文明办联合举办以"用心服务畅享交通"文明创建活动启动仪式,向全省交通运输系统发出总动员,号召全省交通运输系统的员工积极投身创建活动。活动的参与范围是全省交通运输行业所有单位,重点集中在交通运输管理部门的工作窗口(如:政务服务中心、信访接待室等),交通行政执法一线单位(如:综合行政执法部门、路政部门基层执法站点、治超检查站等),交通运输各类服务性窗口单位(如:客货运站点、收费站点、车辆、船舶、服务区、养护工区、服务班组、服务热线)等承担着交通运输公共服务职能,与人民群众生产生活联系紧密,社会关注度高的单位。通过5年时间,至2015年末,全省交通运输行业要锻造成"六个一流"(锻造一流精神、锻造一流服务、锻造一流管理、锻造一流环境、锻造一流诚信、锻造一流品牌)、"五优"(即优化管理、优美环境、优良秩序、优质服务、优雅形象)的行业,把"用心服务、畅享交通"打造成全省交通运输行业文化建设的优质形象品牌。

2012年11月29日,广东省交通运输厅举行了交通运输行业"用心服务、畅享交通"的主题文明创建活动发布会。广东省交通运输厅对各个单位一年来品牌创建活动中收集到78个活动标识、783条宣传口号、17首歌曲和74篇"身边的感动"故事,从中选出最能体现行业特色和活动主题的作品,并向社会发布及表彰获奖作品,通过"用心服务畅享交通"这个品牌统一使用的标识及口号,更好地体现出交通人对提高服务水平、树立美好形象、展现良好风貌的决心和信心。

2013年4月19日,广东省交通运输厅发出关于确认"用心服务、畅享交通"主题文明创建活动重点培育对象的通知。经各市交通运输主管部门、港航管理部门、厅直属各单位和省交通集团、省航运集团推荐并进行公示后,对广州交通站场建设管理中心海珠汽车客运站等69家单位(集体)的重点培育对象资格予以确认。对定为重点培育对象的单位(集体)加强指导,围绕"用心服务、畅享交通"的主题,通过各种形式广泛开展文明创建活动。

广东高速公路系统在"用心服务、畅享交通"活动中,一是抓好服务区建设,完善服务设施,提供良好的服务环境。二是建立高速公路通信网站,及时向驾乘人员发布交通信息。三是加强路政巡查,及时排除路障,确保交通顺畅。各路段在创建活动中结合实际创出特色,丰富创建活动内容,在西部沿海高速公路200多公里的公路上,西部沿海高速公路人坚持以保安全、保畅通为己任,以"阳光之路,阳光服务""文明服务月"活动为抓手,深化文明服务内涵,延伸文明服务链条,用真心真情服务驾乘顾客,在高速公路沿线的服务区和生活区提供免费无线网络。多年来,全公司400多人参加志愿者队伍,积极参与珠海、江门、阳江等地市绿色环保、赛事服务、"暖冬行动"等各类志愿服务活动。广珠高速公路公司创新服务模式,从"站立收费+微笑双手递卡+走好"到设立客户服务中心,开通免费服务电话等。广东广肇高速公路公司在创建活动中,规范文明服务和文明执法流程及岗位行为。定期开展"站长服务周"活动,现场开展文明服务满意度调查,解答驾乘人员的疑难问题,受理车主投诉和建议,提供现场咨询服务。同时,养护车、路政车常备维修工具、水、药品等,为在公路上急需帮助的驾乘人员提供服务。2016年春运,粤赣分公司所属路段遇到极端寒冷天气,和平中队路政员日夜对路面进行测温,值班员工站立在收费车道最前方指挥车辆通行。

2014年,广东省交通运输厅、广东省文明办发出《关于开展共建高速公路文明服务区活动的通知》,开展共建评选高速公路文明服务区活动。2015年,全省命名了2014—2015年度广东省"用心服务畅享交通"文明服务区10对,雅瑶和葵洞4对服务区获评"2015年全国百佳示范服务区",全省有19对服务区获得全国优秀服务区称号;2017年全省有17对服务区获评广东省优秀服务区,珠玑巷、顺德、雅瑶和葵洞4个服务区荣获全国百家示范服务区,热水、鼎湖等22个服务区获得全国优秀服务区称号。广东通驿高速公路服务区有限公司获得全国服务区建设卓越单位称号。

三、企业文化建设("十百千"工程)

2011年,广东省交通运输厅制定了《广东省交通运输文化建设"十百千"工程实施方案》,提出在"十一五"开展交通运输企业文化建设的基础上,至2015年,全省交通运输行业力争创建5个全国文明单位、10个省部级文明单位和30个省部级文明示范窗口;打造10个交通运输文化品牌、100个文化建设示范单位和1000名先进典型;把广东省交通运输行业创建成为全国交通运输文明行业。

2012年5月27~29日,广东省交通运输厅为推进交通运输文化"十百千"工程建设,与省交通协会举办广东省交通运输文化建设培训班。厅直属单位,各地市交通运输局、港航局、公路局、航道局和全省交通运输企事业文化建设工作的分管领导和文明办负责人共300多人参加了培训班学习。通过认真学习《中共中央关于深化文化体制改革、推动社会主义文化教育大发展大繁荣若干重大问题的决定》等重要文件,加深了对企业文化建设的认识,实地考察广东省精神文明建设试点单位广东省高速公路有限公司"京珠北"分公司企业文化建设和创先争优相结合的做法和经验。

广东省交通运输厅在《广东交通运输文化建设"十百千"工程实施方案》中,紧紧围绕交通行业特点开展建设活动,特别是高速公路建设和运营管理单位深入开展企业文化建设,取得显著成果。

一是广泛参与。全省交通运输有关单位、高速公路投资建设单位、高速公路运营管理单位、汽车运输企业和客货运站场更是积极参与。广东省交通集团有限公司属下164家企业,全部开展企业文化建设。

二是目标清晰。通过企业文化建设树立服务人民、奉献社会为宗旨的价值观；敬业爱企、务实创新的企业精神；诚信高效、团结进取的企业形象；客户至上、诚实守信、互敬互谅的企业道德；优美祥和、文明健康、蒸蒸日上的企业环境；业务过硬、素质超强、思维敏捷、蓬勃向上的"四有"员工队伍。

三是创建活动。各单位围绕目标，结合实际，坚持"干什么，创什么，做什么，争什么"，以正在做事情为中心，把创先争优的着力点放到推动工作上，努力创新活动载体，通过"号、岗、手"等实现创建目标。京珠北分公司在实施企业文化建设中作出决定：喊响一个口号，树立一面旗帜，唱响一支歌，组建一支文体队伍，健全一套规章制度，制作一套宣传资料，延伸一条绿色通道，建立一系列服务措施及应急预案，创建一个国家级文明示范窗口，形成一个企业核心价值等"十个一"为载体，扎扎实实地进行创建活动。多年来，该分公司先后获得"全国青年文明号""中国文化管理先进单位"等30多项省、部以上荣誉称号，先后涌现"亿元无差错收费能手"3名，"千万元无差错收费能手"118名，获得"国家技术能手"称号17名。广韶分公司以文化建设推动企业发展，在全省率先组织区域联网，实施计重收费，实施保安全畅通联动机制，开展国标网改造，建设生态景观带，经过多年努力，2012年6月，广韶高速公路成功创建"文明样板路"。

广深高速公路是中国最繁忙的高速公路，在企业文化建设中，为解决交通拥堵问题，广深高速公路公司经多年实践，总结出"路警站养四位一体"保畅通交通管理模式，有效解决了主线和站场的交通拥堵问题。该课题研究成果获2012年第二十二届广东省企业管理现代化新成果一等奖。广珠高速公路公司从2009年至2016年以"夯实文明班组建设，创营运管理品牌"为主题的"企业文化周"活动，为员工提供展现和提升自我的大舞台；在企业文化建设中注重与党群工作、企业发展、生产经营、员工思想等结合，围绕"抓党建、促经济，抓好党建促发展"的思路，增强企业凝聚力，做好各项工作，多次荣获省部级以上"号、岗、手"以上称号。

广乐高速公路公司企业文化建设创新活动内涵，引导员工进行自我职业生涯设计，以五一劳动奖章、工人先锋号、青年文明号、模范职工之家、党员示范岗等为重要载体，营造"比、学、赶、帮、超"的工作氛围，涌现一批优秀的管理、技术人才和岗位能手先进典型。2011年，广乐项目被评为交通运输部第一批"平安工地"示范工程。2015年被评为广东省十项工程劳动竞赛模范单位并授予"五一劳动奖状"。

四是创建成果。自2011年开展企业文化建设以来，广东交通运输企业文化建设连年取得丰硕成果：

2011年广东有16家企业被评为全国交通运输企业文化建设卓越单位或优秀单位，有9人被评为全国交通企业文化建设先进个人，其中高速公路建设和运营管理单位10家，先进个人6人。

2012年广东有29家企业被评为全国交通运输企业文化建设卓越单位或优秀单位，有17人被评为全国交通企业文化建设先进个人，其中高速公路建设和运营管理单位18家，先进个人12位，广东省交通集团荣膺"全国交通运输文化建设示范单位"称号。

2013年广东有35家企业被评为全国交通运输企业文化建设卓越单位或优秀单位，有17人被评为全国交通运输企业文化建设先进个人，其中高速公路建设和运营管理单位24家，先进个人16位。

2015—2017年，广东获得"全国交通运输文化建设品牌单位"3家，其中高速公路单位3家；获得"全国交通运输文化建设卓越单位"37家，其中高速公路单位28家；获得"全国交通运输文化建设优秀单位"57家，其中高速公路单位23家；获得"全国交通运输文化建设先进工作者"37人，其中属高速公路单位的干部职工31人。

第二节　高速公路地方文化特色

在改革开放政策指引下，广东高速公路建设实现了跨越式发展。广大高速公路建设者敢为人先，攻坚克难，顽强拼搏，勇攀技术高峰，建造了一批技术领先、具有广东地方文化特色的高科技高速公路，不仅传承了广东地方的历史文化特色，而且还成为当地鲜明的地标式建筑和文化景观，在高速公路建设史上留下了深刻的文化印记。

一、港珠澳大桥——桥梁海洋文化元素

港珠澳大桥是连接香港、珠海、澳门的大型跨海通道，跨越珠江口，全长55km。港珠澳大桥的桥梁设计，以海洋文化元素为基础，"扬帆顺行"组合方案，三座通航孔桥桥塔造型既有统一的主题元素，又各具特色。其中：

青州航道桥为110m+236m+458m+236m+110m双塔斜拉桥，主梁采用扁平流线型钢箱梁，索塔采用框架结构，塔柱为钢筋混凝土结构，上塔柱联结系采用"中国结"造型的钢结构剪刀撑。

江海直达船航道桥为110m+129m+258m+258m+129m+110m中央单索面三塔斜拉桥，主梁采用大悬臂钢箱梁，索塔采用"船帆"和"海豚"形刚塔。

九洲航道桥为85m+127.5m+268m+127.5m+85m中央单索面双塔斜拉桥，主梁采用悬臂钢箱组合梁，索塔采用"风帆"形刚塔。

港珠澳大桥的桥梁设计，充分体现了"中西、粤港、古今"文化交融和地域文化的特点。

二、虎门大桥古炮台文物保护

虎门大桥位于广东省珠江三角洲中部，全长4606m，由跨越珠江干流虎门水道主航道

的主跨 888m 的悬索桥、跨越辅航道的主跨 270m 的预应力混凝土连续刚构桥和东、中、西引桥组成。

虎门水道两岸地势较高，地形较为险要，当年林则徐就在此修建了著名的虎门要塞，进行了举世闻名的鸦片战争。1992 年 8 月在深化和优化虎门大桥设计时，根据文物部门的意见，为了更好地保护虎门主炮台——威远炮台，将桥位向北移动，使其距威远炮台达到 100m 之外，最大限度地保护了文物。1993 年虎门大桥东锚碇施工过程中，又发现了建设部门和文物部门都不掌握的古地下建筑（一条地下通道和两间暗室），均为砖砌结构。新的文物发现后，建设单位立即向上级和文物单位报告，并研究处理办法。为此，虎门大桥东锚碇施工停工历时 16 个月，经国务院及相关部门充分调研并决策，将新发现的部分文物妥善迁移，并修建虎门炮台爱国主义教育基地，妥善解决了大桥建设与文物保护的问题。

三、京港澳高速公路粤境北段自然环境观景台

京港澳高速公路粤境北段起于湘粤两省交界的小塘，止于韶关武江区甘塘，全长 109.93km，2003 年 4 月建成通车。该项目地处粤北南岭山脉，自然环境和地形地质复杂，路线穿越区以岩溶地貌和风化剥蚀、构造剥蚀的峡谷地貌为主，全线深挖路基、高墩桥梁、高边坡防护、隧道工程多，被世界银行专家称为"中国最具挑战性的公路建设项目"。

京港澳高速公路粤境北段蜿蜒穿行于粤北的崇山峻岭之中，沿途自然风光十分秀丽壮观。为此，高速公路沿线设置了 6 个观景台，观景台内有道路广场、停车场、服务楼及绿化带等服务设施。

观景台的设置，给途经京港澳高速公路粤境北段的驾乘人员在长途旅行中更好地休息、欣赏高速公路沿线的自然风光和壮丽景观，减少驾驶员的疲劳驾驶并提供了方便，同时，也起到了提高高速公路行车安全性的作用。

四、渝湛高速公路——广东首条生态环境高速公路

渝湛高速公路（粤境段）起于廉江市高桥镇，与广西境内合浦至山口高速公路相接，止于湛江遂溪县东坡岭，全长 68.86km，2005 年 12 月建成通车。针对以往高速公路建设项目往往对周边环境造成破坏的经验教训，渝湛高速公路（粤境段）在建设过程中，始终贯彻"绿色渝湛"的理念，尽量保护原有生态环境，减少对沿线生态环境的破坏，高度重视环境恢复和生态系统的重建。

渝湛高速公路（粤境段）在设计中，紧扣"最小程度破坏、最大程度恢复"的原则，取得了"生态多样稳定、地域风情浓郁"的效果；在建设中，开展了"'生态公路'成套技术"研究，包括公路边坡生物防护技术、生态型水沟、公路沿线绿化和景观美化、生态型桥梁锥

坡、生物声屏障等；在施工过程中,加强管理,确保减少施工污染和保护沿线生态环境,全线17个取土场、13个弃土场以及荒山全部绿化,有效地改善和保护了沿线的生态环境。

渝湛高速公路(粤境段)建设项目通过"工程设计与环保规划同步""工程施工与生态环境保护同步""工程交工与生态环境恢复同步",达到了施工期间对沿线环境创伤面积最小,施工后对周边环境恢复最完善,实施的绿化植物成本低且易管养,建成后的高速公路景观与沿线的自然景观和人文景观融合相宜的要求,实现了建设一条具有"亚热带风光的生态型高速公路"的目标,是广东省首条生态环保型的高速公路。

五、惠清高速公路——"绿色公路"示范路

惠清高速公路是汕(头)湛(江)高速公路的一段,全长125km,全线采用双向六车道标准。惠清高速公路作为交通运输部第二批绿色公路建设典型示范工程,从建设初期开始,就将"绿色建设"作为项目建设的重中之重。

在建设过程中,对树木实施原木移植,有效保护。具体做法是先将高速公路红线范围内有价值的860棵树木移植到培育基地进行培育、养护,待高速公路进行景观绿化施工时,再将树木移栽到高速公路路侧、互通、管理中心等地,通过系列措施实现了高速公路红线范围内的绿色树木资源得到移植再生。

在环保方面,引入环境、水保监测,优化、完善施工图设计边坡防护草种配比方案,针对自然保护区、水产种植资源保护区、森林公园主要生态保护区、生态严控区等不同环境敏感区域制定专项保护措施,以实现最大限度保护、最小限度破坏、最强力度修复的目标。

六、粤赣高速公路粤境段服务区客家土楼民居特色

粤赣高速公路粤境段起于粤赣交界(上陵),至河源市(埔前),全长136km。河源市客家民居建筑最具代表性的围龙屋与其他客家土楼一样,凝聚着客家民第所留存的中原汉民族某些价值观念,以及客家人在南迁过程中为适应和开拓新的生活环境所创造的文化因素。粤赣高速公路粤境段设热水、忠信、和平3个服务区,在房建设计时积极探索地域、文化、环境、生态与建筑的有机结合,体现了粤东北地区的地理环境、自然条件、历史人文及风土民情等地域文化,给途经的驾乘人员提供了解历史和审美体验的、具有导向意义的文化信息。其中:热水服务区以客家的经典民居样式"土楼"为设计元素,椭圆形布置的服务楼前端由一对塔楼以及柱廊、屋架组成,后端则由内敛的圆楼组成,建筑的设计意识形态属于源远流长的客家文脉。

忠信服务区设计以小庭院、坡屋顶、塔楼为主要设计要素,尺度亲切的庭院是建筑的中心,建筑素雅、洁净且不失热闹气氛,为旅客提供了温馨的小憩之处。

和平服务区的设计以屋面两片互相交错的弧形板为主要设计要素。漂浮的屋面和周

边起伏的山陵相呼应。屋面白色的金属板与立面通透的大玻璃相对比,体态简洁而印象深刻。

3个服务区不但满足了为高速公路使用者提供休息、餐饮、加油、维修等基本功能,还从建筑的表达手法上体现了代表过去、现在、未来的三种主题。既有代表过去的客家围屋形式的热水服务区服务楼,也有代表现在的具有现代感的忠信服务区服务楼,还有代表将来的具有工业化及抽象感的和平服务区服务楼。

七、仁新高速公路翁源服务区生态旅游景观

广东省仁化(湘粤界)至博罗高速公路仁化至新丰段起点位于韶关市仁化县城口镇,接湖南省炎陵至汝城高速公路,经韶关市仁化、始兴、翁源县,河源市连平县,终点接大广高速公路,路线全长163.9km。

仁新高速公路段翁源服务区所处的翁源县是传统的农业大县,是"中国兰花之乡""中国三华李之乡""中国九仙桃之乡",具有粤北最大的示范农业基地——粤台农业合作实验区(翁源核心区),有九曲水、东华山、冷泉滩、铁龙洞等生态旅游度假区。根据周边的地理环境及资源分布情况,翁源服务区在确保提供基本的交通服务功能外,进一步拓展服务能力,综合开发建设特色服务区。

特色服务区分为基本功能区和拓展功能区,基本功能区由高速公路建设主体投资建设,定位为满足高速公路B类服务区的要求,即停车、如厕、加油(气)、维修、餐饮、休息等过往车辆和人员的基本要求;拓展功能区由地方政府负责开发,根据所在区域丰富的农特产品及生态旅游资源,分为农特产品展销区和生态休闲农业发展区。其中农特产品展销区占地91亩,由农特产品展示销售区、农产品仓储区和商务休闲区组成。农特产品展销区的土地采用建设用地征拆模式;生态休闲农业发展区利用250亩山坡和100亩生态湿地资源,划分为特色水果观光园、湿地公园、荷花观光园、茶叶观光园、地面四时花卉观光园、休闲垂钓区等组成。生态休闲农业发展区的土地采用农业用地流转承包的形式。

八、崖门大桥与广东桥梁博物馆

广东西部沿海高速公路新会段崖门大桥雄跨崖门水道东、西岸,犹如一道长虹飞架在昔日的崖门古战场上。它不仅使珠江流域八大出海口之一的崖门水道天堑变通途,而且在大桥上可以观赏崖门古炮台和银洲湖两岸的秀丽风光,尤其是它把广东桥梁博物馆(全国第三个桥梁博物馆)与崖山祠、崖门古炮台、古兜温泉旅游度假村、洪圣始祖馆蔡李佛发源地等新会著名的旅游景点连成一线,整合成为广东一个著名的历史文化、休闲度假旅游区。

广东桥梁博物馆位于江门市新会区银洲湖崖门出海口西侧的苍山山腰上,面向宋元

大海战旧址，背靠古兜山，与风景秀丽的崖门大桥毗邻，是广东省唯一以桥梁为主题的博物馆，是坚持以公益性科普教育为目标，以普及推广桥梁科普知识和桥梁文化为重点的博物馆，是由广东省交通厅倡导和支持，江门市新会区人民政府组织实施的广东交通科普工程。

广东桥梁博物馆于 2004 年 7 月动工，2005 年 12 月建成。占地面积 110 亩，建筑面积 3300m^2，展示内容以广东桥梁建设历程为重点，以中外桥梁建设为大视野。博物馆高三层，一、二层为展示空间，依次设有"广东桥梁展示""中外桥梁博览""未来桥梁展望"及"桥梁文化集锦"四部分，展示面积 3000m^2。该馆通过纪实形式回顾广东桥梁建设走过的历程，看到改革开放以来广东桥梁建设取得的辉煌成就和主要经验。广东桥梁博物馆先后被评定为"广东省科普教育基地""广东省交通运输厅科普教育培训基地""全国科普教育基地"等，是社会大众、学校团体等开展科普活动的理想场所。

在广东桥梁博物馆可以看到人类桥梁科技、桥梁工艺发展的足迹和趋势，可以欣赏到广东乃至国内外雄奇秀丽、多姿多彩的桥梁名作。

附录一
重要法规、规章和文件选编

广东省高速公路管理条例(修正)

(1998年7月29日 广东省第九届人民代表大会常务委员会第四次会议通过 根据2012年1月9日广东省第十一届人民代表大会常务委员会第三十一次会议《广东省人民代表大会常务委员会关于修改〈广东省固体废物污染环境防治条例〉等七项法规中有关行政强制条款的决定》修正)

第一章 总 则

第一条 为加强高速公路的建设和管理,保障高速公路安全、畅通和高效运营,发挥高速公路在国民经济中的作用,根据《中华人民共和国公路法》及有关法律、法规,结合我省实际,制定本条例。

第二条 本省高速公路的规划、建设、运营和在高速公路上通行的车辆驾乘人员以及在高速公路管理范围内从事其他活动的单位和个人,均应遵守本条例。

第三条 省交通主管部门是全省高速公路的主管部门,负责本条例的组织实施和监督检查,其设置的公路管理机构负责国道、国道主干线、省道的高速公路管理。非国道、国道主干线、省道的高速公路由所在地级以上市交通主管部门负责管理。

连接高速公路的城市快速及高速道路,按国务院颁布的《城市道路管理条例》的规定管理。

高速公路的交通安全、治安管理由公安机关负责。

省规划、国土、建设等有关部门及高速公路沿线各级人民政府,应依照各自职责,协助做好高速公路管理工作。

第四条 鼓励国内外企业和其他组织、个人独资、合资或合作建设高速公路,从事高速公路经营。

第二章 发展规划

第五条 高速公路规划必须服从国家高速公路的总体规划,并依据我省经济和社会发展以及国防建设的需要进行编制,与其他有关行业发展规划相协调,与城市建设发展规划相结合。

第六条 全省高速公路规划由省交通主管部门会同省有关部门和沿线地级以上市人民政府编制,报省人民政府批准后,报国务院交通主管部门备案。

第七条 经批准的高速公路规划是编制高速公路建设计划、确定高速公路建设项目的依据。

高速公路规划的修改,必须经原审批机关批准。

第八条 各级人民政府要将高速公路规划用地纳入土地利用总体规划,不得改变用地性质,其征地拆迁费用标准按有关法律、法规执行。

第三章 资金筹集

第九条 本省高速公路建设资金采取下列方式筹集:

(一)各级人民政府财政拨款;

(二)公路建设基金;

(三)国内外金融机构或外国政府贷款;

(四)发行公路建设债券或股票;

(五)国内外企业或其他组织、个人投资、捐款、赠款;

(六)转让公路、桥梁经营权;

(七)国家规定或允许的其他筹集资金方式。

第十条 利用贷款、集资修建和国内外经济组织依法投资修建的高速公路,需收取车辆通行费的,必须经省人民政府批准。

高速公路车辆通行费的收费标准(含收费标准的调整),由省交通主管部门会同省价格主管部门审核后报省人民政府审批。收费单位应当在固定收费场所公布收费项目和收费标准,接受社会监督。收取高速公路车辆通行费,必须使用省地方税务局监制的票据。

第十一条 经批准开征的各项高速公路专项资金应当纳入财政预算或财政专户管理。年度使用计划由省交通主管部门编制,经省计划、财政部门审核,由省计划部门汇总下达。高速公路的各种专项资金,实行有偿使用,专款专用。

第四章 建设与养护

第十二条 高速公路建设项目的设计、施工应当按照有关法律、法规、规章以及公路工程技术标准组织实施,规范工程监理,保证工程质量。

高速公路建设项目竣工后,应当按国家有关规定进行验收。未经验收或验收不合格的,不得正式投入使用。

第十三条 高速公路建设的征地、拆迁、安置的组织工作,由高速公路沿线市、县人民政府负责。

高速公路建设原则上不得占用基本农田保护区内的土地,确实无法避开而需占用的,应当按有关法律、法规规定办理审批手续。

第十四条 高速公路的养护应当按照国家有关公路养护标准规范进行,由各路段经营企业具体负责的高速公路大、中修工程项目,应当实行招标投标制度。

第十五条 在高速公路上进行施工、养护作业时,施工、养护人员应当穿着统一的安全标志服,按施工、养护规范堆放材料,并设置施工标志和交通安全标志;作业车辆、机械须设置明显的作业标志。作业完工后应及时清理现场。

第五章 路政管理

第十六条 公路管理机构依法保护高速公路、高速公路用地及高速公路附属设施,制止、处理各种侵占、损坏高速公路、高速公路用地及高速公路附属设施的行为。

第十七条 公路路政执勤人员执行公务时,应当按国家规定统一着装,佩戴统一标志,并持有效执法证件。公路路政管理执勤巡查车辆应当设置统一标志。

第十八条 任何单位和个人未经县级以上交通主管部门批准,不得在高速公路用地范围内设置公路标志以外的其他标志。

第十九条 禁止在高速公路建筑控制区(其范围自高速公路两侧边沟外缘起三十米)内构筑永久性工程设施和建筑物、构筑物。

第二十条 禁止在高速公路用地范围内取土、堆物、倾倒垃圾、设置障碍、种植作物、开渠引水、摆摊设点,以及进行其他危及行车安全的活动。

第二十一条 不得擅自占用、挖掘、拆除、移动、损坏高速公路及其附属设施。确因特殊需要利用、占用高速公路用地和设施,修建跨(穿)越高速公路的桥梁、渡槽,埋设供水、排水、供气、供电、供油、通信、水利等管道、管线设施的,必须经有关交通主管部门批准,并按照有关规定给予补偿;影响交通安全的,还须征得有关公安机关同意,并采取相应安全措施。造成高速公路及其设施损坏的,应当赔偿经济损失。高速公路需扩建时,原建设单位应当将其所建相关设施迁移。

第二十二条 公路路政执勤人员应上路巡查,依法纠正、制止各种违反本条例规定的行为,协同有关部门组织力量排除突发危险路况,维护公路完好畅通。

第二十三条 进入高速公路的车辆应按照规定行驶,不得随意停车。如因发生故障或其他原因确需临时停车的,必须停在紧急停车带内或右侧路肩上。

第二十四条 造成高速公路及其附属设施损坏的,责任者应当及时报告公路管理机构,并接受公路管理机构的现场调查和处理。

对污染、损坏路产的车辆,公路路政执勤人员可责令其暂停行驶,在指定地点停放,接受处理。

第二十五条 车辆在高速公路上发生交通事故,应当迅速报告公安机关处理,及时疏导交通。

由于交通事故造成高速公路路产损坏的,当事责任人应按有关规定向路产所有者赔偿损失,并承担相关的责任,由公安机关并案处理。

第二十六条 因恶劣气候、自然灾害或重大交通事故使高速公路交通受到严重影响时,公安机关和公路管理机构应当采取紧急措施疏导、恢复交通,当地人民政府应当给予协助;确需关闭高速公路时,由公路管理机构会同公安机关共同发布公告实施,并报告上级人民政府。

第二十七条 车辆超过高速公路桥梁、隧道限制标准通行时,须持有公路管理机构批准核发的《超限运输车辆通行证》。超限运输单位必须承担为此所采取的技术保护措施和修复损坏部分所需的费用。影响交通安全的超限运输,还须经公安机关批准。

第六章 经 营 管 理

第二十八条 从事高速公路经营,应当组建高速公路经营企业,并按有关规定办理报批和注册登记手续。

第二十九条 高速公路经营企业负责各路段的经营管理,包括:路面养护及交通标志、标线等设施的管理和维修;高速公路计算机收费系统和监控、通信设施的管理、维修及高速公路的路障清理;按省人民政府规定向使用高速公路的车辆收取通行费。

高速公路经营企业应当保证高速公路路面平整,设施完善,交通标志、标线明显;高速公路及其附属设施遭受损坏时,高速公路经营企业应当采取措施设置警告标志,并予以修复,使车辆畅通。

第三十条 高速公路的车辆拯救业务按省人民政府有关规定执行。车辆拯救费用由被拯救车辆当事人承担,收费标准由省价格主管部门审定。

第三十一条 高速公路在规划和建设时,应在一定距离内,设立休息区和服务区。在服务区内经营加油站、旅业、餐饮、停车场和车辆拯救维修等业务的,经交通主管部门同意后,按规定程序办理审批手续。

经营企业转让经营权时,应按国家有关规定的权限和程序办理审批手续。

第三十二条 由国内外经济组织依照本条例规定投资建成并经营的收费高速公路,经营期限不超过三十年。经营期限届满,该高速公路及其附属设施由国家无偿收回,由有关交通主管部门管理。经营企业所移交的高速公路应当处于良好的状态。

第七章 法 律 责 任

第三十三条 违反本条例第十八条规定,擅自在高速公路用地范围内设置公路标志以外的其他标志的,由公路管理机构责令其限期拆除,可处以二万元以下的罚款。

第三十四条　违反本条例第十九条规定,在高速公路控制区内构筑永久性工程设施和建筑物、构筑物的,由公路管理机构责令其限期拆除;逾期不拆除的,由公路管理机构依法强制拆除,有关费用由建筑者、构筑者承担,并可处以一万元以上五万元以下的罚款。

第三十五条　违反本条例第二十条、第二十一条规定,未造成公路路产损坏的,由公路管理机构责令其停止违法行为,恢复原状,可处以一百元以上五百元以下的罚款;已造成公路路产损坏的,责令其恢复原状,赔偿公路路产损失,并可处以三万元以下的罚款。

第三十六条　违反本条例第二十七条规定,车辆在高速公路上擅自超限行驶,未造成公路路产损坏的,由公路管理机构责令其停止违法行为,可处以一百元以上五百元以下的罚款;造成公路路产损坏的,由高速公路管理机构责令其赔偿损失,并可处以三万元以下的罚款。

第三十七条　未按国家有关规定缴纳高速公路车辆通行费,或使用作废票据及采取其他手段逃缴车辆通行费的,由公路管理机构责令其补交,并可处以罚款,但最高不得超过应缴通行费的三倍。

第三十八条　违反本条例第十五条、第二十九条第二款规定,工程施工、养护单位未按规定设置安全设施和警示标志,造成通行的车辆受损坏、人员受伤害的,高速公路经营企业应承担相应的民事责任。

第三十九条　当事人对公路管理机构作出的行政处罚决定不服的,可按照法律、法规规定申请复议或向人民法院起诉。逾期不申请复议也不起诉,又不履行行政处罚决定的,由作出处罚决定的机关申请人民法院强制执行。

第四十条　违反本条例规定,应当受到治安行政处罚的,由公安机关依法处理;涉嫌犯罪的,由司法机关依法处理。

第四十一条　公路管理机构的工作人员滥用职权、玩忽职守、徇私舞弊的,由其主管部门给予行政处分;涉嫌犯罪的,由司法机关依法处理。

第八章　附　　则

第四十二条　本条例下列用语的含义:

(一)"高速公路"是指全封闭、全立交、专供汽车分道高速行驶的公路。

(二)"高速公路用地"是指依法征用的专用于高速公路及其配套的收费站、服务区等设施的用地。

(三)"高速公路附属设施"是指高速公路的排水、交通安全、通信、监控、养护、收费、供电、供水、照明等设施和防护构造物、界碑、里程碑(牌)、花草、树木、管理用房等。

第四十三条　全部控制出入并收取车辆通行费的汽车专用公路的管理,参照本条例执行。

第四十四条 本条例自1998年10月1日起施行。

广东省公路条例(2014年修正)

(2003年1月11日,广东省第九届人民代表大会常务委员会第三十九次会议通过。2008年7月31日,广东省第十一届人民代表大会常务委员会第四次会议修订。根据2012年7月26日广东省第十一届人民代表大会常务委员会第三十五次会议《广东省人民代表大会常务委员会关于修改〈广东省民营科技企业管理条例〉等二十三项法规的决定》第一次修正。根据2014年11月26日广东省第十二届人民代表大会常务委员会第十二次会议《关于修改〈广东省促进科学技术进步条例〉等十项地方性法规的决定》第二次修正)

第一章 总 则

第一条 为加强公路的建设、养护和管理,促进公路事业发展,根据《中华人民共和国公路法》(以下简称公路法)及有关法律法规,结合本省实际,制定本条例。

第二条 本省行政区域内公路(包括公路桥梁、公路隧道和公路渡口)的规划、建设、养护、经营、使用和管理,适用本条例。

第三条 省人民政府交通主管部门主管全省公路工作,负责本条例的组织实施;市、县(区)人民政府交通主管部门主管本行政区域内的公路工作。

省公路管理机构按照省人民政府的规定,对国道、省道行使公路行政管理职责。

市、县公路管理机构依照法律法规的规定,对所管辖的公路行使公路行政管理职责。

乡、民族乡、镇人民政府负责本行政区域内乡道、村道的建设和养护工作。

第四条 各级人民政府规划、建设、国土、工商、公安、水利、环保等部门应当在各自职责范围内协助交通主管部门、公路管理机构做好公路的建设和管理工作。

第二章 公 路 规 划

第五条 公路规划的编制和审批,按照公路法执行。

公路穿越城镇规划区的,其穿越路段的选线定位等应当与当地城镇规划相协调,并征求当地人民政府规划主管部门意见。

第六条 规划和新建村镇、开发区、厂矿、学校、集市贸易场所等建筑群,应当与公路用地边界外缘保持以下间距:高速公路、国道、省道不少于二百米,县道不少于一百米,乡道不少于五十米;并避免在公路两侧对应进行。

第七条 规划建设铁路、管线等各类设施涉及跨越、穿越或者与规划公路并行的,应当征得地级以上市人民政府交通主管部门同意。涉及的规划公路属国道、省道、高速公路的,应当征得省人民政府交通主管部门同意。

第三章 建设与养护

第八条 公路建设应当执行国家有关环境保护和水土保持的法律、法规,按照国家规定的基本建设程序和省的有关规定进行。公路建设项目应当按照国家有关规定实行法人负责制度、招标投标制度、工程监理制度、合同管理制度、市场准入管理制度和工程质量、工程造价监督管理制度。

第九条 公路建设使用土地应当按照有关法律、行政法规的规定办理。

公路建设用地的土地补偿费、安置补助费、地上附着物和青苗的补偿费等费用标准,按照省人民政府的有关规定执行,具体实施由工程项目所在地人民政府负责。各级人民政府应当按照有关规定按时足额发放各项补偿费用,不得截留或者挪作他用,并向被征用单位或者村民委员会张榜公布各项补偿费标准、总额等事项。

不收费公路建设需要使用国有土地的,由县级以上人民政府依法予以划拨。

第十条 具备施工条件的公路建设项目,由公路建设项目法人按照国家和省的有关规定向有管辖权的交通主管部门提出施工申请,经批准后方可施工。

第十一条 公路的安全设施、标志、标线和绿化工程,养护配套设施及其用地,按照国家公路工程技术标准实施,并与公路工程同期建设。超出技术标准或者要求增加项目的,由提出单位提供土地和建设、养护资金。

第十二条 收费公路交通标志、标线的设置、维护,由收费公路经营管理者负责。

不收费公路交通标志、标线的设置,由建设单位负责;其维护和更新由该公路的养护单位负责。

公路标志、标线必须清晰、准确、易于识别。通行信息应当提前提示,重要的通行信息应当重复提示。

第十三条 公路建设项目验收分为交工验收和竣工验收两个阶段。

公路建设项目完工后,项目法人应当按照国家和省有关规定组织交工验收;交工验收合格的,报省人民政府交通主管部门或者其授权的交通主管部门备案,交通主管部门在十五天内未提出异议的,项目法人可以试运营,试运营期不得超过三年;试运营期计入收费期限。

试运营期满前,项目法人应当按照规定办理竣工决算申报审批工作。政府审计、环保等部门应当及时组织审计和环保等单项验收。单项验收合格后,项目法人应当按照管理权限及有关规定申请竣工验收,竣工验收合格的,方可正式运营。

公路建设项目竣(交)工验收必须符合国家规定的公路工程竣(交)工验收标准。

第十四条 各级人民政府交通主管部门和有关监督管理部门应当加强公路建设的监

督管理,维护公路建设市场秩序,依法查处公路建设中的违法、违规行为。

任何单位和个人对公路建设中违反法律、法规的行为以及工程质量问题,有权向有关部门投诉、检举、控告。

第十五条 公路养护应当执行国家和省人民政府交通主管部门规定的技术规范和操作规程,保持公路良好的技术状态。公路养护应当积极推向市场,实行管理和养护相分离。

公路路面养护及有关交通设施维修时,需要封闭半幅路面的,公路养护单位或者经营管理者应当按照有关规定报公路管理机构批准后实施,公路管理机构和公安部门应当共同做好施工现场的车辆疏导工作;需要全封闭路面的,由公路管理机构和公安部门共同发布通告后实施。

第四章 路政管理

第十六条 各级人民政府交通主管部门、公路管理机构应当认真履行职责,依法管理和保护公路,保障公路的完好、安全和畅通。

第十七条 各级人民政府交通主管部门、公路管理机构有权检查、制止侵占或者损坏公路、公路用地和公路附属设施(以下统称路产)等违反公路法和本条例的行为。

公路监督检查人员依法在公路、建筑控制区、车辆停放场所、车辆所属单位等进行监督检查时,被检查的单位和个人应当配合检查,并为其提供方便。任何单位和个人不得阻挠。

公路监督检查人员执行公务,应当出示有效的行政执法证件,佩戴统一标志。

公路监督检查的执法专用车辆,应当设置统一的标志和示警灯。

第十八条 在公路及公路用地范围内禁止下列行为:

(一)非法设置路障,摆摊设点,设点修车、洗车、堆放物品,打谷晒粮,积肥制坯及其他影响公路畅通的行为;

(二)倾倒垃圾余泥,向公路或者利用公路排水设施排污,车辆装载泥砂石、杂物散落路面及其他污染公路的行为;

(三)擅自设置广告、标牌,毁坏、擅自移动或者涂改公路附属设施;

(四)堵塞公路排水系统,擅自利用桥梁、涵洞或者公路排水设施设闸、筑坝蓄水;

(五)利用公路桥梁、隧道铺设输送易燃、易爆、有毒的气体或者液体的管道;

(六)其他侵占、破坏、损坏公路路产,危及公路安全的行为。

第十九条 超过公路、公路桥梁、公路隧道或者汽车渡船的限载、限高、限宽、限长标准的车辆,不得在有限定标准的公路、公路桥梁和公路隧道行驶,不得使用汽车渡船。

超过公路或者公路桥梁限载标准确需行驶的,应当经公路管理机构按照有关规定批准,并按要求采取有效的防护措施。运载不可解体的超限物品的,应当按照指定的时间、路线、时速行驶,并悬挂明显标志。

第二十条 公路监督检查人员应当依法对在公路上行驶的车辆进行超限检测,对未经批准的超限车辆可以指定其在县级以上人民政府交通主管部门或者公路管理机构确定的地点停放,卸载至符合轴载质量及其他限值,按照有关规定补交已行驶里程的补偿费。

公路监督检查人员进行超限运输检查时,应当确保公路安全和畅通。被检查人员应当配合,接受检查,不得强行通过。

第二十一条 利用、占用公路和公路用地的下列行为,应当经公路管理机构批准:

(一)公路接线设置道口;

(二)拆除分隔带;

(三)埋设管线、设置电杆、变压器和类似设施;

(四)修建跨(穿)越公路的各种桥梁、牌楼、涵洞、渡槽、隧道、管线等设施;

(五)履带车、铁轮车及其他有损公路路面的车辆上路行驶;

(六)其他利用、占用公路和公路用地的行为。

从事前款第(三)项、第(四)项行为,影响交通安全的,还须征得有关公安机关的同意。

第二十二条 在国道、省道上增设的平面交叉道口与公路搭接的路段,应当铺设长度不少于五十米的次高级以上路面。

第二十三条 损坏路产、污染公路应当依法承担赔偿责任;占用、利用公路路产或者超限运输的,应当承担经济补偿责任。赔偿、补偿费标准由省人民政府交通主管部门会同省财政、价格部门制定。

交通事故造成损坏路产或者污染公路的,公安部门应当及时通知公路管理机构处理。

第二十四条 公路建筑控制区的范围,从公路用地外缘起向外的距离标准为:国道不少于20米;省道不少于15米;县道不少于10米;乡道不少于5米。属于高速公路的,公路建筑控制区的范围从公路用地外缘起向外的距离标准不少于30米。公路弯道内侧、互通立交以及平面交叉道口的建筑控制区范围根据安全视距等要求确定。

建筑控制区的具体范围经县级以上人民政府确定并予公告后,由公路管理机构设置标桩、界桩。禁止在公路建筑控制区内修建建筑物和地面构筑物,但公路防护、养护需要的除外。

第二十五条 自公路两侧边沟外缘起算,高速公路八十米范围内广告标牌设施的位置,应当由省人民政府交通主管部门统一规划,并按照有关规定批准。

国道五十米、省道三十米范围内广告标牌设施的位置,应当由地级以上市人民政府交通主管部门统一规划,并按照有关规定批准。

县道二十米、乡道十米范围内广告标牌设施的位置,应当由县级人民政府交通主管部门统一规划,并按照有关规定批准。

第二十六条 新建、改建公路线路确定后,县级以上人民政府交通主管部门应当知会当地人民政府规划、建设、国土等有关部门,在建筑控制区内不再审批建筑物、构筑物的建设。

对已经立项即将开工或者正在建设的公路,公路管理机构应当予以公告并依法实施路政管理。任何单位和个人自公告之日起不得在公路建设用地范围内抢建、抢种。

第二十七条 根据城市规划或者其他建设工程需要,国道、省道和收费公路需改线的,报省人民政府交通主管部门批准;不收费县道需改线的,报市人民政府交通主管部门批准;影响交通安全的,还须征得有关公安机关的同意。当地人民政府或者建设单位应当按照不低于该段公路原等级标准负责改线工程的投资。改线工程竣工验收后一年内办理新旧路产移交手续。

穿城(镇)公路需转为城市道路的,应当按照公路管理权限审批并办理有关手续。

第二十八条 公路竣工验收前,建设单位或者项目法人应当办理公路和公路用地土地使用权的登记,并按照规定取得土地使用权证。

第二十九条 公路改建及渡口改桥后处于建筑控制区内的原路产,继续作为公路规划建设用地管理;在建筑控制区外的原路产,可依法换取新建路桥需用的土地;改变用途和报废的,依法办理变更或者报废手续,手续办妥前,任何单位和个人不得占用。

第三十条 公路改建、扩建和养护大修、中修,施工单位应当按照公路施工、养护规范堆放材料,施工人员应当穿着统一安全标志,作业车辆、机械必须设置明显作业标志,并在施工路段按照规定设置施工标志、安全标志或者绕道行驶标志,采取措施疏导交通。完工后应当及时清理施工现场,保证车辆和行人的安全通行。

因恶劣天气、自然灾害、工程施工等原因需关闭公路的,公路管理机构和公安部门应当提前发布通告,并采取措施疏导交通。

第三十一条 公路管理机构应当按照路产管理权限加强对公路标志、标线的监督管理,发现设置错误、不完善或者损坏的,应当责令公路经营者、管理者限期改正、修复或者更换。

第三十二条 公路绿化工作,由公路管理机构按照公路工程技术标准组织实施。

公路用地上的树木不得任意砍伐;确需更新砍伐的,必须经公路管理机构同意,按照《中华人民共和国森林法》的规定办理审批手续,并完成更新补种任务。

第五章 收费公路

第三十三条 收费公路,是指符合公路法和《收费公路管理条例》规定,经批准依法收取车辆通行费的公路(含桥梁、隧道和渡口)。

收费公路包括政府还贷公路和经营性公路。

第三十四条 省人民政府交通主管部门对本行政区域内的政府还贷公路,可以实行统一管理、统一贷款、统一还款。

经省人民政府批准,可在一定区域内实行车辆通行费年票制。

第三十五条 收费公路的设立应当符合国家和省的有关规定,由省人民政府交通主管部门会同省有关部门审核后,报省人民政府审批。省人民政府应当对收费公路的数量进行控制。

设立经营性收费公路应当依法采用招标投标的方式选定投资者。

转让收费公路收费权,属国道的,应当报国务院交通主管部门批准;属国道以外其他公路的,应当报省人民政府批准,并报国务院交通主管部门备案。

第三十六条 收费公路收费站的设置,由省人民政府按照《收费公路管理条例》的有关规定审查批准。

收费站站址的变更由县级以上人民政府交通主管部门审核逐级报省人民政府交通主管部门批准;站名变更的还需到价格部门换领收费许可证。

收费公路单向收费改为双向收费的,由省人民政府交通主管部门会同省人民政府价格主管部门审核后报省人民政府批准。

第三十七条 收费公路交工验收合格方可收费;收费公路终止收费后,收费公路经营管理者应当自终止收费之日起十五日内拆除收费设施。

第三十八条 车辆通行费的收费标准,按照《收费公路管理条例》的有关规定审查批准。

车辆通行费的收费标准,应当根据公路的技术等级、投资总额、当地物价指数、偿还贷款或者有偿集资款的期限和收回投资的期限以及交通量等因素计算确定。

公路建设项目试运营申请核定收费标准的,其建设项目投资总额按照省人民政府交通主管部门审批的设计概算计算;收费公路建设项目竣工验收后申请核定收费标准,其建设项目的投资总额按照省人民政府交通主管部门审批的竣工决算计算。涉及财政性资金的投资项目的投资总额按照财政部门审批的竣工决算计算。

修建与收费公路经营管理无关的设施、超标准修建的公路经营管理设施和服务设施的费用,在核定收费标准时,应当从投资总额中扣除。

第三十九条 收费公路的收费期限,由省人民政府按照《收费公路管理条例》的有关规定审查批准。收费期限届满,必须终止收费。

政府还贷公路在批准的收费期限届满前已经还清贷款、还清有偿集资款的,必须终止收费。

依照本条前两款的规定,收费公路终止收费的,省人民政府应当向社会公告,接受社会监督。

第四十条 省人民政府交通主管部门负责对全省公路联网收费的规划、设计、建设和运营实施管理。

第四十一条 收费站必须悬挂省人民政府交通主管部门统一监制的收费站站牌、标牌和省人民政府价格主管部门统一制发的收费许可证;并公布审批机关、收费单位、收费标准、收费起止年限、监督电话等内容。

第四十二条 收费公路经营管理者应当加强对收费站工作人员的业务培训和职业道德教育,收费人员应当做到文明礼貌,规范服务。

第四十三条 收费公路经营管理者应当建立健全财务、审计、统计、票据管理制度和报表制度。省人民政府财政、交通、税务、审计、价格、监察主管部门应当加强监督检查。

第四十四条 收费公路路政管理职责由公路管理机构行使,具体管理办法由省人民政府交通主管部门制定,报省人民政府批准。收费公路的养护、绿化由该公路的经营者负责,公路管理机构应当加强监督、检查。

交通、公安机关根据执法需要,可以查阅公路收费监控系统信息。

第四十五条 政府还贷公路收费站的管理费提取办法由省人民政府交通主管部门会同省人民政府财政、价格部门提出意见后报省人民政府批准。

不得将政府还贷公路收费站发包给任何单位或者个人承包收费。

第四十六条 经营性收费公路经营期间,等级公路技术状况指数(MQI)应当保持七十以上、高速公路技术状况指数(MQI)应当保持八十以上。

第四十七条 收费公路有下列情形之一的,由省人民政府交通主管部门责令经营管理者限期改正;逾期不改的,报省人民政府批准停止其收费:

(一)收费公路路面严重残损,连续三个月达不到规定的等级公路或者高速公路技术状况指数(MQI)的;

(二)不按照规定上报财务报表达六个月或者瞒报、虚报财务收支情况的;

(三)试运营期满仍未申请竣工验收或者验收不合格的;

(四)经营和管理违反相关法律法规,造成严重社会影响的。

收费公路经整改后符合收费要求,申请恢复收费的,应当经省人民政府批准。

第四十八条 收费公路经营管理者应当加强对收费站的管理,按照规定合理设置收费通道,具备条件的应当设置复式收费。

公路收费站应当根据车流量及时开足通道,保障收费通道的畅通;因未开足通道而造成在用通道平均五台以上车辆堵塞的,应当免费放行并开足通道。

第四十九条 省人民政府交通主管部门应当在公路收费站公布投诉电话。

公路收费站违反第四十八条第二款规定的,群众有权进行投诉、举报,县级以上人民政府交通主管部门应当认真调查,并按照第五十八条的规定追究有关人员的法律责任,并把处理结果告知投诉举报人。

第六章 法 律 责 任

第五十条 违反本条例第十八条规定的,由县级以上人民政府交通主管部门责令其停止违法行为,限期采取补救措施,并可以按照下列规定处罚:

(一)违反第(一)项、第(二)项规定,尚未造成路产损坏的,处以五百元以下罚款;造成路产损坏的,处以五百元以上五千元以下罚款;

(二)违反第(三)项规定的,处以五千元以下罚款;危及行车或者公路安全,情节严重的,处以五千元以上三万元以下罚款;

(三)违反第(四)项、第(五)项规定的,责令限期拆除,处以一万元以上三万元以下罚款;逾期不拆除的,由县级以上人民政府交通主管部门拆除,费用由构筑者承担。

第五十一条 违反本条例第十九条规定,车辆在公路上擅自超限行驶的,由县级以上人民政府交通主管部门责令停止违法行为,可以处一千元以下罚款;情节严重的,强制卸载,可以处一千元以上三万元以下罚款。

第五十二条 违反本条例第二十一条第一款第(一)项规定,擅自与公路接线设置道口的,由县级以上人民政府交通主管部门责令停止违法行为,恢复原状,并处以五万元以下罚款。

违反本条例第二十一条第一款第(二)项、第(三)项、第(四)项、第(五)项规定的,由县级以上人民政府交通主管部门责令停止违法行为,可以处五千元以下罚款;造成公路损坏的,责令恢复原状,可以处五千元以上三万元以下罚款,并应当依法承担赔偿责任。

第五十三条 违反本条例第二十四条第二款规定,在公路建筑控制区内修建建筑物或者地面构筑物的,由县级以上人民政府交通主管部门责令限期拆除,并可以处五万元以下罚款;逾期不拆除的,由县级以上人民政府交通主管部门拆除,有关费用由建筑者、构筑者承担。

第五十四条 违反本条例第二十五条规定未经批准设置广告标牌设施的,由县级以上人民政府交通主管部门责令停止违法行为,限期拆除,可以处一千元以上五千元以下罚款;情节严重的,可以处五千元以上二万元以下罚款;逾期不拆除的,由县级以上人民政府交通主管部门拆除,有关费用由设置者承担。

第五十五条 违反本条例第三十条第一款规定的,由县级以上人民政府交通主管部门责令停止违法行为,影响公路畅通或者危及行车安全的,可以处五万元以下罚款;造成损失的,由施工单位承担民事责任。

第五十六条 违反本条例第三十二条第二款规定,擅自砍伐公路树木的,由县级以上人民政府交通主管部门责令赔偿损失。

第五十七条 有下列情形之一的,由省人民政府交通主管部门责令其限期改正,没收已收取的车辆通行费,上缴国库,用于公路建设:

(一)违反本条例第三十五条第三款规定,未经批准擅自转让收费公路收费权的;

(二)违反本条例第三十七条规定,未经交工验收合格开始收费的;

(三)违反本条例第四十五条第二款规定,将政府还贷公路收费站发包给单位或者个人承包收费的。

第五十八条 违反本条例第四十八条第二款规定,因未开足通道造成车辆堵塞的,由县级以上人民政府交通主管部门对收费公路经营管理者处以五千元以上一万元以下罚款;负有责任的主管人员和其他直接责任人员属于国家工作人员的,依法给予处分。

第五十九条 违反本条例规定,擅自在公路上设卡、收费或者应当终止收费而不终止的,由省人民政府交通主管部门责令停止违法行为,没收违法所得,并处以违法所得三倍以下的罚款;没有违法所得的,处以二万元以下罚款;负有责任的主管人员和其他直接责任人员属于国家工作人员的,依法给予处分。

第六十条 交通主管部门、公路管理机构的工作人员玩忽职守、徇私舞弊、滥用职权的,依法给予处分;构成犯罪的,依法追究刑事责任。

第七章 附 则

第六十一条 本条例规定的公路养护和收费公路等事项,需要制定具体办法的,由省人民政府另行制定。

第六十二条 本条例自2009年1月1日起施行。

印发广东省高速公路建设规划方案的通知

(粤府〔1989〕151号)

各市、县、自治县人民政府,省府直属有关单位:

省人民政府原则同意省交通厅制定的《广东省高速公路建设规划方案》,现印发给你们,请研究执行。

近几年来,我省采取了一系列政策和措施,加快了公路基础设施建设,干线公路的路况有了较大的改善。但是,交通设施滞后于经济发展的状况还未得到根本的改变。只有把公路建设的重点,从建桥为主,转为建路为主,从建一般公路为主,转为修建高速公路、汽车专用路为主,才能有效地提高我省的公路运输能力,促进经济发展。各级人民政府对高速公路的建设工作应予以高度重视,在国家政策许可范围内,从人、财、物等方面给予积极支持。省交通厅、各有关部门应通力配合,组织人力、物力,拟定高速公路建设规划的各项具体分步实施方案,按程序报请批准后组织实施。

广东省人民政府

一九八九年十二月八日

广东省高速公路建设规划方案

一、规划建设目标

全省公路建设长远规划的基本设想是:在抓好现有公路的管理、养护,保持并改善现有行车条件和通过能力的同时,从一九九一年开始,大体用二十年时间,建设十条总长约二千五百公里的高速公路,组成以广州为中心,向粤东、粤西、粤北辐射,与国家公路主骨架相连接,沟通我省重点城市、交通枢纽和对外口岸,以高速公路为骨架,现有公路为辅道,既能分道行驶,又可以沟通相连的公路网络。

拟建的十条高速公路是:广深珠高速公路,广州起,经深圳、珠海、中山、江门至鹤山;广湛高速公路,广州起,经佛山、开平、阳江至湛江;深汕高速公路,深圳起,经惠阳、汕尾至汕头;广州至惠东高速公路,广州起,经增城至惠东白云;佛山至肇庆高速公路,佛山起,经肇庆至封开;新作塘至梅县高速公路,新作塘起,经河源至梅县;惠州至深圳高速公路,惠州起,经深圳至盐田;汕头至潮洲高速公路,汕头至潮洲;湛江至遂溪高速公路,湛江起,经遂溪至山口。这十条高速公路建成后,基本构成了我省高速公路网络,全省的公路交通将会有较大的改观。

一九八九年、一九九〇年,高速公路建设的主要任务是搞好规划和前期工作,进行可行性研究,编制项目建议书,申报立项。从"八五"计划期间起,全省高速公路网建设规划正式实施,本着积极、稳妥、量力而行的原则,先从经济发达地区起步,逐渐向内地延伸。"八五"计划期间,建设重点主要是引进外资项目的实施,并从组织管理、设计、施工等方面为以后三个五年计划期间实施的项目做准备。实施计划是:

"八五"计划期间,建设高速公路四百三十四公里,包括:广深珠高速公路东线,广州氮肥厂至深圳皇岗段一百二十公里;广湛高速公路,佛山至鹤山段五十三公里;深汕高速公路,龙岗至惠东白云段五十六公里,陆丰博美至汕头达濠段一百一十八公里;惠州至深圳高速公路六十四公里;广州至韶关高速公路,广州至花县而十三公里。

"九五"计划期间,建设高速公路五百二十六公里,包括:广深珠高速公路西线一百八十二公里及虎门大桥;深汕高速公路,惠东白云至陆丰博美一百一十一公里;广州至惠东白云高速公路一百八十公里；广湛高速公路，鹤山至开平段五十三公里。

"十五"计划期间，建设高速公路七百公里，包括：广湛高速公路，开平至遂溪段二百九十四公里；广州至肇庆高速公路，大沥至肇庆段九十二公里；广州至韶关高速公路，花县至韶关段二百七十九公里；汕头至潮州高速公路三十五公里。

"十一五"计划期间，建设高速公路八百二十九公里，包括：广湛高速公路，遂溪至徐闻海安段一百五十五公里；湛江至遂溪高速公路九十五公里；新作塘至梅县高速公路二百八十九公里；深汕高速公路，汕头至汾水关段六十五公里；广韶高速公路，韶关至城口段六十公里。

二、资金筹措办法

上述十条高速公路，合计里程二千四百八十九公里，估算约需资金二百五十亿元。要解决这笔数额巨大的资金，一方面需要政策上尽可能给予优惠、支持，另一方面通过利用外资，争取国家给予补助和发行建设债券，向银行申请贷款，收取过桥（路）非偿还等办法多渠道解决。主要政策措施是：

（一）继续征收客票附加公路建设基金，将现行分档次计征的客票附加公路建设基金改为不分档次，调整、合并为全部按每人每公里一分钱计征。

（二）现有的过桥（路）收费项目，还清本息后，按照全面规划，合理布点，尽量方便车属单位和司乘人员的原则，调整、合并后合理布设收费点（设点方案由省交通厅制定报省人民政府审批），由省交通主管部门统一管理，统一征费。所收过桥（路）费，用于高速公路建设部分，不作为经营性收入，专项报省人民政府批准后，给予免税照顾。

（三）开征高速公路建设车辆养路费附加。货车、客车统按每月每吨二十元计征（客车十个座位折合一吨），在缴交公路养路费时一并征收，专款专用。

（四）从养路费收入中缴交的国家能源交通重点建设基金和国家预算调节基金，其计征按现行办法不变。能源交通重点建设基金，按依旧八四年养路费收入为基数计交，地方分成收入部分，专项安排于高速公路建设，并视可能逐年增加；缴交的国家预算调节基金，留归地方财政的50%，全部拨交给省交通部门，用于高速公路建设。

（五）高速公路建设占用耕地，按国家规定的底线标准征收耕地占用税，即占有每一平方米耕地征收二元，其中留省得70%再返还给省交通部门用于高速公路建设。缴交耕地占用税后，国土部门不再征收垦复基金或菜地发展建设基金。

（六）继续执行养路费外汇额度全额留用的政策，由省交通厅统筹安排用于进口公路建设筑路机械和材料、偿还外资贷款等。外汇养路费使用计划，由省交通厅编制，报省计委审批。公路养路费外汇自身平衡如有困难，省给予适当支持。

（七）结合高速公路建设，进行综合开发。高速公路沿线设立的互通式立交或半互通式立交，允许省交通主管部门和所在地政府，在立交周围画出一定范围的土地进行综合开发,以提高投资效益。综合开发所得的收入,划出一部分资金补偿立交建设的工程费用。

(八)执行国家产业政策,对列入国家基本建设计划的高速公路建设项目所需贷款,请银行在贷款利率上给予优惠照顾;施工单位承包的高速公路建设工程,可向税务机关申请减免税。

(九)因高速公路建设需支付的土地补偿费、青苗补偿费、附着物补偿费、安置补助费等四项补偿,采用低限标准安排,交所在地人民政府负责包干完成;需要动迁的建筑物、电力电缆、电话线、水利设施、给排水等按原设施的数量和质量计付补偿费用,由所属单位(部门)负责搬迁完成。

(十)通过上述优惠政策、措施,约能解决修建高速公路所需建设资金的三分之一,缺口资金,通过利用外资、争取国家给予补助、向银行贷款、发行建设债券和发动沿线群众土地入股等办法予以解决。

三、组织领导工作

实现我省高速公路建设规划,任务十分艰巨,必须加强组织领导。

(一)组建广东省高速公路教建设领导小组和办公室,由一位副省长兼任领导小组组长,省计委、经委、建委、交通厅、财政厅、国土厅、公安厅、工商局、税务局、物价局及有关银行派员参加(办公室设在省交通厅),负责全省高速公路建设规划的部署、协调组织工作。

(二)加强建设的前期工作,严格按基建程序办事。今明两年重点抓好"八五"计划初期开工项目的可行性研究,审查报批项目建议书,计划任务书和初步设计。建设规划正式实施以后,也应提前做好建设项目的前期工作,为规划实施创造条件。

(三)深化改革,合理分工,理顺公路建设工程管理体制。以公路建设公司为基础,组建广东省高速公路建设公司,主要负责高速公路的建设、管理和经营工作。省公路局改为主要负责一般公路的建设管理工作。同时,由省公路管理局、省公路建设公司、省公路工程处集资投股,组建广东省公路工程机械租赁公司,负责加强机械管理,对施工单位租赁机械实行有偿使用。

(四)加快建设人才的培养,组建"广东省交通专科学校"。

印发广东省交通基础设施建设征地拆迁补偿实施办法的通知

(粤府办〔2003〕46号)

各市、县、自治县人民政府,省府直属有关单位:

《广东省交通基础设施建设征地拆迁补偿实施办法》(以下简称《办法》)业经省人民

政府同意,现印发给你们,请认真贯彻执行。

全省其他基础设施建设征地拆迁补偿,可参照本《办法》执行。

广东省人民政府办公厅
二〇〇三年六月三十日

广东省交通基础设施建设征地拆迁补偿实施办法

第一条 为了保障我省交通基础设施建设用地,维护被征地农民集体和个人(包括承包经营权人,下同)的合法权益,根据《中华人民共和国土地管理法》、《中华人民共和国土地管理法实施条例》和《广东省实施〈中华人民共和国土地管理法〉办法》等有关法律法规的规定,结合我省实际,制定本办法。

第二条 本办法所称交通基础设施是指国道、省道、高速公路(含城市快速路)、航道、港口、机场、铁路、城际轨道(含城市地铁)及其生产性配套设施等建设项目。

第三条 交通基础设施建设用地,经依法批准,可以以划拨方式取得。征地拆迁工作统一由市、县人民政府负责组织实施。建设用地单位可以与市、县人民政府或其指定的土地行政主管部门签订征地拆迁包干协议,也可以根据实际情况采用其他办法进行。建设用地单位应及时提供用地图纸和有关技术资料;市、县人民政府负责征地拆迁的动员、丈量、补偿、安置,及时办理用地报批手续,组织供地方案的实施。

第四条 交通基础设施建设用地的征地拆迁补偿标准按区域分为两类:一类地区包括省划定的50个山区县(市、区),东西两翼和粤北山区即:汕头市(不含南澳县),汕尾市(不含海丰、陆河县),潮州市(不含饶平、潮安县),揭阳市(不含普宁市、揭西县),茂名市(不含高州、信宜市),阳江市(不含阳春市),湛江市,河源市的源城区,韶关市的北江区、浈江区、武江区,云浮市的云安县,清远市的清城区;二类地区指除一类地区以外的地区。

第五条 全省统一交通基础设施建设征用农村集体土地的税费征收项目,各项收费收入按规定纳入同级财政部门国库或财政专户管理,任何单位和个人不准擅自增加收费项目。征用农村集体土地的税费项目包括耕地占用税、农业税、耕地开垦费、征地管理费、土地补偿费、青苗补偿费、安置补助费、征用林地补偿费等8项(国家有新规定除外)。计征标准如下:

(一)耕地占用税

国家规定应缴纳耕地占用税的交通基础设施用地项目,耕地占用税平均税额在每平方米5元(含5元)以上的地区,按照每平方米2元的标准征收耕地占用税;平均税额在每平方米 5 元以下的地区,按照每平方米 1.5 元的标准征收耕地占用税。

(二)农业税

被征用的土地,自批准征用的次年起,停征该土地所负担的农业税。

(三)耕地开垦费

地级以上市辖区内每平方米 20 元;县级市辖区内每平方米 15 元;县辖区内每平方米 10 元;占用基本农田保护区内的耕地每平方米加收 15 元。

(四)征地管理费

按征地补偿费总金额的 2% 提取。

(五)土地补偿费

征用水田的,不收取路桥通行费的建设项目和一类地区收取通行费的建设项目(以下简称一类项目),按其被征用前三年平均年产值的 8 倍补偿,二类地区收取通行费的建设项目(以下简称二类项目)按 9 倍补偿;征用其他耕地的,一类项目按其被征用前三年平均年产值的 6 倍补偿,二类项目按 7 倍补偿;征用鱼塘的,一类项目按其邻近水田被征用前三年平均年产值的 9 倍补偿,二类项目按 10 倍补偿;征用其他农用地的,一类项目按其被征用前三年平均年产值的 5 倍补偿,二类项目按 6 倍补偿;征用未利用地的,按邻近其他耕地补偿标准的 50% 补偿;征用农民集体所有非农业建设用地的,按邻近其他耕地的补偿标准补偿。平均年产值以经县级统计部门审核的乡(镇)统计年报和经物价部门认可的单价为准。

(六)青苗补偿费

属短期作物,按一造产值补偿;属多年生作物,根据其种植期和生长期长短给予合理补偿,最高额不超过土地年产值的 5 倍。

(七)安置补助费

征用耕地的,每一个需要安置的农业人口的安置补助费,为该耕地被征用前三年平均年产值的 5 倍,每公顷的安置补助费最高不得超过被征用前三年平均年产值的 15 倍;征用其他农用地的,其安置补助费总额,为该农用地被征用前三年平均年产值的 4 倍。

征用宅基地和未计征农业税的土地,不付给安置补偿费。

征用 1 亩耕地及其他农用地需安置的农业人口数,等于该县农业人口总数除以耕地总面积。该县农业人口数,按当地统计部门审定的以县(市、区)为单位的统计年报中征地前三年的农业人口平均数为准。耕地总面积以县级统计部门统计年报数为准。

依据本《办法》规定支付土地补偿费和安置补助费，尚不能使需要安置的农民保持原有生活水平的，经省人民政府批准，可增加安置补助费。但土地补偿费和安置补助费的总和不得超过土地被征用前三年平均产值的30倍。

（八）征用、占用林地补偿费

征用、占用商品林林地，必须按下列标准缴纳林地补偿费、林木补偿费、安置补助费和森林植被恢复费：

（1）林地补偿费：按被征用、占用林地前三年平均年产值的5倍补偿。

（2）林木补偿费：成熟林地和近熟林按林地的林木实际价值补偿；中龄林按林地的林木实际价值2倍补偿；幼龄林按实际造林投资3倍补偿；种植不到一年的未成林按当年实际造林投资补偿；苗圃苗木、经济林按前三年平均年产值3倍补偿。

（3）安置补助费：按国家和省有关征地安置农业人口的规定补助。但是，林地补偿费和安置补助费的总和不得超过林地被征用前三年平均年产值的30倍。

（4）森林植被恢复费：用材林林地、经济林林地、薪炭林林地、苗圃地，每平方米收取6元；未成林造林地，每平方米收取4元；防护林和特种用途林林地，每平方米收取8元；国家重点防护林和特种用途林林地，每平方米收取10元；疏林地、灌木林地，每平方米收取3元；宜林地、采伐迹地、火烧迹地，每平方米收取2元；城市及城市规划区的林地，可按照上述规定标准2倍收取。

征用、占用生态公益林林地的，其林地补偿费、林木补偿费和森林植被恢复费按征用、占用商品林林地的补偿标准加倍缴纳。安置补助费，按征用、占用商品林林地的标准补助。

以非行政划拨方式取得的交通基础设施建设用地，除上述8项税费项目外，还须按省财政厅、国土资源厅《转发财政部、国土资源部关于印发〈新增建设用地土地有偿使用费收缴使用管理办法〉的通知》（粤财基费〔1999〕103号）、《转发财政部、国土资源部关于调整新增建设用地土地有偿使用费征收等别的通知》（粤财综〔2003〕13号）等有关规定，缴纳新增建设用地土地有偿使用费。

第六条 使用国有土地按下列原则补偿：

使用国有农用地仍按本《办法》第五条规定的标准补偿；使用国有建设用地，按取得建设用地的价格加上经过审核确认的对土地"三通一平"的实际投入费用酌情补偿；使用未开发国有荒山、荒地、荒滩等不予补偿。

第七条 附着物拆迁补偿标准

（一）城市规划区内国有土地的房屋拆迁补偿按《城市房屋拆迁管理条例》（国务院令

第 305 号)执行。

其他房屋拆迁,根据不同地区类别、房屋结构,最高按以下标准补偿:

一类地区:水、电齐全的框架结构楼房,每平方米按 500 元补偿;水、电齐全的砖混楼房,每平方米按 400 元补偿;一般混合结构房屋,每平方米按 350 元补偿;一般砖木结构房屋,每平方米按 250 元补偿;简易结构房屋,每平方米按 150 元补偿;简易棚房,每平方米按 100 元补偿。

二类地区:水、电齐全的框架结构楼房,每平方米按 750 元补偿;水、电齐全的砖混楼房,每平方米按 600 元补偿;一般混合结构房屋,每平方米按 500 元补偿;一般砖木结构房屋,每平方米按 350 元补偿;简易结构房屋,每平方米按 250 元补偿;简易棚房,每平方米按 150 元补偿。

对违章建筑和超过批准期限的临时建筑不予补偿。

上述不同结构房屋补偿时,应扣除折旧费。折旧费以房屋补偿费为基数,按每年 1% 计算;新宅基地可适当补助"三通一平"费用,最高可按房屋拆迁补偿费总额的 10% 计取。

(二)房屋外阳台、外走廊按其房屋补偿标准的 50% 计算。

(三)围墙每平方米按 50 元补偿;挡土墙每立方米按 80~100 元补偿;晒谷场、粪池每平方米最高不超过 30 元;一般水井每口按 1000 元补偿。

(四)坟墓迁移补偿:国务院《殡葬管理条例》颁布实施前已下葬的墓地,土坟每穴补偿 100 元;砖砌或水泥结构的,每穴补偿 180 元;骨坛每个补偿 50 元。《殡葬管理条例》颁布实施后下葬的,原则上不予补偿,并限期迁移。

(五)电力线(杆、塔)、通信设施、水利设施、输油(气)管道、地下供水管(网)、电缆光缆等拆迁费用由建设单位与所属业主单独签订拆迁合同。拆迁补偿费用,由建设单位与各业主协商后直接支付。

第八条 征地公告发布后,被征地单位和个人抢栽抢种的农作物或抢建的建筑物不列入补偿范围。

第九条 委托地方政府包干征地的工作经费,按征地拆迁补偿费总额的 2% 计取。

第十条 征地拆迁的各项费用从征地补偿安置方案批准之日起三个月内由用地单位按合同有关条款确定的支付比例全额支付。征地拆迁补偿费按规定支付后,被征用土地的单位和个人应当按规定期限交付土地;如征地拆迁补偿费未按规定支付的,被征用土地的单位和个人有权拒交土地。

被征土地的单位和个人按补偿标准领取补偿后,拒不搬迁的,由县级以上人民政府依法申请人民法院强制执行,保证国家建设用地。凡扰乱、阻碍建设项目和破坏建设项目,给国家造成损失的,视情况由有关机关依法追究当事人的经济、法律责任。

第十一条 各级人民政府及各村民委员会应当把征地拆迁补偿费标准、补偿办法等向被征用土地的单位和个人公开,确保被补偿人应得的补偿费及时足额拨付到户,不得截留、挪用和代扣各种收费。各级监察、财政、审计部门要加强行政监督,确保各项征地款项的合法、合理使用。

第十二条 对征地中权属有争议的土地,该市、县人民政府应当在六个月内调处争议,确定权属,将征地拆迁补偿款付给权属单位或个人。各争议方不得以争议为由阻挠建设。

第十三条 对征地补偿标准有争议的,由县级以上人民政府协调。协调不成的,由批准征用土地的人民政府裁决。在土地行政主管部门指定的时间内不领取补偿费,或对征地补偿、安置有争议的,不影响征用土地方案的实施。

第十四条 交通基础设施建设项目施工临时用地,各县级以上人民政府要优先安排。有关使用规定和补偿问题按《广东省实施〈中华人民共和国土地管理法〉办法》第三十七条规定办理。

第十五条 不依法及时办理有关征用土地手续,擅自增加收费项目,未及时足额将征地拆迁补偿费发放到被征用土地的集体和个人等,导致工程建设工期延误造成经济损失的,将追究主要责任人和有关责任人的政纪责任。构成犯罪的,移交司法机关处理。

第十六条 本办法自公布之日起施行。1992年1月13日省政府公布施行的《广东省交通基础设施建设征用土地暂行办法》同时废止。

关于印发《广东省综合行政执法试点方案》的通知

（粤府办〔2005〕9号）

各地级以上市人民政府,各县(市、区)人民政府,省政府各部门、各直属机构:

《广东省综合行政执法试点方案》已经省人民政府批准,现印发给你们,请认真组织实施。

广东省人民政府办公厅
二〇〇五年一月三十一日

广东省综合行政执法试点方案

根据《国务院关于进一步推进相对集中行政处罚权工作的决定》(国发〔2002〕17号)、《国务院办公厅转发中央编办关于清理整顿行政执法队伍实行综合行政执法试点工作意见的通知》(国办发〔2002〕56号)精神和贯彻落实省政府确定要重点抓好十件大事的要求,结合我省实际,制定本方案。

一、试点的指导思想和原则

试点的指导思想是:以邓小平理论和"三个代表"重要思想为指导,认真贯彻党的十六大、十六届三中、四中全会关于深化行政管理体制改革的精神,调整职能,归并机构,精简人员,从体制上、源头上改革和创新行政执法体制,建立权责明确、行为规范、监督有效、保障有力的行政执法体制,建设廉洁务实、业务精通、素质过硬的行政执法队伍。

试点坚持以下原则:

(一)依法行政,规范管理

规范行政执法机构的设立,明确行政执法机构的性质、地位和职责;规范行政执法行为,提高依法行政的能力和水平,建立和完善行政执法机构编制的管理制度和办法。

(二)精简、统一、效能

在转变政府职能基础上,整合行政执法职能,减少执法层次,调整和归并执法机构和执法队伍,在执法机构、执法人员总量减少的同时,提高执法效率,降低执法成本,提升执法综合效应。

(三)整体运作、协调推进

将综合行政执法试点工作与深化行政管理体制改革、创新政府管理方式有机结合起来,与相对集中行政处罚权、事业单位机构改革和电子政务建设密切衔接起来,省、市、县试点工作上下联动,发挥改革的整体效应。

(四)因地制宜、分类指导

既要以积极的态度大胆探索、勇于创新,又要着眼于我省实际,坚持一切从实际出发,实事求是,因地制宜,处理好改革、发展和稳定的关系,有重点、分领域、分阶段地稳妥推进。

二、试点的主要内容

(一)清理整顿行政执法队伍

(1)清理执法业务范围。凡对行政管理相对人实施监督检查、行政处罚、行政强制等行为一律进行清理和规范。未经法律、法规授权或依法接受委托的行政执法职权和行为一律无效,予以清理。

(2)清理执法机构。符合下列情况的执法机构予以保留,但要按综合行政执法试点的要求进行调整和规范:法律、法规明确规定设立或授权的;依照规章以上规定受行政机关委托进行行政执法的;经机构编制部门批准设立并由省政府公告的;经过省政府批准公告的;政府机构改革中通过"三定"规定明确设立的。县级以上政府部门或乡镇政府自行设立的行政执法机构要立即停止执法,政府部门确有必要设立的,纳入综合行政执法试点统筹考虑。在综合行政执法试点之前,原不符合依法行政要求的行政执法机构行使的执法权,一律由其行政主管部门或委托机关收回,并由行政主管部门或委托机关行使。

(3)清理执法人员。全面清退行政执法队伍中各类临时、借用人员及不符合规定录用或调入人员,调离不合格的行政执法人员。严格执行省政府办公厅《转发国务院办公厅转发中央编办关于清理整顿行政执法队伍实行综合行政执法试点工作意见的通知》(粤府办〔2002〕97号)的规定,除国家指令性接收安置的军队转业干部和按计划招收录用的大学毕业生及正常交流轮岗的公务员外,对其他不符合规定录用、调入和提拔的人员,一律不予承认。

(4)清理经费来源。全面清理行政执法队伍乱收费、乱罚款和以罚代养等现象,检查落实"收支两条线""罚缴分离"和财政经费保障等制度的情况。

(5)清理执法证件。坚决取缔任何不符合法律、法规和规章规定的执法证件,逐步做到执法证件的规范、统一。

通过清理整顿,做到"队伍管理统一、业务指挥统一、人员编制统一、身份待遇统一、经费来源统一",并逐步实现"执法证件统一、执法文书统一"。

(二)转变政府部门职能,实行"两个相对分开"

改革政府部门既管审批又管监督检查的体制,将制定政策、审查审批等职能与监督检查、行政处罚、行政强制等职能相对分开。

改革行政执法机构监督检查、行政处罚与技术检验职能并存的体制,逐步实现监督检查、行政处罚职能与技术检验职能相对分开。承担技术检测、检验、检疫、鉴定职能的单位原则上要逐步与政府部门脱钩。同时,结合事业单位改革,按照区域覆盖的原则,将相同或相近技术设备、技术手段的检测、检验、检疫、鉴定机构,以及同在一地、任务不饱满的同类检测、检验、检疫、鉴定机构,尽量予以合并,整合资源,以提高设备利用率,集中力量发挥技术优势。

(三)整合行政执法机构,实行综合行政执法

改变多头执法的状况,将从政府部门、行政执法队伍、事企业单位等分离出来的行政

执法职责进行归类综合,按领域、行业或在部门内设置集中、统一的综合行政执法机构。依据精简原则,严格控制执法机构膨胀势头,能不设的不设,能合设的合设。一个政府部门下设的多个行政执法机构归并为一个机构;一个领域原则上只设一个综合行政执法机构,工作量不足以设立一个行政执法机构的可与其他业务相关的部门设置综合行政执法机构。各级政府部门已实行大行业行政管理体制的,将其行政执法职能整合,设置综合行政执法机构。重点在城市管理、商品市场管理、文化市场管理、资源环境管理、农业管理、交通运输管理领域以及其他适合综合行政执法的领域,合并、组建综合行政执法机构。已经进行了相对集中行政处罚权试点的地方,要按照实行综合行政执法的原则和要求,进一步整合监督检查、行政处罚、行政强制等职能,不断完善、规范行政执法体制。

改变多层执法状况,进一步理顺各级政府行政执法机构之间的职责分工,合理划分事权,减少重复执法、交叉执法现象,实行执法重心下移。行政执法机构按区域设置并实行属地管理,主要在城市和区、县设置。省政府各部门原则上不再单独设置行政执法机构,其主要职责是制定政策和监督指导,确有必要的,可在部门内设或明确相关机构承担行政执法的指导、监督和重大执法任务及跨区域执法的组织协调工作。设区的市可根据当地的具体情况和不同领域,适当选择以市为主或以区为主的模式。以市为主设综合行政执法机构的,所属区不再重复设置,确有必要的,可按区域覆盖原则,由市综合行政执法机构在所辖区内设立派出机构或分支机构。县级政府部门整合行政执法职能,可在部门内设立执法机构,或尽可能设置跨部门、跨领域的综合行政执法机构。凡涉及多头执法,同一执法内容、同一标准、同一执法对象的,均实行综合行政执法,由一个执法机构具体承担行政执法任务。

综合行政执法主要采取如下模式:

1. 归并同一政府部门下的多项执法职能和执法机构

整合省、市、县交通部门及交通领域事业、企业单位的公路运政、水路运政、公路(含高速公路)路政、航道行政、港口行政、交通规费稽查等方面的监督检查、行政处罚、行政强制等职能,按照行业管理特点,在省、市、县交通行政机关内设立交通综合行政执法机构。

整合卫生行政部门及其执法队伍以及所属事业单位的监督检查、行政处罚、行政强制等职能,在卫生行政机关内设立卫生综合行政执法机构。

2. 调整、归并同一领域内的执法职责及机构

(1)城市管理领域

将城市管理领域的城市规划、建设、房屋管理、市容环境卫生、城市绿化、市政园林、燃气等方面的监督检查、行政处罚、行政强制等职能从相关行政管理部门、执法队伍、事业单

位中分离出来,进行整合,组建城市管理综合行政执法机构。

(2)文化管理领域

在省文化、广播电影电视、新闻出版等部门整合行政执法职能,分别在机关内设立或明确相关内设机构承担文化市场行政执法的指导、监督和重大执法任务及跨区域执法的组织协调工作。将市、县文化、广播电影电视、新闻出版、版权、体育等部门的监督检查、行政处罚、行政强制等职能分离出来,与相关行政执法队伍、事业单位的行政执法职能整合,设立文化综合行政执法机构。文化领域执法任务少的市、县,可与其他相关执法机构归并综合设置。

(3)农业管理领域

整合农业、林业、水利、海洋与渔业部门的监督检查、行政处罚、行政强制等职能,原则上在机关内综合设立行政执法机构。市、县农业行政管理机构已实行大农业管理体制的,维持现状。

(4)国土资源环境领域

整合国土资源部门、环境保护部门的监督检查、行政处罚、行政强制等职能,在省、市、县国土资源部门、环境保护部门内综合设立行政执法机构。

在上述领域试点取得成效后,进一步推进商品市场管理等领域的综合行政执法试点。

除上述共性执法的领域和部门外,对专业性强、行政执法任务较重的部门,要整合、规范行政执法职能,设立或明确相关内设机构承担执法职责。

(四)规范机构编制管理,加强执法监督

1. 明确定位,规范设置

行政执法机构专司监督检查、行政处罚、行政强制等职能。独立设置的综合行政执法机构属于政府执行性行政机构,归行政主管部门管理,不列入政府工作部门序列,经省政府批准,具备行政执法主体资格。

2. 理顺关系,依法管理

(1)政府工作部门与独立设置的综合行政执法机构建立指导、协调、监督与反馈的工作关系。跨部门、跨领域组建的综合行政执法机构实行"一家为主,几家共管"的办法。政府工作部门要加强对综合行政执法机构的监督、指导和协调,督促其执行相关法律、法规和政策;综合行政执法机构应及时反馈实际工作中存在的问题、提出相关建议。独立设置的综合行政执法机构的领导按现行干部管理权限进行管理,中层干部及以下人员、日常业务、具体经费开支由其自主管理,主管部门不得随意干预。

(2)行政执法机构的设置由机构编制部门按规定的审批程序办理;行政执法机构的

执法资格、具体执法职权由政府法制机构负责合法性审查；需由省政府公告的行政执法机构按规定程序办理。

（3）重新核定行政执法人员编制。行政执法机构使用行政执法专项编制，实行中央编办宏观调控下的分级管理。按照精简原则，省机构编制部门根据不同执法领域特点，提出全省行政执法专项编制总额，按程序报批后，统一分配下达。

3. 健全机制，加强监督

（1）创新监督体制，成立政府绩效委员会，建立行政执法监督联席会议制度。政府绩效委员会作为高层次的议事协调机构，充分利用现有纪检监察、组织、财政、人事、编制、审计、法制等部门的资源，根据行政执法机构的具体职责确定绩效标准，建立绩效标准体系，运用绩效标准对行政执法机构实际取得的工作结果定期进行考核评估。绩效委员会具体工作由各级监察部门承担。行政执法监督联席会议制度通过统筹协调、沟通协作，形成监督合力。

（2）完善相关的监督体系。完善各级人大及其常委会的法律监督，政协、民主党派及人民团体的民主监督；充分发挥法院的司法监督作用，保障法院依法独立行使审判权，防止行政权力的滥用；加强行政监督，充分发挥监察、审计和法制部门对行政执法的监督作用，进一步加强行政复议制度的监督作用；建立健全社会监督和舆论监督机制。

（3）建立责任制约机制，实现权责统一。科学合理地界定行政执法机构和执法人员的权力与责任，严格实行行政执法责任制、评议考核制和行政执法过错追究制度，做到"执法有保障、有权必有责、用权受监督、违法受追究、侵权须赔偿"。

4. 规范执法程序，促进执法公开、公正，实现执法为民

规范行政执法程序，实行行政执法主体、权限公开；执法方式、程序和结果公开；确保严格、公正执法。建立和完善听证制度、规范听证程序，实行监督检查、行政处罚、行政强制的告知制度，增强行政执法透明度，保障相对人的程序参与权、知情权、申诉和获得救济的权利，保护公民、法人和其他组织的合法权益。

三、试点的配套措施

（一）规范财政管理制度

严格执行"罚缴分离""收支两条线"制度，收费及罚没收入全额上缴财政。独立设置的综合行政执法机构其经费由主管部门审核后报财政部门纳入预算；部门内设执法机构的，执法经费纳入部门预算。

（二）深化人事制度改革

优化行政执法人员结构，加强行政执法机构建设，在清理整顿的基础上，按职位分类

特点,对行政执法人员实行分类管理。按照国家公务员标准和职业特点,对行政执法人员进行专门的考试,择优录用,在编制内定岗定员,行政执法人员依照国家公务员制度管理。

(三)完善社会保障制度

实行综合行政执法后,行政执法人员依照国家公务员的社会保障制度执行。

四、试点的组织实施

综合行政执法试点工作是一项系统工程,改革难度大,涉及面广,情况复杂,政策性强,关系到部门和个人利益的调整,必须坚持积极稳妥的方针,统筹安排,周密部署,认真组织。为确保试点工作顺利进行,我省先选择部分领域、部门和地区进行试点,取得初步成效后,逐步推进。

(一)加强对试点工作的领导

试点工作在省委、省政府领导下,在中央编办的指导下,由省综合行政执法试点工作领导小组办公室(设在省编办)具体组织实施。各试点地区和单位的党政主要领导要高度重视,加强领导,认真抓好本地区和本单位的试点工作。

(二)精心组织试点方案实施

试点分四个阶段:第一阶段,2004年8月底前,研究制定上报方案。第二阶段,2004年10月—2005年6月,组织实施试点方案。该阶段分两步走,第一步主要是清理整顿行政执法队伍。第二步,结合深化行政管理体制改革、事业单位改革,选择文化、交通、农业、国土资源等领域和东莞市进行综合行政执法试点。第三阶段,2005年7月,进行全面试点;第四阶段,2006年7月,进行试点总结验收。进行深化行政管理体制改革试点的地区,可在本方案规定的原则和精神下,对本地行政执法机构的设置作适当调整。

(三)加强部门之间协作与配合

各级政府有关部门要在党委、政府领导下,加强协调沟通,互相支持配合,使综合行政执法试点工作能够平稳、有序地推进。

(四)严肃试点工作纪律

要严格组织、财经、保密和机构编制纪律,做到令行禁止,按规定处理好人财物的问题,防止国有资产流失,做好文件资料交接,保持工作的连续性和稳定性。省有关业务主管部门要从大局出发,积极支持和配合试点工作,不得以任何形式、任何手段干预试点地区和部门行政执法机构的设置模式、职能配置和人员编制。

印发《广东省高速公路网规划(2004—2030年)》的通知

各地级以上市人民政府,各县(市、区)人民政府,省政府各部门、各直属机构:

现将《广东省高速公路网规划(2004—2030年)》印发给你们,请认真组织实施。实施中遇到的问题,请径向省交通厅、发展改革委反映。

广东省人民政府

二〇〇五年十二月六日

广东省高速公路网规划(2004—2030年)

一、规划的必要性

改革开放以来,我省高速公路建设取得了显著成就,在经济建设和社会发展中发挥越来越重要的作用。至2004年底,全省高速公路通车里程达到2520公里,占全国7.6%,居全国各省(区)的第二位。高速公路发展水平总体上处于全国领先地位。但与世界发达国家相比,广东现有高速公路规模仍然偏小,尚未形成网络,不能适应全面建设小康社会、率先基本实现现代化的发展要求。高速公路网的建设和完善仍然任重而道远。

高速公路属于永久性基础设施,造价高,建设周期长,联网要求高,社会影响大,需要有科学的规划来指导建设。1989年省政府批准的《广东省高速公路建设规划方案》和1998年省计委批复的《广东省公路网规划(1996—2020)》,对全省高速公路的建设起到了非常重要的指导作用。随着形势的发展,原有规划已不适应,迫切要求系统编制全省高速公路网规划。一是经济和社会的持续快速发展,对高速公路建设不断提出新的需求;二是国家于1998年实施了"扩大内需"的积极财政政策,在这一政策的推动下,高速公路的发展速度比规划预期要快,预计到2010年原规划的2020年目标将提前10年基本实现;三是交通部于2001年即着手编制《国家高速公路网规划》,要求我省高速公路网与之衔接。在此背景下,省交通厅于2002年初委托省交通咨询服务中心开展研究,着手编制全省高速公路网规划。

二、高速公路网的功能定位

高速公路为专供汽车分向、分车道行驶并全部控制出入的多车道公路。与普通公路相比,高速公路具有行车速度快、通行能力大、运输成本低、安全、舒适等显著的技术经济特征,决定了高速公路在路网中的功能定位和作用:高速公路是公路网中技术标准最高、通道功能最强的干线公路,是公路网的骨架。我省境内高速公路网承担的主要功能为:是构成国家高速公路网的重要组成部分,承担着省际的客货运输,是省际的公路大通道;是主要城市之间的高速通道,是大中城市之间交通联系的理想选择;是港口、机场、铁路运输枢纽客货集散的重要运输方式;是高速公路联网的需要。

三、发展目标

再经过30年左右的时间,全省建成规模适当、布局合理、具有较高通达性和较高服务水平的高速公路网络,达到(部分指标超过)发达国家目前的水平,高速公路网总规模约8800公里左右,其中珠江三角洲约3500公里,高速公路网布局总体上成网格状,在珠江三角洲、东西两翼和区域中心城市周围以环线和放射线加密。

近期,即到2010年,全省高速公路通车里程达到5000公里左右,其中珠江三角洲达到3000公里,通往邻省(区)的主要高速公路通道建成通车,全省基本形成以广州、深圳为中心向外辐射的高速公路网络,珠江三角洲形成较为完善的高速公路网络。

中期,即到2020年,高速公路通车里程达到7300公里左右,其中珠江三角洲达到3300公里,地级市与地级市之间(包括与相邻省份的地级市之间)基本上通高速公路,沿海重要港口基本上由高速公路连接,全省基本形成网格状的高速公路网络。

远期,即到2030年,高速公路通车里程达到8800公里左右,其中珠江三角洲达到3500公里,高速公路网络进一步完善,全省所有县城基本上能够在30分钟内上高速公路。

四、布局方案

全省高速公路网规划布局方案是:以"九纵五横两环"为主骨架,以加密线和联络线为补充,形成以珠江三角洲为核心,以沿海为扇面,以沿海港口(城市)为龙头向山区和内陆省区辐射的路网布局,详见附图和附表。其中"九纵五横两环"总里程约7000公里,路线布局如下:

一纵:汕头至福建龙岩(省界),由汕头(外砂)起,经揭阳、丰顺、梅州、蕉岭至福建龙岩上杭(省界),全长约218公里;

二纵:汕尾至江西瑞金(省界),起自汕尾市,经海丰、陆河、揭西、五华、兴宁、平远至江西寻乌(省界),全长约300公里;

三纵:深圳至江西赣州(省界),由深圳盐田港起,经惠州、河源、和平至江西定南(省界),全长约281公里;

四纵:深圳至湖南汝城(省界),由深圳盐田港起,经东莞、博罗、龙门、新丰、翁源、始兴、仁化至湖南汝城(省界),全长约430公里;

五纵:京珠高速公路粤境路段,起自珠海金鼎,经中山、广州、从化、佛冈、英德、翁源、韶关、乳源、坪石至湖南宜章(省界),全长约 465 公里;

六纵:珠海至连州,起自珠海横琴,经中山、顺德、广州、清远、阳山至连州,全长约 371 公里;

七纵:珠海至湖南永州(省界),起自珠海三灶,经江门、鹤山、高明、肇庆、四会、广宁、怀集、连山、连南、连州至湖南永州(省界),全长约 451 公里;

八纵:阳江至云浮,起自阳江港,经阳春、罗定至郁南(东坝),全长约 197 公里;

九纵:茂名至广西岑溪(省界),起自茂名水东,经茂名、高州、信宜至广西岑溪(省界),全长约 160 公里;

一横:福建漳州(省界)至广西贺州(省界),起自饶平上善(省界),经大埔、梅州、兴宁、龙川、连平、翁源、英德、怀集至广西贺州信都(省界),全长约 623 公里;

二横:揭阳至茂名,起自揭阳,经揭西、五华、紫金、河源、龙门、从化、佛冈、清远、广宁、云浮、新兴、阳春、茂名,全长约 781 公里;

三横:惠州至广西梧州(省界),起自惠州惠东(凌坑),经惠州、博罗、增城、广州、南海、三水、肇庆、云浮、郁南至广西梧州(省界),全长约 403 公里;

四横:福建漳州(省界)至广西玉林(省界),起自饶平(上善),经潮州、揭东、揭阳、揭西、陆河、海丰、惠东、惠州、东莞、中山、江门、鹤山、新兴、罗定至广西岑溪(省界),全长约 767 公里;

五横:同三国道主干线粤境段及联络线,联络线包括深圳皇岗至机场、西部沿海和遂溪至山口高速公路,全长约 1372 公里;

一环:珠江三角洲环形高速公路,全长约 186 公里;

二环:珠江三角洲外环高速公路,起自深圳(梅林),经东莞、增城、从化、花都、四会、肇庆、江门、中山、珠海、港珠澳大桥,全长约 416 公里。

五、建设安排

2004—2030 年,全省高速公路建设总里程约 6500 公里,其中珠江三角洲地区约 2140 公里。按照统一规划、分步实施、量力而行、尽力而为的原则,项目的建设安排分为三个阶段,即近期 2004—2010 年,中期 2011—2020 年,远期 2021—2030 年。

(1)近期(2004—2010 年),重点建设省会城市通往地级市、珠江三角洲通往东西两翼和山区的高速公路以及出省通道,完善珠江三角洲高速公路网络,建设里程约 3230 公里(含 2004 年以前已开工的在建项目),其中珠江三角洲约 1770 公里。

(2)中期(2011—2020 年),重点建设国家高速公路网粤境路段、沿海城市向内陆辐射的纵向路线、贯穿东西的横向路线以及重要的联络线,建设里程约 1860 公里,其中珠江三角洲约 310 公里。

(3) 远期(2021—2030 年),重点是完善高速公路网络,特别是东西两翼、粤北山区的高速公路,建设里程约 1430 公里,其中珠江三角洲约 70 公里。

六、资金与用地匡算

按静态投资匡算,规划期内高速公路建设资金总需求约为 4030 亿元,其中 2004—2010 年为 1960 亿元,2011—2020 年 970 亿元,2021—2030 年为 1100 亿元。珠江三角洲地区,规划期内高速公路建设资金总需求约为 1710 亿元,其中 2004—2010 年为 1370 亿元,2011—2020 年约为 310 亿元,2021—2030 年为 26 亿元。

至 2030 年,全省高速公路建设用地总量约为 7.2 万公顷,其中新增建设用地约 4.6 万公顷(2004—2010 年约 2.0 万公顷,2011—2020 年约 1.5 万公顷,2021—2030 年约 1.2 万公顷)。珠江三角洲地区,高速公路建设用地总量约为 3.0 万公顷,其中新增建设用地约 1.6 万公顷(2004—2010 年约 1.3 万公顷,2011—2020 年约 0.3 万公顷,2021—2030 年 727 公顷)。

七、实施效果

规划实施后,将达到以下效果:全省相邻地级市(包括邻省地级市)之间基本上连通高速公路,确保重要城市之间实现便捷的连接;省中心城市与区域中心城市之间一般有两条高速公路通道,确保高速公路网运行的可靠性;全省 15 万人口以上的城市通高速公路,县城、沿海重要港口、机场、铁路枢纽基本上能够在 30 分钟以内上高速公路;利用高速公路,可以实现全省"一日交通圈",即省内任何两个城市之间可以当天到达,省会到省内其他城市可以当日往返;与港澳及周边省区的高速公路网保持有效的衔接,全省将形成 19 条高速公路出省通道,广州至周边省会城市可在 10 小时以内到达。

附表

广东省高速公路网布局方案表(主骨架)

序号	路 线 名 称	主要控制点
	(一)纵线	
一纵	汕头至福建龙岩(省界)	汕头、揭阳、丰顺、梅县、梅州、蕉岭
二纵	汕尾至江西瑞金(省界)	汕尾、海丰、陆河、揭西、五华、兴宁、平远
三纵	深圳至江西赣州(省界)	深圳、惠州、河源、和平
四纵	深圳至湖南汝城(省界)	盐田港、东莞、博罗、龙门、新丰、翁源、始兴、仁化
五纵	京珠高速公路粤境段	珠海、中山、广州、从化、佛冈、英德、翁源、韶关、乳源、坪石

续上表

序号	路线名称	主要控制点
六纵	珠海至连州	珠海、中山、顺德、广州、清远、阳山、连州
七纵	珠海至湖南永州(省界)	珠海、江门、鹤山、高明、肇庆、四会、广宁、怀集、连山、连南、连州
八纵	阳江至云浮	阳江、阳春、罗定、郁南(东坝)
九纵	茂名至广西岑溪(省界)	水东、茂名、高州、信宜
	(二)横线	
一横	福建漳州(省界)至广西贺州(省界)	大埔、梅州、兴宁、龙川、翁源、英德、怀集
二横	揭阳至茂名	揭阳、揭西、紫金、河源、龙门、佛冈、清远、肇庆、新兴、阳春、茂名
三横	惠州至广西梧州(省界)	惠东、惠州、增城、广州、南海、高要、云浮、罗定、郁南
四横	福建漳州(省界)至广西玉林(省界)	潮州、揭阳、揭西、陆河、惠东、东莞、中山、江门、新兴、罗定、岑溪
五横	同三国道主干线粤境段及联络线	饶平、潮州、汕头、汕尾、惠州、深圳、东莞、广州、佛山、江门、珠海、阳江、茂名、湛江、徐闻、廉江
	(三)环线	
1	珠三角环形高速公路	番禺、三水、南海、顺德
2	珠三角外环高速公路	深圳、东莞、增城、花都、肇庆、高明、江门、中山、珠海
	(四)加密线和联络线	
1	广州环城	广州市白云区、天河区、海珠区、芳村区、佛山市南海区
2	广州东新高速公路	广州市海珠区东沙至番禺区新联
3	广州至赣州(省界)	广州新机场、从化、新丰、连平
4	广州至四会	广州、南海、三水、四会
5	广深(港)沿江公路	广州、东莞、深圳
6	深圳北环高速公路	银湖、南头
7	深圳外(半)环高速公路	沙井、光明、凤岗、坪地、葵涌
8	深圳至惠州沿海公路	盐田、葵涌、澳头、稔山
9	深圳龙大高速公路	深圳龙华、石岩、光明农场、松岗、罗田林场、东莞大岭山
10	深圳水官高速公路	布吉、横岗、平湖、龙岗
11	东莞龙林高速公路	塘厦龙贝岭至林村
12	新会至台山	新会(司前)、台山
13	潮州至惠来	潮州、揭东、揭阳、普宁、惠来
14	揭东(登岗)至惠来	揭东、揭阳、潮阳、潮南、惠来
15	河龙高速公路热水至柳城段	东源、龙川
16	梅县畲江至兴宁兴城	畲江、兴宁
17	韶关至江西赣州(省界)	韶关、始兴、南雄
18	连州至坪石	连州、坪石
19	汕头至普宁	汕头、潮阳、潮南、普宁
20	惠州港至惠州	惠州港、惠阳、惠州

续上表

序号	路线名称	主要控制点
21	深圳至中山跨珠江口工程	机荷高速公路、中江高速公路
22	东莞市南环	东莞厚街、寮步
23	番禺至东莞(莲花山大桥)	番禺东涌、东莞厚街
24	广州至高明高速公路	番禺、佛山、高明(接江门至云浮高速公路)
25	南海平洲至广州南沙高速公路	南海平洲、番禺大石、南村、化龙、石楼、东涌、黄阁
26	梅州市环城高速公路	城东、城江、三角、西阳、丙村
27	广州至河源高速公路	广州、增城、龙门、河源
28	广州增城至从化高速公路	增城、从化

广东省人民政府印发《关于加快我省交通基础设施建设的若干意见》的通知

(粤府〔2008〕37号)

各地级以上市人民政府,各县(市、区)人民政府,省政府各部门、各直属机构:

交通是国民经济的基础性、先导性产业和公益性、服务性产业,对我省经济社会发展起着重大的支撑作用。按照本届政府任期目标,到2012年底,我省要基本建成以铁路和高速公路为骨架,以公路网、轨道交通网和高等级航道网为基础,网络完善,结构合理,各种运输方式相互衔接,运输能力和质量明显提高,基本适应经济社会发展需要的综合交通系统。

目前我省交通基础设施建设还未能适应经济社会发展的需要,建设过程中还存在项目审批、征地拆迁周期长、难度大等问题。为加快国家和省重点交通基础设施(包括公路、铁路、水运、管道)建设,提出如下意见:

一、加强领导,明确责任

(一)省政府成立加快重点交通基础设施建设项目协调领导小组(以下简称省领导小组),负责公路、水运重点项目建设的指挥协调(铁路、管道建设项目指挥协调仍按原架构和分工运作)。省领导小组由分管副省长任组长,省政府分管副秘书长,省发展改革委、国土资源厅和省交通厅主要领导为副组长,省政府办公厅,省建设厅、环保局、水利厅、农业厅、文化厅、林业局、劳动保障厅等相关部门领导及项目沿线各地级以上市政府主要领导为成员,定期研究、及时协调解决重点项目建设过程中的突出问题;省领导小组在省交通厅设督导组,由省政府分管副秘书长牵头,负责对重点项目建设进展情况进行督导;各地级以上市政府和县政府要成立相应的领导机构,负责具体组织项目的征地拆迁和建设协调等工作,主要领导对重点难点问题要亲自过问和督办解决。

(二)明确分工,实行部门负责制。省发展改革委、国土资源厅、建设厅、交通厅、环保局、水利厅、文化厅、林业局、劳动保障厅、农业厅、海洋渔业局、广东电网公司等相关部门和单位在各自职责权限范围内,对项目审批的各个环节负责,包括协调、指导相关审批材料报送和审批评估,各司其职,各负其责,按照"依法依规、简便高效"的原则,分解责任目标,简化程序,缩短办理时间。

项目沿线政府负责组织重点项目征地拆迁的具体实施和征地拆迁及建设过程中涉及地方关系的协调,做好被征地群众的工作,及时足额落实征地拆迁补偿,妥善解决被征地群众的生产生活问题;组织办理项目用地报批手续,依法按时交付建设用地。不得实行征地补偿费包干,严禁截留、拖欠征地补偿款,维护被征地农民的合法权益。

各项目业主要认真执行相关法律、法规的规定,组织专人专班,提前并平行交叉开展各项工作,做好被征地群众合法合理的补偿、科学安排项目报批和建设等具体工作,及时提供用地报批所需的图纸等材料;在项目所在地政府和有关部门的指导下,加快项目控制性工程和整体用地材料的报批,跟踪落实审批事宜。

各地、省各部门和项目业主单位对逾期未能完成各自职责范围内的工作事项,要主动向省督导组说明情况,并抄送省政府办公厅,由省督导组督促落实。

(三)建立奖惩激励机制。按省政府确定的任务进行目标分解,建立对项目沿线政府按时完成任务目标的奖惩激励制度,目标任务完成情况与年度计划建设项目、规划新建项目安排和省有关补助资金挂钩。具体由省交通厅、发展改革委研究提出意见报省政府批准后实施。

二、加快项目前期审批工作

(四)统筹协调,加快重点项目前期工作。将省重点交通基础设施项目纳入新一轮土地利用总体规划(2006—2020年)修编中,科学安排,省各部门之间要加强协调与沟通。相关主管部门要抓紧组织项目工程可行性研究报告评审,尽早明确线位,提前进行项目勘察设计招标、开展设计及审查工作,交叉作业,提高效率,尽量缩短前期工作时间。

项目沿线政府要积极配合,从大局出发,在项目方案选择上给予大力支持和配合。因路线方案未定影响项目立项报批的,由省领导小组督导限期解决。

对属于国家相关部门审批的事项,省相关部门要积极主动跟踪,特别是用地预审及用地材料报批、环评报告审批、项目立项(核准)等环节的进展情况要定期向督导组反馈,对未得到审批的专项评估,要及时分析原因,提出相关措施。对由省审批的专项评估,省各有关部门要在不违反法律规定的前提下,简化程序、加快进度、加强指导,明确项目审批所需提交的资料及上报程序,对资料不齐全的项目,尽快通知市、县相关部门及项目业主补齐;对已上报的项目,在资料完备齐全、不违反政策的情况下,尽早安排评估审查、审批。

三、加快项目征地拆迁工作和开工建设

(五)依法加快办理用地手续。在保障群众利益的前提下,妥善解决用地手续办理与建设实施时间的矛盾问题。由省国土资源厅牵头在2008年底前制订出征地留用地实施意见,对于带状特点的交通基础设施用地,有条件的地方可集中预留征地留用地,不具备条件的地方可将留用地折成货币补偿;省劳动保障厅要督促指导各地在2008年底前出台被征地农民养老保障的具体实施意见,确保项目用地报批条件完善。在被征地农民养老保障具体实施意见出台前,由县级人民政府和项目业主单位作出规范、明确的书面承诺,书面承诺的具体格式由省劳动保障厅会有关部门负责制订;省、市劳动保障部门根据项目审批需要分别出具审核意见书;国土资源部门按规定组织项目用地材料的上报审批。

(六)交通基础设施建设项目要厉行节约集约用地,严格执行国家规定的用地标准,尽可能利用荒地、山地,少占耕地,尽量避免占用基本农田。

对广州、佛山、东莞、中山等地的国家和省交通基础设施重点项目,必须占用基本农田而本地确实没有适宜耕地可供补划为基本农田的地区,按"依法、平等、自愿、有偿"的原则,可采取跨市补划基本农田,由项目所在地的地级以上市政府向省政府申请跨市补划基本农田,省国土资源厅负责协调。

创新建设用地补充耕地方式,各级政府和国土资源、农业、林业等有关部门要努力推进土地开发整理,除开发未利用土地外,将部分低效园地、山坡地等通过开发整理成为耕地,纳入耕地管理并用于建设占用耕地占补平衡。项目业主在省国土资源部门指导下应有计划地储备一批耕地占补平衡指标,做好先补后占。地级以上市在本市范围内不能满足建设项目耕地占补平衡需要时,按"依法、平等、自愿、有偿"的原则,可易地(或提前)开垦耕地作为占补平衡补充耕地。省国土资源厅负责指导、协调项目业主与有条件的市县协商,有条件的市县要从全省大局出发,予以积极支持,必要时由省领导小组督促协调。

项目建设占用耕地必须缴纳的耕地开垦费应当单列缴纳,不得与其他征地费用整体打包,确保耕地补充方案得到落实。

(七)加快具备条件的项目开工建设。对项目用地预审已批复、各项基建程序基本完善、征地拆迁合同或协议已签订并补偿到位、群众基本无意见、土地已经基本交付可供使用的项目,要抓紧组织控制性工程先行用地材料的报批,加快推进控制性工程开工建设。同时,在国土资源部门规定的时间内组织项目总体用地材料的报批,为全面开工创造条件;未能在规定时间内组织项目总体用地材料报批的,由省督导组督促其书面说明情况,并抄送省政府办公厅和省发展改革委、交通厅、国土资源厅。必要时,暂停项目业主单位其他控制性工程先行用地审批。

（八）进一步发挥各级政府的主导作用，由市、县（区）、镇政府牵头负责组织征地拆迁的实施和建设过程中涉及地方关系的协调。

一要积极加强指导、协调同级国土资源部门和项目业主做好耕地占补平衡、基本农田补划调整、宅基地调整及规划调整、征地听证等方面的工作，组织项目用地材料的上报工作，限期完成；二要解决土地权属争议、发展留用地规划安排、"钉子户"房屋拆迁问题；三要加强宣传，依法制止抢种抢建行为，项目设计批准确定用地范围内的抢种抢建不得进行补偿；四要对重点项目建设范围的建设用地，根据被征用地的批准用途，并区别于商业项目用地实施补偿安置；五要按照时限完成征地拆迁工作，提供建设用地。

（九）加大政府对交通基础设施建设的调控力度。对事关抢险救灾、国家安全以及具有国防战备功能和对我省经济社会发展影响重大的项目，各级财政要加大资金配套力度；各地可采取政府统贷统还方式建设，或按有关规定交由国有交通企业建设经营，减少中间环节，加快建设进度。

四、加强督导和组织保障

（十）加强检查督促。项目主管部门要督促各项目业主从纵向倒排工作目标及计划安排，从横向落实任务指标，每月检查落实，以月促季，以季保年；建立和完善项目督查巡视制度，会同各有关部门及时协调解决制约项目建设的各项难题，建立和完善相应的奖惩机制，确保建设项目按计划完成。

（十一）防止拖欠工程款。各项目业主要采取有效措施控制建设标准、规模和成本，切实筹措和落实资金，防止拖欠工程款；各有关部门要加强监督管理，对资金不落实和其他建设条件不具备的项目，不予审批（审查）和上报。

（十二）加强廉政建设。坚持制度创新，坚持标本兼治、综合治理的方针，立足于从源头上防止工程建设中的腐败现象。

本意见自发文之日起实施，之前省政府有关规定与本意见不一致的，以本意见为准。

广东省人民政府
二〇〇八年五月十七日

广东省人民政府办公厅关于印发《广东省2013年至2017年高速公路建设计划》的通知

（粤府办〔2013〕18号）

各地级以上市人民政府，各县（市、区）人民政府，省政府各部门、各直属机构：

《广东省2013年至2017年高速公路建设计划》已经省人民政府同意,现印发给你们,请认真组织实施。实施过程中遇到的问题,请径向省高速公路建设总指挥部办公室(省交通运输厅)反映。

广东省人民政府办公厅
2013年4月28日

广东省2013年至2017年高速公路建设计划

为贯彻落实全省加快重要基础设施建设工作会议的统一部署,切实加快高速公路外通内连工程、省内干线工程和区内联网及疏港工程建设,进一步完善全省高速公路网络,现提出2013年至2017年全省高速公路建设计划。

一、建设计划

2013年至2017年全省共建设高速公路项目69项、79个路段,共计5464km,总投资约7226亿元。

2013年至2015年全省新建成高速公路1316km(扣除改扩建项目,下同)。2015年年底,全省高速公路通车总里程达到6840km,与陆路相邻省份各开通3条以上高速公路省际通道,实现"县县通高速"的目标,粤东西北地区直通珠江三角洲及横贯全省的省内干线全面启动建设。

2016年至2017年全省新建成高速公路1300km。2017年底,全省高速公路通车总里程达到8140km,与陆路相邻省份各开通4条以上高速公路省际通道。

2013年至2017年全省高速公路建设共需完成投资约4408亿元,其中资本金约1464亿元(含省级财政资本金约545亿元),银行贷款约2944亿元。省级财政新增安排省级资本金250亿元。

二、中远期规划

除2013年至2017年安排建设69个项目外,中远期还将建设兴宁至汕尾高速公路五华至陆河段、中山市东部外环高速公路、惠阳(沙田)至东莞(清溪)高速公路、怀集至阳江港高速公路怀集至郁南段、阳江海陵岛大桥、河(源)惠(州)东(莞)高速公路、大(埔)丰(顺)五(华)高速公路、罗定至信宜(粤桂界)高速公路等项目。上述项目建成后,我省将形成以珠江三角洲为核心,以沿海为扇面,以主要城市(港口)为龙头向山区和内陆省区辐射的高速公路网布局,高速公路总里程将达到11570km。

三、保障措施

(一)实施"省市共建"双业主制。粤东西北地区新确定的省管项目按照 7∶3 的省市出资比例实施"省市共建",地方政府以征地拆迁费用、高速公路建设相关税费减免和财政资金投入等多种方式入股,共同投资,共享收益盈亏。珠江三角洲地区除特别重大项目外,其余高速公路项目原则上由地方组织实施。

为充分利用中央投资补助政策,减轻我省高速公路筹资压力,新建项目中增加政府还贷项目的比重,粤东西北地区经济效益较差的项目,原则上采用政府还贷模式建设。对于运营期可能出现亏损的高速公路项目,研究通过沿线土地增值和开发等措施弥补项目运营亏损。对于具备条件的部分建设项目,积极探索采取 BT(建设—移交)模式,并做好回购资金测算安排。

(二)加快项目前期审批。省各有关部门要认真落实"绿色通道"和"并联审批"制度,在各自职责权限范围内,按时完成审批或上报工作;需上报国家有关部门审批的事项,要加强与国家有关部门的对口跟踪。各地、各有关部门要按照省高速公路建设总指挥部制定的年度高速公路建设责任目标分解表狠抓落实,确保项目按时开工。

列入 2013 年至 2017 年全省高速公路建设计划和中远期规划的高速公路项目,取消收费立项程序,直接开展项目投资人招标和投资主体确定工作。属于省级审批权限的政府还贷高速公路项目,规划和计划批准后视同立项,不再审批项目建议书,直接审批工程可行性研究报告。

(三)积极筹措项目建设资金。对资本金筹措和贷款难度较大的项目,由财政部门支持解决项目资本金筹措的增信措施,由金融监管部门协调解决项目贷款;建立省与金融监管部门和主要金融机构联席会议制度,及时协调研究、提前解决项目建设的资金问题。

(四)进一步做好征地拆迁工作。一是地方政府要切实履行征地拆迁主体职责。对于新开工项目,由地方政府按照批复概算中的征地拆迁费用,负责完成全部征地拆迁、安置补偿等工作;其他在建项目以总包干形式负责完成全部征地拆迁、安置补偿等工作。同时,项目沿线地级以上市、县(市、区)政府要确保项目用地手续获批后 3 个月内完成控制性工程、6 个月内完成全线 70%、一年内完成 100% 征地拆迁工作。二是规范征地拆迁补偿标准。由省国土资源厅、住房城乡建设厅分别牵头尽快制定全省各地级以上市分类分区域征地补偿和拆迁评估标准,推动高速公路征地拆迁工作规范、有序进行。

(五)严格落实各地级以上市政府责任。一是落实各市主要负责同志责任。对征地拆迁及施工过程中出现的重点难点问题,各市主要负责同志要亲自督办,亲自协调,限时解决。二是抓紧落实建设资金。对于省市共建"双业主制"项目,市政府要确保落实地方出资。三是落实建设管理主体责任。对于地方组织实施项目,市政府要开阔思路、加大督导协调力度,及时解决项目建设中出现的问题,确保按年度高速公路建设责任目标分解表的时限要求落实各项工作。四是各市相关职能部门要承担起用地报批资料的编制、初审和上报工作的主体责任,开辟"绿色通道",抓紧落实,按时上报。五是严格控制项目沿线用地,防止发生抢建、抢种现象。

(六)扎实抓好项目建设质量和安全。对全省高速公路项目实行动态管理和实时监控,全面推行现代工程管理。加强项目业主管理,健全工程质量和安全生产管理责任制,落实安全生产措施。加强对施工和工程监理单位的管理,确保项目建设质量和安全。

(七)加强督导考核。省高速公路建设总指挥部和各市分指挥部要按职责分工认真抓好各项工作落实。省将按照既定的新开工、竣工、通车里程等目标任务加强督导考核。各市要按照省的统一部署和各自职责分工及时限要求,督促县(市、区)、职能部门及项目业主落实相关责任,确保按期完成建设任务。

广东省高速公路联网收费管理办法

(广东省人民政府令第211号)

《广东省高速公路联网收费管理办法》已经2015年3月1日广东省人民政府第十二届43次常务会议通过,现予公布,自2015年5月1日起施行。

省长:朱小丹(签字)

2015年4月1日

第一条 为了规范广东省高速公路联网收费的建设和运营管理,提高高速公路的通行效率和服务质量,根据《中华人民共和国公路法》《收费公路管理条例》和《广东省公路条例》等有关法律法规,结合广东省实际,制定本办法。

第二条 广东省行政区域内的高速公路联网收费,适用本办法。

各高速公路路段收费应当纳入全省高速公路联网收费系统。

第三条 高速公路联网收费是指对全省范围内高速公路实行统一收费、系统分账的运营和管理模式。

第四条 高速公路联网收费管理遵循统筹规划、统一标准、联网运营、统一清算、提升服务的原则。

第五条 省人民政府交通运输主管部门负责对全省高速公路联网收费的规划、建设、运营实施行业管理。

省人民政府价格主管部门负责对全省高速公路联网收费实施价格管理、监督,协助省人民政府交通运输主管部门监督全省高速公路联网收费工作。

第六条 全省高速公路联网收费结算机构(以下简称结算机构)承担以下工作：

(一)拆分与结算全省高速公路联网收费通行费；

(二)发行、管理非现金支付卡及电子标签,负责电子不停车收费的推广和应用；

(三)保障全省高速公路联网拆分与结算系统的正常运行；

(四)提供高速公路联网收费数据查询等服务。

第七条 省人民政府交通运输主管部门对结算机构进行行业监督管理和服务质量考核。

省人民政府审计部门依法对结算机构的有关财务收支情况进行审计监督。

第八条 各高速公路经营管理单位承担以下工作：

(一)建设、维护与管理所属收费路段的高速公路联网收费系统,保障系统正常运行；

(二)及时、准确、完整上传高速公路联网收费数据；

(三)负责所属收费路段联网收费业务,确保不影响全省高速公路联网收费正常运行。

第九条 全省高速公路经营管理单位联合成立高速公路联网收费行业自律组织,制定章程和高速公路经营管理相关规则,保障各路段高速公路经营管理单位的权益、约束各路段高速公路经营管理单位履行相关义务,并接受省人民政府交通运输主管部门的行业指导。

第十条 结算机构应当建立全省高速公路联网收费数据档案库,永久保留相关数据,不得截留、删除、伪造、篡改和泄露。

结算机构应当定期向省人民政府交通运输主管部门和价格主管部门报送全省高速公路联网收费的相关数据。

高速公路经营管理单位对通行费结算数据存在异议时,结算机构应当配合调查核实,在5个工作日内提供相关数据与资料。结算机构发现通行费结算数据错误时,应当及时纠正。

第十一条 结算机构应当在规定的时间内完成通行费拆分与结算,并向区域内各高速公路经营管理单位定期公布联网收费数据等情况。

通行费的结算周期按照交通运输部相关规定执行。

第十二条 结算机构按照省人民政府批准的收费车型分类标准,将车辆信息写入电子标签。

电子标签由结算机构统一安装,并与所配套的非现金支付卡及登记车辆唯一对应。

第十三条 高速公路经营管理单位应当按照省人民政府价格主管部门确定的标准,向结算机构按时支付高速公路联网收费结算服务费。

第十四条　结算机构和高速公路经营管理单位应当共同委托高速公路联网收费现金清算的银行。

高速公路经营管理单位应当将当日收取的现金通行费缴入清算账户。清算账户由结算机构、高速公路经营管理单位和清算银行共同监管。

第十五条　非现金支付卡实行实名制，按照结算机构的规定充值、交费、挂失。

高速公路经营管理单位应当对使用非现金支付卡支付通行费的车辆给予优惠。

第十六条　高速公路经营管理单位应当在来车方向设置全省统一的电子不停车收费车道标识。

第十七条　结算机构和高速公路经营管理单位推广电子不停车收费，建立电子不停车收费基础设施，确保主线收费站电子不停车收费车道数不少于两入两出，匝道收费站电子不停车收费车道不少于一入一出。

第十八条　省人民政府交通运输主管部门对实施联网收费的高速公路建立服务综合评价体系，对高速公路经营管理单位的运营服务实施动态监管。

具体监管办法由省人民政府交通运输主管部门会同价格主管部门制定。

第十九条　高速公路经营管理单位不得有下列行为：

（一）拒绝、妨碍车辆使用非现金支付卡支付通行费；

（二）无故关闭电子不停车收费车道；

（三）无故将电子不停车收费车道改为人工收费车道。

违反上述规定的，高速公路使用者向高速公路经营管理单位投诉的，高速公路经营管理单位应当及时予以处理。仍存在异议的，可以向省人民政府交通运输主管部门投诉。

第二十条　高速公路使用者应当遵守缴费通行的规定，按照高速公路经营管理单位的规定领取、使用高速公路联网收费通行卡。

高速公路使用者因自身原因，不能提供车辆有效入口凭证并不能如实提供入口信息供高速公路经营管理单位核查的，高速公路经营管理单位可以先按照车辆所在高速公路出口联网区域内可达最长里程收缴通行费。

第二十一条　已按最长里程缴付通行费的高速公路使用者事后能提供车辆行驶路径的真实证明，高速公路经营管理单位核实后应当退回多收取的通行费。

第二十二条　高速公路使用者对使用非现金支付卡支付通行费存在异议的，结算机构和高速公路经营管理单位应当按照各自职责及时予以处理。仍存在异议的，可以向省人民政府交通运输主管部门投诉。

第二十三条　违反本办法第八条、第十条第一款、第十条第三款、第十一条规定的，由省人民政府交通运输主管部门责令限期改正，并处20000元以上50000元以下的罚款。

违反本办法第十九条第一款规定的，由县级以上人民政府交通运输主管部门责令限期改正,并处 20000 元以上 50000 元以下的罚款。

第二十四条 高速公路使用者有下列情形之一的,由县级以上人民政府交通运输主管部门责令其补缴,可以处 200 元以上 1000 元以下的罚款:

(一)更改高速公路联网收费通行卡信息;

(二)倒换高速公路联网收费通行卡;

(三)假冒免费车辆。

遗失、损坏高速公路联网收费通行卡的,还应当按照省人民政府价格主管部门规定的标准赔偿通行卡工本费。

第二十五条 政府主管部门、结算机构、高速公路经营管理单位的工作人员滥用职权、玩忽职守、徇私舞弊的,依照有关规定给予相应处分;涉嫌犯罪的,移送司法机关依法处理。

第二十六条 本办法下列用语的含义:

电子不停车收费是指应用技术手段,在不停车条件下通过使用车辆通行费非现金支付卡及电子标签,自动完成电子收费交易的收费方式。

电子标签是指安装在车辆内部,支持利用专用短程通信与路侧设备进行信息交换的设备。

第二十七条 广东省行政区域内实行封闭式收费的普通公路实施联网收费,参照本办法执行。

第二十八条 本办法自 2015 年 5 月 1 日起施行。

关于广东省公路网规划的批复

(粤计交〔1998〕228 号)

省交通厅:

你厅上报的《广东省公路网规划》由省政府转来我委处理。经研究,现批复如下:

一、《广东省公路网规划》(以下简称《规划》)的指导思想和目的明确,编制方法正确。路网布局基本上符合我省实际情况以及总体规划,原则同意该《规划》,并作为我省公路建设的宏观管理依据。

二、原则同意《规划》提出的全省公路发展目标:到 2010 年全省公路通车里程为 106000km(其中高速公路 3300km),平均公路密度为 60km/100km^2;到 2020 年全省公路通车里程达到 116000km,平均公路密度为 65km/100km^2。

广东省未来公路主干线布局以纵横交错的棋盘式为主,在珠江三角洲采用三角放射,潮汕平原采用环状加密,建设南北十三纵和东西七横的公路主干线,形成以珠江三角洲、粤东、粤西为中心,沿海为扇面,向山区和内陆辐射的格局。

三、公路网的建设要根据实际需要与资金筹集的可能,按"统筹规划,条块结合,分层负责,联合建网"的原则分步实施,具体项目应分别纳入各阶段的国民经济和社会发展五年计划中。

四、规划项目的实施要按基本建设程序的要求,进行项目的前期工作,并按规定的审批程序和权限报批,工程技术标准在可行性研究阶段确定。

五、在规划实施工程中,应根据国民经济和社会发展需要以及未来公路运输的发展变化趋势,不断完善我省公路网规划。规划实施中如需对路网布局进行修改或调整,须报请原审批机关审查同意。

广东省计划委员会
一九九八年四月二十日

关于加快高速公路重点项目建设有关问题的意见

(粤交办[2006]591号)

广州、深圳、佛山、韶关、梅州、惠州、东莞、中山、江门、肇庆、清远、云浮市人民政府:

为贯彻落实中共中央政治局委员、省委书记张德江同志"三句硬话",确保完成省委省政府提出的"十一五"高速公路建设目标,省发展改革委、监察厅、国土厅、建设厅、交通厅五部门进行认真研究,对省发展改革委《关于下达广东省2006年重点建设项目计划的通知》(粤发改资[2006]176号)中列出的31个高速公路续建、新开工、前期预备项目进行分类梳理,对其中2005年底和2006年初建设用地预审手续已批复、前期工作基建程序基本完善的13个高速公路项目(详见附件)提出了加快建设的措施意见,经省人民政府同意,现将有关措施意见印发给你们,请认真贯彻执行。

一、进一步落实硬措施,上述项目在做好群众工作、确保社会稳定的前提下可继续开工建设,并抓紧完善相关手续;对个别群众工作未到位,可能引发不稳定的项目果断暂停,待办妥相关手续和解决矛盾或清除矛盾隐患后再开工,努力做到维护群众利益和确保重点工程进度两不误。

二、对用地预审手续已批复、前期工作基建程序基本完善的重点项目,项目建设单位应抓紧向发改、国土、规划、建设、交通等部门办理后续手续。

三、项目所在地方政府负责做好群众工作,确保稳定发展的大局,为项目建设创造一个和谐的外部环境;要按政策办事,既要维护群众的合法权益,又要教育群众顾全大局,依法依序提出合理诉求;要做好征地拆迁的具体组织及协调工作,加强征地拆迁的监督管理,确保补偿款足额支付到群众手中。

四、项目建设单位和当地有关部门尽快按签订的征地拆迁合同或协议,将征地预存款及时预存到位,保证将补偿款足额支付给被征用对象,并会同地方政府及有关部门抓紧各项手续的申报和办理。

广东省交通厅
广东省发展和改革委员会
广东省监察厅
广东省国土资源厅
广东省建设厅
二〇〇六年八月一日

关于印发《广东省高速公路建设管理提升年行动纲要》的通知

(粤交基〔2010〕446号)

各地级以上市交通运输局(委)、省公路局、省交通工程质量监督站、交通工程造价管理站、省交通集团有限公司:

现将《广东省高速公路建设管理提升年行动纲要》印发给你们,请认真贯彻执行。

广东省交通运输厅(章)
二〇一〇年四月二十一日

广东省高速公路建设管理提升年行动纲要

为全面贯彻落实《珠江三角洲地区改革发展规划纲要(2008—2020)》,实现省委、省政府"2012年建成通车高速公路5500km"建设目标,按照"优质、高效、安全、绿色"发展的要求,进一步提高执行力,扎实开展"抓落实、促发展"主题实践活动,以全面推行高速公路建设"双标管理"(标准化管理、标杆管理)为抓手,用3年时间,促使我省高速公路建设管理、质量水平明显提升,特制定本行动纲要。

一、行动目标

为切实抓好我省在建高速公路工程质量,科学、优质、高效地完成省委、省政府"2012

年建成通车高速公路5500km"建设任务,省交通运输厅决定从2010年开始,在全省开展为期3年的高速公路建设管理提升年行动,全面总结高速公路建设经验,破解建设管理的突出问题,有效治理高速公路工程质量通病;按照"好字当头、好中求快"和"总体规划,远近结合,分步实施"的原则,全面推行高速公路建设"双标管理"(标准化管理、标杆管理),大力营造"你追我赶、争先进位"的良好氛围,促进我省高速公路建设管理、质量水平明显提升,力争实现高速公路建设"重大安全事故为零、质量创全优"的目标,努力建成一批优质工程,打造一批优秀团队,培养一批技术人才,建立高速公路建设科学发展的长效机制。

二、行动要求

在开展建设管理提升年行动中,各级交通运输主管部门和各有关单位须坚持以下准则:

(一)真正树立"安全第一、质量至上、工期服从质量安全"和"优质优价"的理念。

(二)认真落实公路建设管理"四项制度"(项目法人责任制、招标投标制、工程监理制和合同管理制)和"三个合理"(合理标段、合理工期、合理造价)。

(三)切实抓好"四个关键人"(业主项目经理、设计负责人、施工标段项目经理、总监理工程师),以提高执行力。

(四)全面推行"双标管理"(标准化管理、标杆管理)。

三、行动计划

第一阶段:制定配套制度(2010年5月底前)。

抓紧制定与全面推行"双标管理"(标准化管理、标杆管理)有关的各项制度,体现各建设项目的评价结果和省交通运输工程质量监督站综合检查评比结果的信用评价体系,与信用评价结果挂钩的招投标办法,体现"优质优价""优监优酬"的施工、监理合同文本等。

第二阶段:宣传动员(2010年6月)。

组织项目业主、施工、监理、设计等单位认真学习高速公路建设管理提升行动的有关制度要求,通过召开现场动员会、考察调研、现场观摩、技术培训、树立"标杆"示范工程、首件工程认可等方式,广泛动员,大力营造"比学赶超"的良好氛围。

第三阶段:贯彻落实(2010年6月~2010年11月)。

由项目业主通过合同约定、落实管理制度、签订补充协议等方式,明确建设管理提升行动的措施和要求,要求各参建方认真执行,贯彻落实到建设管理各个环节中。各项目管理单位要在"制度落实到位,工程内优外美,内业资料完整,问题整改彻底"上下工夫,努力实现施工管理的标准化、规范化、程序化、精细化。

建设管理单位对建设管理提升行动落实情况进行动态管理,定期考核,督促整改落实。通过从业单位信用评价动态调整,及时公布评价结果并应用于招标评标中,按照"信誉好者中标优先"的原则择优选择从业单位。

第四阶段:总结提高(2010年11月~2010年12月)。

全面总结,树立典型,逐步建立统一的技术、管理、作业(工法)等标准要求,解决设计质量不优、监理水平不高和力量薄弱、施工管理不规范、履约意识和能力较差等现象,形成标准化建设管理、标准化设计、标准化施工、标准化监理体系,狠抓工程建设质量通病的治理,逐步形成交通运输主管部门指导,建设单位为龙头,设计、施工、监理各负其责,体现科学性、系统性的高速公路建设标准化管理的体系。

第五阶段:全面实施(2010年12月~2012年12月)。

在总结提高的基础上,完善标准化管理的各项制度,并全面推行,促进高速公路建设管理提升年行动目标的实现。

四、保障措施

(一)成立领导小组

成立由省交通运输厅主要负责人任组长,分管厅领导、总工程师、省交通集团分管副总经理任副组长,厅相关处室、直属有关单位、省交通集团及下属主要业主单位负责人为成员的领导小组;下设领导小组办公室,负责指导高速公路建设管理提升年行动,督促检查高速公路标准化建设各项工作。各级管理单位成立相应的领导小组,负责具体工作,狠抓落实。

(二)制定配套制度

(1)依托博深、广乐高速公路等重点建设项目开展研究,初步建立广东省高速公路建设标准化管理指南,包括建设管理机构(项目法人)标准化、施工项目部标准化、工程师总监办标准化、劳务队伍管理标准化、工区现场管理标准化、工地实验室管理标准化和路基、路面、桥隧、交通工程、拌和、预制构件、钢筋加工标准化等规定。

(2)完善我省信用评价体系,使之与各个项目的评价结果和省质监站综合检查评比结果有机结合起来。

(3)制定与信用评价结果挂钩的招投标办法,实现信誉等级与招投标行为挂钩。

(4)制定体现"优质优价""优监优酬"的施工、监理合同文本。业主在不超项目概算前提下可提取一定费用作为"优质优监"价款,其中施工标段可按中标价的2.5%(或以下)

作为优良价款列入合同,监理标段可按中标价的1.5%(或以下)作为优酬价款列入合同。

(5)制定各个项目法人对监理、施工合同段的评比办法。由项目业主定期对参建单位评比一次,对监理、施工合同段进行评比排名。

(6)在全省质量监督综合检查评比中,对连续两次排名在前三位的项目业主,省交通运输厅将全省通报表扬,建议其上级管理单位给予适当奖励。对连续两次排名在前四位的监理单位及连续两次排名在前五位的施工单位,省交通运输厅将全省通报表扬,抄送其上级管理单位,建议其上级管理单位给予适当奖励,并在省级信用评价中给予加分。对连续两次排名后两位的项目业主,建议其上级管理单位调整主要领导,纳入绩效考核中。对连续两次排名在后两位的监理单位及连续两次排名在后三位的施工单位,在省级信用评价中给予扣分,并视情节严重程度,降低信用等级或暂停进入我省交通建设市场。

(三)总结示范创优经验,确保建设目标完成

加快推进标准化建设,适时总结广梧高速公路设计示范工程、江肇高速公路西江特大桥创优工程、博深高速公路标准化管理试点经验,解决目前影响工程质量安全的难点问题。各单位要注重学习借鉴其他地区、单位好的做法和先进经验,认真查找自身工作的不足,及时加以改进。每个建设项目要积极评选推进标准化管理的典型单位,充分发挥示范和标杆的作用,从而带动整个项目标准化管理水平提高,全面提升我省高速公路建设管理水平。

(四)狠抓落实,强化管理

提升年行动重在落实,贵在认真。行动目的是确保加快推进高速公路建设目标又好又快地实现,行动重点是推行建设标准化管理,而衡量标准化管理工作的成败关键在建设现场。各单位要按照高速公路建设标准化管理的要求,补充、完善、细化并丰富标准化管理内容,按照"抓源头、抓过程、抓细节"的要求,坚持从源头抓起、从每一个细节抓起,强化监督检查验收,做到一丝不苟、精益求精,真正把技术标准、管理标准、作业标准落到实处。

对于新开工项目,要严格执行提升年行动的各项要求,狠抓落实。对于已经开工过半的项目,要严格落实原合同要求,参照执行本行动纲要,在管理过程中完善管理制度;新招标单项工程应认真落实,特别是2010年路面施工项目的管理要做到精细化、规范化。

(五)总结提高,巩固成果

各单位要结合提升年行动,将实施建设标准化管理作为单位管理文化,深入推进,使

标准成为习惯、习惯符合标准、结果达到标准。同时要及时总结推进标准化管理工作的经验做法,将行之有效的做法及时固化下来,提炼上升为标准并加以推广。

五、职责分工

(一)省级交通运输主管部门按照国家和省有关规定,结合本省实际,制定并印发加强高速公路建设管理提升方面的规章制度,强化政府监督检查力量,加大现场质量安全监督力度,大力营造"比学赶超"的良好氛围。

(二)省级交通工程质量监督机构除抓好日常项目监督管理工作外要认真组织好定期的全省质量监督综合检查评比活动,建立健全质量监督工作机制,完善监督手段,督促各参建单位建立健全质量保证体系,积极配合完善我省交通建设从业单位信用评价体系。

(三)省级交通工程造价管理机构督促各参建单位建立健全全过程造价管理机制,完善监督手段,逐步树立"优质优价"、全过程造价控制管理理念,建立健全相应的全过程造价管理制度。

(四)建设管理单位要按照国家和省有关规定,建立项目评比考核机制,中期检查协调制度,制定落实奖罚措施,对标准工法进行评定和推广,形成争先创优的环境。分别委托省交通集团所属省高速公路公司具体负责制定我省与信用评价结果挂钩的招投标办法,省公路建设公司具体负责制定标准化管理指南,省路桥公司具体负责制定项目法人对监理、施工合同段的评比办法,由省交通运输厅审查后印发执行。

(五)项目法人是推行高速公路建设标准化管理的龙头。要按交通运输部公路建设管理相关法规、规定,组建项目管理机构,配齐管理人员,建立结构清晰、职责分明的项目机构管理制度,明确工作流程,规范内部管理。

加强对建设项目的质量安全管理,在合同条款中建立标段评比考核机制,树立工程质量优良、管理规范的样板标段,积极开展"平安工地"建设活动。要切实发挥带头作用,要按照标准化管理要求,加强完善设计标准化管理,制定工程设计标准化指南,明确总体设计思想、建设目标,重点统一标准桥涵、标准隧道设计等,消除一个项目几个不同设计风格的现象。按照合同要求,督促对施工单位项目部组建、文明工地建设和标准化作业以及劳务队伍管理的指导和检查。将过程控制作为建设管理工作的重点,按照工作程序,关键环节分解并转化为参建单位的行动。

要按照具体化、定量化的管理标准,对参建单位实施行为和实施过程进行检查,及时发现问题、解决问题。要引导参建单位营造标准化管理的企业文化,使标准化管理覆盖建设项目的方方面面,真正让标准成为习惯、习惯符合标准、结果达到标准。

(六)勘察设计单位要严格遵守交通部《加强重点公路建设项目设计管理工作若干意

见》，完善项目管理制度和勘察设计工作流程及责任制。充分发挥设计工程灵魂作用，工程设计要推行注重灵活设计、精细设计，倡导作品设计。切实提高地质勘察深度、提升勘察设计水平和质量。

（七）施工单位是实施高速公路建设标准化管理的主体，要将现场管理标准化作为管理的核心，严格遵守公路建设项目施工技术管理规定及规范。

项目部按照建设项目要求和投标承诺，建立起全过程、全方位、全覆盖的施工现场管理、技术管理、质量管理、安全管理、物资设备管理、人员管理等管理制度，制订切实可行的标准工法和考核标准，编制施工组织方案和施工安全应急预案，主要技术人员按时到位，提高履约率。建立"横向到边，纵向到底，控制有效"的质量自检体系，配备专职现场管理技术人员，执行"自检、互检、交接检"的作业程序，完善自检制度。严格执行财务制度，规范资金管理。加强对一线施工作业班组、人员的培训和管理，切实提高一线从业人员技能。

（八）监理单位要根据交通部《公路工程施工监理规范》的规定和要求，制订现场监理机构的工作制度，明确工作内容、工作权限和岗位职责，建立考核激励机制。

加强监理人员的现场管理和职业道德教育，发挥监理工程师在质量管理方面的重要作用。根据批准的实施性施工组织设计和施工作业指导书，编制监理实施细则。按标准化管理要求将监理工作进行分解，对检查内容、检查方法、检查程序进行细化，并纳入监理人员工作手册。

广东省交通运输厅关于印发《广东省高速公路网路线命名和编号规则（修订版）》的通知

（粤交规〔2017〕201号）

各地级以上市交通运输局（委）、公路局，厅直属各单位，省交通集团有限公司，省高速公路营运协会：

根据《广东省人民政府办公厅关于印发广东省高速公路2015年至2017年建设计划及中远期规划的通知》（粤办函〔2015〕581号）和我省交通运输发展"十三五"规划，结合我省高速公路发展实际，参照《国家高速公路网路线命名和编号规则》（JTG A03—2007）和《公路路线标识规则和国道编号规则》（GB/T 917—2009），我厅对《广东省高速公路网路线命名和编号规则》进行了修订，现印发给你们，请遵照执行。

原《关于印发〈广东省高速公路网路线命名和编号规则〉的通知》(粤交规〔2015〕1175号)同时废止。

附件:1.广东省高速公路路线命名和编号规则(修订版)
　　　2.广东省高速公路路线命名和编号表(修订版)
　　　3.国家高速公路粤境段路线命名和编号表(略)
　　　4.广东省高速公路线路编号示意图(修订版)(略)

广东省交通运输厅
2017年2月23日

附件1

广东省高速公路路线命名和编号规则
(修订版)

1 范围

本规则规定了广东省高速公路网组成路线的命名和编号规则,以及各路线的全称、简称和路线编号。

本规则适用于《广东省高速公路网规划》和近期建设计划中确定的高速公路路线,以及部分承担高速公路功能且纳入高速公路联网收费的城市快速路。

我省境内纳入国家高速公路网的路线,其命名和编号方案由交通运输部制定。

2 命名规则

2.1 广东省高速公路网各路线的名称一般用路线起讫点的地名加连接符"—"组成,全称为"××—××高速公路"。路线简称一般用起讫点地名的首位汉字组合表示。如"汕头—湛江高速公路",简称"汕湛高速"。

2.2 路线起讫点按照"路线由北向南、由东向西"的原则确定(出省通道和省会放射线除外),起讫点地名一般用县(或区)名称。

2.3 广东省高速公路网各路线的全称和简称不得重复。为避免重复,可选择起讫点地名中的其他汉字组成路线的全称和简称,也可采用3位及以上汉字组成路线简称。如"广州—佛山—肇庆高速公路",简称"广佛肇高速"。

2.4 城市(或地区)高速公路环线,其名称一般以城市(或地区)命名,全称为"××

环城高速公路",简称为"××环城高速"。

2.5 高速公路联络线或支线的简称,一般以其连接的目的地命名。如"梅龙高速梅州东联络线"简称"梅州东线"。

3 编号规则

广东省高速公路网路线的编号规则与国家高速公路网路线的编号规则总体上保持一致。

3.1 编号结构

广东省高速公路网路线编号结构,由字母"S"+阿拉伯数字组成。

3.2 编号类型

按路线在省高速公路网中的走向和功能,路线编号分为省会放射线、横线、纵线、环线、联络线与支线等。

3.3 编号规则

3.3.1 省会放射线:编号为一位数,由正北开始按顺时针依序编排,编号区间S1~S9。

3.3.2 纵线:编号为两位奇数,总体上由东向西依序编排,编号区间S11~S79。

3.3.3 横线:编号为两位偶数,总体上由北向南依序编排,编号区间S10~S80。

3.3.4 环线:编号为两位数,编号区间S81~S89。根据我省高速公路网结构特点,环线编号仅用于广州、深圳、韶关、潮汕等城市(或地区)。

3.3.5 联络线与支线:编号为四位数,编号前两位数字一般取其连接的主线编号数字,后两位数字从"11"起编排;对于连接两条国家高速公路或主线为省会放射线的路线,编号前两位数字用"99",后两位数字从"11"起编排。

3.3.6 与国家高速公路网路线的终点对接的路线,其数字编号一般沿用国家高速公路路线编号数字。如广三高速与二广高速公路(G55)对接,编号为S55。

4 其他

4.1 本规则内包含的高速公路路线(项目),其规划建设等有关事项,应以国家和省印发的高速公路网规划和建设计划为依据。

4.2 根据高速公路联网收费、干线路网运行监测和交通应急管理等工作需要,本规则对部分城市快速路一并进行了编号,但不改变其城市道路属性。涉及城市道路管理和养护等事项,应按照国家和省相关法律法规执行。

4.3 对于部分已通车运行而名称与本规则不符的高速公路,宜尊重群众使用习惯,不再对其名称进行调整。如广珠西线高速公路、西部沿海高速公路、广深沿江高速公路等。

附件2

广东省高速公路路线命名和编号表
（修订版）

编号	路线全称	路线简称	组成路段	建设情况	备注
S1	广州—连州高速公路	广连高速	广州机场第二高速	在建	
			连州—花都高速	规划	
S2	广州—河源高速公路	广河高速	广州—河源高速	已建	部分路段与汕湛高速共线
S3	广深沿江高速公路	广深沿江高速	广深沿江高速	已建	通香港
S4	华南快速路	华南快速	华南快速（一期、二期）、番禺大桥	已建	
S5	广州—台山高速公路	广台高速	广州—高明高速	已建	部分路段与莞佛高速共线
			高明—恩平高速	在建	
			恩平—台山高速	规划	
S6	广州—龙川高速公路	广龙高速	虎门二桥	在建	通江西南昌
			莞番高速	在建	
			河惠莞高速	在建	
S8	广州—佛山—肇庆高速公路	广佛肇高速	凤凰山隧道	在建	起点与济广高速对接，原编号S303取消
			华南快速三期	已建	
			广州石井—肇庆大旺段	在建	
			肇庆大旺—封开（粤桂界）段	已建	
S10	南雄—信丰高速公路	雄信高速	南雄—信丰（江西）高速	规划	
S11	大埔—潮州高速公路	大潮高速	大埔—潮州高速	在建	
S12	梅州—龙岩高速公路	梅龙高速	梅州—龙岩高速	已建	项目终点调整至梅县程江
S1211	梅龙高速梅州东联络线	梅州东线	梅州东联络线	在建	
S13	揭阳—惠来高速公路	揭惠高速	揭阳—惠来高速	在建	
S14	汕头—湛江高速公路	汕湛高速	汕湛高速汕头—揭西段	在建	部分路段与广河高速共线
			汕湛高速揭西—惠州博罗段	已建	
			汕湛高速惠州—湛江段	在建	
S15	广州—佛山高速公路	广佛高速	原沈海高速广州支线	已建	部分路段与广州环城高速北段共线
S16	佛山—清远—从化高速公路	佛清从高速	派潭—街口段	已建	
			佛清从高速北段、南段	在建	
S17	揭阳—普宁—惠来高速公路	揭普惠高速	揭普高速、普惠高速	已建	

续上表

编号	路线全称	路线简称	组成路段	建设情况	备注
S18	花都—东莞高速公路	花莞高速	花都—东莞高速	在建	
S19	梅州—汕尾高速公路	梅汕高速	原梅龙高速梅县程江—畲江段	已建	部分路段与济广高速、汕昆高速、甬莞高速共线
			梅县畲江—五华段	在建	
			五华—陆河段、陆河—汕尾段	在建	
S20	广州—中山—江门高速公路	广中江高速	番禺—中山—江门高速	在建	
S21	广州—惠州高速公路	广惠高速	广惠高速(小金口至赤砂)	已建	
S22	惠阳—东莞塘厦高速公路	惠塘高速	惠阳沙田—清溪高速	规划	
			从莞高速清溪支线、龙林高速	已建	
S23	惠州—大亚湾高速公路	惠大高速	惠州—大亚湾高速	已建	
S24	东莞—中山高速公路	莞中高速	深茂铁路公铁两用桥公路部分及两侧连接线	规划	深茂铁路跨珠江口段建设方式尚未确定
S26	中山—阳春高速公路	中阳高速	中山—开平高速	在建	
			开平—阳春高速	在建	
S27	韶关—惠州高速公路	韶惠高速	韶关翁源—惠州龙门高速	规划	
S28	水官高速公路	水官高速	水官高速	已建	
S29	从化—东莞—深圳高速公路	从莞深高速	从莞高速公路	在建	从化段、东莞段已建成,惠州段在建;部分与S86共线
			深圳清平高速	已建	原编号S209取消
S30	惠深沿海高速公路	惠深沿海高速	惠深沿海高速	已建	
S31	龙大高速公路	龙大高速	龙大高速	已建	
S32	西部沿海高速公路	西部沿海高速	西部沿海高速	已建	
S3211	西部沿海珠海机场支线	珠海机场高速	西部沿海珠海机场支线	已建	
S3213	西部沿海高栏港支线	高栏港支线	西部沿海高速高栏港支线	已建	
S3218	西部沿海阳江南联络线	阳江南线	西部沿海高速阳江南联络线	规划	
S33	南光高速公路	南光高速	南光高速	已建	
S34	香海高速公路	香海高速	香海高速公路及支线	在建	含香海大桥
S36	珠海—台山高速公路	珠台高速	洪湾—高栏港高速	在建	
			黄茅海跨海通道	规划	
S37	莲花山跨江公路通道	莲花山通道	莲花山通道(大桥)	规划	路线方案正在研究中,远期可能北延至增城、从化

附录一
重要法规、规章和文件选编

续上表

编号	路线全称	路线简称	组成路段	建设情况	备注
S38	金海高速公路	金海高速	金海高速公路	规划	含金海大桥
S39	广州东沙—新联高速公路	东新高速	东新高速公路	已建	
S40	罗定—信宜高速公路	罗信高速	罗定—信宜高速	在建	
S41	广州机场高速公路	广州机场高速	广州机场高速公路	已建	部分路段与乐广高速共线
S42	化州—廉江高速公路	化廉高速	汕湛高速廉江联络线	在建	
S43	广珠西线高速公路	广珠西线	广珠西线高速	已建	
S46	吴川—湛江高速公路	吴湛高速	吴川—湛江高速公路	规划	
S47	广州—佛山—江门—珠海高速公路	广佛江珠高速	广州花都—南海段(接广清高速)	在建	构成广州至珠海第三条高速公路通道
			佛山—环东线及北延线	已建	
			佛山—江门高速	在建	
			江门—珠海高速	已建	
S4711	广佛江珠高速小榄联络线	小榄联络线	广佛江珠高速小榄联络线	在建	
S49	新会—台山高速	新台高速	新会—台山高速	已建	
S50	东海岛—雷州高速	东雷高速	东海岛—雷州高速	在建	
S51	肇庆至阳江高速	肇阳高速	肇庆—云浮段	规划	
			云浮—阳江高速	已建	
			海陵岛大桥	在建	
S55	广州—三水高速公路	广三高速	广三高速公路	已建	依附G55编号
S59	怀集—郁南高速	怀郁高速	怀集—郁南高速	在建	
S60	连山—贺州高速公路	连贺高速	连山—贺州(广西)高速公路	规划	
S61	博贺港高速	博贺港高速	汕湛高速茂名博贺港支线	在建	
S63	广西玉林—湛江高速公路	玉湛高速	玉林—湛江高速	在建	部分与G15共线
S6311	玉湛高速湛江北支线	湛江北支线	玉湛高速公路湛江北支线	在建	
S66	梅州—平远高速公路	梅平高速	梅州—平远高速	在建	
S68	大埔—丰顺—五华高速公路	大丰华高速	丰顺至五华段、梅潮高速漳州支线	在建	
			丰顺至大埔段	规划	
S73	南沙港快速路	南沙港快速	广州南沙港快速	已建	原编号S105取消
S76	黄槎快速干线	黄槎快速	黄槎快速干线	已建	原编号S302取消
S77	中山东部外环高速公路	中山东环	中山东部外环	规划	部分路段与深岑高速共线
S78	南沙—中山高速公路	南中高速	南中高速公路	规划	部分路段与深岑高速共线

续上表

编号	路线全称	路线简称	组成路段	建设情况	备注
S7811	南中高速万顷沙联络线	万顷沙联络线	万顷沙联络线	在建	深中通道配套工程
S79	江门银洲湖高速公路	银洲湖高速	银洲湖高速公路	规划	
S81	广州环城高速公路	广州环城高速	广州环城高速	已建	
S8111	广州环城高速新化连接线	新化快速	新化快速路	已建	一期已建,二期待建
S84	韶关北环高速公路	韶关北环高速	韶关北环高速	已建	
S85	潮汕环线高速公路	潮汕环线高速	潮汕环线高速	在建	
S8511	潮汕环线揭阳联络线	揭阳联络线	潮汕环线揭阳联络线	在建	
S86	深圳外环高速公路	深圳外环高速	深圳外环高速	在建	
S9911	甬莞高速潮州东联络线	潮州东线	甬莞高速潮州东联络线	规划	连接甬莞、沈海高速
S9912	沈海高速潮安联络线	潮安联络线	沈海高速潮安联络线	规划	连接汕昆、沈海高速
S9915	沈海高速海丰西联络线	海丰西线	沈海高速海丰西联络线	规划	连接甬莞、沈海高速
S9917	武深高速始兴联络线	始兴东线	武深高速始兴联络线	规划	连接南韶、武深高速
S9918	常虎高速虎门港联络线	虎门港高速	常虎高速虎门港支线	已建	一期已建,二期待建
S9919	广澳高速珠海支线	珠海支线	广澳高速珠海支线	已建	接广澳高速终点
S9925	长深高速惠州支线	惠州支线	长深高速惠州支线	已建	原编号S25取消
S9955	二广高速连山联络线	连山联络线	二广高速连山联络线	规划	连接二广、许广高速
S9975	兰海高速湛江支线	湛江支线	兰海高速湛江支线	已建	原编号S75取消

附录二
广东高速公路发展大事记

1981 年

4月　广东省政府委托交通部公路规划设计院开展广深珠高速公路可行性研究并成立广深珠高速公路联合委员会。

6月　广东省交通厅厅长李牧与香港商人胡应湘签署《合作兴建广州、深圳、拱北高速公路意向书》。

1982 年

4月　广东省省长办公会议决定修建广深珠高速公路。

11月　广东省经委、省计委召开全省交通工作座谈会。会议根据广东省委的指示精神,提出了今后3年发展交通规划,肯定了"以港养港、以港建港""以路养路、以路建路"的政策,实行"谁建谁使用,产权受益归谁"的政策。

1982年　广东省交通厅继续组织开展广深珠高速公路可行性研究,并将广深珠高速公路可行性研究延伸至江门,全长260km。

1983 年

2月22日　广东省政府批转《全省交通工作座谈会报告》,提出动员各方力量修路建桥,实行谁建、谁管、谁受益的原则。

10月初　《广深珠高速公路可行性报告》出台。

10月8日　广东省政府向国家计委和交通部上报《广深珠高速公路工程可行性研究报告》。

1984 年

1984年初　广东省交通厅研究决定建设广佛高速公路,探索高速公路建设的资金筹措和运营管理经验。

4月13日　国家计委和交通部联合以《关于修建广(州)深(圳)珠(海)高速公路的报告》报国务院。

5月5日　经国务院同意,国家计委批复广东省政府关于广深珠高速公路的工可报告。这是国家批准广东修建的第一条高速公路建设项目。

8月31日　广东省政府办公厅工作会议决定修建广佛高速公路。

10月8日　广东省公路建设公司代表李谷和香港合和中国发展有限公司代表胡应湘在广州签订《合作建设广深高速公路》协议书。广东省、广州市党政负责人任仲夷、梁灵光、李建安、刘俊杰、许士杰、朱森林、欧初,中顾委委员刘田夫,交通部顾问潘琪等出席了签字仪式。

1985 年

1月3日　广东省交通厅组建广东省公路建设公司(对内称广东省交通厅高速公路管理处),主要负责全省大中型公路建设工程项目的组织实施。

3月22日　广深珠高速公路举行开工仪式。

4月5日　广东省政府印发《关于自筹资金建桥筑路的项目收取过桥过路费问题的通知》。

1986 年

8月22日　成立广深珠高速公路建设指挥部。

9月　广东省计委批准修建广佛高速公路工程计划任务书。广东省建委批准广佛高速公路工程初步设计,并列为省重点建设项目。

12月28日　广佛高速公路开工建设,拉开了广东高速公路建设的帷幕。

1987 年

1月18日　广州环城高速公路一期工程(沙贝至三元里机场路口,7.8km)开工建设。广州环城高速公路由北环高速公路(沙贝至广氮)和东南环高速公路(广氮至三滘)、西南环高速公路(三滘至沙贝)连接而成,全长57.3km,分五期建设。

2月　广深珠高速公路东线方案(即广深高速公路)获批准。

4月　广深高速公路正式开工建设。

6月13日　广东省公路建设公司与香港珠江船务有限公司签署合资建设广佛高速公路协议。

1988 年

6月4日　广东省外经贸委发布《关于合资经营广佛高速公路有限公司的批复》,同意由广东省交通厅所属广东省公路建设公司与香港珠江船务有限公司合资经营广佛高速公路。

12月2日　广东省委书记林若在省委召开会议研究广东省公路建设问题,广东省交通厅厅长李谷到会汇报。省委要求广东省交通厅抓紧高速公路建设。

12月　中共广东省委副书记、省长叶选平在广东省交通厅厅长李谷陪同下视察广佛高速公路施工现场。

1989 年

7月4~6日　广东省交通厅在广州召开全省高等级公路施工会议,交通系统各公路局、各施工、设计、科研单位领导和技术负责人200多人参加会议。会议特邀技术专家作技术报告,参观建设中的广佛高速公路施工现场,进行施工经验交流。

8月2日　广东省副省长匡吉听取省交通厅领导关于全国高等级公路建设交流现场会及广东省高等级专用公路规划战略设想的汇报,并对广东省高等级公路建设规划、筹集资金优惠政策、立法等问题作了指示。

8月8日　广东省第一条高速公路——广佛高速公路及相连的广州北环一期高速公路举行通车仪式。中顾委委员刘田夫,省委常委朱森林,省顾委主任王宁、副主任李建安,省人大主任罗天、副主任杨立,副省长匡吉、张高丽,省军区副司令员文国庆等参加了通车仪式。

8月11日　广东省人民政府颁布《广东省高速公路交通管理暂行办法》,自9月1日起施行。

12月8日　广东省政府批准广东省交通厅制订的《广东省高速公路建设规划方案》。

1990 年

3月　经广东省政府办公厅批准,将广东省公路建设公司的人员、资产以及债权债务进行重组,另设立广东省高速公路公司,主要负责全省高速公路工程的建设和管理。

3月　惠(州)盐(深圳盐田)高速公路惠州段开工建设。

3月　广(州)清(远)高速公路广花段开工建设。

6月29日　广州市高速公路总公司与香港新世界发展有限公司签订合作兴建和经营广州北环高速公路的协议。

1991 年

3月　广州环城高速公路北二环第二期工程开工建设。

7月18日　广东省政府批准,从1991年9月1日起开征高等级公路建设还贷资金。

11月　广(州)三(水)高速公路(雅瑶—三水段)开工建设。

12月17日　中共中央总书记江泽民为沈海高速公路汕头海湾大桥按动开工电钮。

12月　惠盐高速公路深圳段开工建设。

1992 年

2月　广深珠高速公路东线(即广深高速公路)全线开工建设。

5月28日　虎门大桥举行奠基仪式。

6月　佛开高速公路股份有限公司成立。

10月1日　佛开高速公路股份有限公司开始发行法人股5亿元。

10月28日　全长76km的广珠东线高速公路动工兴建。广东省副省长张高丽、省交通厅厅长李配武按动开工电钮。

11月28日　广(州)花(都)高速公路建成通车,全长22.6km。广东省省长朱森林、副省长张高丽出席通车仪式。

11月19日　在广州中国大酒店同时签订兴建广珠高速公路补充协议和广州东南西环高速公路合同。朱森林、张高丽、匡吉、杨资元等广东省、广州市领导和香港合和实业有限公司总经理胡应湘及珠海、中山等市负责人出席签字仪式。

12月28日　广东省交通能源通信工作会议在广州召开。广东省委书记谢非在会议上指出:交通、能源、通信是保证实现现代化的基础设施,要在较短时间内集中财力、物力、人力取得重大突破和进展。

1993年

2月　佛开高速公路股份有限公司更名为"广东省高速公路发展股份有限公司"。

2月　深圳梅(林)观(澜)高速公路开工建设。

3月4日　广东省政府发布《关于加快交通、能源、通信基础设施建设的通知》,公布了加快交通、能源、通信基础设施建设的28条政策措施。

3月20日　深汕高速公路(西段)开工建设。

3月　广东省省长朱森林到广深高速公路工地视察,要求1993年底主线建成通车。

4月23~26日　英国经济与运输咨询公司瓦克尔和洛文索尔先生应邀到广州与广东省高速公路公司签订合同,联合组成中外专家工作组,为全省制订和实施新的公路融资体制等问题提供咨询服务。

4月26日　美国华盛顿第一集团A.G发展公司同广东省签订了合作建设惠(州)河(源)高速公路合同,广东省副省长张高丽及省交通厅、机械厅、计委、外事办等有关部门负责人以及美国驻广州总领事等出席了签字仪式。

5月24日　经广东省政府批准,广东交通实业投资公司成立。

5月29日　佛开高速公路(佛山谢边至开平水口镇)开工建设。

6月7~12日　交通部在山东济南召开全国公路建设会议,广东省副省长张高丽在会上介绍了广东省重视交通基础设施建设,加快交通发展的经验。

6月11日　粤港合作建设和经营管理的深汕高速公路东段合作经营合同,在广东省政府迎宾厅签订。

6月23日　广东省副省长张高丽在广东省政府主持会议,研究广东交通规划布局,省交通厅及省公路局、省高速公路公司等单位的领导参加了会议。

8月20日　广东省交通厅和广东省建委联合派出驻工地工作组,加强对广深高速公路建设的监督和管理。

9月11日　深汕高速公路(东段)开工建设。

10月4日　广东省人大常委会主任林若、副省长李兰芳等到虎门视察虎门大桥建设和文物保护情况。

11月　佛开高速公路上最长的特大桥——九江大桥开工建设。

12月18日　广州环城高速公路北环二期建成通车,全长约15km。一期、二期工程合称北环高速公路,共长22km。

12月28日　广深珠高速公路广州段和深圳段建成通车。

12月　惠(州)盐(深圳盐田)高速公路深圳段建成通车,主线长37.5km。由深圳盐田港股份有限公司和广东省高速公路发展股份有限公司共同出资建设。

1994年

3月7日　广东省交通厅组建引进外资办公室。

3月　中共中央政治局委员、广东省委书记谢非到汕头海湾大桥看望正在施工的工程人员。

4月21日　广东省与马来西亚合作建设经营阳江至湛江高速公路签字仪式在广东国际大厦举行,广东省副省长张高丽和省交通厅厅长李配武出席签字仪式。

5月20日　广东省交通厅印发《广东省交通投资、融资体制改革方案的通知》。

7月14~15日　广东省政府在湛江召开广湛高速公路建设会议,省有关部门和沿线各市负责人参加会议。广东省交通厅与阳江、茂名、湛江等市签订了征地拆迁总承包合同。

7月21日　合作兴建阳湛高速公路的合同,由广东省高速公路公司与马来西亚友乃迪工程有限公司、和合建筑有限公司代表完成签字。广东省副省长张高丽出席签字仪式。

7月18日　全长122.8km的广(州)深(圳)高速公路全线建成通车。由广东省公路建设有限公司与香港合和中国发展(高速公路)有限公司合作投资,并成立广深珠高速公路有限公司负责建设及经营管理。

7月22日　广东省政府印发《广东省集资贷款修建桥梁、公路、隧道收取车辆通行费实施办法》,自1994年8月1日起施行。

8月　广东西部沿海高速公路台山段开工建设。

10月11日　广湛高速公路先行工程石门大桥举行开工仪式,广东省副省长张高丽,省直有关单位、部队有关领导,湛江市有关领导以及马来西亚和合公司、友乃迪公司、香港长江和黄高速公路投资公司、巴克莱银行等嘉宾出席开工仪式。

10月24日 广东省交通厅颁布《广深高速公路路政管理暂行办法》。

11月2~3日 广东省政府在韶关市召开京珠高速公路建设会议,部署京珠高速公路广东段的建设工作。广东省省长朱森林、副省长张高丽出席会议。

11月10日 广东省政府办公厅发出《广东省人民政府办公厅关于加强高速公路交通安全管理的通告》。

11月 广(州)清(远)高速公路广花段(又称广花高速公路)建成通车,全长22.6km,由广东省高速公路公司投资建设。

1995年

1月13日 广东省人大常委会审议通过《广东省道路运输管理条例》,于4月1日起正式实施。

1月23日 广东省交通厅与华南理工大学合办的交通学院正式成立,学院设6个系16个专业,实行董事会管理。

2月10日 广东省交通厅印发《广东省交通系统工程建设质量监督机构和人员考核实施细则》。

3月1日 广东省交通厅工程质量监督站成立。

3月28日 虎门大桥主导索过江仪式在工地现场举行,广东省省长朱森林、副省长张高丽出席并观看导索过江。

5月6日 深圳市梅(林)观(澜)高速公路建成通车,全长19.3km。该路由深圳市自筹资金建设。

6月21~26日 交通部公路管理司组织工程质量检查组全线检查深汕高速公路和汕头海湾大桥。

10月 机荷高速公路东段开工建设。

11月13~14日 佛开、深汕高速公路建设会议在广州召开,广东省副省长张高丽到会讲话。

12月28日 广东省、铁道部、交通部在汕头联合举行广梅汕铁路、汕头海湾大桥建成通车典礼。江泽民、田纪云、邹家华、谢非、胡绳、钱正英等党和国家领导人参加通车典礼。省市领导、海外知名人士等出席典礼。交通部部长黄镇东,广东省省长朱森林、副省长张高丽在汕头海湾大桥通车典礼上讲话。

1996年

1月24日 广东省交通厅成立"广东省交通厅交通建设工程招标领导小组",加强对投标工作管理。

3月20日　广东省交通工作会议暨"八五"交通建设先进单位表彰会在广州召开,广东省副省长钟启权参加会议并讲话。广东省政府分别授予江门市等一批先进单位和个人称号。

7月　广东省省长卢瑞华视察虎门大桥工地。

8月15日　香港长江(中国基建)有限公司、广东交通实业投资公司、台山市交通建设发展总公司在台山市签订了合作建设经营广东西部沿海高速公路台山段的两个协议书。

8月　广东省高速公路发展股份有限公司发行上市13500万股境内上市外资股(B股),被境内外传媒誉为"高速公路第一股"。

8月　江门—鹤山高速公路开工建设。

10月　广州环城高速公路东南西环段工程开工建设。

11月8日　深汕高速公路(东段)建成通车。

12月8日　佛(山)开(平)高速公路建成通车。

12月28日　深汕高速公路(西段)建成通车。

1997年

2月3日　中共中央政治局常委、国务院总理李鹏,交通部部长黄镇东,广东省委书记谢非、省长卢瑞华等领导同志视察虎门大桥工地。

3月12日　深圳高速公路股份有限公司的H股在香港联交所正式上市。

3月14日　中外合作建设经营京珠高速公路汤塘—太和段、珠江三角洲环形高速公路东环段、梅汕高速公路梅南—畲江段、径义—北斗段的协议在广州市广东大厦签订。

6月9日　虎门大桥正式通车。中共中央总书记江泽民题写桥名,国务院副总理邹家华为通车剪彩;全国政协副主席叶选平,广东省领导谢非、卢瑞华及国家有关部委领导出席通车典礼。

7月　广(州)清(远)高速公路花清段开工建设。

8月15日　坦尾—金鼎段高速公路开工建设。

8月29日　京珠高速公路粤境北段世界银行贷款签字仪式在美国世界银行总部举行,财政部刘仲黎部长和广东省副省长张高丽出席。中国驻美大使李道豫、大使代办周文重签字。

8月　机荷高速公路西段开工建设。

9月16日　广东省政府印发《关于高速公路交通管理的通知》。

10月　全国政协副主席叶选平出席清连一级公路通车典礼。

10月　茂湛高速公路开工建设。

12月31日　机荷高速公路东段建成通车。

1997年　深圳盐(田)坝(港)高速公路(A段)开工建设。

1997年　汕(头)梅(州)高速公路(揭阳—梅州段)开工建设。

1998年

1月18日　广东省政府发布《广东省公路收费站管理办法》,自2月1日起施行。

1月　广州北二环高速公路动工兴建。

2月　广东省高速公路股份有限公司成功发行上市10000万股人民币普通股(A股)。

5月　京珠高速公路韶关曲江—广州段开工建设。

7月29日　广东省第九届人民代表大会常务委员会颁布《广东省高速公路管理条例》,自1998年10月1日起施行。

9月3日　番禺大桥和广州华南快速干道首期建成通车。番禺大桥为双向双塔斜拉结构特大桥梁,全长3467m。华南快速干道首期全长15.6km,双向八车道。

9月26日　国家开发银行行长陈元带队的开发项目考察团到广东省考察高等级公路贷款项目。

9月28日　惠(州)河(源)高速公路一期工程开工建设。

9月　广东西部沿海高速公路新会段开工建设。

10月1日　广东省从10月1日起公路客运附加费在现行每人公里2分钱的基础上提高1分钱,全额用于公路建设。

10月　京港澳高速公路小塘至甘塘段开工建设。

10月　广州环城高速公路西南环段动工兴建。

11月3日　广(州)肇(庆)高速公路首期工程动工。

11月16日　广(州)三(水)高速公路(雅瑶—三水段)全线建成通车,全长29.97km。

11月　广东西部沿海高速公路阳江段开工建设。

12月19日　新(会)台(山)高速公路正式开工建设。

12月28日　普(宁)惠(来)高速公路正式开工建设。

1999年

1月13日　江门—鹤山高速公路建成通车,全长26.88km。

1月20日　汕头至汾水关高速公路开工建设。

4月17~18日　交通部在东莞召开虎门大桥工程竣工验收会,交通部副部长李居昌出席。虎门大桥工程评定为优良等级。

5月　机荷高速公路西段建成通车,全长21km。

6月8日　广(州)肇(庆)高速公路(三水—高要段)开工建设。

9月1日　梅汕高速公路莲花山隧道贯通。该隧道全长2902m,工程历时2年。

10月　中共中央政治局委员、广东省委书记李长春考察即将竣工的迎接澳门回归工程——京珠高速公路广珠段工程。

10月　广(州)惠(东)高速公路开工建设。

10月　广(州)清(远)高速公路花清段建成通车,全长23.56km。

12月6日　广珠东线坦尾—金鼎段高速公路建成通车,全长62.4km。

2000年

2月12日　广州环城高速公路东南环段建成通车,全长18km。

3月9日　交通部公布1999年度公路"三优"评选结果,广东省虎门大桥主航道桥、辅航道桥获优秀设计奖,番禺大桥获设计二等奖,虎门大桥、番禺大桥均获优质工程一等奖。

4月1日　广州新机场高速公路一期工程动工兴建。工程分两期建设,第一期工程长23.976km。

4月18日　京珠高速公路靠椅山右隧道贯通。双洞按六车道设计,右洞长2949m,左洞长2981m,是当时全省最长的公路隧道。

5月　开阳高速公路建设项目第一个进入广东省建设工程交易中心进行招标。

5月18日　交通部部长黄镇东视察惠州高速公路。

6月26日　广州环城高速公路东南西环段全线建成通车,全长38km。

6月28日　广东省交通集团有限公司挂牌成立。

9月28日　(东)莞深(圳)高速公路建成通车。全长约52.8km。莞深高速公路是我国第一条由地级市自筹资金、自行组织设计、建设和经营管理的高速公路。

10月　汕梅高速公路清潭至畲江段开工建设。

2001年

1月16日　汕梅高速公路北斗至清潭段及丰顺清潭隧道工程举行通车仪式,全国人大常委会副委员长邹家华、广东省副省长钟启权出席通车仪式。北斗至清潭段全长14km;丰顺清潭隧道全长2888m。

1月18日　新(会)台(山)高速公路全线通车。全长52.9km。

9月28日　揭梅高速公路梅南至畲江段建成通车,全长15.58km,是汕梅高速公路和河梅高速公路共用路段。

9月　深圳龙华至东莞大岭山(龙大)高速公路开工建设。

10月28日　惠(州)河(源)高速公路一期工程建成通车。

10月　广州北二环高速公路建成通车。该路段是京珠国道主干线广州绕城公路北段,全长42.34km。

11月28日　汕头至汾水关高速公路(含潮州支线)建成通车。

12月3日　揭(阳)普(宁)高速公路正式开工建设。

12月24日　广(州)珠(海)西线高速公路一期正式开工建设。

12月28日　梅揭高速公路北斗至清潭段开工建设。

12月28日　普(宁)惠(来)高速公路建成通车。

2002年

1月1日　广州新机场高速公路一期工程建成通车,全长23.976km。

4月28日　广东西部沿海高速公路新会段建成通车,全长15.66km。其中崖门大桥长1289.22m。

4月28日　广东西部沿海高速公路台山段建成通车,全长86.80km;阳江段建成通车,全长42.93km。

6月1日　广东省从2002年6月1日起停止征收"高等级公路建设还贷基金"。

6月28日　阳茂高速公路茂名段开工建设。

8月30日　广(州)肇(庆)高速公路(三水—高要段)建成通车,全长48.01km。

9月25日　华南快速干道二期工程开工建设。

10月28日　茂湛高速公路二期工程开工建设。

12月19日　粤赣高速公路广东河源段在河源市举行奠基仪式,广东省省长卢瑞华,副省长游宁丰、李容根等领导参加奠基仪式。

12月28日　茂湛高速公路(一期)建成通车。茂湛高速公路是同三高速公路在广东境内的重要一段,全长102.5km。工程分三期建设,由广东省高速公路有限公司、广东省高速公路发展股份有限公司等6家股东共同投资。

12月　由广东省经贸委、省交通厅、省物价局联合制定的《广东省高速公路联网收费实施方案》正式出台。

2003年

2月21日　广东省政府在云浮市召开加快广梧高速公路建设现场办公会,广东省省长黄华华、常务副省长李鸿忠、副省长游宁丰等在现场办公。会议强调各地、各部门加快通地级市高速公路建设步伐。

3月6日　梅河(又称河龙)高速公路开工建设。

4月3日　京珠高速公路小塘至甘塘段建成通车。广东省省长黄华华等领导出席通车仪式。

5月9日　广(州)清(远)高速公路银盏至北江二桥段正式开工建设。

6月30日　广东省政府印发《广东省交通基础设施建设征地拆迁补偿实施办法》。

7月9日　交通部副部长冯正霖、副司长李彦武在广东省交通厅厅长张远贻等领导陪同下视察茂湛高速公路二期项目。

8月19日　江珠高速公路开工建设。

9月3日　开阳高速公路建成通车。该公路是沈海高速公路的一段,全线长126km。

10月9日　广东省交通厅召开全省交通系统贯彻落实省委部署,掀起交通基础设施建设新高潮动员大会。会上提出加快出省通道建设,实现相邻省区通高速公路。

10月30日　梅揭高速公路北斗至清潭段左线建成通车。

11月10日　中共中央政治局常委李长春来信,对广东省中心城市通山区市高速公路通车表示祝贺和慰问。

11月22日　京珠高速公路甘塘至广州太和段建成通车,全长199.33km。

12月20日　揭(阳)普(宁)高速公路建成通车,全长45.93km;广(州)惠(东)高速公路建成通车,全长153.2km;惠(州)河(源)高速公路二期建成通车。

12月28日　汕(头)梅(州)高速公路(揭阳—梅州段)全线建成通车,全长90.05km。

12月　广州华南干线二期工程竣工。二期工程南接一期工程的岑村立交,北在太和镇东面与京港澳高速公路对接,全长15.3km。

2004年

1月8日　广东西部沿海高速公路珠海段举行开工仪式。广东省省长黄华华出席并致词,副省长游宁丰、广东省政府秘书长陈坚出席开工仪式。

1月8日　广东省政府发出《关于表彰通山区高速公路建设者的通报》,表彰广东省交通厅、省交通集团及广大高速公路建设者。

2月19日　广东省政府发文,授予广东开阳高速公路建设项目为"模范建设工程"。

2月20日　广东省纪委、省监察厅发文,授予广东开阳高速公路建设项目"廉洁工程"称号。

2月23日　广东省委、省政府和省纪委在开阳高速公路管理中心召开"开阳高速公路工程建设经验交流推广会"。

3月19日　梅州市西环高速公路开工建设,主线长14.28km。

4月30日　广珠西线高速公路一期建成通车。

4月　东莞龙林高速公路建成通车。

8月5日　广东省交通集团所属阳茂、江中、江鹤高速公路招商项目股权转让签字仪式在广州广东大厦举行。

8月10日　中共中央政治局委员、广东省委书记张德江视察梅河高速公路建设工地。

8月30~31日　交通部在广东开平市召开"全国交通系统基础设施建设项目廉政工作交流会"，推广开阳高速公路建设"优质、高效、低价、廉洁"经验。交通部部长张春贤，监察部部长屈万祥，广东省省长黄华华、副省长游宁丰等领导出席会议。

9月8日　汕揭高速公路揭阳段开工建设。汕揭高速公路全长55.2km。

9月26日　江(门)珠(海)高速公路江门段开工建设。

10月8日　广东省人大常委会副主任、省总工会主席汤维英率领省十项工程劳动竞赛工作考察组，对广梧高速公路马安至河口项目劳动竞赛工作进行考察。

11月26日　阳茂高速公路建成通车。阳茂高速公路是沈海高速公路的一段，全长79.76km。

12月21日　惠(州)深(圳)沿海高速公路开工建设。

12月23日　广州珠江黄埔大桥开工建设。大桥全长7049m。广东省委常委、广州市委书记林树森，副省长游宁丰出席开工仪式。

12月23日　广东省委、省政府发文，表彰全省地级市通高速公路建设工作中作出突出贡献的单位。

12月24日　广东省委、省政府在云浮市广云高速公路现场举行全省地级市通高速公路庆典仪式。省委副书记、广东省省长黄华华，省人大副主任侣志广，副省长游宁丰，省军区副政委唐朝转等领导出席会议，并对在全省地级市通高速公路建设工作中作出突出贡献的广东省交通厅等56个单位进行表彰。

12月29日　天汕高速公路蕉岭广福至梅县城东段开工建设。

2004年　高速公路建设完成投资143亿元，比上年增长13.5%，相继建成通车的有广梧、阳茂、茂湛二期、广清北段等高速公路，新增高速公路217km，提前一年实现21个地级以上市全部通高速公路目标。

2005年

1月　天(津)汕(尾)高速公路粤境蕉岭广福至梅县城东段开工建设。

4月21日　广东省交通集团制定《广东省交通集团有限公司高速公路营运管理试行规范》，加强对高速公路运营管理。

6月9~10日　广东省人大常委会主任黄丽满、副主任黄伟鸿率省人大视察组赴河源对在建的出省通道粤赣高速公路和河龙高速公路进行实地调研。

6月15日　广东省委常务会议同意广东省交通厅、省发展改革委提出并经广东省政府常务会议同意的《广东省高速公路网规划（2004—2030年）》。

6月30日　河（源）龙（川）高速公路建成通车。

7月1日　广东省交通集团有限公司成功发行15亿元企业债券。

9月15日　京珠高速公路粤境南段扩建工程开工，全线将从原四车道扩建为六车道。

10月8日　广东省人大常委会副主任、省总工会主席汤维英率考察团视察梅河高速公路。

10月8日　云浮至梧州高速公路河口至双凤段控制工程——石牙山隧道正式开工。

10月30日　梅（州）河（源）高速公路建成通车，全长159.85km。

11月8日　珠三角环线中（山）江（门）高速公路和江（门）鹤（山）高速公路（二期）建成通车，广东省委副书记欧广源出席通车仪式。

12月20日　京珠高速公路广珠北段建成通车、广珠高速公路（二期）开工建设。

12月25日　广佛雅瑶至佛开三堡段高速公路扩建项目先行工程九江大桥举行开工仪式。

12月28日　粤赣高速公路粤境段、渝湛高速公路粤境段、广东西部沿海高速公路珠海段正式通车。广东省委、省政府同时在河源、珠海、湛江三地隆重举行广东省通邻省高速公路通车庆典仪式。中共中央政治局委员、广东省委书记张德江，省委副书记、省长黄华华出席在河源主会场的庆典仪式。常务副省长汤炳权、副省长许德立分别在珠海、湛江分会场出席庆典仪式。

12月28日　广东省政府发文《关于表彰广东省出省高等级公路建设工作突出贡献单位的通报》，通报表彰省交通集团等41个在出省高速公路建设中作出突出贡献的单位。

2006年

3月25日　广（州）深（圳）第二条高速公路——广州（黄埔）至深圳（南山）高速公路试验段开工。该条高速公路设计为双向八车道，全长89km。

5月29日　广东省首个高速公路治超站——京珠高速公路韶关梅花治理车辆超载检测站建成启用。

7月17日　交通部部长李盛霖、广东省副省长佟星等领导同志视察广州绕城高速公路珠江黄埔大桥施工现场。

7月18日　广东省委、省政府召开广东省科学技术奖励大会，广东省省长黄华华、常务副省长钟阳胜出席并为2005年度获奖代表颁奖。广东省交通厅推荐的崖门大桥建设成套技术获一等奖，汕汾高速公路可液化沙土、软基双重地基综合处治试验研究获二等奖,广佛高速公路新旧结构纵缝连接研究等两项获三等奖。

7月21日 广东省委、省政府召开全省交通工作会议,中共中央政治局委员、省委书记张德江出席并作重要讲话,会议由广东省委副书记、省长黄华华主持,并作会议总结。省人大、省政协、省纪委等主要领导出席了会议。会议讨论并通过了《中共广东省委 广东省人民政府关于加快交通业发展的意见》。

8月1日 广东省交通厅、省发改委、省国土厅、省建设厅、省监察厅五部门联合下发《关于加快高速公路重点项目建设有关问题的意见》。

11月9日 兴宁市兴城至梅县畲江段高速公路开工建设。

11月18日 佛山一环快速干线建成通车,全长99.2km,双向八车道,是全国首条近百公里不设收费站的快速公路。

11月19日 中共中央政治局委员、广东省委书记张德江视察佛山一环快速干线。

12月19日 广州西二环高速公路(G9411)南海市小塘至茅山段建成通车,全长39km。

12月30日 天(津)汕(尾)高速公路粤境蕉岭广福至梅县城东段建成通车,全长58.28km。

12月30日 汕(头)揭(阳)高速公路建成通车,全长55.24km。

2007年

1月12日 龙(华)大(岭山)高速公路全线建成通车。

5月16日 广东省首条民企独资建设的高速公路——江(门)珠(海)高速公路建成通车,全长53.3km。

6月15日 广东省政府在肇庆召开全省高速公路建设现场会。广东省省长黄华华在会议上讲话,要求全力落实广东省高速公路建设规划,到2010年全省高速公路通车总里程要达到5000km。

7月1日 深港西部通道正式开通。深港西部通道北接深圳蛇口,南接香港元朗。深圳湾公路大桥是西部通道的重要组成部分,全长5545m,其中深圳段2040m,为双向六车道高速公路,桥梁总宽度为38.60m,隧道3.09km。由深港两地政府投资。

7月6日 中共中央政治局委员、广东省委书记张德江,省委常委、省委秘书长肖志恒到广梧高速公路石梯迳隧道施工现场考察。

9月28日 韶(关)赣(州)高速公路开工建设。

9月29日 广深沿江高速公路深圳段在大铲湾畔举行开工仪式,广东省委常委、深圳市委书记李鸿忠出席开工仪式。

12月24日 广州绕城高速公路九江至小塘段建成通车。

12月28日　广(州)河(源)高速公路正式开工建设。

2008年

1月26日~2月5日　京港澳高速公路粤境北段开展大规模的除冰抢险抗灾。1月25日,起粤北连下雨雪,大桥至梅花段路面大面积结冰,大量车辆被困。26日,高速公路管理部门出动推土机、平地机、铲土机等机械除冰,但气温继续下降,结冰层继续增厚,最厚时达到30cm。28日,广东省交通厅厅长张远贻、省交通集团总经理何忠友等领导赶赴现场,成立除冰抢险、恢复交通指挥部,调集省交通集团所属的长大公司、晶通公司、冠粤公司、能达公司、筑波公司的设备和员工投入除冰。30日,公安部刘金东副部长、广东省佟星副省长到达现场指挥,2000多名解放军和武警官兵紧急增援。31日17时30分,打通双向车道。次日,中共中央政治局委员、广东省委书记汪洋,广东省委副书记、省长黄华华到达现场视察抗冰抢险情况。至3月5日,取得除冰抢险抗灾的基本胜利。这次除冰抢险累计出动人员4.2万人次,投入机械设备10500多台班,撒放融雪剂2000多吨,清除积雪9万多立方米,除冰里程450km,疏导车辆3万多辆,疏导人员15万多人。

3月10日　广东省首条政府还贷高速公路——韶(关)赣(州)高速公路开工建设。

3月25日　广东省委、省政府召开全省抗灾救灾表彰大会,表彰省交通集团有限公司、广东省长大公路工程有限公司等先进单位。

4月30日　广东西部沿海高速公路珠海段支线建成通车。该支线从中山月环至珠海南屏,长约15km。

5月6日　广(州)梧(州)高速公路石牙山隧道双线贯通。石牙山隧道是广梧高速公路的控制性工程,设计为双向四车道,左线长4555m,右线长4606m。

5月20日　广东省政府在广州召开加快交通基础设施建设工作会议,贯彻落实《关于加快广东省交通基础设施建设的若干意见》,部署进一步加快广东省交通基础设施建设的工作任务。广东省副省长佟星出席会议并讲话。

6月　广州绕城公路南环段开工建设。

8月28日　江肇高速公路南段开工建设,全长50km,双向六车道。

9月26日　汕揭高速公路庵埠至登岗段开工建设。

10月26日　清(远)连(州)高速公路改造建成通车,全长216km。

10月28日　广州黄埔大桥项目(亦称广州东二环)建成,全长18.694km,其中黄埔大桥全桥总长7016.5m。

12月16日　广州东二环高速公路黄埔大桥举行通车仪式。广东省委常委、广州市委书记朱小丹,副省长佟星出席通车仪式。

12月28日　汕昆高速公路兴宁市兴城至梅县畲江段——兴畲高速公路建成通车。

2009 年

1月15日　中共中央政治局委员、广东省委书记汪洋在省委常委、秘书长徐少华,省政协副主席、省民革主委周天鸿及韶关市、省公路管理局等领导陪同下,视察韶赣高速公路施工现场。

2月　广东省交通厅对在招投标过程中以及履约方面存在问题的16家施工单位进行通报批评,并逐出广东交通建设市场。

3月31日　阳江至云浮高速公路阳江至阳春段全线开工建设。

5月8日　沈海高速公路湛江市遂溪县至徐闻县段全线正式开工建设。

6月22日　华南快线三期建成通车,主线长17.67km,双向六至八车道。

6月25日　广(州)(高)明高速公路一期建成通车,全长42.1km,双向六车道。

6月29日　博(罗)深(圳)高速公路开工建设。

7月1日　全长188.75km的清(远)连(州)一级公路高速化改造工程迳口至凤埠、连州至凤头岭段建成通车。

8月　增(城)从(化)高速公路开工建设。

9月30日　惠州市举行惠大疏港高速公路开工仪式。

11月18日　广州至乐昌高速公路坪石至樟市段开工建设。

12月15日　港珠澳大桥珠澳人工岛开工建设。

12月28日　广珠西线三期正式开工建设。

12月　广清高速公路扩建工程开工建设。全线将由原双向四车道扩建为双向八车道。

2010 年

1月11日　梅(州)龙(岩)高速公路一期工程——梅(州)大(埔)高速公路开工建设。中共中央政治局委员、广东省委书记汪洋,省长黄华华和省委、省人大、省政府、省政协以及省交通运输厅、省交通集团等领导参加了开工仪式。

1月26日　全长56.36km的虎(门)(谢)岗高速公路与莞惠高速公路全线贯通,实现惠州、东莞两市高速公路直通。

3月2日　珠三角环线高速公路肇庆黄岗至广州花都花山段开工建设,全长64km。

3月25日　全长48.66km的惠深沿海高速公路惠州段建成通车。

4月8日　交通运输部年度公路工程质量安全综合督导组到江肇高速公路建设工地开展质量安全督查。

4月15日　以国家发改委副主任杜鹰为组长,国家12个部委组成的国家督促检查组考察港珠澳大桥项目进展情况,广东省常务副省长朱小丹陪同。

5月6日　广东省高速公路自本日起开展创"示范路"活动。

6月25日　全长45.5km的广珠西线高速公路二期建成通车。

6月30日　全长98.49km的广梧高速公路河口至平台段建成通车。

7月　广东省政府在清远市召开全省高速公路建设督导现场会。会议要求全省高速公路建设强化责任落实、考核问责、质量安全监管。

8月18日　广东省人大常委会主任欧广源、副主任钟阳胜带领省人大调研组到广佛高速公路进行调研。

9月30日　全长51.938km的广肇高速公路二期工程建成通车。

11月25日　二(连浩特)广(州)高速公路粤境段连州至怀集项目在清远连州、肇庆怀集两地同时举行开工仪式。

12月10日　二广高速公路怀集至三水段建成通车，全长118km。

12月　江肇高速公路一期建成通车。一期工程从江门杜阮镇至肇庆四会东城，全长73.2km。

12月16日　受中共中央政治局委员、广东省委书记汪洋，省长黄华华委托，省委常委、副省长肖志恒率省有关部门和韶关市有关领导，到京珠北高速公路检查抗冰雪工作。

12月30日　全长114km的湛徐高速公路建成通车。

12月31日　阳阳高速公路建成通车。主线长55.178km，连接线长5.155km。

12月31日　全长107.7km的江肇高速公路南段(一期)建成通车。江肇高速公路是珠三角环线的组成部分。

12月31日　全长24.1km的汕揭高速公路潮州段建成通车。

12月31日　全长44.33km的广州绕城(二环)高速公路南段建成通车。

12月31日　全长46.691km的广州东新高速公路建成通车。

12月31日　广东省高速公路完成"十一五"建设目标暨2010年建成800km通车仪式在广州绕城高速公路南段顺德勒流服务区主会场隆重举行，湛徐、阳阳、江肇、汕揭、韶赣高速公路通车仪式分别在徐闻、阳东、江门、潮安、南雄设立分会场。省委副书记、省长黄华华在主会场出席通车仪式上宣布：南二环、韶赣、湛徐、阳阳、江肇、汕揭6条高速公路建成通车，广东省"十一五"高速公路建设目标全面完成。

2011年

1月1日　韶赣高速公路建成通车。韶赣高速公路是广东省首条政府还贷高速公路，由广东省公路管理局和韶关市政府采用政府还贷的非经营性方式，按8∶2比例共同投资、合作建设。全长125.351km。

1月25日　清连高速公路连南段正式实施高速化运营，至此，清(远)连(州)一级公路高速化改造工程实现全线贯通,全长 215.25km。

3月3日　交通运输部总工程师周海涛率队到佛开高速公路改扩建项目施工现场调研交通组织管理工作。

3月30日　全省高速公路现场督导会在惠州市举行,广东省副省长佟星出席会议,并视察了在建的博深高速公路惠州段。

5月30日　广东省委常委、常务副省长肖志恒一行到梅大高速公路建设现场检查指导工作。

7月6日,交通运输部总工程师周海涛,广东省交通运输厅副厅长陈冠雄、总工程师王富民到港珠澳大桥管理局指导工作。

7月26日　交通运输部副部长冯正霖在广东省政府副秘书长林英、省交通运输厅厅长何忠友等领导陪同下考察广乐高速公路建设情况。

8月　河紫高速公路开工建设,全长约 90km。

9月8日　广东省副省长陈云贤等领导到广乐高速公路广州段、肇花高速公路花山北立交建设现场检查指导工作。

11月23日　博深高速公路水涧山隧道贯通。该隧道左线全长 2929m,右线全长 2906m。

11月27日　广东省委常委、省纪委书记黄先耀视察港珠澳大桥项目。

12月13日　罗阳高速公路先行工程开工建设,全长 83.2km。

12月16日　宁莞高速公路潮州至惠州段开工建设,全长 243.6km。

12月30日　梅州至大埔高速公路东延线开工建设,全长 23.7km。

2012 年

1月10日　全长 146km 的广(州)河(源)高速公路全线建成通车。分广州段和惠州段建设,广州段全长 70.8km,惠州段全长 75.21km。

1月18日　全长 89.14km 的广深沿江高速公路广州至虎门威远段建成通车。该路分广州段、东莞段和深圳段建设。其中,广州段长 9.645km,东莞段长 49.235km,深圳段长 30.591km。

2月12日,广东省委副书记、省长朱小丹率有关部门负责人赴珠海就港珠澳大桥建设情况进行考察并召开现场会。

4月29日,省委常委、副省长徐少华率省发改委主任李春洪、省交通运输厅厅长曾兆庚等有关部门负责人赴珠海视察港珠澳大桥建设进展情况。

5月16日　广东省省长朱小丹主持专题会议,研究高速公路建设资金安排和筹措问题,明确省财政安排 374 亿元支持高速公路建设。

5月29日　汕(头)湛(江)高速公路揭西大溪至博罗石坝段开工建设,全长164.3km。

6月7日　广东省委常委、常务副省长徐少华等领导到广乐高速公路建设工地视察。

7月31日　港珠澳大桥珠海连接线项目开工建设,全长13.43km。

8月22日　中共中央政治局委员、广东省委书记汪洋到港珠澳大桥建设工地,听取施工进展情况汇报。

8月25日　河源市东环高速公路开工建设,全长38km。

9月11日　广东省"全省高速公路暨县县通高速公路建设推进会"在河源市召开。

9月15日　大(庆)广(州)高速公路广东连平段(粤境段)开工建设。

9月27日　增(城)从(化)高速公路建成通车,全长66.8km。

10月9日　交通运输部精神文明建设综合检查考核组到广东省交通集团有限公司对集团的企业文化建设进行考核督查。

10月11日　广东省人大常委会主任欧广源、副主任陈继兴率省人大代表到京港澳高速公路太和收费站调研联网收费运作进展情况。

12月26日　佛开高速公路谢边至三堡段改扩建工程完成通车。改扩建主线长46.6km,由双向四车道扩建为双向八车道。

12月28日　济(南)广(州)高速公路平远至兴宁段开工建设,主线长98.544km。

12月28日　广东省交通集团有限公司被交通运输部命名为全国"交通运输文化建设示范单位"。

12月29日　全长34.2km的江肇高速公路二期建成通车,实现江门、肇庆两市高速公路全线贯通。

12月29日　全长32.457km的云罗高速公路一期建成通车。

12月　全长64km的肇庆黄岗至广州花都花山段(简称"肇花高速公路")建成通车。

2012年　全省新增高速公路455km,通车总里程达到5500km。

2013年

1月5日　中共中央政治局委员、广东省委书记胡春华到乐广高速公路调研。

1月9日　广东省南粤交通投资建设有限公司挂牌成立。主要负责广东交通建设投融资和政府还贷高速公路建设、经营和管理。

1月25日　全长37.706km的广(州)珠(海)西线高速公路第三期建成通车。

1月31日　全长63.2km的仁深高速公路博罗至深圳段建成通车。

2月4日　广(州)三(水)高速公路扩建工程完工。扩建线路全长28.53km,由双向四车道扩建为双向八车道。

2月10日　广东省委常委、常务副省长徐少华和珠海市政府、省府办公厅、省发改委、省交通运输厅、省交通集团负责同志一道,到港珠澳大桥海上桥梁桩基施工现场和桂山岛沉管预制厂看望和慰问施工人员。

2月17~20日　中共中央政治局委员、广东省委书记胡春华到粤东、西、北地区调研高速公路建设情况。

2月17~20日　广东省省长朱小丹先后赴云浮等17个地市调研在建高速公路建设情况。

2月21日　广东省委、省政府召开全省加快推进高速公路建设工作会议,广东省省长朱小丹主持会议,要求举全省之力打一场全省高速公路建设的大会战,全面加快推进广东高速公路建设。

2月25日　广东省政府成立"广东省高速公路建设总指挥部",由分管交通的副省长任总指挥,省直有关部门领导和各地级市市长为成员。全省21个地级以上市成立以市长为总指挥的分指挥部。

3月28日　广东省高速公路建设总指挥部在广州召开第一次会议。广东省省长朱小丹出席会议并讲话,要求各地、各部门要狠抓落实,全力以赴打好高速公路建设大会战。

4月8日　中共中央政治局委员、广东省委书记胡春华在广东省加快重要基础设施建设工作会议上强调,要把粤东西北快速交通体系建设作为关系全局的战略工作来抓。

4月11日　广东省委常委、常务副省长徐少华到省交通集团有限公司主持召开办公会议,研究加快推进高速公路建设工作。

4月28日　广东省政府办公厅印发《广东省2013—2017年高速公路建设计划》,提出2013—2017年全省高速公路建设项目69项5464km,总投资7226亿元,到2017年底全省高速公路超过8000km,与陆路相邻省份将各开通4条以上高速公路通道。

5月14日　广东省委常委、常务副省长徐少华和省有关部门负责同志到广乐高速公路韶关长基岭隧道现场调研,并在韶关召开现场办公会议,研究加快高速公路建设。

5月30日　广东省委副书记、省长朱小丹在省交通运输厅副厅长贾绍明陪同下视察广佛肇高速公路建设工地。

6月8日　中共中央政治局委员、广东省委书记胡春华到惠州调研高速公路建设情况。

6月24日　广东省委副书记、省长朱小丹到茂名视察包茂高速公路建设情况。

6月25日　包(头)茂(名)高速公路广东信宜(粤桂界)至茂名段开工建设,全长122.3km。

6月25日　广佛肇高速公路大旺至封开(粤桂界)段开工建设,全长175.5km。

6月25日　平(远)兴(宁)高速公路全面开工建设。

6月25日　揭阳至惠来高速公路开工建设,全长71.791km。

6月28日　中共中央政治局委员、广东省委书记胡春华,省委常委、常务副省长徐少华,在省交通集团董事长李静陪同下视察广佛肇高速公路建设现场和了解广佛肇高速公路创新建设管理模式。

6月底　江罗高速公路开工建设,全长147km。

8月28日　广州凤凰山隧道工程开工建设。

9月11日　广东省高速公路建设总指挥部在广州召开全省高速公路建设促进会,布置全省高速公路建设各项目开展"百日攻坚"劳动竞赛。

10月3日,广东省委常委、常务副省长徐少华与省有关部门负责同志考察港珠澳大桥主体工程,慰问国庆节期间仍坚守岗位的工作人员。

10月21日　中共中央政治局委员、广东省委书记胡春华到潮(州)惠(州)高速公路建设项目视察工作,强调要加大力度加快高速公路建设。

10月28日　潮(州)惠(州)高速公路汕头段开工建设。

11月28日　兴(宁)汕(尾)高速公路的兴宁五华段开工建设。兴宁至五华主线长57.37km,畲江支线长31.9km,全长89.3km。

11月30日　深圳梅观高速公路扩建工程完工。扩建后日均行车能力从6万车次提高至12万车次。

11月底　云罗高速公路全线建成通车。一期工程全长33.2km,二期工程全长32.298km。

12月3日　广东省省长朱小丹率有关部门负责人前往梅州,督导粤闽跨境高速公路项目建设。

12月19日　汕湛高速公路汕头至揭西段开工建设。

12月25日　珠三角外环高速公路增城至花都段开工建设。

12月25日　全长18km的广明高速公路延长线建成通车。

12月28日　佛清从高速公路全线开工建设。分南北段建设,北段全长86.346km,南段全长42.7km。

12月28日　虎门二桥开工建设,全长12.89km。全线有两座跨江特大桥,大沙水道桥主跨1200m,坭洲水道桥主跨1688m。

12月28日　全长32.3km的云罗高速公路二期建成通车。该路是广州至南宁的出省通道。

12月28日　全长51.5km的梅州至大埔高速公路一期建成通车。

12月28日　全长30km的二广高速公路怀集支线建成通车。

12月31日　中共中央政治局委员、广东省委书记胡春华到二广高速公路小三江服务区及汕昆高速公路中洲河大桥工地检查工作、慰问建设职工。

2013年　全省高速公路完成投资684亿元,建成通车7个项目200km,通车总里程达5702km。

2014年

1月2日　广东省委常委、常务副省长徐少华率广东省政府有关部门负责同志,到广乐高速公路建设项目现场察看工程进展情况并召开现场办公会,省交通集团董事长李静陪同检查并汇报工作。

1月　广东省委政策研究室对广东省长大公路工程有限公司承建的广佛肇高速公路实施BOT+EPC(集投融资、设计、施工、采购、运营一体化)创新建设管理模式进行调研。

3月21日　广东省高速公路建设总指挥部在广州召开全体成员大会,总结2013年全省高速公路建设推进情况和宣布考核结果,布置2014年工作任务。省长朱小丹出席会议并讲话。

5月1日　广东省委常委、常务副省长徐少华率省府办公厅、发改委、交通运输厅等有关部门负责同志到港珠澳大桥主体工程CB05标及珠澳口岸人工岛查看工程建设情况。

5月8日　2013年广东省科学技术奖揭晓,由省交通运输厅推荐的"大跨度混凝土刚构桥结构变形控制技术""超强涌潮水域桥梁基础施工关键技术""提高广东省水泥混凝土路面路用性能的关键技术研究""特立尼达湖沥青在中国南方高温多雨地区应用技术研究"等4个项目获二等奖,"既有高速公路路面寿命延长关键因素及处治技术研究"获三等奖。

5月10日　中共中央政治局委员、广东省委书记胡春华考察港珠澳大桥。

6月5日　交通运输部副部长王昌顺一行考察港珠澳大桥岛隧工程沉管预制厂和西人工岛施工现场。

6月10日　广东省委常委、常务副省长徐少华率广东省政府有关部门负责同志,前往潮惠高速公路项目榕江大桥现场检查督导工程建设情况,并在潮州召开现场办公会,研究加快推进粤东地区高速公路建设。

6月12日　广东省高速公路建设总指挥部召开加快2014年计划开工高速公路项目开工建设工作会议。

6月17日　中共中央政治局委员、广东省委书记胡春华在省交通集团董事长李静陪同下,到广乐高速公路工地考察。要求全力加快高速公路项目建设,为实现广东省"县县通高速"的目标多作贡献。

6月17日　广东省人民检察院和省交通集团在广州联合召开虎门二桥项目专项预防职务犯罪工作第一次联席会议。

6月21日　交通运输部副部长冯正霖在广东省交通运输厅厅长曾兆庚等陪同下视

察广乐、肇花高速公路。

6月25日　交通运输部副部长冯正霖率督查组一行对港珠澳大桥项目开展质量安全综合监督。

6月29日　广东省高速公路实现联网收费。

7月16日　广东省委常委、常务副省长徐少华率省府办、发改委、交通运输、国土、财政等部门负责人到广佛肇高速公路调研，要求企业和地方政府联手，发挥新模式优势，加快项目建设进度。

7月24日　中共中央政治局委员、广东省委书记胡春华在省交通集团董事长李静陪同下，到潮惠项目榕江特大桥建设现场，视察工程建设情况。

8月　花(都)(东)莞高速公路开工建设，全长65.18km。

8月　佛江高速公路佛山段动工兴建，全长30.9km。

8月　深圳外环高速公路深圳段动工兴建，全长75.8km。

8月26日　中共中央政治局委员、广东省委书记胡春华考察花莞高速公路建设工地。

9月6日　交通运输部副部长何建中到港珠澳大桥施工现场，检查指导水上安全和海事服务工作。

9月18日　广东省交通运输厅印发《全国高速公路电子不停车收费联网工作广东实施方案》，部署推进广东省高速公路电子不停车收费联网工作。

9月24日　中共中央政治局委员、广东省委书记胡春华在省交通集团董事长李静等陪同下，考察平兴高速公路建设情况。

9月27日　广乐高速全线建成通车，全长302.6km，主线扩建为八车道，270km新建主线为六车道。中共中央政治局委员、广东省委书记胡春华及省直有关部门负责同志赴清远英德考察广乐高速公路开通情况。

9月28日　汕(头)湛(江)高速公路清远至云浮段开工建设。

10月28日　甬(宁波)(东)莞高速公路粤境东山至潮州古巷段——东古高速公路工程开工建设，全长64.561km。

11月19日　广东省交通运输厅在江门市召开全省高速公路建设管理现场会。

12月22日　中共中央政治局委员、广东省委书记胡春华，省委常委、省委秘书长林木声，在省交通集团董事长李静陪同下，到潮惠高速公路施工现场调研。

12月28日　汕(头)湛(江)高速公路云湛段开工建设，全长315.94km，其中主线231.58km，博贺支线32.62km，兰海高速联络线51.74km。

12月28日　梅州至大埔高速公路全线建成通车。梅州至大埔高速公路是粤闽间第三条高速通道，全长61.27km。

12月31日　汕揭高速公路全线贯通，全长55.24km。

12月31日　珠三角环线(G94)肇(庆)花(都)高速公路建成通车,全长63.577km,连接线长4.738km。

12月31日　二(连浩特)广(州)高速公路连怀段全线建成通车,全长155.8km。

12月31日　汕(头)昆(明)高速公路龙川至怀集段分别于河源市、清远市、肇庆市正式开工建设。路线总长约365.4km。该项目按政府还贷高速公路模式,由省市共同投资建设。

12月31日　中共中央政治局委员、广东省委书记胡春华到二广高速公路小三江服务区以及汕昆高速公路中洲河大桥施工现场慰问施工人员。

12月31日　全长42.1km的广明高速公路陈村至西樵段建成通车。

2014年底　全长31.352km的广惠高速公路东延线建成通车。

2014年　全省高速公路建设完成投资767亿元,建成高速公路8个项目581km;通车总里程达到6280km。出省高速公路达到14条;全省67个县(市)中有59个县(市)实现通高速公路。

2015 年

1月9日　通往广东省最大海岛的跨海大桥——汕头市南澳大桥通车试营运,结束了南澳岛依赖舟楫摆渡的历史。

1月21日　广东省委、省政府召开全省加快推进高速公路建设工作会议。会议提出要通过3~5年的艰苦努力,基本建成以珠三角核心区为中心、直达粤东西北、辐射泛珠三角、内通外连比较完善的高速公路网络。

2月11日　惠州海湾大桥(广惠高速东延线)正式通车。全长17.45km。

2月25日　广东省委常委、常务副省长徐少华和省府办公厅、省发改委、省交通运输厅等有关部门负责同志,到港珠澳大桥工地调研并慰问建设者。

3月1日　广东省委副书记、省长朱小丹主持召开广东省政府常务会议,审议通过了《广东省高速公路联网收费管理办法》。

3月1日　汕昆高速公路龙怀段、汕湛高速公路清云段、清西大桥及连接线工程、佛清从高速公路4条高速公路在清远市举行开工仪式。

3月21日　交通运输部总工程师周伟在广东省交通运输厅副厅长贾绍明、省交通集团总经理邓小华陪同下,到虎门二桥项目调研指导。

4月8日　交通运输部副部长冯正霖一行到港珠澳大桥调研。

4月13日　佛开高速公路共和至司前段开工扩建,由双向四车道扩建为双向八车道。

4月28日　广东省人民政府第十二届43次常务会议通过《广东省高速公路联网收费管理办法》,自2015年5月1日起正式实施。

附录二

广东高速公路发展大事记

6月10日　中共中央政治局委员、广东省委书记胡春华在省领导林木声、省交通运输厅厅长曾兆庚、省交通集团董事长李静等陪同下,到江罗高速公路新兴江特大桥建设现场视察。

6月30日　广东省高速公路不停车自动缴费系统 ETC 顺利联网全国,持有"粤通卡"的广东省车主可在已联网省市实现不停车收费。

7月2日　广东省政协主席王荣考察港珠澳大桥。

7月6日　中共中央政治局委员、广东省委书记胡春华赴汕湛高速公路揭西大溪至博罗石坝段建设工地调研。省交通运输厅副厅长杨细平、省交通集团董事长李静等参加调研。

7月7日　中共中央政治局委员、广东省委书记胡春华到甬莞高速公路潮州段建设工地,看望施工人员和了解工程建设情况。

7月12日　广东省人大常委会主任黄龙云率领振兴粤东西北地区发展检查组视察罗阳高速公路施工工地,省交通集团公司领导参加视察。

7月13日　广东省委副书记、省长朱小丹率省直有关部门负责同志到平兴高速公路施工现场调研。

8月11日　广东省委常委、副省长徐少华率省政府办公厅、省发改委和省交通运输厅等有关部门负责人到港珠澳大桥管理局,主持召开现场办公会。

8月　广东、广西两省(区)交通运输厅主管规划人员在广州召开协商会议,共同研究协调跨界高速公路规划建设对接事宜。两厅签订了广东信宜至广西浦北高速公路线路接线协议。

8月22日　中共中央政治局委员、广东省委书记胡春华一行考察港珠澳大桥。

8月31日　广东省政府在广州召开全省高速公路建设推进会,省长朱小丹在讲话中要求继续实施严格的目标管理责任制,要保障项目建设资金、项目建设用地和项目建设质量和安全等,年底要实现全省高速公路总里程达到6880km、"县县通高速公路"以及陆路相邻省份通3条以上高速公路省际通道的目标。

9月17日　中共中央政治局委员、广东省委书记胡春华到肇庆市调研广佛肇高速公路建设情况。

9月29日　湛江东海岛至雷州的高速公路开工建设,全长33.5km。

9月29日　湛徐高速公路徐闻港支线开工建设,全长16km。

9月29日　梅州市区与平远县的梅平高速公路连接线开工建设,全长33.1km。

9月29日　高明至恩平高速公路开工建设,全长42.84km。

11月18日　武深高速公路笔架山隧道开工建设。该隧道位于始兴县城南镇胆源大坑山和深渡水瑶族乡长梅村,总长3800m。

12月1日　全长54.88km的惠州惠大高速公路建成通车。

12月25日　深(圳)中(山)跨江通道先行工程——深圳机场互通立交开工建设。

12月27日　汕湛高速公路新兴段开工建设,全长30.58km。

12月28日　潮汕环线高速公路开工建设,全长80km(含澄海连接线)。

12月28日　佛清从高速公路清远段在清远举行开工仪式,全长86.2km。

12月28日　汕湛高速公路惠(州)清(远)段开工建设,全长126.25km。

12月29日　广州机场第二高速公路先行工程开工建设,全长21.4km。

12月29日　怀集至阳江高速公路怀集至郁南段开工建设。

12月29日　全长70km的潮惠高速公路一期工程普宁至陆河段建成通车。

12月29日　全长122.3km的包茂高速公路粤境段建成通车。

12月29日　全长160.3km的汕湛高速公路揭博段建成通车。

12月30日　全长98.544km的济广高速公路平远至兴宁段建成通车。

12月30日　江罗高速公路一期工程建成通车。

12月30日　新台高速公路南延线建成通车。

12月31日　全长182km的大广高速公路连平至从化一期建成通车。

12月31日　中共中央政治局委员、广东省委书记胡春华到新丰县马头镇大广高速公路调研。

12月31日　全长30.047km的广明高速公路广州段一期工程建成通车。

12月30日　全长32.5km的云罗高速公路二期建成通车。

12月30日　河惠莞高速公路龙紫段开工建设。

2015年　全省共计建成高速公路11个项目,新增通车里程738km,全省高速公路通车总里程达到7018km。实现全省"县县通高速公路"和与陆地相邻省份通3条以上高速公路的目标。

2016

1月28日　港珠澳大桥珠海连接线横琴北互通至洪湾互通段建成通车。

2月25日　中共中央政治局委员、广东省委书记胡春华主持召开广东省加快推进高速公路建设工作会议,要求切实抓好当前和未来几年高速公路建设,推动广东省交通基础设施建设迈上新台阶。

3月30~31日　中共中央政治局委员、广东省委书记胡春华一行赴中山、江门、阳江、肇庆、云浮五市,检查高速公路等交通基础设施建设。

4月30日　广东省委常委、常务副省长徐少华考察港珠澳大桥并主持召开现场办公会。

9月　全长57.56km的广清高速公路扩建工程建成通车。

10月19日　中共中央政治局委员、广东省委书记胡春华视察港珠澳大桥。

11月28日　全长83.202km的云浮至阳江高速公路罗定至阳春段建成通车。

12月12日　大(埔)丰(顺)(五)华高速公路五华至丰顺段先行工程开工建设,全长40.68km。

12月20日　玉林至湛江高速公路广东段建设项目开工,全长121.216km,由中国交通建设股份有限公司投资建设。

12月26日　河惠莞高速公路河源紫金至惠州惠阳段开工;兴(宁)汕(尾)高速公路五华至陆河段开工;梅(州)大(埔)高速公路梅州东环支线开工;潮汕环线高速公路项目二期工程开工;罗(定)信(宜)高速公路开工;深圳至中山过江通道主体工程过江通道西人工岛开工,由广东省交通集团投资建设。

12月底　开平至阳春高速公路开工建设;怀集至郁南段二期工程开工建设。

12月28日　潮惠高速公路二期工程建成通车。江罗高速公路二期工程建成通车;广中江高速公路一期工程(江门荷塘至龙溪段)建成通车。

12月28日　全长174.9km的广佛肇高速公路肇庆段建成通车。广佛肇高速公路项目首次采用BOT+EPC建设管理模式。

12月　从莞高速公路东莞段(含清溪支线)建设建成通车。

2016年　全省完成高速公路建设投资862.3亿元,新增高速公路655km,高速公路总里程达到7673km。

2017

1月8日　中共中央政治局委员、广东省委书记胡春华赴广州、深圳、惠州三市督促检查高速公路建设推进工作,强调要狠抓基础设施项目落实,加快建设进度,确保安全优质完成建设任务。

1月15日　交通运输部副部长刘小明一行在广东省交通运输厅副厅长徐欣和港珠澳大桥管理局局长朱永灵等的陪同下考察了港珠澳大桥施工现场。

2月14日　2017年广东省高速公路推进会在广州召开。广东省副省长袁宝成出席会议并对高速公路建设工作提出要求。会议总结2016年全省高速公路建设工作经验,部署2017年高速公路建设工作任务。

2月15日　广东省高速公路建设总指挥部副总指挥、省交通运输厅厅长李静带队到清远市、广州市从化区现场督导汕湛高速公路惠州至清远段项目建设工作。

6月27日　广佛江珠高速公路和顺至陈村段全面开工建设,全长38.9km。

9月28日　济(南)广(州)高速公路兴宁至五华段(含横陂至畲江支线)建成通车。

10月24日　汕(头)湛(江)高速公路云浮至湛江段吴川支线在吴川市塘㙍镇开工建设。

11月　2016—2017年度中国建设工程鲁班奖(国家优质工程,简称"鲁班奖")评选结果揭晓,广东乐昌至广州高速公路的大瑶山一号隧道和广佛江快速通道江顺大桥获"鲁班奖"。

12月27日　广东省副省长袁宝成率省直有关部门负责同志到东莞,实地考察虎门二桥民田互通工地和泥洲水道桥东塔施工现场,以及莲花山过江通道、狮子洋过江通道规划选址等。

12月28日　武(汉)深(圳)高速公路仁化新丰段一期、汕(头)昆(明)高速公路龙连段、揭(阳)惠(来)高速公路一期、甬(宁波)(东)莞高速公路潮州北段、汕(头)湛(江)高速公路云湛一期和广中江高速公路二期等建成通车。

12月29日　开阳高速公路开工扩建,将扩建为双向八车道。

12月31日　港珠澳大桥主体工程完工,具备通车条件。港珠澳大桥总长55km,其中主体工程集桥、岛、隧于一体,共29.6km。

2017年　全省完成高速公路建设投资1020亿元,新增高速公路664km,高速公路总里程达到8338km。

附录三
高速公路建设调查报告、论文、新闻报道选编

一、调查报告(2篇)

(一)BOT+EPC:建设管理模式创新助推广佛肇高速公路建设走上快车道

摘要:广佛肇高速公路是我省高速公路建设领域首次采用BOT+EPC建设管理模式的项目,创下了我省高速公路前期工作时间最短的纪录。我们通过调研发现,BOT+EPC模式在缩短工程建设周期、缩减工程变更审批时间、明确工程质量责任主体三个方面具有明显优势,建议进一步完善并在有条件的高速公路项目中推广应用。

广佛肇高速公路肇庆大旺至封开江口段(以下简称"广佛肇高速公路")全场约174.8km,项目批复概算212.9亿元,是我省与广西对接的重要省际通道。该项目从2012年10月立项至2013年6月28日开工,以不到9个月的时间完成了全部前期工作,施工进场时间比传统项目提前了8个月,创下了我省高速公路前期工作时间最短的纪录(国高网和省高网项目完成前期工作通常分别需要2.5年和1.5年)。2013年,该项目完成投资31.2亿元,相当于年度投资计划的156%。我们通过调研发现,广佛肇高速公路能够快速推进,关键是在省内首次采用的BOT+EPC建设管理模式。

BOT(建设—经营—转让)是近年常用的一种建设模式,指由投资方组建项目公司与政府签订协议,全过程负责项目的资金筹措、项目实施、运营管理、养护维修、债务偿还和资产管理,自主经营,自负盈亏。EPC(设计+采购+建设)总承包模式,指由具备总承包资质的投资方组成总承包项目部,承揽整个建设工程的勘查、设计、采购、施工,并对工程的质量、安全、工期、造价等全面负责。该模式是2011年国家新颁布《中华人民共和国招投标法实施条例》后开始推行的新型项目建设管理方式,在国际上广泛应用于基础设施建设领域。广佛肇高速公路将BOT和EPC两种模式结合是一种创新,最大的好处是可以集投融资、设计、施工、采购、运营于一体,尤其在缩短工程建设周期、缩减工程变更审批时间、明确给出质量责任主体三个方面具有明显优势,既加快了高速公路的建设速度,又丰富了我省交通投融资方式,值得总结推广。

一是能够合理衔接设计与施工环节,缩短工程建设周期。以往的常规项目采取平行发包模式,即由业主委托设计方进行施工图设计,一个合同段的全部施工图设计完成报相

关主管部门审查通过后再进行施工招标,最后交由施工总承包单位按图施工,建设周期相对较长。而 BOT+EPC 模式能够使设计和施工环节有机结合、合理衔接,大大缩短建设周期。首先,在满足初步设计方案功能的前提下,可以分阶段出图、分阶段报批,承包商在施工图设计和报批期间可以做好施工准备,减少了传统模式施工队伍中标后熟悉设计图纸和施工准备的时间,在项目总工期上至少节省了 3 个月。其次,通过总承包商的统筹协调,在不违背合同及相关规定的前提下,可以对桥梁、隧道等关键性工程优先开展勘察设计,施工队伍同步介入施工方案的拟定,使施工方案更好体现设计意图。第三,设计施工的一体化,还可以使设计工作更主动关注设计技术指标与施工现场的契合、更加注重设计与施工的契合、更有效地推行设计标准化及动态化设计,实现设计修改总体负增长。如广佛肇高速公路就通过方案优化调整,隧道比初步设计减少 6 座 3986m,高度超过 30m 的高边坡就减少 25 个,路基弃方减少 420 万 m^3,既节约了建设时间,又大大节约了资金,这些方案的优化调整共节省约 5 亿元。正是通过 BOT+EPC 模式,广佛肇高速公路才能实现 2013 年底全线开工,比原计划提前了 1 年多时间。

二是能够减少招投标次数,缩减工程变更审批时间。传统建设管理模式下,要分项目和合同段进行招投标,建设过程变更管理环节多,耗时长。采用 BOT+EPC 模式,广佛肇高速公路只进行一次总承包招标,大大减少了施工图设计、施工合同段等招标环节,至少节约了 6 个月时间。另外,由承包商承担施工图设计任务,如施工图设计变更属承包商原因变更,在设计变更审批时无须增加费用,只需审核变更是否合理,技术上是否可行,是否在合同允许范围内,这也大幅减少了工程变更审批时间和成本。

三是能够明确工程质量责任主体,有利于保障工程质量。传统建设管理模式存在设计施工之间责任难以界定、不同承包商之间界面多、协调管理难度大等问题,责任不明确造成工程质量难以保障。BOT+EPC 建设管理模式使项目实施过程中的各方都成为"主人",出发点一致、目标一致,各环节责任明确,衔接更加紧密有序,避免了项目出现问题时,设计方和施工方互相推诿,减少了管理的界面和成本。比如广佛肇高速公路采取 BOT+EPC 建设管理模式,广东长大公司作为总承包方,对项目设计、施工的全过程均负有直接主体责任,有效地保证了工程的质量和安全。

当前,我省高速建设大会战时间紧、任务重、困难多,要按时保质完成任务,必须在投融资和项目建设管理方面寻求创新突破。广佛肇高速公路的实践证明,相比传统模式,BOT+EPC 建设管理模式能有效衔接设计与施工环节,缩短审批和建设时间,明确工程质量责任主体,对加快高速公路建设具有重要作用。同时,BOT+EPC 模式离不开有实力、有信誉的企业参与,像广佛肇高速公路就依托了长大公司这样的国有企业在投融资、技术、管理、组织、建设经验等方面的优势,体现了国有资本在基础设施建设领域的主导地位。因此我们认为,BOT+EPC 建设管理模式是一个很好的创新,要落实省委、省政府加快高速公路建设的战略部署,确保如期实现大会战目标任务,有必要对这种模式在实际操作运用中加以完善,并在有条件的高速公路项目中推广应用。

(原载《广东调研》2014年第5期)

(二)精品工程之路
——广东开阳高速公路项目建设经验调研报告

高速公路的建设水平是一个国家和地区经济实力和综合竞争力的重要标志,是经济社会发展的重要基础。但是,一段时期以来,由于我省高速公路建设中出现了"高价路""劣质路""腐败路"现象,令社会上对高速公路建设的发展顿生疑云,队伍内部人心浮动。在这种背景下,建设于2000年10月至2003年8月的开阳高速公路背水一战,从曲折、压力和挑战中崛起,走出了一条"优质、高效、低价、廉洁"的阳光之路,用全新的模式打造出令人叹服的精品工程,重塑了广东的新形象,重树了社会对高速公路建设的信心。根据省委领导批示精神,从9月底到10月中旬,我们对开阳高速公路建设进行了深入调查研究和全面总结,希望能为省委、省政府指导全省大型基础设施建设提供有益的启示。

压力中锻造的精品工程

作为国家和省重点建设项目的开(平)阳(江)高速公路是同三国道主干线(北起黑龙江同江,南至海南三亚)的组成部分,也是广东西翼的大动脉,被誉为连接珠江三角洲和粤西地区乃至我国西南地区的经济线、生命线。路线全长126km,东接佛开高速公路,西接在建的阳茂高速公路,投资概算46.63亿元,建设期为3年。

诞生于此时此刻的开阳高速公路面临的压力是巨大的。一是外部社会舆论的压力。广大群众对我省高速公路建设批评之声不断,怎样才能扭转局面,赢得社会的重新信任,大家都在注目开阳高速公路。二是内部人心不定的压力。"5·28"案件牵涉全系统89名干部,可说是一次伤筋动骨的手术,特别是原开阳高速公路项目总经理在深汕东高速公路项目上涉嫌出走,一时间,业主管理层、施工单位担心项目难以进行下去,想撤场,部分干部存有观望心态,导致停工4个多月。三是任务本身的压力。工程投资概算已是精打细算,4个多月的停工又耽误了超过10%的工期和大量人力物力财力。省委、省政府明确提出不能耽误工程建设,并寄希望于开阳高速公路迅速扭转"价高质次易腐败"的现象,这是铁的纪律。四是新的运作模式的压力。作为我省政企分开体制改革后建设的第一条高速公路,如何按市场经济规律来运作,对习惯于政府行为的国营企业来说,无疑是一个严峻的挑战。这些,都如千钧重担落在了开阳高速公路项目重新调整组建的现任领导班子的双肩上。

值得庆贺的是,在省委、省政府的指导下,省交通厅和交通集团加强领导,狠抓落实,开阳高速公路的建设者处逆境而知自强,沉着地在危机中把握契机,化压力为动力,发奋图强,励精图治,经受住了考验,全面实现了"两高、两新、两廉"的要求,锻造了令人叹服的精品工程、阳光工程、绿色工程。

——两高:高质量、高效率。开阳高速公路在全省高速公路项目中处于一流水平。项目建设中杜绝重大质量事故,消除质量通病。实现了分项工程合格率100%、优良率98%、项目交工验收综合评分93.2分的优质工程目标,并且在停工4个多月的情况下,仍然提前两个月建成。同时,工程在生态保护、全线绿化、外观质量等方面全面创优,令人耳目一新。

——两新:新机制、新技术。创新,是开阳高速公路建设的一大特色,创新贯穿整个开阳高速公路项目的始终,成为化解危机、把握契机、创造奇迹的法宝。开阳高速公路按照市场经济规律,以现代企业的运作模式,开创了我省一步到位组建公司、由项目法人负责管理高速公路建设的先河,创新实行项目法人制的管理模式;在运作机制上,开创了我省高速公路建设由地方投资47%的省地合作的新路子。在科学技术应用上,第一个在全国率先研究开发和全面推广使用"HCS公路项目建设管理系统",并取得十大突破。

——两廉:造价低廉、干部廉洁。开阳高速公路成功将项目部批概算节省14%,节省投资高达6.6亿元以上,平均每公里造价约3200万元,真正做到了"高质低价"的要求。与此同时,工程建设过程中未发现一人违法违纪,而且向上级和其他项目输送12名中高级管理人员,变过去的"修一条路,倒一批官"为现在的"修一条阳光路,出一批好干部"。

社会各界给予了开阳高速公路项目广泛好评。美国加利福尼亚州著名侨领李伙生先生称赞:开阳高速公路是按一流标准打造的公路项目,完全可以与发达国家同类型项目相媲美。交通部稽查组对开阳高速公路进行了全面稽查并给予充分肯定,交通部副部长冯正霖评价说:"通过对开阳高速公路的稽查,改变了对广东高速公路的看法。开阳高速公路项目的设计、质量管理理念超前,具有开创性。开阳高速公路项目在通车前把绿化、环保和文明施工建成这样水平,在全国是少有的。"广大群众把开阳高速公路誉为"阳光之路"。

成功的开阳经验

是什么使开阳高速公路能在巨大的压力面前扭转高速公路建设的被动局面?高速公路建设出精品工程是否有客观规律可循?市场机制究竟利不利于工程建设出精品?廉政保障究竟是把工程建设保死还是保活了?这些问题在我们了解了开阳高速公路建设的全部做法和经验之后,都一一找到了答案。开阳高速公路的建设者发扬敢为人先、务实进取的广东人精神,在压力之下毫不退怯,敢于坚定地确立创一流的建设目标,并通过充分重视人的全面发展,充分发挥人的创造性,让科技和市场为建设插上双翼,以廉政保障作为精品工程的孵化器,走出一条以科技动力和市场活力、廉政保障与人的创造性的充分结合的阳光工程之路,创造出以"六个化"为主要内容的成功的开阳经验。

1. 运作市场化

开阳高速公路项目建设之时,正是全省交通系统政企分开进行体制改革的转折时期。作为第一个全面推向市场的"摸石头"项目,省交通厅、交通集团和省高速公路公司领导指导思想非常明确,就是市场是方向,开阳高速公路的使命首先是市场化运作的探索,要通过开阳高速公路的实践,探索一条市场经济条件下出精品工程的阳光大道来。具体做法是:一是按市场化组建公司。开阳高速公路项目实行项目法人制,法人为广东开阳高速公路有限公司,由广东省高速公路有限公司和开平市交通建设总公司共同组建,负责项目的建设管理和营运管理,完全告别过去大型基础设施建设和管理中的政府行为,开创了广东省一步到位组建公司,由项目法人负责管理高速公路建设的先河。二是按市场化筹资。开阳高速公路项目由广东省高速公路有限公司和开平市交通建设总公司分别按53%和47%的投资比例,沿线地区注入巨资参与公路建设,这在全省乃至全国高速公路建设史上是首创。由于地方直接参与高速公路建设,极大地调动了地方的积极性,较好地解决了征地拆迁、地方协调等难点。这种筹资模式对减轻高速公路建设资本金压力,加强相互监督起到了良好作用。三是按市场化要求建立法人治理结构。开阳高速公路有限公司内部是完全公司化的业主组织机构,实行董事会领导下的总经理负责制,下设综合事务部、计划部、工程部、监理协调部、机电部和财务部等六个职能部门。各部门实行岗位责任制,各项业务做到岗位分工明确、责任到人。对项目建设"质量、进度、投资"三大控制,分别由监理协调部、计划部、工程部归口管理,责任明确,相互制衡,保证了三大控制目标的全面均衡发展。四是按市场化招投标。开阳高速公路项目的监理任务、土建工程和机电工程施工任务以及材料采购全部进入广东省建设工程交易中心面向全国公开招标,体现"公开、公平、公正、择优"的原则。五是按市场化、法规化进行施工管理。目标、奖惩、变更、风险全部进合同,业主与施工单位完全按照合同办事,所有工作的开展均以合同为依据。工程进入市场不但没有乱,反而成为催生精品工程的摇篮。

2. 管理信息化

公路工程项目点多线长,漏洞与薄弱环节防不胜防,长期以来靠人力无法解决全线监督、全过程监督、全方位监督的问题。在这个问题上,开阳高速公路项目取得了突破性的成果,成功地自主开发了先进的"HCS公路项目建设管理系统"专业软件。在国内首次把公路项目建设的全面管理和计算机应用技术紧密结合起来,业务范围涵盖了业主、监理和承包人三个方面的工作,集公路项目建设的招标投标、概算管理、合同管理、变更设计、计划进度、计量支付、通信管理和查询管理以及竣工文档管理等各项业务,实现异地办公自动化功能,一切行为都可从网络中查询,为公路项目建设提供快速、准确、全面的管理信息,真正实现项目建设的全程动态管理和实时监控,成为工程质量管理、投资管理乃至廉政建设体系的一个核心技术保障。一是使质量管理到位。工程建设过程中运用局域网络,要求每个标段中的资金、设备、技术、进料、人员、变更、进度等环节全程上网,实现网上透明操作与标段监理负责人的密切配合,对容易出现质量问题的各个环节进行公开、透明、适时监管,使质量管理真正做到了全过程、全方位、全环节。二是使进度管理有效。由于有信息技术,影响工程进度的各种问题能及时发现,推进工程进度的各项措施可以及时出台,保证进度的资金能及时到位,确保工程进度。三是使造价管理透明。HCS子系统对变更进行了全过程的动态管理和实时监控,增加了变更管理和造价管理的透明度,避免了暗箱操作,较好地引导了承包人加强现场管理的积极性,成功地将项目投资控制在部批概算的90%以内。开阳高速公路的信息化管理技术获得"广东省企业管理现代化的优秀成果一等奖""广东省科技进步二等奖",已在省内23个高速公路项目以及湖北、宁夏、河北、甘肃等八个省份的十几个高速公路项目近千个单位推广应用,应用总里程2000多公里,创造了良好的经济效益和社会效益。可以说,信息化手段成为确保开阳高速公路项目走阳光之路的开路先锋。

3. 技艺标准化

基础设施项目能否按高标准的技术和工艺进行建设,是能否出精品工程的关键之一。开阳高速公路的建设者深谙此中奥秘,舍得花大力气、大投入在技术上全面创新,以先进的技术工艺保工程的优质高效廉价。一是设计上追求前沿。创造出梁板控制、构造物外观、浆砌工程、上跨天桥、桥面铺装、绿化工程、路面工程和沿线细节等八大亮点,使开阳高速公路全程内实外美,安全舒适,体现人文关怀与先进文化。二是技术管理上大胆创新。针对建设中的重点难点问题,开展了"HCS公路项目建设管理系统""项目法人制下广东高速公路建设项目管理模式""高速公路沥青路面下封层技术应用""SUPERPAVE(高性能沥青路面)技术的应用""TLA天然沥青应用技术""沥青混凝土路面QC(质量控制)/QA(质量保证)系统技术""双钢混凝土特大桥桥面滑模铺装施工技术""新型防撞护栏技术"和"HOS高速公路营运管理系统"等九大科研课题的攻关,使工程建设攻克了一道道难关,大大提高了建设效率,为实现高质高效的目标提供了强大的动力和有力的保障。三是工艺和材料技术上高标准要求。大胆采用了压缩分散型无黏结预应力锚索施工技术、喷粉植草技术、车辆视频检测系统、IP对讲系统等十多项新工艺新材料,极大地提高了项目的科技含量。先进科技和先进工艺的运用为开阳的建设插上了高效、高质的翅膀。

4. 奖惩合同化

开阳高速公路项目激励机制的一个重要特点是合同化。主要方法是在合同中体现优质优价原则。在设计、监理和施工合同中，分别单列合同金额的20%、20%、5%作为优良工程价款，这有利于业主掌握工程质量的主动权，有利于施工单位变被动质量监控为主动提高质量意识，真正使创优意识的原动力来自施工单位和人员，也使奖惩资金规范化、合法化。既不因奖惩额外增加资金，又使奖惩真正起激励作用。开阳高速公路项目围绕工程质量和进度累计发放给承包人的奖金2100万元，罚款300多万元。合同化的优质优价、重奖重惩模式的创新是开阳高速公路走阳光之路、出精品工程的内在动力。

5. 理念人本化

开阳高速公路项目全面体现了以人为本的建设理念。从质量、效益、安全到人文关怀，从全线绿化到生态保护，从满足人的物质文化需要到充分调动人的积极性、创造性，都围绕这个理念，落实到各项措施上，这已成为开阳高速公路项目一道亮丽的风景线。突出体现在：一是为了生态环保的需要，落实绿化先行的施工方式。对全线绿化设计组织了专项招标，挑选出优秀的设计队伍，沿线中央分隔带均统一培育美观的大红花；要求各承包人必须在完成所有的绿化工程后才能开始沥青面层摊铺施工；对所有的开挖填筑创面采用绿色保护，综合运用了机械喷播植草、挂三维植被网喷播植草、喷混植生、直接铺植草皮等多种方法，对全线58个取土场、80个弃土场全部进行了综合防治，做到了施工时黄土不见天，通车前绿色铺满全程。二是为了体现人文关怀，全面落实安全第一的要求。不仅重视施工中的安全问题，更为通车后的安全措施殚精竭虑，不仅重视隔离栅、护栏等安全防护设施的施工质量，而且注重以科技创新提高安全系数。项目部联合交通部有关科研机构开展高速公路新型护栏的课题攻关，改进后护栏的防护作用大大提高，有效降低交通事故带来的人身伤害和财产损失。三是为了满足群众物质文化需求，落实人格化的便民措施。项目部在全线设置功能齐全、全国一流的服务区和停车场，为驾乘人员提供良好的休息、服务场所。为了方便沿线群众的生产生活，全线共修建了近800座桥梁、涵洞和互通立交。这些措施充分体现了人与自然协调发展的科学发展观，体现了先进的文化，正是这种人本化的理念，使开阳高速公路工程成为生态工程、环保工程、安全工程。

6. 监督日常化

监督是所有工程建设中的难点和关键，也是出问题的焦点。开阳高速公路在建设过程中，从勘察、设计、组建阶段开始一直到施工全过程，都紧紧抓住监督环节，堵塞可能发生问题的每一个漏洞，防止一方面的疏忽和大意成为溃千里大堤之蚁之穴。以制度化、公开化的机制力保监督的全方位、全过程、全环节贯穿始终，保证监督落到实处。一是机制的监督。开阳高速公路有限公司组建由省市联合参股，整个建设过程既是省市相互合作的过程,也是两方股东的相互监督的过程,不管哪一方都不能超越规则。在建设过程中,业主严格监督各施工单位和监理人员、工程技术人员等,并通过创新总监办和驻地办的二级监理模式,形成业主、监理和承包人的三角制衡关系,保证了整个工程质量上一流水平。二是公开的监督。在招投标过程中,严格按照招投标法和省有关招投标的规定,充分体现"公开、公平、公正、择优"的原则,接受监察部门、上级主管部门、社会和投标人的监督,从而保证全国一流单位参与建设。三是纪律的监督。以"5·28"案件为反面教材,经常开展各种警示教育,强化廉洁自律观念。通过培训、考核和建档管理,提高参建人员的整体素质,从而形成了对全体参建人员的有效制约。四是重点环节的监督。开阳高速公路有限公司把对变更的监督作为监督的重中之重,通过规范制度、现场办公、严格审查,网上办公增加透明度,有效地控制了工程造价,使实际变更比申报额降低47%,节省2亿多元。全方位、全过程、全环节的监督成为开阳高速公路走阳光之路、出精品工程的根本保障。

启示

从开阳高速公路创造的六个方面的经验看,开阳高速公路经验具有几个显著的特点。一是充分体现了"以人为本"的建设思想,处处以人的物质精神需要为着眼点,建造安全、畅顺、舒适的交通环境;处处发挥人的创造性和能动性,以创新精神锻造精品工程;处处贯彻人与自然和谐的发展观,生态保护、全线绿化、人文关怀与工程建设全程并行。二是充分体现现代管理基本规律和价值规律的作用,尊重科学,顺应历史潮流,大力引入市场机制。三是充分体现创新的巨大动力,从技术、体制、管理的创新中焕发出强大的推动力,使工程建设屡克难关,全面创优。四是充分体现了廉政保障在创优质精品工程中的重大作用。五是体现了敢为人先、务实进取的新时期广东人精神,其处逆境而知自强、临危机而知契机的精神品质是我们建设与发展的道路上战胜困难的巨大财富。"六个化"的经验集中到一点,就是走"阳光之路",用透明操作、科技创新、廉政保障、市场运作、规范管理、人文关怀去拥抱阳光、追寻理想。开阳高速公路经验的核心内涵就是:只有走阳光之路,才会有精品工程。这一点,要使其成为全省建设者的共识和自觉行动。

当前,我省正进入工业化、城镇化的高潮时期,泛珠三角经济圈的战略构想和统筹城乡、区域、经济社会、人与自然、内外源经济的发展观为基础设施建设提出了全新的要求,省委、省政府做出的加快高速公路建设、2004年底实现全省地级市通高速公路、2007年打通出省大通道的战略决策,为高速公路建设提出了全新的任务,在思考这些新任务的重要时刻,开阳高速公路经验带给了我们许多有益的启示,具有深远的历史意义和重大的现实意义。

1. 开阳高速公路的成功,显示了打造精品工程是有规律可循的

大型工程涉及的面非常大,影响工程质量、造价、工期、廉政的因素非常多,要把每一项大型工程都精雕细琢办成精品,似乎无从下手,难度太大。但是,从最近对水利系统的东深供水改造工程、交通系统的开阳高速公路进行调研的结果看,我们认为,不管是哪类工程项目,要打造精品工程,都有其内在的规律可循。无论是东改模式,还是开阳经验,它们虽属不同的项目,做法各有特点,但是,全优目标、市场机制、技术创新、严格管理、有效激励、人本理念和系统监督等,这些都是共同的。它们之所以成为精品工程,最根本的东西就是抓住了建设之本、制度之本、创新之本,抓住了工程建设的"牛鼻子"。只要我们排除杂念,坚定信念,探索规律,用好经验,焕发活力,就能创造出一项又一项、一批又一批的精品工程,使全省基础设施建设打一个翻身战,走上阳光大道。

2. 开阳高速公路的成功,表明广东在按市场经济规律建设高速公路上迈出了重要步伐

开阳高速公路是我省交通系统政企分开后建设的第一条高速公路,它一步到位组建公司,由项目法人负责建设和管理;它大胆地引进战略伙伴,省地合作,实现由国有独资到混合型企业的转变;它按现代企业制度运作,按市场法则建设和运营,这一切在广东国有交通企业的建设史上都是首开先河的,具有标志性的意义,为市场经济体制条件下建设、管理公路项目乃至大型基础设施工程项目做出了非常有益的探索。随着我国社会主义市场经济体制不断完善,在市场经济条件下进行大型工程建设,引入新的出资人,形成监督机制,运用项目法人制度进行管理,将是今后交通项目建设具有方向性意义的重要形式,也是国有交通企业改革的必由之路。开阳高速公路的经验证明,对于重大而复杂的工程建设管理来说,市场运作比政府统管更有利于出精品,依靠市场机制这只无形之手比起依靠个别行政领导有着更大的优越性,因为市场的开放、透明,使项目建设更公正、更科学、更规范,而人的主观意志则很可能使项目建设走偏。开阳高速公路项目表明我省建设市场日趋成熟,表明我省交通体制改革向纵深发展,表明交通建设按市场经济运作已是改革的基本方向。

3. 开阳高速公路的成功,重塑了广东高速公路的新形象

广东高速公路曾经创造过辉煌,有过"先锋路"的美名,但也落下过"高价路""低质路"的坏名。开阳高速公路的诞生,扭转了广东高速公路建设"价高质次"的现状,实现了"高质低价"的历史性突破,走出了"修一条路、倒一批官"的怪圈。在东改工程之后又一次证明广东能够高效、廉洁地建设优质工程。这表明广东的建设者仍然是改革开放的先锋,仍然是一支过得硬的队伍;意味着广东高速公路建设逐渐进入理性成熟的新阶段,意味着省委、省政府加快高速公路建设的战略目标一定能实现。

4. 开阳高速公路的成功,证明省委、省政府狠抓大型工程建设的廉政举措产生了积极的成果

近年来,省委、省政府紧紧抓住大型工程建设中出现的各类廉政问题,下了几个"狠招":一是认真查处大案要案;二是推行建设工程招投标,建立交易中心,从源头上堵住漏洞;三是加强廉政教育。从东改工程和开阳项目的情况看,这些努力已经产生了积极作用,并不像有些人所担心的那样会产生副作用。这些工程在反贪促廉的政治压力、舆论压力、公众压力下,通过完善各项规章制度,运用各种手段,强化监督,保证工程成为"阳光工程"。省交通厅、交通集团以至省高速公路有限公司的领导都表示,近年来我省高速公路工程一个比一个规范廉洁,一个比一个优质低价,其中一个很重要的原因,就是得益于省委、省政府在廉政建设上抓得紧,从而避免了腐败。特别是2001年交通系统暴露"5·28"案件后,对交通系统、工程项目管理者教育更大,警醒了整个交通系统干部职工。可以说,开阳高速公路就是警钟声中催生出的一条阳光之路。开阳高速公路经验说明,大抓廉政建设,不是给企业制造麻烦,而是促进企业健康发展;不是影响经济发展,而是促进生产力发展的重要因素,是打造精品工程的阳光之路。

5. 开阳高速公路的成功,是广东人民学习贯彻"三个代表"重要思想的一次生动实践

注重实践是广东学习贯彻"三个代表"重要思想的一大特色,而精品工程则是实践"三个代表"重要思想的集中体现。精品工程中往往是先进科技的集成,是生产力发展的重要基础,最能代表先进的生产力;精品工程往往是智慧的结晶,也是对人文精神的考验,最能代表先进文化的发展方向;精品工程是百年大计、千秋功业,最能体现人民群众的根本利益。东深供水改造工程、开阳高速公路工程等一个又一个的精品工程,正是广东人民在实践中学习贯彻"三个代表"重要思想、树立和落实科学发展观的生动写照。

广东省委、省政府联合调研组

(广东省委政研室执笔)

二〇〇三年十月二十三日

二、论文(1篇)

修建广佛(高速)公路的迫切性和可行性分析

李配武

(原载经济出版社2002年9月第一版《路石》)

广佛(高速)公路全长23km,由广东省和广州市组织实施,并分别于1986年12月28

日和1987年1月18日开工兴建。按理说,工程已经开工,就说明可行性研究和计划任务书以及初步设计都是经过批准的,已不存在再讨论什么可行性和迫切性的问题,其实不然。尽管工程已经开工,但广佛公路是否需要建设高速公路看法尚不一致。目前省计委批准的建设项目只是建设广佛公路,而未加上"高速"二字,这也是计委主管交通的负责同志的一片好心,为使广佛公路能尽早上马,避免在是否应建高速公路的问题上纠缠而拖延时间,因此,同意我们的建设标准和建设规模,但不冠以"高速"二字,以示表明这条高速公路虽然交通部和省的领导都同意修建,但究竟还不是计划任务书所正式批准的。因此,再讨论一下建设广佛(高速)公路的迫切性和可行性也是有必要的。

修建广佛高速公路的迫切性

广州至佛山相距20多公里,现有一条相对于国家二级路标准的公路,路基宽度18m,比二级路标准稍高,但有个别的弯道半径还达不到二级路标准要求。按照二级路的标准,行车密度每昼夜可以通过的能力为2000车次,考虑现有广佛公路路基宽度稍大于二级路标准,公路同行都认为这条路的最高容量每昼夜可稍大于5000车次。可是据1986年8月的调查,现有广佛公路的车辆密度每昼夜各种车辆总数是49383辆,其中汽车21742辆,经折算交通量为每昼夜26376辆,其中汽车19528辆超过允许可通过能力的4倍。因此,在广佛公路上出现车辆拥挤堵塞是在所难免的。据调查,广佛公路在1980年刚改建二级路的初期,行车是畅通的,一般的行车时间大约40分钟可以到达。到1983年开始出现堵塞现象,但开始只是高峰时堵塞,到1984年开始堵塞现象日益严重,而且堵塞时间也在延长,现在不但白天堵塞,晚上10时之前也常堵塞,一般都需要2个小时,严重时3~4个小时。

由于公路的通过能力不能适应日益增长的车辆密度,对国民经济建设和人民生活造成了很大的损失。省汽车运输公司所属佛山汽车运输公司,经营广佛线的客运,曾是经济效益最好的一条线路,1983年佛山运输公司最高完成的客运量是5618万人,但1984年因行车不畅下降到2767万人,1985年又下降为2110万人,除了有社会竞争的因素外,广佛公路行车不畅是个重要因素。对社会影响用一个简单的计算,就可说明。按照每一台车在路上堵塞1个小时计算,每小时的经济速度为每小时40km,一台4t货车1小时可以完成160吨公里的运输任务,其运输费收入为40元;一台40座的客车1小时可完成的客运周转量是1600人公里,其运输收入也是40元,减去为完成上述任务必须支出的燃料、轮胎消耗、车辆维修和必须提取的大修理、折旧和养路费等,按1986年省运输公司的实际支出为每吨公里0.165元,一台4t货车全程成本为26.4元,运输部门可以获得的效益每台次为13.28元。按现有车辆密度19528辆计算,一年减少受益的损失就达9464万元。也就是说,投入修建广佛(高速)公路的3.6亿元资金,4年就可收回。而且由于不能及时运送对一些有时间性要求的鲜货物资以及耽误处理一些重要商务,所造成的损失则无法计算。为此,修建广佛(高速)公路的迫切性是可想而知的。

当然,仅从上述的情况只能说明要尽快提高现有广佛公路的通过能力,还不能说明一定要修建高速公路。在这里还有一点必须阐述的是,广州和佛山是广东省内两个经济比较发达的大中城市,1985年广州和佛山两市工农业总产值达到273亿元,占了全省工农业总产值的45%。而且广佛公路又是通往西南片的必经之道,如果把西南片的江门、湛江、茂名市和肇庆地区的工农业总产值加在一起,总产值达411亿元,为全省总数的67%。从拥有的机动车数来看,1985年广州和佛山两市共拥有机动车302159辆,占全省总数的35%,如果把西南片的江门、湛江、茂名和肇庆等机动车加在一起总数达512663辆,为全省总数的60%。广州和佛山又是人口密集的大中城市,广州和佛山两市的总人口加在一起超过1000万,如果把西南片的各市和地区加在一起有近3000万的人口。按照全省每人每年旅行5次计算,一年发生的客运量就是15000万人。虽然不是所有的运量都集中在广佛公路上,但广州至佛山是广州和上述西南片各市和地区联系的最主要线路。所以广佛公路无论是货车还是客车,都是全省流量最密集的一条。从1979年至1986年广佛公路车辆密度增加了4倍,平均每年的增长幅度为22.2%。按此速度推算,至1988年广佛(高速)公路建成时车辆密度将达每昼夜30000辆,已超过了国家规定的一级公路适应的25000车次交通量。如果现在安排修建一级路,到公路修成时,又将出现现在这种拥挤状况,到那时再考虑修建高速公路,则又落后于车辆发展的速度,因此按此速度测算至1991年车辆密度将达50000车次,这么多的车辆通过,不修通过能力大的高速公路是无法适应的。

可行性的探讨

当然,修建高速公路并不是解决广佛公路车辆密集、拥挤的唯一办法。除此以外能否去考虑修建两条一级路或多条二级路,或考虑修建铁路及开辟人工运河、扩建民航机场等办法来解决广佛之间的运输问题呢?但是,我们所要选择的是一个较为合理的经济的可行方案。

在这里需要探讨的可能性,不是工程实施的可能性,因为广佛(高速)公路的初步设计已经批准,并将付诸实施,说明工程是可行的。在这里需要探讨的主要是在经济上是否合理,是否可行的问题。首先需要解决的,是投入这样大的投资修建广佛(高速)公路是否经济合算,它对投资者的回收能力如何?虽然其社会效益在上面已经谈到,但我们也不能不考虑投资者的经济效益。从以下的财务分析可以看出,广佛公路是个回收能力较强的公路建设项目。

广佛(高速)公路全长22.9km,批准的概算是3.6亿元,看起来投资较大,但由于车辆密度较大，所以投资回收也还是较快的。根据可行性研究报告，行驶广佛（高速）公路的车辆比行驶一般公路车辆在油料消耗、轮胎消耗和车辆修理等方面每百公里可节约0.22元，这是用普通4t载重车和40座客车计算的，全程每台车可节约5.13元，这是一笔账。另一笔账是，在广佛（高速）公路上行驶比在普通二级路上行驶可缩短行车时间26分钟，也就是0.43小时，这里没有考虑因车辆堵塞而浪费的时间。按照每小时40公里的经济速度计算，一辆4t载重车可增加运输周转量68.8吨公里，增加的运输收入为17.2元，减去负担的燃料、轮胎消耗、车辆折旧、车辆维修、养路费、管理费等支出11.69元，这是按1986年省汽车运输公司的实际计算的，实际的效益是5.5元。这样两项加在一起，使用广佛（高速）公路的车主每次可获得的效益是10.63元，实际得到的效益还不止这个数，因为这里没有考虑堵塞浪费时间的效益和快速后在运输鲜、活货物和及时处理事务所得到的效益。如果按上述计算效益的8成收费，则一台4t的载货汽车行驶全程一次可收8元，这样的收费标准目前在广东来说是不高的，因为现在广东贷款建桥收取的过桥费是4元，这只相当于过两座桥的费用，广佛公路不但有三座大桥，还有5000m的高架桥。对于过桥费的收费标准，驾驶员反映是不高的，因为在一个停车场停一次车就要收费2~3元，所以如果广佛（高速）公路全程按8元收费是完全可行的（当然，以后实际收费多少，还要测算后上报审批，而且还要分不同车型、不同里程来收费，这里只是做分析使用）。按照1986年广佛公路的车辆密度19528辆为基数，考虑比较落实的15%的增长幅度（现实际是22%），则1989年公路建成后的车辆密度为25825辆，上述数字均未考虑摩托车的数量，减去现有广佛公路分流的5000多辆来考虑，则1989年行驶广佛（高速）公路的车辆为20000台。平均每台按8元收费计算，则建成后第一年可收费5840万元。在1990年前按15%的增长幅度，1991—1995年按12%的增长幅度来考虑，修建广佛（高速）公路的投资3.6亿元按银行贷款10%的年息计算，至1995年用7年的时间就可还清全部贷款本息。因此，广佛（高速）公路在财务上回收能力也是很强的。

我们再来探讨一下，不修建广佛（高速）公路，改为修建一级公路是否可行的问题。据交通部公路工程技术标准规定，一级公路的通过能力为每昼夜20000车次，而广佛公路的车流量现在已超过20000车次，按预测到1988年就将超过30000车次。也就是说，从现在开始建设一级路，待到公路建成时已不能适应，又要考虑提高通过能力的问题。到那时再考虑修建高速公路或另建一条一级路，这都是不合理的。对于修建高速公路和一级公路的造价也可作一简单的分析。表面看修建高速公路的造价要比修一级公路的造价高，但如果按通过每万台车的造价来计算就不同了。如现在修建的广佛（高速）公路，每公里造价是1565万元，但广佛（高速）公路的通过能力是按每昼夜85000辆设计的。是否能通过这么大的密度还有带实践来证实，我们暂按一条车道通过10000台车考虑，广佛公路有六车道和四车道，取平均通过5万车次计算。平均通过1万台车辆的每公里造价则为315万元。一级路呢？我们参考靠近广州市的城市一级路，广珠二期工程客村至洛溪段和广深公路中山大道，其每公里的造价分别为1189万元和806万元。按通过2万车次来计算，平均通过1万辆车的每公里造价则为594万元和403万元，大大高于修建高速公路的造价。用地也一样，现广佛（高速）公路每公里用地为101.6亩，平均每万车次通过能力每公里的用地则为12亩。而客村至洛溪段和中山大道每公里用地分别为66亩和82亩。如按平均通过万台车次，每公里的用地则分别为33亩和41亩，也是大大高于高速公路的。而且修建高速公路和修建一级公路相比较，无论是在车辆经济效益方面，还是在行车安全方面，高速公路均优于一级路，这是无疑的。除此以外，在进行交通管理和道路维修方面，也是高速公路较为方便的。

  修建铁路的方案能否可行呢？在这方面我们的认识不够，也没有经验。但据了解，现有广三铁路的货场，能力只有146万t，而1985年的货运量达到246万t，客运265万人，已经超出允许能力。广州铁路局计划通过增建堆场，仓棚来扩大作业能力，预计到1990年也只能达到700万吨左右的能力。如果要把现有广佛公路的客货运输转到铁路方面，就意味着把占交通量密度34.6%的大中型货、挂车7843台的货运量和占12.6%的大型客车2753台的客运量转到铁路，这部分运量有多少呢？大中型货车的平均吨位按5t计算，实载率按60%计算，客车按40座位，实载率也按60%计算，则货运量为859万t，客运量为2400万人，还有28%的小型货车6263台，占22%的小型客车4843台的运量，我们考虑有50%转到铁路，50%仍行驶现有广佛公路，即保留5553台车辆行驶现有公路，转到铁路的小型客货车运量为货运205万t，客运1058万人。上述各种车辆总计有货运量1064万t，客运量3458万人。这样就相当于广三铁路1985年实际完成的5倍，按照广州铁路局的规划，到1990年改扩建后也达不到这个运量。而且按照广佛公路现有逐年增长的车辆计算，1990年的运量将增长1倍，那是货运量超过2000万t，客运量超过7000万人，也就是说超过国内一般单线铁路的年运输能力。当然，如果进一步修建双轨和电气化铁路是可以解决的。但按照广东目前的情况，京广复线尚未完成，三茂线的肇庆茂名段也还正在建设，要投资建设广三铁路的复线和电气化是不现实的。

  上述的计算不一定对，但问题不仅在此。更重要的是，像广州至佛山这样的短距离，铁路是不能代替公路的，因为铁路在100km以内的运输无论是货运还是客运都是不经济合理的。以广州至佛山客货运输预测计算，按照铁路货物运价规定，一般的煤、焦炭物资按5号运价每吨2元，加短途附加4元，共6元；而汽车运输广州至佛山每吨为5.7元，如果是纺织品、家用电器等物资则每吨7元；而且采用铁路运输还要用市内汽车接运到货主仓库，汽车则可以直达，所以这样短途的运输采用公路运输是合理的。

  客票也一样，按铁路20~30km运距的运价是0.60元；公路客票0.5元加公路建设基金附加0.2~0.7元，略高于火车，但如果把市内到火车站的公共汽车票加上则两者相当。

像广佛这样的铁路线,客班车较少,时间较长,而公路则较灵活,班次多,旅行的时间也较短,所以普遍愿意采用公路。因此我们认为像广州至佛山这样的短距离运输,铁路是不能取代公路的。

当然,我们并不认为不需要建设铁路,特别像广东这样缺少铁路的情况下,再修建一些铁路是完全必要的,像现在建设的三茂铁路、衡广复线,以及计划修建的广州通往梅县、汕头等地的铁路也是完全应该修建的。但铁路和公路毕竟有其不同的特点和优势,公路代替不了铁路,铁路代替不了公路,只有合理规划综合的运输网,才能更好地发挥各种运输方式的作用。

此外,还有水运和民航,但在广佛这样的特定条件下也难以发挥其作用,20多公里采用飞机运输这肯定是不合理、也不经济的。至于水运,广州至佛山是有航线的,但由于旅客和货主对时间的要求一般也不愿采用,这是因为水运航线较长、时间较慢的缘故。当然,如果开挖一条人工运河也不是不可能,但在目前我省的实际情况下,要花费这样大的投资也是不现实的。

修建广佛(高速)公路是明智的决策

省府领导和省的有关部门已经批准了广佛(高速)公路的修建,我们认为这是明智的决策。这不但由于修建广佛(高速)公路可以解决广州市西出口的拥挤堵塞问题,使广州、佛山两个大中城市有条比较畅通的高等级公路,而且可以通过修建广佛公路取得高速公路的经验,培养和锻炼我们的施工队伍,从而为以后继续修建高速公路打下基础。因为广佛(高速)公路实际上只是广州通往西南片的一段,随着国民经济的不断发展,广州通往西南片的江门、湛江、茂名、肇庆甚至广西都将需要修建高等级的公路。比较现实的情况是,广佛(高速)公路建成后,通过收费偿还本息后还可以继续延长至乐从、九江直至江门,这样再与将要修建的广深珠高速公路及其江门支线相连接,这样就构成了整个珠江三角洲的交通干线网络。在不远的将来,可以考虑修建深圳至汕头、江门至湛江等高速公路,最终使广东省东南沿海较发达地区有一条联系各开放城市和港口的重要公路干道。

专家普遍认为,作为高速公路,里程长些,其经济效益更为明显。广佛(高速)公路由于里程较短还不能发挥其高速的优势,这点我们是不否认的。正因为如此,修建广佛(高速)公路并不是我们的最终目的,而是修建高速公路的开始。之所以要选择广佛公路作为我们修建高速公路的开始,是因为广佛公路是广东当前车辆密度最大的路段,投入的资金可以较快回收,而且根据我们的财力只有先从较短的路段开始才有可能。随着国民经济的发展,车辆密度的不断增加和资金的相应解决,广佛公路将继续延伸,等到东南沿海的高速公路连通,则高速公路将更好地发挥其高速的优势,大家会更加感受到其经济效益。

除了上述的需要外,通过修建广佛(高速)公路还可以为我们取得修建收费公路的经验。至目前为止,广东只是在贷款建桥收费偿还方面,先在广珠公路的四座桥上开了个头,而真正贷款修建并用收费偿还的公路还没有,广佛(高速)公路将在这方面也来个开端。省政府除了在建设基金中安排一定的资金外,还准备在广佛(高速)公路建设项目中采取银行贷款、发行债券等多种形式筹集资金,而且用收费来偿还。因此修建这条公路,不但能在工程设计和施工以及管理上取得经验,也为收费公路的收费管理取得经验。

当然,广佛(高速)公路的建设刚刚开始,在整个建设过程中以及以后的管理上还会遇到各种问题,广佛(高速)公路是否成功还需要通过实践来检验。要使广佛(高速)公路发挥效益,还要有相应的各项服务设施,以及同步的管理系统。进入市区集散道路的车辆也需要相应地解决,不然的话,堵在两头也是发挥不了效益的。但是我们相信,随着时间的推移,所有这些问题也都将获得解决。高速公路及其特有的高效率优势,必将在广东实现。

(作者系广东省交通厅原厅长。该文获 1987 年度广东省自然科学优秀论文奖)

三、新闻报道(2 篇)

(一)一桥飞越港珠澳　两岛扮靓伶仃洋

记者陈治家　通讯员唐丽娟

(原载 2018 年 1 月 21 日《广州日报》)

夜幕下犹如长虹卧波,白天又似蛟龙出海!元旦前夜,世界最长的跨海大桥港珠澳大桥主体全体亮灯,在标志着大桥具备通车条件的同时,伶仃洋面上也诞生了一道流光溢彩的新的风景线。

据透露,港珠澳大桥预计将在今年 7 月 1 日前正式通车。有趣的是,"大桥游"已率先火爆起来,广州、珠海等地的部分旅行社纷纷组团揽客坐游轮看港珠澳大桥。今年春节过后,大桥上还将迎来一场别开生面的"马拉松",届时将有万余人登上这座跨海大桥,一睹这个世纪工程的绝世风采。

大桥预计七一前通车

全长 55km 的港珠澳大桥,其中包括约 30km 的海中主体,主体为"桥岛隧"结构;两端是分别抵达港珠澳的连接线,整体看大桥如同一个巨大的"Y"字横卧在海面上。港珠澳大桥是中国新的地标性建筑之一,被誉为"世界桥梁界的珠穆朗玛峰",英国《卫报》称之为"现代世界七大奇迹"之一。大桥目前虽未通车,但俨然已成珠海一个新的热门景点,那么港珠澳大桥到底有哪些看点?《广州日报》全媒体记者昨日驱车上桥,先睹为快。

驶上珠澳口岸人工岛,首先映入眼帘的是港珠澳大桥珠海公路口岸,桥头是一个现代化的收费站,上有"港珠澳大桥"5个鲜红的大字。驶入收费站,进入大桥主桥一路向东,宽阔的桥面有双向六车道,中间由金属护栏隔开,新画的车道线,崭新的沥青路面,一路畅通无阻。桥外海面上,近处的轮船时而拉响悠扬的汽笛;远处的小岛时而映入眼帘。

不到20分钟,车就来到了伶仃洋上的西人工岛,从该岛进入海底隧道,在最深40多米的海底隧道中穿越梭,随行的摄影记者感叹:"如果隧道能有一段透明的,看到各种鱼儿在身边游来游去,该多好啊!"几分钟后,车从东人工岛驶出,香港的大屿山近在咫尺。头顶上,一架架飞机从桥面上掠过;脚底下,一艘艘巨轮在隧道上方的海面上驶过。

元旦前夜,港珠澳大桥主体工程全线亮灯,标志着大桥已具备通车条件。有关部门透露,大桥预计于今年7月1日前通车,不过,具体通车时间还须"三步走"才能决定:一是内地及港澳三地部门对大桥进行评估;二是通车前会出台通行政策,包括车辆通行费定价方案;三是海关、边检、检验检疫等部门的设施调试。目前,港珠澳大桥通车前的各项准备工作正在顺利进行。

看,主桥如长虹卧波

港珠澳大桥海上长达22.9km,横跨伶仃洋,无论是从空中俯瞰,还是从海上乘游轮远眺,港珠澳大桥都宛如一条巨龙蜿蜒在伶仃洋海面上。大桥先后有九洲航道桥、江海直达船航道桥、青州航道桥3个通航孔桥,桥上的"风帆""海豚""中国结"是港珠澳大桥三大标志性景观。

3个通航孔桥各具特色,其中青州航道桥设计是港珠澳大桥最具特色的部分,为双塔空间双索面钢箱梁斜拉桥,主梁采用扁平流线型整体式钢箱梁,索塔采用横向H形框架结构,两个163m的高塔上端分别有巨大的"中国结"钢结构结形撑,象征着港珠澳三地紧密相连。九洲航道桥离珠海市区最近,桥上的"风帆"塔与海岸线、城市高楼形成鲜明对比,远近景错落有致。江海直达船航道桥桥面上三个"海豚塔"栩栩如生,外形就像三只大海豚,最大的一只"海豚"高达109m,两边稍矮的也有108m左右,相当于36层楼高,重量超过2600t。据介绍,光吊装这三只"大海豚",建设者们就用了整整一年的时间。

桥外的海面上,来来往往的轮船拉出一声声悠扬的汽笛;一座座岛屿迎面"飘"过。而一到晚上,3座通航孔桥景观灯五彩缤纷,宛如一道长长的彩虹横卧在伶仃洋上,同城市繁华热闹的夜景交相呼应。

望,人工岛似明珠璀璨

青州航道桥的尽头是西人工岛,与它对望的是连接大桥香港段的东人工岛,这两个人工岛是海面上的桥梁与海底隧道连接的纽带。从空中鸟瞰,它们犹如两艘巨轮徜徉在伶仃洋的海面上,东岛连接大桥香港段,西岛连接着主桥;整座大桥又似两条蛟龙出海,一条向东,一条向西,龙头就是两个人工岛,相互守望。

两座人工岛设计形状均为蚝贝形,从人工岛挡浪墙外边线计算,东岛岛长约625m,横向最宽处约215m,总面积约10万 m^2;西岛长约625m,最宽处190m,面积9.8万 m^2。岛上建筑形态也基本相同,东岛主体建筑高4层,西岛主体建筑高3层。

两岛地面上的建筑以船形姿态遥相对开,整体设计以彰显时代感、气魄感的海上大游轮形象为总体形态控制,细微之处注入传承港珠澳地域交融性文化特色的符号,例如人工岛上建有"海底绣花""筑岛奇迹""蛟龙出海""梦圆伶仃"4座青铜鼎桥头堡,使得人工岛成为既立足于当代、又延续历史文脉的综合载体。

两岛功能略有不同,东岛为集交通、管理、服务、救援和观光功能为一体的综合运营中心,且有游客观景览胜功能,该岛上有观景平台和观景走廊;西岛的功能则以桥梁的养护服务及办公为主。

这里是世界上最繁忙的黄金水道,大桥通车后,乘客可以下车登上东人工岛休憩,一边喝咖啡,一边看海上巨轮穿梭往来。

这里也是珠江口中华白海豚的聚居地,如果运气好,可以看到白海豚在海中嬉戏。

这里还毗邻香港国际机场,在大屿山葱葱山景的衬托下,可近距离观赏或冲天或滑翔的航班景象。

夜幕降临,人工岛上流光溢彩,东人工岛从风帽、主体建筑、减光罩到挡浪墙,自上而下各种灯光点亮,整个岛屿一片璀璨;西人工岛上的建筑金碧辉煌,两人工岛宛如镶嵌在伶仃洋上的两颗明珠。

逛,海底隧道如沐春风

从人工岛缓缓而下,是一条全长约6.7km的海底隧道,其中深埋海底的沉管隧道长约5.6km,最深处位于48m深的海底。这条世界最长的海底隧道由33节预制沉管以及一个长约12m、重达6500t的"最终接头"拼接而成,而33节沉管每个标准管节长180m,重8万t,排水量超过75000t,一个标准管节比一艘航母排水量还要大。

值得一提的还是隧道里的通风标准与公路隧道无异,高标准保证海底隧道行车人感觉舒服。沉管隧道两个行车洞中,空气流动按照车流方向由洞顶上的多组大型悬挂式射流风机呈送,该风机既可以吸入洞外的空气,也可以排出洞内汽车尾气。驱车从海底隧道里进出,没有任何不适。隧道内温度一般维持在26℃左右,打开车窗凉风习习,如沐春风。

为保证隧道内行车安全,隧道分左右两个行车洞(各为三车道),中间有一个服务管廊,三者之间各自封密相互独立,互不干扰。行车洞两旁上方每隔一段距离就有一道长长的红色消防管道,上面每隔1m左右就有一个智能自动喷洒的水龙头。一旦隧道内发生火灾事故,这里的烟雾或温度达到一定程度,通过感应,这些消防水龙头就会自动打开。而服务管廊上每隔不到135m便有一道逃生门,每个逃生门附近都悬挂一部应急电话。大桥通车后,管理人员将在人工岛上设立海上救援平台,如果海底隧道内发生事故,救援力量在3分钟内就能到达,桥面上发生事故,5~7分钟内也能达到。

大桥已成热门景点

虽未正式通车,但港珠澳大桥游已率先火爆起来。据记者了解,目前珠海、广州等地旅行社已开始组团带客乘坐游轮海上游览港珠澳大桥全线,备受欢迎。元旦前夕,广州某旅行社首团组织300人游览港珠澳大桥,推出后仅3个小时,全团就报满了名。另外,从珠海湾仔码头出发,已开辟专门游大桥航线。据一些旅行社负责人介绍,目前还只能坐船近距离游大桥,一旦港珠澳大桥通车,桥上开通跨境摆渡大巴,上桥的游客更会络绎不绝。

澳门经济学会会长刘本立曾表示,"作为世界最长的跨海大桥,港珠澳大桥本身就是一个很好的旅游景点,就像美国旧金山的金门大桥。走在桥上,可以看到无敌海景,而珠海有不少岛都在桥下,是不是可以利用开发旅游资源?我们把大桥区域变成一个美丽的海湾?"现在看来,这个愿望比大桥通车来得更快。

(二)"中国最具挑战性的公路项目"

——京珠高速公路粤境北段3月28日通车前夕巡礼

刘 霄

(原载2003年3月6日《人民日报》)

京珠高速公路乃国道主干线之一,是连接华北、华南的高速公路主骨架,和京广铁路走廊带平行。粤境小塘至甘塘路段,穿越南岭山脉的咽喉,打通粤湘两省大门,是京珠高速公路的重要组成部分,因位于广东北端,简称"京珠北"。

它北接湖南耒宜段,南接粤境南段,途经乐昌、乳源、曲江和韶关,路段全长109.93km,概算投资56.56亿元,是国家重点工程,世界银行贷款项目,广东省第一条山区高速公路。

"京珠北"绕行于粤北的崇山峻岭之中。这里自然环境恶劣,地质地形复杂,一路走来,但见一处又一处的高填深挖、高墩桥梁、高边坡和隧道群,工程规模大,施工难,风险高,世界银行专家称之为"中国最具挑战性公路项目"。

令人赞叹的"京珠北"

开工伊始,世行监督代表团一行视察"京珠北"施工现场时感慨万千:"在这样的环境下修高速公路简直不可思议。"他们对项目的工程质量、投资控制和施工安全表示出极大的担忧和顾虑,并成倍地增加了检查次数。

而今,四年半时间弹指一挥间,展现在他们眼前的,是一条伸展自如、靓丽壮观的盘山游龙,令世行专家和前来视察参观的各级各界人士发出由衷的赞叹。

收获来自不间断的耕耘。

四年多来,"京珠北"管理处遵照广东省委、省政府提出的"提高工程质量,降低工程造价"的方针,根据广东省交通厅、广东省交通集团确立的"创部优,争国优"的奋斗目标,提出了"树立精品意识,狠抓三大控制,确保优质工程"的响亮口号。他们以科学的态度,严谨的作风,高度的责任感,从项目的准备阶段到建设施工,实行全过程、全方位的前瞻性的严格监管,使之少走弯路,不交学费。

为此,他们加强技术管理,做足技术准备。动工前,他们对全线的路基、桥基、高边坡、隧道围岩进行了全面的地质勘察,确认了不良地质的分布情况和具体位置。在此基础上,做好设计方案和施工方案的审查、复查和修订,将大量的不可预见因素变成了可预见性因素,大大消除了施工风险和技术隐患,有效地控制了质量和造价。

例如,他们对 90 多处不稳定的高边坡进行了加固设计,共增设预应力锚索 22 万 m,抗滑桩 8 万 m^2;对处于灰岩路段和软弱夹层的 352 根桥梁桩基,重新做了高程调整或溶洞处理,部分桥梁进行了桥跨变更;在陡坡填挖交界处设置土工格栅,以减少不均匀沉降。初步统计,"京珠北"的变更设计多达 2000 项,其中重大变更就有 60 多处。项目开工后,"京珠北"管理处通过"全过程、规范化、抓样板、上档次"的创优活动,对参与建设的各路诸侯,实行全面的质量管理。对质量抓早抓好抓紧,再一次体现了他们"善打提前量"的工作风格和理念。

他们将项目划分为桥隧、路面、机电等 7 大部分 34 个标段进行,工程界面清晰,实施计划合理,便于抓好施工现场的管理;他们充分吸收类似工程的经验教训,编好招标文件,堵塞合同漏洞,避免了扯皮和恶意索赔;他们建立健全了包括质量、进度、安全、履约、廉政等内容的制度及各项管理规定,实行制度化的管理,用"举报制度"遏止偷工减料,用"奖惩制度"消灭质量通病,用严格的审查检验堵住假冒伪劣材料;同时,为保证"京珠北"的整体质量和统一外观,他们注意选取各项工程的"最优"作为全线的样板,建立标准,及时推广。

四年半辛苦不寻常,精心耕耘结出了丰硕成果。"京珠北"创造了"质量高,造价低,零事故"的辉煌业绩;其工程质量名列前茅,为"创部优,争国优"打下坚实基础。开工以来,没有发生重大安全事故,创下了"高难度、高风险、无事故"的安全记录。

业内权威人士评价说:"京珠北"为广东乃至全国山区高速公路建设提供了范本。

令人震撼的"京珠北"

深冬,广东省高速公路公司京珠北段建设管理处主任林益恭陪同我们驱车一览"京珠北"风采。

眺望车窗外绵延不断的大山的沉默剪影,俯瞰脚下让人眩晕的深沟大壑,我们的感觉只有两个字:震撼!我们甚至无法想象,在这几乎无立锥之地的荒山野岭,上万建设者究竟在哪里安营扎寨,又是如何运料施工?

这里地形极为险峻,从海拔180m到805m,层峦叠嶂,起伏变化,多数路段紧贴陡坡,必须大填大挖,挡墙、护坡等防护工程数量繁多,宛如长城再现;桥梁横亘深谷,紧接隧道,蜿蜒于峡涧之中,犹如蛟龙飞舞;隧道伸入高山,穿过陡壁,紧接桥梁,形成"隧—桥—隧"和"桥—隧—桥"的线形奇观。由于工点集中,场地狭窄,施工异常艰难。

这里地质构造特殊,属大瑶山西向斜翼,为沉积岩地区,植被发育,岩性多变,灰岩、页岩、砂岩、泥岩俱全,溶洞、滑坡、危岩、落石、地下河、断层带、涌水、突泥、浅埋、软弱夹层、煤系地层、高液限土等不良地质分布广泛,被专家称为"地质博物馆"。这些地质问题,给地质处理带来层出不穷的困扰,对隧道的安全施工造成极大的威胁,令高边坡的整治增加了许多难度,也使大量路基在方圆数十里内找不到合格的填料。施工过程中,因地质变化而发生动态设计变量更是惊人。

这里的气候相当恶劣,高海拔的南岭山脉,是南北冷暖气流的交汇处,除破坏性台风外,对工程最不利的气候交替出现。首先是多雨,雨天较多且四季都有,冬季每次冷空气南下均伴随着降雨。其次是多雾,"京珠北"路线中部约25km为常年雾区,每年80%的天数有雾,春天尤烈,三成天数有大雾,能见度小于200m乃至10m,不仅施工困难,也给以后的运营带来隐患。再次是严寒和酷暑,在冬天,极端气温低于-10℃,而夏天,极端高温则超过47℃。

凡此种种,导致"京珠北"工程浩大,每公里工程量为普通高速公路的两倍以上。林益恭告诉我们,"京珠北"路基的土石方总量达到3677万m^3,且70%是石方;共有桥梁60座,其中特大桥5座,大桥33座,中小桥22座,桥梁以高架桥居多,最高达70m,受地形限制,多数桥梁为弯、坡、斜桥;此外,"京珠北"有隧道14座,最长2110m,桥隧合计占里程的20%;有高于20m的路堑边坡136处,多为不稳定边坡,须设置大量的支挡结构,其中高于30m的85处,最高的90m,其难度和规模居广东之冠;还有互通立交6座,分离式立交25座,涵洞338个。

附录四
广东省地级以上市高速公路建设选编

一、凝力担当　筑就阳光大道

广州市交通委员会

广州简称穗，别称羊城，又号花城，是广东省省会，全省政治、经济、科技、教育和文化中心。地处广东省中南部，珠江三角洲北缘，濒临南海，毗邻香港、澳门，铁路、公路、航空、航运、邮电通信发达，是华南地区交通通信枢纽和重要贸易口岸，是我国南方对外交往重要门户，有祖国南大门之称。1984年设为计划单列市。1994年升格为副省级城市。现辖越秀、海珠、荔湾、天河、白云、黄埔、花都、番禺、南沙、从化、增城十一区，总面积为7434.40km^2，占全省总面积的4.21%。常住人口1404.35万人，其中户籍人口870.49万人，城镇人口比重为86.06%。2016年广州市实现地区生产总值19610.94亿元，财政收入5174亿元。全年城市常住居民人均可支配收入50940.70元，农村常住居民人均可支配收入21448.60元。

（一）高速公路建设发展成就

1. 高速公路规划和发展历程

（1）发展历程

起步阶段。改革开放以来，广州市社会经济得到高速发展，1989年8月建成通车的广佛高速公路是广州市建成通车的第一条高速公路，也是中国最早的高速公路之一。同期建设的还有广州北环高速公路沙贝至花都的广花高速（即广清高速公路庆丰至花都新华段）、广深高速公路等，从此广州市开始进入高速公路建设发展时期。

快速发展阶段。进入1990年后，广州社会经济迅速发展，对公路交通的需求日益紧迫，在北环高速公路建成通车后，积极筹资建设东南环高速公路，大大缓解城市交通压力。"十五"和"十一五"期间，广州机场高速公路，南沙快线，华南快速二期，广园快速二、三期，广韶高速公路，北二环高速公路等重大项目先后建成通车，有效地解决城市车辆进出问题。广州的高速公路建设在"十二五"期进入了快速发展阶段。特别是2008年，国务院通过《珠江三角洲地区改革发展规划纲要（2008—2020年）》，确定广州市为国家中心城市、国家历史文化名城、广东省省会、我国重要的国际商贸中心、对外交往中心和综合交通枢纽、南方国际航运中心的城市定位。经济社会和交通持续发展以及新的城市规划，都对道路交通提出了新的要求，广州市高速公路建设也进入了新的发展阶段。"十二五"期间，广州市建成了广河、广深沿江、派街、增从、广乐、肇花、广明、大广等8条高速公路，新增里程311km，截至2015年底，全市高速公路通车总里程972km。"十三五"期间，广州市有虎门二桥、广中江、机场第二高速公路北段和南段、北三环二期、凤凰山隧道、花莞、佛清从北段、汕湛高速惠清段、广佛肇等10个在建高速公路项目，属广州境内的里程约260km，总投资达600亿元。按照广州市高速公路的整体规划及投资计划，凤凰山隧道及北三环二期两个高速公路项目预计在2017年底建成通车，新增里程58km。至2017年底，广州市高速公路通车总里程可达1060km。

（2）编制规划

①广州市于2007年4月发布《广州市公路网规划（2005—2030年）》，此前尚未有专门的高速公路网规划。根据该规划，广州市将构筑以广州都市区为核心，片区中心及重要交通枢纽为辐射和联系对象的"四环十八射十五条重要公路"的高快速路结构，规划高速公路总里程1085km，形成与周边地市及珠三角范围的一体化高快速路网络。该规划成为广州市高速公路网发展和建设的纲领性文件，"十一五""十二五"期间，在此规划框架下，广州市高速公路网络建设取得了显著成绩。

②2008年国务院发布了《珠江三角洲地区改革发展规划纲要（2008—2020年）》，广东省制订了"提升珠三角、带动东西北"的发展战略。为此，广州市研究制定了全市高速公路网及与周边城市衔接通道规划。

一是编制《广州市综合交通规划（2011—2020年）》，明确提出"构筑以广州为中心的区域高速公路格局，成为华南地区高速公路网络中心；实现广州市区至泛珠三角任一省会城市和广东省任一地级市的高速公路直达"目标，提出了以广州、佛山主城区为核心，覆盖珠三角，辐射华南地区的"三环十五射"。其中，三环：广州环城高速公路、珠二环高速公路、珠三环高速公路。十五射：广清高速公路、机场高速公路—广乐高速公路、京珠高速公路、大广高速公路、广河高速公路、广惠高速公路、广深高速公路、广深沿江高速公路、广珠东线高速公路、广珠西线高速公路、广江高速公路、广佛高速公路、广明高速公路、广三—广梧高速公路、广贺（二广）高速公路的环线放射状高速公路路网，并已纳入广州市城市总体规划。

二是制定《珠三角一体化背景下广州与周边相邻城市基础设施（交通）实施协调规划》等，在珠三角一体化发展的格局下，梳理和提出了广州与周边城市之间的交通基础设施（包括高速公路），以进一步促进珠三角城市一体化发展。

三是与周边城市建立联席会议制度及工作对接机制，协调解决跨界高速公路规划建设中的重大问题。2014年、2015年和2016年广州与周边城市联合发文,就跨区域重大交通基础设施规划建设工作计划,通过加强对接、密切交流,以建立常态机制和推进项目建设为重点,共同努力推动跨区域交通基础设施规划建设。在此机制下,广佛两市间就有东新高速公路、南二环高速公路、肇花高速公路、广明高速公路、广佛高速公路扩建等多条列入同城化年度计划建设。

2. 高速公路建设带动运输蓬勃发展

高速公路建设的快速发展,带动了公路运输兴旺繁荣,实现"人便于行,货畅其流",促进了社会经济蓬勃发展。2016年,全市汽车保有量达到242.4万辆,其中中小客车196.1万辆。"十二五"期间,白天12小时进出广州市域的交通流量由"十一五"末期的83.1万标准车增加到2015年的101万标准车,增幅12.2%。这一方面反映了在区域一体化的形势下,广州的吸引力不断强化,中心城市的聚集效应提升;另一方面,五年间广州市域道路出入口从31个增加到41个,车道数从160条增加到204条,较好地支撑了广州与周边城市日益增长的交通需求。

"十二五"期间,进出广州核心区的白天12小时交通量由"十一五"末的118万标准车增加到2015年的209万标准车,增幅77%。其中北部和南部增长最快("十一五"期间为东部和南部),"十二五"期间分别增长了157.1%和76.7%,反映白云、番禺等近郊地区的迅速发展。

"十二五"期间,广州建成开通广河、广深沿江、广乐、肇花、东新、增从等6条高速公路。其中4条为对外辐射的高速公路。这些高速公路支撑了区域一体化的发展,广州往各个方向的联系普遍增强,"十二五"期间,广佛同城得到实质推进,佛山方向道路车流增加绝对值最大,2015相比2011增加约15万标准车,增幅34.2%;惠州、河源方向增加幅度最大,2015相比2011增加61.7%;唯一有所下降的是中山方向,道路车流2015相比2011下降19.6%,主要原因是广珠城际铁路的分流效应,在高速公路建设之外,城际铁路将成为城市群进一步整合的新支点。

(二)经验总结与工作展望

1. 建立机制

广州市在2012年成立的"市交通工作领导小组"基础上,已成立由市长担任分总指挥的广州市高速公路建设分指挥部,市有关部门、相关区政府及广州交投集团等部门主要负责人为成员(办公室设在市交委),统筹协调推进广州地区高速公路建设工作。近年来,按照省高速公路建设总指挥部工作部署,广州市分指挥部不断强化、细化工作机制,从市委、市政府到市各职能部门以及相关区级政府,进一步落实负责领导和牵头机构,建立责任目标分解体系,通过不同层面的专题协调会和现场督导,及时研究解决各建设项目推进问题,并抓好跟进落实。

2. 责任分工

在责任分工上,广州市高速公路建设督导工作由分指挥部统筹负责并协调推进,其中,征地拆迁工作由项目沿线区政府牵头负责,设计、用地报批、社保等分别由市交通、国土规划、人力资源和社会保障等职能部门牵头负责,工程建设由项目业主牵头负责,分指挥部办公室(市交委)负责具体协调跟进工作。广州市严格按照省高速公路建设督导目标责任要求,细化分解具体工作任务至各级政府和部门等责任单位,要求各责任单位严格按照督导要求,充分发挥主体责任,严格按照相关基建程序要求,依法行政有序推进各项用地报批和征地拆迁工作,以深化作风建设、提高执行力为保障,狠抓落实。同时根据各项目具体特点和难点,明确目标、突出重点、倒排计划,进一步落实主体责任,不断加大统筹督导力度,有序推进广州地区高速公路建设。

3. 制定规划

《广州市公路网规划(2005—2030年)》在主骨架高快速路网的功能布局,超越了传统的广州市狭义的地域范围,以周边地市及珠三角定义布局范围,构筑以广州都会区为核心,片区中心及重要交通枢纽为服务和联系对象,通过"四环十八射十五条重要公路"的布局结构形成一体化网络。其环射状高快速路网结构符合广州市在珠三角乃至广东省的中心城市和交通枢纽的地位,有利于对外交通与过境交通的快速消散与集中,对增强广州在珠三角交通枢纽地位,增强广州市及广佛都市圈的对外经济辐射功能具有重要意义。同时,将结合广州市公路网络运行现状,不断优化调整高速路网,重点增加横向干道骨架,加强主城区内部与外围的联系,完善环线与射线的连接,加密各区间连接干线,提高现有路网的连通度,实现以广州市为中心,通过高速公路向外辐射各大城市,其他城市之间通过高速公路连接并形成珠三角高速公路网络,实现珠三角1小时经济生活圈的目标。

4. 资金筹措

公路项目投资资金大,广州市通过采取形式多样的资金筹措方式开展高速公路项目建设投融资。一般情况下,高速公路主要以政府投资结合各项目业主银行贷款、收费还贷方式以及政府部分投资控股、引用外资或银行贷款等综合融资体系。广州市在增强财政支出和地方债券投入的同时,敢于让权让利让市场,吸引外商来投资,如通过由外商投资参与建设经营高速公路的项目,包括北环高速公路、华南快速干线、机场高速公路等项目的建设,出让现有项目收回资金投入建设新项目,实现高速公路建设滚动发展的模式。

二、高速公路建设大跨越大发展

深圳市交通运输局

深圳市简称"深",别称鹏城,广东省省辖市、副省级市、国家区域中心城市。深圳市地处广东南部,珠江三角洲东岸,与香港一水之隔,东临大亚湾和大鹏湾,西濒珠江口和伶仃洋,南隔深圳河与香港相连,北部与东莞、惠州接壤,面积1996.85km²。

截至2016年10月,深圳下辖8个行政区和2个新区,下辖57个街道办事处、790个居民委员会。8个行政区和2个新区有关情况如下表所示。

深圳市辖区及人口一览表(2014年常住人口)

类别	名称	面积(km²)	常住人口（万人）	户籍人口（万人）	非户籍人口（万人）
行政区	福田区	78.66	135.71	83.35	52.36
	罗湖区	78.76	95.37	55.92	39.46
	南山区	185.49	113.59	71.03	42.56
	盐田区	74.64	21.65	5.87	15.78
	宝安区	398.38	273.65	42.13	231.52
	龙岗区	387.82	197.52	42.49	155.03
	龙华区	175.58	143.45	16.51	126.95
	坪山区	167.01	33.15	4.44	28.72
功能区	光明新区	155.45	50.42	6.17	44.25
	大鹏新区	295.06	13.37	4.31	9.06
全市		1996.85	1077.89	332.21	745.68

注:2016年10月,国务院批复同意设立深圳市龙华区和坪山区。

2015年,深圳市实现地区生产总值17502.99亿元,财政收入7240亿元,人均可支配收入44633元。

(一)高速公路建设发展成就

1.高速公路规划和发展历程

(1)高速公路规划

深圳市于2003年编制完成了《深圳市干线道路网规划》。该规划提出了城市化地区一体化的道路功能分级体系,将干线道路系统分为高速公路、快速路、干线性主干道三个层次,重点规划高速公路和快速路。高速公路主要承担过境交通、疏港交通和城市对外交通,强化区域间主要城市之间的快速联系,并且服务于港口、机场等重大基础设施对交通的需求。在此基础上,深圳市制定了"七横十三纵"的高快速路网总体布局方案。

根据该路网方案,深圳市机荷高速公路、盐坝高速公路、外环高速公路(在建)为路网中的"三横",广深沿江高速公路、广深高速公路、梅观高速公路、清平高速公路、东部过境高速公路(在建)至惠盐和深汕高速公路、盐排高速公路为路网中的"六纵"。

(2)高速公路建设发展历程

高速公路建设一直是深圳市重点工作,市委、市政府历来高度重视。从20世纪90年代起,深圳市高速公路建设进入了快速建设期,自我市第一条高速公路梅观高速公路1995年建成通车起,至2013年广深沿江高速公路(深圳段)完工通车,我市18年间建成高速公路里程350km,年均逾19km。2016年深圳市有3条在建高速公路,分别是深圳外环高速公路、东部过境高速公路、广深沿江高速公路(深圳段)二期。

2. 高速公路建设

(1)深圳外环高速公路

外环高速公路起于沿江高速公路,终于盐坝高速公路,全长93.2km,其中深圳段长75.8km,东莞段长17.4km。深圳段总投资约209亿元。在建项目沿江高速公路至深汕高速公路段已开工建设,计划2019年建成。

(2)东部过境高速公路

东部过境高速公路起于莲塘口岸,通过市政连接线与爱国路连接,通过口岸连接线与莲塘口岸连接,终点为金钱坳立交,全长31.1km,设计速度80km/h,总投资61.8亿元。2016年6月开工建设,计划2018年建成。

(3)广深沿江高速公路(深圳段)二期

项目包括深中通道深圳侧接线及国际会展中心互通立交两部分,投资估算69亿元。2016年底开工建设,计划2018年建成。

3. 融入珠三角城市一体化工作思路和实践

按照高速公路建设规划,深圳市将继续完善与国家、省干线公路网对接,重点完成深圳外环高速公路、广深沿江高速公路(深圳段)二期、东部过境高速公路的新建工程,并完成机荷高速公路、惠盐高速公路(深圳段)改扩建工程。

上述工程完工后,深圳市高速公路里程将达463km,进一步完善广东省"九纵五横两环"高速公路网,并全面完成深圳市"七横十三纵"高快速路网,大幅改善珠三角各兄弟城市产业基地间的可达性,充分发挥各大产业基地之间的联动效应,有利于促进各地产业发展。

(二)主要做法和经验

深圳市政府对深圳外环高速公路项目的投资方案进行了比选研究,认为项目建设有利于促进深圳市大空港、光明、龙华、坪山等新城区和策略发展地区的建设,提升沿线土地价值,并最终确定了通过国有全资企业特区建发集团参与项目合作的方案。项目业主深圳高速公路股份有限公司以项目25年经营权评估值作为本项目的投资额,特区建发集团承担其余部分投资。该合作建设模式的实施,有效避免了延迟建设可能带来的线位损失或更大支出,促进项目如期实施。该投融资方式,带来了以下启示:

1. 为社会资本进入公益性基础设施领域作了有益的尝试

项目由于社会效益显著但经济效益较弱,难以吸引社会资本参与,只适合政府财政投入。采用合作模式,市政府通过国有全资特区建发集团参与合作,承担部分投资,提升了项目的可投资性;深圳高速公路股份有限公司按25年经营权评估值承担在项目的投资,并获得特许经营权,可发挥建管养核心能力,通过效率提升取得合理收益;拓展了主营业务,进一步提升公司品牌价值和社会影响力。

2. 为政府公共投资项目的运作提供了有益尝试

政府公共投资项目引入企业投资后,政企双方通过基于法律契约且风险可控的商业盈利模式,清晰界定各自权力边界。对于在公益性基础设施的社会融资和建设运营中,"政府的手"应该如何运作才能提升效率,汲取混合经济体制下的双方优势均作了有益的尝试。

3. 对于行业法律环境作了有益的尝试

合作方案基于合法合规原则,拟定的法律文件从不同侧面约定了工程投资、建设、营运和移交阶段的权利义务。部分法律文件将运行近30年,对现行管理体制、法律法规提出了较高要求。

三、乘改革春风　绘发展蓝图

佛山市交通运输局

佛山市地处广东省中部、珠三角腹地,东接广州,南邻中山。佛山历史上是中国天下四聚、四大名镇之一,如今发展为中国先进制造业基地、广东重要的制造业中心并创造其独特的佛山模式,使佛山制造享誉海内外。佛山与广州地缘相连、历史相承、文化同源,是广佛都市圈、广佛肇经济圈、珠三角经济圈、粤桂黔高铁经济带的重要组成部分。佛山毗邻港澳,与香港、澳门分别相距231km和143km。现辖禅城、南海、顺德、高明和三水五区,辖区内共有26个镇、16个街道办事处。全市总面积3797.72km^2,常住人口735.06万人,其中户籍人口385.61万人。2016年实现地区生产总值约8600亿元,人均生产总值突破10万元,在广东省经济发展中处于领先地位,跻身高收入城市行列。

改革开放初期,随着经济社会的迅速发展,汽车拥有量急剧增加,特别是佛山地处珠三角腹地,境内江河纵横交错,河道密如蛛网,公路通达里程少、等级低、渡口多等问题成为交通发展乃至经济社会发展的瓶颈。在广东省率先提出"贷款建桥,收费还贷"的路桥建设投融资政策指引下,佛山市委、市政府以其先行一步的胆略抢得发展先机,拉开了全面加快交通基础设施建设的序幕。"五五"至"十五"期间,全市掀起了多渠道、多形式筹措资金,全民大筑公路的热潮。2002年佛山市行政区划调整后,佛山市委、市政府面对新形势,以建设泛珠三角经济圈和大珠三角经济一体化发展为契机,再次以大气魄大手笔部署了全市干线公路网、运输枢纽布局及水运发展三大交通规划,致力于打造现代化一体化的综合交通运输体系,以"一环"为龙头的市重点路桥项目标志着佛山市交通建设进入新一轮的快速发展时期。至"十二五"规划期末,全市公路通车里程达5243.66km,公路网密度140.8km/100km^2,其中高速公路479km,快速干线公路1019km。全市"两环四纵五横"高速公路网络基本形成,有力支持了区域一体化发展和强中心多组团的城市发展格局。交通基础设施建设的快速发展促进了佛山经济腾飞。2002年佛山行政区划调整时,全市生产总值仅为1168.7亿元,至2016年已达约8600亿元,城市经济社会发展日新月异。2016年,全市汽车保有量突破200万辆,成为全国第18个突破200万辆大关的城市。

(一)高速公路建设发展历程

1. 敢于先行先试,实现高速公路零的突破

1978年党的十一届三中全会后,改革开放政策激活了社会经济的蓬勃发展,同时,迫切要求改善交通条件,呼唤高速公路的修建。特别是广东改革开放后发展较快的佛山、江门、中山、珠海、开平、恩平、新会等城市更是投资热点,这些城市三资企业众多,商务往来、货物运输增长迅猛。然而由于地处水网地带的珠三角,各城市之间甚至城市内部都还是依靠轮渡过车。当时广佛公路(G321)被称为"全国最大的停车场",从广州到深圳至少需要五六个小时,公路交通不便成为制约经济交流的严重障碍。为解决交通瓶颈问题,广东省委、省政府决定修建广佛高速公路。1986年12月28日,广佛高速公路开工建设。1989年8月8日,广东第一条高速公路——广佛高速公路建成试通车,全长15.7km,双向四车道。试通车时引起强烈社会反响,广州、佛山两地居民上万人骑单车逛高速公路。随后,来自全省各市县的近百辆大小客、货车依次驶入体验高速公路的快捷。

2. 深化改革开放,高速公路建设平稳发展(1992—2002年)

早在1989年2月召开的全国交通工作会议上,交通部正式提出,从"八五"开始用几个五年计划时间建设"三主一支持"的交通基础设施建设长远规划,其中"三主"之一即"公路主骨架"。随着1992年新一轮经济建设热潮的到来,彻底改变交通建设落后的局

面、促进经济发展,已成为佛山各级党政部门的共识,都把公路建设摆到发展经济的重要位置,加强规划,多方筹措资金增大投入。以1993年6月召开的"全国公路建设工作会议"为契机,中共佛山市第七次代表大会明确提出了"十五年基本实现现代化"的目标和措施,其中,对交通工作提出"交通便捷,公路四通八达,高速公路连接各市、县,一、二、三级公路贯通各镇、村"的要求。

"八五"期间,佛山市交通建设出现了前所未有的发展势头,至1995年底,全市拥有高速公路39.4km,公路通车里程达到2819km,比"七五"期末新增853.2km,公路密度由"七五"末的52km/100km^{2}提高到73km/100km^2,大大超过了全国和全省平均水平。"九五"期间,更注重解决"八五"期间建设中存在的"重主干、轻网络"问题,让"八五"形成的网络雏形在"九五"变得骨架有力、血肉丰满、经络畅通。期间,佛山市高速公路进入平稳发展期,建成了广三高速公路(1994年通车)、佛开高速公路(1996年通车)、广州环城高速公路西环佛山段(1999年通车)。至2002年底,佛山辖区内高速公路达到84.3km,另有一级公路827.1km,二级公路487.9km。通过加快交通基础设施建设,推动了土地开发和乡镇企业的迅猛发展,吸引了国外大批资金和技术的涌入,有力地促进了佛山市国民经济高速、持续、协调、健康发展。

3. 抓住发展机遇,高速公路建设进入快车道(2003—2009年)

2002年,广东省委、省政府作出了通过行政区划调整把佛山建设成为现代化大城市的重大战略决策。佛山市抓住这一机遇,加强规划,动员各方力量,投入高速公路建设。2003年6月8日,佛山"一环"等12项交通重点建设工程及珠二环高速公路佛山段工程同时动工或奠基,标志着佛山掀起新一轮的交通建设高潮。2004—2008年《佛山市干线公路网规划》实施五年多的时间里,全市共建设完成干线公路网里程376.08km,其中完成高速公路84.6km、快速公路291.48km。一环等重点项目建成后,佛山市委、市政府继续想方设法,进一步加快路网建设,提出力争在3~5年内提早建成佛山市的高速公路网,进一步提高佛山市的区位优势和区域综合竞争力。从2006年底开始,在佛山市安排推进的高速公路项目达21个,境内总里程约442km,相应投资约516亿元。2006年底至2009年,佛山市完成了西二环北、南段,广明一期、广佛扩建工程建设,基本上每年都有一条高速公路建成。高速公路里程从2005年的97.4km,至2009年底增长到311.041km(含一环),困扰佛山市多年的高速公路"东西不通、南北不畅"历史问题得到有效解决。

4. 加快转型升级,全市高速公路网基本成型(2009—2016年)

经过"十五"和"十一五"期间的大规模投资建设,佛山市公路建设得到了长足发展,初步形成了高速公路系统和快速干线公路系统,公路路网结构调整基本完成,高速公路比例偏低的问题得到了根本改善。在佛山市处于空间优化、产业升级、土地开发转型的大背景下,"十二五"交通发展规划站在适度超前的高度,提出以优化交通运输结构、提升综合交通系统整体效率为主线,以强化综合运输通道能力和加强综合交通枢纽建设为重点,大力推进交通一体化发展,建设结构合理、功能互补的综合交通基础设施体系的目标。这一时期,公路建设步入完善路网与优化结构的关键时期,随着"十二五"时期规划任务的完成,佛山市公路基本形成了比较完善的高速公路系统和快速干线系统。

2008年12月,国家批准通过《珠江三角洲地区改革发展规划纲要(2008—2020年)》(以下简称《纲要》),明确要求以广佛同城携领珠江三角洲地区打造布局合理、功能完善、联系紧密的城市群。随着《纲要》的发布,作为珠三角一体化突破口的广佛同城化正式提升到国家战略层面。佛山市政府顺势而上,在市决策委员会安排原有第一批、第二批及完善项目的基础上,全面加快高、快速路网建设,发挥政府融资平台作用,启动"一环南拓"等44个路桥项目建设,总投资达280亿元,积极化解佛山市前期高、快速公路里程偏少,路网结构不够合理,路网服务水平不够高等方面的窘局,全面提升区域优势和综合竞争力,力促五区经济共同发展。

2010年,佛山市高速公路建设取得丰硕成果,先后有广珠西线二期、广肇二期、广贺三水段、东新、珠二环南段、江肇等6个高速公路项目通车。新增通车里程97.76km,全市高速公路通车里程达到408km,在珠三角地区的排名从2005年的第8名跃升到2010年底的第2名。特别是珠二环南段高速公路的建成,与已建成的西二环高速公路连成环状,将佛山市三水、南海、顺德三区紧密地联系在一起,并与广三、广贺、广肇(含二期)、广明一期、广珠西线二期、东新、广佛及佛开等高速公路一起构筑了规划路网中"三纵二横二环"的雏形,使佛山市高速公路"不成网"的问题得到有效解决,同时大大拉近了佛山市与周边市的距离,为珠三角交通一体化打下良好基础。"十二五"期间,高速公路建设继续加快推进,新增通车里程数持续增加,至2016年底,全市高速公路通车里程达486km,公路密度为12.74km/100km^2,全市"两环四纵五横"高速公路网络基本形成。

(二)经验与体会

1. 突破瓶颈制约,大胆试行投融资体制改革

交通运输是国民经济发展的重点行业之一。交通基础设施建设需投入大量的资金,由于当时各级人民政府财力有限,投入公路建设的资金较少,不能满足公路建设的需要。为了解决交通发展滞后的问题,筹集资金加快交通基础设施建设,广东省、佛山市努力创新,大胆试行投融资体制改革。广佛高速公路开创了佛山市高速公路建设的先河,是全国最早建成通车的高速公路项目之一,也是最早通过"贷款修路,收费还贷"建设的项目之一。新的投融资体制充分调动和发挥了各方面的积极性,为佛山市高速公路的飞速发展

奠定了基础。

2. 建立公路建设的市、区统筹决策机制

为推动全市社会和经济发展，2003年4月24日，佛山市成立交通决策委员会，同时规定了市交通决策委员会组成人员和议事机制，明确重大项目均需提交决策委员会讨论实施。决策委员会由市长亲自挂职主任，分管副市长任副主任，成员包括各区区长、分管交通的副秘书长及市交通、发改、建设局局长组成。决策委员会办公室设在市交通运输局。2003年5月至10月，市决策委员会多次召开会议，确定第一批以"一环"为龙头的21个路桥建设项目，总投资199亿元。同年，市政府批准成立市路桥建设有限公司，按照"整合路桥收费站，实施交通新规划，建立交通基础设施投融资新机制"的投资发展战略，赋予其作为干线公路网项目融资主体，负责全市干线公路项目的投资建设。佛山市路桥建设有限公司成立后，先后负责实施广明高速公路公路陈村至西樵段、佛清从高速公路南段、佛江高速公路佛山段、广佛肇高速公路佛山段、佛江高速公路和顺至陈村段等高速公路公路项目建设，为佛山市高速公路的发展作出更大贡献。

同时，在征地拆迁方面，由业主负责制改成辖区包干负责制，充分发挥各区的积极性。

3. 全方位、高起点优化调整干线公路网布局

完善的公路基础设施是加快经济发展的基础条件。佛山市借行政区划调整时机，在构筑珠三角经济圈和广佛都市圈的背景下，站在珠江三角洲大区域的高度对佛山干线公路网进行重新规划、整合，以适应新形势对公路建设的需求。为了贯彻实施广东省委、省政府关于把佛山建设成为现代化城市的战略部署，加快佛山市城市建设步伐，提高佛山市的城市综合竞争力，完善公路基础设施建设，使佛山市早日实现公路交通现代化，2002年10月，佛山市交通局委托交通部规划研究院进行佛山市干线公路网规划研究，并于2004年编制完成了《佛山市干线公路网规划》。

《佛山市干线公路网规划》提出佛山市干线公路网由高速公路系统和快速公路系统组成，其中高速公路系统主要承担过境交通及出入境交通；快速公路系统主要沟通佛山境内各区镇、组团间的公路交通联系，并与周边地市的路网有机衔接。建设高速公路的"二纵两横两环"和快速干线公路的"五纵九横四支线三国道"，实现"佛山主城区与各区主要城区之间、各区主要城区到各镇的运行时间在30分钟内，实现以佛山中心（禅城）为节点的半小时时间圈和以各区主城区为节点的半小时时间圈；各建制镇基本做到15分钟内可以进入干线公路网"，干线公路网密度达到$30km/100km^2$，运行速度达到70km/h以上。

该干线公路网规划的实施，加强了佛山市内五区之间的联系，有利于加快高明区和三水区的城市化进程，提高佛山作为珠江三角洲城市群副中心区域的地位和竞争力，为佛山

建设成为广东第三大城市提供了有力保障。

(三)"十三五"工作展望

2016年7月,佛山市交通运输局编制了《佛山市"十三五"交通发展规划》。新的五年,是佛山加快转型升级、全面深化改革的攻坚时期,按照建设"绿色宜居、创新宜业的现代化特大城市"新要求,立足"珠三角核心地区辐射粤西沿海及西江流域的门户枢纽城市、先进制造业基地、国家历史文化名城"新定位,以"公交优先、持续基建、建管协调、变革服务"为主线,加快建设珠三角湾区西部枢纽,完善综合交通运输体系建设,支持区域开放合作、强中心多组团城市格局构筑和城市升级发展,成为佛山交通发展的战略任务。《佛山市"十三五"交通发展规划》作为《佛山市国民经济和社会发展第十三个五年规划》的重要组成部分,是未来五年全市综合交通发展的总体部署和统筹安排,是编制交通专项规划、确定重大项目、实施建设计划的基本依据,对整合优化综合交通资源配置,促进综合交通协调发展具有重要指导作用。

按照规划,"十三五"期间,佛山市将继续加强与国家、省干线公路网对接。完成佛山一环高速化改造工程,加快推进广佛肇高速公路(广州石井—肇庆大旺段)建设工程、广明高速公路二期(佛山段)建设工程、佛清从高速公路(佛山段)续建工程、佛清从高速公路南段二期建设工程、佛江高速公路(佛山段)续建工程、佛江高速公路北延线建设工程、广中江高速公路(佛山段)建设工程。预计至"十三五"期末,全市高速公路通车里程将达到574km,"两环五横四纵"高速公路网络进一步完善。

四、高速公路建设绘华章

东莞市交通运输局

东莞市位于广东省中南部,珠江口东岸,东江下游的珠江三角洲,北接广州,南连深圳,东邻惠州,毗邻香港,处于穗、深、港经济走廊中间。全市陆地面积2465km^2,海域面积97km^2,有海岸线97.2km。1985年9月撤县建市,1988年1月升格为地级市,不设县(区),现辖28个镇、4个街道办事处。截至2015年底,全市常住人口825.41万人,户籍人口195.01万人。其中城镇常住人口733.13万人,城镇化率88.82%。

东莞交通基础设施完善,除有广深、京九铁路和珠江、东江水运外,在市内高速公路横贯东、西、南、北,高等级公路通达镇区。改革开放的持续发展,东莞各镇均成为珠江三角洲工业重镇。2015年全市生产总值6275.06亿元,市公共财政预算收入517.97亿元,城镇常住居民人均可支配收入39793元,农村常住居民人均可支配收入24225元,年末全市金融机构各项人民币住户存款4591.38亿元。

(一)高速公路建设

1. 发展历程

为适应改革开放和社会促进城市经济发展需要，东莞市规划了"一环六纵六横三连"高快速路网。2015年，完成编制《东莞市综合交通运输体系规划》，高速公路布局方案为"五纵四横六连"，高速公路网总长度为434.3km。按照市域面积计算，市域范围内高速公路网密度为0.18km/km²，根据规划，东莞市的公路建设历经以下四个阶段。

(1)1980年，东莞政府投资130万元在莞龙路铺设了1km长水泥路，此后，掀起了以"路面硬底化"为主要内容的第一轮建设高潮。至20世纪80年代末，市内公路已通到各镇区，实现道路网络晴雨通车。推动工农业生产总值实现了平均每年19.1%的高速增长，是当时全省平均增长速度的1.5倍。

(2)1985年，东莞撤县建市，开始实施"向农村工业化进军"战略，通过大量承接香港的产业转移，推动以加工贸易为主要形式的外向型经济发展。市委、市政府提出，实施"大规模建设基础设施"战略，按照"交通先行、超前发展"的公路交通设施建设总体思路，掀起了以4条主干路、13条联网公路建设为主的路网改造和"村村通公路"的第二轮建设高潮。市政府决定，一是在3年时间内投资2.2亿元，将广深线东莞路段、莞樟、莞龙、桥凤等4条主干公路共长180km，扩建为宽38m的水泥公路，适应当时经济快速发展的需要；二是实施建设总长268.3km的13条联网公路，包括莞桥线、石大线、樟凤线、东横石线、中广线、大桥线、望洪道线、厚虎线、万石线、公常线、莞道厚线、清龙线和新湾线，全部为一级水泥路，与市内四条主干公路联结成网。

(3)1997年，东莞市第一条高速——广深高速公路正式通车营运。高速公路的开通，促进了东莞社会经济的快速增长。为此，市委、市政府当机立断，明确"建城、修路、整山、治水"为城建工作重点，在增加对外通道的同时，进一步畅通内联网络。1997年，虎门大桥正式通车，把东莞的经济辐射范围拓展至珠江东岸；2000年，全国首条由地级市自筹资金、自行建设的高速公路——莞深高速公路正式通车，使穗深经济走廊继广深高速后，又新增一通道，从"独步单方"转变为"双管齐下"，给沿线城镇增添发展的活力。2003年常虎高速公路正式通车，东莞增加一条横向高速大动脉。此阶段是东莞掀起高速公路建设的第三轮高潮。

(4)2005年，东莞市莞长、莞樟、莞龙、东深4条主干公路扩建工程动工，与东部快速路、常虎高速公路、环城路(首期)建设工程竣工典礼同时举行，掀起了以完善交通网络建设的第四轮高潮，标志着东莞路网质量上升到一个新的水平。全市2870.8km的通车里程中，98.9%属于等级公路，全市所有镇区均通一级公路，初步形成了以高速公路和一级公路为骨架，联网公路通达镇区的快捷公路交通网络。

2. 建设成就

东莞市的公路建设紧紧围绕"一环六纵六环三连"高快速路网和"五纵四横六连"规划布局实施，实现了跨越式发展，取得了显著成绩。至2015年末，全市公路通车里程5164.5km，公路密度209.5km/100km²，居全省前列。其中高速公路12条，分别为G4、G94、G9411、S3、S20、S22、S27、S31、S304、S305、S88、S8816，共335.11km。东莞与相邻县市均有两条以上高速公路连通，形成了四通八达的公路交通网络。

3. 高速公路促进运输发展繁荣

东莞市高速公路的快速发展，促进了公路运输业繁荣兴旺。随着经济不断发展，交通运输需求猛增，货运向现代物流转型加速，尤其是快递业得到飞速发展，客运方面班线、旅游、出租车三大业务规模化、集约化经营日趋明显，运输车辆向高级化、重型化、特种专用化、普通厢式化发展。1989年全市汽车保有量只有1.54万辆，2016年汽车保有量已超200万辆。其中，拥有营业性客车2285辆，107566客位。营业性货车51967辆，238882吨位。集装箱573601标箱。2015年，全市完成公路、水路客运量5070万人次，旅客周转量81.55亿人公里，货运量1.59亿t，货物周转量508.71亿吨公里，集装箱吞吐量260万TEU，较2010年末分别增长7%、35.55%、70.98%、366.56%、420%。高速公路的发展，巩固和提升了交通运输行业对全市经济社会发展的支撑和服务功能，充分发挥了交通"先行官"的作用。

4. 高速公路带动社会经济和城镇化发展

东莞市全部镇区均通高速公路或一级公路，为城镇化的发展提供了坚实的基础设施。镇区工业蓬勃发展，人口向城镇集中。2015年城镇化率达88.82%。特别是"十二五"期间，建成通车的广深沿江高速公路、博深高速公路、常虎高速公路虎门港支线等主要涉及麻涌、洪梅、沙田、虎门、长安、谢岗、清溪、凤岗等镇街，服务面积807.6km²，服务人口238.17万人。城际运行时间大大缩短，加快融入珠三角城乡一体化。如广深沿江高速公路建成前，从洪梅至长安需时约1小时，建成后缩短至30分钟之内。博深高速公路建成前，从谢岗至凤岗需时约2小时，建成后缩短至30分钟之内。

5. "十三五"展望

为进一步满足经济发展的需求，东莞市"十三五"规划提出实现"珠三角"道路网络一体化工作目标，实现与广州、深圳、惠州等周边城市形成"1小时交通圈"；市域主要功能组团进入高快速路的时间不超过10分钟，任何一点进入高快速路的时间不超过20分钟。"十三五"规划将重点加快推进虎门二桥、从莞高速公路东莞段（含清溪支线）、深圳外环高速公路东莞段、莞番高速公路桥头至沙田段、莲花山过江通道等高速公路和深茂铁路公铁两用桥公路连接线的建设。东莞市积极做好交通一体化工作，主动融入珠三角城市群，按照强化骨架路网、改造干线路网、连通镇区路网、提高通达深度、构筑区域一体、完善配套设施的思路,突出抓好高速路网和市际联网路建设。

(二)主要做法和经验

1. 加强组织领导,建立快速协调机制

为加快重大交通项目建设,市政府成立了东莞市高速公路建设指挥部,由市政府主要领导担任总指挥,分管副市长担任第一副总指挥,市交通局主要领导担任副总指挥,指挥部办公室设在市交通局,负责协调各成员单位,加快推进全市高速公路筹融资、规划、建设等协调和保障工作。制定"工作任务分工表",将每一项工作任务细化到责任部门和人员,跟踪落实。

2. 制定交通规划,促进高速公路快速建设

2015年完成《东莞市综合交通运输体系规划》,高速公路布局方案为"五纵四横六连",高速公路网总长434.3km。通过《东莞市综合交通运输体系规划》,为高速公路每个时期建设计划的制定提供可靠依据,有效促进高速公路的建设。

3. 创新投资模式,解决建设资金来源

一是充分利用社会资金。如广深沿江高速公路东莞段,全长49.26km,投资约91.7亿元。该市康华、建安、方中、建工等4家民营企业联合组建东莞市路通投资集团有限公司,与广东珠江投资有限公司共同投资建设,其中广东珠投占65%,东莞路通占35%。二是调动镇财政积极性。主要有两种方式:一种是由镇财政独资建设,如龙大高速公路(东莞段),全长2.522km,由大岭山镇政府投资1.8亿元建设,是全国首条由乡镇政府参股建设的高速公路。另一种是由市属企业牵头,沿线镇财政参股。如从莞高速公路,全长57.5km,投资约87亿元,由市属企业东莞市新远高速公路发展有限公司牵头(控股60%),沿线镇街以土地作价及资金入股(持股40%),组建成立股份公司,承担项目的建设经营工作。

4. 落实有效措施,全面推进实施进度

一是建立市领导挂钩督导制度。重点交通建设项目都由市四套班子领导挂钩督导,每月至少召开1次协调会解决难题,各级部门积极落实,大大加快了项目进度。二是建立深莞惠交通运输联席会议协调机制。深莞惠三市交通运输部门轮流主办,通过会议协调解决跨市交通问题,制定协议,加强合作,加快了三市交通一体化的进程。三是建立重点建设项目绿色通道制度。交通重点项目均纳入该市重点项目绿色通道,并联审批,急事急办,难事巧办,监察部门督办,有效地推进了各高速公路建设项目的实施。

五、山区高速公路通江达海

梅州市交通运输局

梅州市位于广东省东北部,面积 15876.06km²,是广东省地级市,辖梅江区、梅县区、兴宁市、平远县、蕉岭县、大埔县、丰顺县、五华县,共 111 个镇(街道办),均属原中央苏区县和广东省划定的山区县(市)。截至 2015 年底,全市户籍人口为 543.79 万人,常住人口 434.08 万人,其中城镇人口 207.45 万人,城镇人口占常住人口的比重为 47.79%。

2015 年全市实现地区生产总值 955.09 亿元,同比增长 8.6%;地方财政一般预算收入 103.58 亿元,同比增长 21.5%;其中税收收入 73.82 亿元,同比增长 21.5%;全市常住居民人均可支配收入 16404.4 元,其中城镇常住居民人均可支配收入 21810.3 元,农村常住居民人均可支配收入 11799.4 元。

(一)高速公路建设成就

2015 年,梅州市共有梅揭、梅河(含兴畬支线)、长深高速公路蕉岭至梅县段(含西环段)、梅龙(含东延线)、济广高速公路平兴段、汕湛高速公路五华段共 6 条 9 段高速公路,通车里程达 482km,高速公路密度达 3.04km/100km²,实现"县县通高速公路"目标,拥有 3 条通往福建、江西的出省快速通道,3 条连接潮汕平原和珠三角的出市出海快速通道。

梅州市高速公路建设起步于"十五"时期,经过"十五"和"十一五"期的建设发展,着力打通与外界的联系沟通,期间,完成高速公路建设总投资 109 亿元,通车里程 259km、密度为 1.63km/100km²。

1998 年开工、2003 年底建成通车的梅汕高速公路是梅州市首条高速公路,全长 72km,投资 33.13 亿元,是通往潮汕平原的第一条出海通道,告别了梅州无高速公路的历史。

2003 年开工、2005 年建成通车的梅河高速公路全长 78.7km,投资 31.6 亿元,是通往珠三角的第一条快速通道。

2004 年开工、2006 年建成通车的长深高速公路蕉岭广福至梅县城东段全长 58.3km,投资 24.5 亿元,是梅州市第一条出省快速通道。

随后梅州市积极筹集资金建设全长 26.8km 的兴畬高速公路、全长 18.5km 的梅县城东至程江段高速公路和全长 4.8km 的程江至三角段高速公路等。

"十二五"期间,为加快山区社会经济发展,根据广东省高速公路建设规划,梅州市规划建设的高速公路有梅大高速公路(含东延线)、汕湛高速公路五华段、济广高速公路平兴段、兴华、大潮(大漳支线)、梅平、东环、大丰华、兴汕高速公路五华至陆河段共 9 条,总里程488km,总投资511亿元。

梅大高速公路(含东延线)全长85km、总投资80亿元,2010年开工,2014年全线建成通车,是第二条出省快速通道,为粤东西北地区对接福建打开一扇大门,成为沟通广东和福建两省的重要纽带。

济广高速公路平兴段全长98.5km,投资80.3亿元,2012年动工,2015年建成通车,是第三条出省快速通道,打通梅州北至江西、安徽,南至汕尾、揭阳的快速通道,实现"县县通高速公路"目标。

汕湛高速公路五华段全长39.8km,投资53亿元,2012年开工,2015年建成通车,汕湛高速公路五华段与在建的兴华高速公路串联五华南北,构建梅州通往珠三角的快捷新通道,同时通过兴华高速公路畲江支线连接兴宁水口、梅县畲江,将助力广东梅兴华丰产业集聚带建设,推动全省产业转移战略实施。

至2015年,梅州市高速公路建设完成投资206.3亿元,比"十一五"时期增长451.9%,创历史新高;新增高速公路3条、共223km,高速公路通车里程达482km,密度达3.04km/100km^2,比"十一五"翻一番。

(二)高速公路建设带动社会经济发展

"要想富,先修路,要想富得快,高速公路带",形象说明了高速公路对地区经济发展的巨大带动作用。

1. 县县通高速公路,加快物流、人流、信息流的周转

在梅州地区,2015年底高速公路通车里程达到482km,实现全市"县县通高速公路"目标,市区至各县(区)都有一条便捷的一级公路和高速公路相连接,实现市与县(区)、相邻县与县之间"1小时生活圈",为经济社会发展和人民群众出行提供坚强有力的公路交通支撑。高速公路通车后,各种运输车辆迅猛增长,2015年,全市拥有大客车1408辆,47579客位。货车13855辆,122211吨位。集装箱923标箱,7102吨位。全年交通运输、仓储和邮政业实现增加值25.44亿元,增长4.7%。2016年着重建设和培育一批生产服务型物流园和配送中心,重点推进广铁现代铁路物流园、深圳有信达保税物流等项目建设。由于"外通内连",有力地促进了梅州市的社会经济发展。据统计,2015年梅州市城镇居民、农村居民人均可支配收入分别达到22029元和11799元,年均增长10.8%和12.2%;城镇居民、农村居民人均生活消费性支出分别比上年增长9.8%和12.7%。城乡住户储蓄存款余额达1061.2亿元,比2010年增长82.9%。年末全市民用汽车拥有量14.68万辆,是"十一五"末的2.78倍。以上数据显示,随着人们收入和生活水平的提高以及城镇化进程的发展,家用轿车走进寻常百姓家庭。

2. 旅游业兴旺繁荣

梅州作为革命老区，红色旅游产业突出，自然风光秀丽，有着浓厚的文化底蕴，旅游资源丰富。2015年，全市接待旅游总人数3027.48万人次，增长20.1%。其中：全市接待过夜旅游总人数1544.02万人次，增长20.1%。旅游总收入313.46亿元，增长23.2%，发展态势良好。同时，高速公路的发展也给农民带来了实惠。红色旅游、避暑胜地、欢乐农家游等特色旅游，吸引大量外地游客通过高速公路来梅州，既活跃了经济，又带动了旅游业的发展。

（三）"十三五"期建设展望

梅州是珠三角通往内陆省份的重要门户、连接珠三角和长三角的桥头堡。百业要兴旺，交通要先行。"十三五"期间，梅州市全面加快以高速公路为重点的交通基础设施建设，努力把梅州建设成为潮汕平原北上开拓腹地的枢纽，促进沿线人流、物流等发展要素的流通，推动梅州市丰华兴梅产业集聚区的建设和联动发展，加快农村城镇化建设。至2020年，梅州高速公路总程达747km，密度达$4.7km/100km^2$。

"十三五"期间，高速公路规划建设的项目有3条，共184.92km，总投资189.69亿元。兴华高速公路（含畲江支线）全长84.6km，投资75亿元，2013年开工，计划2017年建成通车，至2017年底高速公路通车里程预计达567km，该项目连接汕湛、广河高速公路，是梅州通往珠三角的第三条快速通道。梅平高速公路全长33.1km，投资34.48亿元，2015年开工，计划2018年建成通车，该项目是连接长深、济广高速公路，打通潮汕平原经梅州市区北向江西的第二条快速通道。大潮（含大漳支线）高速公路梅州段全长67.22km，投资80.2亿元，2015年动工，计划2020年建成通车，该项目是梅州对接潮州港和厦漳泉的出省出海通道。2016年计划开工项目：3条共80.25km，估算投资112亿元。梅州东环高速公路全长14.56km，投资19.24亿元，计划2020年建成通车，该项目建成后使中心城区的环城高速公路将形成环状网。大丰华高速公路丰顺至五华段全长40.68km，投资63.56亿元，2016年12月12日开工，计划2020年建成通车，该项目是梅州南外环高速公路的组成部分，项目建设对推动广东梅兴华丰原中央苏区绿色发展示范区具有重要作用。兴宁至汕尾高速公路五华至陆河段全长48km，投资59.78亿元，五华境内25km，投资28.82亿元，2016年12月26日开工建设，该项目是梅州及江西通往汕尾、揭阳港口的出海通道。

"十三五"期间，高速公路建设规划实现梅州市东连厦漳泉经济区，西达珠三角发达地区，北接赣南内陆腹地，南通潮汕沿海，基本形成以高速公路为主骨架的交通网络，力争实现梅州至汕潮揭1小时左右通达，至珠三角2小时左右通达，至海西区大部分城市3小时左右通达，初步形成以高速铁路、高速公路和空港为主骨架、主枢纽的现代综合交通运输体系，总体适应梅州经济社会发展的需要。

(四)主要做法

1. 领导重视、指挥有力

市委、市政府对在建和拟建的高速公路项目实行领导挂点制度,市委、市政府主要领导不仅亲自研究部署、亲自谋划项目、亲自督导项目建设,还多次带队到挂点项目现场进行督导,在不同场合经常强调交通基础设施建设的重要性。对征地拆迁中存在的问题,书记、市长都亲自过问,分管领导亲自协调、亲自督办、限时解决,确保在建高速公路均实现无障碍施工;确保不引发群体事件、不越级上访;确保每个工程都按要求的时间节点完成。

2. 创新机制,强化保障

一是多方筹集资金,成立梅州市高速公路建设投资有限公司,解决项目筹融资问题;实行土地经营,利用高速公路周边土地,集约起来作为一级土地开发,筹集高速公路建设资金。二是严格控制砂石材料管理,合理选点,并保持在比较合理的价格,保障足额供应。市指挥部充分发挥统筹协调作用,各级各相关部门坚持目标导向、问题导向、结果导向,把握关键节点、重点环节,上下联动、协同配合,合力推进项目立项、审批、建设;市县两级指挥部办公室坚持"一线工作法",第一时间协调解决制约项目推进的问题,有力保障了高速公路建设良性快速推进。

3. 整合资源,实现"路通财通"

注重完善产业园区路网、城区路网、景区路网和乡村经济联络线建设,与高速公路主骨架有效衔接,因地制宜发展区域经济,真正实现"路通财通"。比如:依托济广高速公路平兴段、汕湛高速公路五华段、兴华高速公路主骨架,策划产业带互联互通的干线公路、园区道路、高速公路连接线,借助这种内畅外联路网优势,市委、市政府统筹兴宁、五华、丰顺、梅县连片区域,规划建设丰华兴梅产业集聚带,打造广东原中央苏区绿色发展试验区。

附录五
广东高速公路建设主要单位简介

一、广东省交通集团有限公司

广东省交通集团有限公司是经广东省委、省政府批准组建的国有大型独资公司，于2000年6月28日挂牌成立，注册资本268亿元，主营高速公路投融资、建设、经营和管理以及汽车运输与现代物流业，兼营与高速公路主业相关的公路施工、科研、设计、监理以及金融、智慧交通、资源开发经营及相关服务业等，是广东省高速公路投资建设的主力军和全国运营高速公路里程规模最大的省级交通集团。

集团现拥有全资、控股二级企业16家，其中有2家上市公司以及4家港澳注册的全资或控股公司；合并报表范围内企业总数221家，企业员工55330人。截至2015年底，集团总资产3247亿元，资产规模居广东省国有企业首位，且连年稳居中国企业500强、中国服务业500强和广东企业50强。

作为广东省高速公路建设主力军和排头兵，集团成立以来，一直致力于狠抓高速公路投资建设，特别是国家和省规划的重点高速公路主干线项目，在广东交通基础设施建设中取得了显赫业绩。"十五"期间，累计完成30个高速公路项目1982km（含"九五"期间续建项目），完成投资567亿元，如期实现了省委、省政府"三年三大步"的高速公路发展战略目标，其中，2003年顺利完成了广州、深圳中心城市通山区高速公路建设任务，2004年实现了全省地级市通高速公路，2005年完成打通除海南省以外与周边省（区）连接的高速公路通道。"十一五"期间，累计完成投资699亿元，共建成通车高速公路646km，为实现省委、省政府确定的2010年末全省高速公路通车里程5000km左右目标作出了突出贡献。"十二五"期间，累计完成投资1780亿元，共建成20个高速公路项目通车，新增里程约1317km，占全省"十二五"新增里程的60%，为广东高速公路通车总里程突破7000km并跃居全国首位、2015年实现"县县通高速公路"等战略目标作出了积极贡献。至2015年底，集团运营管理的高速公路里程由成立之初的858km增长到4674km，占广东省通车总里程7018km的67%，在全国高速公路通车里程5000km以上省份排名第一。

在高速公路项目建设过程中，集团坚持发展理念人本化、项目管理专业化、施工作业标准化、管理手段信息化、日常管理精细化的"五化"管理理念，充分贯彻落实工程质量

"零缺陷"、安全生产"零事故"和工程造价"零虚耗"的"三个零"管理目标,通过切实践行"一线工作法",全面推进"双标管理",推广实施路面工程"零污染"施工,实行"一岗双责"全员安全生产责任制,促进项目管理向以质量与安全管理为核心的标准化、精细化管理升级,目前已经形成从项目招投标、组织计划、施工管理、合同管理、成本管理、财务管理等比较系统的精细化的项目管理模式。通过精心组织,强化组织领导,加强工作协调,完善考核机制,确保高速公路建设项目在进度、质量、安全、成本等方面高标准达到行业排头兵的要求。2013年,省交通集团所属的博深项目和利通广场获得"鲁班奖"这一工程建筑领域的最高殊荣,充分体现了省交通集团项目建设管理水平取得新突破,提前3年实现了集团"十二五"工程建设质量管理的重大目标。

二、广东省高速公路有限公司

广东省高速公路有限公司成立于1985年,以高速公路投资、建设和营运管理为主营业务,是我省高速公路主要业主单位之一。公司前身为广东省公路建设公司,1990年5月更名为广东省高速公路公司,2002年7月整体改制为广东省高速公路有限公司。公司注册资本124.68亿元,公司股东为广东省交通集团有限公司(以下简称"集团")和广东粤财投资控股有限公司,持股比例分别为86.62%和13.38%。公司下设11个职能部门,现有直属机构13家,全资、控股公司10家,参股公司10家,职工8400多人。

截至2015年底,公司总资产1194.84亿元,归属于母公司所有者权益255.38亿元。历经三十余年发展,公司在工程建设、营运管理、养护管理、资本运作和科研应用等领域勇于探索、推陈出新,形成了具有独特竞争优势的管理模式,铸就了辉煌业绩。相继建成30余条具有重要区域影响的高速公路,总里程2519km,负责营运管理的高速公路项目18个,总里程1819.12km,为完善我省综合交通运输网络,促进区域协调发展,服务人民群众出行作出了积极的贡献。

(一)工程建设

1989年,公司组织建成广东省第一条高速公路——广佛高速公路,开启了我省高速公路发展的新纪元。此后相继组织建成广花、325国道九江大桥、汕头海湾大桥、佛开、深汕东段、深汕西段、汕汾、普惠、惠河、茂湛、西部沿海(阳江段)、新台、花清、京珠北、开阳、揭普、阳茂、广清北、广清南、粤赣、渝湛、阳阳、湛徐、江肇、广乐、肇花、包茂、潮惠一期、新台南延线等30多条具有重要区域影响的高速公路,以及位于广州市城市中轴线上的超甲级写字楼——利通广场。公司全面实施现代工程管理,工程质量优良,在全省质量检查评比中多次名列前茅,其中3个项目被评为省级"优良样板工程",汕头海湾大桥、利通广场荣获"鲁班奖",渝湛项目荣膺"詹天佑奖"。公司在悬索桥、预应力混凝土连续梁桥、软基和高边坡处理、山区公路、生态公路、改扩建和沥青路面等领域取得多项重大技术突破,30多项科研成果相继获得交通运输部、中国公路学会、广东省人民政府和广东省交通运输厅"科学技术进步奖"。佛开扩建项目"珠三角地区高速公路改扩建关键技术研究"课题获得中国公路学会科学技术特等奖。潮惠和包茂项目完成全省高速公路设计标准化成套技术成果,由广东省交通运输厅向全省发布,对全面加强我省勘察设计管理,提高工程安全性和耐久性具有重大的里程碑意义。目前公司在建、筹建的高速公路项目8个,总里程656km。

（二）营运养护

构建"高质、专业、智能"的现代营运体系,是公司营运发展的主导战略。近年来,公司大力推动营运转型,在全省率先实施标准化管理体系,强化智能交通建设,全面提升专业化、智能化、信息化水平,在挖潜增效、打击逃费、路网保畅等方面取得突出成效,公共服务能力显著增强,塑造了现代交通服务的全新形象。公司先后受集团和省交通运输厅委托,牵头组织实施集团系统计重收费和全省联网收费,受到充分肯定。公司系统多次获得"广东省企业管理现代化优秀成果一等奖"和中国中小企业"创新百强奖",2011年,公司荣获中国质量协会"全国实施卓越绩效模式先进企业"称号。

公司始终强化道路养护的基础性作用,致力为驾乘营造安全、畅通、舒适的行车环境。在全省率先实行"管养分离"的专业化养护模式,逐步形成了专业化、社会化、制度化、规范化的管理特色,以营运安全为重点,健全管理体系,全面开展预防性养护,大力提升信息化水平,实现了道路养护从经验型向系统化、规范化、标准化和现代化的转变,行车环境和行车安全得到充分保障。公司先后组织实施佛开和深汕西大修工程,树立了广东省大交通量高速公路大修项目的样板和标杆,得到社会各界高度评价。在"十一五""十二五"国检中,公司作为全省迎检主力,赢得充分肯定,被评为"广东省公路养护先进单位"。

（三）资本运作

多年来,大胆探索,走出了一条多元化的资本运营之路。一是开创了国内股份制筹措高速公路建设资金先河,佛开项目成为国内第一条采用股份制筹措建设资金的高速公路,在广东省高速公路筹融资史上具有里程碑的意义。二是积极引入外部战略投资者,实现投资主体多元化。1999年与地方股东合作开发开阳高速公路,2004年向上市公司——深高速转让阳茂项目部分股权,2007年引入境外企业——粤海控股,共同经营粤赣高速公路项目。三是收缩剥离非主营业务。自2009年起至2012年止,先后对处于完全竞争市场的下属全民所有制企业——广东省交通发展公司实施公司制、产权多元化和混合所有制改造,有计划地收缩剥离相关参股企业。四是走国有资产处置市场化道路。2006年将持有的广东飞达交通工程有限公司股权在广州产权交易所公开挂牌并成功转让。五是推进资产优化重组和新兴产业开发。2007年对广清高速公路南段、广花段、花清段和北段四段实施资产重组,2009年推进深汕高速公路西段与西部沿海高速公路阳江段资产重组,2011年以广东深汕西高速公路有限公司吸收合并广东新台高速公路有限公司,2013年以广东深汕西高速公路有限公司吸收合并广东湛徐高速公路有限公司,2015年完成粤赣公司粤海控股持股的无偿划入,均取得了显著的经济效益、管理效益和规模效益。积极推进沿线土地综合开发,增添发展新动力。

(四)规范管理

公司实行全面预算管理,持续推进制度修编完善,形成了良好的制度化环境。立足稳健发展,建立财务风险预警系统,坚持现金流滚动预测,合理控制优化债务规模和结构。与中山大学研究团队合作,开展全面风险管理,编制重大风险解决方案和管理手册,构建起系统性风险防范和监督机制。深入推进依法治企,重大决策和合同法律审查率达100%。内部审计监督坚持"关口前移、重心下移",充分发挥"基础防线"作用。开展广乐项目全过程跟踪审计试点,受到省纪委充分肯定。

三、广东省公路建设有限公司

广东省公路建设有限公司是广东省交通集团有限公司(以下简称"省交通集团")控股的有限责任公司,是以高速公路投资、建设及经营管理为主业,重点投资建设和经营管理珠江三角洲地区的高速公路的大型国有企业。

建设公司于1985年1月组建成立。1996年1月,建设公司进行重组,成为自主经营、自负盈亏的经济实体;2000年7月,建设公司划入省交通集团,成为省交通集团的全资子公司;2003年11月,建设公司由全民所有制企业改制为国有独资的有限责任公司;2014年,建设公司引进战略投资者广东粤财投资控股有限公司(以下简称"粤财控股"),实现公司股权多元化。建设公司的股权结构是:省交通集团91.92%,粤财控股8.08%。截至2016年底,建设公司共有员工7000多人,资产总量达725亿元,资产营运状况和经营效益保持国内同行业领先水平。

自1996年重组至2016年底,建设公司累计完成投资1120亿元,主要依托建设大型世界级工程为平台,以"国际领先、品质先锋"的项目建设管理理念,建成广深高速公路、虎门大桥等23个高速公路项目,其中虎门大桥、崖门大桥荣获"詹天佑奖",博深高速公路水涧山隧道荣获"鲁班奖"。"十三五"期间,建设公司计划投资665亿元,新建高速公路5条306km,总运营里程将达到932km,资产总额将达到960亿元。其中两大世界级工程令人瞩目:虎门二桥项目全长12.89km,双向八车道,主跨1688m的坭洲水道桥建成后将成为世界第一跨度的钢箱梁悬索桥;深中通道项目全长约24km,双向八车道,主要包括6720m的海底沉管隧道、主跨1666m的悬索桥、主跨580m的斜拉桥及两个海上人工岛,建设目标是"建世界一流的可持续跨海通道工程,创珠江口百年门户工程"。建设公司的建设及运营管理工作,以"国际领先、品质先锋"的项目建设管理理念,承建了许多重大亮点工程项目。

1. 我国第一条中外合资建设的黄金通道——广深高速公路

广深高速公路全线跨珠江三角洲广州、东莞、深圳三市,是广东省乃至全国最繁忙的高速公路之一。日均车流量从2003年的18.22万车次增长至2015年的50.18万车次。广深高速公路开通以来,对沿线地区的经济发展起到了巨大的拉动作用,被誉为珠三角区域的黄金通道。

广深高速积极探索高速公路建设与经营管理模式,为国内高速公路的投资建设和营运管理积累了丰富经验,带动了全省高速公路的健康发展,提升了广东省招商引资和社会经济发展的步伐,对促进香港繁荣稳定和粤港两地技术经济合作与人员往来发挥了重要作用。同时通过反哺交通建设、创新服务、创造就业,为社会提供2700多个就业岗位,承担了部分残疾人就业任务,曾多次被省、市表彰,还被国务院评为"先进就业单位"。

2. 我国自主设计建设的第一座大型悬索桥——虎门大桥

虎门大桥位于广东省珠江三角洲中部,东起东莞市虎门镇,与广深高速公路相接,西止于广州市南沙区,接广珠东线高速公路的大涌高架桥,是连接珠江东、西两岸和深圳、珠海两个经济特区,广东省东、西两翼的重要交通枢纽,使珠江三角洲和粤东、粤西交通网络得以形成,加强了广东、香港、澳门的相互联系。

虎门大桥自营运以来,日均车流量从2003年的34829辆/日增长至2014年的92951辆/日,取得物质文明和精神文明建设的双丰收,先后荣获"国家科技进步二等奖"和"交通部科技进步特等奖"("虎门大桥建设成套技术"研究项目)、"詹天佑土木工程大奖"、全国交通系统先进集体等一系列荣誉和称号。

3. 跨径世界第一的钢箱梁悬索桥——虎门二桥

虎门二桥是广东省高速公路网的重要组成部分,位于珠江三角洲中部核心区域,是连接珠江东西两岸的重要通道,全长12.89km。预计2019年上半年建成通车。

项目包含两座超1000m的世界级跨江特大桥,分别是主跨1200m的大沙水道桥和主跨1688m的坭洲水道桥,坭洲水道桥建成后将成为世界第一跨度的钢箱梁悬索桥。在珠江入海口台风多发、软基深厚,在经济相对发达的区域同步建造两座超1000m的特大桥梁,对规划设计、建设管理提出了巨大挑战。率先研发了"基于互联网+BIM技术的建养一体化平台"并全面应用,为BIM技术在桥梁工程的应用积累了经验。研发应用了系列关键装置"微创新",通过"四新技术"项目实际,取得了一批专利,形成了一批标准,培养了一批人才,提升了工程结构的安全耐久性。

虎门二桥的建设对加强珠江三角洲核心区域东西两岸联系,优化珠江三角洲地区空间布局,推进珠江三角洲地区区域经济一体化和基础设施一体化发展,进一步提升我省的综合竞争力和国际竞争力具有深远重大意义。

4. 第一个世界级超大型"桥、岛、隧、水下互通"集群工程——深中通道

深圳至中山跨江通道项目(以下简称"深中通道")位于广东省珠江口中下游核心区域,深中通道项目是世界级超大的"桥、岛、隧、水下互通"集群工程,建设条件复杂,技术难度大,涉及专业和行业众多,在建设过程中面临国际工程界首次出现的技术挑战。其中,具有"超宽、深埋、变宽"等技术特点的双向八车道海底沉管隧道在世界上尚属首例,采用的钢壳沉管隧道结构也是国内首次。

深中通道是国高网 G2518 跨珠江口关键工程,是连接中国广东自由贸易试验区之间的交通纽带。其建设对贯彻"一带一路"国家战略,完善国家高速公路网络和珠三角地区综合交通运输体系,实现珠三角东西两岸产业互联互通,促进粤东、粤西地区振兴发展以及广东自由贸易试验区发展,拉动粤港澳大湾区建设,助推广东省加快实现"三个定位、两个率先"具有重要的战略意义。

四、广东省路桥建设发展有限公司

广东省路桥建设发展有限公司成立于 1994 年 9 月 28 日,原系广东省公路管理局属下的国有独资企业,于 2000 年 9 月 8 日起脱钩划给广东省交通集团有限公司管理。2003 年 5 月 12 日,改制更名为"广东省路桥建设发展有限公司"。

公司主要承担广东省境内高速公路、国省道公路、桥梁的投资、建设经营和管理任务,以及公路、桥梁建设所需设备的租赁,技术咨询服务。公司控股运营项目达 15 个,参股运营项目 5 个,控股在建项目 6 个。截至 2015 年底,省路桥公司总资产达 893.52 亿元(按公司股比折算),通车总里程 1222.958km(公司管养里程)。

公司在董事会及领导班子带领下,辅以分别负责各业务线条的三总师(总工程师、总经济师、总会计师),助以科学合理的组织架构开展日常的经营运作。公司下设基建管理部、养护管理部、营运管理部、投资发展部、综合事务部、人力资源部、党群工作部、财务管理部、审计监察部、法律事务部、安监部 11 个部门。公司拥有一大批知识结构合理、经验丰富,具有开拓创新精神的高层次管理人才和员工队伍。现有员工 5493 人。

公司坚持以科学发展观为指导,解放思想,开拓创新,认真贯彻执行省交通集团及董事会下达的总体工作思路和工作部署,与时俱进,全力推动路桥事业又好又快发展。加强已通车高速公路的养护管理,确保安全畅通;继续巩固、推广、创新营运管理成果,全面提

升营运管理和服务水平,进一步壮大公司的主营业务;遵照省交通集团的企业改革思路,进一步深化内部产业、经营机制改革,规避市场风险,提高经营效益,实现企业的稳健、安全、和谐发展。

历年来,路桥公司紧紧围绕年度经营考核指标及年度公路建设任务,精心组织,周密部署,指挥前移,在各项目加大动员,组织开展你追我赶的劳动竞赛,大力促进项目工程建设步伐。公司瞄准工程进度、质量、造价控制、安全生产、科技创新和廉政建设等六大总体目标,努力拼搏,并肩向前,出色地完成了各自的建设任务。截至2015年底,公司负责投资建设的15个公路项目通车总里程达1258.716km。

为创建企业发展的新路子,增强企业的竞争能力,面对新的政策环境和市场环境,公司进一步探索公路营运管理的模式。营运管理经历了从非经营性项目向经营性项目的营运管理性质转变,从国省道开放式营运管理向国省道与高速公路并存营运管理模式转变,从松散型管理向紧密型管理的营运管理手法转变。多年以来,公司致力完善营运管理机制,按照"巩固、深化、发展、创新管理成果,强化成本预算管理,提升整体营运管理"的工作思路。通过巩固发展管理成果,推进制度规范化建设;强化成本控制,建立营运成本标准;提高服务意识与服务水平,统一动作规程,规范业务运作程序;加大力度依法治理超载及偷逃车辆通行费等行为,组织集团营运规范试点工作、参与国省道项目营运管理及新开通项目营运筹备等手段积极组织营运管理的各方面工作,在广东省交通行业取得了运营排头兵的地位。

面对严峻的市场竞争形势和艰巨的任务,公司将继续以科学发展观统领全局,以公路产业为基础,实行多元化经营、争创现代一流交通投资企业为战略目标,继续秉承"建路架桥、造福社会"的指导思想,把握机遇,应对挑战,全力推进路桥事业的新一轮发展。

五、广东交通实业投资有限公司

广东交通实业投资有限公司成立于1993年,是广东省交通集团有限公司(以下简称"集团")属下的二级企业,注册资本人民币13.66亿元,业务板块包括高速公路投资建设、营运管理、养护管理及非高速公路资产管理,是以高速公路投资建设为主,多元化发展的国有企业。公司目前拥有11家全资或控股子公司、4家参股公司,总资产达180多亿元,员工2100多人。

公司成立以来,高质量完成了西部沿海高速公路台山段、梅河高速公路、兴畲高速公路及平远(赣粤界)至兴宁公路,共计330多公里的高速公路项目建设,参股投资了揭普、阳茂、广清、粤赣高速公路等20多个公路桥梁项目的建设。目前,公司高速公路专业运营管理里程达508km,高速公路道路土建养护和机电养护里程达1395km。

一直以来,公司坚持集团"好字优先、快在其中、又好又快"的十二字方针,致力于打造"服务型"业主,深入推行"双标管理",努力打造"平安工地",全程贯彻"价值工程"理念,加快工程变更处理,努力实现"工完账清"目标,优质完成平兴高速公路建设任务,并于2015年底顺利建成通车。受集团委托参与揭惠高速公路代建业务,通过近两年的探索,积累了高速公路代建、代管的经验,增强自身的技术能力及项目管理能力。目前,正积极开展梅州至平远高速公路项目、大埔至潮州高速公路项目的前期工作。

公司下属西部沿海高速公路营运公司作为集团第一个"委托经营管理"模式试点单位,经多年的探索和实践取得了丰硕成果。这一模式充分发挥规模化经营的优势,实现了营运管理的集约化的基础上,2012年,公司推广委托营运管理业务,成立东御营运管理分公司,专业负责河龙、梅河、兴畲高速公路营运业务,进一步实践集团"大营运、小业主"的管理理念,营运管理形成"东西并进,两翼齐飞"的格局。

"阳光铺洒南粤大地,交通延伸美好生活。"广东交通实业投资有限公司充分发挥大型国有企业的资金优势、管理优势、人才优势和体制优势,科学管理,开拓创新,不断提升核心竞争力,致力于把公司建设成为具有强大竞争力、凝聚力和创造力的大型国有企业。

六、广东省南粤交通投资建设有限公司

广东省南粤交通投资建设有限公司于2012年底由广东省人民政府批准成立,负责交通建设投融资和政府还贷高速公路的建设、经营和管理。公司出资人为省人民政府,授权省交通运输厅履行出资人职责,省财政厅负责对公司国有资产进行监管。

(一)公司基本情况

截至2017年7月底,南粤公司总资产1451亿元,净资产约672亿元;负责建设、经营和管理的政府还贷高速公路项目共25个(段),总里程约2107km,总投资约2982亿元。其中,运营项目267km,在建项目1637km,筹建项目200km。南粤公司现有员工2800余人。

"十三五"时期,我省力争建成约4000km高速公路,南粤公司承担了约1800km高速公路建设任务,且均要求在"十三五"期间建成,约占全省任务的一半,任务重、时间紧。其中:2017年建成通车约550km;2018年、2019年、2020年分别计划建成约550km、350km、250km。

(二)积极发挥生力军作用

南粤公司作为我省交通基础设施建设的生力军,秉承"南粤交通、大道为公"的理念,服务于省委、省政府经济社会发展的大局作为发展的第一要务,通过打好"交通大会战"促进区域经济的发展。

1. 项目建设进度稳中有快

南粤公司成立以来,所有项目均按计划或提前开工建设。2013年6月,揭惠项目比原计划提前一年半。2014年,潮漳、龙怀等5个项目(路段)近1100km须提前至当年内开工,规模之大、时间之紧、难度之高、任务之重,在我省交通建设史上前所未有,南粤公司如期圆满完成省委、省政府交付的开工任务。2015年,河惠莞等4个项目开工,开工任务超额完成,其中怀阳一期的前期工作时间仅用6个月。2016年,克服上半年雨季时间长、部分项目征地拆迁推进缓慢、建设条件复杂等因素影响,多方发力,保障了怀阳二期、大丰华项目按计划开工建设,珠海连接线、广中江一期顺利通车。

2013年至2016年,南粤公司投资快速增长,其中,2013年完成91.27亿元;2014年完成119.07亿元,同比增长30.5%;2015年完成188.58亿元,同比增长58.4%;2016年完成350.89亿元,占全省高速公路建设投资的40.7%,同比增长86%。2017年公司计划完成投资380亿元,占全省高速公路投资任务的42%。

2. 营运服务水平持续提升

2015年,珠玑巷、韶关东两对服务区被评为"2015年全国高速公路百佳示范服务区",占广东省入选的一半;鼎湖、龙口、丹霞三对服务区被评为"2015年全国高速公路优秀服务区";根据省公路局公布的"国检"路况检测三项指标数据,两个运营项目路面使用性能指数达到优秀标准,总体水平均进入省内前列。2016年"省检"中,两个运营项目综合评价分别位居全省第一、第五名。

2017年,各运营项目继续深入和巩固品牌创建工作,各运营项目收费、路政、养护等业务进一步实现规范化和标准化。随着服务水平提升,通行费收入也稳步提升。

(三)"南粤品质工程"创建活动成效初显

南粤公司秉承"创新、协调、绿色、开放、共享"五大发展理念,2016年8月,公司率先启动"南粤品质工程"创建活动。2017年,公司在"品质工程"创建活动中持续发力,充分发挥业主的核心主导作用,通过强化业主专业管理能力、设计创新管理能力、现场施工管控能力、路域景观打造能力及公路服务质量提升,落实"五化"和"双标管理",推进"品质工程"常态化管理,实现品质工程建设"过程全覆盖""项目全覆盖"。2013年以来,公司在每年开展的质量综合检查评比中,均取得优异成绩,先后有8个项目获得"平安工地"荣誉称号。

七、广东省高速公路发展股份有限公司

广东省高速公路发展股份有限公司(以下简称"粤高速")成立于1993年2月,主要从事大型交通项目的投资、融资、经营和管理,是一家同时拥有A、B股的国有控股上市公

司。公司1996年8月发行上市了13500万股境内上市外资股（B股），被境内外传媒誉为"高速公路第一股"，1998年2月，公司又成功发行上市了10000万股人民币普通股（A股），2006年2月完成股权分置改革。公司股票代码：000429（A股）、200429（B股）。

作为国内最早的路产上市公司，粤高速竞争优势明显，盈利能力强，现金流稳定充沛，资信状况优良，具有较强的偿债能力。截至2016年6月30日，公司总股本20.91亿股、总资产151.76亿元、归属于母公司净资产77.59亿元，2016年1~6月，实现营业收入13.33亿元，参控股高速公路项目达10个，参与管理的高速公路里程达832km。

公司在股东大会、董事会和经营班子的带领下，按照管理职能设有综合事务部、投资发展部、证券事务部、财务管理部、经营管理部、基建管理部、人力资源部、法律事务部、党群工作部、监察审计部、项目开发办公室等11个部门，各职能部门在经营班子的领导下开展工作。公司2015年底有员工1364人。

面对新的政策环境和市场环境，公司积极探索高速公路运营管理模式，不断完善运营管理机制。粤高速对运营项目的管理按照"规范管理、关爱员工；安全畅通、服务客户；降本增效、回报股东"的要求实施，经过多年的坚持与努力，运营项目广佛高速公路和佛开高速公路在行业中树立了运营管理领先者的旗帜，打响了运营管理优质服务品牌。面对运营项目经营期即将到期的压力，粤高速积极开展高速公路改扩建重新核定经营期工作，所属运营项目重新核定经营期的申请已成功获省政府批准，为高速公路的持续发展提供了重要保障。

作为广东省交通系统的主要融资窗口，粤高速通过定向募集、发行B股、A股、配股、公司债券等方式，从资本市场募集大量资金，开辟了一条交通建设多元化筹资的新途径，有效缓解了广东省高速公路建设的资金压力，为广东交通环境的改善和地方经济的发展作出了重要贡献。

粤高速始终秉承"求实、开拓、团结、贡献"的企业精神，坚持"回报股东、服务社会"的企业使命，赢得了社会各界的广泛赞誉。公司信息披露工作连续5年被深圳证券交易所评为"优秀"，先后被授予省直"文明单位""广东上市公司综合实力10强企业""全国青年文明号""全国交通系统文明示范窗口单位""全国董事会治理百强""珠三角改革发展领军企业"等荣誉称号。

八、广东省长大公路工程有限公司

广东省长大公路工程有限公司是广东省创建最早的公路施工专业队伍，是广东省的一支战备和应急队伍。公司前身为广东省公路工程处，最早历史为新中国成立初期华南公路工程修建总指挥部第三工程局，改制后于1993年9月更名为广东省公路工程总公司，1997年2月更名为广东省长大公路工程有限公司至今。2000年以来，是广东省交通集团有限公司全资企业。公司具备国家公路工程施工总承包特级资质、公路行业设计甲级资质和境外承包工程经营资格。公司资产总额300多亿元,注册资本30亿元。公司下辖7家分公司,5家全资子公司,6家参股公司,一所培训学院。经营业务以公路、桥梁、隧道施工为主,同时将业务扩展到公路工程项目投资、设计、施工总承包和高速公路运营管理、养护维修以及公路工程职业技能培训、物业管理等多个领域。经营范围以国内为主,辐射海外,年施工产值超过150亿元。

改革开发以来,长大公司先后承建了广州洛溪大桥、东莞虎门大桥、新会崖门大桥、厦门海沧大桥、杭州湾跨海大桥、浙江嘉绍大桥和在建的港珠澳大桥、虎门二桥等270多座大型、特大型桥梁工程,承接了湛江海湾大桥、深圳后海湾大桥、广州珠江黄埔大桥、武汉阳逻长江大桥、上海长江隧桥、上海闵浦大桥、湖北鄂东大桥、宁波象山港大桥、浙江嘉绍大桥、宁波大榭第二大桥和港珠澳大桥等一批大桥钢桥面铺装工程。参与承建了广佛、京珠、开阳、渝湛、广乐等高等级公路2500km,在广东省"通山区""通邻省"和"县县通"高速公路建设大会战中发挥了重要的作用。公司还以BT和BOT模式投资建设了广西南宁永和大桥、四川省都江堰市岷江桥、广西南宁至武鸣城市大道、广东省广惠高速公路、云梧高速公路、云罗高速公路项目。由公司承建的广佛肇高速公路为广东省首个BOT+EPC工程项目。公司累计获得国家科技进步奖4项、省部级科技进步奖70多项、中国土木工程詹天佑奖和鲁班奖10项、发明专利42项,是国家认定的"高新技术企业"和"企业技术中心"。

公司在生产经营管理不断取得发展进步的同时,勇于承担社会责任,积极参与社会抢险救灾重任,抢险救灾不讲条件,临危受命。在2006年乐昌抗洪救灾中,被广东省委、省政府授予"抗洪救灾先进集体"称号;2008年在南方抗击冰灾中,被广东省委、省政府、交通部授予"抗灾保通先进集体"称号。

公司不管是在承担国家重点工程建设还是肩负抢险救灾,都体现了"善打硬仗,敢于胜利"的精神。在桥梁建设领域,公司多次和国内实力雄厚的央企同台竞技。公司在参与浙江杭州湾跨海大桥建设时,大桥建设指挥部就专门长大公司赠送了"攻坚克难,功勋卓著"的牌匾;在参与2006年乐昌抢险和灾后长来大桥重建时,村民给长大公司送来了对联"长虹气壮横跨武水现党政恩大,来客畅谈行走天堑赞工人建桥"。这些,都树立了"广东长大"良好的企业形象,业内称长大公司是"铁军"。

公司良好的信誉和企业形象赢得了各界褒奖,先后获得了"全国施工技术先进单位""全国五一劳动奖状""全国工人先锋号""全国交通系统文明单位""全国交通运输系统先进集体""公路施工企业全国信用评价AA等级"等称号。2006年被评为中国交通建设"十大桥梁英雄团队","十五"期间被列为"全国百强建筑企业",2011年7月被中央组织部授予"全国先进基层党组织",2013年入选首批公路建设百家诚信企业。

九、广东省交通规划设计研究院股份有限公司

广东省交通规划设计研究院股份有限公司前身为广东省交通厅公路处测设队,始建于1952年,1978年定名为广东省公路勘察规划设计院,1981年开始实施事业单位企业化管理试点,2007年11月改制为广东省公路勘察规划设计院有限公司,2010年12月变更为股份有限公司,2015年8月更名为广东省交通规划设计研究院股份有限公司。2017年公司拥有员工1200余人,其中博士学历7人,硕士学历260余人;高级工程师职称中,具有本科以上学历的有285人。公司业务主要从事公路及市政行业的勘察、规划、设计、咨询、监理及路网规划、站场规划等,持有国家颁发的工程勘察综合类、公路行业设计、市政行业设计(排水工程、道路工程、桥梁工程、城市隧道工程)、公路工程监理、工程咨询、工程招标代理、水土保持等甲级资质以及特种专业工程专业承包资质。1999年进入全国勘察设计企业100强,2006年被评为全国"优秀勘察设计院",2010年入选广东省企业500强。2008年起获批为国家高新技术企业,已通过ISO9001质量体系、ISO14001环境管理体系和OHSAS18001职业健康安全管理体系认证。

(一)精心设计、辛勤耕耘

公司成立60余年来,通过全面推进勘察设计新理念,走创新驱动绿色生态公路设计之路,不断总结勘察设计经验,完善标准化设计成果,推进信息化建设,质量管理水平迈上了一个又一个新的台阶。承担并完成了广东省大部分国省道、高速公路,以及一大批特大桥梁、特大隧道的勘察设计任务和区域性公路网、战场的规划,先后获国际、国家及省(部)级优秀勘察设计300余项(次)。

在路线规划及道路工程设计中,坚持走"资源节约型、环境友好型"发展之路,以"安全、绿色、舒适、和谐"理念为指导,做到了"设计上最大限度的保护,施工中最小程度的破坏,施工后最大程度的恢复"。其中,渝湛国道主干线高桥(粤桂界)至遂溪高速公路获第九届中国土木工程詹天佑奖;广梧高速公路获全国公路交通优秀设计一等奖、第十三届中国土木工程詹天佑奖;揭普高速公路、二(连浩特)广(州)公路怀集至三水段高速公路之广宁至怀集段、沈阳至海口国家高速公路谢边至三堡段改扩建工程、广东省信宜(桂粤界)至茂名公路等项目获全国公路交通优秀设计一等奖。

在桥梁设计中,结合工程项目实体进行技术研究和创新,提高技术含量,以提升公司核心竞争力为目的,其中"自锚式悬索桥""大跨径预应力混凝土连续梁桥"和"大跨径斜拉桥"等桥梁技术处于业内领先地位,设计了如番禺大桥、崖门大桥、海心沙大桥、惠州海湾大桥、榕江大桥、广佛江快速通道江顺大桥等全国知名桥梁。其中,广州洛溪大桥获国家优秀设计金奖、首届中国土木工程詹天佑大奖和首届中国十佳桥梁的殊荣;新会崖门大

桥荣获第六届詹天佑土木工程大奖、全国优秀工程勘察设计铜奖；广州番禺大桥获国家工程建设质量银质奖、交通运输部公路工程优秀设计二等奖；广州海心沙大桥荣获全国优秀工程勘察设计铜质奖、广东省优秀工程设计一等奖。

在隧道工程设计中，石牙山隧道工程（竖井通风，获广东省优秀工程设计一等奖）、水涧山—石鼓特长隧道群（隧道群，获广东省优秀工程设计一等奖）和毛毡岭特长隧道（长度大，获得了交通运输部优秀工程设计三等奖）等项目，攻克了多项技术难题且技术领先。

在公路改扩建工程设计中，紧紧围绕贯彻"安全、耐久、低碳、生态、环保"的设计理念，通过加强对旧路旧桥的全面检测和评估，依托开展了"维持既有交通条件下的高速公路改扩建交通组织、特大桥梁改造技术、沥青路面旧料再生利用、节地措施"等一系列关键技术研究，实施了广佛高速公路、佛开高速公路、广清高速公路扩建工程设计，为广东省高速公路改扩建中积累了一定的经验，并取得了一定的经济和社会效益。其中，"佛开高速公路谢边至三堡段改扩建工程可行性研究报告"获全国优秀工程咨询成果二等奖。

在公路工程勘察工作中，广东省公路工程水文设计检算系统荣获第十四届全国优秀勘察设计奖银奖；沈海高速公路遂溪至徐闻段测量、汕头至湛江高速公路揭西大溪至博罗石坝段地质勘察荣获全国优秀工程勘察设计行业工程勘察一等奖；汕梅高速公路北斗至清潭段、韶关市曲江至南雄高速公路、珠江三角洲经济区外环公路江门至肇庆段工程勘察、广佛肇高速公路高要小湘至封开江口段工程综合测量、广佛江快速通道江顺大桥工程、高明至恩平高速公路工程综合测量等荣获广东省优秀工程勘察一等奖。

(二)勇攀勘察设计技术攻关和科技创新高峰

科研创新工作是公路勘察设计技术水平领先和强大核心竞争力的根本保障。公司以提升技术创新能力为目标，于2005年成立了企业研发中心，并形成了一个由专职研发人员和科研项目进驻研发人员共同构成且涉及了交通基础工程相关的多学科领域的核心研发团队。

在研发工作的开展过程中，研发中心申报并成功建设了研发平台"广东省公路勘察设计技术咨询服务工程技术研究中心"，同时建设了企业实验室"广东盛翔交通工程检测有限公司"和旨在引进高层次科研人才的"中山大学广东省交通规划设计研究院股份有限公司广东省博士后创新实践基地"。近年来，公司研发人员数量一致保持在100余人左右，研究方向涉及了交通基础工程的"设计关键技术、养护关键技术、工程信息化技术、岩土工程及灾害处理技术、工程规划与经济、交通工程与信息化、市政工程与海绵城市"等，上述研发创新工作的开展起到了攻关技术难题、探索路桥隧工程新技术、提升员工效率、培养领军人才和孵化新方向等功能。

迄今,公司已经完成了40多项科技项目的研究,在研的省(部)级以上科技研发项目26项。已完成的多个研发项目经验收和鉴定,研究水平达到国际先进或国内领先水平。研究成果获得了20多项省、部级科技奖项,其中"珠三角地区高速公路改扩建关键技术研究"课题成果获中国公路学会科学技术特等奖;"广东高速公路建设科技创新与应用"课题成果获广东省科学技术特等奖。形成了11项发明专利、23项实用新型专利和7项软件著作权。

此外,公司还与同济大学、中山大学、华南理工大学和西南交通大学、湖南大学等多所知名高校积极开展产学研合作,通过联合研究、技术交流和人才培养,极大地提升了公司的技术实力和核心竞争力。

(三)企业文化建设成果丰硕

经过半个多世纪的历史积淀,公司已形成独具特色的"先锋文化":"精神文化"——做最优秀的企业;"事业文化"——做最优秀的事、"道德文化"——做最优秀的人。"设计院人"在这种文化的浸染下,秉承"一路领先"的先锋精神,以"成为中国最优秀的交通工程企业集团"的公司愿景为目标,努力践行"团队共进,竞争共赢,创新求精,奉献求真"的核心价值观,以独具特色的"先锋文化"引领企业各项工作的开展,取得显著成果。长期以来,公司形成了以党团工会为载体,具有特色的"主题式"文化建设思路,有效地营造了团结和谐、健康向上的文化氛围,增强员工归属感和凝聚力,把员工紧紧地团结在一起,形成了强大的向心力,推动公司不断发展,实现了公司与员工共同发展。2009—2010年,公司连续荣获"全国交通运输企业文化建设卓越单位",被广东省工商局评为"守合同重信用企业",2014年被中共广东省委组织部评为"全省非公党组织党建工作示范点",2017年公司荣获"广东省五一劳动奖"荣誉称号。

十、广东华路交通科技有限公司

广东华路交通科技有限公司是广东省交通集团有限公司的全资子公司,高新技术企业,主要从事公路交通科技研发、工程监理、试验检测、咨询设计等综合性工程咨询技术服务。资产总额近3亿元。员工1500余人,其中博士、硕士139人,教授级高工、高级工程师198人。具有交通运输部公路工程甲级监理资质、特殊独立大桥、机电工程、特殊独立隧道专项监理资质,交通运输部公路工程综合甲级、公路工程桥梁隧道工程专项、水运工程结构甲级、水运工程材料甲级试验检测资质;国家发改委甲级工程咨询资质;住房和城乡建设部公路工程设计乙级资质和广东省质监局"CMA"计量认证等资质;通过了ISO9001质量体系认证、环境与职业健康安全体系认证。

(一)追溯与传承

华路公司的前身是成立于1960年的广东省交通科学研究所(以下简称"科研所"),为广东省交通厅直属的事业单位。20世纪80年代,科研所在科技开发和设计方面取得了较好成绩,其中,中堂大桥获国家优质工程银质奖,"预应力混凝土箱形连续梁桥竖曲线多点顶推施工技术"获广东省科技进步三等奖,清远北江大桥获国家优质工程银质奖,九江大桥获广东省科技进步一等奖、国家优秀工程设计奖,并利用技术力量和检测设备优势,组建成立了广东省公路工程质量监督站,所、站合署办公。

1992年,成立了广东省公路工程监理站,与科研所合署办公,在国内率先开展公路工程监理工作。先后承担了广东首次利用世界银行贷款、按照"菲迪克"条款进行监理的佛开高速公路、深汕高速公路、京珠高速公路粤境段、汕头海湾大桥、番禺大桥、厦门海沧大桥等项目的监理任务。1996年设立"交通建设工程质量检测中心"。科研所两个文明建设取得了丰硕成果,1995年省政府授予"广东省优秀研究开发机构";1997年省委、省政府授予"广东省文明单位";1998年人事部、交通部授予"全国交通系统先进集体";1999年中央文明委授予"全国创建文明行业工作先进单位";2000年省委、省政府授予"广东省先进集体"等荣誉称号。

2000年,科研所从广东省交通厅划入组建成立的广东省交通集团有限公司。

2002年,科研所由事业单位转企改制,与广东省公路工程监理站、广东省航运科学研究所和广东省高速公路中心试验室合并重组,成立华路公司。同时,广东交通集团成立科技研究开发中心,牌子挂在华路公司。2002年3月,华路公司和广东交通集团研发中心挂牌成立。

华路公司成立以来,结合广东公路交通建设的实际,抓住高速公路建设机遇,发挥科技优势,开展工程监理、检测试验、咨询设计、技术服务、科研开发、科技情报等工作。先后完成2003年通山区、2004年通地级市和2005年出省通道高速公路建设任务,取得了较好的经济效益和社会效益。2008年起,抓住高速公路建设机遇,调整和优化业务格局,积极开拓市场,生产经营和改革取得较大发展:

(1)华路公司的年产值从2003年的8900万元,增长到2016年的3.8亿元,为2003年的4.27倍。

(2)整合资源、优化架构。2008年撤销分公司,组建了监理、检测和研发咨询三大业务部门;2012年成立了四个养护监理部,突出运营项目养护监理业务;2012年成立了机电监理部,并相对独立运作;2013年将检测中心道路工程部提升为公司直管,2014年升级为道路研究所。

(3)2009年12月研发检测基地落成启用,为华路公司的全面发展,尤其是提高公司研发、检测核心能力，发挥了关键作用。

（4）完成了事业单位转企改制，建立和完善各项管理规章制度，理顺管理关系，积极稳步推进项目成本核算管理。

（5）加快推进三大重点项目建设。成功申报交通运输部"公路交通安全与应急保障技术及装备行业研发中心"；"广东省交通集团高速公路养护数据中心"2013年1月获立项批复；2015年6月启动计量检定站的筹建。

（6）持续强化品牌建设。2011年和2015年两次获"中国交通建设优秀监理品牌企业"，并树立起"讲质量、讲责任、讲信用"的检测品牌。特别是在开展西藏拉萨至林芝高速公路检测项目和应急保障方面发挥了重要作用。

（二）发挥科技和人才优势，服务广东高速公路建设

1. 科技创新

华路公司凭借人才、研发基地与装备、相关研发平台等综合优势，强化科技创新、科技成果推广应用，为行业提供更好、更到位的服务，逐步形成在华南地区乃至全国具有领先的科研优势和特色。先后开展了"山岭重丘区高速公路水泥混凝土路面设计施工成套技术研究""水泥路面养护、维修关键技术研究""沥青路面养护、维修关键技术研究""大跨径钢桥面铺装关键技术研究""基于GTM的重载交通沥青混合料设计与施工技术研究""广东省刚柔复合路面结构关键技术研究"等数十项课题的研究，多项研究成果荣获国家或省部级奖项，取得了显著的经济与社会效益。依托课题研究成果编制了十余项地方标准或企业标准，出版了《沥青混合料设计及质量控制原理》《高速公路沥青路面新式碾压混凝土基层设计施工技术》等学术专著。

2. 工程监理

自1990年开展监理业务以来，承担完成了近5000km高速公路和一批特大桥的施工监理任务，其中汕头海湾大桥是我国第一座大跨径悬索桥，获国家优质工程金质奖、鲁班奖，其主跨452m的预应力混凝土加劲箱梁在同类桥型中属世界之首；番禺大桥是当时世界最宽的斜拉桥，获交通部优质工程一等奖、国家优质工程银质奖；佛开—深汕（西）高速公路是我省首次承担建设的世界银行贷款项目；厦门海沧大桥是我国第一座三跨连续全焊接钢箱梁悬索桥，获中国土木工程詹天佑奖；同时还承担了京珠高速公路粤境北段和南段、广惠、粤赣、渝湛、广梧、韶赣、湛徐、广肇、江肇、广乐（乐昌段、韶关段）高速公路等国家和省重点工程项目。2011年和2015年连续两次被评为中国交通建设优秀品牌监理企业。

3. 检测试验

广东交通集团检测中心按照国际标准《检测和校准实验室能力的通用要求》运作，主

要开展公路工程试验检测和相关科学研究,业绩遍布广东及周边省份,累计检测了5000多公里的高速公路、5000多座各种类型桥梁、上千个高边坡、数十万根桩基和100多座隧道;承担了举世瞩目的世纪大工程——港珠澳大桥的试验检测。广东省交通集团检测中心港珠澳大桥试验室是国内唯一一家取得计量认证资质的工地试验室,被交通运输部质监局称为"国内最好的工地试验室"。

华路公司道路研究所拥有国内一流的道路试验设备和检测系统;承担了运营高速公路路面性能检测上万公里,路面病害诊断评估业务、养护维修方案、各类新材料试验及设计等300多项,为广梧高速公路等10余个重点工程项目提供了施工技术咨询服务。

4. 设计咨询

本着"优质高效服务客户,诚信创新奉献社会"的经营理念,借助技术、人才、设备和业绩经验优势,打造华路公司的科技品牌,稳步发展设计咨询等业务。尤其在营运高速公路路面预防性养护、病害维修、"白+黑"路面大中修及中小桥涵加固设计方面,积累了丰富经验,承担了省内60%运营高速公路路面维修、30%高速公路桥涵维修加固设计及部分地方道路的路面、桥梁、边坡的维修加固设计,同时参与可研报告编制,新建连接线及改扩建道路、互通立交设计,应急抢险技术服务等业务。

(三)改革创新,转型升级加快发展

华路公司以"发挥科技优势,为交通事业与客户提供优质的工程咨询服务"总体战略定位,稳健发展监理、做强做大检测、快速拓展咨询设计、创新做实研发,向综合工程咨询模式转变,为客户提供"前期、检测、咨询、设计、监理、研发、应用与后评估"等一体化高端技术服务。

为做好承接政府科技部门转移的部分职能和推进科技服务业务的发展,加快推进行业研发中心、集团养护数据中心、计量检定站三大重点项目和广东省交通系统科技创新等平台建设。

2016年,华路公司被广东省国资委列入省属机制体制改革创新试点企业。"踵事增华,路在延伸",华路公司将进一步发挥人才、品牌、业绩、研发检测基地与设备等综合优势,在交通工程产业链中发挥重要作用,为交通行业提供优质高效的全方位服务。